GRIECHISCHE INSELN

Text & Recherchen:

Sabine Becht & Sven Talaron:	Kefaloniá, Íthaka
Eberhard Fohrer:	Ándros, Tínos, Mýkonos, Délos, Sýros, Irakliá, Schinóussa, Epáno Koufoníssi, Donoússa, Amorgós, Íos, Síkinos, Folégandros, Anáfi, Kéa, Kíthnos, Sérifos, Sífnos, Mílos, Kímolos, Kreta
Yvonne Greiner & Frank Naundorf:	Níssiros, Kos, Kálymnos, Psérimos, Léros, Pátmos
Andreas Neumeier:	Athen, Lefkás, Euböa
Thomas Schröder:	Lésbos, Chíos, Psará, Inoússes, Sámos, Foúrni, Ikaría
Antje & Gunther Schwab:	Zákynthos, Thássos, Samothráki, Kárpathos, Kássos
Dr. Hans-Peter Siebenhaar:	Korfu, Paxós, Antípaxos, Ägina, Póros, Hýdra, Spétses, Rhódos, Chálki, Sými
Dr. Dirk Schönrock:	Skíathos, Skópelos, Alónnissos, Skýros, Páros, Antíparos, Náxos, Santoríni

Lektorat: Sabine Beyer
Redaktion & Layout: Dirk Thomsen
Fotos: siehe Fotonachweis auf Seite 6
Karten & Pläne: Hana Budka, Günther Grill, Susanne Handtmann, Gábor Sztrecska
Covergestaltung: Karl Serwotka
Covermotive: oben: Schafherde auf der Lassíthi-Hochebene, Kreta (Eberhard Fohrer)
unten: Fischerhafen von Náoussa, Páros (Eberhard Fohrer)

ISBN 3-89953-185-X

8. aktualisierte und überarbeitete Auflage 2004

Reisepraktisches

Athen

Ionische Inseln

Nördliche Sporaden

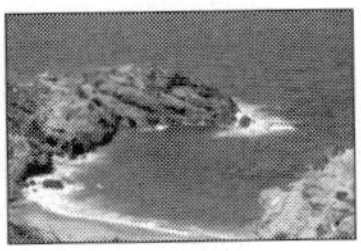

Euböa

Saronische Inseln

Kykladen

Kreta

Nordostägäische Inseln

Dodekanes

INHALT

Fotoverzeichnis

Sabine Becht: 1, 43, 98, 184, 205, 209, 289, 301, 315, 618, 644, 774

Lucie Bücher-Fohrer: 56, 339, 371, 428, 525

Michael Bussmann: 35, 281

Eberhard Fohrer: 21, 50, 320, 325, 333, 352, 358, 386, 388, 395, 399, 407, 409, 430, 440, 443, 451, 459, 462, 472, 474, 485, 496, 504, 510, 516, 531, 533, 770

Griechische Zentrale für Fremdenverkehr: 191, 697

Peter Kanzler: 162, 277

Frank Naundorf, Sabine Brandes, Yvonne Greiner: 687, 692, 705, 707, 709, 713, 718, 726, 727, 731, 732, 733

Andreas Neumeier: 12, 61, 63, 67, 70, 77, 83, 86, 91, 175, 177

Thomas Schröder: 33, 37, 53, 558, 563, 566, 575, 581, 584, 603, 606, 610

Hans-Peter Siebenhaar: 23, 100, 104, 108, 114, 117, 121, 123, 131, 139, 147, 151, 152, 153, 161, 624, 639, 656, 666, 673, 677

Antje & Gunther Schwab: 9, 14, 26, 216, 225, 227, 235, 236, 541, 543, 553, 741, 745, 747, 751, 754

Dirk Schönrock: 10, 22, 45, 243, 245, 246, 250, 261, 266, 424

Sven Talaron: 54, 200, 783

Farbfotos von Sabine Becht (SB), Michael Bussmann (MB), Eberhard Fohrer (EF), Yvonne Greiner (YG), Andreas Neumeier (AN), Thomas Schröder (TS), Hans-Peter Siebenhaar (HPS), Antje & Gunther Schwab (A&GS) und Dirk Schönrock (DS).

Zeichenerklärung für die Karten und Pläne

- mehrspurige Straße
- Asphaltstraße
- Piste
- Fußweg
- Bahnlinie
- Strand
- Gewässer
- Grünanlage
- Bergipfel
- Aussicht
- Kirche/Kapelle
- Kloster
- Schloss/Festung
- Turm
- Flughafen/ -platz
- Campingplatz
- Leuchtturm
- Badestrand
- Höhle
- Sendemast
- Information
- Parkplatz
- Post
- Bushaltestelle
- Taxistandplatz
- Krankenhaus
- Tankstelle
- Museum
- Antike Sehenswürdigkeit
- Sehenswürdigkeit

Kartenverzeichnis

Alles im Kasten

Was haben Sie entdeckt?

Haben Sie eine versunkene Stadt gefunden, eine freundliche Taverne weitab vom Trubel, ein nettes Hotel mit Atmosphäre, einen reizvollen Strand?

Wenn Sie Ergänzungen, Verbesserungen oder neue Tipps haben, lassen Sie es uns bitte wissen! Schreiben Sie an:

Redaktion "Griechische Inseln"
c/o Michael Müller Verlag GmbH
Gerberei 19
91054 Erlangen
E-Mail: mmv@michael-mueller-verlag.de

Inselhüpfen leicht gemacht – Tragflügelboote sorgen in der Ägäis für raschen Transport zwischen den Hauptinseln

Anreise

Griechenland und seine Inseln sind keine Nahziele. Mehr als 2000 km sind zu überwinden, will man von Mitteleuropa ins südöstliche Mittelmeer vordringen. Grund genug, über die Anreise nachzudenken. Ein Hauptfaktor ist natürlich die Zeit: Wer nur zwei Wochen hat, wird keinen der wertvollen Tage mit zeitraubenden Schiffspassagen und Autobahnmarathon verbringen wollen. Andererseits gibt es auf dem Weg quer durch Europa zahlreiche lohnende Zwischenaufenthalte.

▸ **Per Flug**: konkurrenzlos einfach, zeitsparend, bequem und zunehmend auch eine günstige Lösung. Fast immer gibt es spezielle Sonderangebote, "Nur-Flug" (früher "Campingflüge" genannt) etc., die die Preisdiskrepanz zur langwierigen Zug-, Schiffs- oder Busreise erheblich schrumpfen lassen. Nicht selten ist ein Flug preiswerter als die Anreise mit der Bahn. Nachteil: Keine Reiseart belastet die Umwelt so sehr wie die per Flugzeug.

▸ **Mit Bahn oder Bus**: äußerst stressige Zwei- bis Dreitagesfahrt, in der Hochsaison Ölsardinen-Feeling und weitgehend fehlender Komfort. Dazu kommen die mittlerweile saftigen Bahntarife (v. a. in Deutschland), die in der Summe kaum noch günstige Flüge unterschreiten. Dafür interessant wegen der Kontakte zu Mitreisenden – allerdings nichts für Urlauber mit wenig Zeit.

▸ **Eigenes Fahrzeug**: hoher Grad an Beweglichkeit, zu mehreren außerdem preisgünstig. Zu empfehlen, wenn man mobil sein, viel sehen will und genug Zeit hat. Allerdings ist die direkte Anreise durch die Staaten des ehemaligen Vielvölkerstaats Jugoslawien noch immer mit Schwierigkeiten verbunden. Stressfrei gestaltet sich die Reise dagegen über Italien, wo man von den großen Adriahäfen bequem nach Griechenland übersetzen kann.

Anreise mit dem Flugzeug

In drei Stunden am Ziel. Eben noch die letzten Utensilien verstaut, jetzt schon im schönsten Blau der Ägäis planschen! Die schnellste, sicherste und bequemste Variante, Griechenland zu erreichen. Und wenn man sich rechtzeitig um günstige Angebote kümmert, nicht einmal besonders teuer.

Prinzipiell hat man die Wahl zwischen **Linien-** und **Charterflug**. Während man per Linie im Direktflug nur Athen, Thessaloníki und Iráklion/Kreta ansteuern kann, erreicht man per Charter die meisten größeren Inseln Griechenlands ohne umzusteigen.

Die großen griechischen Urlaubszentren wie Kreta, Rhódos, Kórfu, Kós etc. werden mittlerweile nicht mehr nur von Frankfurt, München, Hamburg, Berlin oder Düsseldorf, sondern auch von vielen kleineren Airports angeflogen (u. a. Bremen, Köln, Leipzig, Nürnberg, Stuttgart). Die größte Auswahl an Flügen (Linie und Charter) hat man nach wie vor nach *Athen*. Die Hauptstadt ist Drehscheibe für den gesamten innergriechischen Verkehr und bietet zahllose Möglichkeiten weiter zu kommen: per Inselfähre, Bus, Bahn oder preiswertem Inlandsflug zu fast 30 griechischen Flughäfen! Sehr gut sind auch die Flugverbindungen nach Thessaloníki sowie nach Kórfu, Kreta und Rhódos.

Inzwischen sind zahlreiche Städte und Inseln in ganz Griechenland *per Charterflug direkt aus dem Ausland* zu erreichen. 16 Ziele sind es derzeit, weitere werden dazukommen:

Region	Ort
Nordgriechenland	Thessaloníki und Kavála
Zentralgriechenland	Athen
Nördliche Sporaden	Skíathos
Peloponnes	Áraxos (bei Pátras)
Ionische Inseln	Kórfu und Zákynthos
Kykladen	Mýkonos und Santoríni
Nordostägäis	Lésbos und Sámos
Dodekanes	Rhódos, Kós und Kárpathos
Kreta	Iráklion und Chaniá

Wer nicht mit fest gebuchtem Ziel und Quartier unterwegs sein will, hat vielfältige Kombinationsmöglichkeiten: Reisende mit Schwerpunkt *Ionische Inseln* können z. B. die Millionenstadt Athen durch einen Flug nach Kórfu oder Zákynthos umgehen und per Schiff zu den benachbarten Inseln übersetzen. *Kykladen-Fahrer* können Mýkonos oder Santoríni ansteuern und von dort bequem in alle Richtungen "Inselhüpfen" machen. Oder Sie landen in Sámos bzw. Kós oder Rhódos und erobern den *Dodekanes*. Auch von *Kreta* aus besteht die Möglichkeit, auf die Kykladen oder den Dodekanes weiterzufahren.

Obwohl **Athen** also nicht unbedingt angesteuert werden muss, gibt es Gründe, die Hauptstadt in einen Griechenland-Urlaub einzubeziehen:
Zum einen gibt es vom Riesenhafen **Piräus**, der schon lange mit Athen zusammengewachsen ist, täglich ausgezeichnete Fährverbindungen zu den meisten Inseln

Ankunft am Flughafen von Kórfu-Stadt

Griechenlands, zum anderen ist Athen ein "Muss" in Sachen **griechischer Antike** (Akrópolis, Archäologisches Nationalmuseum) und drittens gehören ein paar Tage Athen einfach dazu, falls man Griechenland ernsthaft kennen lernen will.

Linienflüge

Im deutschen Sprachraum werden Linienflüge angeboten von Lufthansa, den griechischen Fluggesellschaften Olympic Airways und Aegean Airlines sowie verschiedenen anderen Linienfluggesellschaften, z. B. Alitalia, Austrian Airlines, Swiss Air. Gibt es von den meisten großen Flughäfen nach Athen, Thessaloníki und Iráklion.

Möglich sind Flüge "heute hin – morgen zurück" sowie extrem kurze Buchungsfristen. Außerdem brauchen keine Unterkünfte oder "sonstige Urlaubsleistungen" mitgebucht zu werden. Dafür kostet der Flug nach Athen mit einem Business-Class-Ticket stolze 1300 bis1600 €, mit einem **Sparticket** der Lufthansa kommt man jedoch schon ab 200 € in die griechische Hauptstadt, mit Olympic Airways sogar schon ab 180 € (jeweils inkl. Steuern und Gebühren, Stand März 2004). Eine durchaus erwägenswerte Alternative zu Charterflügen, v. a. wenn man frühzeitig bucht, da die günstigen Tarife der Linienflüge kontingentiert sind. Lufthansa und Olympic Airways bieten ab Deutschland jeweils mindestens 1-mal tägl. Linienflüge nach Athen und Thessaloníki an sowie auch nach Iráklion (mehrmals wöchentlich). Ähnliche Angebote gibt es auch aus Österreich und der Schweiz. Um einen der günstigen Tarife wahrnehmen zu können, muss zwischen Hin- und Rückflug ein Wochenende liegen

▸ **Jugend- und Studentenermäßigung**: Die meisten Airlines gewähren für Jugendliche von 12 bis 17 Jahren, manche auch bis 24 Jahre sowie für Studenten bis 26 Jahre eine Ermäßigung von 25 %, z. T. auch auf Spartarife.

- **Kinder**: Kinder bis 11 Jahre zahlen üblicherweise die Hälfte, manchmal sogar nur ein Drittel, Kleinkinder bis 2 Jahre oft nur 10 %.

Zu **innergriechischen Flügen** siehe Kapitel "Unterwegs in Griechenland/Mit dem Flugzeug", S. 31.

Charterflüge

Direkte Charterflüge ab Deutschland werden auch auf kleinere griechische Inseln angeboten, u. a. nach Mýkonos, Santoríni, Lésbos, Kós, Kárpathos und Zákynthos, am häufigsten gibt es jedoch Flüge nach Kórfu, Rhódos und Kreta. Die Auswahl ist groß, dennoch ist eine rechtzeitige Buchung – vor allem zur Ferienzeit – ratsam. Charterflüge sind mittlerweile auch als One-Ways buchbar, Gabelflüge sind also problemlos möglich.

Charterflüge gehen hauptsächlich zu den bekanntesten Urlaubsorten Griechenlands mit dementsprechend ausgeprägter touristischer Infrastruktur. In den Prospekten aller Veranstalter sind die Topziele Athen, Thessaloníki, Kreta, Rhódos, Kórfu, Kós, Mýkonos und Santoríni vertreten, häufig angeboten werden auch Kavála, Sámos, Lésbos, Kárpathos und Zákynthos. Charterflüge sind in der Regel

Preiswert in den Urlaub: Last Minute

Flüge "in letzter Minute" haben mittlerweile einen festen Stellenwert in der Reisebranche: Plätze in nicht ausgebuchten Charter- und Linienmaschinen werden noch kurz vor Abflug zu reduzierten Preisen an den Mann gebracht. Es gibt sie sowohl mit Unterkunft als auch als "Nur Flug". Solche Tickets kann man nur kurzfristig buchen und man darf natürlich nicht wählerisch sein, was das Ziel betrifft. Zu Hochsaisonzeiten (Ostern, Sommerferien) sind die Angebote naturgemäß seltener, weil die Maschinen meist gut gefüllt sind. Als besonders guter Monat gilt dagegen der Juni.
Echte Last-Minute-Angebote werden von den Fluggesellschaften erstmals frühestens 14 Tage vor Reisebeginn offeriert, bis zum Flugdatum sinken die Preise dann, je nach Nachfrage, meist noch ein ganzes Stück. Wenn man hoch pokert, kann man so zwei Tage vor Termin einen Flug für einen Bruchteil des Preises bekommen, den Frühbucher zahlen – allerdings mit dem Risiko, dass die Maschine zwischenzeitlich ausgebucht ist.

Anbieter: Das Angebot zahlreicher Last-Minute-Anbieter kann vom Band abgehört werden, viele Reisebüros geben Auskunft und auch auf allen wichtigen Flughäfen sind Last-Minute-Schalter eingerichtet. Ebenso kann man sich natürlich über Internet informieren und gleich buchen. Der Abruf per Fax ist ebenfalls möglich, was allerdings ein paar Euro kostet.

L'tur, größer Last-Minute-Anbieter mit zahllosen Filialen in Deutschland, Österreich, Schweiz und den Niederlanden. ✆ 01805-212121, 📠 01805/212196, Internet: www.ltur.de.

Travel Overland, ✆ 01805/276370, Internet: www.travel-overland.de.

Auch die Fluggesellschaften sind selbstverständlich im Internet präsent, z. B. **LTU** (www.ltu.de), **Hapag Lloyd** (www.hlf.de), **Air Berlin** (www.airberlin.com) und die Billiganbieter **Germania Express** (www.gexx.de) und **German Wings** (www.germanwings.de), außerdem Linienfluggesellschaften wie **Lufthansa** (www.lufthansa.com), **Olympic Airways** (www.olympic-airways.de) oder **Eurowings** (eurowings.de). Online-Buchungen sind meist nur über Kreditkarte möglich.

Der Airport von Kárpathos

preislich günstiger als Linienflüge und meist auch schneller, da sie näher zum gewünschten Reiseziel bringen. Da aber nicht alle Inseln einen Airport besitzen bzw. die griechischen Flughäfen oft zu klein oder ungenügend ausgerüstet sind für internationale Düsenclipper, muss man entweder per Inlandsflug oder Fähre auf die gewünschte Insel weiterreisen. Bei allen Transfer-Flügen muss man mit Wartezeiten und Verzögerungen rechnen!

- **Flug mit Unterkunft**: das häufigste Pauschalarrangement und für den Hauptsaison-Urlaub auch sinnvoll, da die Zimmersuche zu einem langwierigen Unternehmen ausarten kann, das einem die Reisefreude vergällt.
Für Reisende, die nicht ihren gesamten Urlaub an einem einzigen Ort verbringen wollen, bieten Griechenland-Veranstalter eine ganze Reihe von Kombinationsmöglichkeiten verschiedener Zielorte an, z. B. eine Kykladen-Reise über Páros, Náxos und Mýkonos oder einen Dodekanes-Trip über Kárpathos, Rhódos und Kós. Dabei sind auf den betreffenden Inseln die Quartiere im Voraus fest gebucht, ebenso alle Transfers. Landung und Start erfolgen jeweils von derselben Insel. In der Hauptsaison bezahlt man dafür ab ca. 600 € pro Person und Woche in einem Doppelzimmer inkl. Flug.

Die Palette der Pauschalangebote ist nur schwer überschaubar. Um sich im Dickicht der Sonderarrangements und Billigangebote nicht zu verirren, sollte man sich Zeit zum Vergleich nehmen – das spart u. U. viel Geld. Nicht alle Reisebüros bieten dieselben Veranstalter an und nicht alle Veranstalter eine vergleichbare Leistung auch zum gleichen Preis. Aus diesem Grund – und weil diese Flüge zu Spitzenzeiten schnell ausgebucht sind – erfordert das Reisen per Charter eine längerfristige Urlaubsplanung. **Sie sollten die Tickets mindestens drei Monate vor dem gewünschten Reisetermin reservieren.** Außerdem bieten verschiedene Reisegesellschaften neuerdings erhebliche Rabatte für Frühbucher an. Wer also schon im Dezember des Vorjahres für den kommenden Sommer bucht, kann bis zu 20 % sparen.

- **Weitere Varianten**: *Studienreisen, Wanderreisen, Sporturlaub, Kreativ-Urlaub, Klassische Rundreise, Fly & Drive.* Informationen über Angebote und Veranstalter bietet die Broschüre mit dem Titel "Urlaub in Griechenland – Reiseveranstalter – Ferienziele", die beim Griechischen Fremdenverkehrsamt angefordert werden kann.

Reiseveranstalter mit Griechenland-Angebot (Auswahl):

Airtours, Adalbertstr. 44–48, 60486 Frankfurt, ✆ 069/79280, 📠 069/7928605, www.airtours.de.
Alltours, Am Innenhafen 8–10, 47059 Duisburg, ✆ 0203/3636363, 📠 0203/3636998, www.alltours.de.
Attika, Sonnenstr. 3, 80331 München, ✆ 089/54555100, 📠 089/54555280, www.attika.de.
Bucher, Pf. 1155, 40636 Meerbusch, ✆ 02132/9308-0, 📠 02132/960253, www.bucher-reisen.de.
FTI, Friedenstr. 30–32, 81671 München, ✆ 089/25250, 📠 089/25256565, www.fti.de.
ITS, LTU-Touristik GmbH, Humboldtstr. 140–144, 51149 Köln, ✆ 02203/42890, www.its.de.
Jahn, LTU-Touristik GmbH, Humboldtstr. 140–144, 51149 Köln, ✆ 02203/42890, www.jahn-reisen.de.
Medina, Marienplatz 17, 80331 München, ✆ 089/2300280, 📠 089/23002820, www.medina-reisen.de.
Mediterranea, Friedrichstr. 15, 55124 Mainz, ✆ 06131/474547, 📠 06131/474547.
Neckermann Reisen, TC Touristik GmbH, Zimmersmühlenweg 55, 61440 Oberursel, ✆ 06171/6500, 📠 06171/ 652125, www.neckermann-reisen.de.
Reiseladen, Dominikanerbastei 4, A-1010 Wien, ✆ 01/5138936, www.reiseladen.at.
Thomas Cook Reisen, TC Touristik GmbH, Zimmermühlenweg 55, 61440 Oberursel, ✆ 06171/6500, 📠 06171/652125, www.thomascook-reisen.de.
Tjaereborg, LTU-Touristik GmbH, Humboldtstr. 140–144, 51149 Köln, ✆ 02203/42890, www.tjaereborg.de.
TUI, Pf. 610280, 30620 Hannover, ✆ 01803/99988433, 📠 0421/5250601, www.tui.de.

Sonstiges

- **Flughafen-Zuschläge**: An den deutschen und an den griechischen Flughäfen sind Zuschläge zu bezahlen, die in die Flugpreise einberechnet werden. Insgesamt müssen Sie mit rund 35 € pro Pers. rechnen!

- **Gepäck**: Auf allen internationalen Linien- und Charterflügen dürfen pro Pers. 20 kg *Freigepäck* mitgenommen werden, auf innergriechischen Flügen dagegen nur 15 kg; wer aber aus dem Ausland kommt und einen Anschlussflug gebucht hat, darf seine 20 kg trotzdem kostenfrei mitnehmen.
  Wer zu zweit fliegt und unterschiedlich schweres Gepäck dabeihat, sollte es beim Einchecken auch gemeinsam auf die Waage stellen, denn Übergewicht ist teuer: auf Charterflügen zwischen 4 und 5 € pro Kilo, auf Linienflügen gilt: pro Kilo 1 % vom teuersten Tarif, der für diese (einfache) Strecke gilt (kann schlimmstenfalls also bis zu 10 € pro Kilo betragen). Beim Packen darauf achten, dass noch Spielraum für diverse gewichtige Souvenirs bleibt!
  Was die Mitnahme von **Sportgeräten** betrifft, zeigen sich die großen Charterfluggesellschaften seit einiger Zeit großzügig. Sportausrüstungen bis 30 kg pro Person werden oft umsonst mitgenommen. Das gilt nicht für *Surfbretter, Flugdrachen* und *Fahrräder*, für die man wegen ihrer Sperrigkeit eine mittlerweile ziemlich saftige

Gebühr zahlen muss. Bei Linienflügen werden für ein Surfboard etwa 40 € und für Mast und Segel weitere 40 € einfach (d. h. etwa 160 € hin und zurück für die gesamte Ausrüstung) verlangt. Ein Fahrrad kostet bei der Lufthansa ca. 25 € pro Flugstrecke. Für transportgerechte Verpackung müssen Sie selbst sorgen. Die Anmeldung – im Reisebüro oder direkt bei der Fluggesellschaft – sollte möglichst frühzeitig erfolgen, vor allem, wenn eine ganze Gruppe Sportgeräte mitnehmen will. *Achtung bei Pauschalbuchung*: Der Transfer zwischen Flughafen und Unterkunft im Urlaubsland umfasst in der Regel die Beförderung sperriger Gegenstände nicht, so dass man Kosten und Risiken eines Sondertransfers (Taxi o. ä.) selbst tragen muss.

- **Mitnahme von Tieren**: Für Flugreisen gilt generell: Besser zu Hause lassen! Wer seinen Hund jedoch auch im Urlaub nicht missen will oder keine Unterbringungsmöglichkeit gefunden hat, muss es bei der Buchung des Fluges anmelden und eine spezielle Transportbox kaufen. Tiere, die ein gewisses Gewicht überschreiten, dürfen nicht in der Kabine mitreisen, sondern werden in den Laderaum verbannt. Chartergesellschaften schlagen das Gewicht des Tieres dem Gesamtgepäckgewicht (Freigrenze: 20 kg) zu und berechnen für jedes Kilo darüber die übliche Gebühr.

Hinweis: Die Mitreise im Laderaum eines Flugzeuges ist für Tiere eine einzige Qual. Sie befinden sich in einem lauten, dunklen Raum ohne Wasser, Nahrung oder ihre Menschen und kommen erst nach langer Zeit verstört wieder heraus. Tierschützer warnen ausdrücklich davor, die Tiere mit in den Urlaub zu nehmen, und bitten die Tierhalter, ihre Tiere lieber zu Hause von einem Nachbarn oder in darauf spezialisierten Heimen versorgen zu lassen. Denken Sie daran: Tiere sind kein Gepäck, das in den Laderaum gehört, sondern Lebewesen!

Einzige einigermaßen "artgerechte" Anreisemöglichkeit für Hunde ist die **Fähre** – auch wenn dabei sehr viel kostbare Urlaubszeit verloren geht. Auf den großen Mittelmeerfähren zwischen Italien und Griechenland können sich die Hunde an Deck relativ frei bewegen (immer an der Leine natürlich), über Nacht stehen Zwinger zur Verfügung, z. T. kann man den Hund über Nacht auch im Auto lassen. In den Innenräumen der Passagierfähren und in den Kabinen sind Tiere verboten. Der Transport von Hunden ist kostenlos.

Anreise mit eigenem Fahrzeug

Falls sich mehrere Personen die Benzinkosten teilen, kann der eigene Pkw eine preiswerte Anreisemöglichkeit sein, allerdings nur empfehlenswert, wenn man länger bleibt und daher über genügend Zeit verfügt. Ansonsten lohnen Fährkosten, Fahrer- und Fahrzeugstress keinesfalls. Dazu kommt, dass auch heute noch die direkte Anreise über die Balkanländer mit Schwierigkeiten verbunden ist – und auch die Ausweichrouten am Festland bieten Probleme. Bleibt als einzige realistische Möglichkeit derzeit nur die Fährpassage ab Italien – mit nicht unerheblichen Kosten für den Fahrzeugtransport.

Bei einer ausgesprochenen Inselreise lohnt die Fahrzeugmitnahme eigentlich nur auf Kreta und Euböa sowie mit Einschränkungen auf den größeren Inseln Rhódos, Kórfu, Sámos, Lésbos, Thássos, Kefaloniá, Zákynthos, Náxos und Páros. Man ist nicht auf die Busfahrpläne angewiesen, zudem sind Strände, Campingplätze etc., die mit öffentlichen Verkehrsmitteln zu erreichen sind, in der Hochsaison oft überfüllt. Viele kleine Inseln nennen aber nur ein paar Kilometer Asphalt- oder Betonpisten ihr Eigen. Der Rest sind nicht selten üble Staubstraßen, die der eigene Wagen wenig dankt! Zudem gibt es nur wenige Werkstätten auf den Inseln und auch die innergriechischen Fährkosten für einen Pkw sind nicht gerade gering (weitere Details siehe Kapitel "Unterwegs in Griechenland", ab S. 26).

- *Papiere* nationaler Führerschein, grüne Versicherungskarte, Fahrzeugschein. Ebenfalls raten wir zum Abschluss eines Auslandsschutzbriefs und (eventuell) einer kurzfristigen Vollkaskoversicherung, denn die griechischen Haftpflichtversicherungen zahlen nicht viel (übrigens auch äußerst niedrige Schmerzensgeld-Regelung).
- *Reisekosten* Sprit, Autobahngebühren (in Österreich, Italien und Griechenland), Vignette (auf Autobahnen in Schweiz und Österreich), Transitvisum (für Bulgarien und Serbien), Übernachtung und Verpflegung, Fährkosten.

Wenn Sie mit dem Auto den Trip nach Griechenland machen, müssen Sie je nach Route und Ziel mit zwei bis drei Tagen Fahrt rechnen, hin und zurück also etwa eine Woche einkalkulieren!

Anreise über den Autoput

Die direkte "Luftlinie" – durch Österreich, die Nachfolgestaaten des zerfallenen Jugoslawien (Slowenien, Kroatien, BR Jugoslawien bzw. Serbien und Mazedonien) und Nord-/Mittelgriechenland – war mehrere Jahre gesperrt. Nahezu 80 % der Straßendecke der berühmt-berüchtigten Europastraße 75, besser bekannt als "Autoput", wurden im Bürgerkrieg zerstört; gleiches gilt für Tankstellen und Rastplätze. Seit 1996 ist der "Autoput" über Zagreb, Belgrad, Niš und Skopje wieder geöffnet.

Allerdings ist die Fahrt mit erheblichen Strapazen verbunden und gerät zum finanziellen Kraftakt. Verlangt werden derzeit schon in Österreich 21,80 € für eine Zweimonatsvignette (10,90 € für Motorräder). Danach sind etwa 55 € Straßenbenutzungsgebühren für die gesamte Strecke ab der österreichisch-slowenischen Grenze bis zur Einreise nach Griechenland (also für Slowenien, Kroatien, BR Jugoslawien und Mazedonien) zu entrichten. Darüber hinaus warnt das Auswärtige Amt vor Autodiebstählen und -aufbrüchen sowie Übergriffen auf Reisende in Serbien und Montenegro. Eine Reisewarnung hat das Auswärtige Amt für Mazedonien und hier besonders für den nördlichen und nordwestlichen Teil herausgegeben, in dieser Gegend ist es häufiger zu Überfällen auf Touristen durch kriminelle Banden gekommen. Erkundigen Sie sich auf jeden Fall bei den Automobilclubs nach der aktuellen Situation, auch bezüglich Versorgung mit Treibstoff und Ersatzteilen.

Glücklich in Griechenland angekommen, verläuft die gebührenpflichtige Fernstraße nach Athen an *Thessaloníki* vorbei und bleibt in der Nähe der Ostküste. Gelegentlich fährt man direkt am Meer entlang und kommt auch hinter Kateríni dicht am mythischen *Olymp-Massiv* vorbei. Nächste Station ist die Großstadt *Lárissa.* Ab und zu Bademöglichkeiten, mehrere Zeltplätze mit Zufahrt von der Autobahn, zum Teil sehr gut ausgestattet, aber viel Straßenlärm. Die Autobahngebühren sind in Griechenland sehr gering. Alle Details zum Festland finden Sie in unserem Band zu *Nord-/Mittelgriechenland.*

Anreise über Ungarn, Rumänien und Bulgarien

Deutlich abzuraten – riesiger Umweg, schlechte bis katastrophale Straßen, lange Wartezeiten an den Grenzen (in Stoßzeiten bis zu einem Tag!), bleifreies Benzin gibt es selten, ebenso kaum technische oder medizinische Hilfe. In Rumänien und

Bulgarien sind *Transitvisa* nötig, sie werden an den Grenzen ausgestellt und hängen bezüglich Preis von der Laune der Zöllner ab, die sich hier eine goldene Nase verdienen (derzeit um die 20 bzw. 50 €). In Bulgarien wird außerdem bei der Einreise Ihr Fahrzeug desinfiziert – gegen eine stattliche Gebühr, versteht sich.

Anreise über Italien (via Österreich oder Schweiz)

Derzeit die einzige vernünftige Route. Abwechslungsreiche Strecke, zudem wenig Stress. Übersetzen nach Griechenland mit der Fähre. Allerdings nicht die preiswerteste Variante, denn zu den Überfahrtskosten kommen Autobahngebühren in Österreich bzw. der Schweiz und in Italien.

Zahlreiche Anreisemöglichkeiten stehen zur Verfügung. Je nach Zeit und Lust kann man sich die geeignete Route heraussuchen. Generell gilt: In Hauptreisezeiten sowohl auf der Autobahn wie auf Bundes- und Landstraßen mit Staus rechnen! In Österreich, Schweiz und Italien sind die Autobahnen kostenpflichtig. Für die ersten beiden Länder muss man spätestens am Grenzübergang (oder bereits zu Hause bei den Automobilclubs) eine Vignette kaufen, in Italien kann man bei den Maustationen bar zahlen.

Keine Lust auf Asphalt? Per *Autoreisezug* im Sommer z. B. von München nach *Rimini* (leider keine Verbindung nach Ancona). Preis: je nach Saison etwa 110–180 € für einen Mittelklassewagen und ab ca. 50–75 € pro Pers. im Liegewagenabteil. Nähere Infos unter ✆ 01805/241224 oder im Internet: www.dbautozug.de.

Entfernungen zu den italienischen Fährhäfen

	von Basel	von München
Venedig	620 km	470 km
Ancona	800 km	850 km
Bari	1250 km	1300 km
Brindisi	1380 km	1415 km
Otranto	1500 km	1500 km

Unterwegs in Italien

Höchstgeschwindigkeit: auf Landstraßen Pkw und Motorräder 90 km/h, Gespanne 80 km/h.; auf Autobahnen Pkw und Motorräder 130 km/h, innerorts 50 km/h.

Achtung: An Feiertagen und Wochenenden gilt auf Autobahnen eine Höchstgeschwindigkeit von 110 km/h. Drastisch sind die Strafen für zu schnelles Fahren: Bei einer Überschreitung von mehr als 10 km/h sind 150 €, bei mehr als 20 km/h bis zu 500 € fällig!

Wichtige Verkehrsregeln: Vor dem Anhalten rechtzeitig blinken! Abschleppen auf Autobahnen mit dem eigenen Pkw verboten! In Tunnels und Galerien immer Abblendlicht einschalten! An schwarz-gelb markierten Bordsteinen Parkverbot!

Pannenhilfe: Notrufsäulen stehen in regelmäßigen Abständen an den Autobahnen. Der Straßenhilfsdienst des italienischen Automobilclubs ACI ist in ganz Italien unter ✆ 116 zu erreichen.

Polizeinotruf/Unfallrettung: ✆ 113 (kostenlos).

ADAC-Auslands-Notrufstationen

Athen (ganzjährig): ✆ 210/9601266
Thessaloníki (Juni-Sept.): ✆ 2310/412290
Mailand, ✆ 02/661591 (24 Std.)
Die Telefonnummer der Tag und Nacht besetzten Notrufstation in Deutschland lautet 0180/2 22 22 22.

Anreise mit der Bahn

Für Inselfahrer nur anzuraten, wenn sie auch vom nordgriechischen Festland oder dem Peloponnes etwas sehen wollen oder dort reichlich Zwischenstopps einlegen. Mit der Bahn durch den Balkan nach Griechenland zu reisen ist nur eingeschränkt möglich. Weniger stressig, außerdem mit schöner Fährüberfahrt, ist die Anreise über Italien. Von den italienischen Adriahäfen gehen Fähren nach Igoumenítsa und Pátras (s. spezielles Fährkapitel).

Egal, welche Strecke man wählt, nötig ist in jedem Fall eine rechtzeitige *Sitzplatzreservierung* (2,60 €), außerdem eventuell *Liegewagen* (15 €) oder *Schlafwagen* (ca. 60 €). Spätestens ein paar Wochen vorher muss man buchen. Insgesamt ist, alles einberechnet (Verpflegung, Liegewagen etc.), die ökologisch vorbildliche Zugfahrt leider keinesfalls günstig. Sparen helfen eventuell die diversen nationalen und internationalen Bahnpässe sowie das neue Bahnangebot "SparNight" (gibt es nur über Italien) oder das neue Bahnangebot "Europa-Sparpreis" (siehe Kasten "Bahnsparen").

Telefonische Reiseauskunft, Reservierung und Buchung: ✆ 11861, angesichts der etwas längeren Verhandlungen, die eine Buchung nach Griechenland erfordert, und der immensen Gebühren, die bei telefonischer Reiseauskunft anfallen, sollte man besser gleich zum nächsten größeren Bahnhof gehen und sich dort (kostenlos) beraten lassen.
Service-Telefon DB AutoZug: ✆ 01805/241224, tägl. 9–21 Uhr, www.dbautozug.de
DB im Internet: www.bahn.de

▸ **Balkanroute**: Auf die etwa 40 Std. dauernde Zugfahrt nach Athen (ab München gerechnet) sollte man sich mit einem großen Vorrat an Geduld, Unempfindlichkeit gegenüber Enge und üblen Gerüchen sowie mit genügend Reiseliteratur, Spielen o. Ä. ausrüsten. Nicht fehlen dürfen außerdem Getränke (vor allem Wasser!), Toilettenpapier und Proviant.

• *Verbindungen/Preise* Die **einfache Fahrt** von München via Wien (umsteigen) und Belgrad (noch mal umsteigen) nach Thessaloníki kostet in der 2. Klasse 179,80 € (Stand 2004), dort müssen Sie noch mal ein Ticket nach Athen kaufen (ca. 15 €). Eine anstrengende Angelegenheit, für die man fahrplanmäßig 30–32 Stunden nach Thessaloníki und weitere 7–8 Stunden nach Athen einplanen sollte. Realisten schlagen weitere 4–5 Stunden für Verspätungen drauf.

▸ **Italienroute**: Die Strecke zu den Fährhäfen Venedig, Ancona, Bari, Brindisi und Otranto war früher die umständlichere Variante. Derzeit ist sie jedoch die einzige Route, die ernsthaft empfohlen werden kann. Die Fährüberfahrt nach Griechenland bietet zugleich eine unterhaltsame Unterbrechung der langen Bahnfahrt. Jedoch Vorsicht, alle Jahre wieder streiken in Italien Zöllner und Zugpersonal!

• *Verbindungen* (Stand 2004) Von **Frankfurt a. M.** mehrmals tägl. mit mehrfachem Umsteigen über Basel, Mailand, Bologna nach **Ancona**. Schnellste Verbindung in 14 Std., Preis einfach in der 2. Klasse 139,20 €. Außerdem: **Frankfurt-Venedig** über Basel und Mailand in ca. 12 Std. (einfach 135,20 €); **Frankfurt-Brindisi** in ca. 21 Std. (über Basel, Mailand, Bologna und Bari) für 169,20 €.

Details zu den Fähren (inklusive Weiterfahrt auf dem griechischen Festland) im Kapitel "Fährverbindungen Italien – Griechenland", S. 23.

Bahnsparen

• *Sondertarife der Deutschen Bahn* **Plan & Spar**, maximal 40 % des Preises bei Buchung mind. 7 Tage vor Reiseantritt (zwischen Hin- und Rückfahrt muss die Nacht von Samstag auf Sonntag liegen) können gespart werden, Mitfahrer zahlen die Hälfte, die Bahncard bringt zusätzlich 25 % auf den vollen Preis. Die Plan & Spar-Tarife sind kontingentiert und gelten nicht für alle Züge! Darüber hinaus müssen Hin- und Rückfahrt auf der gleichen Strecke erfolgen. Nach diesem Vorbild kann man auch in mehreren europäischen Ländern sparen, die Konditionen sind die gleichen wie in Deutschland.

Bahncard, bei besonders langen Anfahrten (z. B. Hamburg-Kufstein) in Deutschland macht sich die Anschaffung einer Bahncard langfristig bezahlt, schließlich kann man sie anschließend im innerdeutschen Bahnverkehr ein Jahr lang weiterbenutzen (25 % Rabatt mit der Bahncard 25 für 50 €, 50 % Rabatt mit der Bahncard 50 für 200 €).

Schönes Wochenende der Deutschen Bahn: Sa 0 Uhr bis Mo 2 Uhr kann man für 28 € in Zügen (2. Kl.) im Nahverkehr, RegionalExpress (RE), RegionalBahn (RB), StadtExpress (SE) und S-Bahn so viel fahren, wie man will. Wer sich also den Stress des ständigen Umsteigens antun will oder grenznah günstig wohnt, für den kann es sich lohnen. Das "Schöne-Wochenend-Ticket" gilt für Eltern oder ein Elternteil mit beliebig vielen eigenen Kindern bis einschließlich 17 Jahren und für Gruppen bis zu 5 Personen.

• *Italienische Bahnpässe* Anschaffung rentiert sich nur, wenn man die Griechenlandreise mit einer ausgiebigen Tour durch Italien koppelt. Man erhält die italienischen Bahnpässe **nur in Italien**, nämlich an den Bahn-Grenzübergängen, in großen Bahnhöfen und in Reisebüros (z. B. CIT-Reisebüro in I-39100 Bozen, Piazza Walter 11, ✆ 0039/0471/976421).

• *Griechische Bahnpässe* Es gibt **Netzkarten** für das gesamte Bahnnetz, gültig für 10, 20 oder 30 Tage. Preis je nach Anzahl der Personen unterschiedlich, kann man nur vor Ort erwerben. Für 30 Tage pro Pers. zwischen ca. 60 (Einzelreisender) und 100 € (Gruppe von 5 Pers.).

Studenten mit internationalem Stud.-Ausweis erhalten in Griechenland auf Bahnkarten 25 % Rabatt.

• *Internationale Bahnpässe* Das bekannte **InterRail-Ticket** können seit 1998 auch Erwachsene ab 25 erwerben! Das Globalticket kostet für alle unter 25 Jahre 389 €, darüber 552 €. Es gilt einen Monat lang und bringt unbeschränktes Bahnfahren auf den staatlichen Bahnnetzen von mittlerweile allen europäischen Ländern außer Albanien und den baltischen Ländern (halber Fahrpreis im Land, in dem die Karte ausgestellt wurde). Außer dem Globalticket besteht auch die Möglichkeit, verschiedene geografische Zonen-Netzkarten zu wählen (insgesamt 8). Griechenland gehört zusammen mit Italien, Slowenien und der Türkei zur Zone G und kann mit dem 1-Zonen-Ticket für 219 € (über 26: 318 €) 22 Tage lang bereist werden, mit dem 2-Zonen-Ticket für 285 € (über 26: 402 €) einen Monat lang und mit dem 3-Zonen-Ticket für 329 € (über 26: 468 €) ebenfalls einen Monat lang. Mit dem Ticket Zone G kann man die Fährschiffe zwischen Brindisi und Pátras kostenlos nutzen.

Euro Domino, ohne Altersbeschränkung, man kann Netzkarten von insgesamt 28 europäischen Ländern und der Fährlinie Brindisi-Pátras kaufen (außer Wohnsitzland) und dann innerhalb eines Monats pro Land an 3 Tagen (durch bis zu 5 Zusatztage erweiterbar) das gesamte staatliche Bahnnetz benutzen (zuschlagspflichtige Züge ohne Aufpreis), Jugendliche bis 26 erhalten die Netzkarten verbilligt, Kinder von 4-11 J. um 50 % reduziert. Dazu gibt's 25 % Ermäßigung für die Strecke vom Wohnort bis zur Grenze und für Strecken in Transitländern. Klingt zwar etwas kompliziert, kann sich aber lohnen, falls man nicht länger als einen Monat unterwegs ist. Man legt die 3, 5 bzw. 10 Tage am besten so, dass An- und Rückfahrt sowie 1, 3 bzw. 8 längere Bahnfahrten innerhalb Italiens abgedeckt sind. Die griechische Netzkarte (z. B. 5 Tage, 2. Kl.) kostet für Erwachsene 89 €, für Jugendliche bis 26 Jahre 60 €, jeweils ein Zusatztag für Erwachsene 16 €, für Jugendliche unter 26 Jahren 11 €.

Spar-Night, über Nacht nach Italien, zum sagenhaft günstigen Preis von 39 € (6er-Belegung) geht es im Liegewagen (4er-Belegung 49 €, Schlafwagen 59 €, Sitzplatz 29 €) von München nach Bologna oder Rom, von den beiden Städten jeweils recht gute Verbindungen zu den Hafenstädten (besonders Ancona steht häufig auf dem Plan).

Ökologisch einwandfreies Fortbewegungsmittel

Rail Plus, in 25 Ländern Europas (inkl. Italien und Griechenland) gibt es für 15 € 25 % Ermäßigung auf den gewöhnlichen Fahrpreis (1. und 2. Kl.). Gilt allerdings nur im grenzüberschreitenden Verkehr und nicht im jeweiligen Inland. Außerdem ist es an den Besitz einer Bahncard gebunden. Weitere Hinweise im Bahnprospekt "Europa mit der Bahn".
(Alle hier genannten Preise sind Zirkapreise.)

Weitere Anreisemöglichkeiten

▸ **Mit dem Bus**: Preiswerte Alternative zur Bahn. Die *Deutsche Touring GmbH* bietet mit ihren "Europabussen" ganzjährig Fahrten von verschiedenen Städten in Deutschland nach Igoumenítsa (Nordgriechenland) an. Allerdings wird von den Reisenden enormes Sitzfleisch verlangt. Die Fahrt von Frankfurt nach Igoumenítsa dauert (inkl. Fähre) ca. 33 Stunden und führt zurzeit immer über Italien und weiter per Fähre, Ankunft in Igoumenítsa am Abend. Im Gegensatz zum Zug ist ein kleiner Spaziergang im Bus nicht möglich. Man sollte genug Proviant mitnehmen (die Busse halten unregelmäßig) und sich auf anderthalb Tage "Nichtstun" einstellen – etwas mehr Freiheit genießt man dann an Bord der großen Adriafähren. Die Überfahrt auf der Hinreise verläuft von Brindisi nach Igoumenítsa, Rückreise von Igoumenítsa nach Ancona.

- Busfahrpreise nach Igoumenítsa ab Frankfurt und München hin und zurück 169 € (einfach 97 €), Köln ca. 200 € (einfach 113 €). Kinder unter 4 Jahre zahlen 20 % des Fahrpreises, von 4 –12 Jahre 50%.
- Fährkosten Busbenutzer erhalten Sonderpreise: Brindisi-Igoumenítsa ca. 22 €; Igoumenítsa-Ancona ca. 30 €.
- Gepäck Erstes Gepäckstück frei, jedes weitere kostet ca. 5 €, jeweils für die einfache Fahrt.
- Auskünfte/Buchung **Deutsche Touring GmbH**, Am Römerhof 17, 60486 Frankfurt a. M., ✆ 069/790350, www.deutsche-touring.com.

▸ **Mitfahrzentralen**: Diese sehr preiswerte Alternative erfreut sich immer größerer Beliebtheit, nicht nur bei Schülern und Studenten. Der Fahrer spart Benzinkosten,

Die Anreise mit dem Surfbrett könnte mühsam werden

der Mitfahrer kommt billiger als mit dem Europabus nach Griechenland. Außerdem die Alternative schlechthin zum risikoreichen Trampen!

In allen größeren Städten der Bundesrepublik gibt es Mitfahrzentralen. Spezielle Büros für Frauen gingen mancherorts mangels Nachfrage wieder ein. Trotzdem können Kundinnen "Sonderwünsche" anmelden, z. B. Mitfahrt nur bei anderen Frauen oder Paaren.

Die Vermittlungsgebühr für Mitfahrer beträgt im gesamten Bundesgebiet je nach Entfernung des Zielortes zwischen 15 und 20 €. Zusätzlich kann gegen ein geringes Aufgeld (ca. 1 €) eine Unfall- und Pannenversicherung abgeschlossen werden, die für einen sicheren Weitertransport zum Urlaubsort sorgt – notfalls auch mit Übernachtung. Der Benzinkostenanteil variiert je nach Ausgangsort und Zahl der Fahrgäste. Je mehr Leute mitfahren, desto billiger wird es.

Die Vermittlung der Mitfahrgelegenheit erfolgt allerdings recht kurzfristig. In der Regel melden sich die Fahrer auf der Suche nach Interessenten etwa eine Woche vor dem geplanten Abreisetermin. Angesichts der Länge der Strecke sollte man sich vorher über die Übernachtung sowie über die Beteiligung an den Fährkosten für das Fahrzeug einigen. Als Alternative kommen auch Mitfahrgelegenheiten bis nach Süddeutschland oder Italien in Frage, von dort aus dann weiter per Fähre oder Zug.

Preise nach Ancona(Italienroute) (inkl. Vermittlungsgebühr): von München ca. 65 €, von Hamburg ca. 100 €, von Berlin ca. 105 €.

Die Mitfahrzentralen sind bundesweit unter ✆ **19440** (+ Vorwahl der jeweiligen Stadt) zu erreichen, im Internet unter www.citytocity.de.

Die mehrstöckigen Fähren nach Italien gleichen schwimmenden Städten

Fährverbindungen Italien – Griechenland

Die gemütlichste Art zu reisen: auf den geräumigen Mittelmeerfähren Richtung Griechenland tuckern, einen kühlen Drink an der Bordbar schlürfen, an Deck Sonne tanken, in Büchern schmökern oder einfach nur faulenzen. Die ein- bis zweitägige Überfahrt ist das reinste Vergnügen.

An Bord kann man wählen zwischen dem billigen Deckplatz, dem Pullmansitz, einer 2- bis 4-Bett-Kabine (samt Bullauge) oder so genannten Dormitories, einfachsten Kabinen mit bis zu 16 Betten. Auf den Schiffen gibt es ausreichend Speisesäle. Von welchem Hafen man abfährt, ist ein individuelles Problem, das auch davon abhängt, welches Ziel man in Griechenland ansteuert. Der Konkurrenzkampf der zahlreichen Reedereien ist voll entbrannt – Glück für den Kunden. Am besten, man rechnet die verschiedenen Fährpreise, kombiniert mit den Anfahrtskosten von Auto oder Bahn, einmal durch (dabei Autobahngebühren und Spritpreise berücksichtigen). Die Überfahrtspreise sind je nach Saison und Abfahrtstag deutlich verschieden. Lassen Sie sich für detaillierte Informationen, auch betreffend Ermäßigungen (z. B. Kinder) und Sonderpreise (Studenten, Interrail u. a.), am besten von der jeweiligen Agentur die aktuellen Prospekte schicken oder holen Sie sie in Ihrem Reisebüro.

Wichtig: Vor allem mit Pkw bzw. Wohnmobil sollte man möglichst früh buchen, denn nicht nur in der Hochsaison werden die Stellplätze schnell knapp!

Schiffsrouten

- mit Ziel *Kykladen, Nördliche Sporaden, Euböa, Dodekanes, Ostägäische Inseln*: Sie setzen nach **Pátras** über. Das ist die gängigste Variante, möglich von Triest, Venedig, Ancona, Bari und Brindisi. Ankunft meist am späten Nachmittag, weiter per Zug, Bus oder eigenem Auto über den Peloponnes oder am Korinthischen Golf entlang Richtung Athen/Piräus (Hafen für die Kykladen und die Ostägäischen Inseln) bzw. Chalkí (für Euböa) oder Vólos (für die Nördliche Sporaden).
- mit Ziel *Ionische* und *Nordägäische Inseln*: Sie setzen ab Triest, Venedig, Ancona, Bari oder Brindisi nach **Kórfu** oder **Igoumenítsa** über. Falls man nicht auf den Ionischen Inseln bleibt, anschließend Weiterfahrt mit Bus oder Pkw (kein Bahnanschluss) an der Küste entlang Richtung Süden oder durchs Píndos-Gebirge hinüber zu den Metéora-Klöstern. Diese Möglichkeit bietet sich an, wenn man auch viel vom griechischen Festland sehen möchte.
- Von Brindisi aus wird außerdem **Kefaloniá**, die größte der *Ionischen Inseln*, angelaufen.

(General-)Agenturen der Reedereien in Deutschland

Anek Lines, **Ventouris Ferries** und **Fragline**: Ikon Reiseagentur GmbH, Schwanthaler Str. 31/1, 80336 München, ✆ 089/5501041, 📠 598425, E-Mail: Sales@ikon-reiseagentur.de.
Adriatica, **Med Link Lines (MLL)** und **Hellenic Meditarrenean Lines (HML)**: Neptunia Schiffahrtsgesellschaft, Postfach 600803, 81208 München, ✆ 089/89607340, 📠 089/89664737, E-Mail: paxe@neptunia.de.
Minoan Lines: J. A. Reinecke & Co., Jersbeker Str. 12, 22941 Bargteheide, ✆ 04532/6517, 📠 24143, E-Mail: jareinecke@aol.com.

Superfast Ferries: vertreten sich selbst und die angeschlossenen **Blue Star Ferries (Strintzis)**, Hermann-Lange-Str. 1, 23558 Lübeck, ✆ 0451/88006166, 📠 88006129, E-Mail: info.germany@superfast.com.
Alle größeren Reedereien werden außerdem vertreten von Euronautic Tours, Dennerstr. 6, 90429 Nürnberg, ✆ 0911/2774030, Hotline: 0700/70071070, 📠 0911/27740399, www.euronautic.de, E-Mail: info@euronautic.de.

Wer sich die Mühe sparen will, eine der Agenturen zu kontaktieren, geht am besten gleich ins nächste **DER-Reisebüro**: Hier sind sämtliche größeren Reedereien des Fährverkehrs zwischen Italien und Griechenland vertreten und zu buchen.

▸ **Triest**: Die nördlichste Hafenstadt Italiens ist wohl hauptsächlich für Österreicher interessant, die auf der Alpen-Adria-Autobahn zügig vorankommen. Die einstige Zugehörigkeit zur Habsburger Monarchie merkt man der Stadt noch heute an. Die klassizistischen Paläste rund um die *Piazza dell'Unità* und den *Canal Grande* erinnern an Wien.

Fähren **Anek-Lines** fährt zwischen April und Oktober 4-mal wöchentlich über Kórfu und Igoumenítsa nach Pátras. Fahrzeit je nach Schiff etwa 31–35 Std.

▸ **Venedig**: Stimmungsvoller Ausgangspunkt für alle, die die weltberühmte Lagunenstadt etwas kennen lernen wollen und gleichzeitig gerne ausgiebig Schiff fahren, denn die Reise nach Hellas dauert ihre Zeit. Wunderschöne Ausfahrt entlang der historischen Skyline von San Marco.

Fähren **Minoan Lines** fährt ganzjährig 4-mal wöchentlich über Igoumenítsa nach Kórfu und nach Pátras. Fahrzeit bis Pátras je nach Schiff ca. 28–32 Std.

▸ **Ancona**: Bedeutendster Fährhafen nach Griechenland in Mittelitalien. Ein halbes Dutzend Fährlinien buhlen um die Gunst der Reisenden, täglich gibt es bis zu fünf

Überfahrten nach Kórfu, Igoumenítsa und Pátras. Die Fährpreise sind hier in der Regel schon ein Stück niedriger als von Venedig aus, trotzdem liegt Ancona noch relativ nah, von Süddeutschland ist es in einem Tag zu erreichen.

• *Fähren* **Superfast Ferries** fährt Ancona-Pátras tägl. in 19 Std. non-stop, zweifellos die schnellste Verbindung. Ausnahme: von Mitte Januar bis Anfang April nur 6-mal wöchentlich.
Minoan Lines bietet von Ancona aus zwei von der Jahreszeit abhängige Verbindungen an: von Januar bis Mitte März Ancona-Kórfu-Igoumenítsa-Pátras (31 Std.), von Ende März bis Dezember Ancona-Igoumenítsa-Pátras (mit Schnellfähre in 15 Std. bis Igoumenítsa, 20 Std. bis Pátras).
Anek Lines bietet die Ancona-Igoumenítsa-Pátras-Verbindung von Januar bis Ende Oktober.

▸ **Bari**: Knapp 150 km nördlich von Brindisi, von München direkt über die Autobahn zu erreichen. Die mit 355.000 Einwohnern größte und wichtigste Stadt Apuliens besitzt für den Fährverkehr eher geringe Bedeutung, ist aber wegen seit Jahren niedrig gehaltener Überfahrtspreise interessant. In der Altstadt unbedingte Vorsicht vor Taschendiebstahl – die Einheimischen warnen einen auf Schritt und Tritt!

• *Fähren* **Superfast Ferries** befahren von Mitte März bis Ende Dezember täglich die Routen Bari-Igoumenítsa und Bari-Pátras. Überfahrtsdauer Bari-Igoumenítsa ca. 10 Std., Bari-Pátras ca. 16 Std.

▸ **Brindisi**: Der bedeutendste Fährhafen Süditaliens, ganz auf Griechenlandtouristen eingestellt. Größtes Passagieraufkommen und neben Ancona die meisten Fährlinien nach Griechenland.

• *Fähren* Ganzjährig mind. 5x wöchentlich u. a. mit **Med Link Lines (MLL)** und **Hellenic Mediterranean Lines (HML)** nach Igoumenítsa (z. T. Halt in Kórfu), in der Hochsaison mehrmals tägliche Verbindungen, z. T. auch weiter nach Pátras (etwa alle zwei Tage mit Halt auf Kefaloniá). Fahrtzeit nach Igoumenítsa: ca. 9 Std., nach Kefaloniá 13,5 Std.

Fähr-Infos

- Wer noch nicht zu Hause vorgebucht hat, wird im **Juli** und **August** Schwierigkeiten bekommen, denn die Fähren sind dann völlig überfüllt (gilt besonders für Ancona und Brindisi).
- Wenn Sie **Hin- und Rückfahrt** gleichzeitig buchen, können Sie interessante **Sonderpreise** nutzen, z. B. bei einigen Linien bis zu 50 % auf den Rückfahrpreis Ihres Wagens und/oder 30 % auf den Rückfahranteil der Personen.
- Für Jugendliche, Studenten und Interrailer gibt es auf vielen Linien **Ermäßigungen** bis zu 30 %, für Kinder bis 12 Jahre 50 %, unter 4 Jahren frei.
- **Fahrradtransport** ist auf allen Fährlinien frei!
- Mind. **2 Std. vor Abfahrt** am Hafen sein. Unter Umständen verliert man sonst seinen reservierten Platz. Zugfahrer sollten Verspätungen einkalkulieren!
- Für **Kraftfahrer**: Schon vor dem Einschiffen alle Sachen zusammenpacken, die man während der Überfahrt braucht (Schlafsack, etwas zum Essen und Trinken, Lektüre etc.). Auf vielen Fähren darf man erst kurz vor dem Zielhafen wieder zum Auto, solange bleibt das Parkdeck verschlossen. Oft ist es dort aber einfach viel zu eng: Die Wagen stehen nur wenige Zentimeter voneinander entfernt – Türe öffnen und noch etwas rausholen ist nicht möglich!
- Für **Wohnwagen/-mobilfahrer**: Mehrere Gesellschaften, z. B. Minoan Lines (ab Ancona) und Superfast Ferries (ab Bari), bieten die Möglichkeit, im Wohngefährt auf dem "Camperdeck" überzusetzen. Vorteil: Man zahlt nur eine Deckpassage und genießt den Komfort des eigenen Mobilheims. Strom- und Wasseranschluss möglich, die Nutzung von Propangas ist dagegen verboten.

Über Stock und Stein

Unterwegs in Griechenland

▸ **Eigenes Fahrzeug**: Das Auto macht das Reisen in Griechenland unkompliziert. Dörfer und Strände, die nur mühsam mit Bussen erreichbar sind, kann man leicht auf eigene Faust entdecken. Die Beweglichkeit ist ein unschätzbarer Vorteil, schließlich ist man nicht auf Fahrpläne angewiesen und muss seine wertvolle Urlaubszeit nicht in Warteposition auf den nächsten Bus verbringen.
Die Griechen fahren temperamentvoll und auf den entsprechenden Strecken oft auch ziemlich schnell. Unangenehm können auch die großen Städte werden, allen voran Athen. Die Hauptverbindungsstraßen sind in Nord-, Mittelgriechenland und auf dem Peloponnes gut ausgebaut, geringe Mautgebühren werden lediglich auf den Autobahnen von der griechischen Nordgrenze über Thessaloníki nach Athen und von Athen nach Pátras verlangt.
Doch das Auto hat auch seine Nachteile: Neben der langen Anfahrt lohnt es nur auf den größeren Inseln. Viele kleine Eilande besitzen kein oder nur ein sehr bescheidenes Straßennetz, auf Hýdra und Spétses sind Autos nicht einmal erlaubt. Zudem sind innergriechische Fährüberfahrten für Autos sehr teuer.
Die Straßen in Griechenland und insbesondere auf den Inseln sind nicht mit mitteleuropäischem Standard zu vergleichen. Abseits der wichtigen Hauptverbindungen sind sie oft extrem kurvig, haben tiefe Schlaglöcher, Spurrillen oder sonstige Tücken. Man sollte sich an ein gemäßigtes Tempo gewöhnen. 80 oder gar 90 km/h auf Landstraßen zu fahren kann lebensgefährlich sein! Viele Straßen, vor allem zu kleinen Dörfern, sind Schotterpisten, nur ab und an betoniert oder stückweise geteert. Wegen der oft holprigen Strecken sind gute Stoßdämpfer Voraussetzung. Ob-

wohl auf der Karte nur eine Distanz von 40 km, kann eine Strecke leicht eine Stunde oder mehr in Anspruch nehmen. Insbesondere bei Serpentinen sollte man extrem vorsichtig fahren, viele Autofahrer schneiden die Kurven. In der Regel wird jedoch vorher gehupt. Leider geben alle Karten nur sehr ungenau Auskunft über die wahren Straßenverhältnisse. Wichtig für Handybesitzer: Telefonieren während der Fahrt ist in Griechenland für den Fahrer verboten.

▸ **Motorrad**: Motorradfahrer wissen meist selbst recht gut, was auf einer Reise wichtig ist. Deshalb hier nur ein paar Hinweise: Gefährlich kann es für Motorradfahrer vor allem werden, wenn der Asphaltbelag wegen der Hitze aufgeweicht ist – extreme Rutsch- und Sturzgefahr in den Kurven. Radarkontrollen findet man außer in Athen und Thessaloníki so gut wie keine. Es besteht Helmpflicht! Wer auch im Hochsommer nicht auf den Schutz einer Lederkombi verzichten möchte, gerät bestimmt ins Schwitzen. Nahezu chancenlos ist man, wenn Ersatzteile benötigt werden. Vertragswerkstätten gibt es, wenn überhaupt, nur in Athen und Thessaloníki. Motorradspezifisches Werkzeug, Bowdenzüge, Nippel, Sicherungen, Lampen, Flickzeug und einen kleinen Ölkanister mitnehmen! Grüne Versicherungskarte ist unabdingbar, es empfiehlt sich kurzzeitig der Abschluss einer Vollkasko-, zumindest aber einer Diebstahlversicherung. Diebstähle von neuen Motorrädern sind in Großstädten wie Athen und Thessaloníki keine Seltenheit mehr. Zum Teil recht raffiniert – das Motorrad wird einfach mit einem Lkw abtransportiert. In einem solchen Fall kommen zu dem Verlust vermutlich noch Probleme beim Zoll.

Das kosten Verkehrssünden in Griechenland (Stand 2004):
Missachtung des Parkverbots: ab ca. 45 € bis ca. 80 €
Missachtung des Überholverbots: ab ca. 70 € bis ca. 90 €
Missachtung des Rotlichts: ab ca. 45 € bis ca. 250 €
Geschwindigkeitsdelikte: z. B. 20 km/h zu schnell: ca. 50 €
Alkohol am Steuer (Promillegrenze 0,5): ab ca. 80 €
Missachtung der Anschnallpflicht: ca. 80 € pro Person
Zweiradfahren ohne Helm: ca. 80 € pro Person.
Die Kontrollen wurden in den letzten Jahren vor allem in den Städten und an den wichtigen Überlandstraßen verstärkt. Auseinandersetzungen mit der griechischen Polizei können sehr unangenehm verlaufen.

Tankstellen/Pannen

- *Tankstellen*: gibt es an der Küste auf den größeren Inseln in ausreichender Zahl. Im Inselinneren und auf kleinen Inseln sollte man sich jedoch stets mit genügend Sprit ausrüsten und auf einen gefüllten Reservekanister achten (detaillierte Angaben zu Tankstellen auf den Inseln in den jeweiligen Texten und Karten!).
- *Pannen*: Im Kofferraum sollte man auf alle Fälle einen intakten Reservereifen, entsprechendes Werkzeug, Keilriemen und Reservekanister haben. Nicht vergessen: Überprüfen Sie regelmäßig den Reifendruck, das Kühlerwasser, den Ölstand und die Säure in der Batterie (kann bei den hohen Temperaturen leicht verdampfen)! Nehmen Sie auch eine Sonnenbrille mit, nicht selten herrschen "blendende" Lichtverhältnisse.

Wenn Sie eine Panne haben, wenden Sie sich an den griechischen Automobilclub **ELPA**. Dort weiß man am besten, wo man Ersatzteile bekommt oder wo die nächste Vertragswerkstatt ist. Von Juni bis Sept. leistet der ELPA tägl. Pannenhilfe (siehe "Unterwegs in Griechenland", S. 29). An der Autobahn finden Sie in unregelmäßigen Abständen **Notrufsäulen**. Polizeinotruf ist in ganz Griechenland die **100**.

Parken/Nachtfahrten

• *Parken* mit Ausnahme von **Athen**, **Thessaloníki** und größeren Hafenorten wie **Vólos**, **Kavála**, **Pátras** und **Igoumenítsa** kein Problem. Auch die Polizisten sehen im entlegenen Inseldorf meist großzügig über Halteverbote hinweg. Pedantisch ist die Polizei dagegen in den Großstädten. Wer falsch parkt, dem wird das Nummernschild abgeschraubt! Die ganze Angelegenheit ist sehr ärgerlich. Zunächst einmal werden hohe Geldstrafen verlangt und außerdem verliert man viel Zeit bei der "Auslösung" des Kennzeichens. Zum Teil werden die Schilder auch erheblich beschädigt. Die Polizei ist keineswegs zimperlich, wenn es darum geht, die Schrauben zu lösen. Vor allem in Pátras und Igoumenítsa sollte man aufpassen. Immer wieder parken Reisende wenige Stunden vor Ablegen der Fähre nach Italien ihre Fahrzeuge verkehrswidrig in der Innenstadt, gehen noch einmal gemütlich essen und stellen bei ihrer Rückkehr fest: Es fehlen die Nummernschilder. Dann beginnt der Wettlauf gegen die Zeit ...
In den größeren Städten haben mehr und mehr **Parkhäuser** ihre Türen geöffnet. Die Unterstellgebühren sind wesentlich geringer als in Deutschland.

• *Nachtfahrten* sind mühsam und gefährlich. Selbst schwierige Strecken durchs Gebirge haben keine Begrenzungspfähle. Die Trasse ist kaum sichtbar. Für Schlaglöcher, Bodenwellen und Spurrillen bräuchte man ein Infrarot-Auge. Deshalb sollte man auf Nachtfahrten möglichst verzichten, vor allem, wenn es sich um unbekannte Strecken handelt.

Inselreisen

Lediglich für die größten Inseln würden wir bei längerem Aufenthalt die Mitnahme eines Fahrzeugs empfehlen: **Kórfu**, **Léfkas**, **Kefaloniá**, **Thássos**, **Páros**, **Náxos**, **Lésbos**, **Chíos**, **Sámos**, **Rhódos**, **Kós** und **Kreta**.
Auf keinen Fall ein Fahrzeug mitnehmen sollte man nach Folégandros, Síkinos und Kímolos, auf die Kleinen Ostkykladen und auf die kleinen Inseln des Dodekanes. Verboten sind Autos auf Hýdra und Spétses.
Werkstätten sind auf den Inseln meist nicht sonderlich gut bestückt, Ersatzteile müssen aus Athen eingeflogen bzw. per Fähre verschifft werden – das kann dauern. Besser vor Ort ein Mietfahrzeug nehmen, bei der überschaubaren Größe der meisten Inseln genügt ein preiswertes Zweirad.
Empfehlenswert ist dagegen die Mitnahme des eigenen **Motorrads**. Die Fährpreise für die Zweiräder sind erschwinglich, außerdem besitzt man eine größere Unabhängigkeit auf den Inseln: Für Autos unzugängliche Wege schafft das Motorrad mühelos!

▸ **Überlandbusse**: Auf den gut besuchten Inseln besteht im Sommerhalbjahr ein dichtes Netz von Verbindungen der griechischen Busgesellschaft *K.T.E.L.*, das ganz den touristischen Bedürfnissen angepasst ist: Pendelverkehr zwischen wichtigen Inselorten, zu den beliebtesten Ausflugszielen, zu Stränden etc. Außerhalb der Saison und in den weniger besuchten Orten sieht es dagegen nicht so gut aus. Busfahren in Griechenland erfordert Geduld. Unpünktlichkeit, fehlende Anschlüsse und ständig sich ändernde Abfahrtszeiten beruhigen nicht gerade die Nerven. Dennoch kann die Zeit im Bus ein Erlebnis sein. Kontakte sind mit ein paar Brocken Griechisch sehr schnell hergestellt ... Und Busfahren ist recht billig.
Zentren des Busnetzes sind natürlich die Städte. Von fast jedem Dorf fährt täglich ein Bus in die nächste größere Stadt, von dort gibt es Verbindungen zu fast jedem Inselort. Vor allem nach Athen gibt es vorzügliche Verbindungen aus allen Landesteilen. Schließlich fahren viele, die unter der Woche in der Hauptstadt arbeiten, am Wochenende heim in ihre Dörfer. In den Großstädten sind die Busbahnhöfe Wartehallen, Lebensmittelläden, Imbisse und Kafenía in einem. Das Warten wird hier nie langweilig

In größeren Städten gibt es oft nicht nur einen, sondern gleich mehrere *Busbahnhöfe* in verschiedenen Stadtvierteln, von denen Busse jeweils in bestimmte Richtungen fahren (Hinweise bei den jeweiligen Orten). Die schwankenden Abfahrtszeiten sollte man stets am Schalter (oder bei einem sachkundigen Einheimischen) erfragen. Außerdem aufpassen, dass man nicht im falschen Bus landet, die Fahrtziele sind oft nicht angeschrieben! Fahrscheine können an den Schaltern oder auch im Bus gekauft werden. *Wichtig*: Tickets bis zum Ende der Fahrt aufheben, es wird mehrmals kontrolliert.

Die Busverbindungen sind stets bei den Orten detailliert aufgeführt.

Unterwegs in Griechenland

Höchstgeschwindigkeit: auf Autobahnen 120 km/h (Motorräder und Gespanne 90 km/h), auf Schnellstraßen 110 km/h (90 km/h), außerhalb von Ortschaften 90 km/h (70 km/h), innerorts 50 km/h (40 km/h).

Wichtige Verkehrsregeln: An gelb markierten Straßenrändern darf nicht geparkt werden. Promillegrenze 0,5. Helmpflicht für Zweiradfahrer. Telefonieren während der Fahrt ist nur mit Freisprechanlage gestattet!

Benzinpreise: sind etwas niedriger als in Deutschland. Normalbenzin sollte man wegen der niedrigen Oktanzahlen nicht tanken, stattdessen Super Unleaded (Bleifrei).

Pannenhilfe: Der griechische Automobilclub ELPA hilft von Juni bis September (im 60-km-Umkreis von Athen und Thessaloníki ganzjährig) tägl. von 7–22 Uhr, sofern es sich um eine kleine Panne handelt und Sie sich im Bereich der nächsten Stadtzentrale befinden (zwischen 30 und 80 km, je nach Stadt verschieden). Die gelben Straßenwachtfahrzeuge können unter der Telefonnummer 104 (mit Ortsvorwahl) angefordert werden. In Athen (Vorwahl 210) und in Thessaloníki (Vorwahl 2310) sind die Zentralen rund um die Uhr besetzt (man spricht Englisch). Weitere Ortsvorwahlen: Kavála 2510, Komotiní 25310, Lámia 22310, Lárissa 2410, Pátras 2610, Iráklion 2810, Chaniá 28210.

Wichtige Telefonnummern: Polizeinotruf 100, Touristenpolizei in Athen 171, Unfallrettung (Athen-Piräus) 166. Daneben gibt es noch einen deutschsprachigen Notrufdienst des ADAC in Athen, ✆ 210/9601266 (ganzjährig) und Thessaloníki, ✆ 2310/412290 (Juni – Sept.).

Griechischer Automobilclub: Automobil- und Touring-Club von Griechenland ELPA, 11527 Athen, Messogion Str. 2–4, ✆ 210/7791615-19, sowie 10564 Athen, Amerikis Str. 6, ✆ 210/3638632.

▶ **Eisenbahn**: Das griechische Bahnnetz ist unterentwickelt, weite Teile des Landes sind per Bahn nicht erreichbar, vor allem der gebirgige Westen. Auf den Inseln gibt es kein Eisenbahnnetz.

Hauptknotenpunkt in Nordgriechenland ist *Thessaloníki*, hier kommen alle Züge aus Mitteleuropa an. Weiter geht's an der griechischen Ostküste entlang nach *Athen*. Zugfahren in Griechenland ist ein ausgesprochen billiges Vergnügen. So kostet beispielsweise die mehr als fünfstündige Fahrt von Pátras nach Athen in einem normalen Lokalzug ganze 5,30 € in der 2. Klasse (4,5 Std.). Inzwischen fahren aber auch zunehmend moderne Intercity-Triebwagenzüge auf griechischen Schienen. Sie sind schneller, pünktlicher und bequemer – und ebenfalls relativ preiswert. Die Strecke Pátras – Athen legen sie beispielsweise in 3,5 Std. zurück, der Fahrpreis beträgt 10 € (2. Kl.).

Unser Tipp für Vielfahrer: das **Euro Domino-Ticket**, mit dem man äußerst preisgünstig die griechischen Züge benutzen kann (s. "Bahnsparen" im Kapitel "Anreise mit der Bahn", S. 20).

▶ **Schiffsverbindungen**: vor allem für Inselfahrer essenziell. Die innergriechischen Schiffsverbindungen sind beinahe so zahlreich wie die Inseln, aber wesentlich unübersichtlicher. Die Routen der diversen Gesellschaften ändern sich ständig – hier ein verbindliches Raster aufzustellen ist unmöglich. Eines bleibt jedoch konstant:

Von Piräus kommt man beinahe überall hin. Die meisten Linien gehen von dort sternförmig in alle Richtungen, Querverbindungen sind seltener, in der Touristensaison aber durchaus ausreichend. Meist bestehen sehr gute Verbindungen innerhalb der einzelnen Inselgruppen, übergreifende Verbindungen (z. B. von den Kykladen zum Dodekanes oder über die Nördlichen Sporaden nach Thessaloníki) gibt es dagegen nur 1- bis 3-mal pro Woche.

Zu buchen sind Deckplätze (ausreichend Sitzmöglichkeiten meist vorhanden) und die etwas teureren Pullmannsitze, Kabinen lohnen sich nur bei Langstrecken. Die Preise sind mäßig: Eine Deckpassage von Piräus nach Rhódos kostet beispielsweise etwa 30 €. In der Regel sind die Fähren einigermaßen komfortabel, immer existiert eine Bar, wo man z. T. auch warme Snacks bekommt.

Schlechter sieht es mit dem *Winterfahrplan* aus, der etwa von Ende Oktober bis Ende April gilt. Dann können viele Inseln nur einmal pro Woche erreicht werden – und wenn (wie im Winter 2001/2002) Griechenland unter einer Schneedecke liegt oder ein gewaltiger Sturm tobt, dann kommt der Schiffsverkehr in der Ägäis zeitweise völlig zum Erliegen.

Für "Inselspringer" lohnt eventuell der **Greek Island Pass**: erhältlich in den Reiseagenturen in Piräus, kostet ca. 40 € und gilt 20 Tage lang für die Kykladen-Inseln. Kann sich schon ab 3–4 längeren Überfahrten lohnen. Allerdings darf man zwischendurch nicht nach Piräus zurück, da sonst der Pass verfällt.

> Die Ägäis ist ein stürmisches, unruhiges Meer. Immer wieder kommt es vor, dass Abfahrten wegen rauer See kurzfristig storniert werden. Vor allem kleinere Schiffe können dann oft nicht auslaufen. Legen Sie Ihre geplante Abfahrt nicht auf den letztmöglichen Tag fest. Falls Sie zu einem bestimmten Termin aufs Festland zurück müssen (Rückflug ab Athen etc.), begeben Sie sich einige Tage vorher auf eine Insel, von der aus gute Verbindungen nach Piräus bestehen. Von wenig besuchten Inseln mit kleinen Häfen sollten Sie keinesfalls wichtige (termingebundene) Rückfahrten planen. Bei stürmischer See können die Fähren dort nur unter großen Schwierigkeiten festmachen.
> Wer zur **Seekrankheit** tendiert, sollte unbedingt ein Medikament mitnehmen. Besonders kleinere, überfüllte Kutter schlingern tückisch.
> **Pullover** griffbereit halten, abends wird es kühl an Deck.

• *Wichtige Festlandshäfen* **Kavála** (Makedonien) – Fähren nach Thássos, Límnos, Samothráki.
Keramotí (Makedonien) – Thássos.
Alexandroúpoli (Thrakien) – Samothráki.
Vólos (Thessalien) – Skíathos, Skópelos, Alónnissos, Skýros.
Rafína (Áttika) – Euböa, Kykladen-Inseln Ándros, Tínos, Mýkonos.
Lávrion (Áttika) – Kéa, Kíthnos.
Gýthion (Peloponnes) – Kýthira, Kreta.
Pátras (Peloponnes) – Kórfu, Kefaloniá, Íthaka.
Kyllíni (Peloponnes) – Zákynthos, Kefaloniá.
Kými (Euböa) – Skýros, Skiáthos, Skópelos, Alónissos.
Igoumenítsa (Épirus) – Kórfu.
Piräus (bei Athen) – Kykladen, Kreta, Dodekanes, Nordostägäische Inseln (u. a. Sámos, Lésbos, Chíos), Inseln des Saronischen Golfes (Ägina, Hýdra, Póros, Spétses).

• *Hilfsmittel für die Routenplanung* Die **Griechische Zentrale für Fremdenverkehr** (Adresse unter "Informationen") versendet kostenlos die Broschüre "Innergriechische Schiffsverbindungen" mit einer ungefähren Jahresübersicht. In Griechenland erhalten Sie die aktuellen **Schiffsfahrpläne** auf kopierten Handzetteln in der **Tourist Information** in Athen (siehe dort). Wer sich vor Reisebeginn im Internet informieren will, findet unter **www.gtp.gr** recht verlässliche und aktuelle Fahrpläne zum gesamten innergriechischen Fährverkehr.

Alle Details zu Routen, Fahrthäufigkeit, Dauer, Preisen etc. finden Sie unter den jeweiligen Inseln!

▸ **Flugzeug**: noch immer eine ausgesprochen preiswerte Angelegenheit! Olympic Airways (www.olympicairlines.com) und Aegean Airlines (www.aegeanair.com) haben, wenn auch in punkto Zuverlässigkeit und Service eher mäßig, mit die billigsten Flugtarife in Europa. Eventuell überlegenswert, längere Strecken in der Luft abzukürzen, vor allem die schnellste Art des "Inselhüpfens", jedoch keinesfalls die umweltfreundlichste.
Großes Handikap: Viele Strecken sind wochen- und monatelang im Voraus ausgebucht. In Deutschland, Österreich und der Schweiz vorzubuchen ist aber problemlos möglich. Vor allem wer seine Ziele bereits kennt, kann so schon zu Hause eine Route austüfteln.
Griechenland besitzt derzeit 37 Airports, die touristisch genutzt werden, die meisten davon auf den Inseln. Dreh- und Angelpunkt des Flugverkehrs ist *Athen*. In der Regel gibt es von dort mindestens 1-mal tägl. Verbindungen zu fast allen Flughäfen, nach Kreta bestehen mind. 5-mal täglich Verbindungen.
Querverbindungen zwischen Insel-Airports sind leider relativ selten und werden nur innerhalb der Touristensaison geboten. Gute Möglichkeiten bestehen z. B. auf *Kreta* (Flüge u. a. von und nach Rhódos und Thessaloníki) und *Rhódos* (Kárpathos, Kássos, Kastellórizo, Kreta und Thessaloníki). Querverbindung auch zwischen *Kárpathos* und *Kássos*. Einige Plätze auf kleineren Inseln, z. B. auf *Kastellórizo* und *Kássos* werden nur von den nächstgrößeren Inseln angeflogen (Details in den jeweiligen Inselkapiteln).

Griechische Flughäfen (n = nur innergriechische Flüge), vgl. "Anreise/Mit dem Flugzeug", S. 11.

Nordgriechenland: Thessaloníki, Alexandroúpoli (n), Kavála, Kastoriá (n), Kozáni (n), Ioánnina (n).
Mittelgriechenland: Préveza (n), Athen.
Peloponnes: Áraxos (Pátras), Kalamáta, Kýthira (n).
Ionische Inseln: Kórfu, Kefaloniá (n), Zákynthos.
Nördliche Sporaden: Skíathos, Skýros (n).
Kykladen: Mýkonos, Santoríni, Páros (n), Mílos (n), Náxos (n), Síros (n).
Kreta: Iráklion, Chaniá, Sitía (n).
Nord- und ostägäische Inseln: Límnos, Lésbos, Chíos, Ikaría (n), Sámos.
Dodekanes: Léros (n), Kós, Rhódos, Kárpathos, Kássos (n), Kastellórizo (n), Astipálea (n).
• *Preisbeispiele* (einfache Strecke): **Athen** – Iráklion 58 €, Rhódos 60 €, Mýkonos 61 €, Thessaloníki 60 €, Kós 53 €, Sámos 58 €, Kárpathos 65 €, Mílos 34 €, Páros 53 €, Náxos 59 €, Santoríni 67 €, Kefaloniá 60 €, Kórfu 60 €, Chaniá 58 €. **Iráklion** – Rhódos.72 €, Thessaloníki 95 €. **Rhódos** – Kárpathos ca. 30 €, Kássos ca. 35 €, Kastellórizo ca. 44 €, Thessaloníki 84 €. (Stand: 2004)

Zu den angebenen Preisen kommt noch die **Flughafensteuer** (je nach Strecke in Höhe von ca. 4–20 €) hinzu. Wird das Ticket bereits in Deutschland (Österreich, Schweiz) ausgestellt, erhöht sich der Preis zusätzlich um etwa 15 %.

Das griechische Verkehrsministerium plant die Eröffnung weiterer Flughäfen, u. a. auf Tínos und Kálymnos.

▸ **Taxi:** Noch immer ist Taxifahren ein relativ preiswertes Vergnügen in Griechenland. Nicht zuletzt deshalb, weil die Fahrzeuge mit Dieselkraftstoff fahren, der relativ billig ist.
Man unterscheidet zwei Arten: jene, die in der Stadt verkehren (*Taxi*), und solche, die auch entlegenere Regionen anfahren (*Agoreon*). Letztere besitzen keinen Taxameter, sondern haben Festpreise für Überlandfahrten. Es empfiehlt sich, den Preis immer vor der Abfahrt zu erfragen! Handeln ist nur in begrenztem Rahmen möglich.

In den Stadttaxis fährt man in der Regel nach Taxameter. In diesem Fall darauf achten, welcher Tarif eingeschaltet ist. Der billigere *Tarif 1* gilt im Ortsgebiet, in dem das Taxi eingetragen ist, außerhalb der Ortsgrenze und nachts der teurere *Tarif 2*. Aber auch in diesen Taxis wird oft der Taxameter nicht angeschaltet, sondern ein fester Preis veranschlagt. Am besten vorher bei der Tourist-Information oder einer anderen geeigneten Stelle nach Preisen erkundigen und darauf achten, was griechische Urlauber zahlen, die oft und gerne Taxis benutzen!

In der Regel macht man gute Erfahrungen mit den Taxifahrern, die Preise sind in Ordnung und die Fahrer ausgesprochen hilfsbereit. Sehr aufpassen sollte man in Athen, wo manche Fahrt zum Nepp wird. Auf den Inseln bieten viele Taxifahrer halb- oder ganztägige Rundfahrten an, Preise richten sich nach dem Verhandlungsgeschick.

In Griechenland halten oft **bereits besetzte Taxis** an, um Sie mitzunehmen, falls Sie in dieselbe Richtung wollen. In diesem Fall (und wenn der Taxameter eingeschaltet ist) den Zählerstand beim Einsteigen merken – ab dieser Zahl wird später abgerechnet. Wenn zwei voneinander unabhängige Parteien dieselbe Strecke in einem Taxi fahren, müssen sie in der Regel beide den auf dem Taxameter angezeigten Preis bzw. vorher vereinbarten Preis zahlen. Das heißt natürlich nicht, dass bei einer Gruppe, die gemeinsam ein Taxi nimmt, jeder den angezeigten Fahrpreis zahlen muss, wie es Taxifahrer ab und zu unerfahrenen Touristen glaubhaft zu machen versuchen.

- *Preise* Startgebühr 1 €, Kilometerpauschale nach Tarif 1 ca. 0,30 €, nach Tarif 2 ca. 0,40 €. Für Nachtfahrten nach Mitternacht wird Tarif 2 berechnet. Zuschlag für jedes Gepäckstück über 10 kg ca. 0,50 €, Zuschlag außerdem bei Fahrten von und zum Flughafen, Bahnhof, Busterminal und Hafen.

▸ **Mietwagen**: keinesfalls billig, trotzdem sehr beliebt. In allen Touristenorten sowie in den Städten gibt es Dutzende Möglichkeiten, sich ein Fahrzeug zu mieten. Manchmal sind die Wagen jedoch in haarsträubendem Zustand – ausgeleierte Kupplung, schlecht eingestellte Pedale, defekte Stoßdämpfer. Auf solche Fahrzeuge sollte man sich nicht einlassen.

Wichtig: Wer muss im Falle eines Verkehrsunfalls zahlen? Die Bedingungen der Verleiher sind teilweise unterschiedlich, es empfiehlt sich auf alle Fälle, die Konditionen – Verträge meist in englischer Sprache – sehr genau zu studieren. Grundsätzlich sind die lokalen Anbieter etwas preiswerter als die großen internationalen Verleiher wie *Hertz* und *Avis*.

Grundsätzlich gibt es drei Möglichkeiten:

- Verleih pro Tag mit Kilometerpauschale. 100 km werden berechnet, auch wenn Sie weniger gefahren sein sollten.
- Verleih mit unbeschränkter Kilometerzahl, oft kombiniert mit einer Mindestentleihdauer von drei Tagen. Zu bezahlen sind eine Grundgebühr und die gefahrenen Kilometer.
- Fly & Drive, bereits zu Hause Flug mit Auto gleichzeitig buchen, mindestens eine Woche.

Es empfiehlt sich durchzurechnen, welche der Möglichkeiten für die eigenen Zwecke am günstigsten ist, die Preise differieren stark. Vor allem in der Nebensaison sollte man versuchen, etwas zu handeln. Bei mehrtägiger Nutzung des Fahrzeugs werden Rabatte zwischen 10 und 20 % gewährt.

Empfehlenswert ist das Leihen von (offenen) Jeeps. Selbst steinige und extrem holperige Pisten sind damit befahrbar, was mangels Asphaltstraßen bisweilen not-

Fahrspaß für Geübte – Enduros verlangen Erfahrung

wendig ist. Jedoch Vorsicht: Schäden an Reifen, Felgen und Unterseite des Wagens müssen in der Regel selbst bezahlt werden!

• *Bedingungen* Fahrer muss mind. 21 (manchmal auch 23) Jahre alt und bereits ein Jahr im Besitz des Führerscheins sein.

• *Preise* differieren je nach Hoch- und Nebensaison bis zu 40 %. Sie beginnen in der Hochsaison in der niedrigsten Klasse (Kleinwagen – Fiat Panda, Suzuki, Subaru etc.) bei ca. 40–50 € pro Tag, Aircondition kostet extra. Für einen Jeep zahlt man etwa 60–90 €. Achtung: Die in einigen Prospekten ausgedruckten Preise scheinen auf den ersten Blick billig, doch enthalten die Umsatzsteuer nicht; so kommen noch einmal 16 % zum Endpreis hinzu. Handeln ist meist möglich. Die obligatorische Kaution kann in der Regel per Kreditkarte hinterlegt werden.

• *Versicherung* Im Mietpreis eingeschlossen ist eine **Haftpflichtversicherung**. Um auch selbst verschuldete Schäden am "eigenen" Fahrzeug zu decken, kann man eine **Vollkaskoversicherung** abschließen (collision damage waiver). In der Regel nicht versichert sind Unterseite des Wagens, Reifen und Felgen. Außerdem muss man bei vielen Firmen auch – trotz Vollkaskoversicherung – für die Dauer einer etwaigen Reparatur des beschädigten Wagens den Mietausfall begleichen!

▸ **Zweiradverleih**: *"Rent a scooter"* oder *"Rent a bike"*. Diese Schilder findet man überall in den touristisch bedeutsamen Orten auf den Inseln. Das Mofa, das kleine Motorrad oder der Scooter sind die billigsten individuellen Fortbewegungsmittel. Straßen, die für Autos unpassierbar und viel zu eng sind, bilden für ein Zweirad meist kein Hindernis. Selbst abgelegene Ziele können besucht werden – die meisten Staub- und Erdpisten lassen sich bei vorsichtiger Fahrweise in der Regel problemlos bewältigen.

Jedoch aufpassen beim Leihen: Nicht selten sind die Zweiräder in erbärmlichem Zustand. Profillose Reifen, Probleme beim Anlassen, lockere Kette, defektes Licht und schlechte Bremsen sind fast schon obligatorisch. Die Nachlässigkeit der Vermieter und die Unerfahrenheit der Mieter gehen eine unglückliche Synthese ein: Für den Unternehmer lohnt es kaum, die von Tausenden ungeschickter Touristenhände heruntergewirtschafteten Maschinen zu überholen, er wäre Tag und Nacht am reparieren. Stattdessen werden die Mopeds gefahren, bis sie buchstäblich "zusammenbrechen" (etwa 2–3 Jahre), dann wandern sie auf den Müll und ein neuer Schwung wird angeschafft. Beim Anmieten darauf achten – vielleicht erwischt man einen Bike-Laden, der für die diesjährige Saison gerade einen neuen Fuhrpark erworben hat!

Generell: Bevor man ein Fahrzeug leiht, unbedingt eine **Probefahrt** machen. Bremsen, Gangschaltung, Licht, Reifenprofil etc. genau prüfen. *Auf Mängel hinweisen*, oft kann der Vermieter nachbessern oder man bekommt ein anderes Fahrzeug.

Für alle, die keine Erfahrung mit Zweirädern haben, empfiehlt es sich, **äußerst vorsichtig** zu fahren! Immer wieder kommt es zu bösen Stürzen. Unfallursache: überhöhte Geschwindigkeit. Die meisten Mofas und kleinen Motorräder sind "frisiert". Mofas fahren ca. 50 km/h, 50-ccm-Maschinen mit drei Gängen ca. 65 km/h.

Wichtig: Immer fragen, *welches Benzin* getankt werden muss. Manche Fahrzeuge fahren mit "Normal", andere mit "Super", wieder andere nur mit einem speziellen Gemisch für Mofas. Und immer auf einen *gefüllten Tank* achten bzw. kalkulieren, wie lange der Vorrat noch reicht (beim Vermieter den Verbrauch erfragen). Tankstellen sind auf einigen Inseln noch immer rar – oft nur ein, zwei Stationen pro Insel und diese meist im Hafenort. Wenn einem dann auf der gegenüberliegenden Inselseite der Sprit ausgeht ... Für den Fall einer Panne immer die *Telefonnummer des Vermieters* mitnehmen (steht oft am Zweirad bzw. im Mietvertrag). Üblicherweise wird man zusammen mit dem Fahrzeug zurückgeholt. Andernfalls kann der Rücktransport teuer werden (evtl. Lkw-Fahrer fragen, ob sie einen mitnehmen etc.). Vor der Anmietung erkundigen, was im Fall einer Panne passiert.

Ein letzter Hinweis: In der Sommerhitze kühlt der Fahrtwind zwar angenehm, trotzdem sollte man im Hochsommer nicht stundenlang mit kurzen Hosen und T-Shirts fahren – erhebliche Sonnenbrandgefahr! Auch wenn es niemanden zu interessieren scheint: Es besteht Helmpflicht. Während der Saison wird durchaus häufig kontrolliert, die Strafen sind ziemlich hoch.

• *Zweirad-Typen* Meist werden die folgenden vier Kategorien angeboten.

Mofa: oft in miserablem Zustand, geringer Spritverbrauch, Automatik-Schaltung, leicht zu bedienen.

50-ccm-Maschine: entweder ein Dreigang-Mofa, meist Marke Honda, oder eine kleine, geländegängige Maschine. Für bergige Strecken ideal; robuste Maschinen kann man auch zu zweit fahren.

Scooter: Die Roller sind am besten für asphaltierte oder befestigte Straßen geeignet. Fahren ziemlich schnell, kann man auch zu zweit benutzen.

Geländemaschinen: mit schwerem Stollenprofil, teuer und nur für wirkliche Kenner geeignet. Sind zwar super zu fahren – gerade auf den bergigen Inselpisten zu Stränden hinunter und wieder zurück – aber damit kann auch das meiste passieren! Angeboten werden 80-, 125- und 250-ccm-Maschinen.

• *Mietverträge* (Rental contracts): sind meist der reinste Witz und so vage abgefasst, dass der Mieter für fast alles haftbar gemacht werden kann. In deutscher Sprache abgefasste Verträge gibt es nur selten (meist griechisch und englisch), falls doch, oft in so haarsträubender Übersetzung, dass man die Hälfte nicht versteht bzw. die Punkte missverständlich oder mehrdeutig sind.

Für von ihm verursachte Schäden am Fahrzeug haftet der Fahrer im Allgemeinen voll! Was von ihm letztendlich verursacht wurde, ist dann Definitionssache. Meist muss man unterschreiben, dass das Fahrzeug bei der Übergabe vollständig in Ordnung war (Motor und Bremsen) und man es im gleichen Zustand zurückbringen muss oder dergleichen. Wenn dann etwas kaputtgeht (z. B. Bremsseil gerissen), verlangen einige Vermieter eine Beteiligung an den Ersatzteil- oder Reparaturkosten – auch wenn eigentlich der schlechte Zustand des Fahrzeugs für den Schaden verantwortlich war (Verschleiß). Praktisch alle Verleiher verlangen den **Pass** oder ein anderes Dokument zur Sicherheit, auch dies ist kaum zu umgehen.

• *Versicherung* Eine **Haftpflichtversicherung** für Unfallgegner ist im Regelfall im Mietpreis inbegriffen. Allerdings ist sie auf den Verträgen meist nicht vermerkt. Im Zweifelsfall Versicherungspolice zeigen lassen.

• *Preise* Mofas kosten pro Tag ca. 10–15 €, Scooter 18–22 €, 125 ccm Enduros 25–35 €, Motorräder 250 ccm um 40 €. Wenn man gleich für mehrere Tage oder wochenweise mietet, verringert sich der Tagespreis um einiges. Handeln ist wegen der starken Nachfrage nur bedingt möglich, höchstens in der wenig ausgelasteten Nebensaison.

Noch vor wenigen Jahren hat sich niemand um Führerscheine oder ihre Klassen gekümmert. Wer bezahlen konnte, bekam eine Maschine. Diese Zeiten sind vorbei: 1997 wurden in Griechenland entsprechende Gesetze über Mietverträge von Zweirädern verschärft. Seither haften die griechischen Verleiher anteilig für Schäden, die von dem Mieter eines Zweirades verursacht wurden, wenn er eine Maschine bekam, für die er keine Fahrerlaubnis besitzt. Entsprechend rigoros werden nun die Führerscheine der Mieter verlangt. **Also unbedingt daran denken und Führerschein mitnehmen!** Die neuen rosafarbigen EU-Modelle machen dabei keine Schwierigkeiten, weil die Klasse mit ccm-Angabe darin eingetragen ist. Bei den alten deutschen (grauen) Führerscheinen gibt es immer wieder Probleme, weil die Verleiher nicht wissen können, welche Zweirad-Klassen in dem Autoführerschein (Klasse 3) enthalten sind. Auch wenn Sie in Deutschland eine 125er oder 80-ccm-Maschine fahren dürften, bekommen Sie in Griechenland im Zweifelsfall nur einen 50 ccm-Roller.

▸ **Fahrrad**: die Alternative! Fahrräder kosten auf den Fähren von Italien nach Griechenland meist keinen Pfennig. Viele Inseln sind allerdings extrem hügelig, die Temperaturen im Hochsommer mörderisch. Deshalb unbedingt ausreichende Kondition und eine gewisse Hitze-Unempfindlichkeit mitbringen. Auf alle Fälle erlebt man die Landschaft anders als im geschlossenen Blechkasten! Wir raten: weg von der Küstenstraße, wo sich die "Normaltouristen", Badeurlauber und Lastwagen bewegen, ab ins Gebirge – wo die Asphaltstraße uns gehört, durch einsame Wälder und Berge, wie sie wohl die wenigsten in Griechenland erwarten.

Wer sein Fahrrad auf eine oder mehrere griechische Inseln mitnehmen will, sollte sich zuvor über die geografischen Gegebenheiten informieren: Die steilen und bergigen Kykladeninseln eignen sich beispielsweise nur sehr bedingt zum Radfahren. Für Radtouren gut geeignet sind dagegen die Inseln Skíathos, Skópelos, Alónnissos, Skýros, Thássos, Samothráki, Léfkas, Kós, Pátmos, Páros, Náxos und Mílos. Herrliche Routen finden Sie auf Kreta, allerdings verlangen extreme Steigungen und die Hitze reichlich Kondition.

Fahrradfahren wird immer beliebter

• *Anreise mit dem Zug* Das Fahrrad ungefähr eine Woche vor dem eigenen Abfahrtstermin als **Bahnfracht** vorausschicken. Eine andere (geringfügig billigere) Möglichkeit besteht darin, den Drahtesel als **Begleitgepäckstück** aufzugeben; das Rad reist dann im gleichen Zug wie sein Besitzer – zumindest theoretisch, denn in der Praxis kommt es immer wieder zu Pannen. Informationen gibt die **Fahrrad-Hotline der DB** unter ✆ 01805/151415.
In Griechenland können Sie Ihr Rad im Zug gegen eine Gebühr von ca. 1 € mitnehmen, allerdings nicht in den Intercity-Zügen.
• *Anreise mit der Fähre* Die Fährlinien auf der Strecke **Italien – Griechenland** transportieren Fahrräder in der Regel kostenlos.
• *Anreise mit dem Flugzeug* Ein mitgenommenes Fahrrad kostet auf **Charterflügen** ca. 25–35 €. **Linienfluggesellschaften** berechnen diesen Posten entweder als Übergepäck nach ihrem Gewicht (falls 20 kg Freigepäck + 5 kg Handgepäck überschritten sind ca. 5 €/kg) oder pauschal.
• *Mietfahrrad* Gibt es bei fast allen Zweiradvermietern auf den größeren Inseln, zunehmend auch hochwertige Mountainbikes. Auch hier sollte man sich vor Vertragsabschluss vom einigermaßen guten Zustand des Fahrrades überzeugen. Einfache Fahrräder werden ab ca. 6 € pro Tag, Mountainbikes um 10 € angeboten.

▸ **Wandern**: Griechenland ist in vieler Hinsicht eines der schönsten Wandergebiete Europas. Wegen des gebirgigen Terrains und des steinigen Bodens ist nur ein Bruchteil des dünn besiedelten Landes agrarisch erschlossen. Dementsprechend selten sind Flächen deckende Felder, störende Absperrungen, "Flurbereinigungsprojekte" und dergleichen. Stattdessen findet man Natur in ihrer Urform – mit all ihren Vor- und Nachteilen. Griechenland ist kein pflegeleichtes Wanderparadies mit gut ausgebauten Spazierwegen, sondern durchweg bergig, extrem steinig und oft dornig. Vor allem auf den südlichen Inseln (Kykladen, Dodekanes) ist wegen fehlender Bäume Schatten meist Mangelware. Kahle Hügelrücken mit karger Phrygana müssen in sengender Sonne überwunden werden, nur in Schluchten und Talebenen wachsen Tamarisken, Zypressen und Schilf. Reichlich Kondition und Ausdauer sollte man mitbringen. Belohnt wird man durch herrliche Ausblicke und die unvergleichliche Stimmung auf den einsamen Ägäis-Inseln!
Wer wandert, lernt Griechenland aus der Perspektive der Landbewohner kennen. Oft wurden in mühsamer Arbeit Hänge terrassiert, zahlreiche Maultierpfade durchkreuzen auch abgelegene Regionen. Markierungen wird man jedoch nur selten finden, die Einheimischen kennen sich aus und benötigen solche Hilfsmittel nicht. Im Zuge des ständig wachsenden Tourismus werden aber immer mehr markante Pfade mit farbigen Pfeilen, Punkten und losen Steinpyramiden sporadisch gekennzeichnet. Abfälle am Wegesrand und von Stiefelsohlen polierte Steine können weitere Hinweise auf den Beliebtheitsgrad der Strecke liefern. Oft verlieren sich jedoch Pfade plötzlich in der kargen Landschaft bzw. enden an einem einsamen Gehöft und man muss querfeldein weiterlaufen. Zeitlich sollte man immer großzügig planen und Überraschungen einkalkulieren.
Wie oft und wie lange man wandern will, ist von der individuellen Kondition abhängig. Man sollte mit kurzen Strecken beginnen und erst allmählich steigern. Möglichst im Morgengrauen aufstehen und **bei Sonnenaufgang loslaufen**. Wenn die Mittagshitze fühlbar wird und zwei Drittel der Wegstrecke sind geschafft, gibt das nicht nur psychologische Sicherheit.
Generell gilt, dass man **möglichst nicht allein wandern** sollte. Zumindest sollte immer eine Kontaktperson wissen, wo man unterwegs ist. Griechenland abseits der Straßen ist einsam, wild und unberührt. Auf vielen Wanderrouten kann es passieren, dass man den ganzen Tag keinen Menschen trifft. Was also tun, wenn man sich den Knöchel verknackst, ein Bein bricht etc.?

Wanderungen in Griechenland sind keine Spaziergänge! Obwohl man in der Regel keine Kletterkenntnisse benötigt, sind ein guter "Durchhaltewille" und Spaß an der Anstrengung erforderlich. Schon zu Hause sollte man eine längere Probewanderung mit voller Ausrüstung durchführen (Wochenende genügt). Die Blasen an den Fersen schmerzen zwar, aber im "Ernstfall" werden sie dann ausbleiben.

Auf geht's: Wanderpfad auf Samos

Auf den Inseln ist die Besteigung des jeweils höchsten *Inselbergs* oder eines anderen markanten Gipfels mit Superblick bis zu den Nachbarinseln meist besonders reizvoll. Oft sind dort oben noch Reste einer alten venezianischen Burg (Kástro) erhalten, fast immer gibt es eine Kapelle oder ein verlassenes Kloster. Ansonsten kann man oft *an der Küste entlang* zu den nächsten Badebuchten laufen oder *vom Hafen zum Hauptort Chóra*, der wegen der früheren Piratengefahr fast immer hoch in den Bergen angelegt ist. Speziell letztere Variante ist ein guter Einstieg für Inselwanderungen wegen der meist nicht allzu langen Wegstrecke. Oft gibt es einen hübschen *Treppenweg*, der die Fahrstraße oder -piste erheblich abkürzt.

Wer längere Wanderungen unternimmt, muss wegen der zahlreichen Abzweigungen oft nach Gefühl und Himmelsrichtung wandern und sich an die Wegweisungen der Einheimischen halten, die leider oft widersprüchlich und ungenau sind. Auch bei Zeitangaben sollte man skeptisch sein. Unabdingbar auf jeder Wanderung sind genügend Wasservorräte – es ist nie gesagt, dass man unterwegs Quellen oder Zisternen findet!

• *Bevorzugte Wandergebiete* (Auswahl): **Kykladen** – Náxos (Zás-Massiv), Amorgós (Inseldurchquerung), Anáfi (Küstenwanderung zum Kálamos-Kap); **Nördliche Sporaden** – Skíathos-Kástro, Skópelos-Klosterwanderung, Skýros-Inselsüden; **Kreta** – Samariá-Schlucht, Südwestküste, Lefká Ori (Weiße Berge); **Ostägäische Inseln**: Sámos, Dörferwanderung an der Nordküste; **Dodekanes** – Inselinneres von Kárpathos, Kos (Díkeos-Gebirge) und Rhódos (um den Profítis Ilías).

• *Wanderkarten* Gute Wanderkarten gibt es für praktisch kein Gebiet. Die vor Ort erhältlichen Karten sind oft sehr ungenau bzw. grob falsch, insbesondere was Fußwege angeht. Man sollte sich auf diese Angaben nie verlassen, nicht selten scheinen sie allein der Fantasie des Zeichners entsprungen.

Ausnahmen sind bedingt die Kykladeninseln **Náxos** und **Amorgós** (siehe dort) sowie die Sporaden-Insel **Skýros**. Nur für die Sporaden-Insel **Alónnissos** gibt es eine hundertprozentig zuverlässige Wanderkarte, die von einem Schweizer erstellt wurde, ständig aktualisiert und vertrieben wird (Adresse im Kapitel Alónnissos).

Die besten griechischen Karten stammen von dem Athener Verlag *Road Editions*, die in Zusammenarbeit mit dem geografischen Service der griechischen Armee erstellt wurden. Sehr aktuell, beste Detailangaben, Höheneinzeichnungen, Kirchen und Kapellen im Gelände, Strände, Flüsse, z. T. auch Fußwege u. v. m. Die Karten sind auch in Deutschland über den Buchhandel bzw. das Internationale Landkartenhaus (Geocenter) in Stuttgart erhältlich.

Empfehlenswerte Wanderungen inkl. Wegbeschreibungen und Skizzen finden Sie in den Regionalbänden des Michael Müller Verlags.

• *Jahreszeit* Mit Abstand beste Wanderzeit ist das **Frühjahr** (Mai und Juni), wenn sich die Inseln in Blütenteppiche verwandeln. Eher abzuraten ist dagegen von den extrem heißen Sommermonaten Juli und August. Gut möglich sind Wanderungen dann wieder im **September** und eventuell in der ersten **Oktoberhälfte**. Trauben und andere Obstsorten sind reif, die Sonne ist nicht mehr so drückend. Vor und nach den genannten Zeiträumen ist das Wetter in der Regel zu unsicher – häufige Regenfälle (Matsch, Schlamm) und oft reichlich kalt.

• *Ausrüstung* Der griechische Boden ist steinig und voller Dornengewächse. Knöchelhohe **Wanderstiefel** mit fester Profilsohle sind unabdingbar. Wer einmal 8 Std. mit Sandalen durch die Berge gewandert ist, weiß, was gemeint ist! Als Zweitpaar empfehlen sich leichte Joggingschuhe. Ansonsten ein guter **Rucksack** für den Proviant und **lange Hosen**, wenn es durch Gestrüpp geht.

• *Verpflegung* Zum Essen nur das Nötigste, jedoch unbedingt reichliche Mengen **Wasser** mitnehmen – das wiegt zwar, wird aber von Stunde zu Stunde leichter. Mit etwas Glück trifft man unterwegs auf eine eingefasste **Quelle**, ansonsten besitzen die meisten Häuser **Zisternen**, aus denen man sicher ein paar Schluck trinken darf, wenn man die Besitzer fragt. Auch einsame Kapellen und verlassene Klöster besitzen oft Zisternen, an denen noch ein Faden mit Becher hängt. Generell sollte man nur aus abgedeckten Zisternen trinken, da sonst die Gefahr von Verunreinigung (z. B. durch Tiere) besteht.

• *Wanderreisen* werden in Deutschland, Österreich und der Schweiz inzwischen häufig angeboten, z. B. von:

Natur & Kultur Wanderstudienreisen, Blütenweg 32, D-89155 Ringingen, ✆ 07344/921222, 📠 921662, www.natur-und-kultur.com;

Gerhard Körmer – Wandern in Griechenland, Ysenburgstr. 2, 80634 München, ✆ 089/89026843, 📠 089/80048995, www.wandern-in-griechenland.de. (Wanderungen auf Skíathos, Skópelos, Skýros und Hýdra).

Hermann Richter Wanderreisen, Kemeler Weg 15, 56370 Reckenroth, ✆/📠 06120/8651 (Wanderungen auf Kreta, Santoríni, Amorgós, Folégandros, Síkinos, Ägina, Hýdra, Kárpathos u. a.).

Baumeler Wanderreisen, Zinggentorstr. 1, CH-6002 Luzern, ✆ 041/4186565, 📠 4186596, www.baumeler.ch. (Páros, Náxos, Santoríni u.a.).

Studien-Wanderung Eleonore Kröß, Hans-Sachs-Str. 68, 65428 Rüsselsheim, ✆ 06142/13531 (Páros, Náxos, Amorgós, Skýros, Kefaloniá, Íthaka).

Studiosus Reisen München, Riesstr. 25, D-80992 München, ✆ 089/500600, 📠 50060100, www.studiosus.de. (Wanderstudienreisen auf Páros, Náxos, Tínos, Mýkonos, Délos, Santoríni, Sérifos, Sífnos, Mílos, Kíthnos, Kreta).

SKR Studien-Kontakt-Reisen, Kurfürstenallee 5, 53177 Bonn, ✆ 0228/9357324, 📠 9357350, www.skr.de.

Wandern & Erholen Erlebnisreisen, Blumenstr. 29, 65366 Geisenheim, ✆ 06722/494027, 📠 06722/6141, www.reisegeith.de. (Rhódos, Kós, Ándros, Tínos, Sými, Páros, Náxos, Santoríni).

Wikinger Reisen, Kölner Str. 20, D-58135 Hagen, ✆ 02331/904741, 📠 904704, www.wikinger-reisen.de.

"Götterreisen", Theofilos Vlachos, Dimokratiasstr. 36, GR-Tavros 17778, ✆ (0030) 210/3473369. Trekking-Touren und Rundreisen in verschiedenen Landesteilen, z. B. Kykladen und Kreta.

Verständigung

Oft wird man unterwegs nach dem Weg fragen müssen: **poú íne monopáti prós ...?** (wo ist der Fußweg nach ...?); **pósa chiliómetra íne prós ...?** (wie viel Kilometer sind es nach ...?); **thélo stín ...** (ich möchte nach ...).

Wichtig: Die Einheimischen weisen einem natürlich immer den einfachsten Weg, nämlich die nächste Straße! Wer einen Fußweg sucht (den es so gut wie immer gibt), muss betont nach dem **monopáti** fragen!

Wissenswertes von A bis Z

Ärztliche Versorgung

Die ärztliche Versorgung auf den griechischen Inseln ist recht gut, in den Sommermonaten ist auch auf der kleinsten bewohnten Insel ein *Allgemeinarzt* stationiert. *Fachärzte* praktizieren dagegen vorwiegend in den touristischen Hochburgen wie Kreta, Kórfu, Mýkonos, Páros, Rhódos und Santoríni. Zahnärzte sind generell rar gesät. *Staatliche Krankenhäuser* gibt es nur auf wenigen Inseln, doch werden immer häufiger *Privatkliniken* ("Medical Center") eröffnet. In schweren Fällen sollte man (so man dazu in der Lage ist) in die modernen Kliniken von Athen, Pátras oder Iráklion (Kreta) ausweichen – oder man wird per Hubschrauber ausgeflogen (jede Insel hat für Notfälle einen Landeplatz). Ein flächendeckendes Notarzt- und Ambulanzwagensystem existiert bisher nicht. Unterm Strich: Wer eine Reise durch die griechische Inselwelt unternimmt, sollte über einen stabilen Gesundheitszustand verfügen. Vorteilhaft ist, dass viele Ärzte und Apotheker im Ausland studiert haben und Englisch, Deutsch oder Französisch sprechen.

• *Behandlungskosten/Versicherung* Für deutsche und österreichische Touristen, die in einer gesetzlichen Krankenkasse oder Ersatzkasse versichert sind, gibt es die Möglichkeit, sich auf **Krankenschein** kostenlos behandeln zu lassen (für Schweizer bisher noch nicht). Die Prozedur ist allerdings ziemlich umständlich: Besorgen Sie sich vor Abreise bei Ihrer Kasse das Formblatt **E 111**. Dieses können Sie bei jeder Niederlassung der griechischen Krankenkasse **IKA** in ein Krankenanspruchsheft (**Vivliário**) umtauschen, mit dem Sie kostenlos behandelt werden – jedoch nur von Ärzten, die der IKA angeschlossen sind, und das sind nicht sehr viele; deren Wartezimmer sind meist entsprechend überfüllt. Viele IKA-Stellen verfügen über eine ambulante Station, in der Sie sich gleich an Ort und Stelle behandeln lassen können.

Empfehlenswerter ist es aber in der Regel, einen Arzt **bar** zu bezahlen. Die Kosten sind etwas günstiger als bei uns, rechnen Sie mit etwa 30–60 € für eine Konsultation. Gegen eine detaillierte Quittung (**Apódixi**) des behandelnden Arztes, die die Diagnose, Art und Kosten der Behandlung beinhalten sollte, erhalten Sie bei Ihrer Krankenkasse zu Hause die Ausgaben zurückerstattet (je nach Krankenkasse ganz oder anteilig). Darunter fallen auch Apotheken- und Medizinkosten (anteilig), falls sie vom Arzt verschrieben wurden.

Aufenthalt und Behandlung in einem staatlichen Krankenhaus oder Health Center (**Nosokomío**) ist auch für ausländische Touristen kostenlos. Zusätzlich müssen jedoch die Medikamente bezahlt werden (Erstattung durch die heimische Krankenkasse).

Zu bedenken ist eventuell der Abschluss einer zusätzlichen **Auslandskrankenversicherung**, die die meisten privaten Krankenkassen preiswert anbieten (unter 1 € pro Tag). Darin ist auch ein aus medizinischen Gründen nötiger Rückflug eingeschlossen, den die Versicherungen sonst nicht zahlen.

• *Apotheken* erkennt man an dem Roten Kreuz auf weißem Grund (Malteserkreuz). Normale Ladenöffnungszeiten, in den Städten hat an den Wochenenden jeweils eine Apotheke Notdienst. Die Adresse ist an allen anderen Apotheken angeschlagen. Medikamente werden zum großen Teil eingeführt und sind preiswert – nicht nur Aspirin, sondern vor allem auch Antibiotika. Vieles läuft rezeptfrei. Tipp: Schildern Sie dem Apotheker ruhig Ihre Probleme, in der Regel kann er Ihnen bei kleineren Beschwerden ebenso gut weiterhelfen wie ein Arzt.

• *Gesundheitsvorsorge* in den ersten Tagen extrem aufpassen mit **Sonnenbrand** – im Freibad vorbräunen und die ersten Tage höchstens 1-2 Stunden in die Sonne gehen. Sonnencreme mit starkem Schutzfaktor bereits zu Hause kaufen!

Beim Baden in Felsbuchten können **Badeschuhe** sehr gute Dienste leisten, für Höhlentrips eine **Taschenlampe**, bei Wanderungen ein **Sonnenhut** und stabiles **Schuhwerk**. Für die oft recht schaukligen Seefahrten sollte man ein Mittel gegen **Seekrankheit** dabei haben, falls man anfällig ist.

Seeigelstacheln sind schmerzhaft. Ringelblumensalbe relativ dick auftragen und Pflaster drauf, nach einem Tag lösen sie sich wie von selbst. Auch das Auftragen von heißem Öl soll hilfreich sein. Bei **Wespenstichen** kann Essig lindernd wirken. Für **Insektenstiche** auf jeden Fall entsprechende Lotion mitnehmen, außerdem vorbeugenden Schutz gegen Stiche.

Kleiner Tipp, um einem verdorbenen Magen vorzubeugen: **Essen Sie scharf**, z. B. Peperoni, dadurch werden die Magenschleimhäute angeregt und Sie sind eher gefeit gegen kleine, unfreundliche Gesellen, die dem Magen Übles antun wollen. Auch **Kohletabletten** sollten in der Reiseapotheke nicht fehlen, ebenso wenig **Verbandszeug** und **Jod**.

Wichtige Telefonnummern:
Polizeinotruf ✆ 100; **Ambulanz** ✆ 151, **Unfallrettung** in größeren Städten und deren Umgebung ✆ 166; **Pannenhilfe** ✆ 104; **Feuerwehr** ✆ 199.
Notruf über Mobilfunk (Handy) ✆ 112.

Diplomatische Vertretungen

Alle Botschaften haben ihren Sitz in Athen, Konsulate gibt es in Thessaloníki und auf verschiedenen Inseln. Im Fall einer echten Notlage geben sie ein Überbrückungsgeld bzw. Zugticket für die sofortige Heimkehr, falls kein Angehöriger oder Bekannter für die Kosten aufkommen kann. Das Geld muss natürlich unverzüglich zurückgezahlt werden. Tipp: Die Tourist-Info in Athen hat Zettel mit den aktuellen Adressen der Botschaften.

• *Deutschland* **Botschaft der Bundesrepublik Deutschland**, Odos Karaoli & Dimitriou 3, GR-10675 Athen-Kolonáki, ✆ 210/7285111, ℻ 210/7251205, www.germanembassy.gr. Mo–Fr 9–12 Uhr.

Generalkonsulat: Thessaloníki, Odos Karolou Diehl 4a, GR-54110 Thessaloníki, ✆ 2310/236315.

Konsulate (Auswahl): Iráklion (Kreta), Odos Zografou 7, GR-71110 Iráklion, ✆ 2810/226288; Vólos, Leoforos Dimitriados 251, GR-38110 Vólos, ✆ 24210/25379; Korfu (Kérkyra), Odos Gilford 57, GR-49100 Korfu, ✆ 26610/31453; Rhódos, Odos Issiodou 12, GR-85100 Rhódos, ✆ 22410/63730; Sámos, Odos Themistokli Sofouli 36, GR-83100 Sámos, ✆ 22730/27260.

• *Österreich* **Österreichische Botschaft**, Leoforos Alexandras 26, GR-10683 Athen, ✆ 210/8211036, ℻ 210/8219823. Mo–Fr 10–12 Uhr.

• *Schweiz* **Schweizer Botschaft**, Odos Gennadiou/Iassiou 2 (Nähe Syntagma-Platz), GR-11521 Athen, ✆ 210/7230364, ℻ 210/7249209. Mo–Fr 10–12 Uhr.

Einreisebestimmungen

Bei einem Aufenthalt in Griechenland genügt für Deutsche, Österreicher und Schweizer der *Personalausweis*. Kinder unter 16 Jahren müssen im Pass der Eltern eingetragen sein oder einen eigenen Kinderausweis haben, ab zehn Jahren mit Passbild. Wenn man mit dem Reisepass einreist, darf dieser keinen Stempel der Türkischen Republik Nordzypern enthalten. Wer über Rest-Jugoslawien und Makedonien kommt, muss unbedingt seinen Pass dabei haben und sich vorher eingehend nach etwaigen Visabestimmungen erkundigen.

Es ist immer sinnvoll, Personalausweis **und** Reisepass mitzunehmen. Erstens hat man Ersatz, wenn ein Ausweis abhanden kommt. Zweitens liegt ein Papier oft bei der Hotel- oder Campingplatz-Rezeption – problematisch, wenn man z. B. Reiseschecks einlösen oder ein Fahrzeug mieten will (jedoch ist es griechischen Hoteliers offiziell nicht erlaubt, einen Ausweis länger als 24 Std. einzubehalten). Es empfiehlt sich auch, *Kopien der Dokumente* mitzunehmen (getrennt von Originalen aufbewahren). Im Verlustfalle kommt man so beim zuständigen Konsulat schneller zu Ersatzpapieren, die zur einmaligen Ausreise berechtigen.

Autofahrer benötigen Fahrzeug- und Führerschein (der internationale Führerschein ist nicht nötig), dringend empfehlenswert ist die *grüne Versicherungskarte*, der Nachweis über eine bestehende Haftpflichtversicherung, der bei Kontrollen und v. a. bei Unfällen vorzuzeigen ist. Gibt es zu Hause kostenlos bei der Versicherung. Zu empfehlen ist auch ein *Auslandsschutzbrief*, mit dem man sich im Falle eines Schadens beim griechischen Automobilclub ELPA melden kann. Ebenso ist eine vorübergehende *Vollkaskoversicherung* für das eigene Fahrzeug sinnvoll, da die griechischen Haftpflichtversicherungen sehr geringe Beträge zugrunde legen (gilt auch für Schmerzensgeld). Um die griechische Grenze mit einem geliehenen Fahrzeug zu passieren, benötigt man eine von einem Automobilclub beglaubigte Vollmacht des Inhabers.

Ermäßigungen

Kinder und Jugendliche bis 18 Jahre sowie Schüler und Studenten aus EU-Ländern erhalten mit gültigem Ausweis in allen *staatlichen Museen und archäologischen Stätten* freien Eintritt (Ausnahme: Archäologisches Nationalmuseum in Athen, dort nur Ermäßigung), Studenten aus Nicht-EU-Ländern und Senioren ab 65 Jahren bekommen 50 % Preisnachlass. Wichtig: Diese Regelung ist an den Kassen so gut wie nie vermerkt, man muss nachfragen! *Nichtstaatliche Einrichtungen* gewähren Studenten ebenfalls oft 50 % Rabatt. Empfehlenswert ist die Mitnahme eines internationalen Schüler- und Studentenausweises, der nationale Ausweis in Verbindung mit Personalausweis oder Reisepass wird in der Regel auch anerkannt, verlassen sollte man sich darauf aber nicht. Die *International Student Identity Card (ISIC)* erhält man für ca. 10 € beim ASTA der jeweiligen Universitäten sowie in allen Reisebüros, die sich auf Schüler- und Studentenfahrten spezialisiert haben. Nötig sind Passfoto, Immatrikulationsbescheinigung oder Schülerausweis und die Kopie des Passes/Personalausweises.

Archäologen, Kunstprofessoren, Regierungsvertreter, Museumsangestellte und Vertreter der UNESCO haben freien Eintritt zu den Ausgrabungsorten und Museen. Wer glaubt, ein Recht auf einen solchen Ausweis zu besitzen, der wende sich rechtzeitig an die Antikenverwaltung, Aristidou 14, Athen (zwischen Omonia- und

Syntagma-Platz). Die Bearbeitung kann Monate dauern. Kostenlosen Zutritt zu allen Museen genießen außerdem Journalisten mit Presseausweis oder Empfehlungsschreiben der Griechischen Fremdenverkehrszentrale.

Freien Eintritt zu Ausgrabungen und staatlichen Museen hat man in den Wintermonaten (1. November bis 31. März) jeden Sonntag, in den Monaten April bis Juni sowie im Oktober jeweils am ersten Sonntag im Monat.

Essen und Trinken

Griechenland ist nicht unbedingt ein Traumziel für Gourmets. Kräftige, nahrhafte Hausmannskost in schlichten Tavernen ist angesagt, in den meisten Restaurants bietet die Speisekarte nur wenig Abwechslung. Auch die Küche der Inseln ist traditionell einfach. Entsprechend der oft kargen Agrarstruktur waren die Zutaten von jeher beschränkt: einige Gemüsesorten, etwas Fleisch und Fisch, dazu die äußerst sparsame Verwendung von Gewürzen. Trotzdem haben viele Inseln eigene interessante kulinarische Traditionen, die man mit etwas Glück noch hier und dort kennen lernen kann.

Durch den Tourismus hat sich allerdings viel verändert. Die allgemeine griechische Küche mit ihrer typischen "Souvláki-Moussaká-Tsatsíki"-Melange überdeckt die speziellen Eigenarten der Inseln in der Saison meist völlig, dazu kommt eine oft reichlich krause "internationale" Küche. Verstärkt ist allerdings in den letzten Jahren die Rückbesinnung auf alte Wurzeln zu beobachten. So gibt es immer mehr Tavernen, die sich der Zubereitung traditioneller Speisen widmen, "Paradosiáka Tavérna" genannt, dazu kommen einige ambitionierte, oft von Ausländern geführte Lokale. Vielfältig ist auch oft das Angebot an Vorspeisen und interessanten Gerichten aus dem Backofen. Auf den Inseln zu essen heißt aber vor allem, die Stimmung auszukosten – ein paar wacklige Tische an der Uferpromenade, Meeresrauschen, ein kräftiges Souvláki vom Grill, eine Karaffe mit offenem Inselwein. Nach einem brütend heißen Tag gibt es kaum etwas Schöneres, als abends unter Tamarisken in der lauen Meeresluft zu sitzen.

Was die durchschnittliche Tavernenküche angeht, variieren Angebot und Zubereitung nur wenig. Individuelle Geschmacksnoten werden selten entwickelt – man schmeckt schon auf, wenn es irgendwo mal etwas "anders" mundet. Natürlich verführt die allsommerliche Massenabfertigung die Wirte in den großen Touristenorten geradezu dazu, das "Essen von der Stange" zu perfektionieren. Man will Umsatz machen, es muss schnell gehen, die nächsten Gäste warten schon ... Enttäuschungen werden deshalb nicht ausbleiben, seien es die wenig überzeugenden Kochkünste, "überschaubare" Portionen auf den Touristen-Inseln oder die lieblose Abspeisung per Tütensuppe und Souvláki aus Schuhleder. Auch die Preiskalkulation kann gelegentlich ein Stirnrunzeln hervorrufen, Nachrechnen schadet nicht ...

Dennoch kann man nach wie vor in Griechenland für südeuropäische Verhältnisse günstig essen: Die Preise liegen im Allgemeinen etwa 20 % unter denen in Deutschland. Für eine vollständige Mahlzeit für zwei Personen inkl. Getränke sollte man zwischen 25 und 35 € ansetzen.

Tipp: In viel besuchten Touristenorten kann es sich lohnen, abseits vom Rummel in kleinen und weniger frequentierten Tavernen zu essen, denn dort muss man sich noch anstrengen, um Gäste anzulocken, und auch die Preise sind deutlich günstiger als an der überlaufenen Uferpromenade.

Warten auf die Abendkundschaft

• *Frühstück* Für die meisten Griechen ein Fremdwort, man beginnt den Tag mit einem Tässchen Kaffee. Doch durch den Fremdenverkehr hat sich einiges getan. In vielen Kafenia und Tavernen, in denen Touristen verkehren, bekommt man inzwischen eine mehr oder minder akzeptable Morgenmahlzeit, in der Regel wahlweise **Continental Breakfast** (Brot, Butter und Marmelade) oder **English Breakfast** (Spiegelei mit Schinken). Leider werden die Brotscheiben oft so streng rationiert, dass das schon ärgerlich ist.

• *Appetithappen/Vorspeisen* Abends gehen die Griechen gerne in ein Café oder eine Ouzerí. Speziell zum Oúzo (Anisschnaps) werden dort die so genannten **mezédes** (Appetithappen) serviert, leckere Kleinigkeiten, je nachdem, was am Markt gerade zu haben ist – Pistazien, Mandelkerne, Käsewürfel, Tomaten- und Gurkenscheibchen, Kalamares, Scampi, Schnecken, Sprotten (Marídes), Muscheln, Oliven u. a. m. Vorspeisenteller werden auch als **pikilía** bezeichnet.

In Tavernen ist die wichtigste Vorspeise der Bauernsalat **choriátiki saláta** (siehe Abschnitt "Vegetarisches"). Weitere beliebte Vorgerichte sind **tsatsíki** (Knoblauchjoghurt mit Zwiebeln und Gurken), **taramosaláta** (rötlich-orangefarbenes Püree aus Fischeiern mit Weißbrot oder Kartoffeln) und **dolmadákia** (gerollte Weinblätter, mit Reis und Gewürzen gefüllt).

• *Fleischgerichte* Rind- und Schweinefleisch muss auf die Inseln großteils importiert werden, für intensive Viehzucht ist das bergige Terrain wenig geeignet. Schafen und Ziegen bietet es jedoch ausgezeichnete Bedingungen – also wird überall Lamm- und Ziegenfleisch gegessen. Auf raffinierte Zubereitung wird kein besonderer Wert gelegt, deftig soll es sein und herzhaft, aber nicht zu fett. Jedes Fest, ob Weihnachten, Karneval oder Ostern, wird mit einem Lammbraten begangen.

Bekrí Mezé, scharf gewürzte Fleischstückchen (Gulasch) mit einer Soße aus Käse und verschiedenen Gewürzen – ein traditionelles Gericht, das zunehmend auch auf den touristischen Speisekarten zu finden ist.

Gíros, Schweinefleisch an großen Spießen, wird durch Drehen vor Heizspiralen gegart, anschließend in Stückchen abgeschabt. Serviert als Tellergericht oder als Snack zum Mitnehmen mit Zwiebeln und Kräutern in zusammengerolltem Fladenbrot.

Güwétzi, kleine, spindelförmige Nudeln mit Kalb- oder Lammfleisch, im Tontopf gegart.

Keftédes, "meat balls", sprich Frikadellen oder Fleischbällchen, in Griechenland auch *biftéki* genannt. Wie zu Hause, nur manchmal etwas mehr gewürzt.

Kléftiko, das "Partisanengericht", gibt es hauptsächlich auf den Ägäisinseln und Kreta. Kartoffeln und Rind- oder Hammelfleisch werden in einer Kasserolle serviert, die mit Alufolie abgedeckt ist. Es hat seinen Namen von den Kleften (Spitzbuben): Die Partisanen der Befreiungskriege gegen die Türken hausten versteckt in den Bergen und wurden nachts heimlich von ihren Familien versorgt. Damit die Speisen nicht so schnell kalt wurden, brachte man sie ihnen in sorgfältig verschlossenen und umwickelten Töpfen hinauf.
Makarónia kimá, Spaghetti mit Hackfleischsauce, Standardgericht.
Moussaká, Auflauf aus Auberginen, Hackfleisch und Kartoffeln. Wird auf großen Blechen zubereitet und den ganzen Tag warm gehalten. Kann je nach Kunst des Koches sehr lecker sein.
Pastítsio, Nudelauflauf mit Hackfleisch und Tomaten, mit Käse überbacken.
Spetsofái, Wursteintopf mit Zwiebeln, Tomaten und Paprika – sehr lecker, leider nur selten zu bekommen.
Stifádo, eine leckere Spezialität, die inzwischen recht häufig auf den Speisekarten steht. Zartfaseriges Rindfleisch in Zwiebelgemüse, mit Zimt gewürzt, oft im Tontopf serviert. Gibts auch mit Lammfleisch, in der Jagdsaison mit Kaninchen.
Soutzoukákia, knusprig gebratene Hackfleischröllchen mit leckerer Tomaten/Paprikasoße und/oder Beilagen.
Souvláki, Nationalgericht. Aromatische Fleischspieße aus Hammelfleisch, mit Oregano gewürzt, über Holzkohle gegrillt. Es gibt sie in klein und in groß, sie sind preiswert und überall zu haben; mit etwas Zitrone verfeinert man den Geschmack.

• *Fisch und Meerestiere* Diese Gerichte spielen auf den Inseln nach wie vor eine große Rolle, sind jedoch deutlich teurer als Fleisch, denn die Fangerträge sind stark zurückgegangen. Wegen der immensen Nachfrage wird immer häufiger importierte Tiefkühlkost angeboten. Fisch *(Psári)* wird nach Gewicht verkauft (in der Speisekarte ist meist der Kilopreis angegeben). 200 bis (maximal) 300 g genügen zum Sattwerden. Den Fisch vor der Zubereitung zeigen lassen und nach dem Preis fragen – falls zu gewichtig, können Sie einen kleineren wählen.
Barbúnia, Rotbarben oder "red mullet", verbreiteter Speisefisch, den man in allen Fischtavernen erhält.
Chtapódi, Oktopus, Spezialität auf vielen Inseln, sieht man häufig auf langen Leinen zum Trocknen hängen.
Garídes, Garnelen (Scampi), werden auch als Vorspeise serviert.
Kalamarákia, Tintenfisch, die Arme werden in Öl gesotten, paniert und in Scheibchen geschnitten.
Marídes, winzige Fischchen (Sprotten bzw. Sardellen), höchstens kleinfingergroß, werden meist als mezédes (Vorspeisen) gereicht, preiswert und wohlschmeckend.
Psarósoupa bzw. **kakaviá**, Fischsuppe, nur in ausgesprochenen Fischtavernen erhältlich. Diverse Fische (auch weniger "edle" Teile und Reste) werden mit Zwiebeln, Kartoffeln und Karotten zu einem dampfenden Sud verarbeitet. Die Fischsuppe ist weniger eine Delikatesse, sondern stellt vielmehr eine gute Möglichkeit dar, Fischreste zu verwerten, die man andernfalls hätte wegschmeißen müssen.
Xifías, Schwertfisch, ein typischer Hochseefisch, der nur mit großen Schiffen gefangen werden kann, vor allem auf Kreta häufig. Sehr lecker, die meterlangen Prachtexemplare werden säuberlich in dicke Scheiben zerteilt.
Sonstige Fische und Meerestiere: **astakós** (Hummer), **fangriá** (Zahnbrasse), **galéos** (Neunauge), **gardía** (Langusten), **garídes** (Garnelen), **mídhja** (Muscheln), **sargoí** (Meerbrassen), **sfirída** (Hammerfisch), **tónnos** (Thunfisch).

• *Vegetarisches* Wegen des traditionellen Mangels an Fleisch gibt es auf den Inseln auch viele Speisen auf Gemüsebasis, Aufläufe etc. Eine interessante Spezialität sind beispielsweise **revíthokeftédes** ("falsche" Fleischbällchen aus Kichererbsen), **kolokíthoukeftédes** ("falsche" Fleischbällchen aus geriebenem Kürbis) und **patátokeftédes** (Kartoffelbratlinge), auf Santoríni gibt es außerdem die **pséftikeftédes** ("falsche" Fleischbällchen aus Fava-Bohnen, Zwiebeln, Tomaten und Kräutern).
In ganz Griechenland bekommt man dagegen **tomátes jemistés**, mit Reis gefüllte Tomaten – sehr lecker und gar nicht so einfach zuzubereiten, wie sie aussehen. Ab und an trifft man auch auf **piperjés jemistés** (gefüllte Paprika) oder **kolokithákia jemistá** (gefüllte Zucchini).
Der weitaus beliebteste Salat ist der Bauernsalat **choriátiki saláta**, von Touristen oft fälschlicherweise "griechischer Salat" genannt. Er besteht aus Tomaten, Gurken, grünem Salat, Oliven und vor allem *féta*,

dem aromatischen, bröckligen Schafskäse. Kann man als Vorspeise, aber auch als Beilage zum Hauptgericht essen. Mit etwas Brot kann er sogar allein als Mittagessen ausreichen.

• Nachspeisen, Süßes In Griechenland gibt es eine reiche Auswahl an traditionellen Backwaren – meist Blätterteig, sehr sind sie im "Zacharoplastíon" erhältlich, in der Konditorei.

Baklavá, Blätterteig-Roulade mit Honig und Nüssen gefüllt.

Bougátsa, Blätterteiggebäck mit Quark- oder Puddingfüllung.

Chalwadópittes, handgroße Obladen mit türkischem Honig, Spezialität der Insel Siros.

Halvá, knusprig-süßes Gebäck aus Honig und Sesamsamen.

Loukoúmies, extrem süße Fruchtgeleestücke, ebenfalls von Siros.

Loukoumádes, in heißem Öl gebrühte Teigkugeln, mit Honig übergossen.

Risógalo, Milchreis, leider nur sehr selten zu haben.

Yaúrti, Joghurt mit Honig (*méli*).

• Getränke Wenn man den typisch griechischen **Kafé** (Kaffee), ein starkes, schwarzes Mokkagebräu in winzigen Tassen, bekommen will, muss man ausdrücklich *"Kafé ellinikó"* oder *"Greek Coffee"* verlangen. Im Zweifelsfall bekommt man sonst löslichen Néscafe mitteleuropäischer Art serviert.

Bíra (Bier), auch die Griechen trinken viel und gerne Bier. Meist wird es eiskalt serviert – wunderbar erfrischend an heißen Tagen. In Griechenland wurde das Bier erst während der ersten Hälfte des 19. Jh. eingeführt. Damals war der Sohn des bayerischen Königs, Otto I., König von Griechenland. Als waschechter Bayer brachte er natürlich sein Bier mit und die Braumeister gleich dazu. Heute produziert und vertreibt die Großkellerei/-brauerei Boutari landesweit das Bier "Mýthos" (gesprochen: míssos), ansonsten erhält man überall Amstel und Heineken, die in Lizenz im Land gebraut werden. Aber auf den Tourismus-Inseln kann man selbstverständlich auch wählen zwischen Warsteiner, Gösser, Henninger, Erdinger, Corona ...

Krassí (Wein), in ganz Griechenland wird Wein angebaut, auf den Inseln aber oft nur noch in recht bescheidenem Rahmen. Das größte zusammenhängende Weinbaugebiet liegt auf **Kreta**. Bekannt für ihre Weine sind ansonsten vor allem die Inseln **Santoríni** und **Sámos**, aber selbst auf den kleinsten Inseln findet man noch terrassierte Rebhänge. Im September/Oktober ist alles mit der Traubenernte beschäftigt. Es gibt Flaschen- und offene Weine. Letztere sind immer preiswerter, weil vom lokalen Weinberg – verlangen Sie Wein *"apó to varéli"* (vom Fass). Rotwein heißt **kókkino**, Weißwein **áspro krassí**. Der bekannteste Wein ist der **Retsína**. Seinen Harzgeschmack verdankt er ursprünglich den hölzernen Weinfässern, die mit dem Harz der Aleppokiefer abgedichtet waren. Den heutigen Metallfässern werden immer noch Harz oder künstliche Aromastoffe beigegeben, um den typischen Geschmack zu erhalten. Das Gegenstück zum Retsína, der geharzte Rotwein, heißt **Kokkinéli**.

Santorínis Weine sind hervorragend

Den berühmt-berüchtigten Anisschnaps **Oúzo** bekommt man in ganz Griechenland. Mit Wasser verdünnt, verfärbt er sich milchig; man kann ihn aber auch pur trinken.

Überall bekannt und beliebt ist auch der Tresterschnaps **Rakí** (gesprochen auch: Rátschi) oder **Tsikoudiá**, gebrannt Anfang Oktober aus den Rückständen der gepressten Weintrauben. Wer das Glück hat, eine solche Brennprozedur zu sehen, sollte ruhig näher treten. Oft wird man zu einer Kostprobe eingeladen.

Feiertage

Die Griechen begehen ihre Feiertage mit großem Aufwand. Die oft mehrtägigen Feiern mit Essen, Trinken, Tanz und Musik stellen Höhepunkte im griechischen Alltag dar. Fremde sind dabei aber immer willkommen. Es gibt zwei Arten von Festtagen: die nationalen und die lokalen. Der Anlass ist meist historischer oder/ und religiöser Art. Im Folgenden die bedeutendsten nationalen Feiertage, lokale Feierlichkeiten siehe unter den einzelnen Inseln.

Nationale und kirchliche Feiertage

- *1. Januar* **Neujahr**.
- *6. Januar* **Epiphanie** (Dreikönigstag).
- *25. März* **Griechischer Unabhängigkeitstag**, Erinnerung an den Aufstand von 1821 gegen die Türken.
- *April/Mai* **Ostern**, größtes Kirchenfest, das immer noch nach alter christlich-orthodoxer Tradition gefeiert wird. Ein großes Erlebnis, jedoch fällt es meist auf einen anderen Termin als bei uns! Die Daten der nächsten Jahre: 1. Mai 2005, 23. April 2006 und 8. April 2007.
- *1. Mai* **Frühlingsfest** und Tag der Arbeit.
- *15. August* **Mariä Entschlafung**, großes religiöses Fest mitten in der Touristensaison, an diesem Tag sind alle Geschäfte geschlossen.
- *28. Oktober* **Ochi-Tag**, Erinnerung an das Ultimatum der italienischen Faschisten im Zweiten Weltkrieg, das von der griechischen Regierung mit einem óchi = nein zurückgewiesen wurde.
- *25./26. Dezember* **Weihnachten**.

Weitere Festivitäten (Auswahl)

- *Februar* **Karneval** in ganz Griechenland, farbenprächtige Kostüme.
- *21. Mai* auf Korfu Feier des **Zusammenschlusses** der Ionischen Inseln mit Griechenland.
- *Juli* Beginn des **Athener Kulturfestivals**, das bis September dauert. Theater-, Opern- und Konzertaufführungen.
- *Anfang Juli bis Mitte September* **Weinfeste** in zahlreichen Orten.
- *20. November* Erinnerung an den **Studentenaufstand von 1973**. Kein offizieller Feiertag, doch viele gedenken der ermordeten Studenten, die gegen das faschistische Obristen-Regime gekämpft haben.

FKK

"Oben ohne" wird an praktisch allen Inselstränden toleriert, Nacktbaden ist dagegen fast überall offiziell verboten. Jedoch gibt es inzwischen nicht wenige Gebiete, vor allem auf stark besuchten Inseln wie *Korfu*, *Mýkonos* und *Íos*, wo Nacktbaden seit langem an der Tagesordnung und an ausgewiesenen Stränden auch erlaubt ist (FKK-Camping auf der Insel Antíparos, Nacktbadestrand bei Galissás/Insel Sýros u. a.). Auch an vielen abgelegenen Stränden wird nackt gebadet.

Finanzen

Seit 2002 regiert auch in Griechenland der Euro (gesprochen: Evró), Cent werden in alter Tradition allerdings noch immer Leptá genannt.

Wer aus Sicherheitsgründen keine größeren Summen mit auf Reisen nehmen oder sich nicht ausschließlich auf die Geldautomaten verlassen will, sollte zu **Euro-Reiseschecks** greifen, die u. a. von American Express, Thomas Cook und Visa angeboten werden (die Kaufquittung ist aus Versicherungsgründen getrennt aufzubewahren, bei Auszahlung in der Bank wird ein Ausweisdokument verlangt). **Schweizer Staatsbürger** wechseln am günstigsten bei der Bank ihre Franken, hierfür fallen Gebühren von ca. 1–2 % des Betrages an. **Geldautomaten** (EC- oder Kreditkarte) gibt es zwar in vielen Orten auf den Inseln (auf kleineren Inseln jedoch nicht flächendeckend), manchmal kann es allerdings passieren, dass das Gerät defekt oder einfach leer ist – deshalb nie ohne Bargeldreserve in abgelegene Gebiete fahren. **Kreditkarten** werden in touristischen Gebieten immer mehr zur Selbstverständlichkeit. In vielen Läden und Touristenshops, Mietwagenfirmen, Restaurants und Hotels wird der bargeldlose Zahlungsverkehr per Plastikkarte akzeptiert. Ein Kafenionbesitzer in einem abgelegenen Bergdorf dürfte jedoch beim Anblick einer gezückten Kreditkarte nur mitleidig den Kopf schütteln. In Griechenland akzeptierte Kreditkarten sind *Visa, Mastercard, American Express.*

Achtung: Manche kleine Insel besitzt keine Bank, z. T. fehlt auch der Geldautomat. Auf den ganz kleinen, dünn besiedelten Inseln wie z. B. *Kímolos, Kleine Kykladen* oder *Anáfi* besteht oft keinerlei Möglichkeit, Geld abzuheben bzw. zu wechseln – deshalb dorthin immer ausreichend Bargeld mitnehmen!
Generell: Die griechischen Preise sind zwar für mitteleuropäische Verhältnisse günstig, doch ein "Billigreiseland" ist Griechenland schon lange nicht mehr. Vor allem die großen Touristenorte sind im Sommer auf dem besten Weg, sich ans mitteleuropäische Kostenniveau anzupassen. Doch in der Nebensaison lebt man immer noch deutlich günstiger als bei uns: Dann bekommt man nach wie vor ein Doppelzimmer für 25–30 € und ein Abendessen für ca. 10–12 € pro Kopf.

- **Öffnungszeiten der Banken**: in ganz Griechenland einheitlich geregelt, Mo–Do 8–14 Uhr, Fr 8–13.30 Uhr, die meisten mit Geldautomat. Leichte lokale Schwankungen sind möglich. In vielbesuchten Touristenorten sind die Banken aber auch häufig an Samstagen, am Nachmittag und sogar abends offen. Für Nicht-EU-Bürger gibt es auf den Flughäfen durchgehend geöffnete Wechselstuben.
- **Telegrafische Geldanweisung**: wird mittlerweile durch den *Western Union Service* angeboten. Das Geld ist in wenigen Stunden von der deutschen Post- oder Bankfiliale bei der griechischen Empfängerbank (mit Western Union Service), die Gebühren liegen bei 4 % des überwiesenen Betrages (Minimum 20 €, Maximum 200 €). Western-Union-Partnerbanken gibt es in Griechenland in größeren Orten bzw. Städten; die entsprechenden Adressen erfährt man bei *Western Union* unter ✆ 0180/3030330.

Fotografieren/Filmen

Fotografieren und Filmen ist generell erlaubt, ausgenommen sind allerdings militärische Anlagen. Vorsichtig sein sollte man vor allem in *Grenzgebieten zur Türkei*, Hinweisschilder warnen vor dem Gebrauch der Kamera! In *Museen und archäologischen Stätten* darf in der Regel fotografiert werden, jedoch ohne Blitzlicht und Stativ. Wer dort per Schmalfilm oder Videokamera filmen will, muss eine Gebühr entrichten (Aushänge an den Kassen beachten). Wenn Sie mit Stativ und für kommerzielle Zwecke fotografieren wollen, müssen Sie meist eine Genehmigung vom *Amt für Altertümer und Restauration* (Athen, Aristidou Straße 14) einholen, was mehrere Monate dauern kann. Kostenlos gibt es diese Genehmigung, wenn man für wissenschaftliche Zwecke fotografieren möchte.
Film- und Fotomaterial ist in Griechenland teurer als in Deutschland, in Souvenirläden wird es zudem oft nicht sachgerecht gelagert. Also zu Hause bereits ausreichend einkaufen. Achten Sie nach Möglichkeit darauf, dass die Filme gegen die Hitze geschützt sind. Nie am Strand einen Film wechseln! Dia- und Schwarz-Weiß-Filme sind meist nur in größeren Städten oder Touristenzentren zu bekommen.

Haustiere

Wohlerzogene, gepflegte und freundliche Hunde ausländischer Besucher genießen unter der griechischen Bevölkerung mehr Ansehen als oftmals angenommen. Dem gegenüber steht das schreckliche Elend halb verhungerter Hunde und Katzen, v. a. in den kaum noch bewohnten Dörfern der Inseln. Dass sich griechische Hunde oft genug von Abfällen ernähren, ist nicht neu. Vor allem die ältere Bevölkerung sieht in verwahrlosten Hunden eine unhygienische Plage; die jüngere Generation hat mittlerweile ihre Liebe zum süßen Schoßhündchen entdeckt, wodurch das Problem allerdings nicht gelöst wird.

Wer den Tieren wenigstens kurzfristig helfen will, findet in jedem größeren Supermarkt eine Abteilung mit Hunde- bzw. Katzenfutter, einen längerfristigen Beitrag zum Tierschutz in Griechenland können Sie über den Verein Europäischer Tier- und Naturschutz leisten, z. B. indem Sie einen Hund auf seiner Reise nach Deutschland mitnehmen, wo er dann weitervermittelt wird, aber auch durch Mitgliedschaft und Spenden.

Nähere Infos Europäischer Tier- und Naturschutz e. V. (ETN), Gluckstr. 2, 53115 Bonn, ✆ 0228/5389490, 📠 0228/238903, www.etn-bonn.de.

In griechische Gartentavernen dürfen Hunde in der Regel mitgebracht werden, auch auf Campingplätzen gibt es kaum Probleme. Schwieriger, aber nicht aussichtslos, gestaltet sich die Zimmersuche mit einem Hund. An den griechischen Stränden gilt Hundeverbot, auf Fähren dürfen Hunde mitfahren, in Bussen macht man sich mit Hund dagegen sehr unbeliebt.

Bei der Einreise nach Griechenland brauchen Hundebesitzer für ihren Vierbeiner ein Tollwut-Impfzeugnis, das mind. 15 Tage vor Reiseantritt ausgestellt worden sein muss. Zudem ist ein amtsärztliches Gesundheitszeugnis erforderlich, das nicht älter als 14 Tage sein darf. Ebenso verhält es sich, wenn man ein Tier von Griechenland mit nach Hause nehmen möchte.

Informationen

Die *Griechische Zentrale für Fremdenverkehr* (G.Z.F.), in Griechenland unter dem Namen "Ellenikós Organismós Tourísmou" (E.O.T.) zu finden, unterhält in Deutschland vier sowie in Österreich und der Schweiz jeweils ein Büro. Man erhält dort u. a. Broschüren mit verschiedenen Informationen und einer groben Übersichtskarte zu allen touristisch interessanten Gebieten, eine brauchbare *Griechenland-Karte,* eine Auflistung sämtlicher Reiseveranstalter sowie eine jährlich aktualisierte Zusammenstellung der *innergriechischen Schiffsverbindungen.* Da viele Veranstalter ihre Prospekte über die G.Z.F. verteilen lassen, ist unter Umständen auch einiges an speziellem Material zu haben (z. B. Ferienhäuser, Wanderferien, Segeln u. a.). Das Personal ist in der Regel freundlich, kompetent und hilfsbereit. Die Prospekte werden auf Anfrage zugeschickt.

• *Deutschland* Neue Mainzer Str. 22, **D-60311 Frankfurt**, ✆ 069/236561-3, 📠 236576, E-Mail: info@gzf-eot.de

Wittenbergplatz 3a, **D-10789 Berlin**, ✆ 030/2176262-3, 📠 2177965, E-Mail: info-berlin@gzf-eot.de

Neuer Wall 18, **D-20345 Hamburg**, ✆ 040/454498, 📠 454404, E-Mail: info-hamburg@gzf-eot.de

Pacellistr. 5, **D-80333 München**, ✆ 089/222035-6, 📠 297058, E-Mail: info-muenchen@gzf-eot.de

• *Österreich* Opernring 8, **A-1015 Wien**, ✆ 0222/5125317-8, 📠 5139189.

• *Schweiz* Löwenstr. 25, **CH-8001 Zürich**, ✆ 210/2210105, 📠 2120516.

• *Griechenland* **EOT**, Tsoha Str. 7, GR-11521 Athen, ✆ 210/870700, E-Mail: info@gnto.gr

Auf den Inseln sieht's eher mager aus. Offizielle Auskunftsbüros sind kaum vorhanden. In die Bresche springen allerdings zahlreiche **Reisebüros** (Travel Agency), die touristische Auskünfte geben. Auf verschiedenen Inseln bietet die **Organisation der Zimmervermieter** im Hafen Auskunft und Hilfe bei der Zimmersuche.

Theoretisch ist außerdem die **Touristenpolizei** (Touristikí Astynomía) für touristische Belange zuständig. Viel darf man sich von diesen Herren jedoch nicht erwarten. Wenn kein Büro der Touristenpolizei am Ort ist, übernimmt die Polizei deren Funktion.

Informationen im Internet (Auswahl)

www.gnto.gr, offizielle Website der Griechischen Zentrale für Fremdenverkehr, allgemeine Informationen zum Land und zu ausgewählten Zielen.

www.griechische-botschaft.de: Nicht ganz aktuell, aber jede Menge Information zu Politik, Wirtschaft, Kultur etc. in deutscher Sprache.

www.culture.gr: Site des griechischen Kulturministeriums (in englischer Sprache), sehr umfangreich.

www.gtp.gr, aktuelle Übersicht über zahlreiche Fährverbindungen in der Ägäis, herausgegeben von den "Greek Travel Pages", die auch monatlich einen gedruckten "Tourism Guide" veröffentlichen. Sehr umfangreich und genau, allerdings nicht ganz vollständig – was auch tatsächlich fast ein Ding der Unmöglichkeit wäre.

www.griechenlandinformation.de, teils recht ausführliche Infos zu Politik, Wirtschaft und Tourismus.

www.athener-zeitung.com, Website der "Athener Zeitung", der einzigen deutschsprachigen Zeitung Griechenlands (erscheint wöchentlich).

www.in-greece.de, private Seite mit umfangreichem Content, u. a. zahlreiche Artikeln von Usern zu einzelnen Inseln und viele Links.

www.de-di.de, umfassender Überblick über fast alle touristischen Gegenden Griechenlands, jeweils mit Links.

www.hellas-individuell.de, nette, persönlich gehaltene Seite mit Infos zu kleinen, wenig besuchten Inseln. Nicht sehr aktuell.

Zahlreiche weitere Webadressen zu Griechenland finden Sie unter **www.michael-mueller-verlag.de**, Stichwort "Reiselinks".

Kartenmaterial

Hundertprozentig exakte Karten über die griechischen Inseln stehen bisher noch aus. Der aktuelle Straßenstand ist überall nur ungefähr verzeichnet und ändert sich zudem kontinuierlich, da ständig neue Pisten gezogen, Erdstraßen asphaltiert werden etc. Gerade auf den Inseln gibt es noch viele "weiße Flecken" und jede Menge Arbeit für Kartografen.

- *Regionalkarten* Hier sind die österreichischen Kartografen **Freytag & Berndt** führend, die mit einem Bündel von bisher 14 meist recht präzisen Detailkarten alle touristisch wichtigen Regionen Griechenlands abdecken. Im Bereich der Insel sind z. B. Kykladen und Kreta erhältlich.
- *Inselkarten* sind mittlerweile zu fast allen bewohnten griechischen Inseln publiziert worden (Ausnahme bisher die "Kleinen Ostkykladen"). Ihre Qualität ist jedoch äußerst unterschiedlich; oft sind die Herausgeber kleine Verlage, die nur zu jeweils einer einzigen Insel eine Karte veröffentlichen (Details in den Inseltexten).

Äußerst zuverlässig und genau sind die Karten des Athener Verlags **Road Editions**, die mit Hilfe des geografischen Services der griechischen Armee erstellt wurden. Neben dem akkurat aufgeführten Straßen- und Wegenetz sind auch Höhenlinien enthalten, zusätzlich gibt es touristische Hinweise. Im deutschen Buchhandel sind sie teilweise im Sortiment oder über "Geo-

Ein Foto ist ein Foto ist ein Foto (fotografiert auf Santoríni)

Center ILH" zu bestellen, ansonsten sind sie im Laden von Road Editions in Athen und auf den jeweiligen Inseln erhältlich.
Auch der sehr aktive **Toubis Verlag** (Athen) hat eine ganze Kartenreihe aufgelegt, die im Allgemeinen recht brauchbar ist.
Passable **Wanderkarten** gibt es vom deutschen Harms-Verlag zu Náxos und Kreta (im deutschen Buchhandel und vor Ort), auch auf Amorgós ist eine gute Wanderkarte erhältlich.
• *Stadtpläne* gibt es gelegentlich gratis in den Informationsbüros und Reiseagenturen vor Ort. Ansonsten werden auf den touristisch wichtigen Inseln immer wieder teils recht fantasievoll und ansprechend aufgemachte Stadtpläne veröffentlicht, z. B. die **Sky Maps** mit dreidimensionaler Ansicht der Inselhauptstädte.
Als Stadtplan für Athen ist bei hohen Ansprüchen den **Falk-Plan** empfehlenswert, Preis 6,50 €. In aller Regel wird aber die sehr genaue und aktuelle **Gratiskarte** ausreichen, die man bei den Informationsstellen in Athen bekommt.

Kirchen und Klöster

Ein Klosterbesuch ist in Griechenland immer etwas Besonderes. Die Stimmung in den oft einsam liegenden Klöstern ist Welten entfernt vom Touristenrummel an der Küste. Die Mönche und Nonnen empfangen in der Regel (nicht immer!) gerne Gäste, meist wird man mit einem Stück Konfekt oder einem Gläschen Rakí bewirtet. Eine kleine Spende sollte man immer zurücklassen. Ganz wichtig beim Besuch: Sie müssen sittsame Kleidung tragen und wenig Haut zeigen. *Keine nackten Beine und Schultern, stattdessen lange Hosen bzw. knielange Röcke.* In manchen Klöstern ist weiblichen Besuchern der Zutritt nicht einmal mit Hose, sondern ausschließlich mit Rock erlaubt. Manchmal gibt es dort Leihröcke, doch sollte man sich nicht darauf verlassen. Einige Klöster sind nur für Männer, andere nur für Frauen zugänglich. In der Regel ist Fotografieren nicht erwünscht.
Im Prinzip gelten für die Besichtigung von Kirchen dieselben Kleidervorschriften, doch werden sie dort nur selten kontrolliert.

Klima/Reisezeit

Griechenland besitzt durchaus unterschiedliche Klimazonen, je nach Höhe und geografischer Lage. Während die Inseln im Norden und Westen teils üppig grün sind, sind die kleinen südlichen Ägäisinseln im Sommer oft karg und ausgetrocknet.
An Sonnenstunden pro Tag erwarten Sie im Mai durchschnittlich acht, im Juni zehn, im Juli zwölf, im August elf, im September neun und im Oktober sieben Stunden. Während es in München durchschnittlich an 200 Tagen des Jahres regnet, ist das in Griechenland nur an ca. 50 Tagen der Fall!
Auch das in Westeuropa übliche Schema von vier Jahreszeiten lässt sich auf Griechenland nicht so einfach übertragen. Eher ist eine Beschränkung auf drei Jahreszeiten angebracht:
Blüte- und Reifezeit (März–Mai): Tageshöchsttemperaturen 18–22 Grad Celsius, Tagestiefsttemperaturen 10–14 Grad;
Trockenzeit (Juni-Oktober): 26–32 bzw. 18–22 Grad;
Regenzeit (November-Februar): 13–15 bzw. 4–10 Grad.

April: Selbst auf den Inseln der Südägäis ist es dann noch kühl. Ausnahme ist Kreta, wo das Thermometer schon bis 20 Grad klettert. Das Meer ist noch kalt und auch die meisten Hotels und Tavernen sind noch geschlossen. Aber es beginnt bereits die üppige Blüte der Bäume, Blumen und Sträucher, die sich im Mai und Juni fortsetzt. Ein erster Touristenboom setzt zu Ostern ein. Bevorzugtes Ziel ist Kreta, aber auch diverse Ägäisinseln, die für ihre Osterfeierlichkeiten berühmt sind, z. B. Pátmos. Die Charterflüge sind noch nicht allzu dicht gesät, warme Sachen nicht vergessen.

Mai: Die Touristensaison beginnt. Was Natur und Landschaft angeht, konkurrenzlos beste Reisezeit! Wer den griechischen Süden im Herbst verlassen hat, erkennt die Landschaften kaum wieder, denn überall leuchtendes Grün, zahllose Blumen von rotem Mohn über Ginster bis Glockenblumen. Ideal zum Wandern und Besichtigen, auch ins Wasser kann man sich allmählich wagen (18-19 Grad). Die meisten Beherbergungsbetriebe öffnen, ebenfalls die Campingplätze und viele Tavernen. Die Preise sind noch spürbar niedriger als im Sommer und die Temperaturen sehr angenehm.

Juni: Allmählich kommt der Sommer, es wird heißer; die Temperaturen sind aber noch erträglich und die Blüte dauert an. Das Meer erreicht allmählich Badetemperaturen, die Übernachtungspreise sind noch auf demselben Level wie im Mai.

Juli/August: Der volle Trubel bricht aus – die *touristes* kommen! Immer wieder spucken die Großfähren von Piräus ihre Ladungen auf den Inseln aus; Chartermaschinen landen mehrmals täglich. Badeurlaub ist angesagt, man aalt sich am Strand. Glühend heiß hängt die Sonne am tiefblauen Himmel, weit und breit nicht das kleinste Wölkchen, kein Tropfen fällt. Die Landschaft dörrt allmählich aus, die Luft flimmert vor Hitze. In der Ägäis werden oft die Wasserreserven knapp, Tankschiffe sind täglich von Piräus aus unterwegs. Die Inselbewohner machen jetzt ihr Geschäft – die Preise haben ihren höchsten Stand, auf den bekannten Inseln sind Hotels und Pensionen ausgebucht. Auch viele Griechen machen ihren Jahresurlaub in dieser Zeit, was zu den Unterkunfts-Engpässen beiträgt.

September: Die Masse der Urlauber kehrt heim, es wird ruhiger. Die Lufttemperaturen sind nicht mehr so drückend, das Meer ist aber noch genauso warm wie im August – insofern bester Monat, um Baden, Wandern und Besichtigungen zu verbinden. Man findet auch wieder leichter Zimmer. Nachteil jedoch: Die Griechen sind allmählich erschöpft von der harten Touristensaison, was sich bemerkbar machen kann. Zu sehen gibt's immer was – viele Früchte sind reif, die Ernte beginnt, vor allem Trauben, Mandeln, Pistazien.

Oktober: Es wird deutlich kühler, abends braucht man schon einen dicken Pullover, um nicht zu frieren, und auch tagsüber, speziell bei Mopedtouren usw., muss man sich gut einpacken. Viele Pensionen, Hotels und Campingplätze schließen – Saisonende, Herbststimmung auch in Griechenland.

November: für Individualisten, die auf Kreta die letzten offenen Tavernen und Hotels abklappern. Die Zeit, in der man in den Kneipen wieder wirklich griechisches Essen bekommt und nicht nur als Tourist, sondern als Mensch gesehen wird.

Dezember bis März: Am griechischen Winter scheiden sich die Geister: sprechen die einen von viel Regen, Kälte und Stürmen, lieben andere diese stille Jahreszeit mit ihren doch erstaunlich vielen milden und sonnenreichen Tagen. Im Prinzip sind die Inseln jedoch – abgesehen von der Südküste Kretas – kein Winterziel. Die Schiffe verkehren selten und nur wenige Unterkünfte sind geöffnet, denn viele Einheimische gehen nach Athen. Alles wartet auf den Frühling – der kommt als erstes auf Kreta.

Tipp: Zu jeder Jahreszeit, auch im Hochsommer, sollte man einen **Windschutz** einpacken in Form von warmer Jacke, Pullover etc. Gerade im Juli/August sind in der Ägäis die aus Nordrichtung blasenden Meltémi-Winde äußerst aktiv! Außerdem herrschen z. T. krasse Temperaturunterschiede zwischen Tag und Abend/Nacht.

Museen

Die Öffnungszeiten der Museen werden sehr flexibel gehandhabt und ändern sich teilweise sogar mehrmals im Jahr. Faustregel: die meisten Museen sind vormittags offen, nicht wenige schließen jedoch bereits zur Siesta um 13 oder 14 Uhr. Zwischen 10 und 12 Uhr hat man die beste Chance, das Museum seiner Wahl zu besuchen! Geschlossen sind die meisten am Montag, manche auch am Sonntag oder Dienstag.

Öffnungszeiten

Die Öffnungszeiten sind mit langer Siestapause den mediterranen Verhältnissen angepasst. Dafür haben die Geschäfte abends lange offen, wenn die Hitze nachgelassen hat. Dann macht das Einkaufen auch deutlich mehr Spaß als in der mittäglichen Gluthitze.

Banken: einheitlich geregelt, Mo–Do 8–14 Uhr, Fr 8–13.30 Uhr. Leichte lokale Schwankungen sind möglich. In Touristenorten sind manche Banken auch nachmittags und an Wochenenden geöffnet.

Geschäfte: vormittags ab 8 oder 9 Uhr bis ca. 13.30/14.30 Uhr, nachmittags etwa 17/17.30–20.30 Uhr. Souvenirläden sind oft den ganzen Tag durchgehend bis 22 Uhr oder länger geöffnet. Vor allem in Badeorten läuft abends ein Großteil des Umsatzes.

Kioske: stehen an jeder Straßenecke. Sie sind bis spät in die Nacht geöffnet und führen alles Mögliche und Unmögliche. Ob Zahnpasta, Zeitungen, Zigaretten, Kugelschreiber, Süßigkeiten, Chips oder ein kühles Bier – das Angebot ist scheinbar unerschöpflich.

Kirchen, Klöster: Die Siesta wird sehr ernst genommen. Zwischen ca. 12.30/13 Uhr und 16/17 Uhr ist in der Regel geschlossen. Zu Besichtigungen deshalb rechtzeitig aufbrechen!

Märkte: bieten ihre Waren entweder täglich zu den üblichen Geschäftszeiten (So geschl.), ansonsten zumeist Freitag- und Samstagvormittag an.

Museen, Archäologische Stätten: keine einheitliche Regelung, außerdem ständigen Änderungen unterworfen. Die Schilder an den Eingängen sind meist schon mehrfach überklebt. Im Allgemeinen ist vormittags geöffnet, montags oder dienstags geschlossen. Der Eintrittspreis liegt zwischen 1 und 6 €. Genaue Infos in den jeweiligen Ortskapiteln.

Reisebüros: halten sich an die normalen Geschäftszeiten, sind aber im Sommer oft durchgehend geöffnet.

Post siehe eigenes Kapitel, **Apotheken** unter "Ärztliche Versorgung".

Polizei

(astinomía)

Die Polizei ist in allen Orten unter der Telefonnummer **100** zu erreichen. In der näheren Umgebung von Athen, Pátras, Piräus, Thessaloníki und Kórfu/Stadt muss man **109** wählen.

Post (tachidromíon)

Ein Postamt gibt es in jeder Inselhauptstadt, außerdem in fast jedem Ort über 1000 Einwohner. Karten und Briefe werden von großen Inseln mit häufigen Fährverbindungen bzw. Flugplatz in etwa 8–10 Tagen nach Mitteleuropa befördert. Von kleinen Inseln kann das wesentlich länger dauern – schlechte Schiffsverbindungen, Stürme etc. Der Vermerk "Per Luftpost" bringt nichts, da die gesamte Post ab Athen generell per Flugzeug befördert wird.

Öffnungszeiten: im Allgemeinen Mo–Fr 7.30–14 Uhr, in den Städten oft längere Öffnungszeiten.

Briefmarken: gibt es außer bei der Post in den meisten Läden und Kiosken, die Postkarten verkaufen. Tarife kann man dort erfragen.

"Poste Restante": Jedes Postamt nimmt postlagernde Sendungen entgegen. Diese können mit Ausweis und gegen eine kleine Gebühr abgeholt werden. Ein Brief wird im Normalfall bis zu zwei Monaten aufbewahrt. Als Absender in einem solchen Fall immer den Empfängernamen (Nachnamen unterstreichen!), das Zielpostamt und den Vermerk "Poste restante" auf den Umschlag schreiben. Tipp: Falls der Beamte unter dem Familiennamen nicht fündig wird, auch unter dem Vornamen nachschauen lassen. Das Einordnen teutonischer Namen fällt griechischen Postbeamten verständlicherweise schwer.

Telegrafische Geldanweisung: s. S. 47.

Tradition und Moderne: Post in Mólivos/Lesbos

Radio

Die Mitnahme eines Weltempfängers ist sicherlich sinnvoll. *Nachrichten* aus dem Äther gibt es aber auch in den griechischen Programmen. Der staatliche Hörfunk ERA sendet täglich ab 7.30 Uhr Nachrichten mit Wetterberichten in englischer, italienischer, französischer und deutscher Sprache. Am Sonntag beginnen die Nachrichten bereits um 7.15 Uhr. Bei den Meldungen handelt es sich um Übersetzungen der griechischen Nachrichten. Wer auf aktuelle Berichte aus der Heimat hofft, wartet deshalb vergebens. Gesendet wird auf UKW 91,6 kHz und MW 729 kHz.

Informativer, was News aus der Heimat angeht, sind dagegen die Sendungen der *Deutschen Welle*: stündlich Nachrichten, Wetterberichte, Reisenotrufe oder Bundesliga live. Gesendet wird auf MW 6075 kHz und 9545 kHz, Informationen auch unter www.dwelle.de oder bei: Deutsche Welle, Hörerpost, 50588 Köln.

Sport

Sportliche Aktivitäten sind bisher nur sporadisch organisiert, die rauen und großteils einfachen Inseln besitzen kaum diesbezügliche Infrastruktur. Vieles bleibt des-

Fußballnachwuchs in Póros/Kefaloniá

halb der Eigeninitiative überlassen. Durch den Tourismus hat sich aber zumindest im Sommer einiges geändert und in den Ferienorten gibt es eine breite Palette von Wassersportmöglichkeiten – Windsurfen, Fallschirmsegeln, Tauchen, Segeln, Wasserski, Banana-Boat u. a. m.

• *Bootssport* **Tretboote** und **Kanus** werden an allen touristischen Stränden verliehen, auch **Segel- und Motorboote** können oft gemietet werden.

• *Mountainbikes* gibt es mittlerweile in fast jedem größeren Touristenort zu leihen, auch geführte Touren werden oft angeboten, z. B. an der Nordküste Kretas um Réthimnon vom deutsch betriebenen **Hellas Bike Travel**. Aufenthalte mit Fahrradtouren kann man auch über Reiseveranstalter buchen.

• *Segeln* Die Ägäis mit ihren vielen Inseln, die meist auf Sichtweite liegen, ist ein fantastisches Segelrevier! Speziell im Frühjahr und im Frühherbst kreuzen viele Jachten. Im Hochsommer können dagegen die heftigen Meltémi-Winde das Segeln oft für Tage unmöglich machen. Versorgungshäfen findet man auf allen größeren Inseln. Adressen von Charterfirmen erhalten Sie über die Griechische Zentrale für Fremdenverkehr, ebenso von Veranstaltern, die Segelkreuzfahrten in der Ägäis anbieten.

Einreise mit Jacht über Land: mit der eigenen Jacht per Auto und Bootsanhänger problemlos möglich. Lediglich gültige Schiffspapiere, Versicherungsnachweis und der amtliche Sportbootführerschein sind erforderlich. An der Grenze trägt der Zöllner in der Regel den Wagen und die Jacht in den Pass ein. Bei der Ausreise muss man beides natürlich wieder dabei haben.

Erlaubte Höchstmaße: Länge bis 15 m, Breite bis 2,5 m, Höhe bis 4 m.

Einreise über See: Dabei muss nach Erreichen griechischer Gewässer zunächst einer der über 50 "Ports of Entry" angelaufen werden, falls man von Westen kommt, z. B. Korfu (vor der griechischen Westküste), Pátras (Peloponnes), Zákynthos (vor der Westküste des Peloponnes) o. a. Beim Einlaufen muss die griechische Flagge und die Flagge Q des internationalen Signalalphabets gezeigt werden.

Die Hafenbehörde will die Schiffspapiere, den Sportbootführerschein, sämtliche Pässe und eine Liste der Crew-Mitglieder sehen und stellt das **Transit-Log** aus, das für ein Jahr gültig ist. Wechsel der Crew-Mitglieder sind darin einzutragen. Die Ausreise erfolgt ebenfalls über einen Port of Entry.

Informationen: Broschüre "Segeln in der griechischen See" gibt's bei der **Griechischen Zentrale für Fremdenverkehr**. Darin enthalten ist eine Liste der Häfen mit Versorgungseinrichtungen und Liegeplätzen für Jachten, Hinweise zu Charterfirmen u. a. Aktuelle Infos ansonsten beim **Deutschen Segler-Verband**, Kreuzer-Abteilung, Gründgensstr. 18, D-22309 Hamburg, ✆ 040/ 6320090, Fax 63200918, www.dsv.org bzw. www.kreuzer-abteilung.org.

• *Tauchen* Schnorcheln ist überall erlaubt, das Tauchen mit Sauerstoffflaschen und Tauchanzügen dagegen nur in bestimmen Regionen, denn schon allzu viele Sporttaucher haben antike "Souvenirs" am Meeresboden gefunden und mitgehen lassen (Auskunft geben die örtlichen Behörden). In vielen Ferienorten arbeiten **Tauchschulen** mit Sondergenehmigung, auch zahlreiche große Badehotels bieten Tauchkurse. Zur Einstimmung in die Unterwasserwelt lohnt der Film "Im Rausch der Tiefe" von Luc Besson, der 1987 u. a. auf den Kykladen gedreht wurde.

• *Tennis* Viele Hotels und auch diverse Campingplätze verfügen über Tennisanlagen, die aber nicht immer in gutem Zustand sind. Auf vielen kleinen Inseln dagegen praktisch Fehlanzeige.

• *Windsurfen* Möglichkeiten zum individuellen Surfen finden sich wie Sand am Meer. Vor allem die Kykladen gehören zu den windstärksten Zonen im Mittelmeer – in den Sommermonaten werden hier die heftigen Meltémi-Winde aktiv. Hochburgen für Surfer sind die Nord- und Ostküste von **Páros**, die Strände an der Westküste von **Náxos** und der Órmos Panórmou auf **Mýkonos**. Speziell die Meerenge zwischen Páros und Náxos wirkt wie ein Windkanal und sorgt für super Winde – dort finden oft internationale Meisterschaften statt.
Surfbretter werden fast überall vermietet, wo Touristen in größeren Scharen auftreten. Auch Unterricht wird dort meist gegeben, z. B. im **Surf Center Fanatic Force 7** (deutsche Leitung) am Golden Beach von Páros.
Bezüglich Anreise: Die Fluggesellschaften berechnen für **Board- und Rigg-Transport** im Allgemeinen pauschal 40–50 €. Anmeldung sollte möglichst frühzeitig erfolgen, das Gerät muss transportgerecht verpackt sein.

• *Wandern* Die griechischen Inseln sind dank ihres bergigen Charakters und der wenig ausgeprägten Agrarstruktur ein ideales Wandergebiet mit viel unverfälschter Natur.
Wer nicht auf eigene Faust wandern will, kann geführte Wanderreisen auch über Reiseveranstalter buchen, z. B.
Hermann Richter Wanderreisen, Kemeler Weg 15, D-56370 Reckenroth, ✆/℡ 06120/ 8651; **Baumeler Wanderreisen**, Zinggentorstr. 1, CH-6002 Luzern, ✆ 041/4186565, ℡ 4186596, www.baumeler.ch;
Natur & Kultur Wanderstudienreisen, Blütenweg 32, D-89155 Ringingen, ✆ 07344/ 921222, ℡ 921662, www.natur-und-kultur.com;
Studiosus Reisen München, Riesstr. 25, D-80992 München, ✆ 089/500600, ℡ 50060100, www.studiosus.de;
Wikinger Reisen, Kölner Str. 20, D-58135 Hagen, ✆ 02331/904741, ℡ 904704, www.wikinger-reisen.de.

• *Wasserski/Fallschirmsegeln u. Ä.* wird in den touristischen Zentren häufig angeboten.

Sprache

Neugriechisch ist nicht die einfachste Sprache, schon das Alphabet unterscheidet sich vom deutschen. Nur wenige Urlauber können mehr als ein paar Brocken sprechen. Auch wer Altgriechisch gelernt hat, hat kaum eine Chance, kann aber immerhin die Schrift lesen. Die Griechen haben sich daran gewöhnt, es genügen ausreichende Englischkenntnisse, um sich mit der Mehrzahl der Einheimischen zu verständigen. Nicht selten trifft man auch auf Griechen, die einwandfrei Deutsch sprechen, was sie bei Arbeits- oder Studienaufenthalten in Deutschland, der Schweiz oder Österreich gelernt haben. Dennoch sollte man sich die wichtigsten Alltagswörter der griechischen Sprache aneignen. Es ist arrogant zu erwarten, dass jeder Grieche Fremdsprachen wie Englisch oder Deutsch spricht, obwohl man selbst nicht bereit ist, die Landessprache zu lernen. Sehr wichtig bei der Aussprache die richtige *Betonung* der Worte – beispielsweise heißt danke *"efcharistó"* und nicht etwa efcharísto, wie man oft von Ausländern hört!

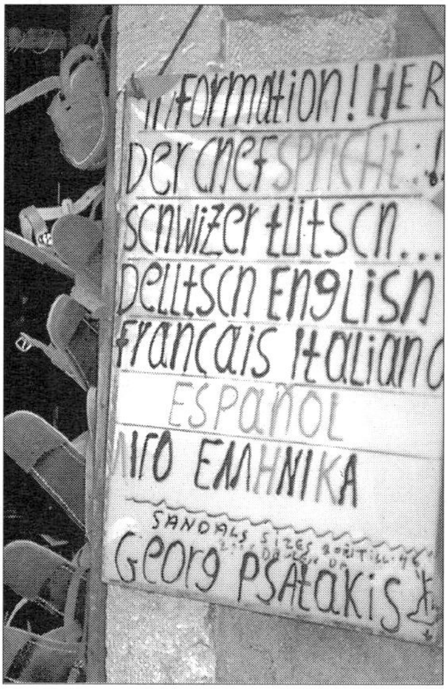

... oft recht sprachbegabt

Verirren wird man sich jedenfalls nicht, denn Wegweiser, Ortsnamen, Hinweistafeln zu Fähren, Museen, Toiletten, Park- und Zeltplätzen sowie Postämtern, zur Polizei, zu Informationsbüros und zu Stränden sind fast immer sowohl in griechischen als auch lateinischen Buchstaben geschrieben.

(Am Ende des Buches finden Sie einen hilfreichen, praxisorientierten Sprachführer, s. S. 755f.)

Strom

In ganz Griechenland gibt es 220 Volt Wechselstrom. Schiffe verfügen oft nur über 110 Volt Gleichstrom. Die bei uns gebräuchlichen Stecker passen in der Regel in die griechischen Steckdosen. Wer ganz sicher gehen will, kauft sich vor der Reise einen Adapter für Südeuropa.

Telefon

Telefonieren ist in den Büros der **O.T.E.** (Organísmos Tilepikinoníon tis Ellados) am bequemsten: Zuerst telefonieren und dann bezahlen. Dort, bei der Post, in Supermärkten und an fast allen Kiosken kann man auch die Karten für die **öffentlichen Kartentelefone** erwerben. Die Telefonkarten gibt es mit 100 Einheiten für 3 € (man kann nachschieben, ohne das Gespräch unterbrechen zu müssen). Kartentelefone gibt es mittlerweile an jeder Straßenecke, das Telefonieren ins Ausland funktioniert völlig problemlos. Man kann sich auch anrufen lassen, die Nummer steht auf der Bedienungsanleitung des Apparats. Auslandsgespräche sind auch von Hotels, Tavernen und verschiedenen Kiosken (rotes, manchmal graues Telefon) möglich, aber wesentlich teurer als von der O.T.E. oder vom Kartentelefon.

Mit Abstand am teuersten ist allerdings das **Mobiltelefonieren** von Griechenland nach Deutschland, auch wenn man sich anrufen lässt: Die Auslandsgebühren zahlt immer der Empfänger. Mobil kostet der Telefonspaß dann mindestens ca. 1,30 € pro Minute. Auch das Abfragen der Mailbox kann sehr teuer werden. Informieren Sie sich daher vor der Reise bei Ihrem Anbieter. Griechenland ist mittlerweile fast flächendeckend mit den "Netzen" der griechischen Mobilgesellschaften *Panafon* und *Telestet* ausgestattet, Funklöcher kommen meist nur noch in ganz abgelegenen Regionen vor. Telefonieren während der Autofahrt ist nur mit **Freisprechanlage** gestattet.

Wer *innerhalb Griechenlands* telefonieren will, muss die Vorwahl – seit der Umstellung im Herbst 2002 ein Bestandteil der Telefonnummer – immer mitwählen. Jede größere Insel bzw. Provinz oder Stadt hat ihre eigene Vorwahlnummer, kleinere Inseln sind oft unter einer Nummer zusammengefasst. Bei besagter Umstellung wurde die "0" der Vorwahl durch eine "2" ersetzt, dafür hinten noch eine

"0" angehängt (am Beispiel Athen: 01 -> 210). Ebenso wurde die Anfangsnull bei Handynummern durch eine 6 ersetzt. **Achtung**: Auf Visitenkarten, Prospekten etc. sind z. T. noch die alten Vorwahlen angegeben.

Öffnungszeiten Die **O.T.E.-Büros** sind in der Regel Mo–Fr von etwa 8–15 Uhr geöffnet.

Vorwahlnummern für Auslandsgespräche

Deutschland: **0049** Österreich: **0043** Schweiz: **0041**

Danach wählt man die Ortskennzahl des gewünschten Ortes, jedoch ohne die Null; dann die Rufnummer.

Wer nach Griechenland anrufen möchte, wählt die Nummer **0030.**

Wichtige **Notrufnummern**: s. S. 40.

Toiletten

Für alle Toiletten in Griechenland gilt: Papier darf nicht mit hinuntergespült werden, dafür steht immer ein Eimer in der Ecke (ansonsten wären dauernd die engen Abflussrohre verstopft). Als öffentliche Toiletten bzw. in Tavernen, Cafés etc. sind zum Teil noch die traditionellen Stehklos in Gebrauch. Bei richtiger Benutzung sind sie eigentlich sogar hygienischer als unsere Sitztoiletten. Leider spottet ihr Zustand oft jeglicher Beschreibung: Nicht selten sind sie verstopft, verdreckt oder einfach verschlossen. Auch die Spülung funktioniert nicht immer (oder zu heftig), Papier muss oft selber mitgebracht werden.
Beschilderung: Herren = *ándron*, Frauen = *ginaíkon*.

Übernachten

Eine Unterkunft zu finden ist selten ein größeres Problem. Die Küstenorte der meisten Inseln bieten zahlreiche Privatzimmer und fast immer auch mehrere Hotels zur Auswahl. Seit dem Touristenboom der 1980er Jahre wird noch immer überall gebaut, aufgestockt, investiert – das Angebot ist in der Regel immens. Trotzdem kann es an Sommerwochenenden hier und dort zu Engpässen kommen – viele Griechen fliehen am Wochenende aus der heißen Großstadt auf die Inseln.

Hotels kosten je nach Kategorie verschieden, das Gros (C-Kat.) bewegt sich im Bereich von etwa 35–70 € fürs DZ mit Du/WC. Großen Komfort darf man nirgendwo erwarten, fast alle Häuser sind schlicht und funktional eingerichtet, zudem nicht immer gut gepflegt. Frühstück wird nicht überall angeboten, kostet extra und ist meist karg. In den Häusern, die über Reiseveranstalter gebucht werden, ist aber auch in Griechenland mittlerweile Frühstücksbuffet üblich.
Wer auf eigene Faust unterwegs ist, wird neben Hotels oft die günstigen *Privatzimmer* in Anspruch nehmen. Die Vermieter erwarten ihre potenziellen Kunden meist schon im Hafen – mit viel Getöse und "Rooms, Rooms, cheap, cheap"-Geschrei werden die Unterkünfte an den Mann bzw. die Frau gebracht. Die Preise liegen je nach Saison zwischen 25 und 50 €, die Qualität ist natürlich unterschiedlich, in der Regel aber zufriedenstellend, wenn man keine großen Ansprüche hat. Eigene Dusche und WC für jedes Zimmer ist inzwischen fast überall vorhanden, auch Kühlschrank, Ventilator, Aircondition und sogar TV gehören zunehmend zur Ausstattung.
Wer sparen will, dem kann man nur generell den Rat geben, in der *Nebensaison* zu fahren, am besten im Mai oder Oktober. Die Preise fallen in dieser Zeit teilweise in

den Keller und die Hoteliers sind um jeden Gast froh. Auch Handeln ist dann möglich, und privat werden Unterkünfte auf weniger besuchten Inseln nicht selten unter 20–25 € offeriert. Im Frühjahr stehen die Inseln zudem in üppiger Blüte, die Temperaturen sind noch nicht extrem, die Strände nicht überfüllt ...

Achtung: Auf den Inseln, die von Athen bzw. Piräus aus leicht zu erreichen sind (z. B. Saronische Inseln und Kykladen), kommt es im Juli und August und zu den großen Feiertagen wie Pfingsten etc. oft zu Zimmerengpässen. Der Grund: In den letzten Jahren ist es in Athen große Mode geworden, die sommerlichen Wochenenden auf den Inseln zu verbringen. So verlassen ab Freitagabend ganze Völkerscharen den stinkenden Millionenkessel und schippern in die windreiche Ägäis. Die Unterkünfte sind dann auf den Inseln fast alle telefonisch vorgebucht. Vermeiden Sie es deshalb, falls möglich, Freitag oder Samstag auf einer Insel anzukommen. Unter Umständen gibt es tatsächlich kein freies Quartier mehr. Auch im Hafen steht dann niemand und bietet seine Rooms an – alles voll! Wer auf Nummer sicher gehen will, sollte im Hochsommer versuchen, rechtzeitig vorher telefonisch zu reservieren.

• *Ferienwohnungen/Apartments* heißen auf griechisch **diamerísmata** und gibt's inzwischen auf den bekannten Inseln überall in großer Anzahl – Wohn- und Schlafzimmer mit Küche (Herd, Kühlschrank) und Du/WC, meist neu erbaut und im Komfort durchaus ausreichend. Ein Vorteil dabei: Man kann den relativ hohen Frühstückspreisen in Cafés entgehen und natürlich auch kochen. Preise ab etwa 30–35 € aufwärts, in der Nebensaison sinken die Preise stark und man kann problemlos handeln. Dann stehen auch viele Häuser leer und man muss nicht unbedingt vorbuchen. Praktisch alle Reiseveranstalter und viele Privatvermittler bieten Ferienwohnungen an, zu Hause mal in die großen Wochenzeitungen schauen. Auf den Inseln selber kann man über viele Reisebüros buchen.

Ferienwohnungen vermitteln u. a.:

Attika Reisen AG, Sonnenstr, 3, D-80331 München, ✆ 0800/1671800 (gebührenfreie Info-Nummer), www.attika.de.

Domizile Reisen, Planegger Str. 9 a, D-81241 München, ✆ 089/833084, 📠 8341760, www.domizile.de.

Harkort-Reisen Griechenland, Dannecker Str. 22, D-60594 Frankfurt, ✆ 069/612124, 📠 610423.

Takis-Ferienhäuser GmbH, D-80331 München, Herzogspitalstr. 10, ✆ 089/2366510, 📠 23665199, www.takis.de.

Jassu Reisen GmbH, Postfach 2106, D-53631 Königswinter, ✆ 0223/91750, 📠 917523, www.jassu.de.

Fündig wird man außerdem in den Reiseteilen der großen Tages- und Wochenzeitungen und auch die großen Reiseveranstalter bieten Ferienwohnungen an.

• *Jugendherbergen* findet man nur selten, z. B. auf **Korfu**, **Santoríni** und **Kreta** (Iráklion, Réthimnon, Sitía und Plakiás).

• *Camping* Zeltplätze existieren auf den viel besuchten Inseln inzwischen fast überall, trotzdem bestehen noch Lücken. Die meisten Plätze sind sehr einfach gehalten. Gut sind die Zeltmöglichkeiten z. B. auf **Korfu** und **Kreta**. Tipps unter den jeweiligen Inseltexten.

• *Wildzelten* ist in ganz Griechenland verboten. Das hat seinen guten Grund, denn nicht selten hinterlassen Rucksacktouristen ihren ganzen Unrat am Strand oder im Olivenhain, verschmutzen Ziegentränken und provozieren als Nacktbader die Einheimischen. Wer irgendwo sein Zelt aufschlagen oder im Freien übernachten möchte, sollte immer beim nächsten Haus um Erlaubnis bitten. Oft wird das Wildzelten stillschweigend geduldet, da die Fremden Drachmen ins Dorf bringen.

Preisangaben für Doppelzimmer (DZ) im praktischen Reiseteil dieses Buches gelten immer für zwei Personen. Ist eine **Preisspanne** angegeben (z. B. 35–70 €), zeigt dies die Preisschwankungen zwischen Neben- und Hauptsaison an.

Uhrzeit

In ganz Griechenland gilt die *osteuropäische Zeit* (OEZ). Sie ist der mitteleuropäischen Zeit um eine Stunde voraus. Von April bis Oktober ist wie bei uns zusätzlich die Sommerzeit gültig.

Umweltprobleme

Wie überall auch auf den griechischen Inseln ein heikles Thema. Stichwort Elektrizität: Energiegewinnung mittels *Dieselkraftwerken* ist nach wie vor gang und gäbe. Fast jede Insel hat ihr eigenes Kraftwerk und riesige Mengen an Kraftstoff werden verbrannt, um den nötigen Strom zu liefern. Auf einigen Inseln, darunter besonders *Kreta*, wird zwar zwischenzeitlich erfolgreich mit Windenergie experimentiert, hier entsteht zurzeit außerdem das größte *Solarkraftwerk* Europas. Jedoch spielen diese Aktivitäten bisher noch lange nicht die Rolle, die ihnen in der extrem wind- und sonnenreichen Ägäis eigentlich zukommen müssten.
Zweitens: Das schwierige Problem der *Müllbeseitigung*. Auf den griechischen Inseln schmeißt man den täglich anfallenden Müll bisher bedenkenlos auf bald überquellende Deponien, wo er entweder unter starker Dioxinentwicklung verbrannt wird oder durch die winterlichen Regenfälle in die nächste Schlucht und weiter ins Meer geschwemmt wird. Von dort geht es dann mit Hilfe der heftigen Meltémi-Winde schnurstracks an die Nordstrände der weiter südlich liegenden Inseln, wo er (im sehr seltenen Glücksfall) vielleicht wieder eingesammelt und auf die Deponie gebracht wird ...
Auch die konsequente *Müllvermeidung* hat man bisher kaum angedacht: Wasser wird in Plastikflaschen verkauft, Bier und Cola in wahnwitzigen Mengen von Aludosen – und im Supermarkt wird auch der kleinste Artikel per Plastiktüte weitergereicht. Persönlicher Beitrag: Bringen Sie eine Tragetasche mit und trinken Sie, wenn immer möglich, aus Glas-/Mehrweg-/Pfandflaschen.
Dritte und empfindlichste Umweltschädigung: der *Tourismus*. Touristen reisen in Fliegern an, deren Kraftstoffverbrennung die hausgemachten Umweltprobleme der Inseln bei weitem in den Schatten stellt. Touristen zerstören die natürliche Fauna der Strände und strandnahen Zonen. Touristen sorgen für erhebliche Zunahme des Motorverkehrs auf den Inseln und im umliegenden Meer. Und wenn man die Kulturschäden, die der alljährliche Massenansturm der Fremden seit langen Jahren in den Inseldörfern verursacht, ebenfalls unter Umwelt zählen will ...
Bei diesem Thema muss sich jeder Reisende ganz persönlich an die Nase fassen, denn konsequentes Umweltbewusstsein heißt auch im Urlaub auf den griechischen Inseln: die umweltfreundlichste Art der Anreise wählen, unnötige Fahrten mit Verbrennungsmotoren vermeiden – und so wenig Wasser wie möglich verbrauchen.

Unterwegs auf den Inseln

Auf fast allen Inseln existiert ein riesiges Angebot an *Leihfahrzeugen* – Jeeps, Pkw, Motorräder, Mopeds, Mofas. In der Nebensaison kann man meist um den Preis handeln, im Sommer nur bedingt. Achtung: Seit 1995 wurde für Zweiräder ab 50 ccm aufwärts die Pflicht zum Führerschein 1 eingeführt!

Öffentliche Busse fahren fast alle Orte an, oft jedoch nur 1- bis 2-mal am Tag. Bei Tagesausflügen sollte man immer sicherstellen, ob man noch eine Rückkehrmöglichkeit hat.
Taxis gibt es in nennenswerter Zahl nur auf den größeren Inseln, den Preis vereinbart man vor der Fahrt.
Ansonsten: eine der schönsten Möglichkeiten, die Inseln zu erleben, ist sicherlich zu Fuß – wenigstens eine kleine oder größere Wanderung sollte man mal gemacht haben.

Ausführliche Informationen zu sämtlichen Fortbewegungsarten auf den Inseln finden Sie im Kapitel "Unterwegs in Griechenland" ab S. 26.

Wasser

Von Juni bis September regnet es auf den Inseln in der südlichen Ägäis so gut wie gar nicht – und im Winter rauschen derartige Sturzbäche vom Himmel, dass die wertvolle Erdkrume weggeschwemmt wird. Die Wasserversorgung ist deshalb eins der größten Probleme vieler Inseln. Fast jedes Haus besitzt eine *Zisterne*, wo das kostbare Nass vom Himmel aufgefangen und in Tanks gespeichert wird. Auch Wassertürme sieht man hier und dort in den Dörfern stehen. *Meerwasserentsalzungsanlagen* gibt es bisher nur selten, z. B. auf den Inseln Sýros und Mýkonos. Auf einigen Kykladeninseln hat man in den letzten Jahren große *Wasserspeicher* angelegt, die in der Landschaft wie Seen wirken. Es handelt sich dabei quasi um überdimensionale Zisternen. In der kalten Jahreszeit wird das Regenwasser gesammelt, um es im Sommer durch Pipelines in die Inselorte zu leiten. Bisher hat man damit gute Erfolge erzielt, vielleicht wird das Beispiel Schule machen.
Das *Leitungswasser* ist auf den großen Inseln in der Regel von guter Qualität und trinkbar (auf manchen wasserreichen Inseln wird sogar Quellwasser in die Leitungen eingespeist), aber meistens gechlort. Wohlschmeckender und überall erhältlich ist Quell- und Mineralwasser aus den wasserreichen Regionen Griechenlands. Von *Zisternen* sollte man nur trinken, wenn sie abgedeckt, eingezäunt oder sonst irgendwie vor Verunreinigung, z. B. durch Tiere, geschützt sind.

Für jeden Besucher der wasserarmen Inseln in der südlichen Ägäis sollte es moralische Pflicht sein, seinen **Wasserverbrauch** so weit wie möglich einzuschränken. Möglichkeiten dafür gibt's genug: beim Einseifen unter der Dusche Wasser abstellen, Zähneputzen mit Becher (nicht mit laufendem Wasser), sparsam die Toilette spülen etc. Aufkleber weisen in manchen Pensionen auf das Problem hin (vgl. auch Stichwort Umweltprobleme).

Zeitungen

Die wichtigsten deutschsprachigen Printmedien bekommt man in der Saison auf allen touristischen Inseln – sogar meist am Abend desselben Tags, an dem sie erschienen sind. Auf weniger besuchten Inseln kommen die Zeitungen aus Deutschland meist erst am nächsten Tag. Generell kosten Zeitungen/Zeitschriften fast das Doppelte wie zu Hause.

Kiosk in Athen

Zoll

Seit 1993 dürfen innerhalb der EU Waren zum eigenen Verbrauch unbegrenzt ein- und ausgeführt werden. Es wurde allerdings ein Katalog über Richtmengen von Waren erstellt. Überschreitet man diese, muss man im Fall einer Stichprobenkontrolle glaubhaft machen, dass diese Mengen nicht gewerblich genutzt werden, sondern nur für den persönlichen Gebrauch bestimmt sind.

Richtmengenkatalog (Warenmenge pro Person ab 17 Jahre):
800 Zigaretten, 400 Zigarillos, 200 Zigarren, 1 Kg Rauchtabak, 10 Ltr. Spirituosen, 20 Ltr. Zwischenerzeugnisse, 90 Ltr. Wein (davon höchstens 60 Ltr. Schaumwein) und 110 Ltr. Bier.

Für *Schweizer* gelten weiterhin niedrigere Quoten: 200 Zigaretten oder 100 Zigarillos oder 50 Zigarren oder 250 g Tabak; 1 Ltr. Spirituosen oder 1 Ltr. Zwischenerzeugnisse oder 2 Ltr. Wein oder 2 Ltr. Bier sowie Geschenke bis 200 SFr.

Weitere Hinweise: *Auto, Segeljacht, Surfbrett* und andere hochpreisige Artikel werden an der Grenze in den Pass eingetragen und müssen wieder ausgeführt werden. Andernfalls ist Einfuhrsteuer fällig (wer sein Auto wegen Totalschaden in Griechenland zurücklässt, muss eine Bestätigung der Polizei dabei haben!).
Die Ausfuhr von *Antiquitäten* ist streng verboten, ausgenommen sind staatlich autorisierte Kopien, die in verschiedenen Shops und Museen erworben werden können (z. B. Archäologisches Nationalmuseum in Athen).

Griechenland heute – auf einen Blick

- *Fläche* 131.990 qkm.
- *Bevölkerung* 10,6 Millionen (80 Einwohner pro qkm). Jeder sechste Grieche lebt auf einer Insel – allerdings starke Abwanderungsrate in die Großstädte.
- *Wichtigste Städte* Großraum **Athen mit Piräus** rund 3,5 Millionen Einwohner, **Thessaloníki** 384.000 Einwohner, **Pátras** 153.000 Einwohner, **Iráklion** 116.000 Einwohner.
- *Inseln* Es gibt mehr als 1300 Inseln in Griechenland, von denen jedoch nur knapp 200 bewohnt sind. Sie sind in Gruppen gegliedert – **Ionische Inseln** (westlich vom Festland), **Nördliche Sporaden** (östlich von Vólos), **Saronische Inseln** (südlich von Athen), **Nordostägäische Inseln** (vor Thrakien und der nördlichen Türkeiküste), **Dodekanes** (vor der südlichen Türkeiküste), **Kykladen** (zwischen Athen und Kreta) und **Kreta**.
- *Religion* 98 % griechisch-orthodox, 1 % Moslems, ca. 35.000 Katholiken, ca. 6.500 Juden.
- *Politik* Griechenland ist in 13 Regionen und Verwaltungsbezirke aufgeteilt. Mitglied der EU, der UNO und der NATO (allerdings Widerstand in der Bevölkerung gegen die amerikanischen Militärstützpunkte). Immer wieder gibt es Probleme mit dem ungeliebten Nachbarn Türkei, denn die Osmanen hielten Griechenland jahrhundertelang besetzt. Nationalfeiertag, der an den griechischen Freiheitskampf gegen die Türken erinnert, ist der 25. März. Anfang 2004 kam man sich allerdings in der **Zypernfrage** näher, die Wiedervereinigung der Insel wird zurzeit verhandelt.

  Größte Parteien sind **PASOK** (Panhellenische Sozialistische Bewegung), vergleichbar mit der SPD, und **ND** (Neue Demokratie), dem konservativen Lager zugehörig. Es wird regiert nach der Verfassung von 1975 – parlamentarisch-demokratische Republik mit einer starken Stellung des Präsidenten.

  1981-1989 regierte die sozialdemokratische PASOK unter ihrem Präsidenten **Andreas Papandreou**. Seit 1990 war die konservative Nea Dimokratia (ND) unter **Konstantin Mitsotakis** an der Macht, wurde aber 1993 in knapper Wahl wieder von der PASOK unter dem Vorsitz des greisen Andreas Papandreou abgelöst. Im Frühsommer 1996 starb Papandreou, dessen Regierungszeit von diversen Skandalen überschattet war. Neuer Regierungschef wurde in vorgezogenen Parlamentswahlen der Pragmatiker und überzeugte Europäer **Kostas Simitis** (ebenfalls PASOK), der mit seinem rigorosen Spar- und Modernisierungskurs die Aufnahme in die Europäische Währungsunion ermöglichte. Bei den Wahlen vom 7. März 2004 musste die PASOK nach fast zwei Jahrzehnten Regierungszeit allerdings eine deutliche Niederlage gegen die ND hinnehmen: unter **Kostas Karamanlis** kamen die Konservativen auf 46,6 % der Stimmen, PASOK-Kandidat und bisheriger Außenminister Georgios Papandreou konnte nur 40,4 % der Wähler für sich gewinnen.
- *Wirtschaft* fast doppelt soviel Importe wie Exporte. Wichtigste Handelspartner sind die EU-Länder, allen voran Deutschland und Italien. Bedeutendste Exportgüter sind landwirtschaftliche Produkte (Tabak, Oliven, Zitrusfrüchte, Wein, Baumwolle), chemische Erzeugnisse, Erze und Metalle, Textilien.

Dionysos-Theater: antikes Kleinod am großzügig gestalteten Fußgänger-Boulevard um die Akrópolis

Athen

(Athína)

Die Hauptstadt. Millionenmetropole, in der fast jeder zweite Grieche lebt! Unüberschaubares Häusermeer, das wie die Arme einer Krake weit ins karge Hügelland Attikas wuchert. Längst sind alle Grenzen gesprengt. Scheinbar planlos wird gebaut und gebaut, zwei- bis siebenstöckige Wohnhäuser im Schnellverfahren hoch gezogen. Starke Umweltbelastung für die Einwohner – Hunderte Tonnen Schwefeldioxid alljährlich, fünfspurige Autoschlangen quälen sich Tag und Nacht um die Akrópolis, Smog (Nefos) hängt in der Luft. Die Akrópolis steht seit Jahren eingerüstet, in einer Jahrhundertrestaurierung soll gerettet werden, was noch zu retten ist. Im europäischen Vergleich ist Athen die Großstadt mit den wenigsten Grünanlagen.

Und trotzdem – Athen ist so unverwechselbar griechisch wie keine andere Stadt! Winzige Kafenía in kleinen Seitengassen, fliegende Händler, die ihre Waren auf dem Gehweg ausgebreitet haben, schwitzende Souvláki-Köche im beißenden Dampf ihrer Holzkohlengrills, mittendrin ein Pistazien knabbernder Pope, eine beleibte Marktfrau, die lauthals Knoblauchknollen verhökert. Auf dem Fleisch- und Gemüsemarkt quieken ängstliche Küken, nebenan überschreien sich die Obstverkäufer, irgendwo plärrt Bouzouki-Gedudel aus einem übersteuerten Kassettendeck ...

Nach dem Zweiten Weltkrieg ist die einstige 50.000-Einwohner-Stadt explodiert. Ströme von Zuwanderern aus den armen ländlichen Gebieten Griechenlands – mit nichts als ihren Kleidern am Leib und dem Wunsch nach Wohlstand – hofften, hier ihr Glück machen zu können. Athen wurde der begehrteste Bauplatz der Nation.

Heute ist in den grauen Häuserschluchten zwischen Omónia- und Syntágma-Platz von antiker "Klassik" wenig zu spüren. Gut 5 Millionen Menschen (inoffiziell fast 8 Mio.) und eine halbe Million Autos drängen sich auf engstem Raum zusammen – genaue Zahlen weiß niemand. 1961 waren es nicht einmal halb so viele. Und Athen wächst weiter: 350 neue Bürger melden sich täglich (!) bei den Behörden – das sind 120.000 im Jahr.

Athen – eine Megalopolis zwischen antikem Erbe, gravierenden Umweltproblemen, übersprudelnder Lebensfreude, Lärm, Hitze und Staub. Eine pulsierende Weltstadt, deren Kollaps ständig prophezeit wird und doch ausbleibt. Athen fasziniert durch unglaubliche Vitalität, Farbigkeit, Widersprüchlichkeit. Rußgeschwärzte byzantinische Kapellen, hineingequetscht in Büropassagen oder mitten auf geschäftigen Verkehrsstraßen "vergessen". Nebenan funkeln die Auslagen der Juweliere, glänzen Pelze aus Kastoriá, blinken allnächtlich die Neonreklamen am Omónia.

Gigantisch der Riesenhafen **Piräus**, das Tor zum östlichen Mittelmeer – ölverseuchtes Wasser, in dem kein Fisch mehr leben mag. Poseidon schleudert seinen Dreizack im neu renovierten **Archäologischen Nationalmuseum**, die *Pláka*, das malerische Altstadtviertel, lockt trotz ausgeprägtem Kommerz mit ihren engen Gassen und Treppenwegen zum Bummeln und zum Verweilen in einem der zahllosen Cafés. Zahllose Läden und Lädchen, voll besetzte Tavernen unter Weinranken, Bouzouki-Romantik, gleich nebenan der große Flohmarkt, abends die bunt angestrahlte Akrópolis und bei warmen Temperaturen sitzt man bis spät in der Nacht mit Freunden in den Restaurants und Tavernen.

Athen – vielleicht nicht mehr das romantisch verklärte Griechenland unserer Träume, aber mindestens genauso echt. Jeder Grieche kennt die Hauptstadt. Wer Griechenland kennen will, sollte sie ebenfalls gesehen haben.

Information

• *Information* Die **Zentrale** der **Tourist-Information** (E.O.T.) in der Amerikis-Str. 2 (wenige Meter nördlich vom Syntágma-Platz in Richtung Omónia-Platz) wurde 2003 geschlossen.
Neue Anlaufstelle der **E.O.T.** ist das Büro in der **Amalias 26** (Nähe Syntágma-Platz). Hier erhält man kostenlose Stadtpläne und aktuelle Fahrpläne der Überlandbusse und Fähren sowie Öffnungszeiten der Museen und Prospekte aller übrigen Regionen in Griechenland. Öffnungszeiten: Mo–Fr 9–16 Uhr (Sommer 18 Uhr), Sa 10–13.30 Uhr. ✆ 210-3223111-9 und 3310561, ℻ 210-3252895.
Zweigstelle im **Piräus-Büro** (Zeas Marinas), ✆ 210-4522586.
Flughafen: wochentags geöffnet von 9–19 Uhr, Sa/So 10–15 Uhr. ✆ 210-3530445.

• *Touristenpolizei* Die **Touristenpolizei** hat die gleichen Befugnisse wie die übrige Polizei in Athen, auf den Schulterklappen der blauen Uniformen steht deutlich "Tourist Police". Freundliche Hüter des Gesetzes, die meist eine bis mehrere Fremdsprachen sprechen.
Zentrale: Dimitrakopoúlou-Str. 77, ✆ 210-9242700 und 9243354. Telefonischer 24-Stunden-Service unter ✆ 171 (englisch).
Flughafen: ✆ 210-3536924, und *allgemeine Informationen*: ✆ 210-3530000
Piräus: ✆ 210-4290664.

• *Zimmervermittlung* in Athen (und ganz Griechenland) bei der **Hellenic Chamber of Hotels** in der National Bank am Syntágma-Platz, jedoch nur Hotels der A-, B- und C-Kat. Mo–Do 8.30–14, Fr 8.30–13.30, Sa 9–12.30 Uhr. ✆ 210/3237193, ℻ 210-3225449,
E-Mail: grhotels@otenet.gr

• *Literatur* Hilfreich ist unter Umständen die **Athener Zeitung**, die einzige deutschsprachige Zeitung Griechenlands – aktuelle Fährverbindungen, Öffnungszeiten von Museen, Kino-/Theaterprogramm.

Anfahrt/Verbindungen

Die meisten Inselreisenden, die nicht direkt zu den Inseln fliegen, kommen mit dem Flugzeug nach Athen, steigen dort in einen Linienflug zu den Inseln um oder reisen per Fähre weiter. Letzteres ist zwar langwieriger, jedoch preiswerter und vor allem wesentlich reizvoller als der kurze Flug.

• Per Flug Am 28. März 2001 wurde 21 km östlich von Athen bei Sparta der **neue Großflughafen** namens **"Eleftherias Venizelos"** eröffnet.

Von dort haben Sie folgende Verbindungen ins Zentrum: Expressbus **E 95** bis Syntágma-Platz oder **E 94** bis Ethniki Amina und weiter mit der Metro.

E 95 fährt rund um die Uhr, von 6–24 Uhr alle 25 Min., von 24–6 Uhr alle 35 Min. Unterwegs folgende *Haltestellen*: Eleftherios Venizelos (Ankunft, Abflug, Verwaltung) – *Panagitsa* (Marathonas Ave., zw. Makedonias Str. & Spaton Ave.) – *Agia Paraskevi-Platz* (zw. Iroon Politehniou & Agiou Ioannou Str.) – *Ethniki Amina* (Messogion Ave., zw. Kyprou & Anastaseos Str.) – *Zagora* (Mihalakopoulou, zw. Acadias & Salonon Str.) – *Galaxias* (Messogion Ave., zw. Sinopsos & Farantaton Str.) – *Mavili-Platz* (Vas. Sofias, zw. Kerasountos & Kartali Str.) – *Ilissia* (Vas. Sofias Ave., zw. Papadiamantopoulou & Eginitou Str.) – *Hilton* (Vas. Sofias Ave., zw. Vas. Alexandrou und Ventiri Str.) – *Syntágma-Platz* (Amalias Ave., zw. Othonos & Vas. Sofias).

Persönlicher Tipp: Schneller kommen Sie ins Zentrum, wenn Sie zunächst Expressbus **E 94** bis Ethniki Amina und von dort die **Metrolinie 3** benutzen (Haltestellen bis *Ethniki Amina* wie E 95.) **E 94** (verkehrt zwischen 6 und 24 Uhr) fährt ab Flughafen von 6–20.30 Uhr alle 16 Min., von 20.30–24 Uhr alle 30 Min.

Verbindungen nach **Piräus Hafen** mit Expressbus **E 96**, rund um die Uhr von 5–19 Uhr alle 20 Min., 19–20.30 alle 30 Min. und 20.30–5 Uhr alle 40 Min. Folgende *Haltestellen*: Eleftherios Venizelos (Ankunft, Abflug, Verwaltung) – *Distavrossi Koropiou* – *Vari Church* (Vari – Varkizas Ave., zw. Agia Lavras & Ifestou Str.) – *Pigadakia* (Varis – Varkizas Ave., zw. Alkionidon & Drossini Str.) – *Galini* (Alkionidon Ave. & Possidonos Str.) – *Asklipiio Voula* (Alkidonidon Ave.) *A 'Beach Voula* (Alkidonidon Ave.) – *Pikpa* (Alkidonidon) – *Asteria* (Possidonos Ave., zw. Xanthou & Panopis Str.) – *Antonopoulou* (Possidonos Ave., zw. Lambraki & Zissimopoulou Str.) – *Glifada Platz* (zw. N. Zerva & Ag. Metaxa Str.) – *6. Glifada* (Possidonos Ave., zw. Liougka & Karagiorga Str.) – *5. Glifada* (Possidonos Ave., zw. Kalamon & Bakogianni Str.) – *4. Glifada* (Possidonos Ave., Tihis & Nafsikas Str.) – *2. Glifada* (Flemming-Platz) – *Dikigorika* (Possidonos Ave., zw. Evrialis & Venizelou Str.) – *"Airport"* (Possidonos Ave.) – *5. Kalamaki* (Possidonos Ave., zw. Kotzia & Hrissafi Str.) – *2. Kalamaki* (Possidonos Ave., zw. Kanari & Megistis Str.) – *1. Kalamaki* (Possidonos Ave., zw. Davaki & Koritsas Str.) – *Edem* (Possidonos Ave., zw. Karaoli Dimitriou & Pikrodafnis Str.) – *Flisvos* (Possidonos Ave., zw. Eoulou & Agiou Alaxandrou Str.) – *Peace & Friendship Stadium* (Ethnarhou Makariou) – *Venizelou* (Gr. Lambraki, zw. Karaoli Dimitriou & El. Venizelou Str.) – *Dimotiko* (Vas. Georgiou Ave., zw. Iroon Politechniou & El. Venizelou Str.) *Karaiskaki Platz* (Akti Tselepi).

Ein Ticket kostet ca. 2,90 € und ist 24 Std. gültig für alle Fahrten mit Flughafen-Shuttlebus, Stadtbussen und Metro. Wichtig: berechtigt nur zu **einer** Fahrt **zum oder vom** Flughafen.

• Per Bahn Der erstaunlich kleine Hauptbahnhof von Athen heißt **Stathmos Larissis** (Larissa-Bhf.) und liegt etwas außerhalb vom Zentrum. Der orangefarbene **Oberleitungsbus 1** hält rechts vor dem Bhf. (wenn man herauskommt) und bringt Sie zum Omónia- oder Syntágma-Platz. Vom Zentrum zum Bahnhof: Oberleitungsbus 1 ab Syntagma/ El. Venizelou Str. Sie können am Bhf. aber auch in die neue **Metro** einsteigen und ins Zentrum oder zu den Fähren nach **Piräus** fahren (siehe Verbindungen in Athen). Schräg gegenüber vom Larissa-Bhf. (Fußgängerbrücke über die Gleise benutzen) liegt der **Peloponnes-Bhf.**, mehrmals tägl. gehen Züge auf den Peloponnes. Vom Zentrum zum Bahnhof: **blauer Bus 057** ab El. Venizelou Str. (zwischen 5.30 und 23.30 Uhr alle 15 Min.), Preis ca. 0,70 €.

• Per Bus **Kifissou-Busstation (Terminal A)**, Kifissou-Str. 100. Vom Zentrum Zinonos/ Menandrou-Str. (Nähe Omónia-Platz) die Buslinie 051 nehmen. Zwischen 5.00 und 23.30 Uhr alle 15 Min., Preis einfach ca.

0,45 €. (telefonische Auskunft zu Abfahrtszeiten und Preisen: ✆ 210-5124910-1 und 5132601).
Busse fahren von hier u. a. nach Agrinion, Árgos, Dráma, Édessa, Flórina, Githion, Igoumenítsa, Ioannina, Kalamáta, Kalavrita, Kastoriá, Kavála, Korfu, Korinth, Kozáni, Mykene, Nauplion, Olympía, Pátras, Thessaloníki.
Liossion-Busstation (Terminal B), Liossion-Str. 260. Vom Zentrum ab Station Nationalbibliothek Panepistimiou-Str./El. Venizelou Str. mit dem Zubringerbus 024. Verkehrt zwischen 5 und 24Uhr alle 20 Min., Preis einfach ca. 0,45 €. (Telefonische Auskunft zu Abfahrtszeiten und Preisen: ✆ 210-8317153, tägl. außer Sa und So)
Busse fahren von hier u. a. nach Ámfissa, Chalkís, Delphí, Kateríni/Litochóro, Lamía, Lárissa, Theben, Tríkala/Metéora, Vólos (Pilion).
Regionalbusse: Busse zu Zielen in Attika starten an der *Mavromateon-Straße*, am Eingang zum Areos-Park (Nähe Nationalmuseum), darunter ca. 1- bis 2-mal stündl. zu den Hafenstädten *Rafína* (Fähren auf die Kykladen-Inseln Ándros und Tínos, Mýkonos u. a.) und *Lávrion* (Fähren zur Kykladen-Insel Kéa), außerdem häufig nach Kap Soúnion und zu den Badeorten an der attischen Küste.

• *Per Schiff* Fast alle Schiffe zu den Inseln starten und landen im Riesenhafen **Piräus** – Fähren am Uferkai **Akti Possidonos** (Metrostation), Schnellboote in **Zea Marina**. Außerdem gehen Schiffe auf die Kykladen auch von den beiden kleinen Hafenstädten **Rafína** und **Lávrion**. Details ebenfalls weiter unten im Abschnitt "Von Athen auf die Inseln" (s. S. 93).
Fahrplan- und Preisauskunft für folgende Fährverbindungen:
von Piräus – Ägäische Inseln, Saronische Inseln, Dodekanes, Kykladen und Kreta: ✆ 210-4226000-4.
von Zea Marina – Saronische Inseln, Euböa, Kykladen und Sporaden: ✆ 210-428 2888.
von Ráfina – Ag. Evstratios, Kavála, Karístos, Marmári, Limnos und Mytilini: ✆ 22940/28888.
Wer per Fähre in Piräus ankommt – alle 10 Min. fährt die äußerst effiziente **Metro** ins Zentrum, Station vis à vis der Fährkais.

• *Mit dem eigenen Fahrzeug* Im Zentrum gibt es praktisch keine Parkplätze und nur wenige Parkhäuser. Empfehlenswert, bereits in einem Außenbezirk möglichst nah an eine **Metrostation** heranzufahren (setzt allerdings Ortskenntnis bzw. Stadtplan voraus), dort parken und per Metro in die Stadt. Wer über Nacht bleiben will, sollte sich zur Sicherheit für das Fahrzeug entweder in ein **Hotel mit Garage** (B-Kat. aufwärts) einmieten oder auf einem der Campingplätze Athens absteigen (siehe Übernachten), von dort häufige Busverbindungen in die Stadt.
Wer gleich auf die Inseln weiter will, sollte am besten ganz bis **Piräus** runterfahren, Ticket besorgen, in den Hafen rein und Fahrzeug abstellen. Wenn noch Zeit für Sightseeing bleibt, zu Fuß wieder raus und per Metro in die Stadt.

Mit dem Taxi vom Flughafen Eleftherias Venizelos in die Stadt: an sich relativ preiswert, aber aufpassen, dass man nicht überhöht zur Kasse gebeten wird! Die Tarife sind an den Ausgängen des Terminals angeschlagen, im Zweifelsfall noch mal bei der Tourist-Info nachfragen.
Preise inkl. Flughafen- und Gepäckzuschlag (Stand '04): vom Terminal zum Syntágma etwa 20 €, nach Piräus ca. 25 €. Falls man nach Taxameter fährt: aufpassen, dass tagsüber **Tarif 1** eingestellt ist, nicht der teurere **Tarif 2**!

Verbindungen in Athen

• *Metro* Seit 1999 ist die bis dahin spärliche Verbindung zwischen dem weit außerhalb liegenden Vorort **Kifissiá** quer durchs Zentrum zum Hafen **Piräus** um zwei Linien erweitert worden, deren zentrale Schnittstellen am Omónia- bzw. am Syntágma-Platz liegen (siehe oben). Wichtige Haltestellen in der City sind außerdem **Victoria-Platz** (Nähe Bahnhof und Archäol. Museum), **Omónia** (Nähe Markt), **Monastiráki** (Nähe Pláka) und **Thissìon** (Nähe Agorá). Die Endstation in **Piräus** liegt direkt beim Terminal der Inselfähren.
Vorsicht Nachtschwärmer: Die letzten Züge verkehren gegen Mitternacht!
Die *Ticketpreise* sind mit ca. 0,60–0,70 € für die einfache Fahrt (gültig 90 Min.) in eine beliebige Richtung günstig, das 24-Std.-Ticket, das zudem für alle Stadtbusse und Trolleybusse gilt, kostet 2,90 €, Monatsti-

Athen
Karte S. 68/69

Taxifahren ist fast ein Sport in Athen

cket 35 € (aktuelle Preise hängen an den Stationen aus). Tickets kann man am Schalter oder an Automaten erwerben (Kleingeld nötig), immer bis Ende der Fahrt aufbewahren. "Schwarzfahren" kostet etwa 30 € Strafe.

Betriebszeiten: **M1**: 5–0.30 Uhr, alle 3 bis 10 Min.; **M2**: 05.30–0.00 Uhr, 3 bis 10 Min.; **M3**: 5.30–0.00 Uhr, 3 bis 10 Min. Aktuelle Informationen unter www.ametro.gr

- *Busse* Es gibt zahllose **Stadtbusse** (orangefarbene Oberleitungsbusse, grüne und blaue Dieselbusse), deren Streckenführung und Abfahrtzeiten in der Regel an den Haltestellen angeschrieben stehen. Auf dem Gratis-Stadtplan, den man bei den Informationsstellen bekommt, sind die Linien eingezeichnet. Ansonsten ist Durchfragen angesagt.

Bustickets sind an den wichtigen Haltestellen bei speziell markierten Verkaufsstellen oder oft auch in einem nahe gelegenen Zeitungskiosk erhältlich.

- *Taxi* Athens Taxifahrer sind berühmt – leider nicht unbedingt für ihre Ehrlichkeit gegenüber verwirrten Touristen. Aber es gibt auch den Chauffeur, der seine beinahe schrottreife Limousine in halsbrecherischer Fahrt zum anderen Stadtende hetzt, damit man dort noch den Bus erwischt ... Oft hat man den Eindruck, der Athener Verkehr besteht nur aus den knallgelben Taxen. Trotzdem ist es nicht immer einfach, ein Fahrzeug zu erwischen, die meisten rasen ständig voll belegt vorbei oder haben bereits ein anderes festes Ziel. Taxis halten auf Handzeichen – auch wenn sie schon Fahrgäste geladen haben. Falls man dieselbe Richtung hat (in diesem Fall muss man sie dem Fahrer im Vorbeifahren zurufen), kann man zusteigen. Also auch winken, wenn das Dachlicht ausgeschaltet ist. Beim Einsteigen Taxameter-Stand merken – man zahlt dann ab diesem Zählerstand. **Für die Zeit von 5–24 Uhr gilt der Tarif Nr. 1, von 24–5 Uhr der Tarif Nr. 2.** Bei längeren Fahrten eventuell empfehlenswert, den Preis vorher auszuhandeln, bei Fahrten mit laufendem Taxameter riskiert man als Ortsunkundiger Umwege.

Tarife (Stand 04): Alle Taxis sind mit einem Taxameter ausgestattet, der den Fahrpreis anzeigt und bei Fahrtbeginn vom Fahrer eingeschaltet werden muss. Mindestfahrpreis 1,50 €, Kilometerpauschale 0,26 € (in Athen), 0,50 € (außerhalb), Zuschlag bei Fahrten zum Flughafen 2 €, zu Hafen, Bahnhof und Busterminal 0,70 €, für jedes Gepäckstück über 10 kg 0,29 €, Nachtfahrten (24–5 Uhr) doppelter Fahrpreis, 1 Std. Warten 7,10 €. Funktaxi-Anruf 1,30–2 €.

Übernachten
1 Hotel Oscar
2 Aphrodite's Hostel
3 Hotel San Remo
4 Hotel Attalos
6 Hotel Museum
8 Lausanne Hostel
9 Argo Hostel
10 Athens Intern. Youth Hostel
12 Hotel Rio
16 Hotel Ilion
17 Hotel Athinea
19 Hotel Zinon
21 Hotel Alassia
28 St George Lycabettos Boutique Hotel
39 Hotel Tempi
44 Hotel Theseus
46 Hotel Alexandros
53 Hotel Plaka
54 Hotel Divani Caravel
57 Hotel Kimon
59 Hotel Athos
60 Hotel Hilton
63 Hotel Aphrodite
64 Hotel Hermes
67 Hotel Thission
72 Hotel Adonis
76 Acropolis House
78 Hotel Phaestos Guest House
79 Student Travellers Inn
82 Hotel Nefeli
92 Hotel Ava
93 Hotel Byron
94 Hotel Parthenon
97 The Athenian Callirhoe Exclusive Hotel
98 Hotel Royal Olympic
100 Hotel Divani Palace Acropolis
Archäologisches Nationalmuseum
Epigraphisch. Museum
Technische Universität, Kunsthochschule
Ag. Pavlos
Vathis Square
Okana
Omonia
Kaningos Square
Ag. Konnos
Ag. Gerassimos
Z. Pigi
Rathaus
Kotzia Square
Odiou Square
Theatrou Square
Athener Börse
Nationalbibliothek
Universität
Eleftherias Sq. (Koumoundourou)
Ag. Anargiri
Ag. Ioanis
Ag. Athanassios
Ag. Kiriaki
Klathmonos Square
Agii Theodori
Hrissospiliotissa
Armenian Orth.
Ag. Triada
Kerameikos-Museum
Keramikos
Psiri
Ag. Paraskevi
Ag. Georgios
Historisches National-museum
Ag. Assomati
Monastiraki
Avissinias Square
Ag. Irini
Ag. Filipos
Kimissi
Kapnikarea
Theseion (Hephaistostempel)
Alte Moschee-Sammlung
Stoa des Attalos
Thissio
Kladou
Kathedrale (Metropolis)
Griechische Agora
Ag. Marina
Agii Apostoli
Ag. Spiridon
Ag. Andreas
Ag. Ana
Kimissi Theotokou
Plaka
Observatorium
Ag. Nikolaos
Akropolis
Akropolis-museum
Filom. Eterias Sq.
Hadrianstor
Dionysos-Theater
Ag. Dimitrios
Tempel des Olympischen Zeus
Ag. Sofia
Makrigiani
Philopappos-Denkmal
Manou Sq.
Kritis
Sourmeli
K. Paleologou
Samou
Finou
Psaron
Akominatou
Sonierou
Liossion
Aharnon
Aristotelous
Marni
Stournari
28 Oktovriou-Patission
Mezonos
Favierou
Victor Ougo
Mager
Halkokondili
Septemvriou
Karolou
Veranzerou
Satobriandou
Tritis
Agiou Konstandinou
Sokratous
Themistokleous
Akadimias
Leonidou
Kalergi
Deligiorgi
Zinonos
Voulgari
Geraniou
Kolonou
P. Tsaldari
Agissilaou
Menandrou
Klisthenous
Athinas
Eolou
Stadiou
Panepistimiou
Fidiou
Epikourou
Sofokleous
Pesmazoglou
Pireos
Evripidou
Ag. Dimitriou
Korai
Dipilou
Agion Assomaton
Leokoriou
Sari
Vissis
Ag. Markou
Ermou
Miaouli
Voreou
Kolokotroni
Perikleous
Evangelistrias
Poulopoulou
Andrianou
Areos
Kapnikareas
Voulis
Iraklidon
Nileos
Mitropoleos
Othonos
Akamandos
Pelopida
Adrianou
Apolonos
Nikis
Skoufou
Apostolou Pavlou
Otrineon
D. Eginitou
Dioskouron
Thrassivoulou
Nikodimou
Flessa
Iperidou
Kidathineon
Filelinon
Pritaniou
Rangava
Thespidos
Peta
Amalias
Thrassilou
Vironos
Frinihou
Lissikratous
Goura
Pitakou
Vassilissis
Dionissiou Areopagitou
Robertou Gali
Garibaldi
Propileon
Erehthiou
Karatiatidon
Makrigiani
Makri
Ath. Diakou
Kavaloti
Hatzihristou

Essen & Trinken
5 Locomotive/New York
7 Ama Lachei
11 Café Sychnotites
13 O Barba Giannis
14 Rozalia
15 Giantes
18 Neon
20 Mommy
21 Alassia Bar
22 Horizontes Lycavittou
23 Ta Tria Gourounakia
24 Dio Porto
25 To Monastiri
26 Jazz Club 1920
27 Kitrino Podilato
28 Le Grand Balcon/ Frame Bar & Restaurant
29 I Taverna tou Psirri
30 Freud Oriental
31 Tutti a Tavola
32 Sugar & Salt
33 Azul
34 Oineas
35 Multi-Culti
36 Paliá Voulí
37 Café 1831
38 Cubanita Habana Club
40 Gerofinikas
41 Ermou & Asomaton
42 Café Aiolis
43 Vithos tis Gefsis
45 Sigalas
47 Corner Restaurant/ Alexander's Cocktail Bar
48 Bairaktaris
49 Thanasis
50 O Attalos
51 Dia Tafta
52 Gallery Café
54 Pool Bar
55 Kosmikon
56 Metropol
58 Alexandros
60 Galaxi Bar
61 Konstantinos Kotzolis
62 To Fagadiko
65 O Platanos
66 Melina
68 Eden
69 Stamatopoulos
70 Klepsidra
71 Akropolis
73 Taverna tou Psarrá
74 Nefeli
75 Klimatarla
77 Dioskouri
80 Sholeiou
81 To Kafenion
83 Café Sikinos
84 Xinos
85 Scholarch.-Ouz. Kouklis
86 Bakaliariakia
87 De Profundis Tea Room
88 Tsegoura
89 Thespidos
90 Zappeion
91 Aegli Bistro Café
95 Sokrates Prison
96 Taverna tis Theklas
97 Chic Bar & Restaurant/ Blue Bar
99 Bajazzo
Alexandras
Argendinis Square
Strefi Hill
Exarhion Square
Neapoli
Likavitos (Licabettus Hill)
Ag. Georgios
Lycabettus Funicular
Ag. Nikolaos
Christuskirche, evangelisch, deutschsprachig
Athener Kunst-akademie
Ag. Dionissios
Dexameni Square
Iliou Melathron
Numismatisches Museum
Fil. Eterias Square
Kolonaki
Vassilissis Sofias
Kriegs-museum
Byzantinisches Museum
Athens Conservatory
Parlaments-gebäude
National Garden
Ag. Taxiarhes
Präsidenten-palais
Trouman Square
Zappion
Ausstellungs- und Kongresshalle
Ag. Spiridon
Alsos Pangratiou
Stadiou Square
Swimming Pool
Athener Stadion ("Kalimarmaro")
Olgas
Arditou
Amalias
Akadimias
Solonos
Skoufa
Kanari
Vas. Georgiou B
Konstandinou
Vassileos
Irodou
Ploutarhou
Loukianou
Marasli
Sarantapihou
1,5 km
Athen

Mit der Metro vorbei an der Antike

Adressen/Notrufnummern

Notrufnummern
Polizei ✆ 100, **Feuerwehr** ✆ 199, **Ambulanz** ✆ 166, **Küstenwache** ✆ 108, **Ärztenotruf** ✆ 1016, **Notfall-Krankenhäuser** (Athen und Piräus) ✆ 106, **Vergiftungs-Notruf** ✆ 210-7793777; **IKA–Informationen** (und Terminabsprache) mit Ärzten ✆ 184, Apotheken-Notdienst (24 Std.) ✆ 107.

• *Banken* Jede Bank hat ihre eigenen Öffnungszeiten, als Orientierung gilt: Mo–Fr von 8–13 Uhr, am Wochenende geschlossen.
Nationalbank, am Syntágma-Platz (Karagiorgi Servias-Str. 2, ✆ 210-3222737-8), Mo–Fr 8–14 und 15.30–18.30 Uhr, Sa 9–15 Uhr, So 9–13 Uhr. Geldautomat Tag und Nacht.
Interbank, am Syntágma-Platz (Othonos-Str. 2, ✆ 210-3254398), Mo–Do 7.45–16.45 Uhr, Fr 7.45–16.15 Uhr, Sa 10–13 Uhr. Geldautomat Tag und Nacht.
Xiosbank, am Syntágma (Amalias Avenue 2–4, ✆ 210-3310529), tägl. geöffnet 9–21 Uhr.
• *Botschaften* **Deutschland**: (Botschaft und Konsulat) Karaoli-Dimitriou-Str. 3, 10675 Kolonáki, Athen, ✆ 210-7285111, 📠 7251205.
Luxemburg: (Botschaft) Skoufa Str. 11-13, 10673 Athen, ✆ 210-3640040, 📠 3638761. (Konsulat) Tzavella Str. 42, 15451 Paleo Psychiko, ✆ 210-6721819, 📠 6773444.
Österreich: (Botschaft und Konsulat) Alexandras Avenue 26, 10683 Athen, ✆ 210-8257240 und 8257230, 📠 8219823.
Schweiz: (Botschaft und Konsulat) Iassiou-Str. 2 (Nähe Syntágma), 11521 Athen, ✆ 210-7230364-6, 📠 7249209.
• *Gepäckaufbewahrung* Auf der Ankunkftsebene (Pacific Travel) im Flughafen, im Lárissa-Bahnhof und bei Pacific Travel in der Nikis-Str. 26 (Nähe Syntágma).
Tipp: Wenn man in einem Hotel oder Hostel übernachtet, kann man sein Gepäck dort in den meisten Fällen am nächsten Tag kostenlos deponieren.
• *Internet* Internet c@fé, Stadiou-Str. 5; Nähe Syntágma und direkt am Flughafen
• *Olympic Airways* Informationen zu **internationalen Flugverbindungen** unter ✆ 210-9267251-4, **innergriechische Flugverbindungen** (Reservierung und Tickets) unter ✆ 210-9666666. www.olympic-airways.gr.
Hauptbüros: *Filellinon-Str. 15* (am Syntágma-Platz), ✆ 210-9267663 und 9267787 (Auskünfte, Flugkarten), und *Leoforos-Syngrou-*

Avenue 96–100 (südlich der Akrópolis), ✆ 210-9269111 und 9267251-4 (hier auch Abfahrt der Olympic-Busse zum Flughafen. *Kotopoulistr. 3* (Omónia-Platz), ✆ 210-9267218. Akti Miaouli 27 (Piräus), ✆ 210-9267435.

• *Post* Alle Dienststellen der Post haben in der Regel von Mo–Fr zwischen 7.30 und 14.30 Uhr geöffnet (Wochenende und an Feiertagen geschl.), außer:
Eolou-Str. 100 (beim Omónia-Platz), Mo–Sa 7.30–20.30 Uhr, ✆ 210-3216023.
Mitropoleos-Str. (am Syntágma-Platz), Mo–Sa 7.30–20.30 Uhr. ✆ 210-3237573.
Syntágma-Platz, Mo–Sa 7.30–20.30 Uhr, So 7.30–13.30 Uhr.
Flughafen (Ost-Terminal), Mo–Sa 7.30–20.30 Uhr, So und feiertags 9–18 Uhr. ✆ 210-9612720.

• *Reisebüros* eine ganze Reihe gleich beim Syntágma-Platz, in der Nikis- und Filellínon-Str. – speziell für internationale Reisen gibt es zahllose preisgünstige Angebote. Athen ist europäisches Zentrum für Billigflüge in alle Welt.

• *Telefon* Kartentelefone gibt es überall in der Stadt, die entsprechenden Karten gibt es in den Kiosken. **Telefonvorwahl** von Griechenland ist 0030, Athen 210, diese Vorwahl ist seit 2003 auch innerhalb des Stadtnetzes zu wählen.

Athen
Karte S. 68/69

Übernachten (siehe Karte S. 68/69)

Große Auswahl in allen Preisklassen – vom exklusiven "Grande Bretagne" am Syntágma-Platz (viel Marmor und Brokat, das Doppelzimmer ab 300 € aufwärts!) bis zum günstigen Quartier in der Pláka. Daneben aber auch einige nette Mittelklassehäuser. Athen ist ein Besuchermagnet, Sie werden deshalb nicht überall sofort Platz finden. Zahlreiche Hotels wurden speziell für die Olympischen Spiele 2004 neu gebaut oder renoviert, während dieser Zeit ohne langfristige Reservierung eine Unterkunft zu bekommen ist aber aussichtslos. Auch die Preise dürften in die Höhe schießen.
Besonderes Angebot für junge Leute sind die so genannten *Hostels* oder *Guest Houses*, die man um den Bahnhof und im Zentrum findet (siehe weiter unten).
Die Hotels in der Pláka finden Sie ab S. 82.

> Wer sich im Olympiamonat August 2004 ein Bett in Athen sichern will, sollte am besten direkt den griechischen Hotelverband kontaktieren: Hellenic Chamber of Hotels, Stadiou 24, 105 64 Athen. 📠 0030/210-3225449; Mail: grhotels@otenet.gr

• *Hotels außerhalb der Pláka* **Hotel Royal Olympic (98)** (Luxus-Kat.), traditionelles Haus südlich des Nationalgartens im Zentrum Athens. Internationales Publikum, verschachtelte Gänge, dunkles Holz und winzige, total überlastete Rezeption. Trotzdem stilvoll. Internationale Presse, Swimmingpool. Alle Zimmer mit Fernseher (Satellitenempfang). Preise für DZ auf Anfrage. Diakon-Str. 28–32, ✆ 210-9226411, 📠 210-9233317.

Hotel Alassia (21) (A-Kat.), wenige Schritte vom Omónia-Platz. Brandneues und sehr stilvolles Hotel, in dem mit Farben, Formen und Spiegelungen gespielt wird. Sehr freundlich gestaltete Zimmer, Bad mit Waschschüssel, sehr fein. DZ ab 100–200 €. 50 Socratous-Str., ✆ 210-5274000, 📠 210-5274029, www.thealassia.com.gr.

Hotel Alexandros (46) (A-Kat.), neben der Athener Konzerthalle an der Vasilissis Sofias. Zu Fuß ins Zentrum ca. 20 Min. (Busverbindung). 96 Zimmer, komfortabel eingerichtet. DZ ca. 346 €. Bar, Restaurant und eigene Garage. Timoleontos Vassou-Str. 8, ✆ 210-6430464, 📠 210-6441084. www.airotels-hotels.com

Hotel Divani Palace Acropolis (100) (Lux.), Lobby macht einen etwas antiquierten Eindruck, die 253 Zimmer sind sehr gefällig gestaltet. DZ ab 310–480 €. Einen Steinwurf von der Akróopolis entfernt in der 19–25 Parthenonos Str., Stadtteil Koukaki, ✆ 210-9280100, 📠 210-9214993, www.divaniacropolis.gr

Hotel Divani Caravel (54) (Lux.), wuchtiger Bau im Stadtteil Pangrati, komplett neu renoviert. Abseits der Hauptstraße, daher angenehm ruhig und die Atmosphäre ist fast familiär. Angenehm: Pool und Bar auf dem Dach. 2, Vas. Alexandrou Ave. (Nähe U-Bahn), ✆ 210-7207000, 📠 210-7236683, www.divanicaravel.gr

Hotel Hilton (60) (Lux.), nahe dem Divani Caravel. Ebenfalls komplett neu herausgeputzt und mit zahlreichen Arrangements wurde der riesige Bau auch außen wieder flott gemacht. Sehr nobles Foyer und moderne Zimmer, unschlagbarer Blick auf Athen von der Galaxy Bar. DZ ab 656–801 €. 46, Vasilissis Sofias Ave., ✆ 210-7281000, 📠 210-7281111, www.athens.hilton.com

St. George Lycabettos Boutique Hotel (28) (Lux.), schon aufgrund seiner Lage am Fuße des Lycavitós-Hügels mit traumhaftem Ausblick auf die Stadt ein Top-Hotel. Zimmer geschmackvoll und modern, z. T. mit Designermöbeln. Hervorragende Bars und Restaurants, unschlagbar der Ausblick vom Grand-Balcon-Restaurant. 2 Kleomenous Str., Kolonáki, ✆ 210-7290711, 📠 210-7234435, www.sglycabettus.gr,

The Athenian Callirhoe Exclusive Hotel (97) (Lux.), Designermöbel und sehr modernes Ambiente in Form und Farbe. Hervorragende Bars und Restaurant. Nähe U-Bahnstation Fix. DZ ab 200–300 €, 32, Kallirois Ave. & Petmeza, Stadtteil Fix, ✆ 210-9215353, 📠 210-9215342,www.tac.gr

Hotel Ava (92) (B-Kat.), obwohl nur wenige Meter von der viel befahrenen Leoforos-Amalias entfernt, erstaunlich ruhig. Gediegenes Ambiente. Möblierte Appartementzimmer. DZ mit Bad und Balkon ab 75 €. Lissikratous-Straße 9–11, ✆ 210-3236618.

Hotel Oscar (1) (B-Kat.), gegenüber vom Lárissa-Bahnhof. Achtstöckiges, modernes Haus, Parkhaus, großzügige Marmorlobby, gepflegte Zimmer mit Balkon, Telefon und Radio, auf dem Dach Bar und Swimmingpool, von dort gute Sicht auf die bei Nacht angestrahlte Akrópolis. Je nach Saison 90–180 € für das DZ mit Bad ohne Frühstück. Samou/Philadelphias-Str. 25, ✆ 210-8834215-9, 📠 210-8216368. www.oscar.gr

Hotel Ilion (16) (B-Kat.), sechsstöckiges Haus (104 Zimmer), nicht weit vom Omónia-Platz in einer Ausfallstraße und daher recht laut. Dennoch brauchbar, wenn man spät abends ankommt und am nächsten Morgen schon sehr früh mit der U-Bahn nach Piräus fahren will. Saubere, nicht sehr große Zimmer, französische Betten, Bäder weiß gefliest und mit warmem Wasser, Aufenthaltsraum im 1. Stock. DZ mit Bad je nach Saison 115 & 165 €. Agiou Konstantinou Str. 7, ✆ 210-5237411-14, 📠 210-5237415.

Hotel Zinon (19), (B-Kat.), nur wenige Gehminuten vom Omónia-Platz entfernt in einer ruhigen Seitenstraße. 55 saubere Zimmer mit kleinem, aber sauberem Bad, TV und Lift. Am besten Zimmer vorher ansehen, einige Fenster blicken auf triste Betonwände. DZ für 100–270 € inkl. Frühstücksbuffet. Zinonos & Keramikou-Str. 3, ✆ 210-5245711.

Hotel Museum (6) (B-Kat.), modernes Hotel aus der Best-Western-Kette, nahe dem Archäologischen Nationalmuseum. Sehr ruhige Lage, Aircondition, 58 saubere Zimmer mit Balkon. Etwa ab 100–270 € pro DZ. Tositsa-/Bouboulinas-Str. 16, ✆ 210-3605611, 📠 210-3800507.

Hotel Athinea (17) (C-Kat.), etwa 3 Min. vom Omónia-Platz, trotzdem relativ ruhige Lage. 42 saubere Zimmer, teils mit Balkon, für ca. 3 € reichliches Frühstück möglich, DZ ab ca. 75 €. Vilara Str. 9, ✆ 210- 5243884-5, 📠 210-5245737.

Hotel Attalos (4) (C-Kat.), ganz zentral, nur wenige Schritte vom Monastiráki-Platz und so groß, dass man auch in der Hauptsaison immer Platz findet. Freundliches Management, Zimmer ordentlich und sauber (täglich frische Bettwäsche!), immer warmes Wasser, Blick auf die Akrópolis (Dachgarten mit Bar und Fernseher). DZ mit Bad saisonabhängig 56–200 €, EZ mit Bad 49–96 €, auch Dreibettzimmer. Athinas-Str. 29, ✆ 210-3212801, 📠 210-3243124; www.attalos.gr.

Hotel Thission (67) (C-Kat.), der schöne Blick auf die Akrópolis wird durch den Straßenlärm ein wenig gemindert. Einrichtung leicht antiquiert, aber sauber. Restaurant auf der Dachterrasse. DZ mit Balkon und Bad (Badewanne!) zwischen 42 und 66 € je nach Saison. Agias-Marinas-Str. 2, ✆ 210-3467634.

Hotel Rio (12) (C-Kat.), 7 Min. vom Bahnhof, sympathisches Haus, das kürzlich vollständig renoviert wurde. Mit Straßencafé vor dem Haus, freundlich geführt. DZ mit Bad ca. 98–165 €, mit Etagendusche günstiger, auch Mehrbettzimmer. Odisseos Str. 13, ✆ 210-5227075, 📠 210-5227377.

Hotel Áthos (59) (D-Kat), um die Ecke vom Aphrodite. Neueres, äußerst komfortables Haus (Kategorie völlig unzutreffend) mit 18 Zimmern, alles ist mit weichem Teppichboden ausgelegt, geschmackvolle Einrichtung, zur Südseite Blick auf die Akrópolis, Dachgarten, in den oberen Stockwerken Aircondition. DZ je nach Saison ca. 75–96 €. Patroou Str. 3, ✆ 210-3220080 und 32221977, 📠 210-3210548.

Guest Houses/Camping (siehe Karte S. 68/69)

Preisgünstig, aber keinerlei Komfort oder Service, manchmal nicht besonders sauber und nicht überall freundliche Aufnahme. Es gibt Mehrbettzimmer, die man mit anderen Reisenden teilt, außerdem Doppel-, manchmal auch Einzelzimmer. Oft sind Bar und Aufenthaltsraum im Haus, gelegentlich wird Frühstück geboten, fast immer kostenlose Gepäckaufbewahrung (auch längerfristig).
Gerade im Bereich um den Bahnhof mussten in den letzten Jahren zahlreiche Billigquartiere schließen, weil sie von der finanzkräftigeren Konkurrenz erdrückt wurden. Noch dazu haben diese Einrichtungen, die als so genannte "illegale Jugendherbergen" angesehen werden, keinerlei Rückendeckung von der Touristorganisation E.O.T. Andere Häuser sind durch Asylsuchende inzwischen reichlich verwahrlost, so dass sich die Auswahl stark reduziert hat.

Tipp: Sie sollten sich den Zustand der Unterkunft und des Zimmers nach Möglichkeit vorher ansehen, bevor Sie einchecken. Einige kleine Hostels (die sich z. T. sogar *Youth Hostel* nennen) sind nicht mehr als billige Absteigen mit manchen kleinen Nebeneffekten (Ungeziefer etc.).

Vorsicht: Die Anwerber, die überall an strategisch günstigen Punkten lauern, lotsen einen auch in Unterkünfte, die schon längst belegt sind. Bei längerem Weg besser vorher kurz anrufen, ob noch Platz ist. Guesthouses in der Pláka s. S. 83.

Athen
Karte S. 68/69

• *Guest Houses um den Bahnhof* Nicht besonders interessante Lage, aber ideal, wenn einen nach der Zugreise die Füße nicht mehr tragen. Im Umkreis von 10 Fußminuten diverse Billigunterkünfte.

Lausanne Hostel (8) (D-Kat.), alteingeführtes Haus, in der Verlängerung der Straße am Vathis-Platz/Ecke Kapodistriou-Str. 54, DZ ab 25–30 €, überteuert. Soll ab Mitte 2004 die Lizenz als International Youth Hostel erhalten. ✆ 210-5223801, 📠 210-5245506.

Hotel San Remo (3) (E-Kat.), gleich in der Nachbarschaft vom Santa Mavra, für Rucksackreisende empfohlen. DZ und Mehrbettzimmer ab 60–65 €. Nissirou-Str. 8, ✆ 210-5233245.

• *Sonstige preiswerte Unterkünfte* **Hotel Tempi (39)** (D-Kat.) zwei Minuten vom Monastiráki-Platz. Alteingeführte Herberge für Rucksacktouristen, erstaunlich ruhige, dabei ganz zentrale Lage in einer Fußgängerzone, parallel zur Athinas-Str. Im schmalen, turmförmigen Haus schlichte, kleine Zimmer, teils mit eigenem Bad, teils Etagendusche, einige mit Balkon zur Straße, Blick auf die gegenüberliegende Kirche Ag. Irini, z. T. Blick auf die Akrópolis. Waschmaschinenbenutzung. DZ ca. 60–80 €, auch Einzel- und Dreibettzimmer. Eolou Str. 29, ✆ 210-3213175, 📠 210-3254179.

Athens International Youth Hostel (10), derzeit das **einzige offizielle** internationale Hostel in Athen, Nähe Omónia-Platz (ab Mitte 2004 soll es drei weitere International Youth Hostels in Athen geben). Ein ehemaliges Hotel der C-Kat. wurde in eine freundliche JH umgewandelt, Übernachtung in Zwei- oder Vierbettzimmern mit Bad (!). Die Übernachtung kostet ab Mai 2004 pro Person und Bett 22 €, bei Buchung im DZ 26 €/Pers. Sehr zu empfehlen, kommunikativer und freundlicher Platz, keine nächtliche Schließzeit. Im Foyer eine gut ausgestattete Gemeinschaftsküche. Derzeit wegen Umbau kein Frühstück, aber einige Einkaufs- und Speisemöglichkeiten in der Umgebung. Gegen eine Gebühr von 6 € wird die Wäsche über Nacht gewaschen. Victoros Hugo Str. 16, ✆/📠 210-5232540. Reservierung **nur per Internet** unter: http://www.hostelbooking.com. Empfehlung.

Wichtig: Das Hostel wird (vermutlich vor Olympia) 2004 saniert und soll eventuell etagenweise gesperrt werden. Rechtzeitig telefonisch informieren, die Leiterin Brigitte Bomba spricht Deutsch.

Weiteres Hostel in der selben Straße ist **Argo (9)**, (E-Kat.) in der Victoros Hugo Str. 25, DZ ab 40–50 €, ✆ 210-5225939, 📠 210-5220682.

Aphrodite's Hostel (2), (C-Kat.) ca. 3 Min. Fußweg vom Lárissa-Bahnhof bzw. 5 Min. vom Peloponnes-Bahnhof von Athen entfernt. Informationen und Gepäckaufbewahrung. Bar und Frühstücksbuffet. Preise zwischen 19 und 24 €. Mixed-Zimmer, heiße Duschen, sehr freundliches Personal, Einchecken ganztags möglich. Nähe U-Bahnstation Victoria-Platz. Empfehlung für Rucksacktouristen. Ecke Eynardou 12 & Mich. Voda-Str. 65. Soll ab Mitte 2004 die Lizenz als International Youth Hostel erhalten. ✆ 210-8810589, 📠 210-8816574; E-Mail: hostelaphrodite @ath.forthnet.gr

Pangrati Youth Hostel Nr. 5, Damareos-Str. 75 im Stadtteil Pagrati (Oberleitungsbusse 2 und 11). Einziges offizielles Hostel der GYHA (Greek Youth Hostel Association), Reservierung nötig. ✆ 210-7519530, 📠 210-7510616. Mail: skokin@hol.gr.

• *Camping* Weit außerhalb, nur mit eigenem Fahrzeug zu empfehlen. Mit stetem Straßenlärm muss man rechnen. Zwei Plätze westlich von Athen an der Schnellstraße nach Korinth, weitere Plätze an der attischen Küste Richtung Kap Soúnion, z. B. in Glifáda (siehe Abschnitt Attika).

Camping Daphní (sprich: Daphní – die richtige Betonung ist wichtig, sonst erhält man die falsche Wegbeschreibung), ganzjährig geöffnet, große, terrassenförmige Anlage in Daphní, 10 km westlich vom Zentrum, direkt an der viel befahrenen Schnellstraße. Sanitäre Anlage sauber, in der Hochsaison aber völlig überlastet, etliche frei laufende Hunde, extrem harter Boden. Vorteil – viele internationale Kontakte, Reisende aus der ganzen Welt. Preise: Erwachsene 5 €, Auto 4 €, Zelt 3,50 €, Wohnmobil 3,50 €. ✆ 210-5811563.

Gute Busverbindung, ab Athen/Platia Eleftherias fahren die Busse 805, 853, 854, 855, 862, 880, 881 zum Platz, von und nach Piräus Bus 804, Taxi ins Zentrum.

Gleich benachbart, von Juli bis Sept., das berühmte Weinfestival von Daphní (siehe "Umgebung von Athen"). Zu dieser Zeit ist der Platz völlig ausgebucht, es wird sogar auf der schmalen Rasenfläche vor der Anlage übernachtet.

Athens Camping, 7 km westlich vom Zentrum, an der Athinon-Avenue 198 (nach Daphní), Stadtteil Peristeri. Ganzjährig geöffnet, zu erreichen mit Bus 860 oder 880 ab El. Venizelou Str. (vor der Akademie der Künste). ✆ 210-5814114, 📠 210-5820353.

Essen & Trinken (siehe Karte S. 68/69)

Viel erfreuliche Bewegung in diesem Bereich: Neben einigen hervorragenden Restaurants mit traditionell griechischen Speisen findet insbesondere die internationale mediterrane Küche zunehmend Anklang. Selbst Gourmets kommen inzwischen voll auf ihre Kosten. Empfehlenswert auch ein romantisches Abendessen im terrassenartig angelegten Restaurant auf dem Lykavitós-Hügel – wie leuchtende Perlen liegen die Lichter der Stadt vor Ihnen. Wer den unglaublichen Charme Athens im Sommer erleben möchte, muss damit rechnen, recht spät ins Bett zu kommen. Besonders vor den Wochenenden machen sich die Athener erst gegen 23 Uhr auf den Weg zu ihren "In-Plätzen".

Die Tavernen und Restaurants in der Pláka finden Sie auf S. 84.

• *Gourmet-Restaurants* **Aegli Bistro Café (91)**, im Zappion-Garten, ausgezeichnete Lage mit Blick auf Akrópolis und Zappion, überwiegend französisch-italienische Küche. Preise 35–40 €/Person. ✆ 210-3369363.

Corner Restaurant (47), im Hotel Grand Bretagne am Syntágma-Platz. Dem luxuriösen Ambiente des Hotels wird Rechnung getragen, wer nicht entsprechend gekleidet ist, wird dezent wieder auf die Straße geschoben. Preise 40–65 €/P. ✆ 210-3330000. Reservierung.

Horizontes Lycavittou (22), am Gipfel des Hügels. Chef Giannis Geldis experimentiert mit einfachen Arrangements und aufwändigen Kreationen. Einzigartiger Blick auf die Lichterkulisse Athens. Preise 40–60 €/P. ✆ 210-7227065. Reservierung.

Spondi, 2002 bestes Restaurant in Athen (Golden Hat 2002). 2-Michelin-Sterne-Chef Jacques Chibois und Restaurant Chef Jerome Serres verwöhnen die Gäste im eleganten Speisezimmer nur mit erster Klasse. Im Keller vermutlich an die 1000 Weine. Preise 42–50 €. Tägl. ab 20.30 Uhr. 5 Pyrronos Str, Platia Barnaba, Pagrati, ✆ 210-7564021. Reservierung.

Chic Bar & Restaurant (97), mediterrane Küche mit griechischen Kreationen. Das in Orangetönen gehaltene Restaurant des kürzlich renovierten Hotels unterstreicht das Ambiente des 70er-Jahre-Stils. Dachgarten mit Ausblick auf Akrópolis und Lycavitós. Preise 30–35 € The Athenian Callirhoe Exclusive Hotel, 32 Kallirois Ave. & Petmeza, Nähe U-Bahnstation Fix. ✆ 210-9215353.

• *Moderne griechische Küche* **Giantes (15)**, großer, schattiger Innenhof Marke "Biergarten" und innen 70er-Jahre-Ambiente. Vom Milchshake bis hin zu unaufwändig gestalteten Speisen der modernen griechischen Küche. Preise 10–28 €/P. Tägl. ab 18 Uhr. Valtetsiou-Str. 44, Stadtteil Exarchia. ✆ 210-3301369.

Kitrino Podilato (27), Chef Dimitra Valla spielt mit Zutaten des mediterranen Raums. Bestechendes Weinangebot. 2001: "Beste griechische Küche", 1999–2002 ausgezeichnet als zu den "Zehn besten Restaurants" gehörig". Preise 30–40 €/P. Tägl. 20.30–0.30 Uhr, So geschl. Keramikou 116–118 & Ierá Odos, Stadtteil Gazi. ✆ 210-346583. Reservierung.

• *Fischrestaurants* **Vithos tis Gefsis (43)**, innen Aquarien und Bullaugen in der Wand; außen Tische mit Blick auf die Akrópolis. Spezialität: Hummer und Brassen, die man seinen Lebtag nicht vergisst. Preise 25–30 €/P. Tägl. ab 10 Uhr, Platia Ag.. Asomaton 9 & Adrianou, Stadtteil Thission, ✆ 210-3211966. Reservierung.

• *Bar-Restaurants* **Ermou & Asomaton (41)**, rustikale Holzeinrichtung im Speisezimmer und an der Bar. Spezialität: "Mezeklikia a la grecque", Salat "Ultimate in taste", "Buffalo Sirloin", Straußenfilets. Preise 18–37 €/P. 18–2 Uhr, Sa/So ab 11 Uhr. Ermou 137 & Platia Agion Asomaton, Stadtteil Thission, ✆ 210-3246337.

Malvazia, Atmosphäre mit Stein und Holz dem Kastell von Monemvassia nachgestaltet. «Mal-vah-zha», süßer, aromatischer Weißwein, sehr selten auch Rotwein auch Kreta und Chios. Parkplätze und Parkjunge. Preise 35–40 €/P. Tägl. ab 19 Uhr, 3 Agathimerou-Str., Stadtteil Rouf, ✆ 210-3417010. Reservierung.

• *Ethnic-Restaurants* **Tora Tora Tora** (Japan, Philippinen, Thailand, Taiwan, Indonesien, Sri Lanka), Spezialität: Tora Lobster mit Kokosnusscreme und Mango. Am "Teppanyaki" werden beim Kochen mit rituellen Bewegungen die Geister ausgetrieben. Preise 17–30 €/P. Tägl. ab 21 Uhr. Andronikou 4 & Tsaferi, Stadtteil Gazi, ✆ 210-3476900. Reservierung.

• *Klassische Tavernen außerhalb der Pláka* **O Barba Giannis (13)**, einfache und traditionelle Einrichtung mit vergilbten Bildern und Trinksprüchen an den Wänden. Auswahl an Speisen variiert täglich, am Eingang erfolgt die Bestellung nach einem Blick in die Töpfe. Urgriechisches Tavernenambiente, bei Platzmangel wird zusammengerückt. Mit Hauswein wird nicht gegeizt. Preise 7–14 €/P. Tägl. ab 18 Uhr, Emm. Benaki Str. 94, Stadtteil Exarchia, ✆ 210-3300185. Empfehlung.

Rozalia (14), Bestellung der Vorspeisen durch Präsentation und Auswahl nach Gusto statt großer Worte. Hausmannskost und Hauswein; Do, Fr, Sa Live-Musik im Obergeschoss; Preise 5–12 €/P. Tägl. ab 18 Uhr. Valtetsiou 58 / Emm. Benaki, Stadtteil Exarchia, ✆ 210-3302933.

• *Restaurants außerhalb der Pláka* **Sokrates Prison (95)**, südlich der Akrópolis. Nicht in der Pláka, aber den kleinen Weg von dort durchaus wert (ca. 10 Min.). Täglich ist Wirt Sokrates für 16 Std. an die Küche gebunden, sie ist sein Gefängnis. Aber was er hier zaubert, ist äußerst interessant und wohlschmeckend. Einige Gerichte findet man nirgendwo sonst anders in ganz Griechenland! Und ein paar freundliche Worte wechselt Sokrates mit jedem seiner Gäste. So geschlossen. Mitseon Str. 20.

Gerofinikas (40), sehr teuer und gediegen, der richtige Platz, falls Sie auf Hochzeitsreise sind. Mahagonitheke, orientalisch angehaucht, auch die Küche ist auf vorderasiatische Spezialitäten eingestellt, z. B. Imam Baildi (türkisches Gericht mit Auberginen und Zwiebeln). Etwas versteckt in einer Seitengasse nahe dem Syntágma-Platz, Pindarou-Str. 10, ✆ 210-3622719.

Bajazzo (99), südwestlich unterhalb der Akrópolis. Der Deutsche Klaus Feuerbach zelebriert in einer klassizistischen Villa mit hübschem Innenhof fantasievolle mediterrane Küche, dazu gibt es griechische und französische Spitzenweine. Gehobenes Preisniveau. Mo–Sa ab 20 Uhr, So geschl. Reservierung angebracht. Anapafseos Str. 14/Ecke Tyrteous, ✆ 210-9213012.

Eleftherias-Platz, günstiges Lokal **ohne Namen** an der Westseite des Platzes, zu erkennen an der sicher 5 m hohen Decke. Üppige Portionen, 24-Std.-Service, großes Buffet, Spezialität: Suppe mit Kutteln.

To Monastíri (25), bei den Metzgern mitten in der Markthalle an der Athinas-Straße. Durch und durch echt geblieben, garantiert touristenfrei. Stammkneipe der Metzger und die wissen, wo es gut ist. Üppiges Angebot in großen Töpfen, meist schön heiß und beileibe nicht nur Fleisch, alle Speisen unter 8 €.

Ama Lachei (7), im Viertel Exarchia, unterhalb vom Strefi-Hügel (siehe Nachtleben). Im großen Hof mit betäubendem Jasminduft trifft sich die Athener Jugend zum fröhlichen und garantiert "touristenfreien" Essen, tolle Stimmung. Kallidromiou Str. 69.

Neon (18), Schnellrestaurant direkt am Omónia-Platz in einem ehemaligen Kafeneíon. In modernen, klimatisierten Räumen gibt es u. a. zahlreiche Fleischgerichte, Salate und frisch gepresste Säfte. Hochmoderne Toiletten. Geöffnet täglich bis 2 Uhr nachts.

Bairaktaris (48), von der Metrostation Monastiráki rechts, nahe der kleinen Kirche. Große Auswahl typisch griechischer Gerichte, große Salatportionen (Käse extra bestellen). Man schaut noch in die Töpfe und jeden Tag gibt es andere Gerichte. Geöffnet von morgens 9–2 Uhr nachts. ✆ 210-3213036. (Lesertipp von Uli Foldenauer aus Krailling).

• *Cafés* **Aegli (91)**, in ausgezeichneter Lage mit Blick auf Akrópolis und Zappion, überwiegend französisch-italienische Küche, nicht ganz billig. Zappion-Garten. ✆ 210-3369363.

Dia Tafta (51), traditionell renoviertes Cafehaus gegenüber der 1953 rekonstruierten antiken Stoa des Attalos. Adrianou 37, Nähe Monastiráki-Platz, ✆ 210-3212347.

Gallery Café (52), 2003 restauriertes traditionelles Steinhaus, Erweiterung für 2004 geplant. Außen mit Blick auf antike Agora und Hephaistos-Tempel. 33 Adrianou Str., Pláka, ✆ 210-3249080.

Café Sychnotites (11), unten Café mit naturbelassenen Steinwänden und Garten, zweite Etage Bar/Club; viele Studenten; leichte griechische Rockmusik, Jazz, Raggae, 60er bis 70er. tägl. 12–2.00 Uhr. Emm. Benaki-Str. 87, Stadtteil Exarchia. ✆ 210-3804302. Empfehlung.

Sugar & Salt (32), schlauchförmig angelegtes Café. Treff und Infobörse für Studenten, Café-Bar, Snacks. Tägl. 8 morgens bis 1 Uhr nachts. Skoufa 37/Dimokritou, Stadtteil Kolonáki, ✆ 210-3600603.

Metropol (56), schönes Freiluftcafé am ruhigen Platz vor der Kathedrale, etwas teurer. Am selben Platz noch weitere Möglichkeiten.

Dioskouri (77), Dioskouron Str./Ecke Mitroou (vom Monastiráki bergauf), lauschiges Eckchen unterhalb der Akrópolis, unter einem dichten Blätterdach treffen sich Athener Studenten zum Plausch.

Nefeli (74) Café-Ouzerie, mit Schattenplätzen auf lang gezogener Terrasse und etwas abseits der Touristenpfade. Man sitzt auf Bambusmöbeln, keine aufdringlichen Kellner. Am Abend Traumblick auf das Lichtermeer von Athen. Aretousas-Str. 10, ✆ 210-3212475

Café Aiolis (42), ruhig in der Fußgängerzone unweit vom Monastiráki-Platz gelegen. Moderne Einrichtung, gemütliche Plätze im Freien und flotte Bedienungen. Aiolou 23/Ag. Irinis, ✆ 210-3312839.

Café 1831 (37), geschmackvoll restauriertes Café in der Fußgängerzone, Blick auf die Akrópolis. Eolou Str. 52.

New York (5), Café-Snack Bar in der Nähe des Stadions Panathinaikos (am Fuße des Lykavitós). Hier treffen sich Kunststudenten, die ihre neuesten Arbeiten besprechen, Bankangestellte mit Schlips und Patienten aus dem gegenüberliegenden Krankenhaus. Legere Atmosphäre auf gemütlicher Terrasse, man sitzt auf Regiestühlen im Schatten. ✆ 210-6455220.

Interessant sind auch die Cafés im **Obst-/ Gemüsemarkt** an der Athinas Str. (gegenüber der Markthalle).

• *Spirituosen* **Brettos**, Likörladen der Superlative in der Pláka (Adrianou /Kidathinaionstr.41) mit riesigen Fässern bis unter die 6 m hohe Decke und auffälliger Beleuchtung. Verkauf der Produkte der ältesten Athener Destillerie mit kleiner Bar zum Testen der Spirituosen. Selbst gemachter Brandy und Ouzo in etlichen Geschmacksrichtungen.

Nachtleben (siehe Karte S. 68/69)

Natürlich bleibt man meist in der Pláka hängen. Wer aber mal etwas anderes probieren will, findet im Viertel *Exarchia* am Hang des Strefi-Hügels zahlreiche Cafés und Bars, die abends von der Athener Jugend dicht bevölkert sind, vor allem entlang der *Themistokleous Str.* und an der *Platia Exarchia*. Touristen trifft man hier so gut wie keine.

Zappeion (90), repräsentativer Prachtbau im südlichen Teil des Nationalgartens, um den sich traditionell ein Großteil des Nachtlebens abspielt. Cafés, Musikkapellen, Vorführungen von Straßenmusikern, Akrobaten etc. Bei den Athenern sehr beliebt und Schauplatz der abendlichen Volta.

Paliá Voulí (36), romantisches Gartenlokal mit flackernden Windlichtern neben dem Nationalhistorischen Museum, dem einstigen "Paliá Voulí", dem alten Parlament nahe der Stadiou-Str. Dicht gedrängt sitzen die Athener an warmen Sommerabenden um den bunt illuminierten Springbrunnen, lau-

Täglich frisches Gemüse

schen dem Pianospieler und nippen an Cocktails. Tägl. ab 8 Uhr Kaffee und Snacks, 12.30–2 Uhr Restaurant mit italienischen und mediterranen Gerichten. Anthimou Gazí & 7 Karísti Str., ✆ 210-3234803.

Melina (66), hat eigentlich mit der verstorbenen Schauspielerin, Sängerin und Politikerin keine direkte Verbindung. Im Inneren hängen zahlreiche Bilder von ihr und der gesamte Stil ist romantisch-melancholisch verklärt. Leicht zu erkennen an den Lichterketten über dem Eingang. Lissiou-Str. 22, ✆ 210-3246501.

De Profundis Tea Room (87), sehr angenehme Tee- und Kaffeebar unmittelbar in der Pláka, hell und geschmackvoll eingerichtet, Kontrast zum lärmenden Trubel ringsum. Agios-Hatzimichali-Str. 2 (gegenüber Hotel Nefelis).

Café Sikinos (83), zentral in der Pláka, direkt an der Kidathineon-Str., an der Ecke zum turbulenten Pláka-Platz. Auch zum Frühstücken einladend.

Jazz Club 1920 (26), unterhalb vom Likavitós-Hügel. Für Jazzfans die Nr. 1, häufig Livemusik. Ploutarchou Str. 20, ✆ 210-7210533.

Locomotive (5), am Fuße des Lykavitós-Hügels (Stadtteil Ambelokipi) direkt hinter dem Panathinaikos-Stadion. Einrichtung wie in einem alten Eisenbahnabteil mit alten Tafeln, Holzstühlen und Eisenteilen. Café-Bar mit Repertoire von knackigen Salatvariationen bis hin zu harten Getränken.

Nobel und nicht ganz billig sind folgende Bars in den großen Hotels: **Alassia Bar (21)**, (Alassia Hotel), 50 Socratous-Str., Nähe Omónia, ✆ 210-5274000.

Blue Bar (97), (The Athenian Callirhoe Exclusive Hotel), 32, Kallirois Ave. & Petmeza, Nähe U-Bahnstation Fix. ✆ 210-9215353.

Pool Bar (54), (Divani Caravel Hotel), 2, Vas. Alexandrou Ave., Stadtteil Pagrati, ✆ 210-7207000.

Alexander's Cocktail Bar (47), (Hotel Grand Bretagne), direkt am Syntágma-Platz, ✆ 210-3330000.

Galaxi Bar (60), (Athen Hilton Hotel), 46, Vasilissis Sofias Ave., ✆ 210-7281000.

Beeindruckende **Licht- und Tonvorführungen** ("Light and Sound") über die Geschichte Athens gibt es im Sommer jeden Abend um 21 Uhr (auf Deutsch aber nur Di, Mi und Fr) auf dem Philopappos-Hügel, dem höchsten Hügel gegenüber der Akrópolis. Danach, ca. 22.15 Uhr, altgriechische Tänze der Folkloregruppe **Dora Stratou** im nahe gelegenen Philopappos-Theater – besonders wegen der vielen Kostüme hübsch anzusehen.

Sehenswertes zwischen Omónia, Syntágma und Monastiráki

Das meiste spielt sich zwischen den drei großen Plätzen Omónia, Monastiráki (unterhalb der Akrópolis) und Syntágma-Platz ab. Zwischen beiden letzteren und der alles überragenden Akrópolis erstreckt sich die Pláka, das bekannte Altstadtviertel. Die Strecken kann man bequem zu Fuß bewältigen, sollte sie jedoch nicht unterschätzen. Zwischen Omónia und Syntágma pendeln zahlreiche Busse, ebenso kann man die U-Bahn benutzen.

Syntágma-Platz

Der verkehrsgeplagte Verfassungsplatz Athens *(Plateía Syntágmatos)* – das Parlament (ehemaliger Königspalast), die Luxusherberge "Grande Bretagne", Banken, Reisebüros, Grünflächen, teure Geschäfte, Springbrunnen und einige Parkbänke ... Ein schmucker Platz mit viel Marmor, der die Bevölkerung ebenso zum netten Plausch oder einer kurzen Rast auf Parkbänken zusammenbringt, wie sie z. B. bei Wahlveranstaltungen oder Demonstrationen trennt.
Auch wenn Sie nicht die Absicht haben, mit der U-Bahn zu fahren, sollten Sie zumindest die neue Station im Untergrund besichtigen. Wie in einem riesigen Museum an den Wänden zahlreiche Schichten, die Siedlungsreste und Gräberfunde während der Bauzeit plastisch darstellen.

Das Parlament

Das imposante Gebäude, das sich über dem Syntágma-Platz (dem *Platz der Verfassung*) erhebt, wurde 1836 nach Plänen des bayerischen Architekten Friedrich von Gärtner erbaut und diente nach der Thronbesteigung des Wittelsbachers *Otto* als Königspalast. Auch der zweite König Griechenlands, König *Georg*, residierte hier. Zwei schwere Brände verwüsteten das Gebäude jedoch derart, dass es als königliches Domizil nicht mehr geeignet erschien. Nach den Renovierungsarbeiten wurde es 1934 zum Sitz des griechischen Parlaments umfunktioniert. Besucher können darin in einer Sammlung z. B. die erste griechische Verfassung, Gemälde und eine umfangreiche Bibliothek besichtigen.
Nicht versäumen sollte man tagsüber das *Wachzeremoniell* der Evzonen, das stündlich vor dem Parlament an der oberen Platzseite am Grabmal des unbekannten Soldaten stattfindet.
Links neben dem Parlament beginnt die breite Vassilissis-Sofias-Avenue mit klassizistischen Stadtpalästen, in denen sich zahlreiche Botschaften niedergelassen haben. In diesem Viertel sind auch die meisten Museen Athens (u. a. Byzantinisches Museum, Kykladen-Museum, Benaki-Museum).

Nationalgarten

Der Bummel durch den gepflegten botanischen Garten und den öffentlichen Park, der sich rechts neben dem Parlament anschließt, ist für jeden Athener eine Selbstverständlichkeit. Inmitten dieser Oase der Ruhe im ständig rauschenden Verkehrslärm sitzt man gemütlich auf einer Parkbank, führt die Familie oder Freunde in ein Café aus oder geht mit den Kindern zum Entenfüttern. Hin und wieder stehen ältere Männer in größeren Gruppen zusammen und unterhalten sich angeregt über die Tagespolitik.

Zusammen mit dem Garten rund um das *Zappion* bildet er heute die einzige wirkliche Grünfläche im Zentrum. In Teilen des Parks werden oft Skulpturen ausgestellt.

Öffnungszeiten **Botanisches Museum** im Nationalgarten Tägl. 9–15 Uhr, ✆ 210-7211178.

Zappion

Den südlichen Teil des Nationalgartens prägt dieser monumental anmutende Bau mit seiner eindrucksvollen neoklassizistischen Fassade, nach den reichen griechischen Brüdern *Zappas* benannt, die der Stadt Athen dieses imposante Gebäude stifteten. Heute dient das Zappion als Ausstellungsgebäude (sehenswerter Innenhof mit Säulengang). Vor dem Haupteingang an der Leoforos-Amalias-Straße wird es besonders in den Abendstunden betriebsam, wenn ganze Familien zur Volta aufbrechen. Die Fassade des Zappion mit seinen korinthischen Säulen und der angrenzende Park bieten dafür die passende Kulisse. Das Gebäude wurde von *Ernst Ziller* entworfen, der auch das palastartige Haus von Heinrich Schliemann erbaute. Während den ersten Olympischen Spielen 1896 diente das stattliche Gebäude unter anderem als Austragungsort der Fechtwettkämpfe, in der Neuzeit finden publikumswirksame Ausstellungen und Informationsforen statt.

Panathenäisches Stadion

Nur wenige Schritte vom Zappion entfernt auf der gegenüberliegenden Seite der stark befahrenen Leoforos Basilis Konstantinou. Ein beeindruckendes Bild, wie das Stadion eingebettet zwischen zwei mit Pinien und Agaven bewachsenen Ardittos-Hügeln an der südöstlichen Seite des Nationalgartens liegt. Die riesigen Ausmaße der modernen, lang gezogenen Anlage aus hellem Marmor (sie fasst 70.000 Besucher!) kann man am besten aufnehmen, wenn man die steilen Treppen bis zum obersten Rang hinaufsteigt und einmal ganz herumgeht.

Erbaut wurde das Panathenäische (*"für alle Athener"*) Stadion an exakt derselben Stelle, an der sich sein antiker Vorgänger befand. Bereits nach 335 v. Chr. fanden an dieser Stelle sportliche Wettkämpfe statt. Die Länge der Laufbahn betrug 204 m, die Breite 33,36 m. An Anfang und Ende der Bahn, waren jeweils zwei "Hermen" (Säulen) postiert, die der Läufer beim Wettkampf über ein **Stadion** (178 m) erreichen musste oder beim Doppelstadionlauf entsprechend als Wendemarke umrundete. Am 5. April 1896 fand in diesem Stadion, so wie es sich dem Besucher heute präsentiert, die Eröffnungszeremonie der ersten neuzeitlichen Spiele statt.

Die Marmorsteine links und rechts neben dem Eingang erinnern an die Austragungsorte aller olympischen Spiele der Neuzeit und sämtliche griechischen Medaillengewinner. Nettes Bild, wie die Touristen aus aller Herren Länder darum herumstehen und die griechischen Buchstaben zu entschlüsseln versuchen.

Hinweis Bei den **Olympischen Spielen 2004** werden hier die Wettbewerbe im *Bogenschießen* ausgetragen. Traditionell endet auch der *Marathonlauf* der Frauen und Männer (am 22. bzw. 29. August 2004) nach 42,195 km im alten Stadion.

Hadrianstor und Tempel des Olympischen Zeus (Olympieion)

Wie ein stummer Zeitzeuge steht das **Hadrianstor** am Rande des tosenden Verkehrs, der einst blendende Penteli-Marmor von den Autoabgasen inzwischen rußgeschwärzt und seit 2002 halbseitig eingerüstet. Es ersetzte vermutlich im 2. Jh. ein Stadttor aus dem sechsten vorchristlichen Jahrhundert. Während der Türkenherrschaft wurde das Tor 1778 als einer von sieben Zugängen zur Stadt in die Stadtmauer integriert. Der Bau trägt zwei Inschriften: Auf der Westseite in Richtung Akrópolis: "Hier befindet sich die alte Stadt des Theseus", zur Ostseite "Hier befindet sich des Hadrians und nicht Theseus' Stadt".

Der **Tempel des olympischen Zeus** war von seinen Ausmaßen das gewaltigste Heiligtum der antiken Welt. 104 Säulen standen in zwei Reihen zu je 20 auf den Längsseiten und in drei Reihen zu je acht auf den schmalen Seiten (206 x 130 m!). Über sechs Jahrhunderte wurde gebaut, bis er schließlich im Jahr 132 geweiht werden konnte. Heute stehen auf dem kargen Plateau nur noch 15 verwaiste Säulen, eine weitere wurde vom Sturm umgeworfen. Das Interesse der Besucher für diese antike Sehenswürdigkeit hält sich bei brütender Hitze wohl nicht zuletzt deshalb in Grenzen und so finden zahlreiche Straßenköter hier ihren Platz im Schatten. Besonders beeindruckend wirkt der Platz mit seinen filigranen Säulenresten und wuchtigen Palmen, wenn er am Abend von starken Scheinwerfern angestrahlt wird.

Öffnungszeiten Tägl. von 8 Uhr bis Sonnenuntergang, Eintritt 2 €. ✆ 210-9226330.

Akademie der Künste: rechts neben der Universität. Theophil Hansen, der zehn Jahre jüngere Bruder des Architekten Christian Frederik Hansen, und Ernst Ziller leiteten die Bauarbeiten. Durch den Geldmangel nach der Vertreibung König Ottos aus Griechenland zog sich die Entstehungszeit bis 1886 hin. Auffällig an dem Gebäude im ionischen Stil sind vor allem seine reichhaltige Ornamentik sowie die Statuengruppe um das Gebäude und im Giebel. Die auffälligsten sind die beiden Sitzstatuen am Treppenaufgang, Platon und Sokrates, die mit verklärtem Blick auf die verspiegelte Front des gegenüberliegenden Bürohauses blicken.

Universität: erbaut 1839–63 nach Plänen des Dänen *Christian Frederik Hansen*. Der Initiator des schlichten klassizistischen Gebäudes, König Otto, wird hinter den Säulen in der Vorhalle dargestellt, umgeben von Musen. Die beiden Statuen direkt vor dem Gebäude stellen den Dichter *Rigas Pheraios* und den Patriarchen *Gregorios IV.* dar, die von den Türken ermordet wurden.

Nationalbibliothek: Auch für die Entstehung dieses Gebäudes zeichnen Theopil Hansen und Ernst Ziller verantwortlich. Neben den lang gestreckten Nachbargebäuden wirkt es mit seinen dorischen Säulen und schmalen Flügeltreppen eher gedrungen. Nach jahrelanger Einrüstung steht die Fassade wieder in altem Glanz.

Schliemann-Haus: Mit dieser palastartigen Villa an der Panepistimiou-Straße erfüllte sich *Heinrich Schliemann*, der Entdecker Trojas und für viele ein hoffnungsloser Fantast, seinen Kindheitstraum. In Anlehnung an seine Ausgrabung von Troja nannte er das zweigeschossige Haus, dessen Fassade durch Säulen aus pentelischem Marmor geprägt ist, *Iliou Melathron*. Schliemanns Frau Sophia empfand dieses Haus mit Bodenmosaiken und üppigen Deckenmalereien, das das Selbstbewusstsein des Ausgräbers unterstreichen sollte, als zu monströs.
Im Seitenflügel ist das **Numismatische Museum** untergebracht. Es zählt zu den drei größten seiner Art weltweit. Die Ausstellungen sind mit Fotos, begleitenden Informationstafeln und Computersimulation hervorragend präsentiert.

Öffnungszeiten **Numismatisches Museum** Di–So 8.30–15 Uhr, Mo geschlossen. Eintritt 3 €; Panepistimioustr. 12, ✆ 210-3643774.

Omónia-Platz: Verwundert und beschämt rieb sich so manch ein Athener im Frühjahr 2003 die Augen, als der über sechs Jahre abgesperrte und mit hohen Sichtschutzwänden versehene Traditionsplatz wieder seiner Bestimmung übergeben wurde. Schön war er nie, der runde Platz inmitten des konzentrierten Verkehrszentrums mit seinen umliegenden Hotels und Kaufhäusern, die sich allesamt hinter Schallschutzfenstern verstecken. Nicht zu empfehlen ist der Platz nach Einbruch der Dunkelheit – viele Junkies, zwielichtige Gestalten und Rumhänger.

Athinas-Straße: verläuft schnurgerade zwischen Omónia und Monastiráki, herrlicher Blick auf die Akrópolis. Fast auf der ganzen Länge reihen sich Verkaufsstände und Straßenhändler dicht an dicht, viele von ihnen sind Einwanderer aus osteuropäischen Ländern. Höhepunkt des Getümmels ist der *riesige Gemüse-, Obst-, Fleisch- und Fischmarkt* etwa auf der Hälfte der Strecke – jeden Vormittag offen, auf keinen Fall versäumen! Vor allem die Hallen der Fleisch- und Fischhändler sind überwältigend für Ohren und Augen, versteckt mittendrin dampfende Markttavernen, draußen überquellende Obststände, Gewürzhändler, Weinprobierstuben und Handwerker in kleinen Verschlägen.

Stadtteil Psirrí

Wenn es in Athen einen Stadtteil gibt, der sich wie Aschenputtel verändert hat, dann gilt das insbesondere für Psirrí. Die quirligen Gassen rund um den gleichnamigen Hauptplatz sind angesagt bei Jung und Alt. Abends und nachts sind die Tavernen, Bars und die wenigen Clubs des Bezirks voll ausgelastet. Man sitzt gemütlich bis hinaus auf die Gassen, Musik aus der jungen griechischen Popszene wird begeistert mitgesungen oder mitgesummt und die geschmackvolle Beleuchtung trägt ihren Teil zu einem stimmungsvollen Gesamtbild bei. Dabei ist diese Ecke auf den ersten Blick gar nicht leicht zu finden, denn der gesamte Stadtteil im Dreieck zwischen dem Omónia-Platz, begrenzt von der Ermou-Straße und dem unteren Ende des Kerameikos-Friedhofes, wird entlang der Ermou von einer geschlossenen Kette gesichtsloser und z. T. leer stehender Häuser verdeckt, die für ausländische Besucher einen wenig vertrauenserweckenden Eindruck macht. Die bislang wenigen Touristen, die sich bisher nach Psirrí verlaufen, sind umso mehr beeindruckt von diesem ansprechenden Stadtteil. "Verlaufen" Sie sich ganz bewusst, Sie werden überrascht sein.

Restaurants und Tavernen in Psirrí (siehe Karte S. 68/69)

Der Treffpunkt der Athener in den Abendstunden. Von den Metrostationen Thisíon, Monastiráki oder vom Omónia-Platz aus bequem zu Fuß zu erreichen.

• *Restaurants* **Multi-Culti (35)**, die Idee des Betreibers Alexis Kiriazis ging voll auf: Club-like Dining in stilvollem, aber nicht überladenem Ambiente mit deutlichen Farbreizen. Der DJ im ersten Stock liefert die Music from all over the world. Preise 30–50 €/P. Tägl. von 20–3 Uhr, Agias Theklas 8. ✆ 210-3244643. Empfehlung.

Oineas (34), gute Portionen und Arrangements in einem Speisezimmer mit zahlreichen Werbetafeln und Memorabilia vergangener Zeiten. Über 60 Weinsorten. Sehr freundlicher Service. Preise 11–23 €/P. Tägl. 18–2 Uhr, Sa und So ab 12 Uhr. Aisopou-Str. 9, Psirrí-Platz, ✆ 210-3215614.

• *Tavernen* **Dio Porto (24)**, unter Griechen in einem Weinkeller mit einfachen Holztischen und -bänken. Manchmal spontane Musikeinlagen durch Straßenmusikanten. Hausmannskost und Hauswein; Grillfisch, Bauernsalat, diverse Mezedes; Preise 5–8 €/P. Nur vormittags während der Marktzeiten, So geschl. 9 Sokratous & Theatrou 2.

I Taverna tou Psirrí (29), griechisches Tavernen-Ambiente, wie man es gerne hat: Töpfe gucken in der Küche und leger speisen, bis sich die Tische biegen. Spezialität: Hummersuppe nach Art des Hauses.
Preise 5–9 €/P. Tägl. 12–2 Uhr. Aishilou 12, Pl. Psirrí. ✆ 210-3214923.

• *Clubs* **Cubanita Habana Club (38)**, 28 Karaiskaki-Str., Psirrí-Platz. Live-Musik und relaxte Atmosphäre in einer Mischung aus Saloon und Samba. Tägl. ab 21 Uhr, ✆ 210-3314605. Reservierung nötig.

Monastiráki-Platz

Zentraler Platz am unteren Ende der Athinas Str., derzeit nach der kürzlich fertig gestellten U-Bahnstation auch an der Oberfläche neu gestaltet wurde. Nicht ungemütlich, aber vielleicht hätte man statt der Parkbuchten und der Stellplätze für Motorräder lieber Grünstreifen anlegen sollen. Rechts neben der Metrostation Eingang zum berühmten *Flohmarkt*, in die andere Richtung kommt man in die Pláka mit unzähligen Souvenirshops (Keramik, "echte Ikonen", Flokatis, Pullover aus Schafwolle) und Tavernen. Ein Blickfang am Platz ist die frisch restaurierte *Tsitarákis-Moschee* aus dem 18. Jh., im Inneren hübsche Keramikausstellung griechischer Volkskünstler, eine Abteilung des Volkskunstmuseums in der Pláka.

Athener Altstadt – die Pláka

Die Altstadt von Athen, direkt unterhalb der Akrópolis – erbaut auf den Trümmern des antiken Athen, später weidlich von Türken genutzt. Viele enge Gässchen mit Treppen und Weinranken ziehen sich den Hang hinauf, heute vollständig Fußgängerbereich und fest in der Hand des Kommerz – zahllose Tavernen, Restaurants und Cafés, dazu Boutiquen und Souvenirshops aller Couleur, abends dominieren kitschige Bouzouki-Restaurants. Macht trotzdem Spaß, hier durchzuschlendern, ein gut gelaunter Rummelplatz mit viel "griechischer" Atmosphäre!

Das war nicht immer so – in den siebziger Jahren galt die Pláka als das verrufenste Halbweltviertel der Stadt, Reeperbahn und Red Light District in einem. Freizügige Nightclubs und Spielhöllen schossen aus dem Boden, seriöse Urlauber begannen die Pláka zu meiden. Es ist das Verdienst der damaligen Kulturministerin Melina Mercouri, diese Entwicklung rechtzeitig gestoppt zu haben. Heute sind alle zweifelhaften Etablissements restlos beseitigt und die Athener Stadtverwaltung engagiert sich stark dafür, das ursprüngliche Ambiente zu retten bzw. wiederherzustellen.

Wer sich beim Bummel durch die verwinkelten Gassen Zeit nimmt, kann zwischendrin auch Kuriositäten entdecken, wie beispielsweise den Schwammladen in der Adrianoustraße mit riesigen Naturschwämmen, die bei Kalimnos aus der Ägäis geerntet wurden, oder den Marionettenladen in der Dikodimou-Straße.

Übernachten in der Pláka (siehe Karte S. 68/69)

• *Hotels* **Hotel Parthenon (94)** (A-Kat.), direkt am Eingang zur Pláka in einer ruhigen Seitenstraße. 90 Zimmer, alle mit Aircondition, Telefon, TV und eigene Garage. Noble Bar und einladendes Restaurant. Viele Reisegruppen, deshalb besser vorher reservieren. Einzelzimmer und DZ ab 242 €, jeweils ohne Frühstück. Makri-Str. 6, ✆ 210-9234594-8, ℻ 210-9235797. Reservierung. ✆ 210-9215766. www.airotel.com

Hotel Pláka (53) (B-Kat.), zwei Ecken von der Kathedrale, alteingeführtes und beliebtes Haus mit sechs Stockwerken, ordentliche Einrichtung. 60 Zimmer mit schallisolierten Fenstern und TV, von der Rückseite Blick auf die Akrópolis (dort auch ruhiger!), Dachgartenbar. DZ mit Frühstück je nach Saison ca. 100–170 €. Kapnikareas Str. 7/ Ecke Mitropoleos, ✆ 210-3222096-8, ℻ 210-3222412. www.plakahotel.gr

Acropolis House (76), Pension, (C-Kat.), historisches Haus in der Pláka, seit 1965 von der Familie Choudalakis geführt. Einige schöne, alte Zimmer mit hohen Stuckdecken, aber auch eine Reihe recht durchschnittlicher Räume, wahlweise mit oder ohne Bad. Unten kleine Frühstücksnische, außerdem Fernsehraum. Tagsüber sehr ruhig, weil kein Autoverkehr, nachts ziehen allerdings gelegentlich laute Nachtschwärmer durch die Gasse. DZ mit Bad 49–80 €, 10 % Aufschlag bei Aufenthalt unter 3 Ta-

Pláka – Altstadt der engen Gassen

gen. Nähe Syntágma-Platz, am Rand der Pláka, Kodrou-/Voulis-Str. 6-8, ✆ 210-3222344.

Hotel Adonis (72) (C-Kat.), das etwas günstigere Pendant zum Acropolis House, genau gegenüber, von einigen Balkonen Blick auf die Akrópolis, Dachgarten, DZ zwischen 16 und 39 €. Voulis & Kodroustr. 3, ✆ 210-3249737-8, 📠 210-3231602.

Hotel Nefeli (82) (C-Kat.), gleich um die Ecke, ganz zentral in der Pláka, 18 Zimmer, ruhig, marmorgefliest, ca. 32–50 € pro DZ. Ecke Agios-Hatzimichali-/Iperidou-Str. 16, ✆ 210-3228044-5, 📠 210-3225800.

Hotel Kimon (57) (D-Kat.), nahe der Mitropoleos-Kirche. Zimmer sehr einfach, aber sauber, Betten okay, hier und da fehlt es an den Teppichen. Foyer nicht besonders einladend. 14 Zimmer, nur 3 mit Dusche. Ohne Frühstück. Preis auf Verhandlungsbasis bei ca. 60–90 €. Apollonos-Str. 27, ✆/📠 210-3314658.

Hotel Aphrodite (63) (C-Kat.), großes, schlichtes, dabei aber sehr sauberes Mittelklassehaus, 84 einfach eingerichtete Zimmer, hinten raus sehr ruhig, Blick auf Schulhof und kleine Kirche, morgens Vogelgezwitscher. DZ je Saison 50–80 €. Apollonos Str. 21, ✆ 210-3234357-9, 📠 210-3225244. (s. auch "Student Travellers Inn").

Hotel Hermes (64) (C-Kat.), gleich neben dem Aphrodite und mit diesem vergleichbar, allerdings mit DZ ab 100–170 € deutlich günstiger. Apollonos Str. 19, ✆ 210-3235514-6, 📠 210-3232073.

Hotel Byron (93) (C-Kat.), gepflegt, am Rand der Pláka, 20 geräumige Zimmer, Lift, ruhige Seitengasse, DZ zwischen 60 und 120 €, je nach Saison. Von der Dachterrasse Blick auf die Akrópolis. Vironos-Str. 19, ✆ 210-3253554, 📠 210-3220276.

• *Guest Houses* Mitten im Zentrum des Geschehens. Lohnend für alle, die noch nicht um 22 Uhr schlafen wollen ...

Phaestos (78) (C-Kat.), Nähe Pláka und Syntágma. Laute Straße und nicht sehr gepflegt, trotzdem sehr beliebt, kommunikative Bar, an der man auch etwas zu essen bekommt, abends Video. DZ ca. 35–50 €, Bett im Schlafsaal ca. 25 €, auch Drei- und Vierbettzimmer, keine Einzel. Filelinon Str. 18, ✆ 210-3232455. www.consolas.gr

Student Travellers Inn (79) (E-Kat.), ideale Lage mitten in der Pláka, 33 Zimmer (2–4 Betten) von unterschiedlicher Qualität. Sauber, Duschen und WC auf dem Gang, nachts aber recht laut. Frühstücksbuffet (9,50 €) im Hof, Internet-Café mit 4 Computern für die Gäste. Jede Menge nützliche Informationen. DZ 35–40 €. Kidathineon-Str. 16/Pláka Square. Soll ab Mitte 2004 die Lizenz als International Youth Hostel erhalten. ✆ 210-3244808. www.studenttravellersinn.com (unter gleicher Leitung wie Hotel Aphrodite).

Besonderheit: Der Besitzer, Tolis Houtzioumis, bietet seit vielen Jahren den *Island-Pass* an. Wer von Piräus nach Santoríni, Ios, Náxos und Páros will, kann in 20 Tagen damit so oft hin- und herfahren, wie er Lust hat.

Theseus (44) (E-Kat.), am Rand der Pláka. Nachts relativ ruhig, dafür bereits frühmorgens erheblicher Verkehr und Geschäftslärm. Gemeinschaftsküche, TV-Raum, DZ ab 50–80 €, Bett im Schlafsaal ab 35 €, nur Etagendusche. Thisseos-Metaxa-Str. 10 (Seitengasse der Perikleous Str. zwischen Syntágma und Monastiráki), ✆ 210-3245960.

Restaurants, Tavernen & Cafés in der Pláka (siehe Karte S. 68/69)

Jede Menge Tavernen in der *Pláka*, vom günstigen Souvláki-Stand bis zum überteuerten "Touristenlokal" findet man alles; in den Treppengässchen teilweise hübsche Lokale mit Weinranken, drüber thront die Akrópolis. In Bouzouki-Restaurants sollte man mit Aufpreis rechnen und auch der Blick auf die Akrópolis schlägt sich auf der Rechnung nieder.

• *Tavernen* **Taverna tou Psarrá (73)**, innen klotziges Steinambiente mit stilvoller Beleuchtung, außen auf dem gesamten Vorplatz Tische unter riesigen, Schatten spendenden Platanen. Spezialitäten: Fisch gebraten und gegrillt in allen Variationen. Tägl. 12–01 Uhr. 16 Erehtheos & 12 Erotokritou-Str., Preise 12–23 €/P. ✆ 210-3218733.

O Thespidos (89), unterhalb der Akrópolis unter Weinranken am Ende eines kleinen Treppengässchens, Ruhig, weitläufiger Hof, innen riesige Bilder. Durch seine Lage am oberen Rand der Pláka verhältnismäßig ruhig. Touristisch entdeckt, aber gemütlich, gute Auswahl an Fleisch- und Fischgerichten. Zu den Spezialitäten gehört Lammleber. Preise 5–15 €/P. Tägl. ab 12 Uhr, Thespidos-Str. 18, ✆ 210-3238242.

To Fagadiko (62), an der belebten Pláka-Straße, hübsch zum Draußensitzen, Küche durchschnittlich, ganz passable Souvláki mit Reis und verschiedenen Gemüsesorten (jedoch Rechnung immer mit Speisekarte vergleichen). Adrianou-Str. 81, Nähe Monastiráki.

Xinos (84), gilt als eine der besten traditionellen Tavernen der Pláka, meist bis auf den letzten Platz belegt. Gefüllte Weinblätter und Lammfrikassee versuchen. Nur abends ab 20 Uhr, Sa/So und im Juli geschlossen, Reservierung angebracht oder früh kommen Angelou Geronta Str. 4, Seitengässchen der Kidathineon Str., ✆ 210-3221065.

Akrópolis (71), eine der Tavernen ein Stück oberhalb vom Monastiráki-Platz, benachbart zum Ausgrabungsgelände. Alles spielt sich auf der Straße ab, Sitznischen unter Weinranken, herrlicher Blick auf die Akrópolis. Sehr beliebt bei Straßenmusikern, viel Livemusik. Panos-Str.

O Platanos (65), etwas abseits der Touristenströme sitzt man hier gemütlich im Schatten der namengebenden Platanen. Die Gerichte sind verhältnismäßig preiswert. Traditionelle Taverne seit 1932. Mit herzhafter Fleischküche, diverse Variationen vom Kalb und Lamm. Diogenes-Straße 4, ✆ 210-3220666.

Taverna tis Theklas (96), leicht zu erkennen an den Holzbalken über dem Eingang, der gemauerten Fassade mit Holzbalkon. Auf zwei Etagen sehr gemütliche Atmosphäre, im Kerzenlicht Blick auf alte Trachten an der Wand und Bilder. Traditionelle griechische. Küche, Spezialität: Auberginen-Imam, Hase in Zitronensauce. Mitsaion & Roverton Gali-Str. 2, ✆ 210-9246256.

Tsegoura (88), weiß gekalkt nach Art eines Kykladenhauses, etwas abseits des Hauptwegs durch die Pláka. Eine der ganz wenigen ursprünglichen Tavernen, schöner Innenraum in Art eines Wintergartens, ein Feigenbaum wächst durchs Dach, flinker Service, Spezialität ist das *stifádo*, dazu Retsina vom Fass. Im Sommer einen Monat geschlossen. Tripodon Str. 3.

O Attalos (50), nette Straßentaverne am Rand des Flohmarkts, direkt neben der Metrolinie, unterhalb der Agorá. Wer die reichhaltigen griechischen *mezédes* mag, ist hier richtig, abends oft Bouzouki- und Gitarrenmusik live. Adrianou Str. 9.

To Kafeneion (81), schöne und urige Taverne, wie man sie nur noch selten findet. Wurde 1999 von einem neuen Wirt übernommen, nachdem es noch ein Jahr zuvor geschlossen werden sollte. Man sitzt draußen in der Sonne oder drinnen auf alten Sofas. Sehr stilvoll eingerichtet, bei kaltem Wetter lodert ein Holzfeuer im Kamin. Spezialität: Überbackene Käsegerichte in allen Varianten. Lecker auch: *Kavourmas ton Evros*, verschiedene Fleischsorten mit Feta gekocht und gewürzt. Ecke Tripodon/Epicharmou 1, unterhalb Sholeiou. ✆ 210-3224516. Empfehlung!

The Basement of Pláka, traditionelle Kellertaverne an der Kidathineon-Str., gute, bodenständige Küche. Der Tipp, falls Sie im Winter nach Athen kommen.

Kellertaverne Bakaliariakia (86), Besitzer Joannis Damigou hat es mit seinem urigen Lokal nicht einfach gegen die "ebenerdige" Konkurrenz. Einfache Taverne von 1865 in der Adrianou/Kidathinaionstr. 41.

• *Restaurants* **Eden (68)**, inzwischen eine Institution. Das einzige vegetarische Restaurant Athens, in einem alten Stadthaus mit Bleiglasfenstern. Nostalgisch eingerichtete Räume mit Ventilatoren, auch auf der Straße kann man gemütlich sitzen (allerdings nur wenige Plätze), sehr sauber. Geboten ist feinste Kost, äußerst schmackhaft und in raffinierten Zusammenstellungen. Spezialität ist "Boureki" – eine Zucchini-Kartoffel-Feta-Pastete. Lecker ist auch der warme Apfelkuchen mit Zimt und Zucker. Die Preise sind trotzdem angemessen (Hauptspeisen zwischen 8 und 10 €). Gehobener Stil, in dem zu saloppe Kleidung nicht gerne gesehen wird. Lissiou Str. 12/Ecke Minissikleous Str., ✆ 210-3248858. Empfehlung!

Ouzerie Kouklis (85), schräg gegenüber, gemütliche Terrasse im traditionellen Dorfstil, Grillwürste (flambiert), Kefthedes (Fleischbällchen), guter Fasswein. Hauptsächlich Athener Studenten, gute Stimmung. Tripodon 14, ✆ 210-3247605.

Klimatária (75), in der Klepsidras-Str., einer schmalen Seitenstraße der Thrassivoulou-Str., in einem schmalen Treppenaufstieg mit zahlreichen Pflanzen. Der Besitzer beweist zweifellos ein Gespür für Romantik (Pianomusik vom Band, Kerzenlicht), wenngleich er es bei den Speisen nicht über das Alltägliche hinaus schafft. Schon ein Blick ins Innere lohnt: Kunterbuntes Sammelsurium alter Memorabilia.

Alexandros (58), "Roof Garden Restaurant", touristisch angehaucht, aber mit Stil. Abends gerammelt voll, der Kellner jongliert die Tabletts durch den Raum, Livemusik. Über eine steile Treppe mitten in der Küche geht's hinauf auf das Dach mit Blick auf die Akrópolis. Mnisokleos-Str. 25, ✆ 210-3247134.

Sholeiou (80), in der Tripodon/Epicharmou-Str., jeden Abend knallvoll und nur schwer einen Platz zu bekommen. Viele Memorabilia, alte Schilder und Bilder an den Wänden, man sitzt auf roh behauenen Stühlen. Meist tischt der freundliche Wirt einfach auf, fragt höchstens nach der Zahl der Personen. Alles lecker, die Portionen absolut ausreichend, trotzdem besser vorher einen Fixpreis vereinbaren. Empfehlung!

Stamatopoulos (69), für die meisten der Inbegriff des typischen "Touristen-Restaurants" mit Biergarten-Atmosphäre und regelmäßigen organisierten Tanzeinlagen in mehr oder weniger traditionellen Trachten und zu bekannten Bouzouki-Klängen. Diese Mischung reicht immerhin oft genug aus, um neugierige Ausländer von der Straße zu ziehen. Wer's mag ... Lissiou-Str./Erechtheos.

To Kosmikon (55), schlichtes Souvláki-Lokal der alten Sorte, einfach und gemütlich. Drinnen und draußen sitzt das bunt gemischte Publikum auf wackeligen Holzstühlen. Der Wein vom Fass wird in 2-Liter-Flaschen auf den Tisch gestellt. Echteion-Straße (Nähe Adrianou).

Sigalas (45), Taverne/Restaurant im Fastfood-Stil und mit etwas gehobenen Preisen, dafür mit viel altem Flair. Viele Bilder an den Wänden, große Holzfässer. Seit 1879. Draußen an der Straße wird Giros/Pitta von riesigen Spießen verkauft. Liegt an der Ermou-Straße (Monastiráki), ✆ 210-3213036.

Thanasis (49), "Souvláki-Fabrik", ein halbes Dutzend Mitarbeiter schuftet im Fließbandverfahren, um die zahllosen hungrigen Mäuler zu stopfen. Bei den Athenern sehr beliebt, preiswert, zum Hinsetzen oder Mitnehmen. An der Mitropoleos-Str., gleich am Monastiráki (beim Clock-Restaurant um die Ecke).

Kostas und **Antonis**, zwei Souvláki-Buden nebeneinander an der Hauptgasse der Pláka, nur zum Mitnehmen. Adrianou-Str. 116 bzw. 118.

• *Cafés* **Konstantinos Kotzolis (61)**, Galakto-Zacharoplastion (Milchkonditorei) an der Hauptgasse der Pláka, seit 1906 in Familienbesitz, kürzlich umfassend restauriert. Hier kann man das leckere griechische Gebäck kosten, auch einige Tische auf der Straße. Adrianou Str. 112.

Klepsidra (70), Milchbar-Galaktobourion, ebenfalls sehr gemütlich am Treppenansatz der Thrassivoulou-Str. Hübsches Eckhaus mit vielen Pflanzen, wildem Wein und Rosen, ruhig und untouristisch.

Café Platanos (65), direkt neben dem gleichnamigen Restaurant in der Diogenes-Str. 4 (Pláka). Gemütlich im Schatten sitzen und den Touristen zusehen, die mit Souvenirs schwer bepackt vorbeilaufen.

Große Mitrópolis (auch Ágios Nikólaos)

Die mächtige Kathedrale von Athen steht auf einem ruhigen Platz an der Mitropoleos Straße, auf halbem Weg zwischen Monastiráki und Syntágma. Sie steht auf dem Platz des früheren Nikolaos-Klosters, das 1827 zerstört wurde. Entworfen wurde der Prachtbau vom Architekten Schaubert. Der Marmorbelag vor dem Eingang ist von zahllosen Schuhsohlen inzwischen spiegelglatt gescheuert. Das Innere zeigt sich pompös mit viel Goldbelag, Fresken, Ikonen und fast orientalisch anmutender Prachtentfaltung. Blickfang sind unter anderem zwei reich verzierte Sarkophage einer Märtyrerin und eines Patriarchen von Konstantinopel.

Einige Cafés laden zur Rast ein, in den umliegenden Gassen (hauptsächlich Filotheis und Apollonos Str.) haben sich die Kirchenausstatter niedergelassen – Tür an Tür findet man hier Gold- und Silberkreuze, Weihrauchgefäße und Ikonen.

Kleine Mitrópolis: harmonischer Kreuzkuppelbau neben der Kathedrale, gerade 11 m lang und 7 m breit. Beachtenswert sind die byzantinischen Reliefs an den marmornen Außenwänden. Schon in der Antike stand hier ein Tempel, der den gebärenden Frauen geweiht war. Das Christentum übernahm mit dem Platz auch den Kult und noch heute ist das Kirchlein dem heiligen Eleftherios und der Panagía Gorgoepikoos (der "schnell erhörenden Maria") geweiht, die beide für Geburten und Geburtswehen zuständig sind.

Ermoú-Straße: Diese lebhafte Geschäftszeile mit zahlreichen teuren Boutiquen und dazwischen überraschend günstigen Designer-Geschäften bildet die nördliche Begrenzung der Pláka. Seit die breite Straße zwischen dem Syntágma und Monastiráki zur Fußgängerzone umgestaltet wurde und nun auch noch Schritt für Schritt mit Brunnenanlagen versehen wird, ist die Ermoú bis spät in den Abend frequentiert. Mitten auf der Straße und von einem kleinen Platz umgeben steht die braunschwarze *Kapnikaréa-Kirche* aus dem 11. Jh. Eine hübsche Kapelle, innen rußgeschwärzt und ein Ort der Ruhe, der von vielen älteren Leuten (auch mal bepackt mit den Einkaufstaschen) zum Gebet aufgesucht wird. Fast wäre die Kirche den Stadtplanern unter König Otto zum Opfer gefallen, doch wie zahlreiche weitere wurde sie ins Stadtbild "integriert".

Anafiótika: kleines, ruhiges Wohnviertel ohne Geschäfte oder Restaurants oberhalb der Pláka. Mit seinen schmalen Gässchen, niedrigen Häuschen und farbenfrohen Türen wirkt es wie ein griechisches Inseldorf. Erbaut wurde es im 19. Jh. von Handwerkern von der Kykladeninsel Anáfi, die für den Bau des Königsschlosses nach Athen ausgewandert waren und sich aus Sehnsucht nach ihrer Heimat ihren Wohnort nachbauten. Immer wieder führen kleine Gassen und weiß gekalkte Treppen hinauf zum Fußweg, der um den Akrópolis-Felsen herumführt.

Aeriden-Viertel: ebenfalls ein sehr schmucker Bezirk mit Dorfcharakter zwischen Monastiráki und Anafiótika. Die *Aeriden* ("die Wehenden"), wie sie auf den acht Reliefs des *Turms der Winde* symbolisiert werden, haben dem Stadtteil auch ihren Namen verliehen. Der 12 m hohe und 7 m im Durchmesser große Turm diente während der osmanischen Herrschaft als Meditationszentrum, während der Monarchie unter König Otto wurde er von der katholischen Kirche bezogen. Neue Forschungen haben ergeben, dass der Bau schon zur Zeit des Archimedes als Sonnenuhr und zur Erforschung der Mondbahn diente. Archimedes (287–212 v. Chr.), der in römischen Diensten den "Kilometerzähler" erfand, um das Setzen von Meilensteinen zu erleichtern, bediente sich dabei einer komplexen Mechanik mit Zahnrädern und Kügelchen, die im Turm entdeckt wurden.

Stadtteil Kolonáki

Athen hat aber auch ein anderes Gesicht und das kommt ebenfalls nicht schlecht daher. Nicht anders als in London, Paris oder New York sieht es nämlich in dem schicken Athener Stadtteil Kolonáki aus. Das gilt für die Menschen, die Boutiquen und Geschäfte, aber leider mittlerweile auch für die Preise. Hier findet man einige der schicksten Boutiquen der Stadt, mit Kreationen der griechischen Top-Couturiers – Kleider, Lederwaren und Schuhe –, außerdem antike Möbel, Schmuck, Spielzeug, Inneneinrichtungen usw.

Das Bild des gesamten Stadtteils mit seinem zentralen Platz, der "Platia Kolonáki", wird denn auch geprägt von adretten Damen mit angesagten Sonnenbrillen, die wirklich so ausschauen, als seien sie gerade eben einer der zahlreichen internationalen Modezeitschriften entsprungen, die es an jedem Athener Kiosk zu kaufen gibt.

Essen & Trinken in Kolonáki (siehe Karte S. 68/69)

• *Gourmet-Restaurant* **Le Grand Balcon (28)**, unter dem neuen schwedischen Chef Marc Enderborg eine neue, mediterrane Küche und bei Kerzenschein ein Traumblick auf die Stadt. Preise 33–39 €/P. Abends tägl. außer So und Mo, im St George Lycabettos Hotel, 2, Kleomenous Str., Kolonáki, ✆ 210-7290712. Reservierung.

• *Fischrestaurant* **Tutti a Tavola (31)**, (Fischrestaurant), modernes italienisches Ambiente im Stil eines Studienzimmers. Spezialität: Scaloppa di Salmone al Prosecco. Preise 20–25 €. Tägl. ab 19 Uhr, Spifsipou 8, Kolonáki, ✆ 210-7257756.

• *Ethnic-Restaurant* **Freud Oriental (30)**, (Japan), Speisezimmer in einer neoklassischen Athener Villa, Einrichtung mit weichen Polsterwürfeln. Spezialitäten: Shrimps und Seegras- Sushi, Tempura-Ebi-Inside-out-Maki; alles frisch zubereitet. Preise 25–30 €/P. Abends tägl. außer So; Sa auch mittags. Xenokratous-Str. 21 / Ploutarchou, Kolonáki. ✆ 210-7299595. Reservierung.

Ta Tria Gourounakia (23), (Bar-Restaurant) Erdgeschoss als Speisezimmer, 1. Stock: Relaxen auf Sofas, im Keller ein Clubraum. Auf trendy Toiletten eigene DVD-Shows. Spezialität: Fruit Punch "Drei Schweine". Preise 25–30 €/P. Tägl. abends. Skoufa 73, ✆ 210-3604400. Empfehlung.

• *Trendy Restaurants* **Azul (33)**, auffällige Einrichtung in Lila-Pink-Tönen mit etlichen Lichterketten, Spiegeln und beleuchteten Stoffkakteen. Sehr freundlicher Service. Spezialität: Marguerita. Preise 15–30 €/P, ab 19.30 Uhr, Fr/Sa bis 3.30 Uhr. Haritos-Str. 43, ✆ 210-7253817. Empfehlung.

Mommy (20), umgestaltete Villa mit 60er-Jahren-Möbeln, die den Gästen den Eindruck eines Privathauses vermitteln. Legere Atmosphäre, viele Studenten. Preise 24–27 €/P. Tägl. abends, Delfon 4. ✆ 210-3619682.

Frame Bar & Restaurant (28), Lounge-Restaurant mit fast schon provokativer Einrichtung im Stil der 60er und 70er Jahre; Grasmatten im Zwischengeschoss; sehr gute Bar; Preise 25–30 €/P., tägl. mittags bis abends geöffnet. St. George Lycabettos Boutique Hotel, 2 Kleomenous Str. ✆ 210-7290711.

Lykavitós-Hügel

Ein paar Gehminuten außerhalb vom Zentrum erhebt sich markant und steil der 277 m hohe Lykavitós ("Wolfshügel") aus dem Stadtbild, leicht zu erkennen an der blendend weißen Gipfelkirche *Ágios Geórgios.* Der Aufstieg zwischen wahren Agavenfeldern verlangt einige Schweißperlen ab und ist wegen der Hitze eigentlich nur in der Frühe oder in den späten Nachmittagsstunden zu empfehlen. Dafür hat man von oben einen überwältigenden Blick auf das unglaubliche Häusermeer, bei klarer Sicht sogar mühelos bis hinüber nach Piräus und zur Insel Salamis im Golf von Ägina.

Direkt neben dem Hügel gibt es das **Lykavitós-Open-Air-Theater**, in dem im "Athener Sommer" zahlreiche Theater-, Tanz- und Musikaufführungen stattfinden.

Wer es bequemer angehen möchte, kann sich einer neuen Zahnradbahn bedienen, die zwischen 8.45 Uhr bis kurz nach Mitternacht auf den Gipfel fährt. Die Talstation befindet sich am Ende einiger Treppenstufen an der Ploutarhou-Str./Aristippiou, vom Syntágma-Platz auf der breiten Vassilissis-Sofias (Botschaftsviertel) leicht zu erreichen.

Antikes Athen

Der ausgedehnte Ausgrabungsbezirk der antiken Stadt liegt benachbart zur Pláka unterhalb der Akrópolis. Ruinen aus griechischer und römischer Zeit sind erhalten, jedoch nur wenige Bauten sind in wirklich gutem Zustand.

Bereits seit der ersten Hälfte des 19. Jh. hat man das Zentrum des antiken Athen ausgegraben. Während jedoch die *Akrópolis* schon damals von türkischen und venezianischen Befestigungsbauten befreit wurde, hat man die *Agorá* erst im 20. Jh. entdeckt – ein ganzes Stadtviertel mit gut 300 Häusern musste ihretwegen abgerissen werden.

Antiker Torso in der Agora

Agorá: Der Nordeingang zum großen Marktplatz des alten Athen liegt gleich hinter dem Flohmarkt. Er war mit seinen Säulengängen und Geschäftsgalerien Mittelpunkt des athenischen Lebens – hier traf man sich, diskutierte, politisierte, schwang Reden, beschloss Gesetze, verkündete Krieg und Frieden. Vor allem aber fand hier der große Markt statt.

Rechter Hand thront auf einer niedrigen Anhöhe der **Tempel des Hepháistos**. Er gilt als besterhaltener Tempelbau Griechenlands und entstand etwa zur selben Zeit wie der Parthenon auf der Akrópolis (etwa 450–440 v. Chr.). Geweiht war er dem Gott der Schmiede und Töpfer – gleich in der Nähe lag das antike Wohnviertel der Töpfer, der *Kerameikos* (siehe unten).

Die lang gestreckte Säulenhalle links ist die **Stoa des Áttalos**. Sie diente als Geschäftszentrum von Händlern und Kunsthandwerkern und wurde über vier Jahrhunderte genutzt, bevor sie im Jahr 268 durch die Heruler zerstört wurde. Das prächtige Gebäude (120 x 20 m) war bis zur Mitte des 20. Jh. nur als Ruine erhalten und wurde von amerikanischen Archäologen in mühseliger Kleinarbeit vollständig rekonstruiert. Während der Ausgrabungen der Agorá richteten sie hier ihr Hauptquartier ein. Heute beherbergt die Stoa das sehr sehenswerte **Agorá-Museum** mit vielen Fundstücken des alten Marktplatzes.

<u>Öffnungszeiten</u> Tägl. 8–17 Uhr, Eintritt 4 €, Stud. erm. (Kombikarte mit Akrópolis gültig) ✆ 210-3210185. Eingang an der Adrianoustr. 24.

Athen
Karte S. 68/69

Vom Agorá-Gelände kann man gleich hinaufsteigen zur Akrópolis. Am Weg liegt der felsige **Areopág-Hügel** – von zahllosen Besucherfüßen glatt getretene Steinstufen führen zu einem kleinen Aussichtspunkt, von dem Sie einen herrlichen Blick auf die Agorá, die Akrópolis und Athen genießen können.

Akrópolis

Der heilige Tempelbezirk des antiken Athen. Wohl die bedeutendste Attraktion Griechenlands, aber auch ein Umweltopfer ersten Ranges. Besucher, die früher schon einmal hier waren, werden sie heute mit ihren zahlreichen Baugerüsten, Verschalungen und Absperrungen kaum noch wieder erkennen.

480 v. Chr. machten die Perser die Aufbauten des damaligen Heiligtums dem Erdboden gleich, doch unter *Perikles* wurden die Tempel prächtiger denn je wieder aufgebaut. Der berühmte Baumeister *Phidias* entwarf die Pläne und überwachte das Großprojekt. Unter fast ausschließlicher Verwendung von Marmor aus dem nahen **Pentelikongebirge** (nordöstlich von Athen) entstand zunächst der **Parthenon** (447–438 v. Chr.), in den Jahren 437–431 folgte die Fertigstellung der Propyläen, schließlich das **Erechthéion** und der **Niketempel**.

Noch in der Antike wurde das **Erechthéion** durch eine Brandkatastrophe schwer beschädigt, im 6. Jh. funktionierte man Parthenon und Erechthéion zu christlichen Kirchen um.

Die Türken bauten die Akrópolis zur waffenstarrenden Festung aus. Das Erechthéion wurde Harem, der Parthenon erst Moschee, später Pulvermagazin, das beim Beschuss durch venezianische Kanonen prompt in die Luft flog!
Im 19. Jh. erwachte das Interesse an der Antike. Man begann, die Akrópolis zu restaurieren, versuchte den ursprünglichen Zustand wiederherzustellen.
Wie sich später herausstellte, mit den falschen Mitteln! Bei der letzten Generalüberholung 1894 verwendeten die Architekten Eisen für die Stabilisationskerne der Marmorblöcke- diese rosteten rasch, verminderten die statische Festigkeit der Mauern und Säulen auf erschreckende Weise und sprengten zudem den Marmor.

Griechenland leistet sich bei seinem Nationaldenkmal die gigantischste Restaurierung seiner Geschichte – der Smog aus Industrie- und Autoabgasen der Vier-Millionen-Metropole, Marmor sprengende Eisenteile von früheren, unsachgemäßen Restaurierungen und die Füße der zahllosen Besucher haben schlimmste Schäden verursacht.

Ein Ende der Arbeiten auf der Akrópolis ist noch nicht in Sicht, man geht davon aus, dass sie noch etliche Jahrzehnte andauern werden.

Propyläen: Die monumentale Eingangshalle – aufwändig gestaltet, mit zwei mächtigen Säulenflügeln. Die Marmorstufen der großen Doppeltreppe sind heute mit Holz verkleidet, um die gröbsten Erschütterungen durch die Besuchermassen aufzufangen, ein riesenhaftes Gerüst beherrscht den gesamten Eingangsbereich.

Níke-Tempel: Wunderschöner, kleiner Tempel mit ionischen Säulen, auf einem Vorsprung rechts neben den Propyläen. Er war der *Athéna Nike* geweiht, der Göttin des Sieges (*Nike* altgr. "Sieg"). Prächtiger Fries, der aber nur noch in Teilen original erhalten ist. Von hier können Besucher das Meer sehen und die Legende besagt, dass Ägeus sich von hier hinabstürzte, als er das Schiff der Athener mit schwarzen Segeln zurückkommen sah. Sie waren unter seinem Sohn Theseus nach Kreta ausgezogen, um Minotaurus zu töten. Auf dem Rückweg vergaßen sie, wie vereinbart das weiße Segel zu setzen. Ägeus glaubte daraufhin, sein Sohn sei ums Leben gekommen und stürzte sich von den Mauern. Dieser Legende nach ist heute die *Ägäis* nach ihm benannt.

Erechthéion: Neben dem Parthenon das bekannteste Gebäude der Akrópolis. Vom Grundriss kompliziert, mehrere Kultmale mussten in dem Tempel untergebracht werden. Heute ist der Bau leider immer wieder hinter Stahlgerüsten versteckt. Sechs Mädchenstatuen (die so genannten *Koren*) tragen das Vordach.

Im 19. Jh. ersetzte ein gewisser *Lord Elgin* eine davon durch eine Kopie und transportierte das Original nebst zahlreichen anderen Stücken der Akrópolis nach England. Heute lagert der ganze Schatz, die so genannten *Elgin marbles*, im Britischen Museum. Die einstige griechische Kulturministerin Melina Mercouri bemühte sich lange Zeit vergeblich um die Rückgabe – die Museumsdirektion aber behauptete, sie hätte Dokumente, die den rechtmäßigen Kauf der Kostbarkeiten belegen. 1979 wurden auch die anderen Figuren wegen der Luftverschmutzung durch Nachbildungen ersetzt – diese haben bereits jetzt schon wieder die Konturen verloren und bröckeln allmählich ab. Die "Original"-Figuren stehen übrigens im Akrópolis-Museum.

Athen wie man es kennt: Blick auf die Akrópolis

Athen
Karte S. 68/69

Der Parthenon

Der weithin sichtbare Tempel der Stadtgöttin *Athene* ist der größte und beeindruckendste Bau der Akrópolis. Seit ihn 1687 venezianische Geschütze vom **Philopapos-Hügel** unter Beschuss nahmen, ist er nur noch eine Ruine. Unvorsichtigerweise hatten die damals Athen besetzenden Türken den Tempel als Pulvermagazin verwendet!

Architektonisch raffiniert – am ganzen Bau gibt es keine geraden Linien, alle Säulen sind um etwa 7 cm (!) zum Innenraum geneigt, die 4 Ecksäulen sind etwas dicker und die rundum laufenden Stufen in der Mitte gewölbt. Trotz seiner gewaltigen Ausmaße – mit 70 m Länge und 30 m Breite ist der Parthenon der größte Tempel Griechenlands – wirkt er erstaunlich elegant.

Akrópolis-Museum: Sehr beachtenswerte Sammlung der schönsten Stücke der Tempel. Die berühmten Koren vom Erechthéion, Teile des Parthenon-Frieses, wunderbare Statuen und viele Details. Sehr sehenswert. Eintrittspreis im Besuch der Akrópolis eingeschlossen.

Direkt unterhalb der Akrópolis, dort wo sich früher die "alte Gendarmerieschule" befand (Stadtteil Makrigianni), wird derzeit das *neue Akrópolis-Museum* gebaut. Wann der Umzug stattfinden soll, war bei Drucklegung noch nicht bekannt. Bequem zu erreichen mit der Metro (Haltestelle Akrópolis).

• *Öffnungszeiten* **Akrópolis**, Mo 12–19 Uhr, Di–So 8–19 Uhr (1.4.–30.9.), Winter Mo 10–15 Uhr, Di–So 8.30–15 Uhr. Eintritt 12 € (Kombikarte mit der antiken Agorá, Dionysostheater, römischen Agorá, Kerameikos und Zeustempel), Stud. die Hälfte. ✆ 210-3214172 und 210-3210219. **Akrópolis-Museum**, Mo 12–19 Uhr, Di–So 8–18.30 Uhr. Achtung – häufige Änderungen möglich! ✆ 2101/3236665.

Südlich unterhalb der Akrópolis

Odéion des Heródes Áttikus (Odeíon Iródou Attikoú): Aus römischer Zeit (2. Jh. n. Chr.), berühmt für seine hervorragende Akustik. Der finanzkräftige Athener Konsul Herodes Attikus stiftete der Stadt dieses Bauwerk, dessen Zuschauerplätze von einer schweren Holzkonstruktion überdacht wurden. Zerstört wurde das Odéion beim Einfall der Heruler. In den 60er Jahren völlig restauriert (neue Stufenreihen aus pentelischem Marmor), im Sommer oft als Aufführungsort genutzt.

Dionysos-Theater: Östlich des Odéion gelegen (Dionysios-Areopagitou-Str.). Das wichtigste griechische Theater – hier nahm die klassische Tragödie ihren Ausgang. Im 5. Jh. v. Chr. wurde dieses Theatergebäude am Südhang der Akrópolis erbaut und dem Naturgott Dionysos geweiht, der nicht nur für orgiastische Feste bekannt war, sondern darüber hinaus auch die Elemente Musik, Tanz und Theater verkörperte. Bis auf wenige Grundmauern um den Chorraum stammen die heute sichtbaren Bauten allerdings aus hellenistisch-römischer Zeit.
Öffnungszeiten Tägl. 8–19 Uhr. Eintritt ca. 4 €. ✆ 210-3224625.

Museen

Archäologisches Nationalmuseum

Weltweit die größte Sammlung zur griechischen Antike, ein unbedingtes Muss für jeden archäologisch Interessierten. Um diese einzigartigen Schätze wirklich aufnehmen zu können, würde man Wochen brauchen, ein mehrstündiger Rundgang kann lediglich Eindrücke vermitteln. Deshalb stellen wir nur einige weltberühmte Stücke vor. Das Museum liegt an der Ecke Patission 44/Tositsa-Str. (Eingang Tositsa-Str.), nordöstlich vom Omónia-Platz. Vom Syntágma-Platz Oberleitungsbus Nr. 4, 5, 11, 12 oder zu Fuß in 10 Min.

Hinweis: Das Nationalmuseum soll nach Renovierung im April 2004 vor den Olympischen Spielen wieder geöffnet sein.

• *Öffnungszeiten* Mo 12–19 Uhr, Di–Fr 8–19 Uhr, Sa/So/Feiertage 8–19 Uhr. Eintritt 6 €, Stud. 3 €. ✆ 210-8117717.

Museum kykladischer Kunst (Neofitou-Douka-Str. 4, im Zentrum, Nähe Syntágma): Hochmodern, im Februar 1986 eröffnet, Prädikat vorbildlich! Die hervorragend präsentierte und dokumentierte Sammlung des verstorbenen Reeders Nicolas Goulandris beherbergt rund 800 Exponate kykladischer Kultur vom 3. Jt. v. Chr. bis zur römischen Zeit.
Im Mittelpunkt eine herrliche Sammlung von Kykladen-Idolen – wertvollstes Stück das 1,40 m hohe Marmoridol einer Göttin.
Öffnungszeiten Mo, Mi–Fr 10–16 Uhr, Sa 10–15 Uhr, Di/So geschl., Eintritt 3,50 €. Fotografieren mit Blitz ca. 2 €, ohne frei. ✆ 210-7228321.

Byzantinisches Museum (Vassilissis-Sofias Avenue 22, nicht weit vom Syntágma-Platz): Ein **Palazzo** nach Florentiner Art, eines der ältesten Privathäuser in der Straße mit hübschem friedlichem Innenhof und einer ausgedehnten Sammlung christlicher Kunst vom 5. bis zum 19. Jh. Skulpturen, Fresken, Mosaike, vor allem aber eine große Kollektion von Ikonen und Modelle verschiedener Kirchentypen. Sehr eindrucksvolle **Kleinkunstwerke** wie Schnitzereien und Einlegearbeiten.
Öffnungszeiten Di–So 8.30–15 Uhr, Mo geschl., Eintritt 4 €, Stud. die Hälfte. ✆ 210-7231570.

Benáki Museum (Ecke Koumbari 1/Vassilissis-Sofias Avenue, nicht weit vom Byzantinischen Museum): Das ehemalige klassizistische Wohnhaus des Kunstliebha-

bers *Antonius Benaki* bietet auf drei Stockwerken eine weit gefächerte Ausstellung, u. a. von antiken Funden, byzantinischen Ikonen, Volkskunst, Trachten sowie wertvollen Büchern. Lohnend, weil ansprechend aufbereitet.
Öffnungszeiten Mo, Mi, Fr, Sa 9–17 Uhr, Do 9–24 Uhr, So 9–15 Uhr (Di geschl.). Eintritt 6 €. ✆ 210-3611617.

Wichtig: Die Öffnungszeiten der Museen ändern sich ständig. Erkundigen Sie sich bitte vor Ort!

Nationalhistorisches Museum (altes Parlamentsgebäude an der Stadiou-Str. 13): Säbelrasselnde Darstellung der modernen griechischen Geschichte und ein eindrucksvolles Dokument des ständigen Kampfes gegen die Türken seit dem Ausgang des Mittelalters. Große Waffensammlung von Widerstandskämpfern, Generälen etc., aber auch sehenswertes Kleinod, wie beispielsweise die Galionsfigur der Agamemnon (*Bouboulinas*), die der Film *Zorbas* bekannt machte.
Öffnungszeiten Di–So 9–14 Uhr, Mo geschl., Eintritt 3 €, Stud. ermäß. ✆ 210-3237617.

Taktual: Auch Sehschwache und Blinde wollen nicht nur im Hotelzimmer sitzen. Athen bemüht sich um diese Urlauber. Im Taktual-Museum gibt es über 70 Nachbildungen von Meisterwerken der griechischen Vergangenheit zu betasten. Eine telefonische Anmeldung ist erforderlich, ✆ 210-9415222. Das Museum liegt im Stadtteil Kalithea (zwischen Zentrum und Piräus), Athinas-Str. 17.

Von Athen per Schiff auf die Inseln

Wichtigster Hafen Griechenlands ist Piräus. Die bekannten Inseln werden in der Saison mindestens einmal täglich angelaufen, andere mehrmals wöchentlich. Die meisten Fähren fahren morgens ab.

Wer auf die Kykladen will: eventuell überlegenswert, die Anfahrt über *Rafína* an der attischen Ostküste zu legen, das kommt gut 10 % billiger als von Piräus. Das weiter südlich gelegene Städtchen *Lávrion* ist Fährhafen zur Insel Kéa. Infos zu beiden Häfen weiter unten.

Die jeweils aktuellen **Abfahrtszeiten** und Routen aller Inselfähren gibt es auf abgezogenen Handzetteln im Informationsbüro in der Nähe vom Syntágma-Platz.

Piräus

Der Riesenhafen von Athen, mit dem Zentrum nahtlos zusammengewachsen, fast alle Inselfähren starten hier. An den Kais graue Betonblöcke, bis zu zehn Stockwerke hoch, zur einen Hälfte überdimensionale Reklametafeln, zur anderen Kafenia, Kneipen, Lädchen, Gemischtwaren, Tavernen. Der Rest sind Autos, Lärm und Häuserschluchten.

Menschenmassen, die sich aneinander vorbeischieben und Rucksacktouristen, die aus der Metro strömen. Richtung Neon Faleron dagegen Wohnviertel, in denen auch ab und zu eine Grünfläche hervorlugt, der stimmungsvolle **Mikrolimano** (Jachthafen) und sogar ein Badestrand.

Die Ausfahrt per Fähre ist dagegen ein Erlebnis: Man passiert Dutzende von Frachtern und Öltankern, die noch kilometerweit vor der Küste vor Anker liegen. So eindrucksvoll das auch ist, wie es jedoch unter dem Wasserspiegel aussieht, hat eine Dokumentation im deutschen Fernsehen gezeigt. Einzige Lebewesen, die in dem Ölgemisch des Saronischen Golfs existieren können, sind eine Art hässlicher schwarzer Seesterne ...

Fahrkarten für Inselfähren

Eine ganze Reihe von Ticket-Verkaufsstellen findet man schräg gegenüber der Metrostation in dem großen, allein stehenden Gebäudekomplex an den Kais (Karaiskaki-Platz) und in den Verkaufsbüros am Hafen (Werbetafeln der Agenturen beachten). Hier gibt es Fahrkarten auf die Kykladen, zu den Inseln des Dodekanes, auf die Saronischen Inseln, nach Kreta usw.

In den Sommermonaten sind die Verkaufsstellen meist rund um die Uhr geöffnet, die täglichen Abfahrtszeiten sind auf großen Tafeln vor der Tür nachzulesen. Es lohnt sich, falls ein Schalter keine günstigen Tickets mehr zu verkaufen hat, auch bei den anderen nachzuschauen bzw. -fragen. Oft bezieht sich die Auskunft "heute keine Verbindung mehr" nur auf die vom jeweiligen Büro angebotene Linie. Vielleicht hat schon das Büro nebenan noch ein paar Tickets übrig.

Zumindest die Personenpreise sind mit 15–30 € fast geschenkt, wenn man die teilweise langen Fahrten (bis zu 12 Std.) bedenkt. Pkw-Preise hängen dagegen von der Entfernung des Reiseziels ab.

Wichtig: Durch die umfangreichen Bauarbeiten im Bereich des Haupthafens – während der Olympischen Spiele werden bis zu 15 Luxusliner als Hotelschiffe andocken – kann es bei Kais der Inselfähren zu Verschiebungen kommen. Frühzeitig bei den Buchungsbüros vor Ort erkundigen.

• *Verbindungen* Vom Zentrum am bequemsten mit der **Metro** bis zur Endstation (Züge alle 10–15 Min., 5 bis –ca. 24 Uhr) oder per **Zug** ab Peloponnes Bhf. (etwa 10-mal täglich).

Mehrmals täglich fahren **Züge** ab Piräus nach Pátras und auf den Peloponnes (Bahnhof 100 m neben der Metrostation).

Etwa 200 m links von der Station die Ticketbüros für die **Inselfähren** (Karaiskaki-Platz, allein stehendes Gebäude an den Kais) Richtung Kykladen, Dodekanes, Saronische Inseln, Kreta u. a. In der Saison meist Tag und Nacht geöffnet.

Mit dem **eigenen Fahrzeug** sollten Sie vom Stadtrand Athens bis zum Hafen 1 Std. Fahrzeit einplanen. Dazu kann eine weitere Stunde vergehen, bis man einen Parkplatz gefunden (Parkscheine in einem Kiosk, ca. 3 €/Std.) oder ein Ticket für die Fähre gekauft hat.

Mit dem **Expressbus** vom oder zum Flughafen s. S. 65.

• *Übernachten* die Hotels im Kaibereich wenig erfreulich, meist schmuddelige, typische Hafenabsteigen. Wer nicht unbedingt muss, sollte hier nicht übernachten.

Hotel Delfini (1) (C-Kat.), Leocharous Str. 7, etwa 300 m südlich der Metrostation, renovierungsbedürftiger Kasten mit altersschwachem Lift, Zimmer aber soweit okay. DZ ab 80–95 €. ✆ 210-4123512.

Hotel Triton (2) (B-Kat.), Tsamadou Str. 8, noch ein kleines Stück weiter, großes, relativ modernes Haus mit Balkonen und Meerblick, DZ ca. 94–175 €. ✆ 210-4173457-8.

Hotel Bella Vista (4) (C-Kat.), Vassileos Pavlou Str. 109, auf einem kleinen Hügel oberhalb vom Jachthafen Mikrolimano (Metrostation Neon Faleron und noch 15 Min. zu Fuß). Das Besondere hier: herrlicher Panoramablick auf Athen und das dahinter ansteigende Hymettos-Gebirge! Leider an einer lauten Verkehrsstraße gelegen und bezüglich Ausstattung nichts Besonderes. DZ je nach Saison ab etwa ab 150 €, ✆ 210-4117161, 📠 210-4113694.

Hotel Anemoni (3) (C-Kat.), Evridipou Str. 65–67/Ecke Karaoli Dimitrou Str., von Lesern empfohlen, ordentliches Mittelklassehotel im Zentrum von Piräus, trotzdem relativ ruhig, Zimmer mit Aircondition, Frühstücksraum, DZ ca. 70–95 €, ✆ 210-4111768, 📠 210-4111743.

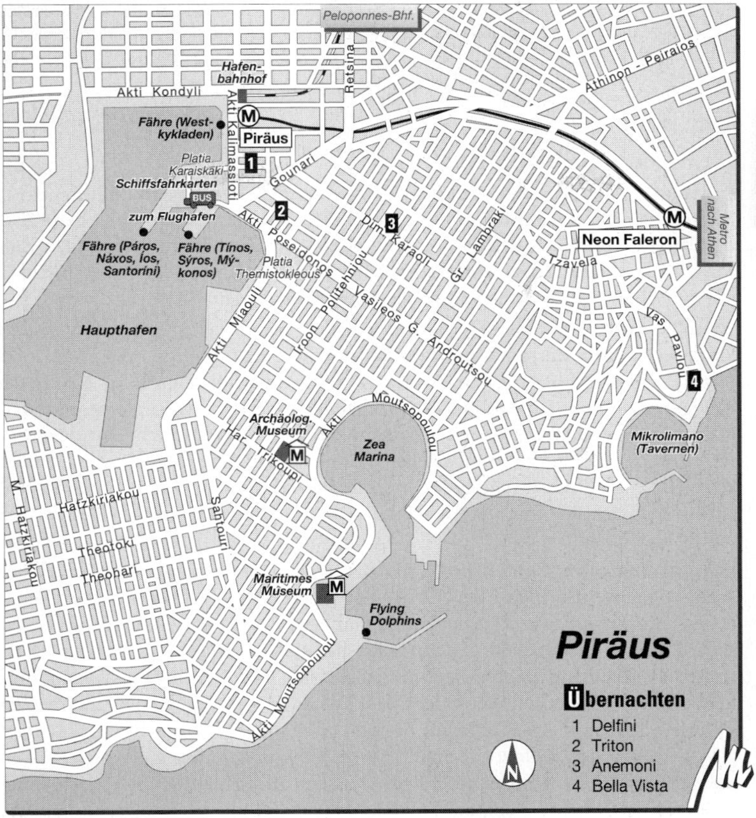

Athen Karte S. 68/69

Rucksacktouristen schlafen im Sommer in Scharen auf dem Platz vor den Ticketbüros und in der Grünanlage neben der großen Kirche (Platia Themistokleous). Davon ist unbedingt abzuraten – extrem viel Diebstahl!

• *Essen & Trinken/Treffs* Bei den Ticketbüros um die Ecke gibt es eine Reihe von **Cafés** zum Warten, außerdem eine **Cafeteria** am Terminal.

To Steki tou Artemis, Demosthenous Str., einfache Souvláki-Ppinte im großen Markt am unteren Ende der Gounaki Str., vor allem an Wochenenden Bouzouki-Musik live, nur Einheimische.

Im **Mikrolimano**, dem fast kreisrunden Jachthafen von Piräus, eine Taverne neben der anderen, insgesamt 22 – gelten als die besten Fischlokale Athens, sind aber reichlich überteuert. Obwohl völlig zugebaut, doch noch einiges an Atmosphäre.

Plous Podilatou (Fischrestaurant), die Piräus-Version des Kitrino Podilato. Moderne griechische Küche mit maritimen Schwerpunkten. Preise 30–40 €/P. Tägl. außer So. Akti A. Koumoundourou 42, Mikrolimano, Piräus, ✆ 210–4137910. Reservierung.

Gleich eine ganze Reihe von einladenden Cafés an der Dilaveri-Straße (gegenüber dem Sportpark von Nea Faliron am kleinen Jacht-Hafen):

Versus (Café-Bar), mit Palmen vor dem Eingang und Blick auf den Jacht-Hafen. Der Straßenlärm wird durch laute Musik aus den 70ern übertönt. Beliebter Treff, junge Motorradfahrer zeigen hier gerne ihre blonden Beifahrerinnen.

Gediegener (gleichen am Abend mit Beleuchtung einem modernen Tempel) die beiden Café-Bars **Aiglia** und **Galla**. Liegen unmittelbar nebeneinander, liefern sich abends wahre Musikschlacht – die sogar das Klingeln der Handys übertönt. Beide haben Stroh- und Stoffschirme, *Galla* einen schönen Balkon mit Ausblick. Die Qual der Wahl wird dadurch entschieden, wo man Platz findet.

Legend, Restaurant und Café inmitten des Sportareals hinter dem Stadion von Faleron (beschildert). Ruhige Lage fernab des Straßenlärms.

Die Häfen von Piräus/Sehenswertes

Der Haupthafen: Nur einen kurzen Fußweg von der **Metrostation Piräus** entfernt liegt das nördliche Hafenbecken. Der innere Teil des Haupthafens dient den Fährschiffen, die von hier aus die Inseln im Ägäischen Meer und im Saronischen Golf sowie Kreta ansteuern, als Anlegestelle. Hier herrscht ständig Trubel von Passagieren und langen Fahrzeugschlangen, die eingeschifft werden.

Wenn Sie bei einem Rundgang gleich alle drei Hafenanlagen sehen wollen, sollten Sie bereits an der **Metrostation Neon Faliron** (eine Haltestelle vor der Endstation Piräus) die U-Bahn verlassen. Von hier können Sie bequem zum *Jachthafen Mikrolimano* bummeln (ca. 15 Min. zu Fuß). Von dort weiter am Strand Akti Koundorioti entlang zum zweiten Jachthafen, *Zea Marina* (auch: *Passalimáni*). Im ehemals wichtigsten strategischen Hafen für die Kriegsschiffe der Athener schaukeln heute die Fischerboote einträchtig neben schmucken Luxusjachten. Und schließlich zur Metrostation Piräus an den Kais mit den Inselfähren und zurück in die Stadt.

Mikrolimano (auch: *Turkolimano*), der fast kreisrunde Jachthafen von Piräus, der antike Mounychia-Hafen, der Hafen der Türken, der schließlich in "kleiner Hafen" umbenannt wurde. Noch zu Beginn des 19. Jh. war Mikrolimano ein Fischerdorf. Die umgebenden Straßenzüge mit den niedrigen Häusern sind verschachtelt den Hang hinaufgebaut und haben sich ihren dörflichen Charakter bis heute bewahren können. Die Bucht des kleinen Hafens mit seinen zahlreichen Tavernen ist vor allem abends gut besucht. Wer sich als Ausländer zu erkennen gibt, wird von den Kellnern förmlich am Ärmel von der Straße gezerrt. Winken Sie nicht gleich ab, manche der Tavernen haben Atmosphäre. Fischgerichte stehen hoch im Kurs., Sie sollten die Speisekarten jedoch gut studieren, denn die Preise sind zum Teil recht stolz.

Über den **Akti Koundorioti**, einen etwa 500 m langen Sand-Kiesstrand ist Mikrolimano mit Zea Marina verbunden. Blick auf die Insel Ägina, Süßwasserduschen und eine Snackbar am Strand. Vom Baden raten wir jedoch ab!

Ganz anders als Mikrolimano präsentiert sich der Hafen von **Zea Marina** (*auch Passa Limáni*). Eintönige Mietshausfronten mit Markisen und Fastfood, aber tolle Jachten. Zur Zeit der osmanischen Besatzung diente der Hafen der türkischen Flotte als Ankerplatz. Heute fahren von hier die meisten "Flying Dolphins" auf die Saronischen Inseln.

Wer Zeit hat, kann in Piräus zwei Museen besuchen: das *Archäologische Museum* in der Charilaou Trikoupi Str. 31 (Nähe Zea Marina) und das nahe gelegene *Maritime Museum* (Akti Themistokleous) – hier u.a. ein Modell der Seeschlacht von Salamis.

Öffnungszeiten **Archäologisches Museum**, Di–So 8.30–15 Uhr, Mo geschl., Eintritt 3 €, ✆ 210-4521598. **Maritimes Museum**, Di–Fr 9–14 Uhr, Sa 9–13.30 Uhr (Mo und So geschl.), Eintritt 2 € (✆ 210-4516264).

▸ **Lávrion**: Fährhafen zur Insel *Kéa* (Überfahrten 1- bis 2mal tägl.) und weiter zur Insel *Kíthnos* (1- bis 2-mal wöch.), die festlandsnächsten Inseln der westlichen Kykladen. Details zur Überfahrt unter Insel Kéa bzw. Kíthnos.
Als Ort eher hässlich, etwas Industrie, in der Umgebung Minen und Steinbrüche. Vorgelagert die lang gestreckte Insel *Makroníssi*, die während der Obristendiktatur (1967–74) als Gefängnisinsel für politische Gefangene genutzt wurde. Die Fähren nach Kéa fahren direkt daran vorbei.
Tipp: Wer Zeit hat, kann von Lávrion per Taxi (ca. 9 €) schnell zum nahen *Sounion* mit dem weltbekannten Poseidon-Tempel fahren!

• Verbindungen Von Athen nach Lávrion startet von 6–21 Uhr alle halbe Stunde ein **orangefarbener Linienbus** am Platz vor dem Areos Park, Nähe Nationalmuseum (wenige hundert Meter östlich der Metrostation Victoria-Platz), ab Syntágma zu erreichen mit Oberleitungsbus 2, 4, 9 oder 11. Die Fahrt nach Lávrion dauert ca. 45 Min. und kostet etwa 3 € (Tickets im Bus).

▸ **Weitere Häfen**: Je nach Saison verkehren 2- bis 5-mal wöch. Schnellboote von "Minoan Flying Dolphins" ab *Zea Marina* in Piräus nach Kéa und Kíthnos. Kostenpunkt ca. 18 €/Pers., Dauer ca. 3 Std. Auskünfte und Tickets gibt es in einigen Reisebüros um den Syntagma-Platz bzw. unter ✆ 210/4280001, ℻ 210/4283526. Von der Metrostation in Piräus nimmt man Oberleitungsbus 20 nach Zea Marina.

Von Athen per Flug auf die Inseln

Flughäfen gibt es auf zahlreichen Inseln. Alle innergriechischen Inselflüge von Olympic Airways starten vom neuen Elefterias Venizelos in der Ebene von Sparta.

Da die Inselflughäfen klein sind, wird meist mit Propellermaschinen geflogen, die schnell besetzt bzw. lange im Voraus ausverkauft sind! Deswegen bei Olympic Airways rechtzeitig um Tickets kümmern: Information zu internationalen Flugverbindungen unter ✆ 210/9267251-4, zu innergriechischen Flugverbindungen (Reservierung und Tickets) unter ✆ 210/9666666. *Hauptbüro* an der Syngrou Avenue 96, südlich der Akropolis (✆ 210/9267251, ℻210- 9267333); wichtigstes *Ticketbüro* an der Seitenfront vom Syntagma-Platz, Filellinon Str. 15 (✆ 210-9267787, ℻ 210-9267141). Wenn möglich, schon zu Hause buchen, das ist nicht teurer als vor Ort. Wer einen Flugschein besitzt, wird von den Ticketbüros mit Olympic-Bus kostenlos zum Flughafen gebracht. Auf den Inselhäfen gibt es ebenfalls Bustransfers von und zum Flughafen.
Betreffend **Gepäck**: Auf griechischen Inlandflügen sind nur 15 kg Freigepäck zugelassen. Wer jedoch mit ausländischem Charter kommt, darf seine 20 kg trotzdem kostenlos mitnehmen.

Fundbüro: am neuen Flughafen Eleftherias Venizelos im Hauptterminal (Polizeidienststelle) neben der Post ✆ 210/3536924.

Ássos: malerisches Ziel im Norden von Kefaloniá

Ionische Inseln

Korfu, Léfkas, Kefaloniá, Íthaka und Zákynthos – die großflächigen Inseln vor der Westküste Griechenlands sind bis auf Korfu und Zákynthos noch kaum vom Tourismus überrollt. Raue, verkarstete Bergwelt prägt zum großen Teil das Innere der Inseln, wobei Korfu und stellenweise auch Kefaloniá eine üppige Pflanzenwelt bieten. Speziell Korfu ist eine der grünsten Inseln Griechenlands!

Gute Bademöglichkeiten bieten Léfkas und Kefaloniá, vor allem aber *Korfu*. Selbst letztere, die traditionell fest in der Hand von (vorwiegend englischen) Touristen ist, hat noch wenig besuchte Sandstrände vorzuweisen, wie z. B. die lange Dünenregion von Ag. Georgios im Süden. Im krassen Gegensatz dazu steht Paleokastritsa an der Westküste, das zwar äußerst reizvoll an einer steilen Felsbucht liegt, vom internationalen Rummel aber völlig aufgesogen ist.

Auf *Léfkas* dagegen, nur noch durch einen engen Kanal vom Festland getrennt, herrscht Ruhe vor. Kleine Fischer- und Hafenorte, keine überdimensionierten Hotelanlagen und schöne Orte, da Léfkas von dem verheerenden Erdbeben 1953 verschont blieb, das z. B. auf Zákynthos und Kefaloniá für die überwiegend moderne Bausubstanz verantwortlich ist. Die Strände von Léfkas sind überwiegend kiesig mit Ausnahme des Sandstrandes von Ag. Nikitas an der Westküste, allerdings dementsprechend beliebt. Fast menschenleer präsentiert sich dagegen die herrliche Bucht von Kathisma gleich in der Nähe.

Lohnend auf *Kefaloniá* sind Fiscárdo, das idyllische Hafenstädtchen an der Nordspitze, Mýrtos-Beach, der beste Strand der Insel, die Tropfsteinhöhlen Drongaráti und Melissáni, die Tannenwälder am Berg Énos, mit 1628 m die höchste Erhebung

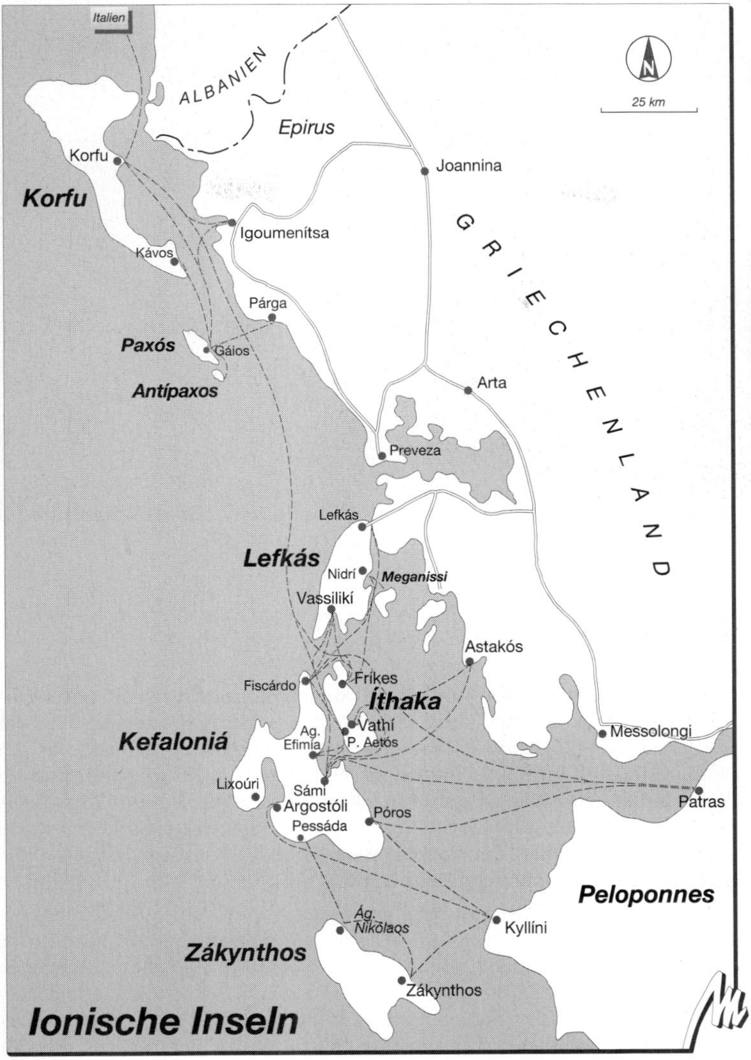

der Insel. Dazu gibt es die bequeme Möglichkeit, die wenigen Kilometer zur kleinen Nachbarinsel Íthaka überzusetzen.

Íthaka ist dagegen eine Insel für Individualisten, mit verborgenen Badebuchten und ohne touristische Hochglanzangebote.

Bleiben noch die vielen kleinen und kleinsten Inseln und Inselchen, die sich um die großen gruppieren. Ob Paxós, Antípaxos, Erikoússa, Othoní oder Mathráki, Kaikis verkehren immer. Zumindest einen Tagesausflug auf die eine oder andere sollte man nicht versäumen.

Die Traumbucht von Paleokastrítsa mit ihrem Kloster

Korfu

Korfu ist mit Kreta, Rhodos und den Kykladen die touristisch am besten erschlossene Insel Griechenlands. Mit 592 qkm ist Korfu die zweitgrößte der Ionischen und siebtgrößte aller griechischen Inseln. Korfu liegt vor der Nordwestküste von Épirus und ist im Nordosten nur durch eine schmale Meeresenge von Albanien getrennt. Wegen des sichelförmigen Aussehens wurde die Insel bis zum Mittelalter "Drepane" (Sichel) genannt. Auf Korfu (oder "Kérkira") leben heutzutage etwa 110.000 Menschen, davon allein 40.000 in der gleichnamigen Hauptstadt.

Die Insel ist bei den Urlaubern nicht nur wegen der zahlreichen Sandstrände beliebt, sondern wird auch wegen der üppigen und artenreichen Vegetation geschätzt. Korfu gleicht einem einzigen Olivenhain. Diesen wertvollen Baumbestand ergänzen Zypressen, Platanen, Feigen, Kiefern, Pinien, Akazien, Kakteen sowie Orangen- und Zitronenbäume. An Ölbäumen gibt es auf der Insel rund sechs Millionen. Dieser natürliche Reichtum ist nicht zuletzt ein Verdienst der Venezianer, die einst für jeden gepflanzten Ölbaum eine Prämie zahlten, weil Olivenöl ein wirtschaftlich wichtiges Produkt war.

Die meisten Gäste kommen zwischen Anfang Mai und Ende Oktober. In den Sommermonaten gehört Korfu vollständig den Touristen. Kaum ein Strandabschnitt, der nicht erschlossen ist. Hotels, Appartementanlagen und Pensionen sind in den siebziger und achtziger Jahren wie Pilze aus dem Boden geschossen. Die Strände werden täglich gesäubert, Tavernen, Cafés und Discotheken, obwohl sehr zahlreich vorhanden, sind oft bis auf den letzten Platz besetzt. Das hervorragend ausgebaute

Straßennetz zählt zu den besten Griechenlands. Der moderne Airport (atemberaubender Anflug) erlaubt auch die Landung großer Passagiermaschinen. Ein neuer Terminal sorgt für schnelle Abfertigung. Allerdings kann es in der Abflughalle trotz der jüngsten Erweiterung an manchen Tagen durchaus eng werden.
Das Publikum ist international. In den Sommermonaten schätzen vor allem die Briten die Insel, deren Kultur sie einst wesentlich beeinflussten (z. B. Kricketspiel).
Korfu hat wirklich für jeden Geschmack das Passende parat. So auch weiland für Sisi, Kaiserin Elisabeth von Österreich, die Ende des 19. Jh. das Schloss Achíllion (südlich von Korfu-Stadt) zu ihrer Sommerresidenz erkor. Der pompöse Palast ist heute zweifellos die meistbesuchte Sehenswürdigkeit der Insel. In der Hochsaison kann der Besuch angesichts des Massenandrangs wirklich aufreibend werden. Auch die griechischen Könige verbrachten in ihrem Schloss Mon Repos bei Korfu-Stadt gerne die Sommermonate.

Korfu auf einen Blick

Größe: Mit 592 qkm ist Korfu die siebtgrößte Insel Griechenlands.

Bevölkerung: Etwa 110.000 Menschen leben auf der Insel, davon allein 40.000 in Korfu-Stadt (Kérkira). In der Hochsaison erhöht sich diese Zahl beträchtlich.

Landschaft: Im Norden präsentiert sich Korfu gebirgig und reich an Vegetation. Im mittleren und südlichen Teil überwiegt landwirtschaftlich genutztes Hügel- und Flachland. Die Strände der Insel sind durchgehend sandig. Höchste Erhebung ist der baumlose Pantokrátor mit 906 m.

Straßen: Korfu verfügt über ein ausgezeichnetes Straßennetz, viele Straßen sind zwar eng, aber meist asphaltiert. Fahren Sie bitte trotzdem vorsichtig, denn das Verkehrsaufkommen ist enorm. 70 % der Touristen mieten sich einen fahrbaren Untersatz oder bringen ihr Auto mit.

Entfernungen: Korfu-Stadt bis Pirgí 16 km, bis Kassiópi 36 km, Acharávi 35/50 km, Sidári 38 km, Paleokastrítsa 25 km, Ermónes 17 km, Glifáda 14 km, Achílleion 9 km, Lefkími 40 km, Kávos 45 km.

Auto-/Zweiradverleih: Man kann in nahezu jedem Ort Autos oder Zweiräder mieten. Preisnachlässe für längere Mietzeiten sind üblich, Handeln möglich. Preise: Fahrrad ab 4,50 €, Mofa ab 10 €, Moped ab 12,50 €, Auto 30-50 €, Jeep ab 40 € pro Tag.

Tanken: Es gibt keine Probleme, eine Tankstelle zu finden, nur im Süden ist das Netz etwas dünn. Und jede Zapfstelle bietet mittlerweile auch bleifreies Benzin an ("unleaded").

Übernachten: Das Angebot ist enorm. Fast in jeder Ortschaft – nicht nur am Meer – werden Quartiere angeboten. Die großen Hotels stehen vor allem an der Ostküste. Campingfreunde kommen ebenfalls auf ihre Kosten; über ein Dutzend Zeltplätze stehen zur Verfügung.

Karten: Das in Korfu erhältliche Kartenmaterial (ab 1 €) ist durchweg brauchbar. Die beste Karte stammt von tc travel maps im Maßstab 1:80.000. Die in dem Münchner Verlag erschienene Karte ist übersichtlich, aktuell und exakt. Im deutschen Buchhandel erhältlich. Auch die beim griechischen Verlag Road Editions erschienene Karte im Maßstab 1:100.000 ist sehr verlässlich.

Korfu war nie ein preiswertes Ziel im Vergleich zu anderen griechischen Regionen. Neben Rhodos und den bekannten Kykladen-Inseln besitzt die ionische Insel das höchste Preisniveau. Einkaufen auf Korfu ist so teuer, dass weniger betuchte Einheimische – vor allem Pensionäre – mit der Fähre nach Igoumenítsa fahren, um sich in der Stadt auf dem griechischen Festland günstig mit Waren des täglichen Bedarfs einzudecken.

Geschichte

734 v. Chr. errichtete die Handelsstadt Korinth eine Kolonie auf der Insel, die damals *Kerkyra* hieß. Sie diente als Zwischenstopp für Fahrten nach Sizilien. Aber in den folgenden Jahren entwickelte sich Kerkyra selbst zu einer bedeutenden Handels- und Seemacht. Dem ständigen Zwist zwischen Mutterstadt und Kolonie folgte 665 v. Chr. jene Seeschlacht, die Kerkyra nicht nur erfolgreich für sich entschied, sondern die darüber hinaus der Auslöser für den wesentlich später stattfindenden Peloponnesischen Krieg war: Kerkyra trat dem *Attischen Seebund* bei und unterstützte Athen im Kampf gegen Sparta. Auch 372 v. Chr. kämpfte die Insel für den zweiten Attischen Seebund und leistete den Belagerern aus Sparta erfolgreich Widerstand.

Korfu: Die Insel der Phäaken

Nach der griechischen Mythologie befand sich auf Korfu das Reich des geheimnisumwitterten Königs der Phäaken (griechisch: Paiakes), Alkinoos . Der sagenhafte Odysseus soll bei seiner jahrelangen Irrfahrt durch das Mittelmeer an der Nordwestküste Korfus Schiffbruch erlitten haben, bevor er auf seine Heimatinsel Íthaka zurückkehrte. Die Orte im Reich des Königs Alkinoos werden verschiedenen Stellen der Insel zugeordnet. So soll die Bucht von Ermónes an der Westküste der Ort sein, wo Odysseus Nausikaa begegnete, und die Insel Pontikonisi (Mäuseinsel) vor Kanóni gilt als versteinertes Fährschiff der Phäaken. Der Hafen bzw. die Stadt von Alkinoos befand sich in Garitsa (Korfu-Stadt) oder in der Bucht von Palaiokastritsa. Im Zorn über die glückliche Heimkehr Odysseus' umgab Poseidon der Überlieferung nach die Stadt und die Gärten mit hohen Bergen. Archäologen sehen die Spekulationen natürlich nüchterner. Ihr Fazit heißt: Bis heute wurden keine mykenischen Funde gemacht, die wissenschaftlich beweisen, dass Korfu mit dem homerischen Scheria, dem Land der Phäaken, identisch ist.

Aber auch Korfu wurde besetzt. Nachdem kurzzeitig Syrakus die Herrschaft über die Insel ausgeübt hatte, fiel sie später an Makedonien und Epirus. 229 v. Chr., als die römische Flotte der Seeräuberei ein Ende bereitete, kam Kerkyra zum illyrischen Protektorat Roms. In den späteren Bürgerkriegen zwischen Pompeius und Caesar, Marcus Antonius und Octavian stand Korfu stets auf der Seite der Verlierer. Erst in der frühen römischen Kaiserzeit erholte sich die Insel. Korfu war mit der Hafensiedlung und der Festung von Kassiópi an der Nordküste der wichtigste Flottenstützpunkt zwischen Griechenland und Italien. Cicero machte 50 v. Chr. hier Station. Und Kaiser Nero begann 67 n. Chr. in Kassiópi seine Aufsehen erregende Griechenlandreise.

Nach der Teilung des Römischen Reiches (395 n. Chr.) fiel Korfu dem Oströmischen Reich zu. Und in dieser Zeit war man gezwungen, sich mit der Bedrohung aus einer ganz anderen Ecke auseinander zu setzen: Im Zuge der Völkerwanderungen (5.–12. Jh. n. Chr.) wurde die Insel mehrfach von den Vandalen, Ostgoten und Slawen geplündert.

Die Bewohner flüchteten ins Gebirge und gründeten dort die neue Hauptstadt Korfu (*Koryf = Gipfel*). Im 7. Jh. wurde die Stadt mit Mauern, Gräben und Forts befestigt, sie fiel aber trotzdem 1089 einem Überraschungsangriff der Normannen zum Opfer, bevor Venedig – dem hartnäckigen Widerstand der Bevölkerung zum Trotz – Korfu für sich beanspruchte und die Festung besetzte.

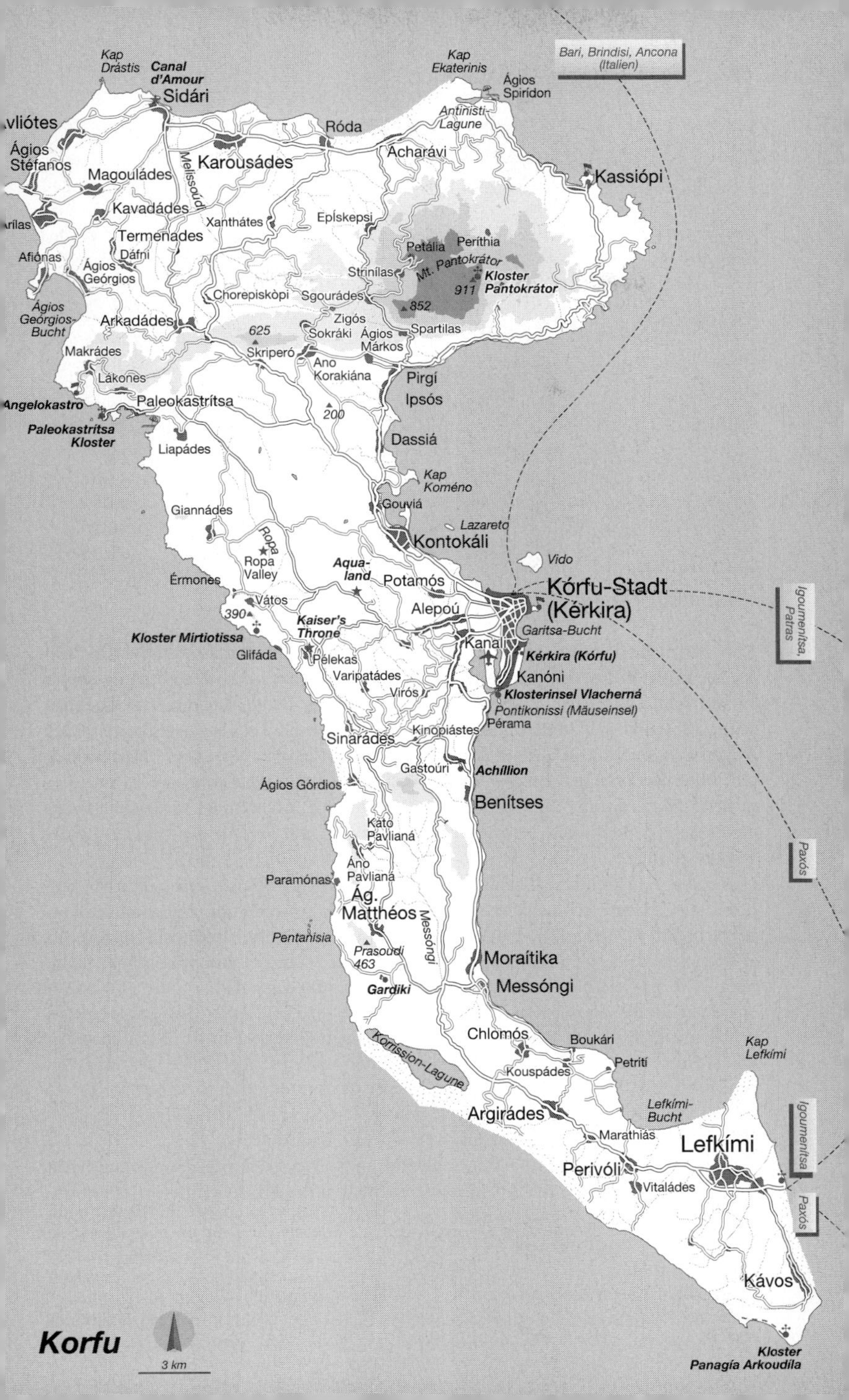

Korfu
3 km
Kap Drástis
Canal d'Amour
Sidári
Kap Ekaterinis
Bari, Brindisi, Ancona (Italien)
Ágios Spirídon
Antinisti-Lagune
Róda
Acharávi
Kassiópi
Ágios Stéfanos
Magouládes
Karousádes
Melissoúdi
Kavadádes
Xanthátes
Epískepsi
Termenades
Dáfni
Petália
Períthia
Afiónas
Ágios Geórgios
Strinílas
Mt. Pantokrátor
Kloster Pantokrátor
911
852
Chorepiskòpi
Sgourádes
Ágios Geórgios-Bucht
Arkadádes
Zigós
Sokráki
Ágios Márkos
Spartilas
625
Makrádes
Skriperó
Áno Korakiána
Lákones
Pirgí
Ipsós
Angelokastro
Paleokastrítsa
Paleokastrítsa Kloster
200
Liapádes
Dassiá
Kap Koméno
Giannádes
Gouviá
Lazareto
Kontokáli
Ropa
Ropa Valley
Vido
Aqua-land
Érmones
Potamós
Kórfu-Stadt (Kérkira)
Vátos
Alepoú
Igoumenítsa, Patras
390
Kaiser's Throne
Garitsa-Bucht
Kloster Mirtiotissa
Kanali
Glifáda
Kérkira (Kórfu)
Pélekas
Varipatádes
Kanóni
Virós
Klosterinsel Vlacherná
Pontikonissi (Mäuseinsel)
Pérama
Kinopiástes
Sinarádes
Gastoúri
Achíllion
Ágios Górdios
Benítses
Káto Pavlianá
Áno Pavlianá
Paxós
Paramónas
Ág. Matthéos
Messóngi
Pentanisia
Prasoudi
463
Moraítika
Gardiki
Messóngi
Korission-Lagune
Chlomós
Boukári
Kap Lefkími
Petriti
Kouspádes
Lefkími-Bucht
Argirádes
Marathiás
Igoumenítsa
Lefkími
Perivóli
Vitaládes
Paxós
Kávos
Kloster Panagía Arkoudila

Der Britische Friedhof – ein Biotop für Orchideen

1267 übernahm die Herrschaft *Charles I. von Anjou*, König von Neapel, dessen Geschlecht 120 Jahre lang mit grausamer Härte regierte. Die Bevölkerung Korfus suchte Schutz vor deren Übergriffen – und wandte sich deshalb an Venedig. Zwischen 1386 und 1797 unterstand Korfu (und auch die Ionischen Inseln) erneut den Dogen von Venedig. Während die Türken das restliche Griechenland besetzt hielten, blieb Kerkyra der einzige Teil, den sie nie einnehmen konnten. In der *Seeschlacht von Lepanto* (1571) brachten venezianische Galeeren der türkischen Flotte die entscheidende Niederlage bei. Und auch 1716 hielt Korfu einer Belagerung der Türken stand.

Unter dem Jahrhunderte langen Einfluss Venedigs erlebte Korfu eine kulturelle Blütezeit. Noch heute erinnern in Korfu-Stadt etliche Gebäude und Plätze an die Vorherrschaft der Dogen. Der jüdischen Gemeinde, deren Mitglieder im 15. und 16. Jh. aus Spanien und Neapel vertrieben worden waren, brachte die politische Verwaltung in Korfu viel Toleranz entgegen, mehr als in Venedig selbst.

Nach der Auflösung der Republik Venedig besetzten 1797 *Napoleons* Truppen Korfu, sie mussten die Insel aber nach einem heftigen Gefecht mit der russisch-türkischen Flotte wieder aufgeben, um sie danach erneut zu erobern. Die Festungsanlagen, die unter Napoleon entstanden, waren derart solide, dass selbst die Briten keinen Angriff wagten. Sie konnten der Insel erst durch den *Wiener Kongress* (1815) habhaft werden, als Europa von den vier Großmächten England, Russland, Österreich und Preußen neu aufgeteilt und Korfu dabei den *Engländern* zugesprochen wurde. Es entstanden die "Vereinigten Staaten der Ionischen Inseln" unter britischem Protektorat. Im Kolonisieren sehr bewandert, führten die Engländer zahlreiche Reformen durch (Religionsfreiheit, Ausbau der Infrastruktur, Gründung einer Universität).

Trotz allem waren die Korfioten mit den Engländern nicht zufrieden: Die Briten verboten Korfu sogar, sich am griechischen Krieg gegen die Türkei zu beteiligen. Die Enosis-Bewegung (Vereinigung mit dem Festland) gewann zunehmend an

Stärke und der Widerstand gegen das britische Empire führte letztlich auch zum Erfolg: 1864 traten die Engländer Korfu freiwillig an Griechenland ab.
1916 trat Griechenland in den *Ersten Weltkrieg* ein, Korfu wurde zu einem Militärstützpunkt der Alliierten und 1916/17 zum Sitz der serbischen Regierung. 1917 schloss man hier den Vertrag zur Gründung des jugoslawischen Staates. 1923 bombardierte und besetzte die italienische Flotte die Insel.

Deutsche Bomben auf Korfu-Stadt

Der 14. September 1943 ist auf Korfu unvergessen. Am Tag des Heiligen Kreuzes bombardierten die Deutschen Korfu-Stadt. Die Soldaten Hitlers fügten der Inselhauptstadt die wohl schwersten Zerstörungen ihrer Geschichte zu, wie der korfiotische Politikwissenschaftler Karolos Klimis resümiert. Ein Drittel des Zentrums lag in Trümmern, 5000 Menschen waren ausgebombt, viele historische Häuser ausgebrannt oder schwer beschädigt, so z. B. die Ionische Akademie oder das Theater. Wer bei einem Spaziergang durch die Altstadt genau darauf achtet, wird noch heute die nach dem Krieg errichteten Neubauten entdecken. Während des Zweiten Weltkriegs wurde Korfu wie die übrigen Ionischen Inseln von den Italienern besetzt (1941–1943). Nach der Kapitulation des faschistischen Italien und dem deutsch-italienischen Konflikt kämpften italienische Soldaten gegen ihren früheren Verbündeten. Am 24. und 25. September 1943 besetzten die Truppen Hitlers die ganze Insel.
Die Deutschen schreckten vor keiner Gewalttat zurück, um den Widerstand der Inselbevölkerung zu brechen. Die meisten italienischen Offiziere wurden von den Deutschen umgebracht, 14.000 Soldaten gefangen genommen. Die neuen Besatzer machten sich daran, die jüdischen Korfioten in deutsche Konzentrationslager zu bringen. Rund 2000 Juden wurden zuerst nach Lefkás oder Korinth und von dort im Sommer 1944 mit dem Zug in die Vernichtungslager der Nazis geschafft. Weniger als hundert von ihnen kehrten nach dem Ende des Zweiten Weltkriegs in ihre griechische Heimat zurück.

Verbindungen nach Korfu

Die Verkehrsverbindungen nach Korfu sind ausgezeichnet. Fähren verbinden die Insel mit Italien (Ancona, Triest, Bari, Brindisi und Otranto) sowie mit dem griechischen Festland (Igoumenítsa, Patras und Preveza). Mit dem Flugzeug erreicht man Korfu im Sommer von nahezu allen großen europäischen Airports.

Fähren/Ausland

Fast alle Fähren, die von Italien aus nach Griechenland übersetzen, legen auch im Hafen von *Korfu-Stadt* an. Nähere Informationen dazu im Anreisekapitel. Buchen Sie rechtzeitig! Oft kommt es in der Hauptsaison zu Engpässen. Bei der Griechischen Zentrale für Fremdenverkehr gibt es kostenlos eine Aufstellung aller Fährverbindungen zwischen Italien und Griechenland. Für die populäre Überfahrt zum italienischen Hafen Brindisi brauchen die großen Autofähren rund acht Stunden.

Tipp: Das Mitnehmen eines eigenen Fahrzeugs lohnt sich im Gegensatz zu vielen anderen griechischen Inseln bei einem längeren Aufenthalt auf Korfu auf jeden Fall. Das Straßennetz ist für griechische Verhältnisse überdurchschnittlich gut ausgebaut.

Fähren/Inland

Fährverbindungen nach Korfu gibt es u. a. von Igoumenítsa, Paxós und Párga.

• *Fähren* **Igoumenítsa**: Die Fähren zwischen dem Festland und der Insel pendeln von 7–22 Uhr stündlich. Keine Reservierung nötig. Die Überfahrt dauert rund 75 Min. Preise: pro Person knapp 6 €, für das Auto 34 €. Tickets verkauft am Fährhafen der Schalter 6 (Kerkyra Lines)

Paxós: Von Lefkími im Süden Korfus gibt er regelmäßige Autofähren nach Igoumenítsa. Von dort aus kann man dann nach Paxós weiter fahren. Preise (einfach): Auto nach Igoumenítsa 13 €, Person 3 €. Einfacher ist es direkt von Korfu-Stadt, Auto 37 €, Person 6,25 €, mindestens einmal täglich. Schneller, wenn auch nicht ganz so reizvoll sind die Tragflügelboote Flying Dolphins. Die Mitnahme von Autos oder Motorrädern ist nicht möglich. Es gibt nach Paxós mindestens eine Verbindung (mit Ausnahme des Donnerstags!). Die Überfahrt dauert knapp eine Stunde. Alternativ kann man auch mit den Tragflügelbooten über Igoumenítsa fahren, falls die Direktfähren ausgebucht sind. Die Überfahrt nach Igoumenítsa dauert 45 Minuten. Infos in Korfu-Stadt: Corfu Petrakis, ✆ 26610-38690 oder 25155, ✆ 26555.

Weitere Verbindungen/Ausflugsfähren: Von **Sidári** und **Kassiópi** im Norden Korfus legen in der Saison täglich Ausflugsdampfer zu den vorgelagerten Inseln **Othoní**, **Erikoússa** und **Mathráki** ab. Außerdem ab Korfu-Stadt nach Othoní, Erikoússa und Mathráki.

Von Korfu werden auch Tagesausflüge nach **Albanien** – zum Hafenort Saranda und zur gut erhaltenen Ausgrabungsstätte Buthrot – angeboten. Fahrpreis ab 34 € (Visum kostet 10 €), zur ionischen Nachbarinsel Kefaloniá für 60 €, nach Parga (Festland) und zur Insel Paxós für 34 €. Infos unter ✆ 26630-91170.

Flugzeug

Der stark frequentierte Airport "Kapodistrias" von Korfu gilt als einer der modernsten Griechenlands. In der Hochsaison sind bis zu 100 Starts und Landungen täglich keine Seltenheit. Da kann es im Terminal schon mal hektisch zugehen.

• *Charterflug* Charterfluglinien fliegen von fast allen großen deutschen, österreichischen und Schweizer Flughäfen, aber auch von vielen regionalen Airports nach Korfu. Per Linie kann die Insel mit Olympic Airways mit Zwischenstopp in Athen angeflogen werden. Direkte Olympic-Flugverbindungen von Deutschland nach Korfu oder auf die Ionischen Insel bestehen nicht.

• *Transfer* Der Airport liegt sehr zentral im Süden von Korfu-Stadt. **Busse** fahren leider keine vom Flughafen in die Innenstadt. Ein **Taxi** kostet für die etwa 1,5 km zur Altstadt ca. 9 € Übrigens kann man notfalls in einer halben Stunde auch zum Zentrum (Esplanade) laufen.

Verbindungen auf Korfu

Wer mit dem eigenen Fahrzeug unterwegs ist, wird angenehm überrascht sein. Das Straßennetz auf Korfu ist relativ gut ausgebaut. Verantwortlich für diesen Umstand sind unter anderem die Franzosen und Engländer, die während ihrer Besatzungszeit den Ausbau der Verkehrswege vorantrieben. Fahren Sie trotzdem vorsichtig, vor allem abseits der Hauptrouten sind die Straßen oft recht schmal. Die Korfioten – besonders die Busfahrer – sind für ihr flottes Tempo bekannt. Vor einer Kurve zu hupen, ist durchaus üblich.

Verbindungen

• *Busse* Ebenfalls ausgezeichnet sind die Busverbindungen auf Korfu, wenngleich in der Hochsaison viele Busse oft bis auf den letzten Stehplatz besetzt sind – besonders für ältere Urlauber eine Tortur. Kommen Sie rechtzeitig zur Haltestelle. *Hinweis*: Was in Griechenland sonst üblich ist, nämlich den Bus auf freier Strecke per Handzeichen anzuhalten, kann auf Korfu zum Lotteriespiel werden. Manchmal, wenn der Bus (fast) voll ist, halten die Fahrer nur an ausgewiesenen Haltestellen.

In Korfu-Stadt gibt es zwei **Busbahnhöfe**:

Blaue Busse: Am zentral gelegenen *San Rocco Square* (auch bekannt unter dem Namen *Platía Georgiou Theotoki*) fahren die blauen KTEL-Busse ab, die nur im Großraum Korfu-Stadt verkehren (✆ 26610-30627). Dazu zählen auch die Verbindungen nach Dassiá, Gouviá, Kontokáli, Benítses, Achilleion, Pélekas, Potamos, Evropouli und Kanóni. Die Bushaltestellen einiger Linien befinden sich jedoch teilweise "um die Ecke" oder sogar einige hundert Meter entfernt. Besser vor geplanter Abfahrt beim (englischsprachigen) Ticketverkäufer auf dem Platz nachfragen. Übrigens können Bustickets auch in den Kiosken am Platz gekauft werden. In einem kleinen Kiosk am San Rocco-Platz erhält der Fahrgast auch einen kompletten Fahrplan.

Sonderregelung: Nach Kanóni fahren die Busse an der Esplanade (Dousmani-Str.) beim Eingang der Alten Festung werktags alle halbe Stunde ab.

Grüne Busse: Für Touristen viel wichtiger ist dagegen der neue **Busbahnhof** in der *Avramiou-Str.* (✆ 26610-30627), südlich der Anlegestelle der großen Fähren. Von hier fahren die grünen Busse zu den entfernteren Ortschaften und Stränden Korfus.

Am Busbahnhof sind nicht nur die Abfahrtszeiten angeschlagen, sondern man erhält auch kostenlos einen fotokopierten Busfahrplan. Die angegebenen Abfahrtszeiten sind korrekt. Beispiele von Korfu-Stadt: Paleokastrítsa tägl. 10-mal für 1,60 €, Sidári tägl. 11-mal für 2,50 €, Kávos tägl. 12-mal für 3 €, Athen tägl. 3-mal für 30 €, Thessaloniki tägl. 1-mal für 29 €.

Und noch ein Wort zu den Fahrzeugen: Wir hatten wiederholt das Glück, mit modernen, klimatisierten Bussen fahren zu können. Doch dieser Luxus trügt, die meisten Autobusse sind alt.

Leider gibt es (bis auf Sidári-Kassiópi) auf Korfu keine Querverbindungen zwischen den Ortschaften. Alle Busse fahren über Korfu-Stadt.

Leserin Martina Rumpf und Leser Rainer Hock aus Landau/Pfalz machten folgende wichtige Beobachtung: "Seit die öffentliche Busgesellschaft die wichtige **Querverbindung Kassiópi-Sidári** an der touristisch voll erschlossenen Nordküste eingerichtet hat, stellt sie natürlich eine starke Konkurrenz zur örtlichen privaten 'Reiseindustrie' dar. Deshalb begegnen einige der 'offiziellen' Tourist-Information-Center dieser Einrichtung mit großer Skepsis und versuchen mit Aussagen wie 'Die fahren nicht immer, sondern nur, wenn sie genug Mitreisende haben', ihre eigenen Reisen an die Frau oder den Mann zu bringen. Auch klebt das Plakat mit den Abfahrtszeiten nie länger als einen Tag an der Bushaltestelle. Für Urlauber ist es deshalb ratsam, sich bei den Fahrern der grünen Busse nach Korfu-Stadt zu erkundigen. Diese geben freundlich und zuverlässig Auskunft. Wir haben die Querverbindung benutzt. Die sehr modernen und klimatisierten Busse hielten den Fahrplan nahezu auf die Minute pünktlich ein."

• *Taxis* Immer wenn eine Fähre anlegt, warten bereits Taxischlangen am Kai und in mehreren Sprachen wird man zum Einsteigen aufgefordert. Das Wort "billig" kennt jeder Fahrer in den verschiedensten Sprachen. Bevor Sie zusteigen, handeln Sie bitte einen Festpreis aus und lassen Sie auf alle Fälle den Taxameter mitlaufen.

Der offizielle Taxitarif gibt folgende Preise an: Start etwa 0,75 €, pro Kilometer 0,26 € und der Mindestpreis liegt bei 1,50 €. Ein Preisbeispiel: Vom Fährhafen zur Esplanade kostet 7 €.

• *Pferdekutschen* In Korfu-Stadt stehen zahlreiche Droschken bereit. Eine Rundfahrt durch die Stadt (ca. 30 Min.) kostet rund 30 € Verhandeln lohnt sich. Die Kutscher übernehmen aber auch Taxifunktion. Wie vor 100 Jahren kann man sich zum Strand transportieren lassen.

• *Trampen* Nur noch selten sieht man Tramper am Straßenrand. Die Möglichkeiten sind jedoch ganz gut, da im Vergleich zu anderen griechischen Inseln sehr viele Fahrzeuge unterwegs sind.

Mietfahrzeuge/Tanken

• *Mofa-/Mopedverleih* In nahezu jedem Ort kann man Fahrzeuge aller Art ausleihen. Das Angebot ist wirklich riesig. Wer die Insel näher kennen lernen möchte, sollte von dieser Möglichkeit Gebrauch machen. Viele Agenturen bieten Preisnachlässe an, wenn man das Mofa oder Moped für mehrere Tage oder gar eine Woche ausleiht.

Die Preise pro Tag variieren beträchtlich je nach Saison und Alter des Fahrzeugs. Als Faustregel gilt: Moped ab 10 €, Roller ab 15 €, Motorrad ab 20 € pro Tag.

In Griechenland besteht wie in anderen EU-Ländern seit Jahren Helmpflicht.

Ionische Inseln
Karte S. 99

• *Autos* Neben den großen Agenturen wie Avis, Sixt/Budget, Hertz oder Europcar gibt es auch zahllose kleine Verleihstationen; Niederlassungen in Korfu-Stadt, am Flughafen sowie in allen größeren Ortschaften. Stellen Sie Preisvergleiche an – z. T. variieren die Tarife erheblich. Unterschreiben Sie nie einen Vertrag ohne Vollkaskoversicherung. Sie würden an der falschen Stelle sparen.

Rooms to let

Um ein Auto zu mieten, muss man – je nach Agentur – im Allgemeinen mindestens 23 Jahre alt sein und bereits ein Jahr einen Führerschein besitzen. Bei den meisten Angeboten gilt eine unbegrenzte Kilometerzahl. Diese Variante ist vor allem für Vielfahrer zu empfehlen. Zweite Variante: Zum Tagespreis kommt meist noch eine Kilometerpauschale. Einige Vermieter bringen die Fahrzeuge dem Kunden sogar zum Hotel. *Preisbeispiele* (pro Tag in der Hauptsaison): Fiat Panda: 37 €; Fiat Punto 39 €; Fiat Bravo 45 €; offener Suzuki Jeep 57 €, offener Fiat Panda 38 €. Alle Agenturen vermieten gegen eine geringe Gebühr auch Kindersitze..

Tipp! Wer auf Korfu ein Auto mietet, darf die Insel mit dem Leihfahrzeug nicht verlassen. Der Grund: Auf den Fähren sind die Autos nicht versichert. Diese Regelung gilt auch für landesweite Autovermietungen. Doch wer ein paar Tage auf der Nachbarinsel Paxós verbringen möchte, braucht sowieso angesichts der Größe der Insel kein Auto. Ein Moped oder eine Vespa reicht vollkommen als Fortbewegungsmittel aus und ist zudem noch preiswerter.

• *Tanken* Das Tankstellennetz ist dicht, vor allem an den Hauptrouten gibt es eine Vielzahl von Zapfstellen.

Übernachten

Pro Jahr übernachten weit über eine Million Touristen auf Korfu – lediglich Rhodos und Kreta verbuchen höhere Gästezahlen.

An jedem Küstenabschnitt finden sich Quartiere in allen Variationen und Preisklassen. So bietet Korfu zehn Hotels der Luxusklasse, einen Club Méditerranée (bei Ipsós), verschiedene Ferienclubs, unzählige Appartementanlagen, Hotels und Pensionen sowie rund ein Dutzend Zeltplätze. In einer einfachen Pension kostet das Doppelzimmer etwa 25 €.

Übrigens: In Orten mit viel Tourismus wie Gouviá, Dassiá, Paleokastrítsa, Kassiópi, Ipsós, Ermónes, Kávos oder Agios Górdios, aber auch in der Inselhauptstadt kann es in der Hochsaison zu **Engpässen** kommen.

• *Camping* Es gibt auf Korfu eine Reihe von Campingplätzen, vor allem in der Mitte und dem Norden der Insel. Allerdings fehlt ein Platz in unmittelbarer Nähe der Inselhauptstadt. Empfehlenswert ist allerdings der Campingplatz Karda Beach im quirligen Badeort Dassiá, nördlich von Korfu-Stadt. Im Süden von Korfu stehen überhaupt keine Campingmöglichkeiten zur Verfügungen. Die Übernachtung pro Person kostet zwischen 3,50 und 4,50 €. Genaue Informationen bei den jeweiligen Orten.

Öffnungszeiten: Die meisten Zeltplätze haben nur zwischen dem 1. Mai und dem 30. September geöffnet, wenige nur bis Ende Oktober. Voll wird es aber nur im Juli und August. Wildes Campen ist in Griechenland übrigens bereits seit 1977 verboten. Verstöße werden geahndet.

Korfu-Stadt

Korfu-Stadt ist durch eine Landzunge in zwei Hälften geteilt: im Süden Garitsa, im Norden Ágios Nikólaos. Die augenfälligsten Sehenswürdigkeiten stehen im Zentrum, das durch seine wechselhafte Baugeschichte geprägt ist. Der Einfluss der Venezianer, Engländer und Franzosen ist nicht zu übersehen. Leider nagt der Zahn der Zeit an der Altstadt. Vielen Gebäuden droht die Abrissbirne ...

Enge und verwinkelte Gassen und Gässchen erinnern an eine italienische Hafenstadt, nicht selten sind zwischen den Häusern Wäscheleinen gespannt. Dass auch Frankreich seine Hand im Spiel hatte, zeigen die Arkadenhäuser am großen *Spianada-Platz,* die im französischen Empirestil des 19. Jh. erbaut wurden. Das Kricketfeld, ebenfalls am Spianada-Platz, trägt dagegen die Handschrift der Engländer. In den Sommermonaten quillt Korfu-Stadt (vielfach ist auch Kérkira zu lesen) vor Besuchern über. Es herrscht Marktstimmung in den engen Straßen, auf den kleinen, gemütlichen Plätzen und zahlreichen Treppen. Boutiquen, Souvenirläden, Cafés, Tavernen und Souvláki-Buden locken die Kundschaft. Nicht wegzudenken sind auch die zahlreichen Verkäufer von bunten Luftballons. Die Stadt hat Flair, zeigt Charakter und bietet trotz aller Menschenmassen Gemütlichkeit.

Leider ist der Straßenverkehr für Heimische und Besucher ein großes Ärgernis. Alles staut sich in den schmalen Durchfahrtsstraßen, Auspuffgestank und Lärm sind die Folge. Zwar ist der Bau einer Umgehungsstraße geplant, doch Fachleute vermuten, dass dies nur wenig Abhilfe bringen wird.

Information/Adressen/Verbindungen

• *Information* Das Büro der **Griechischen Zentrale für Fremdenverkehr** (E.O.T.) zog zum Zeitpunkt der Recherche gerade um. Achtung: Auf vielen in Korfu verkauften Stadtplänen ist das Office falsch eingezeichnet. Auskünfte unter; ✆ 26610-37638/39/40, 📠 30298. Der Bezirksausschuss für Fremdenverkehrsförderung und die **Touristenpolizei** befinden sich in der Samari-Str. 13, eine Seitenstraße des zentralen San Rocco-Platzes, wo auch die blauen Busse abfahren. Hier erhält man schnelle Hilfe. Meist steht sogar ein Polizist vor dem Gebäude. ✆ 26610-30265 oder 39503. Die englischsprachige Monatszeitung "The Corfiot" bietet eine Menge aktueller praktischer Informationen wie Busfahrplan, Telefonnummern, Veranstaltungen usw. und ist an vielen Kiosken in Korfu-Stadt erhältlich.

Diplomatische Vertretungen: *Deutschland*: Dipl.-Ing. Dimitri Zervos, Honorarkonsul der Bundesrepublik Deutschland, Guilford-Str. 57, ✆ 26610-31453, geöffnet Mo–Fr 10–12 Uhr.
Schweiz: Konsularagentur im Hotel Corfu Palace, ✆ 26610-39485.

• *Adressen* **Post**: Hauptpostamt in der Ave. Alexandras, werktags von 7.30–20 Uhr geöffnet (für Geldüberweisungen und Auslandspakete allerdings nur vormittags bis 13 Uhr), Sa 7.30–14 Uhr; ✆ 26610-39265.

Zweirad- und Autoverleih: Entlang der Hafenanlage finden Sie zahlreiche Agenturen. Auch wenn in den Prospekten feste Preise stehen, lohnt sich das Verhandeln. Bei den meisten Tarifen ist noch viel Luft.

• *Verbindungen* **Fähren**: Stündliche Abfahrt nach Igoumenítsa (siehe "Anreise"). Diverse Agenturen stehen für den Ticketkauf zur Verfügung, jedes Büro ist für eine andere Abfahrtszeit zuständig. Abgelegt wird in der Regel vom Hafen unterhalb der Neuen Festung. Manche Fähren legen auch am internationalen Hafen im Norden der Stadt an. Auskunft zu Abfahrtszeiten gibt das Hafenamt: 26610-32655 oder 40002.

Ab Korfu-Stadt fährt auch eine Autofähre die Route Korfu-Erikoússa-Mathráki-Othoní-Erikoússa-Korfu (je nach Jahreszeit variieren die Abfahrten sehr, daher vor Ort erfragen).

Flughafen: Der Airport liegt am Meer im Süden von Korfu-Stadt, ca. 1,5 km vom Stadtzentrum entfernt (Taxi ca. 9 €).

Parken: In der Hauptreisezeit einen Parkplatz für sein Auto zu finden erfordert viel Geduld und gute Nerven. Es gibt auf der Esplanade einen großen Parkplatz gegen Gebühr. Dort kostet der Tag rund 4 €. Preiswerter und dennoch zentral ist der Parkplatz am Alten Hafen. Der Tag kostet 1,50 €, Caravan 3 €. Obwohl die Polizei flexibel ist, kommt es in der Hochsaison auch zum Einsatz von Abschleppwagen.

Taxi: Taxistände gibt es an der Esplanade und am Busbahnhof San Rocco Square oder unter ✆ 26610- 33811-2.

Ausflugsfahrten: Von Korfu-Stadt werden zahlreiche organisierte Ausflüge angeboten. Hier einige Preisbeispiele: Achilleion/Mäuseinsel 25 €, Paleokastrítsa/Róda/Kassiópi 35 €, Pantokrátor-Tour mit Stop in dem verlassenen Bergdorf Ano Perithiá 35 €.

Gepäckaufbewahrung: am neuen Fährhafen, bis 22 Uhr geöffnet.

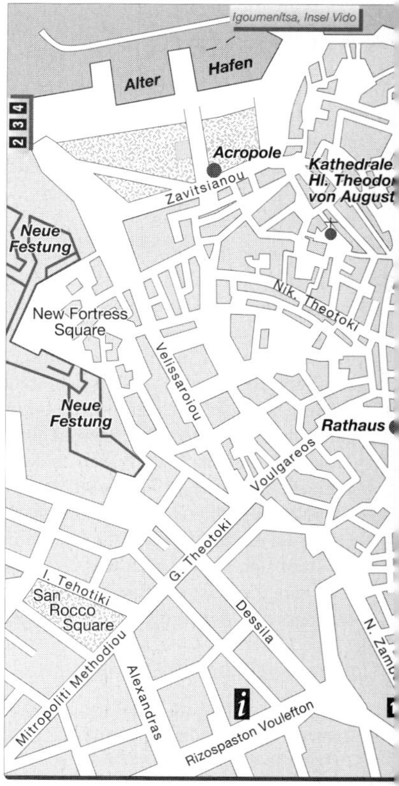

Übernachten

Da Korfu-Stadt nicht über einen großen Strand verfügt, wohnen die meisten Feriengäste außerhalb. Vor allem rund um die nahe Bucht von Gouviá entwickelte sich das touristische Zentrum der Insel. Die Hotels von Korfu-Stadt verfügen bis auf wenige Ausnahmen (z. B. Corfu Palace) nicht über einen Swimmingpool, sondern sind eher reine Stadthotels. Am schönsten wohnt man um die Esplanade, also im Herzen der Altstadt. Preisgünstige Pensionen und Hotels findet man im Hafengebiet. Ein Teil der Hotels liegt auf der Halbinsel Kanóni – mit dem Nachteil, dass der Airport nur einen Steinwurf entfernt ist. Hier eine Auswahl unterschiedlicher Übernachtungsquartiere in Korfu-Stadt:

Hotel Corfu Palace (Luxus-Kat.), für Liebhaber edler Hotels ist das Corfu Palace das beste Hotel der Insel. Es verbindet die zentrale Lage an der Altstadt mit geschmackvoller Zimmerausstattung und freundlichem Service. Das prächtige Traditionshaus an der Uferpromenade besitzt allerdings nur einen kleinen Garten mit Palmen, am Meerwasser-Pool wird es deshalb bisweilen recht eng (auch Hallenbad vorhanden). Wohl fühlen werden sich hier vor allem Stadtbummler und Ausflügler, die auf Bademöglichkeiten auch verzichten können. Der Jachthafen liegt gleich gegenüber. Mit 115 Zimmern und 200 Betten zählt das Corfu Palace längst nicht zu den größten Hotels auf der Insel. Die Preise schwanken je nach Jahreszeit sehr: DZ/Frühstück kostet im Winter 114 €, Im Sommer aber 257 €. Halbpension kostet pro Person 24 € extra. Keine Zimmer zur Rückseite. Im Corfu Palace trifft sich regelmäßig die auf der Insel lebende deutschsprachige Gemeinde zum gemeinsamen Plausch. In der Saison gibt es jeden Donnerstag einen Grillabend. Übrigens ist das Hotel auch Sitz des Schweizer Konsulats. Gäste des Corfu Palace dürfen die Anlage des ältesten Tennisclubs von Griechenland gleich hinter dem Hotel mitbenutzen. Leoforos Dimocratias 2, ✆ 26610-39485, ✆ 31749, www.corfupalace.com.

Hotel Bella Venezia (17) (B-Kat.), wer mitten in Korfu-Altstadt wohnen und historisches, etwas nostalgisches Ambiente ge-

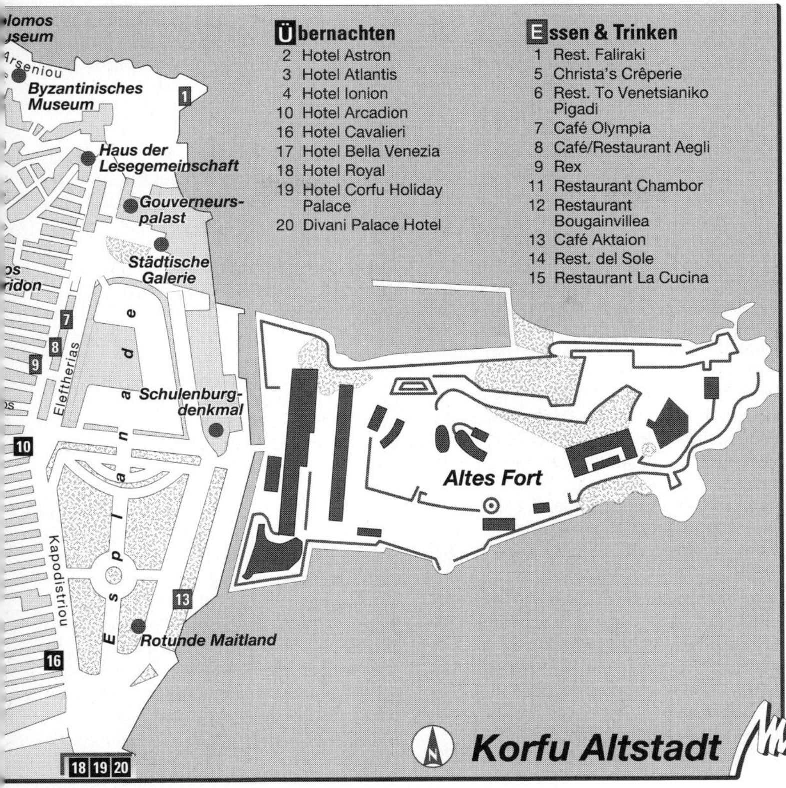

Ionische Inseln
Karte S. 99

nießen möchte, ist hier an der richtigen Adresse. Die neoklassizistische Villa – früher eine Schule – an einer westlichen Parallelstraße zur Esplanade (Spianada-Platz) wurde 1994 renoviert und erstrahlt seitdem wieder in altem Glanz. Sie zählt zu den beliebtesten Hotels der Inselhauptstadt. Die Zimmer der Villa sind sehr unterschiedlich ausgestattet und differieren in der Größe, z. T. haben sie sehr hoch angesetzte Fenster. Schauen Sie sich deshalb das jeweilige Zimmer an. Frühstück im von Bougainvilleen umrankten Gartenhof. Für Lärmempfindliche ist das Altstadt-Hotel nur bedingt geeignet. Netter Service. 32 Zimmer, ganzjährig geöffnet. DZ 65–85 €. Zambeli-Str. 4, ✆ 26610-46500 od. 44290 ✆ 20708, E-Mail: belvenht@hol.gr.

Hotel Arcadion (10) (C-Kat.), das 5-stöckige Hotel an der Esplanade liegt zentral und ist für Liebhaber der Altstadt ein ideales Quartier. Die frisch renovierten Zimmer sind geschmackvoll und klassisch eingerichtet. Von den Balkonen bietet sich ein schöner Blick auf die Festung und den Park. Das Arcadion hat eine lange Geschichte. Einst trafen sich im Café des heutigen Hotels die Anhänger des korfiotischen Politikers Georgios Theotokis, nach dem auch eine wichtige Straße der in der Altstadt benannt ist. Das Arcadion hat aber zwei Nachteile. Zum einen befindet sich im Erdgeschoss der Ableger eines amerikanischen Frikadellen-Braters. Zum anderen ist es auf Grund der zentrale Lage im Sommer ziemlich laut. Es empfiehlt sich daher (nicht nur wegen der Aussicht) Zimmer in den obersten Stockwerken zu reservieren. DZ ab 90 €, ganzjährig geöffnet, Kapodistriou-Str. 44, ✆ 26610-37670 ✆ 45087, www.arcadionhotel.com.

Hotel Cavalieri (16), die venezianische Villa (A-Kat.) am Rande der Esplanade ist das bekannteste Hotel der Stadt. Das schöne Herrenhaus – von den Deutschen1943 zerbombt – war in den sechziger und siebziger Jahren Treffpunkt der Schönen und Reichen. Heutzutage wird das 1963 eröffnete Hotel gerne von griechischen Business-Reisenden geschätzt. Vor allem die hohen, großen Zimmer (teilweise mit Balkon) nach Osten bieten einen traumhaften Blick über die Esplanade hinüber zum griechischen Festland. Die vielen Jahre sind allerdings an der Einrichtung nicht spurlos vorübergegangen. Für Ruhebedürftige eignen sich die Zimmer zur Esplanade aufgrund des Verkehrs nur wenig. Auch der Service erscheint verbesserungswürdig. Das kleine Frühstück wird leider in einem dunklen Salon eingenommen (Selbstbedienung). Beliebt ist im Sommer die Dachterrasse, die aber nur am Abend geöffnet wird. Viele Einheimische und Gäste genießen das romantische Ambiente und das Altstadt-Panorama für einen Drink. Das Essen ist leider relativ teuer und nur mittelmäßig. Ganzjährig geöffnet. DZ 68–95 €. ✆ 26610-39041, 📠 39283.

Hotel Astron (2) (B-Kat.), am Fährhafen befindet sich das relativ gut und funktional ausgestattete Astron (alle Zimmer mit Dusche). Von den einfachen Zimmern mit den gelb-weißen Markisen bietet sich ein Blick auf das Neue Fort. Eine praktische Herberge für Schiffsreisende. Ganzjährig geöffnet. DZ ab 60 €. Donzelotou-Str. 15, ✆ 26610-39505, 📠 33708.

Hotel Atlantis (3) (C-Kat.), vis à vis dem internationalen Hafen "Neo Limani". Obwohl laut, sind die 61 Zimmer fast immer ausgebucht. Preiswertes Restaurant. DZ mit Dusche ab 78 €. Ganzjährig geöffnet. Xen.-Stratigou-Str. 48, ✆ 26610-35560, 📠 46480.

Hotel Ionion (4) (C-Kat.), nur einen Steinwurf vom Atlantis entfernt, liegt dieses Hotel im Stil der sechziger Jahre am Neuen Hafen. Im Erdgeschoss viele Fährbüros, die Tickets nach Italien verkaufen. Die Vorteile des Hotels: zentral und preiswert, aber kein Frühstück. 84 einfache Zimmer, ganzjährig geöffnet. Vor der Nase fahren die Fähren nach Ancona und Brindisi ab. DZ 50 €. Xen.-Stratigou-Str. 46, ✆ 26610-39915, 📠 44690.

Hotel Mon Repos, im südlich der Altstadt gelegenen Stadtteil **Garitsa** liegt beim Strandbad Mon Repos das Mittelklasse-Hotel **Mon Repos** der Familie Rizos. Die Herberge wirkt von innen besser als von außen. Von den Zimmern hat man eine schöne Aussicht. Am besten Zimmer nach Nordosten mit Blick auf das Alte Fort nehmen. Durch die Küstenstraße relativ laut. Schöner Spaziergang am Meer zum 1 km entfernten Zentrum. DZ 84–150 €, ✆ 26610-32783, 📠 23459.

Im Stadtteil **Kanóni**: 3 km südlich der Altstadt gibt es eine Reihe guter Hotels. Einziger Nachteil – die Nachbarschaft zum Airport. Lärmempfindliche sind hier weniger gut aufgehoben.

Hotel Corfu Holiday Palace (19), neben Corfu Palace galt der Corfu Holiday Palace lange als das beste Hotel der Stadt. Heute ist der Glanz früherer Jahr verblasst, geblieben ist der Nachteil, dass das Haus in der Einflugschneise des Flughafens liegt. Der Gast zahlt in dem ehemaligen Hilton-Hotel für die Übernachtung ab 98 €. Die besten Zimmer sind im 7. Stock mit Meerblick. Auf den Zimmern gibt es Obst und Wasser umsonst. Amerikanisches Frühstücksbuffet. Das sichelförmig gebaute Hotel mit riesiger Lounge ist vor allem bei Pauschaltouristen beliebt. Die Hotelhalle versprüht ein wenig den Charme der sechziger Jahre. Überdurchschnittliche Ausstattung: 2 Tennisplätze, Pool; Hallenbad, Snackbar am Strand usw. Im Haus ist seit vielen Jahren das Kasino untergebracht, als der griechische Staat beschloss, dass im Achílleion die Kugeln nicht mehr rollen duften. Der Roulette-Tisch wird ab 20 Uhr eröffnet. Es gibt auch Black Jack und Poker. Ganzjährig geöffnet! 273 Zimmer, Nafsikas Street, ✆ 26610-36540, 📠 36551, www.corfuholidaypalace.com

Divani Palace Hotel (20), in Kanóni liegt das luxuriöse, 1998 renovierte Hotel (A-Kat.). Schon die Auffahrt zu dem am Hang gelegenen Ensemble ist beeindruckend. Freundlicher Service, großzügiges Interieur und gepflegtes, sauberes Ambiente machen den Charme des großen Hotels aus. Die 160 Zimmer sind mit TV, Aircondition und Minibar ausgestattet. Schöner, 500 qm (!) großer Swimmingpool im Park. Ganzjährig geöffnet! Wegen des Fluglärms doppelt verglaste Fenster. DZ 248 €. Nafsikas-Str. 20, ✆ 26610-38996, 📠 35929, Internet: www.divanis.gr.

Hotel Royal (18), eein klassisches, am Hang gelegenes Mittelklasse-Hotel in Kanóni. Nüchterner Bau, teilweise mit schönem Meerblick, teilweise mit Blick auf den Flughafen. DZ ab 76 €. April bis Okt. Geöffnet. Paleopoli-Str. 110, ✆ 26610-35345, 📠 38786.

Essen und Trinken (siehe Karte S. 110/111)

Die Vielfalt an Restaurants und Tavernen in Korfu-Stadt ist beeindruckend. Korfu gilt in Griechenland als Feinschmeckerinsel. Dafür sorgen die guten Rohprodukte auf der Insel: Olivenöl, Gemüse, Obst, Lamm. Zur Tradition der korfiotischen Küche gehört übrigens die Pasta – eine Hinterlassenschaft der Venezianer. Als gastronomisches Zentrum präsentiert sich die Altstadt, besonders in den engen Seitengassen reiht sich eine Taverne an die andere. Rund um die Esplanade gibt es etliche Lokale, die auch anspruchsvolle Gäste zufrieden stellen. In der Mittagszeit und abends sind die Tavernen in der Regel sehr gut besucht und es ist manchmal schwierig, einen Platz zu bekommen.

• *Cafés* **Café Nautilus**, am südlichen Ende der Garitsa-Bucht lädt die klassizistische Villa in auffälligem Rosa zu einer Pause. Der Blick nahe dem Leuchtturm auf die Altstadt am Abend ist zauberhaft. Das Essen hat aber leider nur durchschnittliche Qualität. Dimokratias-Straße.

Tipp! Café Ta Olympia (7), dieses Café unter den Arkaden an der Esplanade ist seit Jahrzehnten eine Institution. Es wurde 1928 von Zisimos Papafloratos gegründet. Schnell entwickelte sich das Olympia zu einem Literaten- und Künstler-Treffpunkt. Noch heute versammeln sich Freundeskreise zum Plausch über Gott und die Welt im Olympia. 1940 wurde das Café bei einem Angriff der faschistischen Truppen zerstört. Sein jetziger Besitzer Nikos Papafloratos wahrt bis heute die große Tradition des Hauses. Die meist älteren Gäste sitzen an kleinen Marmortischen und nehmen ihren Aperitif zu sich. Das Olympia pflegt noch die alte griechische Tradition, zum Ouzo kleine Appetithäppchen zu servieren. Bestellen Sie einen dieser leckeren Snacks für 4 €.

Café Kanoni, am Abend, wenn die Reisebusse längst wieder abgezogen sind, ist es Zeit für einen Aperitif im Café Kanoni. Das an einem Steilhang im gleichnamigen Stadtteil gelegene Café bietet einen unvergleichlichen Blick auf das Kloster Vlacherna und die benachbarte Mäuseinsel. Bereits seit 1864 können Besucher diesen Ausblick genießen. Pinien sorgen auf den verschiedenen Terrasse für Schatten. Das Café Kanoni liegt 1 km oberhalb vom Kloster, beim Hotel Royal.

Café Aktaion (13), am nördlichen Ende befindet sich dieses beliebte Straßencafé. Auffällig wegen seines achteckigen Pavillons. Von der Terrasse genießt man den schönen Blick auf die Festung die Gastritsa-Bucht. Für Schatten sorgen Eukalyptus- und Akazienbäume. Neben einer großen Auswahl von Bieren serviert das Aktaion auch leckere Appetizer. Viele Stammkunden. Coole Kellner.

• *Essen in der Altstadt* **Bougainvillea (12)**, der Platz gegenüber dem Rathaus ist zauberhaft wie das Essen. Der Familienbetrieb setzt auf die traditionelle griechische Küche. Frische Produkte von guter Qualität und gute Gewürze sorgen dafür, dass das Bougainvillea zu den beliebtesten Tavernen in der Altstadt gehört. Besonders lecker ist der gegrillte Tintenfisch mit Zitrone. Hauptgerichte ab 8 €. Unter einer riesigen, von Arkaden gestützten Bougainvillea-Pflanze nimmt man Platz. Weine gibt es ab 15 € die Flasche. Gute Tageskarte, empfehlenswertes Stifado. Mittleres Preisniveau. Sehr nette Bedienung.

Tipp! La Cucina (15), das kleine italienische Restaurant in der Guilford-Gasse zählt zu den besten von Korfu-Stadt. Die Pizzen genießen unter Einheimischen einen sehr guten Ruf. Der freundliche Besitzer, der mit seinem exzellenten Englisch brilliert, serviert die leckeren Gerichte aus dem Ofen. Auch gute Salate und interessante italienische Weine. Die Taverne verfügt nur über wenige Tische, deshalb frühzeitig kommen oder reservieren. Es gibt auch einen großen, stilvoll eingerichteten Innenraum mit Aircondition. Junges Publikum. Gehobenes Preisniveau: Für eine Pizza sollte man mit 10 € rechnen. Reservierung unter ✆ 26610-45029, Guilford-Str. 17.

Del Sole (14), die kleine, malerische Taverne gilt als eines der besten italienischen Lokale der Stadt. Das kulinarische Vergnügen hat aber seinen Preis: Pasta ab 8 €, Fleischgerichte 17 €. Gegessen wird an kleinen Marmortischen. Malerisch. Im Sommer auch mittags offen. Guilford Str. 17, ✆ 26610-32411.

Rex (9), für viele Einheimische gehört das bereits 1932 gegründete Restaurant in der Seitengasse hinter der Esplanade zu den besten Lokalen der Stadt. Das Rex genießt seit Jahrzehnten einen guten Ruf. Im Sommer gehört es den Touristen, im Winter den Einheimischen. Dem Gast wird raffinierte griechische Küche serviert. Besonders lecker ist die korfiotische Spezialität Pastitsado (Rindfleisch mit Pasta). Bei dieser Qualität ist das Restaurant nicht einmal teuer: Die meisten Fisch- und Fleischgerichte liegen um 15 €. Spaghetti mit Hummer 20,50 €. Enttäuschend nur sind die Pizzen. Geschulte, aber meist überforderte Kellner. Frühzeitig einen Platz sichern, denn das Rex ist mittags und abends bis auf den letzten Platz besetzt. Elegantes Interieur. Kapodistriou-Str. 66, ✆ 39649.

Aegli (8), das Restaurant an der Esplanade ist seit mehr als 40 Jahren ein Klassiker in der Inselhauptstadt. Nicht nur der bevorzugte Standort, sondern auch die feine Küche locken die Gäste an. Eine Vitrine mit Meerestieren verführt zur Einkehr. Für ein Fischgericht sollte man 15 € rechnen. Preiswerter und dennoch lecker: Reis mit Meeresfrüchten. Wer an der Esplanade keinen Platz findet, bekommt meist in der parallelen Gasse einen Platz, wo es ebenfalls Tische des Aegli gibt. Übrigens ist das Restaurant an Regentagen angesichts seiner gemütlichen Innenräume ein beliebtes Ziel. Kapodistriou-Str. 23, ✆ 26610-31949.

Essen mit Blick auf das Rathaus

Tipp! To Venetsianiko Pigadi (6) (Venetian Walls), das Feinschmeckerlokal liegt an einem der stimmungsvollsten Plätze der Altstadt. Hier wird kreative griechische Küche gepflegt. Auf den Tisch kommen Meeresfrüchte wie Hummer und Krabben. Das Restaurant in dem renovierten Stadtpalast gehört auch zu den teuersten Lokalen der Stadt. Für zwei Personen sollte man mit rund 100 € rechen. Traumhafte Atmosphäre mit Kerzen und origineller Musik um einen Brunnen. L. Desylla Str. 1 (Kremastis Square), ✆ 26610-44761.

Chambor (11), allein an diesem Platz am Abend zu sitzen, ist ein romantisches Vergnügen. Der Rathausplatz mit seinem venezianischen Palazzo bildet die Szenerie für dieses Restaurant. Man sitzt an kleinen Marmortischen und wird von aufmerksamen Kellnern umsorgt. Internationale Küche (auch Pasta) zu gehobenen Preisen. Für ein Hauptgericht sollte man ab 12 € rechnen. Gute griechische Weine.

Christa's Crêperie (5), die stilvolle Crêperie mit offenem Kamin zählt zu den schönsten Altstadt-Lokalen. Man sitzt auf kleinen Metallbänken auf diesem treppenartigen Platz gegenüber der St.-Nikolaos-Kirche. Die Crêpes werden in allen möglichen Varianten serviert, z. B. mit Fisch und Shrimps. Hauptgerichte um 7 €. Gute und preiswerte Weinauswahl, z. B. Robola.

La Familia, das kleine italienische Lokal liegt inmitten der Altstadt am Rande des Ladenviertels. Leckere Hausmannskost.

Faliraki (1), das Restaurant liegt traumhaft – in der Nähe des Badestrandes unterhalb der Alten Festung, Ecke Kapodistriou-/Arseniou-Str. Es überzeugt nicht nur durch sein Ambiente, sondern auch durch seine einfallsreiche griechische Küche.

• *Essen außerhalb der Altstadt* **Giardino**, das kleine Restaurant wenige Schritte vom Archäologischen Museum genießt bei Einheimischen einen exzellenten Ruf. Wie der italienische Name bereits verrät, verfügt das Feinschmecker-Lokal über einen schönen Garten. Klassische italienische Küche zu allerdings auch hohen Preisen. Das Hauptgericht liegt bei 20 €, Pasta auch unter 10 €. Vraila Armeni-Straße 4.

Yiannis, am südlichen Ende der Garitsa-Bucht liegt diese traditionelle Taverne, nur wenige Schritte von der byzantinischen Kirche Agios Iason und Agios Sossipatros und dem Strandbad Mon Repos. Das Gartenlokal in der kleinen Seitengasse besteht seit Jahrzehnten. Trotz des hohen Bekanntheitsgrades ist das Essen allerdings nur durchschnittlich. Iason-Sossipatros-Straße.

Nachtleben

Das Nachtleben in Korfu-Stadt teilt sich in zwei Hälften. Bis Mitternacht trifft man sich in den Bars und Cafés der Altstadt rund um die Esplanade, danach geht es zum Discostrip, zu den Musikkneipen, Clubs und Discotheken, die sich an der Straße nach Kontokáli (unweit des Jachthafens) wie an einer Perlenschnur aufreihen. Wer nicht über einen fahrbaren Untersatz verfügt, sollte ein Taxi nehmen, denn das Nachtschwämer-Viertel entlang der Ethnikis Antistaseos-Straße liegt rund 2 km westlich des Zentrums und ein Spaziergang ist wegen des vielen Verkehrs kein Vergnügen.

• *Altstadt* **Dachgarten Cavallieri**, einen besseren Platz am frühen Abend gibt es nicht. Aperitif mit Blick über die verwinkelte Altstadt. Ein Klassiker. Kapostristriou-Str. 4.

Bar Kolias, die Getränkepreise sind hier Nebensache. Kolias ist schlichtweg die In-Bar an der Esplanade. Sehen und gesehen werden, heißt die Devise für Einheimische und Ausländer. Lässige Musik, coole Gäste. Nicht vor 19 Uhr kommen.

Bar Hook, die in einem historischen Haus untergebrachte Bar ist ein Treffpunkt für junge Leute. Neben dem Hotel Cavallieri an der Espalande. Ein beliebter Hangout. Täglich ab 20.30 Uhr... aber nicht zu früh kommen. Kapostriou-Str.5.

Base, unter einer Palme trifft sich Korfus Discojugend am späten Abend. Publikum etwas älter als im Hook. Nicht vor 23 Uhr kommen. Nicht gerade preiswert. Kapodistriou-Str. 92.

Café Texnis, unweit der Stadtbibliothek und des Gouverneurpalasts im Osten der Esplanade. Hier sitzt der Gast im Schatten exotischer Bäume und genießt einen schönen Blick aufs Meer. Elegant eingerichtet. Im Winter sorgt der offene Kamin für eine heimelige Stimmung. Vor allem griechische Gäste.

Musikcafé House, in einer kleinen Seitengasse der bei Touristen beliebten Agios-Spiridonos-Gasse liegt an einem winzigen Platz das Café (mit offenem Kamin), das bei einheimischen Jugendlichen hoch im Kurs steht. Gute Musik.

• *Discostrip an der Ehtnikis Antistaseos-Str.* **Apocalypsis**, seit mehr als 20 Jahren ist der Club fester Bestandteil des korfiotischen Nachtlebens im Sommer. Es wird vor allem Mainstream gespielt.

Privilege, der 2002 eröffnete Club ist schwer in Mode. Die Musik ist eher wenig originell, aber das stört niemanden.

Hippodrome, außen protzig, innen minimalistisch, aber mit Pool. Für einen guten Sound sorgen oft DJs aus dem In- und Ausland.

Coca-Club, der stilvolle Club zieht vor allem die Schönen der Insel an. Meistens sehr voll. Ein Klassiker am Discostrip.

Electron, für Liebhaber griechischer Musik. Hier treffen sich griechischer Pop und traditionellere Rhythmen.

Einkaufen

Ob günstiger Gold- und Silberschmuck oder *Koum Quot* (ein typisch korfiotischer Likör aus Zwergorangen) – die Geschäftsleute in den Altstadtgassen haben sich auf die Bedürfnisse des internationalen Publikums eingestellt. Übrigens ist es bei griechischen Juwelieren durchaus üblich, über den Preis zu handeln. Gute Läden bieten Goldschmuck mit einem Qualitätszertifikat. Zwischen Ledertaschen und T-Shirts sind uns folgende Geschäfte aufgefallen:

Ex Oriente Lux, aus dem Osten kommt das Licht – so der Name dieses Ladens am oberen Teil der Esplanade. Er bietet Schätze aus fernen östlichen Ländern, aber auch aus Griechenland an: handgeknüpfte Teppiche, Kombolois, Silberschmuck usw. Kapodistrou-Str 8.

Lederwaren Dimisianos, das Lederwarengeschäft gegenüber der St.-Nikolaos-Kirche in der Altstadt ist bekannt für seine handgemachten Sandalen in den verschiedensten Farben. Sie sehen nicht nur gut aus, sondern sind auch noch bequem. Das Paar gibt es bereits ab 12 €. Bei der Voúthrotou-Str., unweit der Esplanade.

Der Markt – Paradies für Feinschmecker

Ein Besuch des farbenprächtigen Marktes südöstlich der Neuen Festung gehört zu den Erlebnissen besonderer Art. Frischer Fisch in allen Sorten, leckeres Obst und Gemüse in Hülle und Fülle. Alles, was das Meer und der Boden Griechenlands hervorbringen, wird hier angeboten: von einfachen Sardinen oder Oktopussen bis hin zu Garnelen. Der Markt findet täglich außer sonntags statt. Feinschmecker stehen aber für ihren Einkauf früh am Morgen auf. Denn in der Regel sind bis 11 Uhr die besten Produkte längst verkauft. Am Nachmittag ist der Markt geschlossen.

Moda-Moda, der kleine, schmale Laden in der Altstadt ist leicht zu übersehen. Hinter einem rosa Eingang verbirgt sich ein witziges, farbenfrohes Angebot von Taschen, Modeschmuck, Sandalen usw. Filelinon-Str. 19.

Guilford House, in der Guilford-Gasse 63 befindet sich der kleine Laden von Pamela Revis mit alten Möbeln und dekorativen Haushaltsgegenständen im englischen Stil.

Lalaounis, wie in New York, Paris, London, Genf und Athen unterhält Lalaounis, Griechenlands berühmtester Juwelier, auch in Korfu eine Niederlassung (Odos Kapodistrias). Nicht gerade ein Ort für Schnäppchen. Aber für Leute, die griechische Goldschmiedekunst mit ausgefallenem Design schätzen. Kapodistriou-Str. 35.

Olive Wood Handmade, was man aus dem wunderbaren Material Olivenholz herstellen kann, zeigt dieser Laden in der Altstadt. Von Zangen, Ringen bis hin zu großen Salatschüsseln und Holzplatten. Theotoki-Str. 76.

Terracotta, moderne, ausgefallene Kunst von griechischen Designerinnen. Die Palette reicht von der extravaganten Keramik bis zum filigranen Silberkettchen. Erstaunlich preiswert. Filarmonikis-Str. 2

Wichtig: Montags und mittwochs sind die Geschäfte am Nachmittag ab 14 Uhr geschlossen.

Parkplätze sind während der Hochsaison Mangelware. An den meisten Durchfahrtsstraßen gilt grundsätzlich Halteverbot und in den engen Gassen der Altstadt gerät die Parkplatzsuche zur schweißtreibenden Angelegenheit. Wer auf Nummer Sicher gehen will, kann seinen Wagen für ca. 3 €/Tag auf dem bewachten Parkplatz auf der Esplanade (Spianada-Platz) abstellen. (Die Bewachung erschien uns allerdings sehr zweifelhaft, zudem steht das Gefährt fast überall in der prallen Sonne.)

Einige Abstellmöglichkeiten im Schatten findet man an der Parallelstraße zur Uferstraße *Dimokratias*, ca. 10 Min. Fußmarsch von der Altstadt entfernt.

Sehenswertes

Altstadt

Esplanade: Die Esplanade, griechisch Spianada genannt, zählt zu den schönsten Plätzen Griechenlands. Das parkähnliche Plateau am östlichen Rand der Altstadt (Campiello) liegt direkt gegenüber dem Alten Fort. Das ehemalige Exerziergelände wurde im 19. Jh. in einen Park umgewandelt. Im nördlichen Teil des Parks kann man am Wochenende oder oft auch am Abend die Kricketspieler beobachten. Vom Café oder von einer der zahlreichen Bänke aus lässt sich das Treiben der blendend weiß gekleideten Sportler am besten verfolgen. Bis auf den heutigen Tag ist die Esplanade das Zentrum des öffentlichen Lebens. Die Prozessionen zu Ehren des Inselheiligen Ágios Spirídon finden hier genauso statt wie lautstarke Rockkonzerte.
Arkadenhäuser im französischen Empirestil, zwischen 1807 und 1814 erbaut, begrenzen den Spianada-Platz im Westen. Die vom französischen Gouverneur Baron Matthieu de Lesseps (Vater des berühmten Suez-Kanal-Erbauers Ferdinand de

Die Schattenseite der Esplanade

Lesseps) entworfene Häuserzeile entstand nach dem Pariser Vorbild der Rue Rivoli auf Höhe des Louvre. Diese Promenade ist längst für den Straßenverkehr gesperrt. In schattiger und ruhiger Lage haben Cafés und Restaurants ihre Stühle und Tische aufgestellt.

Altes Fort (Paleo Frourio): Die Alte Burg direkt gegenüber der Esplanade, wurde 1550 von den Venezianern angelegt und später von den Engländern mit Schutzwällen umgeben. Ein von Menschenhand geschaffener, 15 m tiefer und 20 m breiter Kanal (*Kontrafossa*) trennt die Anlage von der Insel.
Der Besuch empfiehlt sich vor allem wegen der Aussicht auf die Stadt Korfu und das griechische Festland. Zudem findet man eine Vielzahl von versteckten Winkeln, die zu einer Siesta einladen. Am Eingang befindet sich das Standbild des *Grafen von der Schulenburg*, der 1716 die Stadt erfolgreich gegen die Türken verteidigt hatte. Seit mehreren Jahren wird das weitläufige Gelände mit Fördergeldern der EU restauriert.
Während die Festungsmauern noch aus venezianischer Zeit stammen, entstanden während der britischen Herrschaft zahlreiche Gebäude im Inneren des Forts. Zu den markantesten und größten Kirchen Korfus gehört die St.-Georg-Kirche (Ágios Geórgios). Eigentlich sieht das um 1830 erbaute Gotteshaus wie ein antiker Tempel im dorischen Stil aus. Erst nach der Wiedereingliederung Korfus in den griechischen Staat wurde eine Ikonostase errichtet. Heute dient die Kirche als Ausstellungsraum. Der Platz davor wird als Veranstaltungsort für Konzerte, Theater sowie Ton-Licht-Schauen genutzt.

• *Öffnungszeiten* Di–So 8.30–15.45 Uhr, Sa 8.30–15 Uhr. Eintritt 4 €, Studenten und Rentner 2 €. Außerhalb dieser offiziellen Öffnungszeit ist die Festung frei zugänglich. Schließlich befindet sich in ihren Mauern nicht nur die Stadtbibliothek, sondern auch eine Musikschule und das Kafenion "Old Fortress Cafe", das auch kleine Speisen anbietet. Von der Terrasse genießt der Besucher einen schönen Blick auf die Garitsa-Bucht. Es gibt auch einen Museumsshop, der Di–Fr 8.30–16 Uhr geöffnet ist. In der Hochsaison finden mehrmals wöchentlich "Light-and-Sound-Shows" statt. Zudem Vorführungen griechischer Tanzgruppen.

Jüdische Korfioten: Der Weg nach Auschwitz

Unterhalb der Neuen Festung, in den engen Gassen rund um den alten Hafen, lag das jüdische Viertel. Ein 2001 errichtetes Mahnmal an einem kleinen Platz (Ecke Velisariou/Solomou-Straße), nur ein paar Schritte vom Eingang der Marine-Garnison, erinnert an das traurige Schicksal der jüdischen Korfioten während der deutschen Besatzungszeit im Zweiten Weltkrieg. Die lebensgroße Plastik einer jüdischen Familie symbolisiert das Leid dieser religiösen Minderheit auf der Insel. Die Deutschen ließen im Juni 1944 rund 2000 Griechen jüdischen Glaubens in die Konzentrationslager von Auschwitz und Buchenwald deportieren. Weniger als 100 kehrten zurück. Einen Einblick in das Leben kurz vor dem Beginn des Zweiten Weltkrieg gibt Lawrence Durrell in seinem Buch "Schwarze Oliven". Am 10. November 1937 notiert der britische Schriftsteller: "1571 vertrieb Venedig die Juden aus seinen Dominien; die Juden von Korfu bleiben aber mit ein wenig Glück ungestört. Im Jahre 1760 bildeten sie eine Kolonie von 1171 Personen; als die ersten französischen Kriegsschiffe ankamen und die Insel für Frankreich beanspruchten, wurden bei der Volkszählung ungefähr 2000 gezählt. Um 1860 hatte die Kolonie nach britischen Schätzungen an die 6000 Seelen. (...) Die Hebraika hat sich noch ihre Abgeschlossenheit und ihre Sprache erhalten und ihre Bewohner spielen im Leben der Insel nur eine geringe oder gar keine Rolle. Auch die Zeit der Verfolgungen ist noch nicht vorbei. Zarian hat beobachtet, dass man in der Osterwoche keine Juden außerhalb ihrer Wohngebiete sieht. Die schönsten Hochzeitsstickereien kommen aus der Hebraika und die größte Auswahl an Töpfer- und Zinnwaren ist dort zu finden."

Gouverneurspalast oder **St.-Michael-und-Georg-Palast**: Das 1819 aus Malteser Kalkstein erbaute neoklassizistische Palais am nördlichen Ende der Esplanade ist eines der prominentesten Gebäude der Stadt. Seine Fassade ziert ein dorischer Säulengang, der von zwei Triumphbögen mit den Namen der Heiligen Michael und Georg flankiert wird. Hier hatten die britischen Gouverneure und das Ionische Parlament ihren Sitz. Übrigens wird das Gebäude als St.-Michael-und-Georg-Palast bezeichnet, weil der 1818 gegründete, gleichnamige Orden hier residierte. Früher diente das Palais auch als Sommerresidenz der griechischen Könige. Den oberen Teil der Außenfassade schmücken Allegorien der Ionischen Inseln. Korfu ist mit dem teilweise erhaltenen Symbol eines antiken Schiffs ohne Steuer dargestellt, dem Wahrzeichen der Inselhauptstadt. 1994 wurde das prachtvolle Gebäude umfassend für den EU-Gipfel der Staats- und Regierungschefs renoviert. Die luxuriösen Innenräume mit farbenfreudigen Fresken, aufwändigem Parkett, marmorverkleideten Kaminen und opulenten Kronleuchtern erstrahlen heute wieder in ihrem ursprünglichen Glanz. Auch die Schätze des **Museums für asiatische Kunst** sind wieder ausgestellt.

Im Erdgeschoss liegt die Halle des Senates. Hier tagte von 1814 bis 1864 der Senat der Ionischen Inseln. Der Saal zeigt Porträts der britischen Gouverneure Maitland, Adam und des britischen Königs George IV.

Im ersten Stock ist die umfangreiche asiatische Sammlung zu sehen. Sie umfasst wertvolle Porzellan vom 17. bis 20. Jh., das korfiotische Diplomaten und Kaufleute über Jahrzehnte zusammen getragen haben. Es war vor allem der Diplomat Grigorios Manos (1850–1929), lange Zeit im Dienst des griechischen Staates als Botschafter in Asien unterwegs, mit seiner Sammelwut, der den Grundstein für diese sehenswerte Sammlung legte. Rund 10.000 Exponate erwarb Manos. Davon kann bisher nur ein Bruchteil im Gouverneurspalast gezeigt werden. Doch es gibt bereits Erweiterungspläne. Im Mittelpunkt der Sammlung stehen Kunstgegenstände aus der Edo-Zeit zwischen dem 17. und 19. Jh., aber auch Porzellan, Waffen und Textilarbeiten aus Thailand, China und Korea.

Das bronzene Standbild vor dem Palast zeigt den englischen Gouverneur Frederick Adam, der in seiner Amtszeit von 1824 bis 1832 das vorbildliche Wasserversorgungssystem der Insel anlegen ließ.

An der Ostseite ist in einem Seitenflügel die **Städtische Galerie** beheimatet. Durch einen unauffälligen Eingang betritt der Besucher die eleganten Ausstellungsräume. Hier finden Wechselausstellungen statt. Eintritt frei.

Auf der Rückseite des Gouverneurspalastes liegt in einem schattigen Park das Museumscafé: eine Oase der Entspannung.

Gouverneurspalast geöffnet Di–So 8.30–15 Uhr, Eintritt 2 €, Rentner 1 €, Schüler/Stud. frei. *Städtische Galerie*: Di–So 9–21 Uhr. Interessanter Bookshop mit englischsprachigen Büchern.

Neue Festung (*Neo Frourio*): Die neue Festung wurde ebenfalls von den Venezianern zwischen 1576 und 1589 nach der ersten türkischen Belagerung (1537) errichtet. Dem Bau der neuen Burg, die 1645 endgültig fertig gestellt wurde, fielen etwa 2000 Häuser zum Opfer. Im ausgehenden 17. und zu Beginn des 18. Jh. wurde die Anlage ausgebaut. Leider beschädigten Bombenangriffe während des Zweiten Weltkriegs die Burg.

Café Morrison – Cocktails hinter Festungsmauern

Als das Café Morrison noch in Ermones, dem beliebten Badestrand an der Westküste, zuhause war, zählte es bereits zu den beliebtesten Treffpunkten. 2002 wechselte das Morrison – so der Spitzname seines stadtbekannten Besitzers – dann in die Neue Festung. Nun werden hinter dicken Festungsmauern die Drinks serviert. Von der Terrasse hat der Gast einen schönen Blick über die verwinkelte Altstadt und den historischen Hafen. Eine einmalige Atmosphäre, um einen Abend romantisch ausklingen zu lassen.

Ein Spaziergang durch diese monumentale Wehranlage ist ein Erlebnis. Viele Kasematten und Wehrmauern wurden in den neunziger Jahren restauriert. Über eine steile Metalltreppe gelangt man zum höchsten Punkt der Festung. Von hier genießt man einen malerischen Blick über die Altstadt. Am Rand der Festung ist heute eine Militärschule untergebracht. Am Eingang gibt es einen Kinderspielplatz und im Hauptgebäude ein stimmungsvolles Café sowie einen Museumsshop.

Öffnungszeiten täglich 9–21 Uhr (Eingang von der Solomos-Str.), Eintritt 2 €.

Rathaus: Das prächtige Gebäude liegt an einem der schönsten Plätze in der Altstadt, unweit der Stichstraße zur Esplanade. Es wurde 1691 als Loge der Adligen von den Venezianern gebaut, bereits 1717 zu einem Theater umfunktioniert und nach der benachbarten katholischen Kirche Teatro San Giacomo genannt. Erst seit 1903 dient es den Korfioten als Rathaus.

Kirche Ágios Spirídon: Die Hauptkirche der Stadt (1590 erbaut) mit ihrem hohen, viereckigen Glockenturm mitten in der Altstadt beherbergt die Gebeine des Inselschutzheiligen, des *heiligen Spiridon*. Das einzige, was von der ursprünglichen Architektur erhalten blieb, ist die Decke mit 17 goldumrahmten Rechtecken. Die Fresken aus der ersten Hälfte des 18. Jh. stellen Szenen aus dem Leben des Heiligen und aus den vier Evangelien dar. Beeindruckend ist die große, von einem österreichischen Künstler geschaffene Ikonostase aus Paros-Marmor (19. Jh.). Der aufwändige, mit Silber beschlagene Reliquienschrein für die Gebeine des heiligen Spiridon wurde übrigens 1867 in Wien hergestellt. Der Inselheilige war einst zypriotischer Erzbischof und nahm am Konzil von Nikäa im 4. Jh. n. Chr. teil. Seine Gebeine gelangten im 15. Jh. von Konstantinopel nach Korfu, wo man sie sicher vor den Türken glaubte. Viermal im Jahr werden die Reliquien in einer Prozession durch die Altstadt getragen.

Kathedrale der heiligen Theodora von Augusta (Panagia Spiliótissa): Die dreischiffige Kathedrale am alten Hafen zählt zu den wichtigsten Kirchen der Stadt. Die Kirche wird Panagía Spiliótissa – Jungfrau von der Höhle – genannt, denn ursprünglich lag ganz in der Nähe eine Höhle. In Griechenland ist es durchaus üblich, Kirchen nach mehreren Heiligen zu benennen. So ist heutzutage die Kathedrale vor allem der heiligen Theodora gewidmet. Über eine in steilen Treppen ansteigende Gasse erreicht man das 1577 erbaute Gotteshaus. Die Kirche beherbergt die Gebeine der heiligen Theodora, die zusammen mit denen des heiligen Spiridon 1456 nach Korfu kamen. Die Gebeine der byzantinischen Kaiserin sind heute in einem Silbersarg aufbewahrt. Sehenswert sind auch die prächtigen Ikonen aus dem 15. und 16. Jh. sowie die Ikonostase.

Costas Georgakis: Ein Fanal gegen die Diktatur

Am Rand der Altstadt, an dem Einkaufsboulevard Theotoki-Straße nur unweit der National Bank of Greece, versteckt sich ein unscheinbares Bronzedenkmal, das einen jungen Mann im Anzug darstellt. Die Plastik erinnert an den 1948 geborenen Studenten Costas Georgakis. Der Korfiote verbrannte sich selbst am 19. September 1970, um gegen das diktatorische Militärregime, das mit willkürlichen Verhaftungen, Deportationen und Folter das eigene Volk in Schach hielt, ein Fanal des Protestes zu setzen. "Ich kann nicht anders, als zu denken und zu leben wie ein freier Mann", heißt die schlichte Inschrift auf dem Denkmal des jungen Demokraten.

Außerhalb der Altstadt

Archäologisches Museum: Die 1967 gegründete Sammlung präsentiert auf zwei Etagen alle bedeutenden Funde der Ausgrabungsstätten Korfus. Das künstlerisch und historisch interessanteste Ausstellungsstück ist zweifellos der **Gorgogiebel** (585 v. Chr.) von der Westfront des dorischen Artemistempels aus der antiken Stadt Kérkira (*Paleopoli*). Der 17 m breite und über 3 m hohe Giebel ist fast vollständig erhalten und zählt zu den bedeutendsten Monumentalreliefs der griechischen Kunst. In der Mitte des Giebels ist die Gorgo Medusa dargestellt, wie sie nach rechts eilt, während ihr Dämonengesicht dem Betrachter zugewandt ist. Rechts und links der Gorgo sind ihre beiden Kinder, Chrysaor und das geflügelte Pferd Pegasus, zu erkennen. Zwei "Löwenpanther" umrahmen die Giebelmitte. Untergebracht ist das wertvolle Stück im größten Saal des Museums an der Westseite. Im Südsaal (neben dem Gorgosaal) befindet sich der Löwe des Menekratus. Die

Britischer Neoklassizismus: Gouverneurspalast

Plastik wurde Ende des 7. Jh. v. Chr. von einem korinthischen Bildhauer geschaffen. Aufmerksamkeit erregen ferner eine Sammlung korfiotischer Münzen der verschiedenen Epochen sowie Terrakotten aus verschiedenen Heiligtümern Korfus. Der Nordsaal beherbergt den eindrucksvollen Teil eines Porosgiebels (um 500 v. Chr.), eine Reihe von Exponaten, die bei Mon Repos ausgegraben wurden, sowie das Porträt des Dichters Menander, eine der am besten erhaltenen Kopien (1. Jh. v. Chr.) des Bronzeoriginals in Athen. Die Exponate sind englisch und griechisch beschriftet.

• *Anfahrt* Das Museum liegt im südlichen Teil von Korfu-Stadt, Vraila-Str. 5. Der Weg führt am Meer entlang (Konstantinou-Str.) und zweigt nach der großen Anlage des Corfu Palace Hotels rechts ab. Das Museum ist behindertengerecht (mit Aufzug).

• *Öffnungszeiten* Di–Sa 8.30–15 Uhr, So 8–12.30 Uhr. Mo geschlossen. Eintritt 3 €, erm. 2 €, Stud. frei.

Das Bett für die Ewigkeit

Der noch heute genutzte britische Friedhof ist einer der romantischsten Plätze Korfus mit Grabsteinen aus der Kolonialzeit und wild wachsenden Orchideen. Der liebevoll gepflegte Friedhof mit seinen Obelisken, Monumenten und Grabmälern zeugt auf kuriose und anrührende Weise von der engen Verbindung Korfus mit Großbritannien. Auch schlichte Gräber deutscher Seeleute vom Ende des 19. Jh. sind auf diesem parkähnlichen Areal zu finden. Der weltabgeschiedene Friedhof unweit des Inselgefängnisses ist täglich bis Sonnenuntergang geöffnet. Der Zugang erfolgt über das Gärtnerhäuschen in der Seitenstraße Koloktroni, die dort beginnt, wo die viel befahrene Einkaufsstraße Mitropoliti Methodiou (vom Busbahnhof des San Rocco Square ausgehend) auf die Dimoulitsa-Str. trifft.

In Stadtnähe

Paleopoli: Die "Archeological Sites of Paleopolis", wie das Ausgrabungsfeld an der Abzweigung nach Analipsi (gegenüber dem Eingang zum Schloss Mon Repos) offiziell heißt, wurden in den letzten Jahren Zug um Zug weiter frei gelegt. Direkt an der Bushaltestelle Paleopoli kann man hier die Reste einer frühchristlichen, ehemals fünfschiffigen **Basilika** sehen. Sie wurde im 5. Jh. unter Verwendung von Baumaterial aus antiken Ruinen errichtet. Mit ihrem fünfteiligen Kirchenschiff und den beiden Vorhallen galt die Basilika als eine der größten Kirchen ihrer Zeit. Sie wurde in ihrer 1500-jährigen Geschichte mehrmals zerstört und wieder aufgebaut. Im Zweiten Weltkrieg zertrümmerten Bomben das Gotteshaus. Heute ist nur noch

Mon Repos: Ein königliches Sommerschloss mit verwunschenem Park

Das klassizistische Schloss, ehemals Sommersitz der britischen Gouverneure und von 1864 bis 1967 Residenz der griechischen Königsfamilie, ist in Großbritannien ein Begriff. Denn hier wurde der Gatte von Königin Elisabeth II., Prinz Philipp, am 10. Juni 1921 als Sohn des Prinzen Andreas von Griechenland und der Prinzessin Alice von Mountbatten geboren. Seit ein paar Jahren ist auch die 28.280 Hektar große Parkanlage von Mon Repos wieder eröffnet: Nach langem Rechtsstreit mit dem griechischen Königshaus konnte der Staat die Nutzungsrechte an dem zwischen 1828 und 1832 erbauten Schloss erwerben und den völlig verwilderten Park der Allgemeinheit zugänglich machen. Das Schloss wurde vorbildlich renoviert und ist seit 2001 ein Museum. Der weitläufige Park, sicher einer der schönsten in ganz Griechenland, nimmt einen großen Teil von Kanóni ein. Das Gelände beherbergt auch zwei Tempel. Die spärlichen Überreste eines vermutlich der Hera geweihten Tempels aus dem 4. Jh. v. Chr. liegen rund 1500 m südlich des Schlosses. Eindrucksvoller wirkt der Kardaki-Tempel, der zu den besterhaltenen antiken Ruinen Korfus zählt, am südlichen Ende des Parks. Sein Name geht zurück auf die Kardaki-Quelle, der Folgendes nachgesagt wird: Wer von dieser Quelle trinkt, vergisst seine Heimat für immer und bleibt Korfu auf ewig eng verbunden ... Der britische Gouverneur Sir Frederic Adam (1832–1864) ließ den Palast vom Architekten George Whitmore in neoklassizistischen Stil erreichten. An den Gouverneur und den Baumeister erinnert das kostenlos zugängliche Museum. In der beeindruckenden Säulenhalle mit ihrer blauen Kuppel ist nicht nur der Schreibtisch von Adam zu sehen, sondern auch ein Porträt sowie Stiche von Korfu im 19. Jh. Die Sammlung, die sich im Palast auf vorbildliche Weise präsentiert, erinnert an das kulturelle Leben der Insel – von der Antike bis heute. Es sind nicht nur Skulpturen römischer Kaiser und antike Münzen zu sehen, sondern auch eine überdimensionale Panorama-Karte, auf der die wichtigsten Zeugnisse vergangener Epochen markiert sind. Außerhalb des Parks befindet sich an der Nordspitze der Halbinsel (am westlichen Rand des Stadtteils Garitsa) das malerische, nostalgische Strandbad Mon Repos mit Umkleidekabinen und Taverne. Es gehört zu den schönsten Bademöglichkeiten in Korfu-Stadt.

Öffnungszeiten Die Anlage ist täglich zwischen 8 und 19 Uhr (im Winter nur bis 17 Uhr) geöffnet; der Schlosspark befindet sich ca. 2,5 km vom Stadtzentrum. Der stattliche Eingang liegt nahe der Bushaltestelle Paleopoli (bei den Ruinen, vor dem Schild Analipsi).

Vorbildlich renoviert: Mon Repos

Ionische Inseln
Karte S. 99

die Ruine ohne Dach vorhanden. Aktuelle Grabungen legten ein **römisches Bad** gegenüber der Basilika frei. Es wurde um 200 n. Chr. erbaut und ähnlich wie die Basilika beim Angriff der Goten im 6. Jh. vernichtet. Wellblechdächer schützen die Funde vor der Sonne.

Anfahrt Fahren Sie mit den blauen Stadtbussen Richtung Kanóni bis zur Haltestelle Paleopoli. Die Besichtigung ist kostenlos. Das Gelände ist eingezäunt und nicht zugänglich.

▸ **Insel Vido**: Wer sich vom quirligen Zentrum mal erholen möchte, dem winkt in Korfu-Stadt ein besonderer Genuss. Mit einem kostenlosen Fährboot kann man sich zur kleinen Insel Vido, nur 1500 m vom Altstadt-Hafen, übersetzen lassen und betritt damit eine andere Welt. Vido ist eine Oase der Ruhe und ein Paradies für Flora und Fauna. Seit 1993 besteht auf dem Inselchen ein Wildtier- und Vogelschutzzentrum. In diesem Naturpark sucht man Autos vergeblich. Im Rahmen der ökologischen Schutzmaßnahmen wurde darauf geachtet, das Eiland in seiner Ursprünglichkeit zu erhalten. Von der Anlegestelle führt ein bequemer Weg die malerische Küste (mit Bademöglichkeit) entlang. Nach 800 m in östlicher Richtung trifft man auf ein monströses serbisches Soldatendenkmal. Auf der Insel gibt es auch ein Ferienlager und ein ausgedehntes Pfadfindergelände. Immer wieder begegnet man Inselbewohnern wie Ziegen, Schafen und Fasanen. Für die interessante Inselumrundung braucht man rund 90 Minuten. Doch auf Vido kann man problemlos auch den ganzen Tag verbringen. Wer kein Freund von Picknicks ist, kann in der Taverne an der Anlegestelle einkehren, wo auch die Fährleute an ihrem Ouzo nippen. Übrigens fahren die Fähren zu jeder vollen Stunde (mit Ausnahme der Siesta) in Korfu-Stadt ab und zu jeder halben Stunde wieder zurück. Letzte Fähre um 22.30 Uhr. Wer die Unterwasserwelt von Vido kennen lernen möchte, sollte einen Ausflug (samt Seehund-Vorführung) mit der "Calypso Star" unternehmen (am alten Hafen 10–18 Uhr zu jeder vollen Stunde, Ticket 7,50 €, Kinder die Hälfte), die speziell für Unterwasser-Besichtigungsfahrten ausgerüstet ist.

Der Norden

Ostküste von Korfu bis Pirgí

Zwischen Korfu und Pirgí ist jeder Strandabschnitt ausgenutzt. Supermärkte stehen neben Souvenirshops, internationale Zeitungen werden zum Kauf angeboten, auf den Straßen schlendern die Touristen in Badehose und mit Sonnenhut zwischen Strand und Taverne, Bar und Hotel. Dieser Inselabschnitt ist in den Sommermonaten völlig überfüllt, vor allem Briten fühlen sich hier wohl.

- **Alikés**: Der erste Badestrand nördlich von Korfu weist einige Tavernen und auch Übernachtungsmöglichkeiten auf. Es herrscht sehr viel Verkehr auf der Straße. Der Strand sieht eher mäßig, das Wasser auch nicht gerade einladend aus.
- **Kontokáli**: An dem Küstenstreifen mit ein paar Häusern, Läden, einer Tankstelle und wenigen Tavernen gibt es kein Ortszentrum und die Bademöglichkeiten sind nicht der Rede wert: schmaler Kiesstrand mit reichlich Schilf und Pflanzen im Wasser. Von Interesse ist lediglich der große Zeltplatz mit der benachbarten Jugendherberge (eigene Bushaltestelle; Bus Nr. 7, nach der Haltestelle "Perulis Kontokáli" fragen).
  Verbindungen Alle halbe Stunde zwischen 7 und 21 Uhr fährt der Bus nach Korfu-Stadt.
- **Baden**: Der Küstenabschnitt gegenüber dem Zeltplatz gilt nicht gerade als Traumstrand. Es gibt auf Korfu bessere Badeplätze. Immerhin bestehen gute Busverbindungen zu anderen Stränden.

Gouviá

Die Bucht zählt zu den Touristenhochburgen der Insel: In etlichen Hotels verbringen Pauschalurlauber aus ganz Europa ihre Ferien. Von der Griechischen Zentrale für Fremdenverkehr wurde hier ein Jachtversorgungshafen eingerichtet – eine riesige Anlage, die Hunderten von Booten Platz bietet. Ein gewachsenes Ortszentrum sucht man vergeblich.

Ausgesprochen reizvoll liegt eine Mini-Halbinsel gegenüber dem Ort Gouviá, die mit dem eigenen Fahrzeug zu erreichen ist, wenn man nach Gouviá dem Wegweiser in Richtung Koméno folgt. Kurz bevor man die Bucht zur Hälfte umrundet hat und die Straße hinter einem Hügel verschwindet, zweigt rechts ein Schotterweg ab, der am Ufer entlang direkt auf die Halbinsel zuführt.

Über einen gut 80 m langen und nur etwa 3 m breiten Sandsteg geht es hinüber auf die winzige Halbinsel, die von einer kleinen Ipapanti-Kirche fast völlig eingenommen wird. Die 1713 unter den Venezianern erbaute Kapelle wurde Ende der neunziger Jahre restauriert. Vor allem die barocke Ikonostase mit den vier fast 300 Jahre alten Hauptikonen verdient Beachtung. Besonders romantisch ist der Abstecher am Abend, wenn sich die bunten Lichter vom gegenüberliegenden Ufer im Wasser spiegeln. Baden empfiehlt sich hier nicht unbedingt: Das Wasser ist zwar flach, jedoch beeinträchtigen scharfkantige Felsplatten und bisweilen glitschiger Seetang das Vergnügen.

- **Koméno/Dafníla** (10 km): Die Bademöglichkeiten an für die Allgemeinheit zugänglichen Strandabschnitten sind auch hier eher mäßig, dafür gibt es in der weitläufigen Ortschaft einige Hotels mit schmalen Sand-/Kiesstränden oder Swimmingpool sowie einen Campingplatz.

• *Übernachten* **Grecotel Corfu Imperial** (Luxus-Kat.), 4 km entfernt von Gouviá, am Ende der Bucht von Koméno (Beschilderung folgen), liegt dieses 5-Sterne-Hotel, das zu den besten der Inseln zählt. Auf einer breiten Landzunge überragt das fünfstöckige Haupthaus alles, 124 Bungalows und Maisonettes verstecken sich dagegen förmlich im Olivenhain. Die Zimmer sind farbenfroh und zeitgemäß eingerichtet. Angesichts der beiden kleinen Badebuchten zieht es viele Urlauber eher an den Swimmingpool. Eine Sportschule bietet reichhaltiges Wassersportprogramm. Kinderbetreuung ist möglich. Sportlich-elegantes Ambiente. Sonnenschirme und Badetücher ohne Gebühr. DZ ab 144 €; ✆ 26610-88400, ℻ 91881, www.grecotel.gr. April bis Oktober offen.

Hotel Grecotel Daphnila Bay (A-Kat.), die moderne, gepflegte Anlage inmitten eines Olivenhains besteht aus einem fünfgeschossigen Haupthaus und weiteren 134 Bungalows, die geschickt zwischen den Ölbäumen "versteckt" wurden. Von den großen "Bettenburgen" auf Korfu kann man das Vier-Sterne-Haus Daphnila Bay noch zu den empfehlenswerteren rechnen. (Es läuft zwar unter der Ortsbezeichnung "Dassiá", liegt jedoch, wie der Name schon sagt, an der Bucht von Dafníla/Koméno.) Das Grecotel verfügt über Hallenbad, Pool, Volleyball, Tennisplatz usw. DZ ab 97 €; ✆ 26610-90320, ℻ 91026, www.grecotel.gr.

Hotel Nefeli (B-Kat.), beliebtes Hotel mit drei villenartigen Gebäuden in einem Park von Zitronenbäumen und Yuccapalmen, die bis an den Swimmingpool herangewachsen sind und Schatten spenden. Sehr familiäre Atmosphäre, vor allem junge Gäste. Die 45 Zimmer sind durchweg modern und geräumig, auf Klimaanlage und Kühlschrank muss man jedoch verzichten. Jedes Zimmer hat Balkon, aber nur wenige mit Meeresblick. Durch ein Mitbenutzungsabkommen mit dem benachbarten Hotel Daphnila Bay kommen Hausgäste auch in den Genuss eines sauberen Sand-/Kiesstrandes mit entsprechenden Einrichtungen. Nachteilig (vor allem für ältere Urlauber) ist jedoch die 400 m lange Straße, die sich vom Meer steil und kurvenreich zum Hotel Nefeli hinaufwindet. DZ ab 55 €, ✆ 26610-91033, ℻ 90290, www.hotelnefeli.com.

• *Camping* **Camping Dionysos**, beliebter Platz und zudem der nächste zur Inselhauptstadt. Er liegt etwas abseits der Straße und bietet viel Schatten. Der Platz mit Swimmingpool ist terrassenförmig angelegt. Ruhig wird es erst spät in der Nacht. Wer kein Zelt dabei hat, der kann eine Holzhütte (Mini-Bungalow) mieten. Geöffnet: Mitte April bis Mitte Oktober. Preise: pro Person 3,50 €, Auto und Zelt jeweils 3 €, Wohnmobil 4 €; ✆ 26610-91417, ℻ 91760.

Dassiá

Die Ortschaft ist fest in touristischer Hand. Direkt am Strand stehen riesige Hotelkomplexe mit allem erdenklichen Komfort, die während der gesamten Saison fast immer ausgebucht sind.

Etwas abseits findet sich eine Vielzahl weiterer Pensionen und Hotels, dazwischen Tavernen, Discos, Snackbars, Souvenirläden, Supermärkte, Zeitungskioske. Erstaunlicherweise hält sich der Rummel am Meer trotzdem in Grenzen. Der grobsandige Strand fällt flach zum Meer hin ab. Das Wasser ist sauber. Es gibt sogar etwas Schatten. Als "Zugabe" kommt mittags der Obstverkäufer und bringt kühle Melonen.

Verbindung Bus Nr. 7 pendelt stündlich (tägl. 7–22 Uhr) zwischen Korfu-Stadt (San Rocco Square) und Dassiá.

▸ **Ipsós/Kato Karokiana**: Die Touristenhochburg Ipsós, die bei jungen, preisbewussten Urlaubern beliebt ist, liegt in einer weiten Bucht, die sich bis nach Pirgí erstreckt. Für Erholungssuchende ist der Ort nicht zu empfehlen, denn direkt hinter dem schmalen Kies- und Sandstrand (ohne jeglichen Schatten) führt die Küstenstraße vorbei. Ein Führer der Griechischen Zentrale für Fremdenverkehr spricht von einem "malerischen Fischerdorf". Davon kann jedoch keine Rede sein.

Etrusco: Essen wie Gott in Italien

Das Etrusco steht bei Feinschmeckern hoch im Kurs. Der italienische Koch Etrusco Botrini und sein Sohn Hector bieten feine italienische Küche. Alles ist hier selbst gemacht: Von den leckeren Anitpasti über Fisch- und Fleischgerichte bis zu den süßen Verführungen zum Nachtisch. Am schönsten speist man in einer lauen Sommernacht in dem romantischen Innenhof. Das Ristorante, das manche Einheimische für eines der besten der Insel halten, liegt versteckt in Kato Korakiana. Das Gebäudeensemble betritt man durch ein Tor aus Metall. Reservierung ist empfehlenswert ✆ 26610-93342.

▸ **Pirgí**: Der Ort im Norden der Bucht von Ipsós kann in der Hochsaison über Touristenmangel nicht klagen. Eigentlich verwunderlich, denn auch in Pirgí führt die Hauptstraße direkt am Strand entlang. Aber das scheint den Urlaubern nicht viel auszumachen – die Sonnenschirmverleiher verdienen gutes Geld, die Diskotheken und Tavernen sind sogar schon tagsüber gut besucht, zumeist von jungen Engländern.

▸ **Baden**: Zum Schwimmen besser in die Bucht weiter nördlich ausweichen. Dort herrscht wesentlich mehr Ruhe, weil sie etwas abseits der Straße gelegen ist. Am Ufer überwiegt zwar Kies, aber im Wasser erwartet den Schwimmer feiner Sand.

Die Bergwelt des Pantokrátor

Das Massiv des Pantokrátor – 906 m ü. d. M. – erscheint dem Betrachter wie eine andere Welt: keine liebliche Mittelmeer-Szenerie. Rund um den Gipfel wächst kein Baum, die steinigen Mulden erinnern an eine Mondlandschaft, das Panorama über dem Ionischen Meer ist schlichtweg atemberaubend. Die terrassenförmig angelegten Bergdörfer wirken verschlafen und die Fahrt zum höchsten Berg Korfus verspricht noch immer ein kleines Abenteuer.

Vom Bergdorf Striniías führt eine gut ausgebaute Straße zum Pantokrátor, dessen Name soviel heißt wie "Herrscher der Welt". Die Gegend erinnert an alte Karl-May-Verfilmungen: nur kahle Steinwüste. Kurz unterhalb des Gipfels gibt es mehrere Stellplätze für Autos. Der Gipfel besteht aus zwei Teilen: Der eine trägt die Antennenanlage, auf dem höher gelegenen Teil steht das bereits im 14. Jh. gegründete Kloster. Die von außen schmucklose Kirche birgt kunsthistorisch wertvolle Fresken (14./15. Jh.) und eine barocke Ikonostase. In einem Nebengebäude verkauft ein Pope religiöse Souvenirs. Alljährlich zwischen dem 1. und 6. August ist das Kloster Ziel vieler korfiotischer Pilger, die hier ein großes Volksfest feiern. Die Legende erzählt, dass im Jahr 755 ein Schäfer an der Stelle des heutigen Klosters ein Bild des Pantokrators gefunden habe.

Der grandiose Blick von hier reicht fast über die gesamte Insel, hinüber nach Albanien und auf das griechische Festland. Das tiefblaue Wasser des Mittelmeers rundet die beeindruckende Aussicht ab. Wiederholt führen zwischen Olivenhainen Stichstraßen steil hinunter zum Meer. Die meisten Hotelanlagen wurden harmonisch in die Landschaft eingefügt.

• *Anfahrt* Für die Anfahrt mit Moped/Auto ab Pirgí gibt es zwei Varianten:

Die kürzeste Strecke (ca. 20 km): Von Pirgí (Abzweigung außerhalb von Pirgí, nach der Tankstelle Eko) führt eine steile Straße in vielen Serpentinen zum Dorf **Spartílas** (6 km). Ca. 1,5 km außerhalb biegt man rechts ab, dann geht es 4,5 km bergauf in Richtung **Striníłas**. Vom letzten Dorf vor dem Gipfel fährt man in Richtung **Petália**

und dann rechts durch eine karge Landschaft zum Pantokrátor (5 km).

Die reizvolle Strecke (ca. 30 km): Von Pirgí (beim braunen Schild Monastery of Christ Pantokrátor abbiegen) führt eine schlechte Asphaltstraße über **Agios Markos** nach **Ano Korakianá** (5 km). Von dem malerischen, verwinkelten Bergdorf geht es in steilen Serpentinen (Straße nur für ein Auto geeignet) am Südhang hoch zum Dörflein **Sokraki**. Über die Hochebene mit Weinstöcken und Feigenbäumen führt die Strecke über **Zigos** und **Sgourades** nach **Striníla**s und von dort zum Pantokrátor.

▸ **Striníla**s: Das Bergdorf mit dem herben Charme, das bereits 630 m über dem Meeresspiegel liegt, ist die letzte Siedlung vor dem Pantokrátor. Die Landflucht macht sich auch hier bemerkbar. Einige Häuser sind längst verfallen, hauptsächlich die Alten harren im Dorf aus. Eine riesige Ulme schmückt den Marktplatz, an dem es drei Tavernen gibt.

• *Essen* **Taverne Elm Tree**: Um die Mittagszeit kann im Schatten der Ulme schon mal der Platz knapp werden. Sowohl Einheimische als auch Touristen schätzen die herzhaften Gerichte der Taverne. Ein Grieche am Herd und eine freundlich-charmante Holländerin im Service betreiben seit Jahren mit großem Erfolg dieses malerische Lokal. Im 1886 erbauten Haus wird gut und mit frischen Zutaten gekocht. Leckere Wildschwein-Gerichte und gefüllte Weinblätter stehen auf der Speisekarte. Die Familie betreibt auch (in der kalten Jahreszeit nur an Wochenenden) die unterhalb gelegene Taverne Oasis.

Über *Petália* geht es weiter nach *Láfki* (fast verlassen) in Richtung Nordküste. Bei *Acharávi* (Zentrum der Olivenernte) erreicht man wieder die Küstenstraße.

Ostküste von Pirgí nach Kassiópi

Nördlich von Pirgí beginnt eine der schönsten Küstenlandschaften Korfus. Die Straße steigt steil an und die Ausläufer des 906 m hohen *Pantokrátor* machen sich bemerkbar. Das Panorama ist beeindruckend.

▸ **Barbáti**: Früher war Barbáti ein einziger Olivenhain an der steilen und kargen Ostküste im Norden Korfus. Doch aus dem früheren Badeort ist heute eine beliebte Touristenkleinstadt geworden. Von der verkehrsreichen Küstenstraße zweigt die Stichstraße zum Meer ab. Vor allem junge Leute fühlen sich hier wohl: gemütliche Tavernen und ein empfehlenswerter Strand mit sauberem Wasser. Privatzimmer – oft mit Küche und Kühlschrank – ab 20 €.

▸ **Nissáki**: Riesige Hotels sucht man in dem kleinen Ort vergeblich. Vielmehr werden Appartements und Privatzimmer ("rooms to rent") ab 15 € vermietet. Vom Tourismus ist Nissáki längst entdeckt. Bademöglichkeiten gibt es an einem kleinen Kiesstrand zwischen Felsen mit extrem sauberem Wasser. Weiter außerhalb finden sich noch andere Badebuchten. Viele kommen nach Nissáki auch wegen der Tavernen, die malerisch an der Küste liegen.

▸ **Baden**: Zwischen Nissáki und Kéndroma zweigt eine gut ausgebaute Nebenstraße ab und führt über 1,5 km hinunter zu den beiden kleinen Badebuchten von Agní Beach (beschildert); lediglich der letzte Streckenabschnitt besteht aus Schotter und Beton. Es gibt einen schattigen (gebührenpflichtigen) Parkplatz, ca. 200 m vom Meer entfernt. Am Strand stehen kleine Tavernen, in denen vor allem Griechen anzutreffen sind. Empfehlenswert ist die Taverne von Nikolas Periklis – seit 100 Jahren in Familienbesitz –, die preiswerte Gerichte bietet. Der 200 m breite Strand mit großen, runden Steinen (Sonnenliegen vorhanden) geht an beiden Enden in Felsen über und eignet sich sehr gut zum Schnorcheln. Auf dem leicht ansteigenden Gelände hinter der Bucht wachsen einige Zypressen, am Strand selbst dagegen gibt es keinen Schatten. Wer dem Trampelpfad links am Ufer folgt, gelangt nach etwa 300 m zu einer weiteren Bucht mit Agaven (Achtung: Seeigel!). Von dort bietet sich ein schöner Blick hinüber zur kargen Küste Albaniens. Weil die Strände noch kaum bekannt und ausschließlich mit eigenem Fahrzeug erreichbar sind, wird es hier nur am Wochenende etwas voller.

• *Essen* **Taverne Nikolas**: "Wir fanden die gemischte Vorspeisenplatte ausprobierenswert und empfehlen, am besten zuerst nur die Vorspeisen und den Hauswein zu ordern ... Der Wirt Perikles hat dafür Verständnis. Auf Wunsch holt das taverneneigene Zubringerboot die Gäste aus den Nachbarorten Nissáki und Kalámi ab. Fahrplan steht in der Speisekarte. Diesen Service bieten auch die anderen Tavernen." (Lesertipp).

Kalámi

So abgeschieden wie einst der englische Schriftsteller Lawrence Durrell den Ort vorfand, ist Kalámi heute längst nicht mehr. Doch an Reiz hat das einstige Fischerdorf nur wenig verloren.

Bei Gimari führt eine Stichstraße zum Meer hinunter. Der von Briten und Italienern geschätzte Badeort besitzt eine der schönsten Badebuchten Korfus: zum Teil mit schattigen Olivenbäumen und leider reichlich überlaufen. Dahinter liegt steil ansteigend der Gipfel des *Pantokrátor*. Das Wasser am grobkörnigen, aber sauberen Sand- und Kiesstrand ist sehr klar, es führen mehrere Stege ins Meer. In unmittelbarer Nähe gibt es einige gemütliche, preiswerte Tavernen und einen Tretbootverleih. Im Juli und August geht es hier hektisch zu. An den Hängen "kleben" rosa Appartements einer riesigen Hotelanlage.

• *Übernachten* Im Ort Kalámi gibt es kein Hotel. In der Hochsaison kann es schwierig werden, ein Privatzimmer zu mieten. Die meisten Rooms sind von der englischen Reisegesellschaft Thomson gebucht.

Im Nordosten der Insel gibt es **keinen Zeltplatz**! Die nächsten Anlagen befinden sich erst wieder zwischen Róda und Sidári.

• *Essen* **Villa Matella**, das malerische Häuschen im Ortszentrum hat sich der kreativen mediterranen Küche verschrieben, es kommen sowohl griechische Spezialitäten als auch andere Gerichte auf den Marmortisch, alles ist frisch und ausgesprochen lecker, mittleres Preisniveau, in der Nebensaison nur abends offen. Ein Restaurant, das für positive kulinarische Überraschungen sorgt. Es werden auch Zimmer vermietet.

Taverne The White House, das ehemalige Wohnhaus des englischen Schriftstellers Lawrence Durrell ist heute eine Taverne, die vor allem Fisch anbietet. Als Spezialität des Hauses gilt der korfiotische Fisch Bourdetto. Hauptgericht ab 13 €. Der kleine Gastraum ist geschmückt mit Fotos und Zeitungsberichten, die an den britischen Schriftsteller Lawrence Durrell erinnern. Der Besitzer Tasos Athineos vermietet auch Zimmer und Boote. Ein Boot für max. vier Personen kostet pro Tag ca. 30 €. ✆ 26630-91251.

Kalámi – dies war von 1935 bis 1940 die Welt des englischen Schriftstellers **Lawrence Durrell**. Damals gab es in der weiten Bucht von Kalámi gerade einmal zehn kleine, abgelegene Häuser. Hier führte Durrell das einfache Leben eines Fischers, lernte Griechisch und Segeln; daneben widmete er sich intensiv dem Schreiben. Fern von den Sorgen und Problemen des Alltagslebens sammelte Durrell seine ersten literarischen Erfahrungen; hier verfasste er sein erstes Buch ("Die Schwarze Chronik") und hier knüpfte er seine ersten Briefkontakte zu dem amerikanischen Schriftsteller, dem er zeit seines Lebens verbunden bleiben sollte: Henry Miller.

Athen: Akrópolis und Odéion des Heródes Átticus (AN) ▲▲

Stillstehen fürs Fotoalbum: Pfadfinder auf dem Platz vor dem Präsidentenpalast in Athen (AN) ▲

▲▲ Der Sesamkringel-Mann vom Monastiráki-Platz in Athen (AN)

▲▲ Reichlich Vorrat für Urlaubsgrüße (AN)

▲ Immer frisch – der Fisch auf dem Markt (AN)

Korfu: Jeder Quadratmeter am Strand von Sidári wird genutzt (HPS) ▲▲
Der Norden Korfus – eine mediterrane Landschaft par excellence (HPS) ▲

▲▲ Wasserfälle von Midri, Lefkas (HPS)
▲ Gáios auf Paxos (HPS)
▲▲ Strand von Porto Katisiki, Lefkas (HPS)

Kassiópi

Schon in römischer Zeit fungierte Kassiópi als wichtiger Hafen. Heute ist der Ort das touristische Zentrum im Nordosten Korfus. Von dem ehemaligen Fischerdorf aus scheint Albanien zum Greifen nahe. Die wenigen Häuser auf dem Festland sind mit dem bloßen Auge zu sehen. Ein imposantes Bild ergibt sich, wenn durch die enge Wasserstraße die großen Fähren aus Italien schippern.

Der Ort selbst gefällt schon wegen seiner hübschen Kesselbucht und macht trotz der zahlreichen Touristen einen sympathischen Eindruck. Tavernen, Unterkünfte und Souvenirläden gibt es reichlich. Auf große Hotelanlagen wurde bislang aber verzichtet, so dass vorwiegend möblierte Appartements und Privatzimmer im Angebot sind. Kassiópi besitzt einige der schönsten Strände an der Ostküste, beispielsweise die kleinen Bademöglichkeiten unterhalb des Kastells oder die Bucht südöstlich und westlich des Ortes.

• *Verbindungen* Inzwischen gibt es mit dem **Bus** eine wichtige Querverbindung zwischen Kassiópi und Sidári: tägl. 4-mal in beide Richtungen, sonntags nur eine Verbindung, Fahrpreis 2,50 €. Außerdem 8-mal tägl. nach Korfu-Stadt (sonntags nur 1-mal); 2,50 €.

• *Boots- und Busausflüge* Am Hafen findet man mehrere Angebote für Ausflugsfahrten per Boot oder Bus nach Korfu-Stadt zum Einkaufsbummel, zur Mäuseinsel, zur Alten Festung oder zu Mon Repos. Ein ganztägiger Trip nach Paxós und Párga kostet 30 €.

• *Essen* **Wave Bar**, am malerischen Hafen, junges Publikum, viele Einheimische, nur kleine Gerichte wie Crêpes oder Sandwichs.

Restaurant Kastro, oberhalb des Pipitos-Beach, außerhalb vom Ortszentrum. Gutes Essen und Panorama, viele Badegäste. Die Taverne vermietet auch Zimmer.

• *Übernachten* **Appartements Solaris**, von der Bushaltestelle geht es 100 m in Richtung Hafen, dann weist rechts ein Schild an der Straße zum Solaris Swimmingpool. Der Pool bei den Appartements ist für die Allgemeinheit zugänglich. Die sehr geräumigen und sauberen Appartements werden meist an Kunden des britischen Reiseunternehmens Thomson vermietet. DZ 30 €. (Lesertipp von Andreas Wesselmann, Münster).

▸ **Ágios Spirídon**: Die Strände von Ágios Spirídon bieten ein eher zweifelhaftes Vergnügen. Der Weg hinunter zum Meer liegt zwar angenehm schattig, aber die Bucht selbst mit einer benachbarten Lagune samt Inselchen wirkt wenig idyllisch. Zahlreiche Rohbauruinen, kein Schatten, nicht immer sauberes Wasser – dafür begegnet man auch wenigen Touristen und das ist auf Korfu eine Seltenheit. Mittlerweile sind Duschen und sogar ein öffentliches Telefon vorhanden. Die kleine Taverne lockt mit griechischem Salat in großen Portionen. Es besteht keine Busverbindung nach Korfu..

Der **heilige Spiridon**, dessen Namen der Ort trägt, ist der Inselpatron Korfus. Am 11. August, dem Gedenktag des Heiligen, werden alljährlich seine Gebeine in einem Glassarkophag durch die Inselhauptstadt getragen und dann säumen sowohl Gläubige als auch Schaulustige die Straßen. St. Spiridon wurde vor allem bekannt, weil er maßgeblich dazu beitrug, die Türken von der Insel zu vertreiben. Nebenbei kurierte er auch die Rückenschmerzen und entzündeten Fußgelenke der Korfioten.

Karte S. 99

Nordküste

Wegen der Entfernung von Korfu-Stadt (je nach Anfahrtsstrecke zwischen 35 und 55 km) ist der Norden der Insel im Vergleich zur Ostküste noch wenig überlaufen. Wer sich auf die Suche begibt, kann noch einsame Strände finden.

In den letzten Jahren erfreut sich die Nordküste jedoch zunehmender Beliebtheit, denn die guten Bademöglichkeiten in Acharávi und Róda ziehen viele Gäste an. Und Sidári ist eine der Hochburgen des britischen Pauschaltourismus auf der Insel. Markanteste Merkmale sind die langen, zum Teil aber nur sehr schmalen Sandstrände (insgesamt über 13 km) und die bizarr geformten Sand- und Lehmklippen bei Sidári. Ein steter Nordwind sorgt im Hochsommer für Erfrischung. So schön die kuriosen Strände sind, im Sommer liegt Handtuch an Handtuch. Von verträumter Idylle kann in Sidári seit langem nicht mehr die Rede sein.

Acharávi

Schon in der Antike war dieser Ort besiedelt. Die ausgegrabenen Bäder der Römer am westlichen Ortsrand zeugen davon. Noch heute kommen Badegäste nicht zuletzt wegen des breiten Sandstrandes hierher. Die weitläufige Siedlung ist dennoch nicht verbaut. Vielmehr bemühten sich viele Hoteliers um eine landschaftsgerechte Architektur.

Früher war Acharávi Zentrum der Olivenernte, heute hingegen profitiert der Ort überproportional vom Tourismus. Vom ersten Eindruck eines staubigen, hektischen Straßendorfes sollte man sich nicht täuschen lassen. In den weitläufigen, parkähnlichen Hotelanlagen findet der Gast viel Entspannung. Von der Hauptstraße führen mehrere schmale Stichstraßen zum Meer. Am Ufer (Sand/Kies) gibt es einen Surfbrettverleih, Tavernen und. Riesige Hotelkomplexe sucht man gottlob noch vergeblich, die Urlauber sind in Pensionen oder kleinen Appartementanlagen untergebracht. Leider gibt es am ganzen Strand keine Bäume, die Schatten spenden, deshalb reiht sich ein Sonnenschirm an den anderen. Nachts locken Tavernen und Diskotheken entlang der Hauptstraße. Laut ist es hier auch am Wochenende. Dann wird nämlich der Gottesdienst aus der Gemeindekirche per Lautsprecher in den gesamten Ort übertragen.

• *Verbindungen* Tägl. verkehrt der **Bus** 5-mal zwischen Acharávi und Korfu, sonntags nur 1-mal! Fahrpreis rund 2,50 €.
In Acharávi gibt es einige **Taxis**, die ihren Standplatz im Zentrum an der Durchgangsstraße haben. Eine Fahrt nach Korfu-Stadt für bis zu 4 Personen kostet ca. 35 €. Preis vorher aushandeln.

• *Übernachten* **St. George's Country Club** (A-Kat.), zweifellos eines der schönsten Hotels der Insel. Auf einem sechs Hektar großen Strandgrundstück liegen verstreut mehrstöckige Häuser mit geschmackvoller, inseltypischer Architektur. Ein edles Restaurant im Country-Style – eine ehemalige Ölmühle – verwöhnt die Gäste. Hier gibt es auch Salons, sogar mit einen kleinen Billardtisch. Schon der Eingang ist herrschaftlich, der Garten mit meterhohem Schilf gepflegt und der saubere Süßwasser-Pool (auch für Nicht-Hotelgäste) verlockend. Den Gästen stehen zwei Tennisplätze mit Flutlicht kostenlos zur Verfügung. Ein aufmerksamer Service sorgt dafür, dass sich die Gäste hier wohl fühlen. Die Zimmer sind sehr unterschiedlich. Sie reichen von einem kleinen Studio über Suiten bis hin zu einem Large-Appartement mit Wohnraum und Schlafzimmer (50 qm). Das Hotel betreibt auch ein Café am Strand. Viele deutsche Stammkunden. Es geht familiär zu. Geöffnet April bis Okt.

Liegt am östlichen Ortsrand. DZ ab 96 €. ✆ 26630-63203 od. 63225, ✆ 26630-63540, www.stgeorgebay.com.

Acharávi Beach Hotel (B-Kat), außerhalb des Ortszentrums, unmittelbar am Sandkiesstrand gelegen. Die gepflegte Feriensiedlung mit 200 Betten im griechischen Stil besteht aus zweistöckigen Einzelgebäuden mit Balkon und Bungalows. Die Anlage, die von Efthimios Koskinas geleitet wird, ist gepflegt und geschmackvoll. Garten mit Palmen, Bougainvillea, Bananenstauden und Olivenbäumen. Tennisplatz vorhanden. Die Nachbarschaft des Resorts ist allerdings reizlos. Anti-Mückenmittel nicht vergessen. DZ ab 50 €; ✆ 26630-63460 od. 63146, ✆ 63461.

Hotel Ionian Princess (B-Kat.), genau auf halber Höhe zwischen dem Touristenort Acharávi und dem schmalen, aber einladenden Sandstrand gelegen (zu Fuß 2 Min.). Durch einen weinumrankten Laubengang gelangt man zur geschmackvoll eingerichteten Eingangshalle. Angeboten werden Zimmer, etwas geräumigere Suiten, Studios für zwei Personen mit einem Raum, Küche und Bad sowie Appartements (nur in den Appartements ist es während der Hauptsaison für Selbstversorger möglich, auf die Halbpension zu verzichten). Im hoteleigenen Garten liegen ein einladender Swimmingpool und ein Tennisplatz. DZ ab 40 €; ✆ 26630-63110, ✆ 63111, www.ionianprincess.gr

• *Essen und Trinken* Es gibt eine große Auswahl an Tavernen und Bars. Empfehlenswert:

Taverne Odysseus, ein Klassiker, seit 1986 bietet die Taverne an der Hauptstraße schmackhafte Landküche, Fleischgericht gibt es bereits ab 6,50 €, durchgehend warme Küche.

Von Acharávi lohnt ein Abstecher zum Bergdorf **Episkopi**, das 7 km weit im Inselinneren liegt. Hierher verirren sich kaum Urlauber, dabei ist schon die Anfahrt durch die Olivenhaine sehr reizvoll. Episkopi ist ein lang gestreckter Ort mit gemütlichen Tavernen und Cafés, in denen man mit Einheimischen schnell ins Gespräch kommt. Kein Durchkommen gibt es mehr, wenn hier am 15. August *Mariä Himmelfahrt* gefeiert wird und alle Bewohner, zusammen mit den Familienangehörigen aus nah und fern, ausgelassen auf dem Kirchplatz tanzen.

Essen Auf dem Marktplatz von **Striniías** laden drei Tavernen unter Schatten spendenden Bäumen zu einem Zwischenstopp ein, in **Petália** stehen zwei gemütliche Tavernen in einer Talsenke am Ortsausgang.

Sidári

Mit den berühmtesten Stränden der Insel erfreut sich Sidári großer Popularität. Heute ist das einstige Fischerdorf die unbestrittene Hochburg für den Tourismus an der Nordküste. Ein Souvenirgeschäft reiht sich ans andere, mittags sind die Tavernen voll besetzt, und wenn der Bus in Sidári Station macht, dann ist in der Hauptstraße kein Durchkommen mehr.

In den vergangenen Jahren entstand eine Vielzahl von modernen Übernachtungsquartieren, vorwiegend in kleineren Hotels und Pensionen, von riesigen Bettenburgen keine Spur. Bei den Urlaubern ist Sidári nicht nur wegen seines breiten Sandstrandes (ideal für Kinder) beliebt, sondern vor allem wegen der bizarr geformten, gelblich-weißen Sand- und Lehmklippen. Weiter im Westen wird aus den Klippen eine atemberaubende Steilküste.

Wichtigste Attraktion Sidáris sind die verzweigten und verwinkelten Lehmklippen westlich des großen Sandstrands. Der Sage nach wird jedem Mädchen ein Herzenswunsch erfüllt, wenn es das Wasser durchschwimmt, solange es noch im Schatten der Felsen liegt. Aber die genaue Lokalisierung bereitet Probleme. Auf Postkarten werden mindestens vier verschiedene Kanäle als Canal d'Amour gepriesen. Einheimische erzählten uns, jede Einbuchtung in die Sand- und Lehmfelsen sei ein eigener "Liebeskanal".

Oberhalb des berühmten Canal d'Amour gibt es Musikbars mit eigenem Swimmingpool und Meeresblick. Denn längst reicht der Platz in den malerischen Buchten nicht mehr aus, um alle Urlauber aufzunehmen. Vor allem junge Leute schätzen die Pool-Bars.

Villa de Loulia

Eine der schönsten Herbergen im Norden Korfus ist die Villa de Loulia. Das Landgut – bereits 1803 erbaut – liegt westlich von Peruládes an der Straße nach Sidári. Mit viel Sinn für Ästhetik hat Loukia Mataragka das Anwesen ihrer Ahnen in ein kleines Paradies verwandelt. Alle zehn Zimmer sind von unterschiedlicher Größe und individuell im mediterranen Landhausstil eingerichtet. Das Haus verfügt über einen Pool und einen großzügigen, 3000 qm großen Garten. Die gelassene, nette Stimmung und die malerische Lage (unweit der Weges zum Kap Drastis) machen die Landvilla zu einem begehrten Hotel. Die Zimmer kosten ab 90 €. Auf Wunsch können Gäste auch ein dreigängiges Abendmenü einnehmen. ✆ 26630-95394, ℻ 95145. Geöffnet März bis Oktober.

• *Verbindungen* Auch zwischen Korfu und Sidári sind die **Busverbindungen** sehr gut. Tägl. verkehren bis zu 8 Busse, sonntags allerdings nur einer! Fahrpreis 2,50 €.
Inzwischen besteht mit dem Bus eine wichtige **Querverbindung** zwischen Sidári und Kassiópi; tägl. (außer So) 4-mal in beide Richtungen, Fahrpreis 2,50 €.

• *Übernachten* In der Hochsaison ist es nicht einfach, ein Quartier zu bekommen. Die meisten Betten sind von britischen Pauschaltouristen belegt. Fast immer ausgebucht sind die Zimmer der C-Klasse-Hotels in Sidári. Wer dennoch sein Glück versuchen will, kann bei den Häusern **Mimoza** (C-Kat., 35 Zimmer, ✆ 26630-95363), **Selas** (C-Kat., 43 Zimmer, ✆ 26630-95285) oder **Sidári Alcyon** (C-Kat. 65 Zimmer, ✆ 26630-95300) anfragen. Die Preise für das DZ liegen bei mindestens 30 €. Die Ausstattung ist sehr unterschiedlich, sehen Sie sich deshalb nach Möglichkeit vorher das Zimmer an.
Eine empfehlenswerte Adresse ist das **Hotel Kantarellis** am Dorfausgang mit Pool und abseits des Rummels.

• *Essen und Trinken* Die Restaurants und Cafés haben sich ganz auf britisches Publikum eingestellt.

Kahlua Bar, nur wenige Schritte vom Canal d'Amour entfernt. Die Gäste genießen den schönen Blick auf die Küste, können eine Runde im Pool (mit Kinderbecken) drehen und griechisch-italienische Speisen genießen.

Taverne Alexis, am westlichen Ortsrand, preiswert und gut, zum Beispiel Lamm mit Käste, auch spezielle Gerichte für Kinder; Karaffe Wein schon für 2,50 €.

Sze Chuan, unübersehbarer Chinese, der bei Einheimischen und Touristen gleichermaßen beliebt ist. Für alle, die mal einen Kontrastprogramm zur griechischen Küche brauchen.

▸ **Baden**: kann man nicht nur am langen, aber steinharten, seichten Sandstrand im Ortszentrum, sondern entlang der ganzen Küste. Zwischen den Klippen öffnen sich wiederholt kleine Sandbuchten. Lehmterrassen im Meer laden zum Sonnenbaden ein. Das Meer ist zum Teil sehr seicht – ideal, um im Wasser Beachball oder ähnliches zu spielen. Bisweilen viel Schmutz!

Wichtig: Spaziergänge entlang der Küste sind nicht ungefährlich. Viele Wege sind kaum gesichert und zum Teil auch sehr rutschig. Gutes Schuhwerk ist unbedingt erforderlich.

Badegäste und Bewunderer in Sidári

▸ **Longás Beach**: Im Vergleich zu den Menschenmassen in Sidári ist dieser Strand an der Nordwestspitze eine Oase der Ruhe. Der asphaltierte Weg zur Bucht führt durch die Ortschaft Peruládes. Zum Teil zeigen sich prachtvolle Gärten mit Zitronen- und Orangenbäumen am Straßenrand. Die Strecke ist gut beschildert. Wegen der spektakulären Sonnenuntergänge heißen die beiden Tavernen oberhalb des Strandes bezeichnenderweise "Sunset" und "Panorama" (mit Zimmervermietung). Vom Parkplatz – gut für Wohnmobile! – führen ein Kiesweg und eine Treppe hinunter zum Strand (Sand/Kies). Ein ideales Ziel für einen Tagesausflug; mit wenigen Touristen.

Westküste

Die raue Seite Korfus: Die Westküste besitzt im Gegensatz zur geschützten Ostküste kaum natürliche Häfen. Oft peitscht das Meer gegen die steilen Klippen. Viele Strände sind an der meist steil abfallenden Küste nur mühsam zu erreichen. Deshalb fühlen sich besonders Individualisten mit einem Faible für romantische Sonnenuntergänge hier wohl.

Die Region eignet sich prima für einen Tagesausflug mit dem Mofa oder Auto. Wer Abgeschiedenheit sucht, sollte an der Westküste auf Entdeckungstour gehen. Touristisch gut erschlossen sind lediglich die Strände rund um die malerische Bucht von Paleokastrítsa.

▸ **Ágios Stéfanos**: Mit der Beschaulichkeit ist es in Ágios Stéfanos mittlerweile vorbei. In den vergangenen Jahren entstand an der lang gezogenen Bucht mit dem breiten Sandstrand und den bewachsenen Berghängen eine Vielzahl von Hotels und Appartementanlagen. Offensichtlich ist einigen Unternehmern das Geld ausgegangen, denn etliche Rohbauten verschandeln das ansonsten schöne Ortsbild.

• *Verbindungen* tägl. via Sidári 6 Busse von und nach Korfu. Sonntags nur eine Abfahrt. Fahrzeit rund 90 Min., Fahrpreis 3 €.

Fähren zu den Diapontischen Inseln: Es gibt eine private Personenfähre (keine Autors oder Mopeds) auf die Inseln Mathraki, Erikkouse und Othoni. Überfahrten auf die drei Inseln finden nicht täglich statt und wechseln je nach Jahreszeit. Auskünfte gibt Aspiotis Lines, ✆ 26630-72665.

• *Übernachten* **Hotel Thomas Bay** (C-Kat.), das geschmackvolle Hotel mit Tennisplatz und Swimmingpool liegt im Zentrum von Ágios Stéfanos. Nachteil: Die nahe gelegene Durchfahrtsstraße ist in der Hauptsaison stark frequentiert. Das Hotel verfügt über 51 Zimmer mit Bad und teilweise Meerblick. DZ ab 25 €. ✆ 26630-51767.

Tipp! Hotel Romanza, einen guten Eindruck machten die Ferienwohnungen Romanza (C-Kat., mit Küche), sie bestehen aus vier Häusern direkt an der Steilküste, mit tollem Ausblick auf Ágios Stéfanos. Neben den herkömmlichen Zimmern gibt es auch zehn Studios mit kleinem Kühlschrank, Balkon und Miniküche. Ideal für Selbstversorger. Schöner, großer Pool mit Kinderbecken (geöffnet bis 22 Uhr). DZ ab 50 €. Anfragen unter ✆ 26630-51762, ℻ 52085. Frühstück bis 11 Uhr. Viele Stammgäste. Geöffnet von Mai bis Oktober.

Saint Stefanos (C-Kat.); gemütliche Pension mit nur acht Zimmern am Strand. DZ 35–45 €; von Mai bis Okt. geöffnet. ✆ 26630-51157, ℻ 51202.

Hotel Perros, das aus mehreren Häusern bestehende Hotel mit eigenem Swimmingpool und Restaurant ist komfortabel, es liegt inmitten einer Streusiedlung und besteht aus mehreren Häusern:

• *Essen* Als bestes Lokal der Bucht gilt die **Taverne San Stefanos**: herrliche Sicht von der schattigen Terrasse aufs Meer, preiswerte Speisen und Getränke, üppige Portionen und reichhaltige Auswahl.

• *Baden* Da der südliche Teil des Sandstrandes sehr hart ist, fahren viele Griechen leider direkt mit dem Auto bis zu ihrem Sonnenschirm. Das nördliche Ende des langen Strandes kann man nur zu Fuß erreichen, Nacktbaden ist an der Tagesordnung. Leihsonnenschirme sind die einzigen Schattenspender. Direkt hinter dem Beach erheben sich die Sandsteinfelsen fast senkrecht einige Meter hoch.

Arilas

An der lang gestreckten Bucht von Arilas mit der markanten Steilküste im Norden steckt der Tourismus tatsächlich noch in den Kinderschuhen. Hier geht es familiär zu. Trotzdem müssen Urlauber auf nichts verzichten: Mopedverleih, öffentlicher Swimmingpool, Supermarkt, Tavernen, Sonnenschirm-, Surfbrett- und Liegestuhlverleih. Der 5 m breite Strand, eingerahmt von Bergen, ist eine Mischung aus Sand und Kies, leider ohne Schatten. Meist herrschen gute Bedingungen für Windsurfer, die bis in die späten Abendstunden vor der vorgelagerten Insel Kraviá kreuzen. An der Uferstraße wären geeignete Stellplätze für Wohnmobile, doch sind die hohen Klippen nicht ungefährlich.

• *Verbindungen* Werktags geht es nur 2-mal per Bus nach Korfu-Stadt. Sonntags keine Verbindung! Fahrzeit rund 90 Min., Fahrpreis 3 €

• *Übernachten* In Arilas gibt es eine Reihe überwiegend familiärer Hotels. Das größte Haus am Ort ist das Mittelklassehotel **Arilla Beach** mit 35 Zimmern. DZ ab 43 €, geöffnet von April bis Oktober, ✆ 26630-41201, ✆ 51221.

Ionische Inseln
Karte S. 99

Ágios Geórgios/Afiónas

An der sichelförmigen Sandbucht mit den markant ansteigenden Berghängen im Süden fehlt keine touristische Einrichtung. Bunte Fähnchen weisen den Weg zur Disco, Strandverkäufer bieten ihre Waren zu verhältnismäßig günstigen Preisen an und wer sich Sonnenstuhl, Liegen oder Surfbrett ausleihen will, wird auch bedient. Da die Anreise von Korfu-Stadt jedoch rund 1,5 Stunden in Anspruch nimmt, halten sich die Urlaubermassen trotz der atemberaubenden Sonnenuntergänge in Grenzen.

Die Bucht von Ágios Geórgios, obwohl mittlerweile ziemlich zersiedelt, verdient ein Lob: Die Wasserqualität ist ausgezeichnet und der Strand gepflegt. Aus diesem Grund erhielt sie als Auszeichnung die blaue EU-Flagge. Eine schier endlose Serpentinenstraße führt hinunter zu dem wunderschönen Sandstrand und der kleinen Ansiedlung Afiónas. Bislang wurden nur verhältnismäßig kleine Hotelanlagen gebaut – große Projekte sind nicht geplant. Dort spontan ein Zimmer zu bekommen ist allerdings reine Glücksache, denn die Anlagen sind überwiegend von Pauschalreise-Veranstaltern ausgebucht. Übrigens: Vom Restaurant "Marina" genießt man den schönsten Blick auf Bucht und Hinterland.

• *Verbindungen* Tägl. außer So gibt es von und nach Korfu eine **Busverbindung**. Fahrtdauer 1 Std., Fahrpreis knapp 2,50 €.

Wer mit dem **Auto** unterwegs ist, sollte über die Bauerndörfer **Pagí** (Abzweigung leicht zu übersehen: beim blauen Schild Richtung Korfu rechts abbiegen) und **Prinílas** weiter nach Lákones und Paleokastrítsa fahren. Von Pagí sind es auf einer asphaltierten Straße etwa 6 km. Die Route ist ein Vergnügen. Herrliche Sicht auf die Bucht von Ágios Geórgios mit den beiden Inselchen Nisi Sikia und Nisi Kravia.

Einen wunderschönen Blick auf die Berge hat man auf der anderen Strecke, die östlich von Pagí über 6 km zum Gebirgsort **Arkadádes** führt. Unterwegs lädt das Dörfchen **Vatoniés** mit der gemütlichen Taverne zu einer Rast ein.

• *Übernachten* **Theo's Hotel**, ca. 1 km von der Bucht entfernt am Hang, etwas abgelegen, gelbes Haus. Hier ist ein Auto oder Moped unbedingt notwendig. Zimmer mit Balkon, Ausblick auf Olivenhain, Swimmingpool. Schöne Terrasse zum Essen. An der Straße nach Korfu gelegen. Geöffnet von April bis Oktober. ✆ 26630-95279.

Costa Golden Beach Hotel, bequemes Strandhotel im Zentrum, das rosa Haus besitzt nicht nur eine schöne Aussicht, sondern auch noch einen eigenen Pool.

• *Essen* **Taverne Fishermans**, die bereits 1971 gegründete Taverne lohnt den Spaziergung. Das auf Fisch spezialisierte Lokal am südlichen Ende der Bucht von Ágios Geórgios (rund 20 Min. vom Ortszentrum zu Fuß) liegt abseits des Rummels. Vorzügliches Essen und netter Service.

Taverne Diktia, im nördlichen Teil der Ágios-Geórgios-Bucht, gute griechische Landküche, beliebt bei Badegästen.

Taverne Three Brothers, die Taverne in Afionas biete nicht nur atemberaubende Sonnenuntergänge, sondern auch gute Moussaká (Lesertipp Christiane Ochs, Freiburg).

Paleokastrítsa

Einer der bekanntesten Orte der Insel, malerisch an einer Kesselbucht gelegen, in der Hochsaison aber restlos überlaufen! Der Parkplatz steht voller Busse, die die Urlauber bereits am frühen Morgen zur Badebucht transportiert haben. Am Strand werden Sonnenschirme vermietet, die Regale der Kioske sind reichlich gefüllt mit internationalen Zeitungen. Eigentlich jeder, der auf Korfu seinen Urlaub verbringt, macht auch Station in Paleokastrítsa.

Vor allem in der Nebensaison gewinnt Paleokastrítsa seinen alten Charme zurück. Die schroff abfallenden Felswände, die dichte, grüne Vegetation und die romantischen Buchten haben bis heute ihren Reiz. Kaum ein Besucher, der nicht das Männerkloster von Paleokastrítsa besichtigt. Die Anlage zählt zu den berühmtesten der Insel. Es ist nicht zuletzt ein harmonisches, repräsentatives Beispiel für die klösterliche Architektur im Griechenland des 18. und 19. Jh.

Tipp: Mieten Sie sich ein Tretboot (ca. 8 €/Std.) und erkunden Sie die Steilküste.

• *Verbindungen* Der Bus fährt von Korfu (Avramiou-Str.) 10-mal tägl. nach Paleokastrítsa, am Sonntag nur 6-mal. Fahrtdauer 45 Min., Fahrpreis rund 1,50 €. Die Strecke führt durch eine interessante und abwechslungsreiche Landschaft mit üppiger Vegetation. Die **Straßen** sind in der Regel gut ausgebaut und ausreichend beschildert. Im Ort gibt es auch mehrere Taxis. Eine Fahrt zum Airport nach Korfu-Stadt kostet etwa 30 €.

• *Übernachten* In der ganzen Bucht gibt es etliche gigantische Hotelkomplexe, die sich aber erstaunlich geschickt in die Landschaft fügen und aus diesem Grund nicht aufdringlich wirken. Zudem steht eine Vielzahl von kleineren Hotels, Pensionen und Privatquartieren zur Verfügung. In der Hochsaison ist die Bucht jedoch restlos ausgebucht!

Foundana Villes (A-Kat.), für Naturliebhaber. Die 10 Zimmer dieses traditionellen Hotels, einer venezianischen Villa aus dem 17. Jh., sind zwischen April und Oktober fast immer ausgebucht. Kein Wunder, denn das Landhotel der Besitzerfamilie Spathas ist ein stilvolles Paradies auf einem Grundstück von rund acht Hektar. Einst gehörte es dem korfiotischen Maler Angelos Giallinas. Die Appartementanlage liegt auf einer Anhöhe mit schönem Ausblick. Da das Hotel rund 5 km von Paleokastrítsa entfernt liegt, sollten Gäste über ein Moped oder Auto verfügen. Kleiner Pool inklusive Kinderbecken. DZ 74–120 €; ✆ 26630-22532, ℻ 266430/22553.

Hotel Paleokastrítsa, von den wabenförmigen Balkonen hat man einen tollen Blick auf die Bucht und man kann den Sonnenuntergang genießen. Das relativ ruhig am Hang und außerhalb des Ortes gelegene, sichelförmige gebaute B-Kat.-Hotel besitzt einen Swimmingpool in grandioser Lage. Einziger Nachteil – man braucht einen fahrbaren Untersatz. April bis Okt. Geöffnet. 163 Zimmer, DZ ab 53 €. ✆ 26630-41207, ℻ 52234.

Akrotiri Beach, das in den 70er Jahren erbaute 4-Sterne-Appartementhotel (A-Kat.) mit mehr als 120 Zimmern liegt malerisch auf einer Landspitze. Von den Balkonen bietet sich eine herrliche Sicht auf Paleokastrítsa. Alle Zimmer sind mit Bad, Minibar und Aircondition ausgestattet. Es gibt zwei Pools und über eine Treppe hat man Zugang zu einer kleinen Bucht (Strandbar). Eine Tauchschule befindet sich 2 km vom Hotel. DZ ab 98 €; ✆ 26630-41237, ℻ 41277., www.akrotiri-beach.com

Hotel Odysseus, solides Mittelklassehotel, das durch seinen rosa Anstrich auffällt, renoviert, besonders von Briten geschätzt. Von den Balkonen des aus drei Häusern bestehenden Hotel genießt der Gast einen schönen Ausblick, zum unterhalb des Hotels gelegenen Strand sind es nur wenige hundert Meter. Kleiner, aber schön gelegener Pool, EZ ab 50 €, DZ ab 80 €, ✆ 26630-22280, 📠 41312, www.odysseushotel.gr.

Hotel Oceanis, das auf einen Fels gebaute 3-Sterne-Haus besitzt eine schöne, exponierte Lage samt Pool, vor allem bei Briten beliebt, nur pauschal buchbar.

Hotel Zefiros (D-Kat.), das einfache, rotbraun gestrichene Hotel von Irini Spiliopoulos ist ideal für Leute, die das Strandleben schätzen. Tagsüber wegen des Verkehrs allerdings nur wenig Ruhe, 16 Zimmer, DZ ab 30 €, April bis Okt. geöffnet. ✆ 26630-41244, 📠 41104.

Weitere preiswerte Angebote kleiner Hotels: **Hotel Fivos** (E-Kat.), 14 Zimmer, DZ ab 38 €, ✆ 26630-41103; **Hotel Paleo Inn**, E-Kat, 20 Zimmer, DZ ab 38 €, ✆ 26630-41101.

Camping Paleokastrítsa, der sehr ruhige und schattige Platz ist 2 km von der Bucht entfernt, terrassenförmig angelegt, Olivenbäume spenden Schatten. Gut sortierter Lebensmittelladen nebst kleiner Taverne. Duschen und Toiletten sind neu (heißes Wasser). Nette Rezeption. Im Hochsommer oft ausgebucht. Gäste, die im Juli und August ihre Ferien hier verbringen wollen, sollten rechtzeitig reservieren. Nachts hört man allerdings den Autolärm von der nahen Straße. Gegenüber der Einfahrt hält der Bus in Richtung Korfu-Stadt. An der Rezeption gibt es Sicherheitsboxen. Es werden auch Scooter vermietet. Übrigens ist das Leitungswasser auf dem Platz bedenkenlos trinkbar. Die Anlage ist von Mitte Mai bis Oktober geöffnet. Preise: pro Person 4 €, Auto und Zelt jeweils rund 3 €; Kleinbus 6,50 €, Wohnwagen 4,50 €, ✆ 26630-41204, 📠 26630-41104.

Ionische Inseln
Karte S. 99

Baden

An beiden Seiten des Kessels steigen die Felsen steil an. Man kann ohne Probleme zu kleinen Höhlen oder Felsvorsprüngen schwimmen, dort wohnen allerdings Seeigel. Das Wasser ist erstaunlich klar. Leider teilen sich zu viele Menschen den Platz an dem einladenden nördlichen und südlichen Strand (Sand/Kies) und in unmittelbarer Ufernähe. Vor allem in der Hochsaison sollte man die Buchten meiden. Eine Alternative zum Massenbetrieb bietet ein Ausflug zu Stränden und Grotten, die nur per Boot zu erreichen sind. Hierfür stehen den Badegästen eigene Wassertaxis zur Verfügung.

Tauchen Anfängerkurse bietet eine Tauchschule; Preis: pro Trip mit Einführung in den Tauchsport ca. 40 €.

Kloster Paleokastrítsa

Ein Bilderbuchkloster: Ungemein gepflegt, mit farbenprächtigen Blumen und Pflanzen präsentiert sich die auf einer Halbinsel gelegene Anlage. Nahezu an jeder Ecke bietet sich ein überwältigendes Fotomotiv. In einem kleinen Museum sind etliche Ikonen (17./18. Jh.), Messgewänder, Goldmonstranzen und Silberkelche zu bewundern. An der Brüstung erwartet Sie ein herrlicher Blick hinab zur Bucht.

Da die Asphaltstraße zum Kloster schmal und nur für ein Auto zu befahren ist, regelt eine Ampel am Fuß des Berges den Verkehr. Auf dem Parkplatz kann es dann schon mal eng zugehen. Das berühmte Kloster Panagía Theotokou wurde 1225 von einem Mönch gegründet. Sein heutiger Bau mit dem malerischen Innenhof, dem barocken Glockenturm und den Gewölbedecken stammt aus dem 18. und 19. Jh. Aber das noch heute bewirtschaftete Kloster hat noch mehr zu bieten. Zum Beispiel ein kleines sakrales Museum, in dem Relikte des Klosterlebens wie Jahrhunderte alte Priestergewänder, Silberarbeiten und Ikonen zu bestaunen sind. Stets gut besucht, zumeist von großen Reisegruppen, ist die Hauptkirche mit ihrer barocken Altarwand. Im unteren Stockwerk lagern interessante alte Frucht-, Öl- und Weinpressen. Gut gefallen hat uns auch der Obst- und Gemüsegarten. Dank täglicher Bewässerung gedeihen die Früchte hervorragend.

Öffnungszeiten 1. April bis 31. Oktober tägl. 7–13 Uhr und 15–20 Uhr. Die Besucher sollten angemessen gekleidet sein. Der Eintritt ist frei, aber es wird eine kleine Spende erwartet.

▸ **Makrádes**: Das Dorf wurde erst in den letzten Jahren vom Tourismus entdeckt. Winzige Gassen, viele Esel, alles wirkt noch ursprünglich und natürlich. Winken Sie nicht gleich ab, wenn Sie am Straßenrand von Verkäufern oder Händlern angesprochen werden. Sie bieten zum Teil leckere und ausgefallene Sachen an, z. B. Kumquats, Honig, Gewürze, Nüsse oder Wein aus eigener Produktion.
Leider fahren auch zahlreiche Touristenbusse Makrádes an. Während ihres rund 45-minütigen Aufenthalts ist der Ort voll gestopft mit Urlaubern, denen sogar "Filterkaffee" statt griechischer Mokka angeboten wird.

Griechischer Wein: WinzerehepaarAmalia und Panagiotis Korikis

An der Nordwestküste um Makrádes und Vistonas wird traditionell Weinbau betrieben. Die Einheimischen produzieren angesichts der kleinen Flächen fast ausschließlich für den eigenen Bedarf. Wer den ungewöhnlichen Landwein genießen möchte, der sollte beim Winzerehepaar Amalia und Panagiotis Korikis (✆ 26630-49015) vorbeisehen. In einer Senke an der schmalen Landstraße zwischen Vistonas und Prinilas bieten Sie ihren Weiß- und Rotwein feil. Gegenüber von Weinfeldern unter einem Eichenbaum haben sie ihren Verkaufsstand aufgebaut. Der Wein ist übrigens nicht für eine lange Lagerung gedacht und sollte daher schnell getrunken werden. Er ist ideal für ein Picknick. Denn einen Korkenzieher braucht der Weinliebhaber nicht. Das Winzerehepaar verschließt seine Flaschen mit einem Korken, der von einem Drahtgeflecht – ähnlich wie bei Champagner – an der Flasche befestigt ist. Die Weine kosten pro Flasche zwischen 3 und 3,50 €. Gut dazu schmecken Mandeln, die man an gleicher Stelle für 1 € pro Tütchen gleich mitnehmen kann.

▸ **Angelokastro**: Die Burgruine auf einem steilen, kegelförmigen Felsen hoch über der Bucht von Paleokastrítsa liegt inmitten einer großartigen Landschaft. Obwohl das byzantinische Kastell weitgehend zerstört ist, beeindrucken noch heute die spärlichen, aber mächtigen Reste die Besucher. Die Wehranlage aus dem 13. Jh. war noch bis Ende des 16. Jh. für die Venezianer wichtiger Aussichtspunkt und Fliehburg zugleich. Beispielsweise suchten 1537 rund 3000 Inselbewohner hier Schutz vor den angreifenden Türken, die das Kastell trotz mehrmaliger Versuche nie einnehmen konnten. Nach dem Ende der venezianischen Herrschaft benutzten es die Franzosen als Beobachtungsposten. Die Briten ließen die Anlage schließlich schleifen. Noch heute sind Zisterne, Wehrmauern, unterirdische Gewölbe und Tore zu erkennen. Auf dem Hochplateau steht noch eine Kapelle vom Ende des 18. Jh., die zugänglich ist. Ein weiteres Kirchlein befindet sich in einem unterirdischen Gewölbe. Angelokastro, was soviel heißt wie Engelsburg, ist die bezauberndste Ruine außerhalb von Korfu-Stadt und verdient einen eigenen Tagesausflug.

Tipp: Angelokastro eignet sich ideal für ein Picknick. Nicht genug, dass die Aussicht auf die Westküste atemberaubend ist, auf dem Bergkegel weht auch immer ein Lüftchen, das vor allem an heißen Tagen eine willkommene Abkühlung bringt. Schon die Anfahrt über das Dörfchen Krini auf einer gut ausgebauten Asphaltstraße mit einigen engen Kurven ist herrlich. Die Straße endet an einem kleinen Parkplatz mit Taverne. Für den Aufstieg auf dem steilen, sehr steinigen Pfad sollte man mit 20 Minuten rechnen. Der schweißtreibende Spaziergang wird dem Besucher mit einem grandiosen Panorama über die Bucht von Paleokastrítsa gelohnt.

Am Strand von Érmones in der Vorsaison

Der Süden

Westküste

Die Westküste im Süden Korfus ist bei weitem nicht so gut erschlossen wie die Ostküste. Doch in den letzten Jahren wurde das Verkehrsnetz ausgebaut. Manche Bucht, die vorher nur über eine kurvenreiche Piste mit vielen Schlaglöchern zu erreichen war, kann man heute bequem über eine Asphaltstraße anfahren.

Touristisches Zentrum ist Ermónes mit seinen Bungalow- und Appartementanlagen. Aber auch die attraktiven Strände beim Bergdorf Pélekas und im Badeort Ágios Geórgios, südlich der Koríssion-Lagune, erfreuen sich zunehmender Popularität. Wer es einsamer möchte, findet dennoch verträumte Strände abseits der Hauptrouten. Vor allem im Süden der Westküste gibt es kilometerlange Sandstrände, die selbst in der Hochsaison nicht überlaufen sind.

Ermónes

Die Bucht präsentiert sich eindrucksvoll: Grünbewachsene Hänge steigen steil an, weißer Kalkfelsen blitzt zwischen dem Buschwerk hervor, der helle Kiesstrand (mit der blauen EU-Flagge ausgezeichnet) erstreckt sich bis weit ins klare Wasser.

Allerdings quillt der Strand in den Sommermonaten vor Urlaubern über. Wer nicht rechtzeitig kommt, findet keinen Platz mehr. Selbstverständlich fehlt es nicht an touristischen Angeboten wie Paragliding, Tavernen, Souvenirläden usw. Ermónes ist ein gutes Schnorchelrevier. Am Beach gibt es einen Tauchclub mit Lehrern und der notwendigen Ausrüstung.

• *Verbindungen* Ermónes ist mit dem Bus von Korfu über Vatos zu erreichen; 3-mal tägl., Fahrpreis 1 €. Die Bushaltestelle befindet sich rund um 1 km vom Strand.

• *Übernachten* **Hotel Elena**, der von Rosen flankierte Eingang ist eine gute Visitenkarte für das kleine, sympathische Familienhotel (B-Kat.), das abseits des Badetrubels liegt. Die gepflegte, geschmackvolle Herberge mit rosa Anstrich verfügt über einen eigenen schönen Swimmingpool mit tollem Ausblick und einen Kinderspielplatz. Man erreicht das Hotel über eine 400 m lange Betonpiste, die am Ortseingang links abgeht. Zu buchen über deutsche Pauschalveranstalter. Zum Strand sind es nur 120 m. ✆ 26610-94131, 📠 94633.

Hotel Ermónes Beach (A-Kat.), der wabenförmige Komplex mit insgesamt mehr als 500 Betten ist terrassenförmig angelegt und von fast jedem Balkon hat man eine fantastische Sicht zum Meer. Zur Standardausrüstung der kleinen Zimmer gehören Telefon, Radio und Minibar. Toller Swimmingpool. Bequeme Gäste können sich per Bergbahn zum Strand transportieren lassen; zu Fuß ist er nur über eine kurvenreiche Gebirgsstraße zu erreichen (in der Hitze kein Spaß). Geöffnet Mai bis Okt. Preise: Appartement je nach Saison zwischen 82–122 €; ✆ 26610-94241, 📠 94248.

Hotel **Filoxenia**, beliebtes Mittelklassehotel mit Pool und Kindergarten. Das DZ kostet 70–95 €. ✆ 26610-94660, 📠 26610-94092.

Vatos Camping, terrassiertes Gelände (beim Dorf Vatos, 2 km von Ermónes) mit großem Baumbestand und bunten Fahnen am Eingang. Ganztägig heißes Wasser; Safe und Swimmingpool vorhanden. Lobenswert die Taverne: preiswerte Mahlzeiten und kontaktfreudiges, internationales junges Publikum. Man zahlt am Tag vor der Abreise. Eigene Bushaltestelle. Der Strand von Ermónes ist zu Fuß in gut 30 Min. zu erreichen. Großer Fuhrpark an Mietmopeds. Geöffnet 30. April bis 30. Oktober. Preise: Pro Person 4 €, Zelt 3 € und Auto 3 €; ✆ 26610-94269, 📠 94505.

• *Essen* **Taverne Nafsica**, die am Südende oberhalb der Bucht gelegene Taverne hat sich ganz auf das Badepublikum eingestellt. Unter schattigen Bäumen wird eher mittelmäßiges Essen serviert. Bei schlechtem Wetter sitzt man hinter Glas und unter einem Dach. Ab und zu gibt es griechische Tanzvorführungen.

▸ **Mirtiotissa-Bucht**: Der vielleicht markanteste und fotogenste Badestrand Korfus. Wenn die Bezeichnung "Traumbucht" irgendwo zutrifft, dann hier. Feinkörniger Sandstrand, am Ufer ragen mächtige Felsblöcke aus dem Sand und schützen so vor neugierigen Blicken, dienen aber vor allem als ausgezeichnete Schattenspender. Ideal zum Schnorcheln, das Meer schimmert in den unterschiedlichsten Blautönen und hinter dem Strand steigen die bewaldeten Felsen steil an. Übernachtungsquartiere gibt es nicht – und wird es auch in Zukunft nicht geben. Die meisten Urlauber kommen nur für einen Tagesausflug (von der Straße geht man zu Fuß ca. 20 Minuten). Am Schotterweg hinunter zur Bucht stehen zwei preiswerte Tavernen, hier findet man auch Toiletten. Nacktbaden ist üblich. Allerdings gab es wiederholt Probleme mit örtlichen Voyeuren, wie Einheimische berichten.

• *Verbindung* Der Strand liegt etwa eine Stunde von der nächsten Bushaltestelle entfernt. Mit dem Auto oder Motorrad erreichen Sie einen Pfad, von dem es noch etwa 10 Min. zu Fuß sind, allerdings durch relativ unwegsames Gelände.
Mirtiotissa ist aber auch per **Boot** ab Ermónes, Glifáda oder Paleokastrítsa zu erreichen.

• *Übernachten* Die Übernachtungsmöglichkeiten sind rar gesät. Oberhalb des Strandes, an der Schotterpiste vermietet die **Taverne Aprix** freundliche Zimmer.

Villa Myrto, an der Abzweigung zwischen Pelekas und Vatos zum Mirtiotissa-Strand steht unübersehbar die rosafarbene Appartementanlage Villa Myrto. Die Wohnanlage, umgeben von Oliven- und Zitronenbäumen, liegt auf einem sonnigen Grundstück. Die Zimmer sind einfach mit Holzmöbeln eingerichtet. Appartements mit einem oder zwei Schlafzimmern, Bad und kleiner Küche. Ganztägig warmes Wasser. Info und Reservierung unter www.villamyrto.com.

Pélekas

Das kleine Bergdorf mit den zahlreichen verwinkelten Gassen, Tavernen und Kafenia liegt auf einem Hügel hoch über der Bucht von Glifáda. Pélekas zählt zu den beliebtesten Orten für junge Individualtouristen. Vor allem abends strömen Korfu-Urlauber in das Dorf: Pélekas ist für seine grandiosen Sonnenuntergänge auf der ganzen Insel bekannt.

Der deutsche Kaiser Wilhelm II., der nach dem Tode Elisabeths, der Kaiserin von Österreich, das Achílleion bewohnte, ließ sich jeden Nachmittag mit seinem roten Mercedes (dem ersten Kraftwagen auf der Insel) nach Pélekas kutschieren, um hier den Sonnenuntergang zu genießen. Seitdem heißt der Platz auch "Kaiser's Throne". Der Weg zum Aussichtspunkt (beschildert) zweigt von der schmalen Durchfahrtsstraße ab. Vom großen Parkplatz beim Pelekas Sunset Hotel sind es noch ein paar Meter zum so genannten Thron des Kaisers: Der Rundblick über die Insel ist in der Tat überwältigend.

Ionische Inseln Karte S. 99

• *Verbindungen* Der Bus Nr. 11 (vom San Rocco Square in Korfu-Stadt) kommt 8-mal tägl., sonntags nur 4-mal. Fahrtdauer 30 Min., Fahrpreis rund 1,50 €.

• *Essen* **Taverne Alexandros**, ein Klassiker in Pélekas. Seit 1960 existiert die Taverne, die auch Zimmer vermietet. Besonders lecker Stifado und Moussaká. Das gute Preis-Leistungs-Verhältnis beschert Alexandros in der Hochsaison stets ein volles Haus. Schöne Terrasse. Am Weg auf der linken Seite zu "Kaisers Throne".

Pink Panther, hier wird griechisch und italienisch gekocht. Die Pizza kommt aus dem Holzofen. Schöne Terrasse mit Blick zur Westküste. Preiswert.

Café Pelekas, eine Institution im Dorf, direkt neben dem Mahnmal für die Kriegsopfer. Unter einer Akazie bei einem kühlen Getränk genießen die Gäste das Dorfleben. Das Café in dem aprikotfarbenen Haus an der Durchfahrtsstraße ist ein beliebter Treffpunkt für junge Leute. Sehen und gesehen werden, heißt die Devise.

• *Außerhalb* **Restaurant Spiros & Vasilis**, im 9 km entfernten Weiler Agios Ioannis liegt das bei Einheimischen geschätzte Restaurant Spiros & Vasilis. Hier wird französisch gekocht. Das nicht ganz preiswerte Lokal steht bei den Korfioten hoch im Kurs. Malerische, von Bäumen umgebene Terrasse. ✆ 26610-52552.

• *Übernachten* **Hotel Pelekas Beach**, architektonisch ist das große Hotel alles andere als ein Schmuckstück. Wie ein weißer Block verschandelt es die Bucht. Die terrassenförmige Anlage mit ihrer eindrucksvollen Glaskuppel in der Lobby ist jedoch ein angenehmes Haus für Ferien am Strand. Schöner Pool. Beliebt bei Familien. Nichtraucherzimmer vorhanden. DZ ab 70 €. ✆ 26610-95151, ℻ 26610-332215.

Hotel Levant (A-Kat.), die neoklassizistische Villa mit 24 romantischen Zimmern am "Kaiser's Throne" zählt zu den schönsten Landhotels für Individualreisende. Von den sparsam, aber geschmackvoll ausgestatteten Zimmern genießt der Gast einen tollen Blick aufs Meer. Einige Zimmer verfügen auch über einen Balkon. Reservieren Sie auf alle Fälle ein Zimmer zur Meerseite. Die Sonnenuntergänge sind atemberaubend. Alle Zimmer verfügen über eine Klimaanlage. Kleiner Swimmingpool. Das Frühstück wird in den Sommermonaten in dem romantischen Garten eingenommen. Ganzjährig geöffnet. Viele griechische und deutsche Gäste. DZ rund 90 €; ✆ 26610-94230, ℻ 94115, www.levant-hotel.com.

Glifáda

Der vielleicht beliebteste Sandstrand im Westen Korfus ist der so genannte Golden Beach in der Bucht von Glifáda (auch Glyfada) inmitten eines Felsenkessels mit atemberaubenden Steilwänden.

Die Touristen strömen in Massen hierher. Wegen des weitläufigen und vor allem breiten Küstenabschnitts hält sich jedoch alles noch in Grenzen. An touristischen Attraktionen herrscht kein Mangel: Paragliding, Diskothek, Bars, mehrere Tavernen, Supermarkt, Geldwechsel, Moped-, Liegestuhl-, Sonnenschirm- und Surfbrettverleih.

• *Verbindungen* tägl. 6 Busverbindungen von und nach Korfu, sonntags 4-mal. Die Abfahrtszeiten sind an einer großen Tafel angeschlagen. Fahrtdauer 45 Min., Fahrpreis ca. 2 €. Darüber hinaus gibt es einen kostenlosen Shuttle zum Dorf Pélekas. Genaue Abfahrtszeiten sind am Strand angeschlagen.

• *Wassersport* am Glifáda-Beach stehen alle Wassersportarten zur Verfügung. Einige Preisbeispiele: Wasserski 30 €, Paragliding 40 €, Motorbootverleih 25 €, Kanu 4 €.

• *Essen* **Taverne Glifáda Beach**, in der beliebten Strandtaverne wird unter dem Schilfdach griechische Hausmannskost serviert. Fragen Sie nach frischem Fisch. Preiswert.

▸ **Sinarádes**: Es gibt noch immer das ländliche, abgeschiedene Korfu. Das malerische Bergdorf Sinarádes ist dafür ein Beispiel. Die meisten Reisenden lassen auf dem Weg zu den Stränden der Westküste den Ort links liegen. Dabei lohnt sich ein Spaziergang durch Sinarádes mit seiner venezianischen Kirche samt Campanile und mancher schönen Villa.

Der Stolz der Einwohner ist das in einem traditionellen Haus untergebrachte **Volkskundemuseum** (Weg beschildert) mit original eingerichteten Zimmern. Die ausgestellten Möbel, Gebrauchsgegenstände und Trachten geben einen getreuen Einblick in einen korfiotischen Haushalt auf dem Land von der zweiten Hälfte des 19. Jh. bis in die 60er Jahre. Das malerische Bauernmuseum besitzt auch eine Bibliothek und ein Archiv alter Schriften. Übrigens wird in den Dorftavernen noch eigener Wein ausgeschenkt.

Ágios Górdios

Über schier endlose Serpentinen erreicht man einen der bekanntesten Strände an der Westküste. Vorbei an Zypressenwäldern, Olivenhainen und Feigenbäumen, führt eine breite Asphaltstraße hinunter zur weitläufigen Sandstrandbucht.

Das Besondere an Ágios Górdios sind die "Ortholithi", vorgelagerte felsige Inseln. Die beeindruckende Szenerie mit ihren bizarren Felsformationen und der romantische Beach locken in den Sommermonaten viele Besucher an. Im südlichen Abschnitt gibt es ideale Stellen zum Schnorcheln. Bereits seit Jahren boomt das Stranddorf: Immer mehr Appartements und Shops entstehen. Der verstärkte Andrang führt zu Parkplatzmangel. Eine schöne Route mit grandiosem Blick auf Ágios Górdios bietet die Straße in Richtung Paramonas.

• *Verbindungen* tägl. 7-mal **Busse** von/nach Korfu, sonntags 2-mal. Fahrtdauer 45 Min., Fahrpreis rund 1 €. Es gibt auch Taxis ✆ 26610-33811 oder 21811.

• *Arzt* Dr. Spiros Galamis, ✆ 26610-59061.

• *Essen* **Alex in the Garden**, das Restaurant befindet sich an der Hauptstraße in Strandnähe. Einige Tische stehen im Garten unter Weinreben. Griechische Küche und englische Speisekarte; wesentlich billiger als das Romantic Palace und deutlich kleinere Portionen, aber dennoch gut. In einem Nebengebäude werden Appartements mit Balkon vermietet; Swimmingpool.

• *Übernachten* **Hotel 'Agios Górdios** (A-Kat.), mondänes Hotel mit über 200 Zimmern; von April bis Oktober geöffnet. DZ ab 63 €; ✆ 26610-53320, ℻ 522347.

Hotel Alonakia, das gelbe, gepflegte Haus bietet ansprechende Zimmer mit Balkon, schöner Blick auf die Bucht, geöffnet April bis Oktober. Kein Straßenlärm, 20 Zimmer, ✆/℻ 26610-53102.

In Agios Gordis gibt es auch zahlreiche Privatvermieter. Schöne Ferienwohnungen am südlichen Ortsrand bietet **Hotel-App. Angeliki** , ✆ 26610-34605 oder 53310.

▸ **Baden**: Langer und breiter Kies- bzw. Sandstrand, allerdings ohne Schatten. Die Wasserqualität ist ausgezeichnet. Ideal für Kinder, denn es geht flach ins Wasser. Im südlichen Teil der Bucht mehrere bizarre Felsen, die steil abfallen. In Richtung

Norden (ca. 20 Min. zu Fuß) folgt hinter dem letzten Restaurant ein wesentlich weniger besuchter Strandabschnitt.

▸ **Ágios Matthéos**: Von jahrhundertealten Olivenhainen ist das mittelalterliche Dorf Ágios Matthéos umgeben. Korfu-Urlauber verirren sich eher selten hierher. Halbkreisförmig schmiegt sich das 1500 Einwohner große Dorf an den gleichnamigen, 463 m hohen Berg. Auf dem Gipfel des Ágios Matthéos steht ein verlassenes Kloster, dessen Ursprünge bis ins 4. Jh. zurückreichen. Das gemütliche Dorf mit mehreren Tavernen am Hauptplatz lädt zu einer längeren Rast ein.

Die Korrission-Lagune: Sand, so weit das Auge reicht

Die Küsten Korfus sind vielfältig: mal liebliche Buchten, mal gefährliche Klippen. Eines der außergewöhnlichsten Landschaftserlebnisse bietet die Korrission-Lagune zwischen den Orten Gardiki und Ágios Geórgios. Über eine Fläche von 11 qkm erstreckt sich diese mit dem offenen Meer verbundene Lagune. Das riesige Feuchtgebiet hat eine wichtige ökologische Funktion und wurde deshalb nicht für den Tourismus erschlossen. Vor allem für Wasservögel sind die teilweise unzugänglichen Feuchtgebiete ein idealer Lebensraum. Die Korrission-Lagune wird zum Meer hin durch eine hohe Nehrung begrenzt. In dieser meist menschenleeren Dünenlandschaft kann man stundenlange Strandspaziergänge unternehmen. Vor allem am Abend ist das ein romantisches Vergnügen.

Die Lagune erreicht man am leichtesten über den Weiler Gardiki. Eine Asphaltstraße führt durch eine intensiv landwirtschaftlich genutzte Gegend, vorbei an dem einfachen Weingut Livadiotis, zur Lagune und zum Chalkikonas-Beach. Nur die letzten 500 m sind Piste. Von dem Parkplatz führt ein sandiger Weg in südliche Richtung.

Ionische Inseln Karte S. 99

▸ **Ágios Geórgios**: Dünenlandschaft bis zum Horizont. Der Sandstrand mit seinem Hochufer bietet ideale Bademöglichkeiten. Man ist weitgehend ungestört, es weht immer ein Lüftchen – angenehm angesichts des spärlichen Schattens – und das Wasser ist sauber. Kaum ein anderes Stranddorf im Süden der Insel erlebte in den 90er Jahren einen solchen Bauboom wie Ágios Geórgios. Die einst abgeschiedene Küstenlandschaft wurde weitgehend zersiedelt. Heute besteht Ágios Geórgios aus einer Ansammlung von Tavernen, Pensionen und Mini-Markets. Das Kirchlein an der Hauptstraße wirkt deplatziert und ein Ortszentrum sucht man vergeblich.

• *Verbindung* Nehmen Sie den Bus von Korfu nach Kávos oder Lefkími, der Busfahrer lässt Sie unterwegs aussteigen. Von der Hauptstraße sind es zu Fuß ca. 30 Min. bis zum Meer. Besser, Sie mieten sich ein Mofa an einer der zahlreichen Moped- und Autovermietungen, z. B. Mexas, ✆ 26620-62878. Die relativ flache Küstenlandschaft ist aber auch ideal zum Fahrradfahren. Ein Drahtesel kostet 5 € pro Tag, ein einfaches Moped 15 €, ein 250-ccm Roller-kostet 25 €. Direkte Busverbindungen nach Ágios Geórgios gibt es nur sonntags zweimal. Das Ticket kostet 2 €.

• *Essen* **Restaurant/Pension Tzevenos**, 150 m vom Strand, Restaurant mit Pool, umgeben von Palmen, das einstöckige Haus mit seinem gepflegten Garten vermietet auch Zimmer mit Balkon. Infos unter ✆ 26620-52073.

Kafesas, die Taverne besitzt Kultcharakter. Der stets frische Fisch und die kleinen Appetizer (mezedes) bescheren der Taverne an der Küstenstraße von Ágios Geórgios treue Gäste. Vor allem viele Griechen schätzen das Restaurant, das als eines der ganz wenigen auch ganzjährig geöffnet hat. Probieren Sie den hausgemachten, preisgekrönten Wein. Gut und preiswert.

Ostküste

Einst war die Ostküste mit ihrem reizvollen Blick auf das griechische Festland das bevorzugte Reiseziel der Reichen und Schönen. Vor allem an der üppigen, bergigen Küste südlich von Korfu-Stadt entstand manche noble Sommerresidenz. Prominentestes Beispiel ist das zauberhafte Achílleion der österreichischen Kaiserin Sisi. Heute zeigt sich die Ostküste nicht zuletzt wegen ihrer Nähe zum Flughafen im Sommer reichlich überlaufen. Zwischen Meer und Bergrücken bleibt für Dörfer und Hotelanlagen nur wenig Platz. Eine reizvolle Küstenstraße führt durch eine touristisch sehr erschlossene Gegend bis zur Ortschaft Messóngi, 19 km südlich von Korfu.

Vor allem Engländer haben hier Quartier bezogen. Doch trotz der zahlreichen Touristen gibt es auch an der Ostküste stille Ortschaften, die sich ihren Charme bewahrt haben. Wer die schmale Küstenstraße von Messóngi zu dem kleinen Fischerort Boukári nimmt, findet schnell ein Plätzchen abseits der Verkehrsströme. Fast spurlos ist der Tourismus an den Dörfern im Inselinneren wie Chlomos oder Kouspádes vorübergegangen.

Wichtigster Ort im Inselsüden ist die Kleinstadt Lefkími, die einem unglaublich langen Straßendorf gleicht und durch einen befahrbaren Stichkanal mit der Ostküste verbunden ist. Von hier führen verschiedene Straßen zu ruhigen Stränden. Das von Landwirtschaft geprägte Lefkími, in dem der Tourismus nie richtig Fuß fassen konnte, besitzt einen außerhalb gelegenen Fährhafen, der den Süden Korfus mit der Nachbarinsel Paxós und dem wichtigen Fährhafen Igoumenítsa auf dem griechischen Festland verbindet. Zweifellos die Urlauber-Hochburg der Ostküste ist das von jungen Briten geschätzte "Fun-Village" Kávos. Die Nächte in dem ehemaligen Bauerndörfchen im äußersten Süden der Insel sind lang und laut. Dennoch lohnt sich eine Fahrt hierher, denn von Kávos führt eine schlechte Piste zu dem einsamen, verfallenen Kloster Panagía, das am südlichsten Punkt Korfus liegt.

▸ **Kanóni**: Nur wenige Kilometer südlich von Korfu-Stadt gelegen, war dieser Ort einst eines der beliebtesten Wohngebiete. Der Blick auf die Bucht mit ihren beiden kleinen Inseln – eine davon das Wahrzeichen Korfus – könnte malerischer nicht sein. In den letzten Jahrzehnten entstand hier manches Großhotel (siehe auch Hotels bei Korfu-Stadt). Heute hat Kanóni viel von seiner einstigen Attraktivität verloren. Der nahe Flughafen beeinträchtigt jedoch den Ferienspaß. Etliche Hotelzim-

Kloster Vlacherná: Ein Inselchen als Imageträger

Millionen von Postern und Reisebroschüren schmücken sich mit der Klosterinsel Vlacherná, um für Korfu als Reiseziel zu werben. Wohl kein Fleckchen der Insel wurde über die Jahrzehnte so häufig fotografiert wie dieses unterhalb von Kanóni gelegene Kloster. Von oben gleicht Vlacherná einem weißen Farbklecks im hellblauen Wasser. Errichtet wurde das Kloster mit dem kleinen Kirchlein *Panagias ton Vlachernon* (Kirche der Jungfrau Maria) im 17. Jh. Heute gelangt man über einen schmalen Steg hinüber zum Kloster nebst Andenkenshop. Übrigens ist die Klosterinsel über einen Damm mit Perama am südlichen Ende der Bucht verbunden. Viele Griechen benutzen diesen Damm (für Mopeds gesperrt) wegen des Fischreichtums als Anglerplatz.

mer bieten lediglich einen Blick auf die Landebahn. Kein Wunder, wenn daher viele Reisende Kanóni als Urlaubsort meiden.

Verbindung Bus Nr. 2 vom San Rocco Square in Korfu-Stadt.

- **Insel Pontikonissi (Mäuseinsel)**: Mit Kaikis können Neugierige zu dem Inselchen Pontikonissi übersetzen. Die Fahrt dauert gerade einmal fünf Minuten (Preis je nach Anzahl der Fahrgäste ca. 2,50 € hin und zurück). Schon Kaiserin Sisi schätzte den Besuch des romantischen Eilandes. Eine Gedenktafel erinnert noch heute daran. Auf einer Anhöhe steht das *Kirchlein Sotiras* aus dem 13. Jh. Eine weiße Steintreppe führt von der Anlegestelle hinauf zur Kirche. Es lohnt sich, auf Pontikonissi mit seiner üppigen Vegetation einen Nachmittag zu verbringen.

Achílleion

Bei ihrem ersten Besuch auf Korfu im Jahre 1861 fuhr Kaiserin Elisabeth von Österreich (1837–1898) mit der Kutsche am Grundbesitz von Petros Vrailas Armenis in Gastouri vorbei. Die junge Sissi muss von der Landschaft begeistert gewesen sein, denn rund 30 Jahre später, im Jahr 1889, kaufte sie den Besitz von Vrailas zusammen mit den umliegenden Grundstücken und beauftragte den bekannten italienischen Baumeister Rafaele Carito mit dem Entwurf eines prächtigen Sommerpalastes.

Das Anwesen im Neorenaissancestil mit der beeindruckenden Parkanlage und einer Brücke hinunter zum Meer *(Kaiser's Bridge)* zählt heute zu den touristischen Hauptattraktionen Korfus. Durch seine Lage auf einem Hügel beherrscht der Bau die gesamte Umgebung und bietet schöne Ausblicke hinüber zum Festland und zum Pantokrátor. Benannt wurde die palastähnliche Villa von der Kaiserin nach ihrem Lieblingshelden Achill. In großen Lettern prangt der Name *Achílleion* auch über dem schweren eisernen Eingangstor zur Residenz. Sisi kümmerte sich persönlich um die Ausgestaltung der Innenräume und des Parks. Namhafte zeitgenössische Künstler bemalten die Säle des Palastes, die meisten Statuen im Park ließ die Kaiserin aus Italien kommen.

Nach der Ermordung Elisabeths stand das Achílleion knapp zehn Jahre lang leer, bevor im Jahre 1907 der deutsche *Kaiser Wilhelm II.* das Sommerschloss erwarb und bis zum Ausbruch des Ersten Weltkriegs seine Ferien stets hier verbrachte. Der preußische Monarch ließ den "Sterbenden Achill" durch den pompösen "Siegenden Achill" ersetzen – ein Eingriff, der ganz im Gegensatz zu Sisis Ästhetik und Empfindung stand. Außerdem ließ er die Büste des von Sisi so geliebten Schriftstellers Heinrich Heine vom Waldpavillon entfernen und ersetzte sie durch eine Skulptur Elisabeths.

Noch während des Ersten Weltkriegs, Ende 1915, hielten französisch-serbische Truppen Korfu besetzt und benutzten das Achílleion als Hauptquartier und Lazarett. Nach der Niederlage Deutschlands wurde das Achílleion im Vertrag von Versailles dem griechischen Staat übereignet. Die Funktion eines Hauptquartiers hatte das Haus nochmals im Zweiten Weltkrieg für die deutschen und italienischen Besatzer zu erfüllen, die das Anwesen plünderten und schwer beschädigten. Nach der Befreiung Griechenlands waren zahlreiche nationale Verbände, Schulen und Kinderdörfer hier untergebracht, bevor 1962 ein deutsches Unternehmen das schwer gezeichnete Gebäude anmietete. Unter dessen Leitung wurde das Achílleion grundlegend renoviert, im Erdgeschoss entstand ein Museum mit Erinnerungsstücken an die beiden berühmten Besitzer, und in den beiden oberen Stockwerken richtete man das erste Spielkasino Griechenlands ein. 1993 zogen die Roulettetische in das Hilton Hotel um, die ehemalige Residenz steht seither unter der Leitung der Griechischen Fremdenverkehrszentrale, die sie 1994 vorbildlich renovieren ließ.

Rundgang durch das Achílleion (Kurzbeschreibung des Museums)

Die Decke der weiträumigen **Eingangshalle** ist mit aufwändigen Freskomalereien geschmückt.

Der Raum rechts daneben wurde nach den Vorstellungen der Kaiserin als katholische **Kapelle** gestaltet. Das Fresko in der Kuppel zeigt Jesus Christus beim Verhör durch Pontius Pilatus. In diesem Raum befinden sich auch mehrere christliche Statuen sowie ein Altar und eine Orgel.

Neben der Kapelle liegen **zwei weitere Säle**, die den beiden aristokratischen Besitzern gewidmet und mit Erinnerungsstücken und persönlichen Gegenständen ausgestattet sind. Der erste erinnert an *Kaiserin Elisabeth*. Er enthält unter anderem ein Sammelsurium von Gemälden und Lithographien, kleine Vasen aus Murano, Fotos, zwei ihrer Gedichte, eine Büste Franz Josephs, einen Schreibtisch und Dokumente über ihre Ermordung.

Der zweite Saal steht ganz im Zeichen *Wilhelms II.*: ein Bild des Kaisers in der Uniform eines Admirals der deutschen Flotte, ein venezianischer Spiegel, sein Schreibtisch mit einem sattelähnlichen Drehstuhl, ein Schiffsmodell der kaiserlichen Hohenzollern-Jacht, Reiseprotokolle und zahlreiche Fotografien.

Auch der **linke Flügel** des Museums ist eine Besichtigung wert. Der erste Raum wurde 1962 bei der Renovierung in ein **Empfangszimmer** umgewandelt, vom ehemaligen Deckenschmuck blieb kaum etwas erhalten. Im nächsten Saal befand sich das **Speisezimmer** der Kaiserin. Heute birgt es Erinnerungsstücke der beiden Regenten. Die Decke des Saals ist reich verziert, an den Wänden finden sich Stuckstatuetten im Barockstil. Die Möbelstücke stammen aus der Zeit Wilhelms II.

In dem folgenden **kleinen Raum** kann man fünf Marmorreliefs mit Darstellungen aus der griechischen Mythologie bewundern, darunter ein beeindruckendes Relief der Dichterin Sappho (s. S. 573), halbnackt und mit wirrem Haar.

Im nächsten Saal sind weitere Büsten und Standbilder ausgestellt, die meisten aus Bronze. An einer Wand stehen ein Bücherschrank mit Bänden von Sisis Lieblingsdichter Heinrich Heine sowie der imposante Schreibtisch der Kaiserin.

Der letzte Saal im Erdgeschoss beherbergt einige Gegenstände aus dem **Schlafzimmer** der Kaiserin, unter anderem ein Ruhebett im römischen Stil und zwei große geschnitzte Schränke, einer davon mit Kristallspiegel, sowie eine Vase. Den Saal schmückt ein schönes Bild des Malers Ludwig Thiersch, das die Begegnung Odysseus' mit Nausikaa zeigt.

Zurück in der Eingangshalle, kann man einen Blick auf die obere Etage werfen, die leider nicht zugänglich ist. Das bronzene Geländer des prachtvollen **Treppenaufgangs** zieren Figuren aus der griechischen Mythologie. Rechts neben der Treppe steht eine Bronzestatue des Göttervaters Zeus mit Adler und links eine Plastik seiner Gemahlin Hera mit Pfau. Im oberen Stockwerk (nicht zugänglich) hängt als einziges Ausstellungsstück das wertvollste Gemälde des Achílleion, *Triumph des Achill*. Das gigantische (4 x 10 m) Kunstwerk des österreichischen Malers Franz Matz bedeckt die gesamte Wand am Ende des Treppenaufgangs: Der Leichnam Hektors, eingehüllt in eine Staubwolke, wird vom Wagen des siegreichen Achill um die Mauern Trojas geschleift. Das Obergeschoss – ursprünglich die Wohnräume der Kaiserin – dient der Griechischen Fremdenverkehrszentrale als Amtssitz.

Pompös: der Eingang des Achílleions

Keinesfalls versäumen sollte man im Anschluss an den Besuch des *Achílleion*s einen Spaziergang im weitläufigen, subtropischen Park, der mit schattenspendenden Yucca- und Dattelpalmen, Ölbäumen und Kakteen dicht bewachsen ist. Besonders fallen die zahlreichen Skulpturen ins Auge: Die vier Götterstatuen Apoll, Hermes, Artemis und Aphrodite an der Treppe geleiten den Besucher zum Musen-Peristyl auf der von Säulen im ionischen Stil getragenen Veranda. Die neun Musen und drei Chariten (Töchter des Zeus) stehen auf niedrigen Sockeln vor den Säulen. Entlang der Wand reihen sich 13 Büsten von Philosophen, Schriftstellern und Rhetorikern wie Sophokles, Euripides, Demosthenes, Plato und Homer. Der vor dem Säulengang der Weisen sich ausbreitende Park wird **Garten der Musen** genannt. In der Mitte befindet sich ein Wasserbecken mit einer Bronzedarstellung, die zeigt, wie der Lautenspieler Arion von einem Delfin gerettet wird. Auf dem Sockel steht die Bronzestatue eines Satyrs, der Dionysos als Kind auf dem Rücken trägt.

Auf einer vorspringenden Terrasse, die im Volksmund **Veranda der Tränen** heißt, blieb die Marmorbank erhalten, auf der Sisi nach dem tragischen Selbstmord ihres Sohnes Rudolf getrauert haben soll.

Vom Garten der Musen sind es nur wenige Meter zu einer weiteren Gartenebene. Das bronzene Paar einander angreifender Ringer flankiert diesen Teil des Gartens. Im Mittelpunkt steht die weltbekannte Skulptur "Sterbender Achill", die vom deutschen Bildhauer und Kunstprofessor Ernst Herter geschaffen wurde. Die Plastik zeigt Achill im Todeskampf. Mit letzter Kraft zieht der Held von Troja den von Paris abgefeuerten tödlichen Pfeil aus seiner Ferse. Ursprünglich stand die Figur an dem Platz, wo sich heute der martialische "Siegende Achill" befindet. Auf dem Rückweg trifft man auf die unauffällige Statue des britischen Schriftstellers und Philhellenen Lord Byron (1788–1824).

Weite Teile des subtropischen Parks sind noch immer nicht für die Öffentlichkeit zugänglich. Ursprünglich verband eine imposante Marmortreppe den Garten mit der Schiffsanlegestelle (Kaiser's Bridge). Im Mittelpunkt des Aufgangs befindet sich der auf sechs Säulen ruhende Pavillon, der früher die Statue von Heinrich Heine beherbergte.

• *Öffnungszeiten* tägl. 8–19 Uhr. Erwachsene 6 €, Gruppen 3 €, Kinder frei. Vor dem großen Eingangsportal stehen nur wenige **Parkplätze** zur Verfügung. Es kommt zu Engpässen, wenn gerade mehrere Busse auf der Suche nach einer Parklücke sind. Es gibt eine Snackbar, Souvenirläden und weiter östlich ein Café mit großer Terrasse.

• *Verbindungen* Die blauen **Busse** (Nr. 10) fahren tägl. mindestens 6-mal vom San Rocco Square aus hierher und wieder zurück, sonntags nur 4-mal; Fahrtdauer 20 Min. Fahrpreis 1 € Wer mit dem eigenen Fahrzeug unterwegs ist, wählt die Route Richtung Lefkími und zweigt dann nach Gastouri ab. Hinweisschilder an der Straße.

Taxi: Das Achílleion ist in rund 20 Minuten Korfu-Stadt mit dem Taxi erreichbar. Die einfache Fahrt kostet 15 €.

Kumquats – die süße Versuchung von Vassilakis

Die bekannteste Frucht von Korfu sind die Kumquats. 1846 brachte sie der britische Botaniker Robert Fortune von Asien nach Europa. Mit dem Briten gelangten die Kumquats auf die ionische Insel. Die Mini-Orangen finden auf Korfu eine vielfältige Verwendung. Neben Marmelade wird die bittersüße Frucht zum Herstellen von Likören benutzt. Auf Korfu ist mit dem Kumquat-Likör eine besondere Tradition verbunden. Jungverheiratete kaufen bei der Geburt eines Kindes eine Flasche davon. Der Likör wird dann bis zur Hochzeit der Tochter oder des Sohnes aufbewahrt. Anlässlich der Vermählung wird die Flasche feierlich geöffnet und zum Wohl des Brautpaares getrunken.

Die **Brennerei Vassilakis** hält in Korfu die traditionelle Likör-Tradition aufrecht. Ihr Verkaufsladen liegt schrägt gegenüber vom Eingang des Achilleions. Aus den "Koum Kouats", wie Mini-Orangen auf Korfu auch genannt werden, wird ein fruchtig schmeckender Likör ohne Zuckerzusatz, also als reines Naturprodukt, hergestellt. Am Tresen der kleinen Probierstube können Sie die verschiedenen Liköre unterschiedlicher Qualitätsstufen und Destillate probieren. Hier werden auch korfiotische Weine. Die berühmten Robola-Weine von der benachbarten ionischen Insel Kefalonia oder hauseigener Ouzo verkauft. Das freundliche und fachkundiges Personal informiert über die alkoholischen Verführungen. Für einen Kumquat-Likör sollte man mit 12 € pro Flasche rechnen, einen älterenen Brand mit 40% Alkohol 21 €.

Die Zwergpomeranze wie die Frucht auch im Deutschen genannt wird, importierten die Briten. Sie stammt ursprünglich von einem ostasiatischen Obstgehölz. Die mirabellengroßen Früchte mit ihrer dünnen, essbaren Schale sind auch in Koruf-Stadt auf dem vormittäglichen Markt erhältlich. Vassilakis brennt übrigens in den kleinen Ort Agios Ioannis, westlich von Korfu-Stadt. Verkaufsläden gibt neben dem Achílleion auch im Zentrum der Inselhauptstadt. Hier die Adressen: Hauptsitz Agios Ioannies, an der Straße Corfu-Paleokastritsa, Verkauf in Korfu-Stadt, Agios Spiridonos-Str. 61.

▸ **Benítses**: Wer heute durch den Küstenort spaziert, wird kaum glauben, dass dieser noch vor ein paar Jahrzehnten ein beschauliches Fischerdörfchen war. Heute zählt hier allein der Tourismus. Die vielen Gäste verwundern, denn die Bademöglichkeiten in Benítses fallen eher bescheiden aus und der Ortskern ist vom Durchgangsverkehr geplagt. Am Meer zieht sich lediglich ein schmaler Kiesstrand entlang.

Doch schon die Römer schätzten Benítses als Badeort. Es gibt spärliche Ruinen einer antiken Badeanlage aus römischer Zeit. Wer sich etwas vom Ortskern weg bewegt, wird die gartenähnliche Küstenlandschaft mit Oliven-, Zitronen- und Orangenbäumen schätzen lernen.

Eintritt 3 €, Kinder/Gruppen 2 €. Geöffnet von Ostern bis Ende Oktober tägl. 10–20 Uhr.

- *Verbindung* Der Bus Nr. 6 fährt 13-mal tägl. vom San Rocco Square nach Benítsesl. Fahrtdauer 30 Min, Preis 1 €.
- *Übernachten* **Hotel San Stefano**, das A-Kat.-Hotel liegt an der Straße nach Gastouri (Achílleion). Die Anlage im Stil der 70er Jahre besitzt 250 Zimmer und ist sehr komfortabel. Den Trubel an der Küste bekommt man hier oben kaum mit. Vom großen Pool bietet sich ein faszinierender Blick über die Küste. Gepflegtes Haus mit nettem Personal. DZ 68–127 €. ✆ 26610-36036, Fax 72272.

Ein empfehlenswertes, geschmackvolles Haus ist das **Louis Regency**, DZ 73-145 €, ✆ 26610-71211, Fax 71219.

Hotel Corfu Maris, ein nüchterner, zweistöckiger Zweckbau. Wer ein Zimmer zum Meer nimmt, kriegt vom Lärm der nahen Küstenstraße wenig mit. Das Hotel von Dorothea Samartzis ist April bis Okt. offen. 45 Zimmer der C-Kat, DZ 51–56 €. ✆ 26610-92035.

Ionische Inseln Karte S. 99

▸ **Moraítika**: Bereits in der Antike – so belegen Ausgrabungen – war Moraítika ein beliebter Erholungsort. Heute ist das Dorf vom Tourismus in Beschlag genommen. Die Gäste schätzen den langen, 4 m breiten Sandstrand. Der pulsierende Ort selbst hat sich voll auf die vielen englischen und deutschen Urlauber eingestellt: Entlang der Hauptstraße reihen sich Souvenirläden, Mini-Märkte und Fastfood-Restaurants.

- *Übernachten* **Hotels Delfinia und Delfinakia** (A-Kat.), die besonders familienfreundlichen Hotels der gehobenen Mittelklasse liegen in einem weitläufigen Park. Delfinia wurde 1967 erbaut und zuletzt 1996 umfassend renoviert. Das Delfinakia entstand 1987. Beide Hotels werden von der gleichen Familie geleitet und verfügen zusammen über 330 Betten. Die Gebäude umgibt ein einladender Garten, in dem sich Kinder austoben können. Die Zimmer im Delfinakia sind durchweg geräumig und modern eingerichtet, die Bäder sind klein. Die Hälfte der Zimmer besitzt Klimaanlage. Lobenswert: Einige Zimmer sind behindertenfreundlich eingerichtet und leicht zugänglich, der Weg zum Strand ist eben. In der repräsentativen Eingangshalle wird der Gast freundlich empfangen. Es gibt ein gemeinsames Restaurant, Swimmingpool samt Kinderpool, Privatstrand, Freiluft-Schach und zwei Tennisplätze. DZ/Frühstück 100 €; Delfinia ✆ 26610/ 76320-3, 75451-2; Fax 75450.
- *Baden* Zum langen, handtuchbreiten Sandstrand führen schmale Fußwege, einer direkt am Hotel Delfinakia vorbei. Parkmöglichkeiten entlang der Durchfahrtsstraße des Ortes.

▸ **Boukári**: Hier ist von den Touristenmassen, die die Insel bevölkern, nichts zu merken. Der Ort lebt hauptsächlich von seinen bekannten Fischtavernen, die nicht nur an Sonn- und Feiertagen gut besucht sind. Besonders die Korfioten schätzen einen Tagesausflug nach Boukári mit ausgiebigem Mittagsmahl. Boukári ist auch bei deutschen Feriengästen sehr beliebt: Griechenland wie im Bilderbuch. An der kleinen Hafenmole schaukeln die Fischerboote, Katzen streunen durch die Taverne und es duftet nach gegrilltem Fisch.

Tipp: Längst ist Boukári kein preiswertes Ausflugsziel mehr. Vor allem die Preise für frischen Fisch sind mit denen in anspruchsvollen Restaurants in Korfu-Stadt durchaus vergleichbar. Wenn Sie als Tourist bestellen, lassen Sie sich nicht nur den Fisch in der Küche zeigen und den Kilopreis nennen, sondern fragen Sie konkret nach dem endgültigen Preis für Ihr Gericht, um beim Bezahlen der Rechnung keine unangenehme Überraschung zu erleben. Natürlich können Sie auch auf der Speisekarte manches Fischgericht finden, das bereits mit einem Festpreis ausgewiesen ist. Damit vermeiden Sie Ärger mit der Rechnung

In Boukári existiert noch kein Lebensmittelladen und kein Geldautomat. Dafür ist der Ort ideal für Erholungssuchende, auch wenn die Strände eher bescheiden sind.

• *Verbindungen* Tägl., auch sonntags, fährt 2-mal der Bus nach Korfu-Stadt und zurück. Fahrpreis rund 2 €.

• *Essen und Trinken* **Taverne Boukári Beach**, Richtung Messóngi liegt die beliebte Fischertaverne. Olivenbäume und Weiden spenden Schatten. Netter Service. Die Taverne verfügt über einen Bootssteg, sodass auch Ausflugsschiffe gerne hier Halt machen. Gleich nebenan werden in der **Villa Alexander**, oberhalb des Küstenwegs, Zimmer vermietet.

Tipp! Taverne Spiros Karidis, wer vom Fischessen in Boukári spricht, meint die Taverne des betagten Spiros Karidis. Längst führt sein Sohn die Traditionstaverne. Vor allem Griechen aus Korfu-Stadt, aber auch viele Touristen schätzen seinen frischen Fisch und die Krustentiere. Ein Mittagessen gerät hier schnell zu einem mehrstündigen kulinarischen Erlebnis. Spiros Karidis hat stets Fangfrisches aus dem Meer auf dem Speiseplan und am Wochenende oft auch Lamm vom Spieß. Aus einem großen Aquarium werden die Hummer und Langusten geholt. Die Zeiten, als man hier preiswert essen konnte, sind allerdings vorbei. Aber es gibt auch günstige Gerichte, z. B. frittierte Sardinen für 5 € oder frische Mini-Tintenfische für 9 €. Beim oft überlasteten Service ist Geduld angesagt. Neben der schattigen Terrasse vor dem Haus wird auch direkt am Meer serviert. ✆ 26620-51205.

Taverne Potamaki, urgemütliche Fischerkneipe von Fotini Vlachopoulou mit Terrasse direkt am Meer, Kleiner Steg mit dem Boot des Besitzers, der jeden Abend aufs Meer hinaus zum Fischen fährt, leckere Gerichte wie frittierte kleine Fische, Tintenfische oder Moussaká, herzliche Atmosphäre, ✆ 26620-51095. (Lesertipp Ursula Nikol, Bamberg)

• *Übernachten* In Boukári gibt es zahlreiche Privatvermieter und eine Handvoll familiärer Hotels. Hier eine Auswahl:

Hotel Golden Sunset, das geschmackvolle, zweistöckige Haus der Familie Dousis – gegenüber der Taverne Karidis – beherbergt komfortable und saubere Zimmer mit Blick aufs Meer, die oberen Zimmer bzw. App. verfügen über einen Balkon mit Meerblick. Exzellentes Preis-Leistungs-Verhältnis, netter Service. Die Taverne hat es schwer, sich gegen die starke Konkurrenz aus der Nachbarschaft durchzusetzen. Alle Hauptgerichte unter 10 €, ✆ 26620-51853, ℻ 52613, www.corfusunset.gr.

Hotel Penelope (C-Kat.), der zweistöckige Bau in Form eines Reihenhauses liegt unweit der Hafenmole. Während der Hauptsaison wird im Familienbetrieb Halb- oder Vollpension angeboten. Gekocht wird traditionell Hausmannskost. Abends sitzt man entweder auf der Terrasse (Mücken!) oder an der hauseigenen Bar. Die 12 Zimmer sind einfach ausgestattet, die Bäder ordentlich und sauber. DZ mit Frühstück ab 30 €; ✆ 26620-51269, ℻ 51792.

Hotel Boukári (C-Kat.), ist der gleichnamigen Taverne angeschlossen. Die 10 Zimmer sind sehr einfach ausgestattet, aber gemütlich (teils Blick aufs Meer). Es gibt einen wunderschönen Obstgarten mit zahlreichen Zitronenbäumen. Das DZ mit Frühstück kostet ab 30 €; ✆ 26620-51873, ℻ 51874.

▸ **Petretí:** Das kleine Dorf Petretí, etwa 3 km südlich von Boukári, liegt abseits der bekannten Erkundungsrouten im Süden Korfus. Der Ort am Rand einer von Ölbäumen geprägten Ebene besitzt einen wichtigen Fischerhafen. An der Mole kann man in einer der Tavernen wie "Leonidas" oder "Stamalis" gute griechische Landküche genießen und den Blick hinüber aufs griechische Festland richten. Hier geht es ruhig und gemütlich zu. Es gibt auch einen kleinen Sandstrand. Das Wasser in der Bucht ist sehr seicht. Man kann sogar durchs Wasser zu einer kleinen Felseninsel mit weißem Kreuz waten.

Eine Badealternative ist **Notos-Beach** östlich des Nachbarortes Ágios Nikólaos. Eine Asphaltstraße führt zu dem Strand mit der von Bananenpflanzen umwucherten Taverne Panorama, die der freundliche Vagias Anastasios führt. Er vermietet auch Privatzimmer für 25 €. Übrigens kann man Notos-Beach natürlich auch von Petretí selbst erreichen, indem man am Strand vom Hafen aus in südlicher Richtung läuft.

• *Übernachten* **Hotel Regina** (B-Kat.), 500 m außerhalb des Bauerndörfchens Vasilatika, 2 km westlich von Petretí, liegt das gepflegte, L-förmige Landhotel (26 Zimmer). Die 1993 gegründete Herberge besteht aus vier Häusern im Chaletstil und hat einen ge-

Fischerboote im Kanal von Lefkími

pflegten Swimmingpool (Süßwasser) mit Bar und neo-antiken Statuen. Der Hotelbus bringt die Gäste zu nahe gelegenen Stränden. Wer es ländlich und abgeschieden liebt, wird sich hier wohl fühlen. Die deutsch sprechende Familie Vlachopoulos kümmert sich aufmerksam um ihre Gäste. DZ 46–56 €. Freundliche Atmosphäre. April bis Okt. geöffnet. ✆ 26620-52132, ℻ 52135, www.regina-hotel.gr.

▸ **Perivóli**: Der Ort liegt an der Hauptstraße, die Korfu-Stadt mit Lefkími verbindet. Den meisten bleibt er nur als Durchgangsstation auf dem Weg in Richtung Süden in Erinnerung. Viele junge Dorfbewohner haben Perivóli längst verlassen. Und auch die Dorfbar "Dolce Vita" hat schon bessere Zeiten gesehen. Von Perivóli führt eine 4 km lange Straße in westlicher Richtung durch ein fruchtbares Tal mit Weingärten zum Strand an der Westküste: Sand bis zum Horizont

▸ **Alikés**: Seit dem 15. Jh. wurde in Alikés Salz gewonnen. Noch heute kann man die Salinen in dem 3 km nördlich von Lefkími gelegenen Küstenort bestaunen. Alikés besitzt einen kleinen Umschlaghafen mit einigen Fischerbooten. Ansonsten stellt der Ort mit einigen Pensionen und Tavernen nicht gerade das reizvollste Ausflugsziel im Süden Korfus dar. Die Bademöglichkeiten sind bescheiden.

Lefkími

Der lang gezogene Straßenort Lefkími, aus mehreren Dörfern zusammengewachsen, ist das Zentrum des Inselsüdens. Zu Fuß braucht man von einem Ende zum anderen eine gute halbe Stunde. Touristen trifft man in dem 5000 Einwohner zählenden Städtchen nur selten. Und die Kafenia an der Hauptstraße sind noch fest in Männerhand.

Ursprünglich bestand Lefkími aus fünf Dörfern (Pentichora): Rigalades, Anaplades, Ag. Theodor, Potami und Melikia. Die jüngeren Korfioten haben die Ortschaft im Süden längst verlassen, um in den Touristenhochburgen von Korfu im Sommer ihr Geld zu verdienen. Und sie arbeiten nicht nur für sich allein, sondern auch für ihre

Familie. Zurückgeblieben sind die Bauern. Gerade die Gegend um Lefkími wird intensiv landwirtschaftlich genutzt. Der hier angebaute Wein genießt auf der Insel einen guten Ruf. Die touristische Attraktion Lefkímis ist der Fluss gleichen Namens, der zum Kanal ausgebaut und mit dem Schiff befahrbar ist. Seine beiden Ufer verbindet eine renovierte Brücke.

Verbindungen Zu erreichen ist Lefkími von Korfu-Stadt aus mit dem **Bus** in Richtung Kávos, der südlichsten Ortschaft der Insel. Tägl. gibt es 12 Verbindungen, sonntags 5, Fahrpreis 3 €.

Kávos

Sauberes Wasser und ein 5 km langer Sandstrand – kein Wunder also, dass das einstige Bauerndörfchen heutzutage eines der wichtigsten Touristenzentren der Insel ist. Ab Mai herrscht hier Rummel, hauptsächlich fröhliche junge Briten haben Kávos seit Jahren zu ihrem bevorzugten Ferienort erkoren. Vor allem abends geht es in den Gassen, den Tavernen und Bars hoch her.

Große Hotelblocks sucht man in Kávos vergeblich. In den letzten Jahren entstanden vor allem viele, teilweise sehr geschmackvolle Appartementanlagen. Während der Saison verwandelt sich das Straßendorf in ein Fun-Village: Die Bars locken mit Live-Übertragungen aus der englischen Fußball-Liga und die Feriengäste unternehmen einen Spaziergang im Bikini bzw. in der Badehose durch die Dorfgassen.

Schwimmvergnügen pur

Dank des langen Strandes und der menschenleeren Umgebung gibt es aber um Kávos viele Rückzugsmöglichkeiten. Dazu zählen beispielsweise die beiden Bergdörfer Spartera und Dragotina mit dem noch nicht überlaufenen Strand von Arkoudila. Eine der schönsten Ausflugsmöglichkeiten bietet das Kloster Panagía Arkoudila wenige hundert Meter nordwestlich von der Südspitze Korfus, dem Kap Asprokavos. Eine Piste führt zu dem verfallenen Kloster, das der heiligen Jungfrau von Arkoudila geweiht ist. Die Gebäude in dem Zypressenwald entstanden um 1700. In der Kirchenruine sind noch einige verwitterte Fresken und alte Sitzbänke erhalten. Auch der barocke Glockenturm hat die Jahrhunderte überstanden.

- *Verbindung* **Bus** von Korfu-Stadt 11-mal tägl., sonntags nur 4-mal, Fahrtzeit über eine Stunde, Fahrpreis 3 €.
- *Ausflüge* Tägl. werden zu den Inseln Paxós und Antípaxos und Tagesausflüge (etwa 25 €) zum griechischen Festland oder nach Korfu-Stadt angeboten.

Im Hafen von Gáios auf Paxós

Paxós

Der Inselname stammt vom lateinischen Wort Pax (Frieden). Und tatsächlich wirkt Paxós wie eine der friedlichsten Inseln in Westgriechenland. Mit knapp 20 qkm zählt das Eiland außerdem zu den kleinsten der Ionischen Inseln. Lebhaft wird es nur in der Hauptsaison. Dann strömen Tausende von Tagesausflüglern auf die hügelige Insel, die etwa 15 km südlich von Korfu liegt. Die drei Hauptorte und natürlichen Häfen Gáios, Lákka und Lóggos sind dann zumindest tagsüber von Urlaubern überlaufen.

Abends, wenn die Ausflugsboote wieder in Richtung Korfu oder Párga abgelegt haben, wird es bedeutend ruhiger. Trotzdem sucht man einsame Idylle auch auf Paxós vergebens. Lediglich in der Vor- und Nachsaison hält sich der Urlauberandrang auf der grünen Insel noch in Grenzen.
Die 2300 Einwohner leben traditionell hauptsächlich von den Erträgen der 300.000 (!) Ölbäume, die Paxós in eine einzige Plantage verwandeln. Die touristische Infrastruktur steckt im Gegensatz zur großen Schwester Korfu noch in der Pubertät. Man ist zumeist auf eines der wenigen Hotels oder auf Privatquartiere angewiesen. Als lohnende Alternative bieten sich Appartementanlagen an. In der Hochsaison sind diese jedoch weitgehend – vor allem von italienischen und britischen Touristen – ausgebucht. Dann steigt die Zahl der Inselbesucher auf rund 20.000. Campen ist auf Paxós übrigens nicht erlaubt. Grundsätzlich besitzt Paxós im Vergleich zu anderen Ionischen Inseln ein gehobenes Preisniveau. Das macht sich auch in den Mietpreisen für Ferienhäuser bemerkbar, die von lokalen Reiseagenturen vermittelt werden.

Paxós (oft auch Paxi genannt) steht hoch im Kurs bei den Touristen. "Inselsammlern" wird es leicht gemacht: Das Übersetzen von Kávos an der Südspitze Korfus nach Gáios dauert nur knapp eine Stunde und auch von Korfu-Stadt ist die Insel bequem in einer Tagestour zu erreichen. Wer allerdings mit dem eigenen Auto anreist, muss von Korfu-Stadt die umständliche und auch teure Fahrt über Igoumenítsa in Kauf nehmen.

Paxós verfügt nur über wenige natürliche Quellen. Das meiste Wasser wird daher in den regenreichen Wintermonaten gesammelt. Die Qualität des Wassers reicht zum Baden und Kochen aus. Allerdings sollte man zum Trinken auf eine der preiswerten Mineralwasser-Sorten zurückgreifen, die traditionell ohne Kohlensäure überall angeboten werden.

Die Insel mit einer Länge von 10 km und einer Breite von 4 km lässt sich leicht auch zu Fuß oder mit dem Inselbus erkunden. Abseits der Küstendörfer ist der Spaziergänger schnell mutterseelenallein. Während die Westküste schroff zum Meer abfällt, zeigt sich die Ostküste lieblicher. Die meisten Kiesstrände sind im Osten zu finden. Wer über die Insel wandert, wird schnell merken, wie hügelig Paxós ist. Die höchste Erhebung ragt 248 m über den Meeresspiegel.
Paxós ist arm an archäologisch interessanten Objekten, Ausgrabungsstätten sucht man vergebens, aber reich an Seemannsgarn. In den Tavernen von Gáios und Lákka erzählen die Fischer gerne die abenteuerlichsten Geschichten: von vorbeiziehenden Walen, mächtigen Haien und anderen gigantischen Unterwasser-Bewohnern, die sich ins Ionische Meer verirrt haben. Mit etwas Glück kann man Seehunde beobachten, die sich spielerisch im Wasser tummeln.

Wer auf Paxós einen längeren Urlaub verbringt, wird feststellen, dass zwischen den Ortschaften Gáios und Lákka eine nicht zu übersehende Rivalität um die Gunst der Touristen besteht. Uns gefiel Gáios am besten, nicht zuletzt wegen seiner Nähe zum Badeparadies Antípaxos und der guten Verbindungen nach Korfu und zum griechischen Festland. Wer es ruhiger und einsamer möchte, sollte jedoch nach Lóggos oder Lákka ausweichen.

• *Anfahrt* In der Hochsaison ist Paxós mehrmals täglich mit **Fähren** von Korfu (Infotel. 26610-38690) aus zu erreichen. Außerdem gibt es eine Verbindung mit Tragflügelbooten (Flying Dolphins).

Zudem bestehen Verbindungen von Párga (Info-✆ 26840-31227) und Igoumenítsa (Infotel. 26650-22235 oder 22240). *Aber Vorsicht*: Unterscheiden Sie Ausflugs- und Linienboote. Auch die Häufigkeit der Fährverbindungen wechselt je nach Saison. Von verschiedenen Orten Korfus (z. B. Korfu-Stadt und Kávos) starten **Ausflugskaikis** für einen "Day-trip" nach Gáios auf Paxós. Für eine Tour muss man mit etwa 15 € rechnen. Deutlich preisgünstiger sind dagegen die **Linienschiffe**. So kostet die Fahrt von Korfu-Stadt nach Gáios etwa 8 €, von Igoumenítsa nach Gáios etwa 6 € (plus Korfu-Igoumenitsa 5 €). *Achtung*: Oft verkehren die offiziellen Fähren nicht täglich. Genaue Infos bei den jeweiligen Orten.

Seataxi: Wer unabhängig von komplizierten Fährplänen sich von oder nach Paxós/Antípaxos bewegen muss, für den ist das Seataxi das ideale Fortbewegungsmittel. Kapitän Nick (Paxos Lines) – erreichbar unter seiner Handy-Nr. 693/2232072 – und seine Kollegen stehen auf Paxós bereit.

Per **Flugzeug** ist Paxós am besten über den Airport in Korfu zu erreichen. Aber auch der Flughafen in Preveza auf dem griechischen Festland bietet sich an. Per Bus geht es vom Airport zu dem nördlich gelegenen Fährhafen Párga, wo die Schiffe nach Paxós (2-mal täglich) ablegen.

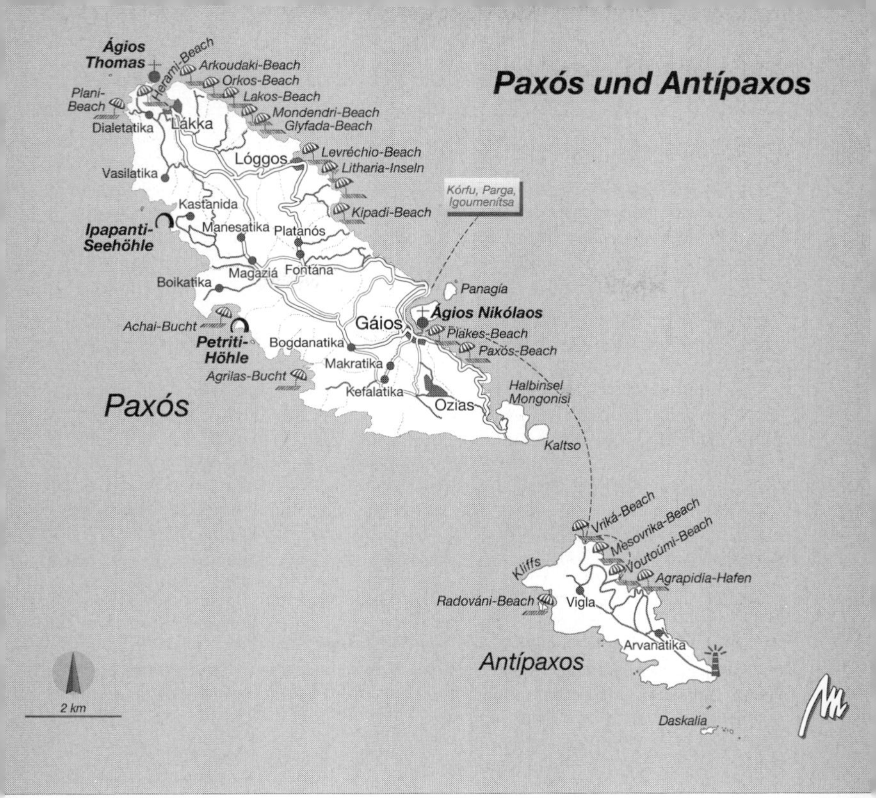

Gáios

Der wichtigste Ort der Insel ist der malerische Naturhafen Gáios mit seinen 1500 Einwohnern. Die traditionelle Architektur und die vielen Olivenbäume sorgen für ionisches Flair. Der Hafenort ist während der Sommermonate fest in der Hand von Touristen, vor allem aus Italien und Großbritannien.

Nach Gáios kann man auf zwei verschiedene Arten gelangen. Linienfähren steuern den neu errichteten Hafen nördlich des Zentrums an. Beim Anlegen stehen mehrere Busse bereit, um die Urlauber direkt nach Gáios zu bringen. Sportliche gehen zu Fuß (15 Min.) und sparen sich das Geld für das Busticket.

Wesentlich romantischer ist dagegen das Übersetzen mit einem kleinen Ausflugskaiki. Langsam tuckern die Boote durch den Kanal zwischen der kleinen Insel Ágios Nikólaos mit ihrer halbverfallenen Festung und den mit Ölbäumen übersäten Hängen von Paxós auf der anderen Seite. Man hat das Gefühl, ein Piratennest anzusteuern, so versteckt liegt Gáios. Die Netze liegen zum Trocknen am Pier, Angler hoffen auf ein Abendessen und die Katzen auf Abfälle. Ionische Impressionen zum Verlieben.

Dem an der geschützten Ostküste gelegenen Ort liegen zwei kleine Inseln gegenüber: Neben Panagía mit einer Wallfahrtskirche und einem Leuchtturm lohnt das Inselchen Ágios Nikólaos mit einer venezianischen Festungsruine aus dem 15. Jh. und einer malerischen Windmühle einen Ausflug.

Folklore-Museum: Ein Blick in die Geschichte der Insel

Paxós ist eine winzige Insel mit einer langen und spannenden Vergangenheit. Dies dokumentiert das 1996 gegründete Folklore-Museum an der Hafenmole von Gáios. Das klassizistische Gebäude – eines der schönsten der Inselhauptstadt – ist nicht zu übersehen. Im Mittelpunkt der Sammlung – ausgestellt in vier Räumen – steht das Leben der einfachen Leute auf der Insel: ihr Handwerkszeug, Haushaltsgegenstände aus Metall und Keramik, Möbel und Trachten. Hier wird auch ein Exemplar des Buches "Paxós und Antípaxos im Ionischen Meer", verfasst von dem österreichischen Erzherzog Ludwig Salvator, sorgfältig aufbewahrt. Die kunterbunte Sammlung mit antiken Münzen, Fossilien, Bildern, Möbeln, Haushaltsgeräte und Trachten aus dem frühen 20. Jh. lebt durch die Erzählungen der fachkundigen Führung. Von Mai bis Oktober tägl. geöffnet, es gibt aber keine festen Öffnungszeiten. Eintritt 2 €, für Kinder unter zehn Jahren frei. Informationen unter ✆ 26620-32556.

Information/Verbindungen

- *Information* Die Touristenpolizei, ✆ 26620-31222, befindet sich direkt hinter der Post im südlichen Teil der Hafenmole.
- *Verbindungen* **Fähren**: saisonabhängig.

Flying Dolphins: Die schnellste und bequemste Verbindung sind die Tagflügelboote. Die Überfahrt von Korfu nach Paxós dauert nur eine Stunde. Preis 13 € einfach. Mitnahme von Fahrrädern oder Motorrädern ist in den geschlossenen Fähren nicht möglich. Infos bei Petrakis in Korfu, ✆ 26610-38690, und bei Bouas Tours an der Hafenpromenade von Gáios, ✆ 26620-32401.

Autofähre: Mit der normalen Fähre "Theologos" (kann auch Autos befördern) muss man meist über Igoumenítsa fahren. Das ist umständlich, doch dafür verkehren die großen Fähren häufig. Allerdings fährt die "Theologos" in der Nebensaison nur 3-mal pro Woche. Die Überfahrt von Korfu nach Igoumenítsa kostet rund 5 €, von Igoumenítsa nach Paxós 6 €. Für ein Mittelklasseauto sollte man (einfach) mit rund 65 € rechnen. Das Fährschiff Theologos fährt beispielsweise um 14 Uhr in Paxós los und erreicht 19.30 Uhr Korfu-Stadt. Infos: Zefi Travel, ✆ 26620-32114, Kiosk am neuen Hafen von Gáios, ✆ 26620-32014.

Von Korfu-Stadt verkehrt aber auch mehrmals wöchentlich vom neuen Hafen aus eine kleine Fähre nach Gáios (Preis 8 €, Überfahrt ca. 2 Std.). Überfahrten sind auch von Lefkími im Süden Korfus (Überfahrt 1,5 Std.) möglich.

Ebenso besteht 2-mal täglich eine Fährverbindung nach Párga (Preis 7 €) und 3-mal wöchentlich nach Igoumenítsa (Preis 7 €, ca. 1,5 Stunden). Genaue Auskunft gibt Zefi Travel (s. o.).

Wer nicht sparen muss, kann sich auch mit einem der täglich verkehrenden Ausflugsdampfer von Korfu-Stadt oder Párga übersetzen lassen. Die Preise schwanken sehr. Ein Tagesausflug nach Korfu kann bis zu 35 € kosten. Am Hafen weisen zahlreiche Hinweistafeln auf Ausflugsfahrten hin.

Taxis: Auf Paxós gibt es ein halbes Dutzend Taxos. Da die Insel sehr klein ist, zählt das Taxi zu einem beliebten Fortbewegungsmittel. Eine Fahrt vom Hafen zu einem Ferienhaus in und um Gáios kostet z. B. 5 bis 7 €. Die Taxifahrer sind übrigens auf der Insel ausgesprochen flott unterwegs. Radarkontrollen gibt es keine und jede einzelne Kurve auf den wenigen Straßen kennen Sie seit Jahren. Ein netter Fahrer ist Haris Bogdanos. Er ist über das Handy im Dauereinsatz: ✆ 697/4135660.

Seetaxis: Täglich gegen 10 Uhr starten Badekaikis zu den Stränden auf **Antípaxos**. Die Überfahrt kostet etwa 6 € und dauert rund 20 Minuten. In der Regel fahren die einfachen Boote alle halbe Stunde. Erkundigen Sie sich genau nach den Abfahrtzeiten.

Bus: Der Inselbus pendelt außer sonntags alle 2 Stunden (tägl. 7-mal) zwischen Gáios, Lóggos und Lákka. In der Nebensaison fahren sie allerdings nur 4- bis 5-mal. Die Abfahrtszeiten sind überall angeschlagen. Egal wo man zusteigt, die Fahrt kostet immer 1 €. Die Fahrt von Gáios nach Lákka dauert 30 Min. Sonntags fahren nur in der Hochsaison Busse. 3-mal in der Woche gibt es per Fähre auch eine direkte Busverbindung nach Athen.

Auto- und Mopedvermietung: Paxós ist relativ klein, sodass ein Moped durchaus für Entdeckungsfahrten reicht. Mopeds und Roller gibt es ab 15 €, 100-ccm-Motorräder für 20 €. Ein Mountainbike kostet hingegen nur 6 €. Oft sind die Fahrräder aber in keinen tollen Zustand. Wer ein Auto mieten möchte, muss beispielsweise für einen Fiat Panda mit 39 € und für einen Jeep mit 60 € pro Tag rechnen.

Adressen

Touristenservice in ganzer Breite – vom Fährticket bis zum Flugschein – liefern die Reisebüros am Hafen. Ein großes Angebot an Appartements, Zimmern und Ferienhäusern bieten auch an: **Bouas Tours**, ✆ 26620-32401 oder 32245, ℻ 32610; **Paxós Magic Holidays**, ✆ 26620-32269 oder 32440, ℻ 32122. Das Reisebüro bietet auch geführte Wanderungen an.

Arzt: Auf der Insel gibt es zwei Ärzte, von denen stets einer im Notdienst ist. Beide Mediziner sprechen Englisch. ✆ 26620-32555 und 32000. Apotheke ✆ 26620-32200.

Bootsvermietung: das beste Fortbewegungsmittel, um die Insel zu entdecken. Da vor allem im Juli und August Motor- und Segelboote gesucht sind, sollten Sie frühzeitig reservieren, beispielsweise bei Gaios Travel, wo nicht nur Autos, sondern auch Boote vermietet werden. Die Motorboote sind einfach zu bedienen. In der Regel verfügen Sie nur über einen Vorwärts- und Rückwärtsgang. Die mit Außenborder ausgestatteten Boote werden nur wochenweise vermietet. Mit kleineren Booten kann jedoch die raue, an Klippen reiche Westküste nicht befahren werden. Eine Überfahrt nach Antípaxos muss in der Regel mit der Vermietungsagentur abgesprochen werden. Ein ordentliches Boot kostet pro Tag 40 €. Bootsvermietung unter ✆ 26620-32444 oder mobil 932-232072.

Ausflüge: Mit dem **Poseidon Express**, der über einen Glasboden verfügt, lässt sich ein spannender Ausflug entlang der wilden Westküste und nach Antípaxos machen. Suchen Sie sich ein relativ windstillen Tag aus, denn sonst kann der Trip an der unruhigen Westküste durchaus mühsam werden.

Hafenamt: ✆ 26620-32259.

Kiosk: am Hauptplatz, mit internationaler Presse, Zigaretten, Tabak und Telefon.

Polizei: ✆ 26620-32222.

Post: ✆ 26620-32256.

Ionische Inseln
Karte S. 99

Übernachten

Paxós ist keine preiswerte Insel. Die Übernachtungspreise liegen wesentlich über dem Durchschnitt der Ionischen Inseln. Das Hotelangebot ist dünn, denn die meisten Gäste bevorzugen eines der schönen, aber ebenso teuren Ferienhäuser an der Küste. Wer im August ohne Reservierung anreist, hat in der Regel keine Chance auf ein Zimmer, geschweige denn auf ein Ferienhaus, da die Nachfrage das Angebot übersteigt.

• *Übernachten* **Hotel Paxós Club**, das von Olivenhainen umgebene Hotel der B-Kat. gilt als das Beste der Insel, obwohl es keinen Meerblick besitzt. Nach Gáios sind es etwa 20 Minuten zu Fuß. Vom Hotel fährt ein kostenloser Shuttlebus einmal täglich zu verschiedenen Stränden auf der Insel und mehrmals nach Gáios. Auf Wunsch wird der Gast auch vom Fährhafen abgeholt. Netter, persönlicher Service. Die 1993 erbaute Anlage bietet 43 Zimmer in zwei 2-stöckigen Gebäuden, Studios für 1–3 und Appartements für 2–5 Personen. Die Zimmer verfügen über Minibar, Telefon, TV und einen großen Balkon. Sie sind eher nüchtern eingerichtet. Die Einrichtung erinnert ein wenig an die 70er Jahre. Es gibt einen 20 m langen Swimmingpool mit Kinderbecken und Jacuzzi mit kleinem Wasserfall. In das Hotel wurde das ehemalige Wohnhaus der Besitzerfamilie integriert. Das 1880 erbaute Gebäude aus Naturstein dient heute als Restaurant. Ein Problem im Hochsommer sind die Schnaken. In allen Zimmer liegen Anti-Moskito-Mittel bereit. Preise für das Appartement (Schlafzimmer, Wohnzimmer, Terrasse/Balkon, Kitchenette) von 100 bis 155 € mit Frühstück; ✆ 26620-32450, ℻ 32097. Geöffnet von Mai bis Oktober.

Ein gutes Angebot, auch an Appartements, hält **Paxos Magic Holidays** bereit. ✆ 26620-32269, ℻ 26620-32122, www.paxosmagic.com.

Hier einige empfehlenswerte Adressen der Agentur: **Delphini**, die stilvollen Villen liegen 2,5 km außerhalb von Gáios, es gibt Wohnungen für 2 und 4 Personen. Vom Swimmingpool bietet sich ein fantastischer Ausblick auf die Hafeneinfahrt von Gáios. Eine idyllische Adresse.

Christos, 1 km südlich von Gáios liegt dieses Anwesen mit einem großen Pool. Es gibt verschiedene Wohnung für maximal 8 Personen. Das Haus liegt auf einer Anhöhe. Schöne Aussicht auf das griechische Festland.

Essen und Trinken

Ob zum Frühstück, Kaffee oder zum abendlichen Aperitif – man trifft sich in den Tavernen und Café-Bars am Hauptplatz oder entlang der "Küstenstraße". Wer länger bleibt, wird in einem kleinen Ort wie Gáios schnell Kontakt in den Tavernen finden.

Taverne Klis, ein typischer Familienbetrieb, der auch bei den Einheimischen sehr beliebt ist. Vom Zentrum die Hafenmole in Richtung Süden gehen; 400 m nach der Statue findet man das Lokal dann auf der linken Seite. Es liegt über einer Badebucht samt Klippe. Gutes und preiswertes Essen, große Portionen. Spezialität sind die Lammkoteletts. Es wird Myhtos-Bier ausgeschenkt. Ab und zu unterhält der Wirt Theoklisthenos seine Gäste höchstpersönlich mit dem Akkordeon. Sohn Petros und seine Frau Maralena sorgen für eine nette Atmosphäre. Mittwoch und Samstag gibt es griechischen Tanz. Schöner Ausblick aufs Meer und der Insel Agios Nikolaos.

Restaurant Genesis, ein Klassiker. Seit vielen Jahren gehört diese Taverne in Gáios zu den beliebtesten Treffpunkten am Abend Die Gäste genießen den schönen Blick und die deftige Landküche; freundlicher Service. Große Menükarte.

Taverne Pan &Theo, beliebte Taverne an der Hafenpromenade. Das Erfolgsgeheimnis sind die frischen Zutaten. Guter Fisch und leckeres Gemüse. Bunt eingedeckte Tische. In der Hochsaison bis auf den letzten Platz besetzt.

Taverne Taka-Taka, beliebte Taverne in den Gassen des Zentrums. Typische Landküche, empfehlenswerte Spinat-Taschen oder gegrillte Tomaten. Die Gäste speisen in einem malerischen Garten. Zwei Olivenbäume spenden Schatten 100 m vom Hafen.

Taverne Authentiko, die im Zentrum gelegene, rustikale Taverne ist bekannt für ihre gegrillten Spanferkel. Wem das deftige Essen nicht zu schwer ist, dem wird es hier schmecken. Freundlicher Service. Schöner Garten. Mittlere Preisklasse.

• *Nachtleben* **Bar Carnayo**, beliebter Treffpunkt in einem historischen Haus an der Promenade. Hier kommen Liebhaber von gefrorenen Wassermelonen und Whiskey-Fans auf ihre Kosten. Beliebt bei Seglern. Die beiden Besitzer Aris und Dimitris können auf viele Stammgäste zählen. Cocktails ab 6 €.

Disco Phoenix Club, die führende Diskothek der Insel. Die Lage auf einer Anhöhe ganz in der Nähe des neuen Hafens von Gáios ist schlichtweg spektakulär. Im Sommer nicht zu früh kommen.

Disco Castello, 500 m außerhalb (bei der BP-Tanksstelle) in Richtung Lákka, Tango im Olivenhain, Stimmung kommt allerdings nur in der Hochsaison auf, wenn die Disco voll wird.

▸ **Ausflüge/Baden**: Die Tagestouren zu den Stränden von Paxós und Antípaxos starten am alten Hafen (Preis ca. 5 €). Dort legen auch die Kaikis zur Inselrundfahrt und zur Besichtigung der **Meereshöhle von Ipapanti** ab, in der einst der Meeresgott Poseidon geherrscht haben soll. Übrigens ist der Dreizack des Poseidon das Wappenzeichen der Insel. Eine Rundfahrt zu den blauen Grotten kostet 13 €.

Wanderungen veranstaltet Bouas Tours, z. B. einen vierstündigen Trip von Magazia zur Westküste,

Wer diese Touren im Alleingang machen will, kann sich im Reisebüro Gáios Holiday für etwa 40 € pro Tag ein Boot mieten.

Wer sich mit dem **Seataxi** zu einem einsamen Strandabschnitt bringen lässt, sollte bereits auf der Hinfahrt die Abholzeit vereinbaren.

Mopedverleih: Es gibt auf der Insel mehrere Verleiher. Einen guten Ruf genießt Vassilies, ✆ 26620-32598, am Rande des Ortszentrum von Gáios. Er vermietet vor allem Scooter. Boote und Scooter bietet auch Spiros Makris, ✆ 26620-32031 an.

▸ **Lóggos**: Die kleinste und stillste der drei größeren Ortschaften an der Ostküste von Paxós ist per Boot in rund 15 Minuten zu erreichen. Knapp 40 Häuser drängen sich dicht um die fast kreisrunde Hafenbucht. Lärm und Hektik sind verpönt. Bewegung entsteht eigentlich nur, wenn der Inselbus sich durch die schmalen Gassen zwängt. Zum **Levréchio-Strand** spaziert man gemütlich in nur fünf Minuten. Von Lóggos sind es 6 km nach Gáios und 8 km nach Lákka. Die Nachbarorte lassen sich nicht nur mit dem Inselbus, sondern auch per Wassertaxi erreichen. Am Ortsrand von Lóggos haben sich Gebäude einer früheren Seifen- und Olivenölfabrik erhalten. Einst waren die Ölbäume die wirtschaftliche Grundlage der Insel. Doch der Wettbewerb ist hart und viele Landwirte verdienen sich ihr Geld heute lieber und leichter mit dem Tourismus.

• *Verbindungen* Auch von Lóggos starten **Seetaxis** zu abseits gelegenen Badebuchten sowie zu Rundfahrten um die Insel. Genauere Auskunft geben die Hinweistafeln. Ausflüge unternimmt das kleine Boot Lefcothea, z. B. für 23 € nach Párga. Auskünfte über Ausflüge bei Paxos Thalassa Travel, ✆ 26620-31662, www.paxos-holidays.ge

• *Essen und Trinken* Man hat die Qual der Wahl. In den letzten Jahren schossen zahlreiche Tavernen aus dem Boden. Wer nur schnell etwas essen möchte, dem sei die bereits 1900 gegründete **Dorfbäckerei** empfohlen. Hier gibt es so leckere Backwaren wie Spinattaschen, Weintrauben im Mandelteig oder Schinkentörtchen.

Neue griechische Küche bei Vassilis

Die **Taverne Vassilis**, ein einstöckiges, rotbraunes Haus an der Hafenmole, ist beinahe schon ein Klassiker. Vassilis zählt zweifellos zu den besten Köchen der Insel. Eine ständig wechselnde Tageskarte machen einen Besuch zum kulinarischen Erlebnis. Vassilis und sein Team lassen sich gerne in die Kochtöpfe gucken. Er erklärt bereitwillig seine Speisen, die im Stil der neuen griechischen Küche zubereitet werden. Viele Gäste lieben vor allem sein ungewöhnliches Moussaká mit Zucchini und Tomaten. Lecker sind auch Oktopusse in Rotwein-Sauce, Risotto mit Krustentieren oder die mit Spinat gefüllten Tomaten. Die Qualität hat allerdings ihren Preis. Für ein Menü für zwei Personen mit einer Flasche Wein sollte man rund 50 € (Flasche Wein ab 15 €) rechnen. Man speist an Holztischen mit einer Marmorplatte und genießt den Blick auf die zerfallende Olivenölfabrik. Da das Eckhaus direkt an der Straße zum Hafen liegt, kann es schon mal eng und manchmal auch laut werden. Es empfiehlt sich, für den Abend einen Tisch zu reservieren.

Lákka

Dieses "sportliche" Fischerdörfchen liegt in einer windgeschützten Bucht an der Nordspitze der Insel. Nur wenige Müßiggänger sitzen tagsüber in den Cafés.

Die meisten Urlauber sind beim Surfen, Segeln, Tauchen oder haben sich schon am frühen Vormittag zu einem der umliegenden Strände begeben. Abends dagegen wird klar, warum so viele Tische und Stühle vor den Tavernen und Cafés stehen. Lákkas Tavernen sind bekannt für guten Fisch und Krustentiere. Echte Individualisten sucht man hier vergebens. Fast jede Aktivität wird von den örtlichen Reisebüros organisiert. Übrigens liegt die **Ipapanti-Höhle** nur wenige Kilometer von Lákka entfernt an der Westküste.

• *Verbindungen* Die meisten Urlauber kommen mit dem **Bus** (alle 2 Std.) aus Gáios oder per **Kaiki** von Kávos an der Südspitze Korfus (Preis ca. 14 €). Ausflüge organisiert z. B. seit vielen Jahren Planos Holidays, ✆ 26620-31744.

• *Übernachten* **Ferienhäuser**: Marktführer ist die griechische Firma Planos Holidays. Die Agentur von Panos Aronis vermietet Häuser in Lakka, Lóggos und im Inselinneren. Manche der Häuser besitzen sogar einen Pool. Mehr Infos unter 26620-31733, ✆ 26620-31010.

Hotel Ilios, der 15 Zimmer große Zweckbau, nur wenige Meter vom Hafen, ist das einzige Hotel (E-Kat.) in Lákka. Alle Zimmer verfügen über Balkon. Die Zimmer bei Ant. Argyros kosten zwischen 20 und 55 €. Ganzjährig geöffnet. ✆ 26620-31808, ✆ 31161.

Appartements in der 10 Min. von Lákka entfernt gelegenen **Villa Kallithea** vermietet Bouas Tours (siehe Gáios). Von der Veranda und den Balkons bietet sich ein traumhafter Blick über Olivenhaine und den Ort zum Meer. Die gemütlichen Zweier-Appartements mit kleiner Küche und Wohnzimmer sollten frühzeitig reserviert werden.

• *Essen/Nachtleben* **La Rosa di Paxos**, die einstöckige Villa ist ein romantischer Ort für eine Abendessen. Es liegt in einer ruhigen Ecke des Hafens. Auf den Tisch kommen griechische und italienische Spezialitäten. Leckeres Risotto.

Taverne Dionysus, seit 30 Jahren ein Klassiker, die vielen Stammgäste schätzen die zahlreichen Fischgerichte von einfachen Sardinen über Oktopus bis hin zu Schwertfisch. Ein Kilo Red Snapper kostet 36 €, Hummer 53 €. Nette Atmosphäre.

Bar Akis, das Terrassencafe im Hafen ist fester Anlaufpunkt der Internet-Gemeinde. Hier kann durch die Welt gesurft werden. Für alle, die auf das Web in den Ferien nicht verzichten können.

Bar Romantica, urige Bar an der Hafenmole, unter den Arkaden kann man den Tag bei einem guten Cocktail ausklingen lassen, beliebt bei Seglern.

• *Wassersport* **Baden**, in der kreisförmigen Bucht von Lákka gibt es zwei Strände. Am beliebtesten ist der **Harami-Beach** auf der Westseite. Der Strand ist in fünf Minuten vom Ortszentrum zu erreichen. Hier gibt es auch viele Sportmöglichkeiten von Surfen bis Wasserski.

Eine Alternative zu Harami-Bech ist ein 40 m breiter Kieselstrand auf der nordöstlichen Seite der Bucht.

Wer es einsamer liebt, sollte zum **Plani-Beach** an der nordwestlichen Spitze von Páxos aufbrechen. Für die genaue Wegbeschreibung siehe Wanderung zum Leuchtturm und Badestrand Plani.

Für 20 Min. **Wasserski** muss man mit 10 €, für eine Stunde **Surfen** mit etwa 8 € rechnen. Wasserski bietet beispielsweise Jerry am Dorfstrand Harami an, ✆ 6977000348, oder Bonzai am Monodendri-Strand, einer Badebucht zwischen Lákka und Lóggos, ✆ 936/490819.

Segelkurse werden vom "Greece Island Sailing Club" (✆ 26620-31358) angeboten.

Tauchkurse werden von Oasi-Sub-Diving angeboten. Nähere Infos unter ✆ 26620-300002

Das Meer rund um Paxós gilt als Eldorado für Taucher. Weil keine Abwässer ins Meer geleitet werden, ist es weitgehend sauber und klar. Da es sich zudem um eine felsige Küste handelt, gibt es kaum natürliche Trübung.

Taucher und Unterwasserfotografen treffen sich am Lákka-Riff, Steingartenplateau, Torbogen, U-Boot-Felsen oder in der Alexanderhöhle und beobachten Papageienfische, Muränen, Hornhechte und was es sonst noch unter dem Meeresspiegel zu sehen gibt.

Aquarium: Am südlichen Ortsrand findet man in einem blau-weiß gestrichenen Haus (bei der Bushaltestelle) das privat betriebene Aquarium. Hier können sich Besucher über das vielfältige Leben im ionischen Meer informieren. Auf 100 qm werden in über 12.000 Liter Meerwasser rund 40 Fischarten präsentiert. Durchaus lohnenswert.

• *Eintritt* 3,50 €, täglich geöffnet 10.30–14 und 19–22 Uhr.

• *Verbindungen* Die meisten Urlauber kommen mit dem **Bus** (alle 2 Std.) aus Gáios oder per **Kaiki** von Kávos an der Südspitze Korfus (Preis ca. 13 €).

Glück zu zweit am Strand von Antípaxos

Antípaxos

Die nur 3 qkm "große" Nachbarinsel gilt als vorgelagerter Badestrand von Paxós. Die meisten Touristen kommen vor allem wegen der exzellenten Bade- und Schnorchelmöglichkeiten an den kiesigen, bisweilen sandigen Stränden von Vriká, Mesovrika oder Voutoúmi. Von Gáios und Lákka startet täglich eine kleine Armada so genannter Seataxis zu weitgehend menschenleeren Stränden.

Die meisten Strände liegen an der geschützten Ostküste. Tagesausflüge werden ab etwa 10 € angeboten. Neben dem Geschäft mit den Touristen sichert hauptsächlich die Landwirtschaft den Lebensunterhalt der weniger als hundert Inselbewohner. Besonders stolz sind sie auf ihre auffallend gepflegten Weingärten.

Wer bei einem Spaziergang zum Leuchtturm an der Südspitze der Insel durstig wird, sollte sich in einer der Inseltavernen mit dem hiesigen fruchtigen, aber schweren Wein erfrischen. .Die Insel erreicht man von Gáios auf Paxós in kaum einer halben Stunde. Nur ein schmaler Kanal trennt die beiden Schwesterinseln. Antípaxos ist unter Seglern ein bevorzugtes Ziel. In den Buchten liegen deshalb ein Dutzend Jachten vor Anker.

Strände

- **Vriká-Strand/Mesovrika-Strand:** Wer mit dem Kaiki von Páxos übersetzt, landet erst einmal am Vrika-Beach. Es ist der beliebteste Strand der Insel. Die beiden Inseltavernen bieten den vielen Besuchern Erfrischungen an. Über ein Pfad kann der Gast den ursprünglichen Mesovrika-Beach erreichen. Er liegt zwischen Vrika und

Antípaxos – Vriká-Beach

Voutoúmi. Für die Kurzwanderung sollte man mit rund einer halben Stunde Gehzeit rechnen.

▸ **Voutoúmi-Strand**: Etwas ruhiger geht es am Voutoúmi-Strand zu. Beide Strände sind über einen Weg verbunden. Wer jedoch den Strand wechselt, sollte vorher seinem Boot Bescheid geben, um Missverständnisse zu vermeiden. Der breite Strand besteht aus Sand und teilweise auch groben Kieseln. Viele Einheimische kommen zum Baden, Schnorcheln und Essen am Wochenende zum Voutoúmi-Strand. Wegen der geringen Wassertiefe ist er auch für Kinder gut geeignet. Selbst 20 m vom Ufer kann man noch stehen.
50 m vom Strand gibt es die sehr gute Taverne "Voutoumi". Die Speisekarte ist klein, dafür wird frisch und schmackhaft gekocht. Die Preise sind fair. Auf der großen Terrasse aus Natursteinen – Schatten spenden Strohmatten – lässt sich die Mittagshitze gut überstehen. Als Alternative bietet sich die Taverne "Bella Vista" am Berghang an, zu der mehr als 100 Stufen hoch führen.

▸ **Radováni-Strand**: Der abgelegenste Strand auf Antípaxos. Er liegt im Nordwesten der Insel, umgeben von senkrechten Felswänden. Der Strand mit drei vorgelagerten Inselchen ist auf Antípaxos nur per Boot erreichbar. Es gibt keinen Pfad, der nach Radováni führt. Die bequemste und sicherste Möglichkeit, den Beach zu genießen, ist es, ein Seataxi in Anspruch zu nehmen. Nur wenige Besucher kommen nach Radováni.

• *Verbindungen* Die Überfahrt von Paxós zu den Sand- und Kiesstränden von Voutoúmi, Vriká oder Mesovrika an der Ostküste kostet 5 €. "Insider" lassen sich von dort mit den Seataxis zu abseits gelegenen Badebuchten bringen wie Radováni Beach an der Westküste. Preis pro Person zwischen 7 €

• *Essen/Übernachten* Offizielle Unterkünfte gibt es bislang noch nicht auf Antípaxos. Wer länger bleiben will, ist auf die wenigen **Privatquartiere** angewiesen. Campen ist hier nicht erlaubt. Man findet bisher nur wenige, im Sommer betriebene Tavernen auf der Insel: am Vriká-Beach und Voutoúmi Beach gibt es jeweils zwei Tavernen.

Lefkás

Lefkás ist weder Insel noch Festland: Zwar gelangt man nur über eine neue Schwenkbrücke, die einen schmalen Kanal überspannt, nach Lefkás, aber eigentlich stellt eine lang gestreckte Lagune die Verbindung zum Festland dar. Mit etwas über 300 qkm ist Lefkás nach Kefaloniá, Kórfu und Zákynthos die viertgrößte der Ionischen Inseln.

Offenbar liegt es am fehlenden Inselcharakter, dass Lefkás bislang weitgehend vom Massentourismus verschont blieb. Eigentlich unverständlich, denn Lefkás (auch Lefkada oder Levkada) bietet gerade das, was eine Vielzahl von Urlaubern sucht: ideale Bade- und Erholungsmöglichkeiten, also sauberes Wasser, eine atemberaubende Küste, gemütliche Hafenorte und zugleich eine raue, bizarr verkarstete Gebirgswelt. Die höchste Erhebung ist der Gipfel des *Eláti*, der auf 1158 m ansteigt. Im Inselinneren, vor allem im Süden, liegen etliche fruchtbare Täler. Außer vom Geschäft mit den Touristen leben die Einwohner vorwiegend vom Wein- und Getreideanbau sowie vom Fischfang. Darüber hinaus besitzt hier die Stickerei – wie im Dorf Kariá – eine lange Tradition und es gibt noch eine Reihe von Frauen, die dort ihre Kunstwerke verkaufen. Heute leben etwa 23.000 Menschen auf der Insel, die durch ein Busnetz gut mit Igoumenítsa und Athen verbunden ist. Freilich steigt im Sommer die Einwohnerzahl um ein Vielfaches an. Vor allem viele Griechen verbringen auf Lefkás ihren Urlaub.

Ionische Insel
Karte S. 99

Lefkás auf einen Blick

Größe: Mit 303 qkm ist Lefkás die viertgrößte der Ionischen Inseln. Sie hat eine Küstenlänge von fast 120 km. An der längsten Stelle misst die Insel 35 km und an der breitesten annähernd 15 km.

Bevölkerung: Von den etwa 23.000 Inselbewohnern leben ca. 6700 in der Hauptstadt Lefkás.

Geografie/Geologisches: Lefkás ist ein gebirgiges, verkarstetes Land, dessen höchster Gipfel, der Eláti, auf 1158 m ansteigt. Im Landesinneren, vor allem im Süden, prägen fruchtbare Täler die Landschaft. Die größten Ebenen befinden sich bei Lefkás-Stadt und Vassilikí im Süden.

Wichtige Orte: Lefkás-Stadt (auch Lefkada) ist das wirtschaftliche und administrative Zentrum. Unbestrittenes Touristenzentrum ist Nidrí, aber auch Vassilikí (Treffpunkt junger Surfer), Ágios Nikítas, Nikiána und Ligiá ziehen viele Urlauber an.

Straßen: Das Verkehrsnetz wurde in den 90er Jahren nahezu perfekt ausgebaut. Insbesondere die Straßen an der Ost- und Westküste sind breit und durchgehend asphaltiert. Lediglich im Süden der Insel sind die Bergstraßen oft eng und ohne Leitplanken. Deshalb ist große Vorsicht angesagt. Zum Lefkadischen Felsen, dem Südkap, führt nur eine schlechte Piste.

Auto-/Zweiradverleih: In fast allen größeren Küstenorten können Autos, Motorräder, Roller, Fahrräder und sogar Boote geliehen werden.

Tankstellen: Es existiert ein gutes Netz von Tankstellen, z. B. mit Tankstellen in Lefkás-Stadt, Nidrí, Vassilikí und Ágios Nikítas.

Übernachten: Die meisten Hotels findet man an der windgeschützten Ostküste zwischen Lefkás-Stadt und Nidrí. Lefkás ist eine Trauminsel für Campingfreunde. Gut ausgestattete Zeltplätze gibt es beispielsweise in Kariótes, Nikiána, Vassilikí sowie an den Buchten von Ormos Dessimi und Mikrós Gialós.

Karten: Die überall erhältlichen "Tourist Maps of Lefkás" genügen den Ansprüchen.

Vorwahl: 0645.

Verbindungen

• *Verbindungen nach Lefkás* Mit dem **Auto** geht es auf gut ausgebauten, durchgehend asphaltierten Straßen von Igoumenítsa, Ioánnina oder Amphilochia nach Lefkás. Musste man früher mit Kettenbooten übersetzen, so ist die Überquerung des Kanals heute bequem auf der Schwenkbrücke möglich. Ihre Benutzung ist kostenlos.
Busverbindungen (mit Umsteigen) gibt es von Athen aus. Vom Busbahnhof Kifissou-Str. 100 in Athen (✆ 210-5150108 und 5151544, bzw. in Lefkás ✆ 26450-22364) starten täglich 4 KTEL-Busse nach Lefkás, in umgekehrter Richtung ebenfalls 4. Strecke 400 km, Fahrtdauer 6 Std. Täglich mindestens 1-mal eine Linienbusverbindung von Lefkás nach Aktio-Préveza.

Der nächstgelegene **Flughafen** befindet sich im 20 km entfernten Préveza (Aktio). Mit dem Bus dauert der Transfer nach Lefkás-Stadt etwas über eine Stunde. Telefon für Auskünfte zu Flugverbindungen in Préveza: ✆ 26820-22355.

7-mal pro Woche besteht eine Flugverbindung von Préveza nach Athen (Flugzeit: 60 Min., Preis ca. 47 € einfach).

• *Verbindungen auf Lefkás* Die **Busverbindungen** zu entlegenen Ortschaften sind auf Lefkás nicht immer optimal. Wer die Insel umfassend entdecken will, sollte über ein eigenes bzw. gemietetes Fahrzeug oder Moped verfügen! Die größeren Orte (Nidrí, Vassilikí und Ágios Nikítas) werden zwar täglich mehrfach vom Hauptort Lefkás angefahren, aber die Verbindungen zu kleineren Ortschaften – vor allem im Inselinneren – oder zu den Buchten sind schlecht. Alternativen: Trampen oder die letzten Kilometer wandern.

Fähren Kleine **Ausflugsfähren** fahren in den Sommermonaten tägl. von (Vassilikí) Lefkás nach **Fiscárdo** und **Sámi** (Kefaloniá). Von Nidrí verkehren Fährschiffe nach **Fiscardo** (Kefaloniá) sowie **Fríkes** (Íthaka) und **Meganíssi.** Informationen bei der Hafenverwaltung in Lefkás: ✆ 26450-92509 und 22322.

Mit **kleinen Booten** werden von Nidrí Ausflüge organisiert zu den nahe gelegenen Inseln Meganíssi, Sparti, Skorpio (Insel von Onassis) und Madoúri.

Von Vassilikí besteht auch die Möglichkeit, mit einem Motorboot den **Lefkadischen Felsen** zu umschiffen. Dieser Trip ist wesentlich angenehmer als die Tour via Athaní. Herrliche Fotomotive bei schönem Wetter. Preis pro Person ca. 25 €.

Lefkás-Ort

Das Städtchen an der Nordspitze der Insel fungiert nicht nur als administratives und wirtschaftliches Zentrum, sondern auch als Verkehrsknotenpunkt. Für die meisten Touristen ist Lefkás-Ort daher nur Durchgangsstation auf der Suche nach geeigneten Badeplätzen. Am großen Hauptplatz stehen etliche Hotels und Cafés mit Terrassen, ein kleiner Park lädt zum Ausruhen ein und im Hafen liegen Dutzende von Jachten vor Anker.

Im Sommer liegen Privatboote jeder Größe aus ganz Europa hier nebeneinander am Kai. Weil im Kanal der natürliche Meerwasseraustausch stark eingeschränkt ist, versandet die Bucht zunehmend. Die Folge ist, dass immer wieder Baggerschiffe mit riesigen Schaufeln die Fahrrinne freilegen. Wer ins Zentrum der Stadt spaziert, wird eine positive Überraschung erleben. Die nach Wilhelm Dörpfeld benannte Hauptstraße ist eine einzige Fußgängerzone mit idyllischen Cafés, Restaurants, Hotels und Läden.

1953 erschütterte ein gewaltiges Erdbeben Lefkás. In den Gassen der Stadt haben viele Häuser die Erschütterungen heil überstanden, da ihre Obergeschosse gemäß türkischer Bauweise aus Holz und nicht aus Stein bestanden. Heute sind leider viele Holzfassaden durch Wellblech ersetzt.

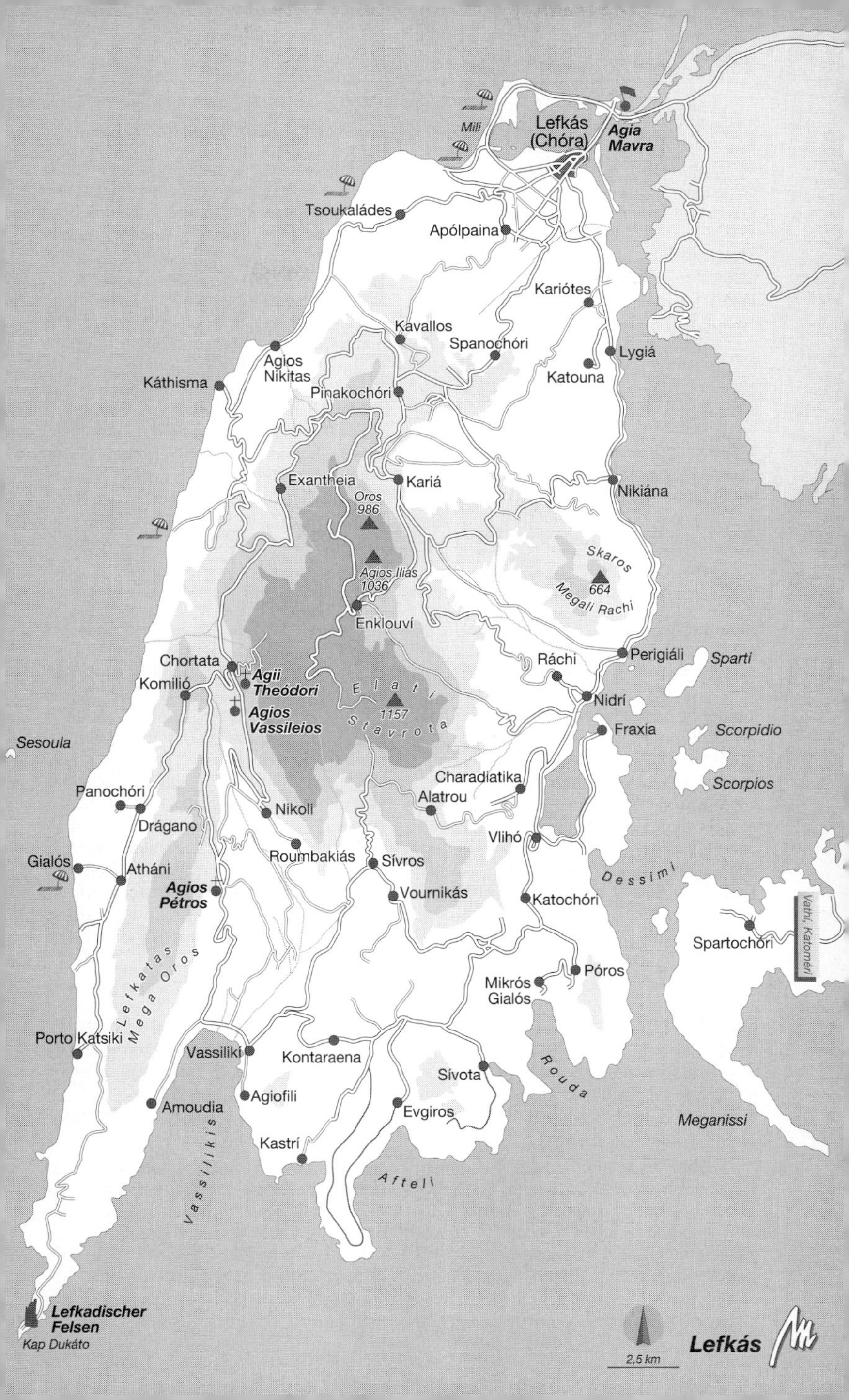

Lefkás
(Chóra)
Agia
Mavra
Mili
Tsoukaládes
Apólpaina
Kariótes
Kavallos
Spanochóri
Lygiá
Katouna
Agios
Nikitas
Káthisma
Pinakochóri
Exantheia
Kariá
Nikiána
Oros
986
Agios Ilias
1036
Skaros
664
Megali Rachi
Enklouví
Perigiáli
Sparti
Ráchi
Chortata
Agii
Theódori
Komilió
Nidrí
Elati
1157
Stavrota
Agios
Vassileios
Fraxia
Scorpidio
Sesoula
Scorpios
Charadiatika
Panochóri
Alatrou
Drágano
Nikoli
Vlihó
Gialós
Roumbakiás
Sívros
Dessimi
Atháni
Agios
Pétros
Vournikás
Katochóri
Vathí, Katoméri
Spartochóri
Lefkatas
Mega Oros
Póros
Mikrós
Gialós
Porto Katsiki
Vassilikí
Kontaraena
Sívota
Rouda
Agiofili
Amoudia
Evgiros
Meganissi
Vassilikis
Kastrí
Afteli
Lefkadischer
Felsen
Kap Dukáto
2,5 km
Lefkás

Verbindungen/Adressen

• *Verbindungen* Die **Busse** zu den verschiedenen Orten der Insel halten an der Busstation in der Dimitriou-Golemi-Str.; ✆ (KTEL): 26450-22364 (gegenüber dem Jachthafen auf der südlichen Seite der Landzunge).

Taxi: Der Hauptplatz am Stadteingang ist Treffpunkt der Taxis. Da die Busverbindungen nicht immer optimal sind, ist das Taxi ein beliebtes Transportmittel, das zudem nicht allzu teuer ist. Einige Preisbeispiele: zum 25 km entfernten Airport 15 €, nach Vassilikí 20 €, nach Ágios Nikítas 8 €, nach Ligia 4 €.

• *Reiseagenturen/Ausflüge* Die **Dana Travel Agentur** (✆ 26450-24650) veranstaltet 1-mal pro Woche einen Rundtrip mit einer Ausflugsfähre nach Kefaloniá, Íthaka und Skorpiós. Abfahrt vom Hafenort Nidrí, 18 km vom Hauptort Lefkás entfernt. Anmeldung in den diversen Hotels möglich. Preis pro Person ca. 18 €. Hinweistafeln beachten!

• *Wichtige Telefonnummern/Adressen* **Krankenhaus**, ✆ 26450-25371. **Hafenverwaltung**, ✆ 26450-22322. **Polizei**, ✆ 26450-22696. **Post**, ✆ 26450-24225. **Bootsverleih**: Nikos Thermos aus Nikiána verleiht Boote bzw. fungiert als Water Taxi; ✆ 26450-93033 oder 693-321847.

Auto-/Motorradverleih (kein Name): am kleinen Park gegenüber dem Hauptplatz, ✆ 26450-23436; Moped 15 €/Tag, Auto (Kleinwagen) ab 43 € (bei max. 100 km/ Tag) z. B. Europcar, ✆ 26450-23581.

Karten: Sehr brauchbar sind in der Regel die "Tourist Maps", Preis ca. 1,50 €, die in jedem Souvenirladen/Kiosk verkauft werden.

Übernachten

Hotel Lefkas (B-Kat.), am Hauptplatz (Panagou-Str. 2) liegt das beste Hotel der Stadt, das vor allem von griechischen Geschäftsleuten geschätzt wird. Riesige Fassade gegenüber eindrucksvollen Oleanderbüschen. Alle 93 Zimmer tipptopp. DZ ab 75 €, dafür aber komfortabel; ✆ 26450-23916/-8, ℻ 24579.

Hotel Santa Maura (C-Kat.), die klassizistische Villa mit Marmoreingang besitzt eine helle, freundliche Atmosphäre. Das gepflegte, professionell geführte Haus verfügt über Aircondition, Zimmer im zweiten Stock mit Balkon, im EG Souvenirladen. Von April bis Okt. geöffnet. DZ ab 50 €; ✆ 26450-21308/9, ℻ 26253.

In Lefkás-Stadt gibt es außerdem weitere Häuser der E-Kat.: **Patrae**, Meganissiou-Str. 1, ✆ 26450-22359, DZ ab 44-52 €. **Byzantion**, Derpfeld-Str. 4, ✆ 26450-22315, DZ ab 42 €; in dem klassizistischen Gebäude in der Fußgängerzone werden neun Zimmer mit Balkon im ersten Stock vermietet. In der Nebensaison kann man mit dem netten Besitzer über einen Preisnachlass sprechen.

Hinweis: Es gibt sicherlich schönere Orte als Lefkás-Ort. Doch die Stadt bietet sich als Ausgangsquartier vor allem für Reisende an, die öffentliche Verkehrsmittel benutzen. Zudem sind im Gegensatz zu den meisten Küstenorten die Hotels ganzjährig geöffnet.

Essen und Trinken

Das Angebot an Restaurants in Lefkás-Stadt ist nicht besonders groß. An der Hauptstraße namens Derpfeld reihen sich die meist einfachen Tavernen aneinander. Kulinarische Kunststücke darf man hier nicht erwarten. In der Regel werden einfache Grillgerichte serviert. Um an der Hafenpromenade einen kühlen Drink am Abend genießen zu können, braucht man ein wenig Wetterglück, denn meist weht hier eine steife Brise.

Café Boschetto, stilvolles Café in einem klassizistischen Gebäude an der Platia (Beginn der Fußgängerzone). Vor allem an kühlen Tagen findet sich in dem gemütlich eingerichteten In-Lokal die Szene ein.

Café Casbah, in einer schön restaurierten Villa an der zentralen Platia hat sich dieses geschmackvoll eingerichtete In-Café etabliert. Den jungen Griechen liegt das Casbah u. a. wegen seiner guten Kaffeeauswahl (auch weiße Schokolade). Nicht gerade billig. In den bequemen Stühlen sitzend, kann man Tavli spielen, miteinander plaudern, Leute beobachten ... Griechisches Caféhausleben.

Das beste Eis der Stadt gibt es in der **Gelateria Melino** am großen Hauptplatz. Insgesamt verführen 24 Sorten, darunter Spezialitäten wie Honigeis, Walnuss oder Wildkirsche.

Ouzerie O Dionysios, ein Café, in dem alte griechische Kaffeehaustradition hoch gehalten wird. An der Wand hängen riesige historische Fotos. Vorwiegend älteres Publikum schätzt dieses Lokal in der Fußgängerzone.

Diverses

• *Einkaufen* Das **Feinkostgeschäft Lefkada Gourmet** bietet exzellente einheimische Produkte an, z. B. luftgetrocknete Salami, griechischen Kaffee, Honig, Mandolato, Olivenöl, Essig, 150 verschiedene Weine und Gewürze. I. Mela 170 (gegenüber dem Postamt); ✆ 26450-26141.

Likörladen Potopoia, in der Mitropoleus-Str. 4, einer Seitengasse der Fußgängerzone, befindet sich der originelle Laden, der für Liebhaber von Ouzo und regionalen Likören ein Eldorado ist. Verkauf vom Fass oder in Flaschen. ✆ 26450-22368.

• *Bademöglichkeiten* Nördlich des Zentrums befindet sich eine Landzunge, deren Nordflanke sich gut zum Baden eignet. Der Sandstrand ist knapp 4 km lang und 30 m breit – die wenigen Menschen stören kaum. Wegen des Windes auch für fortgeschrittene **Surfer** geeignet. Alte Windmühlen sorgen für reizvolle Optik. Eine weitere Bademöglichkeit bietet sich am nördlichen Ende der Lagune, gegenüber der venezianischen Festung. Hier mündet der Kanal ins offene Meer. Ein schmaler Strand ist über die Hafenmole leicht zu erreichen. Übrigens führt eine breite Asphaltstraße an der ganzen Lagune entlang. In den Dünen gibt es viele einsame Bademöglichkeiten. Nachteil: An den meisten Sommertagen weht ein kräftiger Wind, der das Vergnügen am Sandstrand erheblich einschränkt.

Sehenswertes

Festung Agia Mávra: Vom Festland kommend, stößt man schon direkt nach der Schwenkbrücke auf Spuren der Vergangenheit – die venezianische Festung Santa Maura aus dem 13. Jh. Sie ist heute leider nicht mehr zu besichtigen, aber auch von außen sehr beeindruckend. Aus den mächtigen Mauern ragen dicke Kanonenrohre. Zwischen 1479 und 1684 hatten die Türken auf Lefkás und natürlich auch über Santa Maura das Sagen, ehe Venedig die Burg zurückgewinnen konnte. Obwohl schwere Ketten den Festungseingang versperren, kann man einen Blick ins Innere werfen. Ein breiter Wassergraben trennt das weitläufige Fort vom Festland. Noch heute ist der ins Mauerwerk eingelassene venezianische Markuslöwe zu erkennen. Auf den Burgmauern wurde auch ein Leuchtturm errichtet, der heutzutage die Einfahrt zum Meerbusen zwischen der lefkadischen Ostküste und dem griechischen Festland markiert.

Was ist ein **Phonografisches Museum**? In einer engen Seitengasse des Hauptplatzes (Odos Kagani 30) findet man darauf eine Antwort. Im Erdgeschoss eines Altstadthauses, das vor Exponaten fast schon überquillt, werden alte Radios, Plattenspieler und Schallplatten ausgestellt. Das Mini-Museum steckt voller Relikte aus vergangenen Zeiten, der Besuch ist ein kleines Erlebnis. (Im Sommer meistens geöffnet, jedoch ohne feste Zeiten; Eintritt frei.)

Pantokrátor-Kirche: Die klassizistische Kirche in der Fußgängerzone ist dem Pantokrator (Christus als Weltenherrscher) geweiht. Anfang des 18. Jh. ließ die einflussreiche Familie Valaorítis diese Privatkirche erbauen. 1890 erhielt sie ihre jetzige Fassade. Hier ist der Schriftsteller und Politiker Aristotélis Valaorítis (1824–1879) begraben (siehe auch Nidrí). Leider ist die Kirche nur selten geöffnet.

Das **Archäologische Museum** (Odos Faneromenis 21) befindet sich außerhalb des Stadtzentrums in einem ockerfarbenen, schmucklosen Haus am Ortsrand, an der

Straße nach Ágios Nikítas. Das kleine Museum (nur ein Raum) dokumentiert mit alten Fotos und Fundstücken die Ausgrabungen aus der Zeit von 1905–1912 rund um die Ortschaft Nidrí.

Öffnungszeiten Di 9–13 Uhr. Kostenloser Eintritt. ✆ 26450-23678.

Im **Volkskundemuseum** von Lefkás-Stadt (Odos Marinou 1) kann man sich auf die Spuren vergangener Jahrhunderte begeben. In dem einfachen Altstadthaus sind alte Trachten und Kostüme, Stickereien und Kleider, aber auch handwerkliche Gegenstände ausgestellt. Historische Fotos geben einen Eindruck davon, wie die Insel vor dem Bauboom ausgesehen hat.

Öffnungszeiten Die Ausstellung ist tägl. von 17.30–20 Uhr geöffnet. Kostenloser Eintritt.

▸ **Kloster Faneromenis**: Das Kloster liegt 3 km südwestlich der Stadt auf einem bewaldeten Hügel. Es sind nicht so sehr die kunsthistorischen Kostbarkeiten, die Besucher anlocken, sondern der beeindruckende Blick auf die Inselhauptstadt und das nordgriechische Festland. Die Kirche des sorgsam gepflegten Klosters wurde bereits 1634 erbaut. Die Einrichtung dagegen musste Ende des 19. Jh. nach einem Brand erneuert werden. Faneromenis gilt heute als das wichtigste religiöse Zentrum Lefkás'. Jedes Jahr zu Pfingsten findet hier ein großes Volksfest statt.

Öffnungszeiten Zwischen 14 und 16 Uhr ist das Kloster geschlossen. Außerhalb der Klostermauern gibt es einen Picknickplatz (mit öffentlichen Toiletten).

Kariá (Karya)

Das sehenswerte Bergdorf, etwa 15 km von Lefkás-Ort entfernt, war einst die Hauptstadt der Insel. Der Ort liegt am Fuße des 1015 m hohen Óros Ágios Ilías. Viele alte, für Lefkás typische Häuser und Fassaden sowie die verlassenen Windmühlen verleihen Kariá den einzigartigen Charme. Vor allem abends erwacht der von einer alten, mächtigen Platane dominierte Dorfplatz zum Leben.

Junge Griechen wird man in Kariá kaum antreffen. Sie verdienen sich ihr Geld in den Touristenorten der Insel. Selbst Lefkás-Besucher verirren sich eher selten hier-

Volkskunde-Museum: Kariá und der "Karsaniki-Stich"

Die exzellenten Stickereien von Kariá sind auf der ganzen Insel berühmt. In einem vorzüglich renovierten Haus werden die alte Handwerkskunst und die besondere Technik des "Karsaniki-Stichs" ausführlich und mit bis zu 200 Jahre alten Beispielen erklärt. Die Gründerin der bekannten Stickschule von Kariá war Ende des 19. Jh. **Maria Stavraka**. Sie hatte bereits als Kind die rechte Hand verloren und wurde unterstützt von Barba Argiris Stavrakas, dem im Balkankrieg von 1912 beide Beine amputiert werden mussten. Heute führt der rührigen Theodoros Katopodis, Nachkomme einer bekannten Stickerin, durch das liebevoll ausgestattete Privatmuseum, das einst sein Elternhaus war. Mit vielen Worten und Gesten erklärt er nicht nur die außergewöhnliche Volkskunst und verschiedene landwirtschaftliche Produktionsmethoden, sondern gibt auch einen Einblick in das soziale Leben auf Lefkás in der ersten Hälfte des 20. Jh. Ein Besuch, an den man sich gerne erinnert.

Anfahrt/Öffnungszeiten 200 m oberhalb der Dorfstraße (Schild), Richtung Hotel Kariá Village. Das Museum ist tägl. 9–21 Uhr geöffnet, der Eintritt kostet ca. 2 €.

her. Durch die gut ausgebaute Straße nach Lefkás-Stadt hat Kariá allerdings in den letzten Jahren eine Art Wiedergeburt erlebt. Manch verlassenes Haus wird restauriert. Übrigens verfügt der Ort auch über eine eigene Post, Tankstelle, Lebensmittelladen ...

Auf ganz Lefkás ist Kariá für seine jahrhundertealte Sticktradition bekannt. Noch heute verkaufen etliche Läden im Ortszentrum rund um die Platia Decken und Deckchen, die von hoher handwerklicher Kunst zeugen.

• *Anfahrt* Die gesamte Strecke von Ágios Nikítas an der Westküste bis nach Kariá ist asphaltiert. Eine ebenfalls gut ausgebaute Straße führt nach Lefkás-Ort.

• *Übernachten* **Hotel Kariá Village** (B-Kat.), ein Quartier, das abseits der Strände viel Ruhe und Erholung verspricht. Von den Zimmern hat man einen schönen Blick über das Dorf und die Berge. 22 saubere Zimmer, geschmackvolle Bar und freundlicher Service. Allerdings oft schon im Herbst geschlossen. DZ ab 50 €; ✆ 26450-41030, ✆ 210-6430119.

Zudem gibt es in Kariá eine Reihe von **Privatquartieren** (DZ ab 25 €).

Der Osten

Die Küstenstraße wirkt wie eine Perlenschnur, an der sich die touristischen Orte der Insel aufreihen. Nidrí ist nicht zuletzt wegen seiner traumhaften Bucht das unbestrittene Zentrum des Fremdenverkehrs. Dort legen auch die Fähren zur benachbarten Mini-Insel Meganísi oder nach Kefaloniá und Íthaka ab. Ein anderer wichtiger Fährhafen ist das Dorf Vassilikí ganz im Süden der Insel.

Die gesamte Ostküste verfügt über ein gut ausgebautes Straßennetz. Lediglich in den Sommermonaten kann es in Nidrí zu kleineren Staus kommen, da der Verkehr nach wie vor mitten durch den Ort geht. Die meisten Hotels an der windgeschützten Ostküste haben sich in und um Nidrí angesiedelt.

▸ **Kariótes**: Knapp 300 m von der Ortschaft entfernt, befindet sich ein vorbildlicher Badestrand mit türkisblauem, sauberem Wasser. Der grobkörnige Sand wird im Meer deutlich feiner. Surfen ist ebenfalls gut möglich. Folgen Sie zum Strand dem Hinweisschild "Saltworks". Das Meer ist in diesem Bereich besonders salzig. Noch heute wird das Salz in kleinen Becken durch Austrocknen gewonnen.

Am Ende des Dorfes erwartet Sie ein noch besserer Strand mit kleinen, weißen Kieselsteinchen, das Wasser ist ebenfalls glasklar, es gibt sogar etwas Schatten am Ufer. Vom Zeltplatz sind beide Strände gut zu Fuß zu erreichen. Der Ort ist auch in der Hauptsaison nicht überlaufen.

• *Verbindungen* Der **Bus** hält direkt im Zentrum. Wer mit dem Auto unterwegs ist, findet in Kariótes eine **Tankstelle**.

• *Übernachten* **Camping Kariótes Beach**, gut 2 km südlich von Lefkás: Der Eingang wird von einer Platane und einem Brunnen flankiert. Auf der terrassierten Anlage spenden alte Ölbäume viel Schatten. Vor allem Griechen machen hier Urlaub. Toiletten und Duschen sind sauber. Hinter der Rezeption liegt ein einfacher Swimmingpool. Der Besitzer spricht etwas Englisch. Wegen der nahen Straße ist es leider manchmal sehr laut. Geöffnet vom 1. Mai bis Anfang Oktober. Preise: pro Person 3,50 €, Auto und Zelt je 2,50 €; ✆ 26450-71103.

Ansonsten sind in Kariótes und Umgebung mehrere **Privatzimmer** zu mieten, zum Teil sehr schön am Strand gelegen. DZ ab ca. 30–40 €.

▸ **Lygiá**: Das Dorf, 4 km südlich von Lefkás-Ort, mit dem größten Fischerhafen der Insel wird vor allem von griechischen Touristen als Badeort geschätzt. Die Fischtavernen an der Mole genießen unter Einheimischen einen guten Ruf. Das griechische

Festland scheint hier zum Greifen nahe und das Meer wirkt wie ein See. Lygiá verfügt nur über einige schmale, jedoch feine Kiesstrände, die allerdings direkt an der Straße liegen und daher nicht gerade zum Baden einladen.

• *Übernachten* **Hotel Konaki**, der unauffällige Eingang an der Ostküste lässt erst mal nicht vermuten, dass sich dahinter eine geschmackvolle, sehr gepflegte Hotelanlage (C-Kat.) verbirgt. Pflanzen und Blumen umwuchern das Gelände. Hinter den beiden Hauptgebäuden gibt es noch sechs Bungalows. Die Zimmer sind geräumig, mit einfachen, aber geschmackvollen Holzmöbeln ausgestattet und verfügen über Balkon oder Terrasse. Das Frühstück auf der Terrasse ist ein romantischer Beginn für einen Urlaubstag. Freundlicher, relaxter Service. Geschmackvolle Bar am Pool. Das kleine Hotel (36 Zimmer) gehört zu den attraktivsten Anlagen an der Ostküste – für alle, die über einen Mietwagen oder ein Motorrad verfügen. Geöffnet April bis Oktober. DZ 79 €, EZ ab 57 €. ✆ 26450-71397, ℻ 71125.

Hotel Paradise Inn (B-Kat.), mit 39 Zimmern, die alle über Bad und Dusche, Klimaanlage, Telefon, TV und Kühlschrank verfügen, eines der größeren Häuser im Ort. Jedes Zimmer hat Balkon oder Terrasse. Swimmingpool, Restaurant und Snackbar. Rund 250 m vom Strand entfernt. DZ ab 40 € in der Vorsaison und bis 110 € in den Sommermonaten. ✆ 26450-71133, ℻ 26450-71525. Geöffnet April–Nov.

Nikiána

Das lang gestreckte Dorf an der Küste, die hier zunehmend steiler wird, besitzt eigentlich gar keinen richtigen Ortskern. An der Küstenstraße reihen sich die Tavernen, Pensionen und Supermärkte aneinander.

Der Ort wurde von den Bewohnern des oberhalb von Nikiána gelegenen Bergdorfes Alexandros gegründet. Nur in der Hochsaison ist hier etwas los. Nikiána eignet sich vor allem als günstiges Ausgangsquartier.

Am Ortsanfang beginnt ein langer Kiesstrand mit feinem Sand im Wasser. Leider liegt er direkt an der Straße. Erwähnenswert ist auf jeden Fall der schöne Blick auf die Bucht von Drepano und hinüber zum Festland. Das Wasser leuchtet erst türkis, später dunkelblau, dahinter steigen die Berge des Akarnaniká-Gebirges hoch auf. Die kalkweißen Felsen sind von tiefen Furchen durchzogen, und obwohl sie kahl und "abgenagt" aussehen, wirken sie doch beeindruckend.

Im Ortszentrum gibt es einen weiteren Badestrand mit skurrilen, eiförmigen Felsen. Der Kiesstrand ist jedoch arg schmal.

• *Übernachten* **Bungalowanlage Porto Galini** (B-Kat.), knapp 1 km außerhalb von Nikiána. Die neuen, in Weiß gehaltenen Bauten mit violetten Fenstern zeigen eine einfallsreiche Architektur. Hier findet man sehr viel Ruhe und am zur Anlage gehörigen Kiesstrand auch Schatten. Auf dem Gelände gibt es ein Café und ein Restaurant. Fast ausschließlich britische Gäste kommen hierher. Ein Appartement für 2 Personen kostet mit Frühstück ab 120 € aufwärts; ✆ 26450-9243133, ℻ 26450-92672.

Die Anlage bietet zahlreiche Ausflugs- und Wassersportmöglichkeiten und ist auch sonst ganz auf gehobene touristische Bedürfnisse zugeschnitten.

Hotel Alexandros (B-Kat.), schöne, doppelstöckige Bungalowanlage mit zwei Gebäudeflügeln, inmitten eines Olivenhains gelegen. 3 ha großer Garten, der bis ans Meer reicht, Swimmingpool, Bootsanlegestelle, Kinderbecken und Kinderspielplatz. Nicht alle Zimmer haben Aircondition und TV. Gehört mit zu den komfortabelsten Unterkünften von Lefkás. 29 Zimmer, DZ ab 60–130 €, ✆ 26450-71376, ℻ 71131.**Aliki** (C-Kat.), neben Hotel Sunrise (s. u.). Geschmackvolles Mittelklassehotel mit Klimaanlage. DZ 50–90 €; ✆ 26450-71602, ℻ 72071.

Hotel Ionion (C-Kat.), die terrassenförmig am Hang erbaute Hotelanlage, die aus mehreren Gebäuden besteht, bietet einen schönen Blick aufs Meer. Leider liegt die gepflegte Mittelklasse-Herberge unmittelbar an der Küstenstraße. Großer Parkplatz; Eukalyptusbäume spenden Schatten. DZ ab 55 €. Mai bis Okt. geöffnet. ✆ 26450-71720.

Camping Episkopos Beach, der Platz liegt nördlich von Nikiána unmittelbar an der Straße (bei einer Brückenruine). Junge Olivenbäume in Reih und Glied spenden reichlich Schatten. Die einfache Anlage wird vor allem von Griechen wegen ihrer Nähe zu Nidrí geschätzt. Die Toiletten sind alt, aber sauber. Es gibt einen Mini-Markt und eine gemütliche Taverne. Zum Meer geht man knapp 2 Min., das Wasser ist sauber, ohne Pflanzen, jedoch findet man kaum Schatten am Kiesstrand. Preise: pro Person 3,50 €, Auto und Zelt je 3 €; ✆/℻ 92544. Geöffnet 1.6.–30.9.

Nidrí

Unangefochtenes touristisches Zentrum der Insel ist das ehemals kleine Fischerdorf Nidrí mit seiner reizvollen Küstenlandschaft. Besonders an der Hauptdurchfahrtsstraße geht es heutzutage laut und hektisch zu. Am Abend drängen sich viele hundert Besucher zwischen Autokolonnen, Supermärkten, Autoverleihern und Souvenirgeschäften.

Dennoch lädt Nidrí zum Bleiben ein – und zwar mit überzeugenden Argumenten. Gegenüber dem überschaubaren, gemütlichen Fischerhafen erheben sich einige kleine, bewaldete Inselchen aus dem blauen Ionischen Meer. In der Hafenbucht liegen zahlreiche Jachten und am Kai ankern die Ausflugsboote und Privatjachten. Große Tafeln, die vor den Schiffen an der Mole aufgestellt sind und über Abfahrtszeiten, Routen und Preise informieren, sollen das Interesse der Besucher wecken. Von Nidrí aus kann man die luxuriöse Privatinsel von Onassis umrunden oder einen Ausflug zur einsamen Insel Meganísi unternehmen. An der Promenade, die sich allabendlich in eine Flaniermeile verwandelt, reihen sich Cafés, Restaurants und Tavernen; es riecht verführerisch nach frisch gegrilltem Fisch und streunende Katzen treiben ihre Spiele auf der Straße ...

Vor allem englische Touristen schätzen seit den achtziger Jahren das exzellente Angebot an Wassersportmöglichkeiten, die in und um Nidrí geboten werden. Auch Charter-Segelschiffe machen auf ihrer Reise durch die Ionische Inselwelt gerne hier Station. Die Bademöglichkeiten im Ort selbst sind eher bescheiden, doch wer über einen fahrbaren Untersatz verfügt, kann südlich von Nidrí traumhafte Buchten entdecken.

Ionische Insel
Karte S. 99

Verbindungen/Adressen

- *Verbindungen* Tägl. fahren mehrere **Busse** zum Hauptort Lefkás, aber auch in den Süden der Insel. Eine **Haltestelle** besteht im südl. Teil von Nidrí nahe der Ortseinfahrt.

Tägl. verkehren 2 Autofähren auf der Route **Nidrí-Vassilikí-Fiscárdo-Fríkes-Nidrí** (und zwar stets nur in dieser Reihenfolge).

Tägl. legen mehrmals Autofähren nach **Meganísi** ab. Informationen unter ✆ 26450-92509. Rückfahrt ab Spilia (Meganísi) bzw. Vathí (Meganísi) am frühen Nachmittag und frühen Abend

- *Adressen* **Bootsverleih**, am nördlichen Ende der Hafenmole. Ein einfaches Boot mit Außenborder kostet 35 €, Sprit extra. Mit derartigen Booten kann man bei ruhiger See zu den nahe gelegenen Inseln fahren.

Verschiedene Verleiher bieten an der Hauptdurchfahrtsstraße **Autos und Zweiräder an**. Preisvergleich lohnt sich vor allem in der Nebensaison. Mountainbike ab 5 €, Moped/Roller 15–30 € pro Tag. Autoverleih: Fahrzeuge ab ca. 42 € mit 100 km pro Tag. Europcar, Panagou-Str. 6, ✆ 26450-23581, ℻ 23282.

Übernachten/Essen

- *Übernachten* **Hotel George** (B-Kat.), der große Pool mit seiner pavillonartigen Bar ist schon einen Aufenthalt wert. Das 1997 erbaute George liegt zentral (200 m von Hauptstraße), aber dennoch ruhig und zählt zu den besten Übernachtungsmöglichkeiten in Nidrí. Das villenartige Hauptgebäude mit seinem gelb-weißen Anstrich verfügt über eine noble Lounge. Dahinter steht ein weißer Zweckbau mit blauen Balkonen. Es werden sowohl Doppelzimmer als auch Appartements mit Aircondition vermietet. Nettes Personal. App. 55–95 € in der Hauptsaison. ✆ 26450-92289, 📠 92152.

Hotel Lefko (C-Kat.), das gepflegte, zweistöckige Hotel liegt am Ortsanfang, 40 m von der Hauptstraße entfernt und am Rande von Obstgärten. Es besteht aus zwei durch einen Swimmingpool getrennten Gebäuden. Teilweise gute Sicht auf die Berge. DZ 35–85 €. ✆ 26450-93069, 📠 93070.

Hotel Nostos (C-Kat.), in dem kleinen Küstenort Perigiali (2 km von Nidrí) steht das zweistöckige Haus, 60 m oberhalb der Küstenstraße, am hier beginnenden Weg nach Kariá. Der Eingang ist von Weinreben umrankt, die Zimmer haben einen kleinen Balkon. Das Hotel wird von der Familie Papanikolopoulos geführt und verfügt über 26 Zimmer. Geöffnet von April bis Okt. DZ 40-75 €. ✆ 26450-92510, 📠 92621.

Hotel Gorgona, das villenartigen Anwesen mit einem subtropischen Garten (riesige Palmen und Bananenstauden) liegt ruhig an der Straße nach Ráchi, 300 m von der Hauptstraße entfernt. Obwohl das Haus offiziell als E-Kat. eingestuft ist, entspricht es eher der Mittelklasse. Geöffnet April bis Okt. DZ 40-70 €. ✆ 26450-92268.

• *Essen/Trinken* Am Hafen gibt es eine Reihe von **Tavernen**. Die Portionen sind in der Regel reichlich, aber im Verhältnis zu anderen Orten auf der Insel nicht gerade billig. Viel Zeit darf man sich an der Promenade beim Lesen der Speisekarte nicht lassen, dann steht schon ein geschäftiger Ober an der Seite. Dafür herrscht am Abend viel Atmosphäre, wenn einige Boote beleuchtet sind und auch von den gegenüberliegenden Inseln etliche Lichter herüberblinken.

Café Byron, eine exzellente Pastellerie mit verschiedenen lefkadischen Spezialitäten. In Korbsesseln lässt man sich am Abend nieder und beobachtet beim Dessert den Trubel an der Hauptstraße.

Pescador, das geschmackvoll eingerichtete Lokal an der Hafenmole wird vor allem wegen seiner Fischgerichte geschätzt. Fragen Sie nach der Tagesempfehlung. Auch wenn die Stühle nicht unbedingt bequem sind – das Essen entschädigt. Aufmerksamer, netter Service, mittleres Preisniveau.

Restaurant a Stasso, ein ideales Ristorante für alle, die auch in den Ferien auf die klassische italienische Küche nicht verzichten wollen. Hausgemachte Pasta, auch Weine vom Stiefel auf der Karte. Die schmucklose Taverne an der Promenade ist eines der wenigen Lokale auf der Insel, das tatsächlich von Italienern geführt wird. Mittleres Preisniveau.

Toni's Seaside Restaurant, abseits vom Rummel der Promenade (am nördlichen Ende) liegt die Taverne malerisch unter Eukalyptusbäumen am feinen Kiesstrand. Von den großzügig gestellten Tischen genießt der Gast nicht nur den entzückenden Blick auf die Inselchen in der Bucht, sondern auch das überdurchschnittlich gute Essen, beispielsweise gegrillten Schwertfisch mit Reis. Für ein Drei-Gänge-Menü sollte man ca. 15 € rechnen. Auf der Weinkarte stehen griechische Klassiker wie trockene Weine von Achaia Clauss oder Vertzamo-Wein von Lefkás (Fl. 6,50 €). Einziger Nachteil: die Stechmücken, die bisweilen bei den Gästen auf Nahrungssuche gehen.

Geschichte/Sehenswertes

Grab von Wilhelm Dörpfeld/Kapelle Agia Kyriaki: Zwischen 1905 und 1910 legte der deutsche Archäologe Wilhelm Dörpfeld rund um Nidrí Bauten einer bronzezeitlichen Kultur (ca. 2000 Jahre v. Chr.) sowie eine antike Wasserleitung und einige Gräber frei. Dörpfeld nahm damals noch fälschlicherweise an, er habe die Heimatstadt des *Odysseus* gefunden.

Der Archäologe ließ sich auf Lefkás dauerhaft nieder. Gegenüber von Nidrí, oberhalb der weiß gekalkten Kapelle Agia Kyriaki (abends beleuchtet), erbaute er sich eine traumhaft schöne Villa mit bezauberndem Blick auf Nidrí. Heute ist das Anwesen mit einem weitläufigen Park in privatem Besitz und nicht zu besichtigen. Ein Spaziergang zur Landspitze, zu der man sich auch mit einem Boot von Nidrí-Hafen übersetzen lassen kann, lohnt sich nicht nur wegen der malerisch gelegenen Kapelle. 400 m südlich des Kirchleins liegt unter einer schlichten Steinplatte der berühmte Archäologe begraben. Noch heute legen Verehrer des Wissenschaftlers frische Blumen an sein Grab. Die Erinnerungsstätte befindet sich an einem schönen Aussichtspunkt. Von einer Steinbank – noch aus Dörpfelds Zeit – kann man den Blick auf die ionische Küstenlandschaft genießen.

• *Wegbeschreibung* Von Nidrí fährt man nach Vlycho und biegt dann links nach Geni ab. Am Ende der schmalen Asphaltstraße führt zunächst ein gepflasterter Weg, später ein Pfad, an der Bucht entlang. 400 m vor der Kapelle stößt man auf die Grabstätte Dörpfelds, die man durch ein Metalltor betritt. Auf dem Weg zum Kirchlein stößt man auf eine kleine Hafenmole, die einst zu Dörpfelds oberhalb gelegener Villa gehörte. Die Kapelle Agia Kyriaki ist meist verschlossen. Links vom Gotteshaus führt eine Metalltreppe zu einem Felsspalt mit einer Ikone.

Wasserfall von Ráchi: Eine der beeindruckendsten Naturschönheiten auf Lefkás ist der Wasserfall von Ráchi, einem Dörfchen westlich von Nidrí. Ein verschlungener, schattiger Pfad führt durch die immer enger werdende Schlucht mit ihren steilen Wänden. Der Wanderweg mit einigen wenigen Kletterpartien, die jedoch leicht zu bewältigen sind, führt am Ende zu Wasserbassins, eine Art natürlicher "Badewannen", und schließlich zu einem riesigen Felsen. Im Sommer und Herbst führt der

Skorpiós: Die Privatinsel der Milliardärsfamilie Onassis

Ende 1988 machte der Inselwinzling vor der Ostküste von Lefkás weltweit Schlagzeilen. Am 19. November 1988 starb in Buenos Aires Christina Onassis (geb. 1950) an einem Herzinfarkt. Ein Selbstmord wurde ausgeschlossen. Eine Woche später wurde die Erbin des Onassis-Imperiums auf der familieneigenen Insel Skorpiós an der Seite ihres Bruders Alexander (er starb 1973 bei einem Flugzeugunglück) und ihres Vaters Aristoteles beigesetzt. Tina Onassis wurde nur 37 Jahre alt. Universalerbin ist deren 1984 geborene Tochter Athina, die heute mit ihrem Vater Thierry Roussel, seiner schwedischen Frau und den drei Kindern des Paars in der Schweiz lebt. Die Mitgift Athinas kann sich wahrlich sehen lassen. Ihr gehören Dutzende Tanker und Frachter, Aktienpakete von amerikanischen und saudiarabischen Ölfirmen, Fabriken, Banken und Immobilien in aller Welt. Insgesamt wurde das Vermögen der Alleinerbin auf rund eine Milliarde Mark geschätzt. Bis zur Volljährigkeit der Tochter wird das Vermögen von Treuhändern verwaltet, die bereits durch Christina Onassis bestimmt wurden. Seit Jahren tobt zwischen dem Vater Athinas, Thierry Roussel, und dem Vermögensverwaltungs-Trust ein Kampf um das Milliardenerbe. Der Franzose wirft den Treuhändern vor, das riesige Vermögen schlecht zu verwalten, und verlangt eine strengere Kontrolle. Außerdem beschuldigt Thierry Roussel die Treuhänder, seine Tochter Athina entführen zu wollen. Sein Versuch, die Vermögensverwaltung übertragen zu bekommen, scheiterte vor den griechischen Gerichten. Vorläufiger Höhepunkt: Im Dezember 1998 wurde Thierry Roussel in Athen wegen Verleumdung und weiteren Anklagepunkten zu fünf Jahren Haft verurteilt. Er hat gegen das Urteil Berufung eingelegt und ist auf freiem Fuß. Die Klage hatten die vier griechischen Treuhänder eingereicht. Sie beschuldigen Thierry Roussel der üblen Nachrede und des Meineides.

Die grüne Privatinsel zeugt noch heute vom legendären Reichtum der wohl berühmtesten Industriellenfamilie Griechenlands: Villen, Gehöfte, Schiffsanlegestellen und Hubschrauberlandeplatz ... Wächter schützen das Eiland vor allzu neugierigen Touristen.

Täglich starten vom kleinen Hafen in Nidrí Ausflugsboote zu Fahrten rund um Skorpiós. Die Insel selbst kann nicht besucht werden. Der Trip kostet etwa 15 €.

Bach nur wenig Wasser und der "Wasserfall" ist eher ein Rinnsal. Allerdings schwillt das Bächlein im Frühjahr zum reißenden Fluss an.

• *Wegbeschreibung* Der etwa 4 km lange Weg von Nidrí zum Wasserfall ist ausgeschildert. Am nördlichen Ortsende fährt man in Richtung Ráchi. Die asphaltierte Straße führt hinter grauen Mauern vorbei an einem Sportplatz und endet (Betonpiste) bei einer riesigen Platane bzw. einem Hochbehälter. Von hier geht es nur zu Fuß weiter. Den Wasserfall erreicht man nach ca. 15 Minuten. Feste Schuhe sind von Vorteil, da es vor allem am Ende der Schlucht glitschig werden kann.

Der Süden

In der fruchtbarsten Gegend von Lefkás leben die Menschen vorwiegend vom Getreide- und Gemüseanbau. Bei Kontárena erstreckt sich ein weites grünes Tal bis ins Innere der Insel.

Die zahlreichen Bäume inmitten von Wiesen entlang der Strecke zwischen Póros und Vassilikí scheinen so gar nicht nach Griechenland zu passen. Der Grund für diese grüne Pracht liegt darin, dass in den Bergen das bei reichlich Regen und Schneefall im Herbst und Winter niedergegangene Wasser bis zum Sommer gespeichert wird. Im Zentrum der Ebene von Kontárena gibt es sogar ein *Sumpfgebiet.*

Póros

25 km von Lefkás-Stadt entfernt und gut beschildert, zweigt eine 2 km lange Straße zu dem Bauerndörfchen Póros ab. Vorbei an einem schön bewachsenen Friedhof mit weißen Grabsteinen geht es nach Póros. Die kleine, verwinkelte Ortschaft wirkt verträumt und erweckt den Eindruck, als wäre hier die Zeit stehen geblieben.

Mit dem Auto sollte man in Póros übrigens nicht auf Erkundungsreise gehen, denn die Gassen sind viel zu eng. Vom Ort bietet sich ein schöner Blick auf das bergige Inselinnere. Rund 800 m oberhalb des vom Tourismus kaum berührten Dorfes finden sich die spärlichen Reste eines Turms, der angeblich im 4. Jh. v. Chr. erbaut wurde.

Unterhalb von Póros erstreckt sich eine Bucht namens *Mikrós Gialós.* Der Weg zum Kiesstrand führt über eine 5 km lange, leicht befahrbare Serpentinenstrecke. Der Beach liegt in der tief eingeschnittenen Bucht, einem interessanten Schnorchelrevier. Selbst bei windigen Wetterverhältnissen kann man hier ohne großen Wellengang schwimmen.

• *Übernachten* Das spärliche Angebot an **Privatzimmern** ist in der Hauptsaison fast immer ausgebucht. Die meisten Urlauber suchen den **Campingplatz** in der Bucht auf.

Hotel Ionio Sea (C-Kat.), das 14 Zimmer große Hotel der Familie Konidaris liegt direkt in der Bucht. Es ist ein nüchterner Zweckbau mit einer von Weinreben bewachsenen Terrasse. Zum Hauptstrand sind es 200 m. April bis Okt. geöffnet. ✆ 26450-95110. Unmittelbar daneben weitere private Zimmervermieter.

• *Camping* **Camping Póros Beach**, auf der schönen, terrassenförmigen Anlage spenden jahrhundertealte Ölbäume und Palmen viel Schatten. Vom Bügeleisen bis zum Mini-Markt und Swimmingpool hat der attraktive Zeltplatz alles zu bieten. Die sanitären Einrichtungen sind vorbildlich: Waschbecken aus Marmorimitat, ausreichend Steckdosen, stets heißes Wasser. Von der Terrasse der Taverne genießt man eine sagenhafte Aussicht über die Bucht von Mikrós Gialós. Man merkt, dass die Anlage jährlich renoviert wird. Auf den oberen Terrassen stehen einfache Bungalows, die zweckmäßig mit eigenem Bad und Kitchenette eingerichtet sind. Nette Besitzerfamilie. Preise: pro Person 5 €, Auto und Zelt zusammen 4,50 €, Bus 9 €, Bungalows ab 50 €. Bis Ende Oktober geöffnet. In der Nachsaison deutlich billiger. Geldwechsel möglich; es werden auch Traveller-Schecks eingetauscht. Die Anlage gleicht einem botanischen Garten. ✆ 26450-95452 od. 95298, ℻ 95152, im Winter ✆ 26450-25017.

Das fruchtbare Tal bei Kontárena

▸ **Sívota**: Die traumhafte Bucht ist ein idealer Ankerplatz für Jachten und daher fest in der Hand der Segler. Am langen Kai reihen sich die weißen Boote aneinander. Das kleine Fischerdorf hat sich ganz auf die Bedürfnisse der Segler eingestellt. Sívota gehört zweifellos zu den schönsten Buchten der Inseln. Wer jedoch von einem idealen Badestrand träumt, wird eher enttäuscht. Auch Übernachtungsmöglichkeiten sind rar, denn die Segler schlafen in der Regel an Bord. Die wenigen Häuser des Ortes gruppieren sich um den nördlichen Ausläufer der Bucht. Hier finden die Gäste auch Tavernen, die für ihre köstlichen Fischgerichte bekannt sind.

Vassilikí

Das Surferparadies der Insel: Vor allem junge Leute aus ganz Europa schätzen die oft idealen Windverhältnisse. Der alte Ort Vassilikí mit engen Gassen und Gässchen am Rande der weiten Bucht ist nicht nur seit jeher ein wichtiger Fährhafen nach Kefaloniá und Íthaka, sondern auch das touristische Zentrum im Süden der Insel. Am Strand stehen im Hochsommer die Sonnenschirme dicht an dicht.

Wirklich gefällig ist der Hafen mit seinem langen Pier, dem dunkelgrünen Wasser und den zahlreichen Schiffen. Vertreten ist alles, vom Tretboot bis zur großen Segeljacht. Rund um das Hafenbecken haben die Lokalbesitzer unter schattigen Eukalyptusbäumen, Platanen und Markisen ihre Holztische und -stühle aufgestellt. Vom "English breakfast" über Pizza bis zum griechischen Souvláki gibt es zahlreiche Tavernen, die ganz auf Touristen eingestellt sind. Der stimmungsvollen Atmosphäre abträglich ist jedoch der Autoverkehr, der sich mit viel Auspuffqualm am Hafen entlang bis zum Parkplatz im Süden der Ortschaft zieht.
Vassilikí genießt unter Windsurfern einen exzellenten Ruf. Junge Urlauber schätzen den 2 km langen Beach nordwestlich des Ortes und die guten Windverhältnisse.

Gewöhnlich weht vormittags nur ein laues Lüftchen – ideal für Anfänger. Nachmittags bläst der Wind jedoch weitaus heftiger, dann kommen die sportlichen Surfer auf ihre Kosten. Wer kein eigenes Brett mitgebracht hat, kann natürlich eines am Beach leihen.

• *Verbindungen*: Tägl. fahren bis zu 16 **Busse** in Richtung Lefkás-Ort und Nidrí. Busse fahren auch nach Ágios Pétros und Komilió, allerdings viel seltener. Busse nach Pátras fahren Fr, So, Mo ab. Es gibt auch Verbindungen nach Athen und Thessaloníki. Die Haltestelle ist direkt am Hafen. Infos unter ✆ 26450-22364.
Autofähre: Die Fährverbindungen von Vassilikí zu den benachbarten Inseln **Kefaloniá** und **Íthaka** unterliegen großen Schwankungen. Vor allem in der Nebensaison ist der Fährverkehr oftmals erheblich eingeschränkt! In den Sommermonaten werden Fiscárdo auf der Insel Kefaloniá, Fríkes auf Íthaka und Nidrí tägl. mindestens 1-mal angelaufen. Zusätzlich verkehrt eine Autofähre auf den Strecken Vassilikí-Fiscárdo-Piso, Aetós-Sámi-Piso, Aetós-Fiscárdo-Vassilikí. Fahrplaninformationen unter ✆ 26450-92509.
In der Hochsaison tuckern täglich kleine **Ausflugsfähren** (mit Bar an Bord) zu den Sandstränden von Kástos, Porto Katsíki und Kálamos. Der Trip kostet ca. 15 €.

• *Übernachten* Vor allem im südlichen Teil der Ortschaft (am Felsstrand) gibt es einige **Privatunterkünfte**. Je nach Ausstattung zahlt man für ein DZ 35–50 €. Empfehlenswert ist die kleine Pension auf der rechten Seite am Dorfeingang, ein zweistöckiger Neubau. Die Zimmer verfügen über einen kleinen Balkon; 1 km zum Hafen. ✆ 26450-31368 od. 39288.
Hotel Lefkatas (C-Kat.), direkt im Ortszentrum (mit eigenem Parkplatz). Von den oberen Stockwerken hat man einen herrlichen Blick auf das Meer. Alle Zimmer sehr gepflegt, mit dunkelbraunen, rustikalen Möbelstücken. Weniger passend dagegen die rosafarbene Tapete, dafür hat jeder Raum einen eigenen Telefonanschluss. DZ mit Dusche, inkl. Frühstück je nach Saison ab 55 €; ✆ 26450-31801-3.

• *Camping* **Camping Vassilikí Beach**, im Norden der Bucht. Noch wenig Schatten, aber die Bäumchen wachsen fleißig. Eingerahmt wird der Platz von riesigen Sonnenblumen. Die Anlage ist sehr beliebt bei Surfern, denn bis zum Meer sind es zu Fuß nur 3 Min. Toiletten und Duschen sind in sehr gutem Zustand. Preise: pro Person 5,20 €, Kind 3 €, Zelt und Auto je 3 €; ✆ 26450-31308.

Der Westen

Ágios Nikítas

Der kleine Hafenort ist heute das touristische Zentrum an der Westküste. Nicht zuletzt wegen der zahlreichen Sandstrände in der Umgebung zieht das pittoreske Dörfchen Jahr für Jahr mehr Urlauber an.

In der Hochsaison kann es in der Dorfstraße, die zum malerischen Hafen abfällt, schon mal eng zugehen. Selbst auf dem großen Parkplatz vor der Ortschaft findet man tagsüber kaum einen Stellplatz, der 300 m lange Weg bis zum Meer ist völlig zugeparkt. Vorteilhaft dagegen wirkt sich aus, dass das Zentrum vom Straßenverkehr frei gehalten ist. Wer freilich in der Nebensaison kommt, wird ein anderes Bild mit nach Hause nehmen. Die Hauptgasse scheint ab Oktober wie ausgestorben, bis auf eine Handvoll Tavernen sind alle Restaurants schon geschlossen.

• *Verbindungen* Täglich fahren mehrmals **Busse** nach Lefkás-Stadt und Káthisma. Die Bushaltestelle befindet sich an der Hauptstraße. **Taxi**: ✆ 26450-934830. Außerdem gibt es im Sommer **Taxiboote**, z. B. zum Káthisma Beach, Rückfahrkarte 4 €.

• *Geldwechsel/Autoverleih* Es gibt hier eine Zweigstelle von Europcar mit dem Namen **Travel Mate**. Das weiße Gebäude mit den leuchtend grünen Fenstern steht unübersehbar an der Abzweigung zum Strand. Urlauber können hier Autos und Motorräder mieten sowie Geld wechseln (Bearbeitungsgebühren!); ✆ 26450-97249.

• *Übernachten* Hotel **Agios Nikitas** (C-Kat.), 70 Betten. Die Preise liegen zwischen 40 und 65 €; geöffnet Mai–Okt., ✆ 26450-97460, ℻ 97462.

Relativ neu ist das Hotel **Odyssia** (C-Kat.), das am gepflasterten Fußweg zum Strand liegt. 37 saubere Zimmer, DZ 50–65 €. Aufpreis für Frühstück 5 €/Person, geöffnet April bis Okt.; ✆ 26450-97351, 📠 97421.

Übernachten kann man auch in der **Villa Argyro** am Ortsbeginn, an der Durchfahrtsstraße. Stilvolles Haus am Hang mit taubenblauen Holzbalkons.

Außerdem gibt es etliche **Privatunterkünfte**, DZ ab 25 €.

Camping Koinotiko, einfache, terrassierte Anlage mit Ölbäumen, die ausreichend Schatten spenden. Die sanitären Einrichtungen sind alt, aber sauber. Der Platz liegt rund 200 m außerhalb von Ágios Nikítas an der Strecke nach Kalamítsi. Preise: pro Person 4,50 €, Zelt und Auto jeweils 3,50 €. Rezeption in der Nebensaison in einem kleinen Café, gegenüber dem Platz.

• *Essen/Trinken* **Restaurant/Ouzerie Sappho**, von hier bietet sich ein traumhafter Blick auf den Hafen. Griechische Landküche, Fisch ab 8 € (guter Oktopus) und lokale Weine. Die Taverne ist auch bei Einheimischen beliebt und in der Nebensaison geöffnet.

Taverne Portoni, ein Klassiker am Strand mit griechischem Essen und windgeschütztem Garten (hinter Captain's Corner).

Der Traumstrand von Ágios Nikítas

Ionische Insel
Karte S. 99

▸ **Baden**: Eine Traumbucht! Schöner, aber schmaler Kiesstrand und ganz sauberes Wasser. Skurril geformte Felsen ragen aus dem Wasser und nicht nur die Jugend klettert daran herum. Im südlichen Teil der Bucht steigt eine Felswand steil an und spendet zumindest am Nachmittag einigen Schatten. Tafeln weisen darauf hin, dass nicht nur Oben-ohne verboten ist. Wegen der Ruhe (keine Autos) und der optischen Reize ein idealer Ort zum Faulenzen. Leider wird der Strand durch die angrenzenden Hausmauern zusätzlich eingeschränkt.

Bucht von Káthisma

Eingerahmt von hohen Felsen, erstreckt sich die Sandstrandbucht von Káthisma über gut 500 m. An manchen Tagen herrscht enormer Wellengang. Selbst in der Hochsaison ist der Strand selten überlaufen. Mittlerweile gibt es hier auch verschiedene Übernachtungsmöglichkeiten, z. B. die blau gestrichene Pension Ionio (✆ 26450-99260 oder 99344). Außerdem hat sich eine Reihe von Tavernen etabliert und selbst ein Kartentelefon ist vorhanden. Von Ágios Nikítas sind es mehr als 3 km (täglich kommen einige Busse von Lefkás bzw. Ágios Nikítas). Wer länger bleiben will, kann im nördlichen Teil der Bucht sein Zelt aufstellen. Dort treffen sich auch die Wohnmobilisten.

▸ **Athaní**: In einer eindrucksvollen Landschaft liegt das traditionsreiche, geschäftige Bergdorf Athaní. Die meisten Besucher sind hier nur auf der Durchreise zu den malerischen Stränden der Umgebung, beispielsweise zum nächstgelegenen Strand

Gialós oder zum Egremni Beach und vor allem nach Porto Katsíki. Berühmt ist Athaní für seinen Thymianhonig. Frischen Fisch bekommt man in der Taverne Lefkadas an der Ortsdurchfahrt serviert, von deren Terrasse sich übrigens ein schöner Blick auf die Westküste bietet. Einheimische vermieten auch Privatzimmer.

Lesertipp: "Etwa 1 km nach dem Ort Athaní in Richtung Lefkadischer Felsen gibt es eine Abzweigung zum Egremni Beach (3 km Piste). Die letzte Wegstrecke ist zu Fuß zurückzulegen. Über eine längere Betontreppe geht es hinunter zum Strand. Dort gibt es ein Café. Langer Kiesstrand unterhalb der Steilküste, wenig Betrieb. Nacktbaden ist angesagt."

Lefkadischer Felsen

Der Lefkadische Felsen, die sagenumwobene Hauptattraktion der Insel, liegt im äußersten Südwesten. Wer die steil abfallenden Felswände, die 60 m aus der Brandung des Ionischen Meeres ragen, besichtigen will, sollte am besten über ein geländegängiges, zumindest sehr hoch liegendes Fahrzeug verfügen. Die Fahrt von Komilió über Athaní bis zum Lefkadischen Felsen (auch Kap Dukáto genannt) ist selbst heutzutage noch ein Abenteuer.

Für den Weg sollte man mindestens mit einer Stunde rechnen, obwohl es von Komilió zum Kap nur 21 km sind. Doch die enge Straße mit vielen Serpentinen (ohne Leitplanken) und der schlechte Zustand der Schotterpiste auf den letzten 7,5 km lässt kein schnelleres Fahren zu. Planen Sie für die Tour durchaus einen ganzen Tag ein. Auf halber Strecke lockt die *Bucht von Katsíki* zum Baden. Reserverad, Wasser und ausreichend Benzin nicht vergessen!

Die lange und zum Teil beschwerliche Anfahrt zum Kap lohnt sich. An der Stelle, wo heute der *Leuchtturm* steht, befand sich früher ein *Apollontempel*. Kein Wunder, dass man diesen exponierten Ort gewählt hat, der Rundblick auf das Ionische Meer ist fantastisch! Wilhelm Dörpfeld legte in den 20er Jahren die spärlichen Überreste des Apollontempels frei. Davon ist heute allerdings nichts mehr zu erkennen.

Der 60 m hohe Felsen wird Petra Lefkás genannt. Von dem steilen weißen Kliff soll sich *Sappho*, die berühmteste Lyrikerin der Antike, aus Liebeskummer herabgestürzt haben. In der Antike diente der Felsen auch als Opferstelle. Der Sprung in die Tiefe, der so genannte Katapontismos, stellte eine Art kultisches Gottesurteil dar. Verbrechern wurden Vogelfedern angebunden, ehe sie springen mussten. Wer Glück hatte und den Aufprall überlebte, den zogen Fischer aus dem Wasser. Die Götter hatten ihr Urteil gesprochen und Gnade gezeigt, der Delinquent erreichte auf diese Art und Weise seinen Freispruch. Aber nicht nur Verurteilte stürzten sich vom Felsen, sondern auch unglücklich Verliebte! Zu guter Letzt wagten auch Priester des Apollon den Sprung in die Tiefe. Ausgerüstet mit Vogelschwingen, boten sie sich den Göttern als Opfer an. Für die meisten wurde es ein Sprung in den Tod.

Die Südspitze von Lefkás, das **Kap Dukáto**, passieren alle Fähren der Route Italien-Igoumenítsa-Patras. Ein schönes Bild, wenn die dickbauchigen, zumeist weißen Fähren das tiefblaue Wasser des Ionischen Meeres durchschneiden. Der Platz vor dem Leuchtturm erscheint wie geschaffen für ein ausgiebiges Picknick, wenn man nach der anstrengenden Schüttelpartie im Auto endlich wieder festen Boden unter den Füßen hat.

• *Anfahrt* Die 21 km lange Straße (davon 13,5 km Asphalt) zum Lefkadischen Felsen wurde in den letzten Jahren erheblich verbessert, aber sie ist dennoch nicht ungefährlich. Die Strecke von Komilió über Athaní (Distanz 5 km) bis zur Abzweigung nach Porto Katsíki (bei der Taverne Oasis) ist relativ problemlos. Von dort geht es noch 2 km weiter hoch über der Küste auf einer neuen Asphaltstraße in Richtung Süden (tolles Panorama, aber keine Leitplanken). Danach gibt es nur eine Schotterpiste (noch 7,5 km zum Kap), die besonders nach Regenfällen im Frühjahr und Herbst in sehr schlechtem Zustand sein kann. Achten Sie auf die Schlaglöcher und teilweise groben Steine! Stellen Sie sicher, dass Ihr Fahrzeug über ein funktionierendes Reserverad und Wagenheber verfügt! Die Piste verläuft durch eine karge, menschenleere Landschaft. Nach 4 km Schotterpiste trifft man auf eine terrassenförmig angelegte Senke, die vor allem für den Weinbau genutzt wird. Nähert man sich dieser Tiefebene, blickt man links hinüber zu den Nordkaps von Íthaka und Kefaloniá. Auf den letzten 3,5 km sieht man immer wieder den Leuchtturm – das Ziel der anstrengenden Reise. Die letzten Meter zum Leuchtturm sind für Motorräder und Autos gesperrt. Ein bequemer Fußweg führt hinaus zum mythischen Kap.

Porto Katsíki: Ein Beach zum Träumen

Die Ionischen Inseln sind ein Badeparadies und schöne Strände gibt es zahlreich. Und dennoch zählt Porto Katsíki ohne Zweifel zu den schönsten Stränden der westgriechischen Inselgruppe. Der Sandstrand mit teilweise überhängenden Felswänden ist schlichtweg atemberaubend. Eine steile Treppe führt hinab zum Strand. Katsíki Beach besteht eigentlich aus zwei großen Buchten an der steilen Westküste. Achtung: Bei stürmischer See und damit bei hohem Wellengang kann hier nicht gebadet werden. Selbst das Betreten des Strandes ist lebensgefährlich, da die Wellen sogar Liegestühle zu Kleinholz verarbeiten. Achten Sie an der umtosten Steilküste auf Steinschlag.

Katsíki wird auch mit Ausflugsbooten von Nidrí und Vassilikí angefahren. Motorisiert fährt man Richtung Lefkadischer Felsen und vom Ort Athaní folgt man den Serpentinen einer asphaltierten Straße kontinuierlich bergab. An der Abzweigung Porto Katsíki/Akrotino gibt es eine Taverne namens Oasis. In einem Pinienhain kann man sich die Spezialität des Hauses, Joghurt mit Honig, schmecken lassen. Nach der Abzweigung führt eine schmale Asphaltstraße durch Olivenhaine (fantastische Ausblicke) zum Strand. Langsames Fahren ist hier wegen der vielen Kurven angesagt. Vom Dorf Athaní bis Porto Katsíki sollte man mit ungefähr einer halben Stunde Fahrzeit rechnen. Auf dem Parkplatz bieten zwei Kioske Essen und Trinken an. Dieselmotoren, die als Stromlieferanten dienen, brummen vor sich hin. Über eine Treppe erreicht man den ca. 1 km langen Beach.

Übrigens führt 20 m oberhalb des Parkplatzes ein breiter Feldweg zu einer Engstelle an der Küste. Schwindelfrei sollte man für diesen bezaubernden Weg schon sein: Eine schmale, betonierte Brücke mit Metallgeländer wurde über die hellgraue Felswand errichtet, die rund 30 m senkrecht nach unten abfällt. Von der Brücke hat man einen außergewöhnlichen Blick auf den schönsten Strand der Insel. In nördlicher Richtung erkennt man eine vom Meer umspülte Grotte. Auf der Klippe führt ein schmaler Weg durch Macchia-Gebüsch an die Felsspitze.

Kefaloniá

Traumhafte Kiesstrandbuchten wie Mýrtos, einsame Gebirgslandschaften und duftende Tannenwälder um den 1628 m hohen Énos, eine fantastische unterirdische Märchenwelt mit versteckten Grotten und bizarren Höhlen oder idyllische Hafenstädtchen wie Fiscárdo und Ássos. Keine der westgriechischen Inseln ist so abwechslungsreich und interessant wie Kefaloniá.

Der Tourismus hat auf Kefaloniá Fuß gefasst, ist aber bei weitem nicht so ausgeprägt wie auf den Nachbarinseln Léfkas oder Zákynthos. Seit die zuständigen Behörden das ungenutzte Potenzial der Insel entdeckt haben, wird der Fremdenverkehr konsequent gefördert, beispielsweise durch den Ausbau der Infrastruktur. Das Geschäft mit den Gästen verdrängt vielerorts die überwiegend landwirtschaftlich orientierte Inselökonomie (sie basiert vor allem auf Olivenöl, Wein und Schafzucht); an vielen Orten der Küste ist der Tourismus gar nicht mehr wegzudenken. Pauschalurlauber, überwiegend aus Großbritannien, haben sich in der Gegend um Skála, Kateliós, Fiscárdo sowie auf der Halbinsel Lássi zu einer festen Größe etabliert. Hier, aber auch in Sámi, Póros und der lebendigen Inselhauptstadt Argostóli entstanden einige größere Hotelbauten.

Ansonsten findet man einsame Täler, abgeschiedene Strände und nicht selten behandeln die Herbergsbesitzer ihre Gäste, als gehörten sie zur Familie.

Kefaloniá auf einen Blick

Größe: 781 qkm, Länge 50 km, Breite 35 km, Küstenlänge 254 km.

Bevölkerung: ca. 36.500 Einwohner.

Geografie/Geologisches: Das Landschaftsbild der Insel ist sehr abwechslungsreich: im Norden und Inselinneren unfruchtbares Bergland; im Süden der Halbinsel Palikí Dünenlandschaften; und westlich des Berges Énos der "Garten" Lívathos mit langen Sandstränden. Das Gebiet um Sámi ist ein Eldorado für Höhlenbegeisterte – mit dem Boot auf einem unterirdischem See in der kuppelartigen Melissáni-Höhle; in der hallenartigen Drongaráti-Höhle gibt es Stalaktiten bis zu 3 m Länge.

Wichtige Orte: Argostóli – die Inselhauptstadt; Sámi – der Fährhafen der Insel mit Verbindungen nach Pátras, Íthaka und Italien; Póros – idyllisch gelegenes Dorf mit Fähren nach Kyllíni; Lixoúri – zweitgrößter Ort der Insel; Ássos – traumhaft gelegenes Fischerdorf; Fiscárdo – idyllischer Hafen im Norden (Fähren nach Íthaka).

Straßen: Die Insel ist mit Asphaltstraßen sehr gut erschlossen, Schotterpisten meist nur in unzugänglichen Gegenden im Norden oder auf der Halbinsel Palikí.

Tankstellen: ausreichend vorhanden, in fast jedem größeren Dorf zu finden.

Auto-/Zweiradverleih: Anbieter in fast allen touristisch bedeutsamen Orten, vor allem bei Zweirädern herrscht eine riesige Auswahl. Autos nur in Argostóli, Lássi, Lourdáta, Lixoúri, Sámi, Agía Efimía, Póros, Skála und Fiscárdo.

Unterkunft: ausreichende Anzahl von Hotels und Privatzimmern. Campingplätze bei Argostóli und Sámi. In der Hochsaison dringend reservieren!

Karten: Die in Souvenirshops vor Ort erhältliche Inselkarte ist nicht optimal, doch brauchbar. Empfehlenswerter ist die Karte "Kefalonia – Ithaca" von Road Editions (Maßstab 1:70.000), erhältlich im deutschen Buchhandel oder in den Buchläden/Souvenirshops vor Ort (ca. 6–7 €).

Entfernungen: Argostóli – Skála 40 km, – Póros 43 km, – Sámi 26 km, – Ássos 41 km, – Fiscárdo 54 km, – Ag. Gerasímou 15 km, – Platis Gialos 6 km, – Kourkoumeláta 13 km, Póros – Skála 13 km, Sámi – Ássos 26 km, Lixoúri – Kap Xi 10 km.

Das Geschäft mit den Touristen hätte ein großer Teil der Kefalonier eigentlich nicht nötig. Viele bringen nach jahrzehntelangen Auslandsaufenthalten ein kleines oder auch größeres Vermögen in die Heimat zurück. Auch etliche reich begüterte Reeder haben sich im Inselsüden mit seiner üppigen Vegetation und dem milden Klima in ansehnlichen Villen niedergelassen. Kefaloniá gilt in Griechenland allgemein als wohlhabend. Der Lebensstandard und die Preise sind höher als anderswo in Hellas. Trotz der Randlage wirkt die Insel keineswegs provinziell. Überall trifft man weit Gereiste – die Emigration hat seit Jahrhunderten Tradition, denn Kefaloniá konnte seine Bewohner kaum ernähren. In der Vergangenheit sind viele Kefalonier vor allem in die USA ausgewandert.

Kefaloniá steht aber auch für ein dunkles Kapitel deutscher (Wehrmachts-)Geschichte: Im Herbst 1943 wurde die Insel zum Schauplatz eines der größten Kriegsverbrechen der Deutschen auf griechischem Boden. Vorausgegangen war die Absetzung Mussolinis und die damit verbundene Auflösung des deutsch-italienischen Kriegsbündnisses. Als Hitler am 8. September 1943 vom Waffenstillstand der neuen italienischen Führung mit den Alliierten erfuhr, gab er den Befehl, sofort alle italienischen Truppen auf den gemeinsam besetzten Territorien zu entwaffnen.

Auf Kefaloniá, seit 1940 italienisch besetzt, war die Gebirgsdivision *Acqui* mit ca. 11.000 Soldaten vertreten, die sich weigerten, dem *XXII. Gebirgskorps* der Deutschen das Kommando und ihre Waffen zu übergeben. Nach sieben Tagen erbittertem Widerstand ergaben sich die Italiener der deutschen Übermacht, es folgte eine Hinrichtungsaktion, deren Ausmaß und Grausamkeit kaum zu überbieten war: Etwa 5000 italienische Soldaten und mit ihnen die griechischen Gefangenen bzw.

Corellis Mandoline

Mit seinem Roman "Corellis Mandoline" hat der 1950 in London geborene Schriftsteller Louis de Bernières der Insel Kefaloniá ein würdiges literarisches Denkmal gesetzt. Der spannende Roman handelt von der Zeit des Zweiten Weltkrieges, als Italiener und Deutsche die Insel besetzt hielten. Im Mittelpunkt der Erzählung steht die schöne Pelagia, Tochter des Inselarztes Dr. Jannis, die sich zwischen zwei Männern entscheiden muss: dem jungen Fischer Mandras, der sich später den Widerstandskämpfern anschließt, und dem italienischen Offizier und Mandolinenspieler Antonio Corelli, der den schönen Dingen des Lebens mehr abgewinnt als dem Militarismus der Faschisten. Der 538 Seiten starke Roman ist im Fischer Taschenbuch Verlag erschienen (9,90 €). 1995 erhielt der Schriftsteller für "Captain Corelli's Mandolin", so der englische Originaltitel, den Commonwealth Writers Prize.

Dem überaus erfolgreichen Roman folgte im Jahr 2000 die Verfilmung. Doch trotz allergrößtem Aufwand und Staraufgebot der Spitzenklasse – Nicolas Cage und Penelope Cruz als Liebespaar Corelli und Pelagia – floppte "Corelli's Mandoline" an den Kinokassen, auch die Kritik fand kaum lobende Worte. Zu kitschig, wenig überzeugende Hauptdarsteller, dazu einige Längen und zu viele geschichtsverzerrende Kriegszenen waren die Hauptargumente diverser Verrisse. Übereinstimmende Begeisterung erntete allerdings John Hurt als Dr. Jannis sowie der gelungene Soundtrack mit Mandolinenklängen – und natürlich der Schauplatz Kefaloniá mit seinen wunderschönen Landschaftsbildern.

Widerstandskämpfer auf der Insel wurden ab dem 13. September 1943 quasi im Akkord hingerichtet, auch wenn sie sich den Deutschen schon ergeben hatten. Überlebt haben das Massaker nur einige Wenige, die sich unter den Leichenbergen tot stellten. Augenzeugen von damals – die Hinrichtungen fanden u. a. bei Frangáta, Troianáta und an der Ágios-Geórgios-Festung nahe Argostóli statt – berichteten von Blutbächen, Leichenbergen und entsetzlichem Geruch. Begraben wurden die Hingerichteten von den Dorfbewohnern der Insel.

Vielen Griechen und Italienern ist das Massaker der deutschen Truppen bis heute in lebendiger Erinnerung geblieben. Der Rechtsradikalismus in Deutschland mit den zahlreichen Gewalttaten der letzten Jahre wird auf der Insel mit besonderer Aufmerksamkeit verfolgt. Heute erinnert ein Denkmal auf einem Hügel bei Argostóli an die Opfer von 1943.

Verbindungen

- *Flug* Der Flughafen von Kefaloniá liegt 9 km südlich von Argostóli (Richtung Lássi) und wird überwiegend von englischen Chartermaschinen angeflogen. Linienflüge gibt es regelmäßig nur von und nach Athen. Rückflüge mit Olympic Airways über Athen nach Deutschland kann man auf der Insel buchen, sie sind aber verhältnismäßig teuer. Es gibt keine Busverbindung zwischen Argostóli und dem Flughafen.
Zwischen Kefaloniá und Athen bestehen im Sommer 2-mal täglich Flugverbindungen, im Winter 1-mal tägl. (55 Min., oneway 75 €, Kinder 55 €); des Weiteren 3-mal wöchentlich Zákynthos, Korfu und Lefkás (Préveza) sowie 2-mal wöchentlich Thessaloníki. Achten Sie darauf, dass Sie rechtzeitig am Flughafen sind, denn der letzte Check-in ist 40 Min. vorm Abflug! Buchungen und Rückbestätigung im Büro von Olympic Airways in Argostóli, Rokou-Vergoti-Str., ✆ 26710-28808 oder 26710-28881, ✉ 26690. Auskünfte auch direkt am Flughafen unter ✆ 26710-41511. *Kein Ticketverkauf am Flughafen*!
- *Taxi* Vom Flughafen nach Argostóli 10 €.

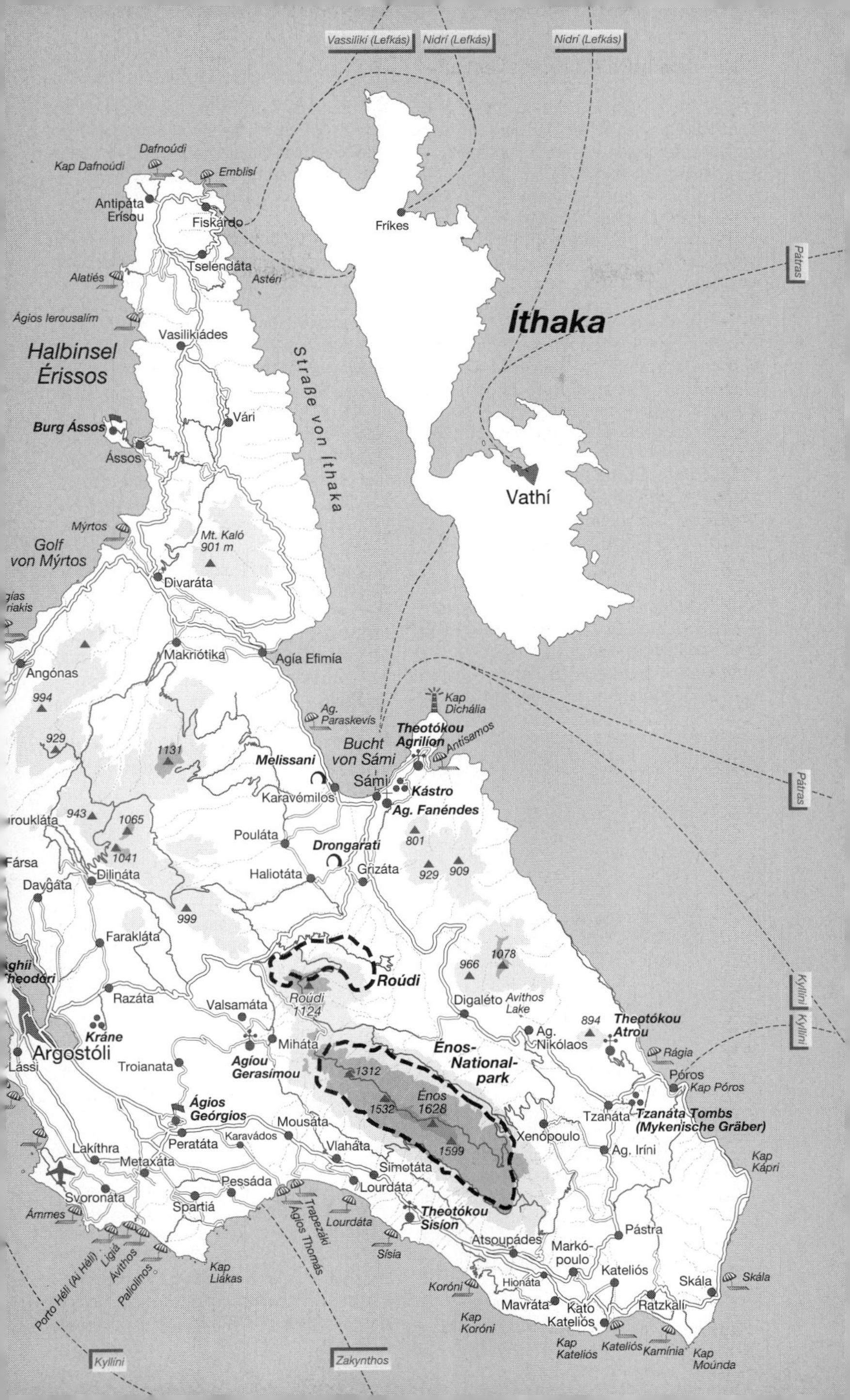

Vassilikí (Lefkás)
Nidrí (Lefkás)
Nidrí (Lefkás)
Dafnoúdi
Kap Dafnoúdi
Emblisí
Antipáta Erísou
Fiskárdo
Fríkes
Tselendáta
Alatiés
Astéri
Pátras
Ágios Ierousalím
Íthaka
Vasilikiádes
Halbinsel Érissos
Straße von Íthaka
Vári
Burg Ássos
Ássos
Vathí
Mýrtos
Mt. Kaló 901 m
Golf von Mýrtos
Divaráta
Makriótika
Agía Efimía
Angónas
994
Kap Dichália
Ag. Paraskevís
Theotókou Agrilíon
Antísamos
929
1131
Bucht von Sámi
Melissani
Sámi
Kástro
Karavómilos
Ag. Fanéndes
943
1065
Pátras
Pouláta
801
Drongarati
1041
Fársa
Dilináta
Haliotáta
Grizáta
929
909
Davgáta
999
Farakláta
1078
966
Roúdi
Roúdi 1124
Digaléto
Ávithos Lake
Kyllíni
Kyllíni
Razáta
Valsamáta
894
Theotókou Atrou
Kráne
Ag. Nikólaos
Argostóli
Miháta
Énos-Nationalpark
Rágia
Lássi
Troianata
Agíou Gerasímou
1312
Póros
Kap Póros
Ágios Geórgios
1532
Énos 1628
Tzanáta
Tzanáta Tombs (Mykenische Gräber)
Mousáta
Xenópoulo
Lakíthra
Peratáta
Karavádos
1599
Metaxáta
Vlaháta
Ag. Iríni
Kap Kápri
Simotáta
Svoronáta
Pessáda
Lourdáta
Ámmes
Spartiá
Trapezáki
Lourdáta
Theotókou Sisíon
Pástra
Ágios Thomás
Atsoupádes
Sísia
Ligiá
Ávithos
Markópoulo
Kap Liákas
Paliolinos
Kateliós
Hionáta
Skála
Skála
Porto Héli (Aj Héli)
Koróni
Mavráta
Kato Kateliós
Ratzkali
Kap Koróni
Kap Kateliós
Kateliós
Kamínia
Kap Moúnda
Kyllíni
Zakynthos

• *Fähre* Da die Fährverbindungen saisonbedingt variieren, ist es empfehlenswert, sich vor Ort in den Agenturen zu erkundigen.

Sámi–Brindisi (Italien): Nur im Juli und August ist Sámi durch die *Med Link Lines (MLL)* und die *Hellenic Mediterranean Lines (HML)* etwa jeden zweiten Tag mit Brindisi verbunden (z. T. Zwischenstopp in Igouménítsa). Im Juni und September sind die Verbindungen stark eingeschränkt, in den Wintermonaten keine Verbindungen. Dauer ca. 13,5 Std. (nach Brindisi). Preise in der Hochsaison: Deck ab 35 €, Pullmansitz ab 50 €, Viererkabine innen ab 65 € pro Person, Doppelkabine außen mit Du/WC ab 130 € pro Person, Auto ab 50 €, Motorrad ab 20 €, Wohnwagen/Wohnmobil je nach Länge 89–157 €, Fahrräder frei. Auskünfte und Buchung u. a. bei *Cavallieratos Travel* in Sámi.

Tickets für die **innergriechischen Fähren** werden in der Regel kurz vor Abfahrt direkt am jeweiligen Hafen verkauft (z. B. in Fiscárdo), in größeren Orten (Argostóli, Sámi, Póros) befinden sich am Hafen meist gleich mehrere Ticketbüros, die vor Abfahrt einer Fähre geöffnet sind.

Sámi–Pátras: mit *Blue Star Ferries* ganzjährig 2-mal tägl. morgens und am späten Nachmittag, im Winter mittwochs und samstags nur 1-mal tägl. (morgens) zur größten Stadt des Peloponnes; pro Person 12 €, Auto 45,60 €, Motorrad 13 €, Wohnwagen/Wohnmobil 11,40 € pro Meter; Dauer etwa 2,5 Std.

Endlose Sandstrände im Westen der Bucht von Argostóli, hier bei Xí

Sámi–Vathí (Íthaka): mit *Blue Star Ferries* ganzjährig 1-mal tägl. (am späten Abend, im Winter Mi/Sa nachmittags); pro Person 4,70 €, Auto 19,50 €, Motorrad 3,90 €, Wohnwagen/Wohnmobil 5 € pro Meter. Dauer ca. 1 Std.

Sámi–Vassilikí (Lefkás): nur in der Hochsaison bis zu 3-mal tägl. via Fiscárdo; pro Person ca. 5 €, Auto 23–27,50 €, Motorrad 7 €, Wohnwagen/Wohnmobil 6,80 € pro Meter; 2,5 Std.

Sámi–Piso Aetós (Íthaka): ganzjährig 2-mal tägl., in der Hochsaison 3-mal tägl.; pro Person 2,50 €, Auto 12 €, Motorrad ca. 3 €, Wohnwagen/Wohnmobil 5 € pro Meter; Dauer ca. 30 Min.

Argostóli–Kyllíni (Peloponnes): mit *Ionian Ferries* bzw. *Strintzis Lines* ganzjährig 2-mal tägl., in der Hochsaison (Juli/August) 3-mal tägl.; pro Person 10,50 €, Auto 36,50 €, Motorrad 7,80 €, Wohnwagen/Wohnmobil 9,20 € pro Meter, Dauer ca. 2 Std. 15 Min.

Fiscárdo–Fríkes (Íthaka): nur im Sommer 1-mal tägl. (abends); pro Person 2,50 €, Auto 12 €, Motorrad 3,60 €, Wohnwagen/Wohnmobil 4,10 € pro Meter; Dauer: 50 Min.

Fiscárdo–Vassilikí (Lefkás): im Sommer bis zu 4-mal tägl. (im Winter 1-mal); pro Person 5 €, Auto 23–27,50 €, Motorrad 7 €, Wohnwagen/Wohnmobil 6,80 € pro Meter; Dauer: 1 Std.

Fiscárdo–Nidrí (Lefkás): im Sommer bis zu 5-mal tägl., im Winter 1-mal tägl., meist mit Zwischenstopp in Vassilikí; gleiche Preise wie Vassilikí, Dauer: über Vassilikí 2,5 Std., direkt 1,5 Std.

Fiscárdo–Piso Aetós (Íthaka): ganzjährig 1-mal täglich (allerdings nur bei ruhiger See), Abfahrt mittags, Dauer 50 Min., pro Person 2,50 €, Auto 12 €, Motorrad 3,60 €, Wohnwagen/Wohnmobil 4,10 € pro Meter.

Póros–Kyllíni (Peloponnes): mit *Ionian Ferries* bzw. *Strintzis Lines* ganzjährig 1-mal tägl. (am Nachmittag), in der Hochsaison 2-mal tägl.; pro Person 6,60 €, Auto 31,10 €, Motorrad 6,90–9,30 €, Wohnwagen/Wohnmobil 7,80 € pro Meter; Dauer 1 Std. 15 Min.

Pessáda–Ágios Nikólaos (Zákynthos): 2-mal tägl. (morgens und abends), in der Hochsaison auch mittags. Die genauen Abfahrtszeiten erfährt man in den Fähragenturen bzw. beim Hafenamt in Argostóli, die letzten Jahre aber immer 7.45 Uhr und 17.30 Uhr, in der Hochsaison außerdem 12 Uhr. Pro Person 4 €, Auto 20 €; 1,5 Std. Im *Winter* nur freitags mittags (und das auch nur bei ruhiger See). **Achtung**: Es gibt keine Busverbindung nach Pessáda, eine Taxifahrt dorthin kostet 10 €. Man sollte diesen Mehraufwand jedoch der teureren und zeitraubenderen Alternative Argostóli/Póros–Kyllíni–Zákynthos vorziehen.

Argostóli

Die 9000-Einwohner-Hauptstadt der Insel liegt im Westen auf einer Landzunge. Die nüchtern-modernen Neubauten ziehen sich am Hang einer schlauchartigen Bucht entlang. Das Meer wirkt durch die geschützte Lage wie ein See.

Während des Tages spielt sich das Leben an der Hafenstraße ab. Dort gibt es den farbenprächtigen Obstmarkt, die Busstation und ein gutes Dutzend Kafenia. Am Abend schlendert man über den mit Palmen bestandenen Valianou-Platz, der mit Hunderten von Stühlen bestückt ist. Zum Plausch pilgert die halbe Stadt auf die hübsche Platía. Zum Anziehungspunkt im städtischen Leben ist in den letzten Jahren auch die schmucke Fußgängerzone Lithostrotou-Straße mit ihren zahlreichen schicken Cafés geworden.

Argostóli mit seinem funktional angelegten Stadtgrundriss und seinen breiten, autogerechten Straßen ist wohlhabend. Schließlich haben sich im Westen der Insel viele vermögende Griechen niedergelassen, mondäne Jachten liegen im Sommer vor Anker.

Wer hier ein paar Tage verbringen möchte, ist mit einem Hotel um die Platía Valianou oder in einer der Seitenstraßen gut beraten. Von vielen Zimmern bietet sich ein herrlicher Blick auf die Bucht. Ziemlich laut zugehen kann es dagegen in den Hotels an der Hafenstraße, denn durch sie fließt ein guter Teil des überregionalen Verkehrs der Insel.

Ein junges Städtchen

Erst 1757 wurde Argostóli Inselhauptstadt. Im 19. Jh. entwickelte es sich zu einem wichtigen Warenumschlagplatz. Das ausgeprägte Selbstbewusstsein des Bürgertums zeigt sich darin, dass es sogar ein eigenes Theater bauen ließ. Das Erdbeben vom 12. August 1953 vernichtete das alte venezianische Argostóli. Nur die lange Bogenbrücke, die die idyllische Bucht überspannt, sowie der 1813 von den Engländern errichtete Obelisk überstanden die Naturkatastrophe. Inzwischen besitzt die Stadt ein eigenes Gericht, ein Gymnasium und sogar eine Philharmonische Schule.

Verbindungen/Information

• *Information* Das Büro der griechischen Touristenorganisation liegt etwas zurückversetzt neben der Hafenpolizei. Nur Mo–Fr 7–14.30 Uhr geöffnet, ✆ 26710-22248.

• *Verbindungen* **Bus**, nahezu alle Dörfer sind mit den Bussen der K.T.E.L. zu erreichen. Der neue Busbahnhof in Argostóli liegt 50 m südlich der Drápano-Brücke an der Einfallstraße aus Richtung Sámi. Mit Cafeteria und Imbiss, Fahrpläne liegen aus. Mit der K.T.E.L. kann man auch Ausflüge unternehmen, nähere Infos am Busbahnhof. ✆ 26710-22281.

Die nachstehend aufgeführten Verbindungen gelten für Werktage. An Wochenenden ist der Busverkehr oft sehr eingeschränkt, an Sonntagen ruht er teilweise ganz. Von 10–18.30 Uhr stündlich zur Halbinsel Lássi (1 €, 10 Min.); 2-mal tägl. Fiscárdo (4 €, 90 Min.; der Bus hält an der Abzweigung nach Ássos), 2-mal Póros (3,50 €, 80 Min.), 2-mal Skála (3 €, 75 Min.), 2-mal Kateliós (2 €, 1 Std.), 3-mal Sámi (2,50 €, 1 Std.), 3-mal Kloster Gerasimou/Valsamáta (1 €, 30 Min.), 1-mal Ag. Efimía (2,50 €, 75 Min.). Außerdem 4-mal tägl. nach Athen (27,50 €, die Fahrzeiten variieren je nach Fährverbindung). **Ausflugsfahrten** mit K.T.E.L.: Inselrundfahrt 20 €, Íthaka 33 €, Zákynthos 34 €.

Adressen

• *Banken* Gibt es in ausreichender Zahl an der Hafenpromenade, quasi alle mit Bancomat (EC-Karte und gängige Kreditkarten). Die Banken sind Mo–Fr 8.30–13.30 Uhr geöffnet, wer Reiseschecks wechseln will, sollte einen Pass dabei haben.

• *Erste Hilfe* Großes Krankenhaus am südl. Ende der Stadt, nahe der Devosseto-Str. (beschildert). ✆ 26710-24641-45, englisch- oder italienischsprachig.

• *Feuerwehr* Die Waldbrandgefahr auf Kefaloniá ist sehr groß. Bei Verdacht sofort anrufen: ✆ 26710-23312 oder Notruf **119**.

• *Hafenpolizei* ✆ 26710-22224. Das Büro liegt nahe der Fähranlegestelle.

• *Polizei* gegenüber der Hafenpolizei. ✆ 26710-22200. Die Abteilung "Touristenpolizei" ist unter ✆ 26710-22815 erreichbar.

• *Post* Lithostrotou-Str. (Fußgängerzone), Mo–Sa 7–14.30 Uhr. Hier kann man auch Reiseschecks wechseln.

• *O.T.E.* Oberhalb des Archäologischen Museums, in der Valianou-Str. 6; Mo–Fr 8–14 Uhr geöffnet.

• *Taxi* Haupttaxistand an der Platía, ein weiterer Stand an der Agora (Obstmarkt), ✆ 26710-22700. Preisbeispiele: Flughafen 10 €, Pessáda (Fähren nach Zákynthos) 10 €, Lássi 3 €, Skála ca. 30 €.

• *Zweirad-/Autoverleih* Das Angebot ist ausreichend, es gibt praktisch an jeder Straßenecke Mopeds zu mieten. Wenn man längere Ausflüge plant, ist es sinnvoll, einen Wagen zu mieten. Bei dem großen Angebot lohnt ein Preisvergleich in jedem Fall. Recht günstig ist **Reliable Rent a Car** in der Rokou-Vergoti-Str. 3, ✆ 26710-23613 oder 26710-23995, ✆ 24452, E-Mail: kapa2@otenet.gr. Ein 50-ccm-Moped (Automatik-Scooter) kostet für 3 Tage (Mindestmietdauer) 45 €, pro Woche 90 €; 100-ccm-Scooter: 20 €/Tag, 50 €/3 Tage, 100 €/Woche; Kleinwagen 50 €/Tag, 100 €/3 Tage, 200 €/Woche. Täglich 9–14 Uhr und 16–20.30 Uhr geöffnet.

Übernachten/Essen

• *Übernachten* **Hotel Ionian Plaza**, sehr fein, für gehobene Ansprüche. Die geräumigen, gut ausgestatteten Zimmer verfügen über Bad, Balkon (zum Platz), TV und Aircondition, für das Gebotene nicht zu teuer: EZ 53,50 €, DZ 78 €, Dreier 99 €, jeweils inkl. Frühstück. Ganzjährig geöffnet. An der Platía Valianou. ✆ 26710-25581-84, ✆ 25585.

Hotel Aenos, ebenfalls zentral an der Platía Valianou, ist nach Komplettrenovierung nun eines der besten Hotels in Argostóli. Gediegene Lounge mit Bar und Kamin, im EG befindet sich auch das eher gehobene Hotelrestaurant (mit Terrasse). Alle Zimmer mit Bad, Balkon (teilweise zum Platz hinaus), TV und Aircondition, EZ 80 €, DZ 100 €, Frühstücksbuffet inkl. Platía Valianou, 28100 Argostóli, ✆ 26710-28013, ✆ 22740, www.aenos.com.

Hotel Mouikis, drittgrößtes Hotel in Argostóli, allerdings nicht mehr ganz neu. Ruhige Lage, ausgesprochen freundlicher Service; schlichte, dabei aber angenehme Zimmer mit Fliesenboden, Bad, TV und Balkon, Aircondition auf Wunsch. EZ 60 €, DZ 95 €, Dreier 114 €, Frühstück inkl. Ganzjährig geöffnet. Vironos-Str. 3 (vom Hafen aus beschildert), ✆ 26710-23032 oder 26710-23455, ✆ 24528.

Hotel Tourist, Eckhaus an der Hafenstraße zwischen Anlegestelle und Obstmarkt. Netter Service, etwas hellhörig, relativ schlichte, zumeist aber renovierte Zimmer, fast alle mit Balkon, das DZ mit Bad, Aircondition und TV kostet 80 €, EZ 55 €, Dreier 100 €, Frühstück 5 € pro Person. Ganzjährig geöffnet. Antoni-Tritsi-Str. 109, ✆ 26710-23034, ✆ 22510.

Hotel Olga, gepflegtes Hotel, direkt am Hafen. DZ (mit Aircondition und Balkon) 80 €, inkl. Frühstück. Paralia Metaxa 82, ✆ 26710-24981/-84, ✆ 24985.

Hotel Cephallonia Star, älteres, renoviertes Hotel, am Fährhafen nach Lixoúri. EZ 50 €,

DZ 70 €, jeweils inkl. Frühstück. Metaxa-Str. 60, ☏ 26710-23181/-83, ℻ 23180.

Hotel Mirabel, solide Mittelklasse am unteren Ende der Platía Valianou, schlichte, aber gepflegte Zimmer mit hellen Möbeln, alle mit Bad, Balkon, TV und Aircondition, EZ 50 €, DZ 65 €, Dreier ca. 81 €. Platía Valianou, 28100 Argostóli, ☏ 2671/25381/-83, ℻ 25384, E-Mail: mirabel@hol.gr.

Es gibt auch Ferienwohnungen mit Komfort für längere Aufenthalte. Einfach in einem Reisebüro nachfragen oder im **Hotel Mouikis** (Vironos 3, ☏ 26710-23032), zu dem eine Ferienwohnanlage mit Swimmingpool außerhalb der Stadt gehört.

Camping Argostóli, ruhig gelegen, ca. 2 km in nördlicher Richtung (Asphaltstraße zum Leuchtturm). Mickriger Strand, der nächste größere Strand (Sandbeach von Makris) liegt 3 km entfernt. Die sanitären Einrichtungen sind okay. Ebenes Gelände mit Oliven- und Mandelbäumen sowie Pappeln. Geöffnet Mitte Juni bis Mitte/Ende September. Pro Person 6 €, Wohnwagen 5 €, Wohnmobil 6,50 €, Zelt 3,50–5 €, Auto 3 €. ☏ 26710-23487, ℻ 24525, www.Argostólibeach.gr.

• *Essen* **Captain's Table**, gelegentlich wird traditionelle Livemusik geboten, mit Bar, zugleich ein Treffpunkt für die, die gesehen werden wollen. ☏ 26710-23896.

El Greco, beliebte Taverne, etwas oberhalb der Platía Valianou gelegen. Mittleres Preisniveau; schöne grüne, überdachte Terrasse nach hinten hinaus. Außer vorzüglichen griechischen Gerichten gibt es Pizza, Pasta und natürlich Fisch. Mittags und abends geöffnet; Val.-Vergoti-Str. 3, ☏ 26710-24449.

Kiani Akti – die "Azurküste", ca. 800 m vom Zentrum an der Straße zum Leuchtturm. Ein Besuch hier lohnt allein schon wegen der herrlichen Lage: Die Terrasse ist auf Pfählen direkt über das Meer gebaut, v. a. am Abend eine tolle Atmosphäre. Mittleres bis leicht gehobenes Preisniveau, freundlicher Service, mittags und abends geöffnet. ☏ 26710-26680.

Wer gerne einen guten Tropfen trinkt, der sollte in den Tavernen nach dem trockenen **Robola** fragen.

• *Zum Frühstück* Kefaloniá ist bekannt für sein leckeres Honig- und Mandelgebäck. Deshalb den Tag in einem guten Café mit **Mandola** beginnen. Ein Gaumenschmaus sind auch der **Thymianhonig** und **Kidonopasto**, eine Art Quittengelee, das es nur auf Kefaloniá gibt.

Ionische Inseln
Karte S. 99

Ein Spaß ist die halbstündige Überfahrt vom Stadtzentrum in Argostóli mit der Fähre nach **Lixoúri**. Der zweitgrößte Ort der Insel liegt nur wenige Kilometer westlich von Argostóli auf der anderen Seite der Bucht. Es gibt eine ganzjährige Fährverbindung, die im Sommer täglich von 7–23 Uhr etwa jede halbe Stunde in beide Richtungen verkehrt. Dadurch ersparen Sie sich einen Umweg von fast 30 km, um auf die **Halbinsel Palikí** zu gelangen!
Die Fahrt ist nicht teuer: pro Person 1,20 €, Auto 3,60 €, Motorrad 1 €.

Sehenswertes

Archäologisches Museum: Einen Überblick über die Kultur auf Kefaloniá in der Antike vermittelt das frisch renovierte Archäologische Museum im Stadtzentrum. Übersichtlich angeordnete Exponate aus mykenischer, klassischer und römischer Zeit. Umfangreiche Münzsammlung. Interessant ein gut erhaltenes Mosaik aus der römischen Zeit.

Öffnungszeiten/Eintritt Di–Do 8.30–15 Uhr, Fr–So 8–19 Uhr, Mo geschlossen. Nov.–April auf Anfrage. Eintritt 3 €, Senioren über 65 Jahren 2 €, Kinder und Studenten frei. R. Vergoti-Str./Ecke Valianou-Str. Schräg gegenüber des Theaters, ☏ 26710-28300.

Historisches und Volkskundliches Museum: Es gibt einen repräsentativen Einblick in das gesellschaftliche Leben des 19. und 20. Jh. Ausgestellt sind insbesondere Kleidungsstücke und Möbel, außerdem eine wertvolle Sammlung alter Spitzen und Stickarbeiten sowie Ikonen und Holzschnitzereien. Interessant auch die Fotodokumentation zum Erdbeben von 1953.

Öffnungszeiten Mo–Sa 9–14 Uhr, So geschlossen. Eintritt 3 €, Studenten 1,50 €, Kinder unter 12 Jahren frei. Ilia-Zervou-Straße, ☏/℻ 26710-28835.

Korgialenios-Bibliothek: Die Einrichtung mit rund 46.000 Bänden und dem *Archiv zur Inselgeschichte* wird von einer privaten Stiftung getragen, die 1924 von dem reichen Kefalonier *Marinos Korgialenios* ins Leben gerufen wurde. Das Erdbeben von 1953 zerstörte das alte Gebäude; es wurde in mühevoller Arbeit sorgfältig wiederaufgebaut.

Öffnungszeiten Mo–Sa 8.30–22.30 Uhr, So und feiertags geschlossen. In den Wintermonaten öffnet die Bibliothek erst um 9.30 Uhr. In der sonst eher langweiligen, parallel zum Hang verlaufenden Zervou-Straße fällt die repräsentative Fassade sofort auf.

Meerwassermühle: Auf Kefaloniá hat die Natur viel Fantasie bewiesen. Der Betrieb der Meerwassermühle gehört zu den populärsten Ungereimtheiten der Insel. Leider aber ist die Attraktion der Werbeprospekte vor Ort eher eine Enttäuschung – ein rostiges Mühlrad am Meer, das war's. Verblüffend ist dennoch, wie das Meerwasser in einer tiefen Felsspalte verschwindet, die Insel unterirdisch durchquert und bei der Melissáni-Höhle (bei Karavómilos) wieder auftaucht, um ins Meer zu fließen. Die berühmten Katavothres ("Schlünde") nutzten die Engländer bereits 1835 zum Antrieb einer Getreidemühle.

Anfahrt Die Uferstraße in nördlicher Richtung (Campingplatz), 2,5 km von Argostóli gelegen, folgen Sie der Beschilderung zum Camping und zu den "Katavóthres".

Leuchtturm Ághii Theodóri: Wenn im Sommer die Abendsonne im Meer versinkt und alles in rötlich-orangefarbenes Licht taucht, überkommen selbst den nüchternsten Betrachter romantische Gefühle. Das ist der richtige Zeitpunkt für einen Spaziergang zum Leuchtturm an der Spitze der Halbinsel von Argostóli (3,5 km vom Zentrum entfernt, ab hier in nördliche Richtung). Er wurde 1829 im klassizistischen Stil errichtet und erinnert durch seine dorischen Säulen und den harmonischen Gesamteindruck eher an einen Tempel als an einen Leuchtturm. Im Gegensatz zu den anderen Gebäuden aus dem frühen 19. Jh. wurde der Leuchtturm nach dem verheerenden Erdbeben von 1953 nach originalen Plänen rekonstruiert und zählt heute sicher zu den baulichen Highlights der Insel.

Ruinen von Kráne: Eine der vier antiken Städte Kefaloniás, Kráne, lag am Ende der Bucht von Argostóli. Die historischen Quellen über die Ansiedlung sind ebenso spärlich wie ihre Überreste. Erhalten ist eine polygonale Mauer, die vermutlich aus dem 4./3. Jh. v. Chr. stammt. Sie verläuft von West nach Ost an einem Hügel entlang, dessen Form wegen seiner zwei Gipfel ein wenig an einen Backenzahn erinnert. Hier thronte einst in 110 m Höhe die Akropolis über der Stadt. Auf dem westlichen, niedrigeren Gipfel findet man noch Reste der Befestigungsanlage aus der Byzantinerzeit, die auf den Ruinen der früheren Mauer errichtet worden war. Das Gelände ist ziemlich weitläufig und unwegsam, man sollte sich von einem Besuch hier nicht zuviel erwarten.

• *Anfahrt* Am einfachsten über die Straße, die von Argostóli in östliche Richtung nach Sámi führt. Ca. 3 km nach der Drápano-Brücke über die Bucht geht es kurz nach dem Ortsschild "Razáta" rechts ab auf eine Asphaltstraße (Beschilderung "Cyclopean Walls"), die nach ca. 1 km zur Schotterpiste wird. Ab hier weiter sporadisch beschildert, nach ca. 2 km gelangt man zu einer Art Parkplatz (achten Sie auf das zerschossene Schild), ab hier nur noch zu Fuß. Den Weg nach links hinauf auf den Hügel, an dem sich die Zyklopenmauern befinden, muss man sich mehr oder minder selbst suchen, ein stellenweise unwegsamer Ziegenpfad führt bergauf. Festes Schuhwerk und lange Hosen sind ratsam, von oben bietet sich ein toller Blick auf die Umgebung. Die polygonalen Mauern am Hang sind schon auf der Hinfahrt zu erkennen.

Rund um Argostóli

▶ **Kloster Agíou Gerasímou**: In wunderschöner Lage, am Fuß des riesig anmutenden Inselberges Énos, steht das wichtigste und größte Kloster Kefaloniás. Seine enorme Bedeutung für die Gläubigen liegt darin begründet, dass sich in der Klosterkirche seit mehr als 400 Jahren die Grabstätte des *Inselheiligen Gerasimou* befindet. Blickfang am Eingang ist der barocke *Glockenturm* mit seinem Torbogen.
Alljährlich am 15. und 16. August (Mariä Himmelfahrt und Todestag des Inselheiligen) sowie am 20. Oktober (Überführung der Reliquien) finden Agíou Gerasímou zu Ehren feierliche Zeremonien statt. An diesen Tagen gleicht das Kloster einem Rummelplatz.

• *Anfahrt* Das Kloster liegt 15 km von Argostóli. Über die Bucht in Richtung Sámi, nach 8 km rechts abbiegen nach Frangáta und Valsamáta. Schon von fern sieht man die große Kirchenanlage.

Tipp: Am Wochenende nach Mariä Himmelfahrt findet in Valsamáta ein zweitägiges Weinfest statt. Die beste Gelegenheit, die Erzeugnisse der Insel zu probieren.

Griechischer Wein aus Kefaloniá – Robola

Weinkennern und -liebhabern wird ein Ausflug durch die sieben Weindörfer rund um das Kloster empfohlen. In den wenigen Tavernen von Valsamáta, Micháta oder Vlacháta – um nur einige dieser Dörfer zu nennen – kann man den hervorragenden Robola genießen. Sein besonderer Geschmack beruht darauf, dass die Reben auf steinigem Boden gedeihen. Ebenfalls lohnenswert: ein Besuch der Winzer-Kooperative nahe des Klosters.

Halbinsel Lássi

Wenn der Tourismus auf Kefaloniá irgendwo Fuß gefasst hat, dann auf der Halbinsel Lássi. Kein Wunder: Viele malerische Sandbuchten verlocken zum Badeurlaub, das Klima ist milder als an manch anderen Ecken der Insel und zum Flughafen ist es nur ein Katzensprung. Im Sommer sind die Strände dementsprechend überlaufen.

• *Verbindungen* **Bus**, ab Lássi (Platis Gialos) tägl. ab 10.30–19 Uhr jede halbe Stunde nach Argostóli, 1 €. Eine Taxifahrt in die Inselhauptstadt kostet 3 €.

• *Übernachten* **Hotel Limanaki**, an der Küstenstraße zwischen Lássi und dem Leuchtturm liegt das sympathische, nagelneue Hotel abseits des Trubels, aber in Laufweite zu allen Stränden. Pool und Kinderpool vor dem Haus, mit Bar, alle Zimmer mit Aircondition und TV. Freundlicher Service. DZ 100 € (in der Nebensaison 50 €). Fanari-Lássi, ✆ 26710-28319 oder 26710-25110, ℻ 23353, www.hotellimanaki.gr.

Princess Hotel, an der Durchfahrtsstraße von Lássi auf Höhe des Strandes Makrís Gialós (400 m entfernt) befindet sich die sehr gepflegte, neue Anlage mit Pool (Poolbar). Freundliche Atmosphäre in Pastell, 40 schön eingerichtete Bungalows mit Bad, Aircondition, TV und Balkon zum Meer. Mit Restaurant. DZ 115 € (inkl. Frühstück), EZ 20 % günstiger. ✆ 26710-25591 oder 26710-25501, ℻ 25593, www.agn.gr, princesk@otenet.gr.

Hotel White Rocks, für gehobene Ansprüche, das Hotel liegt oberhalb des Strandes Platis Gialos, versteckt zwischen Bäumen am Hang. Von den Terrassen toller Ausblick. Viele Pauschal-Vertragspartner. EZ ab 120 € (B&B) und 138 € (Halbpension), DZ ab 174 € bzw. 210 €, ✆ 26710-28332–5, ℻ 28755, www.whiterocks.gr.

Hotel Lássi, gehört zu den etwas günstigeren Unterkünften der Halbinsel. Von Argostóli kommend, am Ortseingang rechts ab, dann direkt den Berg hinunterfahren, erste Straße wieder rechts. Das DZ (keine EZ) kostet 85–91 € (inkl. Frühstück). ✆ 26710-23126, ℻ 23416.

Privatunterkünfte gibt es in Lássi nur sehr wenige. Die vielen **Appartements**, die man zum Teil auch von der Straße aus sieht, können oft nur im Ausland über große Veranstalter gebucht werden. Jedoch gibt es an der Straße von Lássi zum Flughafen und in der Ortschaft **Svoronáta** unzählige Häuser mit "Rooms for rent"-Schildern.

• *Essen/Trinken* Die "Griechischen Tavernen" reihen sich an der Durchgangsstraße von Lássi auf. Etwas Landestypisches lässt sich hier jedoch kaum noch finden. Das Preisniveau ist überall ähnlich (hoch), dennoch zwei Tipps: **Sto psito**, sehr schön angelegtes, z. T. überdachtes Gartenrestaurant mit Meerblick und Springbrunnen, oberhalb des *Kalamia-Strandes* (in Lássi die Abzweigung zum Leuchtturm nehmen, beim Supermarkt Dolphin hinunter). Mittleres Preisniveau, ganztägig geöffnet (auch Frühstück). ✆ 26710-25306.

Empfehlenswert ist auch die **Taverne am Makris Gialós Beach**, trotz der Lage relativ moderate Preise, nette, schattige Terrasse, immer gut besucht, tägl. 9–18 Uhr geöffnet.

Baden

Platís-Gialós-Beach: traumhaft zwischen Felsen gelegener, gepflegter Sandstrand und kristallklares, türkisfarbenes Wasser; moderne Umkleidekabinen, Sprungbrett, eigener Parkplatz (ca. 30 m vom Strand). Nicht zuletzt wegen der guten Wassersportmöglichkeiten herrscht hier ständig Trubel.

Makris-Gialos-Beach: unmittelbar daneben. Die 500 m lange Sandstrandbucht gleicht in der Hochsaison einem Rummelplatz. Sowohl Platis- als auch Makris-Gialos-Beach sind knapp 4 km von Argostóli entfernt.

Beach Antonio: Der kleine Strand im Schatten des Hotels Mediterranee ist sauber, aber eng und dadurch voll geparkt mit Strandliegen. Mit Bar.

Anfahrt Von Argostóli kommend geht es vor Supermarkt Vagelati rechts runter, vor dem Hotel links, einige wenige Parkplätze beim Strand.

Gradakia Beach: Nördlich von Lássi erstreckt sich die schöne, wenn auch recht kleine, saubere Sandbucht mit Liegestuhl- und Sonnenschirmverleih, Süßwasserduschen sowie provisorischer Snack-Bar. Hier herrscht wenig Rummel.

Anfahrt Am nördlichen Ortseingang von Lássi beim Supermarkt Dolphin rechts abbiegen, dann den Berg direkt hinunterfahren. Parkplätze ausreichend vorhanden.

Kalámia Beach: Ebenfalls nördlich von Lássi liegt der relativ saubere, aber sehr schmale Sandstrand, links von einer Landzunge aus weißen Felsen mit kleiner Grotte begrenzt. Das Wasser ist glasklar und seicht, bisweilen wird viel Tang angeschwemmt. Kleine Strandbar, Liegestuhl- und Sonnenschirmverleih.

• *Anfahrt* Bei oben genanntem Supermarkt Dolphin am Ortseingang passiert man eine 180-Grad-Rechtskurve, die Straße führt die Küste entlang zum Leuchtturm. Nach ca. 300 m geht es durch ein Gatter (offen von 9–19 Uhr) auf einem Fußpfad zum Strand hinunter (beschildert). Parken am Straßenrand.

Lívathos

Südöstlich von Argostóli verändert sich die Landschaft: üppige Vegetation, fruchtbare Obstgärten, mondäne Villen, sauber herausgeputzte Dörfer. Die Landschaft am Fuße des 1628 m hohen Énos unterscheidet sich deutlich von allen anderen der Insel. In den malerischen Gassen haben sich vor allem wohlhabende Inselbewohner und Athener niedergelassen. Die hügelige Gegend mit Pinien, Zypressen und Olivenhainen ist vom Klima deutlich begünstigt.

▸ **Kástro Agios Georgios (Peratáta)**: Von weitem erkennt man den 320 m hohen, kahlen Berg, auf dessen Gipfel noch heute die mittelalterliche Festung mit ihrer 25 m hohen Burgmauer thront. Eine asphaltierte Straße schlängelt sich den Berg hinauf,

Beliebt: Lássis Traumstrand Makrís Gialós

Ionische Inseln
Karte S. 99

an den Wegrändern stehen Häuserruinen. Unterhalb liegt das bescheidene gleichnamige Dorf, das in seiner Blütezeit 15.000 Einwohner zählte. Noch immer sind die Reste der einstigen Inselhauptstadt beeindruckend. Das Innere der Burgruine beherbergt Reste der teilweise byzantinischen *Zitadelle*, die Kirchenruine *San Marco* und das *Pulvermagazin*. Vom Kástro bietet sich einer der schönsten Inselausblicke. Wer zu Fuß den Burgberg bestiegen hat, kann sich am Brunnen beim Eingang erfrischen!

- *Öffnungszeiten* Di–Sa 8.30–19 Uhr, So 8.30–15 Uhr, Mo geschlossen, Eintritt frei. Achtung: Das "Kastro" ist nur von Anfang/Mitte Juni bis Mitte/Ende Oktober geöffnet.
- *Essen und Trinken* Am Zugang zur Festung befindet sich das überaus sympathische Café **To Kastro – The Castle** des (wie der Name verrät) englisch-griechischen Ehepaars Nicki und Spiros Koytsos. Auf mehreren blumenumrankten und schattigen Terrassen bietet sich ein herrlicher Ausblick auf die Umgebung, sehr freundlicher Service und guter Kaffee. ✆ 26710-69367.

Im Dorf Ágios Geórgios befindet sich zudem die Taverne **Memories**, während der Saison ganztägig geöffnet, auch Souvenirladen.

▸ **Kloster Ágios Andréas**: Einen Abstecher wert ist das unterhalb der Zitadelle gelegene *Nonnenkloster* vor allem wegen seiner Fresken aus dem 12. Jh. Wertvollstes Stück des Klosters ist eine Reliquie: In einem versilberten Ikonenschrein wird der einbalsamierte linke Fuß des *heiligen Andreas* aufbewahrt und interessierten Besuchern von den Nonnen gezeigt.

Auf der linken Seite der Klosteranlage befindet sich das neue **Kirchenmuseum von Ágios Andréas**. Ausgestellt sind sakrale Einrichtungsgegenständen aus zerstörten Kirchen und Klöstern, die aus allen Teilen der Inseln stammen: Ikonen und Ikonostasen, reich verzierte Bischofsstühle, kunstvolle Kerzenleuchter und anderes.

- *Anfahrt* Von Travliáta aus die Straße Richtung Kourkoumeláta nehmen und nach ca. 800 m links abbiegen (beschildert). Nach ca. 1,5 km erreicht man das Kloster.
- *Öffnungszeiten des Museums* ganzjährig Mo–Sa 9–14 Uhr, So geschlossen. Im Juli und Aug. auch nachmittags. Eintritt 2 €, ✆ 26710-69700.

▸ **Mykenische Gräber**: In einem abgelegenen Felsengelände nahe dem Kloster befinden sich mehrere ausgezeichnet erhaltene spätmykenische Grabstätten. Sie lassen noch erkennen, wie die Oberschicht vor mehr als 3000 Jahren unter die Erde gebracht wurde: In das feuchtkalte Dunkel der tief in den Fels gehauenen Gräber gelangt man über den so genannten *Dromos*. Mit einer Länge von bis zu 8 m ist er ein Hauptmerkmal mykenischer Bestattungsanlagen.

• *Anfahrt* Der Weg zu den Gräbern ist ausgeschildert. Fährt man von Travliáta aus bei der Abzweigung zum Ágios-Andréas-Kloster geradeaus weiter, geht es nach ca. 150 m rechts ab (beschildert). Dann sind es noch ca. 200 m bis zu den umzäunten Gräbern. Frei zugänglich, kein Eintritt.

▸ **Pessáda**: Das Dorf selbst muss man nicht unbedingt gesehen haben. Das einzig Interessante an Pessáda ist, dass hier im Sommer täglich *Fähren* nach Zákynthos (in den Norden der Insel nach Ágios Nikólaos) ablegen. Falls Sie Ihr Schiff verpasst haben: Es gibt genügend *Privatzimmer* sowie ein paar Bungalows nahe der Anlegestelle und viele namenlose, schöne kleine Badebuchten (von Pessáda aus rechts von der Fähranlegestelle).

▸ **Lourdas/Lourdáta**: Am Fuß des schwarzen Énos liegt der Weiler, eingebettet in eine sattgrüne Landschaft. Das gemütliche Dorf wirkt – trotz der vielen, vor allem englischen Urlauber – ziemlich verschlafen. Im winzig kleinen Ortszentrum sitzen die älteren Bewohner der 150-Seelen-Gemeinde beim Kaffee unter einer riesigen Platane, unterhalb davon befindet sich der Dorfbrunnen. Daneben die Dorfkneipe "Neo Kosmos". Im Ortskern gibt es außerdem einen Supermarkt, Cafés, Restaurants und einen Mopedverleih. Die meisten Unterkünfte liegen am Hang zwischen Vlacháta und Lourdáta oder direkt am schönen, lang gestreckten Sandstrand.

• *Übernachten* **Pension Thalassino Trifilli** – unser *Tipp* nicht nur für Lourdáta, sondern für die ganze Insel! 300 m vom Strand entfernt liegt das kleine Idyll der schweizerisch-griechischen Familie Dimitratos. Efeubewachsenes Haus mit herrlich schattigem Garten, hier auch die empfehlenswerte und überaus gemütliche **Taverne**. Gepflegte Zimmer mit Bad und Balkon, EZ 40 €, DZ 50 €, Dreier 64 €, Vierer 70 €, ein reichhaltiges Frühstück ist im Preis inbegriffen. Ein 2er-Studio kostet 53 €, für 4 Personen 72 € (kein Frühstück). Für die Hochsaison sollte man möglichst reservieren. April bis Ende Oktober geöffnet. ✆ 26710-31114, ℻ 31484, www.trifilli.com, E-Mail: info@trifilli.com. An der Straße zum Strand, die Pension liegt gegenüber dem Hotel Lara.

Hotel Lara, 76-Betten-Herberge 300 m vom Strand. Die Zimmer sind klein, aber sauber, im Garten wachsen Bananenstauden. Pool. Geöffnet Mai–Okt. EZ 52 €, DZ 78 €, jeweils inkl. Frühstück; ✆ 26710-31157 oder 26710-31191, ℻ 31156, www.lara.gr.

Appartements vermietet das Restaurant "Blue Sea" (Ende Mai–Okt.), manche direkt am Strand von *Lourdáta*. Die Appartements sind alle mit Bad, Küche, TV, Aircondition und Balkon ausgestattet. DZ zwischen 45 und 60 €, in unmittelbarer Strandnähe 80–100 €; im Restaurant fragen oder Dennis anrufen, ✆ 26710-31140.

• *Baden* Der *Lourdas Beach* liegt unterhalb des Ortes. Direkt am schönen, aber recht schmalen Sandstrand gibt es ein paar Tavernen, während der Saison auch Sonnenschirm- und Liegestuhlverleih.

▸ **Berg Énos**: Der 1628 m hohe Berg sieht von fern wie ein schwarzer Klotz aus. Seine dunkle Farbe rührt von ausgedehnten Tannenwäldern, wie sie sonst nirgendwo in Griechenland zu finden sind. Die NATO hat auf dem Énos riesige Radarschirme aufgebaut (Betreten und Fotografieren des Geländes streng verboten!), deshalb führt auch eine breite Straße hierher. Es bietet sich ein toller Ausblick.

Kefaloniá/Südosten

Sanfte Hügel und Bergzüge, unterbrochen von malerischen Tälern, sowie reizvolle Buchten charakterisieren das abwechslungsreiche Landschaftsbild. Beherrschend überragt der Énos – höchster Berg der Insel – die gesamte Region. Seiner schönen Strände wegen wird der Südosten langsam, aber sicher vom Tourismus entdeckt.

▸ **Kloster Sisión**: Am steinigen Hang, unterhalb des Énos, liegt einsam das Kloster aus dem 13. Jh. Vor allem die reizvolle Lage nahe am Meer mit Blick auf die Nachbarinsel lohnt einen Besuch. Die heutige Kirche entstand nach dem Erdbeben von 1953. Damals wurde das Kloster, das angeblich Franz von Assisi gegründet haben soll, zerstört.

Anfahrt zwischen Simotata und Platía führt eine Asphaltstraße ca. 1 km zum Kloster bergab (Wegweiser am Straßenrand), von hier sind es noch einmal etwa 300 m auf einem Schotter- und Sandweg in schlechtem Zustand zur Klosterruine. Am besten parkt man beim neuen Kloster.

▸ **Markópoulo**: Das Dorf wirkt unscheinbar, austauschbar, dennoch kennt es jedes Kind auf Kefaloniá. Diese Berühmtheit verdankt Markópoulo seinem Schlangenkult in der Zeit vor Mariä Himmelfahrt (6.-15. August). Er ist der älteste neben der Schlangenprozession von Cocullo in den Abruzzen (Mittelitalien). Volkskundler nehmen heute an, dass dieses Ritual bis in die Antike zurückreicht.

Néa Skála

Nach dem Erdbeben von 1953 wiederaufgebaut, lässt Néa Skála die typischen Merkmale eines griechischen Inseldorfes vermissen.

Dessen ungeachtet ziehen die schönen langen Sandstrände zahlreiche Feriengäste an. Besonders englische Pauschaltouristen haben den Ort zu ihrem Ferienzentrum auserkoren. Einzige Sehenswürdigkeit sind die Überreste einer *römischen Villa* mit gut erhaltenen Mosaiken am Dorfrand (s. unten).

• *Verbindungen* **Bus**, von Skála nach Argostóli 3-mal tägl., 75 Min., 3 €; nach Póros ebenfalls 3-mal tägl., ca. 20 Min., 1,50 €.

• *Übernachten/Essen* Es gibt einige Unterkünfte, die noch nicht oder nur teilweise an Agenturen vermietet werden:

Golden Beach Palace, nomen est omen. Das Ehepaar Grouzes vermietet einige Zimmer unweit der römischen Villa. Die Zimmer sind luxuriös ausgestattet, die Teppiche zentimeterdick. In zweiter Reihe vom Strand (50 m) gelegen. April–September geöffnet. DZ 65 €. ✆ 26710- 83327.

Tara Beach vermietet einige **Bungalows** direkt am Strand. DZ inkl. Frühstück 80 €. ✆ 26710-83250 oder 26710-83341, ℻ 83344.

An der Hauptstraße zum Strand hin werden vom Restaurant **Scandinavia** 5 Zimmer vermietet (in der Hochsaison jedoch hoffnungslos ausgebucht). Das DZ mit Bad und Aircondition kostet 40 €; etwas außerhalb werden auch einige Appartements angeboten. Geöffnet von Mai bis Oktober. ✆ 26710-83240.

Eine große Hilfe auf der verzweifelten Suche nach einem Bett kann **Vasilios Linardatos** (✆ 26710-83431, ℻ 83432) sein. Er vermittelt einige Appartements (45–50 €) und versucht weiterzuhelfen, wenn er selbst ausgebucht ist. Vom Meer die Hauptstraße bergauf, die dritte Straße nach der Kirche links, das zweite Haus auf der linken Seite. Herr Linardatos spricht fließend Englisch.

▸ **Baden**: Der breite, ca. 2,5 km lange Sandstrand Skála mit dünenartigen Hügeln wird von Jahr zu Jahr beliebter. Ausgesprochen sauber, relativ seicht, so mancher Badegast sucht im benachbarten Pinienwäldchen Schatten. Dort gibt es auch einen kleinen Kinderspielplatz. Wassersportmöglichkeiten vorhanden.

▸ **Römische Villa**: Ein schmaler Pfad führt zu der überdachten Ruine einer Villa aus der Römerzeit, die 1956 entdeckt wurde. Sie war vermutlich das Wohnhaus eines wohlhabenden Römers, wurde im 2. Jh. n. Chr. errichtet und fiel im 4. Jh. einem Brand zum Opfer. Auf den gut erhaltenen Mosaiken der drei Räume sind eine Opferszene sowie die Allegorie des Neides zu sehen. Die Missgunst verkörpert ein junger Mann, der von wilden Tieren in Stücke gerissen wird.

Öffnungszeiten Geöffnet von Di–So 8.30–19 Uhr, Mo 9.30–14.30 Uhr, Eintritt frei. Der Weg zur Villa ist vom Zentrum aus bestens beschildert.

Póros

In einer reizvollen Bucht mit bergigem Hinterland liegt der kleine Hafen, der Kefaloniá mit dem griechischen Festland (Kyllíni) verbindet.

Die Häuser scheinen förmlich an den Hängen zu kleben. Südlich vom Kap tauchen idyllische Kiesbuchten und pilzförmige Felseninselchen auf. Die Küstengewässer um Póros sind für ihren Fischreichtum bekannt. Ein ideales Schnorchelrevier! Das alles mag dazu beigetragen haben, dass sich Póros in den 1980er Jahren zu einem der bedeutendsten Touristenzentren auf Kefaloniá entwickelt hat. Dieser Prozess blieb nicht ganz ohne Folgen für das Landschaftsbild. Dennoch wirkt Póros im Vergleich zum benachbarten Skála noch immer recht ruhig. Der Ort erstreckt sich über zwei Buchten. In der südlicheren Bucht befindet sich der Fährhafen, in der nördlichen der Strand und der Großteil der Hotels. Auf dem weiter südlich gelegenen Kap stand einst *Pronnoús*, die kleinste der vier Städte, die in der Antike zur Tetrapolis von Kefaloniá gehörte.

Verbindungen/Adressen

• *Verbindungen* **Bus**, von Póros fährt 3-mal tägl. (So 2-mal) ein **Bus** nach Argostóli, Fahrtzeit 80 Min., 3,50 €; außerdem 3-mal tägl. nach Skála, 20 Min., 1,50 €; 2-mal tägl. nach Katelios, 30 Min., 2 €, sowie 1-mal tägl. über Sámi und Ag. Efimía nach Fiscárdo, 1,5 Std., ca. 5 €. **Fähre**: Mit *Strintzis Lines* (1-mal tägl., in der Hochsaison 2-mal) oder *Ionian Ferries* (2-mal tägl.) nach Kyllíni, Fahrtdauer 80 Min., Ticketbuden beider Reedereien im Hafen (ab ca. 2 Std. vor Abfahrt geöffnet, Fahrtzeiten hängen aus), das Büro der Strintzis am Hafen ist ganztägig geöffnet, ✆ 26740-72284. Pro Person 6,60 €, Auto 31,10 €, Motorrad 6,90-9,30 €, Wohnwagen/-mobil 7,80 € pro Meter.

• *Adressen* **Erste Hilfe**: an der Rückseite des Rathauses (Ortseingang). Sprechstunde Mo–Fr 8–13 Uhr; der diensthabende Arzt spricht in der Regel gut Englisch. ✆ 26740-72552.

Polizei: am Südende der nördlich gelegenen Bucht (neben einem Kinderspielplatz). ✆ 26740-72210

Post: gegenüber vom Rathaus am Ortseingang, im EG des Hotels Odysseus Palace untergebracht. Mo–Fr 7.30–14 Uhr.

Reiseagenturen: *Seagull Holidays* im Zentrum bietet ganztägige Bootsausflüge zum nördlich gelegenen Strand Koutsoupia an, pro Person ca. 30 € (Mittagessen inkl.). Mai–Oktober tägl. 9–14 Uhr und 17–21 Uhr geöffnet, ✆ 26740-72005, ℻ 72002.

Bootsausflüge auch bei *Kavvadas Tours* in der Verbindungsstraße zwischen Rathaus und Uferpromenade, ✆ 26740-72760, ℻ 72750.

Auto-/Zweiradverleih: Mehrere Anbieter, z. B. **Reliable Rent a Car** (gegenüber vom Rathaus). Kleinwagen 50 €/Tag, Scooter ab 45 €/3 Tage. ✆ 26740-72120.

Übernachten/Essen

• *Übernachten* **Hotel Oceanis**, 1,5 km vom Zentrum (beschildert). An der Verbindungsstraße zwischen den beiden Buchten geht es die Straße Richtung Asprogerakas bergauf. Von der gemütlichen Terrasse ganz oben am Hang (Südende der Hafenbucht) bietet sich ein herrlicher Ausblick. Mit Pool, sehr ruhig, alles sehr gepflegt und freundlich. Gut ausgestattete Zimmer mit Bad, Balkon und Aircondition, EZ 50 €, DZ 70 €, jeweils inkl. Frühstück. Mai bis Oktober geöffnet, für die Hochsaison frühzeitig buchen! ✆ 26740-72581–82, ℻ 72583.

Odysseus Palace Hotel, am Ortseingang (schräg gegenüber dem Rathaus), im EG Cafeteria und die Post, moderne und großzügige Appartements mit Einbauküche, Bad, Balkon und Aircondition, für 2–3 Personen ca. 120 € pro Tag, bei längerem Aufenthalt wird es billiger. ✆ 26740-72036, ℻ 72148.

Appartements Dionisos, in der Hafenbucht, sympathisches Haus, beliebte Taverne, die Zimmer (meist mit Hafenblick) sind in der Hochsaison leider oft ausgebucht. DZ mit Bad/Balkon um 70 €. ✆ 26740-72359, ℻ 72861, E-Mail: papagrigo@otenet.gr.

Rooms Pantelis, an der Uferpromenade, schlichte Zimmer mit Bad, Balkon, Aircondition, Kühlschrank und TV, recht günstig: DZ 46 €, in der Taverne im EG wird auch ein günstiges Frühstück angeboten. ✆ 26740-72484.

• *Essen* An der Uferpromenade reiht sich ein Restaurant an das andere. Von frischen Kalamaris bis zu Tiefkühlkost ist hier alles zu kriegen. Besonders empfehlenswert ist das Restaurant **To Steki** (nördlicher Teil, Richtung Tennisplatz). Hier gibt es hervorragendes Essen zu günstigen Preisen. Sehr guter Hauswein. Abends geöffnet (Mai-Oktober).

Gut essen kann man auch in der **Taverne Dionisos** in der südlichen Bucht von Póros (Hafen). Von der schattigen Terrasse blickt man auf die ein- und abfahrenden Fähren; recht günstig, freundlicher Service. Mittags und abends geöffnet.

Ionische Inseln Karte S. 99

▸ **Baden**: Die schönsten Strände findet man im Süden von Póros, an der Straße nach Skála. Hinter dem Kap liegen drei Buchten (Kiesstrände), von denen die erste mit ihren vorgelagerten Inselchen die reizvollste ist. Schnorchelausrüstung nicht vergessen! Den kleinen Dorfstrand von Póros übervölkern im Hochsommer regelmäßig die Gäste der nahe gelegenen Hotels und machen ihn nicht gerade zum absoluten Badeparadies. Angenehmer ist es im nördlichsten Teil der Bucht.

▸ **Mykenische Gräber von Tzanáta**: Das erst Anfang der 1990er Jahre entdeckte und freigelegte Kuppelgrab von Tzanáta stammt aus der Zeit um 1350 v. Chr. Es ist mit einem Durchmesser von fast 7 m und einer vermuteten Höhe von fast 4 m (das Kuppeldach ist bereits Mitte des 14. Jh. kollabiert) das größte der bisher Gefundenen in Nordwest-Griechenland. Bereits in vorchristlicher Zeit war die Anlage geplündert worden. Dennoch fanden sich einige beachtliche Grabbeigaben, darunter eine winzige Doppelaxt aus Blattgold; diese und die anderen Funde sind im Archäologischen Museum von Argostóli zu bewundern. Neben dem Kuppelgrab konnte bereits ein kleineres Kammergrab komplett freigelegt werden, ein drittes Grab in der Nähe wartet noch auf seine Ausgrabung.

• *Anfahrt/Öffnungszeiten* Von Póros zunächst auf der Straße nach Sámi, im Ort Tzanáta (ca. 2 km von Póros) geht es links ab (Beschilderung "Mycean Tombs") auf eine gut befahrbare Schotterpiste, nach ca. 500 m stößt man auf das Kassenhäuschen und die Gräber auf der linken Seite. Di–So 8.30–15 Uhr geöffnet, Mo geschlossen, Eintritt frei.

▸ **Kloster Ipéragias Theotókou Átrou**: Am Hang des Berges Átros, 500 m über dem Meer, liegt das älteste Kloster der Insel. Es wurde bereits 1264 erwähnt. Beeindruckend an dem festungsartigen Kloster ist der hohe Turm, der früher durch eine 8 m über dem Boden liegende Tür mittels einer Strickleiter erklommen werden musste. Vom Kloster hat man einen fantastischen Ausblick.

• *Anfahrt* Die Straße nach Argostóli nehmen. Sie führt durch eine enge Schlucht. Nach ca. 1,5 km kommt rechts die Abzweigung zum Kloster (ausgeschildert), hier parken. Die nächsten 4,5 km geht es auf Schotterpiste in Serpentinen stetig bergan, für den Aufstieg sollte man mit ca. 2 Std. rechnen. Mit dem Auto eine Qual, besonders für die Reifen.

Sámi

Der Golf von Sámi hat seinen ganzen eigenen Charme: Türkisblaues Farbenspiel am Rand einer fruchtbaren Ebene, Kleinstadtflair entlang der Hafenmole und in der Ferne zeichnet sich der mächtige Buckel Ithakas ab.

Zwar ist das Ortsbild noch immer von den Bewohnern des Städtchens geprägt, aber die Auswirkungen des intensiven Fährverkehrs sind unübersehbar: Die Touristenrestaurants an der Hafenmole, den quirliger Stadtverkehr und die nüchterne Bauweise der Häuser kennen die meisten nur vom Vorüberfahren. Dabei hat der Ort selbst, wie auch die reizvolle Umgebung, einiges zu bieten, für ein paar Urlaubstage ist Sámi sicherlich ein lohnendes Reiseziel.

In der Antike war Sámi eine der vier autonomen Städte auf Kefaloniá. Manches aus dieser Zeit hat sich über die Jahrtausende erhalten. Im Wald auf dem Berg oberhalb des Ortes liegen die Reste der antiken Stadt. Während die übrigen drei Stadtstaaten sich der römischen Invasion ergaben, leistete Sámi Widerstand (189/188 v. Chr.). Die römischen Legionen mussten Verstärkung anfordern, bevor es gelang, die trotzige Stadt zu bezwingen. Sámi wurde geplündert, die Bevölkerung versklavt, der Hafen in einen römischen Marinestützpunkt verwandelt. Diese Hafenanlage liegt heute auf dem Meeresgrund, hinter der Hauptstraße befinden sich noch die bescheidenen Ruinen eines Gebäudes aus jener Zeit.

Verbindungen

• *Busse* Haltestelle neben dem Café Nea Sámi an der Hafenpromenade, hier kann man auch die Abfahrtszeiten erfragen. 4-mal tägl. nach Argostóli, 1 Std., 2,50 €, außerdem 3-mal tägl. in den Inselnorden nach Fiscárdo, 1 Std., 3 €, mit Halt in Ag. Efimía und an der Abzweigung nach Ássos (sagen Sie dem Fahrer Bescheid) und 3-mal tägl. nach Póros, Skála und Katelios (ca. 3 €).

• *Fähren* Von Sámi aus verkehren Fähren nach Brindisi (Italien), Pátras, Vassilikí (Lefkás), Vathí und Piso Aetós (Íthaka):

Sámi–Pátras: mit *Blue Star Ferries* ganzjährig 2-mal tägl.; pro Person 12 €, Auto 45,60 €, Motorrad 13 €, Wohnwagen/Wohnmobil 11,40 € pro Meter; Dauer etwa 2,5 Std.

Sámi–Vathí (Íthaka): mit *Blue Star Ferries* ganzjährig 2-mal tägl.; pro Person 4,70 €, Auto 19,50 €, Motorrad 3,90 €, Wohnwagen/Wohnmobil 5 € pro Meter. Dauer ca. 1 Std.

Sámi–Vassilikí (Lefkás): nur in der Hochsaison bis zu 3-mal tägl. via Fiscárdo; pro Pers. ca. 5 €, Auto 23-27,50 €, Motorrad 7 €, Wohnwagen/Wohnmobil 6,80 € pro Meter; 2,5 Std.

Sámi–Piso Aetós (Íthaka): ganzjährig 2-mal tägl., in der Hochsaison 3-mal tägl.; pro Person 2,50 €, Auto 12 €, Motorrad ca. 3 €, Wohnwagen/Wohnmobil 5 € pro Meter; Dauer ca. 30 Min.

Es gibt drei Fährbüros an der Hafenstraße und mehrere Reiseagenturen, die ebenso Auskünfte über Fährverbindungen erteilen. Im Büro der *Blue Star Ferries/Strintzis Lines* an der Hafenstraße (ganztägig geöffnet) gibt es Tickets für die Fähren nach Pátras und Vathí (Íthaka), ✆ 26740-22055, 📠 22635. Tickets für Piso Aetós (Íthaka) werden auf der Fähre verkauft; bei *Blue Sea Travel/Sami Star* in einem Eckhaus am östlichen Ende der Hafenfront bekommt man Tickets für Vassilikí (Lefkás). Hier kann man auch ganztägige *Bootsausflüge* nach Íthaka buchen (20 € pro Person). Die Agentur ist in der Hochsaison tägl. 8–21 Uhr geöffnet, auch Zimmervermittlung; ✆ 26740-22813, 📠 23110, www.samistar.com.

Adressen

Bank: an der Hafenstraße, Mo–Do 8–14.30 Uhr, Fr nur bis 14 Uhr geöffnet, auch Bankautomat.

Erste Hilfe: Die kleine Krankenstation liegt am Ortseingang rechts (von Argostóli kommend) und ist jeden Tag rund um die Uhr besetzt; ✆ 26740-22222.

Hafenamt: am östlichen Ende des Hafens an der Zufahrt zum Fähranleger, ✆ 26740-22091.

O.T.E.: gegenüber der Post; Mo–Fr 7.30–15 Uhr geöffnet.

Polizei: Das lang gestreckte, beige Gebäude befindet sich vor der Kirche in der Parallelstraße zum Hafen; ✆ 26740-22100 bzw. 22005.

Post: hinter der Kirche, Mo–Fr 7.30–12 Uhr und 14–19 Uhr.

Auto-/Zweiradverleih: Mehrere Anbieter, z. B. **Karavómilos Rent a Car**, Kleinwagen 35–50 € am Tag (inkl. 100 Freikilometer, jeder weitere Kilometer 0,25 €.), Pauschalpreise für eine Woche oder mehr (ohne Kilometerlimit) sind Verhandlungssache; ✆ 26740-23066 oder 26740-22779. Bei **Athena Rent a Car** neben dem Hotel Kyma im Zentrum gibt es Scooter (50 ccm) für 15 €/Tag (40 €/3 Tage), Enduros (125 ccm) für 20 €/Tag. Ganztägig geöffnet, ✆ 26740-22631 oder 26740-23034. *Fahrräder* im **Sami Center** (ebenfalls an der Hafenpromenade), die Tourenräder sind gut in Schuss und kosten 6 €/Tag; auch Scooter (50 ccm 15 €/Tag; 100 ccm 18 €/Tag), bei längerer Mietdauer Rabatt, ✆ 26740-22254.

Übernachten/Essen

• *Hotels* **Hotel Pericles**, professionell geführtes Haus der A-Kat., gleich am Ortseingang links (von Argostóli kommend). Der große Bau (72 Zimmer) ist nicht zu übersehen. In der Hochsaison sind EZ für große Reiseveranstalter reserviert. Jedes Zimmer mit Bad, Balkon, TV und Klimaanlage; Swimmingpool und Tennisplatz vorhanden. DZ 90 € (inkl. Frühstück), in der Nebensaison 50 €. ✆ 26740-22780/–85, ℻ 22787. Geöffnet Mai – Oktober.

Hotel Sámi Beach, preislich ähnlich dem "Pericles", nicht so nobel, dafür aber direkt am Kiesstrand gelegen (auf dem Weg zum Campingplatz, beschildert). Mit Pool, Tennisplatz und Restaurant, gepflegtes Haus. DZ 95 €, inkl. Frühstück. ✆ 26740-22802 oder 26740-22824, ℻ 22846.

Hotel Athina, gepflegte Anlage, Motelcharakter, vom Innenhof gehen die kleinen Zimmer ab, alle mit Balkon, manche davon mit Meerblick; es sind nur 100 m zum (eher mäßigen) Strand. Sympathische Hotelleitung, DZ 80–90 €, ✆ 26740-22779 oder 26740-23066, ℻ 23040, athina@kef.forthnet.gr.

Hotel Melissani, von der Hafenstraße aus ist der Weg zur Anlage am Hang beschildert. Das sympathische Hotel hat etwas Patina angesetzt, 15 Zimmer mit Bad, Balkon (mit Blick auf die Bucht), Aircondition und Kühlschrank, geöffnet von April bis Oktober. Frühstück (6 €) wird auf der Dachterrasse serviert. EZ 47 €, DZ 58 €, ✆/℻ 22464.

Hotel Kastro liegt etwas zurückversetzt von der Hafenfront (beschildert). Alle Zimmer mit Bad/Aircondition/Kühlschrank und Balkon (die 3-Bettzimmer ohne Balkon). EZ 60 €, DZ 84 €, 3er 106 €; im Juli sind Sonderpreise verhandelbar, ✆ 26740-22656 oder 26740-22282, ℻ 23004, kastrohotel@hotmail.com.

• *Privatzimmer* sind meist in ausreichender Zahl vorhanden, oft hängen kleine Schilder am Haus. Übernachten kann man beispielsweise bei **Dimitris Valatos**. Sein neues Haus liegt ruhig am östlichen Ortsrand (Str. Richtung Kástro, dann gleich rechts, 2. Haus auf der linken Seite). DZ 65 €, Dreier 70 €. ✆ 26740-22555.

• *Camping* **Camping Karavómilos**, der Platz von Herrn Valetas ist gut in Schuss. Er liegt am Strand von Sámi (beschildert vom Ortseingang aus). Saubere sanitäre Anlagen, die ständig geputzt werden; ausreichend Schatten durch Pappeln und Eukalyptusbäume. Der Campingplatz ist der größte der Insel. Über die Straße kommt man zum Kiesstrand (weniger gut). Geöffnet von Anfang Mai bis Ende September. Preise: Erw. 6 €, Kind (4–10 Jahre) 3 €, Wohnwagen 5 €, Wohnmobil 6,50 €, Zelt 3,50–5 €, Auto 3 €, Motorrad 2 €, Strom 3,50 €; ✆ 26740-22480, ℻ 22932, www.camping-karavomilos.gr. **Tipp**: Der freundliche Besitzer kennt stets die aktuellen Fährverbindungen!

• *Essen* **Restaurant Gorgona – Mermaid**, sympathischer Familienbetrieb, die Küche regiert "Mama". Gute, traditionelle Küche, Preise für das Gebotene okay. An der Hafenpromenade, ✆ 2674/22202.

Restaurant Adonis, die einfache Taverne an der Platía am Hafen ist genau das Richtige, um sich die Wartezeit auf die Fähre mit einem deftigen Mahl zu verkürzen. Auch bei den Bewohnern von Sámi sehr beliebt; gute Moussaka, frischer Fisch, nicht teuer und den ganzen Tag geöffnet.

• *Essen/Außerhalb* **Taverna Karavomilos**, im gleichnamigen Ort, ausgeschildert (am Ortsende rechts ab zum Meer). Idyllische Lage, Terrasse am Meer *und* am kleinen See von Karavómilos, auf dem gleich mehrere Entenfamilien ihre Runden drehen. Bei der Taverne befindet sich auch das Pendant zur Meerwassermühle in Argostóli (s. S. 188), allerdings in wesentlich besserem Zustand. Etwas teurer als anderswo, dafür wirklich schön gelegen. Mittags und abends geöffnet, im Sommer mehrmals pro Woche Live-Musik.

Sehenswertes

Römische Gebäude: Erhalten sind die Ruinen römischer Thermen mit noch erkennbaren Bodenmosaiken aus dem 3. Jh. n. Chr. Das Ausgrabungsgelände liegt hinter der O.T.E.

Antike Hafenanlage: Schon in der Antike spielte die geschützte und günstig gelegene Bucht von Sámi für den Schiffsverkehr eine wichtige Rolle. Unmittelbar hinter dem Hafenzollamt liegen in der Nähe des meist ausgetrockneten Baches die Hafenanlagen unter Wasser. Die Forschungen der Archäologen sind zwar abgeschlossen und der Hafen ist für Schwimmer und Schnorchler freigegeben, das Tauchen ist aber weiterhin verboten!

Antike Stadtanlage: Auf den beiden Hügeln oberhalb von Sámi liegen die Reste der antiken Stadtanlage *Samé*, vorwiegend massive Mauern und auf den Hügeln zwei Akropolen. Sehenswert ist die südliche Stadtmauer aus groben, massiven Steinquadern, die bis zu einer Höhe von 5 m aufgetürmt wurden. Einst hatte sie einen Umfang von 3,5 km. Bevor die Römer Kefaloniá eroberten, hatten die Bewohner hinter dieser Befestigung viele Monate lang erfolgreich den Belagerern getrotzt.

• *Anfahrt* Zu den antiken Stadtmauern gelangt man von Sámi aus in nordöstliche Richtung (Beschilderung zum Kastro/Castle). Nach 3 km an der Küste entlang geht es rechts ab, nach 400 m wieder rechts, dann sind 1,5 km zum Paleókastro (der Haupt-Akropolis).

Kloster Agrilíon: Wegen der ruhigen Lage und der traumhaften Aussicht auf die Bucht von Sámi und die Straße von Íthaka ist das Kloster auf jeden Fall einen Abstecher wert. Die Klosteranlage mit der Ruine des frei stehenden, mittelalterlichen Glockenturms liegt sehr abgeschieden auf einer Höhe von etwa 180 m. Sogar die Mönche machen sich hier rar.

Anfahrt Zunächst nimmt man die gleiche Strecke wie zu den antiken Stadtmauern, bei der zweiten Abzweigung, die nach rechts zum "Kastro" führt, geht es links zum Kloster. 3,5 km von Sámi.

▸ **Baden**: Am nordwestlichen Dorfrand von Sámi erstreckt sich ein langer Kiesstrand, leicht verschmutzt, aber relativ klares Wasser; die Straße führt am Strand entlang. Besser sind die schwerer zugänglichen Badebuchten in nordöstlicher Richtung (1–3 km) oder in der Nähe der Straße zwischen Karavómilos und Agía Efimía.

Der schönste Strand der Umgebung liegt in der tiefen *Antísamos-Bucht*: sauberer, mit der Blauen Flagge geadelter Kiesstrand, knapp 1 km lang, während der Saison gut frequentiert, mit Sonnenschirm- und Liegestuhlverleih, Umkleide sowie Snack-Bar; im Sommer Wassersportangebot.

• *Anfahrt* 5 km von Sámi entfernt; zunächst geht es Richtung "Kastro", an der Abzweigung nach 3 km dann geradeaus weiter zum *Antísamos Beach*; die Straße ist asphaltiert. Kostenpflichtiger Parkplatz (3 €), im hinteren Bereich der Bucht kann man auch umsonst parken. An der Zufahrtsstraße steht ein **Telefon**, wer zum Strand hin, aber nicht mehr zurück spazieren möchte, kann sich hier ein Taxi rufen, ✆ 26740-22308 oder mobil 6937-579970.

Sámi/Umgebung

▸ **Drongaráti-Höhle**: In der weiten Ebene von Sámi vermutet man eine solche unterirdische Tropfsteinpracht gewiss nicht! Inmitten eines Olivenhaines geht es abwärts zu den bis zu 3 m langen Stalaktiten. Beeindruckend ist vor allem die Größe der Höhle, die einer weitläufigen Halle gleicht. Wegen der guten Akustik finden hier immer wieder Konzerte statt. Auch Mikis Theodorakis war in der Drongaráti-Höhle schon zu Gast.

• *Anfahrt* Die Höhle liegt ca. 4 km von Sámi entfernt. Auf asphaltierter Straße in Richtung Argostóli nach ca. 3 km rechts ab, nach weiteren 1000 m wieder rechts, dann sind es nur noch wenige hundert Meter zum Ziel. Der Weg ist beschildert. Mehrere Souvenirläden, eine Bar und ein Restaurant. Es werden viele Busausflüge hierher angeboten. Aber auch sonst herrscht in der Drongaráti-Höhle kein Besuchermangel.

• *Öffnungszeiten* März–Oktober tägl. 9–19 Uhr, in der Hochsaison bis 21 Uhr. Eintritt 3,50 €, Kinder (5–12 Jahre) 2 €, unter 5 Jahren frei. Im Winter geschlossen.

▸ **Melissáni-Höhle**: Besonders reizvoll – per Boot wird dem Besucher die mit Wasser angefüllte, gewaltige Höhlenkammer gezeigt, die nach oben hin offen ist. Durch einen Tunnel kommt man zum See. Ein von Argostóli durch die Insel fließender, unterirdischer Fluss gelangt an dieser Stelle ins Meer. Das Wasser ist glasklar, eiskalt und brackig (ein Gemisch aus Süß- und Salzwasser). Es strahlt durch das einfallende Tageslicht in tausend Farben – vom schönsten Dunkelblau bis hin zu türkisgrünen Tönen. Die ungewöhnliche Akustik vermittelt ein seltsames Raumgefühl. In gebrochenem Englisch erklären die griechischen Ruderer die Phänomene der Höhle. Die Stalagmiten mit ihren eigenartigen Formen beflügeln die Fantasie.

• *Anfahrt* Die Melissáni-Höhle liegt in der Nähe von Karavómilos (ca. 3 km). Von hier die Straße nach Agía Efimía nehmen, am Ortsanfang links ab (die Höhle ist als "Melissáni Lake" beschildert). Beim Friedhof treffen Sie dann auf den Eingang, leicht am Kiosk zu erkennen. Durch einen künstlichen Stollen geht es hinab.

• *Öffnungszeiten* Ganzjährig geöffnet, 1.5.–31.10. tägl. 9–19 Uhr, im Winter nur Do, Sa und So 10–16 Uhr. Eintritt inkl. 10-minütiger Bootsfahrt 5 €, Kinder unter 12 Jahren 2,50 €. ✆ 26740-22997.

▸ **Agía Efimía**: Von auffallend grüner Vegetation umgeben liegt das Dorf zwischen kahlen, unwirtlichen Bergen. Der Hafen ist in eine kleine Bucht gebettet. Agía Efimía ist noch immer ein erholsames Plätzchen und es gibt hier einige gute Fischtavernen. Besonders der *Paradise Beach* lockt viele Besucher an. Der Kiesstrand, der mit seinem kristallklaren Wasser förmlich zum Baden einlädt, liegt ca. 700 m außerhalb des Ortes (beschildert). Die 9 km lange Küstenstraße nach Sámi windet sich am Meer entlang, eine gut ausgebaute Straße mit traumhaft schönen Panoramen führt hoch über der Küste nach Ássos und Fiscárdo.

• *Verbindungen* **Busse** fahren 2-mal tägl. nach Sámi, 10 Min., ca. 1 €; 2-mal tägl. von Sámi über Ag. Efimia nach Fiscárdo (nur im Sommer), ca. 1,5 Std., 3 € – der Bus hält auf Wunsch an der Abzweigung nach Ássos. 2-mal tägl. (So 1-mal) nach Argostóli, 1 Std., 2,50 €.

• *Übernachten* **Hotel Pyllaros**, an der Dorfbucht liegt das Hotel (mit Restaurant) der Familie Papadatos. Im Erdgeschoss finden auch ein Kafenion und ein Souvenirladen Platz. Das Hotel ist von April bis November geöffnet. Alle Zimmer mit Bad, Aircondition, TV, Kühlschrank und Balkon. DZ inkl. Frühstück 95–120 €. ✆ 26740-61800, 📠 61801.

Hotel Gonatas, am Paradise Beach, gehobene Klasse: Springbrunnen, Swimmingpool, Aircondition. Das DZ kostet im Juni/Sept. 50 €, in der Hochsaison 90 € inklusive Frühstück, keine EZ. April bis Ende Oktober geöffnet, ✆ 26740-61500/–03, 📠 61464.

Privatzimmer und Appartements vermietet auch die Taverne **Paradisenia Akti** am Paradise Beach, DZ um 55–60 €; 26740-61455 (nach Maria fragen) oder in der Taverne.

• *Essen/Trinken* **Paradisenia Akti**, Familienbetrieb, man sitzt idyllisch auf der weinüberrankten Terrasse, unter sich das türkisblaue Meer. Guter und günstiger Fisch, gute Fleischgerichte, die Preise sind für das Gebotene voll in Ordnung. Bringen Sie etwas Zeit mit, keine Schnellabfertigung. Mittags und abends geöffnet, ✆ 26740-61410.

Mýrtos-Beach, im Hintergrund die Halbinsel Ássos

Kefaloniá/Norden

Die nördliche Halbinsel – gegenüber von Íthaka – ist gebirgig, karg, fast menschenleer. Sie gehört zu den ursprünglichsten Landschaften Kefaloniás.

Die beiden Hauptorte sind lohnende Ziele: *Ássos,* das winzige, stille Dorf in einer kleinen Bay mit tollen Badebuchten und einer mächtigen Zitadelle, und *Fiscárdo,* ein fast skandinavisch anmutender Fischerort mit vielen bunten, jahrhundertealten Häusern und einer malerischen Kiesbucht. Und noch etwas bietet der Inselnorden: Mýrtos-Beach mit seinen ständig wechselnden Farben.

▸ **Mýrtos-Beach**: Einfach atemberaubend! Inmitten von steilen Felswänden liegt der 1 km lange Strand mit weißen Kieseln; wirklich ein traumhaftes Fleckchen Erde. Faszinierend sind die ständig wechselnden Farben des Meeres – die weißen Kiesel reflektieren das durch das Wasser gebrochene Sonnenlicht. Mit Strandbar, Sonnenschirm- und Liegestuhlverleih.

Warnung: Vorsicht vor äußerst gefährlichen Strömungen. Zudem fällt der Strand nach etwa 2 m im Wasser sehr steil ab!

▸ **Ássos**: Ein lauschiges Fischerdorf, zum Wohlfühlen. Ássos besitzt einen der schönsten Häfen der Insel. Wie buntlackierte Nussschalen schaukeln die Fischerboote im blauen Wasser. Auf der kleinen, 40 m langen Mole breiten die Fischer ihre löchrigen Schleppnetze zum Trocknen aus. Der schattige Dorfplatz ist umgeben von weiß getünchten Häusern und alten, verfallenen Fassaden, Spuren des Erdbebens von 1953. Ein kleiner Kiesstrand lädt zum Baden ein. Auf der gleichnamigen Halbinsel schlängelt sich die Schotterstraße in Serpentinen hinauf zur *venezianischen Festung.*

• *Anfahrt/Verbindungen* Die Panoramastraße zwischen Divaráta und Fiscárdo bietet einmalige Landschaftsimpressionen! Die Abzweigung nach Ássos führt an Zedernwäldchen vorbei. Auf einer kurvenreichen, breiten Asphaltstraße geht es hinunter in die Bay mit ihrer halbkreisförmigen Häuseranordnung.

Bus, direkt nach Ássos fährt kein Bus. Eine Haltestelle befindet sich oben an der Küstenstraße zwischen Fiscárdo und Argostóli. 2-mal am Tag wird die Strecke hin und zurück befahren. Ticket 2 €.

• *Übernachten* Das Angebot an Zimmern in Ássos, einem eher teuren Pflaster, ist sehr beschränkt. Besonders in der Hochsaison ist eine Reservierung dringend zu empfehlen.

Kanakis Appartements, am Ortseingang auf der linken Seite. Stilvoll eingerichtete, kleine 2-Zimmer-Wohnungen mit Einbauküche, Bad, Terrasse und kleinem Pool. Sehr gepflegtes, familiär geführtes Haus zum Wohlfühlen, eine der besten Adressen der Insel. Ein Appartement kostet 100 € am Tag, bei längerem Aufenthalt gewährt Herr Stefanatos Nachlass. ✆ 26740-51631, ℻ 51660.

Linardos Appartements, 12 Studios, direkt über der Bucht gelegen, man sollte mindestens 2 Monate vorher reservieren. Alle mit Bad, Küchenzeile und Balkon (toller Blick), DZ 60–65 €, ✆/℻ 51563.

Pension Gerània, idyllisches Hotel am Hang, ca. 150 m vom Dorfplatz, schöner Garten, sehr ruhig gelegen, vom Ortseingang beschildert. 8 Zimmer, teilweise mit Blick auf die Bay. DZ mit Dusche ca. 55 €, auf Wunsch mit Frühstück; geöffnet etwa Mai bis Mitte September, ✆ 26740-51526.

Ionische Inseln
Karte S. 99

Venezianische Festung

Die felsige Küste und die steilen Berghänge garantierten, dass die Zitadelle nie von Feinden eingenommen wurde. Die Anlage aus dem 16. Jh. diente vor allem dem Schutz vor Piraten. Das weitläufige, hügelige Gelände betritt man durch das gut erhaltene Festungstor. Auf dem Plateau sind Reste eines Palastes, von Kasernen und einer Kirche zu finden. Die abgelegene Halbinsel diente auch als Gefängnis. Die Wachtürme und Grundmauern der fensterlosen Zellen geben einen Eindruck vom martialischen Strafvollzug des griechischen Staates bis in die jüngste Vergangenheit.

Für die Wanderung vom Dorf zur 2 km entfernten Festung sollte man sich Zeit nehmen. Vom Bergrücken bietet sich ein toller Ausblick.

Fiscárdo

Grüne, gelbe, blaue und graue Fensterläden an den alten Hausfassaden setzen die Farbtupfer im idyllischen Hafen des nördlichsten Inseldörfchens. Entlang der Mole reihen sich teure Cafés und Tavernen.

Die herrliche Lage des Ortes samt beschaulicher Atmosphäre hat sich herumgesprochen, besonders unter Seglern ist der Hafen an der Nordostspitze der Insel erste Wahl. Umgeben von Zypressen und Wäldern hat Fiscárdo seinen ganz eigenen Charme. Schließlich war es das einzige Dorf auf Kefaloniá, das nicht vom Erdbeben 1953 zerstört wurde. Überragt wird der kleine Hafen – im Sommer täglich Fähren nach *Íthaka* (Fríkes) und *Léfkas* (Nidrí) – von einem hübschen Kirchlein samt Friedhof und blau-weißem Glockenturm.

Sehenswert ist außerhalb des Dorfes die Ruine eines venezianischen Leuchtturms (neben dem modernen Leuchtfeuer) bei der Einfahrt zum Kanal zwischen Íthaka und Kefaloniá. Das Dorf hat seinen Namen von dem Normannen *Robert Guiscard*, der hier im Jahre 1085 starb. Der Machtpolitiker, der seine Herrschaft in Unteritalien fest etablieren konnte, führte auch Feldzüge gegen die byzantinischen Kaiser in Nordgriechenland.

Mönchsrobben auf Kefaloniá

Die abgelegenen, stillen Meeresgrotten im Norden von Kefaloniá sind eines der letzten Refugien der Mittelmeermönchsrobbe (*Monachus monachus*). Schon Homer hatte von den Tieren an den Stränden der antiken Welt berichtet. Heute steht diese einzige Robbenart des Mittelmeers vor dem Aussterben. Dafür verantwortlich sind die Überfischung der Gewässer und der Tourismus, der die letzten Tiere aus ihren Schlupfwinkeln vertreibt. *Biologen bitten deshalb, sich nicht den Meeresgrotten zu nähern, vor allem an der Küste um Fiscárdo und Ássos. Die seltenen Robben sind äußerst scheu und sollten auf keinen Fall aufgescheucht werden!*

Verbindungen

• *Busse* fahren 2-mal tägl. nach Argostóli, 90 Min., 4 € und 2-mal tägl. über Ag. Efimía nach Sámi, 1 Std., 3 €, darüber hinaus gibt es 1-mal tägl. (nachmittags) einen Bus über Ag. Efimía, Sámi, Póros und Skála nach Katelíós, ca. 2 Std., 6 €. Die Abfahrtszeiten erfährt man bei *Nautilus Travel* am Hafen.

• *Fähren* Für alle, die es per Fähre zu den Nachbarinseln zieht, ist Fiscárdo eine interessante Alternative zu Sámi, die Verbindungen sind ausgezeichnet.

Fiscárdo–Vassilikí (Lefkás): im Sommer bis zu 4-mal tägl. (im Winter 1-mal); pro Person 5 €, Auto 23-27,50 €, Motorrad 7 €, Wohnwagen/Wohnmobil 6,80 € pro Meter; Dauer: 1 Std.

Fiscárdo–Nidrí (Lefkás): im Sommer bis zu 5-mal tägl., im Winter 1-mal tägl., meist mit Zwischenstopp in Vassilikí; gleiche Preise wie Vassilikí, Dauer: über Vassilikí 2,5 Std., direkt 1,5 Std.

Fiscárdo–Piso Aetós (Íthaka): ganzjährig 1-mal täglich (allerdings nur bei ruhiger See), Abfahrt mittags, Dauer 50 Min., pro Person 2,50 €, Auto 12 €, Motorrad 3,60 €, Wohnwagen/Wohnmobil 4,10 € pro Meter.

Fiscárdo–Fríkes (Íthaka): nur im Sommer 1-mal tägl. (abends); pro Person 2,50 €, Auto 12 €, Motorrad 3,60 €, Wohnwagen/Wohnmobil 4,10 € pro Meter; Dauer: 50 Min.

Abfahrtszeiten und Tickets bei *Nautilus Travel* am Hafen, im Sommer tägl. 8–24 Uhr geöffnet, kurz vor den Abfahrt der Fähren öffnet auch die Ticketbude an der Fähranlegestelle. ✆ 26740-41440.

• *Autoverleih* **Nautilus Travel** am Hafen, ein Kleinwagen kostet ca. 50–55 € pro Tag, Jeep 80 €/Tag, ab 3 Tagen gibt's Rabatt. Auch Scooter für 20 €/Tag. ✆ 26740-41440, ℻ 41470.

• *Motorbootverleih/Jachten* Die Motorboote von **Dimitra Antonatou** liegen im Hafen vor dem *Café Libeo* (neben Nautilus Travel). Ein kleines 10-PS-Boot ist hier für 45 € am Tag zu haben, 25-PS-Boote für 65 €, Sprit extra (1 €/Liter). Im August sollte man einige Tage vorher reservieren (im Café Libeo oder unter ✆ 697/2727594).

Jachtcharter bei **Pama Travel** im Haus neben dem Restaurant Captain's Cabin, auch Tauchen. ✆ 26740-41033, ℻ 41032, E-Mail: Pamatrav@compulink.gr.

• *Sonstiges* In Fiscárdo gibt es **Bank** (mit Geldautomat), **Post**, ein paar **Supermärkte** und 2 **Bäckereien**, alles um den Hafen.

Übernachten/Essen

• *Übernachten* Nur wenige Hotels, dafür eine Reihe von **Privatzimmern**. Dennoch kann im Hochsommer die Zimmersuche schwierig sein. Für das DZ sollte man mit 60–70 € rechnen.

Kiki's Appartements, geräumige 2-Zimmer-Studios mit Küche, Bad und Terrasse ab 75 € (2–4 Pers.), gegenüber vom Dorfstrand. ✆ 26740- 41208, ℻ 41278.

Rent Rooms Regina, gemütlich, wenn auch nicht luxuriös, direkt am großen Parkplatz gelegen. Zimmer mit eigenem Bad für 60–70 €, ohne Bad um 50 €, alle mit TV und die meisten auch mit Balkon. Freundliche Besitzerfamilie. Für die Hochsaison ca. 10 Tage vorher anrufen. ✆ 26740-41125, mobil ✆ 693/8984647.

Rooms Sotiria Tseledi, mehrere Appartements und 5 Zimmer mit Bad, Aircondition und Gemeinschaftsküche über einer Bäckerei (von der Platia der Beschilderung "bakery left and then right" folgen), DZ 60 €, 3er 70 €, 2 Zimmer-Appartement mit Bad, Küche, Balkon und Garage 130 €, Studio 70 €, Infos in der Bäckerei oder bei der freundlichen Frau Tseledi, ✆ 26740-41204.

• *Essen* Viele gute Restaurants haben sich an der Uferpromenade angesiedelt, ebenso wie am Dorfplatz. Empfehlenswert z. B. das Restaurant **Captain's Cabin** am Hafen, sehr guter Schwertfisch. Einen herrlichen Blick auf Fiscárdo genießt man von **Nicola's Taverna** am nördlichen Rand der Bucht.

Auch das **Hotel Panormos** bietet gute Küche zu fairen Preisen, außerdem werden hier einfache **Doppelzimmer** (mit Balkon und herrlichem Meerblick) für 55 € vermietet. ✆ 26740-41203.

Baden

Fiscárdo: Vom Ort führt eine kleine Straße in südöstlicher Richtung nach Tselentáta. Nach ca. 1 km liegt in einer tief eingeschnittenen, bewaldeten Bucht ein herrlicher kleiner Kiesstrand samt Taverne. Nachteil: viele Wasserpflanzen. Der **Dorfstrand** von Fiscárdo (gegenüber Kiki's Appartements) ist eher bescheiden. Achtung: viele Seeigel!

Emblísi Beach: Der etwa 40 m breite Kiesstrand am Rand eines Waldes wird von scharfkantigen Felsen begrenzt. Die Straße in Richtung Argostóli nehmen, nach 800 m geht es rechts ab (beschildert). Von da sind es ungefähr noch 1,5 km den Berg hinab.

Dafnoúdi Beach: Im Nachbarort Erisou bei der Kirche rechts abbiegen (beschildert). Gut ausgebaute Asphaltstraße, nach ca. 1,5 km gelangt man zu einem Wegweiser, der auf den Pfad rechts hinunter zum Dafnoúdi Beach hinweist. Auf steinigem Pfad geht es ca. 15 Minuten durch üppige Vegetation, ein lohnender kleiner Spaziergang (man sollte allerdings zumindest Turnschuhe tragen, keine Badeschlappen). Dafnoúdi Beach ist eine abgelegene und wunderschöne weiße Kiesbucht, an beiden Seiten von Felsen umrahmt. Nehmen Sie sich eine weiche Unterlage mit, sonst kann der Tag am einsamen Strand recht unbequem werden. Keine touristischen Einrichtungen, allerdings von vielen Badegästen schon als Lieblingsbucht entdeckt.

Halbinsel Palikí

Die Halbinsel im Westen Kefaloniás bietet ein völlig anderes Bild als der Rest der Insel. Hügel, so weit das Auge reicht, voller Olivenbäume, viele davon mit uralten, windgedrehten Stämmen.

Die Landschaft auf Palikí ist wenig aufregend, abgesehen vielleicht vom südöstlichen Teil der Halbinsel mit seinen vielen Sandstränden, die man zwischen den Hügeln entdeckt. Die gesamte Westküste dagegen fällt steil zum Meer ab, ist unzugänglich und menschenleer. Die Hauptstadt des fruchtbaren Gebietes ist das moderne Lixoúri, der zweitgrößte Ort der Insel. Zweimal, im Januar 1867 und August 1953, wurde die Halbinsel von schweren Erdbeben heimgesucht.

Lixoúri

Einfachste Anreisemöglichkeit ist die halbstündige Überfahrt mit der Fähre von Argostóli. Von fern erkennt man den modernen, meist menschenleeren Hafen. Ein ausgetrocknetes, betoniertes Flussbett teilt die 6000-Einwohner-Stadt in zwei Hälften.

Mittelpunkt des städtischen Lebens ist die zentrale Platia am Hafen. Ein halbes Dutzend Kafenia bietet Platz für Gespräche. Einzige Sehenswürdigkeit ist die idyllische *Villa* der Intellektuellen-Familie Iakovatos am westlichen Stadtrand.

• *Verbindungen* **Busse**, 2-mal tägl. zum Kap Xí, 1 €. Die Station der KTEL befindet sich an der Durchfahrtsstraße an der Brücke (gegenüber der Fähranlegestelle).

Fähre, Autofähre nach Argostóli: im Sommer halbstündlich von 7–21.30 Uhr (im Hochsommer bis 23.30 Uhr), im Winter stündlich. Die Überfahrt dauert 30 Minuten und kostet pro Person 1,20 €, Auto 3,60 €, Motorrad 1 €.

Taxis stehen in ausreichender Zahl an der Platía von Lixoúri. Eine Fahrt nach Lepáda kostet 4 €, nach Kap Xí ca. 7 €; ✆ 26710-91524.

• *Übernachten* In den Farben Altrosa und Himmelblau leuchtet einem das **Hotel Palatino** schon von weitem entgegen. Die Zufahrt ist beschildert. Moderner Bau mit 96 Betten und Pool. Die Zimmer sind hell und recht freundlich (Bad/Balkon), aber schon etwas abgenutzt. EZ 55 €, DZ 65 €, Dreier 75 €, jeweils inkl. Frühstück. ✆ 26710-92700 oder 91033, ℻ 92780.

Hotel Summery, modernes, gepflegtes Haus der C-Kat. an der Straße nach Lepáda. Großer Block in Strandnähe, 150 Betten. Pool im schattigen Garten, netter Service, ganzjährig geöffnet. Nicht mehr ganz neu. Zimmer mit Bad, Balkon, TV und Aircondition, EZ 50 €, DZ 70 €, jeweils inkl. Frühstück; ✆ 26710-91771 oder 26710-91871, ℻ 91062, www.hotelsummery.gr.

Hotel Poseidon, 100 m hinter dem Summery (Richtung Lepáda) steht der 80-Betten-Bau. Das EZ kostet 47 €, das DZ 70 €, das Dreier 100 €, Frühstück inkl.; ✆ 26710-92518, ℻ 91374, www.kefalonia.biz/hotel poseidon.

Pension Zoi, neben dem Poseidon, 9 Appartements mit Kochecke, Bad und Balkon, z. T. sehr gut ausgestattet, z. T. auch recht schlicht. Ab 45 € für 2 Personen, das Vierer kostet 70 €. Nette, hilfsbereite Vermieter; ✆ 26710-91877.

Sehenswertes

Iakovatos-Bibliothek und Museum: Das stattliche Haus im klassizistischen Stil beherbergt eine große Bibliothek mit rund 7000 Bänden, u. a. eine ca. 1000 Jahre alte Bibel und eine Gesamtausgabe des Hippokrates. Repräsentative Einrichtung, Stuckdecken. Interessant sind die einzelnen Fotobände der Familien mit vergilbten Aufnahmen.

Öffnungszeiten Di–Fr 9.30–13 Uhr, Sa 9.30–12.30 Uhr, So, Mo und feiertags geschlossen. Eintritt frei. Ekaterinis Toul 1, ✆ 26710-91325. Von der Platía am Eckhaus von A.D. Travel geht man die Straße leicht bergan (Beschilderung Iakovatos-Bibliothek), dann links.

▸ **Lepáda**: ein viel besuchter Sandstrand, ca. 2 km von Lixoúri entfernt. Zu erreichen ist er auf der Asphaltstraße, die vom großen Platz in der Stadt aus am Meer entlang Richtung Süden führt. Am Strand Liegestuhl- und Sonnenschirmverleih, ein Kiosk bietet Erfrischungen an.

▸ **Petaní Beach**: ein herrlicher Strand an der Westseite, der schönste der Halbinsel! Die Bucht wird von zwei Landzungen umschlossen, das Wasser ist kristallklar. Fast unmerklich vollzieht sich innerhalb der Bucht ein Wechsel von Sand- zu Kiesstrand. Zwei Tavernen am Strand.

Anfahrt Man folgt der Straße aus Lixoúri in nordwestlicher Richtung. Kurz nach Vilatoria geht es links ab und 3,5 km in steilen Serpentinen bergab (asphaltiert, beschildert).

Die Südküste der Halbinsel

Eine weitläufige, hügelige Dünenlandschaft charakterisiert die südliche Küste der Halbinsel. Das Land ist still, in den zersiedelten Dörfern gibt es kaum Anzeichen von Tourismus. Doch die zumeist rötlichen Sandbuchten mit ihrem türkisfarbenen Wasser laden zur Erholung ein, das hügelige Hinterland zu einsamen Spaziergängen.

Der Eingang zur Bibliothek und dem Museum Iakovatos in Lixoúri

Baden

Kap Xi: Eng schmiegt sich der fast 3 km lange, unverbaute Sandstrand an die sichelförmige Küste. Der Sand ist rötlich, das Wasser smaragdgrün. Das Hinterland mit seinen bewachsenen Dünen, auf denen viele Schafe weiden, beeindruckt durch seine melancholische Schönheit.

• *Verbindungen* **Bus**, von Xi fährt 2x tägl. ein Bus nach Lixoúri, 15 Min., 1 €.

• *Übernachten* Das **Cephalonia Palace Hotel**, eine riesige Anlage mit Pool, liegt fast unmittelbar am Strand. Für gehobene Ansprüche, 300 Betten, Tennisplatz. Das EZ kostet 100 €, das DZ 130 €, jeweils mit Frühstück. Anfang Mai bis Ende Oktober geöffnet; ✆ 26710-93112 oder 26710-92555, ✆ 92638.

Kounópetra Beach: Den ebenfalls rötlichen Sandstrand findet man südwestlich des gleichnamigen Dorfes. Klares Wasser, sauberer Sand. An seiner Westseite liegt ein kleiner Fischerhafen.

• *Übernachten* **Hotel Ionian Sea**, das Haus mit Swimmingpool südlich von Mantzavináta (beschildert) ist das einzige Hotel auf weiter Flur. Knapp 200 m bis zu einem kleinen Strand. EZ 50 €, DZ 60 €, 3er 72 €, jeweils inkl. Frühstück. Geöffnet von Mai bis Oktober. ✆ 26710-92280.

In der **Taverne Remetzo** (auf der Straße zum Kounópetra Beach rechts ab, beschildert) gibt es Zimmer direkt an einem kleinen, nicht ganz sauberen Strand. Einfache DZ und Appartements für 40–45 €; ✆ 26710-93002 oder 26710-92537.

▸ **Kloster Kipouréon**: Hauptsächlich wegen der hier aufbewahrten Kostbarkeiten lohnt ein Besuch des südwestlich von Lixoúri gelegenen Klosters (beim Dorf *Havdata*). In der Klosterkirche werden Ikonen, Messbücher und Kirchenschmuck ausgestellt. Kipouréon liegt landschaftlich reizvoll hoch über der schroffen Westküste (täglich zur Siesta von 12-17 h geschlossen). Weiter südlich befindet sich die *Höhle Drakospíleon*.

Íthaka

Eine Insel voller Mythen – Heimat des Odysseus, des verwegenen Seefahrers und Helden von Troja. Das behauptet jedenfalls sein geistiger Vater Homer in der "Odyssee". Begeben Sie sich unter seiner Regie auf Entdeckungsreise: zur Nymphengrotte, dem Schatzversteck am Hang des Ágios Nikólaos, zu Odysseus' Burg auf dem Aetós, zu den Weiden und Stallungen des Schweinehirten Eumäos auf dem Hochplateau von Marathia. Ob Íthaka tatsächlich die Insel des Listenreichen war, ist historisch leider zweifelhaft.

Trotz seines populären Namens schlummert das einsame, steinige Eiland im Dornröschenschlaf und ist nach wie vor ein Ziel für Individualisten. Die Landschaft ist geprägt vom Wechsel zwischen immergrünen Olivenhainen und kahlen, macchiabewachsenen Bergen, zwischen steilen, unzugänglichen Küsten und tief eingeschnittenen Buchten. Die Insel besteht aus zwei großen, verkarsteten Halbinseln, die durch eine nur 600 m breite Landenge miteinander verbunden sind. Sie besitzt nicht mehr als eine Handvoll Dörfer und wenige, dafür nicht überlaufene Kiesstrände. Das Inselhauptstädtchen *Vathí* ("die Tiefe") ist ein beschaulicher Ort am Ende der engen, tief ins Land reichenden Molos-Bucht mit dem vorgelagerten Inselchen *Lazaréto*. Wie die Sitzreihen eines griechischen Theaters kleben die erdfarbenen Häuser am Berghang. Kein Hafen könnte geschützter und idyllischer liegen als der von Vathí. Wer Ruhe und Einsamkeit abseits des Touristenrummels sucht, kann auf Íthaka herrliche Tage verbringen.

Íthaka auf einen Blick

Größe: 96 qkm, Länge 29 km, Küstenlänge 101 km.

Bevölkerung: im Sommer fast 6000 Einwohner, im Winter ca. 3000, davon 1800 in der Inselhauptstadt Vathí.

Geografie/Geologisches: sehr steiniges, gebirgiges Eiland. Es gibt mehrere Höhlen. Die bekannteste ist die Nymphengrotte, eine 10 m hohe Tropfsteinhöhle, in der Odysseus seine Schätze versteckt haben soll.

Wichtigste Orte: Vathí, hübsche Inselhauptstadt und Fährhafen; Stavrós, zweitgrößter Ort; Fríkes, kleines Dorf mit Fähren nach Léfkas; Kióni, idyllisches Fischerdorf.

Straßen: gut ausgebaut. Vathí ist per Asphaltstraße mit Piso Aetós, Léfki, Anóghi, Stavrós, Fríkes und Kióni verbunden. Auch zu den meisten Dörfern der Insel führen Asphaltstraßen.

Tankstelle: nur in Vathí und Fríkes.

Auto-/Zweiradverleih: in Vathí und Fríkes (hier nur Zweiräder).

Unterkunft: wenige Hotels, dafür Appartements und viele preiswerte Privatzimmer. In der Nebensaison warten die Vermieter bei Ankunft der Fähre auf Gäste. Provisorischer Campingplatz in der Filiatró Bay.

Karten: Die beste Karte auch für Íthaka ist zweifellos die Nr. 304 von Road Edition "Kefaloniá – Ithaca" (Maßstab 1:70.000, ca. 6–7 €).

Vorwahl: 26740.

Geschichte

Bereits in mykenischer Zeit war die Insel besiedelt (ca. 2000 v. Chr.). Damals waren die Bewohner schon als gute Seefahrer bekannt. Von 800–180 v. Chr. nutzten die Korinther Íthaka als Stützpunkt. Sie gründeten am Isthmus, im Gebiet des Aetós, die Stadt **Alalkomenes**. Bei Ausgrabungen fand man hier Münzen mit dem Inselnamen und einem Motiv von Odysseus. Zu Zeiten der Römer spielte Íthaka keinerlei historische Rolle. Im Südteil der Insel entstand **Vathí**. Während der byzantinischen Herrschaft wurde die Insel christianisiert und Klöster gegründet.

> Die kleine Ionische Insel wäre kaum jemandem ein Begriff, hätte nicht Homer vom listigen Odysseus berichtet, der mit seiner schönen Frau Penelope auf Íthaka zu Hause gewesen sein soll. Es ist daher nicht verwunderlich, dass sich die Archäologie früh mit dem Problem Íthaka befasst hat. Doch noch immer ist es wissenschaftlich nicht gesichert, ob es sich tatsächlich um die Insel des Odysseus handelt. Eins jedoch ist sicher: Seit rund 2500 Jahren trägt sie ihren heutigen Namen – und der Mythos um den Helden wird kräftig geschürt. Hinweisschilder wie *Arethusa-Quelle* oder *Nymphenhöhle* regen die Fantasie an. Auch auf den Touristenkarten wird fälschlicherweise auf "historische" Sehenswürdigkeiten hingewiesen, die keine sind.

Karte S. 99

Verheerend für die Bewohner wirkte sich die Invasion der Türken im Jahr 1479 aus. Sie plünderten Íthaka, nahmen die Bewohner als Sklaven gefangen oder töteten sie. Danach kontrollierten Piraten das Eiland. Doch schon 1504 übernahmen die Venezianer für fast drei Jahrhunderte die Herrschaft. Das Land wurde kultiviert, die wirtschaftliche Situation verbesserte sich, die Einwohnerzahl stieg im 18. Jh. auf 10.000 an. Nach "Intermezzi" der Franzosen, Russen und Türken übernahm 1809 das British Empire die politische Macht. Schließlich gaben die Engländer 1864 Íthaka wie alle Ionischen Inseln an den griechischen Staat.

Ende des 19. und Anfang des 20. Jh. versuchten viele Bewohner ihr Glück in Übersee. Die Besetzung durch das faschistische Italien und 1943 durch Hitlertruppen ließen die Bevölkerung weiter verarmen. Als schließlich 1953 ein Erdbeben die Insel schwer schädigte, sank die Einwohnerzahl auf 3000. Erst in den 60er Jahren wurde die Infrastruktur verbessert und notwendige Straßen wurden gebaut.

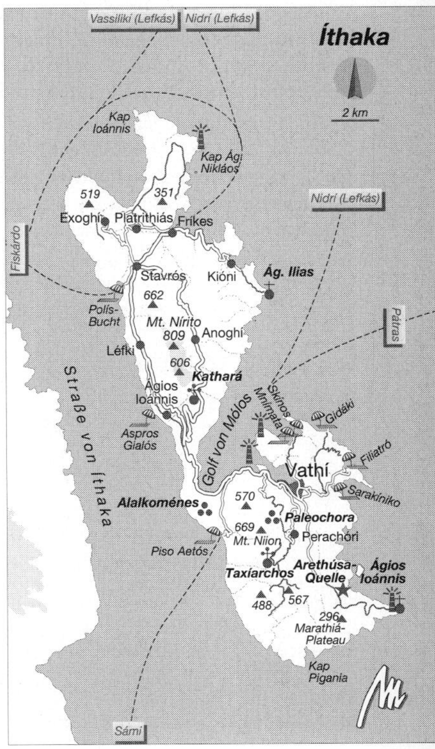

Verbindungen

Die kleine Insel erreicht man ausschließlich per Schiff. Es gibt zwei große Reiseagenturen direkt an der Hafenfront von Vathí, in denen die Angestellten Englisch sprechen und über die aktuellen Abfahrtszeiten zu den Nachbarinseln informieren. Die Büros sind in der Hauptsaison ganztägig von 9-22 h geöffnet, in der Nebensaison nachmittags geschlossen.

• *Fähren* **Vathí–Sámi (Kefaloniá)-Pátras (Peloponnes)**: 1-mal täglich (frühmorgens) mit *Blue Star Ferries* über Sámi nach Pátras, nach Sámi ca. 1 Std., nach Pátras 4 Std. 15 Min. *Preise nach Sámi*: pro Person 4,70 €, Auto 19,50 €, Motorrad 3,90 €, Wohnwagen/-mobil 5 € pro Meter; *nach Pátras*: pro Person 12,90 €, Auto 45,60 €, Motorrad 9,10 €, Wohnwagen/-mobil 11,50 € pro Meter. In der Hochsaison gibt es zusätzlich eine Nachmittagsfähre von Piso Aetós nach Sámi und weiter nach Pátras.

Vathí–Astakós (nordgriechisches Festland): Im Sommer 2-mal tägl. Morgens direkt (1,5 Std.), die Nachmittagsfähre fährt über Sámi (3 Std. nach Astakós), im Winter nur 4-mal wöchentlich. Pro Person 6,50 €, Auto 30 €, Motorrad 6–9,50 €, Wohnwagen/-mobil 7,60 € pro Meter.

Piso Aetós–Sámi: Im Sommer 3-mal tägl. (im Winter 1-mal) Dauer ca. 35 Min., pro Person 2,50–4,70 €, Auto 12–19,50 €, Motorrad 3–4 €, Wohnwagen/-mobil 5–5,60 € pro Meter.

Piso Aetós–Fiscárdo (Kefaloniá)–Vassilikí (Lefkás): Ebenso im Sommer 3-mal tägl. nach **Fiscárdo** (50 Min.) und weiter nach **Vassilikí** (Lefkás, 2 Std., manche Schiffe fahren weiter nach Nidrí). Im Winter nur 1-mal tägl. (und nur bei ruhiger See). *Nach Fiscárdo*: pro Person 2,50 €, Auto 12 €, Motorrad 3,60 €, Wohnwagen/Wohnmobil 4,10 € pro Meter. *Nach Vassilikí*: pro Person 4,20 €, Auto 22 €, Motorrad 3,80–5,70 €, Wohnwagen/-mobil 5,60 € pro Meter.

Fríkes–Fiscárdo–Vassilikí: Im Sommer 2-mal tägl. (ganzjährig 1-mal tägl.) über Fiscárdo (Kefaloniá, 50 Min.) nach Vassilikí (Lefkás, ca. 2 Std.). *Nach Fiscárdo*: pro Person 2,50 €, Auto 12 €, Motorrad 3,60 €, Wohnwagen/-mobil 3 € pro Meter. *Nach Vassilikí*: pro Person 4,20 €, Auto 22 €, Motorrad 4,40 €, Wohnwagen/-mobil 5,50 € pro Meter.

Vathí

Der fjordartige Hafen gehört unbestritten zu den schönsten Griechenlands! Wer mit der Fähre ankommt, umrundet erst die karge, unwirtliche Insel mit ihren kleinen Stränden, dann macht das Schiff einen Bogen nach links und gleitet durch die schmale Bucht an der kleinen Insel Lazaréto vorbei.

Vathí, der geschützte Naturhafen, ist das Zentrum der Insel. Das 1800-Einwohner-Städtchen, das sich um die Bucht herum entwickelt hat, ist umgeben von Oliven- und Zitronenbäumen und Weinfeldern. Am Ortsrand gibt es kleine Kiesstrände. Das liebenswerte Städtchen lädt mit seiner hübschen Hafenpromenade zu müßigen Stunden in Kafenion und Taverne ein. Mitten aus der oft spiegelglatten Wasseroberfläche der Bucht erhebt sich die Insel *Lazaréto*. Im 19. Jh. diente das Eiland als Quarantäne-Station, heute steht hier eine Kirche. *Lord Byron* und ebenso *Heinrich Schliemann* gönnten es sich, regelmäßig morgens hinüberzuschwimmen.

Information/Verbindungen/Adressen

• *Information* Die Touristenpolizei in Vathí hilft bei allen Fragen und Problemen. Das Gebäude liegt auf dem Weg zum Krankenhaus (beschildert) auf der rechten Seite. ✆ 26740-32205.

• *Verbindungen* **Busse**, nur 2-mal tägl. (frühmorgens und am Vormittag) fährt der Inselbus von Vathí über Stavrós und Fríkes nach Kióni (Gesamtdauer 1 Std.). Letzte Rückfahrt in Kióni bereits um 14 Uhr! Einfache Fahrt 2 €, Abfahrt an der Hafenplatía, Tickets im Bus. Es gibt keine Busse zur Fähranlegestelle Piso Aetós.

Taxis, an der Hafenplatía; ✆ 26740-33030. Nach Stavrós 15 €, Fríkes 20 €, Kióni 25 €, zum Fährhafen von Piso Aetos 7–8 €. In den kleineren Orten kann es passieren, dass man ein Taxi aus Vathí bestellen muss.

• *Adressen* **Erste Hilfe**: ✆ 26740-32222 oder 26740-33175. Der Weg zu dem kleinen Krankenhaus geht von der Hafenstraße ab (beschildert).

National Bank of Greece: geöffnet Mo–Do 8–14.30 Uhr, Fr 8–14 Uhr, im Zentrum, mit Bancomat.

O.T.E.: Der große Kasten an der Hafenstraße ist nicht zu übersehen. Mo–Fr 7.45–13 Uhr.

Hafenamt: ✆ 26740-32909.

Postamt: Das Gebäude liegt direkt an der Hafenstraße. Mo–Fr von 8–13.30 Uhr geöffnet.

Traumhaft gelegen: die Inselhauptstadt Vathí

Ionische Inseln
Karte S. 99

Reiseagenturen: Es gibt zwei in Vathí: **Polyctor Tours** an der Hafenplatía, hier Flugtickets, Fährtickets (auch Italien), Mopedverleih (50-ccm-Scooter ca. 15 €/Tag), Motorbootverleih (ab 40 €/pro Tag), Vermittlung von Studios (ab 50 € pro Tag) sowie ganztägige **Bootsausflüge** nach Lefkás/Skorpiós/ Meganisi oder Inselrundfahrt (ca. 25–30 €). ✆ 26740-33120 oder 6944/692995 (mobil), 📠 33130, www.ithakiholidays.com.

Noch umfangreicher ist das Angebot bei **Dela Tours** neben der Post. Bootsausflüge (z. B. Inselumrundung, 25–30 €, Kinder die Hälfte) und Bootsservice zum wunderschönen Gidaki-Beach (in der Hochsaison fast täglich, 5 €), hier werden auch die Tickets für die **Fähren** nach Fiscárdo, Sámi, Vasiliki (Lefkás) und Astakós (Festland) verkauft. Autoverleih (Kleinwagen ca. 50 €/Tag) und Zweiradverleih (Scooter um 15 €/Tag), Motorbootverleih 40/45 € pro Tag. Darüber hinaus werden Appartements/Studios vermittelt. ✆ 26740-32104 oder 26740-33103, 📠 33031, www.ithaca.com.gr, E-Mail: delas@otenet.gr.

Auto-/Zweiradverleih: Es gibt einige Anbieter an der Hafenstraße und in den Seitengassen. Zweiräder bei **Spiros & Nicos Rent a Bike**, Parallelstr. zur Hafenstr. Moped (Automatik-Scooter).15 €/Tag, Mountainbike 5 € pro Tag, ab 3 Tagen Rabatt. ✆ 26740-33243.

Herr **Canelos** (hinter der Post) vermietet Scooter ab 10 € pro Tag, geöffnet Mo–Sa von 9–21 Uhr.

Autos gibt es bei **AGS Rent a Car** (Hafenstraße, Richtung Inselnorden), ein Kleinwagen kostet 40 € pro Tag und ca. 250 € pro Woche. In der Hochsaison sollte man sich vorsorglich ein Fahrzeug reservieren. ✆ 26740-32702, 📠 33551.

Übernachten

Im Sommer ist es oft sehr schwierig, ohne Reservierung noch ein Zimmer zu finden.

Hotel Omirikon, erste Adresse der Insel, im Jahr 2003 eröffnet. Die stilvoll eingerichteten Studios (alle mit Bad, TV, Aircondition und Balkon/Terrasse mit Hafenblick) verfügen über geradezu luxuriöse Ausmaße – inkl. behaglicher Wohnküche. Dieser Luxus hat allerdings seinen Preis: Studio für 2–3 Personen 100–120 € (Frühstücksbuffet 10 € pro Person), in der Nebensaison gerade mal etwas mehr als die Hälfte! An der Hafenmole (Straße Richtung Loútsa-Beach), ✆ 26740-33596-98, 📠 33597, www.omirikonhotel.com.

Cap. Yiannis, an der Ostseite des Hafens (Str. Richtung Loútsa), ca. 1 km von der

Hafenplatia. 12 Zimmer und 13 Bungalows mit Kochgelegenheit, Bad und Terrasse, Anlage mit Pool und Tennisplatz. DZ mit Frühstück 70 €, Studio für 2 Personen 75 €, für 3 Personen 80 €, ✆ 26740-33173 oder 26740-33311, ✆ 32849, www.travel-greece.com.

Mentor, traditionsreiches, frisch renoviertes Haus am Hafen, nicht zu übersehen. Alle Zimmer mit Bad, TV, Aircondition und Balkon (teilweise Hafenblick). EZ 62,50 €, DZ 82 €, Dreier 102,50 €, Vierer 126,50 €, jeweils inkl. Frühstück. Es werden auch einige Appartements außer Haus in Zentrumsnähe vermietet (ab 75 €). ✆ 26740-32433 oder 26740-33033, ✆ 32293, www.hotelmentor.gr.

Nette **Privatzimmer** vermietet **Sophia Petsiou** in der Anastasiou Kallinikon 14 (Parallelstraße zur Hafenstraße). Freundliche Familie, weinüberlaubter Hinterhof. Nebenan ist eine Werkstatt mit Motorrollerverleih. DZ ca. 40 €, die Gäste teilen sich das saubere Bad. Nur im Sommer geöffnet, ✆ 26740-32198.

Penelope, nette Appartements und Studios in einer Seitengasse von der Hafenmole (Richtung Loútsa-Beach) das 2er Studio kostet 90 €. Sehr beliebt, da wirklich sehr ansprechend und gemütlich, daher sollte man frühzeitig buchen. ✆/✆ 33134.

Appartements und Häuser kann man auch bei den Reiseagenturen (s. oben) mieten.

Essen

Auf ganz Íthaka gibt es in den meisten Kafenia und Tavernen noch einfache, schmackhafte griechische Küche mit lokalen Spezialitäten: z. B. *Halvas*, eine süße Leckerei aus Íthaka-Ouzo, Olivenöl und anderen Zutaten, *Rovani* (Süßes aus Reis, Honig und Olivenöl) und *Flaouna* (Brot mit Sesam und Rosinen).

Grilltaverne Nikos, traditionsreiches Lokal mit günstigen, leckeren Grillgerichten. Die Tische stehen auf der Straße. Der freundliche Familienbetrieb ist nur abends geöffnet. Seitenstraße der Hafenplatía.

Kalkanis, gegenüber Nikos. Gute Küche, schöne Terrasse, freundliche Bedienung und entspannte Atmosphäre. Ganzjährig tägl. ab 17 Uhr geöffnet. ✆ 26740-33233.

Im **O Bosos** sitzt man gemütlich in einer kleinen Gasse, die vom Hafen zum Volkskundemuseum führt. Ausgezeichnete Fischgerichte zu moderaten Preisen, leckere Vorspeisen und auch der Hauswein ist empfehlenswert. ✆ 26740-32466.

Taverne Kantouni , die äußerst beliebte Taverne liegt direkt am Meer (Ausfallstraße Richtung Inselnorden, ca. 100 m von der Hafenplatía); sehr appetitanregende Auswahl in der Vitrine, freundlicher Service, recht preiswert. Mittags und abends geöffnet.

In der **Villa Drakoulis** befindet sich die vornehme Café-Bar "Yachting Club". Es lohnt sich auch, das Haus von innen anzusehen: Neben einem Salon mit Karambolage-Tisch kann man interessante Fotos (auch aus der Zeit vor dem Erdbeben) betrachten. Morgens Frühstück, abends Cocktailbar. Geöffnet von 9–23/24 Uhr, ✆ 26740-33435.

Sehenswertes

Archäologisches Museum: In einem großen Saal sind Tonvasen, Schmuck und einige kleinere Figuren in Glasvitrinen ausgestellt. Ein britisches Archäologenteam unter der Leitung von William A. Heurtley und Sylvia Benton fand die Stücke in den Jahren zwischen 1930 und 1938 im Süden Íthakas, im Gebiet um den Aetós. Es handelt sich dabei größtenteils um Opfergaben für Apóllon aus der Zeit um etwa 1000–700 v. Chr. Seit Anfang der 1990er Jahre arbeitet ein Team von griechischen und amerikanischen Wissenschaftlern daran, den Ursprung und die Bedeutung des Apóllon-Kultes genauer zu erforschen. Hinzu kommt eine Vielzahl von Fundstücken aus mykenischer Zeit (1600–800 v. Chr.). Neben den Funden vom Berg Aetós sind auch einige Stücke aus der eingestürzten Louízos-Höhle in der Polís-Bucht zu sehen, außerdem Münzen und Weihegaben aus der Nymphengrotte. Weitere Fundstücke lagern in den Nebenräumen des zu klein gewordenen Museums, man plant einen Neubau. Wann dieser entstehen soll, ist allerdings ungewiss. Auch die neuesten Funde aus mehreren groß angelegten Forschungen zum Thema Odysseus sind hier leider noch nicht zu sehen.

Öffnungszeiten tägl. 8.30–15 Uhr, Mo geschlossen, Eintritt frei, Fotografieren/Video verboten. Von der Hafenplatía Richtung Hotel Mentor geht es rechts ab (beschildert). Eckhaus links an der ersten Querstraße.

Eine der Hauptsehenswürdigkeiten der Insel, die sagenumwobene **Nymphengrotte** bei Vathí, in der Odysseus seine Schätze abgeladen haben soll, ist seit dem Jahr 2000 wegen Einsturzgefahr nicht mehr zugänglich. Ob und wann die Grotte wieder geöffnet wird erfahren Sie in Vathí im Rathaus oder in einer der Reiseagenturen.

Baden

Loútsa Beach: Am östlichen Rand der Bucht liegt der viel besuchte, feinkiesige Strand. Eine schmale Asphaltstraße führt von Vathí an der Bucht entlang und endet an dem 40 m langen Strand, der nicht besonders sauber ist, aber über Umkleidekabinen und eine Taverne ganz in der Nähe verfügt. Schöner Blick auf die Insel Lazaréto.

Skínos Beach: Der auf allen Karten angegebene Kiesstrand mit türkisblauem, glasklarem Wasser hat leider an Attraktivität verloren. Die Bucht befindet sich inzwischen in Privatbesitz. Die paar Meter Strand, die noch für die Öffentlichkeit zugänglich sind, lohnen kaum den einstündigen Fußmarsch von Vathí.

Filiatró Bay: eine der schönsten Buchten der Insel. Von Vathí Richtung Sarakiniko-Bucht, ab dort noch ca. 800 m in die Nachbarbucht. Am Strand gibt es einen Liegestuhl- und Sonnenschirmverleih, einen Tretbootverleih sowie eine Bar. Hier befindet sich der einzige Campingplatz der Insel.

Camping **Camping Filiatro** ist ein von den Behörden geduldetes Provisorium. Es gibt zwei Dixi-Toiletten, ein Generator liefert den Strom für die angeschlossene Snack-Bar. Geöffnet 1. Juni bis Mitte September.

Gidaki Beach: Der wunderschöne Strand vor steilen Felsen ist von Land aus nur mit Mühe zu erreichen. Zwar gibt es einen Fußweg, doch der ist nicht ganz ungefährlich, vor allem im Abstieg zum Strand (wir raten dringend ab). Im Sommer gibt es ca. 5-mal wöchentlich einen Bootsservice (s. S. 209) zum wohl schönsten Beach der südlichen Halbinsel, im Sommer betreibt man auch eine Strandbar.

Kaminia Beach: ungefähr 4 km von Vathí entfernt. Auf dem Weg zur Arethúsa-Quelle geht es links ab (beschildert). Die letzten 500 m sind Trampelpfad. Der Strand ist sehr schön gelegen und so gut wie nicht besucht, aber leider nicht sehr sauber. Weder Bar noch Taverne.

Wandern

Wer viel Fantasie und Ausdauer besitzt, sollte den gut zweistündigen Fußmarsch auf schlechten Straßen von Vathí zur **Arethúsa-Quelle** auf sich nehmen. Sie liegt rund 6 km südlich von Vathí. Die Quelle am Ende einer pittoresken Schlucht ist bei Homer verewigt – dort soll der Schweinehirte Eumäos die große Herde des Odysseus getränkt haben. Das Wasser sprudelt heute in einer unzugänglichen Grotte.

• *Anfahrt* Von der Hafenfront in Vathí führt links von der Villa Draukoulis eine Straße zum Krankenhaus und von dort geradeaus weiter zur Arethúsa-Quelle. Nach etwa 3 km wird aus der asphaltierten Straße ein Schotterweg, nach einem weiteren Kilometer geht links ein Pfad ab (beschildert). Von hier auf dem Pfad noch mal ca. 45 Min. zur Quelle.

Achtung: Der Pfad führt – je nach Jahreszeit – durch dorniges Gestrüpp. Lange Hosen und festes Schuhwerk sind notwendig. Auf dem Weg zur Quelle weist ein Schild auf einen Pfad zur Rízes-Höhle hin, von der man sich aber nicht allzu viel versprechen sollte.

Vathí/Umgebung

▸ **Perachóri**: Am Hang des *Petaleiko* liegt das malerische Dorf, 300 m oberhalb von Vathí. Zur Zeit der Venezianer war Perachóri der größte Ort Íthakas, jetzt leben hier gerade noch 350 Menschen. Die ehemalige Größe lässt sich aber noch heute erahnen, denn das Dorf ist von Ruinen jahrhundertealter Häuser umgeben. Wer die 3 km lange Strecke von Vathí die Hänge hinauf hinter sich gebracht hat, erkennt links am Dorfeingang die Ruinen einer Kirche, von der noch die Wände und der Turm stehen.

▸ **Piso Aetós**: Ein kleiner Fischerhafen mit einem Dutzend Booten und ein paar Häusern. Mit etwas Glück kann man beobachten, wie eine der großen Mittelmeerfähren zwischen Kefaloniá und Íthaka durchs Wasser pflügt. An der Anlegestelle befindet sich ein Kiosk. Sollte bei Ankunft der Fähre von Sámi kein Taxi bereit stehen, kann man sich hier eines bestellen. Kleiner, sauberer Kiesstrand nahe der Anlegestelle.

Berg Aetós: Traumhaftes Panorama

Auf dem Berg am Isthmus von Íthaka stand die Burg des Odysseus – so zumindest erzählt es die Sage. Als sich Heinrich Schliemann mit seinem *Homer* in der Hand auf die Suche nach der legendären Burg machte, unterlag der ansonsten clevere Archäologe einem Irrtum. Auf dem 381 m hohen Berggipfel lag die antike Stadt Alalkomenes aus dem 8. Jh. v. Chr. und nicht die Burg des Odysseus. Wer den mühsamen Aufstieg geschafft hat, erkennt auf dem Gipfel Reste einer polygonalen Mauer. Sie wurde in drei verschiedenen Bauperioden (ab dem 7. Jh. v. Chr.) errichtet. Auf dem Aetós gibt es kaum sichtbare Reste eines Tempels, der der Göttin Artemis oder Apóllon geweiht war. Eine Wanderung (1,5 Std.) lohnt sich, denn vom Aetós hat man einen traumhaften Ausblick auf Íthaka und hinüber zum benachbarten Kefaloniá.

Anfahrt Etwa 7 km beträgt die Entfernung von Vathí. Man verlässt Vathí auf der Straße Richtung Inselnorden und biegt nach ca. 3,5 km links nach Piso Aetós ab. Die asphaltierte Straße führt bergauf. Auf der "Kuppe" befinden sich ein Haus und die Agios-Georgios-Kapelle. Ein großes Hinweisschild steht am Beginn des Fußwegs, der sich in Serpentinen nach oben schlängelt.

Der Norden

▸ **Kloster Kathará**: Wer die schmalste Stelle Íthakas am Aetós in nördliche Richtung hinter sich gelassen hat, passiert eine asphaltierte, oft steile Straße (Beschilderung zum Kloster). Der Blick auf die Bucht wird von Serpentine zu Serpentine schöner. Der Besuch des Klosters Kathará lohnt allein schon wegen der einzigartigen Aussicht. Auf einem breiten Bergvorsprung des Neritos in 550 m Höhe gelegen, zählt die Anlage zu den reizvollsten Zielen Íthakas! Heute lebt noch ein Mönch auf dem Gelände. Wenn man darum bittet, wird einem die Kirche gerne aufgeschlossen.

Anfahrt Das Kloster liegt etwa 16 km von Vathí entfernt. Nach dem Isthmus geht es rechts ab (beschildert), dann steil hinauf Richtung Anóghi. Ein Wegweiser macht auf das Kloster aufmerksam.

Anóghi: Eine der ältesten Siedlungen auf Íthaka ist das einsame, halb verlassene Bergdorf an der Ostseite des Neritos. Keine hundert Einwohner leben in dem mit 550 m höchstgelegenen Dorf Íthakas. Auffallend sind die bizarren Felsen, die man rund um Anóghi findet. Imposantestes Beispiel ist der Arakles-Felsen (Herakles) mit rund 8 m Höhe. Am Berghang finden sich die Ruinen des alten Dorfes, das vor rund 400 Jahren gegründet wurde.

Im Ort sollte man sich von der freundlichen Besitzerin des Kafenions (das einzige in Anóghi) unbedingt die benachbarte *Panagia-Kirche* aufschließen lassen: Das älteste Gotteshaus der Insel ist im Inneren mit herrlichen byzantinischen Fresken ausgestaltet.

Anfahrt Anóghi ist durch eine gut ausgebaute Straße Richtung Süden, am Kloster Kathará vorbei, mit Vathí verbunden (19 km). Nach Stavrós sind es 9 km. Eindrucksvolle Panoramen.

Ágios Yiánnis/Léfki: Wer saubere, nicht überlaufene Strände mit klarem, türkisblauem Wasser sucht, findet sie an der Westküste bei der Kapelle Ágios Yiánnis. Hier stehen nur eine Handvoll Häuser.

• *Anfahrt* Die Hauptverbindung Vathí-Stavrós führt etwa 150 m oberhalb am Hang entlang und passiert Léfki. Ág. Yiánnis ist nur über Léfki zu erreichen. Die in vielen Karten eingezeichnete Straße von Ág. Yiannis Richtung Vathí ist mit dem Auto unbefahrbar. Die Straße von Léfki nach Ág. Yiannis führt durch Weingärten und Olivenhaine 3 km bergab. Einen der schönsten Strände der Insel erreicht man, wenn man am Ende dieser Teerstraße rechts abbiegt und noch ca. 200 m auf asphaltierter Piste bis zu einer Windmühlenruine weiterfährt. Von hier aus sind es auf dem kleinen Pfad (rechts) noch ca. 3 Min. zu Fuß.

• *Übernachten* Bei **Rita Paxinou** in Léfki kann man sehr saubere und moderne Zimmer und Appartements mieten. DZ mit Bad und Kühlschrank 35–40 €, Appartement für 4 Personen 55–60 €; an der Durchfahrtsstraße, Schild hängt aus. ✆ 26740-31785.

Stavrós: Der beschauliche Ort ist das Zentrum des Inselnordens. Das öffentliche Leben spielt sich rund um die Kirche, am Park und in den Kafenia ab. Bademöglichkeiten bieten sich in der 1,5 km unterhalb des Dorfes gelegenen *Pólis-Bucht*, die allerdings wenig idyllisch ist. Am 5./6. August findet in Stavrós das größte Fest Íthakas statt. Die ganze Insel hat auf dem *Sotiros-Volksfest* bei griechischer Musik, Tanz und kulinarischen Leckereien ihren Spaß.

• *Information* Es gibt eine **Post** (geöffnet 7.30–14 Uhr, im Souvenirshop am Marktplatz), einen **Taxistand** (gegenüber der Kirche; ✆ 6944/790943, 6945/877518 oder 6946/096802), der allerdings selten besetzt ist, eine **Krankenstation** (Sprechstd. Mo–Fr 9–11 Uhr), ein paar **Supermärkte**, einige nette **Tavernen**, Souvenirläden, zwei Metzgereien und den einzigen Bäcker im Inselnorden (an der Straße nach Anoghí), der Brot noch im Holzofen backt.

• *Verbindungen* Mit dem **Inselbus** 2-mal tägl. nach Vathí, 30 Min., 2 €, sowie 2-mal tägl. nach Fríkes und Kióni.

• *Übernachten* **Villa Spiliá**, an der Straße nach Léfki/Vathí am Ortsausgang auf der linken Seite. Stilvoll restauriertes Haus, sehr komfortabel, nette Terrasse. Nur 3 geschmackvoll eingerichtete Appartements mit Küche, Bad, Balkon und Aircondition, für 2 Personen 120 €. ✆/℻ 31081.

Porto Thiaki bei der Pizzeria an der Dorfstraße, man wende sich an den Souvenirshop nebenan. Das DZ mit Bad, Balkon, Aircondition und Kühlschrank kostet 60 €. Von den rückwärtigen Räumen hat man einen schönen Blick aufs Meer. ✆ 26740-31245.

• *Essen/Trinken* **Restaurant Polyphemus**, unser **Tipp!** Große Auswahl traditionell griechischer Gerichte, die aber entgegen der Tradition nicht in Fett schwimmen, sondern auf bekömmliche Weise sehr leicht und köstlich zubereitet sind. Große Auswahl auch für Vegetarier. Im idyllischen Garten sitzt man unter Olivenbäumen, sehr entspannend. Mittleres Preisniveau, für das Gebotene günstig, sympathischer, mehrsprachiger Service (auch deutsch). Innen auch Bar/Restaurant. Mittags und abends geöffnet, ✆ 26740-31794. An der Straße nach Anoghí auf der rechten Seite (schräg gegenüber vom Supermarkt).

Ionische Inseln
Karte S. 99

▸ **Pólis-Bucht**: Unterhalb von Stavrós gelegen; hier wurde bereits vor 2700 Jahren Odysseus verehrt. Die Louizos-Höhle, mittlerweile eingestürzt, befand sich in der nordwestlichen Ecke des kleinen Hafens. Archäologen bargen dort eine Reihe von Keramiken aus mykenischer bis römischer Zeit und Reste bronzener Dreifüße, vielleicht Preise der Odysseischen Spiele auf Íthaka. Bar am kleinen Fischerhafen.

▸ **Palast des Odysseus**: Er soll auf dem Hügel von Pelikata gestanden haben. Zu sehen ist für Laien nichts mehr. Britische Archäologen fanden einige Hinweise, dass es sich um die Akropolis des Odysseus gehandelt haben könnte. Einziges sichtbares Relikt ist ein großer Felsen, in den ein Sarkophag gemeißelt ist.

Anfahrt Der Pelikatahügel liegt 1 km nördlich von Stavrós bei der gleichnamigen Siedlung an der Straße nach Exóghi und Platrithias.

▸ **Pelikata**: Unweit des Pelikata-Hügels gibt es im gleichnamigen Dorf ein kleines **Museum** mit Fundstücken aus der Stadt des Odysseus und der Pólis-Bucht. Unter anderem sind hier auch die Reste der bronzenen Dreifüße ausgestellt.

Öffnungszeiten Im Sommer Di–So 9–14.30 Uhr geöffnet, im Winter auf Anfrage (✆ 6945/840055), Eintritt frei. Hinweisschild an der Straße von Stavrós nach Exóghi.

▸ **Exóghi**: Romantisch liegt Exóghi am Hang, rund 340 m über dem Meer. Die Dorfstraße schlängelt sich den Berg hinauf. Am Dorfausgang ein Kirchlein samt Friedhof. Von der Anhöhe hat man eine selten schöne Aussicht. Exóghi ist auch Ausgangspunkt für herrliche Wanderungen. Das Dörflein an der nordwestlichen Spitze Íthakas erlitt das gleiche Schicksal wie manch anderer Inselort: im Mittelalter und unter den Venezianern noch ein blühendes Städtchen, heute ein Ruinendorf. Gerade noch 45 Einwohner leben in dem abgelegenen Weiler. Die meisten gingen schon vor über 30 Jahren nach Übersee, heute heißen die Ziele Athen und Pátras. Es gibt weder Taverne noch Supermarkt. Viel ist nicht los, aber einmal im Jahr kehrt hier Leben ein, denn am 17. Juli wird das Kirchenfest der *Agía Marína* auf dem Dorfplatz gefeiert!

▸ **Fríkes**: Das 100-Einwohner-Dorf inmitten eines kleinen Tales liegt verkehrsgünstig und ist im Sommer täglich durch Fähren mit Kefaloniá und Léfkas verbunden. Dadurch entwickelte sich eine bescheidene Gastronomie. Lebendig wird es in Fríkes, wenn die Fähren von den Nachbarinseln im kleinen Hafen anlegen. Das Dörflein zwischen hohen Bergen hat seinen Namen vom antiken Gott Frikon und dem gleichnamigen Piraten zu verdanken, letzterer lag in der versteckten Bucht oft vor Anker. Im 16. Jh. besiedelten die Einwohner von Stavrós und Exóghi das schmale Tal. Heute bestreiten sie ihren Lebensunterhalt mit Fischfang und Landwirtschaft. Im Sommer kommt als nicht unerheblicher Faktor der Tourismus hinzu.

• *Verbindungen* Im Sommer 2-mal tägl. (ganzjährig 1-mal tägl.) mit der **Fähre** über Fiscárdo (Kefaloniá, 50 Min.) nach Vassilikí (Lefkás, ca. 2 Std.). *Nach Fiscárdo*: pro Person 2,50 €, Auto 12 €, Motorrad 3,60 €, Wohnwagen/-mobil 3 € pro Meter. *Nach Vassilikí*: pro Person 4,20 €, Auto 22 €, Motorrad 4,40 €, Wohnwagen/-mobil 5,50 € pro Meter. Infos und Tickets beim Supermarkt Penelope am Hafen.

Busse, 2-mal tägl. (letzter Bus bereits um 14 Uhr!) über Stavrós nach Vathí, 45 Min., 2 €; außerdem 2-mal nach Kióni (ca. 0,80 €).

• *Zweiradverleih* **Rent a bike – Fríkes**, neben der Taverne Remétzo gelegen. Bei Nikos kostet ein kleiner Scooter 12 € pro Tag. Es werden auch kleine Motorboote vermietet, 35 € am Tag, Sprit extra. ✆ 26740-31021 oder 6945/706968 (mobil).

• *Übernachten* Man kann wählen zwischen einem der preiswerten **Privatzimmer** oder dem **Hotel Nostos** (dem einzigen in Fríkes) von der netten Familie Anagnostatos. Es werden 27 Zimmer der C-Kat. mit Dusche vermietet, freundlicher Service. DZ 72 €, Dreier 90 €, jeweils inkl. Frühstück.

Das Hotel liegt ca. 300 m vom Hafen. Geöffnet April bis Oktober. ✆ 26740-31644 oder 26740-31100, ✆ 31716. Lesertipp: "Das Nostos-Hotel hat ein gutes, preiswertes Restaurant mit Terrasse. Von der Terrasse hat man einen schönen Blick auf die Bucht, besonders abends, wenn die höher gelegenen Windmühlenruinen angestrahlten sind."

Aristoteles Apartments, 8 freundlich eingerichtete Studios (viel helles Holz), mit Küche, Bad und Balkon, für 2 Personen 65 €, für 4 Personen 85 €. Freundlicher Besitzer, Hund Vito empfängt Sie ebenfalls sehr freundlich. Frühzeitige Buchung ist ratsam. ✆ 26740-31079 oder 26740-31371, mobil ✆ 6945/202687, ✆ 31179; www.aristotelis-ithaca.gr. An der Straße aus Stavrós kommend auf der rechten Seite.

▶ **Baden**: Zwischen Fríkes und dem 6 km entfernten Kióni gibt es zwei kleine Badebuchten, ausschließlich Kies, jedoch durchgehend sehr sauber. Nachteil: Die Asphaltstraße nach Kióni führt stets in unmittelbarer Nähe vorbei.

Kióni

Ein äußerst reizvolles Ziel ist dieses 200-Einwohner-Dorf. Mit seinen hübschen Häuschen liegt es malerisch eingebettet zwischen Hügeln in einer Bucht, 25 km von Vathí entfernt. In Kióni herrscht eine gediegene Atmosphäre. An der Hafenmole wetteifern eine Handvoll Restaurants um die Gunst der Kunden, außerdem gibt es ein paar nette Cafés am Hafen, in denen man es stundenlang aushalten kann. In den Stoßzeiten der Hochsaison wird es allerdings manchmal recht voll am kleinen, überschaubaren Hafen, vor allem, wenn die Ausflugsschiffe aus Lefkás kommen.

Lohnend ist auf jeden Fall ein Spaziergang vom Hafen zu den Windmühlenruinen. Die Dorfstraße führt direkt über dem türkisgrünen Meer entlang durch den vom Tourismus noch weitgehend unentdeckten Teil Kiónis, lediglich ein paar schlichte "Rent Rooms"-Schilder weisen darauf hin, womit man in Kióni hauptsächlich sein Geld verdient.

• *Verbindungen* 2-mal tägl. fährt ein **Bus** über Fríkes und Stavrós nach Vathí; 1 Std., 2 €.

• *Übernachten* **Captain's Appartements**, oberhalb der Bucht, sehr ruhig, nette Aussicht. Die Studios von Dionisis und Iliana Dellaporta sind mit Küche, Bad und Veranda ausgestattet, relativ preisgünstig: 2er-Studio 60 €, für 3 Personen 70 €, 4er-Appartement 80 €. ✆ 26740-31481, ✆ 31090, www.captains-apartments.gr. Kurz nach dem Ortseingang Kióni rechts ab (kleines Hinweisschild) und ca. 100 m steil den Berg hinauf.

Herr Maroudas vom **"Popular-Art"-Souvenirshop** beim Hafen vermietet **Appartements**. Das Haus liegt etwa 50 m vom Hafen in Richtung Ortsausgang auf der linken Seite. Für 2 Personen 44 €, 4 Personen ab ca. 60 €, für August sollte man frühzeitig reservieren. 28300 Kióni, ✆ 26740-31691, ✆ 31753.

Rent Rooms, von Fríkes kommend im Vorort Ráchi links (auf einer Bergkuppe) liegt das Haus des netten Theofilos Karatzis, unschwer an den roten Türen und Fensterläden zu erkennen. Relativ schlichte Zimmer mit Bad (z. T. auch Küche), herrlicher Blick über die Bucht. Im August oft über Stammgäste ausgebucht. DZ 45–50 €. 1 km vom Zentrum Kióni. 28300 Kióni, ✆ 26740-31679.

• *Essen* Direkt am Hafen liegt das gemütliche Traditionsrestaurant **Avra**. Nette Leute, Straßengrill.

• *Bootsverleih* Bei **Boat Rental Kióni** am Hafen. Kleines Motorboot 35–40 €, Sprit extra (ca. 1 €/Liter). ✆ 26740-31702 oder 26740-31144.

▶ **Baden**: Zwei Kiesstrände gibt es an der Südseite der Bucht von Kióni, die größere von beiden mit Bar und Restaurant. Zu Fuß ca. 20 Minuten vom Ort entfernt.

Mythische Wesen bewachen die Küste von Zákynthos

Zákynthos

Die südlichste der Ionischen Inseln wurde schon in der Vergangenheit immer wieder von Reisenden und Dichtern wegen ihrer Naturschönheiten gepriesen. "Fiore di Levante", Blume des Ostens, nannten die Venezianer, die Zákynthos jahrhundertelang beherrschten, sie dereinst sogar. Heute hat sie sich im internationalen Tourismus vor allem als Badeparadies einen Namen gemacht. Was das Besucheraufkommen angeht, nimmt sie nach Korfu unter den Ionischen Inseln den zweiten Platz ein. Zu bieten hat sie jedoch weitaus mehr als nur traumhafte Strände.

Viele Gegensätze machen den Reiz der unmittelbar dem Peloponnes vorgelagerten Insel aus. Dicht bevölkert ist das fruchtbare Flach- und Hügelland im Osten und Südosten. Hier findet man einerseits idyllische Bauerndörfer, umgeben von Olivenhainen, Obstbäumen und Weinbergen, andererseits quirliges Stadtleben in der Chóra, auch Zákynthos-Stadt genannt. Zudem entstanden seit den 70er und 80er Jahren des 20. Jh. an den flach abfallenden Sandstränden der Ostküste, der Halbinsel Skopós und der Laganás-Bucht die Hochburgen des Tourismus. Kalámaki, Laganás, Argássi, Tsiliví/Plános und einige andere Siedlungen sind schon lange fester Bestandteil der Kataloge internationaler Reiseagenturen. Kontrastprogramm pur bietet dagegen das karge und herbe Bergland im Westen und Norden von Zákynthos. Im 756 m hohen Gipfel des Vrachíonas hat dieses Kalkmassiv seine höchste Erhebung. Jäh stürzen die Steilabhänge z. T. 200 m senkrecht ins blaue Meer. Die des spektakulären Shipwreck-Beachs – das Fotomotiv der Insel – sind sicherlich die bekanntesten davon. Märchenhafte Grotten und Höhlen hat das Meerwasser in

den Felsen geschaffen. Mit kleinen Booten kann man sie erkunden und die z. T. fantastischen Farbspiegelungen des Lichts bewundern. Schließlich lässt es sich um die sehr ursprünglichen Bergdörfer wie Kerí, Éxo Chóra oder Volímes hervorragend wandern.
Ökologisch Interessierten ist Zákynthos auch als *Schildkröteninsel* bekannt, dienen doch der Unechten Karettschildkröte einige der feinsandigen Strände im Südosten der Insel als Brutstätte. Jeden Sommer halten sich hier im Meer Hunderte von Schildkröten auf. Die weiblichen Tiere kriechen in den Nächten an Land und vergraben ihr Gelege im Sand. Dass durch die rasche Entwicklung des Tourismus ernste Gefahren für den Fortbestand der Art entstanden sind, liegt auf der Hand.

Geprägt wurde bzw. ist die Insel auch heute noch durch die langjährige Herrschaft der Venezianer. Die charakteristischen, frei stehenden Glockentürme der Kirchen und die an venezianische Herrschaftshäuser erinnernden Villen, die nach der Zerstörung durch das fürchterliche Erdbeben von 1953 zum größten Teil originalgetreu wieder aufgebaut wurden, geben zusammen mit der oft von hohen Zypressen durchsetzten Landschaft der Insel einen *italienischen Charakter*. Und wenn man dann noch am Abend die vierstimmigen, von Gitarre und Mandoline begeleiteten Kantaten hört, fühlt man sich fast ein bisschen nach Venedig versetzt.

Zákynthos auf einen Blick

Größe: Die Insel hat eine Fläche von etwas mehr als 400 qkm, Küstenlänge: 123 km. Zu Zákynthos gehören auch die beiden Miniinseln Strophaden mit einer Gesamtfläche von 4 qkm. Sie liegen 37 Seemeilen weiter südlich.

Bevölkerung: 35.000 Einwohner, davon 10.000 in Zákynthos-Stadt.

Geografie/Geologisches: Im westlichen Teil der Insel erstreckt sich von Norden nach Süden ein mächtiges, felsiges Kalkbergland mit charakteristischen Karstformen wie Höhlen, Dolinen usw. Der Osten ist Flachland, bestehend v. a. aus sandigen und tonigen Ablagerungen, das von einzelnen Hügeln durchzogen wird. Hier ist der Boden im Gegensatz zu dem im Bergland sehr fruchtbar.

Wichtige Orte: Zákynthos-Stadt (Chóra), Inselhauptstadt und Fährhafen; Laganás, Touristenzentrum Nr. 1; Argássi und Plános/Tsiliví, beliebte Badeorte; Macherádo und Anafonítria, Pilgerziele; Kerí und Volímes, schöne Bergdörfer; Ágios Nikólaos/Skinári, Hafen nach Kefaloniá.

Straßen: Dichtes Straßennetz, im Süden und Osten sehr hohes Verkehrsaufkommen. Alle Dörfer sind durch Asphaltstraßen verbunden.

Entfernungen: Zákynthos – Laganás 10 km, Zákynthos – Pórto Róma 17 km, Zákynthos – Kerí 25 km, Zákynthos – Macherádo 10 km, Zákynthos – Alikés 18 km, Zákynthos – Volímes 33 km, Zákynthos – Ágios Nikólaos/ Skinári – 30 km.

Übernachten: Eine Vielzahl an Übernachtungsmöglichkeiten, auch außerhalb der eigentlichen Siedlungen an Stränden. Beliebt sind Studios, die hier *Garsoniéres* genannt werden. Das Preisniveau ist relativ hoch.

Karten: Am besten sind die Karten von Road Editions (Maßstab 1:60.000) und die von Freytag und Berndt sowie die tc travel map (jeweils Maßstab 1: 50.000). Von den wesentlich preiswerteren Touristenkarten kann man allenfalls die von Toúbi's empfehlen.

Auto-/Zweiradverleih: Abgesehen von den Bergdörfern im Westen nahezu überall möglich. Großes Angebot, daher besteht insbesondere in der Nebensaison und bei längerer Entleihdauer ein großer Verhandlungsspielraum. Für ein Auto bezahlt man in der HS zwischen 40 und 90 €, motorisierte Zweiräder kosten zwischen 10 und 20 €, ein Fahrrad um die 6 €.

Tankstellen: In nahezu jedem größeren Dorf kann man tanken.

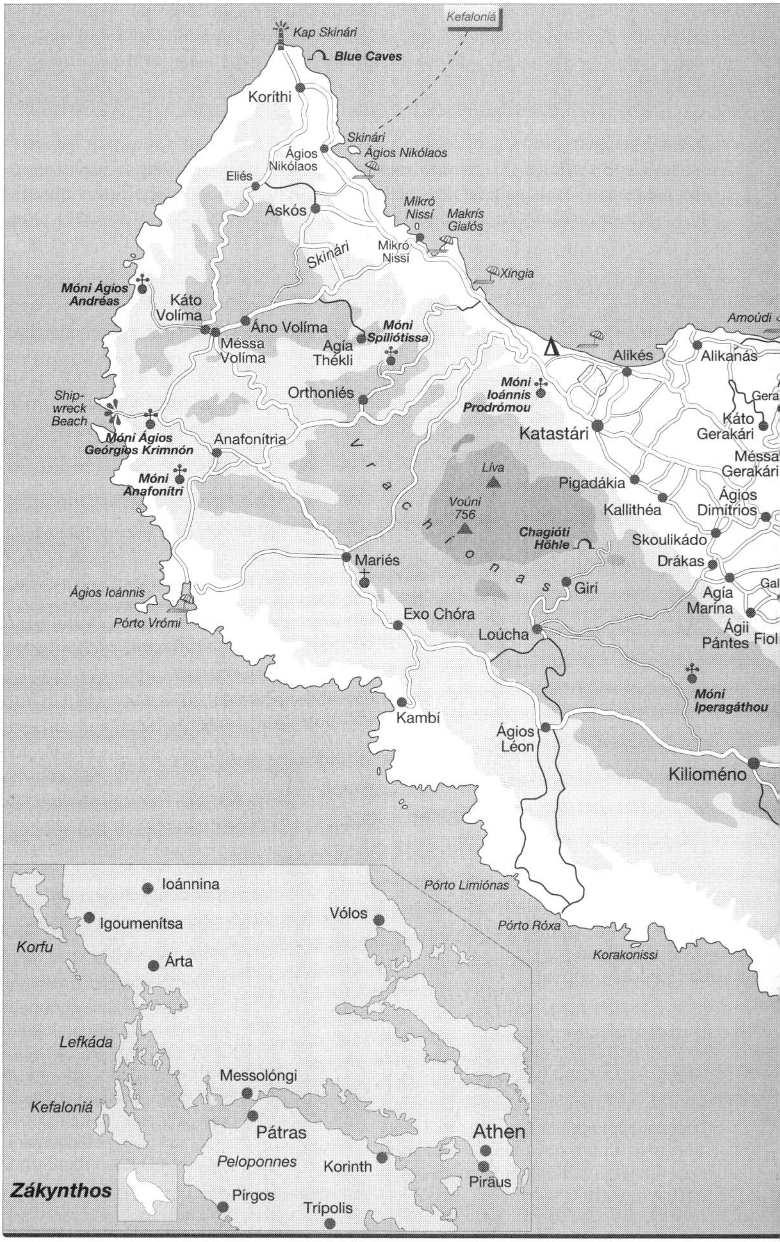
Kefaloniá
Kap Skinári
Blue Caves
Koríthi
Skinári
Ágios Nikólaos
Ágios Nikólaos
Eliés
Askós
Mikró Nissí
Makrís Gialós
Skinári
Mikró Nissí
Xingia
Móni Ágios Andréas
Káto Volíma
Áno Volíma
Méssa Volíma
Agía Thékli
Móni Spiliótissa
Amoúdi
Alikés
Alikanás
Ship-wreck Beach
Orthoniés
Móni Ioánnis Prodrómou
Gera
Káto Gerakári
Móni Ágios Geórgios Krimnón
Anafonítria
Katastári
Méssa Gerakári
Móni Anafonítri
Vrachionas
Líva
Pigadákia
Ágios Dimítrios
Voúni 756
Kallithéa
Chagióti Höhle
Skoulikádo
Mariés
Drákas
Ágios Ioánnis
Giri
Agía Marína
Pórto Vrómi
Exo Chóra
Loúcha
Ágii Pántes
Móni Iperagáthou
Kambí
Ágios Léon
Kilioméno
Pórto Limiónas
Pórto Róxa
Korakonissi
Ioánnina
Igoumenítsa
Vólos
Korfu
Árta
Lefkáda
Messolóngi
Kefaloniá
Pátras
Athen
Peloponnes
Korinth
Piräus
Zákynthos
Pírgos
Trípolis

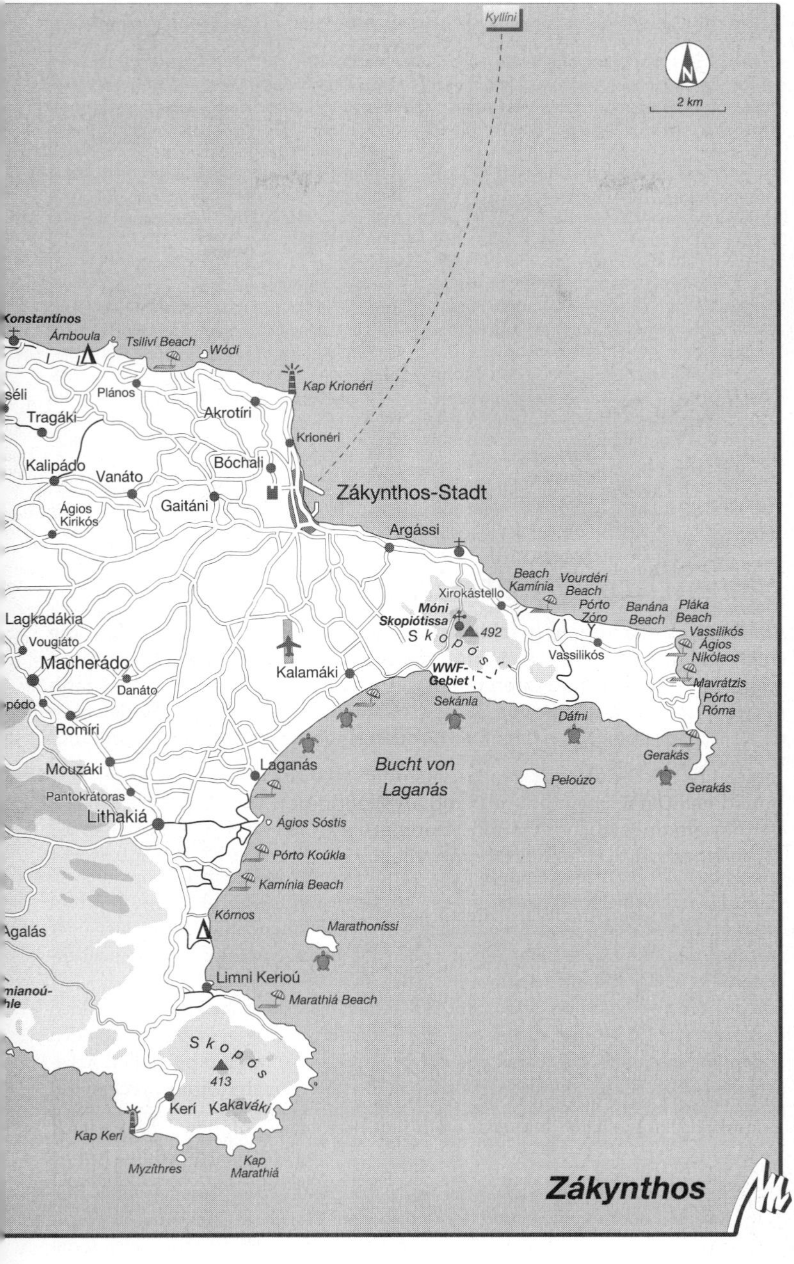

Ionische Inseln
Karte S. 99

Verbindungen

• *Fähren* Ganzjährig hervorragende Verbindungen zum peloponnesischen Fährhafen **Kilíni**. Im Hochsommer bis 8-mal täglich, Fahrtdauer etwa 1,5 Std., pro Person 5,10 €, Auto 25 €.
Nur während der Saison von Mai bis Oktober kann man 2-mal täglich von **Ág. Nikólaos/Skinári** nach **Kefaloniá** (Pessáda) gelangen. Im August wird ein zusätzliches Schiff eingesetzt. Preis pro Person 4 €, Auto 20 €. Tickets bekommen Sie am Hafen oder bei Ionion Cruises in Zákynthos-Stadt.
Während der Monate Juli und August fahren außerdem ab **Brindisi** mehrmals pro Woche Fähren der Linie HML nach Zákynthos: Fahrtdauer ca. 20 Std., Deckpassage 49 €, Doppelkabine 104–184 €, Auto 95 €, Motorrad 34 €. Fahrräder werden kostenfrei transportiert.

• *Busse zum Festland* Von Athen (7 Std., 18 €, Bus-Terminal A, Odós Kifissoú) und Pátras (5,20 €, 3 Std., Busstation Othonós & Amalías 44) kann man mit dem Bus 5-mal täglich nach Zákynthos und von dort wieder zurückfahren. Zum Ticketpreis kommt der Preis für die Fährpassage noch hinzu. Die Busfahrpläne sind auf die Abfahrtszeiten der Fähren abgestimmt, so dass keine unnötigen Wartezeiten entstehen. Bis zu 3-mal pro Woche fährt auch ein Bus nach Thessaloníki.

• *Flugzeug* Der Airport befindet sich nur wenige Kilometer außerhalb von Zákynthos-Stadt. Hier landen zwischen Mai und Oktober zahlreiche Maschinen aus Deutschland, Österreich, der Schweiz und anderen europäischen Ländern. 50- bis 72-sitzige Maschinen fliegen außerdem 1- bis 2-mal täglich von **Athen** nach Zákynthos bzw. zurück. Die Flugdauer beträgt je nach Wetterlage 50 bis 60 Minuten, Preis pro Person ca. 74 €.
Wichtig: Vom Flughafen fährt kein Bus nach Zákynthos-Stadt. Sie sind auf Taxis (ca. 8,50 €) angewiesen.

Zákynthos-Stadt (Chóra)

Am Fuß des mächtigen, geschichtsträchtigen Kástrohügels ziehen sich die weißen und pastellfarbenen Häuser der Inselhauptstadt wie ein helles Band am Meer entlang. Dazwischen ragen die schlanken Glockentürme der zahlreichen Kirchen hoch empor. In den teilweise engen Straßen findet man griechisches Leben pur – damit verbunden sind aber auch Hektik, Lärm und Verkehrsprobleme.

Etwa 10.000 Einwohner zählt Zákynthos-Stadt, von den Einheimischen auch Chóra (Hauptstadt) genannt. Hier pulsiert das Leben, in den Straßen herrscht geschäftiges Treiben, Cafés und Tavernen sind stets gut besucht und am großen Hafen ist fast immer Betrieb. Aber man findet in der mitunter recht hektischen Chóra auch so manches beschauliche Plätzchen: in der großen Dionýsios-Kirche, dem Zentrum des religiösen Lebens, an der weitläufigen Platía Solomoú, am Nikolauspier oder zwischen den Ruinen der alten Festung oben auf dem Kástrohügel und im benachbarten Viertel Bóchali mit seinen gemütlichen Tavernen.
Erst auf den zweiten Blick sieht man der Stadt an, dass sie nach dem verheerenden Erdbeben von 1953 komplett neu aufgebaut wurde. Nach alten Plänen entstanden in den Jahren danach die charakteristischen Straßenzüge mit ihren schönen Arkaden, die noblen Plätze, die an herrschaftliche Palazzi erinnernden öffentlichen Gebäude und die Kirchen mit ihren frei stehenden Glockentürmen neu. Die von den Venezianern nach Zákynthos gebrachte Architektur prägt also heute wie damals die Stadt, die im Übrigen auch drei interessante Museen zu bieten hat: zum einen das Museum des berühmtesten Sohnes der Stadt, des griechischen Nationalpoeten *Dionýsios Solomós*, noch empfehlenswerter sind aber ein Besuch des Museums für Nachbyzantinische Kunst, das sich zu Recht eines der schönsten Kirchenmuseen Griechenlands nennen kann, sowie des Kirchenschatzmuseums am Dionýsios-Kloster.

Verbindungen

• _Bus_ Die Busstation K.T.E.L. (✆ 26950-22255) liegt relativ zentral in der Odós Filitá Klavdianoú, dort erhält man auch einen aktuellen Fahrplan. Wichtig: Auf diesem sind meist nur die Buslinien zu den bekannten Touristenorten vermerkt, darüber hinaus existieren aber weitere Verbindungen in die Bergdörfer, die Sie am K.T.E.L.-Schalter erfragen müssen. Generell gilt wie auf allen griechischen Inseln: Im Sommer fahren deutlich mehr Busse als im Winter.

Beispiele für die HS (tägl.): Argássi (0,90 €) 6-mal, Vassilikós/Ág. Nikólaos (1,10 €) 4-mal, Kalamáki (0,90 €) 7-mal, Laganás (0,90 €) 12-mal, Kerí/Agalás (1,30 €) 2-mal, Tsiliví (0,90 €) 10-mal, Alikés (1,10 €) 5-mal, Katastári (1,10 €) 7-mal, Macherádo/Kilioméno (1,10 €) 2-mal, Anafonítria (1,80 €) 2-mal, Volímes (2 €) 3-mal, Ág. Nikólaos/Skinári (2,50 €) nur 4-mal wöchentlich. Am Wochenende ist der Busverkehr eingeschränkt.

• _Taxi_ Die Taxistation befindet sich vor dem Gebäude der Hafenbehörde; ✆ 26950-48400. Ein weiteres Taxiunternehmen existiert auf der Insel nicht, die Fahrer müssen also von überall über die o. g. Nummer gerufen werden. Es empfiehlt sich, den Preis vor Antritt der Fahrt zur Sicherheit zu erfragen.

Preisbeispiele für die Strecken von Zákynthos-Stadt nach: Argássi 5 €, zum Kap Gérakas 12,50 €, nach Laganás 8 €, Kerí 14 €, Macherádo 8 €, Tsiliví 8 €, Alikés 13 €, Volímes 20 €, Ág. Nikólaos/Skinári 30 €, zum Flughafen 6 €.

• _Auto-/Zweiradverleih_ Zahlreiche Vermieter, darunter auch einige international renommierte Firmen wie Hertz, Avis etc., finden Sie entlang der Hafenpromenade und in der Nähe des Markusplatzes.

Adressen/Information

• _Ärztliche Versorgung_ In dem großen **Krankenhaus** am Stadtrand (✆ 26950-59100) sind Ärzte aller Fachrichtungen beschäftigt. Mehrere **Zahnarztpraxen** finden Sie in der Nähe der Platía Ag. Pávlou. Zahlreiche **Apotheken** haben sich in der Odós Alexándrou Róma sowie in der parallel dazu verlaufenden Odós Fóskolou angesiedelt.

• _Fährbüros_ Die an der Uferpromenade gelegene Agentur **Kinopraxía Plíon** (✆ 26950-41500) gibt monatlich ihre aktuellen Fahrpläne zu den Verbindungen nach Kilíni heraus. Informationen zu den Schiffen nach Kefaloniá (Abfahrtshafen Ág. Nikólaos) bekommt man bei **Ionion Cruises**, ✆ 26950-23984.

• _Geldwechsel_ Banken gibt es in großer Zahl. Mit Geldautomaten ausgestattet sind z. B. die Geldinstitute in der Odós Venizélou und diejenigen am Markus- und am Solomósplatz.

• _Olympic Airways_ Das Büro liegt in der Odós A. Róma, an der Eingangstür hängt der aktuelle Flugplan nach Athen aus. Geöffnet Mo–Fr 8.30–15.30 Uhr; ✆ 26950-28611.

• _Post_ in der Odós Tertsétsi, geöffnet Mo–Fr 7.30–20 Uhr, im Winter nur bis 14 Uhr.

• _Reisebüros_ Zahlreiche Agenturen entlang der Stráda Marína, die Autovermietung, Ticketverkauf, Zimmervermittlung, Geldwechsel (z. B. für Schweizer) und Ausflüge mit Bus und Boot anbieten. Dazu gehören z. B. eine Inselumrundung mit dem Boot, bei der man auch den legendären Shipwreck-Beach zu sehen bekommt (ca. 20 €), ein Busausflug zu den Sehenswürdigkeiten der Insel (ca. 13 €), Touren nach Kefaloniá und Olympía (je ca. 36 €) oder ein zweitägiger Trip nach Athen (ca. 86 €). Die Preise stimmen im Großen und Ganzen miteinander überein.

• _Telefon_ Das Büro der OTE befindet sich zwischen Platía Ag. Márkou und Solomósplatz; Mo–Fr 7–13.30 Uhr; hier sowie in zahlreichen Souvenirshops bekommt man die Karten für die überall im Stadtgebiet aufgestellten Kartentelefone.

• _Touristenpolizei_ An der Hafenpromenade; gibt Auskünfte zur Insel, auch in Form von Prospekten, und leistet Hilfe bei der Zimmervermittlung; ✆ 26950-24482.

Übernachten

Alle von uns genannten Häuser sind ganzjährig geöffnet.

Hotel Diana, B-Kat., direkt neben der Markuskirche gelegenes, gepflegtes Haus, dessen Architektur gut in die des angrenzenden Platzes eingefügt wurde. Gemütlicher Aufenthaltsraum mit Polstermöbeln, großzügige Bar im 1. Stock. Die angenehm eingerichteten Zimmer verfügen über Bad, TV, Aircondition und Balkon, sehr ruhig sind die nach hinten gelegenen. Für ein EZ bezahlt man inkl. Frühstücksbuffet zwischen 35 und 45 €, für ein DZ 50–80 €, zu dritt kostet der Spaß 60–90 €; ✆ 26950-28547, ℻ 45047.

Hotel Álba, B-Kat., zentral und doch ruhig gelegenes modernes, im traditionellen Stil erbautes Haus mit schmiedeeisernen Balkonen in der Odós Lambroú Zíva 8. Die 15 Zimmer sind mit Bad, Aircondition und TV ausgestattet; Preis fürs DZ inkl. Frühstück 45–70 €, mietet man alleine ein Zimmer, gibt's 30 % Preisnachlass. Bar mit Sat-TV im Haus; ✆ 26950-26641, ✆ und ℻ 26642.

Hotel Phoenix, C-Kat., schöne Lage direkt am Solomósplatz, dreistöckiges, gelb gestrichenes Haus mit einem kleinen Café unter Arkaden. Insgesamt 35 angenehme Zimmer werden zum Preis von 48–58 € (DZ) bzw. für 33–43 € (EZ) vermietet. Das Frühstück kostet pro Person ca. 5 € extra; ✆ 26950-23514, ℻ 45083.

Privatzimmer Zourídis, sehr angenehmes, ruhig gelegenes Haus hinter der Uferstraße in der Odós Loukás Karrér 30. Hier werden ganz unterschiedliche Zimmer, z. T. mit Kochnische, Kühlschrank oder Balkon (Blick aufs Kástro oder zum Meer) angeboten. Alle jedoch verfügen über Bad, Aircondition und TV. Zu zweit bezahlt man (ohne Frühstück) zwischen 30 und 50 €. Den Gästen steht ein riesiger, lichtdurchfluteter Aufenthaltsraum mit geschmackvollen Sitzmöbeln, einer reichhaltigen Bibliothek (Bücher auch in englischer Sprache), einem PC und den verschiedensten Musikinstrumenten zur Verfügung; ✆ und ℻ 26950-44691.

Essen/Nachtleben

Vor allem griechische Küche, aber auch Pizza und Pasta werden hier angeboten. Das Preisniveau hängt von der Lage und dem Ambiente ab, Spitzenreiter sind einige Lokale an der Hafenpromenade und an den beiden großen Plätzen Platía Márkou und Platía Solomoú.

• *Essen* **Village Inn Restaurant**, die Aufmachung der rustikalen Räumlichkeiten erinnert ans Landleben, besonders schön aber sitzt man im Garten unter Zitronenbäumen und Bananenstauden, zwischen den Tischen stolziert der Pfau Geórgios hin und her. Umfangreiches Angebot an griechischen und internationalen Gerichten, gute Weinauswahl; gehobenes Preisniveau.

Pizzeria Corner, am Markusplatz wird hier leckere griechische Küche (z. B. eine "Feldplatte" mit verschiedenen Gemüsen), aber auch Italienisches geboten. Die Pizza mit dickem, saftigem Boden reicht für zwei Personen, dazu schmecken reichhaltige Salate. Die Wirtin hat zehn Jahre in Stuttgart gelebt und freut sich über Gelegenheiten, ihr Deutsch aufzufrischen.

Tavérna Alivizós, an der Straße zum Kap Akrotíri, eigentlich gehört das Lokal schon zum Ortsteil Krionéri. Auf einer kleinen Terrasse kann man abends bei hervorragender Livemusik speisen. Gespielt und gesungen werden die typischen Kantaten. In dem vor allem von Griechen besuchten Lokal herrscht meist eine ausgelassene Stimmung. Die Auswahl auf der Speisekarte ist zwar nicht so riesig wie in den Touristenorten, aber das Gebotene schmeckt. Sehr süffiger Hauswein.

Tavérna Arékia, ein paar Häuser weiter in derselben Straße. Man sitzt auf urigen, mit bunten Teppichen bedeckten Holzbänken an einfachen, langen Tischen und genießt eine bodenständige, aber abwechslungsreiche Küche sowie mit Inbrunst gesungene Kantaten. Vor 22 Uhr ist hier jedoch meist nichts los.

To Inomajiríon tou Malánou, ein ganz besonderer Tipp ist dieses Lokal im südlich vom Stadtzentrum gelegenen Gartenviertel, in dem vor allem Einheimische anzutreffen sind. Mittags gibt's zakynthische Spezialitäten, die aber aufgrund der großen Nachfrage spätestens um 15 Uhr "ausverkauft" sind. Dann braucht man aber auch nicht zu verhungern, denn es gibt Hervorragendes vom Grill: Rinderleber, Lammkoteletts, Biftéki, auf Wunsch mit Käse gefüllt, schmackhafte Salate etc. Probieren Sie als Vorspeise die gegrillten Peperoni! Preiswert.

Kókkinos Vráchos, "die" Adresse an der Platía Solomoú. Am Vormittag trinkt man hier unter den Arkaden des Bibliotheksgebäudes einen Kaffee oder einen Orangensaft, am Abend sitzt man an den Tischen auf dem Platz bei einem Oúzo oder Eis. Schöner Blick auf Hafen und Platía, dazu dezente Musik – wirklich ein stimmungsvolles Ambiente.

Einige sehr empfehlenswerte Lokale, in denen an Sommerabenden Kantaten gesungen werden, finden Sie im oberen Stadtviertel Bóchali, z. B. das **Panórama** oder das **Spíti tou Láta**.

• *Nachtleben* Bis Mitternacht trifft man sich in den Bars und Cafés rund um die Platía Márkou, danach ziehen eingefleischte Nachtschwärmer in eine der aufwändig gestalteten Diskotheken **Grand Zante Palas**, **Barrage** oder **Býblos** weiter, die sich unmittelbar nebeneinander an der Straße nach Argássi befinden (etwa 2,5 km vom Zentrum entfernt).

Sehenswertes

Ágios-Dionýsios-Kirche und -Kloster: Sie ist mit ihrem mächtigen Campanile, der oft mit dem Markusturm von Venedig verglichen wird, das Wahrzeichen der Stadt. In dem vollständig ausgemalten Inneren der dreischiffigen Kirche fallen die goldüberzogene Ikonostase sowie der 1803 aus Venedig auf die Insel gebrachte Kronleuchter auf. Über den Pfeilern und Bögen der Wände des Mittelschiffes sieht man Darstellungen der Erlebnisse und Wunder des heiligen Dionýsios. In der rechten Seitenkapelle sind in einem kunstvoll verzierten Silbersarkophag seine Gebeine untergebracht. Direkt hinter der Kirche kann man im Gebäude des Klosters der Strophaden und des heiligen Dionýsios ein sehenswertes Kirchenschatzmuseum besuchen.

Öffnungszeiten Die Kirche ist tägl. von 7–13 und 17–22 Uhr, das Kirchenschatzmuseum (Eintritt 1 €) von 9–22.30 Uhr geöffnet, in der NS legt der Wärter aber eine Mittagspause ein.

Dionýsios – der Heilige von Zákynthos

Der in ganz Griechenland hoch verehrte Heilige wurde 1547 auf Zákynthos als Sohn adliger Eltern geboren und auf den Namen Dragánigos getauft. Sein Vater war hoher Offizier im venezianischen Heer. Früh verwaist, überließ der junge Dragánigos das reiche elterliche Erbe seinem Bruder und zog sich in ein Kloster auf einer der kleinen Strophadeninseln zurück. Bald darauf holte ihn der Bischof von Zákynthos und Kefaloniá auf seine Heimatinsel zurück, wo er Abt im Kloster Anafonítria wurde. Bei einer Pilgerreise nach Palästina traf er in Athen den dortigen Erzbischof, der ihn dazu überredete, das Bischofsamt der Inseln Ägina und Póros zu übernehmen. Nach einigem Zögern willigte Dragánigos ein und nahm nun zu Ehren des aller ersten Bischofs von Athen den Namen Dionýsios an.

Doch er blieb nicht lange in Ägina. Heimweh und die Sehnsucht nach Ruhe zogen ihn zurück nach Zákynthos, wo er als Priester und Mönch wirkte, bis er 1622 starb. Begraben wurde er im Kloster auf den Strophaden. Da er ein frommes Leben geführt hatte und ihm viele Wunder nachgesagt wurden – er soll Kranke geheilt, seine Insel von einer Heuschreckenplage und einer Dürre befreit, einer Stummen wieder zur Sprache verholfen haben und vieles mehr – sprach man ihn 1703 heilig. Aus Angst vor Piratenüberfällen wurde sein Leichnam 1716 nach Zákynthos überführt, wo er heute in der nach ihm benannten Kirche aufbewahrt wird. Am 17. Dezember (sein Todestag) und am 24. August (Tag der Überführung seiner sterblichen Überreste) wird auf Zákynthos mit einer prächtigen Prozession und anschließendem Volksfest zu Ehren des heiligen Dionýsios gefeiert.

Platía Márkou: Das "Herz der Stadt" ist ein gepflasterter, dreieckiger Platz. Sein italienisches Flair verdankt er vor allem den großzügigen Terrassen der Restaurants und Cafés, aber auch der katholischen Markuskirche mit ihrem frei stehenden Glockenturm. Direkt daneben liegt das kleine **Solomós-Museum**, für griechische Besucher der Insel ein absolutes Muss. Es beinhaltet u. a. das Mausoleum des Nationalpoeten und Dichters der griechischen Nationalhymne, einiges aus seinem Nachlass sowie Porträts angesehener Zakynther.

Öffnungszeiten täglich 9–14 Uhr, Eintritt ca. 3 €, erm. 2,50 €. Der Besuch nur des Mausoleums ist frei.

Solomósplatz: Ganz in der Nähe der Platía Márkou liegt der in Größe und Architektur mit einer italienischen Piazza vergleichbare Platz. Die spätmittelalterliche *Nikolauskirche* sowie ein- und zweistöckige Prachtbauten bilden einen wunderschönen Rahmen. Im Zentrum blickt die *Statue des Dichters Solomós* auf das vor allem am Abend rege Treiben.

Museum für Nachbyzantinische Kunst: Den Besuch des stattlichen Gebäudes an der Nordwestseite des Solomósplatzes kann man nur empfehlen, werden hier doch wunderschöne alte Altarwände, Fresken und Ikonen aus verschiedenen, meist durch das Erdbeben von 1953 zerstörten Kirchen von Zákynthos, aber auch Gemälde der Kretischen und Ionischen Schule aufbewahrt.

Öffnungszeiten Di–So 8–14.30 Uhr, Eintritt ca. 3 €, Schüler und Studenten frei.

Kástro: Hoch über der Stadt liegt nahe dem Stadtteil Bóchali der alte Festungshügel. Zu besichtigen sind Ruinen aus der venezianischen Epoche und der Phase der englischen Herrschaft über die Insel, z. B. die Reste eines Hauptquartiers, eines Pulvermagazins, eines Gefängnisses, mehrerer Kirchen, von Bastionen usw. Zudem bietet sich von hier oben auch eine wunderschöne Aussicht über Stadt und Hafen.

Öffnungszeiten Di–So von 8–14.30 Uhr, von August bis Oktober bis 20 Uhr; Eintritt ca. 3 €.

Halbinsel Skopós

Weit ragt die schmale, grüne Landzunge von Zákynthos-Stadt nach Südwesten ins azurblaue Meer hinaus, bis sie in dem fußförmigen Kap Gérakas endet. Neben landschaftlichen Reizen locken auf der Halbinsel Skopós aber vor allem ihre jenseits von dem turbulenten Touristenort Argássi liegenden wunderschönen Strände mit meist guter Infrastruktur.

Täglich quälen sich während der Hochsaison Busse, Bikes und Mietfahrzeuge auf der gewundenen, schmalen Straße zu den verschiedenen Küstenabschnitten hinaus. Je weiter man sich von der Stadt entfernt, umso schöner sind sie. Doch die Halbinsel lädt nicht nur zum Baden, sondern auch zu Spaziergängen und Wanderungen ein – am Kap Gérakas z. B oder auf den höchsten Berg, den 492 m hohen Skopós, auf dessen Gipfel die Ruinen eines alten Klosters stehen.

Argássi

Das touristische Zentrum auf der Halbinsel Skopós. Zwischen Hotels, Tavernen, Bars und Supermärkten ist kaum noch ein normales Wohnhaus zu erkennen. Am schmalen Sandstrand liegen in der Hochsaison die Badegäste Handtuch an Handtuch. Der Blick auf Zákynthos-Stadt mit seinem Hafen ist von hier wunderschön.

- *Verbindungen* Mit dem **Bus** kann man 6-mal täglich nach Zákynthos-Stadt fahren, Preis ca. 0,90 €. Ein **Taxi** dorthin kostet etwa 5 €, der Standplatz befindet sich gegenüber der Bäckerei an der Hauptstraße.
- *Übernachten* Zahlreiche Möglichkeiten, in der Hochsaison kann die Zimmersuche dennoch zum Problem werden. Zu den vielen Pauschaltouristen kommen dann noch die Urlaub machenden Griechen hinzu.

Hotel Argássi Beach, B-Kat., im östlichen Ortsteil am Meer gelegen. Die 37 zum Teil zum Meer, zum Teil zur Straße ausgerichteten Zimmer verfügen über Bad, Balkon, Aircondition und Kühlschrank. Zu zweit bezahlt man inkl. Frühstück 52–66 €. Angenehme, familiäre Atmosphäre; ✆ 26950-48094, ℻ 45491.

Die Gipfelkirche Panagía Skopiótissa auf der Halbinsel Skopós

Rooms Kotsóni, für Individualreisende, die nicht allzu große Ansprüche stellen, unser Tipp! Am Ortsrand Richtung Zákynthos-Stadt vermietet Spíros Kotsónis in einem weißen Gebäude (Schild "Enikiázontai Domátia") hinter dem "Family Inn" 2- bis 3-Bettzimmer älterer Bauart mit Bad, die aber noch gut in Schuss sind. Vor den Räumen liegt eine hübsche Gemeinschaftsterrasse unter Bäumen, allen Gästen steht außerdem eine Küche mit großem Kühlschrank zur Verfügung. Das DZ kostet je nach Saison 30–38 €; ✆ 26950-42901. Weiter oben auf einem Hügel vermietet die Familie außerdem 10 neuere Studios, auch seine Tochter bietet dort kleine Appartements in der Pension **Hill Side** zum Preis von maximal 55 € an; ✆ 26950-27979.

• *Essen/Trinken* **Mimóza**, direkt am Strand unter Tamarisken kann man hier sehr gute griechische Küche genießen und tagsüber gleichzeitig den Freunden des Wassersports zusehen. Viele Griechen kommen zum Fischessen hierher. Uns haben das besonders zarte Stifádo mit vielen kleinen Zwiebeln und die Dolmádes in sämiger Zitronensauce sehr gut geschmeckt.

Veneziána, ganz im Stil einer venezianischen Villa mit Nachbildungen antiker Statuen bietet dieses schöne Gartenlokal italienische Küche. Üppige Portionen, leckere Pasta-, Fleisch- und Fischgerichte, aber selbstverständlich kann man hier auch verschiedene Pizzen bestellen. Im Angebot auch griechische Küche. Und wenn Sie sich nach all dem guten Essen um Ihre Figur sorgen – kein Problem: Bei angenehmer griechischer Live-Musik kann man die Pfunde wieder abtanzen. Für das Gebotene nicht zu teuer.

▸ **Xirokástello**: Hoch oben über der Küste, eingerahmt von Pinienwäldern und Olivenhainen, thront der kleine Ort in der Tat wie ein Kastell. Spektakuläre Blicke bieten sich von den Tavernen aus. Tief unten liegen der schöne, touristisch voll erschlossene **Kamínia-Beach** und andere Badebuchten, wo man auch übernachten kann.

• *Übernachten* **Sea View Village**, A-Kat., neue Anlage mit fantastischem Blick auf die Küste und Annehmlichkeiten wie Pool und Jacuzzi. Die teilweise im Maisonettestil gebauten Wohneinheiten mit Küche, Bad, Aircondition und Balkon sind geschmackvoll eingerichtet und je nach Größe für Paare oder Familien geeignet. Zu zweit bezahlt man 45–97 €; ✆ 26950-35178, 📠 35152.

Studios Levantinó, direkt am Kamínia-Strand steht das Haus von Andónis und Élena Kolokatzás. In den geräumigen, hellen Zimmern mit Kochnische, Bad und Balkon (Meerblick) können bis zu 3 Personen unterkommen (25–60 €). Ganz urig fanden wir auch das kleine, aus grob behauenem Stein gemauerte Haus mit Holzdach mit insgesamt 4 Betten; ✆ 26950-35366.

▶ **Vassilikós**: Zwischen Wäldern und Olivenhainen stehen verstreut in lieblicher Landschaft die Häuser des Ortes, zu dem die schönsten Badebuchten der Insel gehören.

• *Verbindungen* Der **Bus** fährt 4-mal täglich von Zákynthos-Stadt ins Zentrum der Streusiedlung, von dort weiter nach Pórto Róma und auf dem Rückweg auch nach Ág. Nikólaos (1,10 €).

Taxi: Einen ständig besetzten Taxistandplatz sucht man vergebens, an der Zufahrt nach Ág. Nikólaos wartet jedoch während der Hochsaison häufig ein Wagen.

Pórto Zóro: Viel Sand, kristallklares Wasser sowie eine malerische Kulisse durch im Meer liegende, grün bewachsene Felsen. Und auch die Infrastruktur lässt nichts zu wünschen übrig: Von Taverne über Sonnenschirmverleih bis zum Wassersport ist alles geboten.

• *Übernachten/Essen* **Hotel Pórto Zóro**, bei den Brüdern Piromális kann man in schönen Doppel- oder Dreibettzimmern mit Bad, Kühlschrank, Föhn und Balkon mit Blick zum Meer für 40–55 € (inkl. Frühstück) unterkommen, die dritte Person zahlt ca. 25 % mehr. Angeschlossen sind auch eine Taverne und eine Strandbar; ✆ 26950-35404, ℻ 35087.

Banána-Beach: Sehr langer, fast kerzengerader Strand unterhalb eines Kiefernwäldchens – insbesondere der östliche Teilabschnitt hat mit tiefem, weißem Sand und bewachsenen Dünen fast Südseecharakter. Der westliche Abschnitt, auch **Iónio Beach** genannt, ist z. T. von Kieseln durchsetzt, aber wiederum flach abfallend. Hier ist die Infrastruktur stärker entwickelt.

• *Übernachten* **Pension Aríon**, seit Jahren ist das 200 m vom Iónio Beach entfernt gelegene, hübsche Haus von Marína Moniváti bei Pauschal- und Individualreisenden sehr beliebt. Unterschiedlich große Zimmer mit Bad, Balkon, z. T. mit Aircondition, Kochnische und Wohnraum. Ein DZ kann man zum Preis von 39–56 € bekommen, auf Wunsch wird Frühstück serviert; ✆ 26950-36020, ℻ 36021.

• *Essen* **Tavérna Pórto Iónio**, ein besonders schöner Platz ist die im traditionellen Stil gemauerte Terrasse unter Tamarisken, auf der man schon fast über dem Strand "schwebt". Und auch das, was auf den Tisch kommt, kann sich sehen lassen, z. B. die üppigen Papoutsákia. Große Auswahl an Vorspeisen und Salaten, sehr aufmerksamer Service.

Ágios Nikólaos: meistbesuchter Badeort im östlichen Teil der Halbinsel Skopós. Am Hauptstrand geht es deshalb während der Hochsaison auch ziemlich lebhaft und laut zu. Schließlich locken neben dem kinderfreundlichen Sandstrand auch exzellente Wassersportangebote inklusive Tauchschule. Für romantisches Ambiente sorgt die auf dem kleinen Kap gelegene, ziegelgedeckte Nikolauskapelle.

• *Übernachten/Essen* **Koúkis Beach Apartments**, tolle Lage direkt über dem südlichen Ende des Nikolausstrandes. Bei Barbára und Jánnis kostet ein Studio je nach Größe zwischen 48 und 80 €, zu der Anlage gehört auch ein Restaurant; ✆ 26950-35239, ℻ 35446.

Apartments Christína, im Zentrum der Siedlung. Bei dem charmanten Andréas lässt es sich in einem auffallend verwinkelten Haus mit Holzbalkonen gut wohnen. Freundliche Zimmer mit typisch mediterranem Mobiliar, teilweise mit Kochnische und 2 Schlafräumen. Ein einfaches DZ ist zum Preis von 30–50 € zu haben; ✆ 26950-35474.

Familia Tavérna, direkt gegenüber liegt das nette Terrassenlokal, Bananenbäume und Bambusdächer spenden Schatten. Sehr gutes Essen, empfehlenswert z. B. das mit Reis, Knoblauch, Gemüse und Käse gefüllte Hähnchen oder die grünen Bohnen in fruchtiger Tomatensauce.

• *Wassersport* Ág. Nikólaos verfügt über eines der größten Wassersportzentren der Insel. Das Geschäft "brummt" im wahrsten Sinne des Wortes, den ganzen Tag über rasen Bananaboats, Ringos und Jet-Skis

Felsen und Sand machen den Reiz der Bucht von Pórto Zóro aus

übers Meer. Im Angebot auch Wasserski, Parasailing und Tretboote. Noch mehr Nervenkitzel bringt ein *Tauchgang* zum Preis von ca. 50 €. Fortgeschrittene werden zu lohnenden Revieren gefahren, Ausrüstung kann geliehen werden.

Pórto Róma: Weit geschwungene Bucht mit einer gediegenen Taverne, ein paar bunte Fischerboote dümpeln an der kleinen Mole. Am schmalen Sand-/Kiesstrand werden Sonnenschirme und Liegen vermietet, trotzdem ist er aber noch nicht allzu überlaufen. Entlang der Straße reihen sich kleinere Hotels und einige Tavernen aneinander.

• *Übernachten/Essen* **Villa Katerína**, empfehlenswerte Adresse 200 m oberhalb vom Strand. In dem rosa getünchten Gebäude mit schönem Garten kann man bei dem netten Spíros und seinem Sohn Kóstas in einem der 10 Appartements mit Küche, Bad und Balkon (teilweise Meerblick) zum Preis von 20–48 € unterkommen, auch Familienappartements sind zu haben (bis 90 €); ✆ 26950-27230.

Pórto Róma, empfehlenswerte Fischtaverne direkt am Strand, in der neben griechischer Küche auch gute Fischgerichte serviert werden.

Kap Gérakas: Wie ein schmaler Finger ragt das Kap am östlichen Ende von Zákynthos nach Süden ins Meer hinaus. Der lang gezogene gleichnamige Beach unterhalb davon gehört ebenso wie die weiter westlich liegenden Buchten Dáfni und Sekánia zu den wichtigsten Eiablageplätzen der Unechten Karettschildkröte. Falls Sie also hier oder in Dáfni (Sekánia steht unter dem Schutz des WWF) schwimmen wollen, halten Sie bitte die erforderlichen Verhaltensmaßregeln (s. u.) ein.

Archelón STPS Information Centre: An der Zufahrtsstraße zum Strand steht zwischen Tavernen und Supermärkten der von der Schildkrötenschutzorganisation aufgebaute Pavillon. Auf Wandtafeln werden durch Fotos und Texte interessante Informationen über die Caretta caretta sowie über die Arbeit der Organisation gegeben. Außerdem kann man typische Inselprodukte sowie T-Shirts und verschiedene Souvenirs kaufen und damit die Arbeit der STPS unterstützen; während der Sommermonate täglich 10–18 Uhr geöffnet.

Caretta caretta

Die bis zu zwei Zentner schwere und über 1 m lange Unechte Karettschildkröte (Caretta caretta) verbringt wie alle Meeresschildkröten ihr gesamtes Leben im Wasser. Dennoch ist ihre Existenz abhängig von bestimmten feinsandigen Stränden, an denen die weiblichen Tiere ihre Eier ablegen. Zu den wichtigsten im gesamten Mittelmeer gehören die in der Bucht von Laganás gelegenen Strände Marathoníssi, Kalamáki, Sekánia, Dáfni und Gérakas. Der einst als Brutstätte besonders bedeutende Laganás-Beach wird von den Schildkröten nicht mehr aufgesucht, der touristische Rummel ist einfach zu groß. Zur Eiablage kommen die Weibchen von Mai bis August nachts an die Strände, graben ein Nest, legen etwa 120 tischtennisballgroße Eier ab und bedecken diese anschließend mit Sand. Werden sie dabei durch Geräusche, Lichtquellen oder auch Hindernisse wie z. B. Liegestühle gestört, kehren sie unverrichteter Dinge ins Meer zurück und verlieren dort unter Umständen ihre Eier.

Nach ca. 60 Tagen ist das Gelege von der Sommersonne "ausgebrütet", bald darauf graben die Schlüpflinge sich einen Weg ins Freie. Meist kommen sie nachts aus dem Sand und orientieren sich nach der am hellsten leuchtenden Fläche – dem im Mondlicht glänzenden Wasser. Der Weg, den sie nun ins Meer zurücklegen, prägt sie für ihr ganzes Leben, werden doch die weiblichen Tiere 20 bis 30 Jahre später an genau diesen Strand zurückkehren, um ihrerseits wieder Eier abzulegen. Das bedeutet, dass die vor drei Jahrzehnten noch weitgehend naturbelassenen Strände trotz des heutigen Tourismus den Schildkröten erhalten bleiben müssen, will man nicht das Aussterben der noch bestehenden Populationen verantworten. Geradezu dramatisch ist der Rückgang dieser seit Jahrmillionen in allen Meeren der Welt lebenden Tiere aufgrund der ungezügelten Ausbeutung ihrer Umwelt durch den Menschen.

Seit Jahren bemühen sich die Archelón Sea Turtle Protection Society und der WWF, der das hinter dem Sekánia-Strand gelegene Land gekauft hat, damit es nicht touristisch genutzt werden kann, um den Schutz der Caretta caretta. Große Hoffnungen setzt man in jüngster Zeit in den im Dezember 1999 nach langem Hin und Her gegründeten National Marine Park of Zákynthos, dessen Management gemeinsam mit den lokalen Behörden einen ganzen Katalog von Maßnahmen zum Schutz der Tiere durchsetzen soll. Weitere Auskünfte erhalten Sie am Informationszentrum am Kap Gérakas sowie im Verwaltungszentrum des Marine Parks in Argássi und in dessen Infoständen an den betroffenen Stränden.

Die Bucht von Laganás

Riesige, weit geschwungene Bucht im Süden der Insel, eingerahmt von der Halbinsel Skopós und dem Kap Marathiá. Wie von zwei Wächtern wird sie von den vorgelagerten Inselchen Peloúzo und Marathoníssi bewacht.

Die größtenteils feinsandigen, ausgedehnten Strände haben dafür gesorgt, dass sich der Tourismus hier wie sonst nirgendwo auf Zákynthos entwickeln konnte.

Schwierigkeiten ganz besonderen Ausmaßes entstanden dadurch für die Meeresschildkröten, denn in Kalamáki, Laganás und auf Marathoníssi waren und sind z. T. auch heute noch ihre wichtigsten Brutplätze. Die Bucht steht deshalb unter beson-

derem Schutz – Bootsverkehr und Wassersport sind stark eingeschränkt, an den Schildkrötenstränden werden die Badenden von Mitarbeitern des Nationalparks regelmäßig aufgefordert, die Schutzmaßnahmen (s. o.) einzuhalten.
Im Süden der Bucht, wo die Strände kiesiger und schmaler sind, liegt der hübsche Badeort Límni Kerioú, in dem sich viele Individualreisende wohl fühlen.

So tragen Sie zum Artenschutz bei: Verhaltensmaßnahmen an den ausgewiesenen Niststränden

- Der Aufenthalt zwischen Sonnenuntergang und Sonnenaufgang ist streng untersagt.
- Lichtquellen, die von der Küste aufs Meer leuchten, sind verboten (Autoscheinwerfer, Taschenlampen, Blitzlicht etc.)
- Halten Sie sich am Strand tagsüber nur bis zu 5 m hinter der Uferlinie auf, denn in diesem "meernahen Nassbereich" legen die Schildkröten ihre Eier nicht ab. Stellen Sie nur hier einen Sonnenschirm auf, damit Sie kein Gelege zerstören oder den Brutvorgang durch künstlichen Schatten verzögern.
- Graben im Sand kann Gelege zerstören oder auch zu tödlichen Fallen für die frisch geschlüpften Jungtiere werden. Achten Sie beim Verlassen des Strandes darauf, nichts zurückzulassen, was ein Hindernis für die Schildkrötenbabys darstellen könnte.
- Entfernen Sie nicht die von Archelón STPS um Gelege aufgestellten Schutzzäune.
- Berühren Sie auf keinen Fall frisch geschlüpfte Jungtiere.
- Bitte halten Sie die Strände sauber.

▶ **Kalamáki**: Neben Laganás das zweite große Touristenzentrum in der Bucht. Die Siedlung besteht zwar ebenfalls nur aus Hotels, Tavernen, Bars und Supermärkten, jedoch ist die Atmosphäre hier, auch wenn in den letzten Jahren unglaublich viel gebaut wurde, weitaus ruhiger und angenehmer als in Laganás.

• *Verbindungen* Mit dem **Bus** kommt man 7-mal täglich (0,90 €) nach Zákynthos-Stadt und zurück, bis zu 5-mal nach Laganás. Die Haltestelle ist an der zentralen Kreuzung am Ortseingang. Dort warten auch die Taxis.

• *Übernachten/Essen* **Hotel Sirocco**, B-Kat., die deutschsprachige Familie Theodósis führt hier seit Jahren ein beliebtes Hotel mit 60 unterschiedlich ausgestatteten Zwei- und Vierbettzimmern. Zu zweit bezahlt man 30–60 €, empfehlenswerte Adresse. ✆ 26950-26083, ℻ 26087.

Tavérna Zépo's, vor wenigen Jahren kehrte die Besitzerfamilie aus Kanada zurück und eröffnete das bei Griechen und Touristen beliebte Lokal oberhalb des Strandes. Spezialität ist Kalbfleisch im Krug, man kann sich aber auch an Vorspeisen satt essen, denn die Portionen sind üppig. Gut z. B. der gegrillte Oktopus und der Taramasaláta; spritziger Hauswein.

• *Einkaufen* Zahlreiche Shops reihen sich westlich des Ortskerns an der Straße nach Laganás aneinander.

Laganás

Touristenzentrum Nr. 1 auf der Insel. Viele Bettenburgen, jede Menge Shops, Restaurants, Discos und Bars – Laganás zieht vor allem junge Gäste aus Großbritannien und Mitteleuropa an, am Abend gleicht die Hauptstraße einem großen Rummelplatz. Tagsüber aalt man sich am kilometerlangen Sandstrand in der Sonne, der von den Meeresschildkröten schon lange nicht mehr als Brutstätte benutzt wird.

• *Verbindungen* Der **Bus** fährt 12-mal täglich von Zákynthos-Stadt nach Laganás (0,90 €), 2- bis 5-mal nach Kalamáki. Die **Taxis** warten unten am Strand und gegenüber dem Hotel Victoria.

• *Auto-/Zweiradvermietung* Jede Menge Anbieter. Bei **Dennis** kann man in einem riesigen Fahrradfuhrpark den richtigen Drahtesel für sich auswählen; ✆ 26950-51124.

• *Geld* Vier Bankautomaten zählten wir bei unserem letzten Besuch im Zentrum des Ortes.

• *Ausflüge* Alle in Zákynthos-Stadt angebotenen Touren kann man auch bei den verschiedenen Reisebüros in Laganás buchen. Am Strand werden von Mai bis August außerdem viele so genannte *Turtle-Spotting-Trips* offeriert, bei denen die Bootsführer die zur Brutzeit häufig im seichten Wasser schwimmenden Schildkröten aufspüren und den Fahrgästen deren Beobachtung ermöglichen. Um die daraus folgende Ruhestörung für die Tiere weit möglichst gering zu halten, wurde inzwischen vom Marine Park in Zusammenarbeit mit den Agenturen ein Konzept zur angemessenen Beobachtung ausgearbeitet. Beispielsweise sollen sich jeweils nur zwei Boote auf einen Abstand von je 15 m einer Schildkröte nähern dürfen, die anderen Fahrzeuge müssen warten. Bleibt zu hoffen, dass diese Regelung konsequent umgesetzt wird und die Agenturen, die sich durch ein verantwortungsbewusstes Verhalten auszeichnen, wie geplant ein Logo vom Marine Park erhalten werden, damit sie von den Touristen auch identifiziert werden können.

Viele Boote bieten auch Ausflüge nach *Marathoníssi* und zu den *Höhlen von Kerí* an.

• *Übernachten* Auch hier wird fast alles pauschal vermietet, für die Hochsaison sollte man deshalb unbedingt rechtzeitig vorbuchen.

Hotel California, B-Kat., unweit vom Meer und deshalb ruhig gelegen; Magdaléna Kalafonoú vermietet ihre 67 Zwei- und Dreibettzimmer mit Bad, Aircondition und Balkon (teilweise Meerblick) an Pauschal- und Individualreisende, Kostenpunkt 35–70 € inkl. Frühstücksbuffet. Zum Haus gehört auch ein Pool mit Bar; ✆ 26950-52337, ℻ 52340.

Hotel Byzántio, C-Kat., an der Straße Richtung Kalamáki, zentrale Lage. Der nette Kóstas gibt seine 15 Zwei- und Dreibettzimmer mit Bad, Kühlschrank und Balkon in einem schönen Haus mit Terrasse ausschließlich an Einzelreisende ab; die nach hinten gelegenen sind wesentlich ruhiger. Zu zweit bezahlt man 20–40 € ohne Frühstück; ✆ 26950-51136, ℻ 52575.

• *Essen* **Jánnis Tavérna**, abseits vom großen Rummel zwischen Strand und Durchgangsstraße führt Jánnis aus Orthoniés eine hübsche Taverne im traditionellen Stil. Der Wirt kocht selbst fantasiereiche Variationen der griechischen Küche und gerne auch mit Knoblauch. Empfehlenswert z. B. die mit Knoblauch gewürzten Muscheln oder sein Spezialgericht aus Fleisch, Gemüse und Pittabrot. Sehr freundlicher Service.

• *Nachtleben* Jede Menge Discos und Bars entlang der Hauptstraße. Besonderen Anklang finden z. B. der **Bad Boys Club** und der **Rescue Club**. Mit Rücksicht auf die umliegenden Hotels muss übrigens ab 23 Uhr die Lautstärke der Musikanlagen verringert werden, ab 24 Uhr dürfen nur noch die "Clubs", die über einen Innenraum verfügen, Musik laufen lassen, ab 3.30 Uhr (Wochenende 6 Uhr) muss absolute Ruhe herrschen.

▸ **Ágios Sóstis**: Die kleine Siedlung mit dem langen Sandstrand gegenüber dem gleichnamigen Felseninselchen liegt nur einen Katzensprung von Laganás entfernt, bietet aber mehr Ruhe. Ein schönes Fotomotiv stellt der bunte Fischerhafen dar.

• *Übernachten* Bei **Jánni und Beate** wohnt man zentral und unweit vom Meer in mehreren kleinen Häuschen auf einem weitläufigen Gelände. Unterschiedlich groß bieten sie alle Bad, Terrasse, Grillplatz und Kochgelegenheit und sind für zwei bis sechs Personen geeignet, für das DZ mit Bad zahlt man 30–35 €. Beate bemüht sich mit echt schwäbischem Charme liebevoll um ihre Gäste und sorgt dafür, dass keine Wünsche offen bleiben; ✆/℻ 26950-52656.

Camping Laganás, schöner Platz mit alten Olivenbäumen. Mit Pool, Restaurant, Supermarkt und sauberen sanitären Anlagen gut ausgestattet. Pro Person zahlt man ca. 5,50 €, Zelt und Auto kosten je 4,50 €, ein Wohnmobil 8 €. Am einfachsten ist der Platz über die von Laganás kommende Straße zu erreichen (der Beschilderung folgen!). Die Entfernung beträgt ca. 1 km; ✆ 26950-51708.

• *Nachtleben* **Caméo Bar**, auf der durch einen Steg mit dem Ort verbundenen Miniinsel Ágios Sóstis, am Tag kommt man auf einen Kaffee hierher, am Abend tanzt man oberhalb vom Wasser auf der einen Seite der Insel zu Bouzoúkiklängen, auf der anderen zu Rock und Rap.

▸ **Límni Kerioú**: Der Hafen von Kerí hat sich in den letzten Jahren zu einem beliebten Badeort mit guter Infrastruktur gemausert. Im Hinterland liegt zwischen einer weiten, mit Schilf bewachsenen Ebene die so genannte *Quelle des Herodot*. Das schon in der Antike bekannte Pechvorkommen war von dem Geschichtsschreiber im 5. Jh. v. Chr. erwähnt worden. Zu sehen ist heute allerdings nicht mehr viel. Mit einer Ausnahme sind alle Quellen versiegt.

• *Verbindung* Über Agalás und Kerí fährt der **Bus** von Zákynthos-Stadt 2-mal täglich nach Límni Kerioú und wieder zurück (1,30 €).

• *Ausflüge/Sport* Mehrere Sportcenter und Tauchbasen bieten neben Tauchkursen auch den Verleih von Tret- und Motorbooten an, damit man die umliegenden Strände selbst erkunden kann. Nähere Informationen z. B. beim deutschsprachigen **Nero Sport Diving Center** (✆ 26950-28481, ✆ 49125; während der Wintermonate halten sich die Besitzer in Deutschland auf, ✆/✆ 02361/32041). Kleine Ausflugsboote machen außerdem Touren nach Marathoníssi und zu den sehenswerten Höhlen von Kerí, Preis ca. 12 €.

• *Übernachten* Zahlreiche Möglichkeiten verschiedener Kategorien. Privatzimmer und Appartements werden auch von den Tavernen und Minimärkten vermittelt.

Studios Herodot, nahe der Pechquelle an der Straße zum Hafen gelegen, ruhig. Freundliche Zimmer mit Bad, Kochnische und kleinem Balkon kosten hier zwischen 20 und 45 €, die Appartements (bis 80 €) sind für Familien geeignet; ✆/✆ 26950-48792.

• *Essen* **Tavérna Pítsolos**, etwas zurückversetzt von der Hafenfront liegt das Lokal an einem kleinen Kanal, auf dem einige Enten herumschwimmen. Angenehmer Familienbetrieb, ganzjährig geöffnet. Gut geschmeckt haben uns das Kaninchen mit gebratenen Kartoffeln und der Salat aus grünen Bohnen. Und auch der Tsatsíki ist zu empfehlen.

Der Osten – das Flach- und Hügelland

Grün und üppig zieht sich von Katastári bis zur Bucht von Laganás ein riesiges, abwechslungsreiches Flachland, aus dem mehrere Hügel herausragen.

Jedes Fleckchen Erde wird hier landwirtschaftlich genutzt: Oliven, Weinberge, Zitrusfrüchte so weit das Auge reicht. Dazwischen liegen unzählige kleine Bauerndörfchen. Und an der Küste reihen sich zahlreiche wunderschöne Buchten und Strände aneinander. Klar, dass hier einige internationale Touristenzentren entstanden sind.

▶ **Macherádo**: Großes Dorf am Fuße des westlichen Berglands, in dem meist ein hoher Besucherandrang herrscht. Grund dafür ist die weithin sichtbare, 400 Jahre alte Kirche Agía Mávra, die zu Ehren der frühchristlichen Märtyrer Mávra und Thimothéus erbaut worden ist.

Öffnungszeiten täglich von Sonnenaufgang bis -untergang, Eintritt frei. Auf respektvolle Kleidung wird Wert gelegt.

Einen Besuch wert ist außerdem das pittoreske, 200 m entfernte **Nonnenkloster Panagía Eleftherótria** mit einer hübschen, vollständig ausgemalten Kirche. Dort findet man in einer Nische auch eine Sammlung von Steinen, die Pilger aus verschiedenen heiligen Orten, z. B. Samaria und Bethlehem, in das Gotteshaus gebracht haben.

Öffnungszeiten täglich 7–12, 16–20 Uhr, Eintritt frei. Die Nonnen legen auf sittsame Kleidung sehr großen Wert.

Plános/Tsiliví

Die weitläufige Feriensiedlung Plános erstreckt sich parallel zum feinsandigen, flach abfallenden Tsiliví-Beach. Ein großes Angebot an Wassersportmöglichkeiten, Tavernen, Bars usw. sorgt auch hier im Urlaubsalltag für Abwechslung – und doch herrscht in Plános noch nicht der ganz große Rummel wie z. B. in Laganás.

• *Verbindungen* Der **Bus** kommt 10-mal täglich (0,90 €) aus Zákynthos-Stadt nach Plános. Er hält an der großen, zentralen Kreuzung gegenüber der Bar Reportage.

Dort warten meist auch zwei, drei **Taxis** auf Kundschaft.

• *Auto-/Zweiradvermietung* Auch hier besteht ein ausgesprochen großes Angebot. Autos verschiedener Größenordnungen vermietet z. B. **Rent a car Alexándra**, ✆ 26950-23942, bei **Blue Bird Rentals**, ✆ 26950-27361, kann man außerdem Zweiräder mit und ohne Motor mieten.

• *Geld* Am **Bankomat** gegenüber von Blue Bird Rentals bekommt man mit Ec- oder Kreditkarten Bargeld.

• *Übernachten/Essen* Auch hier hat der Pauschaltourismus insbesondere in den Hotels an der Durchgangsstraße Vorrang. Die von uns genannten Adressen vermieten vor allem an Einzelreisende.

Hotel Balcony of Zante, C-Kat., an der Straße von Akrotíri nach Tsiliví. Von den Balkonen hat man einen umwerfenden Panoramablick auf die gesamte Bucht, an den Sandstrand führt eine Treppe hinunter; vom Ortszentrum liegt das Haus allerdings ca. 2 km entfernt. Die freundlichen, unterschiedlich großen Zimmer (Aircondition, Kühlschrank, großzügige Bäder) kosten 30–60 € ohne Frühstück. Für ein Apartment (4–5 Personen) bezahlt man bis zu 90 €. ✆/℻ 26950-28638.

Hotel Anétis, C-Kat., zentral und doch ruhig in unmittelbarer Nähe zum Strand gelegen. Die resolute Níki und ihre Familie kümmern sich herzlich um die Gäste ihrer 12 Zwei-, Drei- und Vierbettzimmer. Diese sind zweckmäßig mit Kühlschrank und Aircondition ausgestattet, von den Balkonen hat man Blick zum Meer. Zu zweit zahlt man (ohne Frühstück) zwischen 30 und 60 €; ✆ 26950-28579. An das Hotel angeschlossen ist auch eine gute **Taverne**.

Rooms Fótis Giatrás, in Varrés, also zwischen Zákynthos-Stadt und Tsiliví gelegen. Steigen Sie ca. 2 km nach der Chóra an einem Minimarkt aus dem Bus aus und folgen dann der Seitenstraße nach rechts aufwärts. Bei Fótis und seiner netten Frau Mávra ist ein 2er- bzw. 3er-Appartement mit Terrasse für 20 bis 45 € zu haben, herzliche Betreuung inklusive; viele Stammkunden. ✆ 26950-23392.

Tavérna Koúkos, trotz Touristenrummels und der meterlangen Speisekarte ist dieser bodenständige Familienbetrieb immer noch ein empfehlenswertes Lokal geblieben.

Tavérna by Roxáni and Frank, Roxáni zaubert in der Küche raffiniert mit Kräutern, Knoblauch und Wein hervorragend abgeschmeckte Gerichte, während Frank aus Berlin im Service das Regiment führt.

Alikés

In dem alten Fischerhafen von Katastári fallen zunächst einmal die vor über einem Jahrzehnt stillgelegten Salinen auf. Heute lebt man hier nicht mehr vom Salz, sondern vor allem von Badetouristen, die der lange Sandstrand anlockt. Auf dem Weg ins benachbarte Alikanás kommt man an der alten venezianischen Brücke vorbei, die über den Skoúrtis führt.

• *Verbindungen* 5-mal täglich fährt der **Bus** von Zákynthos-Stadt über Kallipádo nach Alikés (1,10 €). Bus und **Taxi** warten an der zentralen Kreuzung nahe der Taverne Ponderosa. Auch **Pferdekutschen** sind ein beliebtes Transportmittel, zum Preis von 15 € kann man sie z. B. stundenweise mieten.

• *Wassersport* **Golden Dolphin Watersport** und **Kóstas Watersport** bieten fast alles, was das Herz begehrt, vom einfachen Tretboot bis zum Wasser- und Jetski.

• *Übernachten* **Hotel Montreal**, C-Kat., gepflegtes Haus am Ortsrand, direkter Zugang zum Meer, ruhig. Zum Hotel gehören Pool, Restaurant und Bar. Ein DZ mit Bad, Aircondition, TV und Balkon (Meerblick) kostet inklusive Frühstück zwischen 60 und 75 €; ✆ 26950-83341, ℻ 83342.

Hotel Galíni, D-Kat., mitten im Ortskern führt seit vielen Jahren ein älteres Ehepaar das leuchtend rosa getünchte Haus, in dem man 14 einfache Doppel- und Dreibettzimmer mit Bad, Kühlschrank und kleinem Balkon zum Preis von 20–38 € mieten kann; ✆ 26950-83264.

Hotel Astéria, D-Kat., über der gleichnamigen Taverne vermietet Lámbros Pistopós einfache DZ mit Bad und Balkon (Meerblick) zum Preis von 30–40 €; ✆ 26950-830203.

Camping Alikés Papágou, einfacher Platz unter Olivenbäumen direkt am Strand am Ortsrand. Pro Person bezahlt man 4,50 €, Zelt und Auto kosten je 4 bzw. 3 €; ✆ 26950-83233.

• *Essen* **Tavérna Ponderosa**, das kleine Terrassenlokal im Zentrum bietet einen Mix aus griechischer und internationaler Küche, ein Kleftikó kann man z. B. auch mit Pellkartoffeln serviert bekommen! Bei unserem Besuch war gerade der Lammbraten im Ofen und verströmte einen verführerischen Duft.

- Einen Besuch wert sind auch die idyllischen Dörfchen *Tragáki, Gerakári* und *Kipséli* sowie die Weinorte *Vanáto* und *Kallipádo.*

Der Westen und der Norden – das Bergland

Vom Kap Skinári bis zum Kap Marathiá zieht sich ein mächtiger Gebirgszug entlang. Atemberaubende Schönheiten hat die schroffe und steil abfallende Küste zu bieten.

Das wasserarme Bergland war seit jeher viel dünner besiedelt als der Rest der Insel und auch heute sieht man hier noch viel unberührte Natur, einsam gelegene, z. T. verlassene Klöster und stille Dörfer. Wanderer finden zahlreiche lohnenswerte Ziele. Mit Booten kann man zudem die wunderschöne Westküste mit ihren fantastischen Buchten und die Blauen Grotten an der Nordspitze der Insel erkunden.

- **Pórto Limiónas**: Unterhalb des Dorfes Ágios Léon liegt die tief eingeschnittene, zerklüftete Bucht. Auf einer betonierten Plattform kann man sein Handtuch ausbreiten, doch einen richtigen Strand gibt es nicht. Wer hier baden will, sollte etwas abgehärtet sein, denn das Wasser ist eiskalt. Da ist es vielleicht doch gemütlicher, von der Terrasse der empfehlenswerten Taverne die schöne Aussicht von oben zu bewundern.

Fährt man auf der asphaltierten Straße entlang der Küste etwa 1,5 km weiter, kommt man zu der weniger spektakulären, aber dafür auch viel ruhigeren *Róxa-Bucht.*

- **Kampí**: Abend für Abend füllen sich die zahlreichen Tavernen des kleinen, zwischen Olivenbäumen eingebetteten Weilers, Busse bringen Besucher von allen Touristenorten der Insel hierher. Denn der Sonnenuntergang ist hier, hoch über der atemberaubenden *Pórto-Skíza-Bucht,* besonders schön.

Auf dem Weg zu dem großen, weißen Kreuz, das ganz oben am Ende der Straße zum Gedenken an die während des griechischen Bürgerkriegs Gefallenen errichtet wurde, passiert man linker Hand einen *mykenischen Friedhof.* Die am Hang liegenden gemauerten Gräber von Erwachsenen und Kindern beweisen, dass dieses Gebiet schon lange vor unserer Zeit besiedelt war.

• *Übernachten/Essen* **Tavérna Pórto Skíza**, gegenüber der empfehlenswerten Taverne direkt am Steilhang der Bucht, vermietet der Besitzer Jánnis Chaikalís 4 einfache DZ mit Bad (30 €). Von den Balkonen kann man den Sonnenuntergang ganz ungestört genießen; ✆ 26950-48379.

Cross Tavern, oben beim Kreuz betreibt der Pfarrer mit seiner Familie ein auf der ganzen Insel weithin geschätztes Lokal. Und das nicht nur, weil die Terrasse geradezu atemberaubend über dem Meer "hängt". Das Essen ist vorzüglich und die Portionen sind üppig, von der Moussaká z. B. können ohne weiteres zwei Personen satt werden.

Tavérna Kállas, mitten im Dorf liegt das kleine Lokal. Man sitzt in einem von vielen Bäumen bestandenen Hof und genießt gute zakynthische Hausmannskost. Lecker fanden wir das Hähnchen und das Kaninchen, beide in würziger Sauce, serviert mit Beilagen nach Wunsch. Guter Hauswein.

- **Anafonítria**: Der kleine Ort lebt hauptsächlich vom Durchgangstourismus, denn unweit davon liegen die beliebtesten Ziele des Inselnordens. Dementsprechend groß ist die Anzahl der Tavernen und Verkaufsstände.

Verbindung Täglich 2-mal fährt der **Bus** von Zákynthos-Stadt über Kilioméno nach Anafonítria und wieder zurück (1,80 €).

Knapp 1 km vom Dorf entfernt liegt an der Straße nach Pórto Vrómi das **Kloster Anafonítria.** Kein Ausflugsbus, der nicht hier hält, nicht nur, weil der Ikone der Panagía Anafonítria Wunder bringende Wirkung zugesprochen wird, sondern vor allem, weil der heilige Dionýsios hier einige Zeit seines Lebens verbrachte.
Die aus dem 15. Jh. stammenden und beim Erdbeben von 1953 kaum zerstörten Gebäude werden seit einigen Jahren renoviert. Die Zelle, in der der Inselheilige die letzten Jahre seines Lebens verbrachte, ist deshalb derzeit nicht geöffnet. Aber im Chor und in der Apsis der Klosterkirche wurden in jüngster Zeit einige sehr alte Freskenreste freigelegt. Und allein die Anlage des Klosters mit seinem riesigen Innenhof und dem alten Wehrturm übt auf den Betrachter einen eigenartigen Reiz aus und macht es zu einem lohnenswerten Ziel.

Öffnungszeiten täglich von 9–13 und 17–20 Uhr, Eintritt frei.

▸ **Pórto Vrómi**: Fährt man auf der Asphaltstraße weiter abwärts zum Meer, erreicht man die auf vielen Postkarten abgebildete, lang gezogene Bucht. Das glasklare, tiefblaue Wasser zwischen den grün bewachsenen Felsen bietet auch wirklich ein besonders schönes Bild. Die Bucht ist übrigens ein Kuriosum: Man kann sie auf zwei Asphaltstraßen von den Dörfern Mariés und Anafonítria aus erreichen, muss dann aber jeweils auf demselben Weg zurückkehren, denn zwischen den beiden Endpunkten der Straßen liegt ein mächtiger Felsen.

• *Ausflüge/Sport* Regelmäßig bieten kleine Ausflugsschiffe Touren zum nahe gelegenen **Shipwreck-Beach** an, Preis ca. 10 €, ein Badeaufenthalt ist mit eingeschlossen. Außerdem kann man in der Bucht für ca. 10 €/Std. ein Tretboot mieten und damit die umliegenden Höhlen erkunden.

▸ **Kloster Ágios Geórgios Krimnón**: Die festungsartige Anlage aus dem 16. Jh. ist wahrscheinlich das schönste Kloster der Insel. Auch hier erinnert ein Wehrturm mit Pechnasen an die Zeit der Piratenüberfälle. Sehenswert ist die Klosterkirche mit schöner Ikonostase und alten Ikonen. In dem strahlend weiß getünchten Wohngebäude mit den ziegelroten Türen und Fensterläden leben heute immerhin noch drei Mönche.

Öffnungszeiten täglich von Sonnenaufgang bis -untergang, Eintritt frei.

▸ **Shipwreck-Beach**: Wer kennt es nicht, das Bild des weißen Strandes, in dessen Mitte ein gestrandetes Schiff liegt. Rechts und links fallen mit Kiefern bewachsene Felsen senkrecht ins Meer hinab, das Wasser schimmert in wunderschönen Farbtönen von milchigblau bis türkis. Etwas Schwindelfreiheit braucht man aber schon, um das obligatorische Foto von dem meistbesuchten Aussichtspunkt auf Zákynthos schießen zu können. Ein kleiner Balkon "hängt" zu diesem Zweck etwa 100 m über dem Meer. Wer will, kann aber auch auf einem schmalen Fußpfad von hier aus über Felsen weiter nach rechts laufen und sich dort den idealen Standort suchen. Jedoch ist größte Vorsicht geboten: Die Felsen fallen unmittelbar ins Meer hinab und auf dem steinigen Weg gerät man schnell ins Stolpern. Eine Wegsicherung fehlt! Mit Kindern sollten Sie den Pfad in keinem Fall begehen.

Anfahrt Etwa 100 m hinter dem Kloster Ágios Geórgios Krimnón zweigt eine gut ausgebaute Asphaltstraße nach links zum Shipwreck-Beach ab.

Volímes

Je weiter man nach Norden kommt, desto rauer und herber wird die Landschaft. Hier liegt Volímes, das eigentlich aus drei Teilen besteht. Káto und Méssa Volíma sind schon fast zusammengewachsen, Áno Volíma befindet sich dagegen weiter oben. Entlang der Durchgangsstraße scheint jedes Haus Honig, Teppiche und

Häkelarbeiten zu verkaufen – und auch der Anmache "come, look", "very cheap" entgeht man nicht. Abseits davon, in den Dorfkernen, lernt man den Ort mit seinen liebenswerten Bewohnern jedoch erst richtig kennen.

Ein schöner Spaziergang führt von der großen Kreuzung mit dem auffallenden Gebäude des Lýkeos (Gymnasiums) in Méssa Volíma nach links ins Dorf hinein. Dort findet man nahe der Kirche **Agía Paraskeví** urige, kleine Kafenía und kommt dann in den Ortsteil Káto Volíma. Die Pfarrkirche **Ágios Spirídonas** findet man gleich zweifach vor: Unweit von dem Gotteshaus, das nach dem Erdbeben neu errichtet wurde, sieht man das alte, das man erst kürzlich renoviert hat. Es besitzt einen hübsch verzierten Glockenturm. Links von dieser Hauptgasse kann man in kleinen Sträßchen hübsche, alte Häuser und die typischen Gemischtwarenläden entdecken.

• *Verbindungen* 3-mal täglich fährt der **Bus** von Zákynthos-Stadt über Kilioméno, Mariés usw. nach Volímes (2 €) und über Katastári wieder zurück. Haltestellen sind an der großen Kreuzung in Méssa Volíma und an der Platía Ágios Dimítrios in Áno Volíma.

• *Übernachten/Essen* Gleich am Ortseingang von Áno Volíma vermietet Geórgios Chassalévis, der Besitzer der namenlosen **Snackbar**, eine kleine Wohnung mit 2 Zimmern, Küche und Bad, die je nach Saison 20–50 € kostet. ✆ 26950-31222. Bei Geórgios kann man übrigens auch gute Souvláki bekommen.

Restaurant Kamináki, am unteren Ortseingang von Áno Volíma liegt das im traditionellen Stil aus Bruchsteinen gemauerte Haus, in dem Sie nach den aktuellen Tagesgerichten fragen sollten – es lohnt sich!

Snackbar Volímes, bei Familie Kapsavéli im Zentrum von Méssa Volíma kommen leckere Kleinigkeiten wie Sandwichs, Omelettes, auch mit Gemüse, Wurst oder Käse, und gute Salate frisch auf den Tisch. Zum Nachtisch schmeckt der hausgemachte, saftige Walnusskuchen.

• *Einkaufen* Sehr zu empfehlen sind der schmackhafte Honig und der eingelegte, milde Käse. Die Webarbeiten jedoch – so z. B. die kleinen Teppiche mit dem Carettacaretta-Motiv (Preis ca. 4 €) – stammen in der Regel aus Fabriken auf dem griechischen Festland oder in Fernost.

In Áno Volíma gibt es jedoch einen kleinen Betrieb, der wunderschöne handgewebte Tischdecken und Teppiche anfertigt. Der freundliche **Geórgios Spínos** und seine Frau verkaufen jedoch nicht über Geschäfte, sondern Interessenten müssen sie schon selbst in ihrem Haus, das ganz oben am Ortsende liegt, aufsuchen.

Gasse in Káto Volíma

▶ **Ágios Nikólaos/Skinári:** Fast schon am Kap Skinári liegt der kleine Fischerort, der im Winter nahezu ausgestorben ist. Im Sommer jedoch legen hier am neuen Hafen die Schiffe aus Kefaloniá an, am Fischerhafen dümpeln die Kaikis in der Sonne und die Bootsführer der Ausflugsschiffe warten auf Kundschaft zu den märchenhaften **Blauen Grotten**. In den Tavernen kann man guten Fisch essen und die Beschaulichkeit des kleinen Nestes, das eigentlich nur aus einer Straße besteht, genießen.

- *Verbindungen* Nur 4-mal pro Woche fährt der **Bus** von Zákynthos-Stadt nach Ág. Nikólaos und wieder zurück (Preis 2,50 €).
- *Ausflüge/Tickets* Je nach Gusto kann man mit größeren Schiffen oder kleinen Motorbooten Touren zu den **Blauen Grotten** machen; Preis ca. 5 € pro Person. Je kleiner die Boote sind, desto mehr sieht man, allerdings kann es dann auch schon mal vorkommen, dass man nass wird.

Bis zu 3-mal täglich hat man die Möglichkeit von Ág. Nikólaos nach Pessáda (Kefaloniá) zu fahren, Preis ca. 4 €, Auto 20 €. Die Tickets werden in einem **Informationskiosk** am Hafen verkauft.

- *Übernachten/Essen* **Hotel La Grotta**, C-Kat., auffallendes Gebäude. Für ein EZ mit Bad und Balkon legt man hier je nach Saison zwischen 25 und 35 € auf den Tisch, zu zweit bezahlt man zwischen 30 und 45 €, das Frühstück ist im Preis inbegriffen. In dem angeschlossenen **Terrassenlokal** kann man sehr gut essen, empfehlenswert sind z. B. Kalamáres und Barboúnia. Dazu wird geröstetes, mit Oregano und Olivenöl gewürztes Brot gereicht.

▶ **Mikró Nissí/Makrís Jalós**: Malerisch liegen die Häuser des kleinen Weilers Mikró Nissí auf einer Felsenzunge, zum Baden geht man an den nahe gelegenen "langen Strand" (Makrís Jalós), der in den letzten Jahren immer beliebter wird. Es entstehen deshalb immer mehr Pensionen und Tavernen. Wer möchte, fährt von hier aus mit einem der Bootsführer zur nahe gelegen **Schwefelquelle Xýngia** oder auch zu den Blauen Grotten.

Wer hier eintaucht, badet ganz in Blau

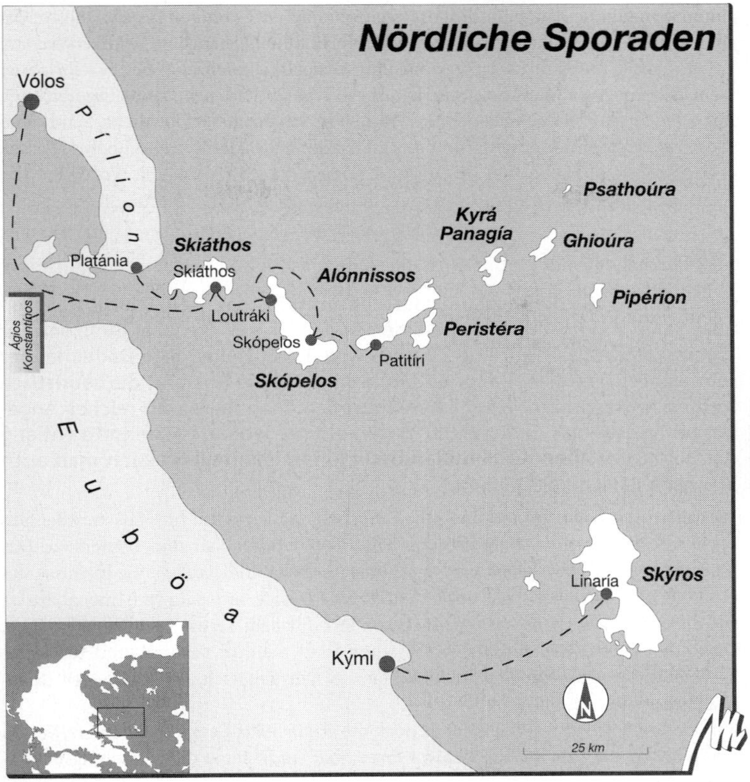

Nördliche Sporaden Karte S. 237

Nördliche Sporaden

Skíathos, Skópelos, Alónnissos und Skýros heißen die vier bewohnten Inseln der Nördlichen Sporaden. Insgesamt zählt die Gruppe aber nicht weniger als 80 Eilande.

Beliebtestes Ziel und als einziges von Mitteleuropa per Direktflug erreichbar ist Skíathos mit seinen fantastischen Stränden. Aber auch die Nachbarinsel Skópelos hat sich einen ordentlichen Teil des Tourismuskuchens gesichert. Nach Alónnissos verirren sich eher die traditionellen Inselfans, die mehr Ruhe und Erholung als Disco und Nachtleben suchen. Skýros bietet für jeden Geschmack das Richtige – eine lebendige Stadt, gute touristisch erschlossene Strände, kulturelles Leben und ruhige, abgelegene Dörfer mitsamt ihren unberührten Buchten.

Die Sporaden sind zwar seit langem kein touristischer Geheimtipp mehr, trotzdem sind die "Verstreuten" (so die Übersetzung des Namens "Sporaden") sowohl für einen kurzen Zwei- oder Dreitagesausflug als auch für einen längeren Urlaub durchaus zu empfehlen. Auf jeden Fall erwarten den Besucher dicht bewaldete und überaus grün wirkende Inseln. Besonders geeignet sind die Sporaden für alle, die auf der einen Seite Sonne, Landschaft und Naturverbundenheit suchen, andererseits auf Unterhaltung und Kommunikation nicht verzichten möchten. Wer es einrichten kann, sollte sich als "Insel-Springer" betätigen. Die Verbindungen sind ausgezeichnet. Auf allen Inseln findet man würzig riechende Pinienwälder, herrliche Sand- und Kiesstrände, Sommertemperaturen bis zu 35 Grad, glasklares und sauberes Wasser, optisch reizvolle Häfen und im Juli und August den erfrischenden Nordwind der Ägäis. Selbst im Hochsommer wird es durch den *Meltémi* nie unerträglich heiß.

Skíathos

Der größte Stolz der Insulaner besteht aus feinstem, weißlich bis goldgelbem Sand und kristallklarem Wasser: angeblich soll die Insel 66 (!) solcher Traumstrände besitzen. Auf Skíathos findet der vielgereiste Badeurlauber sein wahres Paradies. Daher ist die Insel auch mit Abstand die touristisch fortgeschrittenste der Nördlichen Sporaden. Man findet ein reiches Angebot an Nachtleben und anderer Unterhaltung, lebhafte Hafenorte entlang der Südküste. Aber auf den Wanderungen im Binnenland kann man auch hier noch Einsamkeit genießen.

Wer allerdings das "alte", das typische Griechenland sucht, ist hier falsch. Allenfalls im Winter ist es noch teilweise wie früher, aber dafür kalt und regnerisch. Das Inselleben vom Frühjahr bis zum Spätherbst ist vollständig auf die Bedürfnisse des modernen Massentourismus ausgerichtet. Eine lässige, entspannte Atmosphäre ist auf der ganzen Insel zu spüren. Insbesondere für sein reges Nachtleben in Bars, Diskotheken und Restaurants ist Skíathos/Stadt weithin bekannt und hat seine leichtlebige Fangemeinde gefunden. Man spricht Englisch, Deutsch oder Italienisch, und zwar überall.

Nur an weit abgelegen Stellen gibt es noch die große Stille. Einige Buchten im Westen und Norden, die zum Teil nur schwer erreichbar sind, bieten dem Erholungsuchenden Ruhe. Im Gegensatz zu vielen anderen Inseln Griechenlands gibt es auf Skíathos keine geschichtsträchtigen Ruinen oder kulturhistorischen Stätten zu besichtigen.

Skíathos auf einen Blick

Größe: Mit einer Länge von 14 km und einer max. Breite von nur 9 km hat Skíathos eine Fläche von etwa 60 qkm.

Bevölkerung: Auf der Insel leben dauerhaft knapp 5100 Menschen

Geografie/Geologisches: Pinienwälder kennzeichnen die Insel. Badefreunde können sich austoben. Entlang der Küste werden über 60, zumeist sandige Strände gezählt.

Wichtige Orte: Eigentlich ist die ganze Südküste eine lang gestreckte Ortschaft. Weitere Ansiedlungen im Inselinneren gibt es nicht.

Straßen: Die Küstenstraße im Süden ist in einem guten Zustand, bei Ortsdurchfahrten allerdings oft sehr schmal. Wer Ziele im abgelegenen Norden ansteuert, sollte sich auf Staub- und Schotterpisten einstellen. Viele Buchten sind nur per Boot zu erreichen.

Auto-/Zweiradverleih: am besten in Skíathos-Stadt, außerhalb nur in Troúlos.

Tankstellen: 3 Zapfstellen an der Ortsumgehungsstraße von Skíathos-Stadt und eine in Troúlos.

Übernachten: Entlang der Südküste hat man die Qual der Wahl. Obwohl das Angebot groß ist, kann es im Hochsommer zu Engpässen kommen.

Karten: Bestes Blatt ist die zweijährig aktualisierte Karte von Road Editions im Maßstab 1:25.000. Zu bestellen unter ISBN 960-8481-94-5.

Vorwahl: ✆ 24270

Verbindungen

Skíathos ist sehr gut zu erreichen. Autofähren verbinden die Insel mehrmals tägl. mit Vólos, Ágios Konstantínos und den anderen Sporaden-Inseln Skópelos und Alónnissos.

• *Flugzeug* Auf Skíathos befindet sich der einzige internationale Verkehrsflughafen der Nördlichen Sporaden. Die Insel wird von allen großen deutschen Flughäfen direkt angeflogen. Mit *Olympic Airways* bestehen im Hochsommer tägl. bis zu 3 Flugverbindungen von und nach Athen. Buchen Sie rechtzeitig bereits von zu Hause aus. In der Hauptsaison ist vor Ort kein Platz mehr zu bekommen. Preise: Athen–Skíathos ca. 55 €.

• *Auto* Der beste Ausgangspunkt für die Fährpassage ist **Vólos**, nur 18 km von der Hauptautobahn Thessaloníki–Athen entfernt gelegen (Abzweigung bei Mikrothive oder Risomilos). Zudem ist die Stadt Endbahnhof der **Zuglinie** Kalambáka–Vólos.

• *Schiff* **Fähren** von Vólos nach Skíathos: *Minoan Lines* und *Nomicos Lines*. 2- bis 4-mal tägl., je nach Saison. Überfahrt dauert etwa 3,5 Std. Pro Pers. ca. 7,50 €, Autos je nach Länge ca. 40–55 €, allerdings ist Vorbuchen nötig, da kaum Laderaum.

Flying Dolphins: Die Überfahrt mit den gelben Tragflügelbooten dauert ca. 1 Std. 15 Min. Pro Pers. ca. 14 €. Tägl. bis zu 6-mal in der Hauptsaison. Autotransfer ist nicht möglich.

Skíathos-Stadt/Chóra

Ein Augenschmaus: Weiße Häuser mit roten Dächern ziehen sich eng aneinandergereiht zwei kleine Hügel hinauf. Nachts toll beleuchtet, insbesondere die Kirchen. Im Sommer werden die Nächte zum Tag gemacht und Griechenlandkenner fühlen sich hier an Mýkonos erinnert. Jetset, Highlife und Disko-Fieber halten seit Jahren die Stadt in Atem. Doch in der Nebensaison geht es deutlich gemächlicher zu.

Aber der erste Eindruck täuscht ein wenig. Nachdem die Fähre angelegt hat, zeigt Skíathos-Stadt (auch *Chóra* genannt) sein wahres Gesicht. Aus der Entfernung idyllisch und ruhig wirkend, ändert sich das Bild schlagartig, wenn die Touristen das Schiff verlassen haben. Geschäftstüchtige Inselbewohner begeben sich laut rufend auf die Suche nach Kunden für ihre Übernachtungsquartiere. Etwas abseits stehen die privaten Kleinbusse der großen Hotels bereit, um die Gäste kostenlos zu transportieren. Zwischen den beiden Hafenbecken liegt die Halbinsel *Boúrtzi*, früher ein Zentrum des Nachtlebens, seit ein paar Jahren jedoch "verkehrsberuhigte" Zone. Man hat den kleinen Landzipfel unter Naturschutz gestellt und die ehemalige Nobel-Disko in ein kommunales Kafeníon umgewandelt. Hier finden im Hochsommer zahlreiche kulturelle Veranstaltungen statt.

Information/Verbindungen/Adressen

• *Information* **Touristenpolizei**, in der Odós Papadiamántis, im nördlichen Zentrum des Ortes; ✆ 24270-22005. Ansonsten Auskünfte aller Art in den zahlreichen privaten Touristenbüros am Hafen.

• *Verbindungen* **Busse**: Abfahrtsort östlich des Anlegekais. Es gibt nur eine Buslinie über die Inselhauptstraße Richtung Westen. Abfahrten alle 30 Min. Preis bis zur Koukounariés-Bucht ca. 1,50 €. Die Busse sind zum Teil total überfüllt, besonders wenn Fähren angelegt haben und abends, wenn der letzte Bus fährt.

Taxi: Standplatz direkt neben dem Busbahnhof. Mit Grundgebühr und Kilometerpauschale wird de facto nicht gerechnet. Die Fahrer haben praktisch Festpreise abgesprochen. Zum Koukounariés-Beach ca. 13 €, nach Troúlos ca. 10 €, nach Kanapítsa 7 €, zum Flughafen 4 €. Für Gepäck werden etwa 1,50 € extra berechnet.

Flughafen: etwa 2,5 km östlich des Hafens. Tickets verkauft "Alkyon Travel" an der Ecke Paralía/Papadiamántis-Straße (✆ 24270-21319, Flughafengebäude ✆ 24270-22049). Fluggäste müssen sich bei innergriechischen Flügen mind. 1 Std. vor dem Abflug am Schalter melden.

Kaikis: Im westlichen Teil des Hafens, dem alten Fischerhafen, stehen etliche größere und kleine Boote bereit, die die Urlauber zu den zahlreichen Badestränden im Norden der Insel transportieren.

Adressen

- *Autovermietung* mehrere Agenturen in Hafennähe. Angeboten werden vor allem Jeeps, zum Teil mit Allradantrieb. Wegen der schlechten Pisten im Norden der Insel haben die Fahrzeuge sehr hohe Bodenfreiheit. Der Spaß ist allerdings nicht billig. Pro Tag muss man zwischen 40 und 60 € rechnen, Benzin extra.
- *Geldwechsel für Schweizer* Mehrere Banken am Hafen. Wechsel auch in den meisten Touristenbüros. Travellerschecks löst nur die National Bank of Greece (Odós Papadiamántis) ein.
- *OTE* Odós Papadiamántis, werktags 7.30–22 Uhr, sonn- und feiertags 7.30–15 Uhr geöffnet.
- *Sport* **Skíathos Tennis and Leisure Club**, ganz in der Nähe der Stadt an der Straße zum Flughafen gelegen. Ungefähr 50 m nach der Kreuzung der Ringstraße rechts ab. Es stehen sechs Tennis-Courts zur Verfügung. Die Stunde kostet ca. 12 € pro Court, Schläger- und Ballverleih für ca. 2 € pro Stunde ebenfalls möglich.
- *Zweiradverleih* eine Vielzahl von Agenturen im östlichen Teil des Hafens. Die Mopeds und Mofas sind in der Regel in einem brauchbaren Zustand. Angeboten werden Mofas mit Automatik, aber auch größere, geländegängige Maschinen. Ein Mofa kostet pro Tag etwa 15 €, für größere Motorräder muss man allerdings mit 25 € und mehr rechnen.

Übernachten

Allein in Skíathos-Stadt stehen über 3000 Privatzimmer zur Verfügung. Bereits am Hafen oder am Flughafen werden die Neuankömmlinge angesprochen, zumeist in perfektem Englisch, mitunter auch in Deutsch. Ein Zweibettzimmer ist in der Hochsaison nur selten unter 35 € zu bekommen.

Hotel Christína, C-Kat., ziemlich weit im Osten an der Paralía. Christína vermietet 20 DZ mit Bad und Meeresblickbalkon. Zimmer mit

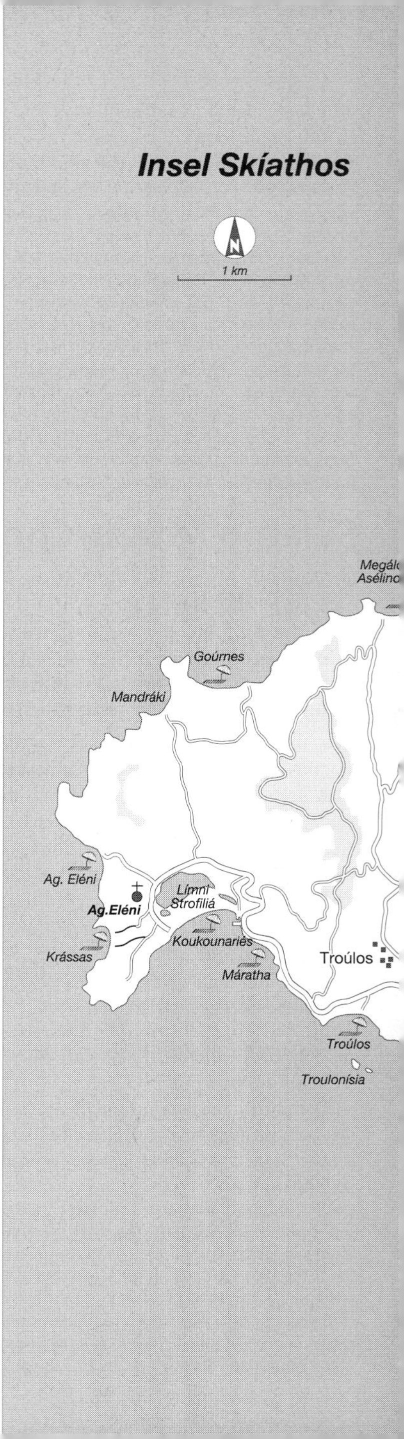

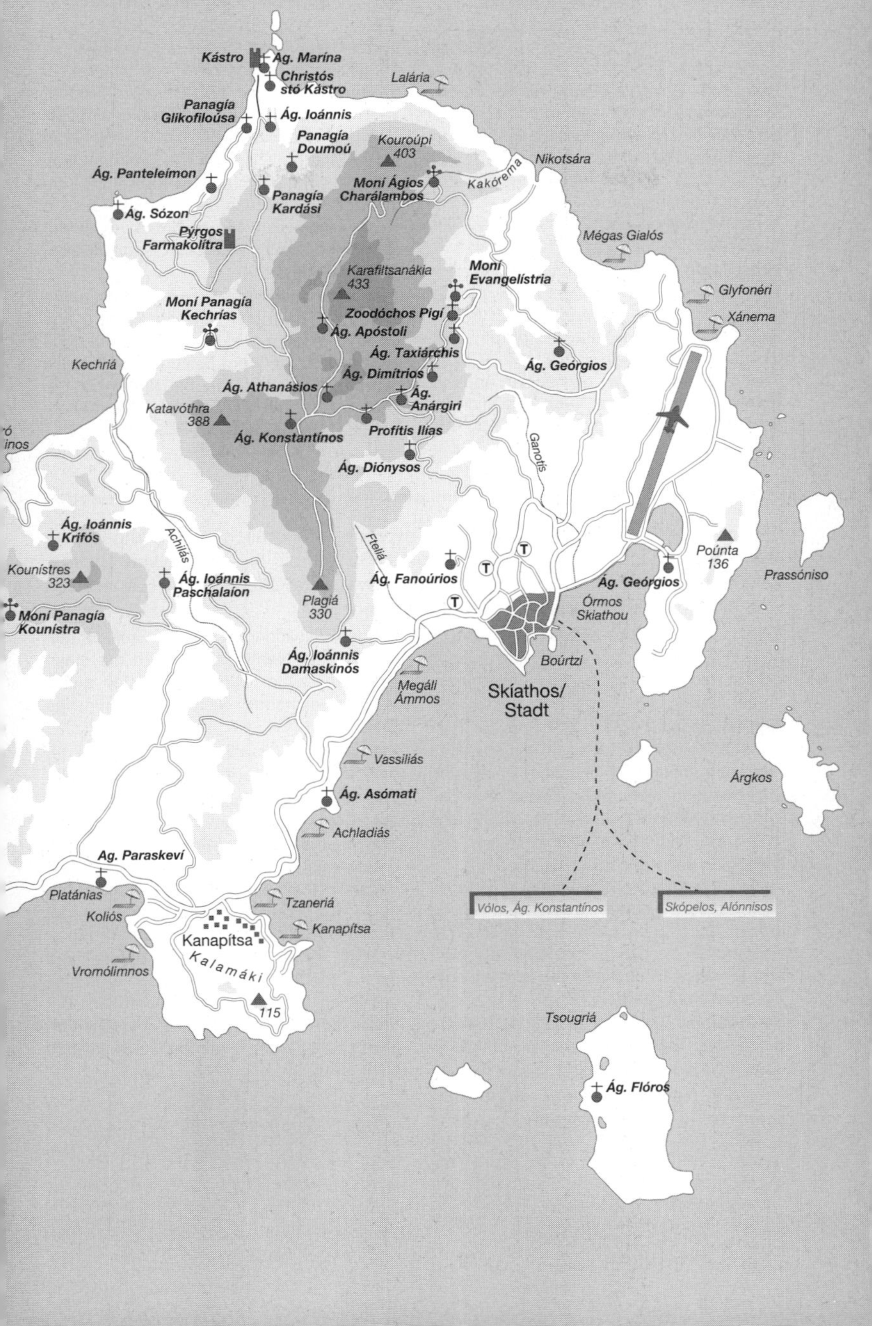

Kástro
Ág. Marína
Christós stó Kástro
Lalária
Panagía Glikofiloúsa
Ág. Ioánnis
Panagía Doumoú
Kouroúpi 403
Nikotsára
Ág. Panteleímon
Moní Ágios Charálambos
Kakórema
Panagía Kardási
Ág. Sózon
Pýrgos Farmakolítra
Mégas Gialós
Karafiltsanákia 433
Moní Evangelístria
Glyfonéri
Moní Panagía Kechrías
Zoodóchos Pigí
Xánema
Ág. Apóstoli
Ág. Taxiárchis
Kechriá
Ág. Dimítrios
Ág. Geórgios
Ág. Athanásios
Ág. Anárgiri
Katavóthra 388
Profítis Ilías
Ág. Konstantínos
Ganotis
Ág. Diónysos
Ág. Ioánnis Krifós
Achiliás
Ftelia
Poúnta 136
Kounístres 323
Ág. Ioánnis Paschalaíon
Plagiá 330
Ág. Fanoúrios
Ág. Geórgios
Prassóniso
Moní Panagía Kounístra
Órmos Skiathou
Ág. Ioánnis Damaskinós
Boúrtzi
Megáli Ámmos
Skíathos/ Stadt
Vassiliás
Árgkos
Ág. Asómati
Achladiás
Ág. Paraskeví
Platánias
Tzaneriá
Vólos, Ág. Konstantínos
Skópelos, Alónnisos
Koliós
Kanapítsa
Kanapítsa
Kalamáki
Vromólimnos
115
Tsougriá
Ág. Flóros

einer kleinen Teeküche, geräumig und sauber. Preise je nach Saison ca. 28–55 € fürs DZ und ca. 52-90 € fürs 4-Pers.-Appartement. ✆ 24270-22747. ℻ 24270-21466.

Hotel Aktí, C-Kat., ebenfalls an der Paralía. Angeliki und Ioánnis vermieten 14 DZ mit Bad und ein Apartment. Helle Einrichtung, nicht übermäßig geräumig, aber sehr sauber. Gleiches gilt auch für die Bäder. Superblick auf den Órmos Skiathou von den Balkonen. Preise je nach Saison ca. 30-60 €. ✆ 24270-22024.

Hotel Mató, B-Kat., südlich vom Hafen in einer stilleren Gasse. Neues Hotel mit modern eingerichteten Zimmern, vom Balkon Blick über die roten Giebeldächer der Stadt. DZ in der Hauptsaison 60 €. ✆ 24270-22186.

Thymi's Home, B-Kat., gemütliche Appartementanlage östlich der Odós Papadiamántis. Rustikale Zimmer mit reichlich Komfort: Kühlschrank, Kochecke, Radio usw. DZ in der Hauptsaison knapp unter 60 €. ✆ 24270-22817.

Hotel Órsa, B-Kat., hinter dem alten Hafen in sehr ruhiger Lage direkt am Wasser. 23 Zimmer mit Bad, Kühlschrank, Telefon. Preise je nach Saison ca. 33–75 €. ✆ 24270-22430. ℻ 24270-21952.

Hotel Marlton, C-Kat., am Beginn der Odós Evangelístria. Vermietet werden 9 DZ, alle mit guter Einrichtung und Telefon. Preise je nach Saison ca. 25–45 €, Frühstück in der Taverne für Hausgäste ca. 6,50 pro Person. ✆ 24270-22552.

Pension Amfilíki, gehört zur gleichnamigen Taverne. 11 Zimmer auf vier Etagen. Alle Zimmer geräumig, sauber, mit Bad und Klimaanlage. Von den Balkonen Superblick auf die Südküste. März bis November geöffnet. Preis ca. 30–53 € inkl. Meeresrauschen. ✆ 24270-22839. ℻ 24270-24463.

Essen/Trinken

In den engen Gassen locken zahlreiche Tavernen und Lokale mit ihren Angeboten. Die Palette reicht von einfachen Souvláki-Buden bis hin zu noblen Bistros. Skíathos-Stadt dürfte für jeden Geschmack etwas parat haben. In der Hauptsaison sind die meisten Lokale jedoch völlig überlaufen.

• *Restaurants* **Áspro-Líthos**, gehobene Inselküche. Gut 40 Tische in einem hübsch dekorierten Innenhof in einer Seitengasse an der oberen Odós Papadiamántis.

Amfilíki, gegenüber vom Krankenhaus. Herr Christós Kalogianis bietet in seinem alten Familienbetrieb stets frischen Fisch, vorzüglich zubereitet. Drei Tische auf dem Balkon mit Meeresblick. Außergewöhnliche Weinkarte mit den Original-Etiketten.

Mesógia, echt griechisch gebliebene Taverne in den Gassen der Altstadt. Stolz erzählt der stets gestresste Wirt Pantélis von seiner über 80 Jahre alten Familien-Taverne, der ältesten der Stadt. Spezialität ist Fisch, empfehlenswert die Kalamari, aber auch leckere Lammgerichte.

Varthalamis, Fischtaverne in einer Seitengasse der Odós Papadiamántis. Einige Tische draußen in einer engen Gasse mit blühendem Oleander in Töpfen. Große Karte, doch in der Nebensaison gibt's nur einen Bruchteil davon. Daher am besten gleich den Kellner fragen. Nicht gerade günstige Preise.

Stamátis, am alten Fischerhafen, Platz für gut 200 Pers.! Spezialität: Scampis vom Grill.

The Windmill, exquisites Ambiente in der alten Windmühle hoch über dem Hafen. Herrlicher Blick und romantische Sonnenuntergangsmusik. Englische Besitzer, internationale Küche. Tgl. von 19–23 Uhr geöffnet, Platz praktisch nur mit Reservierung, ✆ 24270-24550.

• *Cafés* Entlang der ganzen Hafenanlage reiht sich ein Café an das andere. Man sitzt gemütlich unter schattigen Markisen. Die Preise für Getränke sind allerdings im Vergleich zu anderen Regionen Griechenlands nicht billig.

Eine Spezialität der Sporaden-Inseln sind die *Pasteli*, Sesamkörner in Honigkaramel. Wenn möglich, noch warm essen. Sehr lecker, süß und sättigend. Pasteli gibt es als abgepackte Schnitten oder frisch beim Bäcker bzw. bei diversen fliegenden Händlern.

Die Stadt auf zwei Hügeln – Skíathos

Nördliche Sporaden
Karte S. 237

Sehenswertes

Halbinsel Boúrtzi: einen Besuch wert, wenn man der Hektik der Stadt entkommen will. Die Halbinsel Boúrtzi liegt zwischen dem alten und neuen Hafen. Vor vier Jahren hat man den kleinen Landzipfel unter Naturschutz gestellt. Dort sitzt man angenehm unter schattigen Bäumen auf der großen Terrasse im Westen der Halbinsel. Fantastisch der Blick auf die alte Paralía und die roten Giebeldächer, die sich pittoresk den Hang hinaufziehen.

Papadiamántis-Museum: Aléxandros Papadiamántis gilt als berühmtester Sohn der Insel. Von dem Schriftsteller, der von 1851 bis 1911 lebte, stammen über 200 Kurzgeschichten, die fast immer mit der Insel Skíathos zu tun haben. Das Museum selbst besteht aus drei winzigen Räumen, zudem nur spärlich eingerichtet. Es ist das Wohnhaus des Dichters, der dort am 3. Januar 1911 auch starb. Ein Kamin, Stühle, ein Sofa, mehrere Betten, Truhen und etwas Porzellan, mehr gibt es nicht zu sehen.

Öffnungszeiten tägl. 8.30–13 und 17.30–20 Uhr. ✆ 24270-23843. Eintritt ca. 1,50 €.

Kloster Evangelistrías: Das Kloster wurde in seiner heutigen Form 1797 erbaut. Der Zahn der Zeit hat schon arg an den Gemäuern genagt. Ehemals besaß es 65 Zellen, Stallungen und Werkstätten. Wirklich sehenswert ist einzig die Klosterkirche, aber auch einige Mönchszellen wurden vor wenigen Jahren renoviert. Links des Gotteshauses liegen halb verfallene Wirtschaftsgebäude. Hoch oben in den Zypressen am Eingang hängen die Glocken, die täglich zum Gebet läuten.

Südküste

Über 60 Strände und Buchten soll es rund um die Insel geben und die meisten davon liegen an der Südseite. Im Grunde kann man sie gar nicht auseinander halten. Zu dicht folgt ein Traumstrand dem anderen und zu eng ist mittlerweile die Bebauung der Südküste geworden. Skíathos' Vorzüge sind den Tourismusmanagern nicht verborgen geblieben und so hat man den Abschnitt zwischen der Stadt und dem Órmos Koukounariés gut erschlossen.

Tipp: An der Küste entlang zieht sich eine gut ausgebaute und durchgängig asphaltierte Straße. Alle 30 Min. pendelt der Bus zwischen Skíathos-Stadt und der Bucht von Koukounariés und hält dazwischen an zahlreichen Buchten. Manchmal allerdings muss man 1 Std. warten: dann nämlich, wenn Sie keinen Platz mehr in dem restlos überfüllten Bus bekommen haben.

▸ **Megáli Ámmos**: ungefähr 10 m breiter und insgesamt 600 m langer, feiner Sandstrand. Am Hauptabschnitt gut mit Übernachtungsmöglichkeiten und Tavernen ausgestattet. Vor allem die Nähe zur Stadt macht den ersten Inselstrand in westlicher Richtung so beliebt. Kein Schatten durch Bäume, aber Liegestuhl- und Sonnenschirmverleih vorhanden.

• *Übernachten* **Anemoni Beach Hotel**, C-Kat., geführt von einer Dänin. 16 DZ, alle mit Bad, Balkonen, Telefon, Safe und Minibar. Blitzsaubere Außenanlage mit Garten-Bar. Preise je nach Saison ca. 72–95 € inkl. Frühstück. ✆ 24270-22860. ℻ 24270-23383.

▸ **Gialós Achladiás**: Die Sandbucht ist für den Tourismus voll erschlossen. Wer Lust, Laune und auch das nötige Kleingeld hat, dem stehen eine Vielzahl sportlicher Betätigungsfelder offen: Windsurfen, Wasserski, Segelboot oder Tretboot.

• *Übernachten* **Hotel Esperides**, A-Kat., etwas ältere Luxusherberge mit allem Komfort. Zimmer selbstverständlich gepflegt und Vollpensionsservice. Aber das alles hat natürlich seinen Preis. Ein DZ kostet je nach Saison 115–150 €. ✆ 24270-22225. ℻ 24270-21580.

Achladiás Apartments, A-Kat., Geschmackvoll eingerichtete Zimmer mit Küche und Bad, geräumig und sehr sauber. Fantastischer Garten. Preise je nach Saison ca. 30–40 € fürs DZ. ✆ 24270-22486.

Halbinsel Kalamáki

Eines der schönsten Fleckchen entlang des Inselhighways Richtung Westen. Eine grüne Halbinsel mit Bäumen, Sträuchern und Wiesen. Dutzende Privatvillen und ein paar sündhaft teure Hotels.

Entlang der Küste reiht sich eine Bungalow- und Appartementanlage an die andere. Architektonisch geschickt gemacht, die kleinen Häuser ziehen sich im Wald versteckt den Hang hinauf. Vor allem für Gruppen oder Familien eine gute Möglichkeit, individuell den Urlaub zu verbringen.

• *Übernachten* **Hotel Nóstos**, A-Kat., große Bungalowanlage oben auf dem Hügel. Geräumige Zimmer vom allerfeinsten mit viel Holz gestaltet. Tennisplätze und Schwimmbad vorhanden. DZ im Hauptgebäude kostet 90–120 €. ✆ 24270-22520. ℻ 24270-22525.

Hotel Plaza, B-Kat., sehr ruhig in einem Tal hinter der Bucht und nicht direkt am Meer gelegen. 79 Zimmer der höheren Kategorie. Preise je nach Zimmer und Saison ca. 50–80 €. ✆ 24270-21971. ℻ 24270-22109.

• *Essen* **Kanapítsa**, einzige Taverne auf der Halbinsel. Große Auswahl und reichhaltige Speisen. Fast jeder, der auf Skíathos seinen Urlaub verbracht hat, kennt die Taverne, demnach auch immer reichlich voll.

▸ **Gialós Koliós**: schöne Sandstrandbucht, ca. 6 km von Skíathos-Stadt entfernt. Der Koliós-Beach bietet gut 300 m feinen Sand, aber kaum Schatten. An beiden Seiten der Bucht steigen üppig grüne Hügel auf, die mit zahlreichen Häusern bebaut wurden.

Übernachten **Hotel Koliós**, C-Kat, Appartements mit Bad und Küche, Balkone mit Buchtblick. Außerdem DZ. Preis ca. 50 € für DZ und 80 € fürs Appartement. ✆ 24270-49249

▸ **Órmos Plataniás**: Das Hinterland des Strandes sieht zwar wenig einladend aus, doch der feine, gut 400 m lange Sandstrand entschädigt für so manche Bausünde.

Tiefblaues Meer und saftig grüne Wälder: Halbinsel Kalamáki

Im Gegensatz zum Koukounariés-Beach noch immer bedeutend ruhiger. Herrlich heller Sand, der hier besonders feinkörnig ist.

• *Übernachten* **Skíathos Princess Hotel**, Luxus-Kat., riesige, flach terrassierte Anlage etwas zurück vom Strand. Alle 131 Zimmer sind mit Bad, einem Meeresblickbalkon, Klimaanlage, Kühlschrank, Telefon und Radio ausgestattet. DZ kostet je nach Saison ca. 110–180 €. ✆ 24270-49731. 📠 24270-49740.

Hotel Atrium, A-Kat., neues Hotel oberhalb von Straße und Bucht, mitten im Grünen. 75 geräumige DZ mit Bad, Klimaanlage, Telefon und Radio. Swimmingpool auf der Sonnenterrasse. Preise je nach Saison ca. 65–120 €. ✆ 24270-49345. 📠 24270-49444.

• *Essen* Mehrere **Tavernen** liegen direkt an der Straße und am Strand.

▶ **Troúlos**: lang gezogenes Straßendorf am Abzweig in den Nordwesten der Insel und zum sehenswerten **Kloster Panagía Kounístra**. Troúlos ist wenig attraktiv, die Bauten rechts und links der Straße sind einfache Betonklötze. Entlang der Straße liegen zahlreiche Supermärkte, Souvenirgeschäfte, Tavernen und sogar ein Mofaverleih. Gegenüber der Bucht in 600 m Entfernung die *Mäuseinsel Troulonísia*. Zum Schwimmen zu weit, aber mit einem Ruderboot leicht zu erreichen.

• *Übernachten* **Hotel Troúlos Bay**, B-Kat., große Anlage mit mehreren aneinander gebauten Häusern direkt am Meer. In den letzten Jahren mehrfach erweitert, daher nicht alle Zimmer gleich geschnitten. Insgesamt 43 nicht sehr geräumige und rustikal eingerichtete Zimmer, alle mit Bad, Balkon, Radio und Telefon. DZ ca. 32–65 € inkl. Frühstück. ✆ 24270-49390. 📠 24270-49218.

Hotel Koráli, C-Kat., 41 Studios und Appartements in einer 1987 erbauten Anlage direkt am Meer. Alle Einheiten haben ein Bad, kleine Küche, Kühlschrank und Telefon, außerdem Balkon mit Meeresblick. Swimmingpool und Bar vorhanden. DZ ca. 25–58 € inkl. Frühstück fürs Appartement. ✆ 24270-49212. 📠 24270-49551.

• *Essen* **Troúlos**, direkt an der Bucht gelegen. Typische Strandtaverne. Internationale Küche. Essen und Preise im Rahmen.

▶ **Gialós Máratha**: kleiner, recht enger Sandstrand im Schatten der Massenbucht von Koukounariés. Zum Máratha gelangt man, wenn man sich an der letzten Straßensteigung kurz vor dem Koukounariés-Strand links hält und einen abenteuerlich steilen Schotterpfad hinuntersteigt (ca. 200 m vor der Bushaltestelle Nr. 20). An beiden Seiten wird der Strand von dicht bewachsenen Felsen begrenzt, so dass man nicht am Wasser entlang zum Renommierstrand der Insel laufen kann.

• *Essen* **Máratha**, direkt an der Bucht betreiben Brigitte aus Duisburg und ihr griechischer Ehemann Geórgios eine nette, sehr einfache Taverne. Über Mittag gibt es kleine Gerichte wie griechischen Salat, Sandwiches und Omeletts. Sehr empfehlenswert sind die Sardinen und die Kalamari. Dazu Erfrischungsgetränke, Drinks und Kaffee. Idyllisches Plätzchen unter Schatten spendenden Bäumen. Zivile Preise.

Bucht von Koukounariés

Renommierstrand der Insel und zweifellos eine der markantesten Buchten Griechenlands. Hinter dem Órmos ein See und reichhaltiges Zimmerangebot, aber nur der gehobenen Kategorie.

Weiter westlich liegen zwei weitere Strände. Goldglitzernder Sand und saphirblaues Wasser, auf Dutzenden von Ansichtskarten abgebildet. Man fühlt sich am gut 10 km von Skíathos-Stadt entfernten Koukounariés gleich wie in der Karibik. Doch konzentriert sich auf Skíathos alles auf diese knapp 600 m. Entsprechendes "Sardinendosen-Feeling" gehört in der Hauptsaison daher auch zur mittelgriechischen Karibik.

• *Verbindung* Alle 30 Min. kommt der **Bus** aus Skíathos-Stadt. Er ist oft restlos überfüllt.

• *Übernachten* **Skíathos Palace Hotel**, L-Kat., im Osten der Bucht, etwas erhöht am Hang. Bietet allen erdenklichen Luxus: Nobelbäder, Klimaanlage, Kühlschrank, Radio und Telefon. Außerdem Swimmingpool, Tennisplatz, Sauna (!), Friseursalon, Restaurant und Diskothek. Preise je nach Saison ca. 85–170 € fürs DZ. ✆ 24270-49700. 📠 24270-49666.

Renommierstrand Órmos Koukounariés

Hotel Caravos, A-Kat., große, zweistöckige Anlage. 38 modern eingerichtete DZ mit Bad, Meeresblickbalkonen, Klimaanlage, Radio, TV und Telefon. Swimmingpool und Kinder-Pool im Garten. Preise je nach Saison ca. 50–95 €. ✆ 24270-49356. 📠 24270-49381.

• *Camping* **Koukounariés**, größter und modernster Campingplatz auf der Insel. Ebenes Gelände, mit saftig grünem Rasen überzogen und mit bunt blühenden Rosen und Geranien verschönert. 2 saubere Waschhäuser mit ausreichend Duschen, immer fließend warmes Wasser. Pro Pers. ca. 6 €, Zelt ca. 3 €, Auto ca. 3 €, Motorrad ca. 2 €. Leihzelte vorhanden. ✆/📠 24270-49250. Zufahrt: ca. 200 m vor der Bushaltsstelle Nr. 21 rechts ab.

• *Essen* **To Perivóli tou Ilía**, Ouzerie an der Zufahrtsstraße. Viele Vorspeisen, Salate und leckere Hauptgerichte wie Ziegenfleisch in Zucchini, Hasenbraten, Moussaká oder Fischgerichte.

The Village, fast am Ende der Zufahrtsstraße. Griechische und italienische Küche aus dem traditionellen Holzofen, mittags und abends geöffnet. Schneller Service, auch in deutscher Sprache.

Stamelos, hoteleigene Freilufttaverne des *Caravos*, aber auch für fremde Gäste offen. Griechische und internationale Gerichte, durchweg gute Qualität. Gehobene Preise.

Westküste

Die Strände entlang der Westküste sind zumeist nicht so überlaufen, da sie weniger gut zu erreichen sind. Hier gibt es keinerlei Übernachtungsmöglichkeiten.

▸ **Gialós Krássas**: bekannt als *Banana-Beach* und der offizielle FKK-Strand der Insel. Sandstrand an wildromantischer Bucht mit großen Bäumen. Sehr gut erschlossen, wenn auch nur mit etwas Aufwand erreichbar. Der Órmos Krássas besteht aus zwei Buchten, die durch eine weit ins Meer ragende Felszunge getrennt werden.

▸ **Gialós Agía Eléni**: mittlerweile bestens erschlossene Bucht mit Strandbars, Schnellrestaurants und Wassersportverleih. Den Besucher erwartet 300 m feinster weißer Sand. Ansonsten ähnliches Ambiente wie am Banana-Beach.

▸ **Órmos Mandráki**: ebenfalls von der Koukounariés-Bucht zu erreichen. Weit ausladende Bucht mit einem wunderschönen Sandstrand, im Westteil auch Dünen, fast wie an der Nordsee. Da man mit dem Mofa oder Kleinwagen nicht bis zum Meer fahren kann, sondern knapp 2 km durch den Wald laufen muss, kommen nur wenig Leute hierher.

▸ **Órmos Goúrnes**: der gleiche Weg wie bis zum Mandráki-Beach, dann an der Abzweigung geradeaus weiter Richtung Norden. Ähnliches Strandambiente wie am Órmos Mandráki.

Nordküste

Von Troúlos zweigt eine Stichstraße Richtung Norden ab. Sie führt zum Kloster Panagía Kounístra und ist mittlerweile bis dorthin vollständig asphaltiert. Beliebt sind Tagesausflüge mit dem Jeep oder Mofa in den Norden oder Bootstouren entlang der Küste. An der Nordspitze liegt die alte Inselhauptstadt Kástro, im Landesinnern drei hübsche Klöster.

▸ **Órmos Megáli Asélinos**: gut 250 m feinster Sandstrand, umgeben von einigen bewachsenen Dünen. Einer der saubersten Nordstrände der Insel. Durch die Nordlage immer mehr oder weniger Wind, damit verbunden auch eine ordentliche Brandung.

• *Übernachten* **Camping Asélinos**, gefällige Anlage, reichlich Schatten (viele Bäume), Ruhe und zum Strand sind es nur 3 Min. Die Duschen sind zwar nur bei geringer Belegung heiß, aber über die sanitären Einrichtungen kann man sich nicht beklagen. Preise: pro Pers. ca. 4 €, Zelt und Auto jeweils ca. 2 €. ✆ 24270-49312.

• *Essen* **Asélinos**, hallenartige Großraumtaverne unter einem Holzdach direkt am Strand. Macht zwar äußerlich den Eindruck einer Massenabfertigung, doch das Essen schmeckt vorzüglich. Wirtin Ánna spricht Deutsch.

▸ **Kloster Panagía Kounistrá**: Das Kloster der Inselheiligen von Skíathos liegt im mittleren Südwesten. Die Legende erzählt von dem Mönch Siméon, der an dieser Stelle in einem Baum eine Ikone der Muttergottes fand und um 1655 hier das Kloster errichtet hat. In der Kirche, einer einschiffigen Basilika, sind die auf 1741 datierten Wandmalereien mittlerweile fast vollständig verwittert und von Kerzen verrußt. Lediglich das Kuppelbild von 1805 ist noch recht gut erhalten. Eine Nachbildung der Namensikone Panagía Kounistrá von 1215 steht rechts von der Altarwand, das Original wird in der Mitrópolis von Skíathos-Stadt aufbewahrt. Die Anlage wurde um 1950 von den Mönchen verlassen, wird aber in Privatinitiative bewirtschaftet und für Touristen offen gehalten.

▸ **Kloster Kechriás**: Das älteste Kloster der Insel liegt wunderschön auf einem Plateau über der Nordküste. Die steile Zufahrtsstraße gibt erst auf den letzten Metern den

Nördliche Sporaden
Karte S. 237

Blick auf die Klosterkirche frei und die Überraschung ist groß: eine lustig bunt bemalte Anlage, wirklich eine Rarität. Strahlend weiße Wände mit blauem Sockel und einer Kuppel in rosa und hellblau. Die kleine Klosteranlage stammt aus dem 15. Jh. Insbesondere über dem Eingang, in der Kuppel und im linken Seitenbogen sind sehr gut erhaltene Fresken zu bewundern, die auf etwa 1745 datiert werden. Moní Kechriás ist unbewohnt und frei zugänglich.

▸ **Órmos Kechriás**: eigentlich zwei, jeweils gut 200 m lange Sand- und Kiesbuchten mit sehr tiefem Wasser schon nahe am Strand. Fast immer viel Wind und auch entsprechende Brandung. Der Tavernenwirt hat das Wasser aus dem Flusslauf vom Kloster Kechriás hinunter in eine immerlaufende natürliche Dusche umgeleitet. Glänzende Idee!

▸ **Gialós Lalária**: ein weiterer Paradestrand von Skíathos, allerdings nur mit dem Boot zu erreichen. Die schneeweißen Kiesel sind in Jahrhunderten von der starken Brandung zurecht geschliffen worden und heute zu einem begehrten Souvenir geworden. Wenn die Touristen weiterhin täglich kiloweise den Strand abtransportieren, wird die Bucht bald enorm an Attraktivität verlieren. An den Felsen ideale Tauch- und Schnorchelmöglichkeiten. Der Bucht vorgelagert ist ein großer Felsen mit einem Torbogen, *Trípia Pétra*, den man durchschwimmen kann.

▸ **Spiliá Galázia** und **Spiliá Skotiní**: die *blaue* und die *dunkle Grotte*. Die beiden Meeresgrotten östlich des Órmos Lalária stehen auf dem Programm jeder Ausflugsgesellschaft, die eine Inselrundfahrt anbietet. Oft fahren die Boote einige Meter in die Höhlen hinein.

▸ **Kástro**: auch Ruinen von *Paleókastro* genannt. Zwischen etwa 1300 und 1830 Hauptort der Insel, heute eine tote Stadt. Von drei Seiten durch steil hinabstürzende Felsen eingerahmt. Früher war die 120 m hohe Marmorklippe nur durch eine Zugbrücke zugänglich. Eine sehenswerte alte Kirche, viel mehr ist nicht übrig geblieben. Dennoch ein lohnendes Ausflugsziel.

Ostküste

Der einzige Strand in diesem Inselabschnitt ist von Skíathos-Stadt problemlos über die Straße zum See und zum Flughafen zu erreichen.

▸ **Gialós Xánema**: Am Ende der Landebahn des Flughafens, oberhalb des Strandes schaut man direkt auf den angeschütteten Erdwall. Da verwundert es auch nicht, dass die Bucht nur wenig besucht wird.

• *Camping* **Xánema**, stadtnächster Platz der Insel. Direkt hinter der Landepiste des Flughafens und daher ziemlich laut. Kleine Bäume und Büsche, dazu ein paar Schilfmattendächer, der Rest liegt den ganzen Tag über in der prallen Sonne. Boden hart und mit kleinen Kieselsteinen. Sanitäre Anlagen ungenügend. Mini-Taverne, Grillmöglichkeit. Preise: pro Pers. 3 €, Zelt und Auto jeweils ca. 2 €.

Insel Tsougriá

Größte der Skíathos vorgelagerten Inseln und einzige mit touristischer Bedeutung. Zahlreiche Sandbuchten, zum Teil mit Schatten.

Gute Bademöglichkeiten gibt es jedoch nur an der Westküste. Jeden Morgen fahren einige Ausflugskaikis von Skíathos-Stadt mit Badegästen hinüber nach Tsougriá. Der Strandabschnitt von Ágios Flóros besteht aus feinem Sand, optimales Badevergnügen. Im Hinterland spenden Pinien und Zypressen Schatten. Während der Hochsaison werden eine Strandbar und eine Taverne ("Kosmás") betrieben.

Skópelos

In der Antike "Pepárethos" genannt und als einzige Sporaden-Insel mit zwei Häfen ausgestattet. Die Küste ist zerklüftet und voller Buchten, das Inland deutlich bergiger als Skíathos. Fruchtbare und dicht bewaldete Hügel. Gilt als eine der landschaftlich schönsten Inseln Griechenlands. Riesige Oliven- und Mandelbaumhaine. Auch Pflaumen, Birnen und Walnüsse gedeihen hier prächtig.

Im Gegensatz zur bekannteren Schwester Skíathos hält sich der Touristentrubel noch in Grenzen. Lediglich im Hauptort, der Chóra, drängen sich in der Hochsaison die Touristen. In den zahlreichen Hafencafés ist dann fast jeder Platz besetzt. Trotzdem besitzt Skópelos noch Plätze und Orte, an denen man einen abwechslungsreichen und ruhigen Urlaub verbringen kann. Ein Bergrücken durchzieht den schmalen Teil der Insel bis hinunter zum *Órmos Pánormos*. Ungefähr in der Mitte des Eilands erhebt sich sein höchster Gipfel, der *Óros Délphi*, bis auf 680 Höhenmeter. Auf allen Seiten liegen kurze, schluchtenreiche Täler. Der Rest von Skópelos besteht aus niedrigem und sehr fruchtbarem Hügelland. Nur im äußersten Südosten erhebt sich ein weiterer Berg, der *Paloúki*, auf immerhin 566 m. An seinen Flanken liegen die meisten der zahlreichen Inselklöster. Weiter im Landesinnern dominieren kleine und größere Hügel, allesamt dicht mit Pinien und Olivenbäumen bewachsen. Insgesamt sollen 80 % der Inseloberfläche bewaldet sein.

Nördliche Sporaden
Karte S. 237

Skópelos auf einen Blick

Größe: mit 96 qkm um die Hälfte größer als Skíathos.

Bevölkerung: etwa 6000 Einheimische.

Geografie/Geologisches: Im Nordosten fällt die Küste steil ab, im Westen präsentiert sich die Insel wesentlich lieblicher, wenngleich auch dort eine gebirgsähnliche Landschaft vorherrscht. Erfreulich, dass Skópelos noch über reichlich Baumbestand und zahlreiche, teils versteckt gelegene Buchten verfügt.

Wichtige Orte: die Hauptstadt Skópelos, Pánormos, Eliós, Glóssa und Loutráki (der zweite Hafen).

Straßen: Die Hauptstraße von Skópelos nach Loutráki ist durchgehend asphaltiert, zum Teil auch die Stichstraßen zum Meer.

Auto-/Zweiradverleih: an den großen Küstenorten möglich, vor allem jedoch im Hafen Skópelos.

Tankstellen: 2 in Skópelos-Stadt, eine bei Eliós und eine in Glóssa.

Übernachten: In den letzten Jahren sind vor allem für Pauschaltouristen eine Reihe von modernen Übernachtungsquartieren entstanden. Besonders entlang der Küste finden sich Hotels und Pensionen jeglicher Preisklasse.

Karten: Bestes Blatt ist die Karte von Road Editions im Maßstab 1:40.000. Zu bestellen unter ISBN 960-8481-95-3.

Vorwahl: ✆ 24240

Verbindungen

Fähre: Mit dem Schiff ist sowohl Skópelos/Stadt als auch Loutráki von Skíathos, Alónnissos, Vólos und Ágios Konstantínos zu erreichen, je nach Saison 2- bis 4-mal tägl.

Neben konventionellen Autofähren verkehren zwischen den Sporaden-Inseln auch die Tragflügelboote **Flying Dolphins**. Das Übersetzen ist bedeutend schneller, aber auch teurer. Autotransport ist nicht möglich. Je nach Saison etwa 4- bis 6-mal tägl.

Wenn man von Skíathos, Vólos oder Ágios Konstantínos übersetzt, legt die Fähre erst auf der Westseite der Insel an, in **Loutráki/Glóssa**. Wesentlich weniger Hektik und Trubel, die Leute freuen sich über jeden Gast (s.u. "Loutráki").

Blick über die Dächer von Skópelos/Stadt

Bus: Von Skópelos-Stadt, dem Hauptort, 6- bis 10-mal tägl. (etwa alle 2 Std.) überregionale Busse nach Stáphylos, Agnóntas, Pánormos, Miliá, Eliós, Klíma, Glóssa und Loutráki. Sie sind oft gestopft voll. Abfahrt direkt am neuen Hafen. Skópelos-Stadt-Loutráki etwa 2,50 €.

Taxi: Die Taxis fahren dort ab, wo auch die Busse parken. Der Trip nach Stáphylos kostet etwa 9 €, nach Loutráki rund 25 €.

Skópelos-Stadt/Chóra

Halbkreisförmig liegt der Hauptort der Insel an einer bemerkenswert schönen und relativ großen, kesselförmigen Bucht. Die Stadt gehört sicherlich zu den malerischsten Orten Griechenlands. Erker an den Häusern, bunte Gärten, Bougainvillea auf den Balkonen und eine belebte Uferpromenade. Allein 123 der insgesamt 360 Kirchen und Kapellen von Skópelos sollen im Hauptort liegen.

Die Chóra von Skópelos liegt an derselben Stelle wie der antike und mittelalterliche Hauptort. In ihren engen und gewundenen Gassen wohnen auch heute noch überwiegend die Einheimischen. Hotels und Privatquartiere gibt es zwar auch in der Stadt, doch die weitaus meisten Häuser befinden sich an der gegenüberliegenden Buchtseite, entlang der Umgehungsstraße hinauf zum Kástro oder ein paar Meter außerhalb. Entlang der breiten Hafenfront haben sich Dutzende Cafés und Tavernen angesiedelt, die alle über den schönen Blick auf den Hafen verfügen. Die Altstadt wurde vor einigen Jahren zum Bestandteil des nationalen griechischen Kulturgutes erklärt und unter Denkmalschutz gestellt. Für den Neubau von Häusern gibt es daher außergewöhnlich strenge Vorschriften. Außerdem ist jeder verpflichtet, die Dächer mit dem traditionellen Schiefer oder Ziegelstein zu decken.

Wer auf Skópelos mehrere Tage verweilt, sollte die Klöster unbedingt in sein Programm mit einbeziehen, denn zwei der Anlagen werden noch immer von Nonnen bewohnt und können daher besichtigt werden. Außerdem bieten die Klöster eine wohltuende Abwechslung zum Stadt- und Strandurlaub. Zum *Kloster Evangelístria* führt eine schlechte Schotterpiste von der südöstlichen Ecke der Hafenbucht den Hügel hinauf. Auf halber Strecke teilt sie sich und der abzweigende Weg führt zum *Moní Timíou Prodrómou.* Dieses zweite bewohnte Kloster halten Inselkenner für die schönste Anlage von Skópelos.

Information/Adressen

• *Information* **Tourist Office**, im Rathaus (weißes Gebäude nahe der alten Anlegestelle).

• *Adressen:* **Auto-/Zweiradverleih**: gut ein halbes Dutzend Anbieter vor allem an der Stadtausgangsstraße in der Nähe des neuen Hafens. Der Preis für ein Moped, (50 ccm), variiert je nach Saison zwischen 12 und 18 € (je nach Verhandlungsgeschick). Für ein Auto muss man pro Tag mit 50–75 € rechnen.

Geldwechsel für Schweizer: *National Bank of Greece* und *Commercial Bank* an der Hafenpromenade. Geöffnet Mo–Do 8–14, Fr 8–13.30 Uhr, während der Hauptsaison auch 18.30–20.30 Uhr.

Telefonieren: Zur O.T.E. geht es an der Commercial Bank die Pepárethos-Straße hinauf, dann nach links. Geöffnet 7.30–15 Uhr, während der Hauptsaison auch 17–22 Uhr.

Nördliche Sporaden
Karte S. 237

Übernachten

Am preisgünstigsten ist sicher ein **Privatquartier** und davon gibt es in Skópelos-Stadt viele. Bereits nach dem Anlegen der Fähre wird man von Zimmeranbietern bestürmt, die ihre Angebote mehrsprachig preisen. Zimmervermittlungen direkt an der Anlegestelle.

Sun Hotel, A-Kat., neues Hotel am Ortseingang auf der rechten Seite. 23 DZ, alle mit Bad und einem Balkon. Hinter dem Haus hübscher Garten. Frühstücksraum, Hotelbar und TV-Zimmer vorhanden. Preise ca. 30–50 € fürs DZ, Frühstück extra. ✆ 24240-22784.

Hotel Denise, C-Kat., an der Stadtumgehungsstraße. 25 hübsche Zimmer unterschiedlicher Größe. Superblick über die Stadt und Bucht. Alle Zimmer mit Bad, Balkon, Kühlschrank, Klimaanlage, Radio und Telefon. Pool. 35–50 € inkl. Frühstück fürs DZ. ✆ 24240-22678. 📠 24240-22769.

Hotel Ádonis, C-Kat., hoch über der Hafenpromenade gelegen. Acht hübsch eingerichtete und geräumige Zimmer im rustikalen Stil. Preise ca. 30–50 € fürs DZ. ✆ 24240-22231.

Studios Ánemos, etwas außerhalb an der Straße zum *Kloster Regínos*. Hübsche Anlage mit acht Studios. Geräumige Zimmer mit neuer Einrichtung, weißer Küche, riesige Balkone mit Blick auf die Stadt und die Berge. Ganzjährig geöffnet. DZ ca. 27–60 €. ✆/📠 24240-23483. ✆ 24240-24224.

Apartments Mános, der freundliche und gut Englisch sprechende Manólis vermietet sechs Appartements unterschiedlicher Größe für 3–8 Personen. Sie liegen etwa 500 m außerhalb der Stadt, etwas zurückversetzt von der Straße nach Stáphylos. Preise ca. 26–25 € für zwei Personen, ✆ 24240-23973.

• *Camping* Auf Skópelos gibt es **keinen Zeltplatz!** In den Buchten ist jedoch das Aufstellen von Zelten üblich und wird zumindest in der Nebensaison toleriert.

Essen

Dutzende Cafés und Tavernen direkt am Hafen, eigentlich eine durchgehende Kneipe.

Plátanos, tolle Lage auf einer Platía mit alter, knorriger Platane. Noch eine echte Familientaverne, seit über 15 Jahren an diesem Ort. Der freundliche Wirt bietet zahllose Spezialitäten, u. a. selbst gebackenes Brot, Lammgerichte, gefüllte Zucchini und Cheese-Pie. Tipp auch für vegetarische Gerichte.

Alexander, in den Gassen der Altstadt, weit oberhalb vom Hafen gelegen. Vorteil: Man sitzt herrlich ruhig in einem Garten. Chef Alexander spricht gut Deutsch, lebte einige Jahre in Deutschland. Berühmtester Gast ist der Skópelos-Liebhaber Iwan Rebroff, gespielt wird aber dennoch griechische Musik. Etwas höhere Preise.

Finikás, in der Stille der Altstadt sitzt man dort auf einer mit Blumen bepflanzten Terrasse unter Weinreben und genießt die griechische Musik. Große Auswahl an Fleisch- und Fischgerichten, Mezédes. Spezialität: Käsekroketten. Höheres Preisniveau.

Del Sol, in einem Olivenhain etwa 300 m hinter der östlichen Buchtstraße. Sophía und Tákis kochen griechische und internationale

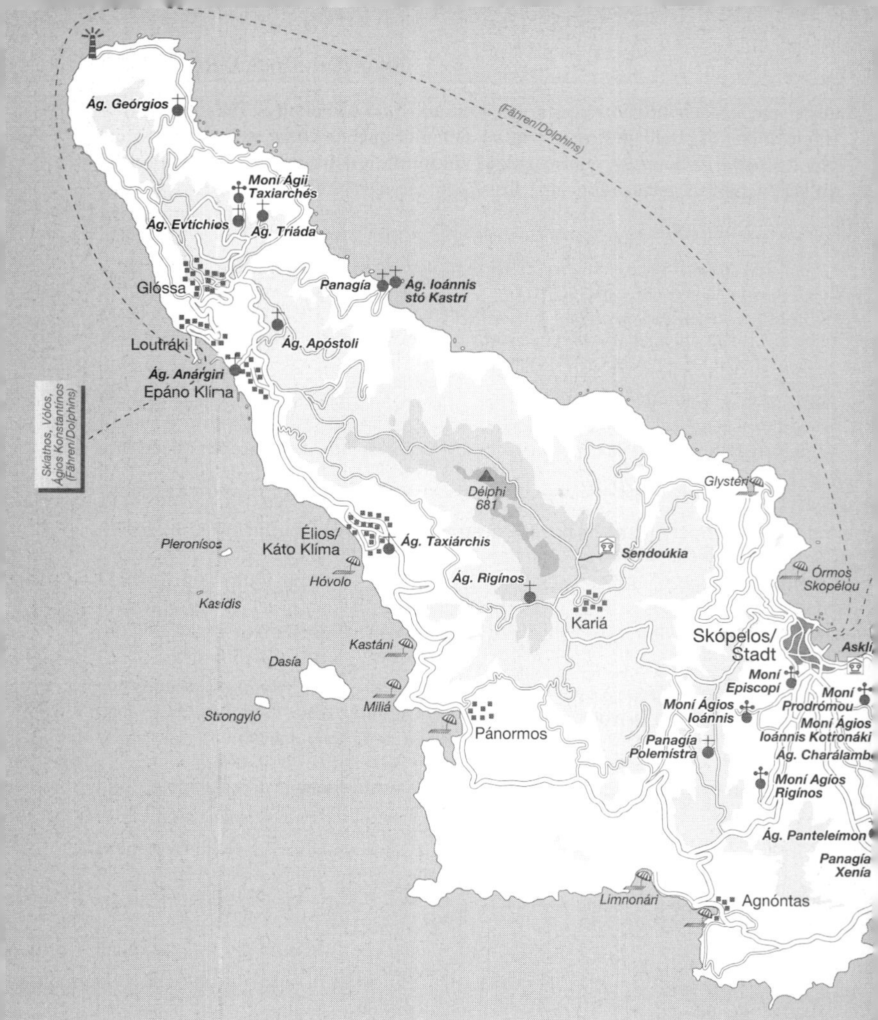

Küche, auch vegetarische Gerichte. Jeden Montag griechischer Abend mit Volkstänzen.

Kafeníon Ermeíon, unser Tipp für ein urgemütliches Plätzchen in den Gassen der Stadt. Franziska aus Düsseldorf hat vor einigen Jahren diesen ehemaligen Knopf- und Krämerladen zu einem authentisch wirkenden Kafeníon umgebaut. Sitzplätze auch im Seitenhof unter Orangen- und Zitronenbäumen. Diverse Kleinigkeiten zu Essen. Ganzjährig geöffnet, in der Nebensaison und im Winter aber erst ab ca. 18 Uhr.

Nachtleben

Die Nachtschwärmer treffen sich in den Musikbars und Pubs in den hinteren Gassen der Altstadt und im südlichen Teil des Hafens.

Bar Mýthos, an der östlichen Buchtstraße. Tagsüber gemütlich unterm Sonnendach, abends ausgelassene Stimmung an der Bar im Innenraum. Griechische und internationale Popmusik. Absoluter In-Treff der letzten Jahre, oft bis zum Sonnenaufgang offen.

Wine-Bar Vráchos, hoch über der Paralía, poppige Beleuchtung. Dezente Musik von Klassik über Ethnic zu Pop. Soft- und Longdrinks, Eis, nur das Weinangebot selbst ist für eine Wine-Bar eher dürftig.

Jazz-Bar Ionos, auch bekannt als *The Blue Bar*. Chef Vangélis spielt Jazz, Blues, Ethnic, Soul und Latin. Nett eingerichteter Innenraum und einige Tische auf der Gasse. Gute Drinks, diverse qualitativ hochwertige Whiskey-Marken und mehr als 15 Biersorten. Ganzjährig geöffnet.

Baden: wie überall in der Nähe großer Städte nicht zu empfehlen. Die Hafenbucht erscheint zwar auf den ersten Blick relativ sauber, doch die Fähren wühlen den Schmutz vom Meeresgrund mehrmals täglich auf.

Gialós Konstantínos: auch *Glyfonerí* genannt. Der eigentliche Strand der Stadt, nördlich hinter dem Kástro-Hügel. Kleine, etwa 60 m lange Bucht mit Sand- und Kiesuntergrund, macht einen sauberen Eindruck. Leider kein natürlicher Schatten durch Bäume

• *Essen* **Taverna Romantica**, unser Tipp am Konstantínos-Strand. Elizabeth aus Holland und ihr griechischer Mann Vangélis bieten sehr gute einheimische Küche. Zahlreiche Spezialitäten, wie z.B. Tintenfisch in Pflaumen und Oktopus in Weinsauce. Alles nach eigenem Rezept und garantiert frisch, denn Vangélis ist selbst Fischer. Kaninchen und Hühner stammen aus eigener Zucht. Angemessene Preise.

Nördliche Sporaden
Karte S. 237

Unterwegs auf der Insel

Kloster Evangelístria Das Kloster wurde 1712 aus Spendengeldern der reichen Inselfamilie venezianischer Abstammung *Daponte* auf den Ruinen eines alten byzantinischen Klosters errichtet. Es liegt sehr hoch und bietet einen fantastischen Blick in östlicher Richtung über die gesamte Insel. Die Klosterkirche wurde nach dem bekannten Viersäulentyp errichtet. Ihre riesige geschnitzte Altarwand aus dem 16. Jh. ist reich ausgestattet und vergoldet. Kenner halten sie für die schönste Altarwand aller Klöster der Insel. Geziert wird sie insbesondere von einer silberüberzogenen Panagía-Ikone. Fast alle übrigen Ikonen stellen Szenen aus dem Alten und Neuen Testament dar, wahrscheinlich sind es weit über einhundert. Die Ikonostase zeigt eine Darstellung der Gottesmutter mit Jesuskind. Angeblich soll sie etwa um das Jahr 965 von Nikiphóros Phokás II. geschaffen worden sein. Bemerkenswert auch die hellblaue Kuppel mit dem aufgemalten Sternenhimmel.

▸ **Kloster Metamórphosis tou Sotírou** Noch vor wenigen Jahren war das Wehrkloster stets zugänglich, nun lebt dort niemand mehr ständig. Daher kann es üblicherweise auch nicht besichtigt werden. Man muss schon etwas Glück haben, um jemanden anzutreffen. Sollten Sie dieses Glück haben, können Sie zahlreiche Räume besichtigen, was in Klöstern durchaus nicht üblich ist. Direkt hinter der Pforte befindet sich auf der rechten Seite in einem Zimmer eine bescheidene Sammlung sakraler Gegenstände und religiöser Bücher. Etwa in der Mitte der Klosteranlage liegt die Kirche. Sie besitzt eine dunkle, holzgeschnitzte Altarwand aus dem 18. Jh. Über dem Eingang hängt eine Glocke mit der eingravierten Jahreszahl 1636.

▸ **Kloster Timíou Prodrómou**: Prodrómou gilt vielen Besuchern als das schönste Kloster von Skópelos. Früher lebten Mönche hier, aber heute wird es von Nonnen bewohnt. Eine Inschrift von 1721 verrät die gründliche Renovierung des alten, aus byzantinischer Zeit stammenden Baus durch den Mönch *Philaréthos*. Innen ein hübscher bunter Garten, im Kloster ist das ganze Blumenmeer der Insel vertreten. Die Klosterkirche des Viersäulentyps liegt ungefähr in der Mitte der Anlage. Ihre riesige, vergoldete Altarwand ist aus Holz geschnitzt und stammt größtenteils aus dem 18. Jh. Einige kleinere Stücke, die zum Teil sogar bis ins 14. Jh. zurückdatiert werden, wurden später eingearbeitet.

▸ **Kloster Rigínos**: Etwa im 3. Jh. breitete sich das Christentum auf Skópelos aus. Keine hundert Jahre später wurde die Insel schon ein eigenes Bistum. *Rigínos* wurde 347 n. Chr. erster Bischof und später heilig gesprochen. Seinen Sitz nahm er in dem Kloster, das nach seinem Märtyrertod nach ihm benannt wurde. Soldaten des weströmischen Kaisers Julian Apostata (Kaiser von 361–363) ermordeten ihn im Jahre 362 und die Inselbewohner begruben Rigínos im Hof des Klosters. Heute befindet sich die *Grabkammer* hinter der Kirche. Die Platte des Marmorsarkophags zeigt eine 1960 geschaffene Darstellung des Rigínos. Die Klosterkirche selbst ist ein großer imposanter Bau. Acht Säulen stützen das Dach auf jeder Seite. Im Innern erwartet den Besucher eine hellbraune, holzgeschnitzte Altarwand mit Dutzenden großer und kleiner Ikonen, vorwiegend neueren Datums.

▸ **Órmos Stáphylos/Órmos Velanió**: eine der schönsten und beliebtesten Badebuchten der Insel. Von der Straße gut 300 m einen asphaltierten Stichweg durch Ölbaumhaine hinunter. Gigantische Szenerie: Hinter dem Strand steigt eine Felswand hoch empor, davor ein paar große Steine am Beach. Der Velanió-Beach gehört ebenfalls in die gehobene Güteklasse, sauber und herrlich klares Wasser. Am Anfang zeigt sich der Velanió deutlich breiter als die Stáphylos-Bucht.

• *Anfahrt* von Skópelos-Stadt per Inselbus, im Hochsommer etwa jede Stunde.

• *Übernachten* **Hotel Óstria**, B-Kat., an der Zufahrtsstraße hinunter zur Bucht. Vermietet werden 20 geräumige Zimmer in einer hübschen, verschachtelten Anlage mit blauen Fensterläden. Alle DZ mit Bad, hell möbliert, mit Kühlschrank, Radio, Telefon und TV. Preise je nach Saison ca. 30–75 €. ✆ 24240-22220. ℻ 24240-23236.

Hotel Ariádne, B-Kat., unterhalb der Inselstraße, hoch über der Bucht von Stáphylos. Architektonisch auffällige Anlage mit 20 DZ, allerdings recht klein. Die Zimmer verfügen alle über Bad und Balkon. Preise je nach Saison ca. 35–60 €, ✆ 24240-22772. ℻ 24240-22247.

Entlang der Straße hinunter zur Bucht einige **Privatquartiere**.

• *Essen* **Pévkos**, direkt am Ende der Straße hinunter zum Strand. Angenehme Atmosphäre, Tische unter Bäumen und Ziegeldach. Spezialitäten des Hauses sind Hummer, Fisch, Stifádo und Grillgerichte, angeboten wird auch Frühstück. Günstige Preise, geöffnet von April bis Oktober.

▸ **Órmos Agnóntas**: Die Bucht ist durch ihre Lage hervorragend vor dem Meltémi geschützt und wurde als Nothafen ausgebaut. Bei starken Nordweststürmen laufen insbesondere die windanfälligen *Flying Dolphins* oft den Órmos Agnóntas als Ausweichhafen für Skópelos-Stadt an. Der gesamte Kaibereich ist nachts hell erleuchtet.

• *Anfahrt* per Inselbus von Skópelos-Stadt, je nach Saison etwa 6- bis 10-mal tägl.

• *Übernachten/Essen* **Pávlos**, bietet zahlreiche Fischspezialitäten: Hummer und Kalamari frisch aus dem Meer, wobei auch die Fleischgerichte zu empfehlen sind. Zimmervermietung angeschlossen. April bis Oktober geöffnet.

Fotiní, gemütliche, kleine Fischtaverne an der Straße. Das riesige Aquarium an der Wand ist stets gut gefüllt mit Hummer und großen Fischen. Holzkohlengrill neben dem Eingang und natürlich Fischspezialitäten.

Koráli, von den beiden Tavernen direkt am Scheitel der Bucht die vordere. Auch hier gute Fischgerichte vom Grill zu den inselüblichen Preisen. Jenseits der Straße werden Zimmer privat vermietet.

▸ **Órmos Pánormos**: große, pittoreske und verträumte Bucht etwa in der Mitte der Insel. Dicht bewaldetes Umland, schöner Strand und glasklares Wasser, einer der beliebtesten Inselstandorte. Es gibt einige Hotels und Privatquartiere, allesamt nicht ganz billig. Am Strand konkurrieren mehrere Tavernen mit schattigem Vorbau um die Badegäste. Tretboot- und Surfbrettverleih.

• *Verbindung* Tägl. fährt der **Bus** 6- bis 10-mal nach Skópelos oder Loutráki.

• *Diverses* **Supermarkt** und **Zweiradverleih** an der Bucht vorhanden.

• *Übernachten* **Hotel Pánormos Beach**, B-Kat., 1984 erbaute Anlage im Norden der Bucht, etwas den Hang hinauf. Schöne Zimmer mit Bad, Balkon, Kühlschrank, Klimaanlage, Telefon und TV. Kinderspielplatz. DZ ca. 45–65 € inkl. Frühstück. Mai–Oktober geöffnet. ✆ 24240-22711. ℻ 24240-34123.

Hotel Adrina Beach, A-Kat., 52 geräumige DZ und Suiten, modern eingerichtet, alle mit Meeresblickbalkon, Telefon und teilweise mit Klimaanlage. Kinderspielplatz und Swimmingpool. DZ ca. 75–125 € für ein DZ inkl. Frühstück. ✆ 24240-23373. ℻ 24240-23372.

• *Essen* **Jimmys Tavérna**, an der Durchgangsstraße im Ort. Optisch nicht gerade einladend, aber gutes Essen und lustige Atmosphäre. Das mag vor allem an dem freundlichen Chef Jimmy liegen. Zu später Stunde spielt Jimmy auf seinem Akkordeon bis tief in die Nacht griechische Volkslieder.

Rígas, ganztägig geöffnetes Restaurant etwa in der Mitte der Bucht gelegen. Mittags und abends Fischspezialitäten bei griechischer Musik.

▸ **Órmos Miliá**: im Grunde zwei große Buchten, durch ein paar kleine Felsen im Meer getrennt. Wegen der Windverhältnisse bei Surfern sehr beliebt. Im Hochsommer ist einiges los. Campen am Meer wird geduldet – es gibt wirklich einige tolle Stellen!

▸ **Eliós (Káto Klíma)**: relativ junges Dorf. Die Erdbebenopfer von Klíma (s. u.) haben sich hier angesiedelt und mit viel Stahlbeton stabil gebaut. Noch vor wenigen Jahren war der Ort wenig ansehnlich, mittlerweile hat man sich durchaus erfolgreich bemüht, die Straßen und Anlagen zu begrünen. Das Dorf ist ziemlich weit gestreut, ein Ortskern nicht zu erkennen.

• *Übernachten* **Hotel Délphi**, relativ neues Hotel, gleich am Ortsanfang, wenn man von Skópelos/Chóra kommt. Die Zimmer sind gut eingerichtet mit Küche, Bad und Balkon. Preise je nach Saison ca. 30–60 €. ✆ 24240-33301. ℻ 24240-33171.

• *Essen* **Manólis**, am Ortsausgang Richtung Glóssa ein paar Meter die Straße hinunter zum Wasser. Grillspezialitäten und Fischgerichte.

▸ **Klíma (Epáno Klíma)**: durch ein Erdbeben 1965 fast vollständig zerstörter Ort. Die Mehrzahl der damals 84 Familien hat Klíma verlassen. Dennoch ist der Ort seit Jahren keine völlig unbewohnte Ruinenlandschaft mehr. Gut ein Drittel der Häuser wurde wieder hergerichtet. Das alte Dorf ist nur zu Fuß zu erkunden.

▸ **Glóssa**: malerisches Bergdorf mit vielen kleinen Gassen. Traumhafter Blick über den Küstenstreifen auf die Insel Skíathos und hinüber zum Pílion. Die Häuser, über-, neben- und untereinandergebaut, sind in unterschiedlichem Zustand. Von

Karte S. 237

fein herausgeputzt bis hin zu verfallenen Ruinen, die jedoch der Schönheit des Ortes nicht abträglich sind. Und darüber thront die Kirche *Kímissi tis Theotókou*, auf ihrem Vorplatz zwei Kafenía. Überall zweigen zahllose Gassen und Treppenwege ab. Beim ersten Besuch kann man sich in diesem Gewirr ziemlich schnell verlaufen. Doch auch hierin liegt ein Reiz, denn es gibt viel zu entdecken.

• *Übernachten* kaum Privatzimmer und nur ein Hotel an der Straße: **Hotel Atlantés**, C-Kat., direkt an der Bushaltestelle und die viel befahrene Straße verursacht viel Lärm. Vermietet werden kleine, gemütliche Zimmer mit Bad und teilweise auch Balkon.

• *Essen* **T'Agnánti**, das einzige ausgewiesene Restaurant inmitten des Ortes. Hübsch eingerichteter Innenraum, beliebt sind aber vor allem der Balkon und der Dachgarten. Gutes Essen, aber nicht gerade billig.

To Stéki, Fischtaverne mit wunderschöner Aussichtsplattform an der Straße nach Skópelos-Stadt. Nur in den Hochsommermonaten geöffnet.

Café Ávra, an der Platía der Kirche *Kímissi tis Theotókou* gelegen. Man sitzt angenehm schattig unter einem Mimosenbaum. Im Angebot sind zahlreiche Kleinigkeiten, auch gute Salate. Höhere Preise.

• *Nachtleben* **Tropicana**, Open-Air-Disco ca. 600 m außerhalb vom Ort an der Straße Richtung Skópelos-Stadt. Hübscher, mit Palmen und Agaven begrünter Innenhof mitten auf der grünen Wiese. Nur im Hochsommer geöffnet.

▸ **Loutráki**: Hier legt die Fähre von Skíathos zum ersten Mal an. Direkt am Hafen wartet schon der Autobus, der nach Skópelos-Stadt weiterfährt. Dafür braucht er genauso lang wie die Fähre, etwa 1 Std. Aber man bekommt schon einen ersten Eindruck von der Insel. Eine gute Alternative. Der Hafen selbst ist unspektakulär. Helle Laternen erleuchten auch nachts den gesamten Molenbereich. Wer Ruhe sucht und nicht unbedingt auf Baden eingestellt ist, sollte ein paar Tage in Loutráki verbringen.

• *Übernachten* **Hotel Ávra**, C-Kat., direkt an der südlichen Hafenpromenade gelegen. Níkos, der freundliche Boss, vermietet 29 geräumige Zimmer mit Bad, Balkon, Kühlschrank, Klimaanlage und Telefon. Zum Hotel gehört ein Restaurant, das auch gutes Frühstück macht. Preise je nach Saison ca. 30–60 € fürs DZ. ✆ 24240-33550. 📠 24240-33681.

Hotel Selinounta, B-Kat., hoch oben am Hügel über dem Südende der Bucht. 22 geräumige Zimmer mit Holzmöbeln, kleiner Küche, Telefon, TV und Ventilator. Superblick auf die Bucht. Preis ca. 40–50 € fürs DZ. ✆ 24240-34073. 📠 24240-34093.

Pension Ránia, ebenfalls hoch oben am südlichen Hügel. Zugang über die Straße nach Glóssa. Von der Terrasse genießt man einen herrlichen Blick über die Bucht. DZ zwischen 30–45 €. ✆ 24240-33710.

• *Essen* **Salonikios**, gehört zum Hotel Ávra. Großer Innenraum und viele Tische gegenüber in einem kleinen grünen Garten mit einer riesigen Palme und mehreren Platanen. Man sitzt idyllisch direkt am Meer, abends bunt beleuchtet und griechische Musik im Hintergrund. Gute Huhn- und Lammgerichte. Auch Frühstück. Preiswert.

Oraia Éllas, echt griechisches Ambiente. Blaue Tische und Stühle unter Platanen mit Blick auf die Bucht und die bunten Fischerboote im Hafen. Abends Taverne, tagsüber Kafeníon, Frühstück, Lunch und Dinner. Angenehme Preise.

▸ **Kloster Ágii Taxiarchés**: 2 km von Glóssa entfernt (beschildert). Durch das unverschlossene, dunkelbraune Eingangstor gelangt man in den kleinen verwinkelten Innenhof des Klosters. Die umliegenden Zellen der Mönche sind verschlossen, aber die kleine Kirche kann besichtigt werden. Links neben dem Eingang die rosengeschmückte Taxiarchen-Ikone von 1920. In der Zeit der Türkenherrschaft wurde die Anlage stark beschädigt. Unter den Mönchszellen, so erzählt man den neugierigen Fremden, soll ein Tunnel beginnen, der bis hinunter nach Loutráki führt und als Fluchtweg vor den Türken diente. Falls er wirklich existiert, wäre er immerhin knapp 2 km lang!

Kéfalonia: beim Kloster Agrilíon (SB) ▲▲
Íthaka: grandiose Ausblicke auf der Straße nach Anoghí (SB) ▲

▲▲ Unter den Postkartenmotiven die Nummer 1: Shipwreck Beach (MB)

Blick von Órmos Troúlos auf die Mäuseinsel, Skíathos (DS) ▲▲
Das tiefrote Felskap Kokkinókastro, Alónnisos (DS) ▲

▲▲ Der Hauptort Linariá auf der Insel Skíros (AN)
▲ Beliebtes Ausflugsziel vor den Toren Athens: Insel Ägina (AN)

▸ **Kirche Ágios Ioánnis sto Kastrí**: Die hübsche kleine Kirche Ágios Ioánnis liegt spektakulär auf einem Felszahn hoch über dem Meer an der Nordostküste. Insgesamt führen 108 geweißelte Stufen hinauf. Vorsicht, der mit Monopáti (= Fußpfad) ausgeschilderte Treppenweg verläuft steil und geschwungen! Altarwand aus hellbraunem Holz, mit zahlreichen Ikonen. Hinter der Kirche befindet sich eine schöne Aussichtsplattform mit einer Brunnenpumpe (funktioniert leider nicht mehr). Superblick auf die Küste von Skópelos und hinüber nach Alónnissos.

Alónnissos

Alónnissos ist eine stille Insel, die erst in den letzten Jahren ins Blickfeld des Fremdenverkehrs geraten ist. Noch Anfang der 80er Jahre galt das Eiland als absoluter Geheimtipp unter den griechischen Inseln. Heute dagegen ist man bemüht, die Insel touristisch zu erschließen. Von Jahr zu Jahr kommen ein paar Urlauber mehr. Fast alle Siedlungen befinden sich im Südteil, der Norden wurde bisher kaum erschlossen. Die Mehrzahl der Strände liegt an der Südostküste.

Trotz allen Neuerungen ist Alónnissos weiterhin ein ruhender Pol neben den überlaufenen Erholungsstätten Skíathos und Skópelos. Wer sich die Sporaden als Urlaubsziel ausgesucht hat, sollte Alónnissos unbedingt mit in sein Programm aufnehmen. Die Insel bietet einiges: viel Ruhe und Gemütlichkeit, Wälder und einsame Wanderpfade. Dazu schöne Ausblicke, ein (nicht mehr ganz) verlassenes Bergdorf, überall sehr sauberes Wasser an den Buchten,

Meeresgrotten und Abenteuertrips mit dem Boot zu den unbewohnten Inseln des umliegenden Meeresparks. Seitdem vor einigen Jahren die ehemalige Schotterpiste gen Norden asphaltiert wurde, sind die Buchten entlang der Südostküste deutlich besser zu erreichen. Früher gab es nur die traditionelle Kaiki-Verbindung über den Seeweg. Das kurze Straßenstück zwischen Patitíri und Alónnissos-Ort wurde schon Mitte der 80er Jahre betoniert. Mittlerweile ist der Insel-Highway fast bis Gérakas fertig gestellt.

Karte S. 237

Alónissos auf einen Blick

Größe: ca. 64 qkm in einer schlanken und fast rechteckigen Form.

Bevölkerung: ca. 1800, davon ca. 1200 in dem Hauptort Patitíri und ca. 400 in Vótsi.

Geografie/Geologisches: Alónnissos ist ebenfalls grün, aber rauer und unwegsamer. Im Nordwesten fällt die Küste steil ab, während im Süden zahlreiche Badebuchten flach zum Meer hin auslaufen.

Wichtige Orte: der Hafenort Patitíri, die alte Chóra Alónnissos-Ort und das Fischerdorf Stení Vála.

Straßen: Asphalt auf dem "Insel-Highway" gen Norden, hinauf zur alten Chóra sowie nach Stení Vála und zu einigen Buchten der Süd- und Ostküste.

Auto-/Zweiradverleih: Mehrere Agenturen gibt es in Patitíri.

Tankstellen: nur im Hafenort Patitíri und in Vótsi.

Übernachten: Quartiere gibt es lediglich im Süden der Insel sowie an den Badebuchten, die mit einem Kaiki zu erreichen sind. Zeltplätze finden Campingfreunde südlich von Patitíri und an der Bucht von Stení Vála.

Karten: Gute Karte von Road Editions im Maßstab 1:40.000. Erhältlich auf der Insel unter ISBN 960-8481-96-1. Außerdem gibt es eine Karte des Schweizer Zahnarztes Hans Jörg Rothenberger, die er selbst erstellt hat. Sie wird bei "Íkos Travel" in Patitíri verkauft.

Vorwahl: 24240 (wie Skópelos).

Verbindungen

Fähre: Im Vergleich zu den anderen Sporaden-Inseln Skíathos und Skópelos sind die Fährverbindungen nach Alónnissos nicht ganz so günstig, aber allemal ausreichend. Die Insel ist zu erreichen von **Vólos**, **Ágios Konstantínos** und den anderen Sporaden-Inseln. Wer sein Auto mitnehmen möchte, sollte auf alle Fälle vorbuchen. Fährpreise: Vólos ca. 10 €, Skíathos ca. 5 €, Skópelos ca. 3,50 €. Dolphin kostet etwa das Doppelte.

Patitíri

Sympathischer Hafenort in einer Bucht, an deren Südseite steile Felswände aufsteigen. Allerdings nach dem Erdbeben von 1965 im Eilverfahren und mit viel Beton aus dem Boden gestampft. Wichtigster Hafen, größte Ansiedlung und neuer Hauptort der Insel. Wenig farbenfroh, aber beliebtester Ausgangspunkt für alle Inseltrips.

Patitíri ist kein authentisch gewachsener Ort mit einem alten, lebendigen Kern. Allerdings ist die Lage an einer kreisförmigen Felsenbucht nicht ohne Charme. Einige hübsch begrünte Vorgärten lockern die nicht gerade ansehnliche Bauweise gut auf. Es sind die versteckten Details, die den Reiz ausmachen. Hier ein herrliches Blütenmeer von Bougainvillea, dort eine schmale Gasse mit Treppen und fast überall der fantastische Blick auf die blaue Ägäis. Die Einwohner haben sich auf den während der Nebensaison spärlichen Tourismus eingestellt. Nur im Juli und August wird es richtig voll. Zahlreiche Cafés, Tavernen und sogar Diskotheken warten auf Urlauber, die oft nur für ein paar Tage auf die Insel kommen.

Verbindungen/Adressen

• *Verbindungen* Die einzige regelmäßige **Buslinie** der Insel verbindet 6-mal tägl. Patitíri mit Alónnissos-Ort. Zusätzlich fährt der einzige Inselbus im Hochsommer auch nach Stení Vála.

Kaíkia, das traditionelle Verkehrsmittel der Insel, fahren ab etwa 10 Uhr im Hochsommer von Patitíri an die Strände der Südostküste. **Fahrrad**, möglich, aber bestimmt nicht das Top-Ziel für Mountainbiker.

• *Adressen* in unmittelbarer Hafennähe alle wichtigen Institutionen und Einrichtungen des Ortes – mehrere **Fähragenturen** und **Kartentelefone**, **Supermärkte**, **Mopedverleih**, ein Kiosk mit deutschen Zeitungen, Tankstelle und Fischladen. **Geldwechsel** ist in der Nationalbank möglich oder in den Agenturen.

Autoverleih: Mehrere Verleiher an den beiden Buchtstraßen rechts und links des Anlegers. Dort gibt es auch Mofas und Motorräder sowie Mountainbikes auszuleihen.

Post: in der nördlichen Stichstraße; Mo–Fr 7.30–14.15 Uhr.

Tankstelle: an der westlichen Buchtstraße. Weitere Zapfstelle in Vótsi.

Telefonieren: Die kleine O.T.E.-Zentrale befindet sich in einem unscheinbaren Häuschen am Hafen. Leider nur in der Hochsaison geöffnet. Außerdem zahlreiche Kartentelefone überall im Ort und insbesondere am Hafen.

Übernachten

Rund um die Bucht bestehen zahlreiche Übernachtungsmöglichkeiten. Wer die absolute Ruhe sucht, sollte aber auf alle Fälle den Hafenort Patitíri meiden! Direkt gegenüber der Schiffsanlegestelle im Hafen gibt es eine kommunale Zimmervermittlung.

Hotel Liadrómia, C-Kat., hoch über der Bucht auf dem Kávos-Hügel, fantastischer Blick über den Hafen. Strahlt viel typische Griechenland-Atmosphäre aus. Alle Zimmer mit Bad, Balkon, Kühlschrank und Telefon. Preise je nach Saison ca. 40–55 € fürs DZ, Frühstück 5 € extra. ✆ 24240-65521. 📠 24240-65096.

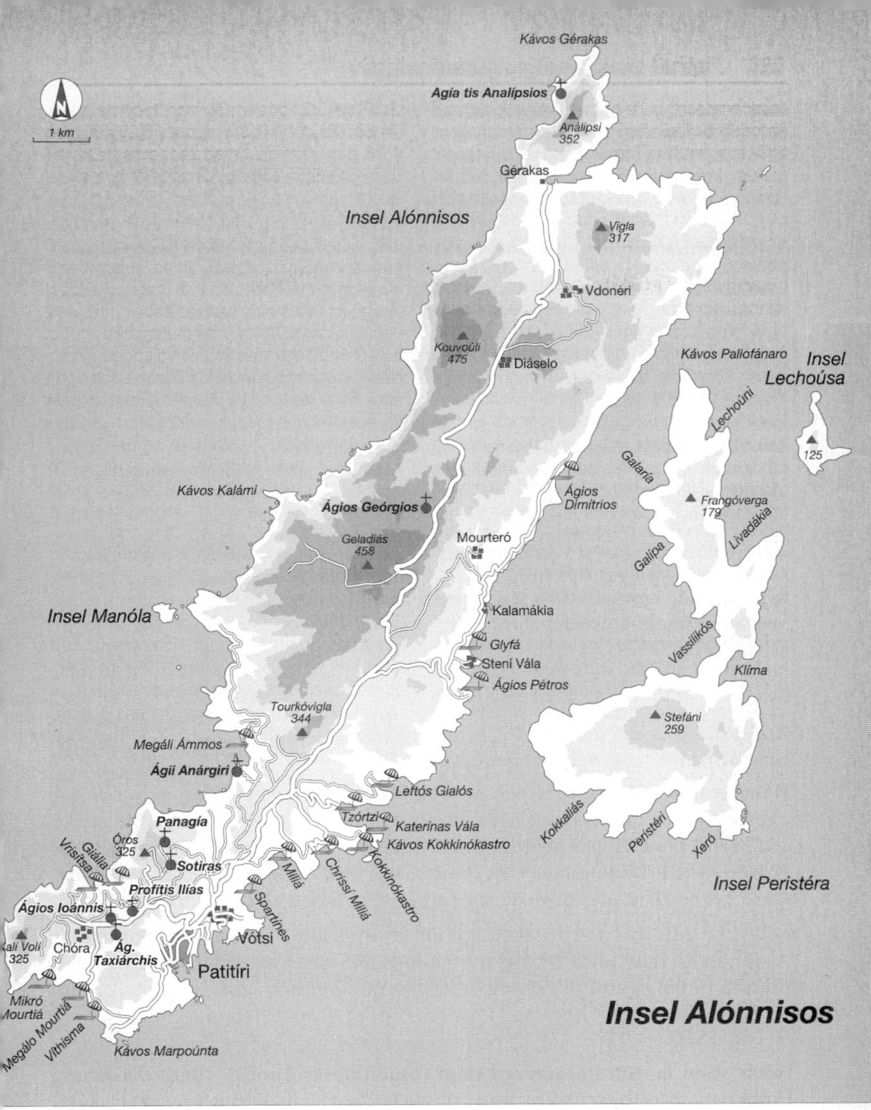

Hotel Kávos, C-Kat., rechts über dem Hafen. 25 hübsche Zimmer, nicht zu klein, alle mit Bad, Kühlschrank und Telefon. Von den riesigen Balkonen hat man einen Superblick auf die Bucht. DZ für ca. 32 € im Hochsommer, Vorsaison ca. 25 €. ✆ 24240-65216. 📠 24240-65083.

Hotel Nereides, C-Kat., ein gutes Stück vom Hafen entfernt, hoch oben am Hügel gelegen. Vermietet werden 22 riesige Appartements in einer neueren Anlage. Modern und geschmackvoll mit hellen Möbeln eingerichtet. Sehr saubere, weiß gekachelte Bäder. Preise je nach Saison ca. 25-45 €. ✆ 24240-65643, 📠 24240-65644.

Hotel Paradíse, C-Kat., auf der Rsoum Gialós zugewandten Seite des Kávos-Hügels. 30 gut ausgestattete, saubere und gepflegte Zimmer im rustikalen Stil, alle mit Bad, Balkon und Kühlschrank. Architektonisch eine der schönsten Anlagen der Insel. Preis ca. 40–55 € fürs DZ. ✆ 24240-65213. 📠 24240-65161.

Hotel Atrium, C-Kat., außerhalb vom Ort, an der Straße hinauf zur Chóra, ca. 600 m vom Hafen entfernt. Zimmer in moderner Einrichtung, alle mit Bad, Kühlschrank, Telefon, Radio und Sat-TV. Schöner Blick von den Balkonen auf die umliegenden Hügel. Aufenthalts- und Frühstücksraum, Pool und Bar. Preis ca. 40–52 €. ✆ 24240-65749. ℻ 24240-65152.

Essen

Kamáki, absolut führend in Patitíri. Noch echt griechische Taverne. Spezialitäten sind Muscheln in einer pikanten Zitronensauce sowie mit Käse, Tomaten und Paprika gefüllte Tintenfische. Spíros, der sympathische Chef, macht jeden Tag alles frisch.

Tsitsifia, Estiatório direkt an der Hafenpromenade. Hübscher Ort, um genüsslich Kaffee zu trinken und den ankommenden Schiffen zuzuschauen, während für ein paar Minuten am Anleger die totale Hektik ausbricht. Mittags und abends gutes Essen, Spezialität Fleischgerichte, besonders Rindfleisch in Blätterteig mit Kartoffeln.

Argó, auf dem östlichen Hang des Kávos-Hügels. Liebevoll angelegter Steingarten mit Springbrunnen unter Pinien. Noble Einrichtung, Superblick aufs blaue Meer der Ägäis. Spezialität des Hauses sind Fischgerichte, im Angebot aber auch Fleisch und Pizzen. Frühstück ab 9 Uhr. Teuer.

Leftéris, gut 200 m die westliche Buchtstraße entlang, auf der rechten Seite gelegen. Bietet einheimische Spezialitäten wie Mezéplatten, Hummer und Saganaki. Auch empfehlenswert Souvláki und Huhn vom Grill.

Fáros, gegenüber dem Ortskern, hoch über dem Südostende der Bucht. Wunderschöne Aussichtsterrasse. Spezialitäten des Hauses sind Beef Stroganow, Pfeffersteak, Moussaká und Sofrido mit Knoblauchsauce. Über die Straße nach Marpoúnta erreichbar oder man nutzt den kostenlosen Kaiki-Transfer vom Anlegeplatz der Wassertaxis 3-mal am Abend hin und zurück.

Pub Dennis, die älteste Bar in Patitíri. Diónysos und seine Frau Maria aus der Schweiz führen ihren Pub schon seit 1981. Man sitzt draußen an der Hafenfront unter einer schattenspendenden Platane bequem auf Korbsesseln. Abends werden internationale Popmusik und Oldies gespielt. Spezialität: Joghurt mit Honig, Früchten und Nüssen.

Mönchsrobben-Museum: Neben der kommunalen Zimmervermietung wurde vor wenigen Jahren dieses kleine Museum zu Ehren der Mönchsrobben eröffnet. An den Wänden hängt eine sehr informative Reihe von Bildern aus dem Leben der Robben. Alle Erklärungstafeln der Ausstellung sind auf Englisch abgefasst. Höhepunkt der bescheidenen Sammlung ist ein Robbenskelett, das auf 1791 datiert wird.

▸ **Baden**: im südlichen Teil der kleinen Hafenbucht schmaler Kies-/Sandstrand. Zahlreiche Badefreunde hüpfen direkt vom Café aus ins Meer. Obwohl die Fähren anlegen, ist das Wasser glasklar und auch frei von Pflanzen.

Alónnissos-Ort

Hoch oben in den Bergen auf dem Hügel hinter Patitíri. 1965 von einem Erdbeben stark beschädigt und zeitweilig fast vollständig verlassen. Mittlerweile regt sich ein frischer Wind. Ausländer und zunehmend auch Einheimische renovieren die alten Häuser und besiedeln den Ort neu.

Früher der Hauptort der Insel, aus Schutz vor Seeräubern erhöht angelegt. Zu Beginn der 60er Jahre beschlossen die Verantwortlichen in Athen, die Insel an das Verkehrsnetz anzuschließen. Was fehlte, war jedoch ein Hafen und dafür eignete sich Patitíri glänzend. Allerdings dachten die Einheimischen gar nicht daran, freiwillig ihr Bergdörfchen aufzugeben. Und wenn man den idyllischen Ort sieht, weiß man auch warum! Als 1965 ein Erdbeben viele Häuser von Alónnissos-Ort zerstörte, gaben die Einwohner auf. Bis auf wenige Standhafte zogen alle hinunter ans Meer. Clevere Geschäftsleute kauften die leer stehenden Häuser auf und ver-

Hoch in den Bergen – Alónnissos-Ort

Nördliche Sporaden
Karte S. 237

scherbelten sie – für gutes Geld, versteht sich – an reiche Ausländer. Vom alten Dorf sind mittlerweile gut zwei Drittel der Häuser wiederhergestellt worden.

• *Verbindungen* Die einzige regelmäßige **Buslinie** der Insel verbindet 6-mal tägl. Patitíri mit Alónnissos-Ort.

• *Übernachten* Leider gibt es bislang nur wenige private Übernachtungsquartiere. Ein **Hotel** gibt es nicht!

Rooms Ioánnis Tsoukanas, altes Haus mit braunen Türen und Fensterläden, direkt an der Platía. Vermietet werden DZ und Studios, ordentlich eingerichtet und sauber, teilweise mit Balkon. Preise je nach Saison ca. 20–35 € fürs DZ, Studio jeweils 5 € teurer. ✆ 24240-65030,

• *Essen* **Astrofégia**, gilt als das beste Lokal in Alónnissos-Ort. Liegt etwas versteckt am höchsten Punkt des Unterdorfes, doch ab der Bushaltestelle beschildert. Bestes Sortiment an fantasievollen und schmackhaften Salaten, auch sonst eine Küche etwas abseits vom Einerlei. Als Spezialitäten gelten Kichererbsenbrei und Zucchinibällchen.

Parapórt, liegt fast am Ende der Hauptgasse unter einer Platane im höheren Teil des Ortes. Fleischgerichte vor allem vom Grill, aber auch Fisch und diverse Kleinigkeiten. Herrliche Sicht und Traumblick aufs Meer.

Café-Bar Kaphireas, an der Christós-Kirche die Treppen um die Ecke hinaufgehen. Die Cafébar liegt direkt am Beginn der Gasse. Von der windigen Aussichtsterrasse bietet sich ein herrlicher Blick über die Insel und hinunter ins blaue Meer. Modern eingerichtet, klassische Musik den ganzen Tag.

Südostküste

Fast alle Buchten sind inzwischen von Patitíri über Asphalt- oder Schotterstraßen erreichbar, die von der Inselstraße Richtung Norden abzweigen (beschildert). Der traditionelle Kaiki-Transport lohnt nur noch im Hochsommer, ist dann aber gut organisiert.

▸ **Rsoum Gialós**: kleine Ansiedlung hinter der Bucht östlich von Patitíri. Gute Ausweichmöglichkeit für diejenigen, denen der Hafenort zu laut und hektisch ist. Zu erreichen über die asphaltierte Straße oder einfach zu Fuß über den Kávos-Hügel. Nur wenige Übernachtungsmöglichkeiten und Tavernen vorhanden.

• *Übernachten* **Machies Villas**, fast am Ende der Straße, die hinunter zur Bucht von Rsoum führt. Gut zu erkennen an der hellblauen Außenfassade. Hübsche Zimmer, geräumig und sauber. Preise je nach Saison ca. 25–35 €. ✆ 24240-65106.

Studios Élena, ebenfalls direkt an der Straße hinunter zur Uferpromenade. Ein paar Meter oberhalb von Machies Villas auf der gegenüberliegenden Seite. Hübsche, geräumige und saubere Studios, alle mit Bad und kleiner Küche. Preise je nach Saison ca. 25–35 €. ✆ 24240-65747.

• *Essen* **Remétzo**, gleich am Ende der Zufahrtsstraße die erste Taverne auf der rechten Seite. Tische und Stühle unter Strohdach. Spezialität sind Fischgerichte, es gibt aber auch eine reiche Auswahl an Kleinigkeiten. Gutes Essen, erfreuliche Preise und auch während der Nebensaison geöffnet.

O Gialós, Fischrestaurant und Ouzerí am Westende der kleinen Uferpromenade. Man sitzt angenehm direkt am Wasser unter schattenspendenden Platanen und Markisendach. Leider nur während der Hauptsaison geöffnet.

▸ **Vótsi**: das zweitgrößte Dorf der Insel, unweit von Patitíri gelegen. Alter Bauern- und Fischerort, neu belebt durch den zunehmenden Tourismus, aber kein Massenziel. Pittoreske Bucht mit kleinem Strand und bunten, schaukelnden Fischerbooten. Einige Unterkünfte und Tavernen. Zu Fuß vom Hafen in Patitíri braucht man knapp 20 Min.

• *Übernachten* **Pension Panórama**, A-Kat., ruhige Lage weit oberhalb der Bucht am Ende einer Seitengasse gelegen. Chef Pantelís Válvis spricht gut Deutsch. Vermietet zwei Studios und sieben Zwei- bzw. Dreibettzimmer. Alle Zimmer mit Bad, die Studios zusätzlich mit kleiner Küche. Preise je nach Saison ca. 35–45 € fürs DZ inkl. einem reichhaltigen Frühstück. ✆ 24240-65005. 📠 24240-65836.

Pension Dimítrios, A-Kat., zwei Studios und sechs DZ in angenehm ruhiger Lage. Alle Räume mit hellen Kiefernholzmöbeln eingerichtet, sauber, aber nicht allzu geräumig. Preise je nach Saison ca. 22–32 € fürs DZ und 20–32 € fürs Studio. ✆ 24240-65035.

• *Essen* **Mouriá**, vom Anlegekai ein paar Schritte die einzige Zufahrtsstraße hinauf. Braune Tische und Stühle unter gelben Zeltdach. Ab 8 Uhr morgens kann man schon Frühstück bekommen, abends gute Fischgerichte. Von Einheimischen gerne besucht.

O Panoúlis, oberhalb der Bucht auf der Südseite gelegen. Sehr hübsche Lage mit Blick hinunter in die Bucht von Vótsi. Man sitzt geschützt unter einem Holzdach inmitten von Geranienkübeln. Abends serviert Chef Panoúlis immer frischen Fisch. Auch in der Nebensaison geöffnet.

Kalí Kardiá, "zum guten Herzen". Kurz vor O Panoúlis auf derselben Straßenseite und ebenfalls mit dem herrlichen Buchtblick. Ansonsten etwas einfacher gehalten. Tische unter Platanen und Schilfmattendach. Auch hier Fischgerichte als Spezialität des Hauses.

Pub Ilías, direkt am Hafen. Nur im Hochsommer geöffnet. Dann dreht der Chef und Lebenskünstler Ilías die Boxen kräftig auf.

▸ **Órmos Chrissí Miliá**: praktisch der einzige Sandstrand und daher einer der meistbesuchten Badeplätze der Insel. Der Sand von Chrissí Miliá ist zwar nicht ganz so fein wie der von Skiathos, gilt aber für die Verhältnisse von Alónnissos als "Sandstrand". Insgesamt nur ungefähr 100 m lang und etwa 5 m breit, im Hochsommer daher das berühmte Sardinendosen-Feeling. Übernachtungsmöglichkeiten vorhanden.

▸ **Órmos Kókkino Kástro**: prächtige Szenerie. Rote Felsen ragen tief ins blaue Meer hinein. Vor der Bucht eine vorgelagerte Insel, imposantes Spiel der Farben. Der Kókkino Kástro ist mit Abstand der beliebteste Strand von Alónnissos. Inmitten des Strandes steht einsam ein Baum, die einzige Möglichkeit für etwas Schatten. Feine Kieselsteinunterlage.

▸ **Stení Vála**: kleines Fischerdorf. Hinter der Anlegestelle mit Betonmole befinden sich ein paar Tavernen, in der zweiten Reihe auch Lebensmittelläden. Die gesamte, tief in die Küstenlinie eingeschnittene Bucht ist rechts und links von Felsen umgeben, auf denen Olivenbäume wachsen. Sieht gigantisch aus, aber es gibt bessere Badeplätze.

• _Übernachten_ **Apartments Haríklia**, A-Kat., die freundliche Haríklia von der Taverne "Tassías" vermietet acht Appartements in schöner Lage oberhalb der Bucht. Alle geräumig, mit hellen Kiefernholzmöbeln und einer kleinen Küche. Preise je nach Saison ca. 30–40 €. ✆ 24240-65158. 📠 24240-65248.

• _Camping_ **Íkaros**, kleiner, terrassierter Platz hinter dem Scheitel der Bucht. Die Rezeption befindet sich in einem alten Campingwagen. Insgesamt eher bescheidene Anlage mit Schatten durch einige Ölbäume, etwas lieblos angelegt, doch viel Ruhe und Erholung möglich. Untergrund teilweise Sand, überwiegend Gras und kleine Steinchen. Sanitäre Anlagen zum Zeitpunkt der Recherche allenfalls in mittelmäßigem Zustand, aber mit heißen Duschen. Es gibt auch ein paar Zelte zu mieten. Preise pro Pers. 4 €, Zelt kostenlos. ✆ 24240-65258. Nur im Hochsommer geöffnet.

• _Essen_ **Fanári**, von den Tavernen an der Bucht diejenige, die am weitesten vorne liegt. Besondere Attraktion: Eines der beiden Leuchtfeuer, die die Buchteinfahrt markieren, steht direkt im Restaurant.

Tassías, gleich die erste Taverne am Ende der Asphaltstraße. Das große Restaurant bietet Platz für mind. 150 Pers. Spezialität des Hauses: Hummer und andere Fischgerichte sowie Cheese-Pie.

▸ **Kalamákia**: eine Fischersiedlung wie Stení Vála, nur deutlich kleiner. Entlang der Küste steht eine Handvoll Häuser. Die Fischer betreiben hier im Sommer Tavernen, um ihr schmales Einkommen aufzubessern. Ansonsten gibt es nur wenige Übernachtungsmöglichkeiten. Schattenloser Kiesstrand in mehreren Abschnitten.

▸ **Órmos Ágios Dimítríos**: lang gestreckter Kiesstrand mit glasklarem Wasser. Optimales Badevergnügen. Blick auf die Küste von Peristéra, leider kein Schatten. Kleiner Imbissstand. Die lange Anfahrt lohnt sich.

Westküste

Der westliche Teil der Insel wird von den Bootsbesitzern so gut wie überhaupt nicht angefahren. Einerseits gibt es nur wenige Bademöglichkeiten, andererseits muss man zuerst einmal die ganze Insel umfahren. Man ist also auf seine eigenen Füße oder ein Mofa angewiesen, dafür sind die Buchten aber weniger überlaufen.

▸ **Órmos Giália**: Strandidylle mit Windmühle, doch nur Kiesstrand mit reichlich Müll und angespültem Schmutz aus dem Meer. Fast immer weht ein kräftiger Wind.

▸ **Órmos Tsakaliá**: auffällig durch die hübsch bemalte Windmühle an der Bucht. Strand selbst nur ungefähr 60 m sehr grober Kies und keinerlei Sand. Außerdem immer sehr windig. Im Sommer unbedingt ausreichend Sonnenschutz mitnehmen, da kein Schatten durch Bäume.

▸ **Moní Ágii Anárgiri**: verlassene, kleine Klosterkirche der *heiligen Mittellosen*, hoch über dem Steilufer der Nordwestküste inmitten einer idyllischen Berglandschaft gelegen und von dichtem Wald umgeben.

Südküste

▸ **Órmos Marpoúnta**: eigentlich zwei Strände, durch eine kleine Felsnase getrennt. Das erste Teilstück ist ein gut 100 m langer Sandstrand mit etwas Kies. In der Hochsaison ist diese Badestelle ziemlich überlaufen, trotzdem noch angenehm. Direkt dahinter liegt eine hotelartige Bungalowsiedlung, der *Marpoúnta-Club*.

▸ **Órmos Megálo Mourtiá**: nach Süden offene Bucht. Völlig schattenloser, gut 80 m langer Hauptstrand mit einigen Tavernen und Übernachtungsmöglichkeiten. Selbst in der Nebensaison immer gut besucht, obwohl man ziemlich hart auf kleinen Kieselsteinen liegt. Wer etwas mehr Luxus mag, kann sich Liegestühle mieten.

Skýros

Skýros ist die größte Insel der Sporaden, aber keineswegs das führende Urlaubsziel. Touristisch erschlossen ist lediglich der nördliche Teil der Insel. Hauptanziehungspunkt dort sind Skýros-Stadt und die fantastischen Strände von Mólos und Magazía. Im kykladischen Stil gebaute Kubenhäuser ziehen sich in der Chóra imposant einen mächtigen Felsen hinauf. Ein Bummel durch die verwinkelten und herausgeputzten Gassen zählt zu den Höhepunkten eines Besuches.

Skýros zeigt sich in vielerlei Hinsicht zweigeteilt. Im erschlossenen, wasserreichen und daher grünen Norden lebt fast die gesamte Bevölkerung. Dagegen steht die wilde, trockene Kargheit des südlichen Teiles. Beide Inselhälften sind nahezu gleich groß und doch so verschieden. Etwa entlang der Straße vom Hafen Linariá nach Skýros-Stadt sind in ägäischer Urzeit, so eine weit verbreitete These, zwei Inseln durch tektonische Bewegungen zusammengedrückt worden. Beide etwa gleich große Hälften werden durch einen schmalen Isthmus getrennt. Doch damit nicht genug der Spekulation: Beim Südteil von Skýros soll es sich um eine abgedriftete Kykladeninsel handeln.

Die Bewohner indes zogen die Rückseite eines steilen Felszahnes im Nordosten der Insel als Standort ihrer Hauptstadt vor, Skýros oder Chóra genannt. Hier fand man idealen natürlichen Schutz vor den gefürchteten Piraten, die noch zu Beginn des 19. Jh. ihr Unwesen in der Ägäis trieben. Skýros-Stadt ist mittlerweile um den Hang herum auch auf die Meeresseite hin gewachsen. In einem großen Halbkreis ziehen sich die im kykladischen Stil gebauten Kubenhäuser imposant den mächtigen Felsen hinauf.

Skýros auf einen Blick

Größe: mit 208 qkm die größte Insel der Nördlichen Sporaden.
Bevölkerung: ca. 2750, davon ca. 2200 in Skýros-Stadt, der Chóra. Ansonsten ist nur Linariá als größeres Dorf zu bezeichnen (ca. 120 Einwohner).
Geografie/Geologisches: Skýros wird durch eine 3 km breite Landenge zwischen Linariá und der Achílles-Bucht in zwei gegensätzliche Hälften geteilt: der grüne, von Pinienwäldern (32 % der Inselfläche) bedeckte nordwestliche Teil und der karge, wenig fruchtbare, meist als Weidefläche genutzte Süden. Der über 6 km lange Sandstrand Mólos/Magazía gehört zu den markantesten Griechenlands.
Wichtige Orte: die Stadt Skýros und der Küstenabschnitt um Magazía und Mólos sowie der Hafenort Linariá.
Straßen: Die wichtigsten Verbindungen im Norden sind asphaltiert. Außerdem Asphalt in den Süden bis zur Kalamítsa-Bucht.
Auto-/Zweiradverleih: Lediglich in Skýros/Stadt kann man Kleinwagen, einige Jeeps, Mofas (nur 50 ccm) und Fahrräder mieten.
Übernachten: Quartiere gibt es mittlerweile ausreichend, vor allem in Skýros-Stadt, Magazía, Mólos, Atsítsa, Aspoús, Kalamítsa und Linariá.
Karten: Gute Inselkarte wird vom Reisebüro "Skýros Travel" herausgegeben. Auf dem Cover der Karte die Abbildung eines Skýros-Ponys.
Vorwahl: 22220.

Verbindungen

Fähre: Am günstigsten ist Skýros von Kými auf Euböa zu erreichen. Tägl. in der Nebensaison eine Verbindung, im Hochsommer 2 Verbindungen. Die Überfahrt kostet pro Pers. etwa 7 €. Wer sein Auto mitnehmen will, muss mit 20-30 € je nach Länge rech-

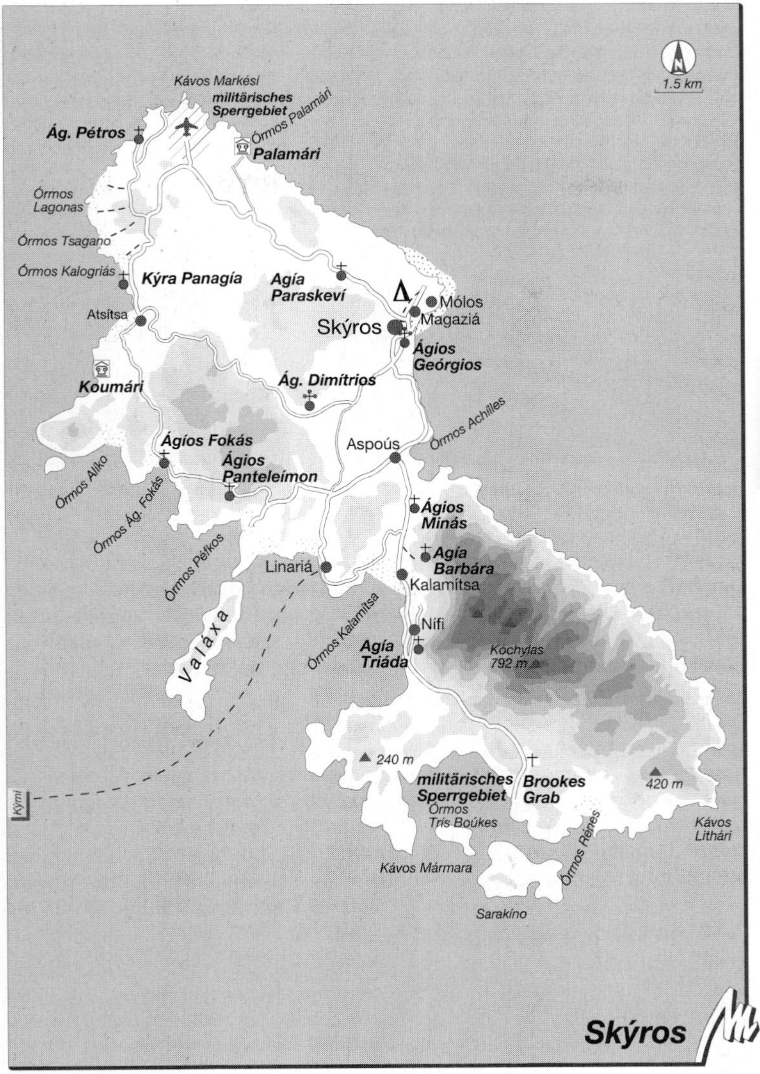

Nördliche Sporaden
Karte S. 237

nen. Vorbuchen ist dringend anzuraten. Zu den anderen Inseln der Nördlichen Sporaden bestehen keine See-Verbindungen.

Bus: Generell eher wenig Verbindungen. Wenn die Fähre anlegt, steht aber immer ein Bus nach Skýros-Stadt bereit. Nebensaison 3- bis 5-mal tägl., Sommer bis zu 8-mal. Preis: etwa 0,70 €.

Taxi: am Hafen. Die Strecke Linariá-Skýros-Stadt kostet etwa 8 €.

Flugzeug: von Athen nur im Hochsommer tägl. ein ziviler Flug zum großflächigen Militärflughafen auf Skýros. Der Flug kostet ca. 50 €. Flughafen: ✆ 22220/91625.

Der einzige Fährhafen von Skýros hat eine ruhmreiche Vergangenheit

Linariá

Der Hafen von Skýros. Ausgangspunkt für jeden Besuch der Insel mit den Fähren. Der Ort liegt in einer kleinen Bucht gegenüber der vorgelagerten Insel Válaxa. Alles wirkt recht übersichtlich, fast familiär. Wenn allerdings die Fähre ankommt, beginnt am Hafen die große Hektik.

Menschenmassen strömen aus dem Bauch des Schiffes, Autos und Busse verstopfen die Zufahrtsstraße. Durch lautes und anhaltendes Hupen versuchen die Fahrer, sich ihren Weg zu bahnen. Bald kehrt aber wieder die beschauliche Ruhe ein. Erhöht über dem südlichen Teil des Ortes liegt die weiß und hellblau angestrichene Kirche *Ágios Nikólaos*, von deren Vorplatz man einen schönen Blick hinüber zu der unbewohnten Insel *Válaxa* hat.

• *Adressen* **Bank:** gibt es am Hafen nicht.

Tankstelle: am Hafen, geöffnet 7–22 Uhr (2 Std. Mittagspause).

Telefonieren: Kartentelefone an der Uferpromenade.

Zweiradverleih: nur in Skýros-Stadt möglich.

• *Einkaufen* **Ceramics Monika**, an der Hafenpromenade. Monika aus Wien verkauft hübsche Keramik im traditionellen Inselstil.

• *Übernachten* **Pension King Lykomides** A-Kat., neue Pension, direkt bei der Anlegestelle. 13 Zimmer, geräumig und sehr sauber. Geschmackvolle Einrichtung. Preise je nach Saison 25–45 € fürs DZ. ✆ 22220/96249. ℻ 22220/96412.

Pension Linariá Bay, A-Kat., oberhalb der Hafenpromenade. 9 DZ in rustikalem Stil. Preise je nach Saison ca. 28–35 € fürs DZ und 48-70 € fürs Appartement. ✆ 22220/96476.

• *Essen* **Psariotis**, an der Hafenplatía. Chef Chrístos ist selbst Fischer und bietet Fischgerichte je nach Fang. Empfehlenswert sind die Fischsuppe und Languste mit Spaghetti.

Almíra, direkt neben der Pension King Lykomides auf der Hafenpromenade. Mezédes aller Art, Fisch, Tsatzíki, Salat usw.

Sailers&Surfers Club, beliebtes Café an der Hafenpromenade in einem historischen Haus. Frühstück, viele verschiedene Drinks und Kaffee. April–Oktober geöffnet.

▸ **Órmos Pévkos** 300 m feiner Sand, an einigen Stellen auch Kies. Der Strand erhielt 1990 den "Golden Seafish", eine Auszeichnung für besonders sauberes Wasser. Am südlichen und nördlichen Strandende besteht die Bucht nur aus Kies, hier liegen auch große Felsen im Wasser. Der Strand ist völlig baum- und schattenlos, Taverne und Übernachtungsmöglichkeit vorhanden.

Inselnorden

Fruchtbarer Teil der Insel. Liebliche Hügellandschaften, oft mit dichtem Baumbewuchs. Im Vergleich zum Süden wesentlich mehr Vegetation und ideale Plätze zum Baden. Skýros-Stadt ist ein "kykladischer" Ort auf den Sporaden, fantastische Lage an einem Felszahn. Magazía und Mólos, mit die schönsten Strände der Insel. Hier spielt sich fast das gesamte touristische Leben von Skýros ab.

Skýros-Stadt

Ein Erlebnis für sich! Verwinkelte Gassen und Treppen, die sich den Berghang hinaufziehen. Weiß getünchte Würfelhäuser mit kleinen Gärten davor, fast wie auf den Kykladen. Der gewaltige Akrópolishügel, auf dessen Spitze sich ein Kloster und ein ehemals gigantisches Kástro befinden, thront imposant über dem Strandabschnitt. Die weißen Häuser ziehen sich kompakt den Hang hinauf, dazwischen ein enggewebtes Spinnennetz von sauberen, verwinkelten Gassen. Fast an jeder Ecke ein postkartenreifes Motiv.

Skýros-Stadt liegt eindrucksvoll am Fuße des Burghügels. Im Gegensatz zu Skíathos oder Skópelos fallen weniger die roten Giebeldächer als vielmehr der einfache, kubische Kykladen-Baustil auf. Blendend weiß gestrichene Wände und Türschwellen der Häuser kennzeichnen den Charakter des Hauptortes. Enge Straßen und Gassen wechseln sich ab mit steilen Treppenwegen bis hinauf zum mittelalterlichen *Kástro*. Alle paar Meter zweigen kleinere und größere Wege ab, allesamt schön zum Schlendern.

Skýros-Stadt ist mittlerweile um den Hang herum auch auf die Meeresseite hin gewachsen. Für Autos sind die oberen zwei Drittel der Chóra viel zu eng, auch Mofas knattern nur bis zur unteren Platía. Ein Bummel durch die verwinkelten und herausgeputzten Gassen zählt zu den Höhepunkten eines Besuches.

• *Verbindung* **Bus**: tägl. je nach Saison 3-8 Verbindungen zwischen Skýros-Stadt und Linariá. Die Busse sind oft restlos überfüllt. Die einfache Fahrt kostet etwa 0,70 €. Abgefahren wird gegenüber dem Sportplatz, dort sind auch die Fahrpläne angeschlagen.

Taxi: Die Taxis stehen am Hauptplatz. Die Fahrer haben sich auf Einheitspreise geeinigt: Mólos ca. 4 €, Linariá ca. 7,50 €, Kalamítsa ca. 8 €, Atsítsa ca. 15 €. ✆ 22220/91666.

• *Adressen* **Geldwechsel für Schweizer**: Die *National Bank of Greece* hat Mo–Do 8–14 und Fr 8–13.30 Uhr geöffnet. Im Sommer zusätzlich Mo–Fr 19–21 und Sa 9–12 Uhr.

Mofaverleih: Mehrere Verleiher in Skýros-Stadt. Unser Tipp: *Trachanás*, seit vielen Jahren hier vertreten. Die Chefin Martina aus Westfalen und ihr griechischer Mann Stamátis verleihen ungefähr 50 voll- und halbautomatische Mofas in gutem Zustand. Superschneller Straßenservice bei Pannen, keinerlei Sprachprobleme. Preise je nach Saison ca. 12–18 €. ✆ 22220/92022.

Telefonieren: **O.T.E.** im mittleren Stadtteil, außerdem Kartentelefone an der Agorá.

Post: nach der Schule (am Lärm in der Mittagspause zu erkennen) rechts hinauf. Werktags von 7.30–14 Uhr geöffnet.

• *Übernachten* In Skýros-Stadt werden vor allem Privatzimmer oder ganze Häuser angeboten. Zum Teil schlechter Zustand, handeln Sie!

Hotel Neféli, C-Kat., neueres Haus direkt am Ortseingang. Alle 19 Zimmer geräumig, teilweise im Inselstil, mit blitzsauberem Bad, Heizung und Telefon. Preise je nach Saison ca. 45–60 €. Frühstück extra. ✆ 22220/91964.

Hotel Paleópyrgos, A-Kat., auf der Westseite des Kastrofelsens gelegen, nur von der Straße nach Magazía erreichbar. 15

Min. zur Stadt. Ganzjährig geöffnet. Preise je nach Saison ca. 35–50 €. ☏ 22220/91014. ✆ 22220/92185.

Hotel Élena, C-Kat., 10 relativ geräumige Zimmer mit Holztäfelung, aber reichlich alter Kasten. Alle Zimmer mit Bad, Heizung und Telefon. Ganzjährig geöffnet. Preise je nach Saison ca. 25-35 €. ☏ 22220/91738.

Studios Dimítrios, gehört zum *"Neféli"*. 8 Appartements der gehobenen Kategorie in einem hübsch gestalteten Komplex. Im traditionellen Stil eingerichtete Zimmer mit inseltypischem Kamin. Ganzjährig geöffnet. Preise für 2 Pers. ca. 70–80 €, für 4 Pers. ca. 80–90 €. ☏ 22220/91964.

Pension Nikólaos (100), etwas außerhalb im Südwesten der Stadt, ruhige Lage im Viertel Playiá. Nikólaos vermietet 8 geräumige und mit vom Inhaber selbst hergestellten, hellen Holzmöbeln eingerichtete Zimmer für 2–4 Personen, teils Maisonette-Stil. Ganzjährig geöffnet, daher mit Heizung. Preis je Saison 30–45 € für 2 Personen und 45–60 € für 4 Personen. ☏ 22220/91778. ✆ 22220/93400.

• *Essen* **Margétis**, die unverfälschteste griechische Küche in der Stadt. Man sitzt gemütlich etwa in der Mitte der Agorá unter einer Platane. Spezialität des Hauses sind Fischgerichte, Langusten, gut auch Huhn vom Holzkohlengrill. Preise im Rahmen.

O Pappoús ki'egó, „der Großvater und ich". Nett eingerichtete Taverne in angenehmer Atmosphäre und mit Plätzen draußen auf der Agorá. Zahlreiche Spezialitäten: skyrotischer Hahn mit Makkaroni in Weinsauce und mit Käse überbacken, Tomátokefthédes, Dolmadákia, Kléftiko, gute Mezés und Tsípouro.

Anatolikós Ánemos, der „Ostwind". Gute Weine, kreative kleine Mahlzeiten, originelle Salate, leckere Süßigkeiten und gepflegte Atmosphäre für den gehobenen Geschmack und Geldbeutel. Von der Platía Brooke an der Straße hinunter zum Strand Papá toú Chóma. Romantischer Meeresblick, besonders wenn der Vollmond aufgeht.

Liakós, in einer Gasse, etwa in der Mitte der Agorá, rechts abbiegen. Gemütliches Café-Estiatório mit Plätzen auf der Dachterrasse. Vorspeisen, Salate, Grillküche (Huhn und Fisch), Spaghetti und leckere Desserts. Tgl. ab 13 Uhr geöffnet.

Apanemia, die „windstille" Taverne auf der Platía Skýros unter den Natursteinarkaden. Der gut Deutsch sprechende Chef Ioánnis bietet Frühstück ab 6.30 Uhr, mittags gekochte Gerichte und Salate, abends Gegrilltes, Hühnerspieß mit Schinken und andere Spezialitäten.

Sehenswertes

Skýros und seine Chóra haben keine herausragenden Altertümer vorzuweisen. Der Hauptort ist im Grunde als Ganzes ein Denkmal für sich. Außerdem gibt es zwei Museen, ein archäologisches und eines für Volkskunst. Ganz oben am Hügel liegen ein Kloster und die Reste der alten Wehranlage.

Vielleicht am sehenswertesten sind aber die Wohnzimmer. Mit viel Liebe eingerichtet und besonders am Abend, wenn die Zimmer erleuchtet sind, gut zu sehen. In einer Ecke der Wohnstube befindet sich der Holzofen ("fougoú"), darüber sind in mehreren Reihen die Schätze und Besitztümer des Hauses aufgereiht. Bunt bemalte Flaschen und Teller, antike Becher aus Glas, Kupfer oder Ton, dazwischen Bratpfannen oder reichverzierte Vasen. Selbst die Regale sind mit Ornamenten versehen. Fast jeder Einwohner von Skýros hat sich in seiner Stube ein eigenes "Museum" geschaffen.

Kástro: Befestigungsanlage auf dem steilen Felsen oberhalb des Ortes. Der Aufstieg lohnt allein schon wegen des fantastischen Blicks hinunter auf Skýros-Stadt. Im Kástro-Areal außerdem das *Kloster* und die *Kirche Ágios Geórgios Skyrianós*.

Faltaíts-Museum: private Allround-Sammlung im Norden der Stadt. Volkskunst-Museum wäre zuwenig gesagt, wenngleich auch die meisten Exponate in diese Kategorie gehören. *Manós Faltaíts*, ein in Griechenland durchaus bekannter Soziologe, Maler und Schriftsteller, eröffnete sein Museum schon 1964. Ziemlich weit oben am Hügel Richtung Ialós-Strand liegt seine Familienvilla, in der auch das Museum untergebracht ist.

Öffnungszeiten tägl. 10–13 sowie 17.30–20 Uhr. Eintritt 2 €.

Archäologisches Museum: in der Nähe des Denkmals von Rupert Brook. In zwei Sälen sind Inselfunde verschiedener Epochen ausgestellt, vor allem Vasen, Werkzeuge, Schmuck und Skulpturen. In einem dritten Zimmer hat man mit Möbeln und Geschirr aus den letzten vier Jahrhunderten ein typisch skyrotisches Wohnzimmer eingerichtet.

Öffnungszeiten tägl. 8.30–15 Uhr, Mo geschlossen. Eintritt ca. 1,80 €.

Strände in Stadtnähe

In den Sommermonaten viele Touristen. An dem über 4 km langen, goldgelben Sandstrand liegen die Siedlungen Magazía und Mólos. Viele Übernachtungsmöglichkeiten und Tavernen, in der Mitte ein kleiner Fischerhafen. Wasser sauber und oft reichlich Wellen.

Die fantastischen Strände nördlich von Skýros-Stadt zählen längst zu den Hauptanlaufpunkten der Inselbesucher. Dabei sind sie über 4 km in verschiedene Strandabschnitte eingeteilt: **Papá tou Chóma, Magazía, Mólos, Vína, Poúria** und ganz im Norden **Gyrísmata**. Die Strände an diesen Küstenabschnitten gehen aber im Grunde ineinander über. In den letzten Jahren wurden zahlreiche Hotels und Pensionen neu errichtet. Überwiegend hübsche Zimmer, aber höchstes Preisniveau der gesamten Insel.

Nördliche Sporaden Karte S. 237

• *Verbindungen* Bushaltestelle direkt gegenüber des Zeltplatzes.

• *Übernachten* zahlreiche neue Hotels und Privatquartiere, die stattliche Preise verlangen. Handeln Sie in der Nebensaison.

Hotel Hydroúsa-Xenía, B-Kat., direkt am Strand. Alle 24 Zimmer mit Telefon, Teppichboden, Balkon und Blick zum Meer. DZ mit Frühstück je nach Saison 35–60 € (fürs Gebotene ziemlich teuer). ✆ 22220/91209. Fax 22220/92062.

Rooms Georgía Tsakamí, **Soúla Pagóni** und **Christína Kouzoúki**: Dutzende von Privatzimmern in der Hand einer Familie. Überwiegend geräumige DZ oder Appartements, hell eingerichtet und mit sauberen, weiß gekachelten Bädern. Frau Maranthi, eine Verwandte, die in Deutschland lebt, hilft im Sommer bei Sprachproblemen. Preise je nach Saison ca. 25-35 € fürs DZ und 40–55 € fürs Appartement. ✆ 22220/91357, 22220/91394, 22220/91943.

• *Camping* **Skýros**, direkt am Ortsanfang, 5 Min. vom Strand entfernt. Äußeres Erscheinungsbild nicht gerade einladend. Die Anlage wurde auf einem ehemaligen Melonenfeld errichtet. Sanitäre Anlagen könnten besser sein. Wenig Bäume, um im Schatten sein Zelt aufzubauen. Man gibt sich leger und locker. 2 Pers., Zelt und Auto ca. 8 €. ✆ 22220/92458.

• *Essen* **Sargós**, unter Schilfmattendach direkt am Strand. Der Wirt fischt selbst und hat seine Taverne nach der Fischsorte *Sargós* benannt. Guter Wein, nette Bedienung, Preise etwas höher, aber gute Qualität.

Stéfanos, Hochterrasse mit schönem Meeresblick. Spezialität des Hauses ist Fisch, insbesondere Languste mit Spaghetti. Viele Gerichte vom Holzkohlengrill. Eines der schönsten Plätzchen am Strand.

Mólos

Mittlerweile das Touristenzentrum der Insel schlechthin. Früher war Mólos ein beschaulicher, kleiner Fischerhafen. Hervorragender Sandstrand. Jahr für Jahr kommen mehr Urlauber in den Ort.

• *Übernachten* **Hotel Ángela**, C-Kat., doppelstöckige Bungalowanlage unweit des Strandes. Geräumige Zimmer mit rustikaler Einrichtung, Bad, Balkon und Telefon. Preise je nach Saison ca. 45–55 € fürs DZ inkl. Frühstück. ✆ 22220/91764. Fax 22220/92030.

Pension Karína, unser Tipp. Karin aus der Schweiz vermietet 8 geschmackvoll eingerichtete Zimmer. Aneinander gereihte Häuschen im traditionellen skyrotischen Landhausstil mit Weinlaubterrasse inmitten eines wunderschönen Obstgartens. 10 Min. zum Strand. Preis pro Person im DZ ca. 35 €, im EZ 45 €. ✆ 22220/92103. 📠 22220/93103.

● *Essen* am Strand ein paar Tavernen.

Mílos, über dem kleinen Fischerhafen. Hochterrasse, die in Kreisform um eine alte Mühle errichtet wurde. Spezialität wie überall: Hummer mit Spaghetti. Freundliche Wirtsleute, ortsübliche Preise.

▶ **Ausflug in den Norden**: In den vergangenen Jahren wurde die Infrastruktur im Norden der Insel erheblich verbessert. Die Strecke von Skýros-Stadt über den Flughafen bis hin nach *Atsítsa* ist bestens asphaltiert. Ein Tagesausflug mit dem Auto oder Moped lohnt sich.

▶ **Palamári**: archäologische Ausgrabungsstätte unweit des Flughafens. Das kleine Areal von etwa 20 x 30 m Größe ist eingezäunt und sogar mit Stacheldraht versehen. Die Ausgrabungen laufen noch, aber die Archäologen sind nur vormittags bis gegen 14 Uhr in Palamári.

▶ **Atsítsa**: am Ende der Asphaltstraße. Atsítsa selbst ist ein kleiner Ort, nur eine Handvoll Häuser, eine Pension und eine Taverne, alles wirkt etwas beengt. Gleich am Ortseingang ragen große, aus Naturstein gemauerte Säulen in die Höhe. Sie führen in kurzen Abständen aus den Bergen bis hinunter ans Meer und gehören zur alten Marmorverladestation.

▶ **Gialós Ágios Foukás**: ungefähr 100 m grober Kies mit viel angeschwemmtem Unrat aus dem Meer, an einigen Stellen nicht sehr ansehnlich. Der Strand ist völlig baum- und schattenlos. Im sauberen Wasser liegen viele Steine und am Südende der Bucht gibt es einen betonierten Anlegekai für Ausflugsboote, die die empfehlenswerte Taverne besuchen.

▶ **Órmos Pévkos**: 300 m feiner Sand, an einigen Stellen auch Kies. Der Strand erhielt 1990 den "Golden Seafish", eine Auszeichnung für besonders sauberes Wasser. Am südlichen und nördlichen Strandende besteht die Bucht nur aus Kies, hier liegen auch große Felsen im Wasser. Badefreuden genießt man am besten im mittleren Strandteil. Der gesamte Abschnitt ist völlig baum- und schattenlos, nachdem vor einigen Jahren die Olivenbäume hinter der Bucht eingezäunt wurden. Nicht direkt am Strand, sondern in der Verlängerung der Straße befindet sich eine Taverne.

Inselsüden

Gebirgig, fast baumlos, karg und steinig. Von den Einheimischen schlichtweg "to Vounó" (zu deutsch: "der Berg") genannt. Weitgehend unberührt und touristisch gänzlich unerschlossen. Steile Abhänge, riesige, scharfkantige Felsklötze, hübsche Strände und Unterwasserhöhlen an der Südküste. Der Gipfel Kochilas krönt mit 792 m das gleichnamige Gebirge.

Wer die Absicht hat, den südlichen Teil der Insel zu erkunden, sollte einige Punkte beachten: keine öffentlichen Verkehrsmittel; die Straße ist nur bis an die Bucht von Kalamítsa asphaltiert, danach breite Schotterpiste; südlich der Quelle bei Nífi kein Trinkwasser; unbefriedigendes Kartenmaterial und keinerlei markierte Wege (außer der Straße nach Tris Boúkes).

▶ **Kalamítsa**: kein eigentliches Dorf, sondern eine weitläufige Siedlung im flachen Hinterland der gleichnamigen Bucht. Die Wohnhäuser liegen ziemlich verstreut auseinander. Übernachtungsmöglichkeiten und Taverne am Strand vorhanden. Überwiegend Sandstrand, aber an einigen Stellen auch Kies.

▸ **Nífi**: Verstreute Bauernsiedlung entlang der Küste. Rechts und links der Schotterstraße, die zur Trís-Boúkes-Bucht führt, stehen einige Häuser. Hier leben überwiegend Ziegenbauern. In den letzten Jahren sind aber auch einige moderne Bauten von Stadtbewohnern entstanden.

▸ **Rupert Brookes Grab**: Hier liegt kein Sohn der Insel begraben. Auch in seinen literarischen Texten hat der englische Dichter Rupert Brooke niemals irgendwelchen Bezug zu Skýros erkennen lassen und dennoch wird er heute auf der Insel verehrt. Brooke, geboren am 3. August 1887 im englischen Rugby, war Offizier der britischen Kriegsmarine. Während des Ersten Weltkrieges versteckte sich sein Lazarettschiff in der *Trís Boúkes*-Bucht von Skýros, wo der Dichter 1915 in jungen Jahren an Malaria starb. So wurde Skýros im Grunde rein zufällig zur letzten Ruhestätte des Dichters und die Einheimischen versuchen heute, diese "Ehre" touristisch zu nutzen. Die Grabstelle selbst ist eher unscheinbar, oft weiden hier Ziegen und Schafe. Der Marmorsarkophag mit griechischer und lateinischer Inschrift liegt inmitten eines idyllischen Olivenhaines. Um die Ruhestätte hat man ein Eisengitter errichtet und eine Gedenktafel aufgestellt.

Minipferde einer uralten Rasse – die Skýros-Ponys

Im Süden der Insel lebten einst über 8000 kleine Pferde in freier Wildbahn. Diese Skýros-Ponys, die eigentlich *Pikermik-Pferde* heißen, messen nur ungefähr 110 cm Höhe. Heute ist die Population wahrscheinlich auf weniger als einhundert Stück abgesunken. Ursache für den starken Rückgang war insbesondere die Schneekatastrophe im extrem harten Winter von 1987. Seither hat sich der Bestand nicht mehr erholen können, obwohl man auf den Einsatz der Tiere als "Erntehelfer" mittlerweile verzichtet. Früher wurden sie zur Erntezeit eingefangen und zum Dreschen des Getreides ein paar Wochen im Jahr eingespannt. Danach ließen sie die Skyroten wieder frei und die Tiere zogen im Winter wieder hinauf in die Felshöhlen der Berge.
Heute sind fast alle Pferde im Besitz verschiedener skyrotischer Familien, die die Tiere versorgen. Es wird durchaus erfolgreich versucht, die Nachkommenschaft zu sichern.

▸ **Kochílas-Gebirge**: nicht ganz einfach zu besteigendes Gelände inmitten des südlichen Inselteiles. Der höchste Gipfel des Gebirges ist mit 792 m der Óros Kochilas. Das tückische dabei sind weniger seine lang gezogenen Hänge, sondern die tiefen Schluchten, die sich an vielen Stellen plötzlich auftun. Insofern gilt: Wandern auf Sicht ist gut möglich, doch aufpassen, wo man hintritt. An Tagen mit instabiler Wetterlage sollte man auf Bergtouren im Inselsüden verzichten. Schnell ziehen Wolken auf und hüllen die Gipfel in Nebel. Ohne Kompass hat man dann kaum eine Chance zurückzufinden.

Euböa

Die zweitgrößte Insel Griechenlands hat den Sprung in die Hochglanzprospekte der Reiseveranstalter noch nicht geschafft. Lediglich entlang der Südwestküste deuten einige Hotels und Feriensiedlungen auf regen Urlauberzuspruch hin. Die meisten Gäste kommen nach wie vor aus Griechenland.

Euböa, auf Karten vielfach auch Evia genannt, zeigt zwei Gesichter. Triste, kahle Landstriche wechseln sich mit gebirgigen Regionen und üppiger Vegetation ab. Besonders entlang der Strecke zwischen Erétria und Kími ist die Landschaft ungemein hügelig und schluchtenreich – auf dem 1745 m hohen *Dírfys-Gipfel* liegt selbst im Frühjahr noch Schnee. Sehenswert ist der Hafenort *Kími* an der Ostküste. Die ganze Region ist bekannt für ihren Wasserreichtum und die fruchtbaren Obstplantagen. Ganz anders präsentiert sich der Norden Euböas mit seinen lang gezogenen, nahezu baumlosen Kieselstränden. *Edipsós* und *Loutrá Edipsoú* gelten als das Baden-Baden Griechenlands – und so langweilig ist es dort auch. Urgriechisch empfängt hingegen *Káristos*, ganz im Süden der Insel, seine Gäste. Statt Fastfood gibt es in den Kafenia noch Ouzo mit Beilagen.

Euböa auf einen Blick

Größe: Nach Kreta ist Euböa mit 3800 qkm die zweitgrößte Insel Griechenlands.

Bevölkerung: Auf der Insel, die nur durch einen schmalen Kanal vom Festland getrennt ist, leben 170.000 Menschen. Auch im Hochsommer machen nur wenige Touristen Urlaub auf Euböa.

Geografie/Geologisches: Im Süden und Norden landschaftlich karg, zeigt sich die "mittlere Ecke" Euböas mit üppiger Vegetation. Das Wasser des 1745 m hohen Dírfys-Massivs gibt der Natur die Kraft für den reichen Baum- und Pflanzenbestand. Die Bodenschätze reichen von Braunkohle über Magnesit und Marmor bis hin zu Kupfer.

Wichtige Orte: Chalkída, der Hafenort Kími (Fähren nach Skýros) sowie die Touristenorte Káristos, Marmári, Stíra, Erétria,und Loutrá Edipsoú.

Auto-/Zweiradverleih: Vom Mieten eines Mofas raten wir ab, die Insel ist einfach zu groß. Leihautos werden in allen Touristenorten entlang der Küste angeboten.

Tankstellen: Zapfstellen gibt es in nahezu allen Ortschaften.

Übernachten: Übernachtungsmöglichkeiten findet man an der Küste zwischen Chalkída und Erétria, entlang der Südwestflanke, in Kími und in den Ferienorten im Norden der Insel.

Kanal von Chalkída

Bereits vor Christi Geburt baute man die erste Brücke über die Meerenge von Euripos hinüber zur Insel Euböa. Heute ist der Kanal etwa 40 m breit und fast 7 m tief. Auch größere Frachter und sogar Militärschiffe können die Enge passieren. In der Antike, als die Schiffe den Weg über die offene Ägäis scheuten, kam dem Kanal von Chalkída große Bedeutung zu. Für die Durchfahrt wurden hohe Zölle verlangt.

Aber auch die Fahrt durch die Meerenge von Euripos war gefährlich: Noch heute ändern sich die Strömungsverhältnisse in unregelmäßigen Zeitabständen bis zu siebenmal täglich. Nur wenn die Strömungsverhältnisse günstig sind, dürfen die Schiffe passieren.

Berichtet wird, dass sich *Aristoteles* (384–322 v. Chr.), weil er das Geheimnis der Strömungsänderungen nicht lösen konnte, bei Chalkída in die Fluten warf und dabei umkam. Auch heute ist das Rätsel noch nicht gänzlich gelöst. Die Wissenschaftler gehen jedoch davon aus, dass sich die auftretenden Wechselströmungen auf den Druckausgleich der Gezeitenwellen beziehen, die die Meerenge durchlaufen.

• *Busverbindungen* ab Athen (Terminal Liossionstr. 260) nach Chalkída (Fahrtdauer 1,5 Std.) und nach Kími (3,5 Std.). Außerdem spärliche Verbindungen von Chalkída nach Káristos, Límni, Loutrá Edipsoú und Kími.

Informationen und Fahrpreisauskünfte: Athen: ✆ 210-8317153. Ágios Konstantinos: ✆ 210-8317147.

• *Fährverbindungen* Zwischen dem griechischen Festland und Euböa bestehen hauptsächlich in den Sommermonaten Übersetzmöglichkeiten zwischen Glífa–Agiókambos, Arkítsa–Loutrá Edipsoú, Skála Oropoú–Erétria, Ágia Marína–Nea Stíra und Rafína–Marmári. Die Sporaden-Insel Skíros wird von Kími angefahren.

Zudem von **Pefkí** Fährverbindungen zu den Nördlichen Sporaden (Skiáthos, Skópelos und Alónnissos).

Fahrplan-Informationen: Hafen von Chalkís: ✆ 22210-22236; Edipsoú: ✆ 22260-23317; Karistós: ✆ 22240-22227; Kími: ✆ 22220-22206; Marmári: ✆ 22240-31222.

Chalkís (Halkída)

Bereits aus großer Entfernung kann man die Stadt an der Meerenge zu Euböa überblicken. Wenn man in den Ort hineinfährt, viel Industrie und zahlreiche Fabrikhallen. Im Hafen liegen Unmengen von alten Frachtschiffen, die vor sich hin rosten ...

Chalkís wird von den ausländischen Touristen nicht als Ferien-, sondern lediglich als Durchfahrtsort nach Euböa oder zur Insel Skýros benutzt. Aufgrund der kurzen Fahrtstrecke reisen besonders viele Athener zu einem verlängerten Wochenende nach Chalkís.

• *Information/Adressen* **Touristenpolizei**, in der Eleftheriou-Venizelou-Straße 32, ✆ 22210-24662, **Post** in der Hauptstraße vom Hafen weg (Kotsou-Straße).

• *Verbindungen* **Auto**, Abzweigung von der Autobahn Lamía – Athen in Richtung Ritsona (gut beschildert).

Die **Brücke von Chalkís** ermöglicht eine schnelle Anbindung über die Autobahn nach Athen und zum Flughafen Eleftherios Venizelos.

> Hinweis für Autofahrer: In Chalkís ist jeweils nach Nord- und Südeuböa ausgeschildert, zumeist auf Griechisch. "B-Ewia" steht für den *Norden*, wer in den *Süden* will folgt "N-Ewia".

Bus: ab Athen (Terminal Liossionstr. 260) nach Chalkída (Fahrtdauer 1,5 Std.) und nach Kími (3,5 Std.). Außerdem spärliche Verbindungen von Chalkída nach Káristos, Límni, Loutrá Edipsoú und Kími.

Informationen und Fahrpreisauskünfte: Athen, ✆ 210-8317153.

Zug, mehrfach tägl. gute Verbindungen zum Ort **Inoi** und damit zur Zuglinie Athen – Thessaloníki. **Bahnhof** direkt an der Brücke. Vom Bahnhofsvorplatz fahren auch die **Busse** nach Athen und Thessaloníki ab. Verbindungen10-mal pro Tag, Fahrtdauer nach nach Athen 1,5 Std. (ca. 4,50 €€), zwischen 5.30 und 21 Uhr mindestens alle 30 Min. Im Westteil des Hafens noch ein zweites Busterminal für den Nahverkehr.

• *Übernachten* **Hotel Lucy** (A-Kat.), an der Hafenpromenade, gegenüber von zahlreichen Cafés. Großer Bau mit alter Einrichtung, nicht ungemütlich (Fahrstuhl). Von den Zimmern mit Balkon toller Blick auf den Hafen. DZ mit Dusche ab 72-136 €, Frühstück 9 € extra. L. Voudouri-Str. 10, ✆ 22210-23831. www.lucyhotel.gr

Hotel John's (B-Kat.), an der Durchgangsstraße (Angeli-Goviou-Str. 9), Klimaanlage, getönte Scheiben und trotz der nahen Straße erstaunlich ruhig. Zimmer modern eingerichtet und ganz angenehm, solange die Balkontür geschlossen ist (sicher nicht jedermanns Sache). DZ mit Dusche etwa 75–90 €. ✆ /℻ . 22210-24996. www.johns-hotel.gr

Hotel Kentrikon (C-Kat.), nahe der Brücke. Eine alte Griechin empfängt die Gäste, nachdem man die Marmorstufen emporgestiegen ist. Einrichtung sehr alt, aber interessant. Trotz der Straße erstaunlich ruhig. DZ ab 36 €. Dusche extra. Angeli Goviou-Str. 5, ✆ 22210-22375.

Euböa Karte S. 274/275

Der Südwesten Euböas

Die Strecke von Chalkída nach Erétria erinnert sehr an die Westküste Pilions. Zersiedelte Straßenorte entlang der Fahrtstrecke und wenig lädt zum längeren Verweilen ein. An der Küste eine Menge halbfertiger Häuser.

Zurückgekehrte Gastarbeiter haben sich hier oft billigen Baugrund gekauft und bauen an den Wohnungen über mehrere Jahre. Immerhin wurde inzwischen fast überall der Straßenbelag von seinen Schlaglöchern befreit.

• *Camping* **Eva**, etwa 5 km außerhalb von Erétria (Richtung Chalkís), Hinweisschilder an der Straße. Sehr große Anlage, es riecht angenehm nach Pinien, der Platz macht einen guten Eindruck (heiße Duschen, kostenloser Kühlschrank), allerdings nur wenig Schatten und harter Boden. Strand (Kies) und Wasser sauber, kostenlose Duschen am Wasser. Die verhältnismäßig neuen Sanitäranlagen könnten nach Meinung einiger Urlauber besser gepflegt werden, manchmal läuft auch nur heißes Wasser aus den Duschen. Der Platz ist terrassenförmig angelegt und trotz der Straße erstaunlich ruhig. Leider sind die guten Stellplätze am Meer meist von griechischen Dauercampern belegt. Bushaltestelle vor der Einfahrt. Preise: Person ca. 5 €, Auto ca.4 €, Zelt ca. 4 €. ✆ 22210-68081. Bitte vorher kurz anrufen, es gab Gerüchte über eine mögliche Schließung.

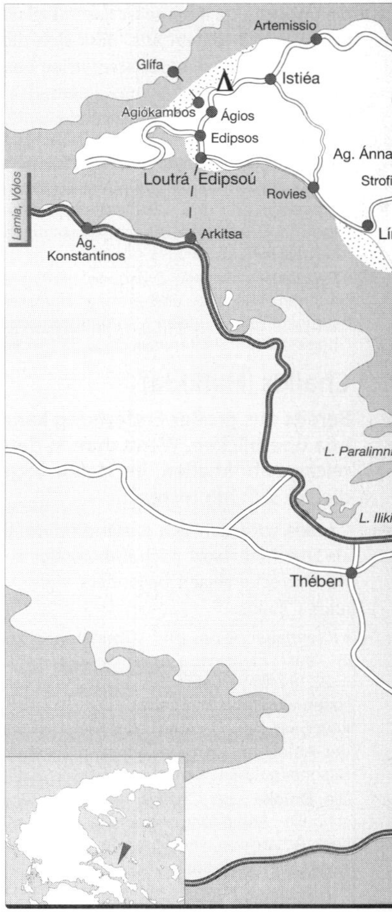

Erétria

Der Ort gehörte früher wegen seiner Handelsflotte zu den mächtigsten und reichsten Städten Griechenlands. Vor allem im 8.–6. Jh. v. Chr. stand der antike Stadtstaat in voller Blüte. Er war von einer imposanten Stadtmauer umgeben, die auch heute noch zum Teil zu besichtigen ist. In den späteren Jahren wurde die Stadt mehrfach zerstört (Perser 490 v. Chr. und Römer 198 v. Chr.) und wieder aufgebaut. Mit dem Machtzuwachs Athens verfiel Erétria jedoch mehr und mehr, bis es kaum noch Bedeutung hatte.

Am besten erhalten ist noch das ehemals 6500 Zuschauer fassende *Theater*, von den anderen Gebäuden dagegen sind nicht einmal Ruinen erhalten. Geplant wurde Erétrias modernes Straßennetz übrigens von dem bayerischen Architek-

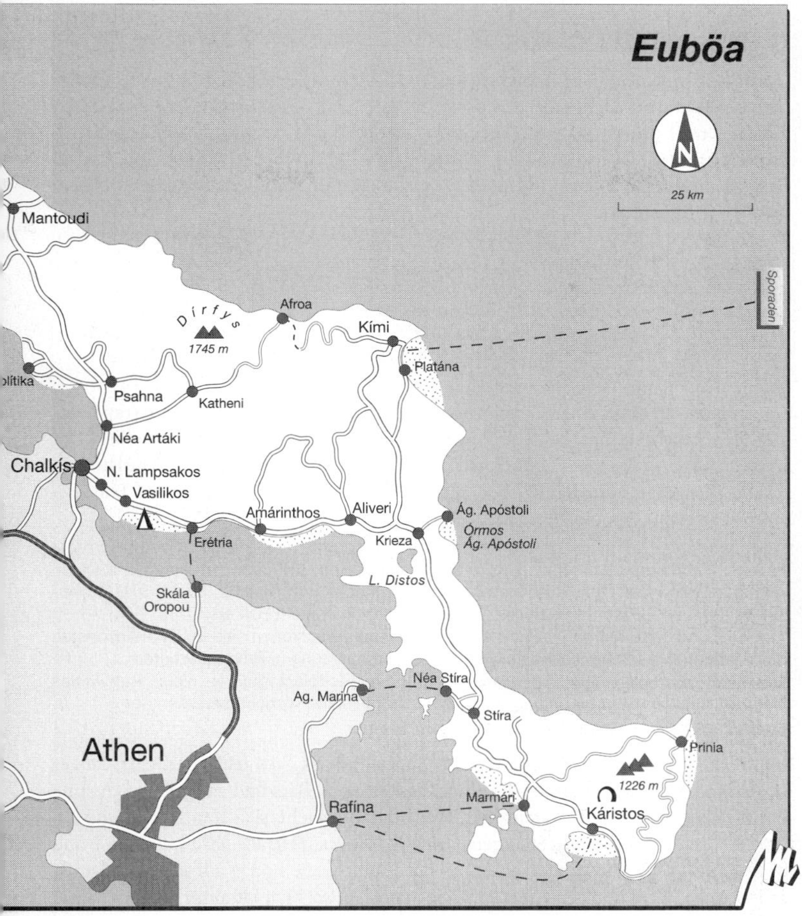

Euböa Karte S. 274/275

ten Schaubert, der unter König *Otto I.* auch die Straßenpläne von Athen und Piräus mitentwarf.

• *Fährverbindung* mehrmals tägl. von Skála Oropoú (Fahrtdauer 30 Min.). Pro Person muss man etwa mit 1,30 € rechnen, pro Auto mit ca. 6,50 €. **Scooter** gibt es für rund 20 € pro Tag zu mieten.

Für den Hunger zwischendurch locken die lecker duftenden Maiskolben (das Stück fast 1,50 €).

• *Übernachten* **Hotel Delfis** (C-Kat.), liegt direkt am Strand. Zimmer sehr ordentlich und gepflegt. Blick vom Balkon hinüber zum Festland. Allerdings fast nur Pauschaltouristen. DZ mit Dusche ab 38 €. ✆ 22210-62380 und-83.

Hotel Perigiali (B-Kat.), gleich um die Ecke. Ebenfalls große Anlage mit bunten, internationalen Fahnen und vielen Sträuchern vor der Eingangstür. Fernseh- und Videoraum. Zimmer gemütlich mit schönem Balkon. Auch hier viele Pauschaltouristen. DZ mit Frühstück und Dusche je nach Saison 45–80 €. ✆ 22210-62439.

Der Süden Euböas

Üppige Vegetation kennzeichnet den südlichen Zipfel Euböas. Die Gipfel des bewaldeten Ochi-Bergzuges speichern das Wasser des regenreichen Winters und geben so auch im Sommer der Flora noch ausreichend Kraft. Zitronen- und Orangenhaine, Nadel- und Laubwälder, Oleanderbüsche, Granatapfel- und Myrthenbäume – Euböa ist hier selbst im August noch ein botanischer Garten.

Verbindung Wer mit dem Auto unterwegs ist, kann sich freuen. Alle wichtigen Straßen sind asphaltiert, lediglich im Südosten muss man ab und an mit Schotterpisten vorlieb nehmen. **Busreisende** sollten viel Zeit im Gepäck haben, nur schlechte Verbindungen. **Fährverbindungen** mit dem Festland bestehen von **Rafína** nach **Marmári** (Fahrtdauer 1 Std., Pkw 14,50 €) und **Káristos** (3- bis 4-mal tägl.).

▸ **Ágios Apóstoli**: ein kleiner Geheimtipp an der Ostküste Euböas – Sandstrand, gemütliche Tavernen, bescheidene Pensionen und erstaunlich wenige Urlauber. Der sympathische, etwas unordentlich wirkende Hafenort ist noch neu im Touristengeschäft. Aber man baut fleißig. Vor allem Griechen – wie überhaupt auf Euböa – machen in Ágios Apóstoli Urlaub.

• *Verbindungen* Am günstigsten mit dem **eigenen Fahrzeug** (Abzweigung von der Hauptstraße bei der Ortschaft **Kriezá**). Bis zum Meer sind es auf asphaltierter, aber hügeliger und zum Teil enger Piste etwa 9 km. Wiederholt herrliche Sicht aufs Meer.

Bus: Richtung Chalkís täglich nur 2-mal.

• *Übernachten* **Appartements Remvi**, etwa in der Mitte des Ortes an der Hauptdurchfahrtsstraße gelegen. Schöne Zimmer mit Balkon und Sicht auf Hafen und Meer. Kochecke und Dusche, DZ ab 30 €." Lesertipp von Johann Hahlen.

Weitere Pensionen sind im Bau. Ansonsten Übernachtung in **Privatquartieren**.

Einen **Zeltplatz** gibt es nicht. Auf wildes Zelten sollte verzichtet werden.

▸ **Néa Stíra**: Die Touristen-Hauptstadt im Süden Euböas – es fehlt an nichts: langer Sandstrand, großflächige Beach-Tavernen, Diskotheken, Bars und ein ganzer Schwung Hotels, Pensionen und Privatzimmer. Wer Kontakte sucht, sich sonnen oder gar am Strand reiten will, ist in Néa Stíra genau richtig. Die Hauptstraße wird zwischen 7 und 14 Uhr abgesperrt (Fußgängerzone). Von der Hauptstraße sind es auf schmaler Straße und zwischen dem üppigen Grün von Feigen noch etwa 4 km hinunter bis zum Meer. Hervorragende Bademöglichkeiten. Am feinen Sandstrand sorgen Bäume für Schatten und das Wasser ist in einem erstaunlich sauberen Zustand. Erfreulich auch, dass die Hauptstraße nicht direkt am Strand vorbeiführt.

• *Verbindung* **Bus**, tägl. 3-mal nach Chalkís. Wer weiter nach Athen will, sollte mit der Fähre nach Ráfina übersetzen, dort stehen Busse in die Hauptstadt bereit.

Fähren: je nach Saison 10- bis 15-mal zum Festland nach **Agia Marína** (Fahrtdauer 45 Min., Pkw. 8,50 €). Informationen unter ✆ 210-4174786).

▸ **Stíra**: Der gesamte Verkehr Richtung Süden führt über den fast kreisrunden Marktplatz. In der Mitte einer Verkehrsinsel ein kleiner, mit Büschen umgebener Brunnen (allerdings ohne Wasser). Um den Platz herum eine Kirche, mehrere Tavernen und eine Tankstelle. Griechische Betriebsamkeit, während der Ort mittags wegen der Siesta eher einer Geisterstadt gleicht. Bekannt wurde Stíra übrigens wegen seines Marmors. Die Agios-Dimitrios-Kathedrale in Thessaloníki und das Römische Theater in Athen wurden zum Teil mit Marmor aus Stíra gebaut.

Traumhaft – einsamer Strand im Süden Euböas

Euböa
Karte S. 274/275

Marmári: Der Tourismus hat an der weitläufigen Bucht schon an die Tür geklopft. In der Vor- und Nachsaison ist aber noch reichlich Ruhe und Gemütlichkeit angesagt. Frühmorgens hängen die Fischernetze überall entlang der Hafenpromenade zum Trocknen, gemütlich schaukelt eine Flotte von Fischerbooten in der Bucht. Gut gefallen hat uns vor allem der Blick auf die vorgelagerten Inseln Patelli, Hersonisi und Meganisos, die man auch mit einem Ausflugsboot besuchen kann.

• *Verbindungen* Im Sommer täglich 3- bis 4-mal **Fährverbindungen** von und nach Rafína (Winter eingeschränkt). Preis pro Person ca. 4 €, Auto 14,50 €. Wer weiter nach Athen will, sollte mit der Fähre nach Rafína übersetzen, dort stehen Busse zur Hauptstadt bereit.

Mehrmals tägl. **Busverbindungen** nach Káristos (Abfahrt an der Kirche).

Káristos

Sympathische Ortschaft wie sie griechischer nicht sein könnte. Am Hafenkai und an der breiten Uferpromenade betriebsame Hektik, vor allem wenn eine Fähre anlegt. Hinter der Ortschaft steigen die kahlen Felsen des Ochi-Gebirges empor.

In den Seitenstraßen trollen sich Legionen von Katzen, die Männer sitzen in den Kafenia und spielen Karten. Hier – im Refugium der Ruhe – lässt sich niemand ablenken. Schon gar nicht von Touristen.

Die Parallelstraße zur Hafenpromenade verdient Beachtung: neben dem Gemüsehändler ein Schmuckgeschäft, dort angrenzend ein Fischladen, gegenüber ein Spielwarengeschäft und ein Videoladen. Griechische Mischung. 1997 wurde die gesamte Hafenpromenade neu angelegt. Auffälligstes Gebäude in Káristos ist die so genannte *Boutzi* an der Uferpromenade. Die Zitadelle mit ihren mächtigen Mauern wurde im 13. Jh. von den Venezianern zum Schutze des Hafens gebaut.

• *Verbindung* tägl. mindestens 2-mal zum Festland nach Rafína. Pro Person muss man etwa 5 €, pro Auto mit 15 € rechnen. Die Überfahrt dauert etwa 1 Stunde. Zudem besteht Fährverbindung zur nördlichen Kykladen-Insel Ándros. Pro Person etwa 7 €, Auto ca. 28 €.

Bus: Abgefahren wird nördlich vom Hauptplatz. Täglich bis zu 4-mal nach Chalkída. **Busbahnhof**: ✆ 22240-22453.

• *Übernachten* **Hotel Als** (C-Kat.), direkt am Hafen, gegenüber der Fähranlegestelle (Kotsika-Str. 9€). Machte beim letzten Check einen schmuddeligen Eindruck. DZ mit Dusche je nach Saison 38–50 €. Ganzjährig geöffnet. Omirou & Odysseos Str., ✆ 22240-22202-3. ℻ 25002.

Hotel Galaxy (C-Kat.), moderner, allerdings etwas überdimensionierter Bau am Ende des Hafens. Große Empfangshalle mit Ledersesseln und einem farbenschwachen Fernseher. Freundliche Besitzer, verlangen fürs DZ in der Hochsaison rund 40 €, EZ ca. 28 €. ✆ 22240-22600-3.

Hotel Hironia (C-Kat.), östlich von der Anlegestelle an der Uferpromenade, Kriezotoustr. 66. Kleine und schmale Zimmer mit Balkon zur Straße, Dusche auf den Zimmern. DZ je nach Saison zwischen 35 und 50 €. ✆ 22240-22238.

▸ **Baden**: Im Westen ein lang gezogener Badestrand mit Mülleimern und Schilfschirmen. Leider führt die Straße direkt am Strand vorbei.

Der Nordosten Euböas

Von Lepoúra nach Kími

Man soll sich vor Übertreibungen hüten, aber nordöstlich von Lepoúra wird Euböa wirklich fantastisch! Grüne, wild bewachsene Ebenen wechseln sich mit grandiosen Schluchten ab. Es macht viel Freude, durch die intakte Natur zu fahren. Dazu viele sympathische Orte (Chaniá, Vríssi, Taxiárche) und der stets beeindruckende Blick nach Westen zum 1745 m hohen Dírfys-Gebirgszug. In fast jedem dieser Orte würde man am liebsten eine kleine Pause einlegen.**Vorsicht**: Straße oft recht schmal, in den Dörfern spielen viele Kinder auf oder an der Straße. Bitte Rücksicht nehmen!

Áno Kími

Die Ortschaft mit ihren alten, zum Teil noch sehr gut erhaltenen Herrenhäusern liegt beschaulich am Berg – 250 m über dem Meer. Sagenhafter Blick hinunter auf das tiefblaue Wasser der Ägäis und bei klarer Sicht hinüber bis nach Skíros. Rund um den Hauptplatz mit dem kleinen Kirchlein findet man alle wichtigen Einrichtungen: Kafenion, Tavernen, Bank (Geldwechsel), Taxi und unterhalb der Kirche eine öffentliche Toilette.

Völkerkunde-Museum: Das leicht zu übersehende, hellbraune Gebäude an der Hauptstraße wurde 1982 eröffnet. Es beherbergt alte Haushaltsgeräte, Pfannen, Fässer, alte Fotos von griechischen Honoratioren, Hüte, Mäntel, Möbel, Decken, Trachten, Uniformen und vieles mehr. Man spürt, dass das Museum mit viel Liebe fürs Detail angelegt wurde.

Im ersten Stock ist eine Ausstellung über einen der berühmtesten Söhne Euböas eingerichtet. *Dr. Georg Papanicolau* (1883–1962) machte sich als Gynäkologe an amerikanischen Universitäten einen Namen.

Öffnungszeiten tägl. von 10–13 und von 16.30–19 Uhr. Eintritt: pro Person knapp 2 €; ✆ 22220-22011.

Hinunter zum Hafen: Obwohl es nur 250 Höhenmeter sind, scheinen die Serpentinen nicht aufzuhören. Konzentriert fahren, bei Gegenverkehr ist kaum Platz zum Ausweichen. Unangenehm sind die zahlreichen Schlaglöcher am Straßenrand.

Kími/Hafen

Viele Tavernen, Cafés und zahlreiche Touristen, vorwiegend Rucksackreisende, die auf ihre Einschiffung zur Sporaden-Insel Skýros warten. Am Hafenplatz einige Bäume und Bänke, man sitzt dort angenehm im Schatten. Die parkähnliche Anlage wurde neu gestaltet. An mehreren Tavernen werden die Kraken zum Trocknen vor die Tür gehängt. Da es in Kími sehr windig und auch im Hochsommer am Abend recht frisch werden kann, sollte ein warmer Pullover im Reisegepäck nicht fehlen.

• *Fährverbindungen* Tickets nach Skýros gibt es bei **Travel Agent for the Ferry**, ✆ 22220-22020. Die Agentur liegt vis –à vis zur Hafenanlage, an der Hauptstraße. Der Laden wird jedoch gut eine halbe Stunde vor dem Ablegen der Schiffe geschlossen und der Kartenverkäufer bezieht seinen Posten an der Ablegestelle am Hafen. Falls noch ein Platz frei ist, kann man auch dort sein Ticket kaufen.

Nach Skýros: pro Tag drei Fähren. In der Hauptsaison wird am Abend ein viertes Boot eingesetzt. Die Überfahrt dauert exakt 2 Std. und kostet pro Person knapp 6 €. Für das Auto muss man zwischen 17 € und 20 € rechnen. In den Sommermonaten empfiehlt es sich vorzubuchen.

• *Übernachten* Nicht allzu viele Möglichkeiten, Kími wird von den meisten Touristen nur als Durchgangsstation benutzt.

Hotel Beis (C-Kat.), liegt im nördlichen Teil des Hafens. Relativ neuer Bau mit eigener Taverne. Eingangshalle mit dunklem Holz und Leder. Der Fahrstuhl ist der ganze Stolz des Besitzers. Zimmer ganz ordentlich und sauber. Balkone mit neuen Jalousien. Eigener Parkplatz, hier kann man auch sein Auto abstellen, wenn man rüber nach Skýros möchte. DZ mit Dusche ab 50–60 €, Frühstück 5 €. ✆ 22220-22604. www.hotel-beis.gr

Hotel Korali (C-Kat.), extravaganter Hotelkomplex an der südlichen Ausfahrtsstraße. Eine Tafel weist den Weg. Ausgesprochen tolle Lage, viel Holz und Marmor. DZ mit Dusche je nach Saison zwischen 40 und 53 €. ✆ 2222022212, ℻ 23355.

• *Essen* Abends wird es lebendig im Ort. Die kahlen Holztische vom Nachmittag erhalten eine weiße Papierdecke und auf den Tischen brennen Kerzen.

Die beste **Taverne**, die wir ausmachen konnten, hat keinen Namen und liegt im Süden des Dorfes. Am Eingang Zeichnung vom Koch. Die Portionen sind reichlich und gut zubereitet. Sehr zu empfehlen ist die Fischplatte für zwei Personen (20 €), abends mit warmem Brot vom Bäcker.

Euböa Karte S. 274/275

Der Norden Euböas

Bestens geeignet für all jene, die die Landschaft lieben und nicht nur das Baden. Der gesamte Norden ist so abwechslungsreich wie kaum eine andere Region in Griechenland.

Und was am erfreulichsten ist, die Vegetation kann aus dem Vollen schöpfen. Die Berge liefern genügend Wasser und die Flora dankt es mit fruchtbaren Ebenen, riesigen Olivenhainen, Getreidefeldern, Wein, Zitrusfrüchten und intakten Mischwäldern. Zwischen den Ortschaften Psahná und Mantoúdi wird die Insel sogar gebirgig mit Kalkfelsen und tiefen Schluchten. Weiter nördlich werden die Konturen dann wieder deutlich sanfter, die Hügel wurden von Wind und Regen abgeschliffen. Euböa hat viele Gesichter.

▸ **Néa Artáki**: schmucker Hafen- und Ferienort mit netten Tavernen am Ufer, aber reichlich Touristen. Weitere Hotels sind im Bau. Zum Baden weniger geeignet – im Wasser große, raue Steinplatten, die wie erstarrtes Lava erscheinen. Schön anzusehen ist der Fischerhafen am östlichen Ende der Bucht.

▸ **Polítika**: Abzweigung von der Hauptstraße bei der Shell-Tankstelle. Sympathische Ortschaft mit alter Bausubstanz und schattigen Gassen. Hierher verirren sich nur selten Touristen. Übernachtungsmöglichkeiten am Meer. Reichere Griechen und Ausländer haben sich abseits der Straße originelle und stattliche Ferienwohnungen gebaut. Lang gezogener, allerdings schmaler Kiesstrand (im Wasser auch Sand) ohne Schatten. Mehrere Tavernen am Ufer.

▸ **Límni**: reizvoller Hafenort an der Westküste Euböas, knapp 90 km von Chalkída entfernt. Abzweigung bei der Ortschaft *Strofilá*. Touristisch ist noch nicht viel los. Vor allem deshalb, weil die Ortschaft nicht einfach zu erreichen ist. Etwa 10 km weiter nördlich – bei **Roviés** – der gleichnamige Zeltplatz (110 Stellplätze, ganzjährig geöffnet, ✆ 22270-97250).

▸ **Péfki**: lang gezogene Ortschaft mit trister Uferpromenade. Am breiten Kiesstrand sonnen sich vor allem Griechen. Alles wirkt ein wenig provisorisch, aber vielleicht macht gerade dieser Eindruck Péfki sympathisch. Wirklich störend sind aber die riesigen Betonklötze, die an der breiten Durchgangsstraße liegen. Gemütlich sind die zahlreichen kleinen Tavernen und Lokale in teilweise sehr exponierter Lage mit Blick aufs Meer (z. B. Restaurant "Triaina").

• *Verbindungen* Von Pefkí verkehren **Flying Dolphins** nach **Skiáthos**, **Skópelos und Alónnissos** (im Sommer 1- bis 2-mal tägl.) Informationen unter ✆ 22260-41710, bzw. beachten Sie die Hinweistafeln am Strand.

• *Übernachten* Mehrere Hotels der B- und C-Kategorie (z. B. **Galini** oder **Pefki**), zudem zahlreiche Privatquartiere.

Camping Pefki, zu erreichen über eine holprige Piste am Strand entlang. Anlage mit kleinen Bäumen. Sanitäre Einrichtungen in gutem Zustand. Minimarkt. Am Meer grober Kiesstrand, Wasser sauber. Preise: pro Person etwa 5 €, Zelt 4 €, Auto ca. 4 €. ✆ 22260-41121.

▸ **Istéa**: wirtschaftliches Zentrum im Norden Euböas. Reichlich Betriebsamkeit an der Durchgangsstraße. Hier bekommt man alles: vom Brot bis zum Benzin, vom Schraubenschlüssel bis zur Schrotflinte. Apropos Gewehr – Hasenjagd gilt im Norden Euböas als Volkssport. Wundern Sie sich nicht, wenn in der freien Natur geschossen wird.
Bekannt ist Istéa vor allem wegen seines Weines. Schon Homer beschrieb die Gegend als "weinreich".

▸ **Agiókambos**: für die meisten Touristen ist der kleine Hafenort nur Durchgangsstation. Nur die wenigsten nutzen die guten Bademöglichkeiten nördlich der Anlegestelle.

• *Verbindungen* **Fähren** täglich zwischen 7.15 und 17.30 Uhr 6-mal Fähren zum Festland nach **Glífa** (im Sommer 12-mal). Kommen Sie rechtzeitig, lange Schlangen sind keine Seltenheit. Preise: Person 1 €, Auto je nach Länge 7–8 €, Motorrad 4 €. Informationen unter ✆ 22260-71228.

▸ **Loutrá Edipsoú**: das "Baden-Baden" Euböas. Vor allem ältere Griechen verbringen ihren Urlaub in dem Kurort und schätzen die bis zu 70 Grad heißen Quellen. Zu besichtigen gibt es Überreste römischer Badehäuser. Auffallend viele Tavernen, Restaurants und Strandcafés entlang der Hafenpromenade.

• *Verbindung* **Fähren**, in der Hochsaison bis zu acht Überfahrten zum Festland nach Arkítsa. Preise: Auto ca. 10 €, Wohnmobil ca. 15 €, Person etwa 1,65 €.

• *Übernachten* Entsprechend seinem Image hat der Kurort Edipsoú 108 Hotels aller Kategorien zu bieten, für jeden Geldbeutel etwas. Die Palette reicht vom mondänen, allerdings in die Jahre gekommenen Luxushotel bis zum einfachen Privatquartier. Übernachtungsmöglichkeiten am besten an der Uferstraße westlich des Ortes suchen, die Uferpromenade wird abends für den Verkehr gesperrt und von zahlreichen Kurgästen bevölkert.

Blick auf Póros mit seinen weiß gekalkten Häusern

Saronische Inseln

Das "Sprungbrett" zur Inselwelt Griechenlands! Zwischen der attischen Halbinsel (Athen) und dem Peloponnes gelegen, gehören die Saronischen Inseln neben den Kykladen zu den am besten erschlossenen Inseln Griechenlands.

Póros – kubische weiße Häuser wie auf den Kykladen; der Peloponnes scheint zum Greifen nah. *Hýdra* – schroffes, bizarres Eiland mit viel Schick, ideal für einsame Wanderungen, daneben *Dokós*, die unbewohnte Insel. *Spétses* – eine liebliche Pinienlandschaft mit schönen Stränden, besonders beliebt bei Engländern; *Spetsopoúla* – die Privatinsel des Reeders Niarchos. *Ägina* – landschaftlich weniger reizvoll, bietet den malerisch gelegenen dorischen Aphaía-Tempel und die Badeinsel Moní. Daneben liegt die kleine Nachbarinsel *Angístri*

Auf dem Seeweg sind alle Inseln schnell und bequem mit den "Flying Dolphins" zu erreichen, außerdem verkehren Fähren zwischen den Inseln und Piräus. Vor allem an Wochenenden im Sommer ist es schwierig, ein Zimmer zu finden; das Preisniveau liegt – zumindest auf Hýdra und Spétses – etwas über dem für den Peloponnes üblichen. Auf den Saronischen Inseln gibt es keine Campingplätze.

• *Verbindungen* **Flying Dolphins/Flying Cats**, die Tragflächenboote sind die schnellste Verbindung zwischen den Inseln und vom griechischen Festland. Sie kosten mehr als "normale" Fähren, sind jedoch in punkto Geschwindigkeit und Zuverlässigkeit nicht zu schlagen. Die 29 Tragflächenboote und 3 Katamarane der "Flying Dolphins" oder "Flying Cats" schaffen mit ihren starken Dieselmotoren 36 bis 44 Knoten. Die Fähren haben einen geschlossenen Passagierraum mit bequemen Sitzen (Hunde dürfen mitgenommen werden, müssen aber in einem offenen Zwischenraum bleiben). Jahresfahrpläne sind in sämtlichen Ticketagenturen kostenlos erhältlich. "Angeflogen" werden die Saronischen Inseln von Anfang April bis Ende Oktober, die häufigsten Verbindungen bestehen zwischen Ende Juni und Anfang September.

Die ausliegenden Fahrpläne sind in der Regel zweisprachig englisch und griechisch. Man sollte jedoch immer noch einen Blick auf die Anschlagtafeln in den Buchungsbüros werfen, teilweise werden die Fahrten wegen zu stürmischer See storniert (im Frühjahr und Herbst keine Seltenheit).

Es bestehen Verbindungen von allen Saronischen Inseln nach *Zea/Piräus*; alle Inseln sind untereinander verbunden (von *Ägina* nur Verbindungen nach *Póros* und retour). Zudem ist von allen Inseln aus das peloponnesische Festland erreichbar: von *Ägina* nach *Méthana*, von *Póros* nach *Ermióni*, *Méthana* und *Portochéli*, von *Hýdra* und *Spétses* nach *Ermióni* und *Portochéli*. Angeboten wird auch die Strecke Piräus – *Spétses – Portochéli – Leonídio – Kyparissi – Gérakas – Monemvasía – Kýthera*. Kinder unter vier Jahren fahren auf den "Dolphins" kostenlos mit, von 4–10 Jahren zahlen sie die Hälfte des Fahrpreises.

Nähere Informationen finden Sie unter "Verbindungen" bei den jeweiligen Inselkapiteln.

Autofähren laufen die Inseln ebenfalls an, spielen jedoch eine untergeordnete Rolle, da man Autos z. B. nach Hýdra und Spétses überhaupt nicht mitbringen darf.

Auskünfte im **Internet**: www.dolphins.gr.

Ägina

Ein beliebtes Wochenendziel der Athener. Kein Wunder, denn die Insel in Form eines Dreiecks liegt schließlich vor ihrer Haustüre. Ein Abstecher nach Ägina lohnt sich allemal, allein schon wegen des herrlich gelegenen und gut erhaltenen Aphaía-Tempels.

Piräus liegt nur einen Katzensprung entfernt. Diese Nähe macht sich vor allem in Ägina-Stadt, dem Zentrum der Insel, bemerkbar, wo es bisweilen recht turbulent zugeht. Dennoch besitzt die Stadt mit ihren engen Gassen ihren eigenen Charme. Der Hafen an der Westküste wurde bereits in der Antike erbaut. Das letzte Dokument, eine einzeln stehende Säule, ziert die Anhöhe. Hauptattraktion der Insel ist der dorische *Aphaía-Tempel* aus dem 5. Jh. v. Chr. auf einem pinienbestandenen Berg nahe dem Badeort Agía Marína (größter Strand der Insel). Im Inselinneren liegt die Ruinenstadt *Paliochóra* am Hang eines kegelförmigen Hügels. Sie soll einst so viele Kirchen besessen haben wie ein Jahr Tage hat. Von diesen 365 Kirchen sind noch etwa 30 erhalten. Sehenswert auch das nahe gelegene moderne *Kloster Ágios Nektários*, die menschenleere Gegend im Südosten der Insel und das beschauliche Fischerdorf *Pérdika* an der Südwestküste. Hier setzen die kleinen Boote zu den Stränden der kleinen Insel *Moní* über.

Geschichte: Bis ins 4. Jt. v. Chr. geht die erste Besiedlung von Ägina zurück. Dies bezeugen Keramikfunde vom Kolóna-Hügel nördlich von Ägina-Stadt. Im 3. Jt. v. Chr. gab es bereits einen Hafen, der vor allem für den Handel mit Kreta wichtig war. Gegen 950 v. Chr. starteten die Dorer von Epidaurus aus ihren Eroberungsfeldzug gegen die Insel. Ägina wurde unterworfen und gehörte in den folgenden Jahren zur "Amphikyonie", einem Bund von sieben Städten mit dem Poseidon-Tempel auf Póros als Zentrum. Eine wirtschaftliche Blütezeit erlebte die Insel im 6. und 7. Jh. v. Chr. Ägina war der erste Stadtstaat, der das Münzrecht besaß. Nach der Befreiung von der Vorherrschaft durch Árgos entwickelte sich ein reger Handel mit Metall, Keramik und sogar Parfüm. Die geografische Lage machte Ägina zum idealen Umschlagplatz für Waren vom Peloponnes, aus Attika und Nordgriechenland. Die Handelsbeziehungen reichten bis nach Italien, Ägypten und zum Schwarzen Meer. Immer mehr auswärtige Kaufleute ließen sich auf Ägina nieder. Bereits im 6. Jh. v. Chr. gab es einen "Gerichtshof für Fremde" und ein aus öffentlichen Mitteln bezahlter Arzt kümmerte sich um die Gesundheit der Einwohner.

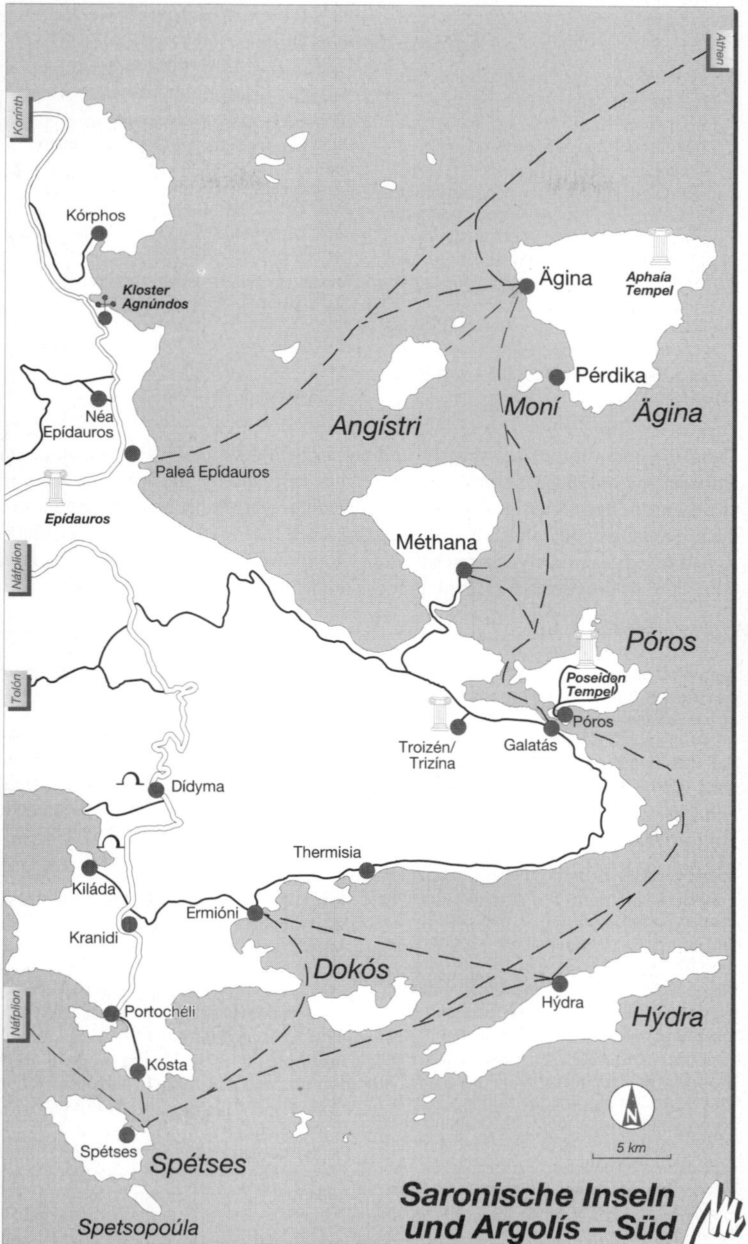
Athen
Korinth
Kórphos
Kloster Agnúndos
Ägina
Aphaía Tempel
Pérdika
Moní
Ägina
Angístri
Néa Epídauros
Paleá Epídauros
Epídauros
Méthana
Náfplion
Póros
Poseidon Tempel
Póros
Galatás
Troizén/ Trizína
Tolón
Dídyma
Thermisia
Kiláda
Ermióni
Kranidi
Dokós
Hýdra
Hýdra
Náfplion
Portochéli
Kósta
Spétses
Spétses
Spetsopoúla
5 km
Saronische Inseln und Argolís – Süd

Ägina auf einen Blick

Größe: 85 qkm, größte Saronische Insel.

Bevölkerung: ca. 12.000 Einwohner (im Sommer mehr als das Doppelte), davon über die Hälfte in Ägina-Stadt.

Wichtigste Orte: Ägina-Stadt, Inselhauptstadt, Agía Marína, Touristenhochburg, Pérdika, Fischerdörfchen und Fährhafen zur Insel Moní, Mesagrós, Töpferdorf im Inselinneren, Souvála, im Norden der Insel, kürzeste Fährverbindung nach Piräus.

Straßen: sehr gut ausgebautes Straßennetz; zu allen wichtigen Orten asphaltiert.

Auto-/Zweiradverleih: in Ägina-Stadt, Agía Marína und Souvála.

Tankstellen: Ägina-Stadt, Agía Marína, Souvála, Pérdika.

Unterkunft: Die Zimmersuche kann zum Problem werden, vor allem im Juli/August und an den Wochenenden (viele Athener). Die meisten Hotelbetten gibt es in Ägina-Stadt und Agía Marína, ruhigere Orte und etwas preiswerter sind Pérdika und Souvála.

Karten: Die in Souvenirläden erhältliche "tourist-map" hilft bei der ersten Orientierung, ist aber unzuverlässig. Am besten eine Karte vom Großraum Athen kaufen, in der Regel ist darin auch Ägina enthalten.

Den Athenern war die ökonomische und politische Macht der Insel schon lange ein Dorn im Auge. 458 v. Chr. eroberten sie Ägina, vernichteten die Wehranlagen und zwangen die Bewohner zu jährlichen Tributzahlungen. Danach spielte Ägina nur noch einmal eine historisch bedeutende Rolle. 1821, als der griechische Unabhängigkeitskrieg gegen die Vorherrschaft des Halbmonds begann, fungierte Ägina zwei Jahre lang als provisorische Hauptstadt des modernen griechischen Staates.

Verbindungen

Autofähre: hervorragende Verbindung. Mit der großen Autofähre ist man in 1,5 Std. in Piräus, zwischen 7–21 Uhr etwa stündlich (mind. 12-mal tägl.); pro Person 4,50 €, Auto 30 €, Motorrad 2,50 €. Außerdem 5-mal tägl. nach Méthana und Póros; nach Méthana pro Person 3 €, Auto 12 €, Motorrad 2 €; nach Póros pro Person 3,50 €, Auto 12,50 €, Motorrad 2 €, 1-mal täglich Personenfähren nach Hýdra (5 €) und 1-mal nach Spétses (7,50 €). Es gibt zwei Fährlinien (gleiche Preise), Tickets werden in den beiden Buden am Hafen verkauft. Hier hängen auch die Abfahrtszeiten aus.

Flying Dolphins und Flying Cats verbinden Ägina mit Piräus, der Insel Póros und dem Ostpeloponnes. In der Hochsaison 11-mal tägl. nach *Piräus* (40 Min., 6,50 €); 2-mal tägl. nach *Méthana* (20 Min., 6 €); 1-mal nach *Póros* (40 Min., 7,50 €). Fahrten zu den südlichen Saronischen Inseln sind mit Umsteigen in Póros möglich, sollten aber anhand des kostenlos ausliegenden Fahrplanes im Voraus organisiert werden. Tickets für die *Flying Dolphins* werden in einer Bude am Hafen verkauft; hier hängen auch die Abfahrtszeiten aus. ✆ 22970-24456 oder 22970-26154.

Piräus ist außerdem mit dem **Katamaran "Mirage"** der Gesellschaft *Strintzis-Lines* von Ägina erreichbar. Für 4,50 € pro Person sehr günstig, jedoch nur 3-mal tägl. Abfahrten. Tickets ebenfalls in einer Bude am Hafen.

Weitere Fährverbindungen nach *Piräus* auch von **Souvála** und **Agía Marína** (siehe unter den jeweiligen Ortsbeschreibungen).

Fährschiffe von *Ägina-Stadt* nach *Skála* auf der *Insel Angístri*, 2-mal tägl. Autofähre, pro Person 1,50 €, Auto 4,50 €, Motorrad 1,50 €; außerdem 3-mal tägl. Personenfähren nach *Angístri* (*Skála* und *Milos*), die Überfahrt dauert 20 Minuten und kostet 1,50 €. Tickets ebenfalls in einer kleinen Bude direkt bei der Anlegestelle; die Abfahrtszeiten sind auf einer Tafel angeschrieben.

Taxiboote verkehren häufig morgens nach *Angístri*, tagsüber nach Bedarf, pro Person 3,50 €. Abfahrt neben der Bude der *Flying Dolphins*.

Fischerboote bringen vom Dorf *Pérdika* die Gäste zur Insel *Moní*. Verbindungen je nach Bedarf, die kurze Überfahrt kostet 2 € p. P.

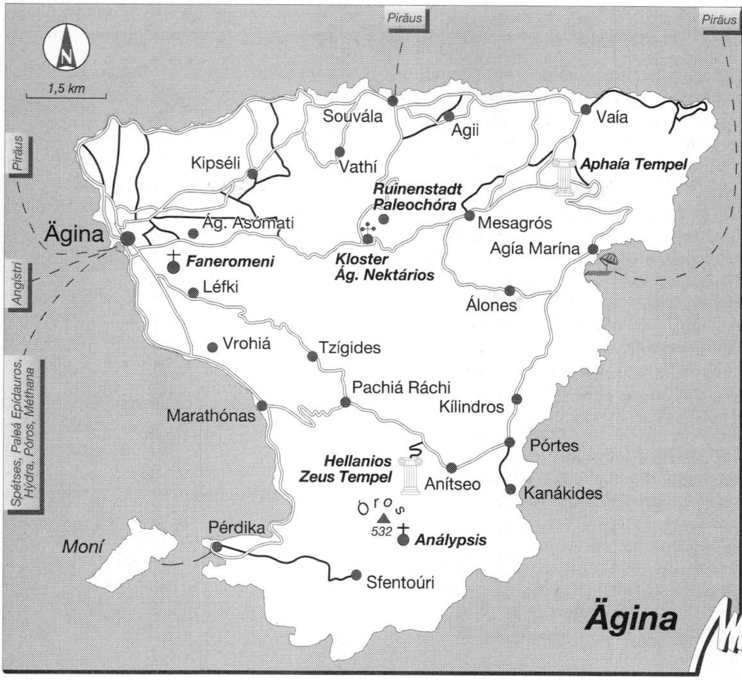

Saronische Inseln
Karte S. 283

Ägina-Stadt

Moderne und alte Fassaden, unzählige Straßencafés an der Hafenmole, die Jachten reicher Athener und Fischerboote prägen das Bild der über 6.000 Einwohner zählenden Stadt. In Ägina-Stadt schlägt das Herz der dreieckigen Insel. Hier legen die Fähren ab, hier haben die Verwaltung und die ökonomisch bedeutenden Unternehmen der Insel ihren Sitz.

Ägina-Stadt liegt im flachen Westteil. Durch ausgezeichnete Busverbindungen erreicht man problemlos alle Orte auf der Insel. Das Leben des Städtchens spielt sich an der Hafenmole ab. Obwohl die schönen Strände etwas außerhalb liegen, ist die Hauptstadt als Standquartier zu empfehlen. Wer gerne abends ausgeht, kommt in den gemütlichen Bars der Altstadt auf seine Kosten.

Information/Verbindungen

• *Information* **Polizei** und **Touristenpolizei** befinden sich im gleichen Gebäude in einer Seitengasse der Hafenstraße (Leonardou Lada Str.). Die freundlichen Beamten sind ausgesprochen hilfsbereit, doch kann es unter Umständen zu Verständigungsproblemen kommen. ✆ 22970-22100 (Polizei), 22970-27777 (Touristenpolizei).

• *Verbindungen* Gute **Busverbindungen**; die wichtigsten Orte werden häufig angefahren. 14-mal tägl. Agía Marína (1,50 €), über Ágios Nektários, Mesagrós und Aphaía-Tempel), 9-mal Souvála (1 €) und Pérdika (1 €). Die Busse fahren an der Hafenstraße ab (Richtung Kolóna-Hügel), dort hängen auch die genauen Abfahrtszeiten aus. Auskünfte unter ✆ 22970-22787.

Adressen

Autovermietung: s. unter "Reiseagenturen".
Kutschen: stehen für Romantiker an der Uferpromenade bereit – ein allerdings nicht ganz billiges Vergnügen: Eine viertelstündige Rundfahrt kostet ca. 10 €.

Taxis: an der Uferpromenade. ✆ 22970-22635.

Bank: *National Bank of Greece* an der Hafenstraße, Mo–Do 8–14 Uhr, Fr 8–13.30 Uhr, mit EC-Automat, weitere Banken an der Hafenpromenade.

Hafenpolizei: zwei Häuser neben der Nationalbank an der Hafenstraße. ✆ 22970-22328.

Krankenhaus: Das kleine Hospital mit nur 28 Betten ist in der Nosokomiou-Str. zu finden (Richtung Inselnorden, ausgeschildert). ✆ 22970-22209.

Post: Eckhaus in der Kanari-Str., Mo–Fr 7.30–14 Uhr geöffnet.

Reiseagenturen: Verschiedene Reisebüros veranstalten Ausflüge zu anderen Saronischen Inseln und zu antiken Sehenswürdigkeiten auf dem Peloponnes, z. B. *Pipinis Travel*. Das Büro befindet sich in der Kanari Str. 2 (beim Hafen). Bootsausflug nach Póros und Hýdra etwa 30 €, Busrundfahrt Argolís und Ausflug nach Athen je rund 45 €. Außerdem Geldwechsel, Autoverleih, Flugtickets sowie Fährtickets zu den griechischen Inseln und nach Italien. Tägl. 8.30–21.30 Uhr geöffnet. ✆ 22970-28780 oder 25664, ℻ 28779.

Auto- und Zweiradverleih: Einige Verleiher an der Hafenstraße in Ägina-Stadt, z. B. *Sklavenas Rent a Car* (Hafenstraße, Richtung Archäolog. Museum/Kolóna-Hügel). Moped (50 ccm) 10 € pro Tag, 80 ccm 16 €, Fahrrad 7 €, Kleinwagen 45 €, Jeep 65 €, ab 3 Tagen Mietdauer verringern sich die Preise, ab 1 Woche 20 % Rabatt. Sklavenas unterhält eine Filiale in Agía Marína, man kann das Fahrzeug in der Hauptstadt mieten und in Agía Marína abgeben oder umgekehrt. Tägl. 9–21 Uhr geöffnet. ✆ 22970-22892, ℻ 22443. **Achtung**: In der Hauptsaison sind oft alle Zweiräder und Autos verliehen, man sollte einige Tage vorher reservieren (besonders Autos und Jeeps).

Ein ähnliches Angebot, allerdings nur Zweiräder, findet man auch bei *Moto Rent Giakas*, Leonardou Lada Str. 6. Moped (50 ccm, Schaltung) 10 €, Scooter (50 ccm) 15–17 €, Fahrrad 6 €. Bonus: Den Besitzern dieses Buches gewährt Dimitris Giakas einen Rabatt. Tägl. 8.30–21 Uhr geöffnet. ✆ 22970-26486, mobil 6944-638812.

Pistazien-Insel

Berühmt ist Ägina für seine Pistazien. Sie werden im August überall auf der Insel geerntet. Kaum eine Familie, die da nicht mithilft. Die Pistazien werden gepflückt, sortiert, entkernt, getrocknet, in Salzwasser getaucht und dann mit einer Säure benetzt. Dadurch erhalten sie ihre charakteristische Farbe. Wer versäumt haben sollte, sich diese Knabberei zu besorgen, bekommt vor dem Ablegen der Fähre noch eine letzte Chance. In einem Pavillon am Hafen verkauft die *Ägina Agricultural Association* ihre Pistazien – 250 gr. kosten 3 €, das Kilo ist für 10 € zu haben. In dem Pavillon werden auch in Honig eingelegte Pistazien im Glas (5 €) verkauft.

Übernachten

Hotel Marmarinos, schräg gegenüber vom Artemis, L. Lada Str. 24. Despina Marmarinou bietet recht schlichte Zimmer mit Bad, Balkon und Kühlschrank, EZ ab 35 €, DZ ab 42 €. ✆ 22970-23510 oder 22970-22474.

Hotel Christina, in der Nähe des Kolóna-Hügels. Relativ ruhig gelegen, von den Balkonen der Vorderfront schöner Blick. Alle Zimmer mit Bad, Balkon, Kühlschrank und Kochgelegenheit, um z. B. das Frühstück selbst zu machen. EZ ab 40 €, DZ ab 50 €. ✆ 22970-25600, ℻ 28404 (Lesertipp von Günter Haupt, Blaubeuren).

Dem Besitzer Michalis Kororos gehören auch die schräg gegenüber gelegene **Pension Ulrika** (gleiches Preisniveau) und das Hotel Plaza. Die Zimmer der Pension Ulrika sind zusätzlich mit Aircondition ausgestattet. Ganzjährig geöffnet.

Hotel Plaza, das günstige und sympathische kleine Hotel liegt an der Uferstraße Richtung Kolóna-Hügel. Allzu großen Komfort sollte man nicht erwarten (EZ ab 40 €, DZ ab 50 €, jeweils mit Bad und Balkon), dafür herrscht eine nette Atmosphäre; der Besitzer serviert am einzigen Tisch vor dem Haus Frappés und Bier und gibt seinen Gästen gute Tipps zur Erkundung der Insel. ✆ 22970-25600 oder 22970-28404 (auch Fax).

Essen/Trinken/Bars

Taverne Lekkas, empfehlenswertes und recht preisgünstiges Restaurant an der Uferpromenade (Richtung Kolóna-Hügel). Bodenständige griechische Küche. Wird auch von den Bewohnern der Stadt geschätzt und weiterempfohlen.

In dem schlichten **Restaurant Aphaía** (Eckhaus am Hafen Richtung Kolóna-Hügel) gibt es täglich frischen Tintenfisch vom Grillrost.

Außerdem zahlreiche **Fastfood-Restaurants** und weitere, oft aber sehr touristische **Restaurants** und **Cafés** an der Hafenpromenade.

Bar Avli, in dem idyllischen, weinüberlaubten Hof in der Altstadtgasse Pan. Irioti geht es urgemütlich zu. Sehr griechisches, blauweißes Ambiente, hervorragendes Frühstück, günstiges Mittag- und Abendessen, auch Snacks, Backgammon, äußerst entspannende, nette Atmosphäre. Abends Music-Bar.

Bar International Corner, gemütliche Eckkneipe für den Abend. An den Wänden interessante Bilder. Es werden auch kleine Snacks serviert. Der Besitzer sammelt seit über 30 Jahren Schallplatten (und CDs), die Musik hebt sich vom Üblichen ab. Eckhaus am Ende der oberen Parallelstr. zur Pan.-Irioti-Str.

Kafenion Agora, hinter der Fischmarkthalle, in der Parallelstraße zum Hafen, das beliebte und traditionelle Kafenion der Fischer. Die Tintenfische hängen auf dem Rost, man palavert miteinander, aus dem Lautsprecher tönt griechische Musik. Hier gibt es hervorragenden Fisch zu bezahlbaren Preisen. An den Wochenenden *Live-Konzerte* (Bouzouki usw.), dann ist die urige Psarotaverna brechend voll und es herrscht eine Riesenstimmung.

• *Essen/Trinken außerhalb* **Taverne Paris**, 5 km von Ägina-Stadt entfernt in Marathónas (Straße Richtung Pérdika auf der rechten Seite). Das Ambiente ist denkbar einfach, dafür aber umso wirkungsvoller: Tische und Stühle wurden unter einem Zeltdach am Strand aufgebaut, daneben noch eine Bar, sehr gemütlich. Bei dem sympathischen Michalis Potamiakos (erkennbar an Schnauzer und Zopf) gibt es hervorragenden Fisch; gute griechische Küche, viele Bewohner der Hauptstadt kommen zum Essen hierher. Inselweit bekannte und beliebte Taverne, mittags und abends geöffnet.

Saronische Inseln
Karte S. 283

Sehenswertes

Kolóna-Hügel: Am nördlichen Stadtrand auf einer kleinen Landspitze liegen die Reste eines Dorfes aus der Antike. Aus dem weitläufigen Gelände ragt ein allein stehender, verwitterter Säulenstumpf auf, der von einem dorischen Apóllon-Tempel stammt. Das Wahrzeichen auf dem erhöhten Landvorsprung wird "Kolóna" genannt. Von dem im 6. Jh. v. Chr. errichteten Tempel kann man noch die Fundamente und das polygonale Mauerwerk erkennen. Auf der Anhöhe (schöner Blick) finden sich unzählige Relikte der einstigen Siedlung. Im Südosten des Gotteshauses stößt man auf weitere archaische Fundamente und im Südwesten auf zwei kleine Tempel und die Überreste einer kreisförmigen Mauer.

Das Gelände ist teilweise abgesperrt, da die Ausgrabungsarbeiten noch andauern; zurzeit sind hier Salzburger Archäologen mit weiteren Forschungen beschäftigt. Auf dem Areal hat man Ende des 19. Jh. in einem Grab einen Goldschatz minoischer Herkunft entdeckt, der etwa 3500 Jahre alt ist. Der Fund besteht aus drei Diademen, einem goldenen Becher und zahlreichen anderen Schmuckgegenständen. Allerdings sind die Kostbarkeiten, wie so vieles aus der griechischen Vergangenheit, nicht hier, sondern in London im British Museum ausgestellt.

Die ersten Ausgrabungen auf dem 220 m langen und 80 m breiten Hügel erfolgten Ende des 19. Jh. unter Adolf Furtwängler (Vater des berühmten Dirigenten). Dabei gelang es vor allem, die Reste des Haupttempels freizulegen. Ab 1966 wurden die Untersuchungen von Prof. Hans Walter aus München weitergeführt. Insgesamt entdeckte der Archäologe elf Siedlungen aus einem Zeitraum von mindestens 4000 Jahren, also von der frühen Bronzezeit um 3000 v. Chr. bis zum 10. Jh. n. Chr. Die besondere wissenschaftliche Bedeutung des Kolóna-Hügels liegt darin, dass bronzezeitliche Dörfer komplett erhalten geblieben sind, also mit Häusern, Befestigungen, Straßen, Haushaltsgeräten usw. Diese Vollständigkeit lieferte unschätzbare Erkenntnisse über das Leben und Funktionieren einer solchen Siedlung.

In der Bucht südlich des Hügels ankerte einst die Kriegsflotte der Stadt. Unter Wasser liegen die Reste der Kaimauern.

Museum: Die Sammlungen des äußerst sehenswerten Museums sind in einem Rechteckbau aus Póros-Steinen untergebracht. Unter den Exponaten befinden sich Keramik-, Gold- und Bronzefunde aus geometrischer, archaischer und klassischer Zeit, daneben auch Reliefs und Bruchstücke von Säulen, Vasen, Grabsteine und weitere Kleinfunde, die meisten stammen aus dem 5. Jh. v. Chr. Sehr interessant die marmorne Sphinx aus dem 5. Jh. v. Chr., die dem böotischen Bildhauer Kalamis zugeordnet wird. Die z. T. sehr gut erhaltenen Ausstellungsstücke sind in englischer Sprache erläutert.

Öffnungszeiten des Ausgrabungsgeländes und des Museums: tägl. 8–14.30 Uhr, Mo geschlossen. Eintritt 1,50 €, Kinder/Jugendliche unter 18 und EU-Studenten mit ISIC frei, andere Studenten 1 €.

Basilika Agios Theodoros: Die Kirche aus dem 13. Jh. liegt 2 km außerhalb von Ägina-Stadt bei dem Dorf Ágioi Asómati. Der halbstündige Spaziergang lohnt sich vor allem wegen der schönen byzantinischen Fresken. Bekannt sind das Kreuzigungsbild mit Maria sowie die Darstellung der Geburt Christi. Ungewöhnlich: Die Fresken zeigen Maria beim Stillen ihres Kindes.

Faneromeni: Die Außenfassaden der im 13. Jh. begonnenen, aber nie vollendeten Kirche stehen noch. Der Garten des Nonnenhauses birgt zwei unterirdische Kapellen, deren Zugang jedoch meist versperrt ist. Viele Gläubige kommen am 25. März, zum Fest Mariä Verkündigung. Die Legende erzählt, dass zur Zeit der Erbauung der zu einer Höhle führende Gang hinter dem Altar immer wieder zusammenfiel, bis man schließlich die Ikone der Jungfrau Maria in der Höhle fand.

Anfahrt Zu der Kirchenruine gelangt man auf der neuen Straße nach Agía Marína. Beim kleinen Fußballstadion am südlichen Ende von Ägina-Stadt links abbiegen. Nach 500 m steht die Ruine auf der rechten Seite.

▶ **Baden**: Am nördlichen Stadtrand gibt es am Kolóna-Hügel zwei Strände (teilweise Sand, nördlich und südlich vom Hügel gelegen); am nördlichen (*Kolóna-Beach*) spenden einige Kiefern Schatten, an beiden Stränden Sonnenschirm- und Liegestuhlverleih.

Souvála

Das weit auseinander gezogene Dorf an der flachen Küste avancierte wegen seiner Quellen, die eine natürliche schwach radioaktive Strahlung besitzen, zum beliebten Heilbad. Im Sommer besteht eine direkte Fährverbindung nach Piräus; die Fahrt dauert etwas mehr als eine Stunde. Außerdem werden die "Sea Falcons" (ähnlich den "Flying Dolphins") eingesetzt, um die Besucher binnen 30 Minuten von und nach Piräus bringen. 3 km westlich von Souvála, am Kap Livádia, lebte der Schrift-

Kloster Ágios Nektários: Der Stolz der griechisch-orthodoxen Kirche auf Ägina

steller *Nikos Kazantzakis* (Autor von "Alexis Sorbas"). Das bescheidene Anwesen (1 km vom Leuchtturm) wird noch heute bewohnt. Die Küste entlang der Straße von Souvála nach Ägina-Stadt ist ziemlich verbaut, die Strände sind klein und nicht immer sauber.

- *Verbindung* Souvála ist mind. 5-mal tägl. durch eine **Autofähre** mit Piräus verbunden (Fahrtzeit ca. 1 Std.), am Wochenende häufiger. Pro Person 4,50 €, Auto 15 €, Motorrad 2,50 €. Tickets in der Bude am Hafen.

8-mal tägl. verkehren die **"Sea Falcons"/ Hydrofoils** zwischen Souvála und Piräus (30 Min.), 7 € pro Person, Tickets am Hafen. ✆ 22970-53040.

Busse fahren 8-mal tägl. nach Ägina-Stadt, einfache Fahrt 1 €.

- *Übernachten* **Hotel Galaxy**, moderner Bau mit gepflegten Appartements, 200 m vom Hafen an der Straße nach Ägina-Stadt auf der linken Seite; kein Blick aufs Meer. Von Mai bis Oktober geöffnet. 2er-Appartement mit Bad, Balkon und Küche 80–100 €. Hilfsbereiter Besitzer Dionyssios Axiotis, gutes Preis-Leistungs-Verhältnis. ✆ 22970-52944, ℻ 53820.

Ziele im Inselinneren

▸ **Kloster Ágios Nektários**: Schon von weitem sieht man die riesige, moderne Kuppelkirche mit mehreren Stockwerken und Arkadengängen – an nichts wurde gespart. Gleich daneben die große Herberge des Klosters, das tagsüber in angemessener Kleidung besichtigt werden kann. Hier wird der 1920 verstorbene Bischof von Pentapolis verehrt, der jüngste Heilige der Griechisch-Orthodoxen Kirche. Er ließ hier die *Kapelle des Zoodóchos Pighí* errichten. Die Kapelle des Ágios Nektários ist vollgestopft mit Lampen – allesamt Dankesbezeugungen der Wallfahrer, deren Gebrechen durch Wunder geheilt wurden. Höhepunkt der Verehrung ist der 9. November, der Todestag des Heiligen. Tausende gläubiger Griechen nehmen dies zum Anlass, um hierher zu pilgern.

Der Bus von Ägina-Stadt nach Agía Marína hat beim Kloster eine Haltestelle, gegenüber der Kuppelkirche befindet sich eine Taverne.

Ruinenstadt Paliochóra: Nur 1 km östlich vom Kloster Ágios Nektários befinden sich die Überreste der ehemaligen Inselhauptstadt. Der Berghang ist übersät von Kirchen- und Häuserruinen, die durch holprige, von Pflanzen überwucherte Steinpfade verbunden sind. Zwischen den alten Gemäuern gibt es viel zu entdecken. Von den einst unzähligen Kirchen der Stadt sind insgesamt noch 32 erhalten. Paliochóra, im einst schwer zugänglichen Inselinneren, entstand im 9. Jh. als Stätte der Zuflucht. Die Bewohner waren es leid, ihre Siedlungen an der Küste ständig überfallen und ausplündern zu lassen. Seit etwa 1800 ist Paliochóra verlassen. Von den zahlreichen Fresken in den Kirchen und Kapellen sind nur noch wenige erhalten.

Kirche Ágios Nikólaos – Fresken aus dem 14. Jh.; eine der Wandmalereien zeigt die Jungfrau Maria sowie den heiligen Georg auf dem Pferd.

Kapelle Stavrós – Die weiß gestrichene Basilika war die Hauptkirche von Paliochóra. Jeweils am 14. September, dem Feiertag des Heiligen Kreuzes (Stavrós = Heiliges Kreuz), wird eine Messe zelebriert.

Kirche Ágios Georgios Katholikos – liegt oberhalb der Kapelle, erbaut im frühen 14. Jh., von den Venezianern in eine römisch-katholische Kirche umfunktioniert. Die leider nur noch in Fragmenten erhaltenen Fresken stammen aus verschiedenen Epochen.

Kirche Ágios Dionýsios – Ein steiler Weg führt hinauf zur Episkopí-Kirche. Dionysios, der Inselheilige von Zákynthos, war von 1576-89 Bischof von Ägina und bewohnte die Zelle am Ende der Treppe über dem Hof. Auf den drei obersten Stufen vor der Kirchentür soll er gestanden und gesegnetes Brot verteilt haben. Am 17. Dezember, dem Todestag des Heiligen, liest der Bischof in Ägina-Stadt zu seinem Gedenken eine Messe.

Kirche Agía Anna – unterhalb von Ágios Dionýsios. Surrealistische Fresken mit Fantasietieren. Die Ikonostase enthält zwei wertvolle, tragbare Ikonen aus der Ionischen Schule (16./17. Jh.). Die Basilika wurde zum Teil in den Fels gehauen.

Kirche Ágios Georgios/Ágios Demetrios – auf dem Gelände des 1654 von den Venezianern errichteten Kastros. Eine Kirche ist für die Katholiken, die andere für Anhänger des orthodoxen Glaubens.

Kapelle Ágios Theodoroi – unterhalb der Burg.

Kapelle Taxiárchis – aus dem 13. Jh.

Kirche Agía Kyriaki – Die im 17./18. Jh. bedeutendste Kirche der Inselhauptstadt wird erst seit 1830 nicht mehr genutzt. Die Basilika bestand eigentlich aus zwei Kirchen, der linke Teil ist der Zoodóchos Pighí geweiht. Die Kirche ist größtenteils verfallen, von den Fresken fast nichts mehr erhalten.

Kirche Ágios Yiánnis Theologo – Ein Stück weiter liegt die Kirche aus dem 14. Jh. (erkennbar an der blauen Kuppel und dem Glockenturm). Der Katalane Graf Pedro ließ die Kirche errichten in der Hoffnung, damit Vergebung für seine Sünden zu erlangen. Noch drei erhaltene Fresken.

Kirche Ágios Nikólaos – Nur wenige Meter weiter steht die älteste Kirche Paliochóras mit einigen halbwegs erhaltenen Fresken, u. a. eine große Darstellung des Ágios Nikólaos.

Kirche Ágios Anargyroi – Ein Fußpfad führt am Berg entlang zu der Basilika mit nur noch wenigen erhaltenen Fresken.

Mesagrós: Das Dörfchen liegt unterhalb des Aphaía-Tempels auf einer Hügelkette an der Hauptstraße von Ägina-Stadt nach Agía Marína. Im Frühjahr verwandelt sich Mesagrós in ein einziges Blütenmeer.

Vor allem wegen der *Töpfereien* lohnt sich ein Ausflug hierher. Die Bewohner von Mesagrós gelten auf Ägina unbestritten als die Spezialisten in Sachen Keramik. Hier werden die Tongefäße hergestellt, die selbst im heißesten Sommer das Wasser kühl halten. Das System der natürlichen Kühlung ist ebenso einfach wie überzeugend. Etwas Wasser gelangt in den unlackierten, porösen Stein und verdampft. Dadurch wird Energie in Form von Wärme verbraucht, das Wasser in den Krügen bleibt kalt.

Zudem ist Mesagrós bekannt für seinen *Retsina*. Im Sommer sieht man überall die Einkerbungen an den Baumstämmen. Darunter hängen Blechdosen, die das austretende Harz auffangen. Mit der zähflüssigen Masse werden die Innenwände der Weinfässer gestrichen und dadurch erhält der Retsina seinen typischen Geschmack. Angeblich soll *Aristophanes*, berühmter Bühnenautor der Antike, in der Gegend von Mesagrós einen Landsitz besessen haben. Ob das stimmt, ist wissenschaftlich jedoch nicht erwiesen.

Aphaía-Tempel

Zwischen den Aleppo-Kiefern auf einer Felskuppe hat er seine 2500-jährige Vergangenheit recht gut überstanden. Die Erklärung dafür liefert der Archäologe Adolf Furtwängler (1854-1907): "Es war die Abgelegenheit des Tempels im einsamen Waldgebirge, die ihn nicht nur der faulen Neugier der Bequemen, sondern auch der Barbarei spähender Zerstörer entzog. Länger als ein Jahrtausend lag das Dunkel völliger Vergessenheit über der Ruine."

Der Tempel im Nordosten Äginas ist heute freilich leicht erreichbar und er gehört mit seinen zahlreichen dorischen Säulen zu den am besten erhaltenen antiken Gotteshäusern der griechischen Inseln!

Bayern und der Aphaía-Tempel

Unter abenteuerlichen Umständen kamen die wertvollsten Überreste des Aphaía-Tempels in die bayerische Landeshauptstadt. Die marmornen Helden- und Götterskulpturen waren 1811 von einigen Architekten, darunter dem Peloponnes-Fan und Globetrotter Carl Haller von Hallerstein, unter Schutt und Trümmern entdeckt worden. Die Überführung der antiken Plastiken nach München bedeutete für die bayerischen Philhellenen – und nicht nur für diese – eine Sensation. Dem bayerischen König Ludwig I. waren die steinernen Helden und Götter allerdings nicht antik genug. Um sie dem damaligen Ideal anzugleichen, hat man sie unter der Leitung des dänischen Bildhauers Bertel Thorwaldsen einer "Schönheitsoperation" unterzogen. Erst Dieter Ohly ließ ihren ursprünglichen Zustand wiederherstellen.

Saronische Inseln
Karte S. 283

Von Mesagrós schlängelt sich die Asphaltstraße den Berg hinauf zum Heiligtum. Die Inselbusse halten hier. Ein Besuch des Tempels ist nicht zuletzt wegen seiner exponierten Lage mit fantastischem Blick auf Hügel und Täler sowie den Saronischen Golf und das Festland so lohnenswert. Das aus Ägina-Kalkstein. erbaute Heiligtum war der kretisch-minoischen Göttin *Aphaia* geweiht. Heute ist der heilige Ort das Hauptausflugsziel der Insel. Die kostbarsten Relikte sind allerdings nicht auf Ägina zu finden.

Eine systematische Erforschung des Geländes gelang erst unter *Adolf Furtwängler* im Jahre 1901. Er fand in dem verschütteten Altbau nicht nur wertvolle Skulpturen, sondern auch eine Inschrift aus dem 6. Jh. v. Chr., die bewies, dass der Tempel der Göttin Aphaía geweiht war. Vorher hatte man angenommen, es handele sich um einen Tempel der Athene. Später leitete Dieter Ohly, von 1962 bis 1978 Direktor der Münchner Glyptothek, zehn Jahre lang die Forschungen. Nach insgesamt 20-jähriger Arbeit wurden die Untersuchungen abgeschlossen. Nachzulesen sind die Ergebnisse der Wühlarbeit von Archäologen, Restauratoren, Architekten und griechischen Bauarbeitern in Dieter Ohly's Buch "Tempel und Heiligtum der Aphaía auf Ägina".

Das Heiligtum wurde um 480 v. Chr. erbaut. Vorher stand an gleicher Stelle ein älterer Tempel. Das dorische Gebäude hatte sechs Säulen an der Breit- und zwölf an der Längsseite. Von den ursprünglich 32 Säulen der **Cella** sind 23 erhalten. Es stehen auch noch zwei Säulen, durch die man in den **Pronaos** (Vorraum) gelangt. Sowohl Dach als auch Giebel waren aus Marmor. Der **Westgiebel** (510 v. Chr.) zeigt die Kämpfe äginetischer Helden im Trojanischen Krieg, der **Ostgiebel** stellt die Eroberung Trojas durch Telamon dar. An beiden Seiten nimmt Athene einen bedeutenden Raum in der Darstellung ein. Man muss sich vorstellen, dass der Tempel nicht den heutigen einfarbigen, hellen Anstrich hatte; früher waren die Figuren an den Giebelseiten bunt und der Hintergrund blau getönt.

Rundgang: Rund um den Tempel verlief einst eine Mauer. Der Weg von der Straße zum Ausgrabungsgelände führt an ihren Überresten vorüber. In den heiligen Bezirk gelangte man durch das **Propylón**, ein monumentales Tor, das heute ebenfalls noch ruinenhaft zu sehen ist. Im Osten des Tempels führte eine Rampe zu einem später errichteten **Altar**. Die Mauer, die den Tempel umgab, hatte im Süden (zum Kassenhäuschen) einen Eingang. Dort finden sich die Fundamente einer **Vorhalle** und dreier Wohnräume. Vermutlich dienten sie als Gästezimmer. Die weiteren fünf großen Räume und zwei **Stoas** nordöstlich der Vorhalle waren offensichtlich die Unterkünfte der Priester.

Öffnungszeiten tägl. 8.15–19 Uhr, Sa/So/Feiertage 8–14.30 Uhr, im Winter eingeschränkt. Eintritt 3 €, Kinder/Jugendliche unter 18 und Studenten der EU (mit ISIC) frei, andere Studenten und Rentner über 65 Jahren 2 €.

Agía Marína

Das Dorf Agía Marína ist die eher unansehnliche Hochburg des Tourismus auf Ägina und wird von modernen Hotelanlagen mittlerweile nahezu erdrückt. Cafés, Tavernen, Andenken- und Lebensmittelläden – das Geschäft mit den Fremden blüht.

Es gibt wohl kein Haus mehr, das nicht auf irgendeine Weise mit dem Tourismus verbunden ist. Wer Ruhe und Entspannung sucht, ist hier bestimmt nicht an der richtigen Adresse. Agía Marína befindet sich vorwiegend in britischer Hand; gefeiert wird bis in den frühen Morgen. Auch der Sandstrand ist angesichts der Touristenfluten längst zu klein geworden; die Badegäste liegen in den Sommermonaten dicht an dicht. Für zusätzliche Besucherströme sorgen die Kreuzfahrtschiffe, die in der malerischen Bucht vor Anker liegen. In den Wintermonaten wirkt das Dorf jedoch wie ausgestorben. Seinen Namen erhielt Agía Marína von einer kleinen Kapelle; zu Ehren des Kirchleins findet am 17. Juli alljährlich ein Fest statt.

• *Verbindung* 3-mal tägl. (außer Mi) **Personenfähren** nach Piräus. Überfahrt pro Person 4 €, Motorräder können mitgenommen werden (ca. 3 €), Fahrräder frei. Außerdem 6-mal tägl. "Sea Falcon"-**Tragflächenboote** nach Piräus, 7 €.

Busse, 14-mal tägl. nach Ägina-Stadt, 1,50 €.

• *Übernachten* **Hotel Panorama**, unser Tipp für Agia Marína. Schöne Terrasse, Zimmer mit Bad und Balkon (z. T. mit Meerblick), eigener Badefelsen mit Einstieg, freundlicher Service, Sonnenschirm- und Liegestuhlverleih. EZ ab 45 €, DZ Ab 50 €, jeweils inkl. Frühstück. Im nördlichen Teil der Bucht gelegen, abseits vom Trubel. April bis Okt. offen. ✆ 22970-32202, 📠 32144.

Hotel Possidon, an der Hauptstraße Richtung Aphaía-Tempel auf der rechten Seite, mit schönem, grünem Garten, im Erdgeschoss gemütliches Restaurant. 200 m zum Strand. Das freundliche Besitzerehepaar spricht Deutsch. Nette Zimmer mit Bad, Balkon und Aircondition. DZ mit Frühstück ab 53 €. ✆ 22970-32125, 📠 32392.

Hotel Apollo (B-Kat.), 500 m vom Ort am Strand (ausgeschildert), größtes Hotel von Agía Marína. Die auf nobel getrimmte Herberge hat 107 Zimmer! Viele Pauschaltouristen sämtlicher namhafter Reiseveranstalter, typisches Vertragshotel mit Pool und Tennisplatz, nette Terrasse. EZ ab 58 €, DZ ab 80 €, jeweils inkl. Frühstück. ✆ 22970- 32271-4, ℻ 32688.

• *Auto- und Zweiradverleih* bei **Eakos Rent a Car**. Einen Kleinwagen kann man hier schon ab 35 € pro Tag mieten, einen Jeep ab 50 €. Ab zwei Tagen Mietdauer Rabatt. An der Hauptstraße unterhalb vom Hotel Possidon Richtung Strand auf der linken Seite, tägl. 8–13 und 16–22 Uhr geöffnet. ✆ 22970-32777, ℻ 32162, mobil 6945/718118.

Zweiradverleih direkt daneben, Moped (50 ccm) 10 € pro Tag, mit 80 ccm 19 €, Fahrrad 5 €. ✆ 22970-32083 oder 32394.

▸ **Baden**: Wer nicht am überfüllten Dorfstrand (Wasserski- und Bootsverleih) bleiben möchte, dem seien ein paar Kilometer Fußmarsch empfohlen. Unterhalb der kaum befahrenen Asphaltstraße nach Pórtes gibt es noch Badebuchten, die nicht überlaufen sind.

Pérdika

Das Fischerdörfchen liegt an der südwestlichen Spitze Äginas gegenüber der kleinen Insel Moní. 10 km führt die asphaltierte Straße von Ägina-Stadt am Meer entlang zu der hügeligen Halbinsel.

Am kleinen, idyllischen Hafen mit seinen bunten Fischerbooten stehen einige Tavernen mit schattigen Terrassen. Fischerboote bringen im Sommer die Badegäste zu den Stränden auf der vorgelagerten Insel Moní (Abfahrten nach Bedarf, pro Person 1,50 €). Das wirklich gemütliche Fischerdörfchen hat viel von seinem Charme erhalten können, obwohl in der nahen Bucht von Moondy ein riesiger Hotelkomplex mit fast 200 Betten steht. Um dem Wassermangel ein Ende zu bereiten, wurde in der Nähe der Kirche eine mit Sonnenenergie betriebene Meerwasser-Entsalzungsanlage gebaut. Doch sie erwies sich als unrentabel und wurde wieder stillgelegt.

• *Verbindungen* 8-mal tägl. fährt der **Bus** nach Ägina-Stadt, 0,90 €.

• *Übernachten* **Rooms for Rent Venetia**, am Ortseingang auf der rechten Seite, neben den Studios Antzi, ca. 500 m vom Hafen. Studios für 2 Personen mit Bad, Balkon, Kochgelegenheit, Aircondition und Kühlschrank ab 40 €. Information in der Taverne "Adonis" am Hafen oder ✆ 22970-61443, ℻ 61234.

Direkt daneben befinden sich die **Studios Antzi**, gepflegtes, modernes Haus mit Pool, gleiche Ausstattung wie das Venetia. Studio für 2 Personen 50 €. ✆ 22970-61445 oder 61233, ℻ 61446.

Insel Moní

Die kaum 2 km lange Insel Moní liegt im Südwesten von Ägina. Ein schmaler Sandstrand in einer flachen Bucht bietet gute Bademöglichkeiten. Allerdings sollten Sie Trinkwasser mitnehmen! Moní ist auch als interessantes Tauchrevier bekannt. Kurioserweise ist auf dem Gipfel des Inselberges ein Relikt der deutschen Invasion im Zweiten Weltkrieg zu finden. Der Pfad führt zu einem Beobachtungsstand, der mittlerweile als Ziegenstall dient. Die einzigen ständigen Bewohner Monís sind bis heute besagte Ziegen nebst Kaninchen und Pfauen. Es kostet nur ein paar Drachmen, sich von Fischern aus Pérdika übersetzen zu lassen.

▸ **Berg Óros**: Die höchste Erhebung der Insel (532 m) liegt im Süden und ist am einfachsten vom Dorf Marathónas (zwischen Pérdika und Ägina-Stadt) aus zu erreichen. Auf dem Óros, so die Mythologie, habe Aiakos nach langer Dürre den Göttervater Zeus um Regen angefleht. Zeus ließ es regnen und aus Dankbarkeit wurde ihm ein Tempel errichtet. Tatsächlich fand man auf dem Gipfel Spuren einer Verehrungsstätte des Zeus Hellanios aus geometrischer Zeit. Am Fuß des Berges steht die

Karte S. 283

moderne Kapelle Analypsis (Christi Himmelfahrt). An diesem Feiertag im Mai reitet alljährlich der Priester auf einem Esel hier hinauf, um in der Kapelle eine Messe zu lesen.

• *Anfahrt* Die Straße von Ägina-Stadt über Marathónas (hier links ab) ist mittlerweile durchgängig asphaltiert und gut befahrbar, es geht in Serpentinen bergauf; die "Archeological Site" auf dem Berg ist ausgeschildert. Von der Straße dauert der steile Aufstieg 60 bis 90 Minuten.

Insel Angístri

Angístri ist eine grüne Insel. Den Beweis für ihre Fruchtbarkeit liefern die Getreidefelder und Olivenhaine. Das Zentrum der Insel bilden die beiden mit einer Uferpromenade verbundenen Orte Skála und Megalohori, das von Einheimischen wie Touristen Milos genannt wird und Hauptort der Insel ist.

Das bergige Inselchen, etwa 10 km westlich von Ägina und 30 km südlich von Athen gelegen, wurde erstmals von Homer unter dem Namen Kekrifalea erwähnt. Heute ist Angístri die kleinste besiedelte Insel im Saronischen Golf. Noch vor wenigen Jahren wurde sie als Geheimtipp unter den griechischen Inseln gehandelt, inzwischen kann sie bis zu 2000 Touristen beherbergen! In den Gassen herrscht an den heißen Sommerabenden ein munteres Treiben. Tagsüber spielt sich das Leben an den Stränden um das architektonisch langweilige, moderne Skála ab.
Angístri lässt sich leicht zu Fuß erkunden. Schmale Trampelpfade führen zu schönen, einsamen Buchten. Als Ausgangspunkt für kleine Wanderungen empfiehlt sich der verschlafene Ort Limenariá. Zwei Läden gibt es dort, wovon einer zugleich die Dorftaverne ist.

Information/Verbindungen

• *Information* Das **Tourist Office** befindet sich im **Hotel Milos** im gleichnamigen Hauptort der Insel; sehr freundlicher Service. Zimmervermittlung, Fährtickets, Schließfächer, außerdem Fön-, Wecker- und Moskitonetz-Verleih. ✆ 22970-91241.

• *Verbindungen* Der einzige **Bus** der Insel bedient in unregelmäßigen Abständen die Strecke Skála – Milos – Limenariá und zurück. Als Anhaltspunkt für Abfahrtszeiten kann man in aller Regel die Ankunftszeiten der Fähren nehmen.

Fähren: Die meisten **Personenfähren** laufen Skála und Milos an. Im Sommer 3-mal tägl. nach Ägina-Stadt, Fahrtdauer 20 Min., pro Person 1,50 €. 2-mal tägl. **Autofähren** auf die Nachbarinsel Ägina, pro Person 1,50 €, Auto 5 €, Motorrad 1,50 €. **Taxiboote** pendeln zwischen den beiden Inseln nach Bedarf (die meisten Verbindungen am Morgen), pro Person 3,50 €. Es besteht auch ein regelmäßiger Fährverkehr (im Sommer bis zu 5-mal tägl.) nach Piräus, auch Autofähren. Im Winter stark eingeschränkte Verbindungen.

Adressen/Übernachten

• *Adressen* **Bank und Post**: nicht vorhanden. Schweizer Franken kann man in den Reisebüros und im Tourist Office wechseln. Dieses verkauft auch Briefmarken und gibt die Post der Fähre nach Athen mit.

Arzt: Der Arzt der Insel unterhält Praxen in Milos und Skála. ✆ 22970-91215.

Polizei: ✆ 22970-91201.

Reiseagenturen: **Maroussa Tours** (zugleich Touristen-Information), im Hotel Milos. ✆ 22970-91241, ℻ 91449. **Agistri Tours**, in Skála, bietet auch Tagesfahrten an, z. B. nach Epídauros und Athen. ✆ 22970-91307, ℻ 91471.

Zweiradverleih: **Rent a Bike Takis** in Milos und **Moto Rent Kostas** in Skála. Keine Preisunterschiede, das gleiche Angebot. Mofa ca. 10 €, Mountainbike 8 €, Fahrrad 5 €/Tag.

• *Übernachten* Unterkünfte nur in Skála und Milos. Die meisten Zimmer sind mit Kochgelegenheit oder zumindest Kühlschrank ausgestattet. Das Preis-Leistungs-Verhältnis ist besser als auf Ägina.

Hotel Flisvos, bei der freundlichen Familie Dedes wird der Gast wie ein Freund behandelt. Die nur 13 Zimmer große Pension liegt 5 Min. vom Dorfzentrum Milos und 100 m von einem Kiesstrand entfernt. Geöffnet April–Oktober. DZ mit Dusche ab 45 €, Frühstück 4 €. ✆ 22970-91264 oder 91010.

Hotel Myilos, um eine alte Windmühle im Innenhof reihen sich die hübschen Zimmer. DZ 40–50 € plus Frühstück für 6 €. Von Mai bis Oktober offen. ✆ 22970-91241, ✆ 91449.

Póros

Póros besteht eigentlich aus zwei Inseln: dem hügeligen, kleinen Vulkaneiland Sferia, auf dem ein Großteil der etwa 4500 Inselbewohner lebt, und dem wesentlich größeren, spärlich besiedelten Kalavria mit seinen ausgedehnten Kiefernwäldern.

Weiß gekalkte Häuser ziehen sich am Berghang entlang. Die Altstadt wird vom Campanile überragt, im Hintergrund dichte Pinienwälder auf den Berghängen. Nur eine schmale Wasserstraße trennt das malerische Póros vom peloponnesischen Festland. Dort liegt das weniger schöne Städtchen Galatás. Ständig kommen und gehen Schiffe in alle Richtungen, gleiten Flying Dolphins über die Wellen und behäbige Autofähren durchpflügen das Meer Richtung Festland.

Das Leben von Póros spielt sich entlang der Hafenstraße ab. Unzählige Jachten gehen hier vor Anker, entsprechend schick sind die Cafés und Bars entlang der Ufermeile. Von den Tavernen und Kafenia lässt sich das Treiben gemütlich beobachten, die Stunden vergehen wie im Flug. Mühelos sieht man von hier aus hinüber nach Galatás. Längst könnte eine Brücke Póros mit dem Peloponnes verbinden, doch die

Saronische Inseln
Karte S. 283

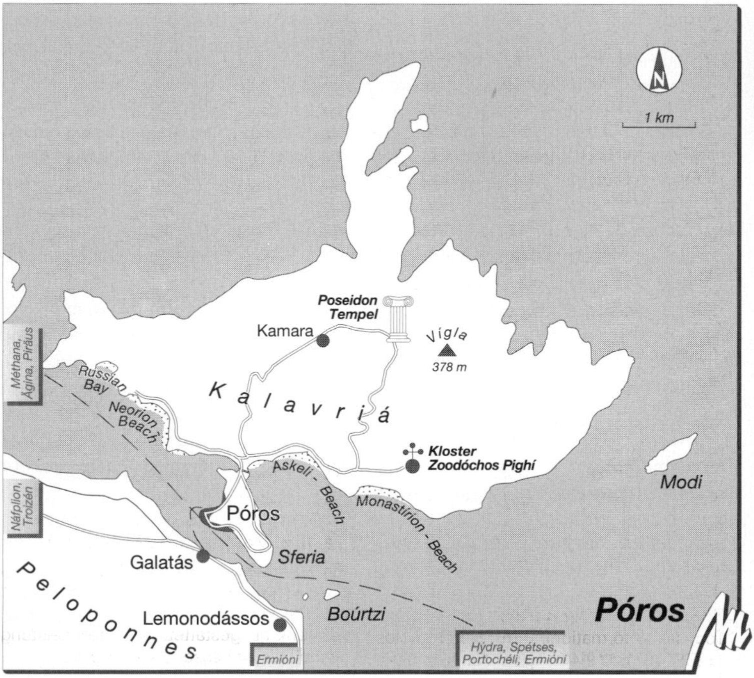

Inselbewohner wissen, dass damit die beschauliche Atmosphäre passé wäre. Im Gegensatz zu Hýdra und Spétses sind Autos auf Póros erlaubt, die Überfahrt von Galatás ist günstig und Parkplatzprobleme gibt es auch nicht. Dennoch ist ein Auto auf der kleinen Insel eigentlich überflüssig. Die Altstadt mit ihren verwinkelten Gassen und steilen Treppen ist für Autos unpassierbar und da es ohnehin nur ein paar Straßen gibt, lässt sich die Insel viel besser mit einem Fahrrad oder Mofa erkunden.
An Sehenswürdigkeiten hat Póros allerdings nicht viel zu bieten: Ruinen eines *Poseidon-Tempels* und in einer Schlucht das festungsartige *Kloster Zoodóchos Pighí*. Ein unvergesslicher Anblick ist die Zitrusplantage mit ihren 30.000 Bäumen bei *Lemonodassos*. Póros ist ein idealer Ausgangsort für Ausflüge in den Saronischen Golf. Die Nachbarinseln Ägina, Hýdra und Spétses sind von hier aus problemlos erreichbar; Amateurhistoriker können Touren zu den nahe gelegenen Ruinen des antiken Troizén unternehmen (auf dem Festland bei Galatás). Auf Póros gibt es zahlreiche Unterkunftsmöglichkeiten; die Preise liegen etwas niedriger als auf den Nachbarinseln Hýdra und Spétses. Freunde des Wassersports finden an den Stränden von *Askeli* und *Neorion* ein sehr gutes Angebot.

Póros auf einen Blick

Bevölkerung: Ca. 4500 Einwohner.

Geografie/Geologisches: Póros besteht eigentlich aus zwei Inseln, die nur durch eine Brücke über den schmalen Meereskanal verbunden sind. Ausgedehnte Pinienwälder überziehen fast die gesamte Insel. Póros ist durch eine etwa 100 m schmale Meerenge vom peloponnesischen Festland getrennt.

Wichtige Orte: Póros-Stadt; ansonsten Hotelsiedlungen in den nahe gelegenen Buchten.

Straßen: sehr kleines Straßennetz. Von Póros-Stadt führt eine Straße über das Dorf Kamára zum Poseidon-Tempel und über das Kloster Zoodóchos Pighí zurück.

Tankstellen, Auto-/Zweiradverleih: nur in Póros-Stadt.

Unterkunft: Im Sommer vor allem an Wochenenden schwierig. Póros hat zwar zahlreiche Hotels und Pensionen, doch deren Bettenzahl reicht kaum aus. Privatzimmer sind rar und schwierig zu finden. Am besten bei einem Reisebüro fragen.

Karten: Eine Inselkarte ist in Souvenirläden erhältlich. Ihr Erwerb lohnt sich kaum, denn die Insel ist viel zu klein, um die Orientierung zu verlieren.

Geschichte: In der Antike galt Póros als die Insel Poseidons. Religiöses Zentrum war der Tempel auf der Insel Kalavria. Póros war bereits in mykenischer Zeit besiedelt und seit dem 7. Jh. Glaubensmittelpunkt der Heptapolis, eines saronischen Städtebundes. In der Zeit der Befreiungskriege machte hier Admiral Miaoulis von sich reden. Er steckte im August 1831 einen Teil der griechischen Flotte in Brand, damit sie nicht den Russen in die Hände fiel. Noch heute gibt es auf Póros eine Marineschule; die jungen Männer in ihren schmucken weißen Uniformen gehören zum Stadtbild. Diese Einrichtung geht auf eine Initiative des Bayern-Königs Otto I zurück (1846). Am westlichen Ende der Insel liegt die so genannte Russische Bucht. Der Name stammt von einer Werft, die die Marine des Zaren in der Bucht errichtet hatte. Die Ruinen sind heute noch zu sehen.

Information/Verbindungen

- *Information* **Touristenpolizei**, Paraliaki-Str. (Hafenstraße, bei der Schule). ✆ 22980-22462.
- *Verbindung* **Flying Dolphins/Flying Cats**, im Sommer tägl. Verbindungen: 8- bis 10-mal nach Piräus bzw. Zea (1 Std., 13 €); 1-mal nach Ägina (8 €); 1-mal Méthana (5 €); 6-mal Hýdra (7 €); 6-mal Spétses (1 Std. 10 Min., 11 €); 3-mal Ermióni (8 €) und 4-mal nach Portochéli (11,50 €).

Das Büro von **Marinos Tours** befindet sich

am Hafen, schräg gegenüber der Anlegestelle der Dolphins. Schiffsagent der *Flying Dolphins und Flying Cats*, Schild über der Tür, leicht zu erkennen. Hier sind Fahrplan und Tickets erhältlich. Tägl. 6–21 Uhr geöffnet. ✆ 22980-23423, 📠 25325.

Autofähren: nach Galatás, 7–22 Uhr etwa halbstündlich (im Winter eingeschränkt), pro Person 1 €, Auto 3 €. Außerdem wird 5-mal tägl. die Route Póros – Méthana – Ägina – Piräus befahren. Preise: Méthana pro Person 3 €, Auto 7 € (30 Min.), Ägina pro Person 4 €, Auto 13 € (1 Std.), Piräus pro Person 7 €, Auto 30 €. Zudem 2-mal tägl. **Personenfähren** nach Hýdra (4 €, 45 Min.) und 1-mal tägl. nach Spétses (6 €, 2 Std.). Die Anlegestelle nach Galatás befindet sich etwas außerhalb vom Zentrum an der Straße Richtung Kanal (nahe dem Hotel Latsis), die Anlegestelle für die großen Fähren am Straßenknick der Hafenpromenade im Zentrum. Tickets bei fast allen Reiseagenturen an der Hafenpromenade.

Wassertaxi/Personenfähren: Kleine Privatboote pendeln ständig – abends nach Bedarf – zwischen Galatás und Póros. Die Fahrt für 1 € pro Person, mit Auto 3,20 €, ist ein Vergnügen. Abfahrt an der Uferpromenade im Zentrum.

Byboats: Vom Hauptort gibt es – nur in der Hochsaison – einen Bootsservice zu den einzelnen Stränden: Neorio Beach, Askeli Beach, Monastery Beach, Aliki Beach (Festland), jeweils ca. 1 €, Abfahrtszeiten: wenn das Boot voll ist.

Bus: Von Juni bis September fährt halbstündlich ein Bus zum Kloster *Zoodóchos Pighí* und zurück (mit Halt an den Stränden Askeli und Monastírion), Preis 0,80 €. Alle zwei Stunden Busse zur Russian-Bay (mit Halt am Neorion-Strand), 0,80 €. Rückfahrzeiten erfragen!

Taxi: an der Hafenfront oder ✆ 22980- 23003. Preisbeispiele: Poseidon-Tempel (hin und zurück) 17 €, Kloster 5 €, Askeli-Beach 3 €.

Adressen

Hafenpolizei: an der Hafenstraße, (bei der Post). ✆ 22980-22274.

Krankenhaus: Die nächste Krankenstation befindet sich in Galatás (dort ausgeschildert). ✆ 22980-22222 oder 23333.

Bank: diverse Banken an der Hafenstraße, z. T. auch mit EC-Automat, geöffnet Mo–Do 8–14 Uhr, am Freitag nur bis 13.30 Uhr.

Motorbootverleih: Man kann sich an Herrn Douros von "**Lela Tours**" wenden (s. unter "Reiseagenturen"). Ein Boot für 4 Personen kostet ca. 30 € am Tag, Sprit extra.

O.T.E.: Hafenstr., Mo–Fr 8–14 Uhr geöffnet.

Polizei: (Touristenpolizei), Hafenstr. nahe der Schule. ✆ 22980-22256 oder 22462.

Post: Karamanou-Platz (Hafenstraße) Mo–Fr 7.30–14 Uhr.

Reiseagenturen: Verschiedene Reiseveranstalter entlang der Uferpromenade, ähnliches Angebot. Hier ein Überblick über das Programm der **Greek Island Tours** (an der Hafenfront eine Treppe hinauf, Nähe O.T.E.): Neben Unterkunftsvermittlung auch *Auto- und Zweiradverleih* (Kleinwagen 50 €/Tag, 50 ccm Moped 10 €/Tag, Fahrrad/MTB 4 €/Tag), Geldwechsel und eintägige Ausflugsfahrten mit dem Bus (englischsprachige Führung), z. B. nach Epídauros – Mykéne – Náfplion (40 €) oder Athen (40 €); Bootstouren nach Hýdra und Spétses (30 €), Inselrundfahrt (20 €). Geöffnet tägl. 9–21 Uhr. ✆ 22980-24255 oder 24074, 📠 24911.

Lela Tours, Geldwechsel, Fährtickets, Motorbootverleih (s. oben), außerdem Zimmervermittlung: **Privatzimmer** 35 € (mit Bad), mit Bad und Aircondition 45 €. Das Büro von George Douros liegt an der Hafenfront (neben dem Kino "Diana"). Tägl. 9–22 Uhr geöffnet. ✆ 22980-24439 oder 24780 (auch 📠).

Zweiradverleih: An der Hafenstraße gibt es gleich mehrere Verleiher, das Preisniveau ist ähnlich, z. B. **Moto-Stelios** (neben "Saronic Golf Travel"): Fahrrad 5 € am Tag, Moped (50 ccm) 11 €, Scooter (80 ccm) 16 €, ab drei Tagen Mietdauer Rabatt. Tägl. 8.30–20.30 Uhr geöffnet. ✆ 22980-23026 oder 22946. Eine **Zweigstelle** befindet sich am **Askeli-Strand**, gleiche Preise.

Übernachten

Auch auf Póros gilt: ohne Zimmerreservierung kann es in der Hochsaison (Juli/August) eng werden – und das vor allem an den Wochenenden. Das Preisniveau liegt etwas unter dem von Hýdra oder Spétses.

• *Hotels/Pensionen* **Póros Image Hotel**, unser Tipp! Das Designerhotel mit dem eigenartigen Namen liegt auf einer Landspitze, umgeben von Pinien. Schon die marmorne Rezeption des 2 km von Póros-

Stadt im Ortsteil Neorio gelegenen früheren Póros-Hotels ist beeindruckend. Der kubische Bau – entstanden 1970, renoviert 2001 – wurde ohne Kitsch mit modernen Möbeln eingerichtet. Von den großzügigen Zimmern genießt der Gast den schönen Ausblick auf die Meerenge. Elegante Bäder mit Haartrockner. Großzügiges Restaurant ohne die übliche Griechenlandfolklore. Ruhig gelegen. Das Hotel mit insgesamt 105 Zimmern ist von April bis Okt. geöffnet. Je nach Saison gibt es große Preisunterschiede: EZ 59–103 €, DZ 74–133 € mit Frühstück. ✆ 22980-22216, 📠 25725.

In Póros-Stadt **Hotel Dionyssos**, die klassizistische Villa ist eine Mittelklasse-Herberge. Gegenüber der Anlegestelle der Galatás-Fähren gelegen. Stilvolles, altes Haus in Gelb getüncht, in den Zimmern teilweise Natursteinwände, dunkle Holzmöbel, geschmackvoll. Von einigen Zimmern Zugang zur Dachterrasse, sehr netter Service, gutes Preis-Leistungs-Verhältnis: EZ 50 €, DZ 67 € (alle Zimmer mit Frühstück, Bad und Aircondition). ✆ 22980-22530.

Hotel Manessi, inmitten der Restaurants und Cafés an der Hafenfront. Das kleine Hotel des gleichnamigen Besitzers mit seinem klassizistischen Giebel ist nicht billig, dafür haben manche Zimmer einen Balkon, von dem aus man die Sonnenuntergänge genießen kann. Zentralheizung! Ganzjährig geöffnet. Im Erdgeschoss befindet sich die Reiseagentur Askeli Travel, die auch Ferienwohnungen organisieren kann. EZ 60 €, DZ ab 70 € (jeweils mit Frühstück, Bad, TV und Kühlschrank), Aircondition kostet extra. ✆ 22980-22273, 📠 24345.

Hotel Dimitra, neben dem Hotel Dionyssos (Anlegestelle Galatás-Fähren) die Treppe hoch, dann rechts ab und gleich darauf nach links die Treppen hoch, das Haus am Hang ist beschildert. Dachterrasse. Komfortable Studios für max. 4 Personen mit Küche, Bad, Balkon, TV und Aircondition 74 €, einfachere Zimmer mit Bad 44 €. Die Preise hängen auch von Aufenthaltsdauer und Verhandlungsgeschick ab. ✆ 22980-25901 oder 22697.

Hotel Chryssi Avgi, einfacher Hotelkasten am Strand mit 77 Zimmern. Eines der wenigen Hotels auf Póros, die ganzjährig geöffnet sind. Ruhig gelegen. EZ ab 30 €, DZ ab 50 €. ✆ 22980-22277, 📠 22983.

Hotel Latsi, nahe der Anlegestelle (Galatás-Fähren), nicht zu übersehen, schlichte Zimmer mit Bad und Balkon, netter Service. B-Kat. Preis auf Anfrage. ✆ 22980-22392.

Außerhalb von Póros-Stadt **Hotel Theano**, ein Hotel, das sein Geld wert ist. Für Póros geradezu preisgünstig. Herr Sakelliou hat der gelb angestrichenen Herberge, die per Luftlinie gegenüber der Marineschule liegt, seinen Vornamen gegeben. 24 ansprechende, zweckmäßig eingerichtete Zimmer, mit Bad und teilweise Balkon, auf zwei Stockwerken. Es gibt auch ein kleines Restaurant (Taverne Sprios) mit exzellenten Fischgerichten. Die Fischerboote legen direkt vor dem Hotel an. EZ ab 40 €, DZ ab 50 € mit Frühstück. An der Straße zum Neorio-Strand gelegen. ✆ 22980-23687, 📠 24508.

Hotel Sirene, liegt an der Straße zum Kloster Zoodóchos Pighí, abseits vom Rummel, im Ortsteil Monastiri. Das größte Hotel der Insel (228 Betten!) ist allerdings schon in die Jahre gekommen. Geblieben von der alten Pracht ist die sehr idyllische Bucht mit ihren eleganten Villen in der Nachbarschaft. Das Hotel verfügt über einen Pool und eigenen Kiesstrand; freundlich eingerichtete Zimmer. EZ ab 74 €, DZ ab 98 € (jeweils inkl. Frühstück). Ab drei Tagen Aufenthalt Preisnachlass. ✆ 22980-22741-3, 📠 22744.

Hotel Néon Aegli (B-Kat.), in Askeli, etwa 2 km von Póros. Großer, L-förmiger Komplex mit 4 Stockwerken, Balkons zur Bucht, Restaurant mit gemütlicher Terrasse vorhanden; schöner, kleiner Privatstrand (sehr gepflegt). Gepflegt sind auch die Zimmer (Bad, teilw. Wanne, Balkon) mit schöner Aussicht. Schöner Pool. Drittgrößtes Hotel der Insel (72 Zimmer). EZ ab 63 €, DZ ab 71 € mit Frühstück. ✆ 22980-22372 oder 23200, 📠 24345.

"Apartments to Rent" im Hotel Saga, das moderne Haus von Takis Alexopoulos und seiner Familie liegt 10 Minuten von Póros-Stadt am Kanali-Strand. Das von einem kleinen Garten umgebene Haus verfügt über 23 einfache Studios und zwei größere Appartements, die sogar über Jacuzzi verfügen. Teilweise schöner Blick vom Hafen auf die Marineschule. Das Haus besitzt einen Pool und Waschmaschine. Junges Publikum. Preise auf Anfrage. ✆ 22980-24872 oder 25400, 📠 25751.

Schöne Appartements vermietet **Kalimera**, ein neues, architektonisch reizvolles Haus mit Pool. Information und Reservierungen unter ✆ 22980- 25901, 📠 22697.

• *Privatzimmer* Das Angebot ist begrenzt, doch es lohnt sich, bei der Touristenpolizei oder in einem der Reisebüros, z. B. "**Lela Tours**" (s. unter "Reiseagenturen") nachzufragen. Die Preise für private Unterkünfte liegen auf Póros 10–20 % niedriger als für Hotels. Oft findet man ein Zimmerchen in der idyllischen Altstadt, das bisweilen an Orte auf den Kykladen erinnert.

• *Camping* kein Campingplatz auf Póros, der nächste befindet sich am Dorfrand von Galatás.

Essen/Trinken/Nachtleben

• *Essen/Trinken* **Taverne Nautis**, an der Hafenstraße liegt dieses auch als Taverne Sailor bekannte Restaurant. Hier am hinteren Teil des Jachthafens treffen sich abends die Segler. Der gemalte Matrose über dem Eingang weist indirekt auf die Speisekarte. Im Nautis wird vor allem Fisch in allen Variationen serviert. Die populäre Bar Malibu für einen Digestif ist gleich nebenan.

Taverne Oasis, beliebtes Traditionslokal an der Hafenfront, der Service stimmt. Gute Auswahl auch an internationalen Gerichten, verfeinerte griechische Küche; gehobenes Preisniveau; mittags und abends geöffnet.

Taverne Sotiris, am Ende der Hafenpromenade in südöstlicher Richtung. Ruhige, gemütliche Taverne, netter Service, leckeres Exohiko, guter Hauswein; mittleres Preisniveau.

Taverne Karacolos, in einer Seitengase in Richtung der Marineschule liegt dieses versteckte Restaurant der Familie Berbenitsis. Eine kleines Schild (in der Nähe des Kinos) weist auf die Taverne hin, kleine Terrasse.

• *Nachtleben* **Bar Malibu**, an der Hafenstraße, Sirtakimusik gibt es hier nicht, sondern internationalen Sound, prima Cocktails, Treffpunkt für alle, die jung sind oder sich jung fühlen, in der Hochsaison bis in die frühen Morgenstunden geöffnet.

Poseidon Music-Club, beliebter Club am Abend mit nicht ganz billigen Cocktails ab 6 €. Der Club liegt außerhalb von Póros-Stadt. in einem Pinienwald (Strecke zum Poseidon-Tempel, ausgeschildert), nur in der Hauptsaison geöffnet. Schöner Pool und tolle Aussicht über die peloponnesische Küste.

Corali-Club, angesagter Treffpunkt in Póros-Stadt am Abend, am Ende der Uferstraße. Leicht erhöht am Hang.

Sehenswertes

Poseidon-Tempel: Er liegt auf einem Plateau, umgeben von ausgedehnten Pinienwäldern (bei einem verlassenen Bauernhof), etwa 180 m über dem Meer. Wer die etwa 6 km auf asphaltierter Straße von Póros bergauf gefahren ist, sollte nicht zu hohe Erwartungen haben. Die Überbleibsel des im 7. Jh. v. Chr. errichteten Tempels im unwegsamen, einsamen Inselinneren sind spärlich. Offensichtlich wurde der Tempel im 19. Jh. von den Bewohnern Hýdras intensiv als Steinbruch genutzt. Die wenigen Mauerreste und Säulenstümpfe lassen die religiöse Bedeutung des Heiligtums höchstens erahnen. Der Tempel in prächtiger Lage über dem Saronischen Golf bildete das religiöse Zentrum eines Städtebundes (Heptapolis), zu dem auch Athen, Ägina, Epídauros, Ermióni oder Orchomenós in Böotien gehörten.

Erst 1894 wurden der Poseidon-Tempel und die kleine antike Stadt Kalauros entdeckt. Das Heiligtum, im dorischen Stil gebaut, hatte die Abmessungen 14,80 x 27,50 m. Auf der Breitseite standen vermutlich sechs und auf der Längsseite zwölf Säulen. Westlich des Tempels findet man zwei etwa 30 m lange **Stoen**, die im 5. und 4. Jh. errichtet wurden. Um 330 v. Chr. entstand am westlichen Ende der beiden Hallen ein **Propylón** (Torbau), dahinter vermutlich das **Bouleutérion** (Rathaus). Noch weiter westlich gab es ein Gebäude mit Innenhof, das wahrscheinlich dem griechischen Politiker Demosthenes geweiht war. Er war in den Poseidon-Tempel geflüchtet, wo man ihm Asyl gewährte. Als die Makedonier den Tempelfrieden brachen, vergiftete er sich.

• *Anfahrt* Vom Askeli-Beach die Straße Richtung Kloster nehmen, nach ca. 1 km links ab (beschildert), auf gut ausgebauter Asphaltstraße bergauf, nach knapp 2 km halblinks ab, dann noch gut 2,5 km auf kurviger Asphaltstraße bis zum Tempel. Von der Straße eröffnen sich immer wieder herrliche Ausblicke auf Póros.

• *Öffnungszeiten* tägl. 8–14.30 Uhr, Mo geschlossen. Eintritt frei.

Kloster Zoodóchos Pighí: Fast wie eine Festung wirkt das weiß gekalkte Kloster aus dem 18. Jh. an dem mit grünen Pinien bestandenen Hang. Eine Brücke führt über die Schlucht zu ihm hinüber. Der idyllische Innenhof mit Zitronenbäumen und einer uralten Zeder rundet das friedvolle Bild ab.
Das malerische Kloster, 4 km vom Hauptort entfernt, wurde im 18. Jh. von einem Athener Bischof gegründet. Ein Besuch lohnt sich vor allem wegen der wertvollen Ikonostase aus dem 16. Jh., die reich verziert ist und rund dreißig Ikonen aufweist. An der linken Mauer beim Altar befindet sich die Marien-Ikone. Die Gottesmutter trägt die Züge der Tochter des italienischen Malers Ceccoli, der 1849 die Arbeit ausführte. Das Kloster begeht seinen höchsten Feiertag jedes Jahr prunkvoll am ersten Freitag nach Ostern.

Die Abtei darf nur in angemessener Kleidung betreten werden. Für Frauen liegen Röcke bereit. Toiletten findet man am Parkplatz unweit der Kapelle. Von hier führt auch ein Feldweg zum kleinen Strand. Das Kloster ist täglich von 8-19 h geöffnet.

Archäologisches Museum: Das Museum an der Platía Alex. Korizi (Hafenstraße) zeigt in einigen Räumen Funde vom Poseidon-Tempel und vom nahe gelegenen Troizén. Weiterhin finden sich hier Statuen, Pläne der Tempel, auch ein römischer Grabstein von der Halbinsel Méthana. Der Inschrift einer Steinplatte lässt sich die Erklärung des Politikers Themistokles von 480 v. Chr. entnehmen. Er plädierte dafür, die Flotte zu mobilisieren und die Athener im Exil zu amnestieren. Zu sehen sind auch klassische und hellenistische Vasen, Lampen, Bronzeteile aus Troizén und dem Poseidon-Heiligtum. Aufmerksamkeit erregt ein ionisches Kapitell.

Öffnungszeiten tägl. 8.30–14 Uhr, Mo geschlossen. Eintritt frei.

Baden

- **Monastírion-Beach**: unterhalb des Klosters, im Osten der Insel. Beliebter, ca. 40 m langer Sand-Kies-Strand mit ziemlich seichtem, kristallklarem Wasser und mit Blick auf die Straße von Póros. Tavernen sorgen für das leibliche Wohl der Badegäste.

- **Askeli-Beach**: überlaufener Strand; die nahe gelegenen Hotels und Appartementhäuser sorgen für ständigen Andrang. Der lange, schmale Sand-Kies-Strand liegt 1 km östlich vom Kanal an der Straße. Es sind sowohl Umkleidekabinen mit Duschen als auch Bars und Tavernen vorhanden.

• *Wassersport* **Askeli Watersports Centre**, eine Unterrichtsstunde Wasserski kostet 18 €, Parasailing 24 €, Ringo/Tubes 11 € pro Person und Runde (ca. 20 Min.), Banana-Boat 7,50 €, Tretboot 9 € pro Stunde, Kanu 4,50 €/Std. Geöffnet April – Ende Oktober.

• *Zweiradverleih* **Moto Stelios** (s. "Adressen") hat am Strand eine Zweigstelle, gleiche Preise wie in der Stadt, auch Fahrräder.

- **Strand am Kanal**: Direkt am Kanal, der Póros in zwei (Halb-)Inseln trennt, liegt der 100 m lange Kiesstrand. Nicht gerade idyllisch, es gibt bessere Strände auf Póros. Das seichte, klare Wasser ist jedoch ideal für Kinder. Mit Taverne, Sonnenschirm- und Liegestuhlverleih, am Kanal auch einige Zweiradverleiher, Zimmervermietung und Appartements.

- **Neorion-Beach**: weite Bucht im Westen der Insel, ebenfalls wegen der nahen Hotels und Pensionen überlaufen. Der Pinienwald reicht fast bis zum Ufer. Schmaler Strand, viele Jachten ankern in der Bucht, Bars und Tavernen vorhanden.

- **Small-Neorion-Beach**: kleiner, 40 m langer Kiesstrand, vor dem Hotel Póros. Sonnenschirm- und Liegestuhlverleih, Snackbar.

- **Love-Bay**: vom Small-Neorion-Beach der Straße weiter westlich folgen, kurz darauf stößt man auf die idyllisch zwischen Pinien gelegene Bucht (unterhalb der Straße).

Sonnenschirm- und Liegestuhlverleih, außerdem gibt es eine *Kantina*. 40 m Sandstrand, in der Bucht ankern Yachten, einer der schönsten Strände der Insel.

▸ **Russian Bay**: Weiter östlich liegt die Russian-Bay mit Blick auf die Insel Daskalio und ihre Kapelle. Beide Badebuchten (Kiesstrand) sind noch nicht überfüllt, allerdings ist die vordere wesentlich attraktiver als die weiter östlich gelegene Bucht, zählt sie doch zu den schönsten der Insel. Sonnenschirm- und Liegestuhlverleih, Strandbar.

Hýdra

Hýdra – ein Ziel für Intellektuelle. Der lang gestreckte Felsklotz vor der peloponnesischen Küste hat seit jeher auf Maler, Schriftsteller und Musiker eine große Anziehungskraft ausgeübt, vielleicht gerade weil keine der Saronischen Inseln karger und abweisender wirkt. Nur das farbenfrohe Städtchen unterbricht das öde Grau der schroffen Felsen und des steinigen Bodens. Dieser Eindruck ändert sich schlagartig beim Näherkommen.

Die Hafeneinfahrt ist eine der romantischsten Griechenlands. An den Hängen steigen im Halbrund die weißen, kubischen Häuser an, im Hafen liegen unzählige elegante Jachten, in den Straßencafés an der Mole ist auch der letzte Platz besetzt. Steil ansteigende Gässchen mit zahllosen Stufen, spärlich bewachsene Hügel mit weißen Kirchlein und bequeme Fußwege laden zu ausgedehnten Spaziergängen ein. Malerisch stehen die alten Schiffskanonen am Hafen neben den längst funktionslos gewordenen Windmühlen. Hýdra – die autofreie Insel – ist ein kleines, fein herausgeputztes Paradies.

Hýdra – ein Bilderbuch-Hafen vor den Toren Athens

Ein völlig anderes Bild von Hýdra liefert uns Ludwig Roß, der Archäologe im Dienste König Ottos von Bayern, bei seinem Besuch auf der Insel im Sommer 1832: *"Die Insel Hýdra besteht aus gänzlich nackten, grauen Felsen, die vulkanischen Ursprungs zu sein scheinen. Die Bucht, welche den Hafen bildet, gewährt nur einen schlechten Ankerplatz, da sie ganz offen ist und bei starken Nordwinden ein heftiger Wellenschlag in derselben herrscht. Auch ist sie so klein, dass sie in den Zeiten des Wohlstandes von Hýdra nicht einmal alle Schiffe dieser Insel fassen konnte, sondern viele derselben in kleineren Nebenhäfen, zum Teil weit von der Stadt oder gar an der gegenüberliegenden Küste, überwintern mussten. Um den Hafen her und auf der westlichen Seite desselben zieht sich die Stadt terrassenartig an den Felsen empor und gewährt, da sie viele ansehnliche, nach europäischer Art gebaute Häuser zählt, vom Meer aus einen schönen Anblick. Der Häuser sind 4000 und die meisten haben einen zierlichen weißen Anwurf, gegen welchen das tiefe Grün der einzelnen Feigenbäume, für die man hin und wieder zwischen den Häusern ein fruchtbares Plätzchen gewonnen hat, erfreulich absticht. Sowie man aber ans Land tritt, verschwindet der größte Teil der Täuschung. Zwischen den stattlichen Häusern der Reichen zeigen sich elende verfallene Hütten und mit Mühe windet man sich durch die schmutzigen, schlecht gepflasterten, engen Gassen (oft nur für zwei Menschen breit genug) an den steilen Bergen empor. Auf dem unreinlichen Marktplatz am Ufer des Hafens stehen, sitzen und kauern die Verkäufer in bunten Gruppen untereinander. Hier stehen Fleischer, ein Lamm ausweidend, dessen Eingeweide sie ohne weiteres auf die Erde werfen; daneben wird Brot, Käse, Getreide und Mehl feilgehalten; im Vordergrund kauert ein halbes hundert Fruchthändler am Boden, ihre Ware, Melonen, Zitronen, Kirschen, Äpfel, Birnen, Aprikosen usw. auf Schilfmatten und groben Teppichen vor sich ausbreitend; um sie drängen sich die Gassenbuben, bloß mit einem Hemd bekleidet, um gelegentlich einen Bissen für sich zu erhaschen."*

Auf Hýdra herrscht Wohlstand. Fähren verkehren zwischen dem Eiland und Piräus und bringen an heißen Sommertagen Tausende von Besuchern auf die nobelste der Saronischen Inseln. Tagsüber drängen sich dann Menschenmengen entlang der Hafenmole. Zweifellos zeigt Hýdra zu dieser Zeit ein anderes Gesicht als in den Morgenstunden, wenn die Insel ihren Bewohnern (fast) alleine gehört. Auch kann es, was Zimmer anbelangt, schon mal einen Engpass geben und man zahlt auf Hýdra einige Euro mehr als anderswo. Doch die meisten Gäste bleiben nur für wenige Stunden. Zu Unrecht, denn die Insel lässt sich nur langsam, in ausgedehnten Wanderungen entdecken. Der Esel und die eigenen Füße sind bis heute (außer den Wassertaxis) die einzigen Fortbewegungsmittel geblieben. Nur wenige Kilometer vom Hafen beginnt die stille Einsamkeit, die den Charme der Insel ausmacht. Reizvoll ist eine Bootsfahrt rund um Hýdra, auf der man so manche menschenleere Bucht mit sauberen Stränden entdecken wird.

Bisher vollkommen unbeachtet blieb die Nachbarinsel *Dokós*. Seit dem Tod des letzten Bewohners im Sommer 1988 leben dort nur noch Schafe. Auf Dokós wurde früher ein rötlich-grauer Marmor abgebaut, der sich durch eine besondere Härte auszeichnete. Die Überfahrt mit einem Wassertaxi (es gibt keine Fährverbindung) lohnt sich allein schon wegen der unberührten Strände.

Geschichte: Weit vor Homer war die Insel Teil des mykenischen Königreiches. Spuren beim Dorf Vlychós weisen darauf hin. Bereits der antike Geschichtsschreiber Hero-

Hýdra auf einen Blick

Größe: Länge 20 km, Breite 3,5 km, 55 qkm.

Bevölkerung: Im Winter rund 2000 Einwohner (und fast genauso viele Katzen), im Sommer fast das Doppelte.

Geografie/Geologisches: Hýdra wirkt wie ein Felsklotz. Höchster Berg ist der Éros mit 590 m. Auf der wasserarmen Insel gibt es so gut wie keine Bäume. Dafür sorgen der steinige, karge Boden und die klimatischen Bedingungen.

Wichtigste Orte: Hýdra, Inselhauptstadt und nahezu einziger Ort auf Hýdra, Kamíni, ehemaliges Fischerdörfchen, heute Wohnsitz vieler Intellektueller, Vlychós, abgelegene kleine Ansiedlung westlich von Kamíni.

Straßen: Es gibt kein Asphaltstraßennetz. Man muss sich zu Fuß oder mit dem Esel fortbewegen. Die Straßen sind nicht für Autos angelegt.

Auto-/Zweiradverleih: nicht vorhanden, einziges motorisiertes Fahrzeug auf Hýdra ist die Müllabfuhr.

Tankstellen: nur für Hýdrioten und Boote.

Karten: Die Inselkarte taugt nicht viel. Die meisten Karten vom Großraum Athen oder vom Peloponnes enthalten auch Hýdra.

dot erwähnte Hýdra. Die Insel befand sich im Besitz von Ermióni, einer Stadt an der gegenüberliegenden Peloponnesküste, und wurde später an Verbannte aus Sámos verkauft. In der Folgezeit geriet Hýdra unter die Herrschaft von Troizén, danach fiel es an Kreta. Im 15. Jh. suchten viele Albaner vor den hohen Tributforderungen der türkischen Herren hier Zuflucht. Da die Insel unabhängig war, mussten keine Abgaben an fremde Herrscher geleistet werden, man hatte lediglich Matrosen für die Flotte des eigenen Staates zu stellen.

Seinen wirtschaftlichen Höhepunkt erreichte Hýdra im frühen 18. Jh. Es stieg durch intensiven Handel und eine große Flotte (1821 besaßen die großen Reederfamilien der Insel 124 Schiffe) zur bedeutendsten Stadt Griechenlands auf! Man betrieb im ganzen Mittelmeerraum umfangreiche Import-Export-Geschäfte und ignorierte wegen des zu erwartenden Profits Napoleons Kontinentalsperre. 1821 stellten sich die Hydrioten auf die Seite der griechischen Freiheitskämpfer, zu deren Erfolg sie wesentlich beitrugen. Danach verarmte Hýdra immer mehr. Erst Ende der 30er Jahre des 20. Jh. wurde das stille, von wenigen Fischern bewohnte Eiland von Schriftstellern und Künstlern wieder entdeckt. Heute lebt ein Großteil der Einwohner vom Tourismus.

Saronische Inseln
Karte S. 283

Informationen/Verbindungen

- *Information* **Touristenpolizei**, Votsi-Str. 9 (gegenüber der O.T.E.), ✆ 22980-52205 (auch Polizei). In der Saison ganztägig geöffnet.
- *Verbindung* **Fähren**, 2-mal tägl. nach Piräus (7 €, Fahrtzeit 1 Std.), Ägina (5 €), Póros (3 €) und Méthana (4,50 €); 1-mal tägl. zur Nachbarinsel Spétses (3,50 €) sowie 2-mal wöchentl. nach Ermióni (2,50 €). Tickets werden bei *Hydreoniki Travel* neben der Post, in einer Seitengasse vom Hafen (bei der Nationalbank).

Flying Dolphins/Flying Cats: Büro der *Flying Dolphins* und der *Flying Cats* befindet sich an der Fähranlegestelle (im 1. Stock), nicht zu übersehen. Außen hängt der jeweils gültige Fahrplan. Im Sommer tägl. 8-mal nach Piräus/Zea (15,50 €, Fahrtdauer ca. 1,5 Std.); 7-mal tägl. Póros (7 €); 1-mal Ermióni (5,50 €); 9-mal Spétses (7,90 €); 7-mal Portochéli (8 €). Das Ticketbüro ist tägl. 6–21 Uhr geöffnet. ✆ 22980-53812-13.

In der Hochsaison (v. a. am Wochenende) ist es ratsam, das Rückfahrtticket für den Abend gleich nach der Ankunft auf der Insel zu kaufen. Aktuelle Fahrpläne im Internet unter www.dolphins.gr.

Busse gibt es auf Hýdra nicht! Dafür aber **Esel**. An der Hafenmole kann man das traditionelle griechische Fortbewegungsmittel mieten. Damit ein ungeübter Reiter mit dem Tier auch zurechtkommt, wird es von seinem Herrn höchstpersönlich geführt. Ein

Ausritt zu den Klöstern kostet etwa 30 €, eine kleine einstündige Tour zum Kloster Agios Nikolaos nur 15 €.

Wassertaxis/Fährboote: Lohnend sind Inselausflüge per Boot. Da das Inselinnere nahezu undurchdringlich ist, ist man auf den Wasserweg angewiesen. Kleine Fährboote bzw. Wassertaxis verlassen am späten Vormittag den Hafen, um z. B. Ágios Nikólaos anzusteuern. Preise: nach Kamíni 15 €, Vlychós 7,50 €, zum Miramare-Hotel (Mandráki) 7,50 €, Ágios Nikólaos 36 €, Inselrundfahrt 45 €, nach Ermióni (Festland) 55 €. Die Wassertaxis nehmen bis zu acht Personen mit, der Preis dividiert sich durch die Anzahl der Fahrgäste. Man kann sich auch individuell zu den Stränden bringen und wieder abholen lassen, die Preise hierfür sind Verhandlungssache. Wassertaxis im Hafen. ✆ 22980-53690.

Adressen/Verschiedenes

• *Adressen* **Bank**, mehrere Banken am Hafen (teilweise mit EC-Automat), Mo–Do 8–14 Uhr, Fr bis 13.30 Uhr geöffnet.

Fisch- und Gemüsemarkt, der sehenswerte Gemüse- und Fischmarkt befindet sich in einer Seitenstraße am Hafen (bei der Post), nur vormittags. Frischer Fisch wird aber auch direkt vom Boot an der Hafenmole verkauft. Früh kommen lohnt sich.

Hafenpolizei: ✆ 22980-52279.

Hospital: gleich bei der Touristenpolizei (Seitengasse vom Hafen). ✆ 22980-53150.

O.T.E.: in einer Seitenstr. vom Hafen (beschildert), Mo–Fr 8–14 Uhr geöffnet.

Post: ebenfalls in einer Seitengasse der Hafenstr., beschildert, Mo–Fr 7.30–14 Uhr.

Reiseagenturen: bieten Tagesausflüge rund um die Insel, zu anderen Saronischen Inseln oder nach Athen an. In einer Seitengasse vom Hafen befindet sich **Vassilis Tours** (beschildert), hier allgemeine Information zur Insel, Geldwechsel, Bootsausflüge (nur in der Hochsaison bzw. bei entsprechender Nachfrage), Zimmervermittlung und Gepäckaufbewahrung. Das Büro ist tägl. von 8.30–23 Uhr geöffnet. ✆ 22980-54190, 📠 54191.

• *Einkaufen* **Schmuckdesign Elena Votsi**, der kleine Laden in einer Seitengasse des Hafens unterscheidet sich von den vielen Juwelieren auf anderen Inseln. Elena Votsi entwirft und produziert ihren Goldschmuck selbst. Die Griechin, die in London und Athen studierte, zählt zu den bekanntesten Designerinnen Griechenlands und stellte in

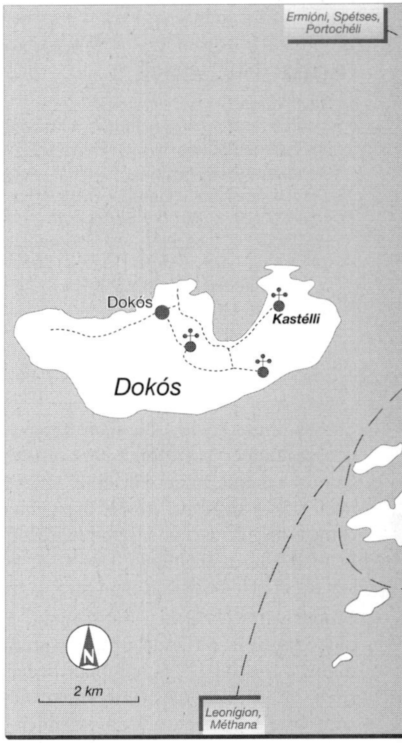

zahlreichen Galerien in Paris, London, New York oder Den Haag aus. Über mehrere Jahre arbeitete sie auch mit dem italienischen Modehaus Gucci zusammen. Die Arbeiten von Elena Votsi sind gar nicht so teuer, wie man annehmen könnte. Ikonomou Str., ✆ 22980-52637, www.elenavotsi.com.

Mai-Tai, farbenfrohes Design, witzige Strandtücher, viele asiatische Produkte, relativ preiswert.

Naturkostladen, der kleine Laden von Nikoleta Boulouki in einer Seitengasse von Hafen bietet Produkte (Olivenöl, Gewürze, Ouzo von den Saronischen Inseln und dem Peloponnes), die überwiegend nach ökologischen Grundsätzen hergestellt wurden.

• *Feste* Die Griechen haben unzählige Fest- und Feiertage. Die Hydrioten noch zwei zusätzliche:

Miaoulia – Ende Juni feiert ganz Hýdra zwei Tage lang die Heldentaten von Admiral Miaoulis und seiner Mannschaft im Unabhängigkeitskrieg. Gezeigt werden eine

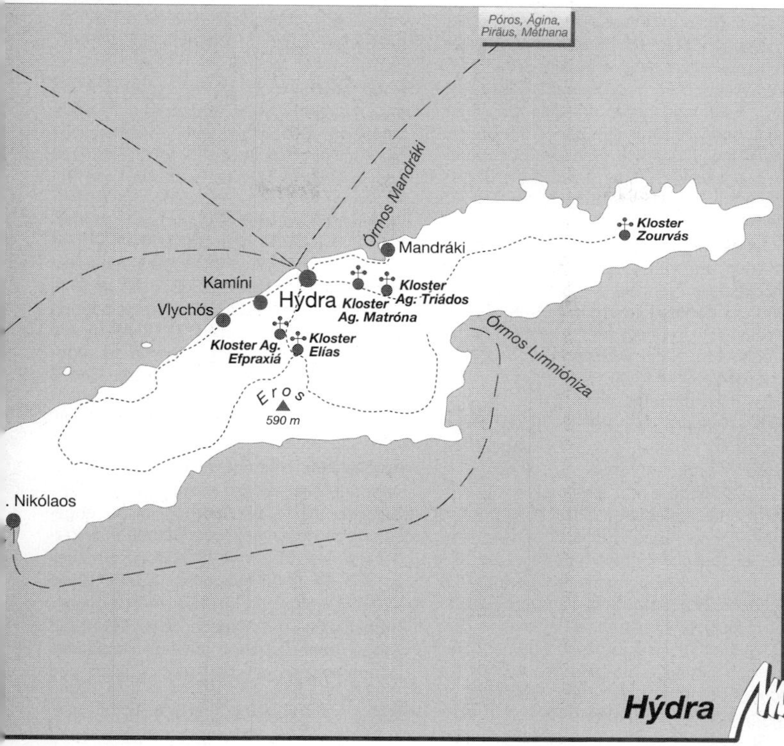

Saronische Inseln Karte S. 283

Flottenparade (die Schlacht wird nachgespielt) und traditionelle griechische Tänze. Höhepunkt des Ereignisses bilden ein Feuerwerk und das Verbrennen eines Bootes, das an den Mut der griechischen Freiheitskämpfer erinnern soll.

St. Konstantin – Am 13./14. November findet das Fest des Inselheiligen statt. Es beginnt mit einem Gottesdienst in der Kirche Koimesis Theotokou an der Hafenmole, anschließend ist Markt. Am nächsten Tag folgt eine weitere Messe in der Kirche St. Konstantin.

• *Freizeitaktivitäten* Alljährlich bietet der **Hellas Arts Club** (organisiert vom Hotel Leto) diverse Kurse an – Aquarellmalen, Töpfern, Autogenes Training, Griechischer Tanz usw. Zwar werden die Kurse (und das Hotel) überwiegend pauschal vor allem von Österreich aus gebucht, doch können sich Interessierte, sofern noch Kapazitäten vorhanden, auch vor Ort anmelden. Ein Kurs kostet bei jeweils 2–3 Stunden Unterricht am Tag (Mo–Fr) 60 € in der Woche. Infos im Hotel Leto (✆ 22980-53385-86, ℻ 53806) oder unter der Kontaktadresse des Hellas Arts Club, Kifisias Str. 263, 14561 Kifisia, Athen, ✆ 210-8012855, ℻ 210-8019995 oder bei Mary Calothi ✆ 22980-53652.

Übernachten

Die Übernachtungspreise auf Hýdra liegen im Allgemeinen über dem durchschnittlichen Niveau. Die meisten Hotels haben von April bis Mitte/Ende Oktober geöffnet, für die Hochsaison sollte man vorsorglich reservieren!

• *Hýdra-Stadt* **Hotel Leto**, das weiß getünchte Haus mit seinen großen Eckarkaden in einer kleinen, ruhigen Gasse (40 m vom Hotel Hydroussa) zählt zu den beliebtesten Hotels der Insel, 30 geschmackvoll eingerichtete Zimmer der C-Klasse, schöner

Parkettboden und viele Bilder, mit Bad, Klimaanlage, TV und teilweise Balkon. Nette Rezeption und sehr schöner, heller Frühstücksraum mit grau-weißem Marmorboden. Viel Kunst an den Wänden. Das Preis-Leistungs-Verhältnis stimmt: DZ 80–95 €, jeweils inkl. Frühstück. Intellektuelles Publikum aus ganz Europa. Leider kein Garten. In der Hochsaison oft über den *Hellas Arts Club* ausgebucht. ✆ 22980-53386, ℻ 53806.

Hotel Miranda, ein weiterer Tipp, das Herrenhaus liegt nur 4 Min. vom Hafen (beim Glockenturm geht es bergauf), die Zimmer sind mit dunklen Holzmöbeln eingerichtet, alles ist sehr gepflegt, eine Atmosphäre zum Wohlfühlen. Nette Rezeption. DZ ab 110 €. ✆ 22980-52239, ℻ 53510, www.miranda-hotel.com.

Hotel Bratsera, das 1995 eröffnete, stilvoll gestaltete Hotel in altem Gemäuer bietet seinen Gästen im Vergleich zu anderen Hotels auf Hýdra einen entscheidenden Vorteil: Es besitzt einen kleinen Pool, an dem morgens auch das Frühstück serviert wird. Die historische Schwammfabrik von 1860 mit ihrem idyllischen Innenhof verfügt über einfache Zimmer mit oft winzigem Bad, relativ kleinen Fenstern, Klimaanlage und Kühlschrank, viele Zimmer sind auf zwei Ebenen angelegt, ruhige Lage, nur der Hufschlag der vorbei ziehenden Maultiere unterbricht die morgendliche Ruhe, ca. 150 m vom Hafen entfernt. Verbesserungsbedürftiger Service. Das vor allem bei Briten und Amerikanern beliebte Bratsera ist das teuerste Hotel der Insel. DZ inkl. Frühstück gibt es für 140 €. Abends relativ teures Restaurant (Fisch ab 12 €) und Bar im Hof. Geöffnet von Ende Februar bis Ende Oktober. ✆ 22980-53971, ℻ 53626.

Hotel Hydroussa, das frühere Xenia-Hotel liegt etwas abseits (bei der O.T.E. und dem Hotel Leto) an einem Platz mit Zitronenbäumen und Oleander. Unauffälliges Schild am Eingang. Schöner Innenhof. Das Hotel ist großzügig und stilvoll eingerichtet, z. T. mit altem Mobiliar. Stilvolle Salons, EZ mit Bad, Kühlschrank, Aircondition und Frühstück 75–90 €, DZ 110–135 €. Die Zimmer haben viel Sonne und bieten schöne Ausblicke. ✆ 22980-52217 und 52400, ℻ 52161.

Hotel Hippocampos, das in den Neunziger Jahren entstandene Hotel von Sotiris Saitis – in der Nachbarschaft des Bratsera – ist eine geschmackvolle Herberge mittleren Preisniveaus. Von den oberen Zimmern hat der Gast eine schöne Aussicht. Das restaurierte Patrizierhaus verfügt über einen netten Service. DZ mit Frühstück 91 €, EZ 67 €, ✆ 22980-53453, ℻ 53072.

Hotel Mistral, komfortabel, sehr ruhig in der Oberstadt. Die 19 Zimmer in dem alten, kubischen Steinhaus sind geschmackvoll mit dunklem Holz eingerichtet. Klimaanlage vorhanden, z. T. gibt es auch TV. Tolle Badezimmer mit Dusche. Eine Seltenheit: Warmwassertemperatur kann geregelt werden. Weinüberdachter Hof (ein Idyll), hier kann man in Seglerstühlen die lauen Sommerabende im Freien genießen. DZ ab 83 €, EZ 68 € (jeweils mit Frühstück), es gibt auch große Studios für Familien für 124 €, für die Hochsaison sollte man reservieren. Vom Hafen aus eher unauffällig ausgeschildert. 3 Min. zu laufen. Gutes Preis-Leistungs-Verhältnis. ✆ 22980-52509 oder 53411, ℻ 53412. www.histralhydra.gr.

Hotel Hýdra, liegt am Hang, kaum zu übersehen, 5 Min. von der Mole. Zweistöckiges Natursteinhaus, schöner Ausblick, angenehme Atmosphäre, hohe Räume mit Holzdecken. Nur 16 Zimmer, DZ mit Frühstück ca. 80 €, EZ 70 €. Voulgari 8, ✆ 22980- 52102, ℻ 53330.

Hotel Delfini, gut eingerichtetes, blau-weiß angestrichenes Haus bei der Anlegestelle. Doppelzimmer mit Bad, Aircondition und schönem (Fenster-)Blick auf den Hafen 55 €, nach hinten hinaus 50 €, EZ 40–45 €, netter Service. ✆ 22980-52082, ℻ 53072.

Hotel Amaryllis, in einem Eckgebäude einer engen Seitengasse, 50 m vom Hafen. Hell gestrichene Zimmer mit hoher Decke. DZ 53 € (jeweils mit Dusche). Tombazi-Str. 15, ✆ 22980-53611 oder 52249.

Hotel Sophia, günstig und zentral. Nur 5 Zimmer, alle mit Waschbecken, aber ohne Dusche, sehr sauberes und gepflegtes Gemeinschaftsbad und –toiletten. Angeliki Aerakis sorgt für eine nette Atmosphäre. EZ ab 25 €, DZ ab 30 €. Zimmer z. T. nach vorne mit Blick auf den Hafen. ✆ 22980-52313. Nur von April bis Oktober geöffnet.

Hotel Argo, der einzige Vorteil dieser Pension: Sie ist im Gegensatz zu den meisten Herbergen ganzjährig geöffnet und besonders einfach zu finden – gegenüber der Schiffsanlegestelle, erkennbar an den schwarzen Eisenbalkons. Hier geht es immer geschäftig zu. 8 schlichte Zimmer der D-Kat. für Anspruchslose, die mit 53 € nicht gerade billig sind. Im Erdgeschoss des 3-stöckigen Hauses befindet sich eine laute Cafeteria. Nette Wirtin. ✆ 22980-52452 oder 54163.

Es gibt auch eine Reihe von Privatzimmern in Hýdra-Stadt, beispielsweise die Zimmervermietung Erofili, ✆ 22980-52272. Das Haus, gegenüber vom Hotel Bratsera, besitzt einen schönen Innenhof.

• *Außerhalb von Hýdra-Stadt* **Hotel Miramare**, liegt in der Mandráki-Bucht (2,5 km von Hýdra-Stadt) inmitten von baumlosen Bergen. Zwischen hohen Steinmauern, hinter denen die Villen wohlhabender Griechen verborgen sind, führt eine Betonpiste zum Hotel. 28 Appartements mit weinüberrankter Terrasse am 30 m langen Sandstrand. Surfen, Tretbootverleih, Self-Service-Restaurant. EZ ab 78 €, DZ ab 95 €, jeweils inkl. Frühstück. April bis Okt. geöffnet. ✆ 22980-52300, ℻ 52301, www.miramare.gr. Von Hýdra-Stadt läuft man rund eine halbe Stunde zu dem Hotel.

• *Kamíni* **Appartements** vermietet die Familie Petrolekas. Für 2 Personen (mit Küche, Bad, Balkon) ca. 60 €. ✆ 22980-52701.

Direkt am Meer kann man eine sehr schöne (große!) **Ferienwohnung** mit zwei Schlafzimmern, Wohnzimmer, Küche, Bad, Balkon und einmaliger Terrasse für 5 Personen mieten. Im Juli/August meistens komplett ausgebucht, ca. 110 € pro Tag. ✆ 22980-52481.

Rooms for Rent, den Weg bergauf, schräg gegenüber von Petrolekas' Appartements. Drei sehr einfache Doppelzimmer mit gemeinsamer Küche und Bad. ✆ 22980-52443. Zwei Häuser weiter oben vermietet Zoe Gardalinou **Zimmer** (DZ mit Bad) und schöne **Studios** für zwei Personen mit Balkon (Markise), tollem Blick, Ventilator, Mückenkiller und modernem Bad. ✆ 22980-52114.

• *Vlychós* **Antigoni's Appartements**, mit Taverne, am Meer, für vier bis sechs Personen (mit Küche, Bad, Balkon). ✆ 22980-53228 oder 53042.

Außerdem Zimmervermietung in einem Steinhaus in der Nähe des Strandes. Infos unter ✆ 22980-52202 oder 53451.

Essen/Trinken/Cafés/Nachtleben

• *Essen/Trinken* **Taverne Christina + Manolis**, einfach ist die Taverne des sympathischen Ehepaars nicht zu finden. Doch die Suche lohnt sich. Auf der Dachterrasse des nüchternen Hauses (5 Min. vom Hafen) wird feinste griechische Landküche serviert. Die bescheidene, freundliche Christina ist auf der ganzen Insel für ihr leckeres Essen bekannt. Viele Einheimische haben die Taverne längst zu ihrem Stammlokal gemacht. Empfehlenswert sind die vielfältigen vegetarischen Gericht sowie Lamm und natürlich Fisch. Ipilios J. Charamis-Straße.

Taverne Kontilenias, am kleinen Hafen von Kamíni (mit Blick auf die Insel Dokós) kann man lecker speisen. Die Tagesausflügler verirren sich nur selten in die Taverne. Vor allem Fisch kommt hier auf den Teller. Die Tagesangebote werden auf einer Schiefertafel präsentiert. Auf der Terrasse lassen sich die heißen Nachmittagsstunden gut überstehen. Es gibt Bier vom Fass. Ca. 300 m vom Strand, auch beliebt bei Griechen. Essen abseits vom Rummel. Kamíni liegt 1,5 km von Hýdra-Stadt entfernt.

Taverne Iliovassilema, beschaulich geht es in der Taverne **Iliovassilema** (der "Sonnenuntergang") in Vlychós zu. Man sitzt gemütlich unter Pinien, dazu der Blick auf ein kleines, vorgelagertes Eiland – idyllisch. Leckeres vom Holzofengrill. Wer nach dem Essen für den Rückmarsch nach Hýdra zu müde ist, kann das Wassertaxi nehmen, zu dem es nur wenige Meter sind. Die Taverne ist vor allem am Abend wegen ihres schönen Sonnenuntergangs eine Empfehlung. 2,5 km von Hýdra-Stadt.

Restaurant Moita, das romantische Restaurant ist die Nobeladresse auf Hýdra. Evita Myriam, die früher in New York lebte, schuf in ihrem Garten ein kleines Paradies. Die kreative, internationale Küche von Andreas Schinas ist vor allem bei Griechen beliebt. Bekannt ist das Moita vor allem für seine Desserts. Oberstes Preisniveau. Das Restaurant liegt bei der OTE in einer Seitengasse des Hafens. ✆ 22980-52020.

Restaurant Douskos, sehr gemütliches und beliebtes Restaurant auf einer kleinen, idyllischen Platia abseits vom Hafen. Schiffsmodelle im Fenster. Essen unter einem riesigen Pflanzendach. Abends gibt es oft Live-Musik. Spilios J. Charamis-Str.

Taverne To Steki, beliebte Taverne in einer Gasse unweit des Hafens. Die Gaststätte in dem Natursteinhaus bietet relativ preiswerte Menüs am Abend. Schattige Terrasse.

Taverne Greco, am Ortsausgang Richtung Klöster liegt die Taverne mit ihrem schönen Garten samt Palmen und Oleander. Einfache, rustikale Küche. Wegen der Eselritte riecht es bisweilen unangenehm.

Restaurant Three Brothers, eine nicht gerade preisgünstige Taverne mit begrüntem

Saronische Inseln
Karte S. 283

Innenhof beim Hafen. Große Auswahl an guten Tagesmenüs, ruhig gelegen. Pinotse-Straße, gegenüber dem Hotel Bratsera.

Restaurant Vígla, gemütliche Taverne mit Dachgarten, am Hafen, bei der Kirche Theotokou: "... unserer Meinung nach das schönste und auch bei Griechen bevorzugte Restaurant mit Bar, Sitzplatz über dem Hafen, tollem Blick, meditativer Musik, gepflegten Speisen." (Lesertipp von Michael und Gerda Groothues aus Hirte)

• *Cafés* **Café Isalos**, einer der beliebtesten Treffpunkte an der Hafenmole, kleine Snacks, viele Tavli-Spieler, im gleichen Haus das Hotel Argo. Gutes Essen, aber teuer. Der Ouzo kostet 2,50 €.

Café Portofino, das neben dem Isalos gelegenen Café lohnt sich wegen seines guten Kaffees, den die Einheimischen schätzen. Internationale Küche

Art Café, hervorragende Frappés – für Hýdra zu zivilen Preisen; direkt daneben das **Isalos**; beide bei der Anlegestelle für Dolphins.

Café-Bar Hydronetta, Beach-Music-Bar am westlichen Ende der Stadt, nahe den Badeplätzen. Wunderschön zum Sitzen, etwas abseits vom Trubel. Popmusik und vorwiegend junges Publikum.

• *Nachtleben* **Disco Heaven**, auf dem Berg westlich vom Hafen, Freiluft-Disco. Wunderschöner Blick auf den Inselort. Etwas für laue Sommernächte. Bis ca. 3 Uhr geöffnet.

• *Feste* Die Griechen haben unzählige Fest- und Feiertage. Die Hydrioten noch zwei zusätzliche:

Miaoulia – Ende Juni feiert ganz Hýdra zwei Tage lang die Heldentaten von Admiral Miaoulis und seiner Mannschaft im Unabhängigkeitskrieg. Gezeigt werden eine Flottenparade (die Schlacht wird nachgespielt) und traditionelle griechische Tänze. Höhepunkt des Ereignisses bilden ein Feuerwerk und das Verbrennen eines Bootes, das an den Mut der griechischen Freiheitskämpfer erinnern soll.

St. Konstantin – Am 13./14. November findet das Fest des Inselheiligen statt. Es beginnt mit einem Gottesdienst in der Kirche Koimesis Theotokou an der Hafenmole, anschließend ist Markt. Am nächsten Tag folgt eine weitere Messe in der Kirche St. Konstantin.

Sehenswertes

Die alte Seefahrerinsel bietet keine außergewöhnlichen Sehenswürdigkeiten. Es ist die einzigartige, etwas herbe Atmosphäre, die einen Aufenthalt lohnend macht. Der kleine Hafenort selbst eignet sich hervorragend zum gemütlichen Herumschlendern – ob beim Schaufensterbummel an der Promenade (hier wird sehr viel, auch hochwertiger Schmuck angeboten) oder auf Fotopirsch durch die engen, malerischen Gassen. Interessante Wanderungen lassen sich zu den einsam gelegenen Klöstern im Inselinneren machen, in denen noch heute Nonnen und Mönche wohnen. Ein Einheimischer erklärte stolz, dass es auf Hýdra so viele Kirchen und Kapellen gebe, wie das Jahr Tage hat. Wer Lust hat, kann's nachprüfen.

Sehr freundlich sind die Bewohner der Insel seit jeher. Schon bei Heinrich Schliemann, der Hýdra im Jahre 1868 einen Besuch abstattete, fand dies lobende Erwähnung:

"Die Hydrioten stehen im Rufe großer Ehrlichkeit und Uneigennützigkeit und haben ihre kleine Insel durch den glorreichen Antheil, den sie an der Wiedergeburt Griechenlands genommen haben, berühmt gemacht... Ich glaube keinen bessern Beweis der Rechtschaffenheit der Hydrioten und ihres gegenseitigen Vertrauens geben zu können, als wenn ich folgenden Charakterzug mittheile. Wenn ein Schiffscapitän der Inseln sich zu einer langen Reise rüstet, so geht er in Hýdra von Haus zu Haus, um damit für ihre Rechnung zu speculiren. Obwohl er keine Quittung darüber ausstellt, so ist doch nie vorgekommen, dass er bei seiner Rückkehr die erhaltenen Posten nebst Anteil an dem gemachten Gewinne an die Berechtigten nicht zurückerstattet hätte."

Hýdra-Stadt: Alte Patrizierhäuser, meist zwischen 1770 und 1821 erbaut, prägen bis heute das Gesicht der Inselhauptstadt. Zu dieser Zeit kamen nach einer fehlgeschlagenen Revolte gegen die Türken viele Flüchtlinge vom Peloponnes. Die Häuser waren zweckmäßig, oft hatten sie ein drittes Stockwerk, das von den Einheimischen *"virani"* genannt wird: ein großer, atelierartiger Raum, der als Werkstatt – beispielsweise zur Seilherstellung – diente. Das bekannteste Gebäude ist das alte **Patrizierhaus Tombazis** am westlichen Hafenende, wegen seiner ungewöhnlichen Größe und der hohen Steinmauer nicht zu übersehen. Heute beherbergt das Haus die Akademie der schönen Künste, eine Außenstelle des Athener Polytechnikums. Beachtenswert auch die Häuser der Familien Voulgaris und Koundouriotis (Westseite) sowie das Anwesen der Familie Paouris (Ostseite). Unübersehbar in Hýdra-Stadt ist die Kirche **Koimesis Theotokou** mit ihrem prächtigen Glockenturm aus Marmor. Das ehemalige Kloster hat einen schönen, von Arkaden umgebenen Innenhof; im ersten Stock liegen die Mönchszellen. Außerdem beherbergt die Kirche auch ein kleines *byzantinisches Museum*.

Marinemuseum: Das Herz des Freiheitskämpfers Miaoulis

Unweit der Anlegestelle liegt das nach umfassenden Renovierungsarbeiten 1996 wiedereröffnete Marinemuseum von Hýdra. Das historische Gebäude am östlichen Hafenende beherbergt außerdem ein sorgfältig angelegtes Inselarchiv, das über eineinhalb Jahrhunderte (1708–1865) umfasst, sowie eine umfangreiche Bibliothek mit zahlreichen Schriften aus dem 18. Jh.

Das Museum selbst widmet sich überwiegend der griechischen Revolution von 1821, an der die Seemacht Hýdra maßgeblich beteiligt war. Imposante Ölgemälde griechischer Landschaften und Portraits der Revolutionshelden, nautische Karten und andere Dokumente sowie die Galionsfiguren der Kriegsschiffe geben im ersten Stock der Ausstellung einen guten Einblick in die Zeiten des Unabhängigkeitskampfes. Kurioses Glanzstück der Sammlung ist aber zweifelsohne das einbalsamierte und in einer Urne aufbewahrte Herz (!) des berühmten hydriotischen Admirals und Freiheitskämpfers *Andreas Miaoulis*. Im Erdgeschoss Exponate zu den Balkankriegen und den beiden Weltkriegen.

Öffnungszeiten Di–So 9–16.30 Uhr, Mo geschlossen. Eintritt 3 €, Kinder unter 18 Jahren die Hälfte.

Kloster Elías: Der 1,5-stündige Fußmarsch in die Berge oberhalb der Stadt wird mit einer traumhaften Aussicht belohnt. Für die Wanderung sollte man gute Schuhe anziehen, denn die anfängliche Betonstraße entpuppt sich im weiteren Verlauf als enger, steiniger Pfad, an den sich Treppen anschließen. Vom Kloster Elías selbst ist nicht mehr viel zu sehen: 1998 schlug hier der Blitz ein, das Kloster brannte völlig nieder.

Einige Meter unterhalb von Elías liegt das **Kloster Agía Efpraxía**. Eine Nonne wohnt hier noch und bietet geschmackvolle Handarbeiten zum Verkauf an, um die dürftigen Finanzen des Klosters etwas aufzubessern.

Achtung: Das Kloster darf nur mit beinbedeckender Kleidung besichtigt werden! Es besteht auch die Möglichkeit, die Strecke auf dem Rücken eines Esels zurückzulegen – ein nicht gerade billiges Vergnügen (27 €).

Kloster Agía Matróna: Der Besuch lässt sich gut mit einem Badeausflug an die Bucht von Mandráki verbinden. Das Kloster, heute nur noch von zwei Nonnen bewohnt, steht oberhalb der Bucht und ist in 45 Minuten zu Fuß erreichbar. Die Kirche entstand 1865 in dem für die Insel typischen Baustil. Frauen dürfen dort übernachten.

Zwanzig Minuten östlich davon liegt das **Kloster Ágios Triados** in einer ungemein malerischen Umgebung. Heute wohnen hier noch drei Mönche.

Kloster Zourvás: ganz im Osten der Insel, in einem 1,5- bis 3-stündigen Fußmarsch zu erreichen. Einst von Mönchen bewohnt, heute ein Nonnenkloster (auch hier besteht die Möglichkeit, im Gästehaus zu übernachten). Wer den weiten Weg auf Schusters Rappen scheut, kann sich mit dem Boot in die Bucht unterhalb des Klosters bringen lassen und von dort aus hinaufsteigen (ca. 1 Std.).

Baden

Um es gleich zu sagen: Hýdra ist keine Badeinsel. Sandstrände sucht man hier vergebens. Selbst die Kiesstrände sind schmal, oft aus grobem Stein. Hinzu kommt ein besonderes Problem: In den letzten Jahren hat der Unrat, derim Saronischen Golf an Land gespült wird, zugenommen. Je nach Strömung können daher die Strände verschmutzt sein.

Hýdra-Stadt: Vom Westende der Stadt bis nach Kamíni gibt es an den steilen Felsen immer wieder befestigte Plattformen zum Baden. Schmale Steintreppen führen hinunter zu den Liegeflächen. Sauberes Wasser. Vor allem viele Tagesausflügler stürzen sich hier in die Fluten. Über verschiedene Stege kann man ins Wasser gelangen. Der Blick auf die Hafenbucht und die einfahrenden Schiffe ist einzigartig. Nachteil: Es ist relativ laut. Nebenan gibt es ein schönes Aussichtscafé. Die Taverne Sunset hält, was ihr Name verspricht.

Kamíni: Das idyllische Fischerdorf mit Tavernen liegt 2 km von Hýdra-Stadt entfernt. Am Dorfende, bei einem burgähnlichen Steinhaus, befindet sich ein 30 m langer, schöner Kiesstrand mit Blick auf zwei vorgelagerte Inselchen und das peloponnesische Festland. Beliebt bei Griechen. Von Hýdra-Stadt läuft man rund 30 Minuten.

Vlychós: Zu dem ruhigen, fast schon abgelegenen Fischerdörfchen führt ein Pfad am Berghang entlang. Die Küste wird immer zerklüfteter. Nachdem man eine steinerne Brücke überquert hat, zeigt sich schon der kleine Weiler. Hier gibt es ausgezeichnete, preiswerte Tavernen. Nur wenige Besucher teilen sich die Kiesbucht am Dorfrand. Je nach Strömung kann hier jedoch Müll angeschwemmt werden. Trotz Liegestuhlverleih wirkt der Strand mit kleinen Kieselsteinen oft ungepflegt. Dusche und WC vorhanden. Von Vlychós gibt es eine unregelmäßige Verbindung mit Wasser-Taxis zurück nach Hýdra-Stadt.

Westlich von Vlychós bieten sich weitere abgelegene, schöne Badeplätze, die teilweise jedoch nur durch Kletterei über die Felsen zu erreichen sind.

Mandráki: Zwischen felsigen Bergen kann man hier Sonne tanken. Wem es zu heiß wird, sollte einen kühlen Drink an der Bar oder auf der Terrasse des Hotels Miramare nehmen. Die 2,5 km östlich von Hýdra-Stadt gelegene Bucht zieht viele Besucher an. Man schlendert auf einer Asphaltpiste an den Sommerhäusern wohlhabender Griechen vorbei. Das Miramare wurde zwar direkt an die Bucht gebaut, dennoch ist Mandráki ein öffentlicher Strand. Wer nicht nur in der Sonne braten möchte, kann sich hier bei verschiedenen Wassersportarten austoben. Kleine Fährboote fahren von Hýdra-Stadt zum Strand (zu Fuß 30 Min.) – ein verlockendes Angebot für alle, die des Laufens müde sind. Übrigens die Strände nordöstlich von Mandráki lohnen sich nicht, denn oberhalb befindet sich die Müllkippe der Insel.

Spétses

Am südlichen Ende des Saronischen Golfs liegt die ungewöhnlich waldreiche Insel. Ganz im Gegensatz zu Hýdra bedecken immergrüne Kiefernwälder Dreiviertel ihrer Fläche. Rund um die Insel verteilen sich zahlreiche kleine Badebuchten mit kristallklarem Wasser. Spétses hat sich zu einem beliebten Ausflugsziel entwickelt; es ist ideal zum Wandern und Baden und auch Ruhebedürftige kommen hier auf ihre Kosten, denn es herrscht striktes Autoverbot.

Tourismus ist der Wirtschaftszweig Nr. 1 und dies bereits seit dem Ersten Weltkrieg. Damals war die Insel nobler Treffpunkt des Großbürgertums. Sogar die Rothschilds besitzen (heute noch!) auf Spétses ein Sommerhaus. Daneben fühlen sich vor allem Briten und Franzosen von der bewaldeten Insel als Ferienziel angezogen. Trotz der zahlreichen Besucher – hauptsächlich Tagesausflügler – lassen sich hier auch heute noch schöne, nicht überlaufene Strände entdecken. Eine intakte Natur und die sympathische Friedlichkeit von Spétses wissen immer mehr Touristen zu schätzen. Nahe der Küste, versteckt zwischen Aleppo-Kiefern, entstanden die prächtigen Villen vieler wohlhabender Athener. Auf der Nachbarinsel Spetsopoúla hat der Reeder Stavrós Niarchos seine Luxusresidenz.

Karte S. 283

Spétses auf einen Blick

Größe: Fläche 22 qkm, Küstenlänge 27 km.

Bevölkerung: 3700 Einwohner, im Sommer erheblich mehr.

Geografie/Geologisches: Höchster Berg ist der Vígla mit 248 m, zu dem gute Wanderwege führen. Interessant die Meereshöhle Spilia Bekiris am Strand Anargyri.

Wichtigste Orte: Außer Spétses selbst gibt es keine Dörfer oder Städte.

Straßen: Die ganze Küste ist von einer Asphaltstraße erschlossen. Im Inselinneren gibt es nur Schotterwege.

Auto-/Zweiradverleih: kein Autoverleih, Zweiräder in Spétses-Stadt.

Tankstellen: ausschließlich in Spétses-Stadt.

Karten: Die Inselkarte ist recht dürftig. Der Kauf lohnt sich kaum, denn man findet sich auch ohne Karte schnell auf Spétses zurecht.

Fast alle der 3700 Bewohner der Insel leben in der gleichnamigen Hauptstadt. Im Sommer herrscht hier Hochbetrieb. Unzählige Ausflugsschiffe legen für ein paar Stunden in dem kleinen Hafen an und in den Cafés, Tavernen und Souvenirläden geht es rund. Spétses ist eine relativ moderne Stadt und wirkt auf den ersten Blick vielleicht nicht so idyllisch wie beispielsweise Hýdra. Doch wer länger durch die Gassen schlendert, wird auch hier stille, romantische Ecken finden. Besonders malerisch ist der *alte Hafen* im Stadtteil *Kastélli* mit seinen gemütlichen Tavernen, einer kleinen Werft und den in leuchtenden Farben gestrichenen Häusern. Dem historisch interessierten Besucher hat Spétses außer dem Inselmuseum und dem 1991 eröffneten Privatmuseum im Hause von Laskarina Bouboulina (Anführerin im Aufstand von 1821) kaum Besonderes zu bieten.

Beliebte Badebuchten sind im Südwesten *Agía Paraskeví* und *Ágii Anárgyri* (Wassertaxis von Spétses-Stadt). Unweit vom letztgenannten Strand liegt die *Bekíri-Grotte*, in der Frauen und Kinder in Kriegszeiten Zuflucht fanden.

Geschichte: Archäologische Funde in der Bucht von Agía Marína (östliche Bucht in Spétses-Stadt) haben bewiesen, dass die Insel bereits in früh-helladischer Zeit

(2500–2300 v. Chr.) besiedelt war. Vermutlich war sie Stützpunkt auf dem Seeweg von den Kykladen zum Peloponnes. Auch die Römer hielten die Insel zeitweise besetzt. Zentrum war die Gegend um die heutige Kirche Análipsis beim alten Hafen. Als Indiz dafür gilt der Fund eines Sarkophags. Im 5./6. Jh. n. Chr. war der alte Hafen ebenfalls besiedelt, worüber zwei frühchristliche Basiliken Aufschluss geben.
Die erste größere Siedlung entstand im frühen 15. Jh., als christliche Albaner vor den Türken auf die Insel flohen. Diese ehemalige Niederlassung wird heute Kastélli genannt. Zunächst siedelten sich hier Schäfer an, bald kamen Kaufleute hinzu. Im 18. Jh. soll die Einwohnerzahl auf 20.000 angestiegen sein.

Wie für Hýdra bedeutete Napoleons Kontinentalsperre auch für Spétses ein gutes Geschäft. Die Handelsflotte wuchs unaufhaltsam, die expandierende Wirtschaft verschaffte der Insel ein großes Maß an wirtschaftlicher und politischer Unabhängigkeit. Als während des russisch-türkischen Krieges 1770 der Orloff-Aufstand auf dem Peloponnes ausbrach, schlossen sich die freiheitsliebenden Inselbewohner sofort an. Doch Spétses sollte die Auflehnung gegen die Großmacht am Bosporus teuer zu stehen kommen. Der Hauptort Kastélli wurde niedergebrannt, viele Bewohner ermordet, ein Teil rettete sich in die Bekíri-Grotte. Vier Jahre später – nach Beendigung des Krieges – baute man die Stadt an anderer Stelle (um das Kloster Ágios Nikólaos) wieder auf.
Es ist nicht verwunderlich, dass Spétses als erste griechische Insel (1821) in den Unabhängigkeitskrieg gegen die Türken eintrat. Mit Salut begrüßte man die Freiheit und jagte die türkischen Beamten von der Insel; vom Kloster Ágios Nikólaos wehte die spetsiotische Flagge. Es war vor allem die mächtige Flotte der Insel, die den griechischen Freiheitskampf wirkungsvoll unterstützte. 22 Schiffe blockierten die wichtigen Küstenstädte auf dem Peloponnes, acht andere hinderten im April 1821 die türkische Kriegsmarine in Náfplion am Auslaufen. Wenige Monate später fielen sowohl diese bedeutende türkische Garnisonstadt in Árgos als auch die militärisch wichtigen Bastionen Monemvasía und Navaríno zurück an die Griechen, ihre rechtmäßigen Besitzer.
Nach dem erfolgreichen Aufstand gegen die Türken verlor Spétses seine Bedeutung. Wirtschaftliches Zentrum im Saronischen Golf wurde Piräus. Erst in den 1920er Jahren ging es durch den Tourismus wieder aufwärts. Das Geschäft mit den Urlaubsgästen ist heute die Haupteinnahmequelle der Inselbevölkerung.

Information/Verbindungen

• *Information* Freundlich und hilfreich sind die Mitarbeiter der ortsansässigen Reiseagenturen. An der Anlegestelle und Hafenstraße gibt es einige davon (Adressen s. u.).

• *Verbindung* **Flying Dolphins** und die **Flying Cats** verbinden die Insel schnell und bequem mit Piräus, Póros, Hýdra, Portochéli, im Sommer gute Verbindungen: 5-mal tägl. nach Piräus/Zea (1 St 40 Min., 20 €); 4- bis 5-mal tägl. nach Póros (10 €); 7-mal Hýdra (8 €); 1-mal Ermióni (5 €); 6-mal Portochéli (5 €); 1-mal tägl. via Portochéli nach Leonídion (8 €) und nach Monemvasía (15 €). Tickets bei **Bardakos Tours** am Hafen (hier hängt auch der Fahrplan aus). Information unter ✆ 22980-73141-42, 📠 72841. Antonis Bardakos, dem auch die Hotels Zoe's Club Hotel und Soleil Hotel gehören, hilft gerne weiter.

Fährlinien: Die Strecke Spétses – Hýdra – Póros – Méthana – Ägina – Piräus wird 1-mal tägl. (am Nachmittag) befahren. Einfache Fahrt pro Person: Hýdra 4 €, Póros 5 €, Méthana 6 €, Ägina 8 € Piräus 11 € (Fahrtzeit ca. 4 Std.). Tickets bei **Alasia Travel**, 50 m vom Fährhafen (Uferstraße, bei der Kutschstation).

Schiffe nach Kósta: die kürzeste Verbindung zum Festland. 4-mal tägl. *Fähre* (knapp 1 €), außerdem kleine private *Perso-*

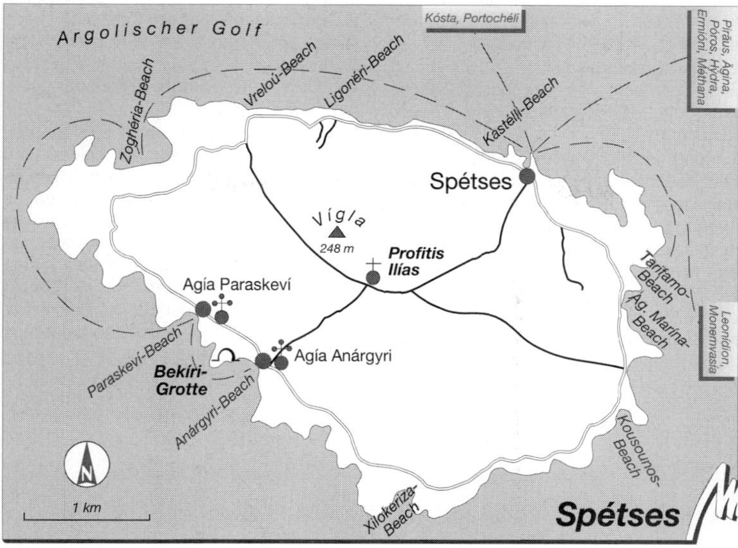

nenfähren (umfunktionierte Fischerboote), Abfahrtszeiten nach Bedarf. Überfahrt 1,50 € pro Person. Es gibt auch preiswerte Ausflugsboote zu den Stränden, ab Spétses-Hafen nach Ag. Anárgyri nur 1,50 €.

Wassertaxis: z. B. nach Kósta, sehr schnell, aber relativ teuer. Den Fahrpreis von 12 € teilen sich die Passagiere. Oft sitzen Leute, die zum Festland wollen, in einem Café an der Anlegestelle und warten auf weitere Mitfahrer. Fahrten zu den Badebuchten Agía Paraskeví und Agía Anárgyri kosten jeweils 38 €, zum alten Hafen 11 €, Zoghéria-Strand 24 €, zum Spétses-Hotel 9 €. Ein Wassertaxi kann ca. zehn (und mehr) Personen befördern. Die Boote liegen im Hafen.

Bus: 2-mal tägl. Busse zum Anárgyri-Beach und zurück, einfach 1,50 €. Abfahrts- und Rückfahrzeiten sind an der Bushaltestelle am Stadtstrand von Spétses (ca. 500 m vom Hafen in Richtung alter Hafen) angeschlagen.

Taxi: Auf Spétses gibt es vier Taxis, Taxistand am Hafen oder ✆ 22980-72994 bzw. 72198.

Kutsche: Fortbewegungsmittel für Romantiker. Fahrt zum alten Hafen rund 7 €, eine Rundfahrt kostet etwa 16 €. Kutschen (mit Nummerschildern!) stehen am Fährhafen.

Adressen/Feste

• *Adressen* **National Bank of Greece**, neben dem Hotel Star am Hafen, mit EC-Automat; Mo–Do 8–14 Uhr, Fr 8–13.30 Uhr.

Erste Hilfe: Richtung Museum. ✆ 22980-72201.

Hafenpolizei: Spétses-Stadt. ✆ 22980-72245.

Polizei/Touristenpolizei: der Beschilderung zum Museum folgen. ✆ 22980-73100 und 73744.

O.T.E.: neben der *National Bank of Greece*, Mo–Fr 7.30–15.10 Uhr geöffnet.

Post: an der Uferstraße, Mo–Fr 7.30–14.30 Uhr.

Mopedverleih: Die Preise auf Spétses scheinen zwischen den Verleihern abgesprochen zu sein. z. B. beim *Spétses-Team*, ✆ 22980-74429 oder 74650, der Verleiher (hinter dem Hotel Possidonion, an einem im Sommer ausgetrockneten Bach), Vermietung von Fahrrädern, Mountainbikes, Mofas (15 €), Roller (18 €), Geländemaschinen (24 €) oder *Lambros Bikes* gegenüber dem Stadtstrand (ca. 500 m vom Hafen), Mopeds und Roller ab 15 €. Tägl. 9–18 Uhr geöffnet. ✆ 22980-72335.Lambros Bikes gewährt keine Preisnachlässe. Der Besitzer verlangt den vollen Preis, auch wenn das Moped erst am Nachmittag angemietet wird.

Fahrradverleih: neben dem Hotel Soleil (Hafenstr.). Ein Fahrrad kostet am Tag (24 Std.) 5 €, auch MTBs. Die Fahrräder sind einigermaßen in Ordnung. Tägl. 9–21 Uhr geöffnet. ✆ 22980-74143 oder 72209.

Kutsche: Beliebt bei Spétses-Besuchern ist eine Rundfahrt mit der Pferdekutsche durch die Inselhauptstadt. Dauer: halbe Stunde, Preis: 20 €.

Achtung: ab 14 Uhr bis 5 Uhr morgens besteht für die Hafenstraße ein **Fahrverbot** für motorisierte Zweiräder!

• *Reiseagenturen* Von etwa April–Oktober veranstalten private Reisebüros Ausflugsfahrten, z. B. **Bardakos Tours** am Hafen: Jeden Dienstag Busausflüge nach Náfplion und Epídauros für 40 €. Hier auch Zimmervermittlung, Verkauf der Flying-Dolphin-Tickets. Während der Saison tägl. von 6–14 und 16–21.30 Uhr geöffnet. ✆ 22980-73141-42 oder 74093-95, ℻ 72841.

Bootsausflüge veranstaltet **Alasia Travel** bei der Kutschstation (Hafenstraße). Nach Hýdra und Póros 25 €, Inselrundfahrt (mit Bekíri-Grotte) 10 €. Auch Hotelvermittlung und Fährticketverkauf. Tägl. 8–22 Uhr geöffnet. ✆ 22980-74130.

• *Feste* Viele Kirchen, viele Feste. In Spétses mangelt es an keinem von beiden. Eine Besonderheit ist das Fest im Gedenken an die Schlacht vom 8. September 1822 gegen die türkische Flotte bei Spétses. Die ganze Stadt ist an diesem Festtag mit Flaggen dekoriert. In farbenprächtigen Trachten führen Spetsioten alte Volkstänze auf. Höhepunkt ist das Nachstellen der Schlacht beim Dapia-Hafen. Mit dem brennenden türkischen Flaggschiff und einem prächtigen Feuerwerk endet das patriotische Fest. Es findet alljährlich am 8. September oder am darauf folgenden Wochenende statt.

Übernachten

Wie auf allen Saronischen Inseln gilt: An einem Wochenende im Hochsommer ohne Reservierung anzureisen, kann ins Auge gehen. Das Preisniveau auf der Insel ist gehoben, für ein (einfaches) Doppelzimmer muss man mit mindestens 45 € rechnen.

• *Hotels* **Hotel Nissia**, 1996 eröffnetes Hotel der Luxuskategorie, unangefochtene Nr. 1 der Insel, sehr hohes Preisniveau. Die Fassade einer alten Fabrik wurde restauriert und dahinter verbirgt sich ein wahrer Hoteltraum: Im nachgebauten traditionellen Stil gruppieren sich Häuser um einen sagenhaften Pool mit Bar. Die Studios mit Küche, Bad, Balkon oder Terrasse, Aircondition und TV sind geschmackvoll und sehr gemütlich eingerichtet. 2er-Studio ab rund 140 €, mit Meerblick ab rund 150 €, Haus für 4 Personen für rund 300 € inkl Frühstücksbuffet. 300 m vom Hafen in Richtung Spétses-Hotel (nordwestliche Richtung), nicht zu übersehen. Ganzjährig geöffnet. ✆ 22980-75000, ℻ 75012.

Hotel Armata, gutes Mittelklassehotel in der Nähe des Hafens (hinter der Zahnklinik von Spétses), von den oberen Stockwerken schöner Ausblick. EZ 70–81 €, DZ 78–90 € plus Frühstück ab 8 € pro Person. ✆ 22980-72683, ℻ 75403.

Hotel Possidonion, Herberge mit Tradition. 1914 ließ der angesehene Sotirios Anargyros die Luxusherberge an der Strandpromenade bauen. Damit nahm der Nobeltourismus in Spétses seinen Anfang. Hinter der Prachtfassade verbirgt sich ein mondänes, schlossähnliches Interieur. Die Telefonanlage in der Rezeption ist ein historisches Schmückstück. Das Possidonion wirkt wie ein Relikt aus vergangenen Zeiten (auch die Einrichtung). Sicherlich eins der stimmungsvollsten Hotels auf Spétses, wenn auch schon lange nicht mehr das nobelste. Die besten Tage des eindrucksvollen Gebäudes sind längst vorüber. Der Service ist verbesserungsbedürftig. Geöffnet von April bis Oktober. Alle Zimmer mit Bad und Balkon, DZ 57 € (jeweils inkl. Frühstücksbuffet). ✆ 22980-72308 oder 72006, ℻ 72208. Buchung über Athen: ✆ 210-3607967.

Economou's Mansion, Übernachten in historischem Gemäuer: Das 1851 gebaute Bürgerhaus gehörte einst dem Freiheitskämpfer und späteren Bürgermeister Michalis Economou. Heute werden hier fünf stilvoll eingerichtete Zimmer (mit Bad) vermietet, außerdem ein Studio mit Kochgelegenheit. DZ rund 50 €. Das Haus befindet sich neben der *Yachting Club Bar* (hier auch Frühstück), vom Hafen 10 Minuten zu Fuß in Richtung Spétses-Hotel (Kounoupítsa-Bucht). Informationen ausschließlich in der **Reiseagentur Yachting Club** bei der Nationalbank am Hafen. Tägl. 9–22 Uhr geöffnet. ✆ 22980-73400-02, ℻ 74074.

Hotel Star, vierstöckiger Kasten am Fährhafen, auffällig mit seinen hellblauen Balkons, im selben Haus wie die *National Bank of Greece*. 37 Zimmer der C-Kat. mit Bad, Balkon, Aircondition und Kühlschrank, EZ ab 41 €, DZ ab 53 €, Frühstück 6 € pro Person. ✆ 22980-72214 oder 72728, ℻ 72872.

Hotel Roumanis, 5-stöckiges Haus, das schon bessere Zeiten gesehen hat, direkt am Hafen, mitten in der Stadt – laut, für das Gebotene zu teuer. Zum Teil recht große Zimmer mit Bad, Balkon, TV und Aircondition, die Preise beinhalten Frühstück: EZ ab 50 €, DZ ab 59 €, Frühstück 5–8 € pro Person, geöffnet von April bis Oktober. ✆ 22980-72244 oder 72344, ℻ 73061.

Hotel Soleil, gepflegtes und gemütliches Mittelklassehotel an der Hafenstraße (z. T. etwas laut). Zimmer mit Bad, TV und Kühlschrank, EZ ab 38 €, DZ ab 50 €. ✆ 22980-72268 oder 72488.

Hotel Klimis, Hafenfront, direkt am Meer, nahe dem Hotel Soleil vermietet Maria Kalevrossoglou angenehme Zimmer mit Bad, Balkon und Ventilator. EZ ab 40 €, DZ 50–55 €. ✆ 22980-72334 oder 73777, ℻ 72334, ganzjährig geöffnet.

Hotel Anna-Maria, zentral, dennoch ruhig gelegen, dezent eingerichtet. 20 Zimmer der E-Kat., DZ 50–56 €, jeweils mit Bad, Frühstück 3 € pro Person. Von der Platia Oroloi, dem unübersehbaren "Uhrenplatz" im Zentrum, die Gasse bergan, rechts ab, dann links (Schild auf dem Dach des Hotels). ✆ 22980-73035-37 oder 73271.

Hotel Faros, fünfstöckiges Hotel in der Altstadt, an der Platia Oroloi (erkennbar am Uhrturm), etwas zurückversetzt vom Hafen (ca. 100 m). Eine der günstigsten Unterkünfte von Spétses, unpersönliche Atmosphäre. Alle Zimmer mit Dusche, EZ ab 35 € DZ ab 47 €, Frühstück 3,50 € pro Person. ✆ 22980- 72613, ℻ 72614.

Hotel Alexandri, das 2-stöckige Haus in zentraler Lage ist ganzjährig offen, nur 12 Zimmer der E-Kat. mit kleinen Balkonen, laut wegen des Verkehrs am Hafen, EZ 36 €, DZ 45 €, ✆ 22980-73073.

Außerhalb von Spétses-Stadt: **Hotel Spétses**, 1 km westlich am Strand gelegen. 77 Zimmer mit Bad, Balkon, TV und Aircondition. EZ ab 104 €, DZ ab 110 €, Frühstück ab 7 € pro Person. ✆ 22980-72602-4, ℻ 72494.

Hotel Lefka Palace, am Kastélli-Beach (westlicher Stadtrand), nicht mehr ganz modernes, typisches Strandhotel mit Pool und Tennisplatz. 200 m langer Kiesstrand mit Taverne und Bar. 67 zum Teil ziemlich teure Zimmer; alle mit Bad, Balkon (Meerblick), Aircondition und TV. EZ 39–115 €, DZ 47–125 €, Frühstück pro Person 8 €. ✆ 22980-72311-13, ℻ 72161.

• *Privatzimmer* **Villa Marina**, gegenüber vom Stadtstrand die Gasse hinein, erstes Haus auf der linken Seite. Freundliches Besitzerehepaar, netter, kleiner Garten, Gemeinschaftsküche. Die Zimmer mit Bad und Kühlschrank sind recht klein geraten. Fragen Sie nach den Zimmern im 1. Stock, die sind etwas geräumiger. EZ 38 €, DZ 48 €, Aircondition gegen Aufpreis. ✆ 22980-72646 oder 72660.

Spétses ist bekannt für seine Villen

Villa Plaza, etwa 200 m vom Hafen, schönes zweistöckiges Haus, von den Balkons im 1. Stock hat man teilweise einen schönen Ausblick hinüber zum Peloponnes, die Zimmer sind schlicht mit Kiefernmöbeln (plus Kühlschrank) eingerichtet und zum Teil relativ klein. Es gibt aber auch Studios. Schöner Garten. Informationen unter ✆ 22980-73426, mobil 6977-903644.

Villa Kriezi, gepflegte Villa mit herrlichem Garten, ruhig gelegen, besonders empfehlenswert die Zimmer 7–10 wegen der schönen Aussicht. Preise auf Anfrage. ✆ 22980-74086.

Essen/Trinken

Restaurant Mourayo, am alten Hafen (vom Zentrum ca. 15 Minuten zu laufen), in romantischer Umgebung. Sehr schönes Ambiente in altem Fischerhaus. Bar mit Piano, Terrasse über den Strand gebaut. Abendtreffpunkt, ab ca. 24 Uhr Musik-Bar. Gehobenes Preisniveau.

Ebenfalls am alten Hafen liegt das **Restaurant Exedra**, eine der Empfehlungen, wenn man auf Spétses guten Fisch essen will.

Fischrestaurant Patralis, beim Spétses-Hotel, vom Zentrum ca. 15 Minuten zu laufen. Nach Meinung vieler Spetsioten für Fisch die Nr. 1 der Insel. Gehobenes Preisniveau.

Taverne Speskofari, bei Einheimischen beliebtes Lokal am Stadtrand, bekannt für guten Fisch, mittleres Preisniveau.

Restaurant Stelios, an der Uferpromenade Richtung alter Hafen. Sehr preisgünstige Menüs. Zu Stoßzeiten ist kaum noch ein Platz zu bekommen.

Taverne Hatzis, Neubau am Rand der Bucht des alten Hafens, das gelbe Haus ist leicht zu finden, schöne Terrasse, nicht billig, aber lecker.

Taverne Roussos, an der Hafenfront, beliebte Taverne bei Einheimischen, zivile Preise.

Restaurant Kipos, gegenüber von der Polizeistation liegt diese Taverne (am Weg zum Stadtmuseum), Olivenbäume spenden Schatten, angenehmes Haus.

Yachting Club, Café, Bar und Crêperie. Bereits zum Frühstück geöffnet. Hübsche Terrasse, französisch-griechische Küche, gute Cocktails. Der Club liegt in der Kounoupitsa Bay, 10 Min. vom Hafen.

Maria's Beach-Café, das am Stadtrand gelegene Café ist für seine guten Frappés bekannt, relativ teuer, junges Publikum.

Kafenion Akropol, wer gern Süßes mag, für den ist das traditionelle Kafenion (Eckhaus am Hafen, neben dem Hotel Possidonion) genau richtig. Hier wird die süße Inselspezialität "Amigdalato" verkauft, bestehend hauptsächlich aus Zucker, Mandeln und Honig. Auch in anderen Bäckereien und Konditoreien der Stadt zu haben.

Café 1800, populäres Café in altem Herrenhaus, 5 Min. vom Hafen.

Portolanos, empfehlenswerter Treffpunkt zum Essen, Trinken und Leute Kennenlernen, im Stadtteil Kastelli.

Sehenswertes

Museum: Durch eine kleine Gasse führt der Weg vom Hafen zum Inselmuseum, an seinem großen Anker am Eingang leicht zu erkennen. Seit 1938 besteht die Sammlung in dem etwas heruntergekommenen Haus, das der reiche Reeder Hadziyannis Mexis 1795–98 bauen ließ. Eine Außentreppe führt zum ersten Stock mit sieben Räumen, in denen die Geschichte der kleinen Insel aufbereitet wird: alte Bilder von Spétses und dem Peloponnes, Waffen aus dem Befreiungskrieg gegen die Türken, reich verzierte Trachten, schön restaurierte Ikonen und 2000 Jahre alte Münzen. Sehenswert, aber leider sind die Exponate nur teilweise in englischer Sprache erläutert. Das Museum liegt fünf Minuten vom Hafen in südöstlicher Richtung (ab Hafen beschildert).

Öffnungszeiten tägl. (außer Mo) 8.30–14.45 Uhr. Eintritt 3 €, Rentner 2 € Kinder und Studenten der EU frei. ✆ 22980-72994.

Museum Laskarina Bouboulina: In Griechenland kennt jedes Kind ihren Namen. Laskarina Bouboulina ist die bekannteste Freiheitskämpferin des Landes. An der Spitze ihres Kriegsschiffes Agamemnon kämpfte die zweifache Witwe 1821 gegen die Jahrhunderte dauernde Besatzung der Türken – und gewann. Die Erinnerung an Bouboulina lebendig zu halten ist die Aufgabe des gleichnamigen Museums, das in ihrem Haus, nur 300 m vom Fährhafen, untergebracht ist. Das kubische, weitläufige Gebäude mit seinem kleinen Garten dient bereits seit 1991 als Privatmuseum. Ein Besuch lohnt sich nicht nur, um diese schillernde historische Persönlichkeit kennen zu lernen, sondern auch, um einen Eindruck in die Lebensweise vermögender Griechen zu Beginn des 19. Jh. zu gewinnen. Der beeindruckendste Raum ist zweifellos der Große Salon mit seinen mächtigen florentinischen Holzdecken. Das auffälligste Möbelstück nach dem langen, roten Sofa ist der mächtige, eiserne Safe, den die begeisterte Seefahrerin einst auf ihrem Kriegsschiff mit sich führte. In den Räumlichkeiten sind vorwiegend private Gegenstände der legendären Revolutionärin zu sehen, u. a. wertvolle italienische Möbel, Porzellan, Bücher und Gemälde; außerdem eine Skizze der "Agamemnon" und die Genehmigung der Türken, das Schiff zu bauen. Darüber hinaus ist die Waffensammlung der Patriotin ausgestellt, darunter ein mongolisches Schwert, ein Geschenk von Zar Alexander von Russland, und – als Glanzpunkt der Sammlung – ein altes byzantinisches Schwert. Die vermögende Frau hatte für Notfälle vorgesorgt. Im Kaminzimmer ist bis zum heutigen Tag ein Schrank mit einem Geheimversteck für Geld und Waffen erhalten geblieben. Das Museum wurde von Philip Demertzis-Bouboulis gegründet, ein Nachkomme der Revolutionärin in der bereits fünften Generation. Der Englisch sprechende Spetsiote macht auch die meisten Führungen durch die Sammlung.

Öffnungszeiten Die Ausstellung ist ausschließlich im Rahmen einer Führung (4-mal tägl. in englischer Sprache) zu besichtigen. Die Zeiten werden per Anschlag vor dem Tor des Hauses bekannt gegeben. Eintritt 4 €, Kinder 1 €. Der Weg zum Museum ist beschildert.

Bouboulina – Eine griechische Legende

In Griechenland kennt jedes Kind ihren Namen, unzählige Straßen auf dem Peloponnes sind nach ihr benannt und gemeinhin gilt sie als *das* Symbol für den Unabhängigkeitskampf gegen die Türken: Die Bouboulina ist griechische Volksheldin und Legende zugleich.

Ihr ungewöhnliches Leben hatte einen nicht minder ungewöhnlichen Anfang: Am 12. Mai 1771 wurde Laskarina Bouboulina in einem Gefängnis in Konstantinopel geboren. Nicht als Gefangene, sondern als Tochter des von den Türken inhaftierten hydriotischen Freiheitskämpfers Stavrianos Pinotsis und dessen Frau Skevo – und zwar während der Besuchszeit! Der Freiheitswille wurde der legendären Griechin also sprichwörtlich in die Wiege gelegt ...

Nach dem baldigen Tod des Vaters gelangte Laskarina über Hýdra nach Spétses, wo sie den größten Teil ihres Lebens verbringen sollte. Im Alter von 40 Jahren war die Bouboulina zweimal verwitwet, Mutter von sieben Kindern und konnte auf einen beachtlichen Nachlass ihrer Ehemänner (beide starben im Kampf gegen Piraten) zurückgreifen. Dieser Wohlstand ermöglichte ihr das Engagement für die griechische Freiheit: Dank ihrer wurde Spétses – neben Hýdra – zur bedeutendsten Seemacht im Unabhängigkeitskampf gegen die Türken. Laskarina Bouboulina stellte ihr gesamtes Privatvermögen für die Vorbereitung der Revolution zur Verfügung, u. a. auch zum Bau des berühmten Schiffes "Agamemnon", das unter ihrem persönlichen Kommando stand und auf dem am 13. März 1821 die griechische Revolutionsfahne gehisst wurde.

Maßgeblich beteiligt war Laskarina Bouboulina auch an der Seeblockade gegen das heftig umkämpfte Náfplion: Fast ein Jahr dauerte die Belagerung. Als Náfplion schließlich am 22.11.1822 kapitulierte, war das Ziel zwar erreicht, die Bouboulina aber von den Streitigkeiten innerhalb der Revolutionsparteien zutiefst enttäuscht und völlig verarmt. Die Gefangennahme des Freiheitskämpfers Theodor Kolokotronis durch seine innenpolitischen Gegner veranlasste sie zur Rückkehr nach Spétses, wo ihr Leben ein überraschendes und völlig unwürdiges Ende finden sollte: 1825 wurde Laskarina Bouboulina bei einem Streit mit der mächtigen Familie Koutsis hinterrücks erschossen.

Karte S. 283

Bekíri-Grotte: Die Tropfsteinhöhle – einst Zufluchtsstätte der Inselbewohner in Todesgefahr – liegt an der schroffen Südwestküste nahe der Bucht **Agía Anárgyri** (mit Bus und Wassertaxis bzw. Ausflugsbooten erreichbar). Zugang besteht sowohl vom Meer als auch vom Strand. Von der viel besuchten Badebucht aus verläuft ein Pfad (rechte Seite, Nähe Wassersportcenter) ca. 300 m entlang der unwegsamen Küste. Zunächst eine Betontreppe, dann ein Trampelpfad führen zur Grotte an einer kleinen Landspitze. Der winzige, unauffällige Grotteneingang verbirgt sich zwischen großen Felsbrocken, nur durch die Beschriftung "Cave" auf dem Fels ersichtlich. Dahinter liegt ein von der Brandung ausgespülter Saal mit kleinen Tropfsteinen. Unbedingt Taschenlampe mitnehmen!

Baden

- **Kastélli-Beach/Acrogiali-Beach**: größter Strand in Spétses-Stadt, beim Hotel "Lefka Palace" (westlicher Stadtrand). 200 m langer Kiesstrand mit Taverne und Strandbar. Außerdem gibt es noch eine ruhig gelegene, kleine Badebucht, die über Treppen zu erreichen ist. In der Bucht ebenfalls eine Bar, außerdem gibt es eine Stranddusche.
- **Ligonéri-Beach**: weitaus lohnender als Kastélli. Von der Inselstraße führt der Weg ca. 50 m durch einen idyllischen Pinienwald hinunter zur Küste. Den Besucher erwartet ein sehr feiner Kiesstrand (begrenzt von Felsen) und türkisfarbenes, klares Wasser. Der saubere Strand ist nicht einmal überfüllt. Es gibt einen Wegweiser von der Inselstraße zum Strand. Der Bus nach Spétses-Stadt hält hier.
- **Vreloú-Beach**: 50 m breite, schöne Kiesbucht. Ein etwa 200 m langer Weg führt in Serpentinen von der Inselstraße hinab zum Meer (ebenfalls Wegweiser).
- **Zoghéria-Beach**: zwei idyllische Badebuchten an der Nordwestspitze der Insel. Von der Straße geht es auf einem holprigen und steilen Pfad ca. 2 km den Berg hinunter. Zuerst gelangt man zu einer Bucht inmitten von Pinien, Ölbäumen und Zedern. An der felsigen Küste liegen schmale Kiesstrände. Einige halb verfallene Häuser behaupten sich in der weiten Bucht. Weiter westlich liegt eine weitere Bucht, die Lazarétta-Bucht, mit Kiesstrand zwischen Felsplatten. Taverne direkt am Strand. Die Bucht, ca. 2 km von der Inselstraße (Wegweiser), ist im Hochsommer auch mit kleinen Booten von Spétses-Stadt aus erreichbar.
- **Paraskeví-Beach**: idyllische Bucht samt Kapelle inmitten von Pinien. 70 m langer, sauberer Sandstrand, der von Felsen begrenzt wird. Ebenfalls unterhalb der Inselstraße gelegen. Bar und Sonnenschirmverleih. Für eine ausreichende Verpflegung sorgt eine Taverne. Weiter westlich findet man noch zwei Badebuchten, die jedoch von der Straße aus schwerer zugänglich und deshalb nicht so gut besucht sind. Hier befinden sich auch die einzigen Nacktbadestrände von Spétses.
- **Anárgyri-Beach**: Die populärste Badebucht (Kiesstrand) auf Spétses liegt ca. 20 m abseits der Inselstraße. Im Sommer ist sie durch Boote und Busse mit dem 12 km entfernten Hauptort verbunden. Der Kiesstrand ist rund 400 m breit. In der Bucht ankern oft Motorboote und Jachten. Mehrere Tavernen sorgen für das Wohl der Gäste. Außerdem erhöhen das Wassersportangebot (u. a. Paragliding, Windsurfen und Wasserski) und ein Sonnenschirm- und Liegestuhlverleih ihre Attraktivität als Badeplatz. Öffentliches Telefon vorhanden. In den letzten Jahren entstand auch eine Reihe von Sommerhäusern. Außerdem gibt es ein Hotel. Vom Anárgyri-Beach führt auch ein Wanderweg über den Inselberg Profitis Ilias (5 km) nach Spétses-Stadt. Für die Wegstrecke sollte man jedoch mit mindestens 2 Stunden rechnen.

• *Übernachten* **Hotel Akroyali**, die 17 Zimmer große Herberge, nur 30 m vom Strand, ist das einzige größere Hotel außerhalb der Inselhauptstadt. EZ ab 37 €, DZ ab 40 €, teures Frühstück ab 10 € pro Person. ✆ 22980-73695, ℻ 74054. April bis Okt. geöffnet.

• *Essen/Trinken* **Taverne Tasos**, unser Tipp! Tasos, der Chef des Hauses, ist ein echtes Original und immer für einen Spaß zu haben. Gäste sollten ein gutes Reaktionsvermögen besitzen, denn Speis und Trank wird von Tasos auch schon mal im freien Fall serviert. Das Familienrestaurant ist inselweit für gute Küche bekannt und bei den Spetsioten sehr beliebt. Nette Atmosphäre, an der Abzweigung zum Strand gelegen.

Taverne Manolis, beliebte Ausflugstaverne am Strand, gute Tagesgerichte.

▸ **Xilokeriza-Beach**: einer der schönsten Strände der Insel, 7 km von Spétses-Stadt entfernt. Von der Inselstraße weist ein Schild auf den Weg hinunter zum Strand. Herrlich gelegener, ca. 50 m langer Kiesstrand mit Bar und Restaurant. Die Bucht wird häufig von großen Jachten angesteuert.

▸ **Kousounos-Beach**: ebenfalls von der Inselstraße beschildert, ca. 2 km südlich von der Agía Marina-Bucht. Der ca. 50 m lange Kiesstrand wird überwiegend von den Bewohnern der Insel besucht.

▸ **Agía-Marína-Beach/Paradise-Beach**: gepflegter Kiesstrand (70 m lang) am östlichen Stadtrand, mit schönem Café, Restaurant und einem Grillplatz. Ist im Sommer immer brechend voll.

▸ **Tarifamo-Beach**: vom Agía-Marína-Beach Richtung altem Hafen, fast bis zum Neubaugebiet "Petusa", kurz davor rechts ab. Ein Schild weist den Weg hinunter zu der kleinen Bucht mit Kiesstrand und Steinplatten. Schöner Ausblick auf einen Felsen mit Ruine.

In Spétses-Stadt findet man weitere Kiesstrände in Richtung Lefka-Palace-Hotel. Hier herrscht ebenfalls großer Andrang, nicht zuletzt wegen der guten Wassersportmöglichkeiten am Kastélli-Beach. Der Stadtstrand von Spétses (ca. 500 m vom Fährhafen in Richtung altem Hafen) mag in Anbetracht der hervorragenden Strände der Insel eher als Notlösung erscheinen, ist für ein kurzes Bad jedoch durchaus geeignet. Viele Tagestouristen.

Karte S. 283

Was haben Sie entdeckt?

Haben Sie eine versunkene Stadt gefunden, eine freundliche Taverne weitab vom Trubel, ein nettes Hotel mit Atmosphäre, einen reizvollen Strand?

Wenn Sie Ergänzungen, Verbesserungen oder neue Tipps haben, lassen Sie es uns bitte wissen!

Schreiben Sie an:

Redaktion "Griechische Inseln"
c/o Michael Müller Verlag GmbH
Gerberei 19
91054 Erlangen
E-Mail: mmv@michael-mueller-verlag.de

Windmühlen findet man auf fast allen Kykladeninseln

Kykladen

Weit draußen in der Ägäis, wo das Wasser tiefblau schimmert, der Windgott sein ewiges Domizil hat und das Licht heller ist als irgendwo auf der Welt, dort liegt Griechenland "wie aus dem Bilderbuch" – ein Schwarm von großen und kleinen Landsplittern, hingestreut zwischen Athen und Kreta, Peloponnes und Kleinasien.

Erste Impressionen: Duftende Kräuterteppiche überziehen die steinigen Berg- und Hügelmassive, zahllose Buchten und Strände drängen ans Meer, weiß gekalkte Kirchlein mit leuchtend blauen Kuppeln setzen Farbtupfer in die sonnendurchglühten Landschaften, gut versteckt und abgeschirmt findet man fruchtbare, üppig-grüne Enklaven mit Oliven, Zypressen und Weinreben. Auf den Kuppen die Ortschaften: verwinkelte Labyrinthe aus schneeweißen Würfelhäusern und engen Stufenwegen, im malerischen Kontrast dazu die blau gestrichenen Fenster- und Türrahmen, Gässchen, Fassaden und Balkone mit farbenprächtigen Bougainvilleen und Blumenkübeln liebevoll dekoriert ... Architekten und Künstler fühlten sich seit jeher inspiriert vom Kolorit und der dichten Atmosphäre der Kykladensiedlungen.

Die Kykladen bilden die zentralste Inselgruppe Griechenlands. Weit mehr als 30 Inseln hat man gezählt, einige davon nur wenige Quadratkilometer groß, 24 sind bewohnt. Touristisch "entdeckt" wurden sie in den späten sechziger Jahren. Erst waren es Hippies, dann die Rucksacktouristen, die die Kykladen als Geheimtipp handelten. Heute sind sie längst salonfähig geworden. Hotels und Tavernen sprießen allerorten aus dem Boden, man lebt vom Geschäft mit den Urlaubern – "die Kykladen" sind geradezu zum Inbegriff griechischer Ferienkultur geworden. Natürlich hat der stürmisch angewachsene Tourismus der letzten Jahrzehnte Spuren hinterlassen: kühl kalkulierter Geschäftssinn verdrängte traditionelle Gastfreundschaft, idyllische Flecken wurden rigoros zugebaut, auf ehemals einsamen Stränden reihen

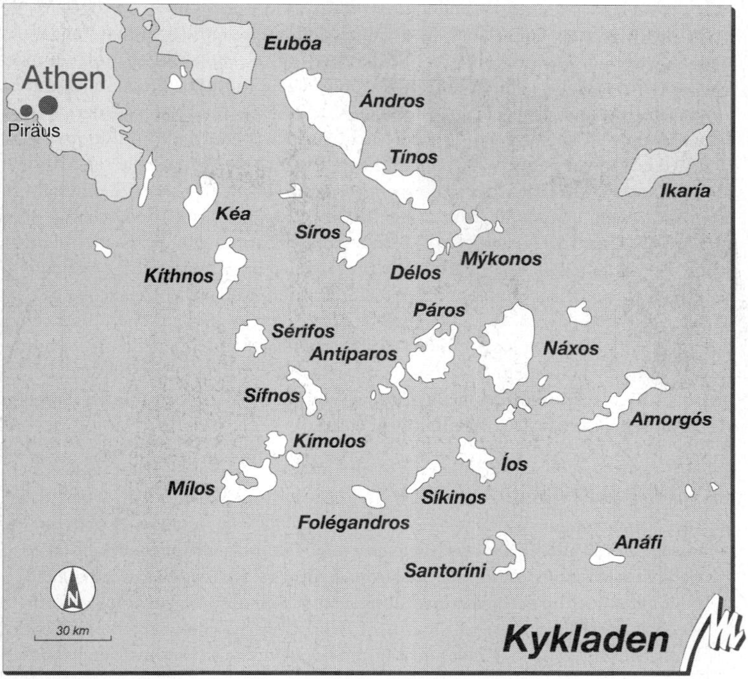

Kykladen Karte S. 321

sich kostenpflichtige Liegen und Sonnenschirme, Nepp ist kein Fremdwort mehr. Trotzdem haben die Kykladen ihren unverwechselbaren Charakter nicht verloren und werden es auch nie, denn die Natur ist hier stärker als der Mensch. Es gibt sie noch, die kleinen, ruhigen Orte, die traditionellen Maultierpfade, die abgelegenen Buchten, die einsamen Strände – und das allgegenwärtige Glitzern des Meeres. Nur wenige Schritte abseits der Urlaubszentren findet man sich in der rauen Welt einer uralten Ägäisinsel, spürt den warmen Wind, atmet die Düfte der Kräuter und entdeckt die archaische Schönheit des griechischen Südens. Der Gegensatz von geschäftigem Trubel und völliger Stille – nirgendwo wird man ihn besser kennen lernen als auf den Inseln der Kykladen. Das entfernte Bimmeln von Ziegenglocken, das Summen von Insekten, das Klacken der Steine unter den Füßen, weit draußen zieht eine schneeweiße Fähre vorüber ... Eindrücke, die man so rasch nicht mehr vergisst und deretwegen es sich zu kommen lohnt.

In der griechischen Mythologie haben die Inseln ihren festen Patz: Der Medusentöter Perseus stammt aus Sérifos, Ariadne wird von Dionysos auf Náxos entführt, der Lichtgott Apollo ist auf Délos geboren, heute einer der bedeutendsten Ausgrabungsstätten der griechischen Antike. Als einzige Inselgruppe Griechenlands entwickelten die Kykladen bereits Jahrtausende vor der Zeitwende eine eigene Kultur, deren reiche Zeugnisse heute in diversen archäologischen Museen untergebracht sind – die zeitlos wirkenden kykladischen "Marmoridole" kann man als Beginn der europäischen Skulpturenkunst betrachten.

Jede der Kykladen-Inseln ist anders, jede hat ihre unverwechselbare Eigenart, geprägt durch Kultur, Landschaft, Tourismus. Die landschaftlich faszinierendste ist ohne Zweifel *Santoríni,* bizarrer Restkörper eines Vulkankegels mit dunklen Quarzstränden, Lavawein und Höhlenwohnungen. Kulturell hochinteressant ist *Tínos,* die "heilige Insel" der griechischen Orthodoxie, flankiert von der touristischen Gegenwelt auf *Mýkonos,* wo die Nacht zum Tag gemacht wird. Auf *Íos* treffen sich Jugendliche aus aller Welt, *Náxos,* die größte, hat gleichzeitig die reichste Vielfalt an Landschaften, das kleine *Folégandros* ist berühmt ist für seine mittelalterliche Chóra auf senkrecht zum Meer abfallenden Felsplateau, *Sýros* für seine klassizistisch geprägte Hauptstadt Ermoúpolis, während die Bergbauinsel *Mílos* heiße Thermalquellen, wilde Felsküsten und abgelegene Strandbuchten besitzt.
Wie Hinkommen? Mýkonos und Santoríni können Sie von Mitteleuropa aus per Charter direkt anfliegen. Die angemessene Form, sich in der ägäischen Inselwelt zu bewegen, ist jedoch das "Inselhüpfen". Zahllose Fähren und Schnellboote verbinden in der warmen Jahreshälfte die Inseln miteinander. Athen/Piräus heißt dabei die Losung – kein schönerer Urlaubsbeginn, als vom hektischen Riesenhafen Piräus ins ruhige, offene Meer hinauszugleiten.

Was heißt Kykladen?

Der Name stammt von den Ioniern, die um 1100 v. Chr. vor den Dorern vom griechischen Festland auf die Inseln flohen. Das unscheinbare Inselchen Délos wählten sie als Standort ihres großen Apollo-Festes – wohl deshalb, weil es zentral inmitten der umgebenden Inseln lag. Diese nannten sie folgerichtig Kykladen, was sich vom altgriechischen "kyklos", d. Uhr. Kreis, ableitet, Kreis-Inseln also. Wer Délos mit bestem Willen nicht im Mittelpunkt der Kykladen sehen kann – die heutigen südlichen Kykladen, also Anáfi, Íos, Santoríni usw., wurden damals nicht dazugezählt.

Ándros

Die Insel Ándros ist die zweitgrößte der Kykladen. Der erste Anblick: ein gewaltiger Felsbrocken im Meer, rau und kahl, wuchtige Gesteinsmassen in allen Rot-, Grau- und Brauntönen, hohe Bergrücken, vereinzelt weiße Häuschen an den Hängen. Die Küstenlinien sind bizarr zerrissen, oft steil und unzugänglich, jedoch mit etlichen guten Stränden.

Trotzdem ist Ándros keine öde Steinwüste, sondern – ganz im Gegenteil – eine der fruchtbarsten Inseln der gesamten Kykladen! Die lang gezogenen Täler bilden üppig-grüne Enklaven, zahllose hohe Zypressen bedecken die Hänge, die Talböden und Uferebenen gleichen, vor allem in der Umgebung der Inselhauptstadt, gepflegten Gartenlandschaften. Auch architektonisch hat Ándros wenig mit den restlichen Kykladen gemein. Die typische kubische Hausform mit weiß gekalktem Flachdach ist kaum vertreten, es herrschen ziegelgedeckte Giebeldächer wie auf dem Festland vor.
Trotz seiner Festlandsnähe liegt Ándros abseits der gängigen Touristenrouten, denn es kann nicht von Piräus, sondern ausschließlich vom kleinen Hafen *Rafína* an der Ostküste Attikas erreicht werden. Nur das ehemalige Fischerdörfchen *Bátsi*

Ándros, die Reeder- und Seefahrerinsel

Bereits nach den Befreiungskriegen im 19. Jh. hat die Entwicklung begonnen. Heute ist Ándros, das auch "Mikrí Angliá" (Klein-England) genannt wird, in ganz Griechenland berühmt für die zahlreichen Schiffsreeder und Kapitäne, die sich hier niedergelassen haben. Namen wie *Goulandris* und *Empeirikos* findet man an jeder Straßenecke, vor allem im herausgeputzten Hauptort. Die für griechische Verhältnisse ungewöhnlich "gediegene" Atmosphäre in der Chóra (Autoverbot auf der Hauptstraße, strikte Mittagsruhe), die stilvollen Stadthäuser und aufwändigen Sommervillen sprechen in dieser Hinsicht eine beredte Sprache.
Einen ganz anderen Aspekt der Seefahrerinsel hat die Kreterin Ioanna Karystiani 1997 in ihrem viel beachteten ersten Roman "Die Frauen von Andros" (auf Deutsch bei Suhrkamp) thematisiert. Die Kapitäne von Ándros sind nämlich in erster Linie auf den Weltmeeren zu Hause und verbringen nur hin und wieder ein, zwei Monate bei ihren Familien. Die übrige Zeit sind die Frauen völlig auf sich gestellt. Der Roman schildert in eigenwilliger Sprache die Schicksale einiger dieser Frauen auf Ándros in den Jahren 1929–48. Frau Karystiani wurde 1998 für ihr Werk mit dem griechischen Staatspreis für Literatur ausgezeichnet.

an der Westküste hat sich zu einem Fremdenverkehrsort entwickelt, dem einzigen der Insel. Ansonsten ist Ándros griechisch geblieben, sogar die fantastisch gelegene *Chóra*, die Hauptstadt der Insel. Große Teile von Ándros sind zudem unbesiedelt, vor allem der äußerste Süden, der durch seine wilde Unberührtheit besticht.

Ándros auf einen Blick

Größe: mit 390 qkm zweitgrößte Insel der Kykladen, Länge 39,5 km, Breite 16 km.

Bevölkerung: ca. 9000, im Sommer wesentlich mehr.

Geografie/Geologisches: Ándros ist äußerst felsig, besteht zum größten Teil aus Schiefer, besitzt aber auch Marmorvorkommen (Steinbruch bei der Kreuzung Stavrópeda). Die Gipfel steigen bis über 1000 m an, doch gibt es auch erstaunlich fruchtbare Talregionen (vor allem um Ándros-Stadt). Insgesamt ist die Insel sehr wasserreich und verfügt über viele Quellen. Auffallend sind auch die zahlreichen "Taubentürme" (siehe Insel Tínos).

Wichtige Orte: Ándros-Stadt (Chóra), die Hauptstadt; Bátsi, bedeutendster Touristenort; Gávrion, der Hafen; Órmos Korthíou, Fischer- und Landwirtschaftsdorf mit etwas Tourismus.

Straßen: Asphaltstraßen von Gávrion über Áno Fellós zum "Windpark" von Kallivári, von Gávrion über Bátsi nach Ándros-Stadt und Órmos Korthíou, von Bátsi über Káto Katákilos, Arnás und Vourkotí nach Ándros-Stadt, von Ándros-Stadt nach Steniés und Órmos Korthíou.

Entfernungen: Gávrion (Hafen) – Bátsi 8 km, Gávrion – Ándros-Stadt 35 km, Gávrion – Órmos Korthíou 40 km, Ándros-Stadt – Steniés 6 km, Ándros-Stadt – Apikía 7,5 km, Ándros-Stadt – Órmos Korthíou 20 km.

Auto-/Zweiradverleih: in Gávrion, Bátsi und Ándros-Stadt.

Tankstellen: z. Z. insgesamt sieben (je zwei in Gávrion und Messariá, je eine in Bátsi, Ándros-Stadt und Órmos Korthíou).

Übernachten: Hotels und Privatzimmer in Gávrion, Bátsi, Ándros-Stadt, Órmos Korthíou und Apikía. Nur Privatzimmer in Messariá und Menítes.

Baden: einige gute Strände um Gávrion, Bátsi, Órmos Korthíou und Ándros-Stadt.

Karten: Beste Inselkarte mit sehr exaktem Straßenverlauf ist derzeit die Karte von Road Editions (1:50.000), beim Anavasis Verlag (siehe Inseln Sérifos oder Sífnos) ist eine Karte in Vorbereitung.

Postleitzahl: 84500.

Karte S. 321

Verbindungen

Vom Festland Überfahrten nur vom kleinen Hafenstädtchen **Rafína**, ca. 30 km östlich von Athen. Es gibt keine direkte Verbindung ab Piräus – nur mit Umsteigen/Aufenthalt in Tínos, Mýkonos usw. kann man von dort nach Ándros gelangen. Doch die Busfahrt von Athen nach Rafína ist problemlos und der ruhige Ort ein schöner Einstieg für einen Kykladen-Trip. Achtung jedoch: An Wochenenden macht sich halb Athen nach Ándros auf, sonntags herrscht entsprechend starker Rückreiseverkehr.

Fähren: von und nach Rafína in der Saison ca. 2- bis 3-mal tägl. (sonntags weniger), pro Pers. ca. 10 €, Auto ca. 32–45 €, Dauer gut 2 Std.

Schnellboote: etwa 1- bis 2-mal tägl. auf der Strecke *Rafína-Ándros-Tínos-Mýkonos-Páros-Náxos-Íos-Santoríni* und zurück. Dauer ca. 1 Std., Kostenpunkt etwa doppelt so viel wie auf der Fähre.

Alle Fähren und Schnellboote landen im Hafen **Gávrion** an der Nordwestküste und fahren weiter zur Nachbarinsel Tínos, wo man Anschluss an das Liniennetz von und nach Piräus hat, und weiter nach Mýkonos, Sýros, Páros und Náxos.

Von Athen nach Rafína fahren orange Linienbusse etwa halbstündlich von ca. 6–22 Uhr ab Mavromateon Str. (vor dem Areos-Park, wenige hundert Meter östlich der Metrostation Victoria-Platz), Fahrtdauer 45 Min. (Achtung: In Stoßzeiten länger, nicht zu knapp kalkulieren!), ca. 2 €.

Gávrion

Verschlafener Hafenort in einer schmalen, tief eingeschnittenen Bucht. Weiße Häuser mit braunen und türkisfarbenen Fensterläden drängen einen niedrigen Hügel hinauf, oben die blendend weiße Ágios-Nikólaos-Kirche mit blau behaubten Glockentürmen und roter Walmdachkuppel. Im Hinterland weite Landwirtschaftsebene, wo Getreide wächst und Kühe weiden.

Trotz des hübschen Anblicks hat Gávrion wenig zu bieten. Einige bescheidene Tavernen und Cafébars an der Hafenfront, ein wenig ansehnlicher Strandstreifen im Anschluss an den Ort, damit ist die Attraktivität erschöpft. Gávrion wird demzufolge auch kaum als Standquartier benutzt, man fährt meist gleich nach der Ankunft weiter nach Bátsi, Chóra oder Órmos Korthíou.

• *Verbindungen* **Busse** nach Bátsi, Chóra und Órmos Korthíou stehen in der Regel bei der Ankunft der Fähre schon an der Hafenmole bereit. Nach Bátsi 7 km, 20 Min. Fahrtzeit, ca. 0,90 €.

Taxis an der Hafenfront, gegenüber vom Anleger. Nach Bátsi ca. 5 €. ✆ 22820/22171.

• *Adressen* **Auto-/Zweiradvermietung**, "Rent a Bike George", Uferstraße nach links und kurz vor der Post Gasse hinein (✆ 22820/71003), Autos vermietet "Rent a Car Tasos" (✆ 22820/71040).

Tankstelle, eine am südlichen Ende der Hafenpromenade, eine zweite am Ortsausgang Richtung Bátsi.

• *Übernachten* **Hotel Galaxy**, D-Kat., typisches Hafenhotel direkt am Anleger, preiswerteste Adresse in Gávrion. Innen schlicht, DZ nur z. T. mit Balkon, jedoch mit eig. Du/WC. DZ ca. 30–45 €. ✆ 22820/71228.

Ostria Studios, C-Kat., mehrere Blöcke in bunten Pastellfarben am Ortsausgang Richtung Gávrion. Räumlichkeiten mit Kochnischen, weiß gefliest und sauber, die meisten mit Meeresblick, kleiner Eingangsraum mit TV, Bar mit Dachterrasse, kleine Strandflecken in der Nähe. Für 2 Pers. ca. 40–60 €, 3–4 Pers. ca. 50–75 €. ✆ 22820/71551-3, ℻ 22820/71554, www.ostria-studios.gr

Hotel Andros Holiday, B-Kat., Großhotel in ruhiger Lage, etwas außerhalb an einer Sandbucht, in erster Linie von Pauschalurlaubern gebucht, z. B. über Attika. DZ ca. 70–100 €, Suite ca. 90–170 €. ✆ 22820/71443, ℻ 22820/71097, www.androsholiday.com

Miltiades Batis, ruhig gelegene Privatzimmer in Hafennähe, sauber, mit Kochnische. DZ ca. 25–40 €. ✆ 22820/71489.

• *Essen & Trinken* **Vengera**, seit 1965 an einer kleinen Platia mit schattigen Bäumen hinter der Hafenfront. Reichhaltige Speisekarte, viele frische Gerichte, offener Ándros-Wein. **O Petros**, gemütliche Taverne am Ortsstrand, man sitzt unter Tamarisken, schöner Blick auf die Bucht.

Umgebung von Gávrion

▸ **Ágios-Pétros-Turm**: eindrucksvoller hellenistischer Wachturm in den Hügeln, 3 km landeinwärts von Gávrion. Am Ortsausgang Richtung Bátsi zweigt eine Asphaltstraße von der Hauptstraße ab (beschildert mit "Vitalion"), kurz vor dem Dorf Ágios Pétros führt rechts ein Feldweg zum Turm. Der aus mächtigen Steinquadern zusammengesetzte Rundturm ist gut 20 m hoch, durch einen niedrigen Eingang gelangt man ins Innere. Wahrscheinlich diente er als Schutzturm für die damaligen Erzminen der Umgebung.

Der Turm von Ágios Pétros

▸ **Paralía Felloú**: einsamer Sandstrand zwischen Felsen an der Westküste, ca. 6 km nördlich von Gávrion, zu erreichen auf Asphalt, zu Fuß ab Gávrion 1,5 Std. Zimmer vermietet die freundlich geführte Pension "Balsamia" am Talrand (✆/℻ 22820/72149).

▸ **Paralía Agíou Pétrou**: schöner Sandstrand an der Straße nach Bátsi, etwa 2 km ab Hafen. Etwa 800 m lang, kaum Schatten, am südöstlichen Ende von Felsen begrenzt. Mehrere Tavernen an der Straße, dahinter diverse Unterkünfte, z. B. Hotel "Hermes" (✆ 22820/72246) und die familiengeeigneten Studios "Irene" (✆ 22820/71675).

Kykladen
Karte S. 321

▸ **Psilí Ámmos**: südlich benachbart zum Ágios Pétros-Strand. Schöner, fast weißer Sand, mehrere hundert Meter lang. Oberhalb der Straße das Badehotel "Perrakis".

• *Übernachten* **Hotel Perrakis**, B-Kat., etwa 3 km vor Bátsi, wird auch von Reiseveranstaltern beschickt. Herrlicher Blick über die Bucht, Taverne und großer Aufenthaltsraum. 45 Zimmer mit TV, Balkon und Meerblick. DZ ca. 45–75 €. ✆ 22820/71456, ℻ 22820/71459, www.hotelperrakis.gr

Bátsi

Ehemaliges Fischerdorf in einer Doppelbucht. Im westlichen Teil liegt der attraktive Sandstrand, südlich der Ort mit steilen Treppenwegen, reizvoll übereinander gestaffelt. Weitere Strände findet man in der unmittelbaren Umgebung.

Auf der großen Platía am Wasser Cafés unter Stoffmarkisen, in den Gassen darüber Zypressen, Blumen und kleine Gärtchen. Unterm Strich ein Ort mit Charme und derzeit der einzige, wo der Tourismus Fuß fassen konnte, jede Menge Unterkünfte.

Verbindungen/Adressen

• *Verbindungen* Busse nach **Gávrion** und **Ándros-Stadt** 6- bis 8-mal tägl., sonntags weniger. Nach **Órmos Korthíou** ca. 3-mal, So 2-mal. Busstopp an der zentralen Platía.
Taxi, Standplatz ebenfalls an der Platía. ✆ 22820/41081.
Badeboote fahren in der Saison jeden Vormittag zum Strand von Ágios Pétros.

• *Adressen* **Auto-/Zweiradvermietung,** "Rent a Bike Dinos" liegt etwas zurück vom Strand (✆ 22820/41003), Autos vermieten "Hermes" (✆ 22820/41358) und "Politis" (✆ 22820/41421).
Post, an der Strandstraße; **Tankstelle**, einige hundert Meter südlich vom Ort, an der Straße nach Ándros.

Übernachten

Viele Möglichkeiten, wobei die eher durchschnittlichen Hotels nicht immer die beste Wahl sind. Privat wohnt man oft preiswerter und schöner.

Aneroussa Beach Hotel, C-Kat., etwa 1,5 km südöstlich vom Ort direkt über dem kleinen Delevóyas-Strand. Bonbonfarbiger Schachtelbau, auf mehreren Ebenen dem unebenen Gelände angepasst. Schöne Eingangshalle mit angrenzendem Speisesaal im gleichen Design, davor kleine, lauschige Terrasse mit Meerblick, auf der man sich rundum wohlfühlen kann. 37, z. T. ziemlich kleine Zimmer, jeweils Klimaanlage, Telefon und Balkon. Unterhalb der Anlage kleiner eigener Strand mit Beach-Bar. An der Rezeption wird Deutsch gesprochen. DZ mit Frühstück ca. 60–110 €, auch über Reiseveranstalter. ✆ 22820/41044/5, ✆ 22820/41444.

Hotel Chryssi Akti, C-Kat., älteres Haus am Ostende des Hauptstrands. Die meisten der 61 Zimmer sind parzellenförmig nach hinten ausgerichtet. Zimmer mit Balkon, Bad, Telefon, Kühlschrank und Aircondition. Unten Speiseraum, Terrasse und Bar, seit einigen Jahren auch ein Swimmingpool. DZ ca. 35–60 €. ✆ 22820/41236, ✆ 22820/41628.

Hotel Skouna, C-Kat., am Westende vom Strand, direkt an der Uferstraße, hübscher Speisesaal mit Kamin, schattige Frühstücksterrasse. Zimmer geräumig und sauber, ordentliche Bäder, teils Aircondition. Freundliche Vermieter. DZ ca. 35–55 €. ✆ 22820/41240.

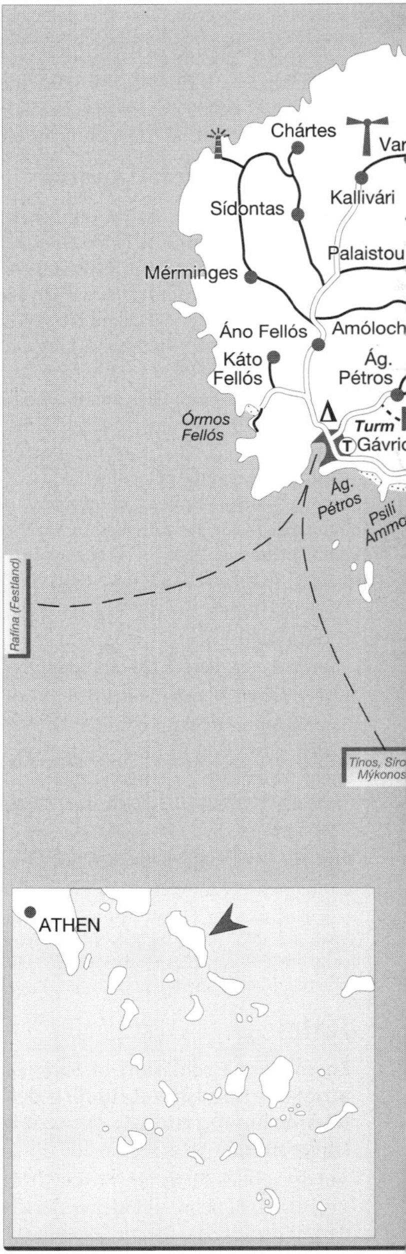

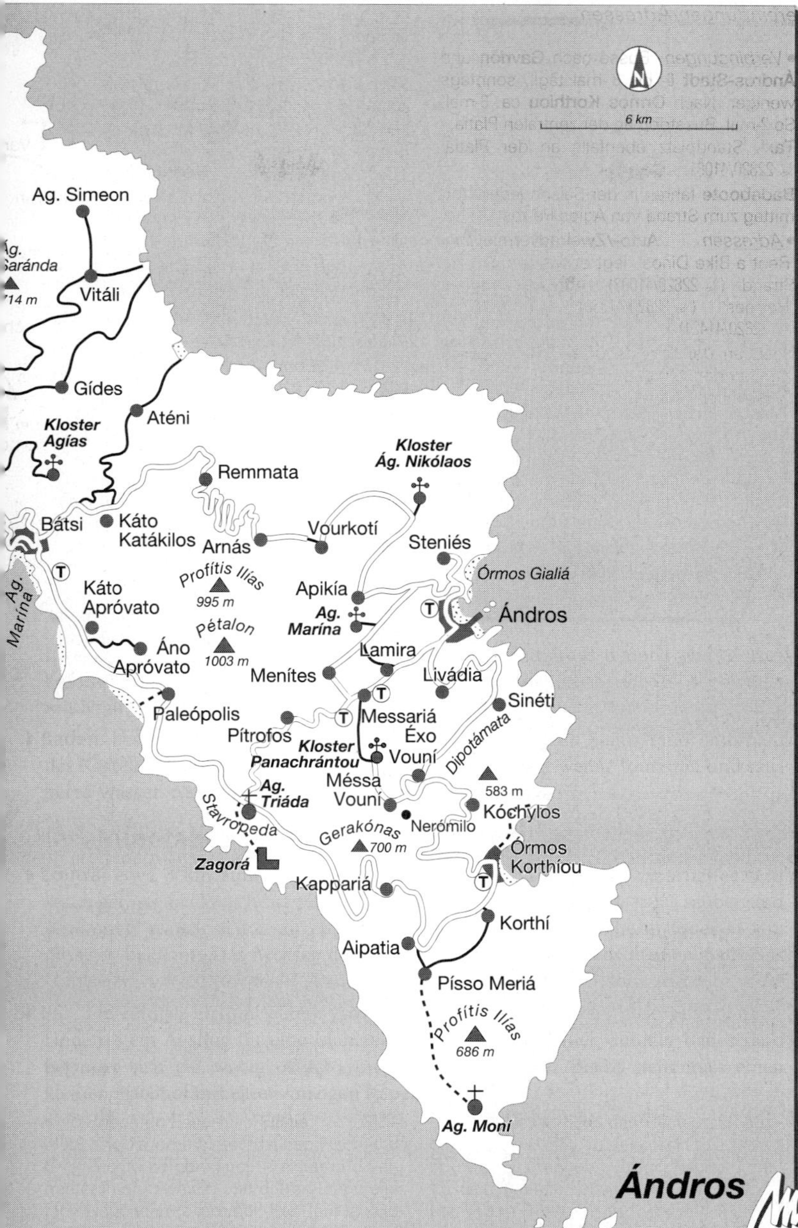

Kykladen
Karte S. 321

Villa Arni, etwas zurück vom Strand, Weg bei Glari Bar hinein und am Freilichtkino vorbei, sehr ruhig. Acht Studios in einem hübschen Garten, jeweils TV und schattige Terrasse. Studio ca. 30–60 €. ✆ 22820/41360, ✆ 22820/71950.

Likio Studios, ebenfalls ruhige Lage, etwa 150 m hinter dem Strand. Die gastfreundliche Familie Maroulas vermietet 16 Studios (ca. 35–50 €) und zwei Appartements (40–70 €) inmitten satter Rasenflächen. ✆ 22820/41050.

Villa Aegeo, beim Laden "Batsi Gold" die Stufen hinauf. Gute Lage und schön eingerichtet, geräumige Zimmer mit Kühlschrank, Bad und Balkon. DZ ca. 30–50 €. ✆ 22820/41327.

Villa George & Villa Pitsa, zwei große Appartementhäuser über der Klippenküste südlich vom Ort, pro Wohneinheit je nach Saison ca. 22–45 €. ✆ 22820/41300.

The Yellow Rose, sehr einfache, nicht sonderlich saubere "Rooms" am südlichen Ortsende, dafür preiswert und von der Dachterrasse herrlicher Ausblick. ✆ 22820/41455.

Essen & Trinken

Ta Delphinia, geführt von Yiannis und seiner deutschen Frau Gesa, die außerhalb der Saison in Athen leben, aber trotzdem viele Tipps zu Ándros geben können.

Sirocco, in einer der obersten Gassen von Bátsi. Kleine Tische, romantische Windlichter und herrlicher Blick auf den Strand. Im Angebot wohlschmeckende Gerichte nahöstlicher Herkunft, Shrimps, aber auch Pizza und Spaghetti. Gedeck und Brot kosten extra. Insgesamt etwas teurer, aber durchaus noch im akzeptablen Rahmen.

Stivaris Garden, hübsche Gartentaverne am Weg zum Strand Agía-Marína, kurz vor Hotel Aneroussa. Bei Yiannis und seiner englischen Frau Sally sitzt man gemütlich unter einem dichtem Blätterdach. Einmal wöchentlich Spanferkel, manchmal auch interessante Spezialitäten, z. B. *froutália* (Omelett) oder *spanakopitákia* (Spinatkuchen).

Agia Marina, am gleichnamigen Strand (→ Baden), täglich frische Gerichte, auch Fisch (von Wirt Yiannis selber gefangen), auf Vorbestellung auch *froutália*, Wein aus eigener Produktion. Mit Zimmervermietung.

Belalis, in Káto Aprόvatos an der Durchgangsstraße, etwa 100 m nach dem Abzweig nach Áno Aprόvatos (→ Bátsi/Umgebung). Fast nur von Einheimischen besucht, Spezialität ist Kokkinistó, Schweinebraten im Backofen. In der Nebensaison nur Fr bis So (mittags und abends, Juli bis etwa Mitte September tägl.

Weitere typischen Tavernen findet man in **Káto Katákilos** (siehe Bátsi/Umgebung), geöffnet sind sie allerdings ausschließlich im Hochsommer und warme Küche gibt es nur abends. Anfahrt per Taxi oder mit Wanderung verbinden.

Nachtleben

Man trifft sich zunächst in den Cafés an der großen Platia, anschließend in der Handvoll Musik-Bars mit Popmusik im Umkreis. Danach geht's am Wochenende noch weiter in die großen Discos an der Umgehungsstraße.

• *Bars* **Capriccio**, oberhalb der Doppeltreppe, seit langem einer der angesagtesten Plätze, draußen sitzen, drinnen tanzen.

Select, ebenfalls beliebt, in der Nähe vom Capriccio hügelaufwärts, hinter der Apotheke.

Porto, Musik-Café in herrlicher Lage direkt auf den Klippen am Fischerhafen, Tische unter Schilfsonnenschirmen, mexikanische Gerichte.

• *Diskotheken* **Hook Club** und **Club Titanium** liegen im Talgrund an der Umgehungsstraße und sind nur im Hochsommer geöffnet.

• *Livemusik* **Panorama**, großes Bouzoúki-Lokal am nördlichen Ortseingang von Paleópolis, an Wochenenden oft Hochbetrieb.

• *Kino* **Freilichtkino**, hinter dem Strand, Weg bei Glari Bar hinein, Filme in Englisch mit griechischen Untertiteln. Vorstellung tägl. 21.30 Uhr.

▸ **Bátsi/Baden:** Der *Ortsstrand* schließt sich unmittelbar westlich an Bátsi an, 500 m brauner Sand mit einigen schattigen Tamarisken. Windsurfbretter, Tretboote und Kanus. Weitere Strände liegen südöstlich von Bátsi. Schöner Spaziergang die Straße vom Hafen Richtung Süden, beim Denkmal für Kriegsopfer (gegenüber Villa Paradise, Schild "Aneroussa Beach Hotel") den betonierten Weg an der niedrigen Steilküste

entlang und um ein Kap herum zum weißen Sandstrand *Delevóyas*, ca. 100 m lang, eingefasst von hohen Klippenwänden mit Felsplatten. Es geht ganz seicht ins Wasser, allerdings auf rutschigen Steinplatten. Hier steht das Aneroussa Beach Hotel.
Der Strand *Agía Marína* liegt noch ein Stückchen weiter: fruchtbare Bucht mit terrassenförmig ansteigendem Olivenhain und winziger weißer Kapelle. Der Strand aus Kies und Sand, schöner Blick auf vorgelagerte Inselchen, kleine Taverne mit Vermietung von Appartements (✆ 22820/41963).

Umgebung von Bátsi

Südlich von Bátsi türmt sich der 1003 m hohe *Pétalon* auf, der höchste Berg der Insel, ins Meer stößt das lang gezogene Kap *Thiákion*. Überall sieht man hier die typischen Steinmäuerchen und terrassierte Hänge, die Küste ist weitgehend unzugänglich.

▸ **Kloster Agías** (Zoodóchou Pigí): großes, festungsartiges Kloster etwa 6,5 km nördlich von Bátsi in den Bergen, eine Erdstraße führt in der Nähe vom Hotel Perrakis hinauf. Sechs Nonnen leben hier oben. Wer das Glück hat, eingelassen zu werden (die Nonnen sind nicht immer über Besuch erfreut), kann die kleine Kirche mit Ikonen und Fresken betrachten.
Öffnungszeiten Besuche nur vor 11 und nach 17 Uhr, nur in "sittsamer" Kleidung.

▸ **Káto Katákilos**: reizvolle Abwechslung zum Rummel in Bátsi. Die Häuser des durch und durch ländlichen Dörfchens liegen 6 km landeinwärts verstreut in einer üppig grünen Mulde. Eine gute Asphaltstraße führt über einige Bergrücken hin, herrliche Blicke zurück auf Bátsi. Viel Vegetation – Zitronen, Feigen, es riecht nach Mist, Maulesel sind an der Straße angebunden, ein Bächlein gluckert. Mehrere Tavernen bieten *froutália* (Omelett), sind aber nur in der Hochsaison offen.

Große Ándros-Durchquerung

Von Káto Katákilos führt eine Asphaltstraße durch eindrucksvolle Landschaften bis zum Bergdorf *Arnás*, hoch oben am Hang des *Profítis Ilías* (995 m). Kurz vor dem eigentlichen Dorf fährt man bei einer weißen Kapelle links. Das folgende Straßenstück ist erst seit kurzem asphaltiert, es geht in ständigen Serpentinen steil hinauf und über baumlose, bizarr verwitterte Hänge an der Nordseite des Profítis Ilías entlang. Das letzte Stück bis *Vourkotí* war 2003 noch nicht asphaltiert, aber vorplaniert und problemlos zu befahren. In Vourkotí beginnt eine gute Asphaltstraße, auf der man rasch nach Apikía und in die Chóra gelangt. Einige Kilometer nach Ortsausgang liegt unterhalb der Straße das sehenswerte Kloster *Ágios Nikólaos* (→ S. 333).
Wanderung: Bis Arnás Taxi, von dort bis Apikía sind es etwa 3 Fußstunden. In Apikía übernachten (Details S. 333) bzw. per Taxi oder Bus runter nach Ándros-Stadt.

▸ **Paleópolis**: ein prächtiger Anblick – der mächtige, zum Meer weit ausgleitende Hang des Pétalon, die Häuser weit verstreut zwischen schlanken Zypressen und silbrig schimmernden Ölbäumen. Zwischen den fruchtbaren Terrassengärten ein Labyrinth von endlosen, schmalen Treppenwegen, tief unten ein mehrere hundert Meter langer, teils verschmutzter Kiesstrand ohne Einrichtungen.
"Paleópolis" bedeutet alte Stadt. Fast 1000 Jahre lang, etwa vom 6. Jh. v. Chr. bis mindestens ins 4. Jh. n. Chr. lag hier die Hauptstadt der Insel. Viel ist davon nicht mehr erhalten, Reste der Mauern kann man aber im oft glasklaren Wasser vor dem

Strand erkennen. Die zahlreichen Funde von Paleópolis sind heute im Archäologischen Museum von Ándros zu betrachten. Prunkstück ist der "Hermes von Ándros", eine wunderbar erhaltene Jünglingsstatue.

Kreuzung Stavrópeda bis Órmos Korthíou

Die Straße führt ein wildes, einsames Tal entlang. Auf einem schwer zugänglichen Vorgebirge am Meer die Ausgrabungen von *Zagorá*, eins der seltenen Beispiele für eine Siedlung aus der geometrischen Epoche.

▶ **Órmos Korthíou**: stiller Küstenort am Ausgang eines Tals mit viel Landwirtschaft, geschützte Lage zwischen zwei kargen Landzungen. Ungepflegter brauner Sand-/Kiesstrand neben dem Dorf, weitere Badebuchten nördlich vom Ort.

• *Verbindung* Busse von und nach Ándros-Stadt ca. 3- bis 4-mal tägl., von und nach Gávrion (über Bátsi) ebenfalls. An Wochenenden weniger.

• *Übernachten/Essen & Trinken* **Hotel Korthion**, C-Kat., allein stehendes Haus am Ortseingang direkt am Wasser, 15 einfache Zimmer, vorne raus toller Meeresblick mit dem Rauschen der Brandung unmittelbar unterhalb. DZ ca. 25–50 €. ✆ 22820/61218, 📠 22820/61118.

Direkt gegenüber vermietet **Villa Korthion** Studios. Zimmer gibt es außerdem in der gemütlichen alten Taverne **O Kalogridis** am Hauptplatz.

To Bintzi, angenehm schattige Grilltaverne in schöner Lage auf zwei Terrassen, ganz vorn auf der linken Landzunge, nach dem kleinen Fischerhafen.

▶ **Von Órmos Korthíou nach Ándros-Stadt**: Panoramafahrt – die Straße schraubt sich hinauf in die Berge, tolle Blicke zurück. Oberhalb vom Örtchen *Kóchylos* thront der 583 m hohe Gipfel *Kástro tis Griás* mit den spärlichen Ruinen eines venezianischen Kastells (Erdpiste ab Kóchylos).

Beschilderter Abzweig zum *Kloster Panachrántou*, das älteste, bedeutendste und höchstgelegene Kloster der Insel (etwa 800 m über dem Meer). Besichtigung ist möglich, der gastfreundliche Vater Eudokimos wohnt hier oben (vorher anrufen, ✆ 22820/22090).

Das letzte Stück vor Ándros-Stadt geht es eine gewaltige Schlucht entlang, das Dörfchen *Sinetí* liegt, eingefasst von Felszungen, unterhalb der Straße.

Dipotámata: im tiefen Tal der Wassermühlen

Von den Hängen des Gerakónas (685 m) hat sich oberhalb von Méssa Vouní der kräftige, auch im Sommer noch wasserführende Fluss Stefánes einen tiefen Einschnitt bis hinunter nach Sinetí gebahnt, wo er in einer kleinen Sandbucht ins Meer mündet. Die Straße von Órmos Korthíou nach Ándros-Stadt begleitet diese gewaltige, fast urzeitlich wirkende Schlucht etwa 5 km lang, von Sinetí bis Éxo Vouní. Am Grunde des Canyons gibt es einen alten Maultierweg, der von Kochýlou nach Sinetí führt, unterwegs stehen mehrere aufgegebene Wassermühlen, auch eine schöne steinerne Bogenbrücke ist erhalten. Einstieg in die Schlucht an der Stelle, wo die Asphaltstraße sie kreuzt (beim Abzweig zum Kloster Panachrántou). Am Schluchtgrund existiert allerdings eine äußerst üppige Vegetation, so dass der Weg teilweise völlig überwuchert und nur schwer passierbar ist. In dem feuchten Mikroklima fühlen sich übrigens genau die schmetterlingsähnlichen Nachtfalter der Gattung Panaxia Quadripunctaria heimisch, die man auch im berühmten "Schmetterlingstal" Petaloúdes auf der Insel Páros betrachten kann (siehe S. 389).

Kreuzung Stavrópeda bis Ándros

Es geht das Messariá-Tal entlang, das größte der Insel. Breit, mit weiten Schieferhängen, die letzten Kilometer vor Ándros dichte Zypressenlandschaft.

▸ **Messariá**: lang gezogener Durchgangsort. Gegenüber der Hauptkirche führt ein schmaler Weg zum verwitterten Erzengel-Kirchlein *(Taxiárchis)* aus dem 12. Jh. inmitten grüner Zitronen- und Zypressenhaine.

• *Übernachten* Mehrere Unterkünfte im Umkreis von Messariá zeigen die Beliebtheit des grünen Tals.

Aiolos, komfortabler Neubau mit Studios, dank der exponierten Lage herrlicher Blick über das Tal. Schöner Pool mit kleinem Kinderbecken und Poolbar. ✆ 22820/51311.

Nine Muses, neu erbaute Anlage, ebenfalls mit Pool. ✆ 22820/24128.

Afroessa, Rooms im oberen Ortsbereich. ✆ 22820/22805.

• *Essen & Trinken* **Dionysios**, Taverne mit weinüberrankter Terrasse an der Durchgangsstraße, von der großen Hauptkirche ein Stück die Straße hinauf.

▸ **Menítes**: asphaltierter Abzweig am westlichen Ortsende von Messariá (2 km, beschildert). Unerschöpflich sprudeln mehr als ein halbes Dutzend Quellen in eine Rinne am Wegesrand und werden weitergeleitet in ein Bachbett. Das Ganze liegt verborgen unter dichten Nussbäumen und Efeuranken. Mehrere Tavernen sind unter und an der Straße terrassenförmig übereinandergestaffelt.

Ándros-Stadt (Chóra)

Fantastische Lage – ein Felssporn, der wie ein Schiffsbug durchs Wasser pflügt, die Häuser eng an eng auf den Kamm gebaut. Trotzdem sehr beschaulich, Touristen kommen meist nur zu Tagesausflügen.

Das Ambiente ist reizvoll: Zahlreiche klassizistische Villen verschönern die wohlhabende Reederstadt, die marmorgepflasterte Hauptstraße ist für Autos gesperrt und durchzieht schnurgerade das ganze Zentrum. Mittelpunkt des Lebens ist die idyllische Platia Kairis, wo sich vormittags die Hausfrauen und abends die Männer zum Plausch treffen. Das Ganze besitzt fast musealen Charakter. Es gibt jedoch auch drei wirkliche Museen in der Stadt, wobei der Besuch des Archäologischen Museums am meisten lohnt. Und auch die Umgebung ist einen Abstecher wert – üppige Garten- und Zypressenlandschaften, links und rechts der Stadt erstrecken sich zwei längere Sandstrände, südlich ragt ein zweiter kahler Felsgrat ins Meer.

Kykladen
Karte S. 321

• *Verbindungen* **Busbahnhof** rechts neben der Hauptstraße (bei der Panagía-Kirche). 6- bis 8-mal tägl. nach Gávrion (Sa/So 5-mal), 3- bis 4-mal tägl. nach Órmos Korthíou (Sa/So 1- bis 2-mal), je 2-mal nach Steniés, Apikía, Menítes, Vourkotí und Sinetí. Aktuelle Zeiten sind angeschlagen.

Taxi, Standplatz an der Platía Basileion Goulandris, ✆ 22820/22171.

• *Information* Kleiner **Info-Kiosk** an der zentralen Platía Goulandris, Nähe Busstation.

• *Adressen* **Auto-/Zweiradvermietung**, Autos bei "Lazaros Valmás" im Hotel Egli (✆ 22820/22767), Zweiräder bei "Rent a Bike Aris" an der Einfahrtsstraße, Nähe Hotel Paradise (✆ 22820/24381).

Geld, mehrere Banken an der Hauptstraße.

Post, an der Hauptstr. Richtung Ortsausgang.

Tankstelle, an der Straße hinter dem nördlichen Strand.

• *Übernachten* **Hotel Paradise**, B-Kat., am Ortseingang von Messariá kommend. Größeres Haus, seit 1930 als Hotel geführt und vor einigen Jahren vom renommierten Saint George Lycabettus Hotel in Athen übernommen. Solide Mittelklasse, freundliche Eingangshalle, Salon mit Bar, geräumige Zimmer mit ordentlichen Bädern (Badewanne), jeweils TV, Mini-Bar und Telefon. Im Garten großer Pool, Badebus zum Strand. DZ ca. 70–120 €. ✆ 22820/22187, ℻ 22820/22340.

Hotel Egli, C-Kat., mitten in der Stadt, an der Hauptstraße, gleich neben der großen Panagía-Kirche. Hotel der ursprünglichen Sorte, viel Atmosphäre und blitzblank sauber. Im Aufgang Puttenengel, hohe Räume mit altem solidem Mobiliar, z. T. Duschkabine im Zimmer. Mit Frühstück. DZ mit Bad ca. 22–40 €, ohne Bad ca. 20–30 €. ✆ 22820/22303, ✆ 22820/22159.

Vasiliki, Ferienwohnungen auf einem Hügel landeinwärts vom Nordstrand Niborio, schöner Meeresblick, ruhig. Appartements mit kleinen Veranden vor der Tür, Dachterrasse mit Café. ✆ 22820/23547, ✆ 22820/25056.

Stella, Pension mit Café gegen Ende der Uferstraße, acht Zimmer mit Blick, jeweils Kochherd. Geräuschpegelkontrolle sinnvoll. ✆ 22820/22471, ✆ 22820/24419.

Maria Niouniousko, nette Privatunterkunft, Lesertipp: "Maria spricht kein Englisch, ihre Freundin, eine gebürtige Amerikanerin, dafür umso mehr." ✆ 22820/22612.

• *Essen & Trinken* **Parea**, freundliche Taverne am marmorgepflasterten Hauptplatz, dem Eingang zur Altstadt.

O Stathmos, am Busbahnhof, Terrassenrestaurant mit schönem Blick, sehr sauber, Gerichte an die italienische Küche angelehnt.

O Nonas, einfaches Mezedopólion am Fuß der Altstadt, Blick auf den Nordstrand.

Sehenswertes

Zentraler Punkt der Chóra ist die bildhübsche, mit Akazien und Platanen bestandene Platia Kairis mit *Archäologischem Museum*, *Marmorbrunnenhaus* und der Büste von *Theophilos Kairis*, einem hier geborenen Philosophen und Wissenschaftler. Nördlich und südlich führen steile Treppen zu den Stränden beiderseits der Stadt hinunter, an ersterem Weg liegt das Museum für moderne Kunst.

Durch einen malerischen Torbogen betritt man das historische Zentrum und kann bis zur Spitze der Halbinsel gehen. Dort erstreckt sich ein großer, halbrunder Platz mit riesigem *Bronzedenkmal* des unbekannten Seefahrers von Ándros (entworfen von Michael Tombros, dem bedeutendsten Bildhauer von Ándros). Platz und Denkmal wurden 1958 gestiftet vom steinreichen Reeder Nikolaos Yiannis Goulandris. Hier vorne befindet sich auch das kleine *Nautische Museum* der Stadt. Davor erkennt man auf einer winzigen Felseninsel spärliche Reste eines *venezianischen Kastells*, darunter eine betonierte Badeplattform, Dusche und Fischerboote. Mutige können über den Bogen auf die Insel hinüberklettern.

Einen Besuch wert ist auch hinter dem Hotel Paradise der *Friedhof* von Ándros mit prunkvollen Grabmälern diverser Reedergenerationen.

Archäologisches Museum: modern und großzügig angelegt, Videoüberwachung, Aircondition, Klaviermusik als Untermalung. Die Funde aus *Zagorá* (geometrische Epoche) und *Paleópolis* (klassische Periode) sind kommentiert (engl.) und in den geschichtlichen Zusammenhang gefügt. Ein Prunkstück ist die große Hermes-Statue.

Öffnungszeiten/Preise Di-So 8-14.30 Uhr, Mo geschl., Eintritt ca. 2 €, Stud. frei.

Museum für moderne Kunst: beim archäologischen Museum ein paar Stufen die Gasse hinunter, Werke moderner andriotischer Bildhauer und Maler. Die Bildwerke sind beachtenswerter, vor allem einige der Werke von *Michael Tombros* (1889–1974), geboren in Athen, aber Sohn andriotischer Eltern. Im Untergeschoss u. a. Kinetic-Kunst. Im Neubau gegenüber wechselnde Ausstellungen bedeutender europäischer Maler.

Öffnungszeiten/Preise Mi–So 10–14 Uhr, Di geschl., im Sommer auch gelegentlich abends 18–20 Uhr. Eintritt ca. 3 €, Stud. ermäß., die Ausstellungen im Neubau kosten bis zu 6 €.

Nautisches Museum (Marine Museum): an der Spitze der Halbinsel, kleine Sammlung historischer Modelle und Fotos von Schiffen, die unter der Flagge von Ándros fuhren bzw. deren Bau hier in Auftrag gegeben wurde.

Öffnungszeiten/Preise 10–13, 18–20 Uhr, So-Nachmittag und Di geschl., frei.

▸ **Chóra/Baden**: Hauptbadezone ist der schmale, etwa 500 m lange Nordstrand *Niborió*. Gleich dahinter verläuft die Uferstraße mit zahlreichen Unterkünften, Tavernen und Bars, als Vergnügungszeile vor allem bei den jungen Athenern sehr beliebt, an Wochenenden herrscht oft Rummel bis tief in die Nacht.

Der Dünenstrand *Parapórti* südlich der Stadt ist ca. 400 m lang und ziemlich breit. Dort stehen kaum Häuser, im Hinterland gibt es eine Taverne.

Gasse in Ándros-Stadt

Umgebung von Ándros-Stadt

▸ **Steniés**: Hangdorf 6 km nördlich von Ándros, über einen Bergrücken zu erreichen. Üppigste Vegetation mit Zypressen, Obstbäumen und zahllosen Blumen. Mal durch den Ort laufen – viel treppauf, treppab über Wege, die für Autos zu schmal sind, kleine Wasserläufe begleiten die Wege, überall grünt und blüht es. Bevorzugtes Sommerquartier der reichen Reederfamilien.

Am Weg zwei Strände, durch ein Kap getrennt. In der ersten Bucht kleine Taverne mit preiswertem Fisch, der andere Strand ohne Einrichtungen, aber schöner.

Verbindungen Busse 3-mal tägl. ab Ándros-Stadt.

▸ **Apikía**: hoch oben am Hang, berühmt für seine mineralhaltige *Sáriza-Quelle*. Vom Parkplatz an der Straße gelangt man über ein paar Stufen zu einem Brunnenhaus, wo man das gesundheitsfördernde Nass kosten kann. An der Hauptstraße eine Fabrik, die das "Sáriza-Wasser" in Plastikflaschen abfüllt.

• *Verbindungen* Busse ca. 3-mal tägl. ab Ándros-Stadt.

• *Übernachten/Essen & Trinken* **Hotel Pigi Sariza**, B-Kat., Großhotel neben der Quelle, sehr ruhig, äußerlich nicht so einladend, innen aber gepflegt, Restaurant, Swimmingpool. DZ mit Frühstück ca. 35–70 €, Frühstück extra. ☏ 22820/23799, ℻ 22820/22476.

Tassos, hübsche Taverne neben dem Hotel, mit Zimmervermietung (Auskunft im Hotel Egli in der Chóra).

▸ **Kloster Ágios Nikólaos**: schöne Anlage an der Straße ins Bergdorf Vourkotí, besonders reizvoll ist die restaurierte Kreuzkuppelkirche mit alten Freskenresten, in der Vorhalle rechts hängt eine berühmte Ikone, deren Gesicht und Hände aus Menschenhaar bestehen.

Tínos

Tínos ist heilig – penetranter Weihrauchduft in der Basargasse, mannshohe Wallfahrtskerzen, körbeweise Silber- und Farbikonen, Heiligenkitsch in allen Variationen. Schwarz gekleidete Mütterchen, junge Mädchen, aber auch schlanke Burschen und schwitzende Mittvierziger, die auf den Knien die schnurgerade Straßenzeile zur prächtigen Stiftungskirche am höchsten Punkt der Inselhauptstadt hinaufrutschen...

Für Griechenland hat Tínos die Bedeutung, die Lourdes für Frankreich hat. Die wundertätige Ikone der Panagía, die hier 1823 dank der Visionen einer Nonne gefunden wurde, hat seitdem einen einzigartigen Boom heraufbeschworen. Alljährlich am 25. März und am 15. August ziehen wahre Völkerscharen von orthodoxen Gläubigen zur großen Kirche der *Panagía Evangelistría*, um Mariä Entschlafung zu feiern. Doch auch Wochen vorher und nachher, eigentlich das ganze Jahr über, wird Tínos von Pilgern überflutet. Dass hier noch vieles auf Griechen eingestellt ist, macht die Insel einzigartig unter den Kykladen und interessant für alle jene, die noch ein Stück relativ unverfälschter griechischer Kultur und Orthodoxie kennen lernen wollen.

Die Insel selber zeigt sich kahl, mit Höhen nicht über 700 m. Für das markante Profil sorgt der knorpelige Felsklotz *Exómbourgo*, der gleich hinter der Hauptstadt 640 m hoch aufsteigt. Mehr als 1000 (!) weiße Kirchlein, Klöster und Kapellen kleben an den Hängen, ebenso die überall existenten *Taubentürme*, für die Tínos berühmt ist. Reiche Marmor- und Schiefervorkommen werden in mehreren Steinbrüchen abgebaut. Nicht von ungefähr ist Tínos auch eine Insel der Bildhauer – in dieser Hinsicht lohnenswertestes Ziel ist Pírgos im äußersten Nordwesten. Die Strände von Tínos sind dagegen eher durchschnittlich, richtige Badeorte gibt es kaum.

Tínos auf einen Blick

Größe: 200 qkm, Länge ca. 30 km, Breite bis ca. 15 km. Höchster Gipfel mit 729 m der Tsiknias (im Osten).

Bevölkerung: knapp 8000 Einwohner, zu den Festtagen (25. März und 15. August) kommen gut dreimal so viel Pilger.

Geografie/Geologisches: Tínos ist reich an Marmor, im Dorf Pírgos gibt es sogar eine Bildhauerschule.

Wichtige Orte: Tínos-Stadt; Pírgos, das Bildhauerdorf; Ktíkados, schönes Dorf bei Tínos-Stadt; Órmos Panórmou, Bade-/Fischerort im Nordwesten.

Straßen: Asphaltstraßen von Tínos-Stadt nach Pírgos und Órmos Panórmou, von Tínos-Stadt nach Kiónia und nach Pórto Ágios Ioánnis, außerdem zu den Dörfern rund um den Exómbourgo. Weitere Details siehe Karte.

Entfernungen: Tínos-Stadt – Pírgos 30 km, Pírgos – Órmos Panórmou 4 km, Tínos – Kiónia 3 km, Tínos – Pórto Ágios Ioánnis 7 km, Tínos – Exómbourgo 15 km.

Auto-/Zweiradverleih: nur in Tínos-Stadt.

Tankstellen: insgesamt fünf – drei nacheinander an der alten Ausfallstraße von Tínos-Stadt Richtung Inselinneres, eine weitere an der neuen Ausfallstraße, eine zwischen Falatádos und Monastíri. Das Netz wird ausgebaut.

Übernachten: zahlreiche Hotels und Privatzimmer in Tínos-Stadt und an den umliegenden Stränden. Privatzimmer außerdem in Pírgos und Órmos Panórmou.

Baden: einige durchschnittliche Strände über die ganze Insel verteilt.

Karten: Die Tínos-Karte von Road Editions ist gewohnt detailliert.

Postleitzahl: 84200.

Von Tauben und Türmen

Die Venezianer waren es, die der Taubenzucht frönten. Als Gutsherren mit Sinn für Ästhetik und praktische Verwendbarkeit errichteten sie ihre Taubenschläge in Form von niedrigen quadratischen Türmen, so genannten *peristeriónes*. In den Obergeschossen befanden sich die Nistplätze, die Räumlichkeiten zu ebener Erde fungierten als Scheunen, Abstellkammern u. Ä. Das Besondere an diesen Türmen sind die reich verzierten Taubenkammern. Mit Rauten, Rhomben, Pyramiden und Kreisen sind die Ein- und Ausfluglöcher so aufwändig verkleidet, dass kleine Kunstwerke entstanden sind. Ihr praktischer Nutzen lag im Taubenmist, der einen hervorragenden Dünger abgab. Auf Tínos stehen heute noch etwa 800 dieser Türme.

Verbindungen

Wegen der ständigen Pilgerströme das ganze Jahr über gute Verbindungen. Speziell an Wochenenden ist oft halb Athen im Anmarsch. Tínos besitzt zwei Anlegestellen: Die Fähren machen entweder am zentral gelegenen Anleger in der Stadtmitte fest (Limáni) oder am äußersten westlichen Kai (Néo Limáni), von dort sind es gut 500 m ins Zentrum.

Fähren/Schnellfähren: ab *Piräus* mindestens 1-mal tägl., freitags oft 2- bis 3-mal (ebenso sonntags für die Rückreise der Athener), Dauer ca. 3 Std. bzw. 4,5 Std. 15 Min., Fahrpreis pro Pers. ca. 20 €, Autos 62–74 €, Schnellfähre deutlich teurer. Ab *Rafina* meist ein bis zwei Fährüberfahrten täglich (keine Schnellfähren), Dauer ca. 3 Std., Preise ca. 10–15 % billiger als von Piräus. Etwa 1- bis 2-mal tägl. werden *Ándros*, *Sýros* und *Mýkonos* angefahren, 1-mal tägl. *Páros* und *Náxos*.

Schnellboote: etwa 1-mal tägl. auf der Route *Rafina-Ándros-Tínos-Mýkonos-Páros-Náxos-Íos-Santoríni* und zurück. Überfahrtsdauer von Rafína nach Tínos ca. 1,5–2 Std., pro Pers. ca. 26 €.

Tínos-Stadt

Kykladen Karte S. 321

Auf den ersten Blick wirkt Tínos großstädtisch und gleichzeitig so festländisch, dass man denkt, man befände sich irgendwo in Mittelgriechenland. Um den Hafen gruppieren sich mehrstöckige Hotelkästen, überragt von der weithin sichtbaren Wallfahrtskirche der Panagía Evangelistría.

Doch hinter der Hafenpromenade wird Tínos schnell wieder zur hübschen Kykladen-Siedlung mit weiß gewaschenen Gassen, kleinen Kirchlein und alten Häusern mit Holzbalkons und Treppenaufgängen. Die Stadt endet abrupt in der Dürre der Felshänge, zwei asphaltierte Straßen führen ins bergige Hinterland.

Information/Verbindungen/Adressen

- *Information* im Reisebüro **Mariner** an der Hafenpromenade. Herr Adonis Foskolos und seine beiden Söhne sprechen hervorragend Deutsch. Frau Berti Oden aus Deutschland, die hier arbeitet, lebt seit über zwanzig Jahren auf Tínos. ✆ 22830-23193.
- *Verbindungen* **Busse** fahren ab Hafen nach Kiónia je nach Saison 2- bis 8-mal tägl., zum Kloster Kechrovouníou ("Monastíri" oder "Moní") und weiter nach Stení 7-mal, Porto Ágios Ioánnis 5- bis 7-mal, Pírgos/Panórmos 6-mal, Kalloní/Strand von Kolimbithra 2-mal (nur Hochsaison) und Skálados/Kámbos/Smardákito 2-mal.

Die Busgesellschaft bietet im Sommer **Inselrundfahrten** an, Dauer ab10 bis etwa 16 Uhr, ca. 10 €.

Taxi, Standplatz ebenfalls am Hafen. ✆ 22830-22470.

• *Adressen* **Auto-/Zweiradvermietung**, "George Vidalis" an der Uferpromenade (von der Anlegestelle rechts) und in der Zannaki Alavanou Str. 16 (alte Ausfallstraße in Richtung Inselinneres) vermietet eine große Auswahl an gut gepflegten Autos und Zweirädern, hat außerdem eine Karte an der Wand, die die asphaltierten Straßen der Insel zeigt. ✆ 22830-23400, www.vidalis-rentacar.gr

Geld, Nationalbank im Hafen.

Post, im östlichen Hafenbereich, neben Hotel Tinion.

Tankstellen, drei Stück nacheinander an der alten Straße Richtung Inselinneres, eine weitere an der neuen Ausfallstraße.

Übernachten

Wegen der vielen Pilger ausgeprägte Herbergenkultur und während der Woche meist keine Schwierigkeit, ein geeignetes Zimmer zu finden. Jedoch Vorsicht an Wochenenden: Dann ist Tínos-Stadt oft bis aufs letzte Bett ausgebucht, vor allem aber an den Tagen um den 15. August und 25. März – Pilgerrummel total!

• *Direkt im Hafen* **Hotel Oceanis**, C-Kat., von den Großhotels im Hafen vielleicht beste Wahl, in einer ruhigen Ecke, ein Stück abseits von Anlegestelle und Tavernen (wenn man ankommt rechter Hand). Die 47 Zimmer durchschnittlich, aber solide und sauber, alle mit eigenem Bad und Balkon, z. T. schöner Blick vorne raus. Unten großer Frühstücksraum mit Grün, gemütliche Bar mit Polstermöbeln und TV. DZ ca. 45–60 €. ✆ 22830-22452, ℻ 22830-25402.

Hotel Avra, C-Kat., historisches Haus an der Hafenpromenade, über 100 Jahre alt. Arkadenvorbau, sehr hohe Räume (z. T. mit Nasszellen), pflanzenüberwachsener Innenhof. Keinen Komfort erwarten. DZ mit Bad ca. 30–55 €. ✆ 22830-22242, ℻ 22830-22176.

Hotel Tinion, B-Kat., Konst. Alavanou Str. 1, historisches Gebäude im östlichen Bereich der Hafenpromenade, seit über 60 Jahren in Betrieb und damit ältestes Hotel am Ort. Kürzlich vollständig renoviert und seitdem wieder eine recht gute Adresse. Über dem Eingang elegante Arkadenterrasse, auf die 4 Zimmer münden. Himmelhohe Räume mit z. T. schönem, altem Mobiliar, unten Aufenthaltsraum. DZ ca. 55–75 €, Frühstück 9 € pro Pers. ✆ 22830-22261, ℻ 22830-24754, www.tinionhotel.gr

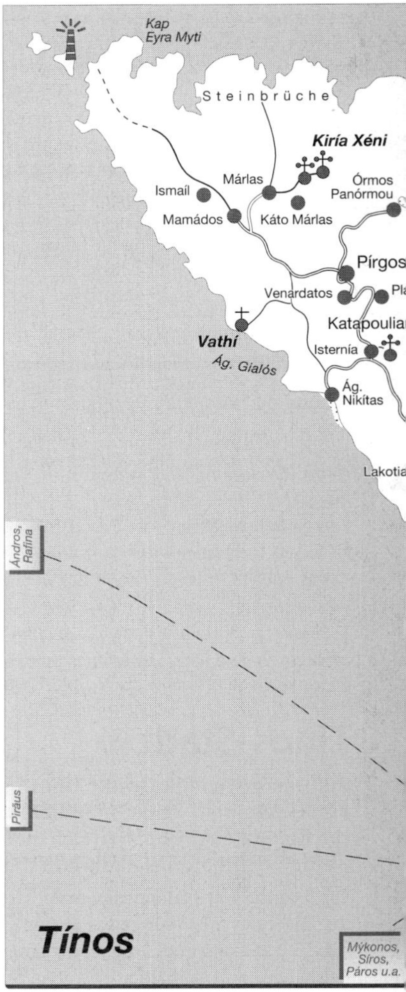

• *In der Altstadt, Nähe Hafen* **Hotel Meltemi**, C-Kat., im unteren Drittel der Wallfahrtsstr. rechte Seitengasse (Philippoti Str.), freundliches Haus mit aufmerksamer Chefin, Zimmer etwas älter eingerichtet, vom obersten Stockwerk Blick aufs Meer. DZ ca. 40–55 €. ✆ 22830-22881, ℻ 22830-23000.

Hotel Eleana, D-Kat., Platia Ierarchon, älteres Haus mit schönen Stuckverzierungen, temperamentvolle Besitzerin. Zimmer einfach, z. T. mit Bad, ansonsten Dusche überm Gang. DZ mit Bad ca. 40–70 €, mit Etagendusche günstiger. ✆ 22830-22561.

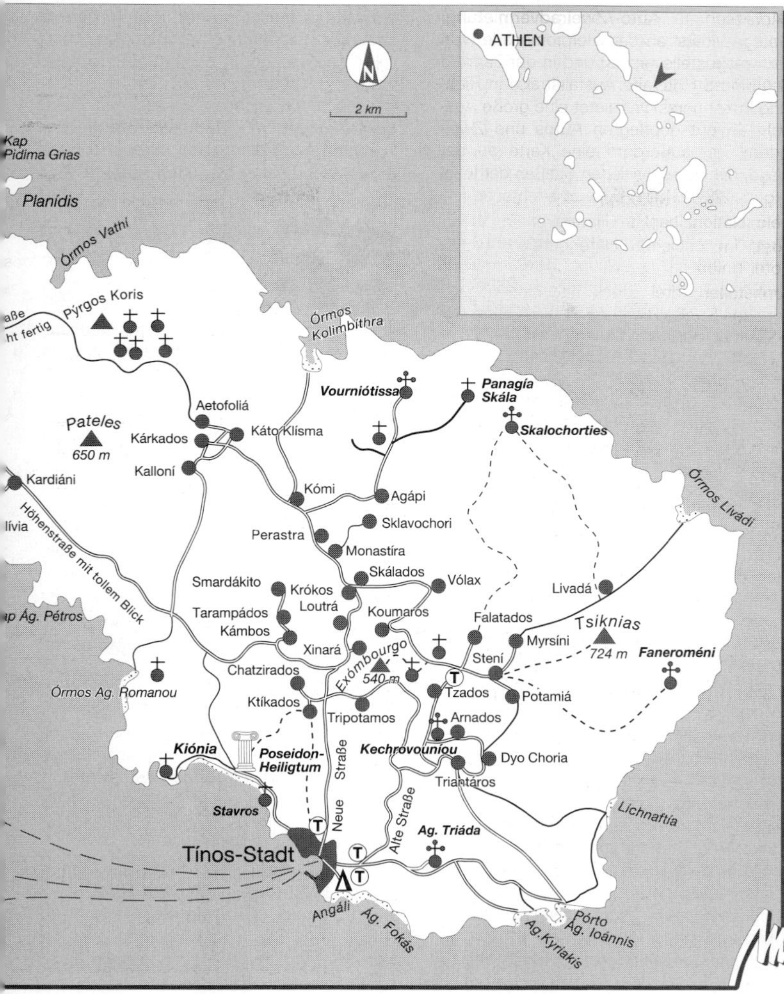

Hotel Favie Souzane, C-Kat., von der Anlegestelle rechts und die Ausfallstraße Richtung Inselinneres nehmen, dann links. Großes, mehrstöckiges Haus mit 34 Zimmern, z. T. Meeresblick, vor einigen Jahren renoviert. DZ ca. 45–60 €. ✆ 22830-22693, ℻ 22830-22176.

• *Privatzimmer* Jede Menge "Rooms", die Anbieter kommen zum Hafen, DZ ca. 25–40 €.

Dimitris-Maria Theodosis, Evangelistrias Str. 33, mitten im Geschehen, direkt in der Basargasse, kleine Zimmer über einem Fährticketbüro, nur Etagendusche, Gemeinschaftsküche. Zwei Zimmer mit Balkons zur Gasse. Dimitris vermietet auch neue Appartements für Familien in der Nähe der Panagía Evangelistría. ✆ 22830-24809.

Yiannis, uriges altes Haus mit blauen Fensterläden, unmittelbar neben Hotel Oceanis am Ostende vom Hafen. Kykladisch verwinkelt mit etwa 10 sehr einfachen Zimmern, Terrassen und Treppen auf diversen Ebenen, im Gang Kühlschrank, nur Etagenduschen. Beliebt bei Rucksackreisenden. ✆ 22830-22515.

Kykladen Karte S. 321

Loukas, vom Hafen rechts halten und die alte Ausfallstraße Zannaki Alavanou landeinwärts nehmen, dann links. Freundlich geführtes Haus, Zimmer mit Bad. ✆ 22830-23964.

Vincenzo, 25 Martiou 8–10, auf der anderen Seite der Zannaki Alavanou. Größeres Haus, einfache Zimmer z. T. mit eigenem Bad, täglicher Roomservice. Transfer mit Minibus ab Hafen. Fahrradverleih, Waschmaschine, kostenloser Internetzugang. Wenn das Haus voll ist, wird im Garten auch Camping gestattet. ✆ 22830-22612, 📠 22830-23612, E-Mail: vincenzo@pigeon.gr.

Nikoleta Andrioti, Kapodistriou Str. 11, die junge, sympathische Gastgeberin vermietet 4 DZ und 3 Studios, alle gepflegt, jeweils Kühlschrank und TV. Zwei große Zimmer können auch als Mehrbettzimmer verwendet werden, z. B. für Familien. Frühstücken kann man im dicht überwachsenen Innengarten hinter dem Haus mit Fächerpalmen, einer Laube aus Weintrauben und einem Grill. Einige Zimmer grenzen direkt an den Garten an. ✆ 22830-24719, 📠 22830-25863, http://travel.diadiktyo.net/andrioti-nikoleta.

Anna's Rooms, Appartements mit herrlichem Blick auf das Meer und die hereinkommenden Fähren, etwa 500 m nordwestlich vom Zentrum, in Richtung Kiónia, kurz vor der Bucht von Stavrós. Gepflegte Räume, auch für Familien ausreichend Platz, großer Garten mit Trampolin und Schaukeln, Internetzugang. Gastgeberin Hanneke Anna Vidos stammt aus Holland und spricht Deutsch sowie sechs weitere Sprachen. ✆/📠 22830-22877 (im Winter Niederlande: 0031/50/5410915), www.tinos.nl, E-Mail: anna-room@home.nl.

• *Camping* **Tinos**, vom Hafen ca. 500 m rechts (beschildert), lang gestrecktes Gelände zwischen Rohbauten am südöstlichen Stadtrand. Durch niedrige Mäuerchen sind Stellreihen unter Schilfdächern abgeteilt, z. T. junge Olivenbäume und Oleander, Schatten mäßig bis ausreichend. Manche Leser fühlten sich durch die Kleintierzucht auf dem Platz gestört – Gänse, Enten, Truthähne usw. laufen frei herum. Sanitäre Anlagen beim letzten Check ungepflegt. Zum Stadtstrand sind es ca. 300 m. Vermietung von simplen Steinbungalows. ✆ 22830-22344, 📠 22830-24551.

Essen & Trinken

Jede Menge Lokale, aber ohne besondere Höhepunkte.

Mesklies, an der linken Hafenfront (wenn man von den Schiffen kommt). Gehobene Kategorie, gute Qualität der Speisen, auch leckere Pizza.

Peristerionas, Frangisko Paximádi Str. 9, schmale Seitengasse der Wallfahrtsstraße links. Der "Taubenturm" der Brüder Kritikou scheint dem touristischen Geschmack zu entsprechen, meist ordentlich voll, Weinranken über den Tischen, es gibt Wein vom Fass und gute Fischgerichte.

Pelikani, am Beginn der Drosou Str. Unser Tipp, liebevoll aufgemachte Ouzerie mit kleinen Tischen an der Straße, ausgezeichnete und interessante Speisenauswahl, z. B. *tomátokeftédes* oder *kolokýthoukeftédes*.

Aithyrio, an einer ruhigen Platia im Viertel Palláda, zu erreichen durch ein Gässchen neben Hotel Egli. Nettes Plätzchen mit Schilfdachterrasse.

Pantelis, ebenfalls Drosou Str., großes, meist sehr gut besuchtes Gartenlokal, oft geht es hoch her, nicht selten wird spätabends zwischen den Tischen ausgelassen getanzt.

Pigada, großes Lokal in der Gafou Straße und der darüber liegenden Parallelgasse, man sitzt hübsch im Freien.

• *Cafés* **Mesklies**, an der linken Hafenfront, neben dem Restaurant gleichen Namens. Beste Konditorei (Zacharoplastion) der Stadt, Riesenauswahl liebevoll gefertigter Kuchen und Süßwaren, u. a. berühmte Osterkuchen namens *tiropitákia*.

Kostas, Kafegalaktopoleion in der Gafou Str., gegenüber der Taverne Michalis ein paar Stufen hinunter, urige Kneipe, u. a. preiswerte *loukoumádes*.

Nachtleben

Auch Pilger suchen abends Abwechslung, Touristen sowieso. Das nächtliche Treiben spielt sich hauptsächlich im Viertel *Palláda* links vom Hafen ab (beim Hotel Egli vorn um die Ecke), dort liegen zahlreiche Musikbars Tür an Tür.

Auf bloßen Knien zur Panagía

Kaktos Bar, originelle "Location" hoch über der Stadt, direkt an der New Road bei einer alten Windmühle, einmaliger Blick, coole Musik, auch live.

Paradise/Vengera, große Disco an der Straße nach Kiónia rechts, gute Mischung aus Greek Pop und westlicher Hitparadenmusik.

Sehenswertes

Bereits im geschäftigen Hafen gibt es genug zu sehen. Fast schon orientalisch ist dann das Gewimmel in der *Basargasse Odos Evangelistria*, rechts parallel zur Wallfahrtsstraße. Pilgerutensilien und Wallfahrerkitsch en gros: Renner sind die knallbunten Plastikfläschchen für das heilige Wasser, das unterhalb der Evangelistria-Kirche aus dem Boden sprudelt – oder wie wäre es mit einem heiligen Stein der Insel Tínos? Während hier das Geschäft läuft, quälen sich nebenan reuige Pilger auf wunden Knien die fast 500 m lange *Megalochari-Straße* hinauf. Eine lange, schmale Teppichrutschbahn erleichtert ein wenig die Bußübungen.

Archäologisches Museum: in der oberen Hälfte der Wallfahrtsstraße links. Schöne Sammlung, hauptsächlich Funde vom Heiligtum des Poseidon (siehe unter Kiónia) und aus der Exómbourgo-Region, die schon in geometrischer Zeit besiedelt war. Eins der elegantesten Stücke ist gleich am Anfang das *Delfinrelief*. Außerdem gibt es einen besonders seltenen Fund, eine Sonnenuhr aus dem Heiligtum des Poseidon.
Öffnungszeiten/Preise Di–Sa 8.30–15 Uhr, Mo geschl., Eintritt ca. 1,50 €, So frei, EU-Stud. frei.

Kirche der Panagía Evangelistría: Die aus tiniotischem und parischem Marmor in der ersten Hälfte des 19. Jh. errichtete Kirche wirkt fast wie ein Palast. Der Vorplatz ist ein riesiges Kieselmosaik, um die eigentliche Kirche ziehen sich im Viereck angelegte, weitläufige Arkadengänge mit Pilgerwohnungen, Verwaltungsräumen und mehreren Museen. Im großen, marmorgepflasterten Innenhof stehen herrliche Zypressen.

Kykladen Karte S. 321

Trotz der Größe des Komplexes reicht an Sommerwochenenden der Platz bei weitem nicht aus für all die Pilger, die aus den Bäuchen der Fährschiffe quellen. Schnell ist die breite Treppe zur Kirche hoffnungslos verstopft. Mit mannshohen Kerzen, oft auf Knien auf dem schmutzigroten, abgewetzten Teppich kriechend, wälzen sich Jung und Alt zur wundertätigen Ikone hinauf. Der dreischiffige Kirchenraum ist reich ausgestattet mit viel Stuck, kostbaren Weihrauchgefäßen und rußgeschwärzter Altarwand. Überall hängen Votivtäfelchen. Links im Raum ruht unter einem Marmorbaldachin die goldeingefasste heilige Ikone der *Panagía Megalocháris* (gnadenreiche Gottesmutter). Unter den Massen von gespendeten Perlenketten, Gold- und Edelsteinbroschen ist sie praktisch nicht mehr zu erkennen.

Unter der Kirche ein kleines *Mausoleum* für die getöteten Besatzungsmitglieder der "Elli" (s. u.). Links daneben liegt der *Evresis* (Auffindung) genannte niedrige Raum, wo die Ikone gefunden wurde und das heilige Wasser aus dem Berg tritt. Hier und in den Nebenräumen viele Taufbecken, da mit dem heiligen Wasser alljährlich Hunderte von Kindern, aber auch Erwachsene getauft werden. Unter den Arkaden um die Kirche sind mehrere Museen untergebracht, darunter ein *Museum spätbyzantinischer Kunst*, ein *Museum Tiniotischer Kunst*, ein *Museum der Votivgaben* und eine *Pinakothek* mit Originalen und Kopien griechischer und europäischer Maler.

Öffnungszeiten **Kirche** tägl. 7–20 Uhr, **Museen** meist ab 8.30 Uhr offen, allerdings häufige Änderungen.

Die gnadenreiche Gottesmutter und der "Óchi"-Tag

Am 30. Januar 1823, mitten in den Wirren des Befreiungskriegs gegen die Türken, wird nach Träumen der Nonne Pelagia aus dem Kloster Kechrovoníou völlig überraschend eine uralte Marienikone auf dem Hügel über Tínos-Stadt gefunden. Voll gläubiger Freude gehen die Griechen daran, an der Fundstelle eine gewaltige Kirche zu bauen. Sie wird der größte Sakralbau der griechischen Orthodoxie.

120 Jahre später, am 15. August 1940, wird das griechische Kriegsschiff "Elli" im Hafen von Tínos von italienischen U-Booten versenkt – ohne dass sich die beiden Länder im Kriegszustand befinden! Diese Ungeheuerlichkeit steigert die nationale Bedeutung der Insel erneut und stärkt den Widerstandswillen der Griechen gegen das faschistische Italien. Am 28. Oktober desselben Jahres wiedersetzt sich General Metaxas den Gebietsforderungen der Italiener mit einem einzigen Wort: *óchi – nein*! Der "Óchi-Tag" wird zum Beginn des Kampfes gegen Mussolini und ist heute Nationalfeiertag in Griechenland. 1971 wird die Nonne Pelagia vom obersten Patriarchat der griechisch-orthodoxen Kirche heilig gesprochen und die Insel Tínos zur "Heiligen Insel" erklärt.

Westlich von Tínos-Stadt

- **Stavrós**: Etwa 1 km ab Hafen, schönes weißblaues Kirchlein am Meer, daneben kleiner Sand-/Kiesstreifen mit schattigen Tamarisken, unterhalb der Kirche kleine, urige Ouzerie, wo man auf einer Mole direkt am Wasser sitzt.
- **Kiónia**: 3 km westlich von Tínos-Stadt, immer die Straße am Ufer entlang. Etwa 500 m langer, brauner Sand-/Kiesstrand, teilweise von Tamarisken beschattet und beherrscht vom mächtigen Hotel Tinos Beach. Im Umkreis haben sich diverse weitere Unterkünfte und mehrere Tavernen etabliert. Am Strand Tretbootverleih, Surfbretter usw.

• *Übernachten* **Tinos-Beach Hotel**, A-Kat., das einzige Großhotel der Insel, ca. 350 Betten, kann über Reiseveranstalter gebucht werden, aber auch viele Pilger kommen hier unter. Sehr weitläufig mit allem Komfort wie Aircondition, Teppichboden, Radio, Telefon. Schöner Rasen, Swimmingpool, Bustransfer in die Stadt. DZ mit Frühstücksbuffet ca. 80–125 €. ✆ 22830-22626, ✆ 22830-23153, www.tinosbeach.gr

Ioanna, nach dem Hotel Tinos Beach über einen holprigen Steilweg zu erreichen, Handvoll schöne Studios/Appartements mit schattigen Terrassen, geführt von der herzlichen Frau Ioanna Delasouda. Sehr ruhige Lage, weiter Blick. ✆ 22830-24215, ✆ 22830-41690.

Galini, ordentliche Appartements und Studios landeinwärts vom Hotel (beschildert), eingerichtet mit Kiefernholzmobiliar, jeweils Terrasse. ✆ 22830-24560, ✆ 22830-24827.

• *Essen & Trinken* Die drei Tavernen an der Straße sind alle gut und bemühen sich um jeden Gast.

▸ **Poseidon-Heiligtum**: Die spärlichen Reste des einst hochberühmten Tempelbezirks des Poseidon und seiner Gattin Amphitrite (5./4. Jh. v. Chr.) liegen kurz vor dem Hotel, unmittelbar an der Straße. Hier hat der Heilkult auf der Insel Tínos seinen Ursprung, der mit der Entdeckung der wundertätigen Ikone im 19. Jh. eine christliche Neuinterpretation erhielt.

Öffnungszeiten So, Mo und Mi–Fr 8.30–15 Uhr, Sa 8.30–11 Uhr, Di geschl., Eintritt frei.

Östlich von Tínos-Stadt

▸ **Angáli & Ágios Fokás**: Gleich südöstlich der Stadt liegt der Angáli-Strand, nach der Flussmündung geht er in den Strand von Ágios Fokás über. Insgesamt sehr lang, teils Sand, teils flache Kieselsteine, verbreitert sich nach Osten. Mehrere Tavernen, in der Saison fährt ein Bus bis zu 8 x täglich hierher.

• *Übernachten* **Golden Beach Bungalows**, C-Kat., direkt am Strand, schöne Appartement-Anlage mit mehreren Häusern, freundliche Besitzerfamilie, Pluspunkt die sehr ruhige Lage. ✆ 22830-24579, ✆ 22830-23385, www.goldenbeachtinos.gr

Von ähnlicher Qualität sind die benachbarten Appartements **Blue Bay Teresa**. ✆ 22830-22343, ✆ 22830-23249.

Kykladen Karte S. 321

▸ **Kloster Agía Triáda**: nur wenige Kilometer östlich der Stadt. Die Straße verzweigt sich kurz nach den letzten Häusern, rechts halten Richtung Porto Ágios Ioánnis. Kurz darauf beschilderter Abzweig. Im verschachtelten Kloster mit hübschem Innenhof gibt es ein kleines *Museum* mit den reliefverzierten Oberlichtern aus Marmor, für die Tínos berühmt ist. Zu besichtigen sind außerdem noch die *Kirche*, in der man die Oberlichter in Funktion sehen kann, und eine ehemalige *Geheimschule* aus der Zeit der türkischen Besetzung.

Öffnungszeiten unregelmäßig, häufig geschlossen.

▸ **Ágios Sóstis und Ágios Kyriákis**: exzellenter, langer Sandstrand kurz vor dem Ende der Asphaltstraße bei Ágios Ioánnis, allerdings oft starken Winden ausgesetzt und weitgehend schattenlos. Zwei asphaltierte Zufahrten führen hinunter. Bei der ersten trifft man auf mehrere neue Appartementanlagen, bei der zweiten auf die gute und freundlich geführte Taverne "Gialos" direkt am Strand.

• *Übernachten* **Hotel Akrogiali**, B-Kat., das gemütliche Haus in Strandnähe wird von Familie Palmaris freundlich geführt. Pauschal über Attika. DZ ca. 50–70 €. ✆ 22830-24798, ✆ 22830-25013, www.akrogialihotel.gr

Hotel Akti Aegaeou, große, gepflegte Anlage mit Pool an der ersten Zufahrt zum langen Sandstrand. ✆ 22830-24248, ✆ 22830-23523, www.aktiaegeou.gr

Bei der zweiten Zufahrt liegen die Appartements **Zalonis** direkt am Strand. ✆ 22830-25137.

• *Essen & Trinken* Außer **Gialos** gibt es am Strand die ebenfalls zu empfehlende Ouzeri **Tolis/Stina** mit deutschsprachigem Wirt.

▸ **Pórto Ágios Ioánnis**: stark zersiedelte Ecke mit diversen Unterkünften. Am Ende der Asphaltstraße schön geschwungene Badebucht mit Blick auf Mýkonos, etwa 300 m lang, mit Steinen durchsetzt, saisonal starke Algenanschwemmungen. Der lange Strand von Ágios Kyriákis ist etwa 700 m entfernt. Linker Hand führt eine steile Panoramapiste zur einsamen Badebucht *Lichnaftía*.

• *Verbindungen* In der Saison fährt ein Bus bis zu 6-mal tägl.

• *Übernachten* Bei Pórto Ágios Ioánnis gibt es viele neu erbaute Unterkünfte, vor allem am Hang oberhalb der Bucht.

Hotel Porto Tango, A-Kat., schöne Anlage mit knapp 60 Zimmern, nett eingerichtet, Süßwasserpool. Zu buchen über Attika. ✆ 22830-24411, ℻ 22830-24416, www.portotango.gr

Hotel Carlo, B-Kat., Bungalow Hotel weit oben am Hang, Pool und Panoramablick. DZ ca. 50–75 €. ✆ 22830-24159, ℻ 22830-24169, www.bungalowscarlotinos.gr

Porto Raphael, gepflegte Studioanlage mit herrlichem Kakteen- und Palmengarten und Restaurant. ✆ 22830-22403, ℻ 22830-23912, www.portoraphael.gr

Cyclades, die nette Anlage von Panagiotis Desipris liegt in exponierter Lage oberhalb vom Porto Rafael, schöner Blick, Studios jeweils mit Balkon/Terrasse und TV. ✆ 22830-25342.

Ziele auf der Insel

▸ **Kloster Kechrovouníou**: blendend weißer Komplex am Hang hoch über Tínos, schon allein wegen des umwerfenden Blicks lohnt sich der Weg hinauf. Hier lebte die Nonne Pelagia und hier hatte sie ihre Vision von der Muttergottes-Ikone. Die schlichte *Zelle der Pelagia* ist eins der höchstgelegenen Häuser am Hang (beschildert). Mit seinen zahlreichen Würfelhäuschen und vielen Kirchen wirkt das Kloster fast wie ein kykladisches Dorf, mehrere Dutzend Nonnen leben und arbeiten hier. Häufige Busverbindungen ab Tínos-Stadt.

Öfnungszeiten tägl. 8–12.30, 14.30–18 Uhr.

▸ **Triantáros**: schönes, großes Hangdorf oberhalb von Tínos-Stadt, Nähe Kloster Kechrovouníou. Gilt als beliebtestes Dorf bei Ausländern, zahlreiche Häuser sind in Besitz von Deutschen und Schweizern.

▸ **Ktíkados**: herausgeputztes Dörfchen nordwestlich über Tínos-Stadt. Weiß gekalkte Gässchen und enge Treppenwege, eine Kirche an jedem Ortsende. Die Terrassentaverne "Drosia" an der Hauptgasse serviert traditionelle tiniotische Küche, dazu genießt man den weiten Blick die Hänge hinunter.

Exómbourgo

540 m hoch – ein Ausflug, den man nicht versäumen sollte! Der Aufstieg ist leichter als man denkt und von dem zerfurchten Gneisklotz, der das Profil von Tínos dominiert, hat man den denkbar besten Blick über die Insel.

Die Region um den Exómbourgo war seit Jahrtausenden die bevorzugte Siedlungsregion der Insel (Funde im Archäolog. Museum von Tínos). Die Venezianer hatten hier eine starke Festung errichtet, um die sich der Hauptort der Insel gruppierte. Reste der Mauern sind noch zu erkennen. Der Aufstieg ist nur von hinten möglich, von einer Art Hochplateau zwischen Exómbourgou und dem Hang, an dem das Kloster Kechrovouníou klebt. Vorne fällt der Felshang steil und unnahbar ab.

• *Anfahrt mit Leihfahrzeug* Fahren Sie bis zur Kreuzung bei Mési (kurz vor **Falatádos)** und dort links in Richtung Skálados und Kómi. Wenig später zweigt unterhalb vom Gipfel eine betonierte Piste ab, die vorbei an einer pittoresken Kirchenruine zur ummauerten orthodoxen Kirche **Eleousa** und der gegenüber liegenden katholischen

Wallfahrtskirche **I Iera Kardia tou Jesu** führt, dort parken. Von hier führt ein schmaler Weg aus groben Steinen in ca. 20 Min. auf den windumtosten Gipfel, wobei man die verwitterten Reste der venezianischen Bastionen durchquert. Oben überdimensionales Gipfelkreuz aus Marmor und eine Sende-/Empfangsantenne. Tínos und das Ägäische Meer bis hinüber nach Mýkonos und Délos liegen Ihnen zu Füßen!

• *Bus* am besten einen Bus nach **Stení**, **Kómi/Kalloní** oder **Falatádos** nehmen und an der Kreuzung bei Mési aussteigen, zu Fuß ist es dann noch ca. 1 km bis zu den oben erwähnten zwei Kirchen.

Dörfer im Exómbourgo-Gebiet

▸ **Mési**: kleines Dorf bei der zentralen Kreuzung in der Exómbourgo-Region. Essen kann man gut in der Taverne "Pentostrato" an der Kreuzung.

▸ **Falatádos**: 1 km nördlich der Kreuzung von Mési. Großes Dorf mit engen, verwinkelten Gassen und einer prachtvollen, sehr gepflegten Kirche. Zwei Tavernen: "Léfkes" mit schöner Platanen-Terrasse am Ortseingang und "Markos" weiter oben im Ort.

▸ **Stení**: hübsches Dörfchen mit mehrfach überwölbter Hauptgasse und vielen Blumen. Ein Bummel lohnt sich.

▸ **Vólax**: vielleicht das reizvollste Dorf im Umkreis des Exómbourgo. Wunderschöne Architektur aus weiß gekalkten Häusern mit Außentreppen und üppigem Blumenschmuck inmitten einer Wildnis aus riesigen Granitbrocken. Zu erreichen auf asphaltierter Straße, Abzweig zwischen Koumaros und Skálados. Nur noch etwa 25 ältere Menschen leben hier (vor dreißig Jahren waren es noch 150), einige arbeiten als Korbmacher. Neben der Kirche im hinteren Ortsbereich ein kleines *Museum* für bäuerliche Kultur, einen Blick wert ist auch die große *Quelle* mit mehreren Auffangbecken. Seine Wiederbelebung verdankt das in den 1980er Jahren fast ausgestorbene Vólax u. a. der finanziellen Unterstützung eines bekannten deutschen Talkmasters, der ein Haus auf Tínos hat.

• *Essen & Trinken* **Volax**, direkt am Ortseingang, "Was Jack hier mit seinen Eltern leistet, ist ein dickes Lob wert", schrieb ein Leser.

O Rokos, Hinweisschild am Ortseingang links. Große Taverne mit Panoramaterrasse. Auch hier sehr gute Qualität zu äußerst günstigen Preisen.

▸ **Krókos**: Abzweig in den Inselnorden zum Strand von Kolimbíthra (siehe unten). In der schlichten Dorftaverne kann man einfach und deftig essen.

▸ **Loutrá**: verwinkeltes, halb verlassenes Dörfchen unterhalb der Kreuzung von Krókos, am Westhang des Exómbourgo, dominiert von einem katholischen *Ursulinen-Kloster* mit prächtigen Palmen. Das Kloster fungierte früher als Volksschule und Gymnasium, ist aber jetzt unbewohnt. Im Jesuitenkloster hübsches *Museum* mit bäuerlichen Arbeitsgeräten und Dingen aus Klosterbesitz.

▸ **Xinará**: direkt am Fuß des nach Westen hin senkrecht abfallenden Steilhangs des Exómbourgo, hier steht weithin sichtbar der große römisch-katholische *Bischofspalast* von Tínos.

▸ **Órmos Kolimbíthra**: bester Strand der Nordküste, etwa 500 m lang, dahinter ein großer Lagunensee. Abgesehen von der Hochsaison gibt es hier kaum Touristen und nur wenige Zimmer. Anfahrt über *Krókos* und *Kómi*, ca. 21 km ab Tínos-Stadt.

Von Tínos-Stadt nach Pírgos (Inseldurchquerung)

Hinter dem Exómbourgo wird die Landschaft wild und urtümlich. Grüner und weißer Marmor, rostbrauner und grauer Schiefer türmen sich zu steilen Halden.

Kykladen
Karte S. 321

- **Kámbos**: altes Dorf mit Kirche aus dem 18. Jh. Eine Stichstraße führt ein Tal entlang über *Tarampádos* nach *Smardákito*, hier im Umkreis stehen die meisten Taubentürme der Insel.
- **Kardiáni**: verborgenes Schmuckstück unterhalb der Durchgangsstraße, fast ganz aus Marmor erbaut. Eine kräftige Quelle macht das Hangdorf zur fruchtbaren Oase.
- **Isternía**: herrlich gelegenes Bergdorf aus weiß gewaschenen Würfelhäusern oberhalb der Straße. Fahrzeuge am Parkplatz vor dem Ort abstellen. Kurz vor der großen Kirche ein Kafenion mit schöner Aussichtsterrasse.
- **Órmos Isterníou**: ruhiges Bade- und Fischerörtchen unterhalb von Isternía. Eine asphaltierte, trotzdem atemberaubende Serpentinenstraße führt den Steilhang hinunter. Nur im Juli/August herrscht hier nennenswerter Tourismus.

Kurz hinter Isternía ein Pass, über den der Wind hinwegpfeift, am Kamm eine Reihe eindrucksvoller Windmühlenruinen aus Schiefer. Gegenüber das verlassene Kloster Katapoulianí.

Pírgos

Bilderbuchdorf aus weißen Schachtelhäusern, eingebettet in karge, braune Bergketten. Tiefblaue Fensterläden und Türen an schmalen Gassen, Blumenkübel vor den Fenstern, Bougainvillea rankt über die Mauern. Überall sieht man das Bemühen der Einwohner, ihren Ort zu einem Schmuckstück zu machen.

Pírgos ist das Dorf der Marmorbildhauer, es gibt mehrere Werkstätten und sogar eine *Bildhauerschule* am oberen Ortsrand. Viele Details in den Gassen sind aus Marmor: Straßenschilder, Wasserstellen, Türstöcke, Bodenpflaster, Oberlichter und Treppenstufen. Auch der *Friedhof* mit seinen aufwändig geschmückten Marmorgrabsteinen ist einen Besuch wert.

- *Verbindungen* etwa 5-mal tägl. Busse von und nach **Tínos** und **Órmos Panórmou**. Bushaltestelle an der Durchgangsstraße, das Gässchen gegenüber führt direkt zur Hauptgasse von Pírgos. Diese nach rechts zur idyllischen Platia.
- *Übernachten* **Pirgos (Theotikou Maria)**, kleine Studioanlage an der Zufahrtsstraße (wenn man herunterkommt, in der ersten Kurve). ✆ 22830-31082.

Michali, neu erbaute Studios mit großen Balkonen/Terrassen, etwas erhöht am Ortsrand, schöner Blick auf Pírgos. ✆ 22830-31400.

Pirgos Village Houses, die deutschstämmige Frau Dorothea Mavromara-Gudelius bietet Unterkunft in restaurierten Dorfhäusern, die jeweils Platz für vier Personen haben. ✆ 22830-31404 (Athen: ✆/℻ 210-8051419), E-Mail: gudelius@hol.gr

- *Essen & Trinken* Mehrere hübsch gelegene **Kafenia** an der zentralen Platía, eine riesige Platane breitet ihre Arme über den Tischen aus.

Sehenswertes: außer dem Ort an sich die beiden nebeneinanderliegenden Museen in dem Gässchen, das von der Bushaltestelle ins Zentrum führt. Im *Museum Tiniotischer Künstler* ausdrucksstarke Charakterköpfe, Reliefs und Skulpturen aus Gips und Marmor, z. T. mehr als 100 Jahre alt. Daneben das *Museum Gianoulis Chalepa*, das frühere Wohnhaus des berühmtesten Bildhauers von Tínos. Einige Originalmöbel, sein schlichtes Schlafzimmer mit eisernem Bettgestell, Fotografien, Originalskizzen und einige, z. T. unvollständige Skulpturen.

Öffnungszeiten beide **Museen** So–Do 11–14, 17.30–18.30 Uhr, Fr/Sa 11–14, 18–20 Uhr. Eintritt ca. 1,50 €.

- **Órmos Panórmou**: schmuckes Fischerdorf mit kleiner Promenade unter schattigen Bäumen. Kontrast der absolut felsigen Hänge zu den hübsch herausgeputzten Häusern, ruhig und beschaulich. Der Ortsstrand ist unansehnlich, besserer Strand in der benachbarten Bucht (kleiner Fußmarsch).

• *Übernachten* diverse Privatzimmer und Appartements, z. B. **Elena**, ein größeres Haus am Ende der Promenade, zu erkennen an den blauen Türen und Fensterläden. ✆ 22830-31694.

• *Essen & Trinken* unter den Bäumen an der Hafenpromenade mehrere Tavernen, wo man fangfrischen Fisch essen kann.

O Marcos, die älteren Wirtsleute Marcos und Margarita bieten meist nur einige Gerichte an, diese sind aber hervorragend.

Agía Thalassa, gute hausgemachte Meeresküche.

Tzortzis, am Ende der geschwungenen Ortsbucht. Leserkommentar: "Auch Einheimische kommen und gucken in die Töpfe, was es Leckeres gibt".

Mýkonos

Mýkonos heißt Urlaub. Die Insel ist völlig vom Fremdenverkehr eingenommen – samt all seinen Begleiterscheinungen, die hier durchaus extreme Blüten treiben.

Mýkonos steht für Toleranz, erlaubt ist, was Spaß macht. Homosexuelle sind seit langen Jahren Stammgäste der Insel, an den angesagten Stränden laufen bereits tagsüber heiße Technopartys, Discofieber und intensives Nachtleben beherrschen die Chóra. Doch das ist nicht alles, denn Mýkonos hat auch einen der malerischsten, saubersten und unverbautesten Inselorte der Kykladen und Strände, die ihresgleichen in der Ägäis suchen. Die Bewohner von Mýkonos haben die naturgegebenen Vorzüge ihrer "Sonnen-, Wind- und Meer-Insel" geschickt zu nutzen gewusst. Ihr Eiland ist fast zum Synonym für Urlaub in Griechenland geworden. Noch in den dreißiger Jahren nicht viel mehr als ein Zwischenstopp für Kulturreisende hinüber aufs vorgelagerte *Délos* mit seiner weltberühmten Ausgrabungsstätte, stehen heute die sonnenhungrigen Gäste bereits Schlange, wenn die Fischer auf anderen Inseln nach dem Winter den Kalkanstrich ihrer Häuschen erneuern. Und sie sind immer noch da, wenn die Tavernen andernorts schon längst ihre Türen verrammelt haben. Mýkonos ist eine der beliebtesten Urlaubsinseln des Mittelmeers und eine Drehscheibe des internationalen Tourismus. Wer lebhaft und kontaktfreudig ist, wird den Aufenthalt genießen können. Andererseits gibt es aber auch genug Strände, an denen man sich weit entfernt von Mýkonos-Stadt ein ruhiges Zimmer mieten kann. Dass Mýkonos für Urlauber aller Couleurs offen ist, zeigt die Tatsache, dass zwei gut besuchte Campingplätze das Angebot abrunden.

Kykladen
Karte S. 321

Verbindungen

Sehr gute Fährverbindungen von *Piräus*, *Rafína* und den größeren Kykladen-Inseln, vom Festland meist über Tínos und/oder Sýros, aber auch Direktschiffe. Achtung: Mýkonos besitzt zwei Häfen: direkt in Mýkonos-Stadt und in Toúrlos, etwa 2 km nördlich der Stadt (Busse in die Stadt etwa stündlich). Flüge ab Athen gehen mehrmals täglich.

Fähren/Schnellfähren: von und nach Piräus etwa 2- bis 4-mal tägl., Fahrtzeit ca. 6 bzw. 3,5 Std. (Deck/Pullmannsitz pro Pers. ca. 22 bzw. 32 €, Auto 67–74 bzw. 80–90 €), von und nach Rafína etwa 2-mal tägl., Fahrtzeit ca. 4,5 Std., keine Schnellfähren (Deck/Pullmannsitz ca. 15–18 €, Auto ca. 55–65 €), außerdem 1- bis 3-mal tägl. von und nach *Ándros*, *Tínos*, *Sýros*, *Páros*, *Náxos*, *Íos* und *Santoríni*. Aufs vorgelagerte *Délos* fahren täglich mehrere Ausflugsboote.

Schnellboote: tägliche Fahrten von *Rafína* und *Piräus*.

Flug: Der Airport von Mýkonos ist klein, Chartermaschinen aus Mitteleuropa können aber landen. Olympic Airways und andere Gesellschaften fliegen in der Saison bis zu 6-mal tägl. von und nach *Athen* (ca. 73 €), außerdem mehrmals wöch. von und nach *Santoríni*, *Rhódos* und *Thessaloníki*.

Der Flugplatz von Mýkonos liegt ca. 3 km außerhalb der Stadt. Keine Linienbusse, Taxi kostet ca. 7 €, für Olympic-Airways-Flüge pendeln Zubringerbusse zwischen Flugplatz und Stadtbüro der Olympic Airways an der Platía Agiou Louka (✆ 22890/22490).

Mýkonos auf einen Blick

Größe: 86 qkm, Länge 12-15 km, Breite 11 km. Höchster Gipfel mit 372 m der Profítis Ilías Vorniótis (Nordwesten).

Bevölkerung: ca. 5000 (im Winter), im Sommer bevölkern rund 16.000 Menschen die Insel.

Wichtige Orte: nur zwei – Mýkonos-Stadt und Áno Méra, ein Dorf im Inselinneren.

Straßen: Die Hauptverbindungen sind inzwischen weitgehend asphaltiert.

Entfernungen: Mýkonos – Áno Méra 6 km, Mýkonos – Platí Gialós 4 km, Mýkonos – Paradise-Strand 5 km.

Auto-/Zweiradverleih: Dutzende Vermieter in Mýkonos-Stadt, außerdem am Campingplatz Paradise Beach, in Órnos, Ágios Stéfanos und Áno Méra.

Tankstellen: bei Mýkonos-Stadt, an der Straße nach Platí Gialós, an der Straße nach Áno Méra und in Áno Méra selbst.

Übernachten: zahllose Hotels und Privatzimmer in Mýkonos-Stadt und Umgebung, außerdem an den meisten Stränden.

Baden: etliche hervorragende Strände, vor allem an der Südküste.

Karten: Sehr inhaltsreich ist die "Sky Map" von Mýkonos, die aus einem detaillierten Stadtplan mit zahlreichen kommentierten Adressen sowie einem sehr guten Inselplan besteht, der das vielfältige Wegenetz komplex darstellt. Aktuell und genau ist außerdem die Karte "Mykonos" von Road Editions (1:40.000).

Postleitzahl: 84600.

Mýkonos-Stadt

Ein Traum! Unter dem strahlenden Licht der Ägäis eine der schönsten Hafenpromenaden der Kykladen. Buntes Bild der schaukelnden Fischerboote. Dahinter verwinkelte, blank gefegte Gassen, schneeweiße Häuser mit roten, türkisfarbenen und meerblauen Fensterläden, hölzerne Außentreppen, kleine Plätze mit winzigen Kirchlein, verschwiegene Gärtchen hinter hohen Mauern. Ein labyrinthisches Netzwerk von Gässchen, in dem man sich auch nach dem zweiten Abend noch verirrt.

Mýkonos ist mit seinen zahllosen Tavernen, Bars und Souvenirläden völlig auf die Ansprüche der zigtausend Hotelurlauber eingestellt. Extremes Nachtleben, von April bis Oktober herrscht allabendlich Karnevalstimmung in den Gassen und auf den Plätzen um den Hafen. Erfreulich dabei, dass Autos draußen bleiben müssen – Mýkonos ist für Blechkutschen zu eng.

Information/Verbindungen/Adressen (siehe Karte S. 348/349)

• *Information* Keine offizielle Informationsstelle vorhanden, nur ein selten besetztes Büro der **Touristenpolizei (31)** im Hafen am Anleger, vis-à-vis vom Jachtclub (✆ 22890/22482). Dort außerdem je ein Informationsbüro für **Hotels (26)** (✆ 22890/24540), **Privatzimmer/Appartements (28)** (✆ 22890/24860) und **Camping (29)** (✆ 22890/23567). Hotelinformation außerdem am **Flughafen** (✆ 22890/25770).

Gute Zimmervermittlung im Ortszentrum ist das **Mykonos Accommodation Center**, Odos Enoplon Dynameon 10 (neben dem Nautischen Museum), GR-84600 Mykonos, ✆ 22890/23160, ✆ 24137, http://mykonos-accommodation.com. Tägl. 8–22 Uhr (Sommer), 9–14 und 17–21 Uhr (Winter), es wird Deutsch gesprochen.

Internet: www.mykonos.com.gr; www.greek-tourism.gr/mykonos und www.mykonosgreece.com

• *Verbindungen* Es gibt zwei **Bushaltestellen**. Der erste Stopp liegt an der Kreuzung

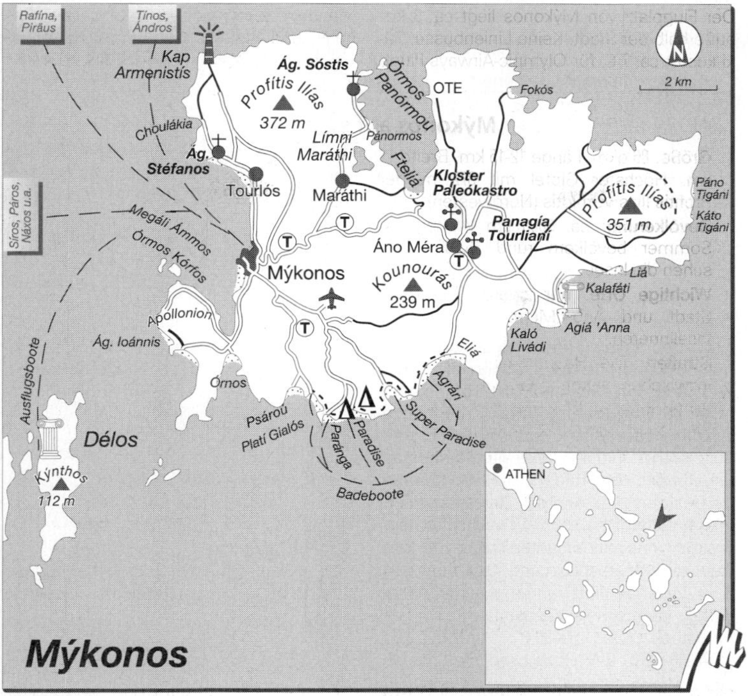

beim Hafen, Busse fahren von dort etwa stündlich über **Toúrlos** nach **Ágios Stéfanos**, ca. 8-mal tägl. nach **Áno Méra** und weiter zu den Stränden **Agía Anna** und **Kalafátis** (Ostküste) sowie ca. 6-mal tägl. zum **Eliá-Strand**. Die zweite Bushaltestelle liegt am oberen, südlichen Ortsendende, von der Hafenpromenade ca. 10 Min. zu Fuß. Busse etwa halbstündl. zu den Stränden **Órnos**, **Psaroú/Platí-Gialós** (Abfahrtsstelle der Badeboote), **Paránga** und **Paradise**, stündl. zum Strand **Ágios Ioánnis** In der Nebensaison deutlich weniger Verbindungen.

Taxi, Standplatz am großen Platz an der Hafenpromenade (Denkmal). Üblicherweise tut man sich zu mehreren zusammen, nachts wegen Überlastung längere Wartezeiten. ✆ 22890/23700, 22400.

Badeboote zu den Stränden der Südküste fahren ab Platí Gialós (siehe dort).

• *Adressen* **Ausflüge**, tägl. zwischen 8.30 und 12 Uhr starten mehrere Ausflugsboote nach **Délos**, Rückkehr zwischen 12 und 15 Uhr. Abfahrt an der südlichen Hafenmole (bei Tourist-Information). Weitere Délos-Boote gibt es in der Hauptsaison ab Platí Gialós und Órnos.

Auto-/Zweiradverleih (42, 43), zwei Schwerpunkte – an der Anlegestelle der Fähren und an der Bushaltestelle nach Platí Gialós **(25)** (Kreuzung der Umgehungsstraße mit der Straße nach Platí Gialós und zum Flugplatz). Jede Menge Vermieter.

Geld, Geldautomaten am Nordende vom Strand Agía Ánna, am oberen Busstopp, beim Cine Manto und gegenüber der Konditorei Aladdin.

Internationale Presse an der Rückfront der Kirche Agía Kyriakí gegenüber Pierro's (→ Nachtleben), ein zweiter Laden am Dreibrunnenplatz.

Internet (9, 12), mehrere Internet-Cafés an der Xenias Str. von der oberen Bushaltestelle zu den Windmühlen von Káto Mýli, außerdem "Double Click" in der Zouganeli Str. 18 (www.mykonos.com.gr/doubleclick).

Olympic Airways (30), Büro an der Platía Agiou Louka, wo auch die Busse nach Platí Gialós abfahren, ✆ 22890/22490.

Post, im hinteren Stadtbereich, Ortsteil Láka.

Tankstellen, eine am Weg nach Platí Gialós und zwei an der Straße nach Áno Méra.

Übernachten

Trotz des riesigen Bettenangebots ist Mýkonos im Sommer meist restlos ausgebucht. Wer im Juli/August ohne Reservierung kommt, wird nur schwer ein Hotelzimmer finden. Privatzimmer zu finden ist eher möglich, aber ebenfalls schwierig – am besten schon auf die Angebote eingehen, die am Hafen offeriert werden oder die dortige Zimmervermittlung in Anspruch nehmen. Das Preisniveau ist hoch.

- *Um den Hafen* **Hotel Delos (38)**, D-Kat., traditionelles Hafenhaus unmittelbar neben dem Agía-Ánna-Strand, 5 Min. vom Fähranleger. Eins der ältesten Hotels der Stadt, jedoch umfassend renoviert. An der Meeresseite stehen fünf 300 Jahre alte Marmorsäulen von der Insel Tínos. Der zuvorkommende Besitzer, Herr Andreas Renieris, spricht ausgezeichnet Deutsch. Er vermietet neun jeweils voneinander unterschiedliche Zimmer mit Meeresblick und eigenem Bad. Laut Leserzuschrift fahren auf der nahen Straße nachts viele Vespas vorbei. DZ mit Frühstück ca. 50–80 €. ✆ 22890/22517, 📠 22890/22312, E-Mail: deloshot@otenet.gr

Hotel Manto (36), C-Kat., ganz zentral, beim Taxiplatz schmale Gasse hinein, zwischen Mavrogenou und Zouganeli Str. Ideal für Nachtschwärmer, die hier auch reichlich Quartier nehmen – nachts wird's gelegentlich laut in den Gängen. 15 schlichte Zimmer mit Du/WC, Betten mit Stein-/Holzfundament. Freundliche, junge Besitzer, die die Frühstückszeiten (bis mittags) ihren nachtschwärmenden Gästen angepasst haben. DZ ca. 45–80 €. ✆ 22890/22330, 📠 22890/26664.

Hotel Apollo (17), D-Kat., altes Seefahrer-Haus zwischen den Kafenia an der Promenade, relativ laut. Ein Hotel mit Tradition und eigenem Charme, seit 80 Jahren Familienbetrieb und damit eine der ältesten Herbergen der Insel. Zwei nette, ältere Damen mit Witz und Humor führen das Hotel, eine spricht recht gut Englisch. Die 20 Zimmer sind einfach ausgestattet, nicht vom Neuesten, aber sauber und ordentlich. DZ mit Bad ca. 40–70 €, mit Etagendusche günstiger. ✆ 22890/22223, 📠 22890/24237.

Hotel Lefteris (45), E-Kat., Apollonas Str. 9, nicht direkt im Hafen, sondern in einem ruhigen Wohnviertel am Hang südlich oberhalb

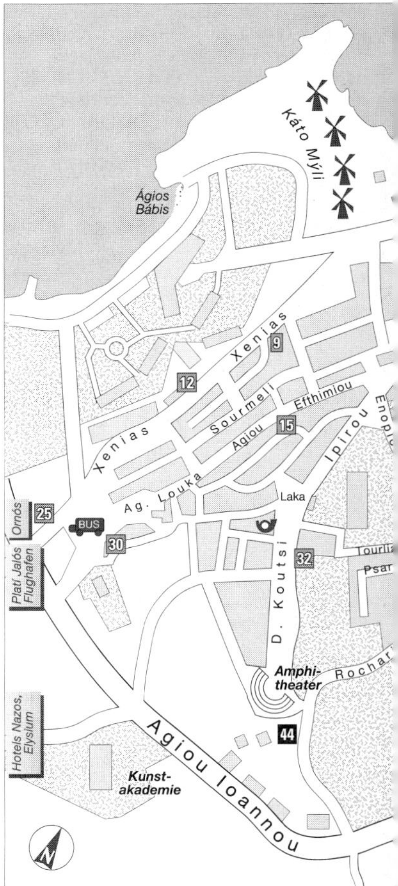

Übernachten
16 Terra Maria
17 Apollo
19 Mario's
21 Zorzis
24 Chez Maria
36 Manto
38 Delos
39 Petassos, Gorgona, Omiros
44 Elena
45 Lefteris

Informationsstellen
26 Hotels
28 Privatzimmer
29 Camping

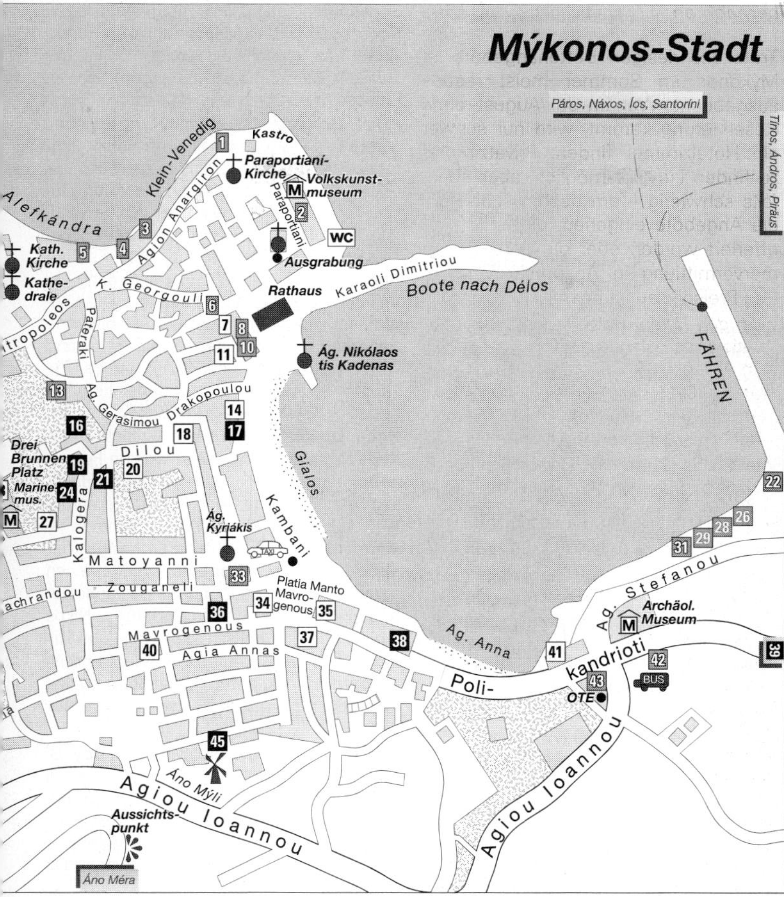

Essen & Trinken

7 Nikos
11 Kounelas
14 Sirens
18 La Maison de Katrine's
20 Archeon Gefsis
23 Sesame Kitchen
24 Chez Maria
27 Philippi
34 Klimataria
35 Antonini's
37 Alexis
40 Appaloosa
41 Baboulas

Nachtleben

1 Kastro
2 Sea Base Club
3 Montparnasse
4 Veranda
5 Caprice
6 Skandinavian Bar
8 La Porta
10 Down Under
13 Cine Manto
22 Yacht Club
32 Space
33 Pierro's
36 Manto

Sonstiges

9 Internetcafé
12 Internetcafé
15 Traditionelle Bäckerei
25 Zweiradverleih
30 Olympic Airways
31 Touristenpolizei
42 Zweiradverleih
43 Zweiradverleih

Kykladen Karte S. 321

der Platia Manto Mavrogenous. 8 Zimmer, Gemeinschaftsküche, Dachgarten mit Aussicht. DZ ca. 40–80 €. ✆ 22890/23128, ℻ 22890/27117.

• *Im Zentrum, Kalogera Straße* Seitengasse der zentralen Matoyanni Straße, hier wohnt man schön und vor allem relativ ruhig.

Hotel Terra Maria (16), D-Kat., ruhige Lage neben einem von außen nicht sichtbaren Park, in dem im September bis zu 5 m hohe Säulenkakteen blühen. 14 Zimmer mit Du/WC und TV, sechs davon mit Balkon und Blick auf den Park. Auch eine Terrasse ist für die Gäste vorhanden. DZ ca. 40–70 €. ✆ 22890/24212-3, ℻ 22890/27112.

Hotel Mario's (19), C-Kat., mit viel Holz eingerichtet, hinten Garten, 14 kleine, durchschnittlich ausgestattete Zimmer mit Du/WC, jeweils TV und Kühlschrank. DZ ca. 45–90 €. ✆ 24670, ℻ 22890/22704, E-Mail: h/marios@otenet.gr

Hotel Zorzis (21), C-Kat., kleines Schmuckstück gegenüber von Mario, eins der ältesten Häuser der Insel (16. Jh.). Die 10 Zimmer mit Holzdecken und Marmormosaikböden sind mit stilvollem Holzmobiliar liebevoll eingerichtet. Alle Zimmer mit Aircondition, Ventilator und TV, zwei haben Balkon. Frühstück wird auf Wunsch im netten Hinterhof serviert. DZ mit Frühstück ca. 60–115 €. ✆ 22890/22167, ℻ 22890/24169, www.zorzishotel.com

Chez Maria (24), von den 15 gemütlichen Zimmern haben 10 eigene Du/WC, alle sind mit alten Stilmöbeln eingerichtet, kristallene Lüster hängen von der Decke, in den nostalgischen Bädern Waschbecken in Muschelform. DZ ca. 40–70 €. Zum Haus gehört ein gepflegtes Restaurant (→ Essen & Trinken). ✆ 22890/22480.

• *Rochari Straße* **Hotel Elena (44)**, D-Kat., aufmerksam geführtes Haus direkt am Amphitheater, oleandergesäumte Terrasse, gemütliche Halle. Zimmer mit Du/WC, TV, Aircondition, Telefon und Radio, von den Holzbalkons schöner Blick über die Stadt aufs Meer. Man arbeitet mit Reiseagenturen zusammen, besser vorher anrufen. DZ mit sehr gutem Frühstücksbuffet ca. 60–110 €. ✆ 22890/23457, ℻ 22890/23458, E-Mail: hotel-elena@hotmail.com

• *Ortsteil Tagoo (oberhalb vom Hafen)* **Hotel Petassos (39)**, B-Kat., neueres Haus, geschickt an den Hang gebaut. Empfohlen von Leserin D. Lorenz: "Zimmer mit Aircondition auf verschiedenen Ebenen, relativ groß und komfortabel. Von den meisten Balkonen herrlicher Blick auf Hafen und Sonnenuntergang. Großzügig gestaltetes Foyer und Frühstücksraum, sehr gutes Buffet und freundlicher Service." DZ ca. 75–140 €. ✆ 22890/22608, ℻ 22890/24101, www.petasos.gr

Hotel Gorgona (39), C-Kat., ordentliches Mittelklassehotel oberhalb vom Hafen. Zimmer sind auf drei zweistöckige Gebäude verteilt, helle Kiefernmöbel, Du/WC, Telefon. Großes Plus: Alle Zimmer besitzen Balkon oder Terrasse, von denen man einen fantastischen Meeresblick hat. Jeden Abend kann man den Sonnenuntergang betrachten, tagsüber auch hautnah die einlaufenden Schiffe. Im Untergeschoss hübsche Außenterrasse mit Snack-Bar, zum Strand von Tourlós sind es ca. 400 m. DZ ca. 70–120 €. Wird auch von Reiseveranstaltern gebucht. ✆ 22890/24544, ℻ 22890/24542.

Hotel Omiros (39), D-Kat., einfaches, im Kykladenstil erbautes Hotel wenige Fußminuten nördlich vom Hafen in ruhiger Hanglage, schöner Terrassenhof. Warm empfohlen von Leser H. Knorr: "Alle elf Zimmer, jeweils mit Du/WC und eigener großer Terrasse sowie ein Appartement bieten einen traumhaften Blick auf Stadt und Hafen. Der freundliche und weltgewandte Nikos spricht perfekt Englisch, gibt Tipps und Hilfen." Nikos hat lange in USA gelebt und ist eigentlich Sirtakitänzer. Viele Stammgäste kommen regelmäßig zu ihm. DZ ca. 40–70 €. ✆ 22890/23328.

• *Weiter außerhalb* **Hotel Mykonos Bay**, B-Kat., Bungalowanlage direkt am Strand Megáli Ámmos. 31 Wohneinheiten, immer zu mehreren zusammengebaut, Balkons vorne raus mit schönem Seeblick, Swimmingpool mit Windschutzwand. DZ ca. 50–110 €. ✆ 22890/23338, ℻ 22890/27775.

Hotel Vienoulas Garden, B-Kat., an der Straße nach Platí Gialós, Busstopp in unmittelbarer Nähe, 15 Gehminuten in die Stadt. Nettes, modernes Hotel mit Atmosphäre. Bungalowartige Bauweise, sehr sauber, weitgehend ruhige Lage etwas abseits der Straße. Gutes Frühstück, täglicher Handtuchwechsel. DZ mit Frühstück ca. 60–120 €. Auch über Reiseveranstalter. ✆ 22890/24214, ℻ 22890/24303, www.vienoulas-myconos.com

Hotel Milena, E-Kat., an der Straße zum Flughafen, geführt von der gastfreundlichen Familie Daktilidis. Hübsche Anlage auf einem Hügel, etwas verwinkelt mit Terrassen und zentralem Frühstücksraum, eine Privatkapelle ist direkt angebaut. Saubere Zimmer mit modernem Holzmobiliar, alle mit Bad. Zu Fuß knapp 15 Min. ins Zentrum, der Hausherr fährt zweimal tägl. von und zur Stadt, ansonsten kann man den Flughafenbus stoppen (mehrmals tägl.). DZ ca. 35–75 €. ✆ 22890/23126, 📠 22890/22159.

• *Privatzimmer* Bei der Ankunft der Fähre drängen sich die Anbieter zu Dutzenden hinter den Absperrgittern und drücken einem die staubigen Abbildungen ihrer Luxus-Etablissements unter die Nase. Hier auf ein Angebot einzugehen erspart späteres, langes Suchen. Zudem bequem, da fast immer kostenloser Kleinbus-Transport zur Unterkunft angeboten wird (und auch wieder zurück). Allerdings kauft man die Katze im Sack, also nicht für längere Zeit verbindlich anmieten, erst anschauen. DZ nicht unter 30 €, in der HS kaum unter 50 €.

La Veranda, Frühstückspension am Hang oberhalb der Umgehungsstraße, freundlich geführt von Familie Skagias, wunderbarer Blick auf Hafen und Sonnenuntergang, gemütliche Frühstücksterrasse, kleiner geschmackvoller Pool, passable Zimmer. 10 Fußminuten in die Stadt. ✆ 22890/23670, 📠 22890/25133.

Stavroula's, ruhige Lage etwas abseits der Straße zum Platí Gialós, 20 Min zu Fuß von Mýkonos-Stadt, 15 Min. von Platí Gialós. Von Frau Stavroula Kousathana und ihrer Tochter Irini sehr freundlich und hilfsbereit geführte Anlage mit neun Zimmern, sehr sauber und mit Liebe zum Detail hergerichtet. Alle Zimmer mit Aircondition, TV, Küchenzeile und Terrasse/Balkon, zwei Zimmer in einem Taubenhausnachbau, in der Mitte des Hofs ein Kaktusgärtchen. Stavroula und Irini sind bei fast allen einlaufenden Fähren im Hafen zu finden. ✆ 22890/23801, mobil 6944-570007.

• *Camping* Es gibt zwei Plätze auf der Insel, beide liegen am Strand und in der Einflugschneise des Flughafens. Beide schicken tagsüber zu jeder Fährankunft einen Kleinbus an den Hafen (Achtung: nachts meist nicht!). Für Neuankömmlinge kostenloser Transfer, ansonsten für die Fahrt von und zur Stadt mit ca. 1,50 € rechnen. Alternative: Linienbusse fahren von der Stadt bis in den frühen Morgen zu beiden Plätzen.

Camping Mykonos, etwas erhöht über dem Paránga-Strand (→ Südküste), herrlicher Blick auf die Bucht. Großes Gelände auf mehreren Terrassen, Zelte können unter Tamarisken, Bambusdächern oder hinter Schilfabgrenzungen aufgestellt werden, für Schlafsackschläfer gibt's eine betonierte Fläche mit Dach, auch Stellmöglichkeiten für Wohnmobile bzw. -wagen sind vorhanden. Saubere Sanitäranlagen, Self-Service-Restaurant, gut sortierter Minimarkt, Busstopp vor der Tür. ✆ 22890/25915, 📠 22890/24578, www.mycamp.gr

Camping Paradise, seit 1969 in hervorragender Lage am langen Paradise-Strand (→ Südküste), dementsprechender Massenbetrieb, junges Publikum. Schilfbahnen grenzen die einzelnen Stellbereiche ab, außerdem wachsen Eukalyptusbäume, Olivenbäume und Tamarisken, weiterhin sorgen Schilfdächer für Schatten, der aber trotzdem eher Mangelware ist. Sanitäranlagen einfach. Am Eingang großes Self-Service-Restaurant, man sitzt sehr schön und völlig schattig am Strand, Benutzung auch für Nicht-Bewohner. Abends Barbetrieb und Freiluft-Disco, die im Hochsommer bis 4 Uhr früh den gesamten Platz beschallt. Deutsche Presse, Mopedverleih, Schließfächer für Wertsachen. ✆ 22890/22852, 22129, 📠 22890/24350, www.paradisemykonos.com

Unterkünfte an Stränden außerhalb von Mýkonos-Stadt siehe Kap. "Inselrundfahrt/Strände" weiter unten.

Essen & Trinken (siehe Karte S. 348/349)

Im Prinzip reichhaltiges Angebot an guten Tavernen mit oft fantasievoller griechischer sowie internationaler und ethnischer Küche, meist zu gehobenen Preisen. Leider verführt der Massenandrang nicht selten dazu, es mit der Qualität nicht so genau zu nehmen.

• *Stadtzentrum* **Philippi (27)**, Kalogera Str., neben dem gleichnamigen Hotel (→ Übernachten), eine wahre Institution in Mýkonos und seit vielen Jahren Garant für hervorragendes Essen, das jedoch seinen Preis hat. Tische in einem idyllischen Garten

Häuser eng ans Wasser gebaut: Klein-Venedig in Mýkonos

mit baumhohen Kakteen und Blumen, internationale und griechische Küche, auch Spezielles, große Speisekarte. Nur abends. Reservierung unter ✆ 22890/22294.

La Maison de Katrine's (18), etwas versteckt zwischen Matoyanni und Dilou Str., geschmackvoll-nobel aufgemacht mit edlem, grottenartigem Innenraum und romantischen Windlichtern auf den Außentischen. Französische und mediterrane Küche gehobener Qualität, sehr gute Weine, sehr teuer. Spezialität: Spaghetti mit Hummer. Reservierung obligatorisch unter ✆ 22890/22169.

Chez Maria (24), gepflegtes Restaurant mit opulentem Interieur in einem großen Innengarten der Kalogera Str., gehört zur gleichnamigen Pension (→ Übernachten). Italienische, griechische und internationale Küche bunt gemischt, Preise höherer Kategorie. Reservierung unter ✆ 22890/27565.

Archeon Gefsis (20), Dilou Str. 19, weiß gewandete Jungfrauen bedienen zwischen flackernden Leuchtern und altgriechischer Dekoration im Designerstil. Der Trend zur Antike ist hip im jungen Athen, deswegen dieser Ableger eines Hauptstadtlokals auf Mýkonos. Die Speisen sind recht fantasievoll, häufig auf Gemüsebasis, als Aperitif wird Met (Honigwein) gereicht, der nicht nur bei den Germanen, sondern auch im antiken Griechenland populär war. Infos auf www.arxaion.gr

Appaloosa (40), Mavrogenous Str. 11, geschmackvoll aufgemachtes Innenraumlokal, auf der schmalen Außenterrasse findet höchstens ein halbes Dutzend Gäste Platz. Neben mexikanischen Gerichten gibt es "Ethnic food" aus den verschiedensten Weltecken, z. B. marokkanisches Lamm und Chicken Tandoori, außerdem eine Vielfalt von Cocktails.

Sesame Kitchen (23), etwas versteckt in einer schmalen Passage, wenige Schritte vom Dreibrunnenplatz (Tria Pigadia). Draußen Tische eng an eng, ebenso im hübschen, kleinen Raum mit Galerie. Interessante Palette vegetarischer Gerichte, viel mit frischem Gemüse, Tofu, Reis und Curry.

• *Hafengegend* **Antonini's (35)**, direkt am Mavrogenou-Platz (Taxistand), historisches Haus mit schöner, alter Vorhalle, seit vielen Jahren Garant für echt griechische Küche ohne internationale Zugeständnisse, gute Auswahl, nicht billig, aber preislich noch im Rahmen. Spezialität des Hauses sind die Kasserolle-Gerichte mit Lamm.

Klimataria (34), biegt man am Platz mit der Statue der Widerstandskämpferin Manto Mavrogenous in die schmale Zouganeli Str. ab, erreicht man nach wenigen Metern diese ruhige, ursprünglich wirkende Taverne. Widersprüchliche Lesermeinungen zum Essen, Retsina vom Fass, mittlerer Preise.

Mýkonos: Das malerische Viertel Klein-Venedig (EF) ▲▲
Zahlreiche Kirchen auf Mýkonos haben rote Kuppeln (EF) ▲

▲▲ Sýros: Blick auf den Hügel von Áno Sýros (EF)
▲ Délos: Mosaikboden in einem römischen Kaufmannshaus (EF)

▲▲ Páros: die Kapelle der Evangelístria in Parikiá (EF)

Páros: im Hafen von Náoussa (EF) ▲▲

Maulesel werden auf den Kykladen seit Jahrhunderten als Lasttiere verwendet (EF) ▲

▲▲ Íos, die Chóra: blauer Himmel, schneeweiße Häuser (EF)
▲ Die Panagía Gremiótissa am höchsten Punkt der Chóra (EF)

Baboulas (41), Fischtaverne in exponierter Lage zwischen einigen Felsen unterhalb vom archäologischen Museum, gleich neben dem Strand Agía Ánna, Tische z. T. direkt am Wasser. Geführt von ehemaligen Fischern, einfache und preiswerte Küche, schöner Blick auf die Hafenfront von Mýkonos.

Sirens (14), traditionelle Ouzeri an der Hafenpromenade, Fischplatte, *manitária gemistá* (gefüllte Pilze) oder *kolokíthoukeftédes* (vegetarische Bratlinge) zu mittleren Preisen.

Nikos (7), am südlichen Hafenende (Mole für Délos-Boote) beim Rathaus Gässchen zur Platia Agias Monis hinauf. Eine der ältesten und bekanntesten Tavernen von Mýkonos, seit einigen Jahren hat man vergrößert und sich dem touristischen Trend angepasst. Küche jedoch nach wie vor gut, zu mittleren Preisen.

Kounelas (11), am südlichen Ende der Hafenfront ein kleines Gässchen hinein, kleine, urige Fischerkneipe, früher in der kalten Jahreszeit Stammplatz der Fischer. Mittlerweile hat man erweitert und kann nun auch in einem kleinen Hof neben dem Haus sitzen. Der dampfende Holzkohlengrill vor der Tür ist ständig in Betrieb. Leider Preise nicht mehr sonderlich günstig, zudem sehr unterschiedliche Lesermeinungen zur Qualität des Essens.

• Frühstück/Snacks Wer die hohen Restaurantpreise scheut, findet zahlreiche "Fastfoodias", Giros-Kneipen und "Pasticcerias" (Konditoreien). Immer günstig und reichhaltig ist Giros-Pita für ca. 1,50–2 €.

Alexis (37), Giros-/Souvlákikneipe am Taxiplatz, ein Stück oberhalb von Antonini's (→ Essen & Trinken/Hafengegend). Seit den siebziger Jahren eine bevorzugte Anlaufadresse für alle, die preiswert und trotzdem in ordentlicher Qualität essen wollen, auch günstige Frühstückspreise.

Donut Factory, im hinteren Ortsteil an der wichtigen Kreuzung Mitropoloeos/Enoplon Dynameon Str., gutes Gebäck, Milchreis, Eis und exzellenter Fruchtjoghurt. Ideal für eine kurze Verschnaufpause.

Hibiscus, Kalogera Str. 19, Croissanterie mit ausgezeichnetem Gebäck und Teigwaren, auch gut fürs kleine Mittagessen.

O Andreas, am Taxiplatz, Beginn der Zouganeli Str., beliebte Bäckerei, bei der vor allem das leckere Blätterteiggebäck mit Rosinen und Schokofüllung eifrige Abnehmer findet.

Fournos tou Gioras, die 400 Jahre alte Backstube an der Agios Efthymios Str. ist die älteste der Kykladen. Das tief gelegene Gewölbe ist dunkel wie eine Höhle, Brot, Gebäck und Píttes werden im holzbefeuerten Ofen gebacken.

Nachtleben (siehe Karte S. 348/349)

Die Stadt verwandelt sich nachts in ein ausgelassenes Volksfest. Die junge erlebnishungrige Klientel trifft sich bevorzugt vor bzw. in der *Skandinavian Bar* oder auf der überfüllten Platia bei *Pierro's*. Die Discobars verlangen meist Eintritt von ca. 3–5 € (erstes Getränk frei), dann geht es rund bis 3 Uhr (Wochenende 4 Uhr), anschließend zieht man weiter in den *Yacht Club* am Hafen, wo bis mindestens 6 Uhr weitergefeiert wird. Fazit: In Mýkonos muss man sich entscheiden, ob man tags oder nachts leben will!

• Diskotheken/Disco-Bars **Pierro's (33)**, an der kleinen Platia hinter der Hafenfront, am Beginn der Matoyanni Str. In den siebziger und achtziger Jahren *der* Platz schlechthin, doch der frühere Homosexuellen-Treff von Mýkonos-Nacht hat im Aids-Zeitalter deutlich an Zulauf verloren.

Manto (36), neben Pierro's, beim letzten Check etwas günstigere Preise.

Nepheli Blue & Icaros, über Pierro's bzw. Manto, auch hier geht es zu vorgerückter Stunde hoch her, im Icaros gelegentlich Travestieshows.

Skandinavian Bar (6), an der Georgouli-Str. (Kástro-Viertel), seit Jahren die Nummer Eins bei den jungen Nachtschwärmern. Es beginnt ganz ruhig, dann füllt sich die kleine Platia und ist binnen kurzem schwarz vor Menschen, zwei Bars sorgen für ständigen Nachschub an Getränken. Ab Mitternacht geht's dann hinauf in die Disco im ersten Stock, wo man so richtig ausflippen und internationale Kontakte knüpfen kann.

Down Under (10), wenige Schritte unterhalb der Skandinavian Bar, kleine Einraum-Disco, in der es oft heiß hergeht.

La Porta (8), ebenfalls wenige Meter unterhalb der Skandinavian Bar liegt ganz versteckt einer der beliebtesten Gay-Treffs von Mýkonos. Weibliche Wesen sucht man hier vergeblich, dafür stehen die jungen Männer bis auf die Gasse hinaus.

Kykladen Karte S. 321

Space (32), die größte Disco von Mykonos-Stadt liegt an der Platia von Laka, nur im Hochsommer geöffnet.

Sea Base Club (2), neuer cooler Club an der Uferstraße im Viertel Kástro, Nähe Volkskundliches Museum. Relaxte Atmosphäre und interessante Musiktrends mit internationalen DJs.

Yacht Club (22), ganz vorn am Fähranleger, für die ganz Unermüdlichen endet erst hier die Nacht, 24 Stunden offen (!), ab 4 Uhr früh wird voll aufgedreht – Disco und Bar.

• *Bars/Cafés* In Klein-Venedig den Sonnenuntergang erleben ist trotz überzogener Preise noch immer Kult.

Kastro (1), die berühmteste Adresse, in einem der Häuser, die unmittelbar ans Wasser gebaut sind. Dank gediegener Einrichtung sehr behaglich, populärster Platz für Drinks zum Sonnenuntergang, aber auch später am Abend meist gesteckt voll. Herrliche Lage und Ausblick, unten klopft die Brandung an die Mauern.

Montparnasse (3), ein paar Häuser vom Kastro die Gasse hinunter. Ähnlich schöne Lage, gepflegtes Interieur und gedämpftes Licht.

Caprice (5), die lauteste der Bars in Klein-Venedig, bereits am frühen Abend geht hier oft die Post ab. Vor der Tür Sitzplätze auf einer handtuchschmalen Mole, an der sich die Wellen brechen.

Veranda (4), das Eckhaus an der Tavernen-Plattform in Klein-Venedig wurde Mitte der Neunziger in einen gestylten Treffpunkt verwandelt.

• *Sonstiges* **Cine Manto (13)**, schön gelegenes Open-Air-Kino in einem großen Garten mitten in der Stadt, zu erreichen von der orthodoxen Kathedrale aus durch ein kleines Gässchen. Im Sommer jeden Abend Vorstellung.

Der König ist tot, es lebe der König

Er war unumschränkter Herrscher des Hafens, Liebling aller Touristen, lebendes Wahrzeichen der Insel. Wenn er etwas von den Straßenhändlern stibitzte, blickten diese großmütig in eine andere Richtung, den Touristen fraß er aus der Hand. Die Rede ist von *Petros*, dem Pelikan. Ein schwerer Sturm verschlug ihn 1952 halb tot nach Mýkonos, wo ihn der Fischer Theodoris, ein echtes Inseloriginal, liebevoll aufpeppelte. Ganze 33 Jahre (!) lebte er seitdem bewundert und geachtet an der turbulenten Hafenpromenade. Doch im Dezember '85 wurde Petros von einem Auto angefahren und folgte seinen Ahnen. Die Promenade war verwaist, der Thron vakant. Als der mykonotische Pelikan-Mangel bekannt wurde, hagelte es buchstäblich Langschnäbler, doch keiner wurde so recht heimisch auf Mýkonos. Ein süddeutscher Reiseveranstalter stiftetet seiner Paradeinsel 1986 schließlich einen robusten Thronfolger aus einem Zoo der Bundesrepublik. Doch auch dieser hat mittlerweile wieder (mehrere) Nachfolger gefunden und so lebt heute mindestens ein Petros der Soundsovielte mit Partnerin an der Hafenpromenade. Der "echte" Petros ist jedoch bis heute auf Mýkonos unvergessen.

Sehenswertes

Durch Mýkonos zu streifen, ist ein Genuss. Um allerdings mit Muße die Architektur der gepflasterten Gässchen und niedrigen Häuser zu betrachten, tut man dies am besten morgens oder zur Siesta-Zeit.

Archäologisches Museum: zwischen Anlegedock der Fähren und Ortszentrum, am Wasser. Hauptsächlich Funde aus Délos, aber auch von Mýkonos selber. Dort wurde auch das Prunkstück der Sammlung gefunden, ein fast mannshoher Tonpithos aus dem 7. Jh. v. Chr. Er zeigt Szenen aus dem trojanischen Krieg, u. a. am Vasenhals das berühmte Trojanische Pferd.

Öffnungszeiten/Preise Di–So 8.30–14.30 Uhr, Mo geschl., Eintritt ca. 2 €, EU-Stud. frei, Stud. anderer Länder ca. 1 €.

Volkskundliches Museum: schräg gegenüber der Paraportianí-Kirche. Liebevoll zusammengestellte Sammlung von altem Hausrat, Zierstücken und kitschig-heroischen Bildern zur Befreiung Griechenlands von den Türken und anderen historischen Themen.

Öffnungszeiten Mo–Fr 15–21.30, Sa 17.30–21.30 Uhr, So geschl., Eintritt frei.

Paraportianí-Kirche (übersetzt etwa "Gottesmutter bei den Toren", gemeint ist das frühere Stadttor): stammt aus dem 17. Jh. Architekturstudenten, Hobbyzeichner und Berufsfotografen stehen gleichermaßen fasziniert vor dieser surrealistischen Raumkomposition im weißesten Weiß der Ägäis. Mit ihrer asymmetrischen Fassadengestaltung ist die Kirche einmalig in ganz Griechenland. Fünf Kapellen sind in den Kuppelbau integriert, aber leider ständig geschlossen. Die Kirche steht am südlichen Ende der Hafenfront, am Beginn von Klein-Venedig.

"Klein-Venedig": im Südosten der Stadt zwischen Hafen und Windmühlenhügel. Die wahrscheinlich aus der Zeit der türkischen Besetzung stammenden Häuser sind hier unmittelbar ans Wasser gebaut. Mit stämmigen Balken abgestützt, thronen die großen Holzbalkons über dem Wasser. Mittendrin ein kleiner Betonkai mit (teuren) Tavernen, die Bars in den alten Häusern besitzen die wohl schönste Panorama-Lage von Mýkonos (siehe Nachtleben).
Anschließend am Fuß des Windmühlenhügels das Viertel *Alefkandra* mit kleinem Strand, an dem die Frauen von Mýkonos früher ihre Wäsche wuschen und bleichten (*léfkos* = weiß). Etwas landeinwärts an einem Platz die orthodoxe Kathedrale und die katholische Kirche von Mýkonos.

Nautisches Museum (Marine Museum): am Dreibrunnenplatz, historisches Kapitänshaus aus dem 19. Jh. 1985 eröffnet, sorgfältig präsentierte Sammlung von nautischen Instrumenten, Schiffsmodellen, alten Stichen und Landkarten. Im üppig grünen Garten findet man die Kopien antiker Grabsteine von Seeleuten.

Öffnungszeiten/Preise tägl. 10.30–13, 18.30–21 Uhr, Eintritt ca. 2 €, Stud. die Hälfte.

Haus der Lena: neben dem Nautischen Museum, 300 Jahre altes Haus mit einer Sammlung historischer Möbel, Schmuck, Geschirr usw.

Öffnungszeiten/Preise tägl. 10.30–13, 18.30–21 Uhr, Eintritt ca. 3 €, Stud. die Hälfte.

Kykladen
Karte S. 321

Inselrundfahrt/Strände

Mýkonos ist flach und bis auf die teils bizarren Formen seiner Granitfelsen landschaftlich wenig aufregend, zudem stark zersiedelt. So gut wie jeder Prominente Griechenlands nennt ein opulentes Anwesen auf Mýkonos sein Eigen, das er dann oft nur zwei oder drei Wochen im Jahr nutzt. Die zahlreichen Strände in den Buchten der verzweigten Felsküste gehören jedoch zu den besten der Kykladen. Hübsch sind auch die Kirchen und Kapellen der Insel, die sämtlich leuchtend rot getünchte Kuppeln aufweisen.

Westküste

Durch eine Asphaltstraße völlig für den Tourismus erschlossen. Die Strandhotels hier sind geeignet für alle, denen in Mýkonos-Stadt zu viel Rummel herrscht.

Von Mýkonos-Stadt nach Norden

Nach Ágios Stéfanos sind es etwa 4 km. Dahinter erhebt sich der höchste Inselberg *Profítis Ilías Vorniótis* (372 m).

▶ **Toúrlos**: Zur Entlastung des Hafens in Mýkonos-Stadt wurde ein neuer großer Fähranleger gebaut, es gibt Liegeplätze für Jachten und auch Kreuzfahrtschiffe gehen hier vor der Küste vor Anker. Unterhalb der Straße ein langer, schmaler Sandstrand.

• *Übernachten* **Sunset**, D-Kat., direkt an der Straße, 18 schlichte, aber gepflegte Zimmer mit Bad, die meisten mit Balkon und Meerblick, angeschlossen eine kleine Taverne mit schönem Blick aufs Meer. DZ mit Bad ca. 30–75 €. ☏ 22890/23013, ℻ 22890/23931.

Maria, hübsche und gepflegte Anlage, etwas zurück von der Straße, Zimmer gruppieren sich um einen Innenhof mit Olivenbäumen. DZ ca. 30–70 €. ☏ 22890/23009.

Kavaki, benachbart zu Maria, familiäre Atmosphäre, Zimmer etwas älter, aber mit solidem Mobiliar eingerichtet, schilfgedeckte Frühstücksterrasse, Bar. DZ mit Bad ca. 30–60 €. ☏ 22890/22579.

• *Essen & Trinken* **Mathios** (Mathew), gemütliche Terrassentaverne über der Durchgangsstraße, direkt neben dem Busstopp. Große Auswahl, besonders lecker sind die gegrillten Kalamares.

▶ **Ágios Stéfanos**: 200 m lange Sandbucht am Ende der Straße, Tretboot- und Kanuverleih, Mopedvermietung. Einige Tavernen und gemütliche Bars mit Musik direkt über dem Strand.

• *Übernachten* **Mina**, D-Kat., hinsichtlich familiärer Atmosphäre empfehlenswert, 15 einfache, saubere Zimmer mit Bad und Balkon (nicht alle mit Meerblick). Die freundlichen Besitzer servieren auch Frühstück auf der Terrasse, eine Bar ist vorhanden. DZ mit Frühstück ca. 45–110 €. ☏ 22890/23024.

Mama's, Kostas Assimomitis und seine deutsche Frau Christina bieten Zimmer in einem kleinen Wohnkomplex, schöner Meerblick im ersten Stock, tolles Frühstück mit selbst gemachten griechischen Käsesorten. Auch Vermietung von Zimmern und Studios in der Chóra. ☏ 22890/23262, mobil 6932-917824.

▶ **Nördlich von Ágios Stéfanos**: Richtung Norden führt die Asphaltstraße über die Hügel weiter zur Bucht von *Choulákia*, deren ruhiger Strand für seine abgeschliffenen Kieselsteine bekannt ist. Am Buchtende geht es auf einer Erdpiste in Serpentinen etwa 2 km bergauf. Vorbei an Einfahrten zu neu erbauten Villen kommt man auf einem zum Ende hin sehr holprigen Erdweg bis zum großen Leuchtturm auf dem *Kap Armenistís*. Nur durch eine Meerenge getrennt, liegt gegenüber die Insel Tínos mit dem hohen Tsikniás-Gebirge. Zurück nach Mýkonos-Stadt kann man die weitgehend asphaltierte Höhenstraße nehmen, die in etwa parallel zur Küstenstraße über die Hügel verläuft (→ Karte).

Von Mýkonos-Stadt nach Süden

Die stadtnahen Strände, die sich nach Norden öffnen, haben mit Verschmutzung zu kämpfen. Besser sieht's an den Südstränden Órmos Ornós und Ágios Ioánnis aus. Nach Ornós kann man die Küstenstraße nehmen oder die neue Umgehungsstraße um Mýkonos-Stadt, deren Verlängerung ebenfalls nach Ornós führt.

▶ **Órmos Ornós**: stark zersiedelt, insofern nicht gerade die schönste Ecke der Insel. Der Sandstrand ist ca. 300 m lang und wird hauptsächlich von den Bewohnern der hiesigen Badehotels besucht, die ihren Urlaub meist pauschal gebucht haben. Mehrmals täglich fahren Badeboote zu den Stränden der Südküste, außerdem fährt vormittags ein Ausflugsschiff zur Insel Délos.

• *Verbindungen* Halbstündlich **Busse** von und nach Mýkonos-Stadt, von morgens bis nach Mitternacht, in der Hauptsaison auch länger.

• *Übernachten* Hotels, Studios und Appartements in Mengen.

Xidakis, C-Kat, von zwei Brüdern freundlich geführtes Haus wenige Meter landeinwärts der Busstation. Hinter dem Haus Pool, einfache Zimmer mit TV, kleine, blaue Balkons, Bäder ansprechend. Vorne beliebtes Terrassencafé. Es wird Deutsch gesprochen. DZ ca. 50–90 €. ☏ 22890/22813, ℻ 22890/23764, E-Mail: xidakis@myk.forthnet.gr.

Asteri, D-Kat., an der Straße nach Ágios Ioánnis vermietet die herzliche Maria Kousathanas 13 schöne Zimmer mit Bad und

Balkon, rustikaler Frühstücksraum. DZ ca. 35–80 €. ☎ 22890/22715, 📠 22890/24953.

Costas, E-Kat., am Westhang über der Bucht, acht einfache, saubere Zimmer mit kleinen Balkons, Strandblick. DZ ca. 35–70 €. ☎ 22890/23090.

• *Essen & Trinken* **Alto Mare**, vom Busstopp nach links, gutes italienisches Lokal am Strand, ganz in kühlem Weiß gehalten. Pasta und Seafood zu empfehlen, aber nicht gerade billig.

Kostantis, vom Busstopp gesehen rechts, Tische direkt im Sand, von Einheimischen geführt, große Auswahl und zivile Preise.

Pigalle, kleine Terrassentaverne bei der Fischermole an der linken Seite der Bucht, kurz vor Hotel Santa Maria. Täglich frischer Fisch, nur abends.

▸ **Ágios Ioánnis**: geschwungene Bucht mit schönem Blick auf Délos, vom Ornós Beach auf einer Asphaltstraße über einen Hügel zu erreichen. In den letzten Jahren ist die einst verträumte Ecke (1988 wurde hier der Hollywoodfilm "Shirley Valentine" gedreht und für seine schönen Landschaftsaufnahmen mit einem Oscar ausgezeichnet) ein trauriges Opfer ungezügelter Bautätigkeit geworden. Der Strand ist dennoch relativ ruhig geblieben und abends ein wunderschöner Platz, um die Sonne hinter Délos untergehen zu sehen.

Richtung Norden führt eine Staubpiste zur etwa 200 m entfernten Badebucht *Kápari* mit schönem, weichem Sand. Das große fürstliche Anwesen hoch darüber am Hang gehört dem hier zurückgezogen lebenden Cognac-Produzenten Metaxas.

• *Verbindungen* Die Busse nach Ornós fahren nach Ágios Ioánnis weiter, Wendeplattform bei der kleinen Kirche am Wasser.

• *Übernachten* **Apollonia Bay**, A-Kat., oberhalb vom Fischerhafen, elegante Anlage mit komfortablen Zimmern und Pool, blendend weiß gehalten, dazu geschmackvoll integrierte Schiefermauern. DZ mit Frühstück ca. 150–250 €. Hauptsächlich über Reiseveranstalter. ☎ 22890/27890-5, 📠 22890/27461, www.apolloniabay.com.

Manoula's Beach, C-Kat., große, alt eingesessene Anlage in Strandnähe, Meeresblick, schöne Taverne direkt am Strand, geräumiger Pool. 69 saubere und freundlich eingerichtete Zimmer mit kleinen Balkons. DZ mit Frühstück ca. 80–160 €. Hauptsächlich über Reiseveranstalter. ☎ 22890/22900, 📠 22890/24314, www.hotelmanoulas.gr.

• *Essen & Trinken* **O Giorgios (Sunset)**, große Strandtaverne mit tollem Blick, man sitzt gemütlich etwas erhöht, die Pergola wird überrankt von Weintrauben, die schilfgedeckte Bar und Schilfschirme vermitteln Karibik-Feeling.

Kykladen Karte S. 321

Südküste

Geschützte Lage vor den Nordwinden, die meisten und besten Strände. Überall werden Sonnenschirme und Liegestühle vermietet, außerdem großes Wassersportangebot. Paradise und Super Paradise sind die beiden Kultstrände von Mýkonos, wo sich Heteros und Gays im Massen tummeln und bereits tagsüber schwere Technomusik über den Strand dröhnt.

▸ **Platí Gialós**: am besten erschlossener Strand der Südküste, meist sehr voll, etwa sieben Hotels. Schöner, halbrunder Sandstrand, zum großen Teil von den anliegenden Hotels in Beschlag genommen, bunte Sonnenschirmparade. Vor allem geeignet für Familien mit Kindern, es geht flach ins Wasser.

• *Verbindungen* **Busse** von und nach Mýkonos-Stadt tagsüber etwa halbstündlich, abends stündlich bis ca. 2 Uhr. In der Nebensaison deutlich weniger.

Platí Gialós ist Abfahrtsstelle der **Badeboote** zu den Stränden Paránga, Paradise, Super Paradise, Agrári und Eliá – sehr schöne Fahrten! Preise 3–6 € hin/rück, tagsüber etwa halbstündlich, abends stündlich. Aufpassen, dass man nicht das letzte Boot zurück verpasst.

Tipp: schöner Fußweg halbhoch über der Küste am Paránga-Strand vorbei zum Paradise und weiter bis Super Paradise.

• *Übernachten* Am Platí Gialós mehr als ein halbes Dutzend Badehotels meist höherer Kategorien, die großteils über Reiseveranstalter vermietet werden.

Griechenland pur: die Strandtaverne Nicolas

▶ **Psaroú**: etwa 200 m langer, schmaler und flach abfallender Sandstrand westlich von Platí Gialós. Man sitzt und liegt eng an eng, alles wirkt sehr intim, die Tavernen grenzen unmittelbar an den Strand an. Von der Busstation am Platí Gialós führt ein Fußweg hinüber.

• *Übernachten* **Hotel Psarou Garden**, A-Kat., kleine, neue Anlage etwa 50 m vom Strand, zwanzig stilvoll eingerichtete Zimmer und Appartements, weitgehend Balkon oder Terrasse mit Strandblick. DZ ca. 80–150 €. ✆ 22890/24871, 📠 22890/27696, www.mykonos-psarougarden.com

Hotel Neraida, E-Kat., ein paar hundert Meter nördlich des Psaroú-Strandes, 12 saubere Standardzimmer, Veranda und kleine Snack-Bar. DZ ca. 35–70 €. ✆ 22890/22093, 📠 22890/24813.

• *Essen & Trinken* **Ruvera**, kleine Strandtaverne, in der man herrliche Salate, Seafood, Spaghetti mit Hummer und Gemüse aus dem eigenen Garten bekommt. Abends geschl.

To Paradosiakon Kafenion, gemütliche Plätze auf Korbstühlen unter einer Tamariske.

• *Sport* **Psarou Diving Center**, PADI/CMAS-Tauchschule direkt am schmalen Zugang zum Strand, Mai bis Mitte Okt. ✆/📠 22890/24808, www.dive.gr

▶ **Agía Ánna**: 15 Fußminuten östlich von Platí Gialós am Fuß der lang gestreckten Halbinsel *Agréli*. Kleiner, ruhiger Strand ohne Liegestühle und Sonnenschirme.

• *Übernachten* **Agia Anna Beach**, hinter der Taverne Nicolas vermietet Marsoula Daktilidis hübsch um einen Innenhof gruppierte Studios und Rooms. ✆ 22890/25623, 📠 22890/25762.

• *Essen & Trinken* **Nicolas**, verträumte Strandtaverne, Sitzplätze im Sand unter Schilfdach und Tamarisken – Griechenland pur.

▶ **Paránga**: von Mýkonos-Stadt auf einer Asphaltstraße zu erreichen oder 20 Fußminuten ab Platí Gialós. Gut 200 m Sand, noch nicht ganz so überlaufen wie Platí Gialós bzw. Paradise, aber doch oft sehr voll. Mehrere große Self-Service-Tavernen am Strand, außerdem etwas erhöht Camping Mykonos (→ Mýkonos-Stadt/Übernachten). Zum benachbarten Paradise-Strand läuft man knapp 10 Min.

• *Verbindungen* **Busse** von und nach Mýkonos-Stadt.

• *Übernachten* **Hotel Zephyros**, C-Kat., oberhalb vom Strand, hübsch und sehr ruhig gelegen. Würfelförmiger Kykladenbau mit 30 Zimmern, die meisten mit Meerblick, Du/WC und Telefon, unten Frühstücksterrasse mit Blick und freundlicher Aufenthaltsraum mit Bar. Mehrmals täglich Minibus in die Stadt. Pauschal über Attika. DZ ca. 70–120 €. ✆ 22890/23928, ℻ 22890/24902, E-Mail: zephyros@myk.forthnet.gr.

Kostas Daktilidis vermietet gut gelegene Privatzimmer im östlichen Strandbereich hinter den Tavernen, Auskunft in der Paranga Bar. ✆ 22890/25364.

• *Essen & Trinken* **Barba Yiannis**, große Strandtaverne, geführt von Dimitris mit seiner österreichischen Frau Karin. Zu den Spezialitäten gehören die *kanelónia*, eine Art Palatschinken mit Fleisch.

Paranga, Terrassenbar am Ostende des Strands, wo man seinen (teuren) Cocktail am (oder im) hauseigenen Pool mit Panoramablick schlürfen kann. An Wochenenden DJs.

▸ **Paradise** *(Kalamopódi)*: Die Legende lebt – 400 m ausgezeichneter Sandstrand mit schattigen Tamarisken, Jugendliche aus aller Welt liegen hier dicht an dicht. Vermietung von Sonnenschirmen und Liegestühlen, großes Angebot an Wassersport. Nebeneinander am Strand mehrere gut ausgestattet Self-Service-Restaurants und Großbars, dahinter seit 1969 Camping Paradise (→ Mýkonos-Stadt/Übernachten). Bereits mittags dröhnt schwerer Techno über den Strand, zum Sundown herrscht volle Partystimmung, man tanzt auf den Tresen und springt zum Abkühlen in den Pool. Der Spaziergang zum Super Paradise dauert ca. 30 Min.

• *Anfahrt/Verbindungen* **Badeboot** ab Platí Gialós oder **Linienbus** ab Mýkonos-Stadt (auch nachts). Per **Mietfahrzeug** die Straße Richtung Airport, dann beschilderte Asphaltstraße hinunter.

• *Essen & Trinken* **Ithaki**, östlich oberhalb vom Strand, vor Disco Cavo Paradiso. Besitzer und Bildhauer Christos Christou hat selber Tische und Bänke gefertigt und stellt auch Skulpturen aus. Der kulinarische Schwerpunkt liegt auf Seafood. Gegen Abend wird auch hier getanzt.

• *Unterhaltung* **Tropicana**, Beach Bar mit Pool, der Marktführer am Strand, täglich wird gefeiert, www.tropicana-mykonos.com.

Cavo Paradiso, legendärer Club östlich oberhalb vom Kultstrand. Im Hochsommer täglich (sonst nur am Wochenende) heiße Techno-Raves mit internationalen DJs. Wenn die Diskos in der Stadt schließen, geht es hier erst richtig los, oft bis mittags. ✆ 22890/27205, www.cavoparadiso.gr.

• *Sport* **Dive adventures**, gut ausgestattete und professionell geführte Tauchschule. ✆/℻ 22890/2653, www.diveadventures.gr.

Kykladen
Karte S. 321

▸ **Super Paradise** *(Plindrí)*: malerische, tief eingeschnittene Badebucht mit breitem Sandstrand, ca. 200 m lang. Verleih von Sonnenschirmen, Liegestühlen und Kanus. Beliebtester Gay-Treffpunkt der Insel, vor allem im westlichen Strandbereich. Es gibt eine Self-Service-Taverne mit großer Beach Bar, im Pool kann man sich von der heißen Musik abkühlen.

• *Anfahrt/Verbindungen* Per **Badeboot** ab Platí Gialós. Zufahrtsstraße ziemlich schlecht, es verkehren keine Busse, mit eigenem Fahrzeug aber kein Problem.

• *Übernachten* **Super Paradise**, Rooms und Appartements von Maria Xidakis, Auskunft in der Taverne. ✆ 22890/23023.

• *Unterhaltung* **Coco Club**, auf den Felsen westlich oberhalb vom Strand, in Korbstühlen um einen Pool herum kann man den Strandblick genießen.

▸ **Agrári**: schöner, grobkörniger Sandstrand, gut 500 m lang und sehr breit. Verleih von Liegestühlen und Sonnenschirmen, Self-Service-Taverne "Agrari Beach". Deutlich weniger besucht als Super Paradise und Eliá.

• *Anfahrt/Verbindungen* Am besten mit **Bus**, **eigenem Fahrzeug** oder **Badeboot** zum Eliá-Strand und von dort die paar Minuten hinüberlaufen.

• *Übernachten* **Hotel Sunrise**, B-Kat., gepflegte Oase hinter dem Strand, liebevoll eingerichtet, vollklimatisiert, schöner Pool. DZ mit Frühstück ca. 80–135 €. Ein Pendelbus verkehrt in die Stadt. ✆ 22890/72201, ✆ 22890/72203, E-Mail: sunrise-m@otenet.gr.

Agrari Beach, einfache Zimmer vermietet die gleichnamige Taverne. DZ ca. 40–60 €. ✆ 22890/71295.

• *Essen & Trinken* **Agrari Beach**, versteckt hinter seinem blumengeschmückten Vorgarten liegt dieses gute und preiswerte Selbstbedienungslokal.

▸ **Eliá**: Etwa 500 m grob- bis feinkörniger Sandstrand, der von vielen Besuchern als der Beste aller Mýkonos-Strände angesehen wird – dementsprechend die intensive Bautätigkeit am Osthang. Es gibt mehrere Tavernen, Sonnenschirme und Liegestühle in langen Reihen und ein großes Sportangebot (Wasser Ski, Jet Ski u. a.), Oberhalb der Bucht liegt das nur im Hochsommer geöffnete Spaßbad "Watermania".

• *Anfahrt/Verbindungen* **Badeboot** oder 6-mal tägl. **Bus** ab Mýkonos-Stadt. Mit dem eigenen Fahrzeug die Straße nach Áno Méra nehmen und von dort hinunter.

• *Übernachten* **Iannis Stavrakopoulos** von der Taverne "Elia Beach" vemietet Zimmer in Bungalows, Auskunft in der Taverne. ✆ 22890/71204, ✆ 22890/72090.

• *Essen & Trinken* **Elia Beach**, Taverne mit Bambusbedachung direkt am Strand, großzügige Portionen, Preis-Leistungsverhältnis in Ordnung.

Desire, ein paar Schritte weiter, mit Sonnenschirmen aus Schilf hübsch aufgemacht, ebenfalls gute Küche.

• *Sport* **Watermania**, mehrere Pools und Rutschen, Scubadiving, Fitness, Café, Bar, Self-Service und Ouzerie. Eintrittskarten in Hotels und bei Windmill's Travel an der Platia Fabrica (bei Platia Agíou Loúka), kostenloser Bustransfer ab Mykonos-Hafen und Platia Fabrica. ✆ 22890/26555-6-7, www.windmills-travel.com

Áno Méra, Nord- und Ostküste

▸ **Panórmos**: von der Straße nach Áno Méra wenige Kilometer hinter Mýkonos Abzweigung nach links. An der Westseite des Golfs von Panórmos führt eine asphaltierte Straße an einem seeähnlichen Wasserreservoir vorbei zu dem reizvoll gelegenen Dünenstrand. Bisher zwei Tavernen und eine schön gelegene Hotelanlage.

• *Übernachten* **Albatros Club**, hübsch konzipierte, an den Hang gestaffelte Anlage, 24 Zimmer mit Terrassen, kleiner Pool, erholsam ruhig. DZ mit Frühstück ca. 60–100 €, derzeit nur über Reiseveranstalter. ✆ 22890/25130, ✆ 22890/25361.

• *Essen & Trinken* **Panormos Beach Tavern**, beim Parkplatz am Strandanfang, sehr "trendy" Beach Bar-Taverna mit weißen Segeltuchschirmen. Oft gut besucht, Cocktails, Seafood und Pasta.

▸ **Ágios Sóstis**: von Pánormos noch ein Stück weiterfahren. Die früher einsam stehende Doppelkirche mit rotem Tonnengewölbe ist mittlerweile von vielen neu gebauten Häusern umgeben. Unterhalb liegt ein etwa 150 m langer, schön geschwungener Sandstrand, Zugang linker Hand der Kapelle. Die versteckt gelegene Taverne ist seit vielen Jahren der Geheimtipp auf Mýkonos.

• *Essen & Trinken* **Kiki's Place**, in der Taverne von Vassili sitzt man unter dem dichten Blätterdach einer alten Mimose, die Brüstung zum Bergabhang ist mit Oleanderbüschen begrenzt. Das Wasser läuft einem im Mund zusammen, wenn man Fleisch und Fisch, *féta* und Pilze vom offenen Grill sieht, dazu gibt es wunderbare Salate. Achtung: Nur tagsüber, nach Einbruch der Dunkelheit kein Betrieb mehr. Frühzeitig kommen, schnell ist alles besetzt.

▸ **Fteliá**: Die völlig unverbaute Bucht mit kargen Felshängen zu beiden Seiten liegt am tiefsten Punkt des Órmos Panórmou. Hinunter fährt man von der Straße nach Áno Méra auf anfangs betonierter Piste, die später in eine von Dünen verwehte Sandpiste übergeht (Abzweig etwa 1 km nach dem Hard Rock Café, gegenüber einer Kapelle und "Ikaros Village"). Unten ungepflegter, den Nordwinden schutzlos ausgesetzter Dünenstrand, in der Mitte von einem niedrigen Kap unterbrochen, auf dem die Grundmauern einer prähistorischen Siedlung ausgegraben wurden.

Essen & Trinken **Akri**, schönes, ruhiges Plätzchen an einem kleinen Sandstrand am Ostende der Bucht.

Hard Rock Café: Highlife im Hinterland

Die weltweit expandierende Kette der amerikanischen Hard Rock Cafés hat sich Mitte der Neunziger auch in Mýkonos eingekauft und mitten auf der Insel einen Riesenkomplex aus dem Boden gestampft, nämlich an der Straße nach Áno Méra kurz vor dem Strand von Fteliá. Die Wände sind mit Gold- und Platinplatten zahlreicher Größen des Showbiz gepflastert, dazu gibt's in Glasvitrinen Raritäten der Popkultur zu bewundern, z. B. ein Bühnenjackett der Beatles und alte E-Gitarren von Rock-Heroes. Tagsüber kann man sich in Pool, Bar und Restaurant oder auf der Gokart-Bahn vergnügen, nachts ist "Highlife" mit Schaumpartys und Bengalischem Feuer in der großen Open-Air-Disco angesagt, auch in den Pool darf gesprungen werden. Im Sommer verkehrt ein Transferbus vom Yacht Club in Mýkonos-Stadt (→ Nachtleben).

Áno Méra

Ehemalige, weit verstreute Bauern- und Bergarbeitersiedlung auf hügligem Plateau, mittlerweile touristisch geprägt, aber trotzdem ruhig geblieben. Um den großen Fußgängerplatz liegen mehrere Tavernen, die zum gepflegten Essen einladen.

Unterhalb der Platia erhebt sich das festungsartige Mönchskloster *Panagía Tourlianí*, in dem bei Piratenüberfällen ein Großteil der Bevölkerung Schutz fand. Der schöne Hof wird von einem kunstvoll gestalteten Glockenturm mit übereinander angeordneten Relieftafeln aus Tínos-Marmor überragt. In der reich ausgestatteten Kirche gibt es einen prächtigen Bischofsstuhl und eine filigran verzierte Altarwand, auf der sich u. a. kleine Einhörner tummeln.

Am Ortseingang links kommt man nach etwa 1 km zum Kloster *Paleókastro*, bewohnt von einer netten, älteren Nonne. Über dem Tor in der hoch gemauerten Eingangsfront droht eine Pechnase etwaigen Angreifern. Der Innenhof ist mit bunten Blumentöpfen liebevoll geschmückt, sonntags erhalten Besucher manchmal als Willkommensgabe selbst gemachte Honigbällchen.

Öffnungszeiten **Kloster Panagía Tourlianí**, tägl. 9–13, 14–19.30 Uhr; **Kloster Paleókastro**, tägl. 9–12 Uhr.

• *Verbindungen* Die Busse zu den Stränden **Eliá**, **Agía Ánna** und **Kalafátis** stoppen in Áno Méra.

• *Essen & Trinken* **Vangelis**, an der Platia, das alteingesessene Lokal von Stavros bietet vor allem gute Grillgerichte.

Dafni, ebenfalls an der Platia, erst 2001 eröffnet, modernes Styling, gepaart mit sorgfältig bereiteten Speisen im "ökologischen" holzbefeuerten Ofen.

I Ellas, zwischen Durchgangsstraße und Platia. Kafenion im Stil eines Heimatmuseums, im Außenbereich erinnern Loren und alten Gerätschaften an die 1980 stillgelegten Barytbergwerke im Osten der Insel. Der urig-gemütliche Innenraum ist im Stil einer alten Bauernstube eingerichtet und mit alten Bilder und Fotos geschmückt.

▸ **Fokós**: Kurz nach der Abzweigung zum Kloster Paleókastro führt eine Asphaltstraße, die später zur gut befahrbaren Erdpiste wird, zum Strand von Fokós. Kurz

Kykladen Karte S. 321

vor der Küste fährt man am zweiten Stausee von Mýkonos entlang, dessen Auslauf in der Bucht unten eine leicht sumpfige Mulde bildet. Der grobsandige, etwa 200 m lange Strand wird noch recht selten besucht und ist gut für ein paar ruhige und erholsame Stunden.

• *Essen & Trinken* **Fokos**, hübsch aufgemachte Café-Bar/Taverne am Pistenende. Leckere Vielfalt an Speisen, vor allem fantasievolle Salate und selbst gezogenes Gemüse, z. B. Linsen- und Broccolisalat. Doch sollte man sich vorher nach den Preisen erkundigen, um keine Überraschung zu erleben. Abends geschl.

▸ **Kaló Livádi**: schöner, heller Sandstrand, etwa 400 m lang, flankiert von einer langen Reihe von Sonnenschirmen aus Schilf. Inzwischen gibt es auch Busverbindungen ab Mýkonos-Stadt, doch vor allem in der Nebensaison ist es hier noch wunderbar einsam.

• *Übernachten* **Ioannis (Jean) Papoutsas** vermietet am östlichen Strandbeginn einige Zimmer mit Blick auf den Sonnenuntergang. ✆ 22890/71298.

• *Essen & Trinken* **Kalo Livadi**, ebenfalls am Strandbeginn, originelle Taverne unter Tamarisken und Holzdach, sehr gemütlich und nicht so teuer.

▸ **Agía Ánna**: im Windschatten des weit vorspringenden Felsenkaps *Dimastó*, ca. 150 m lang, Sonnenschirme und Liegestühle werden vermietet. Unmittelbar am Kap klebt ein winziges Fischernest, in dem die Fischer pittoresk ihre großen Netze flicken. Um das Kap liegen attraktive Tauchgründe.

• *Übernachten* **Hotel Anastasia Village**, B-Kat., große Bungalowanlage mit Pool auf Felsen oberhalb vom Strand, 85 Zimmer in moderner Ausstattung, jeweils TV, teils Holzdecke. Zur Anlage gehört das berühmte Restaurant "Spilia". DZ ca. 125–182 €. ✆ 22890/71205, ℻ 22890/71360, www.hotelanastasia.gr.

Unterkünfte im Umkreis des Fischerorts vermieten z. B. die Taverne **Markos** (✆ 22890/71497) und Studios **Fanis** (✆ 22890/71436).

• *Essen & Trinken* **Spilia**, unterhalb des Anastasia Village liegt dieses inselweit bekannte Restaurant unter den überhängenden Wänden einer Höhle direkt am Meer, gehobene Preise.

Markos, mitten im kleinen Fischerort, authentische Fischtaverne mit verglastem Gastraum.

• *Sport* **Diving Center Kalafati**, deutsch geführte Tauchstation. ✆/℻ 22890/71677, www.diving-center-mykonos.de.

▸ **Kalafátis**: Gut 600 m langer Sandstrand in flacher, geschwungener Bucht nördlich der Dimastó-Halbinsel. Am breitesten ist das nördliche Ende, dort hat auch das komfortable Großhotel "Aphrodite Beach" seinen Platz, dessen Bewohner das Gros der Strandgäste stellen. Wegen der windexponierten Lage prima Möglichkeiten für Windsurfer.

• *Verbindungen* Etwa 10-mal tägl. Busse von und nach Mýkonos-Stadt.

• *Übernachten* **Hotel Aphrodite Beach**, A-Kat., ältere, aber sehr gepflegte Großanlage mit Rasen und Swimmingpool, direkt am Strand, alle Einrichtungen, ruhig. DZ mit Frühstück ca. 116–212 €. Fast ausschließlich Pauschalgäste. ✆ 22890/71367, ℻ 22890/71525, www.aphroditehotel.com.

• *Sport* **Kalafati Water Sports**, Tretboote, Kanus, Jet Ski, Kneeboard, Wasserski, Banana Boat u. a.

Mykonos Surf Center, Windsurf- und Segelunterricht sowie Verleih von Material. Geführt von Pezi Huber, ✆ 22890/72345, www.pezi-huber.com.

▸ **Liá**: letzter erreichbarer Strand an der Südküste. Eine Piste führt über einen Bergrücken tief hinunter, ca. 150 m lange Bucht mit grobem Sand und guter, aber recht teurer Fischtaverne – der Besitzer ist selber Fischer, man isst den Tagesfang oder Hummer frisch aus dem Bassin.

Délos

(neugriech.: Dílos)

Nacktes Felseneiland aus Gneis, Schiefer und Granit, wenige Kilometer vor der mykonotischen Küste. Apollon ist hier geboren – so weiß es die Mythologie. Seine kultische Bedeutung und vor allem die wirtschaftlich interessante Lage auf halbem Weg nach Kreta hatten das unscheinbare Inselchen in der Antike zu einem Mittelpunkt altgriechischer Zivilisation gemacht. Heute gehören das prächtige Apollon-Heiligtum, der Hafen und die groß angelegte Handelsstadt zu den bedeutendsten Ausgrabungsstätten der griechischen Antike.

Eine Besichtigung kann aufgrund der starken Zerstörungen nur noch Eindrücke vermitteln, lohnt aber trotzdem wegen der abgeschiedenen Lage und der für Kykladen-Verhältnisse ungewöhnlichen Größe des Trümmerfelds. "Highlights" sind die berühmte *Löwenterrasse*, die prächtigen *Mosaikböden* in den gut erhaltenen Wohnhäusern der Handelsstadt und der 112 m hohe *Kynthos-Hügel* mit seinem fantastischen Ägäis-Rundblick. Die Ausflugsboote von Mýkonos bleiben meist nur etwa 2 Stunden auf Délos, so lange braucht man in jedem Fall für einen knapp bemessenen Rundgang. Tipp: Sonnenschutz und Getränke mitnehmen, das Gelände ist zum großen Teil schattenlos und der Inselladen teuer.

Die Appolon-Insel: Geschichte eines Heiligtums

Warum wurden der strahlende Lichtgott *Apollon* und seine Schwester *Artemis* gerade auf dieser unwirtlichsten aller Kykladen geboren? Leto, eine der vielen Geliebten des Zeus, war schwanger und aus Furcht vor der eifersüchtigen *Hera*, der Gattin des Zeus, verweigerten ihr alle Landstriche Griechenlands die Aufnahme. Doch *Poseidon*, Gott des Meeres und Bruder des Zeus, ließ eine unbewohnte Felseninsel aus den Fluten auftauchen, auf der Leto die Zwillinge gebären konnte. Dankbar versprach Leto der Insel immerwährenden Ruhm und Reichtum ...

Die *Ionier* machten Délos zum bedeutendsten Heiligtum der griechischen Inselwelt. Kostbare Weihgeschenke, Stiftungen und Bauten machten die Insel bald zu einem politischen Machtfaktor, um dessen Besitz hart gerungen wurde. Der Höhepunkt ihrer Geschichte liegt in den Jahren nach den berühmten *Perserkriegen* (von Athen siegreich beendet). Damals (478 v. Chr.) gründeten Athen und seine Bundesgenossen den *"Attisch-Delischen Seebund"* als Verteidigungsbündnis gegen die Perser. Verwaltung und Sitz der Bundeskasse wurden in Délos eingerichtet.

Doch die Bedeutung der Insel als Heiligtum wurde bald von ökonomischen Gesichtspunkten übertroffen. Sklaven und Getreide wechselten in großem Maßstab die Besitzer, Kaufleute aus aller Welt errichteten hier ihre Niederlassungen. Unter römischer Oberherrschaft kam schließlich das Ende: 88 v. Chr. wurde Délos von König Mithridates von Pontus völlig zerstört, um 70 v. Chr. ein zweites Mal. Davon konnte sich die Apóllon-Insel nicht mehr erholen und versank allmählich in Vergessenheit.

• Anfahrt Tägl. außer montags fahren zwischen 9–13 Uhr **Ausflugsschiffe** ab Mýkonos-Stadt (Pier am Südende vom Hafen, bei der kleinen blauen Kapelle Ágios Nikólaos), je nach Saison bis zu fünf Schiffe. Rückkehr zwischen 12 und 15 Uhr. Kostenpunkt hin und zurück ca. 6 € (Stud. 5 €).

• Öffnungszeiten/Preise Di–So 9–15 Uhr, Mo geschl. Eintritt ca. 5 €, Stud. die Hälfte, EU-Stud. frei. Es gibt auch geführte Touren inkl. Überfahrt für ca. 26 €.

Kykladen
Karte S. 321

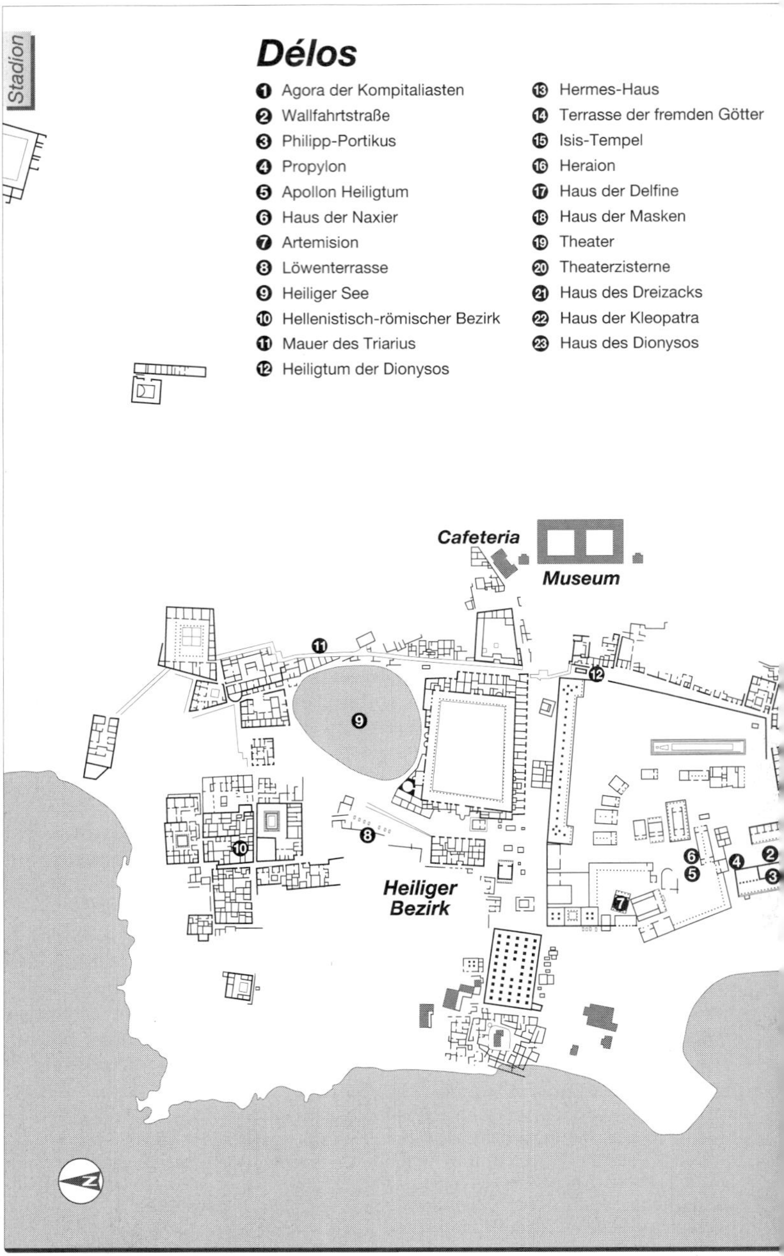
Délos
1 Agora der Kompitaliasten
2 Wallfahrtstraße
3 Philipp-Portikus
4 Propylon
5 Apollon Heiligtum
6 Haus der Naxier
7 Artemision
8 Löwenterrasse
9 Heiliger See
10 Hellenistisch-römischer Bezirk
11 Mauer des Triarius
12 Heiligtum der Dionysos
13 Hermes-Haus
14 Terrasse der fremden Götter
15 Isis-Tempel
16 Heraion
17 Haus der Delfine
18 Haus der Masken
19 Theater
20 Theaterzisterne
21 Haus des Dreizacks
22 Haus der Kleopatra
23 Haus des Dionysos
Stadion
Cafeteria
Museum
Heiliger Bezirk
N

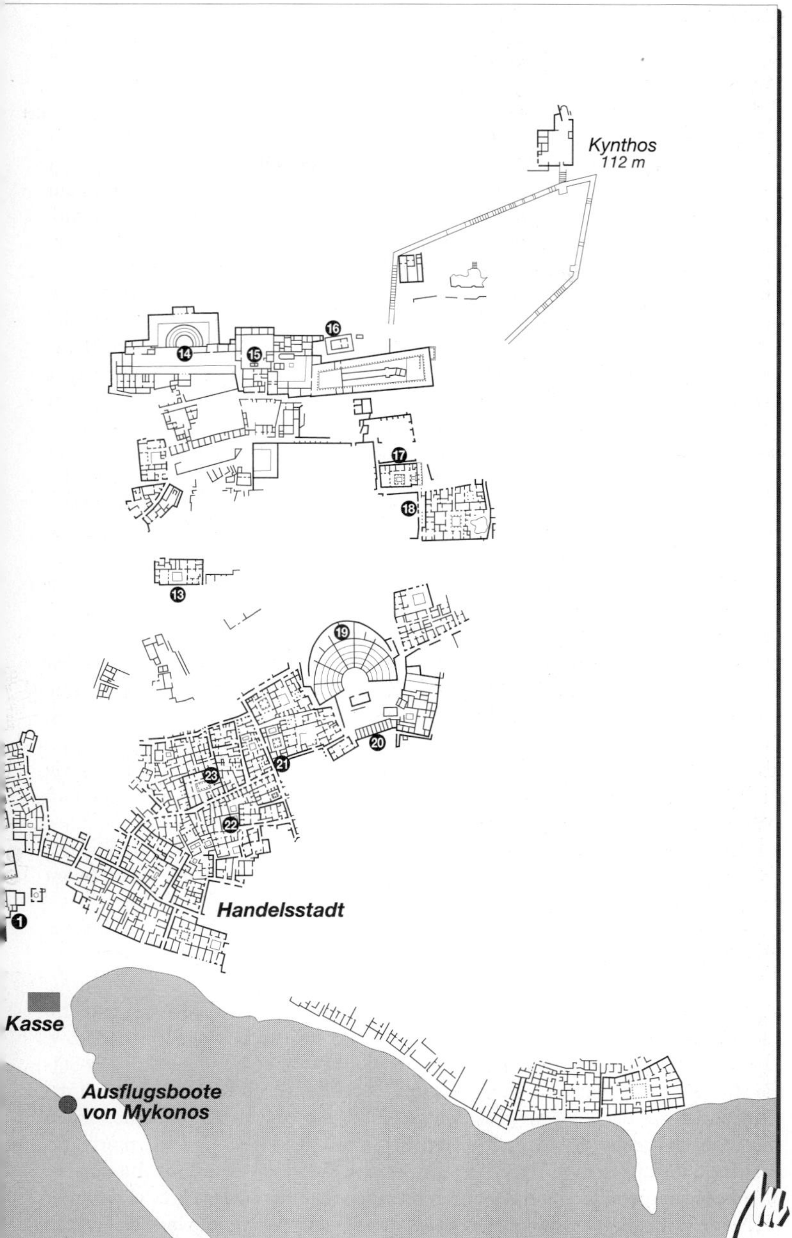

Kykladen
Karte S. 321

Rundgang

Ausgangspunkt ist die weitläufige *Agora der Kompitaliasten (1)*, etwa 50 m nach dem Kassenhäuschen. Nach links geht es in den Heiligen Bezirk, geradeaus in die Wohnsiedlung, die sich bis an den Fuß des Kýnthos-Hügels zieht.

Heiliger Bezirk: links die breite *Wallfahrtsstraße (2)* entlang. Links und rechts standen zwei lange Säulenhallen. Vom *Philipp-Portikus (3)* links ist der Architrav mit großer Inschrift erhalte, er liegt parallel zum Weg am Boden. Drei Stufen hinauf kommt man durch das *Propylon* (Toranlage) *(4)* ins eigentliche *Apollon-Heiligtum (5)*. Unmittelbar rechts davon steht das *Haus der Naxier (6)*. An der Nordseite erkennt man einen mächtigen, gut 6 x 4 m großen, hohlen Sockel, "Badewanne" genannt. Hier erhob sich eine mächtige Marmorstatue des Apoll, 9 m hoch und aus einem Stück gearbeitet. Die Inschrift lautete: "Vom selben Stein bin ich, Standbild und Sockel". Es wurde mehrfach versucht, die Kolossalstatue zu rauben. Dabei wurde sie wegen ihres großen Gewichts in Stücke zerteilt, Becken und Oberkörper findet man – von Wind und Wetter bis zur Unkenntlichkeit abgeschliffen – nicht weit vom Sockel Richtung Nordwesten im *Artemision (7)*, dem Heiligtum der Artemis.
Geradeaus geht es weiter zur berühmten *Löwenterrasse (8)*. Mindestens neun Löwen aus naxischem Marmor brüllten einst zum "Heiligen See" hinüber, wo der Mythos die Geburt von Apoll und seiner Schwester Artemis lokalisiert hat. Heute stehen hier nur noch Kopien der schwer mitgenommenen Raubtiere, die Originale kann man im Museum betrachten: fünf stützen ihre schlanken Leiber mühsam auf Stahlkorsette, die Konturen der Gesichter bis zur Unkenntlichkeit verwittert, zwei weitere bestehen nur noch aus Bruchstücken des Hinterleibs. Einer der Delos-Löwen brüllt heute ohne Kopf vor dem Arsenal in Venedig.
Gegenüber der Löwenterrasse liegt der *Heilige See (9)*, der heute mit Tamarisken und Büschelgras zugewuchert ist. Eine Mauer markiert seinen Umriss. Die einsame Palme wurde im 19. Jh. neu gepflanzt und erinnert an die Palme am Ufer des Sees, an der Leto Apollon gebar.
Im *hellenistisch-römischen Bezirk (10)* nördlich vom Heiligen See sind noch viele gut erhaltene Zisternen, Wasserläufe der Kanalisation sowie schwarz-weiße und mehrfarbige Mosaikböden zu finden.
An der Ostseite des Sees kommt man hinüber zum Museum. Der Weg ist flankiert von der *Triarius-Mauer (11)*, erbaut von den Römern nach dem verheerenden Piratenüberfall von 70 v. Chr.
Gegenüber vom Museum liegt das *Heiligtum des Dionysos (12)*, das durch seine zwei überdimensionalen Phallus-Skulpturen auffällt. Die Seitenwände der Pfeiler sind mit Darstellungen ähnlicher Thematik verziert.

Museum: Die Reichhaltigkeit der delischen Funde wird einem hier bewusst. Im Raum geradeaus stehen prächtige Kouroi-Statuen aus archaischer Zeit (6. Jh. v. Chr.), rechts am Anfang findet man die 40 cm große, linke Hand der Apollon-Statue vom Haus der Naxier (siehe oben). Im Raum hinten rechts befinden sich die Original-Löwen der Löwenterrasse, links hinten ein prächtiges Wandmosaik. In den nächsten beiden Sälen stehen Statuen, Grabstelen, Torsi und Marmorköpfe, hauptsächlich aus dem 1. Jh. v. Chr. Im letzten Raum vor dem Ein-/Ausgang ist Kleinkunst ausgestellt – Statuetten, Freskenfragmente und Mosaikreste, darunter auch eine Vitrine mit erotischen Darstellungen: Phallus-Skulpturen in allen Formen und Größen.

Links neben dem Museumsgebäude kann man in einer überteuerten Cafeteria Rast machen.

"Terrasse der fremden Götter" und Kýnthos-Hügel: Vom Museum aus geht es einen Pfad entlang durch verschiedene Heiligtümer und vorbei an großzügig konzipierten Wohnhäusern zum Fuß des Kýnthos-Hügels. Eins der größten Gebäude ist etwas abseits vom Weg das einst vierstöckige *Hermes-Haus (13)* mit zahlreichen, um einen Säulenhof gruppierten Räumen, mehreren Treppenhäusern und prächtigem Blick auf die Stadt und den Heiligen Bezirk.

Das wichtigste Heiligtum war die *Terrasse der fremden Götter (14)*, wo seit hellenistischer Zeit zahlreiche außergriechische Götter verehrt wurden – Délos war damals einer der wichtigsten Handelshäfen der östlichen Ägäis und dementsprechend "international" geprägt. Angeschlossen war ein kleines Theater, in dem bis zu 500 Personen die Kulthandlungen verfolgen konnten. Gleich daneben steht ein dekorativ restaurierter *Isis-Tempel (15)* mit gut erhaltener Säulenfront und einer Statue der Göttin.

Der Treppenweg auf die Hügelspitze beginnt kurz nach dem *Heraion (16)*, einem kleinen Tempel der Hera aus archaischer Zeit. Oben herrlicher Blick auf die kreisförmig gelagerten Inseln Tínos, Mýkonos, Sýros, Náxos und Páros – die antike Anschauung, dass Délos der Mittelpunkt der Kykladen war, wird einem hier oben verständlich.

Handelsstadt: vom Kýnthos hinunter, Richtung Westen zur Anlegestelle zurück. In der Siedlung mit ihren gut erhaltenen Häusern findet man die optischen Höhepunkte der Ausgrabung, die hervorragend erhaltenen Mosaikböden. Gleich das erste Haus rechts (vom Kýnthos kommend) ist das *Haus der Delfine (17)* mit wunderschönem Mosaik im Säulenhof (leicht grimmige Delfine mit gefletschten Zähnen). Im westlichen Eingang ist ein eigentümliches Mosaikbild erhalten, das die phönizische Göttin Tanit darstellt.

Schräg gegenüber, auf der anderen Seite des Weges, steht das *Haus der Masken (18)* mit gleich vier Fußbodenmosaiken in nebeneinander liegenden Räumen. Vor allem das im östlichen Raum ist fantastisch: Dionysos reitet auf einem Panther, links und rechts davon Zentauren.

Der Weg führt weiter am großen *Theater (19)* vorbei, dessen Sitzreihen leider nur noch Trümmerhaufen sind. Sehr einfallsreich und anschaulich ist die Konstruktion der angeschlossenen *Zisterne (20)* – das von den Theaterrängen hinunter rinnende Regenwasser sammelte sich auf der Bühne (Orchestra) und wurde von dort in den Speicher geleitet. Die eleganten Rundbögen unterteilten den Raum in neun Becken und waren überdacht.

Vom Theater führt die Hauptstraße der Handelsstadt direkt hinunter zum Hafen. Unterhalb des Theaters steht rechts das *Haus des Dreizacks (21)* mit weiteren schönen Mosaiken: der Namen gebende Dreizack des Poseidon, hübsch mit Schleife geschmückt; ein Delfin, der sich um einen Anker windet; eine Amphore mit Siegerkranz und Palmwedel, auf der ein Pferderennen dargestellt ist – Erinnerung an einen Sieg bei den Panathenäischen Spielen.

Linker Hand etwas abseits vom Weg liegt das *Haus der Kleopatra (22)* mit den beiden kopflosen Marmorstatuen der Hausherrin Kleopatra (nicht die ägyptische Königin) und ihres Mannes Dioskourides.

Zurück am Hauptweg findet man rechter Hand schließlich das *Haus des Dionysos (23)* mit dem berühmtesten Mosaik von Délos: Dionysos auf einem Panter reitend. Das meisterhafte Porträt aus allerkleinsten Steinchen wirkt so frisch, als wäre es erst gestern entstanden.

Kykladen
Karte S. 321

Sýros

Die Hochglanzprospekte der Reiseveranstalter schweigen, zwischen Mýkonos und Páros bleibt Sýros unbeachtet. Trotzdem legen zahlreiche Kykladen-Fähren hier an. Der Grund: Sýros liegt zentral in der Mitte der Kykladen, hier kreuzen sich viele Schiffslinien und schon seit alters her spielt Sýros als Warenumschlags- und Handelsplatz eine Rolle.

Nach der Befreiung von den Türken erfolgte in den ersten Jahrzehnten des 19. Jh. der kometengleiche Aufstieg zum wichtigsten Hafen Neugriechenlands. Der Kanal von Korinth war noch nicht durchstochen und Piräus fristete ein Mauerblümchendasein. Kein Wunder also, dass *Ermoúpolis*, der Hauptort, 1820 Verwaltungszentrum und Hauptstadt der Kykladen wurde. "Stadt" darf man auch heute noch ruhig wörtlich nehmen – mit über 14.000 Einwohnern, dem eindrucksvollen Häusermeer auf zwei Hügeln, dem klassizistischen Rathaus und einer Großwerft im Hafen.

Die Syrioten leben nicht schlecht von Landwirtschaft, Seefahrt, Kleinindustrie und der Werft und mussten deshalb bisher nicht um die Gunst von Touristen buhlen. So gibt es auch noch kaum Ferienanlagen in größerem Stil. Neugierige "Inselhüpfer" kommen dagegen von Jahr zu Jahr mehr. Vor allem in Galissás an der Westküste, dem populärsten Badeort der Insel, herrscht Aufbruchstimmung. Der große Tourismus wird trotzdem so schnell nicht Fuß fassen, dafür gibt es zu wenige Strände, zu wenig malerisches "Inselkolorit". Die typischen Kykladendörfer mit engen Treppengassen und blendend weißen Kubenhäusern findet man auf Sýros nicht, auch landschaftliche Sensationen sind selten. Trotzdem kann Individualreisenden Sýros für einige Tage empfohlen werden – nicht zuletzt wegen der so gar nicht "typisch kykladischen" Hauptstadt.

Sýros auf einen Blick

Größe: 86 qkm, Länge bis zu ca. 17 km, Breite bis zu 12 km. Höchster Gipfel ist der Pírgos (442 m).

Bevölkerung: ca. 20.000 Einwohner.

Wichtige Orte: Ermoúpolis, Hauptstadt der Kykladen; Galissás, Ort mit dem schönsten Strand; die einfachen Badeorte Kíni und Vári.

Straßen: der Nordteil ist der Insel kaum erschlossen, ansonsten weitgehend Asphalt (s. Karte).

Entfernungen: Ermoúpolis – Galissás 7 km, Ermoúpolis – Kíni 5 km.

Auto-/Zweiradverleih: in Ermoúpolis und Galissás.

Tankstellen: mehrere in Ermoúpolis und an der Straße nach Galissás, eine bei Fínikas, eine bei Vári und eine an der Straße südlich vom Airport (→ Karte). Keine Zapfstelle nördlich von Ermoúpolis.

Übernachten: Hotels und Privatzimmer in Ermoúpolis, Kíni, Galissás, Fínikas, Possidonía, Mégas Gialós und Vári. Zwei Campingplätze in Galissás.

Baden: einige durchschnittliche Strände, bester Strand bei Galissás.

Karten: Sehr detailliert ist die neue GPS-kompatible Karte "Syros" des Anavasi Verlags im Maßstab 1:25.000. Besonders interessant für Wanderer sind die zahlreichen Fuß- und Maultierwege, die 2002 mit GPS aufgezeichnet wurden und jeweils mit Kommentaren versehen sind. Von gewohnt guter Qualität ist außerdem die Karte "Syros" (Nr. 104) im Maßstab 1:30.000 von Road Editions.

Postleitzahl: 84100.

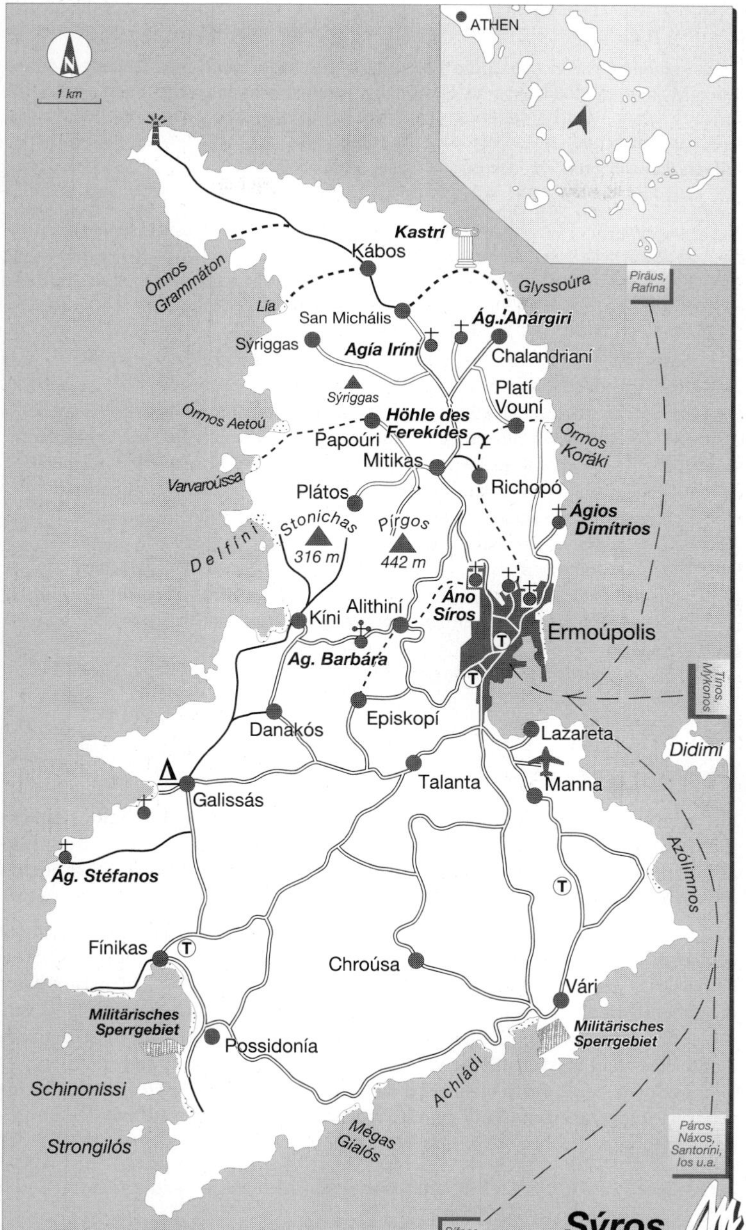

Kykladen Karte S. 321

Verbindungen

Dank seiner zentralen Lage gute Verbindungen mit der gängigen "Touristen"-Achse Tínos-Mýkonos-Páros-Náxos-Íos-Santoríni, allerdings wird Sýros nicht von allen Schiffen auf dieser Route angefahren. Gelegentlich gibt es auch Verbindungen zu den Westkykladen (besser von Páros). Außerdem tägliche Flüge von und nach Athen.

Fähren/Schnellfähren: in der Saison von und nach *Piräus* 1- bis 2-mal tägl. (an Deck pro Pers. ca. 18 bzw. 26 €, Auto ca. 59–82 €, Dauer ca. 4,5 bzw. 2,5 Std.), von und nach *Rafína* 5- bis 6-mal wöch. (pro Pers. ca. 15 €, Auto ca. 52-70 €, Dauer ca. 4 Std., keine Schnellfähren). Dazu fast tägliche Verbindungen mit *Tínos, Mýkonos, Páros, Náxos, Íos* und *Santoríni*.

Schnellboote: in der Hochsaison mind. 1-mal tägl. nach *Piräus, Rafína, Tínos, Mýkonos, Páros, Náxos, Íos* und *Santoríni*.

Flug: Der relativ neue Flugplatz liegt südlich der Inselhauptstadt und wird von *Athen* 2- bis 3-mal tägl. angeflogen (ca. 61 €).

Loukóumia und Chalvadópitta

Diese in ganz Griechenland bekannten Spezialitäten stammen aus Sýros. Auch wenn die Fähren nur für wenige Minuten anlegen, kommen die Straßenhändler damit schwer bepackt an Deck gestürmt. Das begehrte Naschwerk wird ihnen von den Griechen geradezu aus den Händen gerissen! Versuchen sollte man beides, eignet sich auch gut als Mitbringsel. Viele Läden und Kleinproduzenten findet man um den Hafen in Ermoúpolis.
Loukóumia: mit Puderzucker bestäubte Fruchtgeleestückchen, unglaublich süß und in den verschiedensten Geschmacksvarianten, die allerdings nicht alle mitteleuropäischen Vorstellungen entsprechen. Die Packungen meist kitschig bunt und auffallend.
Chalvadópittes: leckere, handgroße Oblaten mit türkischem Honig, Nuss- und Mandelstückchen.

Ermoúpolis

Ein echter Bilderbuchanblick! Vor den kahlen Bergflanken ballt sich ein dichtes, pastellfarbenes Häusermeer, das zwei steil aufragende Hügel hinaufdrängt – der linke gekrönt von der katholischen Bischofskirche, rechts die orthodoxe Kathedrale.

Das Ambiente ist ausgeprägt städtisch: klassizistische Hausfassaden, die marmorgepflasterte *Platia* mit großen Cafés und dem Rathaus, breite, autogerechte Straßen, dazwischen enge, schattige Seitengassen mit Dutzenden von Läden. Insgesamt die liebenswert altmodische Eleganz einer einstigen Metropole, die zusehends versucht, an die guten alten Zeiten wieder anzuknüpfen. Immer mehr klassizistische Stadtpaläste und herrschaftliche Villen wurden in den letzten Jahren restauriert.
Je höher man steigt, desto mehr wird die Stadt zum Dorf. *Áno Sýros*, der linke Hügel, war einst eine eigene Siedlung und ist jetzt mit der Unterstadt nahtlos zusammengewachsen.

Information/Verbindungen/Adressen

• *Information* **EOT**, Dodekanissou Str. 10 (vom Fähranleger links), das einzige offizielle Informationsbüro auf den Kykladen. Mo–Fr 8–14 Uhr. ✆ 22810/86725, ℻ 82375. Das Büro der syriotischen **Hotelvereinigung** liegt an der Ostseite der Hafenfront,

Mittelpunkt von Ermoúpolis: die großzügige Platia Miaoulis

Thimaton Sperchiou Str. 9. ✆/℻ 22810/80356, www.welcome2syros.gr. In einem kleinen **Kiosk** im Hafen bekommt man Hotel- und Privatzimmerprospekte.

• *Verbindungen* Alle **Inselbusse** starten bei der Anlegestelle der Fähren, an der Südseite des Hafens. Häufige Verbindungen nach Kíni, Galissás, Fínikas, Possidonía, Vári, Mégas Gialós und auch hinauf nach Áno Sýros.

Taxi, Standplatz an der großen Platia Miaoulis (Rathaus), wenige Meter hinter der Hafenfront, ✆ 22810/86222.

• *Adressen* **Auto-/Zweiradverleih**, Autos u. a. bei "Galera" an der Hafenfront, Nähe Chiou Str. (✆ 22810/87666); "Vassilikos", gegenüber Busstation am Fähranleger (✆ 22810/84444), Autos und Zweiräder z. B. bei "Syros", Dodekanisou Str. 6, neben EOT-Büro (✆ 22810/83777).

Geld, Banken u. a. an der Hafenfront, an der Platia Miauolis und in der Protopapadaki Str.

Hafenamt, Auskunft unter ✆ 22810/88888.

Olympic Airways, an der westlichen Hafenfront, wo die Fähren abfahren. ✆ 22810/82634, 88018, ℻ 88445.

Post, Protopapadaki Str., Nähe Platia Miaoulis (→ Stadtplan).

Tankstellen, mehrere an der Hafenstraße Richtung Süden, eine südlich vom Airport.

Übernachten

Ermoúpolis besitzt eine Vielzahl gut ausgestatteter Unterkünfte, von denen eine ständig wachsende Zahl in edel restaurierten klassizistischen Häusern untergebracht ist.

• *Ober-/Mittelkasse* **Hotel Omiros**, A-Kat., Omirou Str. 43, links oberhalb der Platia Miaoulis. Ein großes Stadthaus, über 150 Jahre alt, ehemals im Besitz des einheimischen Bildhauers Vidalis, wurde vom griechisch-deutschen Ehepaar Dimopoulos-Haase vollständig restauriert und z. T. mit Antiquitäten geschmackvoll eingerichtet. Hohe Räume mit Aircondition, schönen Holzböden und hervorragenden Betten, unten ein kleiner, gemütlicher Aufenthaltsraum im geschmackvoll-mediterranen Stil (TV, Spiele und Literatur). An der Rezeption deutschsprachige Mitarbeiter. 11 DZ und zwei Suiten. DZ mit Frühstück ca. 70–90 €. ✆ 22810/84910, ℻ 22810/86266, E-Mail: omirosho@otenet.gr.

Hotel Diogenis, B-Kat., Platia Papagou, an der Hafenfront, südlich der Fähranlegestelle. Weiteres klassizistisches Gebäude, das zum eleganten Hotel umgestaltet wurde.

Kühles Styling, geflieste Zimmer mit Messingbetten, TV und Mini-Bar, Bäder mit Sitzbadewannen, teilweise Balkon mit schönem Hafenblick. DZ mit Blick ca. 60–90 €, ohne Blick günstiger, Frühstück extra. ✆ 22810/86301, ✆ 22810/83334.

Hotel Hermes, C-Kat., repräsentativer klassizistischer Bau, ganz in Weiß, geräumig und dominant an der rechten Hafenfront (vom Schiff aus gesehen). Elegante Lobby mit Bar, in den Zimmern Teppichböden, stilvolle Tapeten und laut Leserzuschrift bereits etwas abgewohntes dunkles Holzmobiliar, Bäder weiß gefliest, mit Sitzbadewannen, funktionierende Klimaanlage, von den kleinen Balkons nach vorne schöner Blick auf den Hafen, nach hinten angenehm ruhig. Im Souterrain gut besuchte Großbar. DZ mit Frühstück ca. 70–95 €. ✆ 22810/83011, ✆ 22810/87412.

Im ehemaligen Reederviertel Vaporia rechts oberhalb der Platia Miaoulis gibt es einige ungewöhnliche Unterkünfte direkt an der unverbauten Steilküste, z. T. mit Spitzenblick:

Hotel Syrou Melathron, A-Kat., Babagiotou Str. 5, prächtiger Stadtpalast, derzeitiges Vorzeigeobjekt von Ermoúpolis. 1860 vom bayerischen Baumeister Erlacher für eine begüterte Reederfamilie erbaut, 1996 umfassend restauriert. Gehobener Standard, vorne raus herrlicher Meerblick. Unten stilvoller Salon, Zimmer mit Parkettböden, Fresken und Deckenmalereien, jeweils Aircondition, Mini-Bar und TV, schöne Dachterrasse. DZ mit Frühstück und Seeblick ca. 120–150 €, ohne Seeblick etwas günstiger. ✆ 22810/85963, ✆ 22810/87806.

Hotel Ipatia, B-Kat., Babagiotou Str. 3, gleich hinter der Kirche Ágios Nikólaos (siehe Sehenswertes). Weiteres historisches Reederhaus, gleich neben dem Syrou Melathron, aber wesentlich schlichter gehalten. Hohe Räume mit bemalten Decken und Wänden, alte Holzböden und massive, eiserne Bettgestelle. 9 Zimmer, fast alle mit Meerblick, die meisten mit Bad. Wird von einer etwas eigenwilligen griechischen Dame geführt, die lange in den USA gelebt hat. DZ ca. 35–60 €, kein Frühstück. ✆/✆ 22810/83575, www.ipatiaguest@yahoo.com.

• *Privatzimmer* Hier nur ein kleiner Ausschnitt aus dem riesigen Angebot.

Ariadni, Naxou Str., beim südlichen Anleger Gasse hinauf, restauriertes historisches Haus, alles in eleganten Grautönen gehalten, glänzende Fliesen, neuwertiges Mobiliar, Zimmer mit Balkonen, z. T. mit Küchenzeile. Es wird nur Griechisch gesprochen. DZ ca. 30–60 €. ✆ 22810/80245.

Esperance I, Akti Papagou/Ecke Folegandrou Str., klassizistisches Haus an der Hafenfront, von der Anlegestelle nach links. Kleine, aber moderne und saubere Zimmer mit TV und Hafenblick. DZ ca. 30–60 €. Günstigere Preise im **Esperance II**, ein Stück die Straße hinauf (Auskunft im Esperance I). ✆ 22810/81671, ✆ 22810/85707.

Dream, direkt vis à vis der Anlegestelle, 20 recht durchschnittliche Zimmer, teils Meerblick, ganz oben auch Zimmer mit kleiner Küche. DZ ca. 25–45 €. ✆ 22810/84356, ✆22810/86452, www.dreamrooms.gr.

Kymata, Platia Kanari, schräg gegenüber vom Hotel Hermes, exponierte Lage im Hafen. Acht ordentliche Zimmer mit Hafenblick, Aircondition und TV. DZ ca. 25–40 €. ✆ 22810/82758.

Votsalo, Parou Str. 21, schmale Parallelgasse hinter der Hafenfront, zum Hafen hin großes Schild. Altes, handtuchschmales Haus mit hohen, schlichten Zimmern. Dachgarten mit Bar und Hafenblick. Bevorzugter Anlaufpunkt für Rucksacktouristen, schnell ausgebucht. DZ mit Du/WC ca. 25–40 €, mit Etagendusche günstiger. ✆ 22810/87334, ✆ 22810/86760.

Paradise, Petrokokinou Str. 20, Seitengasse der Omirou, linker Hand der Platia Miaoulis. Renoviertes Haus mit einfachen, modernen Zimmern, jeweils Aircondition und TV, Kühlschrankbenutzung. Begrünter Innenhof und schöne Dachterrasse mit tollem Blick über die Stadt. DZ ca. 25–50 €. ✆ 22810/83204, ✆ 22810/81754.

Manos, Odisseos Str., ruhige Gasse an der östlichen Hafenseite, netter Familienbetrieb mit ordentlichen Zimmern. DZ ca. 25–50 €. ✆ 22810/87954.

Kastro, Kalomenopoulou Str. 12, ebenfalls östliche Hafenseite, uriges Haus, geführt von einer lieben, alten Dame mit ihrem Sohn, historisches Haus mit hohen Räumen, partiell renoviert, im Aufgang Fresken, in den Zimmern Teppichboden, jeweils mit neu gefliestem Bad, Betten okay. DZ ca. 25–45 €. ✆ 22810/88064.

Adonis, Perikleous Str. 11, rechts oberhalb der Platia Miaoulis, ein paar Gassen hinter Apollon-Theater. Sehr ruhige Lage, ordentlich ausgestattet und sauber, Zimmer mit Bad, Kühlschrank, Aircondition und TV. DZ ca. 30–50 €, Frühstück am Dachgarten. ✆ 22810/82846, ✆ 22810/87665.

Essen & Trinken

Ähnlich wie in der Hotellerie besinnt man sich auch in der Gastronomie auf die Tradition. So konnten sich mittlerweile einige reizvolle Tavernen etablieren, die aus dem üblichen Schema herausragen und wirkliche Inselspezialitäten bieten. Eine ganze Tavernenzeile, die abends immer gut besucht ist, hat sich östlich der Platia Miaoulis um die Emmanuel Roidou und Stefanou Str. entwickelt.

Ta Giannena, alteingesessene Taverne im Hafen, vis à vis vom Hotel Hermes. Abends viele Tische an der Hafenfront, flinker Service. Große Auswahl an Fleisch, Fisch und Gemüse, diverse Aufläufe und Salate.

Vakchos, Sofokleous Str. 4, Seitengasse der Omirou Str., westlich der Platia Miaoulis, an der Rückseite des früheren Markts. In dieser 1843 erbauten Keramikfabrik war von 1928–74 die populäre Taverne "Gavrilis" zu finden, in der oft der bekannte Inselsänger Markos Vamvakaris (siehe S. 376) auftrat. Drinnen sitzt man in hohen gewölbten Räumen aus Bruchstein, draußen unter Weinranken. Ausgewogenes Angebot an Fisch und Fleisch sowie traditionelle vegetarische Gerichte, z. B. *patátokeftédes* (Kartoffelbrätlinge) und *revíthokeftédes* (Kichererbsen).

To Archontariki, Emm. Roidou Str. 8, östlich der Platia Miaoulis. Hübsche Straßentaverne, in der "Kyria Maria" interessante Gerichte nach alter Tradition kocht, z. T. im Tontopf. Einen Versuch wert sind z. B. *bekrí mezé* (Schweinefleischstückchen mit Pilzen und Paprika).

To Petrino, Stefanou Str. 9, gleich um die Ecke, beliebt und gemütlich, aufmerksamer Service.

To Thalami, Ouzeri/Psarotaberna direkt an der Wasserfront unterhalb der Platia Tziropina, Blick auf das Vaporia-Viertel und die Kirche Agios Nikolaos (→ Sehenswertes). Schattige Terrasse, vorne raus Plätze direkt auf den Klippen, im Boden Bullaugen, die den Blick auf das Meer unter dem Haus freigeben.

Enidria, neue Psarotaberna im Reederviertel an der Babagiotou Str., neben Guesthouse Ipatia (→ Übernachten), im Schatten der Kirche Ágios Nikólaos. Die schöne Lage schlägt sich im Preis nieder.

• *Außerhalb vom Zentrum* **O Lilis**, an der Hauptgasse von Áno Sýros, schön dekorierte, historische Taverne mit Holzbalkendecke und großer Terrasse, ehemalige Stammkneipe des Sängers Markos Vamvakaris (→ Sehenswertes/Kasten). Gute traditionelle Küche und herrlicher Blick auf Ermoúpolis. Nur abends.

• *Cafés/Kafenia* An der Hafenfront Auswahl zwischen zahlreichen Bistro-Cafés. Links und rechts der breiten Freitreppe zum Rathaus zwei edle klassizistische Kafenia.

Ellinikon, bei der Jugend beliebtes Café unter den Arkaden an der Platia Miaoulis, neben einigen süßen Leckereien bekommt man hier auch *mezédes*.

Frangosyriani, Panoramacafé in Áno Sýros mit herrlichem Blick auf die Unterstadt.

Kazino Aigaiou: Das Kasino von Sýros

Mitte der Neunziger wurde in einem der klassizistischen Hafenhäuser genau gegenüber der Fähranlegestelle das einzige Kasino der Ägäis eröffnet. Abends um 20 Uhr startet der Betrieb an den über 150 Automaten und Spieltischen, geschlossen wird um 4 Uhr, an Wochenenden um 6 Uhr. Formelle Kleidung ist nur insoweit erforderlich, dass Männer lange Hosen tragen müssen. Ausländer müssen jedoch ihren Pass und eine Geldsumme hinterlegen.

✆ 22810/84400-9, ℻ 22810/85274, E-Mail: casinosyro@otenet.gr; web: www.casinosyros.gr

Nachtleben/Shopping

• *Nachtleben* Dank des ausgeprägt städtischen Charakters ist einiges geboten. Das meiste spielt sich an der Hafenfront ab, wo sich zahlreiche Musikbars drängen und ab

Mitternacht der Geräuschpegel erheblich steigt. Am frühen Abend ist dagegen die große Platía Miaoulis Schauplatz der "Volta".

Rodo Club, Iroon Polytechniou 21, großer Tanzclub mit Open-Air-Zone an der Küstenstraße Richtung Süden, ein ganzes Stück hinter der Neorion Werft.

• *Shopping* **Gemüsemarkt**, wochentags in der Chiou Str. zwischen Hafen und Platía Miaoulis.

Kostas Prekas, Chiou Str. 4, Produkte von Sýros, z. B. San-Michális-Käse sowie Honig, Wein, Oliven, Kräuter u. v. m.

Kritzinis, Stamatiou Proiou Str., schöne Weinprobierstube im historischen Stil.

Diverse kleine Läden stellen Loukoúmia und Chalvadópittes her, meist im Familienverband. Spezialladen für Chalvadópittes ist seit 1923 **Livadaras** an der Hafenfront 24, nahe der Einmündung der Chiou Str.

Sehenswertes

Ermoúpolis hat Atmosphäre: Gassen mit holprigen Granit- und Marmorquadern, Dutzende von klassizistischen Hausfassaden, filigrane schmiedeeiserne Balkons, prächtige Fenster- und Türstöcke.

Platia Miaoulis und Umgebung

Der Platz zeigt sich in großstädtischer Eleganz – blank gewetztes Marmorpflaster, schlanke Palmen und das kanonenbewehrte Denkmal des Admirals *Andreas Miaoulis*, eines Seehelden der griechischen Freiheitskriege. Blickpunkt ist die mächtige Fassade des klassizistischen *Rathauses*, vom deutschen Architekten Ziller Ende des 19. Jh. entworfen. Eine breite Freitreppe führt hinauf, links und rechts davon Kafenia im Untergeschoss. Das *Archäologische Museum* von Sýros besitzt drei bescheidene Räume in der linken Seitenfront des Rathauses. Ausgestellt sind Fundstücke aus der kykladischen bis zur römischen Epoche, neben einer kleinen Sammlung von Kykladen-Idolen auch frühe Vasen, Bronzewerkzeuge, Grabreliefs, Stelen und Skulpturenreste.

Das *Apollon-Theater* steht nur wenige Schritte rechts oberhalb der Platia. Ursprünglich als Nachbildung der Mailänder Scala konzipiert, wurde es 1864 eröffnet und 1953 geschlossen, seitdem verfiel es stark. Eine langjährige Restaurierung wurde vor einigen Jahren abgeschlossen, sehr schön ist der Innenraum mit 470 samtbezogenen Sitzen und aufwändigen Deckenmalereien, die berühmte Dichter und Komponisten darstellen.

Rechts der Platia liegt auch das einstige Repräsentierviertel der Stadt. Einer der schönsten Plätze ist die idyllische *Platia Tziropina* mit Palmen und dem restaurierten *Tziropinas-Haus*, in dem heute die Verwaltung der Kykladen (Nomarchia) untergebracht ist. Weiter hinauf kommt man zur dominierenden Kirche *Ágios Nikólaos* mit ihrer weithin sichtbaren blauen Kuppel.

Hinter der Kirche verläuft die *Babagiotou Str.* oberhalb eines Steilabfalls zum Meer. Sie ist eins der besten Beispiele für die verflossene Eleganz der kunstvollen Hausfassaden. Hier oben lebten im 19. Jh. die reichsten Familien, meist Reeder und Industrielle. Es war dank der frischen Meerwinde der kühlste Ort in der Stadt und man konnte sich fast wie auf einem Schiff fühlen. Das Viertel heißt denn auch "Vaporiá" (*vapóri* = Schiff).

Öffnungszeiten/Preise **Archäologisches Museum**, Di–So 8.30–15 Uhr, Mo geschl. Eintritt frei.

Vrondádo-Hügel

Die orthodoxe Kathedrale *Anástasis tou Sotíros* krönt den niedrigeren der beiden Hügel über Ermoúpolis (150 m). Linker Hand vom Rathaus führen mehrere steile Treppenwege hinauf. Um den stolzen zweistöckigen Bau an der Spitze erstreckt sich ein hübscher Pinienpark mit herrlichem Blick über die Stadt und die Bucht – besonders abends schön, wenn sich Ermoúpolis in ein Lichtermeer verwandelt. Das Innere der Kathedrale ist reich geschmückt, im mit Pflanzen dekorierten Vorraum liegt ein Gästebuch aus.

Südlicher Stadtbereich

Landeinwärts der Fähranlegestelle steht im Odos Stamatiou Proiou die große, der Himmelfahrt Marias (in der Orthodoxie eigentlich "Entschlafung Marias") geweihte Kirche *Kimísis Theotókou*. In der Vorhalle rechts befindet sich eine kleine "Entschlafung Marias", gemalt im zarten Alter von nicht einmal zwanzig Jahren von einem kretischen Künstler namens Domenicos Theotokopoulos (1545–1614), der später unter dem Pseudonym "El Greco" weltbekannt wurde.
Entlang der trubeligen Hafenfront kommt man zur großen *Neorion-Werft*, die 1993 in Konkurs gegangen war, dann aber ihren Betrieb wieder aufnehmen konnte. Kurz vor der Platia Iroon führt der kopfsteingepflasterte Odos Agiou Georgiou nach Áno Sýros hinauf. Weiter südlich verläuft parallel zum Meer die lange *Iroon Polytechniou Str.*, einst die Industriezone der Stadt. Noch heute sieht man dort zahlreiche, malerisch verrottete Fabrikruinen des 19. Jh., die an die große Epoche der Stadt erinnern.
Das im Jahr 2000 eröffnete *Industriemuseum* (Biomechanikó Museío) von Ermoúpolis ist in einer ehemaligen Bleigießerei und späteren Farbenfabrik an der Georgiou Papandreou Str. 11 untergebracht, wenige Schritte von der verkehrsreichen Platia Iroon (gegenüber vom Hospital). Es erinnert an die "großen" Zeiten der Insel im 19. und 20. Jh., als hier Maschinen, Motoren und Schiffe gebaut wurden, Textilfabriken, Druckereien, Gerbereien und Lebensmittelmanufakturen arbeiteten und viele Menschen in diesen Branchen Arbeit fanden.
Wenn man nun den kopfsteingepflasterten Odos Agiou Georgiou nach Áno Sýros hinauf fährt, passiert man linker Hand den großen städtischen *Friedhof Ágios Geórgios*, der von zahlreichen aufwändigen Grabmälern begüterter Reeder- und Industriellenfamilien geprägt ist. Gleich danach folgt der *Britische Friedhof*, zu erreichen durch einen unscheinbaren Eingang an der Straße, beschildert mit "Syra British Cemetery". Neben Angehörigen des Konsulats, das Großbritannien im 19. Jh. auf Sýros unterhielt, und der "Eastern Telegraph Company", sind hier vor allem britische Soldaten der zwei Weltkriege beerdigt.

Kykladen Karte S. 321

• Öffnungszeiten/Preise **Kimísis Theotókou**, April bis Aug. 7.30–12, 17.30–18.30 Uhr, übrige Zeit 7.30–12.30, 16.30–17.30 Uhr.
Industriemuseum, Mi–Mo 10–14, Do–So zusätzlich 18–21 Uhr, Di geschl. Eintritt ca. 2,50 €, Stud. 1,50 €.
Britischer Soldatenfriedhof, Mitte Mai bis Mitte Okt. 8–12, 15.30–18, übrige Zeit 8–12, 14.30–17 Uhr.

Áno Sýros

Das Dorf über der Stadt, der Autolärm dringt nur noch schwach herauf, die Stimmung ist viel ruhiger als unten. Am reizvollsten ist sicherlich der Fußweg hinauf – die Verlängerung des Odos Omirou führt als etwa 1 km langer Treppenweg direkt ins Zentrum und mündet auf die Hauptgasse namens "Piatsa", die sich quer durch das Ortsinnere zieht. Mit einem Fahrzeug kann man aber auch den Odos Agiou Georgiou ab Platia Iroon nehmen, dessen Verlängerung sich um den Ort herumschlängelt und weiter in den Inselnorden geht. An einer scharfen Kurve am oberen Ortsende kann man parken und gelangt durch einen gewölbten Durchgang auf die Hauptgasse. Mit seinem Gewirr von Gässchen, weiß gekalkten Kubenhäuschen, verwinkelten Durchgängen und Stufen wirkt Áno Sýros völlig kykladisch – die einzige derartige Siedlung der Insel. In seinem Grundriss geht es bis ins venezianische Mittelalter zurück, einige Häuser sind direkt an den Steilhang gebaut, nach vorne drei oder vier Stockwerke, hinten eines. Immer wieder hat man schöne Ausblicke auf Ermoúpolis und weit übers Meer. Exponiert auf der Hügelspitze (180 m) thront die ockerfarbene katholische Bischofskirche *Ágios Geórgios* aus der ersten Hälfte des 19. Jh. Der *Bischofspalast* ist angebaut, unterhalb davon steht ein nur noch von wenigen Mönchen bewohntes *Kapuzinerkloster*. An der Platia Markos Vamvakaris an der weiter unten verlaufenden Hauptgasse erinnert eine Bronzebüste an den Rembétikosänger *Markos Vamvakaris*, ein paar Schritte weiter ist auch ein kleines Museum dem berühmten Sohn der Stadt gewidmet. Es besteht zwar nur aus einem Raum, enthält aber interessante Dokumente und Fotos aus der Zeit des Rembetiko, außerdem die Bouzouki des Künstlers. Von der Terrasse des Cafés "Frangosyriani" an der Platia hat man einen prächtigen Blick auf Ermoúpolis. In der Taverne "O Lilis", die ebenfalls an der Hauptgasse liegt und in der Markos Vamvakaris oft sang, kann man auch heute noch einkehren (→ Essen & Trinken).

Öffnungszeiten **Museum Markos Vamvakaris**, nur Juli/August, Mi–So 10–14, 19–22 Uhr.

Markos Vamvakaris, erster Rembetiko-Star Griechenlands

Mit Rembétiko bezeichnet man die städtische Volksmusik, die seit der Jahrhundertwende in den Armenvierteln Athens entstand. Die Wohnverhältnisse waren dort erbärmlich, ebenso die wirtschaftliche Situation der hauptsächlich aus Kleinasien zuströmenden Griechen. Die Rembétiko-Lieder griffen in ihren Texten diese Situation auf und übten heftige Kritik an den politischen Institutionen, waren quasi ein Stück Subkultur. Ebenfalls aus Kleinasien kam das Haschischrauchen, das den Bewohnern aus ihrer Not einen Ausweg im Rausch bot. Aus diesen Anfängen entwickelte sich in den dreißiger und vierziger Jahren eine höchst populäre Musikrichtung, die vor allem in Piräus ihr Zentrum hatte. Markos Vamvakaris wurde 1905 in Áno Sýros geboren und verbrachte hier seine Kindheit und Jugend. Als junger Mann ging er nach Piräus, wo er Zugang zur Rembétiko-Bewegung fand. Mit drei anderen Musikern gründeter er die erste landesweit populäre Rembétiko-Gruppe Griechenlands. Er führte das Leben eines echten "rembétis" (Außenseiters) und saß mehrmals im Gefängnis, u. a. weil er der Polizei Informationen über Haschischraucher verweigerte. Er komponierte mehr als 2500 Lieder, wurde der berühmteste aller Rembétes und einer der bekanntesten Sänger Griechenlands. 1972 starb er in Athen. Sein Lied *Frangosyrianí* ("Katholisches Mädchen von Sýros") kennt heute in Griechenland jedes Kind, die Melodie fast jeder Tourist.

Inselrundfahrt

Die Straße nach Kíni führt in Serpentinen hoch über die Hügel hinter Ermoúpolis, immer wieder hat man schöne Panoramablicke. Kurz vor Kíni steht das *Kloster Agías Varváras* an der Straße. Einige freundliche Nonnen unterrichten hier Waisenkinder im Teppichweben, schöner Innenhof.

▸ **Kíni**: ruhiges Bade- und Fischerörtchen in einer fast kreisrunden Bucht. Ortsstrand mit einigen Fischtavernen, ziemlich steinig, besser links um die Felsen herum zum

150 m langen Sand-/Kiesstrand mit Schilf dahinter. Häufige Busverbindungen nach Ermoúpolis, ab und zu nach Galissás. 2 km nördlich liegt die hübsche Strandbucht *Delfíni* mit netter Strandbar.

• *Übernachten* **Hotel Sunset**, C-Kat., wo die Stichstraße am Wasser mündet, direkt am Meer, saubere Zimmer, von denen man den Sonnenuntergang erleben kann. DZ ca. 30–55 €. ✆ 22810/71211.

Kini Bay, hoch über Kini, herrlicher Blick, aufmerksam geführt von Giannis und Popi Hatzidakis. Gepflegte Zimmer mit Aircondition, Kühlschrank und Kochgelegenheit, Studios und Appartements. Aussteigen bei Bushaltestelle "Lotos" und noch ca. 2 Min. laufen. DZ ca. 30–50 €, Studio 35–55 €, Apt. 55–80 €. Kein Frühstück. ✆ 22810/71331, 📠 22810/71420.

Markos, 100 m vom Strand (am Ende der Stichstraße am Meer rechts gehen und wieder erste rechts. Die aufmerksame Vermieterin spricht Englisch, hübscher, schattiger Innenhof, viel Ruhe, 10 ordentliche und gepflegte Zimmer mit Klimaanlage und Kühlschrank. Tägliche Reinigung. DZ ca. 30–50 €. ✆ 22810/71371.

Galissás

Ruhiges Dorf in fruchtbarer Niederung, etwas zurück vom Meer. Galissás besitzt den besten Strand der Insel und ist touristisch stark erschlossen. Das Neubauviertel in Strandnähe wirkt allerdings bunt zusammengewürfelt und besitzt nur wenig Atmosphäre.

Zur Zeit herrscht noch die richtige Mischung: kein Rummel, aber doch einiges los mit Badehotels, Kneipen und Tavernen. Sogar eine neue Uferpromenade und eine große Anlage für Pauschalurlauber wurden zwischenzeitlich errichtet, außerdem findet man hier die beiden einzigen Campingplätze der Insel.

• *Verbindungen* häufige Busverbindungen von und nach Ermoúpolis, außerdem nach Fínikas, Possidonía und Kíni. Bus hält im Ort (ca. 700 m zum Strand) und unten in Strandnähe.

• *Übernachten* mehrere Hotels und großes Angebot an Privatzimmern.

Hotel Dolphin Bay, A-Kat., das einzige Großhotel der Insel, am Hang über der Bucht, Riesenanlage mit 140 Zimmern, Süßwasserpool, Restaurant, Disco und Tennisplatz. DZ ca. 90–120 €. Über Reiseveranstalter zu buchen, z. B. Attika. ✆ 22810/42924, 📠 22810/42843.

Hotel Francoise, C-Kat., an der Straße vom Ort zum Strand. Freundliches Haus mit Garten, Pflanzen im Treppenaufgang, Restaurant und großem Aufenthaltsraum mit TV. 24 Zimmer mit solidem Mobiliar, Balkon und Du/WC, teilweise Aircondition. DZ ca. 40–60 €, Frühstück ca. 6 € pro Pers. ✆ 22810/42000, 42024.

Hotel Petros (E-Kat.) und **Semiramis** (C-Kat.), ein Stück weiter die Straße Richtung Strand und rechts abbiegen. Zwei ruhige und saubere Häuser, geführt von Familie Roussos. Hübsch geflieste Zimmer, jeweils Kühlschrank, Radio und Telefon, im Semiramis Aircondition, von den Balkonen Blick in die ländliche Umgebung. DZ ca. 35–55 €, Frühstück ca. 6 € pro Pers. ✆ 22810/42067, 📠 43000.

Pension Angela, an der Zufahrtsstraße, schöner Palmengarten, fünf Appartements sowie sechs ordentliche und saubere Zimmer mit und ohne Bad, häufiger Wäsche-/Handtuchwechsel. Die hilfsbereite Besitzerin spricht fließend Englisch. Erweiterung geplant. DZ für ca. 30–50 €. ✆ 22810/42855.

Camping Two Hearts, etwa 500 m links der unteren Bushaltestelle. Flaches, terrassenförmig angelegtes Gelände mit dichtem Baumwuchs und Schilfdach. Freundlicher Familienbetrieb, kleiner Laden und sehr gute Grilltaverne mit schönem Blick in die Hügel. Sanitäranlagen spärlich, aber sauber. Hervorzuheben die ruhige Lage. ✆ 22810/42052, 📠 22810/42708.

Camping Yianna, von der unteren Bushaltestelle kleiner Fußmarsch nach rechts, ca. 150 m hinter dem Strand. Grundstück mit dichten Schilfzäunen in große Parzellen unterteilt, Schatten durch Schilfdächer und Tamarisken. Laden, Bar, angeschlossen eine beliebte Open-air-Disco, kleine Taverne am Weg zum Strand. ✆ 22810/42418.

• *Essen & Trinken* **Angelino**, direkt an der Bushaltestelle und somit mitten im Leben.

Kykladen Karte S. 321

Neben leckeren Salaten gibt es "mixed various", das aus gut zehn verschiedenen Vorspeisen besteht.

Socrates, unterhalb des Dolphin Bay Hotels. Hier kann man in angenehmer Atmosphäre gut essen.

Discovolos, schattige Laube an der Straße, 150 m vom Strand, alteingesessenes Lokal.

Green Dollar Bar, direkt am Strandbeginn, "der" Treff in Galissás, gut ausgestattet, Dartscheiben, im Garten Großschach, tolle Cocktails zu günstigen Preisen.

• *Nachtleben* Discos im Hotel **Dolphin Bay** und am **Camping Yianna**.

• *Sonstiges* **Galissas Tours** verleiht Autos und Zweiräder, ✆ 22810/42801.

▸ **Fínikas**: kleiner Fischerhafen, im Sommer auch einige Jachten. Viel Landwirtschaft – Anbauflächen zwischen Schilfhecken, Gewächshäusern und Windrotoren. Hauptsächlich Griechen verbringen hier ihren Urlaub, nur ein schmaler Sandstreifen an der Straße. Vom Ende des Hafens führt eine Betonpiste über den Hügel Richtung Westen, dort findet man niedrige, rote Klippenküste mit der winzigen Sandbucht *Kókkina*.

• *Übernachten* **Hotel Olympia**, C-Kat., direkt an Straße und Strand. Ordentliches Mittelklassehotel, Flachbau mit 40 Zimmern, weitläufiger Halle und Restaurant. DZ ca. 40–75 €. ✆ 22810/42212, ℻ 22810/42708.

Cyclades, C-Kat., vor wenigen Jahren erbautes Hotel, etwa 50 m vom Strand, Zimmer mit Aircondition, Kühlschrank und TV. Restaurant und Dachgarten. DZ ca. 40–70 €. ✆ 22810/42255, ℻ 22810/43178, www.hotelcyclades.com.

▸ **Possidonía**: größerer Ort, der sich von einer weit ins Meer vorspringenden Halbinsel (militärisches Sperrgebiet) landeinwärts zieht. Badeurlaub hat hier Tradition, prachtvolle, z. T. aufwändig restaurierte klassizistische Sommervillen stehen im Hinterland verstreut – besungen vom Liedermacher Vamvakaris in seinem populären Lied "Frangosyrianí/Katholisches Mädchen von Sýros" (siehe S. 376). An der Südseite der Halbinsel führt eine Piste zum Strand *Angathopés* aus feinem, weißem Sand (allerdings mit Steinen durchsetzt) und schattigen Tamarisken.

• *Übernachten* **Hotel Posidonion**, B-Kat., am Ortsbeginn, großes, gut geführtes Badehotel an kleinem Strandfleck, 60 Zimmer, z. T. in Bungalows. DZ ca. 45–70 €. ✆ 22810/42332, ℻ 22810/42220, www.syros-hotels.gr.

Hotel Archaeon, C-Kat., modern eingerichtetes Hotel mit 21 Zimmern an der Südseite der Halbinsel, am Nordende des Angathopés-Strand. DZ ca. 35–60 €. ✆ 22810/43920, ℻ 22810/43940.

Willy's, 80 m vom Strand, acht hübsch eingerichtete Zimmer mit Betten auf gemauerten Fundamenten, jeweils TV. DZ ca. 30–50 €. ✆ 22810/43296, ℻ 22810/42426, www.willys-rooms.gr.

▸ **Abélas**: versteckte kleine Bucht mit netter Taverne und Zimmervermietung, entsprechende Atmosphäre.

▸ **Vári**: 8 km südlich von Ermoúpolis, der Ort liegt etwas zurück auf einem Hügel, am Meer malerische Klippenlandschaft, tief eingeschnittene, verzweigte Bucht mit zwei kleinen Sandstränden und einigen Hotels. Die meisten Einrichtungen in der Ostbucht – gleich daneben jedoch ein Schießplatz der Armee, wo ab und zu peitschende Schüsse die Siestaruhe durchbrechen.

• *Übernachten* **Hotel Kamelo**, C-Kat., alteingeführt und beste Lage, weil unmittelbar am Strand, mit beliebter Taverne. DZ ca. 40–70 €. ✆ 61217, ℻ 22810/61117.

Hotel Domenica, C-Kat., angenehmes Haus, nett aufgemacht, viel Grün. DZ ca. 40–70 €. ✆ 22810/61216, ℻ 22810/61289.

▸ **Achládi**: wild zerrissene Bucht mit winzigem Sandstrand und Fischerbooten, extrem felsig, gute Schnorchelmöglichkeiten, ruhig. Schön gelegene Taverne, daneben das einfache Hotel "Emily" hinter buschigen Tamarisken (D-Kat., ✆ 22810/61459, ℻ 22810/61400).

Páros

Verkehrsgünstig gelegen, zieht die große Insel die Urlauberströme magisch an. Parikiá, der Hauptort, und Náoussa, der Hafen im Norden, gehören zu den schönsten Kykladensiedlungen und bieten eine gute touristische Infrastruktur. Und auch sonst kann man viel unternehmen: Marmorbrüche im mächtigen Zentralmassiv, gute Strände in allen Inselecken, das Schmetterlingstal von Petaloúdes ...

Der Besuch wird einem leicht gemacht, denn Parikiá ist der wichtigste Hafen der Kykladen, hier kreuzen sich alle Schifffahrtslinien, beste Verbindungen nach Piräus. Zusätzlich ein kleiner Flughafen, der (obwohl er ursprünglich 2002 geschlossen werden sollte) noch immer von Athen im Sommer etwa 2- bis 3-mal täglich angeflogen wird (Schließung droht nach wie vor). Neben Mýkonos und Santoríni hat Páros das größte Aufkommen an Pauschalurlaubern, vor allem Briten und Skandinavier. Dass die Küstenorte mehr als "entdeckt" sind, muss nicht betont werden. Ruhige und ursprüngliche Ecken sind selten geworden. Zunehmend schwappt die Urlauberwelle auch auf die ruhige Zwillingsinsel *Antíparos* über – die größte Tropfsteinhöhle der Kykladen und beste Strände sorgen dort für Attraktivität.

Páros auf einen Blick

Größe: ca. 190 qkm, Länge 25 km, Breite bis 16 km, höchster Gipfel ist der Ágios Pántes (755 m).

Bevölkerung: ca. 8000 Einwohner.

Geografie/Geologisches: Páros besteht größtenteils aus Marmor, einige der Abbaustollen sind begehbar.

Wichtige Orte: Parikiá, der Hafen; Náoussa, zweiter bedeutender Touristenort im Norden; Léfkes, ehemalige Inselhauptstadt; Písso Livádi und Alikí, Badeorte; Poúnta, Fährhafen nach Antíparos.

Straßen: Eine Asphaltstraße umrundet die gesamte Insel (Parikiá – Náoussa – Písso Livádi – Driós – Alikí – Parikiá). Gute Asphaltverbindung außerdem von Parikiá quer über die Insel über Léfkes nach Písso Livádi.

Entfernungen: Parikiá – Náoussa 10 km, Parikiá – Alikí 12,5 km, Parikiá – Léfkes 11 km, Náoussa – Driós 16 km.

Auto- /Zweiradverleih: viele Möglichkeiten in Parikiá, ansonsten in Náoussa, Písso Livádi, Alikí und Driós.

Tankstellen: Mehr als ein Dutzend Stationen sind auf der Insel verteilt, u. a. drei in Parikiá, drei in Náoussa, zwei beim Flughafen und zwei zwischen Pródromos und Márpissa an der Ostküste.

Unterkunft: Hotels und Privatzimmer in Parikiá, Náoussa, Alikí, Písso Livádi, Driós, Léfkes und einigen kleineren Orten. Mit zwischenzeitlich sieben Campingplätzen ist Páros die diesbezüglich bestausgestattete Kykladen-Insel.

Baden: Gute Sandstrände sind über die ganze Insel verstreut, konzentriert bei Parikiá, Náoussa und an der Ostküste (dort besonders der "Golden Beach" bei Driós).

Karten: Beste Karte ist die Ausgabe der Athener Road Editions im Maßstab 1:50.000. Erhältlich auf der Insel.

Verbindungen

Páros besitzt die besten Schiffsverbindungen der Kykladen. Empfehlenswert vor allem bei der Rückreise, denn zuverlässiger kommt man von keiner Insel nach Piräus! Alle großen Inselfähren starten und landen im Hauptort *Parikiá*, Verbindungen mit kleineren Schiffen gibt es aber auch von *Písso Livádi*. Zusätzlich gibt es mehrmals täglich Flüge von und nach Athen.

Fähren: von und nach *Piräus* 2- bis 4-mal täglich, Dauer ca. 8 Std. (mit Zwischenlandung in Síros), ohne Zwischenstopp um die 6 Std., kostet auf Deck ca. 13 €, Kabine etwa 15–25 €, Auto ca. 60–80 €, Motorrad (je nach ccm) 6-9 €. Eine Verbindung von und nach *Rafína* gibt es 1-mal täglich, Dauer etwas kürzer als Piräus und auch preislich günstiger.

Weiterhin gehen Großfähren täglich 1- bis 4-mal zur Nachbarinsel *Náxos* (ca. 3 €), in der Hochsaison teilweise mit Weiterfahrt auf die Kleinen Kykladen südlich von Náxos (*Iráklia, Schinoússa, Epáno Koufoníssi* und *Donoússa*) und schließlich weiter nach *Amorgós* (ca. 10 €). Ansonsten 2- bis 4-mal tägl. *Íos* (ca. 6 €), *Santoríni* 2- bis 5-mal (ca. 8 €), *Mýkonos* 2- bis 3-mal (ca. 5 €), *Sýros* und *Tínos* 1- bis 2-mal (ca. 4–6 €). Nach *Kreta* im Hochsommer 1- bis 2-mal wöch., nach *Thessaloníki* 1-mal wöch.

Schnellboote: täglich 1–2 Verbindungen auf den Routen *Piräus-Páros-Náxos-Santoríni oder Rafína-Mýkonos-Páros-Náxos-Santoríni* und zurück. Fahrpreise doppelt so hoch wie die Fähre bei halber Fahrzeit.

Lokale Verbindungen: Kleine Autofähren fahren von *Poúnta* bis zu 20-mal tägl. nach *Antíparos* hinüber.

Ebenfalls kleinere Schiffe verkehren im Sommer ab Písso Livádi nach Náxos. Achtung, an windigen Tagen fallen diese Fahrten oft aus!

Mit dem Flugzeug: im Sommer 2–3 tägliche Verbindungen mit kleinen Propellermaschinen von und nach *Athen* (ca. 55 €). Der winzige Flugplatz liegt bei *Alikí* im Süden von Páros. Er sollte seit 2002 schon mehrfach geschlossen werden, was bisher am Widerstand der Insulaner scheiterte. Die Schließung wird wahrscheinlich bald durchgesetzt. Info: ✆ 22840-21900.

Parischer Marmor

Schon seit der Antike ist er berühmt. Für die alten Meister war er der König der Steine. Der *Lichnites* genannte Stein (d. h. "der bei Lampenlicht gewonnene") wurde mit tief in den Berg getriebenen Stollen abgebaut. Zahllose Statuen wurden aus parischem Marmor geschaffen, u. a. die *Koren vom Erechtheion* auf der Athener Akrópolis (heute im Akrópolis-Museum) und die berühmte *Venus von Milo* (siehe Insel Mílos/Westkykladen). Fantastisch ist die Lichtdurchlässigkeit des hellen Steins. Bei eigenen Versuchen im stockdunklen Marmorstollen von Maráthi konnten wir einen Taschenlampenstrahl noch bei 20 cm dicken Brocken durchleuchten sehen!

Parikiá

Die Inselhauptstadt liegt flach in einer weiten, geschützten Bucht mit Sandstrand, unmittelbar dahinter steigen steile Hänge an. Auf den ersten Blick etwas nichtssagend – lange Uferpromenade, Neubauviertel, fast langweilig. Doch der eigentliche Ortskern verbirgt sich hinter der Küstenfassade: ein Gewirr von weißen Gassen, Mauern, kleinen Gärtchen und blumenüberwucherten Balkonen, die die schattenlose Uferpromenade schnell vergessen lassen.

Vom *Kástro*, dem ältesten Ortsteil auf einem niedrigen Hügel hinter der Hafenfront, kann man die herrlichsten Sonnenuntergänge genießen. Oder man bummelt einfach nur durch die Gassen mit ihren verspielten Perspektiven und liebevollen Details, am besten in der stillen Siesta-Zeit. Abends erwacht dann die Uferpromenade zu vollem Leben – eine Taverne, eine Bar, eine Disco neben der anderen! Die hauptsächlich jungen Urlauber kommen hier voll auf ihre Kosten. Hoffentlich nicht so lange, dass man sich am nächsten Morgen nicht die *Ekatontapilianí-Kirche* zu Gemüte führen kann, eine der ältesten und berühmtesten Kirchen Griechenlands.

Anfahrt/Verbindungen

• *Bus* Die zahlreichen **Inselbusse** fahren ca. 150 m nördlich vom Anleger ab. Gute Verbindungen von und nach **Náoussa** in der Saison tagsüber halbstündlich, abends stündlich. Fast ebenso häufig an die Ostküste nach **Písso Livádi**, zum **Golden Beach** und nach **Driós**, etwa 8-mal tägl. nach **Alikí** (Südküste), 3-mal tägl. nach **Ampelás** (Ostküste), 6-mal tägl. nach **Poúnta** (Hafen nach Antíparos).

• *Taxi* **Standplatz** am großen Platz (Platía Mantó Mavrogénous), ein paar Schritte gegenüber vom Anleger. ✆ 22840-21500.

• *Schiff* Ausflugsboote fahren regelmäßig hinüber nach **Antíparos** (siehe dort) und zu verschiedenen Stränden auf Páros. Badeboote pendeln kontinuierlich zu den Stränden **Kriós** und **Ágios Fokás**, am Nordwestende der Bucht von Parikiá. Abfahrt aller Boote in der Nähe vom Busstopp.

Adressen

• *Ärztliche Versorgung* **Medical Center**, hinter der nördlichen Hafenfront, mehrere Ärzte verschiedener Fachrichtungen sind in diesem Privatzentrum zu konsultieren. Mo–Fr 9–14, 18–21 Uhr, für Notfälle 24-Std.-Service. ✆ 22840-24410, ℻ 24412.

• *Ausflüge* Die Agenturen um den Hafen bieten Dutzende Möglichkeiten, u. a. Fahrt zur **Tropfsteinhöhle** auf Antíparos, auf Mauleseln oder mit Bus zum **Schmetterlingstal**, per Boot oder Bus zu den Stränden um **Náoussa** oder zum **Golden Beach**, dem längsten Strand der Insel.

• *Auto/Zweiradvermietung* zahlreiche Möglichkeiten, z. B. **Parai Tours**, Ines aus Hamburg und Vassílios vermieten Autos und Motorräder. Faire Vertragspraxis, freundlicher und hilfsbereiter Umgang, Straßenservice überall auf der Insel und rund um die Uhr. Mit unserem Buch gibt es 5 % Rabatt. ✆ 22840-21771, ℻ 21771, parai1@otenet.gr.

• *Geldwechsel (für Schweizer)* Banken am Mantó-Mavrogénous-Platz, am Beginn der Altstadt.

• *Gepäckaufbewahrung* in den Reisebüros am Hafen.

• *Information* Büro der **Vereinigung der Zimmervermieter** (Parikiá Rooms Association) schräg gegenüber der Windmühle am Hafen. Vermittlung von Unterkünften und allgemeine Informationen zur Insel. ✆ 22840-24428 (im Sommer).

• *Internet* Es gibt eine ganze Reihe von Internet-Cafés, z. B. **Marína** (Hafenfront), **Memphis Net** (Busstation) und weitere in der Market Street.

• *Olympic* an der Westseite der Platía Mantó Mavrogénous, etwa zwischen OTE und Banken, ✆ 22840-21900.

• *Post* an der Uferstraße nördlich vom Anleger, in der Saison auch Sa geöffnet.

• *Tankstelle* mehrere an der Umgehungsstraße um Parikiá.

Übernachten (siehe Karte S. 384/385)

Es gibt viele Dutzend Möglichkeiten, in Parikiá unterzukommen. Trotzdem sind die meisten Hotels im Juli/August ausgebucht. Hauptzonen für Hotels: um den Hafen, in der Altstadt und am Strand nördlich vom Ort. Die Preise sind allgemein hoch.

• *Um den Hafen* Zentrale Lage, wenige Schritt von der Fähre, man ist sofort in der Altstadt. Zum langen Strand nördlich vom Ort sind es ca. 5–10 Min.

Hotel Óasis (8), C-Kat., an der Ecke gegenüber der Windmühle, ordentliches Haus mit Naturholztüren, marmorgefliest, das Besitzerehepaar spricht Deutsch. DZ mit Bad/Balkon je nach Saison etwa 45–60 €, ✆ 22840-21227.

Hotel Georgy (13), C-Kat., an der großen Platía Mantó Mavrogénous, gute Wahl am Hafen. Die 30 geräumigen Zimmer mit Bad sind zwar schlicht (Kiefernbetten, Steinfußboden), aber modern und freundlich eingerichtet. Blick auf Innenhof oder Platz. Unten beliebte Cafeteria und Snack-Bar, DZ je nach Saison ca. 25–45 €, ✆ 22840-21667.

Hotel Kapetán Manólis (12), C-Kat., zwei Häuser nach der Georgy Passage hinein, sehr hübsche, bungalowartige Unterkunft, vor jedem Zimmer eine kleine Terrasse mit Stühlen und Blick auf den begrünten Hof. DZ je nach Saison ca. 35-60 €, ✆ 22840-21244.

Hotel Kypréou (29) (D-Kat., ✆ 22840-21383) und **Hotel Párko (20)** (E-Kat., ✆ 22840-22213), zwei Einfach-Hotels an der Straße, die beim Hotel Óasis landeinwärts führt, je nach Saison ca. 25–45 €.

• *In der Altstadt* insgesamt wenig Möglichkeiten, hauptsächlich von Privat und kleine Pensionen.

Hotel Dína (14), an einem kleinen Platz an der Hauptgasse, trotz E-Kat. beste Wahl im Zentrum, freundliche Besitzerin. Weinüberrankte Fassade mitten in der Altstadt, nach hinten lang gestreckt mit prächtigen Topfpflanzen im Gang, kräftige Pinie im Nachbargarten. Die tadellos sauberen Zimmer im ersten Stock an einer Terrasse, einfach möbliert. DZ mit Bad je nach Saison ca. 30–45 €, ✆ 22840-21325.

Mimíkos, Rooms in einer Ruhezone mitten in der Altstadt, bei Taverne To Tamarísko unter Torbogen durch und rechts (mit Hinweispfeilen beschildert). Schlicht eingerichtete Zimmer, Bad/WC nebenan, vom Balkon schöner Blick auf den überrankten Garten der Taverne. Wer sich mit den bescheideneren griechischen Verhältnissen anfreunden kann, wird durch die Herzlichkeit der Wirtsleute reichlich belohnt. Auch der Preis erfreulich, DZ ca. 25–30 €, ✆ 22840-21437.

• *Hinterer Ortsrand* vom Hafen die Straße beim Hotel Óasis entlang bis zum Ende. Dort Hinweisschildern nach rechts folgen, nach ca. 150 m ein ganzes Bündel von ruhig gelegenen Hotels und "Rooms".

Georgi's Aegean Village (35), C-Kat., freundliche Wohnanlage im kykladischen Dorfstil, versteckt im rückwärtigen Ortsteil, ruhig mit guter Wohnqualität, schöner alter Garten, Studios und Appartements für 2-5 Pers., gut geeignet für Familien mit Kindern. Derselbe Besitzer wie Hotel Georgy (s. o.). ✆ 22840-23187, 📠 23880.

Féstos Pension (32), Ableger des Hostels in Athen (siehe dort), einfache DZ und Mehrbettzimmer, mit Wäscherei, pro Pers. ab ca. 15 €. ✆ 22840-21635.

Hotel Margaríta (37), D-Kat., Gasse gegenüber Hotel Louíza hinein, ganz nett, nur sieben Zimmer, solide Einrichtung, Bäder neu renoviert, Kühlschrank am Gang, je nach Saison 25–35 €, ✆ 22840-21862.

Pension Vangelístra (36), wenige Schritte nach Margaríta, schönste Unterkunft in dieser Ecke, sehr sauber und gepflegt, freundliche Wirtin, Pflanzen im Treppenaufgang, gute Betten, neue Bäder in verschiedenen Farbtönen, muschelförmige Waschbecken, großer

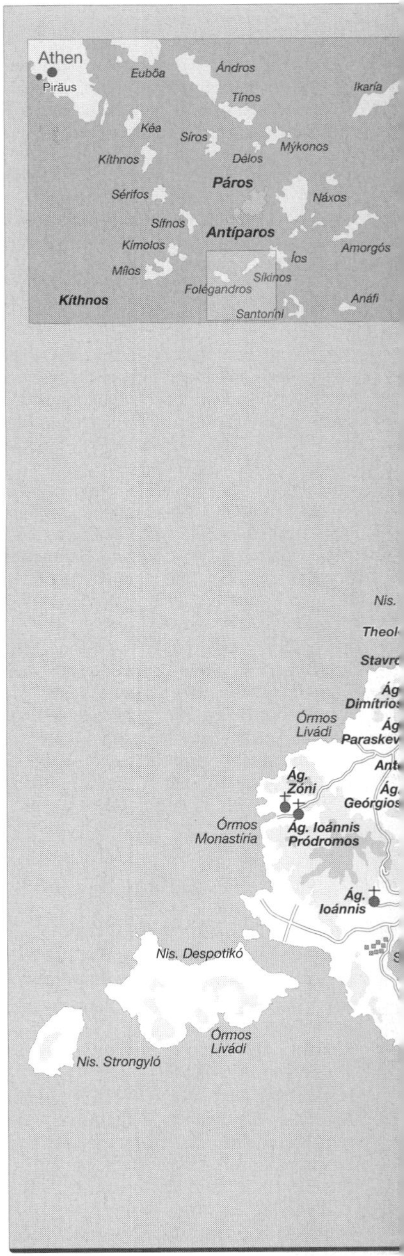

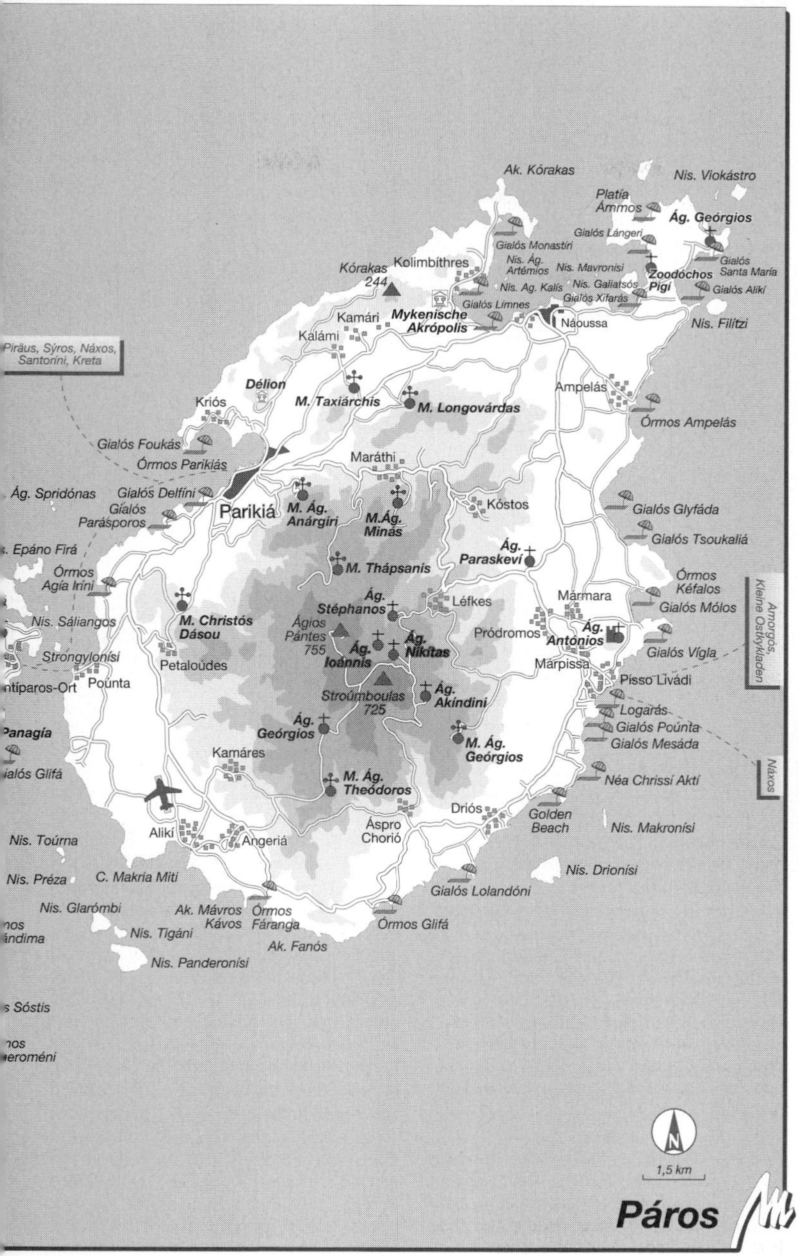

Kykladen Karte S. 321

Garten nebenan. DZ etwa 15–35 €, Appartement mit Wohnzimmeratmosphäre ca. 25–35 €, ✆ 22840-21482.

• *Am Strand nördlich vom Hafen* Ein Hotel neben dem anderen, fast durchwegs C-Kat. und in der Regel ohne Besonderheiten, relativ laut. Vorteil: direkt am Strand, meist schöner Buchtblick. Abseits der Strandstraße auch ein paar ruhigere Adressen ohne Blick. Ins Zentrum läuft man 10 Min.

Pension Réna (26), A-Kat., unser Tipp in Parikiá. Renate aus Holland und ihr griechischer Ehemann Geórgios vermieten zwölf Zimmer unterschiedlicher Größe in einer Gasse unweit des Hafens, direkt oberhalb des antiken Friedhofs. Alle Räume sind hübsch eingerichtet, besitzen Balkon oder Terrasse. Alles stets blitzblank sauber, da Réna jeden Tag reinigt. Freundliche, familiäre Atmosphäre. DZ ca. 25–50 €, ✆ 22840-22220 📠 21427. renaroom@otenet.gr.

Sophía Rooms (31), von der Hafenpromenade vor dem Hotel Stélla abbiegen, noch ca. 60 m. Zwei blumengeschmückte Häuser in einem Garten mit Oliven, Weinstöcken und Palmen, geführt von einem hilfsbereiten jungen Ehepaar. 10 DZ und zwei Dreibettzimmer, bis auf eines alle mit großen Terrassen/Balkonen, gepflegt und sauber. Aufenthaltsraum und überdachte Veranda. DZ je nach Saison ca. 25–50 €. ✆ 22840-22085.

Hotel Apóllonas (16), B-Kat., hinter Hotel Argó, etwas zurück von der Uferfront, geführt von Familie Bízas, echte Überraschung und unser Tipp: Logieren bei Herrn Baron. Von außen nicht zu sehen, aber das ganze Haus gleicht einem Adelssitz: schwere Teppiche, barocke Polstermöbel,

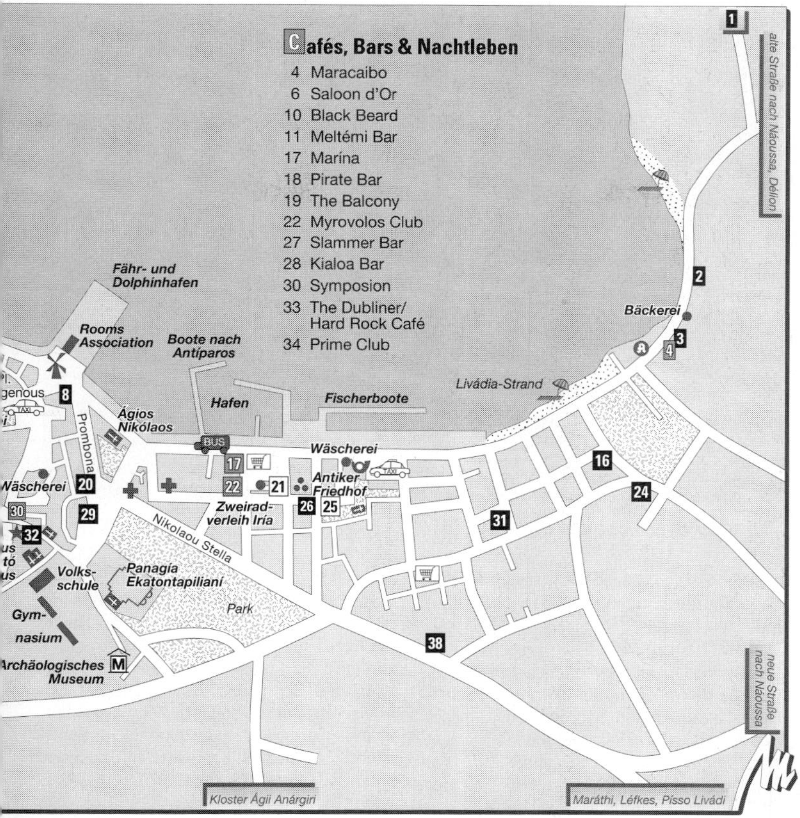

Kronleuchter, Götterstatuen und Stuckdecken, in den Gängen Parkettböden und Holztäfelung, reich verzierte Holzbetten in den Zimmern. Einzig störend die hässlichen Resopalwände in den Räumlichkeiten. Ganzjährig geöffnet, DZ ca. 35–65 €, ✆ 22840-22364, 📠 22664.

Pension Eléni (24), A-Kat., gepflegte Anlage im kykladischen Stil. Elf geräumige Zimmer, saubere Bäder. Angenehm begrünter Garten mit Sitzgruppen und Brunnen in der Mitte. Die freundliche Vermieterin Eleni Kritikos spricht gut Englisch. DZ je nach Saison ca. 20–46 €. ✆ 22840-22714. 📠 24170.

Hotel Irene (3), Pension der A-Kat., nette Wirtin, gemütliche Terrasse und Frühstücksraum, 17 ordentliche Zimmer mit hellen Kiefernholzmöbeln, Bad und Blick aufs Wasser, angenehme Atmosphäre. DZ je nach Saison ca. 20–35 €, ✆ 22840-21476.

Lesertipp **Hotel Vaya (38)**, C-Kat., an der Ausfallstraße nach Náoussa, ca. 5 Min. vom Zentrum und Strand entfernt: "Wunderschön verwinkeltes und ruhiges (!) Haus, schon beim Betreten fühlt man sich wohl. Zwei Terrassen bieten Gelegenheit zum Frühstücken, Zimmer sind mit guten Kiefernholzmöbeln ausgestattet und besitzen moderne Bäder. DZ ca. 25–45 €. ✆ 22840-21068."

• *Camping* Mittlerweile drei Plätze im Umfeld der Inselhauptstadt, nur einer allerdings in Fußentfernung.

Koúla (2), bestbesuchter Platz der Insel, schöne Lage am Strand nördlich von Parikiá, vom Hafen ca. 500 m die Straße nach links. Ebenes Gelände mit Gras, Olivenbäume geben viel Schatten. In der Saison völlig überfüllt, nachts oft sehr laut. Sanitär-

Kykladen Karte S. 321

Blick auf die Bucht von Parikiá

anlagen an sich gut, aber oft am Ende ihrer Kapazität. Am Eingang Self-Service-Restaurant mit großer Terrasse, Mini-Market. ✆ 22840-22081, ℻ 22088.

Parásporos, etwa 2 km südlich von Parikiá. Ebenes Hartgelände, Schatten unter Schilfbahnen und einigen Bäumen. Self-Service-Restaurant, Bar, Selbstkocherküche, Laden, sanitäre Anlagen zahlreich. Zum Parásporos-Strand ca. 5 Min. zu Fuß. Transfer ab Fähre mit Kleinbus. ✆ 22840-22268.

Krios (1), großes, flaches Gelände beim gleichnamigen Strand am Nordwestende der Bucht von Parikiá, 3 km von der Stadt. Hervorzuheben der dichte Baumbestand – kräftige Wildzypressen und kleine Eukalyptusbäume. Self-Service-Restaurant, Bar, Mini-Market. Vor dem Platz schmaler Kiesstrand, 150 m weiter der eigentliche Sandstrand. Transfer mit kostenlosem Badeboot und/oder Kleinbus. ✆ 22840-21705.

Essen (siehe Karte S. 384/385)

An stimmungsvollen Tavernen und Gartenrestaurants herrscht kein Mangel. Dank der großen Nachfrage konnten sich auch "exotische" Lokale etablieren. Weit verbreitete Unsitte sind leider die hohen Preise, verbunden mit "überschaubaren" Portionen. Günstiger als in der Altstadt isst man in den Tavernen nördlich vom Hafen.

• *In der Altstadt* **Aligeriá (7)**, typisch griechische Taverne mit gekochten Gerichten. In die Küche gehen und selbst aussuchen ist hier noch üblich. Besitzer Chrístos ist ein witziges Unikum. Viele Spezialitäten, einfallsreiche Küche. Man sitzt angenehm und ruhig etwas abseits der Hafenpromenade an einem kleinen Platz östlich der Platía Mavrogénous. Preisgünstig.

Il Sussuro del Pino (23), üppig grünes Gartenlokal abseits der touristischen Pfade, versteckt in einem Seitengäßchen der Altstadt, griechische Küche, täglich eine andere Chef-Spezialität.

Apanemia (39), am äußersten Südende der Market Street, am Parkplatz hinter Hotel Aegean. Weitläufiges Gartenrestaurant mit Springbrunnen, freundlicher Service, hervorragende Vorspeisen und ordentliche bis gute Hauptgerichte. Bisher faire Preise.

Koutoúki O Thanássis (15), verstecktes "Nestchen" im Gassengewirr zwischen Hauptgasse und Promenade, zwar nur eine Handvoll Tagesgerichte, aber vorzüglich gekocht und preiswert, dazu guter offener Páros-Wein.

• *Nördlich vom Hafen* **Porfíra (21)**, direkt rechts neben dem antiken Friedhof, Fischlokal, dem ein guter Ruf vorauseilt, geführt von Einheimischen.

To Tráta (25), ebenfalls neben dem antiken Friedhof. Auch hier ist Fisch empfehlenswert, denn der Wirt ist selbst Fischer und kocht abends höchstpersönlich. Echte Familientaverne, sehr viele einheimische Gäste. Ein paar vorbeifahrende Autos muss man allerdings in Kauf nehmen.

• *Am Hafen* **Míra (5)**, an der westlichen Paralía. geführt von Esther aus der Schweiz und Ioánnis. Inseltypische Küche, vor allem Grillgerichte vom Lamm, Huhn und Schwein aber auch Pizzen griechischer Art. Zu den Spezialitäten gehören geschmortes Lamm, hausgemachte Moussaká sowie gefüllte Pilze. Tägl. ab 11 Uhr geöffnet.

• *Kafenia, Snacks usw.* **The Balcony (19)**, auf dem Balkon eines alten Hauses mitten im Zentrum. Äußerst romantisch, innen mit Holzdecke und -boden, draußen Marmortischchen, schöner Blick. Geboten werden schmackhafte Crêpes und reichhaltiges Frühstück, auch Müsli usw.

Sympósion (30), sympathisches Café mitten in der Altstadt, gemütliche Terrasse, große Auswahl an Crêpes und Süßem.

Mojo Café (9), an der südlichen Paralía., gutes Frühstück. Kaffee, Crêpes, Waffeln, Ouzo, Mezé, Sandwiches, Cocktails, Eis und frisch gepresste Säfte. Netter Service.

Marína (17), an der östlichen Paralía beim antiken Friedhof, geführt von Alfons Weber, der schon viele Jahre auf Páros lebt. Empfehlenswertes und günstiges Frühstück mit gutem Filterkaffee. Flinker und aufmerksamer Service. Im Innenraum PCs zum Surfen im Internet.

Nachtleben (siehe Karte S. 384/385)

Zahlreiche Bars an der Hafenfront. Geht man am Südende der Promenade den Weg am ausgetrockneten Bachbett entlang, gelangt man ganz hinten zu einem großen Komplex mit Disko- und Pub-ähnlichen Establishments. Allnächtlich ab Mitternacht ziehen ganze Völkerscharen in dieses Zentrum des nächtlichen Trubels.

Meltémi Bar (11), an der westlichen Paralía, geführt von Karin aus Deutschland und Geórgios. Barfrau Karen aus Schottland ist eine Institution, bekannt für ihre einfallsreichen Cocktails und den britischen Humor. Ab 8 Uhr morgens geöffnet, gutes Frühstück, nicht zu teuer. Apfelkuchen nach deutschem Rezept. Tische direkt am Wasser und an der Uferstraße. Ganzjährig geöffnet.

Saloon d'Or (6), weiter Platz an der Seefront, in der Saison bis zum Bersten mit fröhlichen Nachtschwärmern gefüllt. Im Haus nebenan kleine Disco.

Black Beard (10), weitere gut besuchte Disco-Bar, etwas südlich vom Saloon d'Or.

Kialoa Bar (28), historisches Haus am Südende der Uferpromenade, 1992 geschmackvoll restauriert, sehr beliebt und bekannt für seine gute Musikauswahl.

Pirate Bar (18), gemütlich ausstaffierte Jazzbar an der Hauptgasse, seit vielen Jahren ruhender Pol im Nachtleben.

Maracaibo (4), an der nördlichen Hafenfront, "Reggae at the beach" heißt hier das Stichwort, denn die Tische stehen in einem Tamariskenwäldchen direkt am Strand, abends erleuchtet mit flackernden Windlichtern.

• *Discos* Die Szene orientiert sich an den neuesten internationalen Trends, Ohrenstöpsel und Liebe zu Techno sind anzuraten.

Slammer Bar (27), am Südende der Promenade, kleinere, aber brüllend laute Disco-Bar.

Hard Rock Café/The Dubliner (33), riesiger Komplex mit zahlreichen Bars und zwei Tanzflächen – oben Hard Rock, darunter hämmernder Techno mit Schwarzlicht und Laserblitzen.

Prime Club (34), genau gegenüber, etwas schickerer Club mit Gesichts- bzw. Kleiderkontrolle. Mit Jeans ist schwer reinzukommen.

• *Livemusik* **Myrovolos Club (22)**, in der früheren genossenschaftlichen Weinkelterei (Paléa Oinopoíeio) an der nördlichen Uferpromenade, Nähe Busabfahrtsstelle. Einziger Liveclub der Stadt.

Sehenswertes

Gegenüber vom Anleger liegt die große *Platía Mantó Mavrogénous*. Am anderen Ende beginnt die lange *Lochagou Str.*, die Hauptgasse der Altstadt mit malerischen Durchgängen und Überwölbungen, die noch aus dem venezianischen Mittelalter stammen.

Kástro-Viertel: niedriger Hügel, der auf engstem Raum die Stilvielfalt von fast 3000 Jahren vereinigt! Ältester Teil der Stadt. Zu finden, wenn man kurz nach dem Eintritt in die Altstadt von der oben erwähnten Platia kommend rechts einige Treppenstufen hinaufsteigt (beschildert).

Wunderschönes Fotomotiv mitten in Parikiá: die Kirche Ágia Triáda

Auf diesem niedrigen Hügel lag einst die früheste Inselsiedlung (2500–2000 v. Chr.), viel später ein Heiligtum der *Démeter* und des *Apoll* (5. Jh. v. Chr.). Noch viel später (13. Jh.) errichteten die Venezianer hier eine Festung. Der 10 m hohe *Turm* der Burg samt benachbarter Mauer ist noch erhalten. Vorchristliche Säulentrommeln und behauene Quader aus Marmor bilden den Großteil der Ummantelung – ein einzigartiges historisches Dokument, das allerdings die bis ins 19. Jh. gängige Praxis bei Neubauten belegt, antike Überreste als willkommenen Steinbruch zu verwenden.

Steigt man noch einige Stufen höher, erreicht man am höchsten Punkt die blaukuppelige *Kirche des Ágios Konstantínos* und hat freien Blick aufs Meer in Richtung Westen. Unter der Nordwand erkennt man noch das Südfundament das einstigen *Stadttempels*. Angebaut ist eine Kapelle mit wunderschöner dreisäuliger Vorhalle. Abends treffen sich hier die Sonnenanbeter.

Panagía Ekatontapilianí: harmonischer Kreuzkuppelbau und wahrscheinlich eine der ältesten Kirchen Griechenlands. Ihre Ursprünge kann man bis ins frühe 4. Jh. verfolgen, wenn auch zahlreiche spätere Renovierungen ihr Aussehen gründlich veränderten. Ihr Name ist wahrscheinlich eine Verballhornung aus *kátapoliani* – "unterhalb der Stadt". Oder er bedeutet "100 Türen" (ekató = hundert) – doch konnte man bisher nur 99 zählen. Wenn die hundertste gefunden wird, so heißt es, wird Konstantinopel wieder zu Griechenland gehören!
Die schlanken Säulen und rundum laufenden Galerien im hohen Innenraum vermitteln Leichtigkeit und Anmut. Gewölbe aus verschiedenfarbigen Quadern und Reste von Fresken sind erhalten. Im *Allerheiligsten* hinter der *Ikonostase* der Altar mit Steinbaldachin (selten) und links an der Wand verwitterte Fresken.
Links neben dem Allerheiligsten die Kapelle des *Ágios Nikólaos*, der älteste Teil der heutigen Kirche. Rechts angeschlossen ans Hauptschiff das *Baptisterium*, ebenfalls mit Resten alter Fresken und einem kreuzförmigen Taufbecken. Je nach Tageszeit zaubern die einfallenden Sonnenstrahlen schöne Lichtspiele auf den Boden.
Im Innenhof ein *byzantinisches Museum*. Außerdem mal nach oben schauen: die Glocken hängen in den Zweigen einer hohen Zypresse.

Antiker Friedhof: erst vor wenigen Jahren an der Uferstraße nördlich vom Anleger entdeckt. Bisher wurde nur ein kleiner Teil ausgegraben (eingezäunt). Die ganz verschiedenartigen Gräber, Sarkophage und Urnen stammen aus dem 8. Jh. v. Chr. (geometrische Periode) bis ins 3. Jh. n. Chr. (römisch). Besonders auffallend sind die Reihen römischer Sarkophage aus Marmor.

Archäologisches Museum: hinter der Ekatontapilianí-Kirche. Funde aus dem 7.–3. Jh. v. Chr. Im Innenhof Reste eines großen römischen Mosaiks, Statuen und Säulen. Gleich am Eingang des Raumes rechts ein Fragment der *Parischen Chronik*, anhand derer man wichtige Ereignisse der griechischen Geschichte datieren konnte.
Öffnungszeiten Di–So 8.30–14.30 Uhr, Mo geschl. Eintritt 2 €, ermäßigt 1 €.

▸ **Baden**: langer, aber ziemlich schmaler Sandstrand *Livádia* in der Nordhälfte der Bucht. Trotz mäßiger Wasserqualität (Hafenbucht) meist sehr voll, zahlreiche Hotels, z. T. schattige Tamarisken.
Von hier führt eine Staubpiste über Hügel zum *Kriós-Strand* am äußersten westlichen Ende der großen Bucht um Parikiá. Fast schattenlos, aber weniger Rummel als an den Stränden direkt beim Ort, allerdings hat ein neuer Campingplatz aufgemacht.

Von Parikiá nach Alikí

▸ **Souvliá** (*Delfíni-Strand*): hübsche Sandbucht etwa 2 km südlich von Parikiá.

▸ **Parásporos**: einige hundert Meter weicher weißer Sand, der gleichnamige Campingplatz liegt ein Stück landeinwärts (siehe Parikiá/Übernachten).

▸ **Agía Iríni**: zwei versteckte Sandbuchten inmitten bizarr-felsiger Klippenküste aus rotem und weißem Marmor. Niedrige Wacholdermacchia, am nördlichen Strand Bäume und die Kapelle *Agía Iríni*. Absolut idyllisch ist die südliche Bucht. Hohe Dattelpalmen sorgen für Schatten bis zum frühen Nachmittag. Eine der einsamsten und schönsten Ecken der Insel.

• Übernachten **Camping Agía Iríni**, sehr einfach und etwas improvisiert, aber sicherlich der schönstgelegene Platz auf Páros. Bauernhaus mit Grundstück unter Olivenbäumen und schlanken Palmen, unmittelbar davor der kleine Sandstrand mit kristallklarem Wasser. Neue Sanitäranlagen.

▸ **Poúnta**: winziges Nest mit einfacher Taverne und einer Kapelle am Wasser. Je nach Saison setzen hier etwa alle 20–45 Minuten die kleinen Autofähren nach Antíparos über (vgl. Kap. Antíparos).

Kykladen Karte S. 321

Schmetterlingstal (Petaloúdes)

Tausende und Abertausende von Schmetterlingen hocken alljährlich von Juni bis September an den überwachsenen Baumstämmen und Efeuranken eines üppig grünen Tals südlich von Parikiá. Die dichte Vegetation dieses einzigartigen Biotops ermöglicht ihre Existenz bereits seit mehr als hundert Jahren. Um die 3-4 cm großen, orangeroten Tierchen mit ihren schwarz-weiß gestreiften Flügeln in Schwärmen auffliegen zu sehen, kommt man am besten möglichst spät, denn sie sind als Motten nachtaktiv. Bitte keinesfalls an den Sträuchern rütteln, die Schmetterlinge sind hochempfindlich!

• Öffnungszeiten/Eintritt tägl. 9–20 Uhr, 2,50 €.

• Anfahrt mit dem Bike von der Straße nach Alikí eine Piste hinauf (kurz nachdem sich die Straße Richtung Poúnta und Alikí gabelt). Oder mit dem Bus bis "Petaloúdes" bzw. "Butterfly Valley" (dem Kontrolleur Bescheid sagen und vom Stopp aus noch ca. 1 km die Piste hinauf).

▸ **Volkskundemuseum**: Benétos Skiadás hat beim Flughafen in jahrelanger Arbeit die verschiedensten Inselbauten, Windmühlen, Boote usw. in Miniaturformat errichtet (alles funktionstüchtig!), seine Frau führt Besucher herum und erklärt die einzelnen Stücke auf englisch.
Öffnungszeiten tägl. 10–14, 17–21 Uhr, Eintritt 2 €.

▸ **Alikí**: ein Ort ohne kykladische Atmosphäre und mit wenig Charme. Die Häuser weit ins Hinterland verstreut, am 150 m langen Strand kleine Uferpromenade und beliebte Fischtaverne. Insgesamt wenig, was zum Bleiben reizt, jedoch entspannend ruhig, für Familien mit Kleinkindern geeignet. Südlich von Alikí (ums Kap herum) langer Kies-/Sandstrand mit Tamarisken und stehendem Gewässer dahinter.

• *Verbindungen* Busse von und nach Parikiá ca. 8-mal tägl.

• *Übernachten* **Hotel Narges**, A-Kat., 78 Zimmer mit Telefon und Mini-Bar, in der Anlage schöner Pool mit Bar und Restaurant. DZ ca. 65–120 €. ✆ 22840-91392, ℻ 91379.

Hotel Afrodíti, B-Kat., etwas zurück vom Strand, gepflegtes zweistöckiges Haus mit 20 Zimmern, Balkons z. T. mit hübschen Rundbögen, DZ ca. 25–35 €, ✆ 22840-91341.

Camping Alykí, unweit des Strandes auf der Rückseite des westlich von Alikí liegenden Hügels. Trotz Beschilderung nicht ganz leicht zu finden. Abgesehen vom gelegentlichen Flughafenlärm sehr ruhige Lage. Harter, lehmiger Untergrund mit vielen kleinen Steinchen. ✆ 22840-91303, ℻ 91150.

Die Straße von Alikí um die Südspitze von Páros nach *Driós* wurde erst in den 90er Jahren asphaltiert. Schöne Strecke mit herrlichen Ausblicken rüber nach Antíparos!

Quer durch Páros

Die Straße von Parikiá durchs zentrale Bergmassiv bietet einige der schönsten Eindrücke der Insel. Taschenlampe mitnehmen, um die berühmten Marmorstollen von Maráthi anzuschauen! Ein sehr lohnender Ort ist Léfkes, die alte Inselhauptstadt.

Die Marmorstollen

Die tiefen schwarzen Löcher im roten und weißen Marmorhang stammen bereits aus der Antike. Die Besichtigung ist ein kleines Abenteuer, das viel Spaß macht. Unbedingte Voraussetzung sind jedoch Taschenlampen, keinesfalls allein gehen! Gesamtdauer etwa 30–40 Min.

Die Stollen liegen etwa 5 km östlich von Parikiá. Unmittelbar nach dem Dorf *Maráthi* (rechts oberhalb der Straße) führt die Straße über eine kleine Brücke. Gleich danach geht rechts ein breiter Mamorboulevard hinauf (beschildert "Quarrys Maráthi" und "Ágios Minás"). Nach etwa 200 m links einige alte Bruchsteinhäuser (natürlich aus Marmor!), hier Parkplatz. Linker Hand im Hang liegen die schwarzen Stollenlöcher.

Als Eingang den Schlund nehmen, an dessen Beginn links ein altes Relief in den rostroten Marmor gemeißelt ist (hinter Gitter). Über Geröll kann man den steilen Gang hinuntersteigen. Vorsicht: je tiefer, desto feuchter! An der Sohle angelangt, nach links den stockdunklen Gang entlang, wird zunehmend niedriger und enger, keine Panik! Hier ist die beste Möglichkeit, die schier unglaubliche Lichtdurchlässigkeit des parischen Marmors zu testen. Selbst 20 cm dicke Brocken lassen das Licht der Taschenlampe noch durchscheinen! Der Gang mündet nach wenigen Minuten in einen schräg nach oben verlaufenden Ausgangsstollen.

Léfkes

Panoramalage am Hang. Blendend weiße Häuser, das tiefe Grün der Zypressen als Kontrast, auf dem Hügelkamm darüber Windmühlen.

Die ehemalige Inselhauptstadt ist heute das vielleicht schönste Dorf von Páros. Der Kern ist noch durch und durch mittelalterlich – schmale verwinkelte Gässchen ohne Autos, immer wieder abrupte Ecken, Windungen, Treppen und Torbögen. Einst lebten in Léfkes 3500 Menschen, die meisten als Steinbrucharbeiter. Doch als das Industriezeitalter neue Anforderungen an Verkehr und Schnelligkeit des Warenumschlags stellte, baute man den Hafen Parikiá an der Westküste und Léfkes begann auszusterben. In der Hotelanlage "Léfkes Village" (s. u.) ist das kleine *Museum der ägäischen Zivilisation* untergebracht, das den Alltag auf den Kykladen und anderen Inseln abseits vom Massentourismus darstellen will – griechisches Leben einst und heute. So kann man etwa die diversen Stuhltypen betrachten, die seit langem in den Kafenia verwendet werden, eine Ecke ist der Töpferei verschiedener Inseln gewidmet und auch die typische Kykladen-Architektur wird dokumentiert.

Öffnungszeiten tägl. 9–20 Uhr, in der Rezeption nachfragen.

Eine Panoramastraße führt von Léfkes auf den nahen *Ágios Pántes*, mit 755 m der höchste Inselberg. Oben genießt man einen herrlichen Rundblick über die zentralen Inseln der Kykladen.

• *Verbindungen* Die häufigen Busse von Parikiá nach **Písso Livádi** und **Driós** (Ostküste) halten in Léfkes, Haltestelle am nördlichen, oberen Ende des Ortes. Hier die Straße hinein bis zu einem Aussichtspunkt unter Bäumen. Dort führt die Hauptstraße links hinunter zur zentralen Platia mit Kafenion.

• *Übernachten* **Léfkes Village**, A-Kat., Schmuckstück am unteren Ortsrand, Panoramablick das Tal hinunter in Richtung Meer. Terrassenförmig am Hang, architektonisch gekonnt wurden Tradition und Moderne kombiniert. 20 Zimmer im schlichten mediterranen Stil. Auch über Reiseveranstalter zu buchen. DZ mit Frühstück je nach Saison ca. 75–125 €. ✆/📠 41827.

Hotel Pántheon, C-Kat., an der Straße, die von der Bushaltestelle in den Ort führt, großes, traditionelles Haus aus Marmorbruch, marmorgeflieste Gänge, unten weitläufiger Aufenthaltsraum. Von den Balkonen toller Blick. DZ mit Bad je nach Saison etwa 25–40 €. ✆ 22840-41646.

• *Essen* **Klarínos**, direkt an der oberen Platía im Ort. Von einem Einheimischen geführt. Nicht der Blick, sondern die Qualität des Essens entscheidet hier.

Kykladen
Karte S. 321

Wandertipp: Von Léfkes führt etwa parallel zur heutigen Fahrstraße ein gepflasterter *byzantinischer Weg* unterhalb der Kuppe mit den Windmühlen hinunter nach *Pródromos*. In früheren Jahrhunderten war er Teil der Inselhauptstraße von Parikiá über Léfkes nach Písso Livádi. Schöner Spaziergang zwischen Ölbaumterrassen und über ein Flussbett, ca. 1 Std., z. T. über Geröll.

Mármara, Márpissa und die Strände an der Ostküste siehe weiter unten nach Náoussa.

Inselnorden

Die Nordwestküste zwischen Parikiá und Náoussa bildet eine unzugängliche Felsbarriere – am besten vom Schiff aus zu beobachten.

Náoussa liegt wunderschön in einem weiten Golf. Im Westen türmen sich Felsmassen, nach Osten gleitet das Land sanft zur Klippenküste mit eingelagerten Sandstränden ab.

Náoussa

Idyllischer Fischerhafen mit Atmosphäre, allerdings stark vom Tourismus in Beschlag genommen. Der kykladische Charme weicht zusehends den genormten zwei- und dreistöckigen Villen und Appartementhäusern, die ins Umland wuchern.

Das viereckige, marmorgepflasterte Hafenbecken und der gemütliche Tavernenplatz an der Hauptstraße sind die alltäglichen Treffpunkte. Ansonsten bummelt man durch die engen, überwölbten Gassen oder tuckert per Badeboot zu den Stränden der Umgebung.

Verbindungen

Linienbusse von und nach **Parikiá** fahren in der Saison jede halbe Stunde, abends stündlich, Fahrtzeit etwa 20 Min., stoppen auch am Beginn vom Kolimbíthres-Strand. Weitere häufige Busse gehen nach **Písso Livádi** und **Driós**, mehrmals tägl. fährt auch ein Bus zum **Sánta-María-Strand**. Abfahrt aller Busse am Hauptplatz, dort auch **Taxistand**, ✆ 22840-51582.

In der Saison täglich **Badeboote** zum Kolimbíthres-, Monastíri-, Lángeri- und Sánta María-Strand (Abfahrt an der Mole bei der Brücke).

Übernachten

Viele Möglichkeiten in allen Preisklassen. Im Folgenden ungefähr nach Lage geordnet.

• *Im Ort* **Hotel Atlantis**, C-Kat., zentrale Lage an der Zufahrtsstraße, kurz vor der Brücke. 30 Zimmer mit Bad und Balkon, schöner Blick aufs Wasser, hinten hübscher Garten. Auffallend die geschmackvollen Rundbögen im ganzen Haus, angenehme Bar, DZ je nach Saison ca. 40–65 €, ✆ 22840-51340, ℻ 52087.

Hotel Madaky, E-Kat., an der Brücke, ein paar Schritte vor dem Hauptplatz. Einfaches, älteres Haus, mit 34 Zimmern weitläufig, durchschnittliches Mobiliar, einigermaßen sauber, z. T. Balkon und eigene Du/WC, freundliche Besitzerfamilie. DZ je Saison etwa 25–45 € mit, 20–35 € ohne eigenes Bad. ✆ 22840-51475.

Hotel Minóa, C-Kat., auf dem Hügel, den sich der neue Ortsteil von Náoussa hinaufzieht, 5 Min. vom Hauptplatz. Gute Zimmer mit Einbauschränken, Balkon und Bad, unten beliebtes Restaurant, hübsche, schilfgedeckte Terrasse, alles mit Holz verkleidet. DZ je nach Saison 30–50 €, ✆ 22840-51309.

Pension Stélla, B-Kat., versteckte Lage mitten im Ort, trotzdem ruhig (nach der Apotheke rechts hinein). Einfach, aber nett gemacht, geführt von älterem Ehepaar. Begrünter Innenhof, Zimmer mit Linoleumböden, ordentlich möbliert, Balkon, Meerblick, DZ mit Bad je Saison um die 30–50 €, ✆ 22840-51317.

Pension Christína, B-Kat., am Hügel über der Stadt (beschildert), ruhiges Wohnviertel mit zahlreichen "Rooms". Sehr schöne Anlage, Blumenkübel und Beete überall, verstreute Sitzgelegenheiten, Terrasse mit Blick über die ganze Bucht, Bar. Zwölf geräumige Zimmer mit dunklem Holz, jeweils Bad, Telefon, Kühlschrank, kleine Terrasse oder Balkon. DZ je nach Saison ca. 35–60 €, ✆ 22840-51017.

• *Pipéri-Strand* am westlichen Ortseingang, ca. 5-10 Fußminuten ins Zentrum.

Álpha Studios, an der Meeresseite der Straße, üppig mit Blumen geschmückte Anlage mit 5–6 Appartements, jedes mit Terrasse. Alles sehr sauber, tägliche Reinigung. Preise je nach Saison 30–82 €. ✆ 22840-51819, www.alpha-studios.gr

Hotel Castello, E-Kat., kleines Haus am Felshang oberhalb der Straße. Einfach, aber nett eingerichtet, helle Holzmöbel, sauber geflieste Böden, bunte Vorhänge. Nur zwölf Zimmer und dementsprechend recht persönliche Atmosphäre, keine Balkons, aber gemeinsame Sonnenterrasse. Je nach Saison etwa 25–55 €, ✆ 22840-51020.

Hotel Mary, C-Kat., ebenfalls über der Einfahrtsstraße. Sehr beliebt, deswegen sind die 16 Zimmer in der Saison meist durchgehend belegt. Balkons fast alle zum Meer, unten netter Aufenthaltsraum, zur Badebucht am Ortseingang 5 Min. zu Fuß. DZ je Saison ca. 30–50 €, ✆ 22840-51201, ℻ 51749.

Pension Sákis, hoch oben am Hügel (an der Polizeistation eine Gasse hinauf) vermieten Sákis und Martina aus Deutschland acht Zimmer und zwei Appartements für bis zu sechs Personen. DZ je nach Saison ca. 25–55 € und 40–110 € für ein Appartement. ✆ 22840-52171, 📠 24365. sakisrooms@paros-online.com

• *Ágii-Anárgiri-Strand* östlich vom Ort, 10 Min. ins Zentrum.

Hotel Kalypso, C-Kat., prima Lage unmittelbar am Strand, sehr schöner, gepflasterter Innenhof mit rankenden Bougainvillea, hübsche Lobby, Bar und Frühstücksraum, man kann aber auch im Hof frühstücken. Geräumige Zimmer mit Balkon oder Terrasse, meist Meerblick, auch Studios und Appartements (5 Pers.). DZ je nach Saison etwa 40–65 €, auch über Reiseveranstalter. ✆ 22840-51488.

Flora, mit Bougainvillea überwachsenes Haus unmittelbar seitlich vom Strand, moderne und saubere Zimmer mit Kühlschrank, die meisten mit Meerblick. DZ ca. 31–61 €. ✆ 22840-51435, 📠 52007.

• *Kolimbíthres-Bucht* einige Kilometer westlich von Náoussa.

Asteri, ruhig gelegene Bungalowanlage oberhalb einer hübschen Sandbucht zwischen Granitbrocken, etwa 5 km ab Náoussa. Gut ausgestattet, Pool und schöne Terrasse (Meerblick), in den Zimmern Steinfußboden und gediegene dunkle Möbel, rustikal eingerichtet, Küche und Bad. In der HS etwa 40–65 € für 2 Personen, 50–70 € zu dritt, 60–85 € zu viert (Preise inkl. Frühstück). ✆ 22840-51106.

• *Camping* **Náoussa**, am Kolimbíthres-Strand, etwa 2 km westlich von Náoussa, von Parikiá kommend, noch vor dem Ort. Bus von Parikiá hält auf Verlangen an der Straße, von dort noch ca. 1 km zu Fuß. Relativ großer, grüner Platz, geräumige Stellflächen durch Schilfbahnen getrennt, teils schöner, kräftiger Baumwuchs mit Oliven und Eukalyptus. Self-Service-Restaurant und kontaktreiche Bar. ✆ 22840-51595.

Surfing Beach Sánta María, östlich von Náoussa, größter Platz der Insel, direkt auf den Dünen des gleichnamigen Strands, leicht futuristisches Design, modern ausgestattet, Pool, Sanitäranlagen für Rollstuhlfahrer zugänglich, Schatten durch Schilfdächer und Bäumchen, die allmählich größer werden. ✆ 22840-51013, 📠 51937.

Essen

Wegen des hohen Besucheraufkommens große Auswahl. Die typischen "Touristen-Tavernen" gruppieren sich unter den hohen Eukalyptusbäumen am lang gestreckten Hauptplatz. Netter isst man im Ortskern und um den alten Fischerhafen.

Christós, auf schick und nobel gemacht, alles in weiß, Stofftischdecken, gehobene Preise. Wer das mag, findet hier eine angenehme Atmosphäre.

Minóa, im gleichnamigen Hotel. Adresse für gutes griechisches Essen der gehobenen Kategorie, schilfgedeckte Terrasse, innen sehr anheimelnd, viel Holz.

Dirfis, gegenüber Minoa, freundliche, familiäre Atmosphäre, schmackhafte Gerichte vom Holzkohlengrill und vernünftige Preise.

Meltémi, großes Lokal unterhalb der Brücke am Hafen, schöner Hafenblick und an Wochenenden viel besucht von Athener Gästen, die oft spontan singen und Tänze aufs Parkett legen.

Pervolaria, stimmungsvolles Gartenlokal etwas südlich außerhalb vom Zentrum. Man sitzt gemütlich, netter Service. Gute griechische Küche, aber auch Pizza vom holzbefeuerten Ofen. Nicht ganz billig. Nur abends.

Barbarossa, beliebte Fischtaverne im alten Hafen, genau gegenüber der Kapelle des Ágios Nikólaos. Geführt von Geórgios, einem sehr traditionsbewussten Parianer und Spezialist für Meeresküche, frischer Fisch ist hier Ehrensache.

Aliprantis, Konditoreicafé am Hauptplatz, alteingesessener Familienbetrieb, leckerer Kuchen und Gebäck aus eigener Produktion.

Kavárnis, weinüberranktes Haus gegenüber Christós, im ersten Stock stimmungsvoller Dachgarten.

Theo's Wine Bar, bei der Brücke am Hafen, man sitzt an kleinen Tischchen mit flackernden Windlichtern, nette Atmosphäre.

> Alljährlich am 23. August großes **Dorffest** zur Erinnerung an einen Seesieg über die Türken. Fackelerleuchtete Bootsparade, historische Kostüme und großes Spektakel. Nicht versäumen, wenn man gerade auf Páros ist.

Kykladen Karte S. 321

Strände um Náoussa

Etliche gute Sandstrände findet man zu beiden Seiten des Orts. Täglich fahren Badeboote hinüber, sind aber alle auch per Moped zu erreichen.

Im Westen

▸ **Kolimbíthres**: westlich von Náoussa, landschaftlich großartig, weiter Golf mit schroffen Felshängen. Im südlichen Bereich der Bucht mehrere hundert Meter lange Sand- und Kiesstreifen (Campingplatz dahinter). Dann führt die Straße vom Ufer weg und trifft erst wieder am nördlichen Ende ans Wasser. Dort befindet sich die eigentliche Attraktion: bizarre Mondlandschaft aus ausgehöhlten Granitbrocken, eingelagert kleine, windgeschützte Sandbuchten. An der Straße mehrere kleine Tavernen.

▸ **Monastíri**: sandige Badebucht nördlich vom Kolimbíthres unterhalb vom ehemaligen *Kloster Ágios Ioánnis Pródromos*, im Sommer sehr voll. Große Taverne, Surfbretter, Pedalboote.

Im Osten

▸ **Lángeri**: langer Sandstreifen, z. T. mit Dünen, an der Innenseite der Bucht. Von der Halbinsel Ikonímiou, wo der Fahrweg zur Ostseite von Páros abgeht, ca. 10 Min. zu Fuß am Wasser entlang, jenseits der kleinen Kapelle. Auch per Badeboot zu erreichen.

▸ **Sánta María**: an der östlichen, Náxos zugewandten Seite der großen Halbinsel östlich von Náoussa. Langer und schmaler Sandstrand mit herrlichen Wacholderdünen und einigen ausgetrocknete Salzseen, ein moderner Campingplatz (siehe Náoussa/Übernachten). Wegen des ständigen Winds, der hier durch den Kanal zwischen Páros und Náxos weht, viele Surfer.

Ostküste

▸ **Ampelás**: nur eine Handvoll Häuser zwischen Gemüsegärtchen und Weinfeldern. Kleiner Strandfleck neben der Mole, an der die Fischerboote vertäut sind.

▸ **Mólos**: gut 500 m langer Strand mit Dünen, eingebettet zwischen zwei kahle, steile Felsenkaps. Noch sehr wenig besucht, im südlichen Teil werden Zimmer vermietet, zwei Tavernen.

▸ **Mármara**: ehemals reiches Dorf, aber immer wieder durch Seeräuber zerstört. Am Ortsausgang Richtung Mólos-Strand steht die hübsche zweischiffige Kirche *Ágios Sávvas* mit kleiner Pinienallee und verstreuten byzantinischen Marmorreliefs.

▸ **Márpissa**: das größte Dorf der Region. Einige hübsche Kirchen und drei Windmühlen im Zentrum. Vom zentralen Platz führt ein Fußpfad auf die Spitze des 100 m hohen *Kéfalos* mit Resten eines venezianischen Kastells und dem *Kloster Ágios Antónios* (nicht zugänglich).

Písso Livádi

Ursprünglich winziges Nest, das aber durch den florierenden Tourismus sehr gewachsen ist. Tavernen, Hotels und Privatzimmer gruppieren sich um den kleinen, weißen Sandstrand und den Fischerhafen.

• *Verbindungen* häufige Busse von und nach Parikiá und nach Driós.
In der Saison fahren kleinere Passagier- und Ausflugsboote nach Náxos-Stadt hinüber, z. B. die **Captain Káfkis** und die **Express Scopelítis**.

Der Rundblick schlechthin: Auf dem Dach von Páros

• *Übernachten* Jedes zweite Haus vermietet Zimmer oder Appartements.

Hotel Andromáche, C-Kat., gleich am Strand, zu erkennen an den roten Türen, mit hellen Schwedenholzmöbeln ansprechend eingerichtet, geräumige Badezimmer, freundliche Vermieterin. DZ je Saison etwa 25–45 €, ✆ 22840-41387.

Hotel Letó, C-Kat., halbhoch über dem Strand an der Straße zum benachbarten Logarás Beach. Schöne Holzbalkons, relativ neues Mobiliar, Bäder sauber gefliest, sogar Kochecke und Spülbecken für Geschirr. DZ mit Bad je nach Saison etwa 25–45 €, ✆ 22840-41283, ℻ 41505.

Élena, neu erbaute Studios und Appartements, gepflegt, 100 m vom Meer, mit Kinderspielgeräten. ✆ 22840-42567, ℻ 41139.

Rooms Ánna, A-Kat., direkt am Anleger. Ánna Agoúrou vermietet 4 Zimmer im zweiten Stock des Hauses. Alle geräumig und sauber, mit kleinem Kühlschrank und neuen, hellen Möbeln. Bäder okay. DZ je nach Saison ca. 20–40 €. ✆ 22840-41320.

Camping Captain Káfkis, etwa 400 m landeinwärts an der Straße nach Márpissa, ruhige Lage. Terrassiertes Gelände am Hang gegenüber üppig grünem Eukalyptuswäldchen. Mäßiger Schatten durch junge Pappeln, aber erstaunliche Pflanzenvielfalt durch interessante Ziersträucher und Blumen. Kleines Self-Service-Restaurant mit gemütlicher Terrasse und weitem Blick, Swimmingpool. Sanitäre Anlage mäßig, kleiner Laden. ✆ 22840-41479.

• *Essen* **Vróchas**, freundliche Taverne am Strand, Tische stehen direkt im Sand.

Mourágio, Ouzerí vorn an der Spitze der Landzunge, fangfrischer Fisch und Kalamares, schöner Blick.

Stávros, zentral im Ort gelegene Großraumtaverne, an den natursteingemauerten Bögen zu erkennen. Sehr große Auswahl an verschiedenen Gerichten, auch Vegetarisches.

Anchoragé Café, beliebter Abendtreff, Cocktails, aber auch Frühstück. Schöner Hafen- und Strandblick.

Kykladen Karte S. 321

▸ **Logarás**: gut 500 m langer, feinsandiger Strand, südlich benachbart von Písso Livádi. Windsurf- und Tauchschule, mehrere neue Hotels mit Tavernen und einige Bars direkt am Strand.

▸ **Poúnta**: südlich nebenan, "In-Treff". Kleiner, feinsandiger Strand mit ausgeprägter Dünenbildung, Nacktbaden und freies Zelten toleriert. Im "Poúnta Beach Club" gibt es "Cocktails, Essen und Mega Fun fast wie auf Mýkonos" (✆/℻ 22840-41717).

▸ **Tzardákia (Néa Chrissí Aktí)**: exzellenter Surfstrand, der zu den besten im Mittelmeer gehört. Zwei gut ausgestattete Hotelanlagen sorgen für Unterkunft, der *Páros Surf Club* bietet Surfkurse und Equipment.

• *Übernachten* **Hotel New Golden Beach**, L-Kat., das einzige Luxushotel der Insel. Studios, Appartements und Suiten im kykladischen Stil. Hoteleigenes Restaurant, zwei Swimmingpools, Tennisplatz und Autoverleih. Studio ca. 70–110 €, Appartement ca. 125–200 €, Suite ca. 145–240 €. ✆ 22840-42650, ℻ 42649.

Die beiden **Hotels Páros Philoxenía** (B-Kat., ✆ 22840-41778, ℻ 41978) und **Silver Rocks** (B-Kat., ✆ 22840-41244, ℻ 41944) besitzen auch beide einen Swimmingpool.

▸ **Golden Beach (Chrissí Aktí)**: Sein Ruf ist fast schon legendär, er gilt als bester Strand von Páros. Etwa 1 km hellbrauner Sand mit hohen Dünen und Schilf, zu beiden Seiten von niedriger Steilküste eingeschlossen, Blick auf vorgelagerte Felseninseln. Das deutsch geführte Surf-Center *Fanatic Fun* liegt in der Strandmitte, außerdem *Sun Wind Bic.*

• *Übernachten/Essen* Zwei fast gleichwertige Hotels, jeweils mit Restaurant, liegen einander an der Zufahrt zum Strand gegenüber, direkt am Meer.

Hotel Golden Beach (Chrissí Aktí), C-Kat., größeres Haus, alles marmorgefliest, unten freundliche, bunte Sitzgelegenheiten, wohnlich eingerichtet, auch die Gänge, Zimmer mit Kiefernholzmöbeln und Balkon, große geflieste Bäder. DZ je Saison etwa 35–70 € mit Frühstück, außerdem zwei Appartements für ca. 45–70 €. ✆ 22840-41366, ℻ 41195.

Hotel Amaryllís, C-Kat., vis á vis vom Golden Beach, familiäre Atmosphäre, nette Wirtin. Gänge etwas kahl, Zimmer mit ordentlichem Holzmobiliar, ansprechend gekachelte Bäder, DZ je Saison ca. 30–50 € mit Frühstück, ✆ 22840-41410.

▸ **Driós**: weit auseinander gezogenes, wasserreiches Dorf mit hohen Bäumen und Gärten. Lange Wege zwischen Oleander und Olivenhainen, Eukalyptus und Pinien. Kleiner Sandstrand und niedrige Klippenküste, etliche Hotels.

• *Verbindungen* häufige Busse nach **Parikiá**, mehrmals tägl. über **Písso Livádi** nach **Náoussa**.

• *Übernachten* **Hotel Nissiótiko Spíti**, D-Kat., angenehmes und ruhiges Haus, etwas versteckt direkt oberhalb von schmalem Sand-/Kiesstrand, sehr schöner Garten mit schattigen Bäumen. 16 einfache, aber hübsche Zimmer mit Du/WC und teilweise Kühlschrank, herrlicher Blick. DZ mit Frühstück je Saison etwa 25–45 €. ✆ 22840-21640.

Hotel Sea View, C-Kat., geschmackvolles Hotel im Bungalowstil, hellblau/weiß gehalten, Zimmer mit gemauerten Steinbetten, jeweils hübsche Terrasse, Pool und Poolbar, zum nächsten Strand 150 m, DZ je nach Saison ca. 25–55 €. ✆ 22840-41923, ℻ 41925.

• *Essen* **To Kýma**, schräg gegenüber vom Hotel Ávra am Anfang der Paralía gelegen. Die freundliche, junge Wirtin Glikería, von Freunden Rítsa genannt, spricht vorzüglich Deutsch. Sie kocht Spezialitäten aus ihrer nordgriechischen Heimat sowie kykladische Küche.

Antíparos

Die kleine Schwester von Páros. Sanft gerundet, fast lieblich wirken die menschenleeren, niedrigen Hügel. Wenig Spektakuläres, aber vielleicht ist es gerade das, was Antíparos reizvoll macht. Vor allem junge Leute, die vom Rummel gegenüber die Nase voll haben, finden hier Erholung.

Die einzige Inselsiedlung ist ein Hafenörtchen aus dem Bilderbuch – zumindest in der Nebensaison. Im Sommer findet man dagegen in den Tavernen, Cafés und Pubs so leicht keinen freien Platz mehr. Die mittlerweile zahlreichen Discotheken und Disco-Bars, der Campingplatz samt FKK-Strand und die überall aus dem Boden sprießenden "Rent Rooms"-Schilder signalisieren, dass Antíparos schwer im Trend liegt. Das Seine dazu tut der rege Durchgangsverkehr von Tagesausflüglern, die zur größten Tropfsteinhöhle der Kykladen im Süden der Insel geschleust werden. Die über die ganze Insel verstreuten kleinen Strände sind allerdings auch in der Saison nicht überlaufen und bei Individualisten beliebt.

Antíparos auf einen Blick

Größe: 35 qkm, Länge ca. 12 km, Breite ca. 5,5 km. Höchster Gipfel ist der Ágios Ilías (300 m).

Bevölkerung: ca. 550 Einwohner.

Straßen: Nur die Straße von Antíparos-Ort zur Tropfsteinhöhle ist asphaltiert. Pisten gibt es zum Campingplatz im Norden, zum Livádi-Beach an der Westküste und von der Höhle zum Strand von Ágios Geórgios (südliche Westküste).

Entfernungen: Antíparos – Tropfsteinhöhle 9 km.

Zweiradverleih: nur in Antíparos-Ort.

Tankstellen: eine einzige, 1 km vom Ort.

Übernachten: Hotels und Privatzimmer in Antíparos-Ort, ein Campingplatz.

Baden: etliche kleinere Strände um die ganze Insel, auch beim Ort.

Karten: siehe Páros.

Verbindungen

Antíparos ist nur von Páros aus zu erreichen. Keine Verbindung nach Piräus.

Fähren von Parikiá: nach *Antíparos-Ort* im Sommer etwa stündl., in der Nebensaison weniger. Abfahrt im Hafen an der kleinen Mole beim Busstopp, dort auch Ticketverkauf und Information. Dauer 30 Min., ca. 2,50 € einfach. Einige Boote fahren zur *Höhle* weiter.

Fähren ab Poúnta: die kürzeste Überfahrt, Poúnta liegt genau gegenüber von Antíparos-Ort, kleine, bullige *Autofähren* überqueren den nur 1,5 km breiten Kanal in der Hochsaison alle 20 Min. Kostenpunkt pro Pers. ca. 0,80 €, Mofa 2 €, Auto 8–10 €, Fahrtdauer ca. 10 Min. Letzte Fähre zurück nach Páros je nach Jahreszeit meist gegen 23.30 Uhr – vorher checken und rechtzeitig am Hafen sein, wenn man zurück will!

Antíparos-Ort

Kykladen Karte S. 321

Das hübsche Hafenörtchen liegt an der engsten Stelle der Insel. Trotz ständig steigender Touristenzahlen ist es um vieles geruhsamer und überschaubarer als Parikiá.

Wie aus dem Ei gepellt präsentiert sich das Örtchen: Alle Gassen sind sorgfältig gepflastert und mit geweißelten Kalkfugen versehen, die Häuser tadellos restauriert, die Tavernen liebevoll aufgemacht. Die Hauptgasse führt vom Hafen schnurgerade hinauf zu einer Gabelung, dort gelangt man nach wenigen Metern auf eine idyllische *Platía* mit riesigem Eukalyptusbaum und zwei Cafés, deren Tische fast die ganze Fläche einnehmen. Geradeaus kommt man durch einen überwölbten Durchgang zum westlichen Ortsende und zum *Bónos-Strand* (siehe Baden). Rechts vom Platz liegen die alten Gassen des venezianischen *Kástro-Viertels*, dessen Ursprünge ins 15. Jh. zurückgehen.

Verbindungen/Adressen

• *Verbindungen* Der **Inselbus** fährt in der Saison jeden Vormittag mindestens stündlich vom Hafen zur **Höhle** (ca. 2,50 € hin/rück), z. T. auch weiter zum Strand von **Ágios Geórgios** (siehe Inselsüden). Weitere Verbindung zur Höhle gibt es per **Boot**, etwa 3-mal tägl. (nur vormittags), zurück zwei Stunden später.

Im Hochsommer fahren **Badeboote** zu verschiedenen Stränden der Insel.

• *Adressen* **Geldwechsel** (für Schweizer), Bank am Hafen.

Gepäckaufbewahrung, bei Oliarós Tours, gegenüber vom Anleger.

Post, an der Hauptgasse vom Hafen zur Platía.

Telefon, OTE bei der Platía links, dann rechte Straßenseite. Überall Kartentelefone im Ort.

Wäscherei (Laundry) an der Hauptgasse vom Hafen zur Platía.

Zweiradverleih, südlich vom Hafen.

Übernachten

Riesiges Angebot an Unterkünften, selbst in der Hochsaison kein Problem. Die Bewohner überhäufen einen bei der Ankunft mit Offerten.

Hotel Mantaléna, D-Kat., vom Anleger ein Stück nach rechts, mit 32 Zimmern größtes Inselhotel, grundlegend renoviert, vorne schöne Terrassen zum Meer, DZ mit Bad je nach Saison 25–50 €, ✆ 22840-61206.

Hotel Galíni, C-Kat., neues, hübsches Haus, am südlichen Ortsrand, die Hauptstraße hinauf und links hinein, Aufenthalts-/ Frühstücksraum mit TV, unten Taverne "Pavlos Place" (spezialisiert auf Fisch), DZ ca. 25–50 €, ✆ 22840-61420.

Hotel Dímitra, C-Kat., 18 Zimmer in einer neueren Anlage an der nördlichen Buchtseite. Alle Zimmer mit Bad, Deckenventilator, Kühlschrank und Telefon. Frühstück wird auf der mit Bougainvillea überwucherten Veranda serviert. DZ ca. 30-55 €. ✆ 22840-61474.

Hotel Ártemis, C-Kat., 1993 erbaut, hübsche Anlage am nördlichen Buchtende, viel Grün ums Haus, angenehme, schattige Terrasse, Zimmer mit Balkonen zur Bucht, jeweils Kühlschrank. DZ je nach Saison ca. 25–55 €, ✆ 22840-61460, ✆ 61472.

Koúros Village, B-Kat., neben Ártemis am Nordrand der Hafenbucht, brandneue Anlage mit Studios und Appartements, Pool mit beliebter Bar, herrlicher Blick aufs Wasser.

Pension Panorama, von der Anlegestelle rechts halten und 100 m eine Gasse hinauf. Am höchsten Punkt vom Ort, Blick auf Ort und Meer. DZ je nach Saison ca. 25-50 €. ✆ 22840-61523.

Camping Antíparos, an der nördlichen Inselspitze, gegenüber den vorgelagerten Inseln, direkt am Strand. Vom Hafen ca. 20 Min. zu Fuß (Weg beschildert), manchmal kommt der campingeigene Bus zur Fähre. Großer Sand-/Kiesplatz unter einigen knorrigen Wacholderbäumen, etliche Schilfbahnen geben ausreichend Schatten. Fast nur junge Leute auf dem Platz, was die Atmosphäre prägt. Sanitäre Anlage sauber, Self-Service-Restaurant mit Einkaufsmöglichkeit, abends dröhnt die benachbarte Disco, Strand siehe unter Baden. Geöffnet April bis Oktober. ✆ 22840-61221.

Essen/Nachtleben

• *Essen* **Spíros**, seit über 30 Jahren am kleinen Anlegekai. Die Mutter der Wirtin kocht vorzügliche inseltypische Gerichte. Spezialitäten sind gekochtes Huhn, gegrillter Oktopus und Moussaká.

Statherós, Fisch- und Grilltaverne an der Paralía. Empfehlenswert sind die mit Hackfleisch gefüllten Auberginen, Rindfleisch in Tomatensauce sowie die diversen Fischgerichte. Gutes Angebot an Vegetarischem.

5 F, ebenfalls an der Hauptstraße, nett aufgemachter Schnellimbiss, spezialisiert auf Gýros und Souvláki, kein Fisch, witziger Inhaber.

• *Nachtleben* Dank der vielen jungen Besucher ist einiges geboten, die Zustände von Páros sind aber noch nicht erreicht.

Marianós Club, Disco am Weg von der Stadt Richtung Campingplatz.

Lucky Luke Pub, an der Hauptplatia von Antíparos-Ort im hinteren Ortsteil.

The Door's, unweit vom Lucky Luke. Auch die Musik unterscheidet sich kaum. Innen hängen Dutzende Bilder von berühmten Filmschauspielern.

The Mill, seit langen Jahren Disco in einer Windmühle südlich vom Ort.

▸ **Baden**: Unmittelbar nördlich vom Ort schließt die Bucht mit einem *Sandstrand* ab, einige Bäume sorgen für Schatten.

Der *Diapóri-Strand* liegt vor dem Campingplatz und ist offizielle Nacktbadezone. Etwa 200 m flaches Sandareal, niedrige Dünen und Wacholdermacchia. Ideal für

Kinder und Nichtschwimmer, da das Wasser ganz seicht ist. Der Clou: Wenn man die richtige Furt erwischt, kann man sogar auf die gegenüberliegende flache Insel hinüberwaten! Auch beliebt bei Windsurfern, Brettvermietung.
Der *Bónos-Strand* liegt an der dem Hafen gegenüberliegenden Westseite von Antíparos (durch den Ort durchlaufen). Schöner Sandstrand, nördlich anschließend zerrissene Klippen- und Buchtenlandschaft, wunderbare Sonnenuntergänge.

Inselrundfahrt

Zur Höhle sind es etwa 9 km. Von der Platía im Ort die Straße nach Süden nehmen, durchgehend asphaltiert. Etwa auf der Hälfte der Strecke durch die einsamen, kahlen Hänge, kurz vor dem kiesigen Strand von *Glifá* ein Abzweig nach Westen zum einsamen *Livádi-Strand* (Möglichkeit einer Rundfahrt, denn von Livádi geht eine befahrbare Piste zurück nach Antíparos-Ort).

150 Jahre alte Unterschrift eines Monarchen – König Otto von Griechenland hautnah

▸ **Spílion Agíou Ioánnou**: Tropfsteinhöhle, 170 m hoch im Berg. Die Straße führt bis zum Eingang mit der Kapelle des Ágios Ioánnis hinauf. Auf steilen und glitschigen Stufen steigt man etwa 90 m hinunter zum tiefsten Punkt. Überall quellen meterdicke Tropfsteingebilde. Auf einem breiten Stalagmit, der damals schon abgebrochen war, zelebrierte anno domini 1673 ein französischer Diplomat die Weihnachtsmesse. In den letzten Jahrhunderten wurde die Höhle immer wieder beschädigt: So transportierten russische Offiziere im 18. Jh. Dutzende von Tropfsteinen nach St. Petersburg, weitere wurden im Zweiten Weltkrieg von italienischen Soldaten als Zielscheiben für ihre Schießübungen benutzt. Zahllose Besucher haben ihre Namen in die Wände und Tropfsteine geritzt. Unmittelbar am tiefsten Punkt, genau wo die Treppe endet, auch die krakeligen Schriftzeichen *"Othona, Basileus tis Ellados, 1840"*. Angeblich hat hier *Otto I.*, damaliger bayerischer König von Griechenland, sein Signum eingraviert (bzw. einritzen lassen). Noch ältere Inschriften findet man auf einer Art Plattform linker Hand (Abzweigung beim Runtergehen).

• *Anfahrt* **Busse** fahren unmittelbar bis zum Parkplatz unterhalb der Höhle. Die **Boote** landen an einem winzigen Anleger mit Taverne, etwa 2 km unterhalb. Von dort ca. 30 Min. Fußmarsch hinauf (gutes Schuhwerk nötig – Geröll!) oder auf dem schwankenden Rücken eines Maulesels (20 Min., ca. 5 € hin u. zurück).

• *Öffnungszeiten/Eintritt* im Sommer tägl. 9–16 Uhr, ca. 2 €. In der Nebensaison (11–14 Uhr) wird die Höhle nur geöffnet, wenn öffentliche Verkehrsmittel angekommen sind (Busse oder Boote). Falls man allein unterwegs ist, muss man dann eventuell warten, bis eine Gruppe kommt.

Kykladen
Karte S. 321

Náxos

Fast ein Kontinent! Keine andere Insel der Kykladen besitzt diese Vielfalt der Landschaften – fruchtbare Uferebenen, steile, fast alpenähnliche Bergmassive, silbriggrüne Olivenhaine, kilometerlange, weißsandige Strände ...

Doch die ganze Bandbreite des Spektrums verbirgt sich vor den Augen des Ankömmlings. Hinter Náxos-Stadt steigen absolut kahle, braune Barrieren auf – kein Baum, kein Strauch, nur ganz am Horizont entdeckt man den *Zas*, den höchsten Gipfel der Kykladen. Die volle Schönheit von Náxos lernt man erst kennen, wenn man sich auf die Reise macht: quer durch die Insel zur Ostküste, in den Norden nach Apóllonas, in den unerschlossenen Süden ... Wenn man ein Fahrzeug auf die Kykladen mitnehmen will, dann lohnt es sich hier! Wobei nicht zu vergessen ist, dass Náxos-Stadt zu den interessantesten Siedlungen der Inselgruppe gehört und die *Strände südlich der Stadt* sicher die allerbesten der Kykladen sind. Also genug zu tun und zu erleben auch ohne vier Räder.

Trotz all dieser Vorzüge ist Náxos noch nicht so überlaufen wie das Dreiergespann *Mýkonos-Páros-Santoríni*. In der touristischen Entwicklung hinkt man gut 10 bis 15 Jahre hinter der Nachbarinsel Páros her – zum Glück, wie viele Inselliebhaber meinen.

Náxos auf einen Blick

Größe: 428 qkm, Länge ca. 32 km, Breite bis ca. 23 km. Höchster Gipfel der Insel und der gesamten Kykladen ist der Zas mit 1001 m.

Bevölkerung: ca. 14.000 Einwohner.

Geografie/Geologisches: fruchtbarste Insel der Kykladen und die einzige, die Agrarüberschüsse aufs Festland exportieren kann: Wein, Obst, Kartoffeln, Oliven. Außerdem groß angelegter Marmorabbau (siehe Moní) und früher auch Schmirgel (siehe Moutsoúna).

Wichtige Orte: Náxos-Stadt; Chalkío und Filóti, Zentren der Tragéa-Hochebene; Apíranthos, alte Bergstadt; Apóllonas, Badeort im Norden.

Straßen: Die Hauptachsen des Verkehrs sind mittlerweile überall asphaltiert. Entlang der Ostküste gibt es dagegen nur Erdpisten, der Südteil von Náxos ist noch kaum erschlossen.

Entfernungen: Náxos-Stadt – Filóti 20 km, Náxos-Stadt – Apóllonas 54 km, Náxos-Stadt – Órmos Pirgáki 21 km.

Auto-/Zweiradverleih: diverse in Náxos-Stadt, Ágios Prokópios und Agía Ánna.

Tankstellen: Das Netz ist noch immer nicht lückenlos. Die Zapfstellen konzentrieren sich auf Náxos-Stadt und die Region Inselmitte. Im Norden, Süden und Osten nach wie vor keine Tankstellen

Unterkunft: Hotels und Privatzimmer in Náxos-Stadt, Apóllonas und an den Stränden südwestlich von Náxos-Stadt. Privatzimmer in Chalkío, Filóti, Moní, Apíranthos, Moutsoúna, Liónas, am Abrámi-Strand (Norden) u. a. m. Drei Campingplätze bei Náxos-Stadt.

Baden: Gute Bademöglichkeiten und Strände liegen an allen Seiten der Insel, konkurrenzlos ist jedoch die Reihe hervorragender Sandstrände südwestlich von Náxos-Stadt.

Karten: Gut brauchbar ist die 1995 vom deutschen Harms-Verlag herausgegebene Karte "Náxos-Kykladen-Touristikkarte" im Maßstab 1:50.000.

Neueste Karte ist die Ausgabe der Athener Road Editions im Maßstab 1:50.000. Erhältlich auf der Insel. Beide Karten verzeichnen auch Wanderwege, Höhenlinien, vereinzelte Häuser und Kapellen sowie touristisch interessante Objekte.

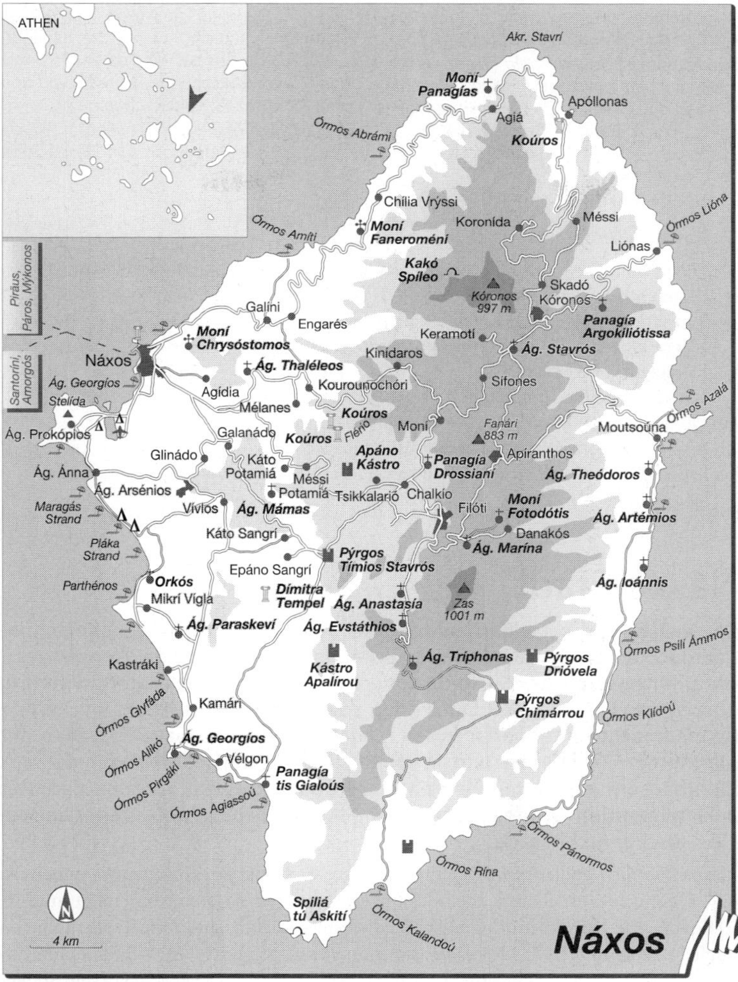

Kykladen Karte S. 321

Verbindungen

Sehr gute Anschlüsse an das kykladische Linienschiffnetz. Das Meiste läuft via *Páros* und weiter in Richtung *Síros-Mýkonos-Tínos-Piräus* bzw. *Íos-Santoríni*. Von Náxos auch beste Möglichkeit, nach *Iráklia, Schinoússa, Epáno Koufoníssi, Donoússa* und *Amorgós* zu gelangen. Mehrmals tägl. außerdem Flüge von und nach Athen.

Fähren: Von und nach *Piräus* gehen Fähren etwa 2- bis 4-mal tägl., kostet auf Deck ca. 13 €, Auto je nach Länge ca. 50–75 €, Motorrad (je nach ccm) 10–15 €. Von und nach *Rafína* 1-mal tägl., auf Deck ca. 12 €, Auto ca. 45-70 €. Ansonsten von und nach *Páros* bis zu 4-mal tägl., Anlegestelle in Parikiá (kleinere Boote fahren auch nach Náoussa und Písso Livádi), *Mýkonos* 2-mal, *Íos* und *Santoríni* mindestens 1-mal tägl. (z. T. über Síkinos und Folégandros).

Außerdem Überfahrten auf die *"Kleinen Kykladen"* (Details siehe dort) und *Amorgós*.

Schnellboote: *Speed-Boote* fahren mehrmals tägl. auf der Ostkykladenroute: Rafína-Mýkonos-Síros-Páros-Náxos-Santoríni und zurück. Doppelter Preis wie die Fähren aber auch doppelt so schnelle Überfahrt, kein Autotransport.

Flug: Der Flugplatz von Náxos liegt wenige Kilometer südlich von Náxos-Stadt, ✆ 22850-23292. Derzeit gibt es 2- bis 3-mal tägl. Flüge mit kleinen Maschinen von und nach *Athen*, ca. 60 € inkl. Steuern.

Olympic-Vertretung im Reisebüro "Náxos Tours" an der Hafenfront von Náxos-Stadt (siehe Adressen).

Rondo Veneziano

Marco Sanoudo hieß der venezianische Herzog, der 1207 das ausgedehnte venezianisch-kykladische "Herzogtum Náxos" gründete. 17 Inseln verleibte er ihm ein und bis tief ins 16. Jh. konnten die Venezianer in der Ägäis an der Macht bleiben. Wie kein zweiter Fremdherrscher haben sie die Architektur der Kykladenorte geprägt.

Náxos wurde die Kommandozentrale Sanoudos – auf dem heutigen Stadthügel errichtete er eine mächtige Festung mit zwölf Rundtürmen. Die Ländereien der Insel verteilte er an venezianische Adlige, die sich prächtige Wohntürme erbauen ließen. Ihre z. T. restaurierten Ruinen sind noch heute überall auf Náxos zu sehen (so genannte "Pýrgi").

Náxos-Stadt

Die weißen und pastellfarbenen Würfel in einer weiten Küstenebene, hingedrängt an einen Hügel. Unüberschaubar das Gewirr von Treppengässchen. Mittelalterliche Häuser in- und übereinandergeschachtelt, dämmrig überwölbte Passagen mit Dutzenden von Läden und Lädchen, wuchernde Blumenpracht hinter verfallenden Mauern, jahrhundertealte Fassaden mit marmornen Türstürzen und Wappen. Das Ganze gekrönt von der aus Wehrhäusern gebildeten venezianischen Burg, die sich von den darunter anklammernden Vierteln kaum abhebt. Ein Lehrbeispiel venezianisch-kykladischer Architektur.

Náxos kommt weniger "schick" daher als Páros-Stadt, ist griechischer, wenn man so will. Dennoch wurde die lange, elegant geschwungene Hafenpromenade mittlerweile fein mit viel Marmor herausgeputzt. Und natürlich sind ebenso alle üblichen Begleiterscheinungen des Inseltourismus anzutreffen: bunte Video-Bars, noble Cafés und laute Stranddiscos, überteuerte Touristentavernen und überflüssige Souvenirshops, langweilige Außenbezirke mit schnell hoch gezogenen Einheitsbauten... Trotzdem hat Náxos einen Kern, der von all dem unbeeindruckt bleibt. Man spürt Geschichte, wenn man durch die stillen Gässchen zur Kathedrale hinaufsteigt. Und man sieht die Geschichte hautnah auf der Halbinsel nördlich vom Hafen – das gewaltige *Marmortor* steht dort seit gut 2500 Jahren.

Information/Verbindungen

• *Information* **Náxos Tourist Information Center**, vis á vis vom Fähranleger, geführt von Déspina Kitíni vom Hotel Chateau Zefgóli. Auskünfte über Busse, Hotelvermittlung, Gepäckaufbewahrung, Ticketverkauf, Vermittlung von Mietfahrzeugen, Ausflüge, Geldwechsel usw. ✆ 22850-25201, 📠 25200.

• *Verbindungen* **Busstation** genau gegenüber der langen Anlegemole (Abfahrtszeiten sind angeschlagen).

In der Saison zum **Agía-Ánna-** und **Ágios-Prokópios-Strand** etwa 10-mal tägl. bzw. stündlich (NS ca. 5-mal), nach **Chalkío** und **Filóti** ca. 5-mal tägl., nach **Apíranthos**, **Koronída** und **Apóllonas** ca. 3-mal tägl., nach **Pirgáki**, **Vívlos (Trípodes)** und **Engarés** 2-mal tägl., nach **Mélanes**, **Kinídaros**, **Danakós**, **Keramotí** und **Potamiá** ca. 1-mal tägl.

Taxistandplatz bei der Grünanlage an der Hafenfront, ✆ 22850-22444.

Adressen

• *Ärztliche Versorgung* **Health Center**, Krankenhaus am Stadtrand, Ausfallstraße nach Filóti (Papavassilíou Str.). Mehrere Ärzte, 24-Std.-Service. ✆ 22850-23333.

• *Ausflüge* Wie auf allen Touristeninseln bieten die Agenturen an der Hafenfront Ausflüge zu allen bedeutenden Zielen der Insel – nach **Apóllonas**, in die **Tragéa** (zentrale Hochebene von Náxos), zum **Koúros** in den Flério-Marmorbrüchen. Außerdem Tagesexkursionen nach **Mýkonos/Délos** (ca. 25 € zuzügl. Eintritt in Délos), **Páros**, **Amorgós**, **Santoríni** und andere Inseln.

• *Auto-/Zweiradverleih* unbedingt lohnend auf Náxos, denn die Insel ist sehr groß und man ist wesentlich unabhängiger als mit Bussen, die die kleinen Orte im Inselinneren z. T. nur 2- bis 3-mal tägl. anfahren. Die meisten Anbieter findet man südlich vom Hafen, in der Straße zum Ágios-Geórgios-Strand und an der dortigen Platía Protodikiou.

Autour, vom Anleger nur 100 m die Straße Richtung Ortsteil Grótta. Der freundliche Stélios vermietet aber nur Autos. Alle Fahrzeuge machen einen gut gewarteten Eindruck. ✆ 22850-25480.

Náxos Moto Rent Sousoúnis, unser Tipp für Zweiräder. Große Auswahl, faire Vertragspraxis und 24-Std.-Straßenservice. Hier gibt es auch ständig neue Mountainbikes. Außerdem Helme in verschiedenen Größen. ✆ 22850-24704.

• *Gepäckaufbewahrung* u. a. im **Náxos Tourist Information Center**, gegenüber Anleger.

• *Geldwechsel (für Schweizer)* Mehrere Banken an der Hafenfront und in der Ódos Papavassilíou.

• *Olympic* **Náxos Tours**, am Südende der Hafenfront, ✆ 22850-23043, ℻ 23951.

• *Post* am südlichen Ende der Hafenfront weiter geradeaus, dann am Ende des Basketballplatzes auf der linken Seite. (Mo–Fr 7.30–14 Uhr).

• *Telefon* **OTE-Zentrale** am südlichen Ende der Hafenfront, neben Hotel Hermes (im Juli/August tägl. 7.30–22 Uhr, sonst Mo–Fr 7.30–15.30 Uhr).

Übernachten (siehe Karte S. 405)

An Hotels herrscht kein Mangel. Die meisten liegen im Neubauviertel am Strand *Ágios Geórgios*. Besonders schön wohnt man oben auf dem *Festungshügel* – mit Atmosphäre und herrlichem Blick. Weitere Unterkünfte im Stadtteil *Grótta*, nördlich vom Hafen.

• *An der Hafenfront* **Hotel Coronis (13)**, C-Kat., an der südlichen Uferfront, durchschnittliches Hafenhotel, leidlich eingerichtet, prächtiger Meeresblick, alle Zimmer mit Bad. DZ je nach Saison etwa 30–53 €, ✆ 22850-22297, ℻ 23951.

Hotel Oceánis (2), D-Kat., gegenüber vom Anleger, einfach und etwas abgewohnt, aber freundlicher Besitzer und preiswert, schöner Blick vom oberen Stockwerk. DZ 25–36 €. ✆ 22850-22436.

• *Altstadt und Festungshügel* Von der Platía mit Cafés an der Hafenfront führen rote Pfeilmarkierungen durch die verschlungenen Gässchen hinauf.

Chateau Zefgóli (7), C-Kat., geschmackvoll gestaltetes Hotel in der Altstadt unterhalb der Festung. Begrünter Vorgarten, heimelige Lobby mit Kunsthandwerk, Kamin und TV, vom ebenfalls begrünten, atriumähnlichen Innenhof sind die Zimmer auf mehreren Galerien über Marmortreppen zu erreichen, dunkle Stilmöbel, moderne Bäder. Dachterrasse mit herrlicher Aussicht über die Stadt. DZ je Saison ca. 50–75 € mit Frühstück, ✆ 22850-22993, ℻ 25200.

Hotel Panórama (9), C-Kat., neben Chateau Zefgóli, sehr sauber, freundliche Besitzerin, vom gemeinschaftlich genutzten Terrassenbalkon herrlicher Blick weit über die Stadt. 16 Zimmer, DZ etwa 25–35 € mit, 22–30 € ohne Bad, ✆ 22850-24404.

Pension Kastell (10), C-Kat., unser Tipp in Náxos-Stadt. Nicole aus Deutschland und ihr

Kykladen Karte S. 321

griechischer Ehemann Níkos vermieten 11 Zimmer inkl. 2 Studios in ruhiger, aber zentraler Lage hinter dem Kástro in der Nähe der Kirche Agía Kyriakí. Freundliche und familiäre Atmosphäre. Fast alle Zimmer mit Heizung und Balkon. Ausgebauter Dachgarten mit gemütlichen Sitzecken und Planschbecken für Kinder. Frühstück möglich. Wer sich die Suche im Gassengewirr sparen will, wird bei Anruf vom Hafen abgeholt. Preise je nach Saison ca. 18–45 €. Ganzjährig geöffnet, im Winter nur auf Anfrage. ✆ 22850-23082. 📠 24164. pension.kastell@gmx.net.

Pension Iríni (17), B-Kat., hübsches Haus gegenüber der Kirche Christós. 7 DZ und ein 4-Bett-Zimmer, mit hellen Kiefernholzmöbeln und Küchenzeile. Klimaanlage und Heizung für den Winter, weil ganzjährig geöffnet. Kleine Dachloggia. DZ je nach Saison ca. 25–45 €. ✆ 22850-3169, 📠 25200.

Hostel Diónysos (8), Jugendherberge und Billig-Hotel in einem, wurde schon vor dem Weltkrieg als Hotel geführt – damit ist es das älteste der Stadt. Verhältnisse sehr bescheiden, es gibt DZ mit Bad für ca. 15 €, außerdem ein schreckliches 17-Bettenzimmer mit eisernen Stockbetten, das Bett für ca. 6 €. Die Dusche tröpfelt zwar oft nur, doch mit die preiswerteste Unterkunft in Náxos, noch dazu in Superlage direkt neben Hotel Panorama, schöne Terrasse mit Blick, ✆ 22850-22331.

• *Ortsteil Grótta* unmittelbar nördlich vom Hafen, vom Anleger geradeaus laufen, nicht nach rechts die Hafenpromenade entlang.

Hotel Ánna (4), E-Kat., an der Ausfallstraße Richtung Engares. Die liebe ältere Ánna vermietet in ihrem kleinen Haus sechs totalrenovierte Zimmer, alle mit Bad, Kochgelegenheit und Kühlschrank, z. T. Balkon. Das Ganze sehr persönlich, winziger Innenhof. Gewisser Lärmpegel muss in Kauf genommen werden. DZ je Saison etwa 25–45 €, ✆ 22850-22475.

Hotel Grótta (1), C-Kat., wunderbare Lage am steilen Kliff nordöstlich der Hafenfront. Zu erreichen von der Straße nach Engares, sehr ruhig. Herrlicher Blick aufs Meer, die einfahrenden Schiffe und das Tempeltor vor dem Hafen. Geschmackvoll mit viel Holz ausgestattet, Pflanzen in Treppenhaus und großem Aufenthaltsraum. Alle Zimmer gepflegt, gutes Mobiliar, Bad und Balkon. DZ je nach Saison etwa 30–50 €, ✆ 22850-22215, 📠 22000.

• *Neubauviertel Ágios-Geórgios-Strand* jede Menge Hotels der C- und E-Kat., sämtlich neu gebaut, in der Regel sauber und solide, oft von Reiseveranstaltern belegt.

Hotel Ávra (22), E-Kat., etwa 100 m vom Strand. 12 Zimmer mit gefliesten Böden und Kiefernmöbeln, alle mit Bad, die meisten mit Balkon. Im Souterrain die mit reichlich Holz ausgestattete Rezeption, der hübsch eingerichtete Frühstücks- und Aufenthaltsraum sowie Bar. Trotz Zusammenarbeit mit Reiseveranstaltern sind meist einige Zimmer für Individualreisende frei. DZ je Saison etwa 25–45 €, ✆ 22850-22183.

Hotel Nissáki Beach (19), C-Kat., große Anlage im kykladischen Stil direkt am Ágios-Geórgios-Strand, im Innengarten liegt ein Swimmingpool. 40 geräumige Zimmer mit Kiefernmöbeln, Marmorboden, Bad, Telefon, Balkon oder Terrasse. Es gibt eine Bar und eine gute hauseigene Taverne mit Terrasse. DZ je nach Saison ca. 30–40 €, ✆ 22850-25710, 📠 23876.

Hotel Kýmata (18), C-Kat., schräg gegenüber vom Nissáki, knapp 100 m vom Strand. Auf zwei Stockwerken 17 Zimmer mit Du/WC und rundumlaufenden Balkons, angenehme Atmosphäre und mit Aufmerksamkeit eingerichtet, freundlicher Aufenthaltsraum im rustikalen Stil. Mit Bar und Taverne, DZ je Saison etwa 25–45 €, ✆ 22850-22438, 📠 25076.

Hotel Argó (24), E-Kat., etwa 60 m vom Strand, zwei gemütliche, kleine Häuser, gepflegt und viel Grün, hübscher Frühstücksraum, Gartenterrasse. 27 ordentliche Zimmer (darunter mehrere Studios und Appartements), jeweils mit Bad, Telefon, Balkon/Terrasse (von den meisten Meeresblick). Freundlich geführt von einem griechisch-schwedischen Ehepaar, es wird Deutsch, Englisch und Schwedisch gesprochen. Je nach Saison mit ca. 20–35 € fürs DZ rechnen, ✆ 22850-23059, 📠 24910.

Hotel Barboúni (20), C-Kat., Helle und saubere Zimmer, ständig ausreichend heißes Wasser. Besitzer Michális spricht ausgezeichnet Englisch und etwas Deutsch, produziert selber Wein und macht auch mal ein Fischessen mit seinen Gästen. DZ mit Du/WC je nach Saison ca. 25–50 € mit Frühstück, es gibt auch neue Appartements, 5 Min. zum Ágios-Geórgios-Strand, ✆ 22850-22535.

Pension Dímitra (21), 10 geräumige, mit hellem Kiefernholz geschmackvoll eingerichtete Zimmer mit Bad in neuem Haus. Alles sehr sauber, Zimmer zum Innenhof oder zur Straße (kein Problem, weil kaum befahren), teil-

Übernachten
1 Hotel Grótta
2 Hotel Oceánis
4 Hotel Ánna
7 Hotel Chateau Zefgóli
8 Youth Hostel Diónysos
9 Hotel Panórama
10 Pension Kastell
13 Hotel Coronis
17 Pension Iríni
18 Hotel Kýmata
19 Hotel Nissáki Beach
20 Hotel Barboúni
21 Pension Dímitra
22 Hotel Ávra
24 Hotel Argó
ssen & Trinken
5 The Old Inn
6 Koutoúki
1 Dolphíni
2 Óniro
4 Karnágio
6 Galíni
Nachtleben
3 Disco Super Island
5 Disco Ocean Club
3 Disco Asteria
Apóllo-Tempel
Palatía
Grótta
Bus-Office
Busbahnhof
BUS
TAXI
Autour
Neofýtou
Mitrópolis
Zoodóchous Pigí
Panagía
Chrissopolítissa
Páros, Sýros, Piraeus, Rafína, Sámos
Boúrgos
Foundána
Engarés, Apóllona
Hafenpolizei
Evraikí
Panagía
Mirtidiótissa
Fähr- und
Schnellboot-
hafen
Hafenplatia
mit Cafés
Nordturm
Ág. Nikólaos
Domus Della-Rocca-
Barózzi-Museum
Comercial
Bank
Sanoudos
Palast
Archäologisches
Museum
Katsagrá
Ág. I.
Pródromos/
Profítis Ilías
Kástro
Agía
Kyriakí
Amorgós
os, Santoríni, Kreta
Kaíki-
hafen
Platía
Pradoúna
Protopapadáki
National
Bank
Panagía
Pantánassa
Pigadákia
Prosfygiká
OTE
Papavassilíou
Piraeus Bank
Alpha
Bank
Gymnasium
Ariádnis
Angathákia
Ariadni
Kloster Fráro,
Angídia
Platía
Protodikíou
Friedhof
Sousóunis
Christós
Meteorologisches Amt/
Wetterstation
Ágios-Geórgios-Strand
Ágios Geórgios
Kóttis
Polizei
Náxos-Stadt
N
Agía Ánna, 24
Agía Ánna

weise mit Balkon. Der freundliche Vermieter Vassílis und seine Frau Agirou machen auch Frühstück, insgesamt sehr angenehme Atmosphäre, 5 Min. zum Strand. DZ ca. 25–45 €, Tel 22850-24922.

• *Camping* Südlich der Stadt liegen drei Campingplätze, zwei davon direkt am Strand. Anfahrt jeweils mit platzeigenen Kleinbussen, die zu jeder Fähre kommen, z. T. auch Linienbusverbindung.

Náxos, der stadtnächste Platz, etwa 3 km südlich vom Hafen, zwischen Ágios-Geórgios- und Ágios-Prokópios-Strand, die nächste Bademöglichkeit ist allerdings ca. 1 km entfernt. Größeres, flaches Gelände mit viel Grün, diverse Bäume und Sträucher geben ausreichend Schatten, außerdem Schilfdächer und Bambushecken. Bar mit Musik, kleines Self-Service-Restaurant, Minimarket, Räume für Selbstkocher, Swimmingpool. Sanitäre Anlagen okay. Der Linienbus zwischen Stadt und Ágios-Prokópios-Strand hält am Camping (etwa 10-mal tägl.). Zu Fuß vom Hafen etwa 30 Min. ✆ 22850-23500, 📠 23501.

Maragás, direkt am hervorragenden Pláka-Strand, ca. 7 km von Náxos, Bus nach Agía Ánna macht direkt davor Endstation. Großer, etwas kahler Platz, in kleinen schmucken Häuschen sind Rezeption, Frühstücksbar und ein Laden untergebracht, Self-Service-Restaurant ebenfalls vorhanden. Das Gelände mit Schilf überdacht, Bäume recht klein, moderne sanitäre Anlagen, allerdings nur Stehklos. Man kann kleine Holzhäuschen mieten. Meist Transfer von und nach Náxos-Stadt möglich (Bus und Boot). ✆/📠 22850-24552.

Pláka Camping, ca. 8 km von Náxos-Stadt entfernt. Absolut ebenes Gelände, doch ziemlich harter Boden. Die Bäume sind zwar noch recht klein, aber Schilfmattendächer bieten ausreichend Schatten. Sanitäre Anlagen in großer Zahl, neu und sehr sauber, warmes Wasser 24 Std. verfügbar. Bestnote unter den Plätzen auf Náxos! Sogar Toiletten und Duschen für Rollstuhlfahrer vorhanden. Einrichtungen: Mini-Markt, Restaurant, Bar, Telefon, Briefkasten, Safe für Wertsachen und Wäscherei-Service. Geöffnet vom 1. April bis zum 30. Oktober. ✆ 22850-42700.

Essen/Cafés (siehe Karte S. 405)

Es gibt etliche interessante Möglichkeiten und noch einige authentische Tavernen.

• *Essen* **The Old Inn (5)**, etwas versteckt in einer Gasse seitlich der Straße nach Engarés, nur wenige Meter vom Hafen. Dieter aus Berlin hat hier ein Restaurant erster Güte aufgebaut. Großer gemütlicher Innenhof, Speiseräume mit Antiquitäten eingerichtet. Hervorragende deutsche, internationale und griechische Küche, vor allem herzhafte Fleischgerichte. Nicht billig.

Óniro (12), in den oberen Gassen der Altstadt nahe beim Südtor der Festung (an die Häuser gemalte Pfeile beachten). Wunderschöne Dachterrasse mit herrlichem Blick auf Stadt und Meer (Sonnenuntergang!). Große Speisekarte, freundliche Bedienung, Essen nach früheren Höhepunkten derzeit nur durchschnittlich. Etwas teurer.

Koutoúki (6), versteckt in handtuchschmalem Gässchen zum Kástro hinauf. Wenige Tische in leichter Schräglage, der Holzkohlengrill raucht in einem Hauseingang, Besitzer Jorgo bedient, Großvater sitzt auf nahen Treppenstufen. Hat viel Atmosphäre.

Dolphíni (11), hübsche Terrasse mit Bäumen und Blumen, unterhalb des Südtors des Kástro. Auch schon am frühen Abend ein Tipp. Gute Leserkritiken.

Kavoúri, 1955 eröffnet und damit eine der ältesten Tavernen direkt am Ágios-Geórgios-Strand, Tische stehen sogar teilweise im Sand. Werfen Sie einen Blick in die Auslagen: *dolmadákia*, gefüllte Auberginen und Hasen-Stifádo in Zwiebelsauce sind Spezialitäten, die es jeden Tag gibt. Dazu immer leckere Fleisch- und Fischgerichte sowie die Fischsuppe *kakavía*. Sehr gutes Essen, die Mutter des Wirtes kocht selbst.

Karnágio (14), schöne Lage direkt an der südlichen Hafenmole, Wirt Lalos gilt als Fischspezialist und kocht selber.

Galíni (16), etwas versteckte Fischtaverne/Ouzerie, an der Papavassilíou-Str., von der Hafenfront hinter der ersten Rechtskurve nach 150 m auf der rechten Seite, Nähe Krankenhaus. Der etwas mürrisch blickende Chef Kóstas steht selbst hinter dem Grill. Zum Essen wird gegrilltes Weißbrot mit Olivenöl und Oregano serviert. Für gute Atmosphäre sorgt Chefin Athína. Lassen Sie sich ruhig auf die Spezialitäten des Hauses ein.

Das Tempeltor: Wahrzeichen von Náxos-Stadt

Nachtleben (siehe Karte S. 405)

Nicht so extrem wie auf Páros oder Íos, trotzdem jede Menge Disco-Bars und einige Discotheken.

Island Bar, große Disco-Bar am südlichen Hafenende, nicht zu verfehlen.

Cocos, an der Paralía. Derzeit der absolute In-Schuppen der einheimischen Jugend. Internationale Pop-Musik, guter Whiskey.

• *Discotheken* liegen hauptsächlich am Ágios-Geórgios-Strand und im Neubauviertel davor.

Ocean Club (15), stadtnächste Disco an der südlichen Hafenmole, großer Club mit Open Air-Terrasse.

Super Island (3), Disco im Stadtteil Grótta, kurz hinter Restaurant Elli's, super Terrasse über der Brandung, beleuchtete Wellen.

Asteria (23), im Neubauviertel, kurz vor Strand von Ágios Geórgios, angeschlossen an ein größeres Hotel, sehr beliebt.

Sehenswertes

Der Hauch vergangener Zeiten wird spürbar, wenn man die engen Gässchen ins Burgviertel hinaufsteigt. Nicht wenige der ehemals prachtvollen venezianischen Häuser sind mittlerweile restauriert. Fein ziselierte Marmorreliefs über den Türen und eingemeißelte Wappen zeigen ihre Herkunft und den Reichtum der früheren Bewohner. Die zahllosen überdachten Passagen der steilen Treppenwege besitzen oft noch uralte Holzbalkendecken.

Unterstadt: Vor allem im labyrinthischen *Boúrgos-Viertel*, hinter der nördlichen Hafenfront, ballen sich an der alten *Marktgasse* kleine Läden und Tavernen – Obst und Schmuck unter überwölbten Passagen, irgendwo ein Bäcker mit urtümlichem Steinbackofen, weiß gewaschene Winkel und Treppen, Häuser über die Gassen gebaut.

Kástro: der obere, innere Burgbereich. Still, während der Siesta-Zeit fast menschenleer. Nur noch sehr wenige Menschen wohnen in den teilweise verfallenen Häusern. Doch in den letzten Jahren sind auch hier oben einige Souvenir- und Handwerksläden eingezogen und beleben die museale Stimmung.

Ins Kástro-Viertel kommt man durch zwei Tore mit charakteristischen Spitzbögen: Das *Nordtor* mit alter Holzbalkendecke findet sich beim einzig erhaltenen Rundturm der Festung – hier treffen sich abends die Sonnenanbeter. Das *Südtor* steht an einer hübschen Platia mit der allabendlich gut besuchten Taverne "To Kástro" (siehe Náxos-Stadt/Essen). Am höchsten Punkt des Kástros erhebt sich die äußerlich schlichte *katholische Kathedrale* mit Marmorfassade. Das große Gemäuer daneben ist Rest des einstigen *Zentralturms* der Anlage, der zu venezianischen Zeiten natürlich wesentlich höher war.

Das geräumige *Archäologische Museum* liegt im ehemaligen Jesuitenkloster hinter der Kathedrale. Es besitzt eine große Sammlung kykladischer Idole (auch seltene sitzende Exemplare), Vasen, Gefäße und Schmuck. Im großen Hof mit weitem Blick ins Hinterland ein farbenprächtiger Mosaikboden aus hellenistischer Zeit, der die Entführung Europas durch Zeus in Gestalt eines Stieres zeigt.

Öffnungszeiten Di–So 8.30–15 Uhr, Mo geschl., Eintritt 3 €, ermäßigt 2 €.

Sehenswert ist auch das neu eröffnete Museum *Domus della Rocca-Barozzi* am Nordtor des Kástro-Bezirks. Die reichhaltige Sammlung (u. a. uralte Ikonen und Bilder, Juwelen, Münzen, Kleidungsstücke, Bücher, Möbel, Instrumente, Geschirr, Porzellan usw.) ist verteilt auf mehrere Zimmer und wird ständig vergrößert, denn

Náxos-Stadt: Blick von der einlaufenden Fähre

einer der adligen Nachkommen hat sich zum Ziel gesetzt, die Geschichte seiner Familie im Museum darzustellen und den Besucher in das vergangene Lebensgefühl einzuführen.

Öffnungszeiten In der Nebensaison tägl. 10–15 Uhr, im Hochsommer tägl. 9–15 und 18–22 Uhr. Eintritt kostet ca. 4,50 € inkl. Führung.

Tempeltor: Das gigantische Wahrzeichen der Stadt steht auf einem Felseninselchen vor dem Hafen und ist nur durch einen Damm mit dem Hafen verbunden. Es ist letzter Rest eines riesigen Tempels, der wahrscheinlich *Apóllonas* geweiht war. Er wurde im 6. Jh. v. Chr. unter dem Tyrannen *Lygdámis* begonnen, nach dessen Sturz aber nie vollendet. Unfertig wie er war, wurde in späteren Zeiten eine christliche Kirche hineingebaut, noch viel später diente er als Steinbruch für die Venezianer – wie so viele antike Tempel. Die überdimensionalen Türstöcke (ca. 1,50 x 1 m Dicke!) waren augenscheinlich für den Transport zu schwer. Allein diesem Umstand verdankt Náxos heute sein einzigartiges Wahrzeichen. Vor allem zur Zeit des Sonnenuntergangs ist es ein beliebtes Ziel.

Strände südlich von Náxos-Stadt

Weißer Sand so weit das Auge reicht! Richtung Süden bis Pirgáki ein Strand nach dem anderen, nur gelegentlich unterbrochen durch felsige Kaps.

Eine Küstenpiste gibt es nur bis zum *Pláka-Strand*, im Weiteren führen ausschließlich Stichstraßen von der landeinwärts verlaufenden Hauptstraße ans Meer. Im Folgenden Beschreibung der etwa 15 km bis Pirgáki.

▸ **Ágios Geórgios**: gleich südlich der Stadt, ca. 10 Min. vom Hafen. Der Strand ist in mehrere Buchten unterteilt – ein schier endloses Sandband, mal breiter, mal handtuchschmal, teils mit bewachsenen Dünen. Am Anfang Hauptbadezone für alle, die in Náxos-Stadt wohnen, einige Tavernen direkt am Strand (z. B. "Kavoúri"), zahlreiche Hotels, Bars, Discos, Tretboote, Surfbretter usw. In der zweiten Hälfte einsamer. Erst die breite Piste zur Halbinsel Stelída beendet die geschwungenen Sandbuchten. Hier auch ein Campingplatz (siehe Náxos-Stadt/Übernachten) und der Flughafen.

▸ **Ágios Prokópios**: südlich der Halbinsel Stelída, schöner Spaziergang dorthin zwischen turmhohen Felsbrocken. Exzellenter weißer, körniger Sandstrand in weitem Bogen, ca. 1 km lang. So gut wie schattenlos. Diverse Tavernen, Pensionen und Privatzimmer, eine Disco. Tipp: oft gute Winde für Surfer.

• *Verbindungen* **Busse** ab Náxos-Hafen etwa 10-mal tägl.

• *Übernachten* **Hotel Kavouras Village**, A-Kat., schöne Lage am Stelída. Vermietet werden 50 DZ, 15 Appartements und 5 Villen in einer ziemlich großen Ferienanlage. Alle Zimmer mit Bad, Küche, Telefon, Radio und TV. Meeresblick von allen Balkonen. Außerdem Restaurant, Bar und nachts beleuchteter Swimmingpool. Preise je nach Saison ca. 30–65 € für's DZ, 37–80 € für's Appartement. ✆ 22850-23705, ℻ 25802.

Vangélis Rooms, A-Kat., Vangélis von der Taverne Ánesi und seine deutsche Frau Gabi vermieten 6 Studios, ein Appartement und einen Bungalow im oberen Teil des Ortes. Hübscher Garten mit Meeresblick. Studio je nach Saison ca. 22–40 €. ✆ 22850-24392.

• *Essen* **Ánesi Spíros**, im nördlichen Strandabschnitt, direkt an den drei Salzseen. Angenehme, windgeschützte Lage und dennoch direkt am Meer, teilweise überdacht. Zahlreiche leckere Spezialitäten, Fisch- und Fleischgerichte, sehr gute Spanferkel und Moussaká. Chef Vangélis spricht etwas Deutsch.

▸ **Agía Ánna**: gleich südlich benachbart, um die kleine Landspitze herum. Vielleicht nicht ganz so schön, dafür einige Bäume. Am südlichen Ende vorspringendes Kap mit der Kapelle Ágios Nikólaos, unterhalb davon kleiner Fischerhafen und Anleger für die Badeboote ab Náxos-Stadt. Auch hier Tavernen und Privatzimmer.

• *Verbindungen* **Busse** etwa 11-mal tägl. ab Náxos-Hafen.

• *Übernachten* **Íria Beach**, C-Kat., größere Anlage direkt am Strand, Studios und Appartements mit teils geräumigen Terrassen. In den Räumen Marmorböden und elegante graue Holzmöbel. Studio (2/3 Pers.) je Saison ca. 40–70 €, Appartement (4/5 Pers.) ca. 65–95 €, ✆ 22850-42600.

Hotel Agía Ánna, C-Kat., gleich vis á vis vom Íria, mit Restaurant, geführt von nettem jungem Paar, sprechen gut Englisch. Zimmer etwas zurück vom Strand, DZ je Saison ca. 22–40 €. ✆ 22850-41870.

• *Essen* **Gorgona**, an der Bushaltestelle am Anleger. Großtaverne, mit vielen Pflanzen etwas aufgelockert. Plätze vorne am Wasser praktisch immer belegt. Schöner Blick auf den kleinen Hafen und die Kapelle Ágios Nikólaos auf der Landzunge.

▸ **Pláka**: südlich des Kaps mit der Kapelle, der wildeste und ursprünglichste der vier stadtnahen Strände. Kilometerlang mit grasbewachsenen Dünen wie an der Nordsee. FKK üblich, vor allem je weiter man nach Süden vordringt.

• *Verbindungen* mit dem Bus zum Agía-Ánna-Strand und nach Süden laufen. Für Selbstfahrer Abzweig von der Hauptstraße in Vívlos. Die Strandpiste mit Sandverwehungen, z. T. mühsam für Mopeds.

• *Übernachten* **Camping Maragás** und **Camping Pláka**, siehe Náxos-Stadt.

▸ **Mikrí Vígla**: Anfahrt gut 2 km über holprige Piste, geschwungene Sandbucht mit Dünen am Fuß eines hohen Felsenkaps. Feiner, weißer Sand, völlig schattenlos. Das Hinterland noch Bauernland, aber zunehmend Bautätigkeit. Einige Tavernen, mehrere abgeschiedene, kleine Sandstrände in Richtung Norden.

Im Folgenden läuft die Straße fast unmittelbar am Strand entlang – kilometerlang, einsam und ohne Einrichtungen, aber nur wenige Zufahrten. Teilweise fantastische Dünen, die hunderte von Metern ins Land reichen, unglaublich dicht mit Wacholdermacchia bewachsen.
Am Ende der Asphaltstraße, die am Kap rechts abbiegt, links die Erdpiste weiter, an einigen Stränden entlang, bis zur großen Bauruine in Pirgáki. Herrlich abgeschiedene Lage am Ende der Welt, der befahrbare Weg an der Südküste endet in der nächsten Bucht.

Nordküste von Náxos-Stadt nach Apóllonas

Die Straße kratzt das gebirgige Innenleben von Náxos nur an. Es geht durch großartige, karge Felsszenerien immer an der Küste entlang. Unterwegs etliche Badebuchten, zu denen Fußwege hinunterführen.

Anfangs überziehen nur kugelige Macchiabüsche die völlig baum- und strauchlosen Hänge. Dann das Kontrastprogramm: in einer tiefgrünen, herrlich fruchtbaren Ebene die beiden Dörfer *Galíni* und *Engarés.*

▸ **Moní Chrysóstomos**: weißes, festungsartiges Gebäude aus dem 18. Jh., markanter Blickpunkt am Hang oberhalb von Náxos. Von der Straße nach Engarés kann man einen Abzweig hinauffahren oder -laufen. Noch vier Nonnen leben hier. Touristen werden nur in Ausnahmefällen eingelassen (Schultern und Knie bedecken, Frauen im Rock).

▸ **Amíti**: asphaltierter Abzweig von der Straße durch *Galíni*, ca. 2 km. Mehrere hundert Meter weicher, weißer Sandstrand mit Steinen. Keine Einrichtungen.

▸ **Engarés**: ursprünglich gebliebenes Bauerndorf ohne Tourismus, die Umgebung üppig grün.
Bis Moní Faneroméni noch sehr fruchtbare Abschnitte, dann zunehmend karger.

▸ **Moní Faneroméni**: massives Wehrkloster aus dem 17. Jh., direkt unterhalb der Straße, davor eine kleine Quelle unter Bäumen. Das Moní wird von zwei älteren, freundlichen Mönchen bewohnt. Noch in den fünfziger Jahren lebte ein ganzer Mönchsstaat hinter den dicken Mauern, 23 Bewohner sollen es seinerzeit gewesen sein. Mit etwas Glück wird man eingelassen und kann den Innenhof sowie die Klosterkirche besichtigen.

▸ **Órmos Abrámi**: kleine Ortschaft und schön geschwungener Strand, allerdings schattenlos. Meist wenig los.

• *Übernachten/Essen* **Country Taverne**, vermietet werden auch Zimmer, allesamt sehr sauber und mit traumhaftem Blick über die Bucht. Preise je nach Saison ca. 20–40 €, geöffnet nur von Anfang Juni bis Ende August. ✆ 22850-63272.
Am Strand die **Taverne/Pension Efthímis** mit überdachter Sonnenterrasse und freundlicher Wirtin. ✆ 22850-63244.

▸ **Agía**: direkt an der Straße ein eindrucksvoller und gut erhaltener Zinnenturm (*Pýrgos*) aus der Zeit der venezianischen Besetzung (abgeschlossen, kann nicht besichtigt werden). Rechter Hand führt ein steiler Hohlweg hinunter, beschildert. Unter turmhohen Platanen versteckt, liegen die lang gestreckten Gemäuer des ehemaligen Klosters *Moní Panagías*. Direkt davor entspringt eine starke Quelle, deren Rauschen man schon den ganzen Weg über vernommen hat – bildschöne Picknickstelle.

Die Tragéa

Hochebene im Herzen von Náxos. Ein Meer von Ölbäumen, eingeschlossen von Bergketten. Steinbrüche, einige malerische Orte und zahllose Kirchen, ideale Wandermöglichkeiten und der berühmte Koúros von Flério.

Anfahrt von Náxos-Stadt durch die weite Küstenebene mit Gemüseanbau, Obstplantagen und Weideflächen, abgeschirmt durch die obligaten Schilfhecken. Kurz vor *Galanádo* beginnt die Bergstrecke – in Serpentinen den Hang hinauf, über den Sattel hinein in die majestätische Bergwelt.

▸ **Chalkío**: im Zentrum der Tragéa, großes Dorf mit etlichen gut erhaltenen klassizistischen Wohnhäusern. Die alte Kirche *Panagía i Protóthronos* unter der Platane an der Durchgangsstraße ist meist verschlossen, benachbart ein *byzantinisches Museum*. Hinter der Kirche ein großer, gut erhaltener venezianischer *Wohnturm*, grau verwittert, mit hoher Mauer rundum und reliefgeschmückter Tür im ersten Stock.

Essen **O Giannis**, Seitenstraße fast am unteren Ende des Dorfes, Taverne unter einer Akazie an einer wunderschönen Platia. Ohne Autoverkehr und mit bunten Blumen liebevoll dekoriert, hier genießt man griechische Musik und traditionelle Grillspezialitäten.

Route 1 – am Ortsende von Chalkío links 2 km zur interessantesten Kirche von Náxos, der Panagía Drossianí. Darüber am Hang das Bergdorf Moní. Im Bogen über Kinídaros zum Koúros von Flério und zurück nach Náxos-Stadt. Ab Moní auch Weiterfahrt nach Stavrós möglich – dort Anschluss an Hauptroute nach Apóllonas im Inselnorden.

Route 2 – bei der Gabelung am Ortsende von Chalkío rechts über Filóti und Apíranthos nach Apóllonas bzw. zur Ostküste (s. u.). Bei Filóti Besteigung des Zas möglich.

Route 1

▸ **Panagía Drossianí**: unterhalb von Moní, direkt an der Straße (nicht beschildert). Ihr Ursprung datiert bis ins 6. Jh. zurück. Äußerst verblüffender Grundriss: eigentlich ein einschiffiges Gewölbekirchlein, an der bergzugewandten Seite sind aber mehrere uralte, verwitterte Seitenkapellen angebaut *(Dreikonchen-Kirche)*. Innen verblasste Reste von alten Wandmalereien.

Öffnungszeiten Neben der Tür hängt der Strick der Glocke. Läuten Sie und nach wenigen Minuten kommt eine ältere Frau vom nahen Bauernhaus, die öffnet. Mindestens 1 € darf man dafür auf ein kleines Tellerchen legen.

▸ **Moní**: Bergdorf am Rand der Tragéa. Der große Steinbruch gegenüber am Hang sorgt für Arbeit. Taverne "Panórama O Michális" mit schöner Aussichtsterrasse, im Haus nebenan werden Zimmer vermietet.

Ab Moní verlässt man die Tragéa – entweder auf asphaltierter Straße weiter nach *Stavrós* (dort Anschluss an Hauptstraße nach Apóllonas) oder Richtung *Kinídaros* – letzteres wunderschöne Fahrt durch die raue, verkarstete Bergwelt, immer wieder riesige, alte Steinbrüche.

▸ **Kinídaros**: üppige Zypressen- und Gartenlandschaft, ausgesprochen harmonisch der Kreuzkuppelbau der Kirche. Viel Landwirtschaft.

Von Kinídaros geht es weiter auf menschenleerer, kurviger Erdstraße. Immer wieder sind die Bergflanken aufgerissen und der nackte Fels kommt zum Vorschein. Farbenspiele von rostrot bis blauädrig und violett.

Koúros von Flério

Wie ein verwunschener Prinz liegt er unfertig seit Jahrtausenden an ein und demselben Fleck: eine gewaltige Marmorstatue, über 6 m lang, nur ein Stück vom rechten Bein und der linke Fuß fehlen. Ein ungewöhnlicher Anblick, fast mystisch in der Stille der Natur, nur die Grillen zirpen, ein Bach plätschert. Es heißt, dass er und seine zwei Genossen eines Tages aufwachen und die Insel beherrschen werden.

• *Lage* Der Koúros liegt etwa 8 km von Náxos-Stadt, seitlich der Straße nach Kinídaros (beschilderter Abzweig), im oberen Teil des "Koúros-Paradiesgärtchens", das einer älteren Dame gehört. Nach der Besichtigung kann man in ihrem improvisierten Kafeníon Rast machen. Geöffnet ist meist bis gegen 19 Uhr.

• *Verbindung* Wenn Sie mit dem Bus nach Kinídaros fahren, geben Sie dem Kontrolleur Bescheid, dass sie beim Koúros von Flério hinauswollen. Allerdings nur etwa 2-mal tägl. Busverbindung – fragen, wann ein Bus zurückfährt.

Route 2

▸ **Filóti**: größerer, weißer Ort weit oben am Hang, malerische Lage, daneben Schieferbrüche. Tägliches Ziel zahlreicher Ausflugsbusse, an der Durchgangsstraße und der kleinen Platía ballen sich Tavernen, Kafenía und Privatzimmer.

Filóti liegt am Rand der Tragéa, hinter dem Ort geht's in Serpentinen steil hinauf in die höchsten Berge der Insel und hinüber nach Apóllonas an der Nordspitze von Náxos (Besteigung des Zas siehe Ende des Náxos-Kapitels).

▸ **Apíranthos**: großer, schöner Ort hoch oben am Fels, im 17. Jh. hauptsächlich von Kretern besiedelt, die vor den Türken hierher geflüchtet waren. Apíranthos war einst Zentrum der umliegenden Bergwerksregion, marmorgepflasterte Gassen und gepflegte venezianische Wohnhäuser zeugen vom ehemaligen Wohlstand. Auch ein sorgfältig restaurierter Wohnturm erhebt sich über dem Ort. Die Abwanderung zeigt zwar deutliche Spuren, scheint jedoch durch den zunehmenden Tourismus gestoppt.

Kykladen
Karte S. 321

Kleine Überraschung: Es gibt mittlerweile vier Museen in dem stillen Ort – ein *Geologisches Museum* neben der Kirche, ein *Volkskundemuseum* an der oberen Dorfplatia, ein *Historisch-Naturkundliches Museum* an der Bushaltestelle und ein reichhaltiges *Archäologisches Museum* an der Hauptgasse (Funde aus der Stein- bis Bronzezeit, kykladische Idole aus Marmor und – der Clou – Steinplatten aus dem 3. Jt. v. Chr. mit eingeritzten astronomischen Zeichen und ersten Darstellungen von Menschen, Tieren, Jagdszenen).

• *Öffnungszeiten* **Geologisches Museum**, NS tägl. 10–14 Uhr, HS tägl. 10–17 Uhr, Eintritt 1 €.

Volkskundemuseum, NS tägl. 10–14 Uhr, HS tägl. 10–19 Uhr, Eintritt 1 €.

Archäologisches Museum, Mai bis Oktober 8.30–15 Uhr, Eintritt frei. Falls geschlossen, fragen Sie in einer der gegenüberliegenden Tavernen.

Historisch-Naturkundliches Museum, in der Nebensaison tägl. 10–14 Uhr, im Hochsommer 10–19 Uhr.

• *Verbindungen* etwa 3-mal tägl. Busse von und nach Náxos-Stadt. Parkplatz und Haltestelle am Südostende vom Ort.

• *Essen* **Leftéris**, an der Hauptgasse, etwas oberhalb gegenüber des Archäologischen

Museums. Hübscher, in dunklem Holz gehaltener Innenraum, geschmackvoll eingerichtet und sehr sauber. Hinter der Taverne Balkon und Terrasse mit wunderschönem Blick auf die Berglandschaft. Hervorragendes Essen, etwas höheres Preisniveau.

▶ **Moutsoúna**: ehemaliger Bergwerkshafen, von Apíranthos asphaltierter Abzweig tief hinunter zur Küste. Unterwegs grandiose Landschaftseindrücke, allerdings langwierige Fahrt mit zahllosen Serpentinen. In Moutsoúna wurde früher *Schmirgel* (Mineralgemisch) verladen, das ehemals wichtigste Exportprodukt der Insel. Eine Seilbahn überquert die Zufahrtsstraße, die rostigen Loren sind noch voll beladen, aber seit langen Jahren nicht mehr benutzt. Stille liegt über den verrotteten Gebäuden, Abraumhalden türmen sich auf. Ein Industriedenkmal in der Einsamkeit. 100 m Sandstrand zwischen Klippen, weitere Badebuchten an der Piste Richtung Süden immer am Meer entlang.

• *Verbindungen* 1-mal täglich kommt ein Bus von Náxos-Stadt, fährt aber sofort wieder zurück.

• *Übernachten* Es gibt einige Privatzimmer, die aber meist nur in der HS vermietet werden.

Studios Óstria, wer es etwas nobler liebt, ist hier richtig. Fragen Sie in der gleichnamigen Taverne. Hübsche, geräumige Studios ca. 400 m südlich des Ortskerns, durch die etwas abseitige Lage quasi hauseigene Bucht. Je nach Saison 25–40 €. ✆ 22580-68235.

• *Essen* Mehrere Tavernen, die zum Teil nur im Hochsommer geöffnet sind.

Ifalos, urige Atmosphäre unter Schilfmatten mit Blick über die ganze Bucht und im Hintergrund auf Amorgós. Der temperamentvolle Wirt vermittelt auch Privatzimmer. Essen gut und günstig.

Óstria, traditionelle Taverne mit gehobenem Niveau, Blick auf die Moutsoúna-Bucht. Essen lecker, aber etwas höheres Preisniveau.

▶ **Liónas**: Abzweig beim Terrassendorf Kóronos (s. u.). Neu asphaltierte Straße, aber sehr kurvenreich und starkes Gefälle. Im Dunkeln aufpassen, immer wieder Steine auf der Straße. Der Weg lohnt sich – traumhafte kleine Ortschaft, links und rechts der Kieselbucht naturfarbene Bruchsteinhäuser an den Hängen. Zwei Tavernen und einige wenige Privatunterkünfte. Auch im Sommer sehr ruhig.

Verbindung nur 1-mal tägl. ein Bus, der mittags von Náxos-Stadt abfährt und spät nachmittags von Liónas wieder aufbricht.

▶ **Kóronos**: malerisches Terrassendorf unterhalb der Straße nach Apóllonas, herrlich fotogene Lage. Architektonisch höchst eindrucksvoll: In einem tiefen Taleinschnitt stapeln sich die Häuser fast senkrecht übereinander, alles in blendendem Weiß. Auf schier endlosen und extrem steilen Treppengässchen "klettert" man hinunter in den Ortskern.

Oberhalb von Kóronos Abzweig zur nahen Wallfahrtskirche *Panagía Argokiliótissa*.

▶ **Von Kóronos nach Apóllonas**: Apóllonas liegt am Ende eines langen, weiter unten üppig begrünten Tals. Wer schnell am Ziel sein will, sollte ab *Skadó* die neue begradigte Strecke über Méssi nehmen – statt 16,5 km nur 11,2 km bis Apóllonas, zudem besserer Zustand.

Apóllonas

Eingeklemmt zwischen hohen Bergausläufern liegt das beschauliche Örtchen mit kleinem Sandstrand, im Halbkreis rundum Tavernen und Bars. Vor allem wenn abends die Tagesbesucher weg sind, bietet Apóllonas noch den Charme eines schlichten Fischerdorfs ohne großen Tourismus. Der benachbarte lange Kiesstrand ist allerdings ziemlich verschmutzt und lohnt kaum den Weg.

Koúros von Apóllonas: Sie finden ihn über dem Ort (vom Hafen Einfahrtsstraße etwa 200 m zurück und rechts Weg hinauf, ca. 10 Min.). Im Gegensatz zum Koúros im Flério-Steinbruch deutlich größer, aber ein völlig unfertiger Klotz, man erkennt gerade die Konturen. Von hier oben schöner Blick auf Apóllonas.

• *Verbindungen* tägl. drei Busse ab Náxos. Die 55-km-Fahrt dauert über 2 Std.(!), führt durch die wildesten und schönsten Regionen der Insel und ist wohl die beste Sightseeing-Tour, die man auf Náxos unternehmen kann!

• *Übernachten* Zahlreiche Einwohner vermieten Privatzimmer.

Hotel Adónis (3), C-Kat., einziges neueres Hotel in Apóllonas. Das freundliche Vermieterehepaar bietet 24 im rustikalen Stil eingerichtete Zimmer, alle mit Bad, Balkon, Telefon und Heizung für die Winterzeit. Frühstück möglich. DZ je nach Saison ca. 25–40 €. ✆ 22850-67060.

Hotel Aíolos, D-Kat., an der Einfahrtsstraße rechts, über dem Beginn vom Kiesstrand. Einfache, saubere Zimmer mit soliden Holzbetten, eigenem Bad und Balkon. DZ je Saison etwa 25–35 €, ✆ 22850-67088.

Flóra, Appartements am höchsten Punkt vom Ort, weißes Haus mit Pýrgos-Nachbau, neu und gut ausgestattet.

• *Essen/Nachtleben* Hübsch ist die Tavernenzeile am kleinen Sandstrand, vor Mai hat aber fast nichts geöffnet.

Delfináki, die Besitzerin, eine freundliche griechische Mama, lässt einen gern in die Kochtöpfe gucken, zu empfehlen der selbst gekelterte Wein vom Fass.

▸ **Baden**: winziger *Sandstrand* unmittelbar unterhalb der Tavernen, z. T. von Fischerbooten in Beschlag genommen. Der *Kiesstrand* ist etwa 400 m lang, grober Kies mit riesigen Blöcken dazwischen, Tamarisken.

Der Zas

Benannt nach Göttervater Zeus, mit Tausend und einem Meter höchster Berg der Kykladen, wildes Kalksteinmassiv, kahl und felsig, trotzdem verhältnismäßig leicht zu erklimmen, dauert gerade mal 1,5–2 Std. (zurück ca. 1 Std.). Verirren ist kaum drin, schon allein, weil ziemlicher "Verkehr" herrscht – man trifft fast immer andere Wanderer. Wichtig ist natürlich gutes Schuhwerk. Und aufs Wetter sollte man achten. Wolken hängen sich oft als dicke Nebelsuppe in die Berge.

Etliche Spitzkehren hinter Filóti in Richtung Apíranthos zweigt die Stichstraße ins Bergdorf *Danakós* ab (wer mit dem Bus kommt, hier aussteigen – "Bedarfshaltestelle" Agía Marína). Gut zehn Fußminuten von der Kreuzung steht rechts an der Straße die Kapelle *Agía Marína*. Direkt daneben beginnt ein deutlich sichtbarer Hohlweg, der in mehreren Variationen zur Spitze führt und vor kurzem mit kleinen Metallschildern gekennzeichnet wurde. Ein quaderförmiger *Betonklotz* markiert den Gipfel – herrlicher Rundblick auf Náxos, im Blickfeld außerdem Páros, die Kleinen Kykladen, Amorgós und bei klarem Wetter auch Íos.

Wieder unten an der Hauptstraße Apíranthos-Filóti angelangt, führt ein Fußweg in 15 Min. nach Filóti (Beginn an der Straße ein Stück in Richtung Filóti).

Kykladen Karte S. 321

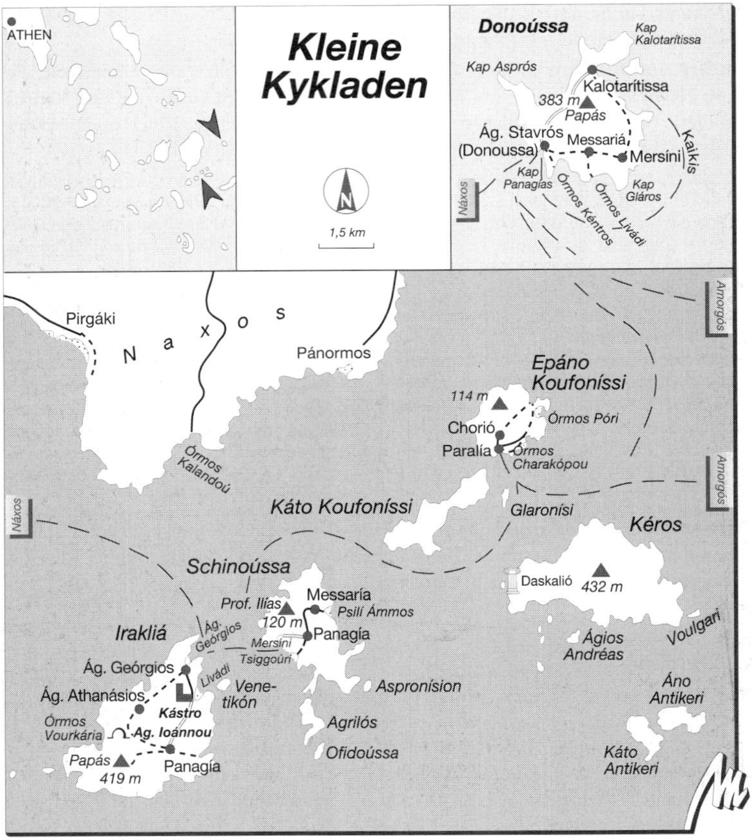

"Kleine Kykladen" (Míkres Kykládes)

Inselgruppe südöstlich von Náxos, vier bewohnte und eine Handvoll unbewohnter Mini-Eilande. "Erimonísia" werden sie traditionell genannt, das heißt die "einsamen" oder "unbewohnten" Inseln. Doch im Sommer gibt es auch hier schon einiges an Touristenansturm.

Irakliá, Schinoússa, Epáno Koufoníssi und *Donoússa* besitzen zusammen nur ca. 43 qkm und 600 Einwohner. Es sind karge, weitgehend kahle Inseln mit wenigen Bäumen, aber etlichen (schattenlosen) Stränden. Ihre Bewohner sind hauptsächlich Viehzüchter, lediglich auf Epáno Koufoníssi lebte man in vortouristischen Zeiten hauptsächlich vom Fischfang. Besuchenswert sind die Inseln vor allem, weil das Leben noch in ruhigeren Bahnen verläuft als in den benachbarten Tourismus-Hochburgen Náxos, Páros und Íos. Schon allein wegen der schlechten Schiffsverbindungen lässt die Masse der ausländischen Kykladenbesucher die Winzlinge unbeachtet links liegen. Trotzdem kommen in den Sommermonaten jährlich mehr Besucher, der Fremdenverkehr ist auch hier inzwischen eine feste Größe. Wer Irakliá, Schinoússa und Donoússa besuchen will, sollte allerdings seine Ansprüche an Komfort und Perfektion zurückschrauben. Bisher gibt es nur relativ wenige, meist sehr einfache Fremdenzimmer, pro Insel außerdem kaum mehr als eine Handvoll Tavernen und Läden. Da fast alles vom Festland bzw. den großen Inseln eingeführt werden muss, ist auch das Verpflegungsangebot begrenzt. Vor allem Gemüse und Obst sind manchmal Mangelware. Lediglich auf Epáno Koufonísi hat sich der Tourismus mit allen seinen "Nebenwirkungen" auf Tavernen und Verpflegung weitaus stärker entwickelt.

> Es gibt keine Bank und keinen Geldautomaten auf den Kleinen Kykladen, also ausreichend Bargeld mitbringen.

• *Verbindungen* Im Sommer kommen ca. 1- bis 4-mal wöch. Großfähren von **Piräus** über **Páros** und **Náxos**, die auf dem Weg nach **Amorgós** Station machen (ab Piräus nach Irakliá Deck 20 €). Wichtigstes Schiff auf der Route Náxos–Kleine Kykladen–Amorgós ist jedoch die "Express Skopelitis". Sie fährt von Mitte Juni bis Mitte September täglich ab **Amorgós** über die Kleinen Kykladen nach **Náxos** und wieder zurück (Dauer Náxos – Irakliá ca. 1,5 Std.), an einigen Tagen wird auch **Mýkonos** angelaufen. Dieses Schiff ist sehr langsam und transportiert keine Autos. In der Nebensaison deutlich weniger Verbindungen.

Irakliá

Die größte der "Kleinen Kykladen", wahrscheinlich benannt nach den Festen, die dort zu Ehren des Herakles abgehalten wurden. Ruhig und wenig spektakulär, wirkt sie trotz ihrer Kargheit freundlich und einladend. Größte Attraktion: eine Tropfsteinhöhle, die sich untermeerisch bis Íos fortsetzen soll.

Von Náxos kommend, nähert man sich der Längsseite der Insel mit dem *Pápas* (419 m) im Südwesten, der nach Norden sanft abfällt. Fährt das Schiff dann in die trichterförmige Bucht *Ágios Geórgios* ein, fühlt man sich an alte Piratenfilme erinnert. Nicht von ungefähr, denn während der türkischen Besetzung hatten hier wie auf anderen kleinen Inseln um Náxos wirklich Piraten ihren gut geschützten Unterschlupf.

Irakliá auf einen Blick

Größe: 17,6 qkm, bis zu 6 km lang.

Bevölkerung: ca. 110.

Geografie/Geologisches: im Südwesten zwei Tropfsteinhöhlen, die größere und bedeutendere ist Agíou Ioánnou.

Wichtige Orte: der Hafen Ágios Geórgios und Panagía im Inselinneren.

Straßen: eine 1996 neu gebaute Asphaltstraße von Ágios Geórgios über die Livádi-Bucht nach Panagía.

Übernachten: etliche Privatzimmer und Pensionen in Ágios Geórgios und in der Livádi-Bucht. Zelten wird in der Livádi-Bucht toleriert.

Baden: vor allem in der Livádi-Bucht, ansonsten noch im Hafen Ágios Geórgios. Weitere Buchten sind zu Fuß oder mit dem Boot erreichbar.

Karten: Bei "Perigiali" (→ Ágios Geórgios/Essen & Trinken) werden Übersichtskarten der Insel verkauft. Eine Gesamtkarte der "Kleinen Kykladen" ist bei Road Editions erschienen.

Postleitzahl: 84300.

Wer gerne wandert, Ursprünglichkeit sucht und dem organisierten Tourismus entfliehen will, ist auf Irakliá richtig. Allerdings kommen im Sommer auf die etwa 110 permanent auf Irakliá lebenden Bauern, Viehzüchter, Imker und die wenigen Fischer ungefähr 450 Touristen und Angehörige vom Festland, die ihren Sommer auf der Heimatinsel verbringen.

▸ **Ágios Geórgios**: Auch hier zum Empfang das wohlbekannte "Rooms, rooms". Die Einheimischen warten mit ihren wenigen Autos und einigen Traktoren auf Neuankömmlinge. Auf asphaltiertem Weg geht es rechts vom Strand in 5 Min. hinauf zum Ort, oben gabelt sich die Straße. Ágios Geórgios besteht aus einem Kern von eng aneinander gebauten Häusern, der Rest ist großzügig über den Hang verteilt. Sehr angenehm ist das Fehlen jeglicher Touristenshops, es gibt nur ein paar einfache Kneipen/Gemischtwarenläden. Trotzdem ist genügend los, abends trifft man sich in den Tavernen und lernt einander meist schnell kennen.

• *Verbindungen* Keine Busse auf Irakliá, einige Pensionen holen manchmal Neuankömmlinge mit **Traktor** oder **Jeep** ab. Ansonsten ist Laufen angesagt, zur Livádi-Bucht ca. 20 Min., nach Panagía 1 Std.

• *Adressen* **Arzt** am höchsten Punkt der Chóra. ✆ 22850-71388.

Internet, im "Maistrali" und bei "Giorgios Gavalas" am Weg zum Livádi-Strand (→ Essen & Trinken). Die Website der Insel ist www.iraklia.gr.

Post und das Nötigste zum Einkaufen im Allroundladen "Melissa" an der rechten Straße im Ort.

Schiffstickets bei "Agiazi Travel" im Hafen (✆ 22850-74236) oder in der "Melissa" (✆ 22850-71539, ✆ 71561).

Telefon gegenüber der "Melissa".

Zweiradverleih, "Rent a Scooter Iraklia" im Hafen, ✆ 22850-71564.

• *Übernachten* Im Hochsommer sollte man versuchen vorzureservieren, da dann die Zimmer schon mal knapp werden.

Sohoro, 180 m vom Strand, ebenerdige Zimmer zwischen Olivenbäumen, jeweils mit Kühlschrank und Terrasse, geführt von Dimitris Gavalas. ✆ 22850-71565.

Villa Zografos, am Weg vom Hafen in die Chóra, 400 qm Garten, Zimmer mit Kühlschrank, schöner Blick auf die anderen Kleinen Kykladen. ✆ 22850-71946, ✆ 71956.

Manolis, großes, weißes Gebäude hoch am Hang (an der "Melissa" vorbei und immer rechts halten). Fünf einfache Zimmer mit jeweils eigenem Bad. Große Terrasse, auf der abends die Gäste zusammensitzen. ✆ 22850-71569.

Anna, oben auf dem Berg, am Weg zur Livádi-Bucht (rechte Seite), in kleinen Häuschen sieben gut ausgestattete DZ mit Bad, außerdem einige Studios. Geräumige, saubere Zimmer, alle mit Kühlschrank. ✆ 22850-71145.

Alexandra, ebenfalls am Weg zur Livádi-Bucht, kleines, schmuckes Haus, hübsche Zimmer mit Blick aufs Meer, alle mit Bad und Kühlschrank, Küchenbenutzung. Vermieterin sorgt für familiäre Atmosphäre. ✆ 22850-71482.

Maria, gegenüber von Alexandra, zwei DZ und zwei Studios, vermietet von einem freundlichen älteren Ehepaar. ✆ 22850-71485.

• *Essen & Trinken* **Perigiali**, gute Taverne an der linken Straße im Ort, gehört einem der Fischer, deswegen immer frischer Fisch.

O Pevkos, rechter Hand auf dem Weg nach Livádi. Man sitzt unter einer riesigen, ausladenden Pinie. Dimitris serviert vorzügliches Essen, frischen Fisch, Fleisch und Pfannengerichte.

Maistrali, Café-Bar mit Taverne unterhalb von Pevkos. Zum Frühstück und tagsüber gut besucht, abends weniger los. Machen ihre frische süße Leckereien selbst.

Giorgios Gavalas, ebenfalls am Weg zum Livádi-Strand, gute Stimmung, Grillgerichte und Internetzugang.

Melissa, Laden, Kafenion, Zimmervermietung und Ticketverkauf in einem, der Treffpunkt für alles und jeden.

▸ **Livádi**: Hauptbadebucht, schönster Strand der Insel, 200 m feiner Sand, im Südteil einige Dünen, schattige Tamarisken, glasklares Wasser. Vorgelagert ist das Inselchen *Venetikón* (so genannt wegen eines venezianischen Kastells über der Bucht), schöner Blick nach Schinoússa.

• *Übernachten/Essen & Trinken* **Marietta**, die einzigen Rooms am Strand, sieben Zimmer, sauber und gut ausgestattet, nur in der HS geöffnet. ✆ 22850-71252. Ab und an sieht man in der Bucht auch Zelte.

▸ **Panagía**: von Ágios Geórgios etwa 1 Std., man folgt der neuen Asphaltstraße über die Livádi-Bucht. Das Bergdorf ist von Viehzucht und Landwirtschaft geprägt, fast nur noch ältere Bewohner leben hier. Rechter Hand die weiße *Panagía-Kirche*, Namenspatronin der Ortschaft.

• *Essen & Trinken* **Drossia**, Kafenion mit Gemischtwarenladen unter einem großen, schattigen Baum im unteren Teil des Dorfes. **O Kritikos**, preiswerte Café-Bar/Ouzerie im unteren Teil des Dorfes, Aussichtsterrasse mit Blick auf Amorgós, nur in der HS geöffnet.

▸ **Spílion Agíou Ioánnou**: Tropfsteinhöhle des heiligen Johannes, größte Inselsehenswürdigkeit, zu erreichen ab Panagía in ca. 1,5 Std. Kurz nach der Kirche rechts abbiegen und einem Eselspfad folgen, der sich streckenweise etwas verliert. Man geht in südwestlicher Richtung, passiert zwei Holztore und gelangt dann über einen Kamm zur Höhle. Vom schmalen Eingang aus muss man die ersten 4 m auf allen Vieren kriechen, dann gelangt man in den ersten Raum mit rußgeschwärzter Decke und einem kleinen Altar für das große *Fest des heiligen Johannes* am 29. August. Von hier könnte man in den nächsten größeren Raum klettern, der sich wiederum fortsetzt. Es heißt, dass das Höhlenlabyrinth unterirdisch bis Íos reicht. Wir raten allerdings, keinesfalls weiter als bis zum ersten Raum vorzudringen, wo es schon fast stockdunkel ist.

Schinoússa

Kleine, karge Insel, sehr flach und deshalb "lieblicher" als das benachbarte Iraklía. Zum Wandern prima, auch wer Improvisation und Einfachheit mag, ist richtig. Über ein Dutzend kleiner Strände und Buchten laden zum meist einsamen Baden ein.

De facto gibt es nur einen Ort, das Dorf *Schinoússa*, wegen seiner Kirche auch Panagía genannt, ansonsten nur den Weiler *Messariá* und einige Häuser am Hafen. Anders als bei den anderen der Kleinen Kykladen liegt der Hauptort nicht direkt am Hafen, sondern knapp 1 km entfernt auf einer Bergkuppe. Bei der Ankunft findet man deshalb nur einen schmucklosen Kai vor.

Kykladen Karte S. 321

Schinóussa auf einen Blick

Größe: 8,5 qkm, bis zu 5 km lang. Höchste Erhebung gerade 120 m.

Bevölkerung: ca. 100 ständige Einwohner.

Straßen: eine breite Betonstraße führt vom Hafen hinauf ins Dorf.

Wichtige Orte: nur Schinoússa/Panagía.

Übernachten: einige am Hafen, hauptsächlich in Panagía und am Tsigoúri-Strand. Viele Neubauten sind noch nicht fertig.

Karten: Im "Tourist Information Center" von Giorgios Grispos gibt es ein fotokopiertes Faltblatt mit Karte und einigen Infos zu kaufen.

Postleitzahl: 84300.

▸ **Panagía**: vom Hafen 10 Min. zu Fuß. Sehr kleiner Ort, links und rechts der Hauptstraße kleine, weiße Häuser und einige Gässchen, an der Straße entlang hat man Bäume gepflanzt. Linker Hand steht die stolze *Panagía-Kirche*, in der eine wertvolle Ikone der Jungfrau aufbewahrt wird (eine alte Frau hat den Schlüssel).

• *Adressen* **Arzt**, an der Straße Richtung Messariá. ✆ 22850-71385.

Einkaufen, größerer Supermarkt hinter der Kirche an der Hauptgasse, mehrere kleine Mini-Märkte an der Hauptgasse.

Post, in einem Wohnhaus links der Straße.

Schinoussa Tourist Information Center, am Ortseingang auf der linken Seite, geführt von Giorgios Grispos. Zimmer, Schiffstickets, internationales Zeitungsangebot, Inselkarten, Telefon mit Zähler sowie Auskünfte aller Art. ✆ 22850-71930.

Telefon, Kartentelefone im Hafen und an der Platia in der Chóra, Telefon mit Zähler bei Giorgios Grispos.

• *Übernachten* **Sunset**, ganz neu erbaut, ein richtiges Hotel mit schönem Hafenblick. ✆ 22850-71948.

Anesis, neun geräumige DZ mit Bad, Kühlschrank und Mini-Balkon, toller Blick auf Irakliá. Immer heißes Wasser, weil elektrisch geheizt. Der Vermieter ist auch der "Taxidriver" der Insel, holt die Gäste mit dem Kleinbus vom Hafen ab. ✆ 22850-71180.

Pothiti, Frau Pothiti vermietet über der Taverne drei Zimmer mit hellen und sauberen Bädern, Balkon und Gemeinschaftskühlschrank am Gang. Zusätzlich vermietet Frau Pothiti auch weniger attraktive DZ mit Gemeinschaftsbädern am Ortseingang. ✆ 22850-71184.

Provaloma, Taverne am Fußweg nach Messariá etwa 5 Min außerhalb des Dorfes. Hübsche, große Zimmer, alle mit Bad, für gehobene Ansprüche, jedoch nur in der HS geöffnet. ✆ 22850-71936.

Meltemi, am südlichen Ortsausgang links und rechts der Gasse. Hübsche Zimmer, alle mit Bad und tollem Blick auf die Insel. Leider nur in der HS geöffnet. ✆ 22850-71195.

• *Essen & Trinken* **Pothiti**, einzige Taverne im Ort, die auch in der Vor- und Nachsaison geöffnet ist. Man wird in die Küche gebeten, griechische Gerichte mittlerer Qualität, Preise okay.

Provaloma, am Fußweg nach Messariá gelegen, die teuerste und sauberste Alternative, leider nur in der HS geöffnet.

• *Cafés/Bars* **To Kentro**, Kafenion, Geschäft und Taverne in einem.

Café-Pub Margarita, bescheidene Ansätze eines Nachtlebens. Wie immer alles in Blau, Disco-Musik, von der Terrasse fantastischer Blick auf Irakliá und Íos.

Ostria, am Ortseingang, etwas abseits der Hauptstraße, schön zum Sitzen.

▸ **Mersíni**: kleine Sandbucht neben dem Hafen, es gibt aber schönere Strände, die von Mersíni leicht zu erreichen sind.

• *Übernachten/Essen & Trinken* **Plito Chrisou**, zweistöckiges Gebäude in liebevoll angelegtem Garten, freundlicher Hausherr, acht schöne Zimmer mit Balkon bzw. Veranda, einige mit Blick aufs Meer, Frühstück und verschiedene Gerichte auf Bestellung.

Mersini, malerische Fischtaverne mit Meeresblick, den Fisch holt der Wirt selber aus dem Meer, immer frisch, etwas teurer.

▸ **Tsigoúri**: 10 Min. ab Panagía, in der Nähe vom Ortseingang rechts ab und steil hinunter. Relativ sauberer Sandstrand mit weit ausladenden Tamarisken, die mit ihren Zweigen richtige Höhlen bilden. Strandschläfer wurden in den vergangenen Jahren meist toleriert, doch mittlerweile gibt es die neuen "Tsigouri Beach Villas" mit Taverne (✆ 22850-71175).

▸ **Livádi**: gleich neben Tsigoúri, ebenfalls Sand, allerdings kein Schatten.

▸ **Messariá**: von Panagía breiter Schotterweg, sehr karge Landschaft, kaum Grün, Bruchsteinmauern. Der Ort ist um einen Hügel herum gebaut, zahlreiche Häuser sind verfallen, nur die kleine Kirche wird gepflegt. Sechs Menschen wohnen hier im Winter, eine Familie und zwei Alte.

▸ **Psilí Ámmos**: zu Fuß ca. 1,5 Std. nördlich von Panagía. Kiesiger Sandstrand in einsamer Bucht mit Steilküste, Schatten unter Olivenbäumen.

Epáno Koufoníssi

Epáno Koufoníssi liegt dick und rund im Meer. Weiß gekalkte Häuser ziehen sich großzügig die Hänge westlich und östlich des Hafens hinauf, auffallender Kontrast zu den meist ärmeren Dörfern der Nachbarinseln.

Durch die ertragreichen Fischgründe rund um die Insel sind die Bewohner zu Wohlstand gekommen – und haben mittlerweile eifrig Unterkünfte für die zunehmende Zahl an Besuchern errichtet. Epáno Koufoníssi ist zwar winzig, besitzt aber von allen Kleinen Kykladen das höchste Touristenaufkommen. Auf engem Raum gibt es einige herrliche Naturschauspiele, so im Osten eine wunderschöne Felsküste in allen Farben von gelb bis tiefrot, kleine Grotten, Salzwasserbecken, zwischendrin kleine Buchten und jede Menge Badegelegenheiten.

Epáno Koufoníssi auf einen Blick

Größe: 3,8 qkm.

Bevölkerung: 280 ständige Bewohner, die überwiegende Zahl lebt vom Fischfang, einige von Landwirtschaft und Viehzucht.

Geografie/Geologisches: reiche Fischbestände um die Insel.

Wichtige Orte: Epáno Koufoníssi ist der einzige Ort, unterteilt in Paralía (Strand) und Chorió (Dorf).

Straßen: eine betonierte Straße ins Inselinnere, die bald in eine breite, recht holprige Staubstraße übergeht. Eine schmale Asphaltstraße führt durch das Dorf, außerdem eine breite Staubpiste zum Charakópou-Strand.

Übernachten: Privatzimmer reichlich überall im Ort, im nahen Umkreis und am Strand, ansonsten bei Finikas am Charakópou.

Baden: sehr schöne Strände und kleine Sandbuchten im Osten und Norden, der Westen ist Steilküste. Zusätzlich gute Bademöglichkeiten auf Káto Koufoníssi.

Karten: gibt es bisher (noch) nicht.

Postleitzahl: 84300.

Kykladen Karte S. 321

▸ **Epáno Koufoníssi**: lang gezogene Ortschaft, unten am Strand und im Ort mehrere größere Lokale, östlich der Bucht schmucke weiße Häuser an der Seefront. Westlich des feinen Sandstrands führt eine Straße ins Dorf – weiße, eng aneinander gebaute Häuser, kleine Seitengässchen. In fast jedem Haus Zimmervermietung, doch vieles ist nur in der Hauptsaison geöffnet. Ein Fußpfad zieht sich zur östlichen Küste hinüber, dort finden sich kleine, z. T. sehr schöne Buchten.

Das Fest des Ágios Géorgios: eine Insel im Ausnahmezustand

Das größte Fest der Kleinen Kykladen findet am 23. April in Epáno Koufoníssi statt: Zum Tag des Ágios Geórgios, des populären Schutzpatrons der Bauern, Hirten und Fischer, kommen Hunderte Besucher von den umliegenden Inseln und aus Athen, aber auch ehemalige Auswanderer aus aller Welt. Nach Gottesdienst und Prozession um die Insel wird die Nacht wird zum Tag gemacht, Alkohol fließt in Strömen, man tanzt auf den Tischen.

• *Verbindungen* Mittlerweile besitzt jeder größere Zimmervermieter einen Kleinbus oder zumindest einen alten Jeep. Auch Finikas fährt seine potenziellen Mieter kostenlos zum Charakópou-Strand.

Im Sommer **Bootsausflüge** zu den Stränden auf Epáno Koufoníssi und zu Buchten der Nachbarinseln Káto Koufonísi und Kéros.

• *Adressen* **Arzt** an der Straße zur Chóra. ✆ 22850-71370.

Einkaufen, Supermärkte direkt am Strand und an der Hauptgasse im Ort.

Internet, die Website der Insel ist www.koufonisos.com

Post unmittelbar hinter dem Dorfstrand eine Stichstraße nach links, dann nach 100 m rechts.

Schiffstickets, im oberen Teil des Ortes auf der rechten Seite, dort kann man auch Kaikiausflüge buchen.

Telefon, an der Betonstraße vom Strand zum Dorf, schräg gegenüber von "Katerina Studios".

• *Übernachten* **Ägeon**, C-Kat., neues Hotel am Strand, 13 Zimmer, guter Standard zu nicht gerade billigen Preisen. DZ ca. 60–120 €. ✆ 22850-74050, ℻ 74056.

Villa Ostria, östlich oberhalb des Hafens, 10 ordentliche Zimmer mit Du/WC, schöne Terrassenbar mit Blick über den Hafen, freundliche Vermieter. ✆ 22850-71671, ℻ 71672.

Sorokos, zwischen Hafen und Ort, beschildert. Auf drei Seiten von Flachbau eingegrenzter Garten. 17 Zimmer, alle mit Bad und Terrasse zum Garten. ✆ 22850-71453.

Lefteris, am Ortsstrand, zweistöckiges Gebäude mit Balkon auf den Innenhof, dort eine Taverne. Hübsche, rustikal eingerichtete Zimmer in verschiedenen Größen, alle mit Du/WC. ✆ 22850-71458.

Katerina, im unteren Dorfbereich, nahe des Ortsstrands links von der Gasse. Acht kleine DZ mit sauberem Bad und Balkon, z. T. Kühlschrank und Kochgelegenheit. ✆ 22850-71670.

Kapetan Nikolas, einige Zimmer direkt über der Taverne, weitere in einem großen Haus direkt daneben. Jedes mit eigenem Kühlschrank, aber teilweise mit Gemeinschaftsbad. Toller Blick auf die Bucht hinter dem Ort. ✆ 22850-71690, 71471.

Acrogiali, auf der anderen Seite des Strands unmittelbar am Meer. Fünf hübsche DZ mittlerer Größe mit Bad, Balkon und Gemeinschaftskühlschrank. Von zwei Zimmern Superblick aufs Meer. ✆ 22850-71685.

Camping, seit einigen Jahren hinter Finikas Taverne am Charakópou-Strand. Gelände relativ eben, einige Bäume sowie Schilfmatten geben Schatten, harter Sandboden mit Steinen. Nur in der HS. ✆ 22850-71683.

• *Essen & Trinken* **Kapetan Nikolas**, empfehlenswerte Fischtaverne am Westende des Dorfes, Terrasse mit Blick aufs Meer, sehr beliebt. Preise okay.

Melissa, älteste Taverne im Ort, auch hier viel frischer Fisch und Fleischspezialitäten. Superschnelle Bedienung, Preise im Rahmen.

Lefteris, großer Innenhof mit lustiger Bestuhlung direkt am Strand, Wirt nett, aber meist gestresst, große Auswahl an Fischspezialitäten.

Giorgios, im Osten der Bucht, Restaurant bzw. Fischtaverne auf hübscher Terrasse. Der Wirt ist selbst Fischer. Nur in der HS geöffnet.

Ouzerie Maria, vom Hafen kommend unmittelbar vor Kapetan Nikolas, schöner Platz zum Sonnenuntergang, gute *méze*.

• *Nachtleben* **Sorokos**, eine der beliebtesten Nachtbars am Strand.

Nikitas, am Westende des Dorfstrands ein paar Stufen hinauf. Tagsüber Strandbar, abends wird kräftig getanzt.

Kalamia, Musikcafé an der Betonstraße vom Strand zum Dorf, mit Internetzugang.

Scholio, schön hergerichtete Bar in der ehemaligen Schule am nördlichen Ende der Hauptgasse durchs Dorf.

▸ **Charakópou**: drei lang gestreckte Sandstrände, im Sommer immer viel los, wenig Schatten. Finikas betreibt direkt am Strand eine Taverne mit reichhaltigem Angebot rund um die Uhr (Spezialität: Fischsuppe) sowie ein kleines Geschäft, vermietet Zimmer verschiedener Qualität (✆ 22850-71368) und besitzt einen Campingplatz, den einzigen der Kleinen Kykladen (→ Übernachten).

▸ **Órmos Porí**: ein paar Buchten weiter, traumhafter Sandstrand. In den Dünen glitzert gebleichtes Seegras silbern in der Sonne, im Norden ragen riesige bizarre Felsen in das Wasser hinein. Kein Schatten, keine Taverne, also Verpflegung mitnehmen. Im Sommer kommen Badekaikis, sonst zu Fuß durchs Inselinnere oder die Küste entlang, jeweils ca. 45 Min.

Donoússa

Lang gezogene und bergige Insel, weit entfernt vom Rest der Inselgruppe. Dominierend ist der 383 m hohe Pápas. Besonders schön ist die Inselumrundung zu Fuß.

Donoússa hat genauso viele Bewohner wie Irakliá und Schinoússa, trotzdem wirkt es kleiner und unbedeutender. Vor wenigen Jahren war es hier auch im Sommer noch relativ ruhig, doch mittlerweile quillt die Insel im August fast über. Allerdings sind es fast nur griechische Touristen oder kurzzeitig heimkehrende "Auswanderer" aus Athen. Bei der Einfahrt in den Hafen erscheint das Dorf zunächst weitläufig, in Wirklichkeit konzentriert sich aber alles Leben auf den kompakten kleinen Ortskern. Ende der 1990er Jahre hat man eine Straße vom Hafen bis nach *Kalotarítissa* im Norden der Insel errichtet, trotzdem ist Donoússa bisher fast autofrei geblieben.

Donoússa auf einen Blick

Größe: 13 qkm.

Bevölkerung: ca. 130 Einwohner im Winter, man lebt von Fischfang, Viehzucht, Landwirtschaft und zunehmend auch vom Tourismus.

Wichtige Orte: der Hafen Ágios Stavrós (auch Donoússa genannt).

Straßen: zwei kurze zementierte Stücke – hinauf zur Kirche Panagía und zu den Sonnenkollektoren sowie die neue Straße nach Kalotaritíssa.

Übernachten: einige Privatzimmer in Ágios Stavrós, zelten ist in der Kéntros-Bucht erlaubt.

Baden: Hauptbadestrände sind der Strand von Ágios Stavrós und die Kéntros-Bucht.

Karten: eine grobe Karte der Insel gibt es im Gemeindebüro und bei Nikítas.

Postleitzahl: 84300.

▸ **Ágios Stavrós (Donoússa)**: hübscher Ort in typischer Kykladenarchitektur – schmale Gässchen, die weiß gekalkten Häuser eng aneinander und übereinander gebaut, um die Kirche prachtvolle, blumengeschmückte Terrassen. Das ganze Dorf erscheint wie eine große Familie, tatsächlich sind fast alle miteinander verwandt, zumindest sehr gut bekannt. Im Sommer kommen die Angehörigen von den größeren Inseln und aus den Städten am Festland, überall herrscht Hochstimmung, das im Winter ausgestorbene Dorf erwacht zu neuem Leben.

Kykladen Karte S. 321

Der sandige, etwa 200 m lange Ortsstrand *Órmos Stavrós* bietet wegen seiner zentralen Lage nicht unbedingt das wahre Vergnügen. Besser man geht die paar Minuten hinüber zum Órmos Kéntros.

• *Adressen* **Arzt**, im Gemeindehaus, den Weg rechts an der Kirche vorbei. ✆ 22850-61306.

Einkaufen, Supermarkt in einem Seitenweg der südlichen Hafenpromenade unterhalb der Dorfkirche. Ansonsten kann man das Nötigste im Kafenion, bei Nikitas, in einem Gemischtwarenladen und beim Bäcker einkaufen.

Post im Gemeindehaus, keine festen Öffnungszeiten.

Schiffstickets, neben der Taverne von Nikitas im Hafen.

Telefon, OTE-Büro in der links vor dem Gemeindehaus abzweigenden Gasse.

• *Übernachten* Trotz vieler neu errichteter Häuser kommt es im Sommer zu Engpässen.

Skopelitis, kleine Bungalows mit Garten an der Mitte vom Ortsstrand. ✆ 22850-51586.

Nicholas Sigalas, der Besitzer der Taverne "To Iliovasilema" (→ Essen & Trinken) vermietet acht geräumige Zimmer mit Bad, sein Haus befindet sich direkt in der Nachbarschaft der Taverne. ✆ 22850-51570.

Voula Prasinou, wenige Meter rechts des Betonwegs zur Kirche Agios Ioannis, schöne Lage am Hang, ca. 120 m vom Stavrós-Strand. Drei Studios mit Aussichtsterrasse. ✆ 22850-61455.

Nikitas Markoulas, einfache Zimmer im alten Teil des Dorfes, ziemlich weit oben am Hang. Toller Blick auf die Bucht. Fragen Sie in Nikitas' Taverne. ✆ 22850-51566.

Die Taverne "To Kyma"

• *Essen & Trinken* **To Kyma**, schon allein wegen Nikitas' uriger Taverne ist Donoússa eine Reise wert! Frisches, gutes Essen, reichhaltige Portionen, fast immer ist die Taverne voll, man sitzt oben auf der windgeschützten Terrasse oder eine Etage tiefer, direkt auf der Gasse über dem Hafen. Gelegentlich spielen die Einheimischen abends die traditionelle Inselmusik Nissiótiko, dann wird in ausgelassener Stimmung die Nacht durchgemacht.

Meltemi, auf einer Dachterrasse, wird von Nikos geführt und gilt als die beliebteste Taverne bei deutschen Touristen. Solide griechische Küche – Fisch, Gegrilltes, Moussaká. Schöner Blick.

Aposperitis, Ouzerie direkt am Strand, reizvoll durch die Lage. Sehr hübsch hergerichtet, den Fisch holt der Wirt selbst aus dem Meer.

To Iliovasilema, gegenüber dem Ortskern auf der anderen Seite des Stavrós-Strandes. Hier kocht der Chef Nicholas die üblichen Fisch- und Fleischgerichte. Toller Blick auf den Ortskern Stavrós und die vorgelagerten (unbewohnten) Inseln.

• *Nachtleben* Das Nachtleben geht in den Tavernen los, setzt sich im "Breakfast" fort und endet meist in der Kéntros-Bucht.

Breakfast-Blue Lagoon, morgens Frühstückslokal, abends Bar und manchmal auch Disco, etwas teurer. Besitzer ist ein Grieche, der in Berlin wohnt.

▶ **Órmos Kéntros**: Hauptbadebucht der Insel, schöner Sandstrand, im Rücken von einer Natursteinmauer begrenzt. Leider kein Schatten, es gibt aber ein paar Bambushütten (im Sommer jedoch meist belegt). Von Stavrós in einer Viertelstunde zu erreichen, vor der Kirche Panagía rechts ab.

▶ **Livádi**: Strand mit ganz feinem Sand unterhalb von Mersíni, einige wenige Bäume. Zu Fuß anstrengende 1,5 Std. ab Ágios Stavrós, beim Abstieg von Mersíni muss man immerhin 180 Höhenmeter überwinden. Im Sommer per Kaiki in 20 Min. zu erreichen.

▶ **Kalotarítissa**: kleiner Ort im Norden, nur noch von einer Handvoll Familien bewohnt. Der benachbarte schöne *Órmos Roússa* besteht aus feinem, weißem Sand und ist durch ein vorgelagertes Inselchen vor den Nordwinden geschützt. Zu Fuß ca. 2 Std., im Sommer verkehren Kaikis und eine Taverne ist geöffnet.

Rundwanderung: ein rares Vergnügen auf den großteils steilen und bergigen Ägäis-Inseln – auf Eselspfaden kann man in einem halben Tag ganz Donoússa umrunden, unterwegs kommt man an etlichen guten Stränden vorbei. Es geht von *Ágios Stavrós* Richtung Osten, zuerst passiert man das Dörfchen *Messariá Charavgí* mit seinen weißen Häusern, läuft weiter zur Quelle von *Mersíni* (rundum Gemüse- und Obstanbau auf Terrassen) und erreicht schließlich *Kalotarítissa* mit prima Bademöglichkeiten. Von dort auf der Straße entlang der steilen Nordwestküste zurück nach Ágios Stavrós. Je nach Gangart ca. 4–5,5 Std.

Amorgós

Amorgós, die schweigende Insel. Schiefergebirge, die ins Meer stürzen, ein Kloster, das wie ein Schwalbennest in der Felswand hängt, versteckte Dörfer, die vor noch nicht allzu langer Zeit noch ohne Elektrizität waren, einsame Badebuchten. Zwar gibt es mittlerweile zahlreiche Mopeds und Autos auf Amorgós – aber noch immer spürt man den wohltuenden Kontrast zu den "Straßeninseln" Náxos und Páros. Wandern ist angesagt.

Die östlichste Kykladeninsel ist kein Massenziel. Trotzdem entwickelt sich auch hier mittlerweile erheblicher Tourismus (auch in der Nebensaison) – Alternativszene, Ruhe Suchende und Wanderer mittleren Alters aufwärts. Neben Deutschen kommen auch viele Franzosen, denn der Mitte der Achtziger teilweise beim Kloster Chosowiótissa und in der Chóra gedrehte Taucherfilm "La grande bleu" ("The big Blue" bzw. "Im Rausch der Tiefe") von Luc Besson war in Frankreich ein Renner. Die Aura eines "Geheimtipps" umweht Amorgós seit langem und zieht jedes Jahr Neugierige an.

Amorgós auf einen Blick

Größe: 120 qkm, Länge 28,5 km, Breite zwischen 2,5 km und 10 km. Höchster Gipfel mit 821 m der Kríkelos im äußersten Nordosten.

Bevölkerung: ca. 1500 Einwohner.

Wichtige Orte: der Südhafen Katápola; der Nordhafen Órmos Ägiáli; der Hauptort Chóra.

Straßen: In den letzten Jahren wurden viele Pisten ausgebaut. Vollständig asphaltiert sind jetzt die Straßen von der Chóra zum Hafen Katápola, zum Kloster Chosowiótissa, nach Órmos Ägiáli im Inselnorden und in den Inselsüden.

Entfernungen: Katápola – Chóra ca. 5 km, Chóra – Órmos Ägiáli ca. 16 km, Chóra – Kolofána 19 km.

Auto-/Zweiradverleih: in Katápola, in der Chóra und in Órmos Ägiáli Zweiräder, in Katápola auch Autos.

Übernachten: Hotels, Privatzimmer und Camping in Katápola und Órmos Ägiáli, etliche Privatzimmer in der Chóra, sehr wenige im Inselsüden.

Baden: Badebuchten mit Kies und Sand sind über die ganze Insel verstreut, kleinere Strände bei Katápola, längster Inselstrand bei Órmos Ägiáli.

Karten: Sehr detailliert ist die neue GPS-kompatible Karte "Amorgós" des Anavasi Verlags (1:40.000). Besonders interessant für Wanderer sind die zahlreichen Fuß- und Maultierwege, die 2002 mit GPS aufgezeichnet wurden.

Postleitzahl: 84008.

Kykladen Karte S. 321

Die lange, schmale Insel ist geografisch in zwei Teile geteilt: den stärker besiedelten Südwesten mit *Katápola*, dem wichtigsten Hafen und der malerischen *Chóra* hoch darüber, und den Nordosten mit einigen, hübschen Dörfern und dem weniger benutzten Hafenort *Órmos Ägiáli*. Das Urlaubsgeschehen spielt sich hauptsächlich im Hafen Katápola, in der Chóra und in Ägiáli ab, in zunehmendem Maße auch in den nicht mehr ganz so ruhigen Bergdörfern im Inselnorden.

- *Verbindungen* Die Verbindungen im Sommer sind mittlerweile ausreichend, außerhalb der Saison leidlich. Auf Amorgós wird in der Regel zunächst **Katápola** im Inselsüden angelaufen, danach **Órmos Ägiáli** im Inselnorden.

Ab **Piräus** fahren Fähren im Hochsommer mehrmals wöch. nach Amorgós, in der Nebensaison reduziert auf 1- bis 2-mal wöch. (an Deck etwa 21 € pro Pers.). Unterwegs werden zahlreiche Inseln angelaufen – **Tínos**, **Mýkonos**, **Páros**, **Náxos** u. a. – dementsprechend langer und zäher Trip! Weiterfahrt dann gelegentlich hinüber zum Dodekanes: Astipálea, Tilos, Kós, Kálymnos und Rhódos oder nach Iráklion auf Kreta.

Vom nahen **Náxos** gibt es nach Amorgós im Hochsommer fast tägliche Verbindungen mit der kleinen "Express Scopelitis", die unterwegs in aller Regel Irakliá, Schinoússa, Epáno Koufoníssi und eventuell Donoússa anläuft. Ab Náxos dauert das dann gut 6 Std.

Katápola

Wichtigster Hafen der Insel, herrliche Lage in einer tief eingeschnittenen Meeresbucht. Katápola besteht aus drei Ortsteilen, die sich um die Bucht verteilen: der Hafen Katápola im Süden, Rachídi in der Mitte und Xilokeratídi im Norden.

Katápola ist sowohl für Kurz- wie Langzeitbewohner beliebtester Inselstandort (noch vor der Chóra). Auf Touristen ist man eingestellt, es gibt reichlich Zimmer, diverse gut besuchte Tavernen und sogar einen Zeltplatz. Trotzdem herrscht zumindest in der Nebensaison noch wohltuende Stille – dann kann man stundenlang im Schatten sitzen und die Inselatmosphäre genießen, die wenigen Autos sind an zwei Händen abzuzählen. Eine lange Promenade lädt zum Bummeln ein.

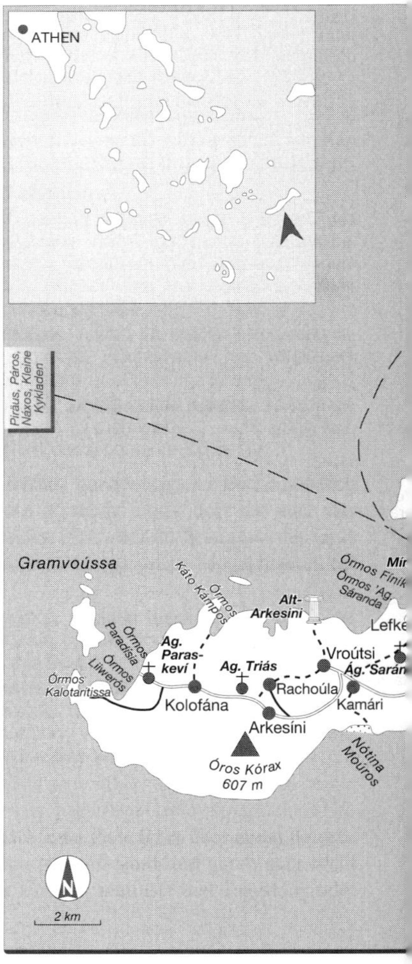

Verbindungen/Adressen

• *Verbindungen* **Busse** pendeln in der Hauptsaison stündlich auf der Strecke **Katápola – Chóra – Kloster Chosowiótissa – Agía Ánna**, in der Nebensaison mehrmals täglich.

Auch zwischen dem **Süd- und Nordteil** von Amorgós stellen Busse mehrmals tägl. die Verbindung her. In der HS bis zu 4-mal, in der NS mindestens 2-mal, am Wochenende aber nur 1-mal.

Wer in den **Südwesten** von Amorgós will – von der Chóra gibt es 3-mal tägl. Verbindung in die Dörfer Kamári, Vroútsi, Arkesíni und Kolofána (Endstation am Órmos Paradísia).

Taxi, ✆ 6937-883838.

• *Adressen* **Fährtickets**, Verkauf in einem wunderschönen Kafenion der alten Sorte, weiteres Ticketbüro direkt gegenüber der Anlegestelle.

Fahrzeugverleih, "Auto Motor Thomas" liegt kurz vor der Brücke an der östlichen Hafenfront von Katápola. Jedes Jahr neue Modelle, stets perfekt gepflegt. ✆ 22850-71777.

Geld, Bank mit Geldautomat an der Hafenpromenade.

Hafenamt, in einer Seitengasse der Hafenplatia, 24 Std. offen. ✆ 22850-71259.

Tankstelle, auf halbem Weg zwischen Katápola und Chóra.

Telefon, Kartentelefone am Hauptplatz.

Übernachten/Essen & Trinken

• Übernachten in allen drei Ortsteilen um die Bucht reichlich Möglichkeiten, hauptsächlich von privat.

Hotel Minoa, C-Kat., gleich an der kleinen Platia am Anleger, gute Unterkunft, modern, 10 Zimmer, Wirtin achtet auf Sauberkeit, Betten mit weiß gekalkten Steinfundamenten. DZ mit Bad ca. 30–55 €. ✆ 22850-71480, ✆ 71003.

Amorgos, direkt an der Hafenfront, etwas älter, einfach, aber sehr sauber, geführt von der freundlichen Evangelia Mavrou. 14 Zim-

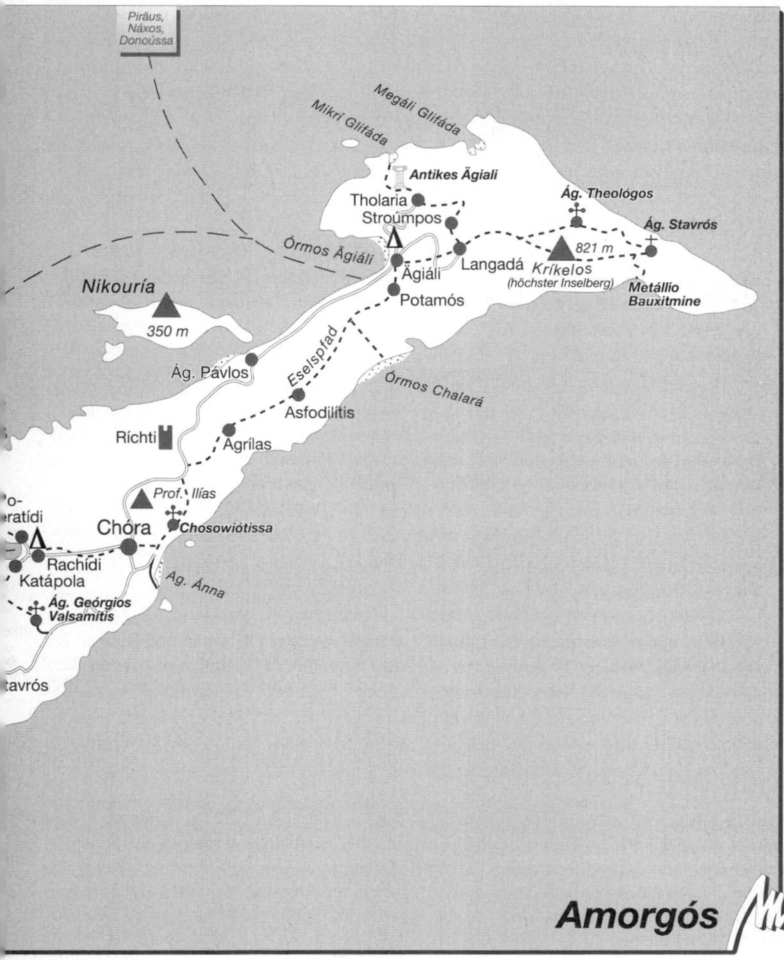

Kykladen Karte S. 321

Seltene Idylle – der Hafenort Katápola

mer, fast alle mit Bad und TV, z. T. mit Küche. DZ ca. 22–40 €. ✆ 22850-71013.

Anna, vom Hafen ein paar Schritte ein Gässchen hinauf. Freundliches, großes Haus mit rot gestrichenen Türen und Fenstern (vom Hafen leicht zu sehen). Bildschöner Garten mit Blumen, in dem man schnell Kontakt zu anderen Gästen findet, Zimmer weitgehend modern, sehr ruhig, gute Bäder mit Warmwasser, Kühlschrank am Gang, auch Kochgelegenheit vorhanden. DZ mit Bad ca. 22–40 €. Neu gebaute Studios in direkter Nachbarschaft ab 32 €. ✆ 22850-71218.

Sofia, am Südrand der Stadt. 12 geräumige Zimmer auf zwei Etagen. Sehr sauber. Vom Hafen aus Richtung Pension Anna, die Treppengasse weiter hinauf, dann links durch den Torbogen. DZ mit Bad ca. 22–40 €, ohne Bad entsprechend billiger. ✆ 22850-71493, ℻ 71021.

The Big Blue, hoch über dem Ort gelegen, Richtung Pension Anna, weiter die Treppengasse hinauf, ganz oben nach 30 m auf der linken Seite. Schlichte, saubere Zimmer mit Bad, großartiger Blick. Nur während der HS geöffnet. DZ ca. 30–40 €. ✆/℻ 71094.

Dimitris Place, im Ortsteil Rachídi mit der Kirche, etwas zurück vom Wasser. Wer das Ursprüngliche und Originelle sucht, ist hier richtig. Der kontaktfreudige ältere Dimitri hat sein Reich in 20 Jahren aufgebaut – Unterkünfte bungalowartig in einem großen, üppigen Garten, Umgebung ländlich und sehr ruhig, jedes Zimmer etwas anders, Küchenbenutzung, Kühlschrank, Bäder einfach, aber okay, 24 Std. warmes Wasser. DZ mit Bad ca. 20–38 €. ✆ 22850-71309.

Maria Spanos, im Ortsteil Xilokeratídi, ein paar Schritte vom Wasser, beschildert. Freundliches, blau-weiß gehaltenes Haus mit sehr netten, sauberen Zimmern, Kiefernholzmöbel, Kühlschrank am Gang, jeweils kleines Bad, Balkon, z. T. Küche, Zentralheizung. Die nette, junge Gastgeberin Maria bietet DZ für ca. 22–40 €. ✆ 22850-71253.

Camping Amorgos, von der Kommune geführtes Gelände an der Uferpromenade, von der Anlegestelle ca. 200 m links, noch hinter dem Ortsteil Rachídi. Für den wenigen Schatten sorgen einige Mattendächer, am Platzrand eine Reihe hoher Zypressen. Außer sanitären Anlagen und kleiner Bar bisher keine Einrichtungen, lockerer Umgangston. Warmes Wasser 24 Std. ✆ 22850-71802, 71257, ℻ 71257.

• *Essen & Trinken* **The Corner**, preiswerte, griechisch gebliebene Küche, großer gemütlicher Innenraum. Spezialitäten von Nikos sind Souvláki, Lammkoteletts und Moussaká. Lockere, angenehme Atmosphäre, guter offener Hauswein.

Muragio, wenige Schritte von der kleinen Platia an der Hafenfront entfernt. Das ganze Jahr über geöffnet, noch ziemlich griechisch, typisch blau lackierter Innenraum, meist gute Auswahl.

Vitzentzos, auf der anderen Seite der Hafenbucht, in Xilerokatídi. Sehr ansprechendes und gutes Essen. Man sitzt sehr hübsch unter dichten Tamarisken, auch innen nett dekoriert.

Gavallas, kleine, saubere Fischtaverne neben "Vitzentzos", freundliche Wirtin Urania, Retsina vom Fass.

Psaropoula, direkt an der breiten Hafenpromenade in Xilokeratídi. Großer Innenraum, schneller Service, gutes Essen. Fischspezialitäten, mittleres Preisniveau.

▸ **Katápola/Baden und Umgebung**: westlich von Katápola kleiner Sand-/Kiesstrand, nah am Ort und wenig attraktiv. Besser rüber auf die Nordseite der Bucht (Ortsteil Xilokeratídi) und von dort ca. 15 Min. westlich zum *Xilokeratídi-Strand*, im Sommer auch Badeboote.

Órmos Finikes, die nächste Bucht südlich von Katápola, ist relativ sauber. Vom Hafen führt ein Weg über den Hügel, ca. 20 Min. Auf dem Sattel rechts kurzer Seitenweg zu den Ausgrabungen der altgriechischen, später römisch besiedelten Stadt *Minóa* mit herrlichem Blick hinunter.

Chóra

Ein Gewirr von Würfelhäusern und engen, schattigen Gässchen, aus Furcht vor Piraten hoch oben an den Bergkamm geschmiegt. Integriert ins Ortsbild Dutzende von strahlend weißen Kirchlein und Kapellen. Das Ganze für Autos gesperrt und überragt von einem knorpeligen Felszahn, auf dem einst das venezianische Kástro stand.

Fürs Auge ein Genuss ist das Wechselspiel von uralten Bruchsteinruinen und frisch gekalkten Kykladenhäuschen mit Türstöcken aus Marmor, hier und dort sind antike, frühchristliche bzw. mittelalterliche Bruchstücke eingebaut. Abseits der gewundenen Hauptgasse verlaufen schmale, holprige Treppenwege, dazwischen findet man kleine, intime Plätze und verschwiegene Winkel. Noch Mitte der Achtziger galt die Chóra von Amorgós als Quintessenz des "unverdorbenen" griechischen Insellebens. Inzwischen regt sich frischer Wind: Moderne Unterkünfte wurden errichtet, Wohnhäuser renoviert und in großer Zahl neu erbaut, schicke Cafés bringen Atmosphäre zwischen die weißen Mauern. Viele Einheimische wohnen den Winter über nicht mehr in der Chóra, sondern kommen nur noch in der warmen Jahreszeit vom Festland. Auch haben zahlreiche Athener mittlerweile Ferienhäuser erworben. Dennoch ist die Chóra noch immer ein Tipp: nicht überlaufen, freundliche Einheimische, meist kommt man leicht ins Gespräch.

Kykladen
Karte S. 321

Der Puppenmacher

Lange Jahre saß der betagte Puppenmacher *Kóstas Gerákis* tagaus, tagein in seinem winzigen Laden an der Hauptgasse der Chóra. Geduldig fertigte er farbenfrohe Schattenspiel-Puppen aus gepresster Pappe – eine Kunst, die heute so gut wie ausgestorben ist, die große Zeit des griechischen Schattenspiels ist lange vorüber. Herr Gerákis starb Ende der achtziger Jahre, sein Sohn hat ein Café eröffnet, in dem die letzten Werke seines Vaters ausgestellt sind.

• *Verbindungen* Bushaltestelle direkt am Ortseingang. Im Sommer häufige Busse nach **Katápola** und zum **Kloster Chosowiótissa**, nach Katápola Pendelverkehr oft bis ca. 22 Uhr. Achtung: In der Nebensaison fährt der letzte Bus schon früher hinunter nach Katápola. Wer ihn verpasst – der schöne, gemütliche **Fußweg** dauert ca. 45 Min., kein Problem. Nach Ägiáli im **Inselnorden** gehen Busse in der HS bis zu 4-mal

Hoch oben in den Bergen – die Chóra von Amorgós

tägl., in der NS 2-mal, aber an den Wochenenden außerhalb der Saison nur 1-mal; in den einsamen **Inselsüdwesten** 3-mal wöch.

• *Übernachten* Viele günstige Privatzimmer ohne Komfort, zwischenzeitlich auch einige neu erbaute Pensionen mit solidem Standard.

Chora, kurz vor dem Ortseingang, auf einem Hügel oberhalb der Straße nach Katápola. Dank der exponierten Lage herrlicher Blick, sehr ruhig, gut ausgestattet, Zimmer mit großen Terrassen. ✆ 22850-71110, 📠 71204.

Panorama, neues Haus am Ortseingang, 10 Zimmer mit Bad, Kühlschrank und teils Balkon (35–60 €) und 7 Studios mit Küche und TV oberhalb des Orts neben der Schule (60–75 €). ✆ 22850-74016, 📠 71606.

Elias Kastanis, am unteren Ortsrand, an der Straße zum Kloster. Saubere Zimmer mit Balkon oder Terrasse, oben große Dachterrasse, ebenfalls schöner Blick. Im selben Haus auch 3 Studios und 4 Appartements. DZ ca. 25–40 €. ✆ 22850-71277, 📠 71012.

• *Essen & Trinken* **Kafenion Dimitri/To Kástro**, eins der ersten Häuser am Ortseingang, Kontaktbörse und einzige noch authentische Taverne. Einfache Gerichte, kleine Terrasse, in Ehren ergraute Wirtsleute. Als einziges Kafenion ganzjährig geöffnet.

Bayoko, am Ortseingang. Beim freundlichen jungen Paar Niki und Kostas gibt es Frühstück, Kaffee, Drinks und abends Cocktails. Spezialität ist die Bayoko-Pie mit einer speziellen Sauce. Im Obergeschoss modern und gemütlich eingerichtete Musik-Bar, in der bei guter Stimmung getanzt wird.

Liotrivi, gute Taverne in einer ehemaligen Ölpresse. Hausgemachte Spezialitäten. Am unteren Dorfausgang rechts ein paar Stufen hinuntergehen. Etwas höhere Preise, die aber der Qualität angemessen sind.

I Thea, Taverne mit Panoramaterrasse am hinteren Ortsende. Fleisch, Fisch, Spaghetti und viele Vorspeisen. Gute Lammgerichte.

• *Cafés* **Zygos**, gegenüber vom Museum, Weinranken über der Straße, darüber Dachgarten mit herrlichem Blick, frisch gepresste Säfte und prima Kuchen.

Kath'Odon, Platia Plateaki, Frühstück, Kaffee, traditionelle Vorspeisen, Salate und eine gute Auswahl an Aperitifs.

Vengera, geführt von Michalis, dem Sohn von Kostas Gerakis (→ S. 429). An den Wänden des modern eingerichteten Cafés sind die berühmten Puppen aufgehängt.

Sehenswertes: im Ort Dutzende von kleinen und großen, weiß gekalkten Kirchen, die lange gewundene Hauptgasse schön zum Schlendern. Gegenüber vom Café Zygos ein *archäologisches Museum* in einem schönen historischen Haus aus dem 18. Jh. Zu sehen sind Funde aus Minóa vom Frühkykladikum bis in römische Zeit, hauptsächlich Skulpturen, Grabstelen, Inschriften und etwas Keramik.

Etwa in der Ortsmitte geht links ein Gässchen zur großen *Platía Loza* mit der *Mitrópolis*, der Hauptkirche des Ortes. Am anderen Ende vom Platz führen breite Treppen hinauf zum ehemaligen venezianischen *Burgfelsen*. Zutritt durch ein verschlossenes Kirchlein, knapp unterhalb der Spitze (Schlüssel bei Dímitris). Vom Kástro ist nichts mehr erhalten, aber toller Blick vom höchsten Punkt der Chóra.

Am Ortsende kommt man über einige Stufen zu einer großen Platía mit drei eng aneinander gebauten Kirchlein. Noch ein Stück weiter beginnt der *Treppenweg* zum Kloster Chosowiótissa (s. u.).

Öffnungszeiten/Preise **Archäologisches Museum**, Mai bis Oktober Di–So 9–13, 18–20 Uhr. Eintritt frei.

Kloster Chosowiótissa

Unvergleichlich: Ein rostroter, überhängender Steilhang am Meer, mitten drin das grellweiße Kloster, mit meterdicken Mauern und zwei mächtigen Stützpfeilern in eine natürliche Nische gedrängt. Architektonisch einer der interessanten Klosterbauten der Ägäis – ein typisches Wehrkloster, das sich immer wieder gegen Piraten verteidigen musste.

Gründer des Klosters waren wahrscheinlich Mönche, die im 8. Jh. aus Palästina fliehen mussten. Auf ihrer langen Irrfahrt kamen sie auch nach Amorgós. Die Steilwand erinnerte sie, wird berichtet, so sehr an ihr heimisches Kloster, dass sie hier ihre neuen Zellen errichteten. Angeblich zeigte ihnen dabei eine in einem Boot angeschwemmte Mutter-Gottes-Ikone die richtige Stelle. Heute lebt hier nur noch eine Handvoll Mönche jahrein, jahraus zwischen Himmel und Erde. Noch vor 20 Jahren waren es über 30, doch sie haben sich fast alle auf den Berg Áthos zurückgezogen. Wenn man durch die kleine Eingangstür hinein "gekrochen" ist, heißt es Treppen steigen. Die kleine, reich geschmückte *Kirche* am höchsten Punkt der Anlage beherbergt die heilige Ikone der *Jungfrau Chosowiótissa* (rechts vor der Altarwand). Sie ist schon für viele Wunder verantwortlich gemacht worden, u. a. dafür, dass bisher noch kein Mönch oder Pilger von den immer wieder herabfallenden Felsbrocken verletzt wurde.

Kykladen Karte S. 321

• *Anfahrt* Die Busse von Katápola fahren über die Chóra weiter bis zur Kiesbucht Agía Ánna am Fuß der Steilwand östlich der Chóra. Ein paar Kurven vor der Endstation liegt die Haltestelle fürs Kloster – ein schmaler Fußweg schlängelt sich von dort unter den turmhohen Wänden entlang zum Kloster, das bis zuletzt unsichtbar bleibt.

Lohnende Alternative: am Beginn der Chóra aussteigen, durch den Ort zum hinteren Ausgang gehen (dort liegt die Schule). Gleich hinter den letzten Häusern führt rechts ein **Treppenweg** in Serpentinen steil den Hang zum Meer hinunter. Nach etwa 20 Min. trifft man auf die Straße, die auch der Bus entlang fährt. Die Straße nach links bis zur Kurve gehen, wo der Pfad zum Kloster abzweigt. Gesamtdauer ab Chóra ca. 40 Min., zurück kann man dann mit dem Bus fahren.

• *Öffnungszeiten* ganzjährig tägl. 8–13 Uhr, im Sommer zusätzlich 17–19 Uhr. Strenge Kleidervorschriften: keine nackten Schultern und Beine, Frauen müssen einen Rock tragen (Röcke kann man derzeit nicht ausleihen). Fotografieren unerwünscht. Eine Spende wird erwartet.

▸ **Agía Ánna**: zwei kleine Kiesbuchten im Steilhang unterhalb der Straße, mächtige Steinplatten zum Sonnen. Szenen aus "Im Rausch der Tiefe" wurden hier gedreht. Vorsicht: nicht zu weit hinausschwimmen, es gibt gefährliche Strömungen – keinesfalls versuchen, die vorgelagerten Felsen zu erreichen.

Westen und Süden der Insel

Abgelegen und bergig, kaum Touristen, höchstens ein paar Wanderer sind unterwegs. Von der Chóra aus fährt ein Bus einmal täglich die kleinen Dörfer Kamári, Vroútsi, Arkesíni und Kolofána an.

Von Vroútsi kann man in etwa 30 Fußminuten den Steilfelsen von *Alt-Arkesíni* (Ákro Kástri) erreichen, Standort einer der drei antiken Inselstädte. Superlage auf einem fast uneinnehmbaren Kap, zugänglich nur über eine schmale Landbrücke, auf der der Weg verläuft. Erhalten ist von der Stadt praktisch nichts mehr. Wo heute die Kapelle der *Panagía Kastriánis* steht, soll ein Aphrodite-Tempel gestanden haben. Am Ortsausgang von Arkesíni steht auf einem Hügel rechter Hand der Straße der hellenistische Wachturm von *Agías Triáda.*

Norden der Insel

Der Hafenort Órmos Ägiáli hat sich in den letzten Jahren touristisch stark entwickelt und die nahen Bergdörfer Tholária und Langáda sind ideale Wanderziele.

Eine asphaltierte Straße stellt die Verbindung zwischen Inselsüden und -norden her. Von der Chóra verläuft die Straße anfangs am Westhang des Profítis Ilías entlang und senkt sich dann hinunter zur Westküste. Nach etwa 5 km trifft sie auf den alten Eselspfad, der beim Kloster Chosowiótissa beginnt.

Inseldurchquerung: von der Chóra nach Órmos Ägiáli

Beliebteste Wanderroute der Insel ist der Pfad vom *Kloster Chosowiótissa* über *Agrílas* und *Asfodilítis* nach *Potamós*, von dort ist es dann nur noch ein kleines Stück bis *Órmos Ägiáli.* Markiert ist die etwa 12 km lange Strecke mit rotschwarzen Täfelchen mit der Nr. 1, die Wanderzeit beträgt 4–5 Std. Wichtig: Reichlich Wasser und Proviant mitnehmen, bis auf eine nur im Hochsommer geöffnete Taverne in *Ágios Pávlos* vis à vis der Insel Nikouriá gibt es keine Verpflegungsmöglichkeit.

Órmos Ägiáli

Der aufstrebende Hafenort besitzt den längsten Strand der Insel. In der Nebensaison ist es hier noch vergleichsweise ruhig und ideal für Erholung abseits jeglichen Trubels. Doch im Sommer strömen die Urlauber bereits in Massen, mit Discos und Musikbars ist dann auch fürs Vergnügen gesorgt.

Am langen Sandstrand stehen schattige Tamarisken, man kann Tretboote und Kanus mieten. Nordwestlich vom Strand gibt es zwei kleine Badebuchten, die erste erreicht man in etwa 15 Min., zur zweiten läuft man noch einmal so lang, in der Hauptsaison fahren auch Kaikis hinüber. An der Südseite des Hafens führt eine Gasse ins nahe Dorf *Potamós* hinauf. Den unteren Teil nennen die Touristen "Sunset-Boulevard", denn von den dortigen Tavernen und Cafés hat man einen tollen Blick auf den Sonnenuntergang.

Verbindungen/Adressen

• *Verbindungen* **Busverbindungen** hinauf in die Bergdörfer Tholária und Langáda sind gut ausgebaut, bis zu 5-mal tägl., auf Fähren abgestimmt. Busse nach Katápola fahren ebenfalls häufig (siehe Katápola). Bushaltestelle am Hafen, Zeiten sind gegenüber angeschlagen.

• *Adressen* Eine **Bank** gibt es nicht, die **Post** ist am "Sunset Boulevard" beschildert.

Fahrzeugverleih: "Auto Motor Thomas", direkt am Hafen. Jedes Jahr neue Modelle, stets perfekt gepflegt. Freundlicher Service. ✆ 22850-73444.

Ägiali Tours, am Hafen. Schiffstickets, Telefon, Gepäckaufbewahrung, Bootsfahrten nach Nikouriá, Bustouren in den Inselsüden usw. ✆ 22850-73393, 📠 73395.

IRIS-Center, Kooperative im Zeichen des Regenbogens, Vassilis Savras bietet esoterisch ausgerichtete Anwendungen. Auf dem Programm stehen unter anderem Seminare über Astrologie und Meteorologie sowie Anwendungen in Yoga, Akupunktur und Reyki, aber auch einfache Gymnastik und Aerobic, Massagen, Malerei, Tanzen und Drums. Adresse: Ägiáli, GR-84008 Amorgós, ✆ 22850-73545, 📠 73273, http://iris.amorgos.net/

Übernachten/Essen & Trinken

• *Übernachten* **Hotel Egialis**, B-Kat., Großhotel, unübersehbar am Hang nördlich vom Strand, Swimmingpool, herrlicher Buchtblick, 47 Zimmer und mehrere Suiten. Transfer ab Hafen, Reisebüro Ägialis Tours unter selbem Management. DZ mit Frühstück ca. 57–130 €. ✆ 22850-73393, 📠 73395.

Hotel Gryspos, B-Kat., Appartementanlage rechts des Fußwegs nach Potamós. Exquisit eingerichtet, schwarz lackierte Möbel, Marmorfußböden, Spiegelschränke. Alle Wohneinheiten mit Balkon, doch Blick zur Bucht teilweise verbaut. Preis ca. 35–90 €. ✆ 22850-73412, 📠 73557.

Hotel Mike, C-Kat., älterer Kasten direkt am Anleger. 10 Zimmer, z. T. Balkon, schöner Blick vorne raus. DZ ca. 22–45 €. ✆ 22850-73208, 📠 73633.

Christina, großes Haus rechts vom Fußweg nach Potamós. Die nette, junge Besitzerin Christina vermietet geräumige DZ (auf Wunsch auch 3 Betten), saubere Bäder, Kühlschrank und Balkon mit tollem Blick auf die Bucht. Ganzjährig geöffnet, daher auch Heizkörper in den Zimmern. DZ ca. 22–40 €. ✆ 22850-73236.

Lakki, am Nordende von Strand, 35 Zimmer in kleinen Häuschen, umgeben von schattigem Garten, unter Bäumen sind Tische und Stühle aufgestellt. Die Zimmer wurden 2001 renoviert, DZ mit Bad ca. 22–45 €. Angeschlossen eine gute Taverne. ✆ 22850-73253, 📠 73244.

Rechts des Fußwegs nach Potamós sind in den letzten Jahren Dutzende von Neubauten mit Zimmervermietung entstanden.

Camping Aegiali, neben der Pension/Taverne Askas, etwa 10 Fußminuten vom Anleger. Schatten durch Schilfdächer, Restaurant und Bar sowie Kochmöglichkeit und Waschmaschine. Vom Hafen Transfer mit Minibus. ✆ 22850-73500, 📠 73388.

• *Essen & Trinken* **To Limani**, direkt im Ortskern bei der Kirche, besser bekannt als Katina (freundliche Wirtin). Gute Küche und schöne Sitzgelegenheiten auf kleiner Gasse unter Oleander, es wird auch auf dem Dach serviert.

Asteria, direkt am Busstopp, etwa in der Mitte der Hafenfront. Der ehemalige Schiffskoch Marco bereitet traditionelle Gerichte, aber auch Pizza hervorragend zu. Preiswert.

Koralli, südlich vom Hafen die Treppen hinauf, Stühle entlang der Stufen, toller Blick aufs Meer (Sonnenuntergänge!), Fischgerichte, nicht billig, aber gut.

To Steki ("Sofia"), direkt oberhalb vom Anleger, supergemütliches Plätzchen unter schattigen Bäumen.

Askas, angeschlossen an die gleichnamige Pension. In der Saison jeden Samstag griechische Livemusik mit Tanz, große Auswahl, Lamm vom Spieß, Salat und Gemüse aus dem eigenen Garten, selbst gekelterter Wein vom Fass.

Selini, Café, Bar und Restaurant bei den Tamarisken am Strand. Gutes Frühstück, eine Salatbar und täglich wechselnde Fisch- und Fleischspezialitäten. Tagsüber gibt es auch amorgianische *mezédes* (Vorspeisenteller) und kleine Delikatessen. Chef Vangélis spricht gut Deutsch.

Frou-Frou, Café-Bar am "Sunset Boulevard", von der Österreicherin Andrea geführt. Leckerer, selbst gebackener Kuchen, Eis, Crêpes und exotische Früchtedrinks. Mitteleuropäisches Frühstück.

▸ **Tholária & Langáda**: zwei Bergdörfer hoch über dem Meer, oft windig, Kalkblumen und Ostersprüche sind aufs Pflaster gemalt. Viel ruhiger als Órmos Ägiáli, fantastischer Ausblick über das ganze Tal und die Hafenbucht. Die Asphaltstraßen hinauf gibt es erst seit wenigen Jahren. Auf Maultierpfaden kann man schöne Wanderungen durch die steinigen Berge unternehmen.

• *Verbindungen* von Órmos Ägiáli sehr gute Busverbindungen, abgestimmt auf die Fähren, auch abends noch Verbindungen.

• *Übernachten/Essen & Trinken* **Hotel Vigla**, B-Kat., in Tholária direkt am unteren Ortseingang. Der freundliche Stefanos und seine Frau Irini führen die hübsch eingerichtete Anlage mit 25 Zimmern, Restaurant und Café-Bar. Saubere, geräumige Zimmer, alle mit Bad. DZ mit Frühstück ca. 54–80 €. ✆ 22850-73004/5, ℻ 73332.

Kali Kardia, Taverne von Sophia Igonomidis mitten in Tholária gegenüber der Kirche. Sehr zu empfehlen, zwar nur maximal drei Gerichte, aber sehr schmackhaft und preiswert. Hier auch vier schlichte, aber saubere Zimmer, zwei Bäder und Veranda mit Blick auf die Kirche und die Terrassenhänge im Westen. DZ ca. 20–40 €.

Ebenfalls gut das Café-Restaurant **Sea Dream** in Tholária. Ioánnis war früher Schiffskoch und bemüht sich sehr um das Wohl seiner Gäste. Die Rückwand im Außenbereich wurde von der Ukrainerin Ludmila mit einem schönen Motiv bemalt. Fünf einfache Zimmer, drei davon mit Balkon, alle mit Bad. DZ ca. 20–40 €. ✆ 22850-73345.

Pagali, in Langáda, geführt von Nikos Vassalos, 10 Zimmer und 10 Studios hinter der Taverne **Nikos**. Alle ordentlich eingerichtet mit eigenem Bad, Aircondition, TV, Telefon und Balkon. Bei Vorbuchung Bustransfer vom Hafen. DZ ca. 20–40 €, Studio 40–65 €. In der Taverne hervorragende griechische Speisen, z. B. traditioneller Auberginenauflauf und Ziegenfleisch, nach dem Essen heruntergespült mit einem "Rakomelo". In der HS oft traditionelle Live-Musik. Neben der Taverne hat Nikos einen privaten Kinderspielplatz errichtet. ✆ 22850-73310, ℻ 73368, E-Mail: pagali@otenet.gr.

Rundwanderung im Norden von Amorgós

In den Bergen zwischen Tholária und Langáda gibt es keine direkte Straßenverbindung, nur alte Maultierpfade stellen die Verbindung her. Sehr hübsch ist deshalb die Rundwanderung von *Ägiáli* hinauf nach *Tholária*, dort rüber nach *Langáda* und wieder hinunter zum Hafenort. Dauer bei gemächlicher Gangart insgesamt 3 Std., Markierung durch kleine, rotschwarze Täfelchen mit der Nr. 4.

Ein schöner Fußweg führt zunächst vom nördlichen Ende des Strands in ca. 45 Min. hinauf nach Tholária (man überquert dabei unten die Straße und hält sich bei der Kapelle des Ágios Theódoros links). Von Tholária dann etwa 1,5 Std. steiniger Panoramaweg nach Langáda, eine Schlucht wird dabei durchquert. Hinunter nach Órmos Ägiáli führt zu guter Letzt ein Pflasterpfad, ca. 40 Min.

Íos

Íos gehört der Jugend. Während die Nebensaison noch weitgehend ruhig verläuft, ändert sich das schlagartig im Juli und August. Dann wird die Insel geradezu überflutet: Rucksacktouristen, Vergnügungssüchtige, ganze Cliquen, Stammgäste, neugierige Erstbesucher. Íos ist wie Mýkonos, aber jünger und fröhlicher. Briten, Iren und Skandinavier stellen das Gros der Besucher.

Der kometengleiche touristische Aufstieg der Insel begann in den frühen Siebzigern. In erster Linie dafür verantwortlich waren der *Milopótas-Strand* – einer der schönsten der Kykladen – und der fantastisch gelegene Hauptort in unmittelbarer Nähe. Seitdem gilt Íos als *die* Insel der Kykladen, ja Griechenlands, wo unternehmungslustige und kontaktfreudige Naturen ihre Urlaubsträume verwirklichen können. Tagsüber aalt man sich am Strand, danach verwandelt sich allabendlich die wunderschöne, malerisch gelegene Chóra in einen turbulenten Nachtclub, der bis ins Morgengrauen nicht zur Ruhe kommt. Eine einzige große "Party", Kontakte, Trubel, Stimmung, Anmache – das ist es, was hier zählt. Und je später die Nacht, desto lockerer geht es zu. Erstaunlich, mit welchem Gleichmut die Einwohner das Treiben der flegelhaften Besucher mit der lockeren Moral hinnehmen. Doch sie verdienen sich eine goldene Nase und haben im Lauf vieler Jahre gelernt, zu schweigen. Die alljährliche Menschenballung bringt allerdings Probleme mit sich – in Íos muss dabei vor allem der Alkohol genannt werden, der hier im Übermaß konsumiert wird.

Doch Íos hat auch eine ganz andere Seite: Das turbulente Inselleben spielt sich nämlich fast ausschließlich zwischen *Hafen, Chóra* und *Milopótas-Strand* ab. Wer Ruhe

Íos auf einen Blick

Größe: 108 qkm, Länge ca. 17 km, Breite ca. 7,5 km. Höchster Gipfel mit 713 m der Pírgos in der Inselmitte.

Bevölkerung: ca. 1500 Einwohner, im Sommer bevölkern aber sicher 10.000 Touristen täglich die Insel.

Wichtige Orte: Gialós, der Hafen; Chóra, der Hauptort.

Straßen: Die asphaltierte Hauptachse der Insel führt vom Hafen zum Koumbára-Strand, auf der anderen Seite zur Chóra hinauf und von dort hinunter zum Milopótas-Strand, insgesamt ca. 9 km. Die Straße zum Agía-Theodóti-Strand wurde mittlerweile ebenfalls asphaltiert, die Piste zum Manganári-Strand im Süden wird wohl in absehbarer Zeit ebenfalls einen Belag erhalten. Ansonsten gibt es noch einige befahrbare Erdpisten (→ Karte S. 437).

Entfernungen: Gialós – Chóra 2,5 km, Chóra – Milopótas-Strand 2,5 km, Gialós – Ag. Theodóti-Strand 8 km.

Auto-/Zweiradverleih: im Hafen nur Zweiräder, in der Chóra auch Autos.

Tankstellen: zwei Zapfstellen an der Straße vom Hafenstrand zur Chóra.

Übernachten: zahlreiche Hotels und Privatzimmer im Hafen, in der Chóra und am Milopótas-Strand. 1 Hotel und Privatzimmer außerdem am Manganári-Strand im äußersten Süden, weitere Privatzimmer an den Stränden Koumbára und Psathí. Ein Campingplatz am Hafen, zwei am Milopótas-Strand.

Baden: Gute Sandstrände sind um die ganze Insel verstreut, die besten sind der Milopótas-Strand, Manganári und der Hafenstrand.

Karten: Hübsch und durchaus brauchbar sind die Übersichtskarten in den bunten Íos-Prospekten "Ios Island", die es bei der Acteon Travel Agency am Hafen kostenlos gibt.

Postleitzahl: 84001.

und Ursprünglichkeit sucht, muss nur aus diesem magischen Dreieck ausbrechen – und findet sich in der Einsamkeit einer der felsigsten, wasserärmsten und in seiner Kahlheit faszinierendsten Inseln des ganzen Archipels wieder. Nicht zuletzt diese Vorzüge ziehen mittlerweile verstärkt älteres, griechenlanderfahrenes Publikum an, das hier auch gerne willkommen geheißen wird, denn viele Einwohner von Íos wünschen sich ein anderes Image ihrer Heimatinsel.

Verbindungen

Íos liegt an der Hauptroute von Piräus zu den südlichen Kykladen und nach Kreta, ist außerdem (neben Santoríni) Verbindungspunkt hinüber zur Westkykladeninsel Mílos (über Síkinos und Folégandros).

Fähren/Schnellfähren: von und nach Piräus 2- bis 4-mal tägl., Dauer ca. 7–9 Std. bzw. 4–5 Std., Deck/Pullmannsitz etwa 22,50 €, billigster Kabinenplatz 40 €, Schnellfähren teurer; tägliche Fähren von und nach Tínos, Sýros, Mýkonos, Páros, Náxos und Santoríni; etwa 3-mal wöch. von und nach Folégandros, Síkinos, Mílos, Sífnos und Kreta.

Schnellboote: 1-mal tägl. nach Santoríni, Náxos, Páros, Mýkonos und weiter Richtung Rafína, außerdem über Folégandros und Síkinos zu den Westkykladen.

Gialós

Der Hafenort liegt am Ende einer langen, schlauchförmigen Einfahrt und gilt als einer der besten Naturhäfen der Ägäis. Als Ort kein Vergleich zur Chóra am Berg oben, jedoch liegt ein langer Sandstrand benachbart. Die Bilderbuchkirche *Agía Iríni* thront malerisch auf einem vorgelagerten Felsen.

Tipp: Vom Hafen führt ein alter Stufenweg für Maultiere zur Chóra hinauf, der die Serpentinenstraße wesentlich abkürzt. Er beginnt rechter Hand der Straße zur Chóra, etwa 200 m vom Hafen. Laufzeit knapp 15 Min.

Information/Verbindungen

• *Information* **Acteon Travel Agency**, große Reiseagentur an der rechteckigen Platia am Hafen. Schiffstickets, Internetzugang, internationale Presse, Unterkünfte. Hübsch und informativ ist das jährlich neu herausgegebene Gratis-Heft **"Ios Island"** mit Tipps zu Unterkünften, Essen, Shopping und Nachtleben. Zwei weitere Filialen in der Chóra. ✆ 22860-91343, ✆ 22860-91088, www.acteon.gr.

Hafenamt, Auskunft unter ✆ 22860-91264.

• *Verbindungen* **Busse** pendeln täglich von 7–23 Uhr zwischen Koumbára-Strand, Hafen, Chóra und Milopótas-Strand. Der Preis von ca. 0,80 € ist immer gleich, egal, wie weit man fährt.

Taxis gibt es nur zwei auf Íos, Kiriakos (✆ 6977-760570) und Bouzalakos (✆ 6977-031708).

2-mal tägl. fahren Ausflugsbusse zum **Manganári-Strand** an der Südspitze von Íos, außerdem vormittags ein Badeboot. Preis jeweils etwa 5 € hin/rück.

Jacobs Rental, Zweiradverleih an der Südfront vom Hafen. ✆ 22860-91047, ✆ 92268.

Übernachten

Am Strand und um den Hafen hauptsächlich Hotels der C-Kat., aber auch ein paar preiswertere Möglichkeiten. Unterkünfte außerdem an der Straße und am Fußweg hinauf zur Chóra.

• *Im Hafen* viel weniger Rummel als in der Chóra, jedoch treffen sich hier spät nachts bzw. frühmorgens die Nachtschwärmer, es kann zeitweise laut werden.

Hotel Poseidon, C-Kat., etwas erhöht am Osthang der Bucht, über Stufen zu erreichen. Das gepflegte und gastfreundliche Haus bietet gut ausgestattete Zimmer mit

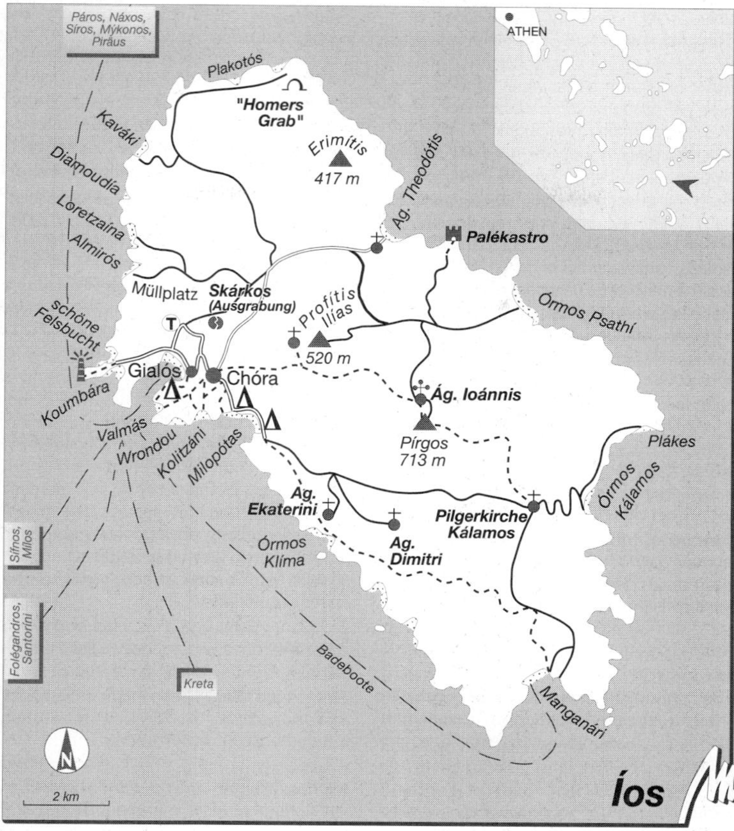

Kykladen
Karte S. 321

herrlichem Hafenblick, dazu einen Pool und Frühstücksterrasse. DZ ca. 35–70 €. ✆ 22860-91091, ℻ 22860-91969.

Irene, vom Anleger rechts um das Hafenbecken, nach "Jacob's Rental" schmale Gasse hinein. Geführt von Irene, ihrem Sohn Adonis und seiner Schwester, er spricht sehr gut Englisch. 27 Zimmer, davon 17 neu, jeweils sauberes Bad, Kühlschrank, Balkon oder Terrasse, teils Aircondition und/oder TV. Gelände schön bepflanzt. Täglicher Zimmerservice. Im Nebengebäude kleine Außenbar mit Terrasse, wo man frühstücken kann. DZ ca. 25–55 €. ✆ 22860-91023, ℻ 22860-92292.

• *Gialós-Strand* **Hotel Petros Place**, E-Kat., am Strandbeginn hinter dem großen Parkplatz, etwas zurück vom Meer. Schöne, neue Anlage mit Pool, freundlich geführt. DZ ca. 25–55 €. ✆ 22860-91421, ℻ 22860-91866.

Hotel Corali, C-Kat., unmittelbar an der Strandstraße nordwestlich vom Hafen, gepflegtes und gastliches Haus mit großer Taverne und Kinderspielplatz. Die Zimmer sind geräumig und gut eingerichtet, jeweils mit Du/WC und Balkon. DZ ca. 35–70 €. ✆ 22860-91272, ℻ 22860-91552.

Hotel Glaros, C-Kat., geführt vom freundlichen Ehepaar Damigos. Helle, Zimmer mit Kühlschrank, Du/WC und Balkon mit herrlicher Aussicht, ruhig. Hübsche Frühstücksterrasse. Transfer ab Hafen. DZ ca. 30–70 €. Auch pauschal zu buchen. ✆ 22860-91876, ℻ 22860-91206.

Villa Maria, beim Hotel Leto in den kleinen Weg einbiegen und noch 100 m weiter. Hübsches Haus mit 15 schlichten Zimmern, Mobiliar nicht mehr vom Neuesten, aber okay, jeweils Bad. DZ ca. 20–50 €, auch Frühstück möglich. ✆ 22860-91525.

• *Treppenweg zur Chóra* Man wohnt nicht direkt im Rummel, ist aber nahe am Geschehen. Zudem vorne raus meist herrlicher Blick auf die Hafenbucht.

Princess Sissi, durchschnittliches Haus mit modernen sauberen Zimmer, geräumigen Bädern und schönem Buchtblick, unten im Haus Bar. DZ mit Bad etwa 20–50 €. ✆ 22860-91244, ℻ 22860-92044.

Finikas, größeres Haus im oberen Bereich des Treppenwegs, umgeben von Eukalyptusbäumen und Palmen, schöne Terrasse mit Pool, Bar und Buchtblick, Verandarestaurant. Saubere Zimmer mit Aircondition und Kühlschrank, z. T. mit kleinen Balkonen. DZ mit Bad etwa 20–50 €. ✆ 22860-91543, ℻ 22860-27098, www.finikashotel.gr

• *An der Straße zur Chóra* z. T. Superblick auf die Hafenbucht, jedoch nicht gerade ruhig gelegen.

Golden Sun, 150 m nach dem Beginn des Treppenwegs links der Straße. John Kladis und seine Familie haben lange in den USA gelebt, sehr hilfsbereit. Saubere Zimmer, Pool mit Blick auf die Bucht, kleine Bar mit Snacks zu relativ günstigen Preisen. Vor der Tür Busstopp. DZ ca. 25–50 €. ✆ 22860-91110.

Liostasi Sun Club, einige Kurven vor der Chóra, schöne, neue Anlage, elegant gestylt, Panoramaterrasse mit Pool, Kinderbecken und Poolbar. In den 13 Zimmern TV und Kühlschrank. DZ ca. 40–110 €. ✆ 22860-92150, ℻ 22860-92140, www.acteon.gr

• *Camping* **Ios**, recht ordentliches Gelände an der Südseite des Hafens, Zierbäume bieten einigen Schatten, mit überdachten Betonterrassen wurde auch an Gäste ohne Zelt gedacht. Self-Service-Restaurant, Bar, Supermarkt. In die Chóra ca. 15 Fußminuten. Nur in der Hochsaison geöffnet. ✆ 22860-91329, ℻ 22860-92101.

Essen & Trinken/Nachtleben/Sonstiges

• *Essen & Trinken* **Waves**, vom Anleger wenige Meter in Richtung Strand, von Walisern geführt, recht leckere indische Gerichte, beim Essen kann man den Schiffen beim Anlegen und Abfahren zusehen.

The Octopus Tree, kleine, gemütliche Ouzerie an der Ostseite vom Hafen, dort wo die Fischerboote liegen. Man sitzt unter schattigen Pinien, guter Fisch, Treffpunkt der Fischer.

• *Bars/Nachtleben* Abends spielt sich alles in der Chóra ab, im Hafen geht's ruhig zu. Frühmorgens kommen dann die Nachtschwärmer herunter getorkelt und es wird etwas unruhiger.

Ciao, unmittelbar vis à vis vom Anleger, im Sommer 24 Std. offen, immer sehr gut besucht.

Alex Pirate Bar, hübsch aufgemacht, bei Alekos herrscht allabendlich gute Stimmung, Publikum etwas älter.

• *Ärztliche Versorgung* neu erbautes **Medical Center** der Gemeinde im Hafen, am Beginn vom Strand, etwas zurück vom Meer, spezialisiert auf Schnapsleichen. ✆ 22860-28611.

Skárkos: eine der ältesten Kykladensiedlungen

Auf einem Hügel namens *Skárkos* im Hinterland der Bucht hat man vor wenigen Jahren eine über 4000 Jahre alte Siedlung ausgegraben, die damit zu den ältesten der Kykladen zählt. Zahlreiche gut erhaltene Hausfundamente, Mauern und schmale Gassenzüge konnten auf dem flachen Gipfelplateau geortet werden. Die gefundenen Kunst- und Gebrauchsgegenstände sind im neuen archäologischen Museum in der Chóra ausgestellt. Zu erkennen ist der Hügel von weitem an den zahllosen Bruchsteinmauern, die alle Hänge und den Gipfel bedecken. Da die Arbeiten noch nicht abgeschlossen und gesichert sind, ist der Zugang allerdings bisher nicht gestattet. Wer es trotzdem versuchen will, kann von der Strandstraße aus die Straße beim Hotel Mare-Monte landeinwärts nehmen, muss später rechts abbiegen und kommt so zum Fuß des Hügels.

Baden

▸ **Órmos Gialós**: Der schöne, etwa 500 m lange Sandstrand liegt einige hundert Meter westlich vom Hafen, einige spärliche Tamarisken bieten ein wenig Schatten. An der Uferstraße diverse Bars, Hotels und Tavernen, eine deutsch geführte Sportstation bietet Equipment und verleiht Sonnenschirme/Liegestühle, dahinter liegt das beliebte Café "Baywatch".

• *Sport* **Yialos Watersports**, geführt von Ralf Burgstahler aus Karlsruhe. Windsurfen, Wasserski, Schnorcheln (jeweils auch Unterricht), Wakeboard, Kneeboard, Tube Rides, Banana Boat, Kanus, Tretboote, Mountainbikes, Bootsausflüge. ☏/℻ 22860-92463, www.bestminutetravel.com

▸ **Koumbára**: westlich vom Hafen, eine Asphaltstraße führt über einen kleinen Höhenrücken rüber, Busverbindung. Einige hundert Meter Sand-/Kiesstrand, etwas versteckt dahinter eine fantastische Felsbadebucht mit bizarren Abstürzen. Ein Fußpfad führt zum kleinen *Fáros* (Leuchtturm) am Ausgang der tief eingeschnittenen Hafenbucht. Am Straßenende hat sich ein Künstler niedergelassen, der dabei ist, sein Anwesen in ein Gesamtkunstwerk zu verwandeln.

• *Essen & Trinken* **Polydoros**, gegenüber vom Hotel Koumbara Sun Set, einer der wenigen kulinarischen Íos-Tipps. Geführt vom freundlichen Polidoros Pouseos, dessen Mutter interessante Spezialitäten zubereitet, z. B. gefüllte Artischocken, *Shrimps saganáki* (überbackene Garnelen) und *yiaoúrtlou* (Souvláki mit Joghurtsauce). Mit Zimmervermietung. ☏ 22860-91132, E-Mail: pouseosp@aias.gr

Philippos, gutes Fischlokal an der Zufahrtsstraße, auf einer Hügelkuppe in Richtung Gialós, schöner Blick auf die Bucht.

La Luna, direkt am Strand, Sunset mit relaxter Musik in schönem Rattanambiente.

▸ **Valmás**: kleine Sandbucht mit Taverne von Katharina (nur Hochsaison) inmitten wilder Schieferklippen östlich vom Hafen. Hübscher Spaziergang am Camping und der weithin sichtbaren Kirche *Agía Iríni* vorbei.

Chóra

Ein weißes Häusermeer, das sich an einen steilen Felshügel klammert. Als Krönung eine dekorative Kirche mit tiefblauer Kuppel sowie zwei winzige Kapellen. Abseits des gewundenen Hauptwegs, der sich durch die ganze Chóra zieht, schmale, weiß gekalkte Gassen und unverfälschte Kykladenatmosphäre.

Im Sommer mutiert die Chóra jedoch allabendlich zum Rummelplatz. Fröhliche Menschenmassen quellen durch die Gassen, Highlife vor und in den Diskotheken, die tagsüber so beschauliche Platía brechend voll, die Stimmung schäumt.

Das neue *archäologische Museum* im Erdgeschoss des Rathauses (beim Busstopp) präsentiert die Funde von Skárkos (→ S. 438) und anderen Stellen der Insel in mehreren hellen, luftigen Räumen.

Öffnungszeiten/Preise **Archäologisches Museum**, Di–So 9–14 Uhr, Eintritt ca. 2 €.

Information/Verbindungen/Adressen

• *Information* **Tourist Information Center** direkt an der Bushaltestelle, Gepäckaufbewahrung, Hilfe bei der Zimmersuche und Auskünfte aller Art. ☏/℻ 22860-91135.

• *Verbindungen* zwischen 7 Uhr morgens und 2 h nachts pendeln ständig Busse zum **Hafen** und zum **Milopótas-Strand**. Die Strecken sind aber auch problemlos zu Fuß zu bewältigen, der alte Maultierpfad zum Hafen beginnt wenige Schritte unterhalb der Haltestelle, bei "Sweet Irish Dream" (→ Nachtleben).

Wunderschönes Plätzchen: die Gipfelkirche über der Chóra

• *Adressen* **Ärztliche Versorgung**, Dr. Yannis Kalathas, an der Hauptgasse im Ortszentrum, in Notfällen 24 Std.-Service, ✆ 22860-91137, mobil 6932-420200; Dr. Ilias Karavelas, Zahnarzt hinter der Evangelismo-Kirche, ✆ 22860-92096.

Autoverleih Trohokinisi, an der Durchgangsstraße, ein Stück nach dem Busstopp. ✆ 22860-91362, ℻ 22860-91166.

Geld, National Bank am Platz hinter der großen Kirche am Ortsbeginn, mit Geldautomat.

Post, versteckt im Ortskern, Seitengasse der Hauptgasse (ausgeschildert).

Wäscherei, im Gebäude von "Sweet Irish Dream". ✆ 22860-91584, außerdem neben Autoverleih Trohokinisi.

Zweiradverleih Vangelis, etwas unterhalb der Bushaltestelle. Große Auswahl am Maschinen aller Art, auch Mountainbikes. ✆ 22860-91919.

Übernachten

Einige Hotels, hauptsächlich aber Privatzimmer, z. T. hostelähnlich und auf Bedürfnisse junger Gäste zugeschnitten. Die meisten Unterkünfte liegen im Neubauviertel *Pantánassa* am Hang hinter der Bushaltestelle, dort teilweise sehr schöner Blick auf die Chóra. Einige gute Adressen auch außerhalb an der Straße zum Milopótas-Strand, herrlicher Blick auf Strand und Meer. Dank des überwiegend jungen Publikums recht günstige Preise.

• *Im Ort* **Hotel Philippou**, C-Kat., einziges Hotel unmittelbar im Ort, gut behütet am Platz hinter der großen Evangelismo-Kirche, neben National Bank of Greece. 11 Zimmer mit Bad und Balkon, vermietet von der freundlichen älteren Frau Philippou. Kann laut werden. DZ ca. 20–45 €. ✆ 22860-91290.

Francesco's, auf dem Hügel über dem Ort (von der National Bank Hauptgasse hinauf und erste links). Eine der beliebtesten Adressen für Rucksacktouristen, Bar mit Terrasse, vorne raus herrlicher Blick auf die Hafenbucht. DZ ca. 20–50 €, auch Dreibettzimmer. ✆ 22860-91223.

• *Ortsteil Pantánassa* **Hotel Parthenon**, C-Kat., ungewöhnliches Haus in sehr eigenwilligem "barocken" Stil, gepflegt und aufwändig gestaltet, 15 sehr saubere Zimmer, Teppichböden in den Gängen, Stuckverzierungen. Ehemann der Tochter des Hauses ist Deutscher. DZ ca. 20–60 €. ✆ 22860-91275, ℻ 22860-91075.

Pension Markos, vor dem Haus großer Pool mit schönem Blick auf die Chóra, in der hauseigenen Bar Frühstück, Pizza und Videos. 18 kleine Zimmer, bescheiden eingerichtet. Hauptsächlich Jugendliche bzw. junge Erwachsene als Gäste, deswegen auch nachts gewisser Geräuschpegel. DZ ca. 20–50 €, auch Dreibettzimmer. ✆ 22860-91059, 📠 22860-91060.

Lofos (The Hill), 16 ordentliche Zimmer mit Bad und Blick auf die Chóra, familiäre Atmosphäre und freundlich geführt. Nikos, der auch die Bäckerei in der Hauptgasse betreibt,und sein Sohn Stavros haben erst 2002 auf dem Hügel 50 m weiter oberhalb das **Lofos Village** mit Pool und traumhaftem Rundblick auf die Chóra und die Nachbarinseln eröffnet. DZ ca. 20–60 €. ✆ 22860-91481.

• *Außerhalb* **Kolitsani View**, etwa 5 Min. außerhalb der Chóra, allein stehendes Haus in traumhaft ruhiger Lage hoch über der Kolitzáni-Bucht, geführt vom freundlichen Ehepaar Manolakis, Superblick auf das Meer und bis nach Santoríni. Weg nach Kolitsáni nehmen (weiter unten beschrieben) und auf der Hügelkuppe links halten. Schöner Pool mit Poolbar. Einfache Zimmer mit gefliesten Bädern. DZ mit Bad ca. 25–65 €. ✆ 22860-91061, 📠 22860-92261.

Hermes, auf halbem Weg von der Chóra zum Milopótas-Strand, direkt an der Straße, herrlicher Meerblick, schöne Terrasse, seit 1999 auch Pool mit Bar. DZ ca. 20–60 €. ✆ 22860-91471, 📠 22860-91608.

Petradi, ein Stück weiter wie Hermes und ganz ähnlich, ebenfalls Panoramaterrasse, alle Zimmer mit Balkon. DZ ca. 20–60 €. ✆ 22860-91510, 📠 22860-91660.

Katerina, oberhalb von Petradi über der Straße, schöner Garten, Pool und herrlicher Blick. ✆ 22860-91614.

Essen/Trinken

Wegen überwiegend jungem Publikum nicht gerade Gourmettipps und kaum noch authentische Küche – stattdessen massenweise Fastfood und englische Bedienungen.

O Lordos Byron, liebevoll aufgemachtes "Mezedopólion", leckere Kleinigkeiten, da+-runter ausgefallene Salate und Experimentelles, täglich eine Spezialität, offener Wein und Ouzo. Erfreuliche Rückbesinnung auf Tradition im Fastfood-Gewimmel von Íos. Nur etwa 30 Plätze, frühzeitig kommen.

Pithari, nette Taverne mit Tischen auf dem Platz an der Kirche, wo auch die National Bank ihre Filiale hat. Nach dem Tod des Betreibers fest in Frauenhand: Oma kocht die komplizierten Sachen, Mama die einfachen, die Tochter bedient.

The Mills, abseits vom Rummel, auf einem Hügel am Ende der Hauptstraße, gegenüber den Windmühlen. Ordentliche griechische Küche, offener Retsina.

Sainis, großes Mezedopólion hinter Ios Club (→ Nachtleben), Panoramablick, Gerichte nach traditionellen Rezepten, griechische Lifemusik.

• *Cafés* **Moonlight Bar**, im oberen Ortsbereich, kurz vor Francesco's (→ Übernachten), schöner Platz zum Frühstücken, vielfältiges Angebot.

Internetzugang im **Mojo@Net**, neben Café Click am Zugang zur Chóra.

Kykladen
Karte S. 321

Nachtleben

Die Nacht wird zum Tag. Es brodelt in der Chóra! Fröhliche Menschen wogen durch die enge Hauptgasse, vor den Discos unterhalb der Platia liegt ein Ballungszentrum. *Der* Treff in der Chóra ist aber der hübsche kleine Hauptplatz selber. Tagsüber idyllisch mit Olivenbäumen, abends brüllen die Bars die neuesten Hits in die Menge. Ab etwa Mitternacht geht's aus dem Ortszentrum in die Discos an der Durchgangsstraße. Bis in den frühen Morgen hoher Lärmpegel auf den Straßen – keiner will schlafen gehen. Allerdings wird in den letzten Jahren die offizielle Sperrstunde von wochentags 3 Uhr (am Wochenende 4 Uhr) sehr strikt eingehalten – und nicht selten mit totalem Stromausfall in der gesamten Chóra nachhaltig bekräftigt.

• *Discos & Discobars* In der Hochsaison ist ein Eintritt von 2–3 € obligatorisch, dafür ist ein Getränk frei.

Disco 69, unterhalb der Platia, alteingeführt. Auf dem Mäuerchen vor der Tür beste Kontakte, weil überschaubar und nicht so viel Rummel wie auf der Platia, auch drinnen fröhlich und kommunikativ.

Slammer Bar, seit 1974 oberhalb der Platia, schönes Innenleben mit Bögen aus Schiefergestein, Spezialität der "Slammer" mit Tequila, vorher wird der Kopf mit einem Helm bewehrt und "behämmert".

Sweet Irish Dream, der unbestrittene "In"-Treff von Íos, gegenüber der Bushaltestelle, allnächtlich voll bis zum Bersten! Man tanzt auf den massiv gemauerten Tischen und sucht Kontakte.

Parachute Club, gleich daneben, etwas erhöht, österreichische Stammkneipe.

Ios-Club, große Open-Air-Disco mit Pink Floyd und klassischer Musik zum Sonnenuntergang (19–21 Uhr). Neben der Irish Bar den Weg hinein.

Ein ganzes Bündel von Open-Air-Diskotheken liegt am Ortsausgang Richtung Milopótas-Strand. In der Saison toben hier jede Nacht wahre Technoschlachten. Eintritt ca. 4–5 € (inkl. Drink). Marktführer und heftige Konkurrenten sind die beiden nebeneinander liegenden **Scorpion Club** und **YoMo**.

▸ **Kolitzáni**: westlich der Chóra zwischen Hafen und Milopótas-Strand. Schöne Sandbucht inmitten hoher Hügel mit Terrassenmauern, keine Einrichtungen. Von der Chóra auf gutem Fahr- bzw. Fußweg zu erreichen: Beginn an der Durchgangsstraße etwas unterhalb der Bushaltestelle (undeutlich beschildert, kurz nach "Sweet Irish Dream"). Nach knapp 10 Min. zweigt von dem Fahrweg links eine Serpentinenpiste zum Strand ab (geradeaus geht es zur *Valmás-Bucht*).

Milopótas

Stranderlebnis! Mehr als 1 km körniger, hellbrauner Sand, dahinter im weiten Bogen Uferebene mit Feldern und schroffen Felshängen. In der Saison braten hier täglich bis zu 90 % aller Íos-Besucher in der Sonne. Zu Recht, denn der Milopótas-Strand gehört sicherlich zu den besten Stränden der Ägäis.

Abgesehen vom Anfang erfreulich unverbaut, vor allem im mittleren Teil findet man noch ruhige Stellen, FKK verbreitet. Mehrere Wassersportzentren (Windsurf, Kanus, Tretboote etc.), Busstopp jeweils am Strandbeginn und -ende.

Der alte **Maultierpfad** von der Chóra zum Milopótas-Strand beginnt erst auf etwa halbem Weg hinunter bei einer Kapelle an der Straße.

Übernachten

Die Kapazität der Strandhotels reicht im Sommer kaum aus. In der Nebensaison ist es dagegen leicht, ein Zimmer zu bekommen bei z. T. erheblichen Preisnachlässen.

Hotel Far Out, C-Kat., große Anlage an der Zufahrtsstraße, hoch oben am Hang, gehört zum legendären Far Out-Clan. Fantastischer Blick, Pool, TV-Raum. DZ ca. 35–75 €. ✆ 22860-91446, ✆ 22860-91701, www.faroutclub.com.

Hotel Nissos Ios, C-Kat., im vorderen Strandbereich, tagsüber nicht ganz leise wegen der Musikbars in der Umgebung. Insgesamt 17 Zimmer (4 EZ), z. T. mit Balkon. DZ ca. 30–65 €. ✆ 22860-91610, ✆ 22860-91306.

Hotel Far Our Village, C-Kat., benachbart zum gleichnamigen Camping. 1998 erbaut, gepflegte Bungalowanlage im kykladischen Stil. Vorne schöne Poolanlage, gelegentlich mit Musikbeschallung, hinten ruhig. Internet- und Fax-Service. DZ mit Frühstück ca. 30–70 €. ✆ 22860-92305, ✆ 22860-92307, www.faroutclub.com.

Paradise, hübsche Anlage hinter Far Out Village, Evi Psiha vermietet 8 Studios und 11 "Rooms" mit Garten und TV-Raum. Transfer von und zum Hafen. ✆ 22860-91621, ✆ 22860-91451.

• *Camping* **Stars**, Terrassengelände am Strandbeginn. Schatten für kykladische Verhältnisse gut, Eukalyptus und Pappeln gemischt, auch viele Blumen. Self Service, Pool, Internetzugang. Sanitäre Anlagen müssten besser gepflegt werden. ✆ 22860-91302.

Far Out, gut ausgestatteter Platz am östlichen Strandende, große Poolanlage mit

Rutschen und Liegestühlen, daneben Volleyball-/Basketballfeld und Bungee Jumping (!), am Strand vor der Tür Wassersport, dazu Self-Service-Restaurant und großer Barbereich mit fetzig lauter Musik von mittags bis 20 Uhr, danach herrscht Ruhe. Im **Far out Beach Club** kann man bereits tagsüber seinen Körper im Technorausch schütteln: "Party zone open to everybody!" Zeltplätze terrassenförmig am Hang, Bäume geben bisher wenig Schatten. Gratisbus ab Hafen. Internetzugang. ✆ 22860-91468, 92301, ℻ 22860-92303, www.faroutclub.com.

Essen & Trinken/Sport

• *Essen & Trinken* **Delfini**, direkt am Strandbeginn, thailändische Küche mit großen Portionen und leckeren Salaten.

Kafeteria/Self Service Far Out, Terrassencafé am Strandbeginn, meist jede Menge los.

Harmony, mexikanische Küche am Westrand der Bucht, herrlicher Blick, in der Hängematte liegen ...

• *Sport* **Meltemi**, Wassersportzentrum beim Far Out Camping, seit 15 Jahren geführt von Peter aus England. Windsurfing, Wasserski, Tretboote, Kanus, Banana Boat, Kneeboard, Tube Rides u. a. ✆ 22860-91680, www.Meltemiwatersports.com.

Ios Diving Center, seit 1995 am Far Out Camping, Kurse für Anfänger und Fortgeschrittene (CMAS, YMCA und PADI). ✆ 6936-38646.

Milopótas, einer der schönsten Strände der Ägäis

Kykladen
Karte S. 321

Ziele auf der Insel

Außerhalb des magischen Dreiecks Hafen-Chóra-Milopótas ist Íos geradezu beklemmend einsam. Neun Zehntel der Insel sind völlig unerschlossen und nur auf beschwerlichen Fußpfaden zu erwandern. Die Pisten sind befahrbar, aber oft in schlechtem Zustand. Wichtig: auf jeder Tour ausreichend Wasser mitnehmen, es gibt kaum Wasserstellen.

▸ **Agía Theodóti**: schöne Fahrt durch das anfangs flache, später bergige Inselinnere rüber zur windigen Nordseite von Íos, etwa 8 km ab Hafen. Es geht über einen Pass und auf der anderen Seite in Serpentinen wieder hinunter. Langer, meist einsamer Sandstrand, dahinter Olivenbaumterrassen und spärliche Tamarisken. Glasklares Wasser, Blick rüber bis nach Iráklia und Náxos mit dem hoch aufragenden Zas. Die Taverne "Oasis" oberhalb der Zufahrtsstraße besitzt einen Pool und einen Palmengarten.

Auf der Passhöhe kurz dem Strand von Agía Theodóti zweigt rechts eine gut befahrbare Piste ab. Hier kann man die zwei höchsten Inselberge, eine alte venezianische Festung und einen weiteren Strand erreichen, ca. 11 km östlich von Agía Theodóti.

▸ **Profítis Ilías**: mit 520 m zweithöchste Erhebung von Íos. Zunächst 2,7 km die Piste in Richtung Psathí, dann rechts steiler Weg zum Gipfel hinauf. Oben kleine Kapelle und eingezäunte Radaranlagen, spektakulärer Blick über Stadt und Hafenbucht.

▸ **Pírgos**: mit 713 m höchster Berg von Íos, eine befahrbare Piste führt zum windumtosten Gipfel mit Sendeanlagen des OTE hinauf. Im Dunst voraus sieht man Santoríni liegen. Etwas unterhalb die hübsche, blendend weiß gekalkte Pilgerkirche *Ágios Ioánnis*, Kirchenfest am 24. Juni.

▸ **Palékastro**: Die weitläufigen Ruinen eines venezianischen Kastells krönen eine 400 m hohe Hügelspitze südöstlich von Agía Theodóti. Am Weg zum Strand von Psathí kann man dorthin abzweigen.

▸ **Órmos Psathí**: etwa 400 m grobkörniger Strand, eingefasst von felsigen Landzungen. Siedlung aus Ferienhäusern, mehrere Rooms und die gute Taverne "Alonistra".

▸ "**Homers Grab**": Im äußersten Nordosten der Insel, am Nordhang des Bergs *Erimítis* (417 m), soll laut spärlicher Überlieferung der berühmte Dichter der Ilias und Odyssee begraben liegen. Tatsächlich entdeckte ein holländischer Hobby-Archäologe und Seefahrer hier im 18. Jh. ein Grab. Allerdings stammt es aus hellenistischer Zeit, also gut 600 Jahre nach Homer. Das Grab kann man heute nicht besichtigen, am Ende der Piste steht nur eine Holzsäule mit Zitaten von Herodot und Pausanias. Links oberhalb ein Aussichtspunkt, von dort führt ein Pfad zu einem grabähnlichen *Denkmal* an den Dichter.

Anfahrt Zunächst Richtung Agía-Theodóti-Strand, dann links (beschildert). Langwierige Fahrt per Moped, teils schlechte Wegstrecke.

▸ **Kálamos**: landschaftlich sehr lohnend. Eine breite, stellenweise asphaltierte Schotterstraße beginnt am Südende vom Milopótas-Strand und führt als fantastische Bergstrecke in den Süden von Íos. Fast Hochgebirgscharakter, grandiose Steinlandschaften türmen sich auf, Felsbrocken wie von Riesen verstreut. Am Ende der Straße der blendend weiße Komplex der *Kálamos-Kirche* (normalerweise versperrt), Pilgerzellen gruppieren sich um den Hof. Rechts zweigt eine lange, kurvige Piste zum *Manganári-Strand* ab.

> Das **Kirchenfest** von Kálamos findet am 29. August statt, also mitten in der Urlaubssaison. Die Einwohner ziehen per Auto, Muli, Kaiki oder zu Fuß los und bringen eine Ikone zur Kirche. Abends gemeinsames Essen, Musik und Tanz, übernachtet wird im Freien bzw. in den Pilgerzellen. Touristen sind willkommen.

▸ **Manganári**: an der äußersten Südspitze von Íos. Langer Strand mit feinem, weißem Sand, durch niedrige Felskaps in mehrere Buchten unterteilt.

• *Anfahrt* im Sommer tägl. vormittags ein **Badeboot** ab Hafen, mittlerweile fahren auch etwa 2-mal tägl. **Busse** zum Strand. Zurück geht es am späten Nachmittag. Preis etwa 5 € hin/rück.

• *Übernachten/Essen & Trinken* **Hotel Manganari**, B-Kat., größere Bungalowanlage mit Restaurant und Disco, nur Juni bis September. DZ ca. 4–80 €, Suiten teurer. ✆ 22860-91200.

Christos, seit 1971, große Taverne mit Zimmervermietung am Anleger, spezialisiert auf Fisch. ✆ 6933-411547.

Dimitris, zwei Häuser mit 24 einfachen Zimmern, familiäre Aufnahme. ✆ 22860-91483.

• *Sport* Auch hier bietet **Meltemi** vom Milopótas Windsurfen, Wasserski, Schnorchelverleih und Kanus.

Síkinos

Auf Síkinos passiert buchstäblich nichts. Vorherrschende Elemente sind Wind und Stille. Bis auf drei kleine Orte ist die Insel nahezu unbewohnt, die Küsten sind steil und felsig, es fehlen Sandbuchten und Strände.

Die Chóra ist hübsch und größer als die von Folégandros, hat jedoch nicht deren Reiz. Auch die bisher sehr beliebte Wanderung zur Episkopí-Kirche im Inselwesten hat durch den Bau einer breiten Piste einiges an Ursprünglichkeit eingebüßt.

• *Verbindungen* Schiffe zwischen **Íos/Santoríni** und **Kímolos/Mílos** legen im Sommer mehrmals wöchentlich in Alopronía an, auch Schiffe von Piräus nach Santoríni stoppen ab und an (ab Piräus ca. 23 €). **Achtung**: Tickets gibt es derzeit nur in der Chóra, nicht am Hafen.

Síkinos auf einen Blick

Größe: 40 qkm, Küstenlänge 40 km, größte Länge 15 km, Breite bis zu 5 km.

Bevölkerung: ca. 300 Einwohner.

Geografie/Geologisches: Marmorinsel mit gut erhaltenen Terrassen, Weinanbau.

Wichtige Orte: Hafen Alopronía und die beiden benachbarten Hauptorte Chóra und Chorió.

Straßen: Betonpiste vom Hafen zur Chóra und breite Piste (Asphaltierung wahrscheinlich) von der Chóra zur Episkopí-Kirche.

Entfernungen: Alopronía – Chóra 3 km, Chóra – Episkopí 4 km.

Zweiradverleih/Tankstellen: keine.

Übernachten: bis auf ein Bungalowhotel nur Privatzimmer, hauptsächlich in Alopronía.

Baden: kleine Badestrände nördlich vom Hafen.

Karten: Blatt 114 von Road Editions stellt Síkinos und Folégandros zusammen dar.

Postleitzahl: 84010.

Alopronía

Der Hafenort, viele neu erbaute Häuser ziehen sich um die Bucht, die meisten werden von ehemaligen Inselbewohnern als Sommerhäuser genutzt. Kleines Hafenbecken mit einer Handvoll Fischerboote, daneben ein etwa 200 m langer Sand-/Kiesstrand mit Tamarisken.

• *Verbindungen* Síkinos besitzt einen **Bus**, der Einwohner und Touristen zwischen Hafen und Chóra hin- und herfährt, in der Saison etwa stündlich.

In der Saison gibt es bei genügend Nachfrage **Kaikifahrten** zu kleinen Stränden.

• *Übernachten* **Porto Sikinos**, C-Kat., komfortable Bungalow-Anlage im kykladischen Stil, 18 Zimmer mit Terrassen, Meerblick, Bar, Restaurant. DZ ca. 50–80 €. ✆/℻ 22860-51220.

Privatzimmer im Hafen sind u. a. **Loukas** (✆ 22860-51076) und **The Rock** (✆ 22860-51135).

An der Straße zur Chóra, kurz nach Ortsausgang, das freundliche Haus von **Nikos Manalis**, wo man im Sommer auch essen kann. ✆ 22860-51236.

• *Essen & Trinken* **Loukas**, alteingesessene Taverne mit ordentlicher Küche – früher Ticketbüro, Taverne, Rooms und Gemischtwarenladen in einem.

• *Bars* **Vrachos Rock-Café**, auf einer Terrasse oberhalb vom Hafen, gute und vielfältige Musikauswahl.

Vengera, auf der anderen Seite der Bucht, nur in der Hochsaison.

▸ **Baden und Umgebung**: Nordöstlich vom Hafenort liegt die kleine Bucht *Ágios Nikólaos*, vom Hafen in ca. 45 Min. mühsam zu erreichen, teils muss man klettern und Feldmauern übersteigen.

Bester Inselstrand ist *Ágios Geórgios* noch ein Stück weiter, zu Fuß nur schwer zu erreichen, im Sommer fährt aber ein Kaiki hinüber.

Kykladen
Karte S. 321

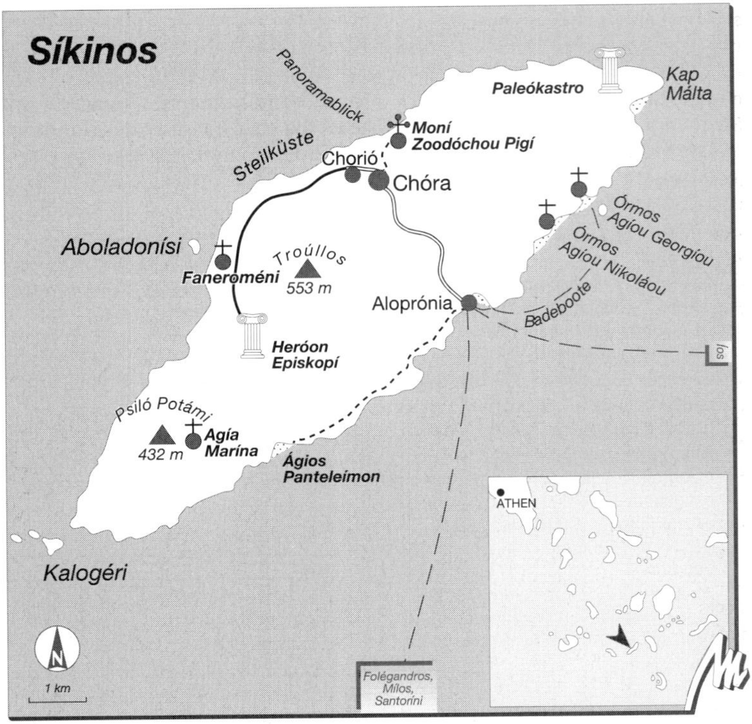

Ein Fußweg führt zur winzigen Kiesbucht *Ágios Panteleímon*, etwa 4 km südwestlich von Aloprónia.

Chóra/Chorió

Die beiden fast zusammengewachsenen Orte liegen in 270 m Höhe, links und rechts von einem windumtosten Sattel.

Chorió (links) besteht fast ausschließlich aus schlichten Wohnhäusern, verfallenden Bruchsteinruinen und Ställen. Die Chóra (auch Kástro genannt), die frühere venezianische Wehrsiedlung, besitzt dagegen mehr Ambiente und Öffentlichkeit: In den hübschen, weißen Gässchen gibt einige Tavernen und Läden, außerdem ein wahres Schmuckstück von Kirche. Oberhalb der Chóra kommt man in ein paar Minuten hinauf zum verlassenen Kloster *Zoodóchou Pigí*. Es ist direkt an einen Steilabfall gebaut, wo es 300 m tief hinunter geht! Das Tor ist meist verschlossen, die Außenmauern verfallen allmählich, die Kapelle ist aber noch intakt.

• *Übernachten* Bisher nur wenige Privatzimmer in der Chóra, z. B. die Rooms von Herrn **Zagoreos**, ✆ 22860-51263.

• *Essen & Trinken* Tavernen und Cafés gibt es ausschließlich in der Chóra.

I Klimataria, ordentliche Taverne an einer ruhigen Gasse, wunderschön unter Weinranken.

To Steki tou Garbi, gleich daneben, ebenfalls gut.

▸ **Heróon/Episkopí**: Das Heróon ist ein ehemaliges römisches Grabmal aus dem 3. Jh. n. Chr., das 200 Jahre später in eine christliche Kirche umgewandelt wurde. Es steht auf einer Hochfläche im Südwesten der Insel und ist leider mittlerweile auf einer Art "Inselautobahn" zu erreichen, die schwere Wunden in die Landschaft geschlagen hat. Die knapp 4 km lange Wanderung dauert von der Chóra etwas über eine Stunde. Die Piste beginnt bei der Volksschule (nach dem Friedhof) direkt im Sattel zwischen den beiden Ortsteilen. Asphalt gibt es (noch) keinen, bei Wind werden Fontänen von weißem Staub aufgewirbelt und in die Augen des Wanderers geweht. Zwischen Feldmauern, Terrassen und Weinreben geht es am steilen Nordabhang der Insel entlang, tolle Ausblicke bis Folégandros.

Episkopí ist ein quaderförmiger Rechteckbau mit rundum laufendem Fries und zwei schief stehenden Säulen in der Eingangsfront. Das Innere kann betreten werden und besteht aus Vorhof und Hauptraum. Im Vorhof eine leere Zisterne, im Innenraum ein Loch zur darunter liegenden Krypta.

Folégandros

Karg, felsig, in der Hitze flimmern die Steine. Die wenigen Bäume kann man zählen. Wasser ist immer knapp. Trotzdem atemberaubende Eindrücke – die Ostküste grandios mit senkrechten Felsabstürzen, die fantastische Chóra unmittelbar an die Kante gebaut.

Folégandros ist eine der kleinsten Kykladeninseln. Es gibt eine einzige Asphaltstraße, zwei Busse, drei Orte. Von Íos trennt die Insel mehr als die Handvoll Seemeilen. Trotzdem gibt es seit einigen Jahren verstärkten Tourismus, denn die malerische Chóra und die reizvolle, wilde Landschaft der kleinen, felsigen Insel sind nicht verborgen geblieben. Folégandros ist "entdeckt". Man hat sich darauf eingestellt: Campingplatz, eine Anzahl neuer Hotels, Tavernen, Privatzimmer, Bars. Hauptsächlich Individualisten fühlen sich hier abseits vom Massentourismus wohl. Aber die Saison ist kurz. Während im Sommer Tausende von Touristen die kleine Insel überfluten, kann man in der Nebensaison die Gäste zählen.

- *Verbindungen* In den Sommermonaten stoppen alle Fähren und Schnellboote zwischen **Santoríni**, **Íos** und **Mílos** fast täglich auf Folégandros, auch ab **Piräus** gibt es Verbindungen (an Deck ca. 23 €, billigster Kabinenplatz 42 €). In der Nebensaison ist Folégandros etwa 3- bis 4-mal wöch. zu erreichen.

Folégandros auf einen Blick

Größe: 32 qkm, Küstenlänge 40 km, Länge 13 km, Breite 4 km. Höchster Gipfel mit 415 m der Ágios Elefthérios.

Bevölkerung: ca. 600 Einwohner.

Geografie/Geologisches: mit die schönsten Terrassenhänge der Kykladen, vor allem um die Chóra sind sie bis hart ans Wasser gebaut.

Wichtige Orte: Karavostássis, der Hafen; Chóra, der Hauptort; Áno Meriá, verstreutes Hangdorf.

Straßen: eine einzige Asphaltstraße vom Hafen zur Chóra und weiter nach Áno Meriá.

Entfernungen: Hafen – Chóra 4 km, Chóra – Áno Meriá 5 km.

Tankstellen: eine.

Übernachten: Hotels und Privatzimmer im Hafen und in der Chóra, Privatzimmer am Angáli-Strand, ein Campingplatz.

Baden: beschränkte Möglichkeiten, beste Strände sind der Angáli-Strand und der benachbarte Strand von Ágios Nikólaos.

Karten: Detailliert ist die vor Ort erhältliche Karte "Folegandros" (1: 25.000) von Eleni Bechraki und Yannis Paraskevadis, die zusätzlich einen Plan der Chóra sowie Inselinfos enthält. Das Blatt 114 von Road Editions stellt Folégandros und Síkinos zusammen dar. In Vorbereitung ist eine Karte bei bei Anavasis (siehe Inseln Sérifos oder Sífnos).

Postleitzahl: 84011.

Karavostássis

Der ruhige Hafenort. Eine Handvoll weißer Häuser um einen Kiesstrand, im Wasser bizarre Felsformationen und vorgelagerte Inselchen, im Umkreis kahle Hänge. Bummeln, baden, aufs Wasser schauen – mehr gibt es nicht zu tun.

• *Verbindungen* **Bus**, je nach Saison Pendelverkehr zwischen 7 Uhr und Mitternacht bis zu 20-mal tägl. zwischen **Hafen** und **Chóra**, Haltestelle in der Chóra ist die Platia Pounta am Ortseingang, Abfahrtszeiten sind angeschlagen. Wenn Fähren ankommen, gibt es einen Extrabus. Zwischen Hafen und Chóra kann man aber auch bequem zu Fuß laufen, etwa 45 Min.

Badeboot, im Juli/August tägl. über Katergó zum Angáli Beach und zum benachbarten Strand von Ágios-Nikólaos, außerdem Rundfahrten um die Insel.

Taxi, ✆ 22860-41048, 694469357.

• *Übernachten* Im Hafenort gibt es eine ganze Reihe von Hotels und meist reichlich freie Betten, denn die meisten Besucher wollen oben in der Chóra wohnen.

Poseidon, C-Kat., größeres Haus mit 18 Zimmern und gutem Restaurant an der Strandmitte. ✆ 22860-41272.

Vrachos, C-Kat., geschmackvolles Haus am südlichen Strandende, hübsch eingerichtete Zimmer und Studios mit schattigen Balkonen und Terrassen, schöner Meerblick, unten Café-Bar. DZ ca. 40–73 € (im Hochsommer Frühstück obligatorisch, ca. 9 € pro Pers). ✆ 22860-41450, ℻ 41304, www.hotel-vrahos.gr

Ostria, ein paar Meter zurück vom Strand, bei Maria gibt es neue, saubere Zimmer, ruhig, auch von Lesern empfohlen.

• *Essen & Trinken* **O Kalymnios**, vis à vis vom Anleger, als einzige Taverne auch in der Nebensaison geöffnet. Terrasse mit Hafenblick.

Meltemi, bei der Kapelle nah am Anleger, schöner Buchtblick.

To Kati Allo, das Restaurant des Hotels Poseidon genießt einen recht guten Ruf.

Evangelos & **Sirma**, zwei kleine Kaffeebars/Ouzerien am Kiesstrand.

▸ **Livádi**: etwa 1,5 km südlich vom Hafen, ca. 20 Min. den zementierten Weg am Meer entlang. Nicht allzu große Sand- und Kiesbucht mit weit ausladenden Tamarisken. Plätze unter den Bäumen teilweise durch Camper verschmutzt. Vorgelagert das Felseninselchen *Ágios Ioánnis* mit winziger Kapelle. Von der Bucht führt eine Erdpiste hinauf zu den wenigen Bauernhäusern des Ortes *Livádi*. Schöne Rundwanderung möglich über *Petoúsis* bis zur Chóra bzw. in umgekehrter Richtung.

• *Übernachten* **Camping Livadi**, leicht terrassiertes Gelände etwas oberhalb vom Strand. Wenig Schatten durch niedrige Eukalyptusbäumchen, Kunststoffbahnen und Mattendächer. Taverne, Bar, kleiner Laden. Wasser häufig Mangelware. Mitte Juni bis Mitte September. ✆ 22860-41204.

▸ **Kátergo**: etwa 300 m langer Kiesstrand am südlichsten Punkt der Insel. Nur wenige Meter vorgelagert ist die Miniaturinsel *Makrí Kátergo*. Zu erreichen mit Badeboot ab Karavostássis oder zu Fuß ab Livádi. Keine Einrichtungen, keine Straßenverbindung.

Chóra

Grandiose Lage auf einem Felssattel, der an zwei Seiten über 200 m steil zum Meer abfällt. In Quadratform angelegt, nach außen abweisend, innen hübsche, schattige Plätze und Gässchen, die zu den schönsten der Kykladen gehören.

Ältester Teil ist das *Kástro-Viertel*, beim überschatteten Platz am Ortseingang gleich rechts. Im 13. Jh. wurde es unter dem venezianischen Herzog Marco Sanudo als Wehrsiedlung mit streng geometrischem Grundriss erbaut, die äußeren Mauern waren früher ohne Fenster. Die Gassen wirken wie aus einem Guss: weiß gekalkte Treppen, überwölbte Passagen, hölzerne Balkons und Übergänge zwischen gegenüberliegenden Häusern schaffen eine vollendete Komposition.

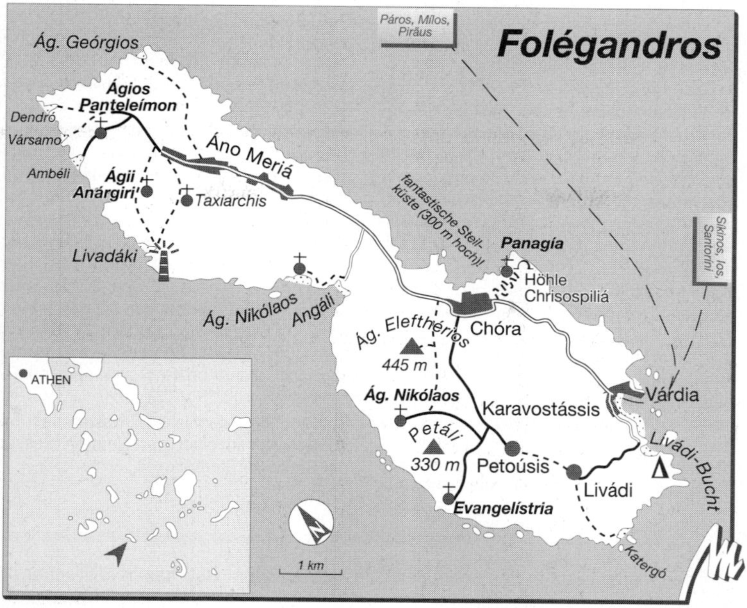

Auch der übrige Ort ist ausgesprochen hübsch. Mehrere Plätze mit Tavernen, blitzblank geputzte Gassen, die niedrigen Häuser in Würfelform, mit kleinen Mäuerchen und versteckten Gärtchen. An den Steilhängen am hinteren Ortsausgang liegen zudem einige der schönsten Terrassenhänge der Kykladen. So sahen sie vielleicht alle einmal aus, bevor Landflucht und Tourismus ihre Verödung bewirkten.

Kykladen Karte S. 321

Verbindungen/Information/Adressen

• *Verbindungen* Ein Bus pendelt regelmäßig zum **Hafen** und zurück, zudem Extrabus eine Std. vor Ankunft/Abfahrt eines Schiffes. Haltestelle an der Platía Poúnta (Ortseingang).

Ein weiterer Bus fährt mehrmals tägl. von der **Chóra** nach **Áno Meriá** und zurück, Haltestelle am Ortsausgang (siehe Stadtplan). Dieser Bus hält unterwegs bei der Zufahrt zum Strand von **Angáli**. Abfahrtszeiten sind an den Haltestellen angeschlagen.

• *Information* Das Reisebüro **Maraki Travel** (Ortseingang) hat das Monopol beim Verkauf der Fährtickets. ✆ 22860-41273.

Im italienisch geführten Reisebüro **Sottovento** (Ortsende) kann man für ca. 1,50 € eine Inselkarte mit Stadtplan der Chóra erwerben. Geldwechsel. ✆ 22860-41444, ℻ 41430.

• *Adressen* mehrere kleine **Supermärkte** im Ort, in einem gibt es ausländische Zeitungen. **Bäckerei** liegt im hinteren Ortsteil.

Post, an der Straße vom Hafen kurz vor Ortseingang.

Venetia Moto Rent, verleiht Mopeds beim Busstopp am Ortsausgang, ✆ 22860-41316.

Übernachten

Die meisten Besucher wollen in der Chóra wohnen. In den letzten Jahren hat sich deshalb viel getan und eine Reihe neuer, z. T. komfortabler Unterkünfte bietet ihre Dienste an.

• *Hotels* **Hotel Polikandia**, C-Kat., schön aufgemachtes Hotel am Ortseingang. Mehrere Bauten gruppieren sich um einen begrünten Hof, großer Frühstücksraum mit

Bar, nett eingerichtete Zimmer mit Radio/ CD und Telefon, Zimmer Eins und Zwei haben eine Dachterrasse. DZ ca. 25–65 €. ✆ 22860-41322, 📠 41323.

Hotel Anemomilos, B-Kat., großzügige Appartementanlage am Ortseingang, herrliche Lage direkt am Steilhang zum Meer. Die 16 geräumigen Studios und Appartements sind fantasie- und geschmackvoll eingerichtet und besitzen jeweils Terrasse oder Balkon. Studio für 2 Pers. ca. 45–90 €. ✆ 41309, 📠 41407.

Hotel Kastro, das verwinkelte Haus mit seinen fast 1 m dicken Mauern stammt aus dem 16. Jh. und steht in der letzten Gasse des Kástro-Viertels direkt über dem 150 m hohen Steilhang zum Meer – grandioser Ausblick von den Zimmern, speziell bei Nordwind ein grandioses Erlebnis. Die Zimmer unterscheiden sich alle voneinander, besitzen aber weitgehend traditionelle Schieferböden und Decken mit schweren Holzbalken. Seit nunmehr fünf Generationen ist das Haus in Besitz der Familie Danassis. 12 Zimmer (jeweils mit Du/WC), DZ je Saison ca. 40–73 €, Frühstück extra. ✆/📠 22860-41230.

Hotel Odysseas, C-Kat., am Ortsende, Zimmer mit gemütlichen Terrassen und herrlichem Blick auf die Terrassenhänge. DZ ca. 25–60 €. ✆ 22860-41276, 📠 41239.

• *Privatzimmer* **Pavlos**, günstige Rooms in ehemaligen Stallungen, vom Hafen kommend wenige hundert Meter vor dem Ortseingang, direkt an der Straße (man fährt mit dem Bus dran vorbei), geführt von einer jungen Familie. Saubere Zimmer mit Ventilator, eigenem Bad und jeweils kleiner Terrasse. Beliebt bei Rucksacktouristen. DZ ca. 18–35 €. ✆ 22860-41232.

Spiridoula, ordentliche Privatzimmer mit Kühlschrank in einer der hinteren Gassen der Chóra (→ Stadtplan). ✆ 22860-41078.

Essen & Trinken/Nachtleben

Auf den Plätzen und in den schmalen Gassen der Chóra isst man in idyllischer Atmosphäre.

• *Essen & Trinken* **I Pounta**, Gartenlokal am Ortseingang, gute Qualität und günstige Preise. Falls das Wetter mitspielt, auch nach dem Essen noch ein Tipp zum Sitzen in romantischer Umgebung.

Folegandros, an der ersten Platia. Über dieses Lokal stolpert jeder, dementsprechend ist es ständig voll, zudem Umschlagplatz für sämtliche Infos. Der sprachgewandte Wirt Nicolas kann seine Gäste blendend unterhalten. Leihbücher und Spiele.

Piatsa, an der zweiten Platia, man sitzt etwas erhöht oder zentral in der Platzmitte. Das *arní foúrnou* (Lamm aus dem Ofen) mit Kartoffeln ist zu empfehlen.

O Kritikos, an der dritten Platia, alteingeführtes und beliebtes Lokal in schöner Lage, die Tische stehen z. T. vor einer offen gelassenenen Kirche, der "Kreter" bietet hauptsächlich Sachen vom Grill.

To Asyngrito, wenige Meter weiter, neues, zentral gelegenes Lokal, aufmerksam geführt, guter Service.

Nikos, wenige Meter außerhalb vom unmittelbaren Zentrum des Geschehens. Seit vielen Jahren waltet hier Koch Nikos mit blütenweißer Kochmütze seines Amtes. Man sitzt draußen auf der Straße oder im kleinen Gärtchen hinter der Gaststube.

Aroxovoli, gegenüber von Nikos, sehr freundlich geführt von Nikolaos und Maria, "Maria's homemade food" ist einen Besuch wert, auch nett zum Frühstücken.

• *Nachtleben* Auf Folégandros herrscht noch kein ausgeflipptes "Discolife", in den kleinen Bars geht es meist ruhig und überschaubar zu.

To Kellari, durch und durch gemütliche Weinkneipe am Ortseingang.

Astarti, an der zweiten Platia (neben Melissa), schönes Plätzchen, um nach dem Essen zu relaxen, gute Musik, auch viel Jazz.

Avissos, am Ortsausgang, hübsch und stimmungsvoll aufgemachtes Nachtcafé mit bunt illuminiertem Innenhof.

Greco, Musikcafé neben Avissos.

▸ **Panagía:** bedeutendste und schönste Kirche der Insel, östlich oberhalb der Chóra an einem steilen Kap, über einen gepflasterten Serpentinenweg zu erreichen. Der schneeweiße Tonnenbau mit diversen Kuppeln wurde im 19. Jh. errichtet und ist in der Regel verschlossen (Schlüssel kann man in der Chóra erfragen). Überwältigend ist der Blick weit über Folégandros. Mutige können hinter der Kirche die wenigen

Das Kástro-Viertel: Idylle ohne Lärm und Hektik

Meter zur Abbruchkante hinaufklettern, dahinter bricht der riesige Marmorfels abrupt fast 300 m tief zum Meer ab. Tief unten im Hang liegt die unbeleuchtete Höhle *Chrisospiliá*, hinunterklettern ist jedoch lebensgefährlich.

Ziele auf der Insel

- **Angáli**: an der Wespentaille der Insel, wichtigster Strand der Insel. Eingefasst von vielfarbigen Schieferfelsen, klein, mit feinem Sand und einigen Steinen. Es gibt eine Handvoll Privatzimmer und zwei Tavernen, gelegentlich auch Zelte am Strand.
  Anfahrt Bushaltestelle kurz vor den ersten Häusern von Áno Meriá (Wartehäuschen). Dort zementierte Piste hinunter, etwa 20 Fußminuten.

- **Ágios Nikólaos**: Badebucht nordwestlich vom Angáli-Strand, etwa 20 Min. zu Fuß die Küste entlang, schmaler Panoramapfad. Etwa 150 m Kies, dahinter Tamarisken und manchmal einige Zelte. Im Allgemeinen wenig los, im Sommer hat eine Taverne geöffnet.

- **Áno Meriá**: über Kilometer verstreute Bauernhöfe, kein eigentlicher Ortskern. Krasser Gegensatz zur Chóra, sehr unberührt und ländlich. Die Asphaltstraße endet bei den letzten Häusern, mehrere Bushaltestellen unterwegs. Es gibt zwei, drei Tavernen, aber bisher keine Unterkunftsmöglichkeit, außerdem ein kleines *Volkskundemuseum* in einem alten Bauerngehöft.
  Wanderwege führen vom Busstopp am Ortsende hinunter zum *Livadáki-Strand* (Westküste), zum *Ambéli-Strand* und zum *Ágios-Geórgios-Strand* (Nordostspitze), jeweils eine knappe Stunde zu laufen.

Kykladen Karte S. 321

Santoríni

(griech. Thíra)

Tanz auf dem Vulkan. Schneeweiße Häuserkämme sind gut 300 m hoch auf den brandroten Kraterrand gebaut. Schwarzes Lavagestein, ockerbraune Bimssteinadern, schwerer Boden mit üppigen Weinreben, das leuchtende Blau der Kirchenkuppeln ... Santoríni ist eine Orgie der Sinne, ein Farbenrausch.

Die Entstehung des im Mittelmeer einzigartigen Naturphänomens liegt mehr als dreieinhalb Jahrtausende zurück: Um 1625 v. Chr. zerreißt eine gewaltige Eruption das kegelförmige Zentrum der bis dahin annähernd kreisrunden Vulkaninsel, vergleichbar der bekannten Explosion des Krakatau in der Südsee. Nur Teile der schroffen, bis zu 300 m hohen Kraterwände bleiben stehen – die große Insel *Thíra*, die kleinere *Thirassía* und der Winzling *Aspronísi*. Ins Innere des Kraters, in die hunderte von Metern tiefe *Caldéra*, dringt das Meer ein. Eine Inselsiedlung wird beim Ausbruch vollständig verschüttet und ist heute eine weltberühmte Ausgrabungsstelle (in der Nähe des jetzigen Akrotíri).

Weitere Explosionen folgen. 197 v. Chr. wird durch unterseeische Ausbrüche die Lavainsel *Paléa Kaméni* ("Alte Verbrannte") an die Oberfläche gedrückt. Im 16. und 18. Jh. entstehen zwei weitere Inseln, die durch neuerliche Eruptionen erst 1925 zur großen Insel *Néa Kaméni* ("Neue Verbrannte") verschmelzen. Bis heute ist die Vulkantätigkeit nicht erloschen – Santoríni ist der einzige noch sporadisch tätige Vulkan des östlichen Mittelmeers. Auf Néa Kaméni kann man im Hauptkrater austretende Schwefeldämpfe beobachten! Dass die Erdrinde bei Santoríni im höchsten Maß instabil ist, zeigte sich 1956: Binnen weniger Sekunden zerstörte ein Erdbeben mit der Stärke 7,8 auf der Richterskala gut zwei Drittel aller Inselhäuser.

Santoríni auf einen Blick

(Die folgenden Daten beziehen sich auf die Hauptinsel Thíra)

Größe: ca. 75 qkm, Länge ca. 16 km, Breite im Mittelteil ca. 5 km. Höchster Gipfel mit 568 m der Profítis Ilías an der Ostküste zwischen Kamári und Períssa .

Bevölkerung: ca. 6500 Einwohner.

Geografie/Geologisches: Santoríni ist vulkanischen Ursprungs, wichtigstes Ausfuhrprodukt war bis vor kurzem Bimssteinsand (Pozzuolan-Mehl), der mit Kalk vermischt einen hervorragenden Mörtel ergibt.

Wichtige Orte: Firá, der Hauptort; Oía, schönstes Dorf der Insel; Kamári und Períssa, Badeorte; Akrotíri, berühmt durch die minoischen Ausgrabungen; Pírgos, ältestes Dorf.

Straßen: Die wichtigsten Verkehrsadern sind asphaltiert, gute Nord-Südverbindung und Stichstraßen an die Ostküste. Entlang der Ostküste nur von Vourvoúlos nach Oía, zwischen Monólithos und Kamári sowie zwischen Períssa und Vlicháda.

Entfernungen: Firá – Oía 12 km, Firá – Kamári 7 km, Firá – Períssa 14 km, Firá – Akrotíri 14 km, Firá – Athiniós (Neuer Hafen) 9 km.

Auto-/Zweiradverleih: vor allem im Hauptort Firá, in Kamári und Períssa.

Tankstellen: mehrere überall auf der Insel.

Übernachten: beinahe in jedem Ort Hotels und Privatzimmer, je ein Campingplatz in Firá, Períssa und Akrotíri, Jugendherbergen in Firá, Oía und Períssa.

Baden: unterhalb vom Kraterrand kaum Möglichkeiten, aber lange Lavastrände an der Ostküste, vor allem bei Kamári und Períssa. Möglichkeiten auch unterhalb von Akrotíri.

Karten: Beste Karte ist die Ausgabe der Athener Road Editions im Maßstab 1:40.000.

Die Einmaligkeit der Landschaft mit den pittoresken Dörfern am senkrecht abfallenden Kraterrand hat Santoríni zu einem der meistbesuchten Ziele im Mittelmeer gemacht. Man lebt fast ausschließlich von Touristen – und vom berühmten *Kraterwein*, der an den Bimssteinhängen bestens gedeiht.

Doch Santoríni hat noch mehr zu bieten. Während die Innenwände des ehemaligen Kraters fast senkrecht zum tiefblauen Meer abbrechen, gleiten die Hänge nach Osten sanft aus und bilden kilometerlange Strände aus grauschwarzem Lavasand – ebenfalls einzigartig auf den Kykladen.

• *Verbindungen* Santoríni ist wichtiger Anlaufpunkt aller Kykladen-Fähren und Schnellboote. Als südlichste der Kykladen ist es Scheitelpunkt der *Ostkykladen-Route* (Piräus – Mýkonos – Páros – Náxos – Íos – Santoríni) sowie der Route über die *Westkykladen* (Piräus – Kíthnos – Sérifos – Sífnos – Mílos – Santoríni). Außerdem verkehren häufige Fähren ins nahe *Kreta*. So gut wie alle Fähren und Schnellboote starten und landen im neuen Hafen Athiniós (s. u.). Flüge gibt es nach *Athen*, *Thessaloníki*, *Kreta*, *Mýkonos* und *Rhodos*.

Fähren: von und nach *Piräus* ca. 2- bis 4-mal tägl., auf Deck pro Pers. ca. 17 €, Auto 65–80 €. Dauer 10–12 Std., je nach Route und Zwischenstationen.

1- bis 2-mal tägl. Fähren von und nach *Íos*, *Páros*, *Náxos*, *Mýkonos*, mehrmals wöch. *Folégandros*, *Síkinos*, *Mílos*, *Kímolos* und *Anáfi*.

Von und nach *Kreta* fast tägl. normale Linienschiffe (4,5–6 Std.).

Im Hochsommer folgende (oder ähnliche) labyrinthisch anmutende Route durch die halbe Ägäis: Ab Piräus über Mílos nach Thíra, weiter nach Anáfi – Ágios Nikólaos (Kreta) – Sitía (Kreta) – Kássos – Kárpathos – Rhódos.

Schnellboote: So genannte "Speed Boote" bedienen täglich die Route *Piräus-Mýkonos-Páros-Náxos-Santoríni* und zurück, gelegentlich auch nach *Rafína*. Fahrpreise etwa doppelt so hoch wie die Fähre bei halber Fahrzeit.

Flugzeug: Olympic fliegt in der Saison von und nach *Athen* 4-mal tägl. (ca. 65 €), außerdem tägl. bis zu 3-mal nach *Thessaloníki*, *Iráklion* (Kreta), *Mýkonos* und *Rhódos*. Der Flugplatz liegt bei Monólithos an der Ostküste. Auskünfte ✆ 22860-22493.

Häfen

Es gibt drei Häfen auf Santoríni: Der neue Hafen *Athiniós* liegt einige Kilometer südlich von Firá und ist üblicher Anlaufpunkt der meisten Fähren. Weitertransport nach Firá, Kamári und Períssa in völlig überfüllten Bussen (stoßfestes Gepäck und gute Nerven nötig!) oder per Taxi (ca. 12 € nach Firá). Die Serpentinenstrecke hinauf zum Kraterrand ist ein Erlebnis! Rückfahrt: 1 Std. vor Abfahrt der Fähren fahren Busse hinunter, sonst keinerlei Verbindung.

Der alte Hafen *Skála* liegt unterhalb vom Hauptort Firá. Hier stoppen die meisten Kreuzfahrtschiffe und starten die Ausflugsboote. Hinauf entweder den 587-Stufen-Weg per Muli (ca. 3 €) oder zu Fuß. Oder mit der neu erbauten "Doppelmayr"-Kabinenbahn für denselben Preis.

Der Hafen von *Oía* liegt 20 Fußminuten unter dem Ort, Abstieg auch per Muli möglich. Im Sommer starten hier gelegentlich kleinere Schiffe.

Kykladen
Karte S. 321

Firá

Weißes Häusermeer an der Abbruchkante des Kraters. Oben noch verhältnismäßig überschaubar, am schwarzen Kraterhang ein Irrgarten von Terrassen, Wänden und Treppen. Tavernen und Cafés mit überwältigendem Panoramablick.

Firá wurde nach dem schweren Erdbeben von 1956 mit Behutsamkeit und touristischem Weitblick wiederaufgebaut. Kein überdimensionaler Neubau stört die Harmonie der Zuckergusskomposition, der prächtige Arkadenbau der Kathedrale thront auf der Spitze wie der Palast eines orientalischen Märchenprinzen. In den säuberlich gepflasterten Gassen am Kraterrand herrscht gepflegte Basaratmosphäre. Das Angebot ist auf Kreuzfahrttouristen zugeschnitten: hell erleuchtete Schmuckboutiquen Athener Nobeljuweliere, schwere Pelze, nach Schafswolle duftende Teppichläden, Keramik.

Wer vom Rummel genug hat, kann Firá in wenigen Minuten auf dem "Kraterrandweg" Richtung Norden verlassen, das herrliche Panorama genießen und in die höher gelegenen Dörfer *Firostefáni* und *Imerovígli* schlendern, die ebenfalls einen ausgiebigen Bummel wert sind.

Information/Verbindungen

- *Information* Es gibt keine Touristen-Polizei. Informationen kann man bei den diversen Reisebüros rund um den zentralen Hauptplatz einholen (Platía Theotokopoúlou). Dort auch Infos über Schiffsverbindungen, Unterkünfte, Sehenswürdigkeiten, außerdem Geldwechsel, organisierte Ausflüge, Schiffstickets, Gepäckaufbewahrung u. a.
- *Verbindungen* Santoríni besitzt ein gutes **Bussystem**, die zentrale Busstation liegt etwa 100 m unterhalb vom großen Hauptplatz in Firá. Sehr häufige Verbindungen nach Oía, Kamári und Períssa (etwa alle 45 Min.), außerdem nach Akrotíri, Perívolos, Vlicháda, Monólithos und zu den Fähren, die im neuen Hafen Athiniós ablegen. Aktuelle Zeiten sind an der Station angeschlagen. Leider sind vor allem die Busse von und zu den Fähren oft überfüllt – Gepäck wird oft sehr ruppig behandelt.

Taxistandplatz zwischen Busstation und Hauptplatz, ✆ 22860-22492. Zum Hafen Athiniós etwa 12 €, zum Flughafen 10 €, nach Oía 13 €.

Zum **Alten Hafen** führt eine vielfach gewundene Treppe mit 587 Stufen hinunter. Zu Fuß etwa 20 Min., per Muli etwa 3 €. Eine Alternative stellt die Seilbahn dar, kostet dasselbe wie ein Maultierritt und fährt von 6.40–24 Uhr alle 20 Min.

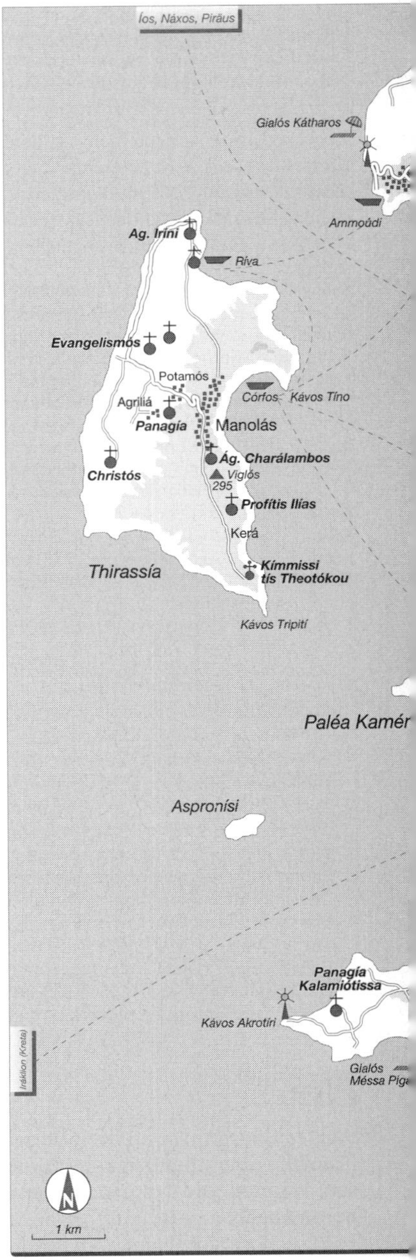

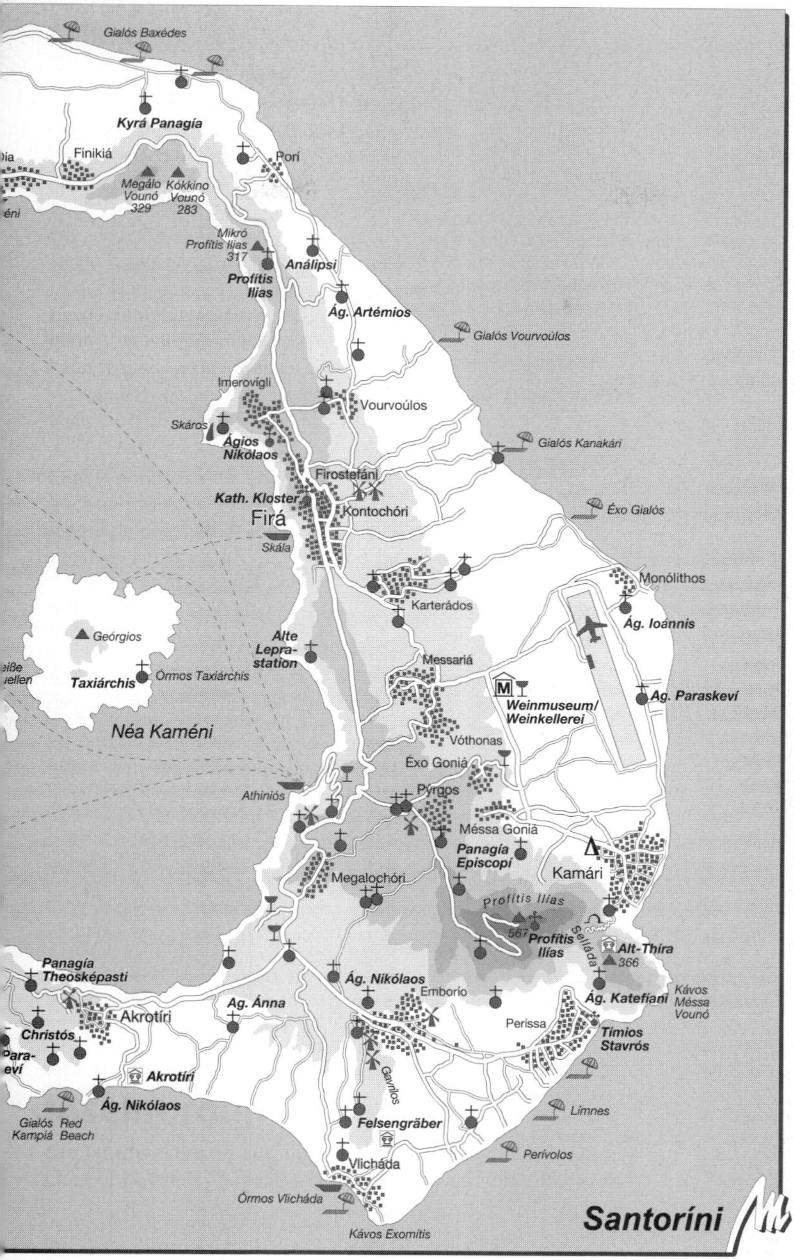
Gialós Baxédes
Kyrá Panagía
Finikiá
Porí
Megálo Vounó 329
Kókkino Vounó 283
Mikró Profítis Ilías 317
Profítis Ilías
Análipsi
Ág. Artémios
Gialós Vourvoúlos
Imerovígli
Vourvoúlos
Skáros
Ágios Nikólaos
Gialós Kanakári
Firostefáni
Kath. Kloster
Kontochóri
Firá
Éxo Gialós
Skála
Monólithos
Karterádos
Ág. Ioánnis
Geórgios
Alte Lepra-station
Messariá
Taxiárchis
Órmos Taxiárchis
Ág. Paraskeví
Weinmuseum/ Weinkellerei
Néa Kaméni
Vóthonas
Éxo Goniá
Athiniós
Pýrgos
Méssa Goniá
Panagía Episcopí
Kamári
Megalochóri
Profítis Ilías
567
Profítis Ilías
Selláda
Alt-Thíra
366
Panagía Theosképasti
Ág. Nikólaos
Emborío
Kávos Méssa Vounó
Ág. Ánna
Ág. Katefiáni
Akrotíri
Períssa
Tímios Stavrós
Christós
Akrotíri
Gavrílos
Ág. Nikólaos
Límnes
Gialós Kampiá
Red Beach
Felsengräber
Perívolos
Vlicháda
Órmos Vlicháda
Kávos Exomítis
Santoríni

Adressen

• *Ausflüge* Zahlreiche Reiseagenturen bieten Dutzende Möglichkeiten an – Inselrundfahrt (mit Bus), nach Oía, Akrotíri, zum Weinfestival in Éxo Goniá, nach Alt-Thíra, Kamári, Períssa. Besonders reizvoll die zahlreichen **Schiffsausflüge** – zu den heißen Quellen auf Néa Kaméni, nach Thirassía, Caldéra-Rundfahrt usw. Es gibt Studentenermäßigung (internat. Ausweis), in der Nebensaison kann man außerdem gut handeln. Die Büros an der Ausfallstraße Richtung Oía sind billiger als die rund um den Hauptplatz.

• *Auto-/Zweiradverleih* etliche um den Hauptplatz und unterhalb davon an der Durchgangsstraße.

• *Geldwechsel (für Schweizer)* mehrere Banken am Taxistandplatz und am Hauptplatz.

• *Gepäckaufbewahrung* u. a. Pelikan-Travel am Hauptplatz und Mendrinos Travel beim Hotel Assimína.

• *Olympic* an der Ausfallstraße Richtung Karterádos, etwas außerhalb vom Zentrum, ✆ 22860-22493.

• *Post* an der Straße wenige Meter südlich vom Hauptplatz.

• *Telefon* **OTE-Büro** liegt hundert Meter nördlich vom Hauptplatz, an der Straße nach Oía.

• *Wäscherei* neben Hotel Pelican und an der Straße nach Oía linker Hand.

Übernachten

Zahlreiche Möglichkeiten, trotzdem in der Hochsaison meist völlig ausgebucht. Generell teuer, vor allem am Kraterrand. Einige wenige Hotels mit gutem bis sehr gutem Standard, etliches in der Mittelklasse und zahllose Privatzimmer. Letztere vor allem unterhalb des Hauptplatzes, an der Straße Richtung Oía.
Zahlreiche Anbieter kommen in den Hafen und zur Busstation. Auf die Angebote kann man ruhig eingehen, ist oft bequemer als die umständliche Suche auf eigene Faust und man wird per Kleinbus bis zur Unterkunft gefahren.

• *Am Kraterrand* **Hotel Kavalári (24)**, C-Kat., an der Kraterrandgasse, oberhalb vom Hauptplatz, schon etwas älter, aber vor einigen Jahren grundlegend renoviert und insgesamt angenehm, nettes Team und guter Service. 13 Zimmer und fünf Studios in verschachtelter Hanglage, perfekter "vulcano view", jeweils Kühlschrank, wohnlich mit Bildern an den Wänden. DZ mit gutem Frühstück je nach Saison 110–132 €. ✆ 22860-22455, ℻ 22603.

Hotel Pórto Firá (20), B-Kat., am Hang unterhalb der Kraterrandgasse, an mehreren Terrassen übereinander sind elegante Räumlichkeiten in den Berghang gebaut, Gestaltung jeweils individuell unter Einbeziehung der natürlichen Felswände, jedes Zimmer mit Telefon, Radio, Kühlschrank und Terrasse. Pool und Restaurant. DZ mit Frühstück ca. 65–120 €, ✆ 22860-22849.

Hotel Kéti (25), E-Kat., kleiner Familienbetrieb, ebenfalls unten am Kraterhang (vom Porto Firá links halten), sieben schlichte Zimmer mit älterem Mobiliar, davor schmale Terrasse, jeweils Kühlschrank, DZ ca. 40–80 €, ✆ 22860-22324.

Hotel Assimína (5), E-Kat., bei der Seilbahnstation, Besitzer betreiben das benachbarte Reisebüro Mendrinos. Relativ geschmackvoll eingerichtet, solide Holzmöbel, hübsche Bettwäsche, Bad mit Lüftung. DZ mit Bad je nach Saison ca. 40–75 €, Zimmer mit Blick verlangen (am besten im ersten Stock), es gibt auch welche mit Blick auf einen Schacht. ✆ 22860-22989, ℻ 23958.

• *Stadtzentrum* kein Caldera-Blick, auch nicht immer leise gelegen, dafür günstiger im Preis. Faustregel: je weiter weg vom Krater, desto preiswerter.

Hotel Pelican (17), C-Kat., unterhalb vom Hauptplatz, gepflegtes Haus mit Aircondition, TV und Minibar in den Zimmern, ganzjährig geöffnet. DZ ca. 45–90 €, ✆ 22860-23113, ℻ 32514.

Hotel Tatáki (18), D-Kat., originelles Hotel der einfachen Sorte, wenige Meter oberhalb vom Hauptplatz, mitten im "Basar". Elf Zimmer um einen kuriosen Innenhof mit einem Chaos von Blumenkübeln. Verschieden möbliert, geräumig und relativ sauber, teilweise nur Blick auf Hof. Falls nicht kaputt, 24 Std. lang heißes Wasser. Geführt von einem urigen, alten Ehepaar. Bei Rucksacklern beliebt. DZ je nach Saison ca. 30–60 €, ✆ 22860-22389.

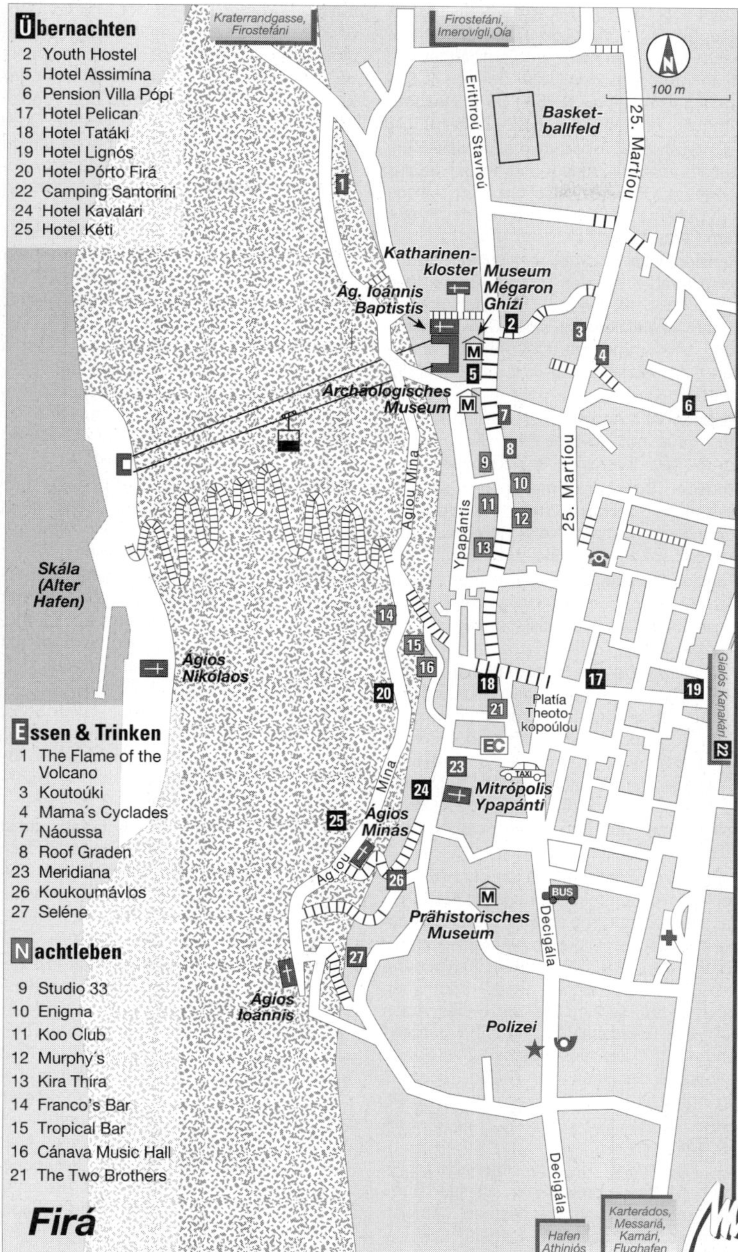

Kykladen
Karte S. 321

Hotel Lignós (19), E-Kat., unterhalb vom Hauptplatz, an der Ecke zur Hauptstraße nach Oía. Freundlicher Familienbetrieb, neun ordentlich möblierte Zimmer, DZ je nach Saison etwa 30–55 €, auch Dreibettzimmer, nur Etagendusche. ✆ 22860-23101.

• *Privatzimmer* vor allem in den Gassen unterhalb vom Hauptplatz und an der Straße Richtung Oía viele Möglichkeiten, etliche neu gebaute Pensionen auch an der Straße zum Campingplatz.

Pension Villa Pópi (6), östlich der Durchgangsstraße, an der Tavérna Triana den Hang hinab. 20 Zimmer, die nach griechischen Inseln benannt sind. Gute Ausstattung, alle Zimmer mit Bad, Balkon und Heizung. Je Saison ca. 30–35 €. ✆ 22860-23786, ℻ 24745.

Pension Villa Ánna, hübsches, frei stehendes Haus mit unverbautem Blick an der Straße nach Imerovígli. ✆ 22860-23400.

Pension Summer Time, neue, saubere Pension unterhalb des Hauptplatzes. Freundliche Leitung. Vom Gemeinschaftsbalkon Blick zur Ostküste. ✆ 22860-22161.

Pension Haroúla, zwei Fußminuten südlich der Busstation in einer Sackgasse. Sehr ruhige Lage. Je nach Saison ca. 25–50 €. ✆ 22860-23469.

• *Jugendherberge* **International Hostel Thíra (2)**, 1995 eröffnet, historisches Haus an der Gasse Richtung Firostefáni kurz vor dem Bogendurchgang rechts ab. Himmelhohe Räume, z. T. mit Deckenmalereien, Snackbar und Bibliothek. Es gibt Schlafsäle (4–15 Pers.) und kleine Räume (2–4 Pers.) mit eigener Du/WC, pro Bett ca. 7 € bzw. 10 €. ✆ 22860-22387.

• *Camping* **Santoríni (22)**, an der nach Osten abfallenden Inselseite, ca. 10 Fußminuten vom Zentrum von Firá (nördlich vom Hauptplatz beschilderter Abzweig von der Straße) im Ortsteil Kontochóri. Bisher ziemlich durchschnittlicher Platz, Bäumchen noch recht niedrig, Stellplätze deswegen teilweise überdacht. Restaurant, Minimarkt und – Attraktion des Platzes – ein Swimmingpool. Sanitäranlagen mäßig. Nicht billig, hoher Geräuschpegel von der als Open-Air-Disko genutzten Pool-Bar. ✆ 22860-22944, ℻ 25065.

• *In Firostefáni* Tipp für Übernachtung in bzw. bei Firá – preiswerter, weniger Rummel (ruhiger!) und mindestens genauso schöner Blick über die Caldera! Die Gemeinde **Firostefáni** liegt nördlich von Firá und beginnt etwa an dem langen Bogendurchgang der Hauptgasse. Von der Seilbahnstation führt ein Weg immer dicht am Kraterrand entlang, die Hotels und Pensionen liegen daran aneinandergereiht. Oder Sie fahren per Taxi bzw. Bus bis zur Kirche in Firostefáni, davor Aussichtsterrasse, links und rechts davon die folgenden Adressen.

Hotel Kafiéris, C-Kat., zehn kleine Zimmer mit Steinfußboden, älterem Mobiliar und "vulcano view", einfach und sauber. DZ mit Bad je nach Saison 40–50 €, ohne 25–40 €, ✆ 22860-22189.

Hotel Galíni, C-Kat., schönes Haus, ganz in hellblau-weiß gehalten, freundliche Besitzerin, acht meist kleine Zimmer, helle Kiefernbetten, z. T. auch Balkon, fantastischer Blick. DZ je Saison 65–85 €, Frühstück wird angeboten. ✆ 22860-22095, ℻ 23097.

Hotel Mános, großzügige Appartementanlage unterhalb der Terrasse, jede Wohnung mit großer Terrasse und Panoramablick, Pool vorhanden. ✆ /℻ 22860-23202.

Hotel Sophía Sigálas, E-Kat., nette Besitzerin, ausgesprochen sauber, Zimmer mit kühlen Steinfliesen und modernen Holzmöbeln, geräumige Bäder. Dachterrasse mit traumhaftem Blick, von den Zimmer z. T. verbaut, DZ ca. 35–50 €, ✆ 22860-22802.

Hotel Mýlos, E-Kat., gegenüber von Sofia, acht Zimmer, Steinfußboden, älteres Mobiliar, z. T. mit Du/WC und Balkon, DZ ca. 40–45 €, unten drin sehr gemütliche Bar – Frühstück mit Piepmätzen. ✆ 22860-23884.

Hotel Sunset (Iliovasílema), E-Kat., direkt hinter Mýlos am Kraterrand, neun einfach ausgestattete, saubere Zimmer mit Terrasse, sehr freundliches Ehepaar, herrlicher Blick auf die Caldera. DZ je nach Saison etwa 50–70 €. ✆ 22860-23046.

Pension Villa Argonáftes, A-Kat., unser Tipp in Firostefáni. Leicht zu finden anhand der auf den Kalk gemalten Bilder mit Motiven aus Seefahrt und Mythologie. Toúla und Leftéris vermieten neun DZ mit Bad und Kühlschrank, teilweise mit Balkon, Radio, Klimaanlage und Heizung. Außerdem drei Studios, jeweils mit Küche und Klimaanlage und eine Höhlenwohnung. Alles tipptopp sauber und täglich Reinigung. Preise je nach Saison ca. 30–60 € fürs einfache DZ und bis 75 € mit Klimaanlage. ✆/℻ 22860-22055.

Spaziergang am Kraterrand

Essen (siehe Karte S. 457)

Könnte im Allgemeinen besser sein. Die spektakuläre Lage am Kraterrand und viel Durchgangspublikum scheinen die Wirte zu verführen, an der Qualität zu sparen. Den schönen Blick muss man meist mitbezahlen.

Koukoumávlos (26), unterhalb vom Hotel Atlantis. Gilt als eine der besten Tavernen an der Caldera. Romantischer Platz im Innenhof eines traditionellen Hauses, Tische auch in den drei Innenräumen. Moderne und kreative Küche. Gute Weinauswahl, gehobener Service und nicht billig.

Seléne (27), Luxus-Kat., vom Hotel Atlantis noch ein Stück Richtung Süden, etwas ab vom Schuss, ruhig. Internationale Küche, aber auch Santoríni-Spezialitäten, z. B. favátokefthédes und vegetarische Menüs. Vergleichsweise sehr teuer.

The Flame of the Volcano (1), eine der wenigen akzeptablen Tavernen am Kraterrand, ruhige Lage am Panoramaweg nach Firostefáni, fantastischer Caldera-Blick. Vielfältige und fantasievolle Grillküche, z. B. *giuwézi, stifádo* und *soutzoukákia*, hervorragend vor allem die Gerichte im Tontopf. Preislich im Rahmen, freundliche Kellner.

Náoussa (7), Tipp an der Hauptgasse, der Odós Erithroú Stavroú. Echt griechisch gebliebene Familientaverne auf einer blauweißen Hochterrasse über der Hauptgasse. Mutter und Bruder des gut Deutsch sprechenden Chefs Kóstas kochen selbst und dies sehr gut. Leckerer roter und weißer Hauswein vom Fass. Preise im Rahmen.

Roof Garden (8), Mitte Odós Erithroú Stavroú. Geórgios und Kóstas servieren auf einer hübschen Aussichtsterrasse im Obergeschoss. Griechische Küche, diverse Platten, gefülltes Lamm- oder Schweinefleisch, Kalbfleisch mit Auberginenpüree, Spaghetti und vegetarische Gerichte.

Mama's Cyclades (4), 400 m von der zentralen Platía an der Straße Richtung Oía auf der rechten Seite. Einfache Taverne, von einer stark amerikanisierten Griechin geführt. Echte griechische Küche, serviert wird u. a. Lamm von Grill. Macht auch gutes Frühstück.

Koutoúki (3), an einer kleinen Platía an der Hauptstraße Richtung Imerovígli auf der linken Seite. Zahlreiche griechische Spezialitäten, insbesondere vom Grill. Plätze draußen und im Innenraum. Guter und schneller Service. Relativ preiswert, Autoverkehr muss man jedoch in Kauf nehmen.

Meridiana (23), etwas eleganteres Dachterrassenlokal im "Fabrica Shopping Center", bei klarer Sicht gleichzeitig Blick auf West-

und Ostküste. Einige Santoríni-Spezialitäten und thailändische Küche.

• *In Firostefáni* **Símos**, an der Hauptstraße von Firá nach Firostefani, ca. 300 m unterhalb der Kirche Ágios Gerásimos auf der linken Seite. Wer auf Kraterrandblick verzichten kann und unverfälschte griechische Küche genießen will, ist hier genau richtig. Echte Tavernenatmosphäre, freundliche Kellner servieren viele Spezialitäten griechischer und insbesondere santorinischer Küche. Simos, der Wirt, kocht selbst und äußerst vorzüglich. Eigenart des Hauses: Sämtliche angebotenen Vorspeisen (ca. 15) werden auf einem großen Tablett den Gästen an den Tisch gebracht, man sucht sich einfach was aus. Faire und günstige Preise.

To Aktaíon, am Kraterrand an der Platia und der Kirche Ágios Gerásimos. Nach Angaben des Wirtes die älteste Taverne der Insel. Es gibt einige typische Santoríni-Gerichte, z. T. vegetarisch: Favakefthédes, gefüllte Auberginen mit Fáva, Käse in Weinblättern. Viele einheimische Gäste, jedoch nicht ganz billig.

Il Cantuccio, kleines, aber feines italienisches Lokal an den Stufen zu *Grotto Villas*. Plätze im nett aufgemachten Hof oder im Innenraum. Stets gut besucht.

Nachtleben (siehe Karte S. 457)

Terrassen-Bars gibt es am Kraterrand fast zu Dutzenden. Besondere Santoríni-Spezialität – zum Sonnenuntergang Cocktails schlürfen und klassische Musik hören! Die "In"-Treffs wechseln natürlich von Jahr zu Jahr, beliebte Adressen vor allem in der Erithroú Stavroú Straße.

Franco's Bar (14), seit vielen Jahren die Renommierbar von Firá, die erste, die klassische Musik eingeführt hat, beste und teuerste Cocktails. Ab 12 Uhr mittags offen, man kann supergemütlich in Liegestühlen liegen. Neuerdings mit Restaurant.

The Two Brothers Bar (21), kleine, schummrig erleuchtete Bar oberhalb vom Hauptplatz. *Die* Adresse, um bei fetziger Popmusik ein preiswertes Bier zu trinken.

Kira Thíra (13), Erithrou Stavrou Str., gemütliche Kneipe mit bunten Wandbildern, die coolen Jazzklänge heben sich angenehm vom sonstigen Discosound ab.

Murphy's (12), an der unteren Hauptgasse in Firá, wo auch die meisten der anderen Clubs liegen. Auch eine der In-Adressen. Die alkoholische Spezialität des Hauses erkennt man an der Flaschensammlung gegenüber der Bar: deutscher "Jägermeister".

Tropical Bar (15), am Treppenweg zum Alten Hafen links, vorwiegend junges Publikum, lockere Atmosphäre, lange Holzbar und laute Musik.

Cánava Music Hall (16), an der Caldera, von der "Gold-Straße" ein paar Stufen Richtung Hafen Skála, dann die erste Gasse links. Laut Chef Níkos die älteste Bar der Insel, seit 1972 von ihm selbst geführt. Der Name Cánava verrät: in der Höhle war früher eine Weinkellerei untergebracht.

• *Diskotheken* mehrere in Firá, Eintritt nur in der Hochsaison. An Wochenenden machen die jungen Athener die Nacht zum Tag.

Koo Club (11), an der Erithroú Stavroú Str., schönste Disco der Insel, hohes Tonnengewölbe ganz in Weiß, im Hof große Bar.

Enigma (10), ganz in der Nähe vom Koo, ebenfalls schöner großer Innenhof.

Studio 33 (9), Erithroú Stavroú Str., gleich nach Koo Club, Disco mit ausschließlich griechischer Musik. Superstimmung unter den hauptsächlich griechischen Gästen!

Sehenswertes

Mitrópolis: Die orthodoxe Kathedrale steht weithin sichtbar an der Kraterrandstraße. Prächtiger Arkadenbau, großzügig und modern, erbaut nach dem Erdbeben von 1956. Erinnert mit ihrer hohen Kuppel an eine islamische Moschee. Beeindruckend das Innenleben mit riesigem Kristallleuchter und farbenfrohen Fresken.

Prähistorisches Museum: gegenüber vom Busbahnhof. Nach vielen Jahren in Planung und Bau 2000 feierlich eröffnet. Die rund 500 Exponate stammen aus dem Neolithikum, dem Frühkykladikum, dem Mittelkykladikum und dem Spätkykladikum. Der Museumsbesuch ist als Rundgang angelegt und beginnt rechts vom Ein-

gang. Freigegeben ist derzeit nur das zweite Obergeschoss, in dem aber nur vier der Wandmalereien aus Akrotíri im Original ausgestellt sind. Später sollen im ersten Stock alle Fresken zu sehen sein.
Öffnungszeiten Di–So 8.30–15 Uhr, Mo geschl., Eintritt frei.

Archäologisches Museum: große Sammlung von Vasen, Amphoren und Terrakotta-Figuren von der Prähistorie bis zu rot- und schwarzfigurigen Stücken der klassischen Antike. Die älteste Keramik stammt von den deutschen und griechischen Ausgrabungen in *Akrotíri*, das meiste aber aus *Alt-Thíra* (bei Kamári, siehe dort).
Öffnungszeiten Di–So 8.30–15 Uhr, Mo geschl., Eintritt 3 €, ermäßigt 2 €.

Katholischer Kirchenbezirk: bei der Seilbahnstation, nah am Kraterrand. Schöner, überbauter Straßenzug ist noch erhalten. Die kleine *Kathedrale* mit ihrem filigranen Glockenturm wurde 1956 schwer beschädigt und wieder aufgebaut. Im schlichten Innenraum barocke Altäre. Benachbart eine *Teppichknüpfschule*, wo man den jungen Mädchen bei der Arbeit zusehen kann.

Museum Mégaron Ghízi: im ehemaligen Haus der *Ghízi*, einer alteingesessenen venezianischen Familie. Beim Erdbeben wurde das historische Gebäude zerstört, die Ghízi übereigneten es der katholischen Kirche, die es restaurierte und das Museum einrichtete. Bei Klavieruntermalung vom Band kann man betrachten: eine Sammlung von Verträgen, Urkunden, Testamenten und Briefen aus der Geschichte Thíras (16. –19. Jh.), eine hochinteressante Fotodokumentation von Thíra "Before and after the earthquake 1956", schöne, alte Stiche von der Vulkaninsel, eine Gemäldesammlung bekannter griechischer Maler, zusätzlich eine Ausstellung von Modellen der schönsten Häuser von Santoríni von Vincent Pintos (geb. auf Santoríni).
Öffnungszeiten Mo–Sa 10.30–13.30, 17–20, So 10.30–16.30 Uhr, Eintritt 2,50 €, ermäßigt 1 €.

Der Alte Hafen (Skála): Hier starten die Bootsausflüge. Lohnend sowohl der Abstieg (zu Fuß auf Treppenweg) wie auch der Aufritt (auf dem Muli, gut festhalten)! Unten hübsche Szenerie von bunten Häusern, zum großen Teil in den Fels getrieben, dahinter das vielfarbige Gestein der Kraterwand.

Archontikó Argyroú – Herrenhaus in Messariá

Der Ort Messariá liegt im Inselinneren an der Straße nach Kamári. In dem ehemaligen Domizil wohlhabender Reeder und Kapitäne sind mehrere *Herrenhäuser* aus dem 19. Jh. erhalten, darunter das kürzlich vollständig restaurierte "Archontikó Argyroú", etwa 200 m oberhalb der zentralen Kreuzung. Der Weinhändler Geórgios Argyrós ließ sich das klassizistische Anwesen 1860–1888 erbauen. Frau Ángela Argyroú, eine Nachkommin des Erbauers, geleitet interessierte Besucher in einer umfassenden Führung durch das gesamte Haus. In den weitgehend original ausgestatteten Wohnräumen erhält man einen anschaulichen Eindruck vom Lebensstandard eines begüterten Landbesitzers im 19. Jh. Frau Argyroús' Erklärungen in Englisch bringen manch interessantes Detail zutage.

• Öffnungszeiten April bis Oktober, tägl. 10–12, 16–19 Uhr, ca. 3 €.

• Übernachten Das Untergeschoss des Anwesens wurde vollständig zu Appartements und DZ der A-Kat. umgebaut. Sie sind im historischen Stil eingerichtet und alle verschieden voneinander. DZ ca. 50–80 €, Appartement je nach Größe ca. 65–140 €. ✆ 22860-31669, Fax 33064.

Auf Thirassía: Aufritt vom Anleger nach Manólas

Ausflüge mit dem Schiff

- **Néa Kaméni**: schwarz wie Pech, eine erstarrte urweltliche Formenwelt. Spaziergang durch Steinwüsten und zwischen Kraterlöchern – Aludosen und Plastikflaschen inklusive. Zum größten Krater etwa 20 Min. Dort steigt etwas stechender Schwefeldampf auf, der auf den Felsen einen grünlich-gelben Niederschlag hinterlässt.
- **Heiße Quellen**: in einer Bucht an der Nordwestseite von Paléa Kaméni. Eigentlich sind sie eher lauwarm. Tiefbraunes, eisen- und schwefelhaltiges Wasser, das schnell die Badehose einfärbt.
- **Thirassía**: Die kleinere Schwesterinsel von Thíra hat geologisch den gleichen Aufbau und das gleiche Erscheinungsbild – der Hauptort *Manolás* zieht sich als weißes Band an der Abbruchkante entlang. Vom Anleger (Kiesstrand und einige Tavernen) kann man einen Treppenweg hinaufsteigen oder sich per Muli transportieren lassen. Oben ausgesprochen hübsch und sehr ursprünglich mit vielen weißen und bunt bemalten Würfelhäusern, überall Zisternen vor der Tür, toller Blick rüber nach Santoríni. Es gibt einige einfache Kafenía, Tavernen und Privatzimmer, mittlerweile auch ein Hotel (mit Pool, aber nur im Hochsommer offen), jedoch immer weniger Einwohner.

Oía

Früherer Seefahrerort an der äußersten Nordspitze Santorínis, auf den Kraterrand und tief den Hang hinuntergebaut. Faszinierendes Labyrinth von Treppengässchen, Flachhäusern, Runddächern und Kirchenkuppeln. Dazwischen sind alte Höhlenwohnungen in den weichen Bims gegraben. Wenig sichtbar Modernes stört die Szene, obwohl die meisten Häuser nicht älter als 35 Jahre sind.

Nur eine Minute ... So lange dauerte das verheerende Erdbeben im Jahre 1956 – und Oía war ein Trümmerhaufen! Vieles hat man wieder aufgebaut, doch überall sieht man noch Ruinen. Vor dem Erdbeben hatte Oía 8000 Bewohner. Sie sind nach Athen gegangen und ins Ausland. Heute leben hier noch etwa 700 Menschen – alle vom Tourismus.

Trotz der schweren Zerstörungen gilt Oía heute als der Inbegriff eines idyllischen Kykladendorfs. Es gibt Dutzende malerischer Winkel, weiß gekalkte, steile Treppengässchen und blaue Kirchenkuppeln. Viele Künstler und Kunsthandwerker haben sich niedergelassen, diverse Galerien liegen an der schmucken Hauptgasse, parallel zum Kraterrand. Der museale Charakter wird von den geschäftstüchtigen Bewohnern wirksam unterstrichen. Aus jeder zweiten Tür ertönt klassische, meditative oder besinnliche Musik, die Düfte von Räucherstäbchen und orientalischen Parfüms hängen in der Luft. Tipp für Romantiker: Weltberühmt ist der Sonnenuntergang von Oía, am schönsten vorne am zerstörten *Lóntza-Kastell*. Dort hat man auch den besten Blick auf den ganzen Ort.

Marinemuseum: diverse Schiffsutensilien, historische Fotos, Modelle, Diplome und sogar Galionsfiguren, zusammengetragen in einem schön restaurierten Stadthaus neben dem Rathaus.

Öffnungszeiten Mi–Mo 9–13, 17–20 Uhr, Di geschl., Eintritt 3 €, keine Ermäß.

Information/Verbindungen/Einkaufen

• *Information* Büro des **EOT** (griechisches Fremdenverkehrsamt) in der langen, gepflasterten Hauptgasse (Nikoláou Nomikoú), freundliche Auskunft, Englischkenntnisse. Mo–Sa 8–14.30, 17–22 Uhr, So geschl. Hilfreich ist auch Márkos im **Karvoúnis Tours** an der Kraterrandgasse.

• *Verbindungen* in der Saison alle halbe Stunde **Linienbusse** von und nach Firá. Beeindruckende Fahrt auf enger Straße, schöner Blick tief hinunter auf die Ostküste! **Taxi** von Firá nach Oía kostet ca. 13 €. Mit dem eigenen Fahrzeug kann man die Strecke Oía – Firá auch auf der hügeligen Erdpiste machen, die nahe der Ostküste entlangführt.

Außerdem fahren **Badebusse** zum Strand von Baxédes (siehe unter Baden).

Der kleine **Hafen** von Oía ist über einen langen Treppenweg ab Hauptgasse zu erreichen (Beschilderung Arméni Beach). Während der Saison Schiffe nach Piräus, Náxos, Páros, Íos, Kreta u. a.

• *Einkaufen* diverse, teils sehr schön gestaltete Kunsthandwerksläden, Galerien und Boutiquen.

Kykladen
Karte S. 321

Übernachten

In Oía gibt es hauptsächlich gediegene Unterkünfte in Höhlenwohnungen und traditionellen Inselhäusern am Kraterhang – meist 1- oder 2-Zimmer-Appartements inkl. Küche bzw. Kochnische. Zwar herrlicher Blick auf die Caldera, eigene Terrasse, Pool usw., dafür in der Regel sehr hohes Preisniveau und keine tageweise Vermietung. Hotels gibt es nur eine Handvoll im Ort.

• *Hotels* **Hotel Aéthrio**, A-Kat., ruhig, aber dennoch fast im Zentrum von Oía. 1928 von der Familie Danígou als Socken- und Strumpfweberei errichtet, wurde das 2500-qm-Gelände 1992 zu einem Hotel im Dorfstil umgebaut. 20 Wohneinheiten vom DZ bis zum 2-Zimmer-Appartement. Luxuriös und geschmackvoll eingerichtete Zimmer mit Küche, Terrasse, Sat-TV mit fünf deutschen Programmen und Fußbodenheizung. Pro 2-Personen-Wohneinheit je nach Saison ca. 110–185 €. ✆ 22860-71040, ℻ 71930.

Hotel Museum, schönes, altes Stadthaus direkt an der Kraterrandgasse, vor kurzem aufwändig renoviert. Das Ergebnis zeigt sich leicht verkitscht im minoisch-byzantinischen Stil, neun möblierte Studios/Appartements mit TV, hinten Pool und Bar. 2-Pers.-Studio. je nach Saison ca. 65–110 €, Appartement 85–130 €. ✆ 22860-71515, ℻ 71516.

Hotel Fregáta, D-Kat., etwas älteres, aber nettes Hotel, direkt am Kraterrand. 19 ordentliche Zimmer, alle mit Bad. Dachterrasse mit Blick auf den Vulkan, im

Frühstücksraum üppige Pflanzen, Schiffssteuerräder und Fischreusen. DZ je nach Saison etwa 35–50 €, ✆ 22860-71221.

Hotel Anemónes, E-Kat., neben Fregáta, einfach und etwas farblos, zehn Zimmer, vorne raus toller Blick, DZ mit Bad je nach Saison etwa 35–42 €, ✆ 22860-71342, ℻ 71220.

● *Höhlenwohnungen und Villen* meist geschmackvoll ausgestattet, Betten auf Steinfundamenten, gewölbte Decken, Küche und moderne Sanitäranlagen. In der Regel Sonnenterrasse vor der Wohnung. Teuer.

Oía Village, im Ostteil von Oía (Nähe Ortseingang) an den Kraterhang gebaut. Frau Nina Keller-Roditis aus München vermietet 20 gut ausgestattete Höhlenwohnungen (2-Bett bis 6-Bett). Seit kurzem gibt es auch einen Meerwasserpool mit Bar und Liegeterrasse. 2-Pers.-Haus je Saison und Ausstattung ca. 150–180 €, 4-Pers.-Haus 200–250 €, Frühstück extra. ✆ 22860-71114, ℻ 71436.

Chelidoniá, A-Kat., acht traditionelle Höhenwohnungen in herrlich exponierter Lage am Kraterhang im Zentrum vom Ort, Frau des Besitzers ist Österreicherin. Gemauerte Betten, voll ausgestattete Küchen, alle mit Caldera-Blick-Balkon. Bäder weiß gefliest, alles tipptopp sauber. Je nach Saison ca. 100–120 € fürs Studio und 130–150 € für eine Höhle. ✆ 22860-71287, ℻ 71649.

Cánaves Oía, A-Kat., geschmackvolle und durchdachte Appartementanlage mit 12 traditionellen Höhlenwohnungen, die modernisiert und erweitert wurden. Schöne, kühle Fliesenböden, z. T. historisches Mobiliar und Betten mit Steinfundament, vor den verschieden großen Wohnungen für 2–5 Personen jeweils Terrasse mit Sonnenschirmen und Sitzmöbeln. Kann auch pauschal gebucht werden. Nach Oía sind es 500 m, Busstopp vor der Tür, ✆ 22860-71453.

Lauda, B-Kat., am Kraterrand unterhalb der Hauptstraße. Schlichte Zimmer im traditionellen Inselstil, Frühstücksraum und Rezeption in einer riesigen Höhle, geräumige Terrasse mit tollem Blick. DZ ca. 65–80 €, Appartements ca. 75–95 €. ✆ 22860-71204.

Jack's Villa (Arméni Village Jack), B-Kat., schöne Appartements mit Blick auf die Caldera, gesprächiger Besitzer, bisher laut Leserbriefen gutes Preis-Leistungs-Verhältnis, ✆ 22860-71439.

● *Jugendherberge* vor wenigen Jahren erbautes Haus im Inselstil, ca. 150 m westlich der Bushaltestelle (beschildert). Etwa 80 Betten in mehreren Schlafsälen, Waschmaschinen, Minimarkt, Bar/Restaurant, Dachterrasse mit schönem Blick. Pro Nacht ca. 12–14 € inkl. Frühstück. ✆ 22860-71465, ℻ 71291.

Essen/Trinken

In Oía essen zu gehen lohnt vom Ambiente her genauso wie in Firá. Das hat sich herumgesprochen und sogar in der Nachsaison sind die "Renner" unter den Lokalen schnell bis auf den letzten Platz besetzt. Touristennepp hat jedoch in den letzten Jahren deutlich zugenommen.

1800, restauriertes, altes Bürgerhaus an der Kraterrandgasse, stilvolle Atmosphäre. Der Wirt ist Architekt aus Athen und bietet interessante griechische Gerichte mit internationalem Einschlag, dazu eine exquisite Weinauswahl. Etwas teurer.

Ambrosía, nahe dem zentralen Platz an der Kraterrandgasse. Ausgefallene mediterrane Küche des gehobenen Niveaus, z. B. gegrillte Früchte als Vorspeise, marinierte Artischocken, gegrilltes Lammfilet und Tiramisu. Nur abends ab 19 Uhr geöffnet. Praktisch immer voll, daher telefonische Reservierung dringend anzuraten.

Oía's Café Restaurant, an der Gasse zum Lóntza-Kastell auf der rechten Seite. Romantisches Plätzchen mit Ausblick. Geschmackvolle Dekoration und gemütliche Musik. Offiziell eigentlich ein Café, es gibt aber neben einfachen Mezé auch volle Mahlzeiten internationaler und santorinischer Couleur.

Candoúni, nördlich der Hauptgasse. Unter dem Gewölbedach eines alten Kapitänshauses von 1837 wurde dieses gemütliche Restaurant im klassischen Stil mit viel Holz eingerichtet. Abends sitzt man bei romantischem Kerzenlicht und genießt die kulinarischen Spezialitäten der mediterranen Küche.

Neptune, Panoramaterrasse an der Kraterrandgasse, direkt am Platz mit der Kirche. Empfohlen wurde uns das ausgezeichnete Lamm mit Zitrone.

Skála, große Terrasse am Beginn des Treppenwegs zum Hafen, schöner Caldera-Blick, leckere griechische Küche, guter Hauswein.

Lóntza, kleines Terrassenlokal an der Kraterrandgasse, herrlicher Caldera-Blick, Preise allerdings nicht gerade günstig.

• *Bars, Cafés usw.* vorwiegend schicke Bistros mit traumhaftem Blick an der Kraterrandgasse.

Pelekános, Kraterrandgasse. Café-Bar und Restaurant. Schöne Terrasse mit Blick auf einen alten Uhrturm und den Sonnenuntergang. Chefin Gabi stammt aus Deutschland.

Kástro, neues Café vorn am Lontza-Kastell, schöner Aussicht zu reichlich hohen Preisen.

Cánava, ruhiges und stimmungsvolles Weinlokal direkt an der Bushaltestelle, gelegentlich Livemusik.

▸ **Oía/Baden**: Zum *Ammoúdi-Strand* führt beim vorgelagerten Lóntza-Kastell ein Treppenweg mit 250 Stufen hinunter, auch Mulitransport und eine neue Straßenzufahrt nördlich um den Ort herum. Unten ca. 30 m dunkler Kiesstrand, kleine Mole mit Fischerbooten, zwei Tavernen.
Beim Hafen liegt der kleine *Arméni-Strand*, ca. 15 Min. steiler Treppenweg ab Hauptgasse, auch Mulitransport. Unten eine Snackbar.
Brauchbarer Badestrand ist der *Baxédes-Strand* (auch Paradise genannt), ein 300 m langer Kiesstrand an der Ostküste, etwa 4 km von Oía. Im Sommer tägl. etwa 4–6 Busse.

Kamári

Wichtigster Badeort der Insel und Standbein des internationalen Pauschaltourismus. Schöner, kilometerlanger Strand aus dunklem Kies, unmittelbar neben dem Ort ein schroffes, steil aufragendes Felsenkap – Ausläufer des Profítis Ilías, des höchsten Bergs der Insel.

Der alte Dorfkern liegt ein Stück zurück vom Meer. An der Stichstraße zum Meer und unten an der langen Uferpromenade wild wucherndes Hotel- und Tavernenangebot. Kamári verändert ständig sein Gesicht, es wird gebaut und gebaut, halbfertige Betongerippe überall, immer weiter wird die Uferpromenade Richtung Norden verlängert. Insgesamt nicht gerade schön, aber die guten Bademöglichkeiten und die eindrucksvolle Felswand entschädigen reichlich.
Der dunkle Strand unmittelbar beim Ort ist gepflegt und sauber (Liegestühle, Sonnenschirme, Tretboote, Surfbretter usw.), Richtung Norden wird er schnell unansehnlich, z. T. schmal und verwildert.

Kykladen Karte S. 321

Information/Verbindungen/Adressen

• *Information* **Kamári Tours Information Center**, an der Strandpromenade, alle Reiseveranstalter, die in Kamári tätig sind, unter einem Dach, Zimmervermittlung. ✆ 22860-31390.

• *Verbindungen* häufige **Busse** von und nach Firá. Es gibt mehrere Haltestellen, u. a. eine unten am Strand, wo die Stichstraße endet, eine weitere am Ortsausgang Richtung Firá (Nähe Campingplatz).

In der Saison fährt stündlich ein **Kaiki** um das felsige Kap herum nach Períssa.

• *Adressen* **Auto-/Zweiradvermietung**, beides in Kamári vorhanden und sehr genutzt. Gute berggängige Mofas gibt's z. B. im Blue Sea Hotel (siehe Übernachten), aber auch in mehreren Shops an der Stichstraße zum Strand.

• *Kino* Freilichtkino am Ortseingang.

Übernachten

Wegen des vielen Pauschaltourismus kein Mangel an Unterkünften. Da jedoch immer mehr Hotels ihre Zimmer saisonweise an Reiseveranstalter vergeben, kann sich die Unterkunftssuche für Individualreisende zeitweise schwierig gestalten.

• *Stichstraße zum Strand* **Hotel Matína**, C-Kat., gepflegtes Haus linker Hand etwas zurück von der Straße. Ausnehmend schöner Vorgarten mit Blumen und Pistazienbäumen, 27 freundliche Zimmer, gutes Mobiliar im Ikea-Stil, hübsche Überdecken, Telefon, Radio. Im ersten Stock etwas Meerblick, unten Blick auf Garten mit Pistazien. DZ ca. 40–70 €, ✆ 22860-31491, ℻ 31860.

Hotel Blue Sea, D-Kat., freundlicher Familienbetrieb, ruhig gelegen, etwas abseits der Stichstraße rechts, mit Pool. Netter Aufenthaltsraum, ordentliche Zimmer mit soliden Holzmöbeln, Bad und Balkon, DZ ca. 35–65 €, zwar oft von Reiseveranstaltern belegt, aber meist noch einige Betten für Individualreisende frei, ✆ 22860-31481. Vermieten Mofas und Sonnenschirme.

Hotel Ákis, C-Kat., ein alter Seebär (früherer Kapitän) führt das gepflegte Haus an der Straße rechts, 18 sehr saubere, moderne Zimmer, davon eine Suite mit zwei Zimmern (vier Betten). Unten luftiger Aufenthaltsraum und Terrasse mit Cafeteria. DZ je nach Saison etwa 45–75 €. ✆ 22860-31670.

Hotel/Apartments Sigálas, C/A-Kat., Nördlich vom Zentrum am Strand. Der gut Deutsch sprechende Boss Ioánnis vermietet Studios und Appartements im Inselstil. Je nach Saison ca. 36–86 € fürs Studio und ca. 47–97 € fürs Appartement. Frühstück extra. ✆ 22860-31260, ℻ 31480,

• *Uferpromenade* **Hotel Nikolína**, E-Kat., geschmackvoll und gepflegt, blaue Fenster und Türen, neues Holzmobiliar, z. T. Balkons mit Blick aufs Meer, geführt von freundlichem Ehepaar, DZ ca. 25–40, Frühstück extra, empfehlenswert, aber im Juli/August meist voll, ✆ 22860-31702.

Hotel Sunshine, C-Kat., langer Schlauch nach hinten, vorne großer Frühstücksraum, dahinter 35 Zimmer mit hellen Kiefernmöbeln, Marmorboden, Bad und sehr schmalen Balkonen. Hübsch die Terrasse mit Bar vor dem Haus. DZ je nach Saison ca. 30–65 €, Frühstück extra, ✆ 22860-31394, ℻ 32240.

Hotel Kamári Beach, C-Kat., große Anlage mit 55 Zimmern, eine der ersten in Kamári, einfach eingerichtet, aber jeweils mit Du/WC und Balkon, von den meisten schöner Meerblick. Vor dem Haus großer Salzwasserpool, mit Zaun vom draußen vorbeilaufenden Weg getrennt, Sonnenschirme, Poolbar. Kann über viele Reiseveranstalter gebucht werden. DZ je Saison ca. 55–95 € fürs DZ, ✆ 22860-31243, ℻ 32120.

Roússos Beach Hotel, B-Kat., großzügige neue Anlage mit geräumigem Pool. Zimmer mit Aircondition. ✆ 22860-31590, ℻ 31255.

Hotel Tropical Beach, C-Kat., 25 einfache Zimmer mit Bad, Balkon und Telefon. Stühle und Theke der hauseigenen Bar sind vom modernen Zeitgeist-Design inspiriert. Besitzer spricht gut Deutsch. Trotz Zusammenarbeit mit Reiseagenturen seien angeblich immer wieder einzelne Zimmer für Individualtouristen frei, betont er. DZ je nach Saison 35–60 €, Frühstück extra. ✆ 22860-32222, ℻ 31998.

Hotel George's, kleineres Haus Nähe Tropical Beach, Zimmer um einen Innenhof, sauber, mit ordentlichem Mobiliar und Du/WC, kein Balkon, DZ je nach Saison ca. 25–40 €.

Hotel Spiridoúla, an einem unbebauten Platz an der Promenade, etwa 100 m zurück von der Uferfront. Blick auf Weinstöcke vor dem Haus. Nette Vermieterin, zehn einfache Zimmer mit Bad, sauber, solides Holzmobiliar, DZ je Saison ca. 25–40 €.

Hotel Golden Star, einige Schritte von der Uferpromenade zurück, schöner Garten und Terrasse. 15 saubere Zimmer mit Standardausstattung. DZ je nach Saison 20–35 €, ✆ 22860-81897.

Hotel White House, ziemlich am Ende der Promenade, nette Vermieterin Anna, in den Zimmern solides, älteres Mobiliar, hinter dem Haus Vogelvoliere, vorne Cafébar, ruhig. Insgesamt angenehme Bleibe ohne großen Komfort. DZ mit Frühstück ca. 25–40 €, ganzjährig geöffnet, ✆ 22860-31819.

Essen/Nachtleben

Die meisten Lokale ballen sich an der Strandpromenade, Angebot im Allgemeinen durchschnittlich und wenig originell. Ausländische Biere sind überall vertreten. "Griechischer" speist man in den Tavernen an der Durchgangsstraße im alten Ort.

• *Ortskern und Stichstraße* **The Fat Man**, an der Ortseingangsstraße in Kamári weiter geradeaus und dann auf der rechten Seite. Hier findet man noch die alte, unverfälschte griechische Küche. Gutes Preis-Leistungs-Verhältnis.

Pontíos, an dem großen Fußballfeld in die gegenüberliegende Straße hinein. Äußerst geschmackvoll und gemütlich eingerichteter Innenraum mit offenem Kamin und Musikinstrumenten. Die Menükarte wurde als Kunstwerk an die Wand gepinselt. Chef Geórgios kocht selbst vorzügliche Fischgerichte. Gelegentlich Livemusik.

Juttas Biergarten, geführt von Jutta aus Berlin. Hübscher, kleiner Garten etwas erhöht an der Straße, ruhige Musik, bequeme Bestuhlung.Viele selbst gemachte Spezialitäten. Deutsche Küche.

• *Promenade* **Atmosphere**, ohne Zweifel eine der besten Adressen in Kamári, wenn auch nicht unbedingt authentisch. Spezialität ist nämlich skandinavische Küche. Boss Thomas und der Chefkoch kommen beide aus Schweden, beschäftigen aber auch griechische Köche. Das Atmosphere liegt als einziges Paralía-Lokal im ersten Stock, Zugang neben der Hauptfiliale von Kamári-Tours die Treppe hoch.

Camille Stefani, gepflegtes Lokal mit schattigen Sitzplätzen unter Tamarisken, seit 1978, gute Auswahl und relativ einfallsreiche Speisekarte (u. a. *tomátokeftédes*), ganzjährig geöffnet.

Salíveros, Südende Paralía, unter einem blauen Sonnendach. Echt griechisches Ambiente. Salíveros und seine freundliche Tochter Maroulía servieren einheimische Spezialitäten: Tomatokefthédes, Fáva, Tirópita, Oktopus, Kalamari und die weißen Santoríni-Zucchini. Tipp ist Stifádo und im Ofen gebackener Fisch mit Santoríni-Tomaten. Preise im Rahmen.

Almíra, fast am Nordende der Paralía, mit einer großen Tamariske und einigen kleinen Palmen im Vorgarten. Solide griechische Küche, Muscheln in Oúzo-Sauce, Lammkoteletts und Fischspezialitäten. Außerdem italienische Gerichte.

• *Nachtleben* **Mango**, etwa in der Mitte der Paralía. Man sitzt gemütlich unter Strohmattenschirmen in einem tropisch anmutenden Palmengarten. Deutschsprachige Bedienung.

Hook Bar, am Südteil der Paralía. Spielt oft Musik der 60er und 70er Jahre. Gemischtes Publikum.

Dom Club, etwa zurückgezogen hinter dem *Mango*, in der Mitte der Paralía. Vielleicht die größte Disco der Insel.

Club Albatros, Paralía. Außenbereich mit Palmen und Bar. Später am Abend geht man in den Innenraum (Naturstein und viel Holz) und tanzt zwischen der Bar und den Stehtischen weiter. Chef ist Peter aus Deutschland, der hier Pétros genannt wird.

Umgebung von Kamári

▸ **Méssa Goniá**: einer der Hauptorte des Weinanbaus auf Santoríni. Die Roússos-Familie hat eine große Kellerei zur Weinprobierstube umfunktioniert *(Cánava Roússos)*. Für ca. 3 € kann man fünf verschiedene Weine kosten und die Räumlichkeiten besichtigen. Besonderes Schmankerl: Zur Weinernte dürfen Touristen nach traditioneller Art die Trauben mit Füßen auspressen. Möglichkeit zum Weineinkauf. Auf einer Anhöhe über dem Ort die *Panagía Episcopí* mit Fresken aus dem 11. Jh. Schöner Blick vom Kirchenvorplatz (geöffnet 9–17 Uhr).

▸ **Alt-Thíra**: Das weit gestreute Ruinenfeld der antiken Stadt liegt auf dem *Selláda-Sattel* zwischen Méssa Vounó-Fels und Profítis Ilías. Gegründet wurde die Stadt etwa 1000 v. Chr. von Dorern, erhalten sind aber hauptsächlich Überreste aus hellenistischer Zeit. Grundmauern und Säulenstümpfe sind weit verstreut auf den Felsterrassen, u. a. große *Agorá* und Reste eines *Theaters*. Am Beginn der Stadt das *Heiligtum des Artemidóros* mit Reliefabbildungen im Fels (Delfin, Löwe und Porträt des Feldherren Artemidóros). Vom Ende der Felsnase herrlicher Blick über den Südteil Santorínis bis hinüber nach Anáfi. Ausgegraben wurde Alt-Thíra Ende des 19. Jh. vom deutschen Baron *Hiller von Gärtringen*.

Hinweis: Das Ruinenfeld ist völlig schattenlos. Nur ein kleiner, stets überfüllter Rastplatz liegt unter Bäumen. Daher unbedingt Hut, Sonnenschutz und genügend Wasser mitnehmen (besonders, wer zu Fuß aufsteigt).

• *Anfahrt* Von **Kamári** führt eine serpentinenreiche Fahrpiste auf den Sattel, zu Fuß läuft man etwa 1 Std., auch **Maulesel** werden angeboten. Der Weg setzt sich als Maultierpfad auf der anderen Seite des Sattels nach **Períssa** fort (ca. 45 Min. zu Fuß).

• *Wandertipp* Vom Sattel führt ein schmaler, steiniger Fußpfad auf den Gipfel des **Profítis Ilías**. Zu erkennen an der großen Radaranlage. Hinauf wird man ca. 45 Min. brauchen – bequemer ist der Weg in umgekehrter Richtung. Auf der Spitze das Kloster Profítis Ilías (s. u.).

• *Öffnungszeiten* Di–So 9–15 Uhr, Mo geschl., Eintritt frei.

▸ **Pírgos**: verwinkeltes Dorf am Hang des Profítis Ilías, ehemals Inselhauptstadt. Dutzende steiler Treppengässchen führen zu mehreren Kirchen mit strahlend blauen

Kykladen Karte S. 321

Kuppeln hinauf, am höchsten Punkt spärliche Ruinen des ehemaligen venezianischen *Kastells*.

Von den Straßen in der Umgebung von Pírgos und bei der Auffahrt zum Profítis Ilías kann man die eigenartige Geografie der Landschaft am besten beobachten: kilometerweite Weinhänge, die fast wie chinesische Reisfelder wirken, dazwischen flache Plateaus und tief in den weichen Bimsstein eingeschnittene Schluchten.

▸ **Profítis Ilías**: Der höchste Berg mit dem gleichnamigen Kloster an der Spitze präsentiert sich wegen einer überdimensionalen Radaranlage leicht verschandelt. Noch enttäuschender aber: das viel gerühmte *Volkskundemuseum* im Inneren ist geschlossen! Die beiden Mönche, die hier gelebt haben, sind auf den Berg Áthos gezogen, die grünen verrosteten Tore zum Inneren sind verriegelt.

• *Anfahrt* nur über Pírgos möglich. In Pírgos am Kreisverkehr die erste (von Firá kommend) rechts, etwa 3 km in steilen Serpentinen hinauf.

• *Wandern* Kurz nach dem Ortsausgang von Pírgos führt von der Straße links ein gepflasterter Weg zum Kloster ab. Weniger Serpentinen, deswegen kürzer.

Der **Fußpfad** vom Kloster nach Alt-Thíra beginnt etwa 50 m vor dem Klostertor, dort, wo die Straße zur Radaranlage weiterführt (blaues Schild "Ancient Thíra ").

Períssa

Neben Kamári der zweite große Badeort von Santoríni, weit auseinandergezogene Sommersiedlung mit Tendenz zur Zersiedlung. In Goldgräberstimmung haben sich in den letzten Jahren zahllose touristische Unternehmer entlang der langen Zufahrtsstraße zum Strand niedergelassen. Hotels, Bars, Fahrzeugverleiher, Reisebüros und Wäschereien gibt es zuhauf in "Boomtown" – doch alles wirkt etwas improvisiert, schnell aus dem Boden gestampft.

Ein kilometerlanger, schwarzer Strand schließt die Ebene zum Meer hin ab. Auf einer breiten Piste kann man Richtung Süden laufen (oder fahren), trifft dabei auf diverse Tavernen und Bars. Die riesige Ferienstadt, die hier entsteht, wird sich einmal von Períssa über Perívolos bis Vlicháda ziehen. Die Asphaltstraßen sind bereits gezogen, auch Linienbusse kurven schon durch das Gelände. Doch das staubige Ambiente mit seinen nur vereinzelt bezugsfertigen Hotels und zahlreichen Rohbauten wirkt bisher noch nicht sehr einladend.

Während Kamári fast völlig von Pauschaltouristen in Beschlag genommen wird, ist Períssa der jugendlichste Ort auf Santoríni und bevorzugter Anlaufpunkt für Rucksacktouristen. Zahlreiche Discos, zwei Jugendherbergen und ein gut besuchter Campingplatz direkt am Strand zeigen, wo's hier lang geht.

Verbindungen/Übernachten

• *Verbindungen* **Bus**: Häufige Busse von und nach **Firá**, z. T. auch über **Perívolos** und **Vlicháda**. Auch Direktbusse nach **Akrotíri**.

Zu Fuß: Fußweg zum Selláda-Sattel und Alt-Thíra (siehe "Umgebung von Kamári"), dafür können auch Maulesel gemietet werden.

• *Übernachten* Diverse moderne Hotels, die noch keine Patina angesetzt haben. In der Nebensaison bleiben die Gäste weg, dann gibt es erhebliche Preisnachlässe.

Hotel Selláda Beach, neu erbaute Anlage mit 14 modern eingerichteten Appartements direkt am Strand, jeweils Aircondition und TV. ✆ 22860-81859, ℻ 81492.

Hotel Vengéra, A-Kat., ebenfalls am Strand, erst 1996 eröffnet. Ausnehmend geschmackvolle Anlage, sehr großzügig, mit Pool, Haupthaus klassisch angehaucht. In den Zimmern Aircondition, TV und Kühlschrank, Waschmaschine verfügbar, Frühstücksbuffet. DZ 65–110 €. ✆ 22860-82060, ℻ 82608.

Hotel Koúros Village, A-Kat., weitere neu erbaute Anlage, etwa 100 m vom Meer, besonders hübsch der Pool mit Bar, auch Kinderbecken ist vorhanden. DZ 65–110 €, ✆ 22860-81972, 📠 81973.

Hotel Black Sandy Beach, C-Kat., gepflegte Unterkunft mit acht Zimmern, etwas zurück vom Strand, von Lesern empfohlen, familiäre Stimmung. DZ je nach Saison ca. 55–90 € inkl. Frühstück. ✆ 22860-22474, 📠 81773.

Hotel Mariánna, D-Kat., am Fuß des Messavouno-Fels, sehr ruhig, tolle Lage. Für den zehnminütigen Fußmarsch zum Strand entschädigt die hinter dem Hotel aufragende Bergkulisse. Frühstücksraum, 24 Zimmer mit Steinfußboden und älterem Mobiliar, aber alles ganz ordentlich, Bad, Balkon, Telefon. Inzwischen gibt es auch einen nagelneuen Swimmingpool. DZ inkl. Frühstück 35–65 €, ✆ 22860-81286. 📠 81737.

Hotel Mark & Ioánna, D-Kat., kurz vor Mariánna. Schöne, neue Hotel- und Studioanlage mit Garten, in Top-Zustand. 20 Studios mit jeweils voll ausgestatteter Küche und Balkon. 300 m zum Strand. Freundliche Besitzer. ✆ 22860-81053.

Hotel Zórzis, D-Kat., 150 m vom Strand, geführt von sehr freundlichem Griechen mit seiner englischen Frau, zehn Zimmer für ca. 35–65 €, ✆ 22860-81104, 📠 81107.

Hotel Nota Beach, E-Kat., in Strandnähe, 15 Zimmer mit Bad, Balkon (nicht alle mit Seeblick), roten Marmorböden, modernen Möbeln. DZ ca. 25–45 €, ✆ 22860-81209.

• *Jugendherbergen* **Youth Hostel Ánna**, schräg gegenüber, andere Straßenseite. Zwei große Schlafsäle (einer nur für Frauen, der andere gemischt), der untere ohne Fenster, jedoch mit Ventilatoren. Pro Bett je Saison etwa 10 €. ✆ 22860-82182.

• *Camping* **Períssa**, direkt am Strand, flaches Gelände aus schwarzem Lavakies, bepflanzt mit Bäumen und Schilf, z. T. Plätze unter Schilfbahnen. Selbstkocherküche, kleiner Laden, Self-Service-Restaurant und "Beach Bar" – tolle Lage am Strand, Drinks und viel Musik, während der Saison 24 Std. geöffnet. Sanitäre Anlagen in der NS okay, im Sommer oft überlastet. Platz ist umzingelt von Open-Air-Discos: ohrenbetäubende Techno-Musik bis 5 Uhr früh. PCs mit Internet-Anschluss an der Rezeption. ✆ 22860-81343. 📠 81604.

Essen/Nachtleben

• *Essen* **Forum**, im Bereich von Límnes. Der freundliche Dimítrios führt dieses gemütliche Restaurant im Stile einer Café-Bar. Es gibt Hühner und Hasen vom eigenen Bauernhof der Familie, außerdem Fisch und vegetarische Gerichte. Etwa 3-mal pro Woche wird in der Saison griechische Livemusik gespielt und dazu lokale Tänze aufgeführt. Der Wirt greift dann höchstpersönlich zum Akkordeon.

Láva, an der Strandpiste, im Bereich von Límnes, ca. 500 m südlich vom Camping. Ioánnis serviert leckere Fischgerichte, einige vegetarische Speisen und guten Hauswein.

Márcos (Tourist Kiosk Restaurant), am Nordende der Straße, tolle Lage unter Tamarisken, Tische stehen direkt im Sand.

Beach Club Scorpio, in der Mitte der Uferstraße im ersten Stock (Schild "Crêperie"), bei guter Musik kann man leckere Crêpes und andere Kleinigkeiten essen, Wirt hat in der Schweiz studiert und spricht fließend Deutsch".

• *Nachtleben* Diverse Discos liegen an der Zufahrtsstraße und in Perívolos am Beach – zu empfehlen beim letzten Check war **Yaya**, derzeit die In-Disco am Perívolos-Strand in einer ehemaligen Tomatenfabrik. Draußen vor dem Eingang rosten zwei alte Tomatenmischer als Blickfang vor sich hin. Innenbereich und open-air.

The Hot Spot Chilli, in Perivolos, 2 km südlich, lautstarkes Vergnügen direkt an der Strandpiste, Wochenendtreff der Athener.

Akrotíri

Einfaches Inseldorf, weltberühmt wegen der benachbarten Ausgrabungen einer kykladisch-minoischen Stadt, die beim Ausbruch des Santoríni-Vulkans verschüttet wurde. Noch recht ursprünglich, doch man versucht, ein kleines Urlaubszentrum aufzubauen. Am Ortseingang gibt es einen Campingplatz und einige Unterkünfte mit herrlichem Caldera-Blick. Am Fuß des Kraterhangs liegt ein bescheidener, kleiner Badestrand.

• *Verbindungen* häufige Busse von und nach Firá. Fahren bis zum Ausgrabungsgelände weiter.

• *Übernachten/Essen* **Hotel/Restaurant Paradise**, D-Kat., moderne Anlage im Zentrum, an der Kurve der Durchgangsstraße. 20 ordentliche Zimmer, Swimmingpool. DZ je Saison ca. 50–70 €, ☏ 22860-81352, 📠 81506. Im angeschlossenen Restaurant sitzt man in einem kleinen, lauschigen Garten, serviert wird gute, traditionelle Küche und nachmittags Kuchen aus eigener Backstube.

Hotel/Restaurant Fáros, C-Kat., am Ortseingang (von Firá kommend), nur wenige Meter vom Bállos-Beach entfernt, ruhige Lage am Kraterrand. DZ ca. 35–65 €. ☏ 22860-81383, 📠 1615.

Camping Caldéra View, etwa 1 km vor Akrotíri. Mit einigen Eukalyptusbäumen und Schilf mühsam begrüntes Gelände, Schatten nur durch Schilfdächer. Harter Untergrund aus Sand und kleinen Kieselsteinen. Sanitäre Einrichtungen neueren Datums, sehr gepflegt und sauber. Kleine Küche, Mini-Markt und Self-Service-Restaurant. Nur Mai bis Ende September geöffnet. ☏ 22860-82010, 📠 81889.

Akrotíri/Ausgrabung

Beim Vulkanausbruch von 1500 v. Chr. vollständig verschüttete Inselsiedlung. Eine der bedeutendsten Ausgrabungen im östlichen Mittelmeer – das "Pompeji der Ägäis"!

3000 Jahre lang lag die Stadt luftdicht abgeschlossen unter einer 30 m hohen Bimssteinschicht. 1967 entdeckte sie der griechische Archäologe *Spíros Marinátos* und sorgte damit für eine wissenschaftliche Sensation! Erstmals fand man in Griechenland ganze intakte Gassenzüge und bis zu drei Stockwerke hohe Häuserfronten aus einer Zeit lange vor der "klassischen Antike". Die wohlhabende Seefahrersiedlung stand kulturell auf der gleichen Stufe wie das minoische Kreta. Spektakulärer Höhepunkt waren die hervorragend erhaltenen *Wandfresken*, die Marinátos und seine Mitarbeiter in vielen Häusern entdeckten – ähnlich denen von Knossós auf Kreta. Sie sind heute im Archäologischen Nationalmuseum von Athen untergebracht. Prof. Marinátos starb am 1. Oktober 1974 unter einer zusammenstürzenden Mauer inmitten seines Lebenswerks. Er liegt hier begraben, Kränze und Blumen erinnern an ihn. Der Archäologe Chrístos Doúmas führt sein Lebenswerk bis heute fort. Dank der unglaublichen Fülle an Funden werden noch Jahrzehnte verstreichen, bis die Stadt vollständig ausgegraben und in allen Einzelheiten untersucht ist!

Die spektakuläre Entdeckung von Akrotíri schien anfangs die These zu erhärten, dass die blühende kretisch-minoische Zivilisation durch den Vulkanausbruch von 1625 v. Chr. auf Santoríni zerstört worden sei. Neuere Forschungen haben diesen Zusammenhang widerlegt – die Palastkultur auf Kreta ist erst um 1450 v. Chr. untergegangen. Prof. Marinátos war auch überzeugt, dass es sich bei Akrotíri um einen Teil des sagenhaften "Atlantis" handelt. Doch dafür fehlt bis heute jeglicher Beweis.

• *Lage/Verbindung* Die ausgegrabene Stadt liegt ca. 1 km südlich der Ortschaft Akrotíri, fast unmittelbar an der Südküste Santorínis. Busse von und nach Firá halten am Eingang des Geländes.

• *Öffnungszeiten* Di–So 8.30–15, Mo geschl. Eintritt 5 €, ermäßigt 3 €. Zzgl. Parkplatzgebühren für Autos.

Rundgang: Leider darf nur ein kleiner, genau markierter Teil des Geländes besichtigt werden. Das Herz der Ausgrabung, die *Telchines-Straße*, die mit ihren bis zu zwei Stockwerken hohen Fassaden vom Eingang geradeaus führt, wurde gesperrt. Man wendet sich zunächst rechts und umgeht das Zentrum der ausgegrabenen Stadt. Über Laufstege kommt man schließlich zum nördlichsten Punkt des Rundgangs mit schönem Panoramablick. Wenige Meter weiter trifft man auf einen großen *dreieckigen Platz* mit dem mächtigen *"Westhaus"* an der gegenüberliegenden Seite (Nordseite). Hier fand man drei der wichtigsten Fresken, u. a. die *Schiffsreise*

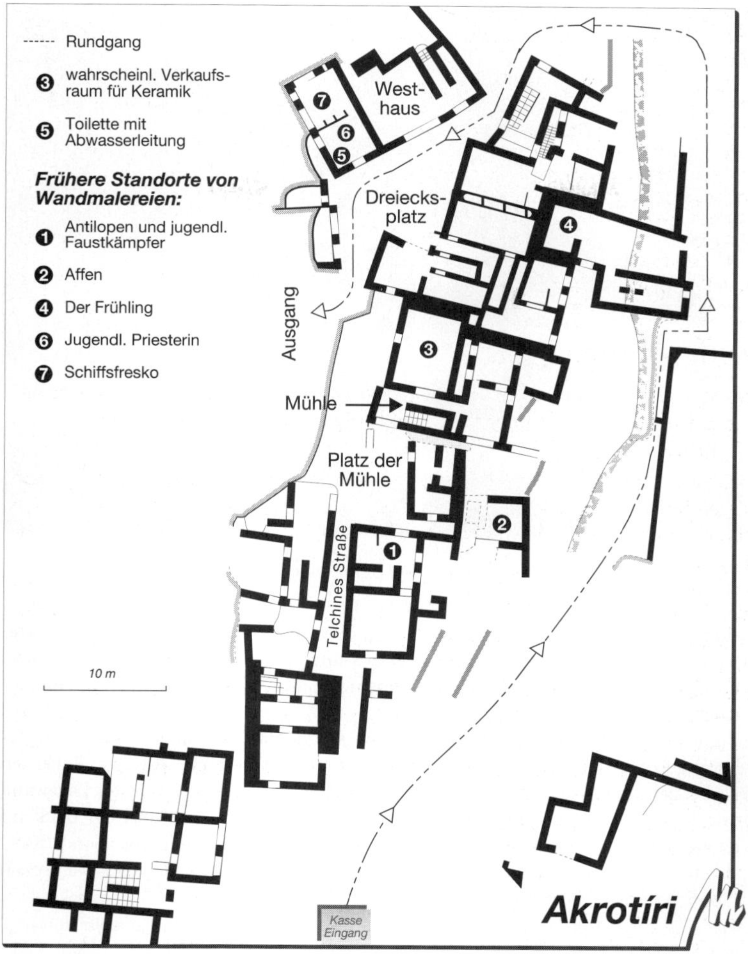

und die *Priesterin.* Wahrscheinlich war das Haus eine Art Gemeindezentrum, Rathaus o. ä. Der Platz ist großartig restauriert und vermittelt ein sehr lebendiges Bild des damaligen Aussehens. Während die Obergeschosse der Häuser mit ihren z. T. stattlichen Fenstern als Wohnungen dienten, waren in den Erdgeschossen Lagerräume und Werkstätten untergebracht. In die Mauern waren Baumstämme eingebaut (heute mit Gips imitiert), die ihnen Elastizität gaben und die Bauten so gegen Erdbeben sicherten.

Nicht mehr besichtigt werden kann der *Platz der Mühle* weiter südlich, wo aus dem breiten Eingang einer Mühle augenscheinlich Brot ausgegeben wurde. Die *Bank,* auf der der Müller saß, ebenso wie der *Bottich,* in dem das Mehl gemischt wurde, stehen noch am ursprünglichen Platz. So steigt man vom Hauptplatz ein paar Stufen hinauf und verlässt die Ausgrabung.

Kykladen Karte S. 321

Red Beach: Hier war es vor wenigen Jahren noch menschenleer

▸ **Akrotíri/Baden**: Gleich unterhalb der Ausgrabungen liegt ein mehrere hundert Meter langer Strand aus schwarzem Lavakies und verstreuten riesigen Felsbrocken. Dahinter fällt die Küste in bizarren Klippenformationen ab, in die mehrere Höhlentavernen gegraben sind.

Zum berühmten *Red Beach* kommt man, wenn man am Eingang zum Ausgrabungsgelände den Weg auf der anderen Straßenseite nimmt. An zwei Tavernen vorbei geht es bis zu einem Parkplatz, dort weiter zu Fuß an dunkelroter Lavawand und Riesenblöcken entlang um ein Kap. Urplötzlich öffnet sich dort der Blick auf eine gigantische, tiefrote Felswand mit Geröll, darunter liegt ein grauer Sand-/Kiesstrand. Eine der schönsten Stellen Santorínis, jedoch mittlerweile voller Menschen (Sonnenschirme, Liegestühle, Snack-Bar).

• *Übernachten* **Hotel Akrotíri**, C-Kat., einsame Lage am Ende der Straße, oberhalb vom Strand, nett eingerichtet, DZ ca. 50–70 €, ✆ 22860-81375. ℻ 81377.

Privatzimmer z. B. in den Tavernen **Nikolós** und **Gláros** (letztere oberhalb vom Klippenrand).

• *Essen* **Melína**, gleich die erste Höhlentaverne westlich vom Ende der Straße. In die Felswände hat man zwei Bootshälften integriert, und davor stehen die Tische sehr eng auf der Terrasse. Gute Fischgerichte, aber ziemlich teuer.

▸ **Südwestspitze Santorínis**: kahl und abgelegen, in ihrer Einsamkeit faszinierend. Beim Ortseingang von Akrotíri (von Firá kommend) führt eine neue Asphaltstraße zum *Leuchtturm* an der äußersten Südwestspitze Santorínis. Der Leuchtturm steht zwischen wilden Bimssteinhängen und Lavaklippen in allen Farbtönen. Unterwegs führen holprige Pisten zu mehreren einsamen Stränden und vorbei an einsamen Tavernen.

Anáfi

Abgesehen von den Sommermonaten ein Schlupfloch der Zivilisation. Hier kann man noch viel von dem erleben, was Griechenland einst so liebenswert gemacht hat.

Anáfi ist ein steiler Felsklotz im Meer, abgelegen und einsam, die Chóra thront wunderschön hoch oben an einem Felssporn. Schiffsverbindungen sind selten, obwohl Anáfi nah bei Santoríni liegt. Diverse Sandstrände liegen aufgereiht an der langen Südflanke der Insel in Richtung zum *Kálamos*, dem eindrucksvollen Ostkap der Insel.

Nachdem Anáfi lange Jahre ein Geheimtipp für Rucksacktouristen war, die oft an den Stränden campierten, ändert sich das Publikum allmählich: Neben den vor allem in der Nebensaison vertretenen Stammgästen haben inzwischen Ruhesuchende, auch ältere Besucher sowie Griechen die Insel entdeckt und wissen den Wert dieser vergänglichen Idylle zu schätzen, denn die neuen Straßenprojekte werden den Charakter der Insel auf Dauer verändern.

Verbindungen

In der Hauptsaison gibt es fast täglich Verbindungen von und nach **Santoríni**, in der Nebensaison wird Anáfi nur etwa 3-mal wöch. angefahren, im Winter noch seltener (Fahrtzeit 1,5 Std., ca. 6 € pro Pers). Die Großfähren kommen grundsätzlich von **Piräus** über Páros, Náxos, Íos und Santoríni, wobei manchmal auch Sýros und vereinzelt Síkinos und Folégandros angelaufen werden. Sie erreichen Anáfi meist in den frühen Morgenstunden zwischen 3.30 und 6.30 Uhr und fahren sofort wieder nach Santoríni zurück. Schnellboote fahren Anáfi derzeit nicht an. Dafür verkehrt in der Hauptsaison täglich, sonst 2- bis 3-mal pro Woche ein Post- bzw. Ausflugsboot zwischen Santoríni und Anáfi. Nach den Fahrtzeiten kann man sich bei der Hafenpolizei in Santoríni oder im Reisebüro "Jeyzed Travel" auf Anáfi erkundigen. Schiffstickets gibt es nur in der Chóra im genannten Reisebüro.

Anáfi auf einen Blick

Größe: 38 qkm, Küstenlänge ca. 30 km, größte Länge ca. 12 km, höchster Gipfel der zentrale Wígla (582 m).

Bevölkerung: kaum noch 300 ständige Bewohner, viele sind nur im Sommer da.

Geografie/Geologisches: auffallendes Marmorkap im äußersten Osten.

Wichtige Orte: nur zwei, der Hafen Ágios Nikólaos und die Chóra hoch darüber.

Straßen: Auch auf dieser abgelegenen, kleinen Insel gibt es eine Asphaltstraße vom Hafen zur Chóra (3 km). Etwa 500 m vor der Chóra zweigt davon eine neue Asphaltpiste ab, die entlang der Südküste zum Kloster Zoodóchou Pigí im Osten Anáfis führt. Noch im Bau befindet sich eine Asphaltstraße in den bislang kaum erschlossenen Westen Anáfis.

Entfernungen: Ágios Nikólaos – Chóra 1,5 km, Ágios Nikólaos – Kálamos 8 km.

Zweiradverleih: derzeit zwei Anbieter auf der Insel.

Tankstellen: eine einzige.

Übernachten: begrenztes Angebot am Hafen und am Klissídi-Strand, jedoch eine ganze Reihe von Privatzimmern in der Chóra. Kein Campingplatz, auch das früher übliche freie Zelten wird kaum noch geduldet.

Baden: die schönsten Strände liegen an der Südküste, zu erreichen per Fußmarsch, Inselbus oder Badeboot (nur im Sommer).

Karten: Das Blatt "Anafi" (Karten-Nr. 116) von Road Editions ist gewohnt zuverlässig, hat aber die neuesten Entwicklungen im Straßenbau noch nicht berücksichtigt.

Postleitzahl: 84009.

Ágios Nikólaos

Der Hafen besteht nur aus einer Handvoll Häusern, die sich in den Ausgang eines engen Erosionstals klemmen, das sich zur Chóra hinaufwindet. Neuankömmlinge zieht es entweder gleich hinauf in den Hauptort (außer der Asphaltstraße gibt es auch einen 30-minütigen Fußweg) oder zum Sandstrand im Órmos Klissídi 1 km östlich.

Die ruhige Hafenbucht Ágios Nikólaos

• *Verbindungen* Zu jeder Schiffsankunft sowie saisonabhängig mindestens 5-mal tägl. verkehrt ein **Bus** zwischen Ágios Nikólaos und der Chóra. Teilweise fährt der Bus im Anschluss weiter in den Ostteil der Insel.

Badeboote tuckern von Juni bis September 3- bis 5-mal tägl. zu den Stränden in Richtung Osten bis zum Órmos Kálamos.

• *Übernachten/Essen & Trinken* Bei Fährankunft warten immer einige Zimmeranbieter aus der Chóra im Hafen. Weil das Angebot in Ágios Nikólaos beschränkt ist und die Zimmer am Klissídi-Strand, etwa 1 km östlich, oft im Voraus ausgebucht sind, geht man am besten gleich bei der Ankunft auf ein Angebot ein.

To Akrogiali, direkt am Anleger, große Hafentaverne und Kafenion in einem, alltäglicher Treffpunkt. Im ersten Stock schlichte Zimmer. DZ ca. 18–35 €. ✆ 22860-61218.

Café/Snackbar, unterhalb der Hafenkapelle am Ende des Kais, Getränke und Fastfood, auch nachts zu den Fährankünften bzw. -abfahrten geöffnet.

Für Selbstversorger außerdem ein kleiner **Supermarkt**.

Chóra

260 m hoch am Bergkamm, eng verwinkelte Gässchen und Treppen, die kleinen schneeweißen Häuschen oft mit Tonnengewölben. Auf der Hügelspitze über dem Ort stand ein venezianisches Kastell, von dem so gut wie nichts mehr erhalten ist. Abgesehen von der Hochsaison ist die Chóra noch immer sehr ruhig, doch dank des aufkommenden Tourismus hat die Inselflucht nachgelassen, sogar eine neue Schule wurde gebaut. Abends füllen sich die Tavernen, man findet schnell Kontakt. Im kleinen *archäologischen Museum* sind Funde der ehemaligen Inselhauptstadt ausgestellt darunter einige eindrucksvolle, alledrdings kopflose Marmorbüsten

• *Verbindungen* Busstopp am hinteren Dorfplatz (Windmühle und Kirche). Mindestens 5-mal tägl. sowie eine Stunde vor Fährabfahrt fährt ein Bus nach **Ágios Nikólaos** hinunter. Nach Rückkehr fahren die Busse teilweise in Richtung Inselosten bis zum Kloster **Zoodóchou Pigí** und stoppen an den Stränden der Südküste.

• *Adressen* **Arzt**, am hinteren Dorfplatz etwa 50 m einen Treppenweg hinunter, dort rechts. Mo–Fr 9–10 Uhr.

Einkaufen, zwei "Supermarkets" sowie Bäckerei und Obsthandlung am Weg vom Buswendeplatz in die Chóra.

Geld, im Postamt werden Reiseschecks eingelöst. Es gibt bisher keinen Geldautomaten auf Anáfi, geschweige denn eine Bank – genügend Bargeld mitnehmen!

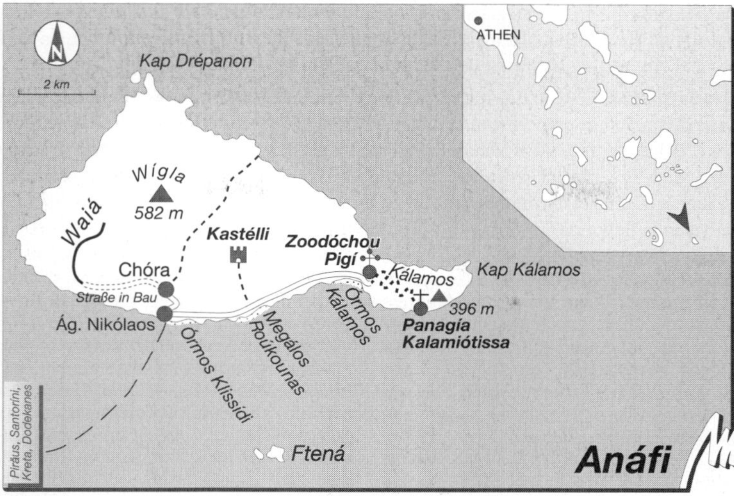

Jeyzed Travel, mitten in der Chóra an der alten Schule, einzige Verkaufsstelle für Fährtickets, außerdem diverse Ausflüge über die Insel und Internetzugang. ✆ 22860-61253/612290, ℻ 61352, E-Mail: jeyzed@sa.forthnet.gr.

• *Übernachten* Viele Unterkünfte wurden in den letzten Jahren neu erbaut. DZ ca. 15–35 €.

Ta Plagia, lang gestrecktes Gebäude am östlichen Ortsbeginn, schöne, exponierte Lage, alle Zimmer mit Terrasse, Frühstücksraum. ✆/℻ 22860-61308.

Panselinos, Giannis und Kalliopi Chalaris vermieten Zimmer am Dorfanfang unterhalb der Straße. ✆ 22860-61271. Weitere Anbieter in unmittelbarer Umgebung.

To Meltemi, das nette Haus von Margarita Peleki findet man an der zweiten Kehre des alten Maultierwegs zum Hafen hinunter. ✆ 22860-61291.

To Iliovasilema (Sunset), am westlichen Ortsrand, herrliche Studios mit Meerblick, am Ende der Straße links von der Windmühle den Treppenweg hinunter. ✆ 22860-61280.

• *Essen & Trinken* **To Steki**, die älteste Taverne im Ort, wenige Meter vom zentralen Dorfplatz am Fußweg zum Hafen, von der Terrasse weiter Blick, auch gerne von Einheimischen besucht.

Armenaki, neue Taverne von Markos Gawalas unterhalb der Hauptgasse, gemütlich mit altem Sofa auf der Terrasse, schmackhaftes, reichliches Essen.

Astrachan, beliebte Taverne mit Panoramaterrasse, exponierte Lage am Hauptweg durchs Dorf. Wirtin Agapia ist ein Unikum und kocht täglich frisch und gut, zum großen Teil mit Produkten aus dem eigenen Garten. Wein aus eigenem Anbau.

Alexandra, kurz dahinter, in den letzten Jahren stark vergrößert, mit Frühstücksterrasse darüber. Schöner Blick und gewissenhaft geführt, bei den Einheimischen beliebt.

Kykladen Karte S. 321

Südküste

Östlich vom Órmos Klissídi reihen sich mehrere Strände entlang der Südküste. Im äußersten Osten dominiert das markante Kálamos-Kap, ein steiler Marmorberg mit Gipfelkirche. An der Meerenge (Isthmos) davor steht das unbewohnte Kloster Zoodóchou Pigí, ein Badestrand liegt unterhalb davon.

Im Sommer fahren vom Hafen Badeboote die Strände an der Südküste ab, letzte Station ist der Strand unterhalb vom Kálamos-Kap. Seit einigen Jahren gibt es auch eine Asphaltstraße zum Kloster, die von Bussen und Mietmopeds befahren wird, auch so kommt man zu den meisten Stränden. Reizvoller ist aber die Küstenwanderung ab Hafen bzw. Órmos Klissídi. Vom Hafen bis zum Kloster am Isthmos sind es ca. 8 km, zweieinhalb Stunden sollte man dafür einplanen.

▸ **Órmos Klissídi**: Gut 200 m langer, ziemlich breiter Strand mit feinem, goldgelbem Sand, etwa 500 m östlich vom Hafen. Schatten spenden Tamarisken und eine fotogene Palmengruppe. Oberhalb eine Handvoll Häuser mit Privatzimmern sowie zwei, drei Tavernen. Das früher obligate Wildcampen wird nicht mehr geduldet, einschlägig Interessierte müssen sich zum nächstliegenden Strand namens *Katsoúni* begeben (etwa 10 Fußminuten weiter östlich, Pfad an der weißen Kapelle vorbei).

• *Anfahrt/Verbindungen* Von der **Chóra** über eine neue Asphaltstraße zu erreichen, auch Busverbindung. Vom **Hafen** führt ein nachts z. T. beleuchteter Küstenpfad hinüber.

• *Übernachten/Essen & Trinken* **Tis Margeritas**, eher Café als Taverne, jedoch gibt es auch täglich wechselnde Hauptspeisen. Sehr gemütlich und freundlich, jedoch vergleichsweise teuer und eher kleine Portionen. Margerita vermietet auch gut ausgestattete Zimmer, die jedoch oft im Voraus ausgebucht sind. ✆ 22860-61237.

Klissidi, urige Panoramataverne, ein Kleinod der kykladischen Gastronomie. In den letzten Jahren aus gesundheitlichen Gründen leider geschlossen.

Villa Apollon, hübsche, etwas teurere Privatzimmeranlage, terrassenförmig am Hang oberhalb des "Klissidi", erreichbar auch über beschilderten Abzweig von der Straße Richtung Chóra. Rooms mit Terrasse, Kühlschrank und Telefon. Treppenweg zum Strand hinunter. ✆ 22860-61348, ℻ 61287.

▸ **Megálos Roúkounas**: schönster Strand der Südküste, etwa 500 m feiner, weicher Sand. Unter den wenigen Bäumen hausen gelegentlich einige Inselrobinsone in Schilfhütten (jedoch finden auch hier Kontrollen statt), gebadet wird hauptsächlich nackt. In der Saison ist an der Straße im Hinterland mindestens eine Taverne geöffnet. Zu Fuß ab Hafen etwa 60–90 Min. (oder Badeboot bzw. Bus).

▸ **Kastélli**: Im Hinterland vom Roúkounas-Strand kann man zu den Resten der ehemaligen dorischen Inselhauptstadt aufsteigen. Außer einem Marmorsarkophag auf halber Höhe neben einer kleinen Kapelle, ein paar Keller- bzw. Grabgewölben und Mauerresten ist auf dem Gipfel allerdings nichts mehr zu sehen.

▸ **Órmos Kálamos**: schöne Strandbucht mit Bäumen unterhalb des Kálamos-Kaps, Ziel der Badeboote ab Ágios Nikólaos. Auf einem niedrigen Hügel dahinter das Kloster *Zoodóchou Pigí*, auch "Káto Kalamiótissa" genannt. Der schlichte Vierecksbau an der engsten Stelle der Insel steht auf den Fundamenten eines antiken Apollontempels. In der Kirche reich verzierte Ikonostase und eine berühmte Marienikone – Ziel der alljährlichen Prozession mit anschließendem großem Fest am 8. September, zu dem ganz Anáfi kommt. Rechts vom Eingang bilden große Marmorblöcke ein zweischiffiges Tonnenkirchlein, auf dem Türsturz eine dreizeilige antike Inschrift. Neben dem Kloster wohnt eine Ziegenzüchterfamilie – hier wird der Käse gemacht, den man in den Tavernen der Chóra kosten kann.

▸ **Kálamos** (396 m): Wer noch Kraft hat, sollte den Aufstieg auf den schroffen Marmorberg nicht verpassen. Der Weg ist allerdings steil und anstrengend und dauert bis zur Gipfelkapelle eine gute Stunde. Oben angelangt, fällt der Fels fast senkrecht zum Meer hin ab, Superblick bis hinüber zum Hafen und auf die vorgelagerten Inseln.

Westliche Kykladen

Kéa, Kíthnos, Sérifos, Sífnos, Mílos und Kímolos – die sechs Inseln, die in fast schnurgerader Linie das attische Festland nach Süden verlängern, stehen noch im Schatten ihrer touristisch voll entwickelten östlichen Geschwister. Das große Geschäft mit den Urlaubern blieb bisher aus.

Nur *Sífnos* wird zur Saison von in- und ausländischen Gästen gut besucht, auch *Sérifos* und die Vulkaninsel *Mílos* beginnen allmählich, aus ihrem Dornröschenschlaf zu erwachen. *Kéa* und *Kíthnos,* die dem Festland am nächsten und eigentlich am wenigsten "kykladischen" Inseln, sind dagegen international fast unbekannt und ziehen traditionell eher griechische Urlauber an.

Fähren und Schnellboote ab Piräus laufen die Inseln fast täglich auf der Westkykladen-Route an: *Kíthnos – Sérifos – Sífnos – Kímolos – Mílos* und zurück (oder über Folégandros und Síkinos weiter nach Íos und/oder Santoríni). Einzige Ausnahme ist Kéa, das nur mit kleinen Fährschiffen ab Lávrion und Kíthnos zu erreichen ist.

Kéa

Kéa sieht selten Ausländer, denn es ist per Fähre nicht von Piräus, sondern nur vom kleinen Küstenstädtchen Lávrion zu erreichen. Umso mehr schätzen griechische Sommerfrischler die bergige Schieferinsel vor der Südspitze Attikas. Vor allem Athener machen an heißen Sommerwochenenden gerne den Katzensprung.

Kéa ist nur dünn besiedelt. Zweifellos schönster Ort ist die Inselhauptstadt *Ioulís* (Chóra) in herrlicher Hanglage mitten in den Bergen. Mit ihren roten Giebeldächern wirkt sie auf den ersten Blick wenig kykladisch. Trotzdem sind die steilen Gassen, überwölbten Passagen und Treppen, die für Autos unpassierbar sind, noch durch und durch ursprünglich.

Obwohl Kéa keine reine Badeinsel ist, gibt es doch einige gute Strände, die abgesehen von der absoluten Hochsaison kaum überlaufen sind. Ein Moped ist das geeignete Fahrzeug für die Inselerforschung. Sehr lohnend ist die Fahrt auf der *Höhenstraße,* die von Ioulís quer über die Hügelkämme nach Süden verläuft. Das Kloster der *Panagía Kastrianí* im äußersten Norden ist ein schönes Ziel für eine Tageswanderung.

Kykladen
Karte S. 321

• Verbindungen Nach Kéa setzt tägl. 1- bis 2-mal (an Wochenenden 3- bis 4-mal) eine Autofähre von "Hellas Ferries" ab **Lávrion** über, eine wenig attraktive Hafenstadt, nicht weit vom Kap Soúnion (ca. 1,5 Std., ca. 8 € pro Pers., Auto ca. 25–35 €). Je nach aktueller Marktlage fahren auch Schnellboote von "Hellas Flying Dolphins" ab **Piräus/Zea Marina**. Achtung: Nur 1- bis 2-mal wöch. pendelt ein Schiff zwischen Kéa und der Nachbarinsel **Kíthnos**, wo man Anschlüsse nach Piräus und auf die anderen Inseln der Westkykladen hat.

Per Bus von Athen nach Lávrion: von 6–21 Uhr alle halbe Stunde Linienbus ab dem Platz vor dem Areos Park (Mavromateon Str., Nähe Nationalmuseum, wenige hundert Meter östlich der Metrostation Victoria-Platz), Fahrtdauer ca. 1 Std. 45 Min., ca. 3,50 € (Tickets im Bus).

Kéa auf einen Blick

Größe: 120 qkm Fläche, knapp 20 km lang und bis zu 10 km breit. Höchster Gipfel der Profítis Ilías (568 m), südlich oberhalb von Ioulís.

Bevölkerung: nach der großen Auswanderungswelle in den 30er bis 50er Jahren heute nur noch ca. 1600 Bewohner.

Geografie/Geologisches: sehr bergig, besitzt aber auch weit auslaufende Schluchten und tiefe Täler. Das Gestein besteht zu 90 % aus Gneis und Schiefer, nur an der Ostküste auch Marmor.

Wichtige Orte: Ioulís, die Hauptstadt, liegt mitten in den Bergen. Vom Hafen Korissía führt eine Asphaltstraße hinauf. Nördlich von Korissía die wenigen Häuser von Vourkári und Otziás.

Straßen: Asphalt gibt es von Korissía nach Ioulís, von Korissía über Vourkári nach Otziás und von Joulís zur Bucht von Písses. Mit dem Moped sind aber auch die übrigen Pisten zu befahren.

Entfernungen (vom Hafen Korissía): Vourkári 2 km, Otziás 5 km, Ioulís 6 km, Písses 13 km, Kloster Panagía Kastriani 10 km.

Auto-/Zweiradverleih: an der Ausfallstraße von Korissía nach Ioulís.

Tankstellen: eine an der Straße von Korissía nach Ioulís, eine zweite an der Straße von Ioulís nach Písses.

Übernachten: im Hafenort Korissía zwei Hotels, dazu etliche Privatzimmer und Appartements, in der Chóra zwei kleine Pensionen. In Písses an der Westküste ein Badehotel (D-Kat.) und der einzige Campingplatz. Schöne Lage hat das große Kéa Beach Hotel (B-Kat.) in der Koúndouro-Bucht im Süden von Kéa. Privatunterkünfte außerdem in Vourkári und Otziás.

Baden: Die Strände um den Hafen, Vourkári und Otziás sind eher enttäuschend. Prima dagegen der Strand in der Bucht von Pisses, gefolgt von der einsamen Sikamiá-Bucht an der Ostküste.

Karten: In jeder Hinsicht detailliert ist die Karte "Tziá/Kéa" von Road Editions (1:40.000).

Postleitzahl: 84002.

Korissía

Kleiner Hafenort in der verzweigten Bucht Órmos Agíou Nikoláou. Einige wenige Unterkünfte, bescheidene Cafés und Tavernen, ein etwa 300 m langer, nicht übertrieben sauberer Sandstrand – sonst wenig geboten.

• *Verbindungen* Der **Inselbus** startet an der Anlegestelle etwa 4 bis 8-mal tägl. hinauf in die Chóra, im Sommer auch ebenso oft das kleine Stück an der Küste entlang nach Vourkári und Otziás, außerdem 2-mal tägl. Richtung Süden zum Órmos Písses. Verbindungen sind auf an- und abfahrende Fähren abgestimmt.

Tickets für Fähren und Tragflügelboote in einem kleinen Büro an der Promenade.

Taxis warten im Hafen auf Kundschaft, Fahrt in die Chóra kostet ca. 6,50 €. ✆ 22880-21021, 22171.

• *Information* kleines Büro am Anleger, jeweils zur Fährankunft geöffnet.

• *Adressen* **Auto-/Zweiradverleih** "Moto Rent Giannis" (✆ 22880-21330) und "Moto Center" liegen an der Straße nach Ioulís (✆ 22880-21844).

Hafenamt, Auskunft unter ✆ 22880-21334.

• *Übernachten* **Hotel Karthea**, C-Kat., geräumiger Kasten direkt am Hafen, nicht zu übersehen. Schon älter und etwas verwohnt, aber innen solide, Zimmer mit rundum laufenden Balkons und Wannenbädern. Vorne Blick auf die Hafenbucht. Großer Frühstücksraum und Fernseher. DZ ca. 40–75 €. ✆ 22880-21204, Fax 21417.

Hotel Zia Mas, C-Kat., direkt am Ortsstrand, lang gestrecktes Hotel mit hellblauen Fenstern und Türen, schlichte Zimmer mit Nasszellen und Terrassen. DZ mit Frühstück ca. 40–70 €. ✆ 22880-21305, Fax 21140.

Hotel Korissia, E-Kat., etwas zurück vom Strand. 16 Zimmer mit Küchenzeile, Du/WC und Balkon. DZ ca. 40–65 €. ✆ 22880-21484, Fax 21355.

▶ **Gialiskári**: an der Straße nach Vourkári, etwa 100 m weicher, brauner Sand, dahinter reichlich Schatten durch Tamarisken. Diverse Privatzimmer und Appartements, die wenigen Tavernen sind nur in der Hochsaison geöffnet.

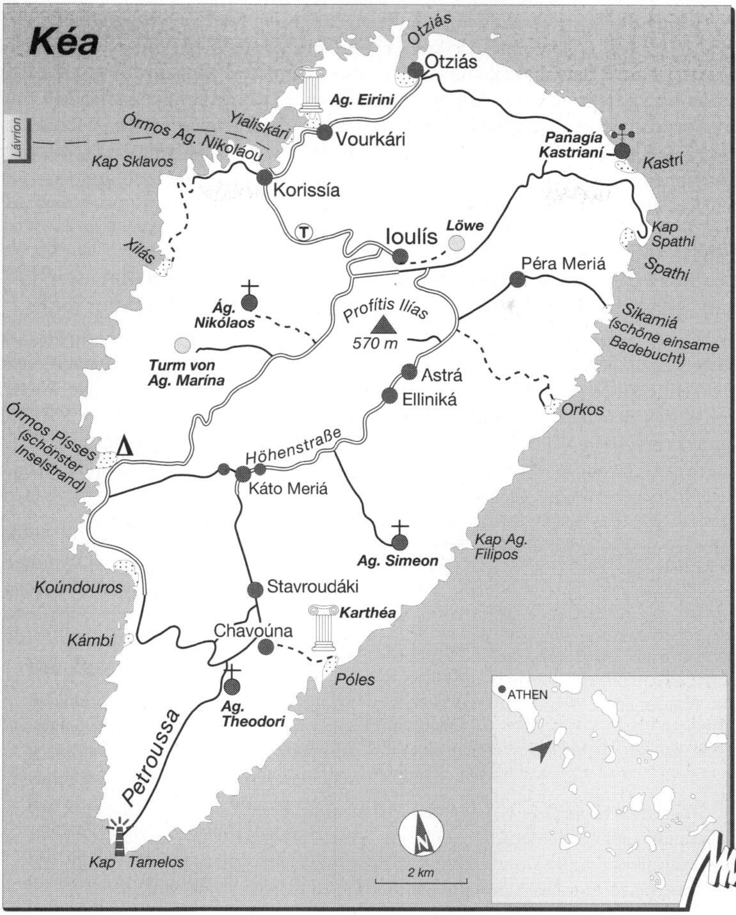

Kykladen
Karte S. 321

▸ **Vourkári**: im Nordteil des Órmos Agíou Nikoláou, Betonmole mit einigen brauchbaren Tavernen. Fungiert als Jachthafen von Kéa, immer bunt gemischtes Volk verschiedener Nationalitäten.

Auf der Landzunge gegenüber, bei der Kapelle *Agía Iríni*, die Ausgrabung einer kleinen minoisch/mykenischen Küstensiedlung (eingezäunt).

• Übernachten Die Pensionen **Lefkes** und **Pefka** bieten einige Privatzimmer, ✆ 22880-21444 bzw. 21420.

• Essen & Trinken/Nachtleben An der Mole sehr beliebt ist die Taverne **Aristos**, ein traditionelles Inselhaus mit tief hängender Holzdecke. Außerdem gibt es einige populäre Nachtbars und die Ouzerie **Strofi tou Mimi**.

▸ **Otziás**: kreisrunde Bucht an der Nordküste, nur eine Handvoll Häuser und z. T. schattiger Sand-/Kiesstrand. In der Saison mehrere Tavernen, Privatzimmer, Appartements und Tretboote/Surfbretter.

▸ **Moní Panagía Kastrianí**: Kloster im äußersten Norden, herrlich einsam und abgelegen, lohnendes Wanderziel (5 km Schotterstraße ab Otziás oder Fußpfad ab Chóra). Die Anlage aus dem 18. Jh. thront in Panoramalage auf der Spitze eines steilen Felsens, großartiger Ausblick aufs Meer und die Inseln Euböa, Ándros und Járos, letztere berüchtigte Gefängnisinsel aus der Zeit der griechischen Militärdiktatur. Das Kloster besitzt zwei Kirchen, die ältere beherbergt eine berühmte Marienikone, große Prozession am 15. August. Ein Pope und seine Frau bewirtschaften die Anlage (✆ 22880-21348).

Ioulís (Chóra)

Die Inselhauptstadt, traumhafte Lage hoch oben zwischen Terrassenhängen. Verschachteltes Häuserlabyrinth, das dem Hügelprofil nahtlos folgt.

Noch viel Atmosphäre eines unverfälschten griechischen Inseldorfs, abseits der langen Hauptgasse winklige Treppenwege, überwölbte Durchgänge, Maulesel. Das Ganze für Autos gesperrt – Fahrzeug auf dem Parkplatz am Dorfeingang abstellen und durch den Durchgang ins Zentrum. Rechts an der Hauptstraße ein kürzlich renoviertes *Archäologisches Museum* (Kéa war bereits im Neolithikum besiedelt), auf dem Hügel linker Hand spärliche Grundmauern eines venezianischen *Kastros.*

• *Übernachten* **Hotel Filoxenia**, E-Kat., hautnah im Gassengewirr der Altstadt, schlichte Zimmer ohne eigenes Bad, vom Parkplatz ca. 10 Min. DZ ca. 25–40 €. ✆ 22880-22057, ℻ 21140.

• *Essen & Trinken/Cafés* Die meisten Lokale liegen an der Hauptgasse und am Treppenweg zum Steinernen Löwen. Fast überall genießt man herrliche Panoramablicke.

Ton Kalofagadon, ein "Oinozythestiatorion" (übersetzt etwa: Wein-, Bier- und Esslokal) direkt an der malerischen Platía vis-à-vis vom Rathaus.

To Taratsaki, Café mit kleiner Terrasse und Aussichtsbalkon am Treppenweg.

To Steki, beliebte Taverne am Ortsausgang bei der Kirche Ágios Spirídonas. Hübsche Terrasse mit Weinlaub, weiter Blick in die Hügel. Den Inselwein "Mavriti" gibt's in der Regel nur November bis Mai.

Mylos, vom To Steki noch ein Stück weiter, stilvolles Café auf mehreren Ebenen, Tischchen zwischen Schiefermauern und Olivenbäumen.

Steinerner Löwe: Die bedeutendste Sehenswürdigkeit Kéas wurde wenige Gehminuten außerhalb der Chóra aus dem Schieferfels gemeißelt. Gut 2500 Jahre ist er alt, über 6 m lang und bis zu 3 m breit. Angeblich wurde er geformt, um die Nymphen abzuwehren, die die Männer von Kéa für sich haben wollten.

Kéa/Westküste

▸ **Órmos Písses**: üppig grüne Bucht, viel Gemüse- und Obstanbau, 400 m Sandstrand, für Badeurlaub die beste Stelle. Zu erreichen auf guter Asphaltstraße von Ioulís. Unterwegs rechter Hand in einem Tal der Turm von *Agía Marina*, ein hellenistischer Wehrturm, dessen obere Stockwerke zerstört sind.

• *Übernachten/Essen & Trinken* **Hotel Acrogiali**, C-Kat., Hotel mit guter Taverne direkt am Strand, umgeben von schattigen Bäumen. Nur Juni bis September. DZ ca. 30–50 €. ✆ 31031.

Camping Pisses Kea, der einzige Zeltplatz auf Kéa, passables Gelände mit hartem Boden, aber ausreichend Schatten. Kleiner Mini-Market, Küche mit Gaskochern und Kühlschrank für Gäste. Juni bis September. ✆ 22880-31332, ℻ 31303.

Politis, gute Taverne, gehört dem Besitzer des Campingplatzes. Traditionelle Küche und Wein vom eigenen Weinberg.

Hinweis: Leser bemängelten die Preisgestaltung der Tavernen, also Karte mit Preisen verlangen.

Santoríni, Ankunft auf Thírassía: Aufritt vom Anleger (EF) ▲▲
Santoríni: Blick vom Hafen Ammoúdi auf das Kraterranddorf Oía (DS) ▲

▲▲ Sérifos: der alte Maultierweg vom Hafen zur Chóra (EF)
▲ Mílos: herrliche Badestelle – die weißen Bimssteinfelsen von Sarakíniko (EF)

Die reich verzierte Fassade der Klosterkirche ▲▲

Die Glocke im Johannisbrotbaum (EF) ▲▲

▲▲ Die malerische kleine Hochebene von Níssimos (Zentralkreta) (EF)
▲ Blick auf den Strand von Pachiá Ámmos auf Kreta (EF)

Koúndouros: Badebucht inmitten kahler Felslandschaft. Auf einem Kap darüber das größte Inselhotel (beim letzten Check geschlossen). Rundum sind komfortable Ferienwohnungen entstanden, z. T. in ehemaligen Windmühlen, die hauptsächlich Athenern gehören.

• *Übernachten/Essen & Trinken* **Kea Beach Hotel**, B-Kat., halbrunder Komplex, auf drei Seiten vom Meer umgeben. Außer den Zimmern im Hauptbau auch kleine Bungalows. Größter Pluspunkt die Lage mit wunderschönem Sonnenuntergang über dem Meer. Hauptsächlich Pauschalgäste. ✆ 22880-31231, ℻ 31234.

St. Georges Bungalows, ordentliche Zimmer am Südende der Bucht. ✆ 22880-31277.

Manos' Taverna, noch weiter südlich, gute Küche. Vermietung von Zimmern und Appartements, jeweils mit TV, Föhn und Radio, schöner Meerblick. Davor kleiner Kiesstrand. Freundlicher Besitzer Emmanuel Ioannidis. ✆ 22880-31214, 31293.

Kéa/Ostküste

Abgelegen und fast unbesiedelt, nur über wenige Erdpisten zu erreichen.

Sikamiá: schöne Badebucht zwischen Schieferfelsen. Etwa 100 m Strand aus Fein- und Grobkies, auch im August menschenleer. Zu erreichen per Moped auf langem, holprigem Serpentinenweg, der von der Höhenstraße oberhalb von Ioulís abzweigt.

Kíthnos

Wie die Nachbarinsel Kéa hauptsächlich von Griechen besucht, landwirtschaftlich geprägt, jedoch auffallend flach und rau, meist peitscht Nordwind über die kahlen Hügel.

Zwei hübsche Dörfer im Inselinneren, *Chóra* und *Driópis,* außerdem *Loutrá,* ein Badeort, in dem einige bescheidene Thermalquellen entspringen, und *Mérichas,* der touristische Hafenort – das Wesentliche ist damit bereits skizziert. Einige wenige Strände runden das Bild ab.

• *Verbindungen* Kíthnos liegt an der Westkykladen-Route **Piräus – Kíthnos – Sérifos – Sífnos – Kímolos – Mílos** (– **Santoríni**) und wird in der Saison 1- bis 2-mal tägl. angefahren, Dauer ab Piräus ca. 3,5 Std., an Deck ca. 12 € pro Pers., Auto ab ca. 40 €.

Da Kíthnos festlandsnah liegt, pendeln auch Tragflügelboote ab **Zea Marina** in Piräus, doch sind diese Fahrten von der jeweiligen Marktlage abhängig. 1- bis 2-mal wöch. verkehrt eine Fähre zwischen **Kéa** und Kíthnos.

Kykladen Karte S. 321

Mérichas

Hauptsächlich Häuser modernen Datums gruppieren sich um das tief eingeschnittene Hafenbecken. Hässlich ist der verfallende Klotz eines ehemaligen Großhotels. Sonst ist Mérichas ganz angenehm, wenig Rummel. Der Ortsstrand ist klein und bietet nur schlechte Wasserqualität. Zum Baden besser nach Martinákia oder Episkopí ausweichen (s. u.).

• *Information* kleines Büro am Fähranleger (nur in der Hauptsaison offen). ✆ 22810-32250.

• *Verbindungen* Zwei **Busse** starten mehrmals täglich am Hafen in Richtung Chóra – Loutrá und Driópis – Kanalá . In der Nebensaison deutlich reduzierter Fahrplan.

Es gibt einige wenige **Taxis**, ✆ 22810-31272 (Chóra) bzw. 31319 (Driópis).

Fährtickets erhält man je nach Reederei in verschiedenen Büros.

• *Adressen* **Geld**, kleine Bank/Schiffsagentur von Konstantinos Gonidakis an der Uferstraße.

Hafenamt, Auskunft unter ✆ 22810-31290.

Zweiradverleih, im Ticketbüro oberhalb vom Fähranleger. ✆ 22810-32104.

• *Übernachten* **Kithnos**, an der Straße nördlich, oberhalb des Hafenbeckens, einfache Zimmer mit Bad und Holzbalkons (Markisen gegen die starke Mittagssonne),

Blick auf den Hafen. Unten im Haus ein Zacharoplastion (Café-Bar), Frühstück draußen vor dem Haus. DZ ca. 30–50 €. ✆ 22810-32247, ✆ 32092.

O Panorama, Studios mit Küchenecke, schöne Lage am Nordhang über dem Hafen, herrlicher Blick. ✆ 22810-32184.

To Giasemi, ordentliche Zwei- und Dreibett-Zimmer in ruhiger Lage hinter der Hafenfront (vom Restaurant Gialos noch etwa 50 m weiter und bei der Brücke den Weg hinein). ✆ 22810-32104.

• *Essen & Trinken* **Gialos**, alteingeführte Taverne unmittelbar an der Uferstraße, Tische direkt im Sand unter Tamarisken. Geführt von einem echten Routinier, gute Auswahl, zu empfehlen die gemischten kalten Platten.

To Kantouni, vom Restaurant Gialos ein Stück in Richtung des aufgegebenen Großhotels. Angenehme Atmosphäre, relativ preiswert und gutes Essen mit Blick auf den Hafen.

Kissos, an kleinem Platz in zweiter Reihe, ebenfalls gut und preiswert.

• *Nachtleben* **Akrotiri Music Club**, Open-Air-Disco in exponierter Lage auf dem Kap südlich vom Hafen (nur Hochsommer).

▸ **Martinákia**: kleiner Sandstrand mit Taverne, kurz nach dem nördlichen Ortsausgang.

▸ **Episkopí**: 2 km nördlich von Mérichas, mehrere hundert Meter Sand mit Tamarisken, im Sommer hat eine Café-Bar geöffnet.

▸ **Stin Kolónna**: noch ein Stück nördlich von Episkopí, schönster Badeplatz der Insel. Ein schmaler, sandiger Isthmus verbindet die Halbinsel Ágios Lukás mit dem Festland. In der Saison täglich Badeboot ab Mérichas.

Kíthnos auf einen Blick

Größe: Kíthnos ist ca. 22 km lang und bis zu 9 km breit.

Bevölkerung: ca. 1500 Einwohner.

Geografie/Geologisches: auffallend flach, mit oft heftigen Winden. Thermalquellen im Norden.

Wichtige Orte: Der Hafen Mérichas beherbergt neben Loutrá die meisten touristischen Einrichtungen. Die Chóra trägt den Namen der Insel und liegt zentral auf einem Plateau im Inselinneren, Driópis ist der zweite größere Ort im Inselinneren. Im Badeort Loutrá im Inselnorden sprudeln Mineralquellen, Kanalá ist eine Feriensiedlung im Südosten.

Straßen: eine Asphaltstraße geht von Mérichas zur Chóra und weiter nach Loutrá, eine zweite von Mérichas über Driópis nach Kanalá.

Entfernungen (vom Hafen Mérichas): Chóra 7,5 km, Loutrá 12,5 km, Driópis 4,5 km, Kanalá 11,5 km.

Auto-/Zweiradverleih: nur ein Zweiradverleih im Hafen.

Tankstellen: eine in Mérichas (Ausfallstraße nach Driópis), eine weitere kurz vor der Chóra.

Übernachten: Pensionen und Privatzimmer in Mérichas, mehrere Hotels und Privatzimmer in Loutrá.

Baden: die besten Strände liegen nördlich vom Hafenort Mérichas, u. a. Episkopí und Kolónna.

Karten: Die Karte "Kithnos" von Road Editions hat zuverlässig alle Straßen und die wichtigsten Pisten verzeichnet (z. T. mit Entfernungsangaben).

Postleitzahl: 84006.

Kíthnos (Chóra)

Exponierte Lage auf leicht hügeligem Plateau, 160 m über dem Meer. Das weiße Häusergewirr mit Ziegel- und Flachdächern erstreckt sich um eine lange Hauptgasse. Weiße Kalkblumen und geometrische Ornamente sind überall auf Wege und Treppen gepinselt: ein Osterbrauch, der hier nachdrücklicher gepflegt wird als auf den meisten anderen Kykladeninseln.

Wie viele griechische Inselsiedlungen ist auch Kíthnos für Autos gesperrt. Stufenwege, Torbögen und winklige Durchgänge sind noch völlig auf Maultierverkehr

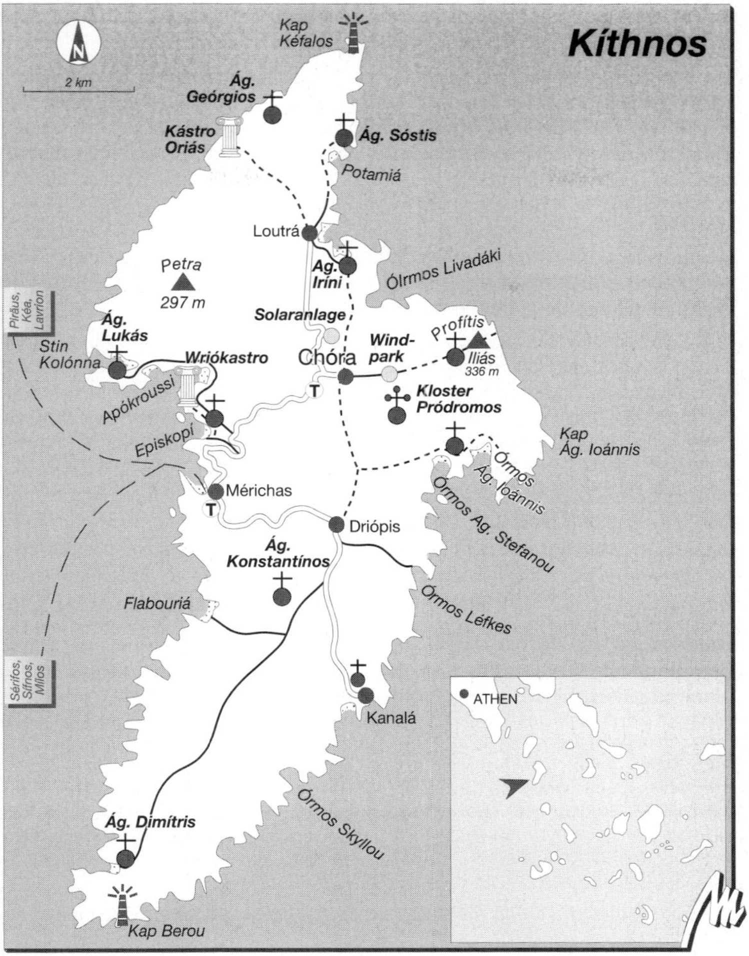

Kykladen
Karte S. 321

ausgerichtet. Zentraler Punkt ist der Platz bei der Hauptkirche *Agía Triáda* gleich am Ortseingang.

Etwas außerhalb (am Weg zum Profítis Ilías) wurden in den 1980er Jahren mehrere große Rotoren errichtet, um aus Windenergie Strom zu gewinnen. Doch mittlerweile ist der "Windpark" leider nur noch eine pittoreske Ruine.

- *Verbindungen* **Bushaltestelle** am Ortseingang, in der Saison mehrmals täglich von und nach Mérichas.
- *Essen & Trinken* **Tzogiou A. Margia**, idyllische Taverne am Kirchplatz von Agía Triáda, leider laut Zuschrift hohe Preise bei mäßiger Qualität.

Paradissos, große Gartentaverne am Ortseingang.

▸ **Profítis Ilías**: mit 336 m höchste Erhebung von Kíthnos. Die weithin sichtbare *Gipfelkapelle* ist über einen guten Fußweg zwischen Feldmauern zu erreichen, ca.

40 Min. Toller Blick auf die Buchten um Loutrá, die Chóra und die weiten Hügel der Insel.

▸ **Solaranlage** *(Iliakos Stathmos)*: gleich an der Straße, wenn man von der Chóra nach Loutrá runterfährt. Erbaut in Zusammenarbeit eines bekannten deutschen und französischen Elektrokonzerns mit der griechischen Energiebehörde DEH. Die vier Ebenen mit langen Reihen von Solarzellen liefern ein Drittel der auf der Insel benötigten Energie.

Loutrá

Kleiner Kur- und Badeort im Norden der Insel. Zwei prickelnd warme Thermalquellen entspringen hinter dem platzbeherrschenden Xenia-Hotel und fließen in einem Kanal über den Strand ins Meer.

In der kleinen Hafenbucht etwa 200 m Sand, die Tavernen haben ihre Tische direkt im Sand stehen. Im Hochsommer herrscht einiger Betrieb, sonst ziemlich tot. Bademöglichkeiten findet man vor allem Richtung Norden: Die *Schinári-Bucht* liegt gleich um die Ecke vom Hafen, dort auch ein ruhiges Appartementhaus und eine Taverne mit schönem Blick. Weiter an einer alten Verladeanlage für Erz vorbei führt ein Fußweg durch knöchelhohe Phrygana an niedriger Klippenküste entlang zur Kapelle *Ágios Sóstis* (ca. 2 km), unterwegs der meist leere Badestrand *Kavourochéri* und die Bucht *Potamiá*.

Die Bucht von *Agía Iríni* liegt 1 km südlich von Loutrá, zu erreichen per Fahrweg. Kleiner, verdreckter Sandstreifen mit vier, fünf Tamarisken, an einer betonierten Mole eine Handvoll Ferienhäuser und eine Kapelle.

• *Übernachten* **Hotel Xenia Anagenissis**, C-Kat., stammt aus dem 19. Jh., geräumig und leicht klinikmäßig anmutend. 46 schlichte Zimmer mit Blick auf die Bucht, Aufenthaltsraum mit Klavier, großes Restaurant. DZ mit Frühstück ca. 35–60 €. ✆ 22810-31217.

Porto Klaras, A-Kat., architektonisch originelle Anlage am nördlichen Buchtende, hübsche DZ, Studios und Appartements, teilweise TV, deutscher Verwalter. DZ ca. 40–65 €, Appartements 50–80 €. ✆ 22810-31276, 📠 31355.

Meltemi, C-Kat., gut ausgestattete Appartementanlage am Ortseingang, 150 m vom Strand. Studio ca. 40–65 €, Appartement ca. 50–80 €. ✆ 22810-31271, 📠 31302.

• *Essen & Trinken* **Katerina**, schöne Taverne mit üppigem Blumenschmuck in der Schinári-Bucht, nördlich vom Hafen. Zutaten aus eigener Produktion, dazu Kíthnos-Wein.

To Trechantiri, kurz vor der Bucht von Agía Iríni, spezialisiert auf Fisch, herrlicher Meeresblick.

Von Mérichas nach Driópis führt die kurvige Asphaltstraße knapp 5 km durch ein steiles Tal hinauf.

▸ **Driópis**: zweites Inselzentrum, uriger, steiler Ort, an zwei einander gegenüberliegenden Hängen eines Tals gebaut. An der rechten Seite steht die Kirche *Ágios Minás*, dort gibt es auch einige kleine Tavernen und Bars sowie ein bescheidenes *Volkskundemuseum* (unregelmäßig geöffnet). Bisher keine Übernachtungsmöglichkeit. Am Ortsrand liegt eine *Tropfsteingrotte*, die allerdings bisher nicht zugänglich gemacht wurde.
Am Ortseingang von Driópis zweigt die Straße nach Kanalá ab. Schöne Fahrt hoch über Bergrücken, vorbei an Windmühlen, weiter Blick. Unterwegs passiert man eine beschilderte Piste zur Ferienhaussiedlung in der Strandbucht von *Ágios Dimítris* an der äußersten Südspitze der Insel (ca. 10 km).

▸ **Kanalá**: auf einer weit ins Meer vorspringenden Landzunge gelegen, links und rechts davon je ein Sandstrand. Auf dem Kap ist um die Wallfahrtskirche der *Panagía Kanalá* eine große Feriensiedlung entstanden, die hauptsächlich von ehemaligen Auswanderern und Athener Gästen genutzt wird. Sehr idyllisch der gepflegte Pinienpark mit seinen Terrassen und vielen Blumen. Neben der Kirche weiträumiger Platz mit Kafenion/Taverne "Louloudas", besonders schön spät nachmittags, wenn die Sonne langsam untergeht. Die Kirche beherbergt eine 300 Jahre alte, wundertätige Marienikone. Am 15. August (Mariä Himmelfahrt) findet das größte Kirchenfest statt, ein weiteres am 8. September.

Der "Autobus" der griechischen Inselwelt: Ankunft auf Sérifos

Sérifos

Kykladen Karte S. 321

Perseus, der Medusentöter, brachte in grauer Vorzeit das abgeschlagene Gorgonenhaupt auf seine Heimatinsel Sérifos. Diese ist seitdem zu Stein erstarrt.

Trotzdem gehört ihr Anblick zu den schönsten im kykladischen Archipel. Neuankömmlingen präsentiert sich eine weite, grüne Bucht mit Sandstrand, überragt von einem steilen Felsberg, an dessen Spitze sich die schneeweißen Würfel der Inselhauptstadt klammern. Das kahle Inselinnere ist von lang ausgleitenden Tälern und zahllosen Terrassenhängen geprägt. Die touristische Entdeckung der Insel erfolgte in den neunziger Jahren nicht so massiv wie auf vielen anderen Kykladen – der Großteil der Insel war nahezu unerschlossen und galt als ideal für Wanderer und Individualisten. Mittlerweile ist man dabei, dies radikal zu ändern. Ein neues Straßenprojekt hat alte Wanderwege zerstört und den idyllischen Dünenstrand Psilí Ámmos der Bebauung preisgegeben. Die meisten Einrichtungen konzentrieren sich aber nach wie vor um die Hafenbucht und den benachbarten Strand von Livadákia – das hat allerdings den Nachteil, dass die Preise dort in den letzten Jahren massiv gestiegen sind.

• *Verbindungen* In der Saison fährt etwa 1- bis 2-mal tägl. ein Schiff die Route von **Piräus** über **Kíthnos** und **Sérifos** nach **Sífnos** und **Mílos**, z. T. auch weiter nach **Santoríni**. Ebenso gibt es täglich ein Boot zurück nach Piräus. Die Fahrt Piräus – Sérifos dauert etwa 5 Std., ca. 14 €, Auto ca. 45–60 €. Ergänzt werden die Fähren im Sommer durch Schnellboote.

Sérifos auf einen Blick

Größe: 75 qkm, Länge und Breite je ca. 9-10 km.

Bevölkerung: um die 1000 Einwohner, vor allem seit Stilllegung der Minen starke Abwanderung.

Geografie/Geologisches: Schon in der Antike wurde im Inselwesten Eisenerz abgebaut, auch im 19. Jh. gab es dort ausgeprägte Schürftätigkeit. Heute sind die Minen stillgelegt.

Wichtige Orte: Livádi, Hafen und touristisches Zentrum. Die Chóra, Inselhauptstadt in Panoramalage über dem Hafen. Méga Livádi, ehemalige Bergwerkssiedlung im Westen. Größtes Inseldorf ist Panagía im Norden.

Straßen: Asphalt nach Koutalás im Westen, außerdem von Livádi zur Chóra hinauf und weiter bis zum Kloster Taxiárchis, von dort neuerdings über Kéntarchos und Psilí Ámmos wieder zur Chóra – Sérifos hat damit eine asphaltierte Ringstraße erhalten.

Entfernungen: Livádi – Chóra 5 km (auf Pflasterweg wesentlich kürzer), Chóra – Méga Livádi 16 km, Chóra – Moní Taxiárchis 11 km.

Auto-/Zweiradverleih: bisher zwei Verleiher im Hafen von Livádi.

Tankstellen: eine einzige am Ortsausgang von Livádi.

Übernachten: Unterkünfte nur im Hafenort Livádi, außerdem hinter dem Livadákia-Strand, dort auch ein guter Campingplatz.

Baden: einige sehr gute Strände in der Umgebung von Livádi, außerdem der Órmos Sikamiá an der Nordküste und die Bucht von Koutalás im Westen.

Karten: Detailliert ist die neue GPS-kompatible Karte "Sérifos" des Anavasi Verlags (1:25.000). Besonders interessant für Wanderer sind die zahlreichen Fuß- und Maultierwege, die 2002 mit GPS aufgezeichnet wurden und jeweils mit Kommentaren versehen sind. Von gewohnt guter Qualität ist außerdem die Karte "Serifos" von Road Editions.

Postleitzahl: 84005.

Livádi

Die Hafensiedlung liegt im vorderen Teil eines 1,5 km langen, aber weitgehend unattraktiven Kiesstrands mit Tamarisken, Schilf und Mücken. Tavernen, Rooms, Läden und Bars ziehen sich entlang der staubigen, seit Jahrzehnten nur im vorderen Teil mit Asphaltbelag versehenen Uferstraße. Alles wirkt ein bisschen unaufgeräumt und improvisiert – dass es sich um keinen wirklichen Ort handelt, sondern um eine nur in der Saison zum Leben erwachende Touristenzeile erkennt man daran, dass es keine Kirche gibt. In einer Nachbarbucht westlich vom Anleger liegt der schöne Strand *Livadákia* und in etwa 30 Min. kann man den schönen Spaziergang zur mittelalterlichen Chóra hinauf machen.

Verbindungen/Adressen

• *Verbindungen* Ein **Bus** verkehrt in der Saison bis zu 10-mal tägl. zwischen dem Hafenort Livádi und der **Chóra** (im Hochsommer bis ca. 22 Uhr). Nach **Kéntarchos** bzw. zum **Kloster Taxiárchis** gibt es 1-mal tägl. eine Verbindung (meist früh nachmittags), ab Chóra fährt zusätzlich morgens ein Bus – wegen der neuen Ringstraße ist aber für die Zukunft vermehrter Busverkehr auf dieser Strecke zu erwarten. Nach **Méga Livádi** und **Koutalás** nur mehrmals wöch. Abfahrten. Busstation an der Fischer-/Jachtmole, dort auch aktueller Fahrplan auf einer Tafel. Sonntags deutlich verkürzter Fahrplan.

Taxistand am Busstopp, ✆ 22810-51226.

Fährtickets, zwei Büros nebeneinander am Beginn der Straße landeinwärts.

• *Adressen* **Auto-/Zweiradverleih**, "Krinas Travel" direkt am Anleger (✆ 22810-51488) und "Blue Bird" neben der Tankstelle am Ortsausgang in Richtung Chóra (✆ 22810-51511).

Geld, Bank mit Geldautomat am Fähranleger (zwei Häuser vor Taverne "O Mokas").

Hafenamt, Auskunft unter ✆ 22810-51470.

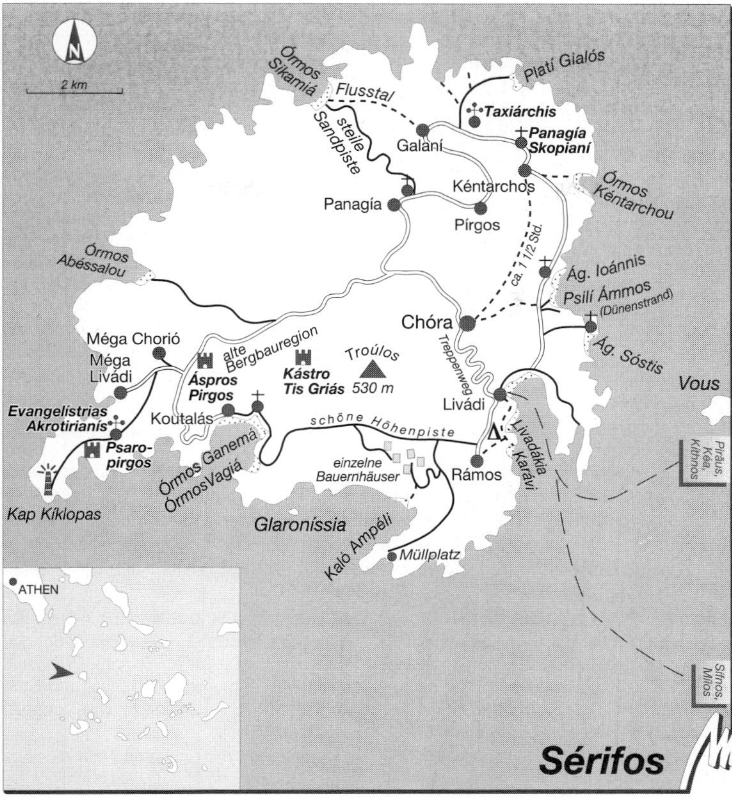

Kykladen Karte S. 321

Übernachten

Hotels und Privatzimmer gruppieren sich vom Anleger den Strand entlang bzw. ein Stück vom Strand zurück. Da die Kapazitäten begrenzt sind, wird man im Hochsommer meist nehmen müssen, was man kriegen kann – nicht selten zu hohen Preisen. Bereits ab Frühherbst machen viele Unterkünfte dicht. Zimmervermittlung u. a. im Reisebüro "Krinas Travel" direkt am Anleger. Angenehmer als direkt im Hafen sind die Unterkünfte im Neubauviertel hinter dem Livadákia-Strand, dort auch ein ausgezeichneter Campingplatz mit Bungalows (im Sommer unbedingt reservieren).

Areti, C-Kat., direkt oberhalb vom Fähranleger, frei stehendes, weißes Haus mit blauen Fensterläden, gut in Schuss, 13 Zimmer mit teils großen Balkonen (z. B. Zimmer 1, 2 und 3), herrlicher Buchtblick. Mitte April bis Mitte Oktober. DZ ca. 40–70 €. ✆ 22810-51479, 📠 51547.

Marianna, bei den Tavernen an der Strandstraße, etwas nach hinten versetzt. Nette, hilfsbereite Vermieter, ruhiger Innenhof und ausgesprochen sauber, Zimmer und Studios. ✆ 22810-51338, 📠 52057.

Elisa, ebenfalls etwas zurück vom Strand, an einer Piste, die landeinwärts führt. Zimmer mit Küchenzeile, freundlich geführt, ruhig und sauber. Von Lesern empfohlen. ✆/📠 22810-51763.

Pergola, das blumenüberwucherte Anwesen von Stavris und Anna Revinthi liegt kurz vor Hotel Maistrali, etwa 50 m vom Strand. Vermietet werden liebevoll eingerichtete Appartements mit Küche, Bad mit Duschvorhang, Telefon und Balkon/Terrasse. ✆/📠 22810-51134.

• *Am Livadákia-Strand* Vom Anleger gleich links die Treppen hinauf und über den kleinen Hügel hinüber. DZ ca. 25–60 €.

Helios, hübsche "Rooms" mit blumenüberwuchertem Garten und Vogelvoliere, dazu kleine Terrasse mit Meerblick. ✆ 22810-51066.

Medusa, am Hang oberhalb eines großen, terrassierten Gartens, 10 Zimmer mit Kühlschrank, tägliche Reinigung. ✆ 22810-51127, 📠 52054.

Dorkas, großes Gelände mit eigenem Parkplatz, Garten mit Ziehbrunnen, Kinderspielgeräte. ✆ 22810-51422.

Alexandros-Vassilia, gepflegte und aufmerksam geführte Anlage mit Rasen direkt am Strand, dazu gehört eine gute Taverne. ✆ 22810-51119, 📠 51903.

• *Camping* **Coralli**, großer, gepflegter Platz am Südende vom Livadákia-Strand, Kleinbus kommt zu jeder Fähre. Gelände mit vielen Bäumen, Oleanderalleen und farbenfrohen Begonienbeeten ansprechend gestaltet und sehr gut beschattet, fast schon dschungelartig. Sanitäranlagen modern und meist sauber. Minimarket, Restaurant, Pool (nur im Hochsommer), Waschmaschine. Tipp: Eine ganze Reihe von guten Bungalows mit TV und Aircondition werden vermietet, tägliche Reinigung, je nach Saison ca. 30–60 €. Nachteil der intensiven Bewässerung: Moskitos in Massen. ✆ 22810-51500, 📠 51073, www.coralli.gr.

Essen & Trinken/Nachtleben

Die meisten Wirte stammen inzwischen aus Athen oder Thessaloníki, das Gebotene an der Uferstraße ist ziemlich durchschnittlich, Vorsicht vor Nepp. Reizvoll ist lediglich, dass viele Tische direkt im Sand stehen. Besser und ruhiger isst man am Livadákia-Strand. Mit viel Glück bekommt man Sérifos-Wein, erinnert farblich an Cognac, dazu schweres und gehaltvolles Aroma (Achtung: Nicht alle Leser teilen diese Meinung).

Margarita, "Essen auf dem Bauernhof" am äußersten Ende der Bucht (allerletztes Haus). Unter schattigen Tamarisken stehen zwanglos verstreute Tische, viel Auslauf für Kinder. Jorgo und seine Frau bieten einfache, deftige Kost – was der Markt gerade bietet, z. B. Bohnensuppe, Hühnchen, verschiedene Gemüse (Auberginen, Bohnen, Zucchini). Dazu zapft Jorgo häufig seine Fässer mit Inselwein an. Auch im Winter offen. Preiswert.

Diethnes, etwas erhöht am Treppenabgang zum Livadákia-Strand, Strandblick.

Livadakia, gehört zu den Rooms Alexandros-Vassilia (→ Übernachten), Sitzplätze unter Schilfdach, daneben Rasenflächen und Außengrill.

• *Cafés* **I Serifos**, das wohl beliebteste Café am Ort, etwas erhöht am Strandbeginn (kurz nach Hotel Serifos Beach). Unter zwei mächtigen Tamarisken ein Platz, um Stunden zu verträumen, allerdings gelegentlich sehr laute Musik.

• *Nachtleben* Am Ortsstrand gibt es einige kleine Musikbars. Doch vieles schließt bereits nach einer Saison wieder.

Karnagio, alteingesessenes Rock-Café zentral am Strandbeginn, meist brüllend laute Popmusik, morgens auch mal Klassik.

Alter Ego Club, Disco-Bar im rückwärtigen Teil eines Gebäudekomplexes am Strand, dort auch **Vitamin C** und der **Astra Club** im ersten Stock.

Strände südwestlich von Livádi

▸ **Livadákia**: 600 m feinsandiger Strand westlich vom Hafen, Hauptbadeplatz der Insel. Tamarisken sorgen für Schatten, reizvoller Blick auf die einlaufenden Fähren, diverse Tavernen, Bars, Rooms und Camping.

▸ **Karávi**: anschließend an Livadákia, kleine Sandbucht, in der sich früher immer zahlreiche Wildzelter trafen.

▸ **Von Livádi oberhalb der Südküste entlang**: schöne Höhenpiste über den kleinen Weiler *Rámos* bis zu den drei Stränden *Órmos Vagiá*, *Órmos Gánema* und *Órmos Koutalás* (siehe S. 490). Unterwegs immer wieder tolle Panoramablicke auf die zerklüftete Küste und das Meer tief unten. Unterwegs einige Abfahrten zu einsamen Stränden.

Strände östlich von Livádi

Die Strände östlich von Livádi sind besonders schön und waren bisher ziemlich unberührt. Mittlerweile wurde jedoch eine Straße bis Psilí Ámmos gebaut, was die Infrastruktur wohl stark verändern wird. Kurz vor Ostende des Kiesstrands von Livádi (bei einer kleinen Brücke) muss man eine Erdpiste (eventuell bereits asphaltiert) landeinwärts in die phryganaübersäten Hügel nehmen.

- **Ágios Sóstis**: kleine Sandbucht am schmalen Isthmus zu einer felsigen Halbinsel. Einige Tamarisken, grober Sand, Kapelle, Blick auf das vorgelagerte Inselchen Voús.
- **Psilí Ámmos**: bildschöner Dünenstrand mit mehlweichem, weißem Sand und einigen Tamarisken. Im Sommer bereits stark besucht, erhebliche Bautätigkeit im Umkreis. Achtung: für Schirme und Liegen werden z. T. hohe Preise verlangt, vorher erkundigen. Mehrere Tavernen, beliebt ist besonders die obere "O Kir-Antonis".
- **Ágios Ioánnis**: ähnlich wie Psilí Ámmos, aber mehr Kies, insgesamt weniger reizvoll.

Chóra

Panoramalage in luftiger Höhe. Die Häuser klettern den steilen Bergkamm entlang, sind z. T. unmittelbar an die senkrecht abfallende Felskante gebaut. Viel treppauf, treppab in weiß verfugten Gassen, die noch weitgehend den Einheimischen gehören – und den Athenern, die inzwischen viele der alten Häuser renoviert und zu Ferienwohnungen umgebaut haben.

Von Livádi zur Chóra führt eine kurvige Serpentinenstraße hinauf, die den unteren Ortsteil namens Kato Chóra umkurvt und am Windmühlenplatz von Páno Chóra endet, dort auch Busstopp. Tipp ist aber der alte Maultierpfad, der die vielen Straßenkurven beträchtlich abkürzt (Beginn an der Straße rechts, etwas außerhalb von Livádi). Wenn man auf dem Fußweg heraufsteigt, trifft man in *Káto Chóra* gleich gegenüber der ersten Kirche bzw. neben der Volksschule auf das *Laografico Museio* (Volkskundemuseum), dort sind Hausrat, Werkzeuge des Bergbaus und Erinnerungsstücke zur Inselgeschichte ausgestellt. Kurz danach kommt man auf einen großen Platz, der von der ockerfarbenen *Evangelistria-Kirche* mit ihrer blauen Kuppel beherrscht wird. Nach *Páno Chóra* führen enge Treppengässchen hinauf. Der obere Ortsteil klammert sich mit seinen weißen Würfelhäusern an den steilen Burgberg, der einst eine venezianische Festung trug. Heute steht hier ein kleines Kirchlein, von dem man einen herrlich Blick bis zur Hafenbucht genießt. Im Zentrum von Páno Chóra versteckt sich eine idyllische Platía mit dem klassizistischen Rathaus der Stadt, in der Seitenfront ein winziges *archäologisches Museum.*

Öffnungszeiten **Volkskundemuseum**, Mo–Fr 18–21 Uhr, Sa/So 10–12 Uhr. **Archäologisches Museum**, Di–So 8.30–13 Uhr. Mo geschl.

Kykladen
Karte S. 321

• *Verbindungen* Busstation am Platz mit den Windmühlen am Ortsende von Páno Chóra, dort auch die meisten Kafenia bzw. Tavernen. Bus hält auch in Káto Chóra.

• *Essen & Trinken* **Oi Miloi**, direkt am Busstopp, im Kafenion von Eleni treffen sich am Wochenende die Männer zum Kartenspielen.

Stavros, gleich neben Eleni, vom schlauchförmigen Speiseraum genießt man einen herrlichen Panoramablick über die Berge zum Meer. Beim letzten Check allerdings geschl.

Angela, neue, kleine Taverne, in der *bakaliáros* (Stockfisch) sowie *kolokythákia tíganitá* (gebratene bzw. frittierte Zucchini) und *revíthia* zu den Spezialitäten zählen.

O Kafenes tou Vassilia, ebenfalls neu ist dieses kleine Café an der Westseite der Platia.

Zorbas, hübsches Lokal im Ortskern, direkt an der idyllischen Platia mit dem Rathaus (→ Sehenswertes), im Angebot hier u. a. *kolokíthoukeftédes* (vegetarische "Fleischbällchen") und Sérifos-Wein.

Sérifos/Inselnorden

Sérifos hat sich im Inneren seine Ursprünglichkeit bewahrt, die langen, tiefen Täler machen viel Eindruck. Kilometerweite Ausblicke über kahle Rücken und zigtausende von Terrassenhängen.

Eine Asphaltstraße führt von der Chóra quer durchs Inselinnere bis *Kéntarchos*, vorbei am *Kloster Taxiárchis* und neuerdings über den Strand von *Psilí Ámmos* wieder zurück zur Chóra – im Nordosten der Insel ist so eine Ringstraße entstanden. Busse ab Hafen verkehren in der Hochsaison 2-mal tägl., die Fahrt ist aber auch problemlos per Moped zu machen.

- **Panagía**: zweitgrößter Inselort, stark von Abwanderung bedroht. Zwischen den gepflasterten Wegen und Treppen ausgesprochen hübsch die Platía mit ihrem geometrischen Kalkstreifenmuster und der ältesten Kapelle von Sérifos.
- **Órmos Sikamiá**: Serpentinenabfahrt auf gutem Fahrweg gleich hinter Panagía, ca. 3,5 km. Etwa 400 m Sandstrand mit Kies, ohne Einrichtungen. Im westlichen Teil Schatten durch Tamarisken, Blick bis hinüber nach Kíthnos.
- **Galaní**: halb verlassenes Dorf unterhalb der Straße, urige Taverne (unregelmäßig geöffnet), am Hang rundum etliche Taubentürme. Ein lang gestrecktes Tal mit Schilf und Olivenbäumen erstreckt sich hinunter zum Órmos Sikamiá – reizvolle Wanderung.
- **Moní Taxiárchis**: festungsähnliches Kloster über der Nordküste, bewohnt von einem Mönch namens Makarios (✆ 22810-51027). Nach außen kahle weiße Mauern, innen hübsch mit Innenhof und interessanter Kirche vom Anfang des 16. Jh.

Sérifos/Inselwesten

In der bereits seit der Antike bekannten Bergbauregion wurden seit 1867 Eisenerz und Kupfer in großen Mengen abgebaut. Der deutsche Mineraloge Emil Grohmann und seine Nachfolger leiteten die Förderung bis in die vierziger Jahre des 20. Jh., dann mussten die Anlagen wegen der Konkurrenz durch afrikanische Billigimporte stillgelegt werden. Verrottete Förderanlagen, aufgerissene Flanken und viele Grotten im rostbraunen Fels schaffen eine reizvolle Atmosphäre.

Eine neue Asphaltstraße zweigt von der oben beschriebenen Straße zum Kloster Taxiárchis (siehe Inselnorden) etwa in der Inselmitte nach Westen ab. Kurz vor dem Abzweig zum Órmos Koutalás steht links oberhalb der Straße die Kapelle Ágios Charálambos und daneben die Ruine des *Áspros Pírgos*, ein Wachturm aus hellenistischer Zeit.

- **Méga Livádi**: ländliche Sommersiedlung früherer Einheimischer, die in den heißen Monaten hierher zurückkehren. Die klassizistische Fassade des ehemaligen Verwaltungsgebäudes der Bergwerksgesellschaft dominiert den Ort, ein kleiner Strand, zwei urige Tavernen. Interessant zum Herumstöbern: An den Buchthängen sind Reste der Bergwerks- und Verschiffungsanlagen erhalten.
- **Koutalás**: verrostete Loren, stählerne Verladerampen, zerstörte Lastwagen und düstere Hausruinen prägen die Szene. Trotzdem eine wunderschöne, große Bucht mit bizarrem Bergpanorama und gleich drei Stränden. Die Bucht ist vom Hafenort Livádi aus auch auf einer eindrucksvollen Höhenpiste hoch über der Südküste zu erreichen (siehe S. 488).

Órmos Koutalás, der erste Strand, ist gut 500 m lang und besteht ausschließlich aus Kies. Dahinter liegen einfache Sommerhäuschen, kleine Weingärten, Schilf und Gemüsefelder.
Der zweite Strand, *Órmos Gánema*, ist ebenfalls 500 m lang, besteht aus Sand und Kies und besitzt einige schattige Bäume sowie eine recht gute Taverne.
Der dritte, *Órmos Vagiá*, ist der schönste der drei, ein weißer Dünenstrand ohne Schatten, aber mit herrlich türkisfarbenem Wasser.

Sífnos

Der ehemalige touristische "Geheimtipp" hat sich in den letzten Jahren zur meistbesuchten Insel der Westkykladen entwickelt. Dies nicht von ungefähr, Sífnos hat sowohl landschaftlich als auch bezüglich der gepflegten Architektur seiner Dörfer etwas zu bieten. Griechische Urlauber schätzen vor allem die sprichwörtliche Sauberkeit der Sífnos-Dörfer im Inselinneren.

Sífnos ist grüner als seine Nachbarn. Der vulkanische Boden kann Oliven, Wein und Gärten tragen (vor allem im Osten). Die ausgeprägte Hügellandschaft wird von vielen Kapellen und Klöstern dominiert, die blendend weißen Dörfer konzentrieren sich auf die zentrale Hochfläche um *Apollonía*, den Hauptort. Während der Norden fast menschenleer ist und die Ostküste steil zum Meer abfällt (lohnenswertes Ziel ist dort *Kástro*, die alte Inselhauptstadt), liegen die besten Strände und Badebuchten hauptsächlich im Süden.

• *Verbindungen* In der Saison fährt ein Schiff ab **Piräus** etwa 1- bis 2-mal tägl. über **Kíthnos** und **Sérifos** und weiter **Kímolos** und **Mílos**. Dieselbe Verbindung in umgekehrter Richtung. Dauer ab Piräus ca. 5–6 Std., ca. 15 € pro Pers., Auto ca. 45–60 €. Manche Fähren fahren von Mílos weiter nach **Íos/Santoríni**, angelaufen werden dabei meist **Folégandros** und **Síkinos**.
Ergänzt werden die Fähren im Sommer durch Schnellboote (Dauer ca. 3 Std.). Dieses Angebot ist jedoch von der aktuellen Marktlage abhängig und wurde schon mehrfach kurzfristig storniert.
In der Hauptsaison fährt außerdem von Kamáres eine Fähre oder ein Schnellboot (ändert sich von Jahr zu Jahr) etwa 2-mal wöch. hinüber auf die nahe Insel **Páros** und eventuell weiter nach **Mýkonos**. 2002 gab es zusätzlich den "Antiparos Express", der nach Páros und Antíparos fuhr, allerdings ab Fáros an der Ostküste.

Töpfer auf Sífnos

Schon in der Antike war Sífnos eine bekannte Töpferinsel. Aus der speziellen Tonerde der Insel (Talkschiefer) konnten besonders feuerfeste Töpfe hergestellt werden. Diese Tradition wurde im 19. Jh. wiederentdeckt und ist bis heute weitervererbt worden. Durch die Einführung von industriell produziertem Metallgeschirr gab es in den fünfziger Jahren eine Krise, die seit etwa 1965 durch die ansteigende touristische Nachfrage überwunden werden konnte. Heute leben auf Sífnos etwa sieben Familien ausschließlich von der Herstellung der Tonwaren. Am besten bei der Arbeit zuschauen kann man ihnen in Kamáres und Platí Gialós.

Sífnos auf einen Blick

Größe: Fläche 75 qkm, größte Länge ca. 18 km, Breite bis zu 8 km. Höchster Gipfel ist der Profítis Ilías (680 m).

Bevölkerung: ca. 1800 Einwohner.

Geografie/Geologisches: in der Antike für seine Gold- und Silberbergwerke bekannt, damals und noch heute reiche Vorkommen an Töpfererde.

Straßen: Asphalt von Kamáres nach Apollonía, von dort nach Platí Gialós, Fáros, Kástro und Vathí.

Wichtige Orte: Kamáres, der Hafen; die Hauptstadt Apollonía im Inselinneren ist zusammengewachsen mit Artemónas, Páno Petáli und Katavatí; Kástro, historische Wehrsiedlung über der Westküste.

Entfernungen: Kamáres – Apollonía 6 km, Apollonía – Kástro 4 km, Apollonía – Platí Gialós 11 km, Apollonía – Fáros 8 km.

Auto-/Zweiradverleih: in Kamáres Zweiräder und PKW, in Apollonía und Platí Gialós Zweiräder.

Tankstellen: drei um Apollonía.

Übernachten: Hotels und Privatzimmer in Kamáres, Apollonía und Platí Gialós, ein Hotel in Artemónas, Privatzimmer in Kástro, Fáros und Vathí. Camping in Kamáres und Platí Gialós.

Baden: gute Strände bei Kamáres, Platí Gialós und Vathí. Außerdem bei Fáros und Kloster Chrissopigí.

Karten: Wie auch die Karte der Nachbarinsel Serifos ist die neue GPS-kompatible Karte von Anavasi (1:25.000) sehr zu empfehlen. Für Wanderer wurden auch hier zahlreiche Fuß- und Maultierwege mit GPS aufgezeichnet.
Von gewohnt guter Qualität ist außerdem die Karte "Serifos" von Road Editions. In der "Sifnos Tourist Map" von Mallis Edition (1:50.000) sind die Straßen zuverlässig eingetragen, außerdem sämtliche Kirchen, antiken Türme und Bergwerke.

Postleitzahl: 84003.

Kamáres

Lebendiger Hafenort am Ausgang eines langen Tals, das sich zum Hauptort Apollonía hinaufzieht. Promenade mit langer Reihe von Tavernen, Bars und Hotels. Schöner Sandstrand, dahinter einige spärliche Tamarisken und Buschwerk. Lohnend sind Bootsausflüge nach *Cherónissos* an der Nordspitze (nur im Hochsommer).

Information/Verbindungen/Adressen/Einkaufen

- *Information* kleines **Tourist-Büro** gegenüber vom Anleger, es gibt aktuelle Fahrpläne für Bus und Fähre, außerdem Hilfe bei der Zimmersuche (an Wochenenden allerdings oft überfordert) und Gepäckaufbewahrung. ✆ 22840-31977.
- *Verbindungen* in der HS kontinuierlicher Busverkehr bis Mitternacht, in der NS bis ca. 22 Uhr. Ab Anleger gehen Busse von 7.30 Uhr etwa 1-mal stündl. nach **Apollonía** und **Artemónas**. Von dort fährt derselbe Bus entweder weiter nach **Platí Gialós** (ebenfalls stündlich) oder (weniger häufig) nach **Fáros** und **Kástro**. Ebenfalls Verbindungen ab Apollonía nach **Vathí**. **Taxi** unter ✆ 22840-31347, 31216.
- *Adressen* **Aegean Thesaurus Travel**, ein paar Schritte von Informationsbüro – Buchladen, Gepäckaufbewahrung und Zimmervermittlung. ✆/℻ 22840-31804, 31145.

Auto-/Zweiradverleih, am Ortsausgang, in der Nebensaison Handeln möglich.

Hafenamt, im gleichen Haus wie die Touristeninformation. Auskunft unter ✆ 22840-33617.

- *Einkaufen* In Kamáres kann man die typischen Töpferwaren von Sífnos bekommen, denn hier arbeiten allein drei Familien. Im großen Laden von **Zannis** (Vater) und **Antonis** (Sohn) **Kalogiros** direkt an der Hauptstraße (gegenüber "Old Captain Bar") kann man zusehen, wie die Gefäße entstehen. Zwei weitere Läden liegen ein paar Meter oberhalb der Straße.

Übernachten/Essen & Trinken/Nachtleben

- *Übernachten* viele Möglichkeiten, trotzdem ist an Wochenenden, wenn halb Athen im Anmarsch ist, oft kein Zimmer mehr zu finden. Tipp: Im Ortsteil Agía Marína an der anderen Buchtseite wird man u. U. noch fündig.

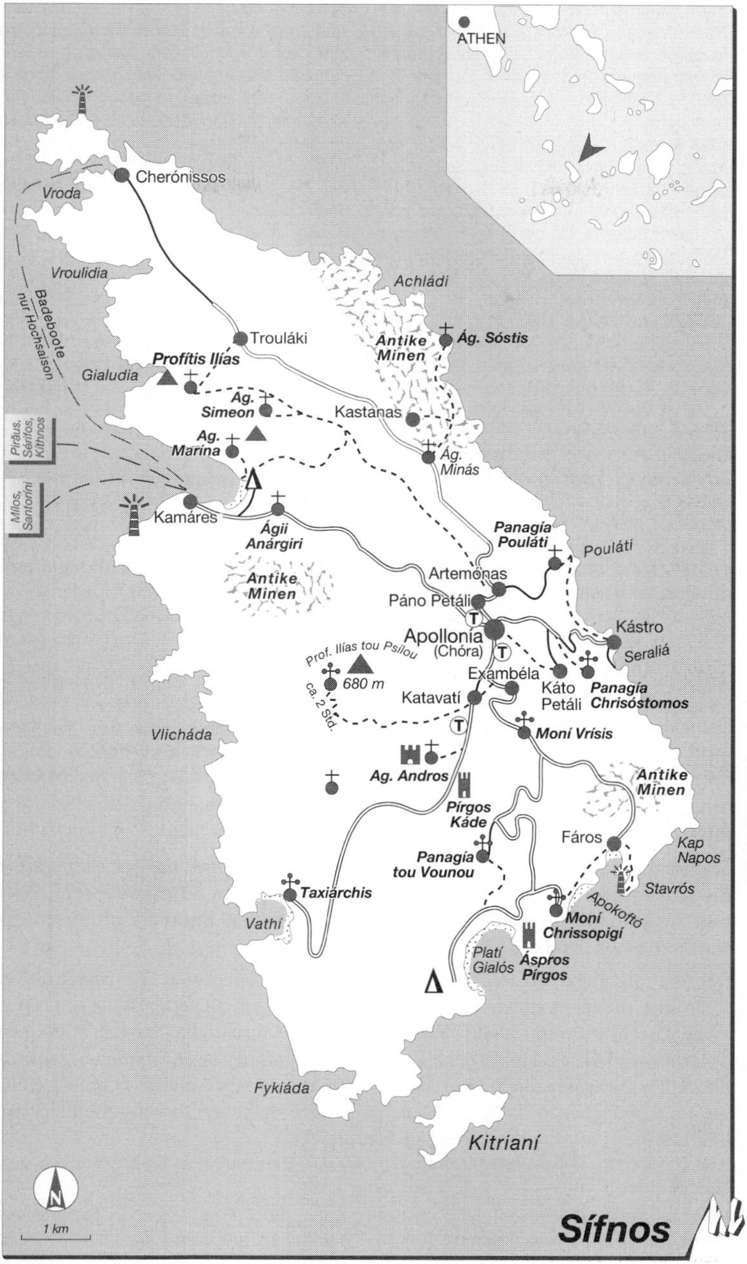
ATHEN
Cherónissos
Vroda
Vroulidia
Badeboote nur Hochsaison
Achládi
Trouláki
Antike Minen
Ág. Sóstis
Profítis Ilías
Gialudia
Ag. Simeon
Kastanas
Piräus, Sérifos, Kíthnos
Ag. Marína
Ág. Minás
Mílos, Santoríni
Kamáres
Ágii Anárgiri
Panagía Pouláti
Pouláti
Antike Minen
Artemónas
Páno Petáli
Apollonía (Chóra)
Kástro
Seraliá
Prof. Ilías tou Psílou
680 m
ca. 2 Std.
Exambéla
Káto Petáli
Panagía Chrisóstomos
Katavatí
Moní Vrísis
Vlicháda
Ag. Andros
Antike Minen
Pírgos Káde
Fáros
Kap Napos
Panagía tou Vounou
Stavrós
Taxiárchis
Apokoftó
Moní Chrissopigí
Vathí
Platí Gialós
Áspros Pírgos
Fykiáda
Kitrianí
N
1 km
Sífnos

Hotel Stavros, C-Kat., altgedient an der Uferpromenade, Balkons zum Trubel darunter, lange, breite Gänge, schlichte Zimmer. DZ mit eigenem Bad ca. 30–55 €, ohne 25–45 €. ✆ 22840-31641, ℻ 31709, www.sifnos travel.com

Hotel Kamari, C-Kat., ein Stück weiter die Straße hinauf, am Ortsausgang. Solide und sauber, Verkehr hält sich in Grenzen, deshalb relativ ruhig, Zimmer geräumig, mit schmalen Balkons, DZ ca. 35–60 €. Gleicher Besitzer wie Stavros, man kann schon dort nachfragen, ob Platz ist, ✆ 22840-31641, ℻ 31709, www.sifnostravel.com

Hotel Myrto, C-Kat., neueres Haus am Ortsausgang oberhalb der Straße, 15 Zimmer mit Bad, Frühstücksraum mit hübscher Terrasse, auch Bungalows zu vermieten. DZ ca. 35–70 €. ✆ 22840-32055, ℻ 32386, www.hotel-myrto.gr

Afroditi, strandnahe "Rooms" neben dem Campingplatz, gepflegter Standard, mit Frühstück.

Morfeas, ebenfalls neben dem Campingplatz, ganz neue Anlage mit Garten, großzügig und sauber. Acht Zimmer und zwei Appartements, schöne Bäder und Balkone, jeweils Kühlschrank. DZ ca. 30–60 €, Zu buchen z. B. über www.hotelsofgreece.com/cyclades/sifnos/Morfeas

Sifnaika Konakia, im traditionellen Stil eingerichtete DZ und Studios unterhalb der Straße nach Kamáres, vom Ortsende noch ein Stück die Straße hinauf. 200 m zum Strand. ✆ 22840-31270, ℻ 33816, www.sifnaikakonakia.gr

Camping Makis, sympathischer und sehr sauberer Platz direkt hinter dem Strand, geführt vom freundlichen Makis. Neue ordentliche Wasch- und Duschanlagen sowie Kochstelle mit Sitzgelegenheit. ✆ 22840-32366.

• *Essen & Trinken* **Poseidon**, die erste Taverne am Hafen, neben Aegean Thesaurus Travel. Sofia bietet gute Küche zu günstigen Preisen, z. B. *saganáki, revíthokeftédes* und *güwétzi*.

Boulis, große, alteingeführte Taverne Nähe Ortsausgang. Routiniert geführt, zu empfehlen hier die Spaghetti mit interessanter Gewürzmischung aus Pilzen und Sífnos-Kapern, dazu Retsina vom Fass und ausgezeichneter Rosé. Günstige Preise.

Kapetan Andreas, einfache Taverne in Superlage direkt am Strand unter Tamarisken, hauptsächlich Fisch, offener Wein, Lesermeinungen aber eher durchwachsen und Preise recht hoch.

Da Claudio, gepflegtes Ristorante mit italienischer Küche, gegenüber Old Captain Bar. Besonders gemütlich sitzt man in den Strandtavernen **Kyra Mariayna** und **O Argyris** im Ortsteil Agía Marína am nördlichen Strandende.

O Pipis, neben der Kirche, Zacharoplastíon und Bäckerei mit Café, gute Backwaren, beliebt zum Frühstücken.

To Gerani, Café gegenüber Taverne Boulis, Terrasse zum Strand.

• *Nachtleben* **Old Captain Bar**, gemütliche Bar mit kleinem Garten an der Straße. Ein Stück weiter die Straße hinauf Disco **Mobilize**.

Apollonía

Sauber herausgeputzter Hauptort mitten auf der Insel, breitet sich weit in die hüglige Terrassenlandschaft aus und ist mit dem nördlich anschließenden Artemónas und dem südlich anschließenden Katavatí praktisch zusammengewachsen.

Der zentrale Platz, wo die Busse halten, liegt in einem Sattel. Zu beiden Seiten steigt hier die nicht enden wollende Hauptgasse durch weite Ortsteile die Hänge hinauf. Rechter Hand (Schild "Hotel Sifnos") der touristische Teil mit Boutiquen, Tavernen und Cafés. Links (beim Kafenion Lakis), Richtung Artemónas, blank geputzte Treppengasse durch hübsche Wohnviertel, wo sich Athener zahlreiche Häuser zu komfortablen Ferienwohnungen haben umbauen lassen. Kleines, aber interessantes *Volkskundemuseum* am Hauptplatz.

Öffnungszeiten **Volkskundemuseum**, tägl. 19–22.30 Uhr, morgens nur für Gruppen. Falls geschlossen, ✆ 6937-632314.

• *Verbindungen* Busse von und nach **Kamáres** starten am großen Hauptplatz, nach **Platí Gialós**, **Fáros**, **Vathí** und **Kástro** ein Stück die Straße weiter an einer großen Kreuzung. Dort lauern auch Taxifahrer auf "Greenhorns", die mit den Abfahrtszeiten nicht vertraut sind. An der Straße nach Platí Gialós bzw. Artemónas mehrere **Zweiradvermieter**.

• *Übernachten* **Hotel Sifnos**, C-Kat., alteingeführt und familiär, an der Hauptgasse hautnah im Dorfleben, z. T. herrlicher Blick in die Hügel. Alle Zimmer einfach, aber sehr ordentlich. DZ mit eigenem Bad ca. 30–50 €, auch das Restaurant ist ein Tipp. ✆ 22840-31624, ℻ 33067.

Hotel Anthoussa, C-Kat., bei der Bushaltestelle nach Platí Gialós. Unten gute Cafeteria, im Innenhof riesige Bougainvillea, allerdings laut, da alle Zimmer zur Straße. DZ mit Balkon ca. 30–65 €. ✆/℻ 22840-31431.

Hotel Petali, C-Kat., neues Hotel am Treppenweg von Apollonía nach Artemónas, kleiner Pool, große Terrasse, tolle Aussicht auf Apollonía. DZ, Studios und Suiten. DZ mit Frühstück ca. 60–110 €. ✆/℻ 22840-33024, www.greekhotel.com/cyclades

Geronti, Privatzimmer gegenüber vom Hotel Petali, schattige Terrasse und weiter Blick. ✆ 22840-32316.

Eleonas, fünf gut eingerichtete Appartements in verschiedenen Häusern am Treppenweg nach Artemónas. Jede Wohnung besitzt zwei Terrassen mit Panoramablick auf Meer und die umliegenden Dörfer. Auskunft im Hotel Stavros in Kamares. ✆ 22840-33383, ℻ 31709, www.sifnostravel.com

• *Essen & Trinken* **I Orea Sifnos**, am Hauptplatz, wo die Busse aus Kamáres halten. Hinter dem Haus hübscher Garten mit Tischen unter Weinranken und blauen Blüten. Durchschnittliche griechische Küche und Pizza.

To Apostoli tou Koutouki, schöne Sitzmöglichkeiten am kleinen, zentralen Platz der Hauptgasse, kurz vor Hotel Sifnos.

Sifnos, gehört zum gleichnamigen Hotel, ruhiger Platz an der Hauptgasse, leckere Gerichte in lokaler Tradition, z. B. *revíthia* (Kichererbsensuppe).

Mamma Mia, etwas versteckt am Treppenweg nach Artemónas, italienische Küche und Pizza, nette Terrasse und ebensolche Atmosphäre.

▸ **Artemónas**: weitläufiger Ort, der ein ganzes Stück über Apollonía liegt, Endstation eines Inselbusses, der auf einem großen Platz am oberen Ortsrand wendet. Man kann also z. B. mit dem Bus hinfahren und über den oben beschriebenen Treppenweg zurück nach Apollonía laufen bzw. umgekehrt. Im Ort klassizistische Villen und viele Kirchen, z. B. am Busplatz die dreischiffige Kirche des *Ágios Konstantínos* mit Außentreppe.

• *Übernachten* **Hotel Artemon**, C-Kat., in ländlicher Umgebung am oberen Ortsrand von Artemónas, geräumige Zimmer mit Bad und Balkon, vom oberen Stock weiter Blick, Restaurant (Gemüse aus eigenem Anbau) und große Terrasse. DZ ca. 40–65 €. ✆ 22840-31303, ℻ 32385.

Giannis Loukianos, zwei einfach ausgestattete Häuser fünf Fußminuten von Artemónas. Man teilt sich eine Du/WC, in beiden Häusern gibt es Kochgelegenheit, heißes Wasser und einen Kühlschrank. Gut geeignet für eine Familie mit drei Kindern. ✆ 22840-31102.

• *Essen & Trinken* **To Liotrivi Manganas**, ehemals tief in Artemónas versteckt und als "Geheimtipp" gehandelt, mittlerweile groß und ganz zentral am Buswendeplatz – die frühere Originalität ist damit leider verschwunden. Serviert wird Küche sifnischer Tradition, z. B. die leckeren *revíthokefthédes*, in Urlauberkreisen besser bekannt als "beanballs", vegetarische "Fleischbällchen" aus Kichererbsen.

Lemvessi, nicht weit entfernt, ebenfalls gute, traditionelle Küche.

• *Shopping* **Zacharoplastion Adelphoi Beniou**, ebenfalls am Buswendeplatz, am Neginn des Treppenwegs nach Apollonía. In der inselweit bekannten Bäckerei von Apostolis Dialismas bekommt man hervorragendes Gebäck, ausgezeichnetes Mandelkonfekt (wie Marzipan) und *loukoumádes*.

▸ **Kástro**: Die lang gestreckte Wehrsiedlung liegt auf einem steilem Felssporn 100 m über der Ostküste. Das historische Gesamtbild der früheren Inselhauptstadt ist perfekt erhalten und wirkt noch durch und durch mittelalterlich – nach außen ein Ring von nahtlos aneinandergesetzten Wallhäusern, dahinter verläuft die schiefergepflasterte Hauptgasse, die an manchen Stellen überwölbt ist, viele Häuser besitzen Außentreppen und Holzbalkons. In einem der Stadthäuser ein winziges *Archäologisches Museum.*

Das Südtor von Kástro – auf den Balkonen Toilettenhäuschen

Man kann die Stadt zu Fuß umrunden, an der Meerseite steht das kleine Kirchlein *Epta Martires* exponiert auf einer Felsspitze am Meer. 15 Min. braucht man zu Fuß hinunter zur wilden Felsenbucht *Seraliá*, einstmals wichtigster Hafen der Insel, heute zugebaut mit Fischerhäuschen und Bootsschuppen.

Öffnungszeiten **Archäologisches Museum**, Di–So 8.30–15 Uhr, Mo geschl.

• *Essen & Trinken* **The Star (To Astron)**, Kafenion gleich am Ortseingang oberhalb vom Parkplatz, intimer Garten unter Trauben und Oliven, Panoramablick ins Inselinnere, nette Wirtin Maria.

Leonidas, kleine Taverne am Steilhang zum Meer, herrliches Panorama.

▸ **Fáros**: kleiner Fischerhafen in einer tiefen Bucht, die sich in zwei Teile gliedert – links betonierte Mole und Tavernen direkt am Wasser, anschließend kleiner Sandstreifen und ein malerisches kleines Kap mit zusammengekauerten Häuschen, dahinter 100 m langer Sandstrand mit jungen Tamarisken. Die nahe Panagía Chrissopigí ist auf einer Landzunge Richtung Westen sichtbar, ein Pfad führt über einen Bergrücken hinüber. Östlich vom Ort die *Fasólou-Bucht* mit 100 m feinem Sand und Taverne.

• *Übernachten* **Fabrica**, hübsches Bruchsteinhaus etwas zurück vom Strand, der nette Frangiskos Chanoutsos vermietet in der ehemaligen Mühle 13 einfache Räume mit Ventilatoren und kleinen Nasszellen. DZ ca. 25–50 €. ✆ 22840-71427.

Blue Horizon, Appartements auf dem Weg zur Nachbarbucht Fasólou, exponierte Lage mit weitem Blick auf die zerklüftete Küste. Wohneinheit ca. 40 € aufwärts. ✆ 22840-71441, ✆ 71442.

O Frazeskos, in einem kleinen Olivenhain gelegene Bungalowanlage, geführt von Frazeskos Kakakis und seiner Frau. 10 ebenerdig aneinander gereihte DZ mit Bad, Kühlschrank und Terrasse. ✆ 22840-31467, 71489.

▸ **Panagía Chrissopigí**: Marienkirche mit legendenumrankter Ikone, bestechende Lage auf einer weit ins Meer vorspringenden Felszunge. Unterhalb der Kirche flache Felsplatten, schön zum Baden, aber bitte nicht FKK.

Neben dem Kloster der ca. 200 m lange Sandstrand *Apokoftó* mit Tamarisken, an Wochenenden recht voll.

• *Übernachten/Essen & Trinken* **Flora**, B-Kat., Pension auf halber Höhe am Hang, viel Grün vor den Terrassen, DZ ca. 30–60 €. ✆ 22840-71278, ℻ 71388.

To Apokofto, beliebte Strandtaverne, Plätze unter schattigen Tamarisken, große Auswahl an leckeren Gerichten. Mit Zimmervermietung. ✆ 22840-71272.

▸ **Platí Gialós**: weite Olivenbaumebene zwischen Felszungen, davor etwa 1 km langer Strand mit feinem, hellbraunem Sand, der längste der Insel. Mittlerweile erheblich vom Tourismus in Beschlag genommen, diverse Unterkünfte und Tavernen, im Hinterland wird stark gebaut. Wie in Kamáres leben auch hier einige Töpferfamilien.

• *Verbindungen* Häufige Busse von und nach Apollonía und Kamáres, mehrere Bushaltestellen entlang der Strandstraße.

• *Übernachten* **Alexandros Sifnos Beach**, B-Kat., gepflegte Bungalowanlage mit Pool an der Zufahrtsstraße, kurz vor dem Strand. Wohneinheit ca. 70 € aufwärts. ✆ 22840-71333, ℻ 71303.

Filoxenia, D-Kat., direkt an der Straße, nettes und gut geführtes Haus. DZ mit Bad ca. 40–80 €. ✆ 22840-71221, ℻ 71222.

Simon Plati Gialos, B-Kat., herrliche Lage am Strandende, das früher vernachlässigte Xenia-Hotel wurde 1989 grundlegend renoviert und seitdem laufend verbessert. Weiträumiges Grundstück mit Rasen und Olivenbäumen, große Terrasse über dem Meer, gemütlicher Aufenthaltsraum mit TV. DZ mit Frühstück ca. 70–150 €. ✆ 71324, ℻ 71325.

Lodge Narlis, etwa an der Strandmitte, hübsche, kleine Anlage mit mehreren DZ und Dreibettzimmern. ✆ 22840-71345, ℻ 71350.

Argiro Kalamari, schön gelegene Privatzimmer oberhalb vom Hotel Plati Gialos, toller Blick über die Bucht. Zugang: rechts am Hotel vorbei, nach ca. 200 m beschildert. ✆ 22840-71259.

Camping Plati Gialos, am Ende der Bucht, etwas landeinwärts. Vom letztem Busstopp ca. 300 m steinigen Hohlweg hinauf. Karges Gelände mit niedrigen Terrassen und Olivenbäumen. ✆ 22840-31786.

• *Essen & Trinken* **To Steki**, hübsch unter Tamarisken am Strandbeginn.

Sofia, beliebte Taverne etwas erhöht über dem Strandbeginn, Panoramablick.

Kalimera, Bistro an der Strandmitte, hier werden einige interessante Spezialitäten angeboten, u. a. auch *revíthokeftédes*.

Menelaos, versteckte Taverne in der Lazarou-Bucht, südwestlich vom Strand (Weg neben Hotel Plati Gialos nehmen), traditionelle Ofengerichte, schöner Meerblick. Nach dem Essen kann man noch die Open-Air-Bar besuchen.

▸ **Vathí**: weite Bucht im Südwesten, langer schmaler Sandstrand. Seit 1996 kann man von Apollonía auf einer panoramareichen Asphaltstraße hinüberfahren (mehrmals täglich Busverbindung), seitdem wurde die Bucht stark bebaut. Es gibt diverse Tavernen und Zimmer, das blendend weiße *Kloster Taxiárchis* steht direkt am Wasser.

• *Übernachten* **Calypso**, neue Rooms kurz vor dem Kloster in der Strandkurve etwas nach hinten gelegen, saubere Zimmer mit guten Bädern, jeweils Kühlschrank und ein einflammiger Kocher, Garten mit saftiger Wiese. ✆ 22840-71127, 32043.

• *Essen & Trinken* **To Tsigali**, gemütliche Taverne neben dem Kloster, Tische stehen im Sand.

Manolis, mit Riesenbackofen an der Strandmitte, täglich wechselnde Gerichte, oft leckeres Gemüse oder Salate.

Marine, gemütliches Café am Nordende der Bucht, winzige Terrasse, einige Tische im Sand, Getränke und kleine Snacks.

▸ **Cherónissos**: kleine, fjordartige Badebucht im äußersten Norden von Sífnos. Es gibt zwei Tavernen, außerdem leben hier während der Sommermonate zwei Töpferfamilien.

• *Anfahrt/Verbindungen* Am besten zu erreichen mit **Boot** ab Kamáres (nur Hochsaison). Es gibt auch eine **Straße**, die von Artemónas etwa 6 km weit bis kurz hinter Trouláki asphaltiert ist, die restlichen 6 km sind allerdings bisher üble Steinpiste und nur jeeptauglich.

Mílos

Ungewöhnliche Insel mit aufregendem Grundriss, wie Santoríni vulkanischen Ursprungs. Schöne Anfahrt per Fähre – die zerborstene Küstenlinie mit gezackten Klippenrändern und vorgelagerten Inselchen macht neugierig. Eine riesige, fast kreisrunde Bucht verschluckt die einlaufenden Schiffe, hoch darüber am Kamm das blendend weiße Band von Pláka und Tripití mit markanten Kirchen.

Mílos ist zwar relativ flach, aber trotzdem abwechslungsreich. Der Besuch lohnt und bietet einige Überraschungen. Vor allem an der Südküste gibt es hervorragende Strände und versteckte Badebuchten zwischen Felsen in allen Farbtönen. Geologisch und geothermisch ist Mílos ein Eldorado – heißes Wasser und Dämpfe brodeln unter der Erdoberfläche und treten an verschiedenen Orten zutage. Geschichtlich Interessierte finden frühchristliche Katakomben im weichen Tuffgestein, außerdem eine der ältesten Siedlungen der Kykladen. Und schließlich: Jeder weiß, dass die *Venus von Milo* im Louvre steht – dass sie hier gefunden wurde, dagegen kaum jemand.

Während der Westen wild und menschenleer ist, verkünden im Osten aufgebrochene Flanken und Steinbrüche, dass der *Bergbau* das eigentliche Standbein der Insel ist. Die antiken Griechen förderten auf Mílos Gold, heute werden immerhin zahlreiche wertvolle Mineralien abgebaut. Mehrere Firmen sind gut im Geschäft und

Mílos auf einen Blick

Größe: 161 qkm Fläche, größte Länge (von West nach Ost) ca. 20 km, größte Breite (von Süd nach Nord) ca. 12 km, höchster Gipfel der Profítis Ilías im Westen (751 m).

Bevölkerung: knapp 5000 Einwohner, wegen der guten Arbeitsmöglichkeiten kaum Abwanderung.

Geografie/Geologisches: in vorgeschichtlicher Zeit vulkanische Tätigkeit, bis heute starke nach-vulkanische Aktivitäten. An vielen Stellen der Insel auffallende Gesteinsformen und -farben, z. B. "Kléftiko" im Südwesten und die kristallinen Lavafelsen auf den vorgelagerten Glaroníssia-Inseln.

Wichtige Orte: Adámas, der Hafen; Pláka, die Hauptstadt, mit anderen Siedlungen fast zusammengewachsen, darunter Tripití (Katakomben, antike Stadt, Venus von Milo); Pollonía, Fischernest im Nordosten (Überfahrten nach Kímolos); Zefíria, frühere Inselhauptstadt.

Straßen: Asphalt von Adámas hinauf nach Pláka/Tripití, hinüber nach Pollonía, bis hinter Zefíria und über Alikí am Golf entlang bis Agía Marína und zum Strand Provatás. Im Inselwesten nur Erdpisten, teilweise in schlechtem Zustand.

Entfernungen (von Adámas): Pláka 6 km, Pollonía 11km, Alikí 5,5km, Paliochóri 11km, Provatás 8 km.

Auto-/Zweiradverleih: mehrere in Adámas.

Tankstellen: je eine in Adámas und Pláka, zwei an der Straße von Adámas nach Pollónia, eine weitere bei Péra Triovássalos.

Übernachten: Fast sämtliche Inselhotels stehen in Adámas, dort auch viele Privatzimmer. Nur je ein weiteres Hotel in Klíma und am Strand von Provatás, ansonsten ausschließlich Privatzimmer in Pollonía, Pláka, Paliochóri, Agía Kyriakí und Empouriós. Ein Campingplatz beim Strand von Achivadólimni.

Baden: Mílos besitzt viele Strände, sowohl im großen "Binnengolf" wie auch an den Außenküsten. Zu den besten gehören die Strände an der Südküste: Paliochóri, Agía Kyriakí und Tsigrádo/Firíplaka.

Karten: Sehr detailliert ist die Karte "Mílos-Kímolos" von Road Editions (1:50.000).

Postleitzahl: 84800 (Adámas 84801).

geben der Mehrheit der Inselbevölkerung Arbeit. Der Tourismus hat deshalb noch nicht so stark Fuß gefasst wie auf vielen anderen griechischen Inseln.

• *Verbindungen* **Adámas**, der Hafen der Insel liegt in einem tief eingebuchteten Golf, dem Órmos Mílou. Fähren gehen in der Saison mindestens 1-mal tägl. von und nach **Piräus** (über Kímolos, Sífnos, Sérifos, Kíthnos), Dauer ca. 8 Std., pro Pers. ca. 17 €, Auto 50–65 €. Im Sommer fahren auch Schnellboote auf der Westkykladenroute (Dauer ca. 4 Std.), doch ist dieses Angebot von der Marktlage abhängig. Von Mílos kommt man außerdem mehrmals wöch. hinüber auf die südlichen Kykladen **Íos** und **Santoríni**, dabei werden unterwegs **Kímolos**, **Folégandros** und **Síkinos** angelaufen. Auf die Ostkykladen kommt man nur mit Umsteigen, z. B. bis Sífnos fahren und dort das Schiff nach Páros nehmen.

Eine Fähre mit Autotransport läuft von Pollonía im Inselnorden mehrmals tägl. **Kímolos** an.

Der **Flughafen** von Mílos (bei Zefíria) ist tägl. etwa 1- bis 3-mal mit Athen verbunden (ca. 50 €). Olympic-Airways-Büro in Adámas an der Ausfallstraße nach Pláka, ✆ 22870-22380.

Bentonit, Perlit, Kaolin, Baryt, Mangan ...

Was sich wie die Analyse eines chemischen Labors liest, beschreibt nur einen kleinen Teil der reichen Vielfalt an Bodenschätzen auf Mílos. Dank der ausgeprägten vulkanischen und nachvulkanischen Aktivitäten im Inselgestein gibt es eine Reihe wertvoller Metalle und Mineralien, die seit langem im großen Maßstab abgebaut und in alle Welt ausgeführt werden. Die Schürf- und Verschiffungsanlagen liegen zum großen Teil an der wenig besuchten Ostküste.

Adámas

Etwas farbloser Hafenort mit langer Betonmole und Tavernen an der geschwungenen Uferstraße. Hübsche Treppengassen ziehen sich dahinter einen kleinen Hügel hinauf. Die riesige Bucht wirkt hier fast wie ein Binnensee.

In Adámas spielt sich der Großteil des touristischen Lebens ab. Man ist auf Fremdenverkehr eingerichtet, aber Rummel fehlt noch weitgehend – bis auf die Sommerwochenenden, an denen viele griechische Besucher vom Festland kommen. Sehenswert sind die große Hauptkirche *Ágios Charálambos* am höchsten Punkt von Adámas mit Kieselsteinmosaik unterhalb des freistehenden Glockenturms und die kleinere Kirche *Agía Triáda* aus dem 17. Jh. (versteckt hinter der Hafenpromenade, Nähe Busstation). Neu eröffnet wurden vor einigen Jahren ein *Bergbaumuseum* an der Uferstraße östlich der Busstation. Hier kann man traditionelle Gerätschaften der Bergarbeiter, alte Karten und Dokumente betrachten, dazu gibt es eine Dokumentation zu Vulkanismus, Geologie und Mineralienvorkommen sowie eine Ausstellung der zahlreichen Mineralien, die auf Mílos und Kímolos existieren.

Westlich vom Hafen liegt der kleine *Langadá-Strand* mit Tamarisken und einigen Hotels, im Anschluss der *Bombárda-Strand*, östlich vom Ort der etwa 600 m lange Hauptstrand *Papikínos*, ebenfalls mit vielen knorrigen Tamarisken. Badeboote fahren zu weiteren Stränden.

Öffnungszeiten/Preise **Bergbaumuseum**, tägl. 9.15–13.45, 18.15–20.45 Uhr, Eintritt frei.

Information/Verbindungen/Adressen

• *Information* kleines Büro direkt am Anleger, geöffnet zur Ankunft der Fähren. Unterstützung bei der Unterkunftssuche, erhältlich sind Prospekte mit sämtlichen Hotel- und Privatzimmer-Adressen. ✆ 22870-22445.

Kykladen
Karte S. 321

• *Verbindungen* **Inselbusse** starten am Platz an der Hafenpromenade (von Anlegestelle 200 m rechts) und zwar nach Pláka und Tripití ca. 10- bis 15-mal tägl., nach Pollonía 4- bis 10-mal tägl., über Zefíria etwa 6-mal zum Strand von Paliochóri und etwa 2-mal tägl. zu den Stränden **Achivadólimni** und **Provatás** sowie zum **Campingplatz**. In der Nebensaison deutlich weniger Verbindungen.

Am Busplatz stehen auch die **Taxis**, Preise sind angeschlagen. ✆ 22870-22219.

• *Adressen* **Auto-/Zweiradverleih**, mehrere an der Uferstraße.

Hafenamt, Auskunft unter ✆ 22870-22100.

Olympic Airways, Büro an der Ausfallstraße nach Pláka. ✆ 22870-22380.

Tankstelle an der Ausfallstraße Richtung Pollonía, am Beginn vom langen Sandstrand.

Übernachten

In Adámas stehen die meisten Hotels der Insel, dazu gibt's reichlich Privatzimmer. Wenn Fähren ankommen, schickt fast jede größere Unterkunft einen Kleinbus zum Hafen. Wegen der vielen griechischen Gäste vom Festland kommt es (wie auf Sífnos) an Sommerwochenenden trotzdem zu Engpässen.

• *Ausfallstraße nach Pláka* **Hotel Portiani**, C-Kat., das modernste Haus, direkt bei der Busstation, unten geräumiger Aufenthalts- und Frühstücksraum, in den Zimmern Vollholzmöbel und Aircondition, Lift. Die Zimmer im obersten Stockwerk grenzen an eine große Terrasse, herrlicher Blick auf das Binnenmeer. DZ mit Frühstück ca. 70–120 €. ✆ 22870-22940, ℻ 22766, E-Mail: sirmalen@otenet.gr

Hotel Capetan Georgantas, C-Kat., ebenfalls bei der Busstation, am Beginn der Ausfallstraße nach Pláka. Gepflegtes Haus, hübsch mit Seefahrerutensilien ausgestattet, im Hof ein Swimmingpool. In den Zimmer Aircondition, Kühlschrank und TV, kein Meerblick. DZ mit Frühstück ca. 60–115 €. ✆ 22870-23215, ℻ 23219.

Hotel Corali, C-Kat., ruhig gelegenes Stadthotel im Zentrum hinter der Kirche Ágios Charálambos. 15 Zimmer mit Du/WC, meist mit Balkon, im Obergeschoss schöner Frühstücksraum mit Ausblick, zum Strand läuft man etwa 5 Min. DZ ca. 25–65 €. ✆ 22870-22204, ℻ 22144.

Hotel Dionysis, D-Kat., an der Ausfallstraße nach Pláka, Nähe Chronis Hotel. Sieben

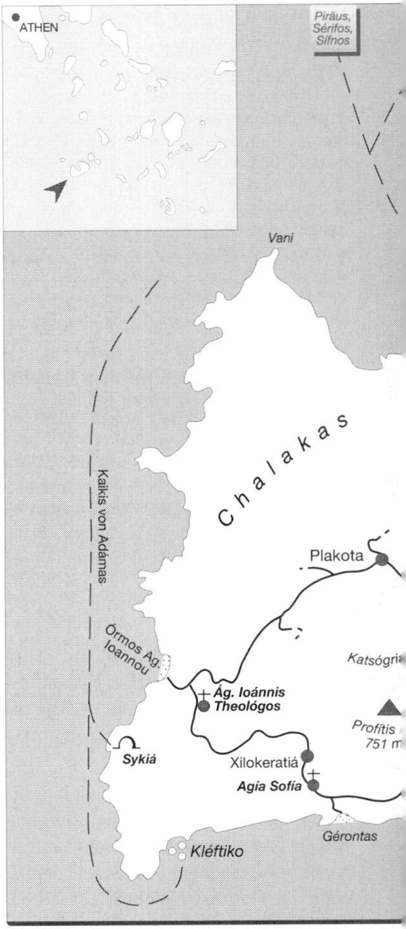

moderne Studios mit Balkon, Aircondition, TV und Fön. Geführt von den freundlichen Brüdern Petros und Nikos Argyreas. Nach hinten ruhiger. Studio ca. 40–70 €. ✆/℻ 22870-22117/8, 22117.

Hotel Semiramis, D-Kat., etwas seitwärts der Ausfallstraße nach Pláka, etwa 1 Min. zur Uferpromenade. Gehört denselben Besitzer wie Dionysis. Saubere, aber abgewohnte Zimmer, unten schattiger Hof mit Weintrauben. Alles etwas in die Jahre gekommen. DZ mit Bad ca. 25–50 €, mit Etagendusche ca. 20–35 €. ✆/℻ 22870-22117/8, 22117.

• *Langadá-Strand* **Delfini**, D-Kat., ruhige Lage hinter dem halb verfallenen Langada

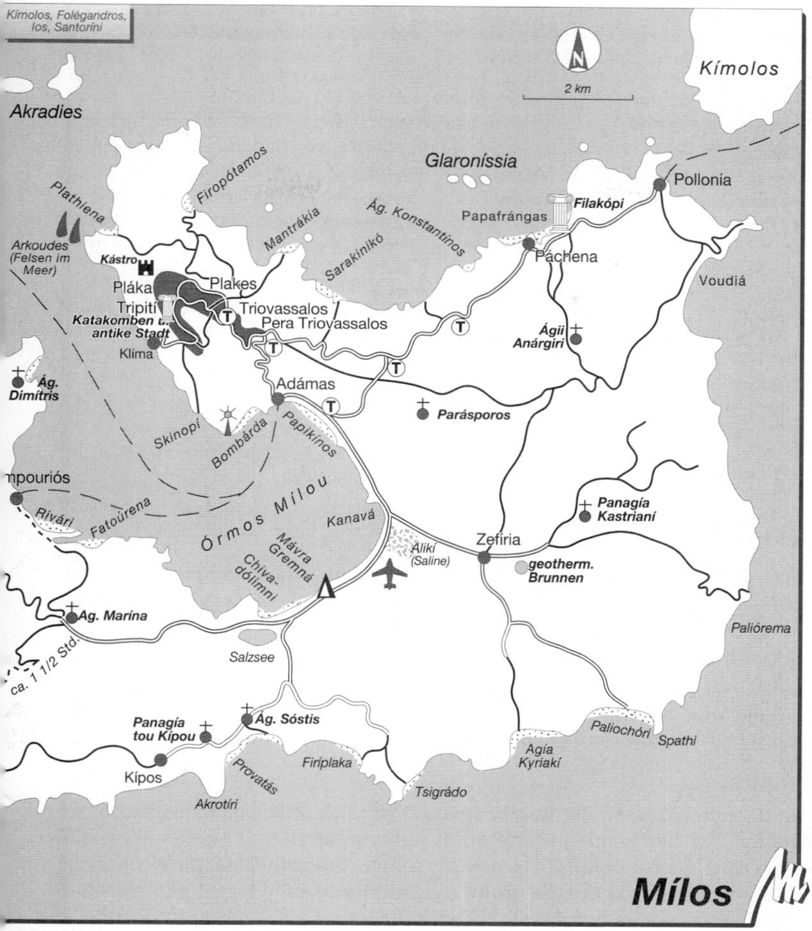

Kykladen Karte S. 321

Beach Hotel, geführt vom herzlichen älteren Ehepaar Mathioudakis, große, gemütliche Terrasse, Frühstücksraum, Zimmer sauber. DZ mit Bad ca. 35–55 €, ohne günstiger. ✆ 22870-22001, ℻ 22688.

• *Privatzimmer/Appartements* Eine Liste mit genauer Lage und Telefonnummern ist im Informationsbüro erhältlich.

Giannis, modernes Haus im hinteren Ortsbereich, gemütliche Zimmer mit TV und Kühlschrank, Bäder mit Duschvorhang, alles sauber gefliest. Auch Appartements. Gehört Herrn Kourelis, dem Eigentümer des Hotels Corali. ✆ 22870-22204, ℻ 22144.

Veletas, großes Haus neben Giannis, ähnlicher Standard. ✆ 22870-23437.

Tilemachos, etwas abseits vom Zentrum (→ Stadtplan), größeres Haus mit Rooms und Appartements, schöner Garten und schilfgedeckte Terrasse, ruhige Lage, täglicher Roomservice. ✆ 22870-22160, ℻ 23403.

Mallis, Studioanlage bei der Kirche Ágios Charálambos, Zimmer mit und ohne Küchenzeile, Terrassen nach Osten, ruhig. ✆ 22870-22612.

Galanis, auf der Uferstraße in Richtung Museum fahren und zum Friedhof links abbiegen. Einfache, freundliche Wirtsleute, laut Leserzuschrift saubere und komfortable Zimmer mit Bad, Kühlschrank und TV. Tägliche Reinigung. ✆ 22870-21500, 21217.

• *Camping* Der einzige **Zeltplatz** der Insel liegt auf der gegenüberliegenden Seite der Bucht (→ Achivadólimni, S. 505). Transfer von und zum Hafen.

Essen & Trinken/Nachtleben

I Flisvos & Kynigos, zwei blau bestuhlte Tavernen nebeneinander an der Hafenpromenade, man sitzt eng an eng im Freien.

Ta Pitsounakia, in einer Passage gegenüber vom Hotel Capetan Georgantas, hauptsächlich Fleisch vom Grill.

Barko, Mezedopólion am Ortsausgang in Richtung Pláka, trotz der etwas ungünstigen Lage sehr beliebt, schöne Terrasse unter Weinranken.

Brisolino, an der Uferstraße etwas östlich außerhalb, geführt von aufmerksamen, jungen Leuten, kreative, "etwas andere" griechische Küche, schön gedeckte Tische, preislich im Rahmen.

• *Cafés* **El Greco**, Tische und Stühle direkt am Beginn des Papikínos-Strands, am Abend nette Stimmung mit Fackeln im Sand.

• *Nachtleben* Mílos ist beliebtes Wochenendziel junger Athener. Die Auswahl an Discos ist groß, an Wochenenden wird überall Eintritt verlangt.

Vipera Levetina, strategisch günstig direkt über dem Anleger.

Akri, ebenfalls oberhalb vom Anleger, Freiluftbar mit sehr schönem Hafenblick.

Malion, besonders angesagter Club an der Uferstraße östlich der Busstation.

La Costa, Freilichtdisko in der Nähe des Bombárda-Strands.

Inselnorden

Auf dem Plateau über dem Órmos Mílou ballt sich das eigentliche Siedlungszentrum von Mílos: Pláka, die Hauptstadt, mit ihr fast zusammengewachsen die Orte Tripití, Plákes, Triovassálos und Péra Triovassálos.

Alles Orte, die noch einiges an schneeweißer Kykladen-Architektur besitzen, vor allem sehr hübsche Kirchen, teils mit Kieselmosaiken im Hof. Hier auch die berühmten Katakomben, die Fundstelle der Venus von Milo und zwei interessante Museen. Häufige Busverbindungen ab Adámas.

Pláka

In den alten Gassen der Inselhauptstadt hat sich noch viel Kykladisches erhalten. Vor den kleinen Häusern mit Außentreppen und bunten Fensterläden sind noch überall Zisternen zu sehen, Bougainvillea rankt über die Mauern. Vom Platz um die große zweischiffige Kirche bietet sich ein schöner Panoramablick aufs Meer.

Es gibt zwei Museen: ein *Archäologisches Museum* (im unteren Ortsbereich) mit Funden vom Neolithikum bis zur römischen Besetzung und einem Gipsabguss der "Venus" sowie ein 2002 restauriertes *Volkskunstmuseum* (beschildert ab Bushaltestelle), ein traditionelles Inselhaus mit schweren Holzbalken und z. T. originaler Einrichtung in Küche, Schlafraum etc. Auf dem Hügel nördlich über dem Ort stand einst das venezianische *Kástro*, die alten Mauerringe sind z. T. noch erhalten. Der kurze Aufstieg lohnt unbedingt – fantastischer Ausblick über den Norden von Mílos und bis hinüber nach Antímilos und Kímolos.

Öffnungszeiten/Preise **Archäologisches Museum**, Di–So 8.30–15 Uhr, Mo geschl., Eintritt ca. 2 €, EU-Stud. frei. **Volkskunstmuseum**, Di–Sa 10–14, 18–21, So 10–14 Uhr, Mo geschl., Eintritt ca. 2 €, Stud. ermäß.

• *Verbindungen* **Busse** von und nach Adámas 10- bis 15-mal. Pollonía 4-mal tägl., Bushaltestelle zentral im Ort.

• *Übernachten* Nur Privatzimmer, Telefonnummern im Übernachtungsprospekt, erhältlich im Infobüro von Adámas.

Archontoula Karamitsou, von der Panagía Korfiátissa noch 50 m die Stufen hinunter. Studios mit herrlichem Meerblick. Auskunft im Mezedopólion "Archontoula" (→ Essen & Trinken). ✆ 22870-23820.

• *Essen & Trinken* In Pláka kann man interessanter und mit mehr Atmosphäre essen als in Adámas, die kleinen Ouzerien servieren hauptsächlich *mezédes* (Vorspeisenteller).

Archontoula, das zentral gelegene Kafenion "I Plaka" wurde nach dem Tod des langjährigen Besitzers von seinem Sohn zu einem schönen, traditionellen Mezedopólion umgebaut. Leckere Gerichte und große Auswahl an Fleisch, Fisch und Gemüse, z. B. *spetsofái, briám* und *garídes saganáki* (überbackene Scampi).

Plakiani Gonia, Taverna-Ouzerie an der Zufahrtsstraße, etwa 150 m vor dem zentralen Platz (Busstation). Im "Plaka-Winkel" von Antonis und Flora Veleta bekommt man Inselspezialitäten und traditionelle Gerichte aus Tontöpfen sowie Vorspeisen und kleine Gerichte.

To Diporto, in einer engen Gasse zwischen Bushaltestelle und Volkskundemuseum, hübsch im traditionellen Stil gehalten, Vorspeisenteller und kleine Gerichte.

Methismeni Politia, in Tripití, am Weg zu den Katakomben, ruhige Ouzerie mit Terrasse und schönem Panoramablick.

• *Cafés* Gemütliches **Zacharoplastion** mit Terrasse schräg gegenüber vom "Archontoula".

▸ **Tripití**: kleiner Ort, wenige Minuten südlich von Pláka. Eine Asphaltstraße führt hinunter zu den Ruinen der *antiken Hauptstadt von Mílos*. 20 m von der Straße stehen Reste der alten Mauer mit Rundturm, nur wenige Meter weiter die Fundstelle der *"Venus"* (eigentlich Aphrodite) von Milo, ab der Straße beschildert. 1820 fand sie hier ein Bauer und verkaufte sie dem französischen Gesandten in Konstantinopel, seitdem steht sie im Louvre. Eine viersprachige Marmortafel markiert unter Olivenbäumen die Stelle. Noch ein Stück weiter das gut erhaltene römische *Theater* aus dem 3. Jh. n. Chr., von dem sich ein schöner Blick aufs Meer bietet.

Einige Kurven weiter die Asphaltstraße hinunter, kommt man zu den berühmten frühchristlichen *Katakomben*, ebenfalls aus dem 3. Jh. Es sind die größten, die in Griechenland entdeckt wurden, von dem labyrinthischen Flechtwerk der Gänge ist allerdings nur ein kleiner Teil zugänglich.

Öffnungszeiten **Katakomben**, Di–So 8–19 Uhr, Mo geschl.

▸ **Klíma**: winzige Sommersiedlung am Ende einer steilen Betonpiste von Tripití, die Reihe niedriger Fischerhäuschen eng an den Felshang gepresst – ein Anblick wie aus dem Kykladen-Bilderbuch. Das Innenleben der Häuser besteht meist nur aus zwei Räumen, unten der "Wohnbereich" mit breitem Holztor, so dass das Boot auch in die gute Stube passt, oben Schlafraum.

• *Übernachten* **Hotel Panorama**, freundlicher Familienbetrieb von Michalis aus Tripití, 8 DZ (auch als Mehrbettzimmer genutzt), ordentlich möbliert, Telefon im Zimmer, herrlicher Blick auf den großen Golf, je nach Saison ca 35–60 €. Auch die Küche gut, hübsche Terrasse. ✆ 22870-21623, ℻ 22112.

Die Nordküste Richtung Pollonía ist niedrig, aber wild zerklüftet, es gibt nur wenige Zufahrtspisten. Wo die Straße wieder ans Meer stößt, liegen die Ausgrabungen von Filakopí.

▸ **Sarakíniko**: Eine der eindrucksvollsten Badestellen von Mílos – eine von Wind und Wellen modellierte "Mondlandschaft" aus weich gerundeten, schneeweißen Bimssteinfelsen, eingelagert ein winziger Sandstrand. Zu erreichen auf asphaltierter Zufahrt.

▸ **Páchena**: kurz vor Filakopí, hübscher Sandstrand mit Tamarisken und verstreuten Felsbrocken. Unterkunft findet man in diversen Rooms, z. B. bei "Moraitis" (✆ 22870-41385).

▸ **Filakopí**: gut 5000 Jahre alte kykladische Siedlung unmittelbar an der Straße. Für den Laien wenig- bis nichtssagend, lang gestrecktes Ruinengelände aus losem Kalk-

Kykladen Karte S. 321

Die Strände an der Südküste sind die schönsten der Insel

und Lavageröll, zu Mauern aufgeschichtet und zum Meer hin abrupt abgebrochen. Benachbart liegt *Papáfrangas*, eine fjordartige Meeresschlucht mit Durchbrüchen und Grotten im zerklüfteten Kalkgestein.

Pollonía

Runde Sandbucht mit Tamarisken, der Ort selbst eine lose Ansammlung von neu erbauten Häusern. Zum Baden ganz hübsch, sonst wenig geboten. Lohnend ist ein Tagesausflug auf die gegenüberliegende Insel *Kímolos*, von der kleinen Fischerbootmole setzt während der Hauptsaison mehrmals täglich eine Autofähre über.

• *Verbindungen* 6- bis 12-mal tägl. Busse von und nach **Adámas**, 4-mal von und nach **Pláka**. Haltestelle bei den Tavernen am Anleger.

• *Übernachten* **Kapetan Tasos**, von der Busstation ca. 300 m die Straße beim Laden/Bäcker hinauf, an der linken Seite. Exponierte Hügellage mit herrlichem Blick, Emanuel Mallis vermietet 13 Appartements jeweils mit Balkon oder Terrasse. ✆ 22870-41287, ℻ 41322.

Korina, ordentliche Zimmer an derselben Straße, rechte Seite, etwa 100 m von der Busstation. ✆ 22870-41209, ℻ 41462.

I Apanemia, an der Ausfallstraße nach Adámantas, ca. 200 m ab Busstation. Kostas Iliopoulos vermietet neben seinem gemütlichen Oúzomezedopólion mehrere Zimmer. ✆ 22870-41248.

Inselosten und -südosten

Die Ostküste ist touristisch wenig attraktiv, hier haben die großen Schürfgesellschaften ihre Anlagen. Der Südosten besitzt dagegen einige gute Strände, zu erreichen über die ehemalige Inselhauptstadt *Zefíria*.

▸ **Paliochóri**: Doppelstrand an der Südküste, zu erreichen auf einem Fahrweg ab Zefíria (am Ortseingang, beschildert), auch Busse. Der Hauptstrand ist gut 500 m lang und besteht aus hellbraunem Kies und Sand. Mehrere Fischlokale sind direkt auf die Felsen gebaut, die den Strand begrenzen, unterhalb der ersten Taverne "Sirocco" treten heiße Dämpfe aus dem Sand. Ein weiterer Sandstrand schließt sich im Osten an und ist durch Überklettern des Bergsturzes zu erreichen. Eindrucksvoll ist aber vor allem der westlich benachbarte Strand, der zu Fuß auf einem Küstenpfad oder von der Straße aus durch das Gelände der Strandbar "Deep Blue" zu erreichen ist. Er ist etwa 200 m lang und eingerahmt von gut 40 m hohen Wänden. Die Felsen sind z. T. knallrot, gelbe Einsprengsel weisen auf Schwefel hin, am Westende tritt 50 Grad heißes Wasser aus.

• *Verbindungen* **Busse** von und nach Adámas bis zu 6-mal tägl.

• *Essen & Trinken* **Sirocco**, die erste Taverne am Strand benutzt als Gag für die Urlauber die heißen Erddämpfe zum Kochen, die Gerichte werden in einer Art natürlichem Ofen unter der Sandoberfläche gegart.

Pelagos, halbkreisförmige Terrasse über der Strandmitte, gute Fischgerichte und Panoramablick.

Deep Blue, große Musikbar auf mehreren Terrassen am Weststrand, nur in der Hochsaison geöffnet.

▸ **Agía Kyriakí**: westlich von Paliochóri, keine Busverbindung, aber mit dem Moped problemlos (ab Ortseingang Zefíria beschildert). Steiler Fahrweg hinunter, unten große Bucht mit 400 m Sand und Kies am Ausgang eines Erosionstals, eine Taverne vermietet Zimmer (✆ 22870-22058, 22629).

Von Adámas um den Órmos Mílou

Schöne Fahrt um den riesigen "Binnensee" von Mílos, vorbei an mehreren Stränden. Fantastisch die weiten Blicke hinüber nach Adámas und Pláka.

Von Adámas geht es die Uferstraße Richtung Alikí entlang, am Ende des Strands eine Bootswerft und Anlagen zur Verschiffung von Mineralien. Kurz nach den Industrieanlagen entweichen direkt am Strand 40 Grad heiße thermische Gase mit schwefligem Geruch. Der Strand ist hier allerdings stark verschmutzt. Hier auch Abzweig nach Zefíria und zum Strand von Paliochóri (s. o.). Wenige Meter weiter die alten Salinen von Mílos, benachbart der Flugplatz.

▸ **Achivadólimni**: gut 1 km langer Strand mit feinem Sand. Hinter dem Strand ein Steinbruch, im westlichen Teil kräftiges Wacholderbaumwäldchen, auf einem Kliff östlich vom Strand der bisher einzige Campingplatz der Insel. Landeinwärts der Straße ein großer, im Sommer ausgetrockneter Lagunensee.
Eine beschilderte Straße führt hier an der schmalsten Stelle von Mílos zur Südküste mit den Stränden Tsigrádo/Firipláka und Provatás (s. u.).

• *Übernachten/Essen* **Camping Achivadolimni**, schöne Lage auf einem Kliff östlich vom Strand, Panoramablick auf den Golf. Bisher alles noch neu und gepflegt, Schatten durch Schilfdächer. Self-Service-Restaurant, Fahrzeugverleih, Vermietung von Bungalows und Zelten, Minimarkt. ✆ 22870-31410, ℻ 31412.

Westlich vom Strand windet sich die Straße durch phryganaüberwucherte Felshänge hinauf zur blendend weißen Kirche Agía Marína. Ab Agía Marína Abzweig hinunter nach Rivári und Empouriós. Auf dem Hauptweg Weiterfahrt Richtung Westen möglich (s. u.).

▸ **Fatoúrena-Strand**: zu erreichen mit schöner Serpentinenabfahrt, ca. 200 m lang, leider verdreckt und teerverschmutzt. Traumhaft dagegen das Panorama mit der Rivári-Lagune und dem weißen Nikólaos-Kirchlein auf schmaler Landzunge. Der *Megáli-Ámmos-Strand* begrenzt die Landzunge mit flachen Dünen zum Meer hin. Ab hier Fußweg nach Empouriós, ca. 20 Min.

▸ **Empouriós**: Eine Handvoll Häuser direkt ans Wasser gebaut und ein paar Meter Kies, gibt zum Baden wenig her. Jedoch herrlich einsam und die absolut urigste

Taverne der Insel: der Wirtsraum direkt am Wasser, halb Wohnzimmer, halb Küche, Herr Koliarakis vermietet auch Zimmer (✆ 22870-21389). Unter den Tamarisken stehen meist ein paar Zelte. Campen ist in der Regel erlaubt, falls man vorher fragt.

Von Achivadólimni zur Südküste

Kurz nach dem Campingplatz biegt die asphaltierte Straße zum Strand Provatás an der Südküste ab. Etwa 1 km weiter zweigt linker Hand eine breite Piste zu den unbedingt sehenswerten Stränden Tsigrádo und Firipláka ab. Sie führt allerdings mitten durch das staubig-weiße Abbaugebiet einer Schürffirma, die schweren Laster wirbeln viel Sand auf, erhöhte Vorsicht!

▸ **Tsigrádo und Firipláka**: abgelegene Idylle an der Mitte der Südküste. Kurz vor der Küste gabelt sich die Zufahrtspiste. Der linke Abzweig endet auf einem Kap, daneben liegt ein prachtvoller Dünenhang, der sich steil zum kleinen Strand von Tsigrádo hinunterzieht – Fahrzeug stehen lassen und im Sand hinunterstapfen. Der rechte Fahrweg endet auf einem Kap kurz vor dem langen, schmalen Sandstrand von Firipláka unter blutroten und schneeweißen Felshängen, im Wasser ragen bizarre Zinken auf. Im Sommer hat eine kleine Strandbar geöffnet.

▸ **Órmos Provatás**: weite, teils landwirtschaftlich genutzte Bucht mit mehreren schmalen Sandstränden, eingefasst von weißen und roten Klippen. Unterkunft bieten das gepflegte Hotel "Golden Milos Beach" (✆ 22870-31307, ℻ 31309) und einige Zimmervermieter.

Westlich von Provatás führt die Straße hoch über der Küste weiter. Der Asphaltbelag endet kurz hinter den wenigen Häusern von Kípos. Näheres zum Inselwesten im nächsten Abschnitt.

Inselwesten

Extrem felsig und bergig, kaum besiedelt, staubige Pisten, aber stellenweise auch viel Grün. Die Landschaft ist geprägt vom 750 m hohen Profítis Ilías und anderen Gipfeln.

Von Agía Marína hat man die Möglichkeit, den Westteil von Mílos zu umrunden und vom Strand Provatás wieder zurück an den Órmos Mílou zu fahren. Der Fahrweg ab Agía Marína Richtung Westen ist nicht asphaltiert – mit dem Moped zu machen, aber vorsichtig fahren!

▸ **Ágios Ioánnis Theológos**: großer, weißer Komplex am Weg, um die Kirche niedrige Wohnhäuschen und Pilgerzellen, im Sommer z. T. bewohnt. In der südlichen Längswand der Kirche steckt neben der Tür die *Granate* eines englischen Kriegsschiffs, das hier im Zweiten Weltkrieg eine deutsche Stellung bombardierte. Kleine Spende wird erwartet. Mehrtägiges *Klosterfest* um den 25. September.

Vom Kloster geht es an der Rückseite des Profítis Ilías durch wilde Steinlandschaften um die südwestliche Ecke von Mílos. Die Küste ist hier extrem zerklüftet, senkrechte Steilabfälle ins Meer, Grotten und Klippen, dazwischen eingeschlossen kleine Sandstrände. Schönster Punkt ist Kléftiko, das mit Badebooten ab Adámas angefahren wird.

▸ **Kléftiko**: am besten zu erreichen per Badeboot ab Adámas. Turmhohe Felshänge mit Grotten, vorgelagerten Klippen und kleinen eingelagerten Sandstränden. Ehemaliger Piratenschlupfwinkel.

- **Gérontas**: ruhiger Sandstrand, eingefasst von malerischen Kalkfelsen. Abzweig südöstlich von *Xilokeratiá*, kurz nach der Kirche Agía Sofía.
- **Kípos**: Nur einige Viehzüchter leben hier. Die *Panagía tou Kípou* unterhalb der Straße ist die älteste Kirche der Insel, wurde aber durch spätere Restaurierung stark verändert. Im Inneren alte Marmorplatten und Teile eines hellenistischen Sarkophags, in die später christliche Symbole eingemeißelt wurden. Hinter dem Altar ein kreuzförmiges Taufbecken.

Östlich von Kípos beginnt Asphalt und schnell ist man wieder am Órmos Mílou.

Kímolos

Der einsame Nachbar von Mílos ist nur durch eine schmale Meerenge von der Hauptinsel getrennt. Außer der Chóra ist Kímolos kaum besiedelt, bizarr erodierte weiße Kalkklippen und einige Strände bestimmen die Küstenlinie. Die meisten Besucher kommen nur für einen Tagesausflug, ein großes Fährboot tuckert täglich von Pollonía hinüber.

Der Besuch der Chóra oberhalb vom Hafenort Psathí lohnt vor allem wegen des interessanten Kástro-Viertels. Ganz in der Nähe liegt Alikí, der längste Inselstrand. An der nördlichen Ostküste wird wie auf Mílos Bentonit abgebaut, auch dort gibt es einen reizvollen Strand.

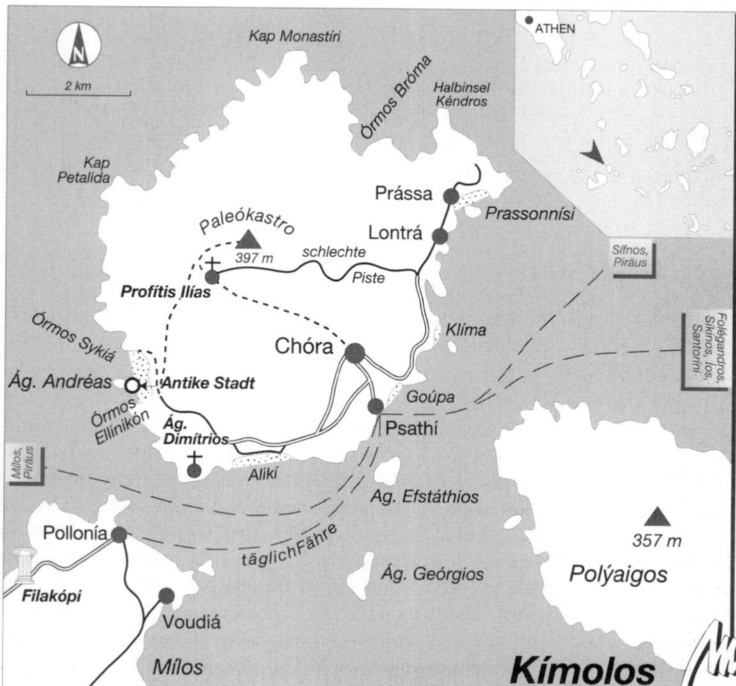

• *Verbindungen* Die Fähren und Schnellboote von **Piräus** nach **Mílos** bzw. von Mílos nach **Síkinos**, **Folégandros**, **Íos** und **Santoríni** machen in der Regel auch im kleinen Hafen von Kímolos Halt. Fahrtzeit ab Piräus ca. 8 Std., Deck/Pullmannsitz ca. 16 €. Ansonsten pendelt tägl. 4- bis 6-mal ein Fährschiff (Karamitsos Lines) mit Autotransport zwischen **Pollónia** (Mílos) und **Psáthi** (Fahrtzeit ca. 20 Min., ca. 4 € einfach). Achtung: Bei höheren Windstärken fallen die Überfahrten aus.

Achtung: derzeit kein Geldwechsel und kein Fahrzeugverleih auf Kímolos.

▸ **Psathí**: kleiner Hafenort mit winzigem Kies-/Sandstrand und guter Taverne "To Kyma", ein Kafenion am Fähranleger. Zur Chóra Spaziergang auf einer Serpentinenstraße (ca. 1 km). Bei der Schule kann man links den gepflasterten Weg nehmen, der beträchtlich abkürzt. Er endet bei der großen Hauptkirche am unteren Ortsbeginn. Dort auch gleich der Südeingang zum venezianischen Kástro.

Verbindungen seit 2001 gibt es einen **Bus**, der mehrmals tägl. zur Chóra und zum Strand von Alikí fährt. Fahrtzeiten sind auf die Fähren abgestimmt.

Kímolos auf einen Blick

Größe: 36 qkm, Küstenlänge 40 km, größter Durchmesser ca. 9 km.

Bevölkerung: ca. 700 Einwohner, viele nur im Sommer, starke Abwanderung.

Wichtige Orte: nur zwei, Psathí (Hafen) und die Chóra.

Straßen: Asphalt von Psathí zur Chóra und zum Strand von Alikí, teilweise asphaltiert ist die Straße bis Prássa im Nordosten, sonst gibt es nur Pisten.

Entfernungen: Psathí – Chóra 1 km, Chóra – Alikí-Strand 2,5 km, Alikí – Órmos Ellinikón 3 km, Chóra -Prássa 4,5 km.

Auto-/Zweiradverleih/Tankstellen: derzeit keine.

Übernachten: ausschließlich Privatzimmer, hauptsächlich in der Chóra und am Strand von Alikí.

Baden: Strände gibt es bei Alikí (Südküste), Ellinikón (Westküste) und Prássa (Nordosten).

Karten: In den gängigen Mílos-Karten ist Kímolos eingezeichnet, z. B. auf der sehr genauen Karte von Road Editions.

Postleitzahl: 84004.

Chóra

In schöner Hügellage ein nettes und geruhsames Örtchen, wo hauptsächlich Griechen Urlaub machen und man noch relativ unverfälschtes Dorfleben kennenlernen kann.

Sehenswert ist der mittelalterliche Kern mit venezianischem Kástro-Viertel, zahlreichen Kirchen und alten Inselhäusern, am Kamm darüber eine Reihe alter Windmühlen. An der Peripherie renovierte Villen bzw. Neubauten – Sommersitze ehemaliger Bewohner von Kímolos, die heute in Athen leben. Zahlreiche Wassertürme, Tanks und Zisternen stellen die Wasserversorgung sicher. Das Kástro ist der Kern der heutigen Chóra, eine mittelalterliche Wehrsiedlung in Vierecksform, die Häuser nach außen wehrhaft (Türen und Fenster gingen früher nur nach innen) und heute noch teilweise bewohnt, innen ein weiterer Gebäudering. Leider ist das meiste verfallen und wird höchstens noch zur Viehhaltung genutzt. Quer durch den inneren Bezirk führt ein Weg zur kleinen *Christuskirche*, der ältesten Inselkirche. Dort gegenüber die Kapelle *Panagía Eleoúsa.*

• *Übernachten* **Maria Melanitis**, auf halbem Weg vom Hafen zur Chóra, direkt an der Straße. Acht ordentliche Zimmer, z. T. Gemeinschaftsbäder. ✆ 22870-51392.

Nikos Ventouris, im hinteren Ortsteil an der Hauptgasse, schlichte Taverne mit Vermietung von neuen, sauberen Zimmern. ✆ 22870-51329.

Meltemi, hinter der Chóra in Richtung Berge, unten gemütliche Taverne, oben vier Zimmer mit Bad und Kühlschrank, Dachterrasse mit Panoramablick.

• *Essen & Trinken* **Panorama**, etwas versteckt beim Osttor vom Kástro, verglaste Holzveranda mit Meeresblick, Essen in Ordnung.

• *Cafés/Bars* **Café 1860**, schönes Plätzchen am Südeingang zum Kástro, abends strahlen Scheinwerfer das Tor an.

Agora, etwas westlich vom Café 1860, andere Straßenseite. Gute Musikmischung bei angenehmer Atmosphäre.

Cafeteria/Bar, zentrale Lage, wenige Schritte unterhalb der Taverne Panorama. Mittelpunkt des "Nachtlebens" und Treffpunkt der Jugend.

▸ **Alikí**: 2,5 km westlich von Hafen und Chóra, meistbesuchter Strand der Insel, zu erreichen auf bequemer Asphaltstraße. Etwa 1 km Sand, mit großen Kieselsteinen durchsetzt, auch im Wasser reichlich Steine. Eine Piste verläuft parallel zum Strand bis zur Sandbucht *Kalamítsi* mit Tamarisken und netter Taverne.

Auf holpriger Piste kann man bis zum *Órmos Ellinikón* an der Westküste weiterfahren, dort liegen zwei weitere einsame Strände ohne Einrichtungen.

• *Übernachten/Essen & Trinken* **Aliki**, etwas zurück vom Meer, hübsche, schattige Gartentaverne mit Vermietung von schlichten Zimmern, preiswert. Abends kann man hier gemütlich essen. ✆ 22870-51340.

Sardis, ein Stück weiter westlich, ebenfalls im Hinterland vom Strand. Neu erbautes Haus mit Taverne und 10 DZ für ca. 30–50 €. Freundliches Wirtspaar, die Tochter spricht Englisch und etwas Deutsch. ✆ 22870-51458.

Ioanna Ventouris, am Strand Kalamítsi, noch weiter westlich. Urige Taverne, als einzige direkt am Meer, sehr beliebt. Ebenfalls Zimmervermietung. ✆ 69722-26789.

▸ **Ostküste**: Auf der Kéndros-Halbinsel im Nordosten von Kímolos liegt seit der Antike die Bergbauregion der Insel. Noch heute wird hier im Tagebau pudrig-weißer Bentonit in riesigen Mengen abgebaut, eine höchst eindrucksvolle Szenerie. Von der Chóra fährt man auf einer anfangs asphaltierten Straße an der Ostküste entlang. Man passiert zunächst das Fischerörtchen *Goúpa* mit aus dem Tuff gehauenen Bootsgaragen, ähnlich wie auf Mílos. Faszinierend sind im Folgenden die zahllosen, kunstvoll aufgeschichteten Terrassen, Mauern und Häuser, die vollständig aus Aushub bestehen. Bald erkennt man die weißen Bentonitberge der Kéndros-Halbinsel. An der Südseite der Halbinsel liegt ein grobkörniger *Sandstrand*, der ganz flach ins Wasser geht. Das blendende Weiß des Bentonits bildet einen bizarren Kontrast zum herrlich türkisen Wasser. Weiter führt die Piste direkt ins Bergbaugebiet, wo Schwerlaster dröhnen und die Luft voll weißem Staub hängt.

Kykladen Karte S. 321

In den Weißen Bergen im Westen Kretas

Kreta

Für viele die Quintessenz eines Griechenland-Aufenthalts. Wie ein gewaltiger Riegel liegt das kretische Gebirge am Südrand der Ägäis. Es bietet die letzte Möglichkeit, Sommer zu spüren, während bei uns die Blätter braun werden. Und pünktlich zu Ostern landen die voll gepackten Jets aus Mitteleuropa erneut zum Sonnetanken.

Mächtige Zweitausender beherrschen das Bild. Nach Norden gleiten sie in hügeligen Ausläufern sanft in große Küstenebenen ab, in denen alle wichtigen Städte liegen. Anders im Süden, vor allem im eindrucksvollen Südwesten. Hier enden die Bergmassive oft in jähen Abstürzen – Steilküsten mit eingelagerten Sand- und Kiesstränden, winzige Dörfer zwischen hohen Felswänden, in die die Sonne gnadenlos hineinprallt. Während die langen Sandstrände an der verkehrsgünstigen Nordküste großteils für den internationalen Massentourismus erschlossen sind, sind die abgelegenen Strände und Küstenorte im Süden eher Individualisten vorbehalten, z. B. *Soúgia, Loutró* und *Léntas.* Doch bei zahllosen Busausflügen entdecken die Hotelgäste um *Iráklion* zusehends die populärsten Ziele des Südens, angefangen bei *Festós,* dem minoischen Palast, mit anschließendem Badeaufenthalt in der legendären Bucht von *Mátala.* Die auch von Reiseveranstaltern angebotenen Südküstenorte *Paleochóra, Agía Galíni* und *Plakiás* nennen bereits ein beachtliches Hotelangebot ihr Eigen.

Wer die Ruhe sucht, dem sei der malerische *Golf von Kíssamos* im Nordwesten, der Südosten (westlich von Ierápetra) und – bedingt – die wenig besuchte *Westküste* empfohlen. Der dortige Strand von *Elafonísi* ist unbestritten einer der schönsten der Insel, allerdings inzwischen beliebtes Ziel von Badebooten und Mietwagenfahrern. Oder er weicht ins Inselinnere aus. Besondere Spezialität Kretas sind die Hochebenen. Ob *Omalós, Nída* oder *Lassíthi*, überall sind diese meist kreisrunden Weideflächen in den Bergen zu finden, gut abgeschirmt durch die Felswände ringsum. Die weltberühmte *Samariá-Schlucht* schließlich bietet eine der reizvollsten Möglichkeiten, Kreta zu Fuß zu entdecken – was ist schöner, als sich nach einer stundenlangen steinigen Wanderung ins tintenblaue Libysche Meer zu stürzen ...

Anfahrt/Verbindungen

- *Mit dem Schiff* Überfahrten von Piräus etwa 3- bis 4-mal täglich, sehr häufig auch von Santoríni, dazu 1-mal wöch. vom Peloponnes sowie von diversen griechischen Inseln.

Von Piräus: ANEK fährt 1-mal tägl. nach Iráklion, Réthimnon und Chaniá, Minoan Lines nach Iráklion. Außerdem gibt es mehrmals wöch. Überfahrten nach Ágios Nikólaos und Sitía. Abfahrt meist abends, Dauer ca. 8–10 Std., Deckplatz/Pullmannsitz pro Pers. ca. 30 €, Auto 70 € aufwärts.

Vom Peloponnes: Mai bis September 1-mal wöch. mit "ANEN Lines" ab Gýthion nach Kíssamos (Westkreta).

Von Santoríni: Von April bis Oktober etwa 1-mal tägl. nach Iráklion, entweder mit normalen Linienschiffen (je nach Größe 4,5–6 Std.) oder per Schnellboot (2,5 Std., aber teurer).

- *Mit dem Flugzeug* ab **Athen** mindestens 5- bis 7-mal tägl. nach Iráklion (ca. 70 €), bis zu 4-mal tägl. nach Chaniá (70 €) und 2- bis 4-mal wöch. nach Sitía (ca. 75 €) bzw. in umgekehrter Richtung. Außerdem gibt es mehrmals wöch. Verbindungen von **Iráklion** nach Rhódos (65 €), Santoríni (62 €) und Thessaloníki (90 €).

Kreta auf einen Blick

Größe: etwa 8300 qkm, Länge ca. 250 km, 10–60 km breit.

Bevölkerung: mit knapp 500.000 Einwohnern (davon 100.000 in der Hauptstadt Iráklion) relativ gering besiedelt, die großen Städte liegen alle an der Nordküste.

Geografie/Geologisches: sehr gebirgig, mehrere gewaltige Massive beherrschen das Profil. Höchster Gipfel ist mit 2456 m der Tímios Stavrós im Ída-Gebirge (Zentralkreta).

Wichtige Orte: Iráklion, die Hauptstadt; Chaniá und Réthimnon, die beiden nächstgrößeren Städte (schöne Altstadtviertel); Sitía, ruhige Stadt im Nordosten; Ágios Nikólaos, bekanntester Touristenort; Ierápetra, größte Stadt an der heißen Südküste.

Straßen: insgesamt gut ausgebautes Straßennetz, mit Schlaglöchern, Bodenwellen und Steinschlagschäden muss man rechnen. Die Straße längs der Nordküste ist am besten ausgebaut, leidlich auch die Nord-Südverbindungen. An der westlichen Südküste gibt es wegen der unpassierbaren Weißen Berge keine Küstenstraße. Boote stellen dort die Verbindung zwischen den Küstenorten her.

Entfernungen: Iráklion – Réthimnon ca. 60 km, Réthimnon – Chaniá ca. 40 km, Chaniá – Kíssamos 30 km, Iráklion – Ágios Nikólaos ca. 50 km, Ágios Nikólaos – Sitía ca. 40 km, Iráklion – Mátala ca. 60 km, Chaniá – Paleochóra ca. 55 km.

Auto-/Zweiradverleih: überall, wo es Touristen gibt, vor allem in den Städten Iráklion, Réthimnon und Chaniá überreiche Auswahl.

Tankstellen: auf den Durchgangsstraßen dichtes Netz, aber Vorsicht bei Abstechern in kleine Bergdörfer abseits der Hauptstraßen.

Übernachten: Der Bauboom grassiert, kein Küstenort, der nicht über genügend Unterkünfte verfügt. Auch viele Inlandsorte besitzen Privatzimmer, z. T. einfache Hotels. Die großen Badehotels liegen alle an der Nordküste. 15 Campingplätze sind auf der Insel verteilt.

Baden: an der flachen Nordküste diverse lange Sandstrände. An der raueren Südküste wechseln lange Sandstrände mit Fels- und Kiesbuchten. Viel Auswahl.

Karten: Aktuell und genau ist die Karte von Road Editions (1:250.000).

Karte S. 512/513

Iráklion

Die Hauptstadt Kretas ist das unbestrittene Zentrum der Insel. 90 % aller ausländischen Urlauber betreten hier kretischen Boden, sei es per Charter-/ Linienflug oder mit der täglichen Fähre ab Piräus.

Besonders schön ist Iráklion sicher nicht, aber die lebhafte Inselmetropole mit ihrem hohen Bevölkerungsanteil an Studenten besitzt Atmosphäre und ist für ein, zwei Tage Aufenthalt auf jeden Fall gut. Bedeutendste Attraktion ist das Archäologische Nationalmuseum mit der größten minoischen Sammlung der Welt. Nur wenige Kilometer außerhalb der Stadt steht außerdem der berühmte Palast von Knossós, der getrost zu den Weltattraktionen in Sachen Archäologie gezählt werden kann.

Information/Verbindungen

- *Information* Büro des griechischen Fremdenverkehrsamts **EOT** am Eleftherias-Platz, gegenüber Archäolog. Museum. Mo–Fr 8.30–14.20 Uhr, Sa/So geschl. ✆ 2810-228225, 📠 226020.
- *Verbindungen* effizientes Bussystem, insgesamt drei **Busbahnhöfe** in Iráklion, zwei davon direkt am Hafen (Busse entlang der Nordküste), einer am Chaniá-Tor (Busse in den Süden). Besorgen Sie sich die beiden kostenlosen **Busfahrpläne** für die Regierungsbezirke Iráklion/Lassíthi und Réthimnon/Chaniá.

Der **Hafen** liegt 1 km östlich vom alten venezianischen Hafen und Zentrum, der **Flugplatz** einige Kilometer weiter in derselben Richtung (öffentliche Busse).

Übernachten (siehe Karte auf S. 514/515)

Hotel Kastro (7), B-Kat., Theotokopoulou Str. 22, ein paar Meter unterhalb vom El-Greco-Park. Vollständig renoviertes Stadthotel, geschmackvolle Lobby, Dachterrasse. Komfortable Zimmer mit Schallschutzfenstern, Balkons, Aircondition, TV, Kühlschrank und ISDN-Anschluss (Internet), gute Bäder mit Föhn, nach hinten relativ ruhig. DZ mit Frühstück ca. 90–120 €. ✆ 2810-284185, 📠 223622, www.kastro-hotel.gr

Hotel Mirabello (6), C-Kat., Theotokopoulou Str. 20, neben Hotel Kastro. Fassade schön restauriert, innen bisher nicht. 25 einfache Zimmer, nur z. T. mit renovierten Bädern, teils Balkon und Aircondition. DZ mit Bad ca. 40–50 €, mit Etagendusche ca. 35–40 €, Frühstück extra. ✆ 2810-285052, 📠 225852, www.mirabello-hotel.gr

Hotel Lena (4), E-Kat., Lachana Str. 10, etwa auf der Hälfte der Avgoustou Str. die Vironos Str. 150 m hinein, dann rechts. Das Altstadthaus in einer ruhigen Seitengasse wurde kürzlich renoviert. 15 einfache, aber ordentliche Zimmer, teils Klimaanlage bzw. Heizung, nette Atmosphäre. DZ mit Bad ca. 30–44 €, mit Etagendusche ca. 25–35 €, Frühstück extra. ✆ 2810-223280, 📠 242826.

Hellas (10), Chandakos Str. 24, jugendherbergsähnliches Haus, schlicht, aber sauber. DZ ca. 28 €, Dreibettzimmer ca. 38 €,

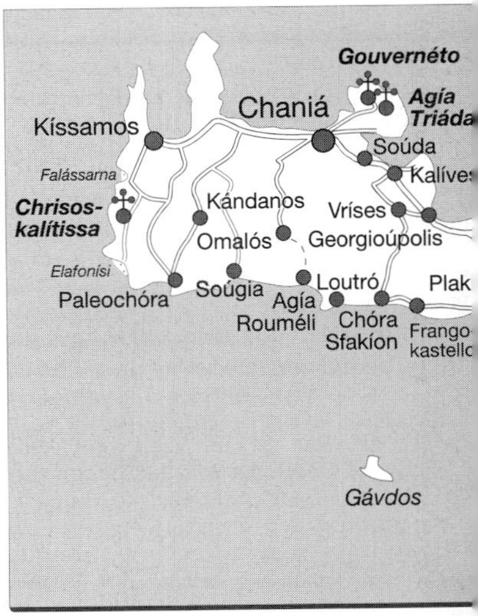

Vierbettzimmer ca. 45 €, im Schlafsaal mit 6 Betten pro Pers. ca. 10 €. Dachgarten mit Bar, herrlicher Blick über die Dächer bis zum schneebedeckten Ída-Gebirge. ✆ 2810-288851, ✆ 284442.

Jugendherberge (5), Vironos Str. 5, Seitengasse der 25 Avgoustou Str., älteres Haus in zentraler, aber ruhiger Lage. Einfache Schlafräume mit Doppelstockbetten und Bretterböden, ca. 9 € pro Bett (inkl. Bettwäsche), DZ ca. 22 €. Nur kaltes Wasser, karges Frühstück, keine Kochmöglichkeit, Gepäckaufbewahrung. ✆ 2810-286281, ✆ 222947.

Essen & Trinken/Nachtleben (siehe Karte auf S. 514/515)

Giovanni (13), Adam Korai Str. 12, gepflegtes und ruhiges Speisen zu höheren Preisen in einer schmalen Parallelgasse zur Fußgängerzone.

Loukoulous (12), italienisches Lokal gegenüber von Giovanni, hübscher Garten, historisches Haus, Pizza vom Holzofen und gute Nudelgerichte. Ebenfalls etwas teurer.

Ionia (14), Evans Str.3, traditionelle Taverne, kürzlich modernisiert, langjährig gute Qualität.

Prassin Aloga (11), nette Kleintaverne an einem schattigen Plätzchen an der Chandakos Str.

Siga Siga (9), hübsch aufgemachtes Kafenion unterhalb vom El-Greco-Park. Tavli spielen, Musik hören, in Ruhe die Speisekarte durchkosten oder einfach nur eine Karaffe Wein trinken.

Katsinas (3), Marineli Str. 12, seitlich der Avgoustou Str., einfache Ouzerie, ordentliche Küche, zivile Preise.

Mehrere Fischtavernen (2) mit Meerblick findet man vis à vis vom venezianischen Kastell, z. B. die Ouzerie **Ippokampos (1)** an der Promenade westlich des Fischerhafens.

Eine Reihe gemütlicher kleiner Tavernen liegt nebeneinander im "**Schmutzgässchen**" **(15)**, einer Seitengasse der Marktstraße.

Außerdem gruppiert sich abseits der lauten Verkehrsstraßen eine Handvoll hübscher Gartentavernen um die Platia Viglas, direkt auf der **Bastion Vitouri (16)**, südlich vom Eleftherias-Platz.

• *Nachtleben* Man trifft sich am Platz um den **Morosini-Brunnen** oder in den berstend vollen Studentenkneipen im **Odos Perdikari** und an der **Platia Adam Korai** seitlich der Fußgängerzone.

Privilege Club (8), Leoforos Doukos Bofor Str. 7, unmittelbar oberhalb vom Busbahnhof am Hafen, geräumige, an Wochenenden oft übervolle Disco.

Karte S. 512/513 Kreta

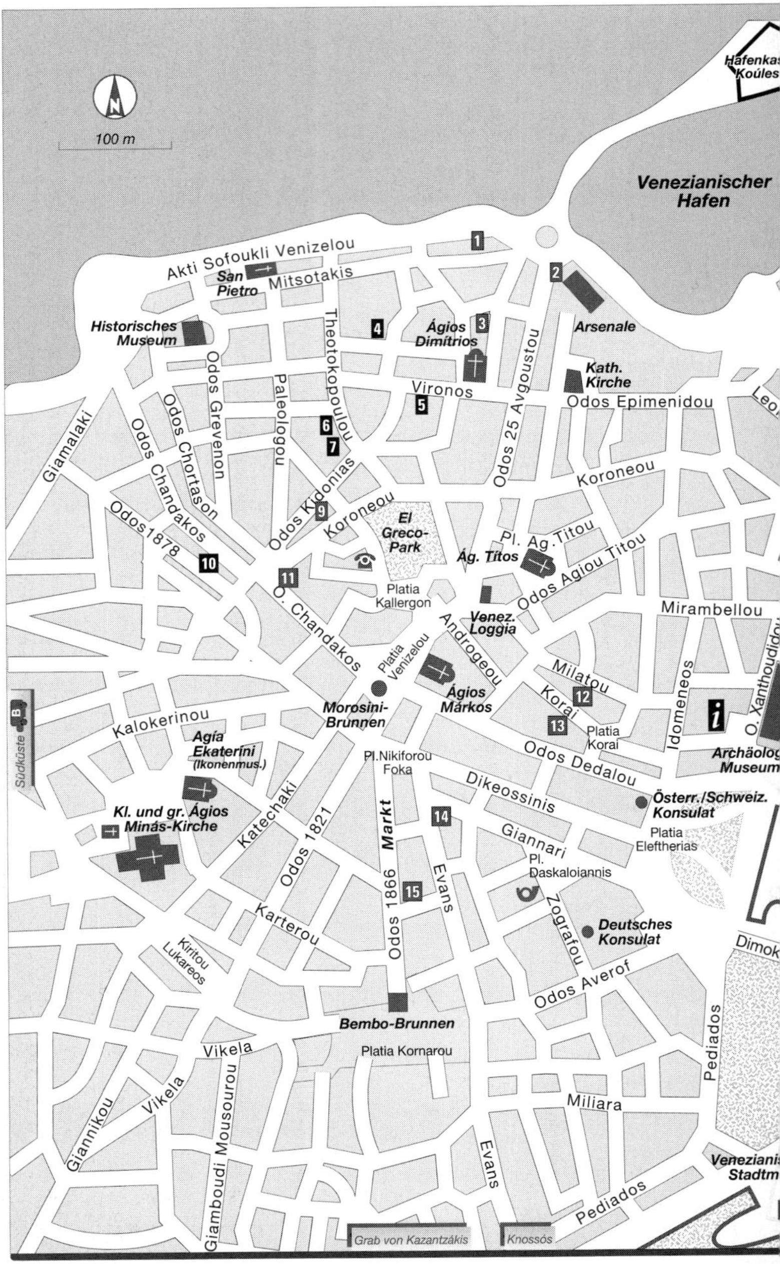
100 m
Venezianischer Hafen
Akti Sofoukli Venizelou
San Pietro
Mitsotakis
1
2
Arsenale
Historisches Museum
Theotokopoulou
4
Ágios Dimítrios
3
Kath. Kirche
Odos Epimenidou
Vironos
5
Odos Grevenon
Paleologou
Odos 25 Avgoustou
Giamalaki
Odos Chortason
Odos Chandakos
6
7
Odos Kidonias
Koroneou
9
Koroneou
El Greco-Park
Odos 1878
10
Pl. Ag. Titou
Ág. Títos
Odos Agiou Titou
11
O. Chandakos
Platia Kallergon
Venez. Loggia
Mirambellou
Androgeou
Platia Venizelou
Ágios Márkos
Milatou
Korai
12
13
Platia Korai
Idomeneos
Südküste
B
Kalokerinou
Morosini-Brunnen
Agía Ekateríni (Ikonenmus.)
Pl. Nikiforou Foka
Odos Dedalou
Dikeossinis
Österr./Schweiz. Konsulat
Platia Eleftherias
Kl. und gr. Ágios Minás-Kirche
Katechaki
Odos 1821
Markt
14
Giannari
Pl. Daskaloiannis
Evans
15
Odos 1866
Zografou
Deutsches Konsulat
Karterou
Kiritou Lukareos
Odos Averof
Pediados
Bembo-Brunnen
Vikela
Platia Kornarou
Vikela
Giannikou
Giamboudi Mousourou
Miliara
Evans
Pediados
Grab von Kazantzákis
Knossós

Übernachten

4 Hotel Lena
5 IYHF-Jugendherberge
6 Hotel Mirabello
7 Hotel Kastro
10 Hellas

Essen & Trinken

1 Ippokampos
2 Fischlokale
3 Katsinas
9 Siga Siga
11 Prassin Aloga
12 Loukoulos
13 Giovanni
14 Ionia
15 'Schmutzgässchen'
16 Bastion Vitouri (Tavernen)

Nachtleben

8 Privilege Club

Iráklion

Kreta
Karte S. 512/513

Der venezianische Morosini-Brunnen im Herzen der Altstadt

Sehenswertes

Zentrum der Altstadt ist die Platia Venizelou mit dem venezianischen *Löwenbrunnen* (Morosini-Brunnen) und zahlreichen Cafés und Restaurants. Hier beginnt auch die *Fußgängerzone* namens Odos Dedalou, die zum weitläufigen Eleftherias-Platz mit dem Nationalmuseum führt (s. u.). Nur wenige Schritte südlich vom Brunnen trifft man auf die lebhafte *Marktgasse*, nördlich stehen die ehemalige *venezianische Loggia* und die große Kirche *Ágios Títos*. Besonders schön bummeln lässt es sich am venezianischen Hafen, der vom wehrhaften venezianischen *Kástro Koúles* bewacht wird. Und auch die venezianische Stadtmauer von Iráklion ist noch weitgehend erhalten. Auf der Marengo-Bastion kann man das Grab des weltberühmten kretischen Dichters *Nikos Kazantzákis* betrachten.

• Öffnungszeiten/Preise **Marktgasse**, Mo–Fr 8.30–14.30 Uhr, außer Mo und Mi auch nachmittags 17–20.30 Uhr, Sa 7–14.30 Uhr. **Ágios Títos**, tägl. 7–12.30, 16.30–19.30 Uhr, außer zur Zeit der Messen. Keine Shorts. **Kástro Koúles**, Di–So 8.30–18.30 Uhr, Mo geschl. Eintritt ca. 2 €, Schül./Stud. die Hälfte.

Archäologisches Nationalmuseum: einzigartige Sammlung von der Steinzeit bis zur römischen Besetzung, museumsdidaktisch allerdings nicht auf dem neuesten Stand. Schwerpunkt sind die Minoer und ihre Kultur. Hier finden Sie weltberühmte Stücke wie den "Diskos von Festos", die "Schlangengöttinnen", den "Stierspringer" und den "Stierkopf" auf engstem Raum versammelt. Die Sammlung ist chronologisch aufgebaut. In den Sälen I-XIII im Erdgeschoss befinden sich Keramikfunde, Waffen, Hausrat, Schmuck u. a. vom Neolithikum bis zur Nachpalastzeit und Geometrischen Epoche (5000–650 v. Chr.). Im ersten Stock sind die Reste der großartigen Farbfresken aus Knossós und verschiedenen Privatvillen zu sehen.

• Öffnungszeiten/Preise Di–So 8–19, Mo 12–19 Uhr; Oktober bis April 8–17 Uhr, Mo geschl. Eintritt ca. 6 € (Kombiticket mit Knossós ca. 10 €), für Personen über 65 und Schüler/Stud. aus Nicht-EU-Ländern ca. 3 € (Kombiticket 5 €). Freier Eintritt für EU-Schül./Stud. und Jugendliche bis 18 J. Fotografieren ohne Blitz und Video erlaubt, Stativ verboten.

Der Prinz mit den Lilien

So hat man eins der farbenprächtigen Wandbilder der Minoer genannt, die heute im Archäologischen Nationalmuseum von Iráklion zu bewundern sind. Kreta besaß einst die erste hoch entwickelte Zivilisation auf europäischem Boden. Die nach ihren sagenhaften Minos-Königen benannten Einwohner errichteten glanzvolle Paläste, schufen leuchtende Wandgemälde und hämmerten fein ziselierten Goldschmuck, während unsere Vorfahren noch in den germanischen Urwäldern hausten. Ab etwa 2000 v. Chr. entwickelte sich eine differenzierte Gesellschaftsordnung, die wahrscheinlich das ganze östliche Mittelmeer beherrschte. Um 1500 v. Chr. gingen ihre großartigen Paläste in einer bis heute rätselhaften Katastrophe zugrunde. Die Mutmaßungen reichen vom Vulkanausbruch auf Santoríni über Erdbeben bis zur Invasion festländischer Armeen. Seit Anfang des 20. Jh. hat man die Paläste ausgegraben – zumindest die berühmte Anlage von Knossós (bei Iráklion) sollte man sich nicht entgehen lassen.

Historisches Museum: an der Uferstraße westlich vom Hafen. Weit gefächerte Ausstellung zur kretischen Geschichte, vom Frühchristentum bis heute.

Öffnungszeiten/Preise Mo–Fr 9–17 Uhr, Sa 9–14 Uhr, So geschl. Eintritt ca. 3 €, Studenten und Gruppen ca. 2,20 €.

Ikonenmuseum: In der Kirche Agía Ekateríni am gleichnamigen Platz kann man wertvolle Ikonen von Michaíl Damaskinós und anderen Künstlern des 16.–19. Jh. betrachten.

Öffnungszeiten/Preise Mo–Fr 9.30–18.30, Sa 9.30–15 Uhr, So geschl. Eintritt ca. 2 €, Studenten und Familien 1 €, Schüler frei.

Naturhistorisches Museum Kretas: Leoforos Knossou 157, auf halbem Weg nach Knossós. Auf etwa 800 qm werden Flora, Fauna und Geologie der Insel in Vergangenheit und Gegenwart dargelegt, im Hof ist ein Botanischer Garten mit den wichtigsten Pflanzen Kretas angelegt.

Öffnungszeiten/Preise tägl. 9.30–17.30 Uhr. Eintritt ca. 4,50 €, Jugendliche bis 18 J., Stud. und Senioren ca. 1,50 €.

Karte S. 512/513

Umgebung von Iráklion

Zu beiden Seiten der Stadt erstrecken sich lange Sandstrände, die allerdings recht verbaut und nicht sehr attraktiv sind.

▸ **Knossós**: Die berühmte Palastanlage der sagenhaften minoischen Könige liegt nur wenige Kilometer landeinwärts von Iráklion. Entdeckt und unter Verwendung von viel Beton und Fantasie rekonstruiert von Sir Arthur Evans, einem Hobby-Archäologen, der den alten Mythen Glauben schenkte und so weltberühmt wurde. Viel treppauf, treppab – Höhepunkte sind der *Thronsaal* mit dem ältesten Thron Europas, die so genannten *Gemächer des Königspaars*, das überdimensionale *Treppenhaus* und die Nachbildungen der Fresken an den Originalstellen. Am Eingang werden Führungen angeboten.

- *Verbindungen* Stadtbus 2 alle 20 Min. ab Busbahnhof am Hafen (Zustieg auch gegenüber der Venezianischen Loggia).
- *Öffnungszeiten* tägl. 8–19 Uhr, im Winter bis 17 Uhr. Eintritt ca. 6 €, für Personen über 65 J. und Schül./Stud. aus Nicht-EU-Ländern ca. 3 €, frei für EU-Schül./Stud. und Jugendliche bis 18 J.

▸ **Anógia**: großes Bergdorf südwestlich von Iráklion, Ausgangspunkt für eine Fahrt auf die *Nída-Hochebene* im Psilorítis-Massiv (ca. 20 km Asphaltstraße). Von der Ebene kann man in etwa 4,5 Std. den höchsten Gipfel Kretas besteigen, 2456 m ist der *Tímios Stavrós* hoch.

• *Übernachten* In Anógia gibt es mehrere einfache Hotels und Privatzimmer, z. B. **Crete** an der Hauptstraße im oberen Ortsteil, ✆ 28340-31229.

Auf der Nída-Hochebene wurde ein **Gästehaus** errichtet, das bisher allerdings erst halb fertig ist, ✆ 28340-31141 (ab 21 Uhr).

• *Shopping* In Anógia kann man preiswert Schafswollteppiche kaufen, die hier in Heimarbeit produziert werden (allerdings auch schon in Fernost).

Im Folgenden ausgehend von Iráklion die lohnendsten Küstenorte mit ausgesuchten Tipps zum Hinterland

Nordküste

(von Iráklion nach Osten)

Fest in der Hand des internationalen Tourismus, aber es gibt auch noch einige kleinere Orte mit weniger Rummel. Busse fahren von Iráklion aus alle halbe Stunde ab Busbahnhof am Hafen.

▸ **Liménas Chersonísou**: lebhafte Badestadt mit den meisten Hotels der Insel und ausgeprägtem Nachtleben (Tipp: Disco "Camelot"). Der einfache Camping "Caravan" liegt am östlichen Ortsausgang (✆ 28970-22901), sehenswert ist das benachbarte volkskundliche Freilichtmuseum *Lychnostátis*. Stimmungsvolle Tavernen findet man in den etwas oberhalb gelegenen Dörfern *Koutouloufári*, *Piskopianó* und *Chersónisos*.

Öffnungszeiten **Freilichtmuseum**, So–Fr 9.30–14 Uhr, Sa geschl., Eintritt mit Führung ca. 4,20 €.

▸ **Mália**: weiterer extrem touristischer Fremdenverkehrsort, eine Taverne, Disco, Bar neben der anderen, viele junge Briten, langer, schmaler Sandstrand. Östlich vom Ort liegt der minoische *Palast von Mália*, schöne Badebucht benachbart. Preiswerte Quartiere und einige gute Tavernen gibt es im alten Ortszentrum südlich der Durchgangsstraße.

Öffnungszeiten **Palast**, Di–So 8.30–15 Uhr, Mo geschl., Eintritt ca. 2,50 €, EU-Schül./Stud. frei, aus anderen Ländern halber Preis.

▸ **Paralía Milátou**: ruhiges Dörfchen im östlichen Teil der Bucht von Mália, allerdings eher unansehnlicher Strand.

Ágios Nikólaos

Touristenhochburg mit städtischem Charakter. Im Zentrum ein dunkelgrüner Süßwassersee, benachbart der fjordartig eingeschnittene Hafen, im Umkreis zahlreiche Bars und Tavernen. Abends ist alles stilvoll illuminiert. Sehenswert ist in der Paleologou Str. 68 das *Archäologische Museum* mit Funden aus Ostkreta. In der Umgebung ausschließlich kleine Strände, die oft überfüllt sind.

Öffnungszeiten **Archäologisches Museum**, Di–So 8.30–15 Uhr, Mo und feiertags geschl., ca. 3 €, EU-Schül./Stud. frei, aus anderen Ländern halber Preis.

• *Verbindungen* neuer, moderner **Busbahnhof** am nordwestlichen Stadtrand.

• *Übernachten* **Hotel Pergola**, D-Kat., Sarolidi Str. 20, ordentlich geführtes Haus, Blick auf den Golf mit der vorgelagerten Insel Ágii Pándes, Frühstücksraum und hübsche Terrasse mit Meeresblick. DZ mit Balkon und Kühlschrank ca. 26–40 €. ✆ 28410-28152, 📠 25568.

Marin, Iosif Koundourou Str. 6, an der rechten Seite vom Hafen, 5 Zimmer und 2 Appartements, herrlicher Hafenblick, nette Wirtin Chrisoula. Frühstücksmöglichkeit im Hof oder auf dem Zimmer. DZ ca. 20–35 €. ✆ 28410-23830.

Mylos, Sarolidi Str 24, weißes Haus mit unverbautem Meerblick auf den Golf und die vorgelagerte Insel Ágii Pándes, saubere Zimmer, jeweils mit Bad und Balkon, geführt vom Ehepaar Gialitakis, familiäre Atmosphäre. DZ ca. 25–35 €. ✆ 28410-23783.

Mary, Evans Str. 13, nette Pension oberhalb vom Strand Kitroplatía, ruhige Lage, Zimmer mit schmalen Balkons, im obersten Stockwerk Terrasse. DZ ca. 20–35 €. ✆ 28410-23760.

Afroditi, Koritsas Str. 27, hübsche Rooms mit Dachgarten nördlich vom See, DZ ca. 20–35 €. ✆ 28410-28058.

Nächster Zeltplatz ist **Gournia Moon**, etwa 14 km in Richtung Sitia, kurz vor Pachiá Ámmos. Die Busse nach Sitía und Ierápetra halten auf Anfrage.

• *Essen & Trinken* **Pelagos**, Strategou Koraka Str. 10, Parallelgasse zur linken Hafenfront. Renovierte klassizistische Villa mit idyllisch-schattigem Garten, der wie eine grüne Oase anmutet. Hauptsächlich Fischgerichte, Preise gehoben.

Avli, Pringipos Georgiou Str. 12, nette Ouzerie mit Garten, wo man eine Vielzahl leckerer *mezédes* bekommt. Mittlere Preise.

The Pine Tree, direkt am See, trotzdem griechisch geblieben und nur behutsam modernisiert, schöne Sitzplätze am Ufer. Gutes Angebot an Vorspeisen und Deftiges vom großen Grill.

Aouas, Konstantinou Paleologou Str. 44 (vom See zum Museum), sympathische Grilltaverne mit liebevoll angelegtem Vorgarten.

Itanos, in einer Seitengasse der zentralen Platia Venizelou, eine Institution seit vielen Jahren, im Souterrain hohe, schlichte Räumlichkeiten mit Holzbalken und kretischen Webdecken, auch einige Plätze auf der Straße und eine Dachterrasse mit Blick auf den Platz.

Sarri's, Ecke Kiprou/Modatsou Str, etwas oberhalb vom Busbahnhof, kleines Grilllokal etwas ab vom Schuss, Tische unter weißem Oleander, ruhig und preisgünstig.

• *Sonstiges* **Polychoros Peripou**, 28 Octovriou Str. 25, ansprechend aufgemachtes, multifunktionales Zentrum in der Fußgängerzone – Café, Buchhandlung, Musikladen und Internetzugang, schöner Blick auf den See.

Umgebung von Ágios Nikólaos

▸ **Lassíthi-Hochebene**: fast kreisrund abgezirkeltes Plateau, 800 m über dem Meer. Früher pumpten über 10.000 weiß bespannte Windmühlen das Wasser aus den Höhlen im durchlässigen Kalkgestein. Hauptattraktion ist *Diktéon Ándron*, die sagenumwobene Geburtshöhle des Zeus oberhalb von *Psichró* (beschildert). Weiterhin sehenswert sind das *Volkskundliche Museum* und das *Venizelos-Museum* im Dorf *Ágios Geórgios*. Websachen kann man in *Agios Konstantinos* kaufen, die Verkäufer sind allerdings teils recht aufdringlich. Eine Straße führt rund um die Ebene.

Öffnungszeiten **Höhle**, tägl. 8–19 Uhr, Eintritt ca. 4 €, EU-Schül./Stud. frei, aus anderen Ländern halber Preis. **Museen**, beide tägl. 10–16 Uhr, Sammeleintritt ca. 3 €.

• *Anfahrt/Verbindungen* Mit eigenem Fahrzeug auf neuer Straße ab **Mália** schnell zu erreichen. Busse fahren ab **Iráklion** und **Mália**, ab **Ágios Nikólaos** höchstens im Hochsommer.

• *Übernachten* Zimmer gibt es vor allem in Psichró und Tzermiádon. Unser Tipp ist Hotel **Dionysos** in Magoulás, 1 km östlich von Psichró, ✆ 28440-31672.

▸ **Kritsá**: malerisches, allerdings touristisches Bergdorf inmitten von Olivenbäumen am Hang hinter Ágios Nikólaos. Unbedingt ansehen sollte man die Kirche der *Panagía i Kerá* vor dem Ortseingang, deren drei Schiffe über und über mit byzantinischen Fresken aus dem 13./14. Jh. bemalt sind.

Öffnungszeiten **Panagía i Kerá**, tägl. 8–15 Uhr, Eintritt ca. 3 €, EU-Schül./Stud. frei, aus anderen Ländern halber Preis. Filmen und Fotografieren verboten.

▸ **Eloúnda**: Küstenort nördlich von Ágios Nikólaos, landschaftlich malerisch, im Umkreis einige Hotels der Luxuskategorie. Sehr sehenswert ist die vorgelagerte Insel *Spinalónga* mit den Überresten eines großen venezianischen Kastells, in denen bis 1957 eine Leprakolonie untergebracht war – *"visit the island of pain and living*

Karte S. 512/513

death". Ausflugsboote fahren täglich von Ágios Nikólaos, Eloúnda und Pláka hinüber (Dauer ab Ágios Nikólaos ca. 3,5–4 Std., inkl. 1 Std. Aufenthalt auf Spinalónga, ca. 8–12 €).

Öffnungszeiten **Spinalónga**, tägl. 9–18 Uhr, Eintritt ca. 2 €, Stud./Senioren ca. 1 €, unter 18 frei.

▸ **"Kretische Riviera"**: kurvige Panoramastrecke in der Mirabellou-Bucht, weiße Felsen und tiefblaues Meer (neue Schnellstraße in Bau). Kurz vor der Ausgrabung der minoischen Stadt *Gourniá* der einsame Campingplatz "Gournia Moon" mit kleinem Swimmingpool (✆ 28420-93243).

Öffnungszeiten **Gourniá**, Di–So 9–15 Uhr, Mo geschl. Eintritt ca. 2,50 €, EU-Schül./Stud. frei, aus anderen Ländern halber Preis.

▸ **Móchlos**: winziges Dorf zwischen Ágios Nikólaos und Sitía, von Rucksacktouristen bevorzugt. Bademöglichkeiten auf Klippen und flachen Steinplatten. Handvoll Tavernen und Rooms, zu empfehlen die Taverne "To Bogazi" von Manolis und Gaby.

Sitía

Halbkreisförmig in eine Bucht geschmiegte Stadt im Nordosten, freundlich und ruhig, viele Treppenwege, langer, schmaler Strand unmittelbar an der Straße. Besichtigen kann man ein *Archäologisches Museum* mit Funden aus Ostkreta (Ausfallstraße nach Ierápetra), ein kleines *Volkskunstmuseum* (Kapetan Sifi Str., neben Hotel Apollo) und über der Stadt ein *venezianisches Kastell*.

• *Öffnungszeiten* **Archäologisches Museum**, Di–So 8.30–15 Uhr, Eintritt ca. 1,50 €.

Volkskunstmuseum, Di 9.30–14.30, 17–20, Mo–Sa 9.30–14.30 Uhr, Di auch 17–20 Uhr, So/Mo geschl., Eintritt ca. 1,50 €.

Venezianisches Kastell, tagsüber durchgehend geöffnet, Eintritt frei.

• *Verbindungen* **Busbahnhof** gegenüber vom Archäolog. Museum an der Straße nach Ierapetra. Nach Iráklion 6-mal tägl., zum Palmenstrand von Vái und nach Ierápetra 5-mal, Káto Zákros 1-mal.

• *Übernachten* **Hotel Apollon**, C-Kat., Kapetan Sifi Str. 28, sauberes Stadthotel, viel Platz auf vier Stockwerken, schlichte Zimmer mit dunklem Holzmobiliar, Klimaanlage, TV und schmalen Balkonen. DZ mit Frühstück ca. 35–50 € ✆ 28430-28155, ℻ 22733.

Hotel El Greco, C-Kat., Gabriel Arkadiou Str. 1, in einer der oberen Gassen des Zentrums. Angenehmes Haus, kleine Zimmer, sauber, nach hinten Blick auf Hafen und Meer. Unten TV und Bar, gutes Frühstück auf der Innenterrasse. DZ ca. 35–45 €. ✆ 28430-23133, ℻ 26391.

Hotel Archontiko, D-Kat., Ioannis Kondilakis Str. 16, ruhige Seitengasse, die zum Kastell hinaufführt. Altes Stadthaus mit Flair, freundlicher Service durch die deutsche Wirtin Alexandra Gressmann. Gelegentlich Oúzo-Abende unter dem Orangenbaum auf der Terrasse vor dem Haus. Zimmer einfach, aber sauber, Du/WC am Gang. DZ ca. 20–30 €. ✆ 28430-28172.

Venus, Ioannis Kondilaki Str. 60, Fassade mit Bougainvilleen umrankt, grüner Hinterhof. Zimmer teils mit Balkonen, in den oberen Stockwerken Blick über die Dächer, Küche. DZ ca. 20–30 €, nur Etagendusche. ✆ 28430-24307.

Kasarma, Ionias Str. 10, attraktive Rooms nicht weit vom Kastell, mit Aufenthaltsraum und Gemeinschaftsküche. DZ ca. 20–35 €. ✆ 28430-23211.

Jugendherberge, am Ortseingang von Ágios Nikólaos kommend, geführt von der engagierten Belgierin Hilde, sauber, Ausstattung mäßig. Pro Pers. ca. 7 €, im DZ Aufschlag. ✆ 28430-22693.

• *Essen & Trinken* **O Michos**, Vitzentzos Kornaros Str. 117, Nähe Hafenfront, groß aufgezogene Ouzerie mit guter Auswahl an Grillspezialitäten, dazu lokaler Wein vom Fass.

I Kali Kardia, Fountalidou Str. 22, oberer Ortsteil, einfaches Psestopólion mit bodenständiger Küche, Tische auf der Straße, viele Einheimische als Gäste.

To Balconi, gegenüber vom "I Kali Kardia" im ersten Stock. Innenausstattung schick und leicht verkitscht (grüne Glaslampen und Bleiglasspiegel), kreative griechische Küche, dazu einige mexikanische und chinesische Gerichte.

Ostküste

Nur wenige Ortschaften, Strände hauptsächlich um Vái und Palekástro, ein minoischer Palast in der reizvollen Bucht von Káto Zákros.

▸ **Vái**: legendärer Palmenstrand im äußersten Osten, viel besuchtes Touristenziel, steht mittlerweile unter Naturschutz. Keine Übernachtungsmöglichkeit, tägliche Busse ab Sitía.

Am Weg dorthin kann man das hübsche *Kloster Toploú* mit einer Ikonensammlung und einem Museum besuchen.

Öffnungszeiten **Kloster Toploú**, tägl. 9–18 Uhr, Eintritt ca. 2,80 €.

▸ **Palekástro**: dörfliches Zentrum der Region um Vái, wenig besuchte Sandstrände liegen einige Kilometer entfernt. Bei Individualisten beliebt. Neues *Volkskundemuseum* in einer Seitengasse der Durchgangsstraße.

• *Information* großzügiges Infobüro wenige Schritte vom Hauptplatz an der Durchgangsstraße. Mo–Sa 8.30–21.30, So 9.30–13, 18–21 Uhr. ✆ 28430-61225, 61456, 📠 61230.

• *Übernachten* **Haus Margot**, am Ortseingang von Sitía kommend, geführt von Manos und Katherina, deren Mutter Margot aus Deutschland stammt, familiäre Atmosphäre, schöner Garten, 14 Zimmer. DZ ca. 20–25 €, Frühstück extra. ✆ 28430-61277, 📠 61572, www.crete-vacation.com

Haus Eva, im Ortszentrum, an der Straße nach Zákros, große, gemütlich ausgestattete Zimmer, freundliche Gastgeberin. DZ ca. 20–30 €. ✆ 28430-61388.

Schöner Blick, gepflegte Pension im benachbarten Dörfchen Angathiá, ca. 1 km entfernt. Familie Papadakis hat lange in Deutschland gelebt. ✆ 28430-61293, 📠 61011, E-Mail: smaropapadaki@yahoo.gr

▸ **Káto Zákros**: weite, von Felsen eingeschlossene Bucht mit Sandstrand. Erst in den 1960er Jahren wurde hier ein großer *Palast der Minoer* gefunden, der vor allem durch seinen immensen Wasserreichtum auffällt. An der Uferstraße lebhaftes Tavernenleben und Privatzimmer, Tipp sind die landeinwärts liegenden, geschmackvollen neuen Appartements "Stella" (✆/📠 28430-23739, E-Mail: stelapts@otene.gr), in der Taverne "Anesis" nachfragen.

Öffnungszeiten **Palast**, tägl. 8–19 Uhr, Eintritt ca. 3 €, EU-Schül./Stud. frei, aus anderen Ländern halber Preis.

Durchs "Tal der Toten": Wanderung nach Káto Zákros

Káto Zákros ist durch eine Asphaltstraße mit dem oberhalb liegenden Ort *Áno Zákros* verbunden. Schöner als die Fahrt hinunter ist der Fußweg durch eine Schlucht voller Oleander mit dem grusligen Namen "Tal der Toten", so genannt wegen der minoischen Höhlengräber, die in den Hängen entdeckt wurden. Der Einstieg liegt am Hauptplatz von Áno Zákros, neben der Taverne Maestro. Schöner Weg am Schluchtgrund, teils üppige Vegetation. Dauer etwa 2 Std. 15 Min.

Nordküste

(von Iráklion nach Westen)

Felsige Klippenküste mit kleinen eingelagerten Stränden. Bis Réthimnon nur eine Handvoll Bade- und Fischerorte, die jedoch touristisch mehr als "entdeckt" sind.

▸ **Balí**: ehemals hübsches, kykladisch wirkendes Dorf an mehreren Kies- und Sandbuchten. Hat durch ständige Neubauten gelitten, einige Badebuchten.

Karte S. 512/513

▸ **Ebene von Réthimnon**: gut 15 km Sandstrand mit zahlreichen großen Badehotels und dem sympathischen Campingplatz "Elisabeth" bei *Missíria*, etwa 4 km östlich von Réthimnon (✆ 28310-28694).

Réthimnon

Reizvolle venezianisch-türkische Altstadt mit einigen Minaretten und Holzerkern, darüber thront eine große venezianische Festung. Der Strand beginnt mitten in der Stadt, idyllischer, aber proppenvoller venezianischer Fischerhafen mit einer Taverne neben der anderen.

• *Information* in einem Pavillon an der Strandpromenade. Mo–Sa 9–14 Uhr, So geschl. ✆ 28310-29148.

• *Verbindungen* großer **Busbahnhof** an der westlichen Peripherie des Zentrums.

• *Übernachten* **Vecchio**, B-Kat., Michali Daliani Str. 4, restaurierter Palazzo in einer Gasse gegenüber der Venezianischen Loggia. 27 Zimmer und Appartements gruppieren sich um einen Innenhof mit Pool. DZ mit bzw. Appartement ohne Frühstück ca. 45–75 €. George Vourlakis, der liebenswürdige Direktor des Hauses, spricht perfekt Deutsch. ✆ 28310-54985, ℻ 54986, www.vecchio.gr.

Castello, Platia Karaoli Dimitrou 10, ganz zentral bei der Kathedrale. Hübsche Pension mit Garten. DZ ca. 30–45 €. ✆ 28310-50281.

Olga's House, Souliou Str. 57, gemütliche Rooms in der Altstadt. DZ ca. 25–35 €. ✆ 28310-54896, ℻ 29851.

Dokimaki, Damvergi Str. 14, in Hafennähe (hinter Hotel Ideon), um einen Innenhof zwölf Zimmer mit Balkon, teils Küche, ruhig. Besonders schön sind die Räume unter dem Dach mit weitem Blick. DZ ca. 30–40 €. ✆ 28310-22319, ℻ 24581.

Atelier, Chimaras Str. 27, wenige Meter unterhalb der Fortezza, vier saubere Zimmer mit Kühlschrank und überwachsenem Balkon, schöner Blick über die Stadt. Die nette, junge Besitzerin und ihr Mann arbeiten im Laden unter den Zimmern – sie fertigt Keramik, er malt in Öl. Seit kurzem gehört zur Pension auch ein neu eingerichtetes Haus, direkt am Eingang der Fortezza. DZ ca. 30–40 €. ✆ 28310-24440.

Jugendherberge, Topasi Str. 45, freundliches Haus mit kleinem Garten, nachts keine Sperrstunde. ✆ 28310-22848.

• *Essen & Trinken* **Larentzo**, Radamanthios Str., wenige Schritte vom Brunnenplatz in einer stimmungsvollen, engen Gasse. Ausgezeichnete Küche auf hohem Niveau, auch internationale Auswahl.

Kyria Maria, etwas versteckt am Brunnenplatz, alt eingesessen und beliebt, gutes Essen, mittlere Preise.

O Gounakis, Panou Koronaiou Str. 8, einfach und familiär, preiswertes Essen, dazu jeden Abend Live-Musik von den Söhnen des Hauses.

Sunset, an der Uferstraße westlich der Fortezza, alteingeführte Taverne mit Tischen direkt am Meer, beliebt zum Sonnenuntergang.

Loggia, E. Fotaki Str. 6, kleines, familiäres Lokal, gutes und reichhaltiges Essen mit griechischer Freundlichkeit serviert.

• *Nachtleben* **Fortezza Club**, beliebte Discobar im venezianischen Hafen, im Umkreis weitere Clubs.

Opera Club, Melissinou Str., Nähe Hotel Fortezza, größte Disco der Altstadt.

Sehenswertes: Landeinwärts vom venezianischen Hafenbecken findet man den venezianischen *Rimondi-Brunnen*, die Moschee *Tis Nerantzes* (keine Innenbesichtigung) und in der Messologion Str. ein *Volkskundliches Museum*. Das Areal der venezianischen *Fortezza* über der Stadt kann täglich (außer Mo) besichtigt werden, gegenüber vom Eingang ein modernes *Archäologisches Museum*.

• *Öffnungszeiten* **Volkskundliches Museum**, Mo–Sa 9–14.30, 18–20 Uhr, So geschl., Eintritt ca. 3 €, Stud. ermäß.

Fortezza, Di–So 8–19 Uhr, Mo geschl. letzter Einlass 18.15 Uhr, Eintritt ca. 3 €.

Archäologisches Museum, Di–So 8.30–15 Uhr, Mo geschl., Eintritt ca. 2 €, EU-Schül./Stud. frei, andere Länder die Hälfte.

Umgebung von Réthimnon

▸ **Kloster Arkádi**: landesweit berühmtes Kloster in den Bergen hinter Réthimnon, Symbol kretischen Freiheitswillens in der Zeit der türkischen Besetzung. Nach aussichtslosem Kampf gegen das übermächtige Belagerungsheer der Türken sprengten sich die Eingeschlossenen am 9. November 1866 in die Luft.

• *Verbindungen* Etwa 3- bis 4-mal tägl. Bus ab **Réthimnon**.

• *Öffnungszeiten* tägl. 8.30 Uhr bis Sonnenuntergang, Eintritt ca. 2 €, EU-Schül./Stud. die Hälfte.

Weitere Küstenorte Richtung Westen

▸ **Georgioúpolis**: sympathischer Fischer- und Badeort an kilometerlangem Sandstrand, mittlerweile sehr beliebt. Am Dorfplatz stehen hohe Eukalyptusbäume, mehrere Süßwasserbäche münden ins Meer. Der *See von Kournás,* einziger Binnensee Kretas, liegt wenige Kilometer landeinwärts.

• *Übernachten* **Stelios Kokolakis**, am Ende des Dorfplatzes rechts, nach 50 m links abbiegen, das erste Haus links. Mit Bougainvillea wunderschön überrankte Vorderfront. 15 saubere Zimmer und Studios für ca. 20-35 €, großteils mit Balkon oder Terrasse. Das Ehepaar Kokolakis spricht gut Deutsch. ✆ 28250-61308.

The Egeon, 15 Zimmer und Studios unter hohen Eukalyptusbäumen direkt am kleinen Hafen an der Ostseite des Flusses, nahe am Badestrand. Ansprechende, funktional eingerichtete 2- und 3-Bett-Zimmer, gute Betten, große Balkons (zusätzliche Moskitoschutz-Türen), Kochecke, Du/WC. DZ ca. 20–35 €. ✆ 28250-61161, Fax 61171.

Anna, größeres Haus mit Garten an der Westseite vom Fluss, schöne Lage, ruhig. Zimmer mit ebenerdigen Terrassen oder großen Balkons, teilweise Meeresblick. DZ mit Du/WC ca. 20–35 €. ✆ 28250-61279.

River House, neben Anna, ebenfalls mit Garten, geführt von der Deutsch sprechenden Familie Polakis. 4 saubere und helle Zimmer mit Gemeinschaftskühlschrank, 5 Studios und ein Appartement. ✆/Fax 28250-61194.

• *Essen & Trinken* **Poseidon**, kurz vor dem Platz links einen kleinen Weg hinein, sehr gemütliches Fischlokal, den Fisch kann man selbst aussuchen.

Valentino, beliebte Taverne hinter dem Dorfplatz in Richtung Strand, schöne Sitzplätze zwischen Pflanzen, große Portionen, freundliche Bedienung und günstige Preise.

Georgia's Home Cooking, Gartentaverne östlich der Platia, ruhig und preiswert, jeden Tag ein spezielles Tagesgericht. Georgia steht in der Küche, ihre vier Töchter bedienen.

O Filos, kleine Fischtaverne hinter dem halbrunden Sandstrand westlich vom Ort (über die Brücke und nach hundert Metern Weg hinein). Nikos kümmert sich nett um seine Gäste, etwas Zeit muss man allerdings mitbringen.

• *Cafés/Bars* **Risko**, Nordwestecke vom Platz, deutsch geführt. Reichhaltige Speisekarte mit Müsli, Kuchen, Cornflakes und diversen Omeletts, prima Platz fürs Frühstück. Deutsche Zeitungen/Zeitschriften, Leihbücherei.

Perastikos River Bar, idyllisches Plätzchen östlich vom Ort, etwas zurück vom Strand, direkt am gleichnamigen Flussausläufer, gutes Essen, 1- bis 2-mal wöch. abends Bouzoukimusik live.

Karte S. 512/513

▸ **Kalíves**: lang gestrecktes Dorf am Ostende der schlauchartigen Bucht von Soúda, direkt an einem langen Sandstrand. Bisher nicht überlaufen und recht griechisch geblieben.

• *Übernachten* **Haus Karoline**, alt eingeführtes Haus im östlichen Ortsbereich am Hang, sehr sauber und gepflegt, tägliche Reinigung. Studios ca. 33 €, Appartements 44 €. ✆ 28250-31703, Fax 32300.

Maria, von Chaniá kommend die erste Abfahrt nach Kalíves nehmen. Noch bevor man in den Ortskern kommt, liegt rechts ein Supermarkt und genau gegenüber die Unterkunft. Schöne Zimmer mit Kochecke, hinter dem Haus eine Wiese, daran anschließend der Strand. ✆ 28250-31748.

Kastro Kera, hübsches Gemäuer in burgartiger Architektur, 2 km außerhalb, unterhalb der Straße nach Almirída, sehr ruhig. Neun geräumige Studios, sieben davon mit herrlichem Meeresblick, Die Besitzer sind sehr engagiert und hilfsbereit. 5 Fußminuten zu einem wenig besuchten Strand. Für 2 Pers. etwa 30–45 €. ✆ 28250-31918.

• *Essen & Trinken* **Alexis Zorbas**, direkt gegenüber der Kirche. Seit langem gute Adresse für original griechische Küche, freundlicher Service.

Medusa, an der Promenade im östlichen Strandbereich, hier waltet die Österreicherin Brigitte ihres Amtes.

Il Forno, Pizzeria neben Medusa, bisher leckeres Essen und nette Bedienung.

Peperia, etwa 300 m hinter dem westlichen Ortsausgang. Traditionelles Ambiente, schöne Terrasse zum Meer.

Kiani Akti, alteingesessene Strandtaverne etwa 1 km westlich von Kalíves, wo der Potamós Kiliáris ins Meer mündet. Zu erreichen auf einer Piste ab Kalámi.

Chaniá

Kretas zweitgrößte Stadt ist die schönste der Insel. Venezianer und Türken haben markante Spuren hinterlassen, stimmungsvolles venezianisches Hafenbecken, pittoreske Altstadt, riesige Markthalle und viel Atmosphäre. Im westlichen Stadtbereich ein Sandstrand.

Information/Verbindungen

• *Information* Büro ist kürzlich umgezogen, ab 2004 soll es im Rathaus zu finden sein, Kidonias Str. 29, bei Platia 1866. Mo–Fr 9–14 Uhr. ✆ 28210-92943, ℻ 92624.

• *Verbindungen* **Busbahnhof** an einem großen Platz zwischen Kidonias und Smirnis Str., Nähe Platia 1866.

Soúda, der Hafen von Chaniá, liegt einige Kilometer östlich, Fähren von und nach Piräus, gute Busverbindungen in die Stadt.

Übernachten

Jede Menge kleine Pensionen und Appartements in der historischen Altstadt um den venezianischen Hafen, Preisniveau aber nicht niedrig.

• *Hotels* **Hotel Casa Leone**, C-Kat., Koundouriotou Str. 45, historischer Palazzo im venezianischen Hafen, mit großer Liebe zum Detail restauriert. Fünf große Zimmer mit Stilmöbeln, z. T. wunderbarer Blick auf den Hafen. DZ ca. 80–120 €. Vater des Besitzers spricht gut Deutsch. ✆ 28210-56372, ℻ 76762, www.casa-leone.com.

Hotel Palazzo, A-Kat., Theotokopoulou Str. 54, Fußgängergasse hinter dem Hafen, gemütliches, kleines Hotel, eingerichtet mit traditionellem kretischem Mobiliar, elf Zimmer mit Kühlschrank und Klimaanlage. DZ mit Frühstück ca. 45–65 €. ✆ 28210-93227, ℻ 93229.

La Casa del'Amore, Theotokopolou Str. 52, kleine Pension mit sechs Zimmern in einem 600-jährigen venezianischen Palazzo. Elleni und George Alexandrakis haben viel Zeit, Geld und Liebe in die Instandsetzung des Hauses investiert. Dachterrasse mit fantastischem Blick. DZ ca. 30–50 €. ✆ 28210-692378.

Thereza, Angelou Str. 2, am Nordwestende der Hafenpromenade (beim Nautischen Museum). Pension in einem ehemaligen türkischen Haus mit Holzfassade, Zimmer auf drei Stockwerken, z. T. Hafenblick, schön mit traditionellem Mobiliar eingerichtet, vom Dachgarten super Blick auf den Hafen. DZ ca. 30–50 €. ✆ 28210-92798.

Lena, Ritsoustr. 3, Seitengässchen im nördlichen Bereich der Theotokopoulou Str. Wirtin Lena-Ute Konstantinidis ist Deutsche und vermietet einige Zimmer (Du/WC, Kühlschrank und Kochecke) in einem türkischen Haus. DZ ca. 20–35 €. ✆/℻ 28210-86860, E-Mail: lenachania@hotmail.com.

Monastiri, Ag, Markou Str. 18, oberhalb vom Fischerhafen auf die Trümmer eines ehemaligen venezianischen Klosters gebaut, schöne Terrasse und toller Blick auf den Hafen. 16 renovierte Zimmer mit Bad, sauber und teils geräumig. DZ ca. 22–35 €. ✆ 28210-54776.

Rooms to let "47", Kandanoleon Str. 47, sehr ruhig in kleiner Seitengasse östlich vom Venezianischen Hafen. einfach, aber freundlich geführt, z. T. Meerblick. ✆ 28210-53243

Fidias, E-Kat., hinter der Kathedrale, beliebter Anlaufpunkt vieler Rucksacktouristen,

Die Janitscharen-Moschee am venezianischen Hafen

geführt von einem netten "alternativen" Kreter. DZ etwa 15–25 €, auch Mehrbettzimmer. ✆ 28210-52494.

Camping Chania, etwa 4 km westlich vom Zentrum, Bus ab Platia 1866/Kidonias Str. nach Kalamáki und am EOT-Strand aussteigen. Flaches Gelände mit niedrigen Olivenbäumen, 200 m von einer Badebucht, Taverne, Minimarkt, Waschmaschine, große Swimmingpool. ✆ 28210-31138, ✆ 33371.

Essen & Trinken/Cafés/Nachtleben

Dutzende Tavernen findet man um den venezianischen Hafen. Vor allem in den engen Gassen dahinter kann man aber noch interessante Entdeckungen machen.

• *Essen & Trinken* **Tamam**, Zambeliou Str. 49, Markos und Eva servieren im stimmungsvollen Gewölbe eines ehemaligen türkischen Bades hervorragende Hausmannskost, teils vegetarisch, auch gehaltvolle Suppen. Seit Jahren konstante Qualität, große Portionen und faire Preisen. So geschl.

To Paradodiako, Theotokopoulou Str. 25, obwohl mitten im touristischen Zentrum gelegen, hat sich diese kleine Taverne etwas Ursprüngliches erhalten. Überwiegend griechisches Publikum, gute Küche.

To Adiexodo, Theotokopoulou Str. 53, kleine Taverne mit leckeren *mezédes* und oft fröhlicher Stimmung, Livemusik und Gesang.

Moutouraki, Portou Str. 60, etwas versteckte Lage, nicht weit von der Schiavo-Bastion. Selbst wenn die Tavernen um den Hafen überfüllt sind, bekommt man hier meist noch ein ruhiges Plätzchen. Gute kretische Küche, aufmerksame Bedienung.

To Pigadi tou Tourkou, Platia Rouga/Kallinikou Sarpaki Str. 1–3. Ungewöhnliche Taverne am zentralen Platz des ehemaligen Türkenviertels. Die englische Besitzerin Jenny hat lange in Marokko gelebt und sich in die Geheimnisse der dortigen Küche einführen lassen. Die arabischen, aber auch türkisch-mediterran inspirierten Gerichte bieten eine leckere Abwechslung. Reservierung sinnvoll, ✆ 28210-54547. Di geschl.

Chrisostomos, Defkalionos Str., die letzte Straße im alten Fischerhafen rechts, kurz nach Hotel Porto Veneziano. Neue, stilvoll eingerichtete Taverne, traditionelle kretische Küche, der Großteil der Gerichte im Steinofen zubereitet, viele Einheimische.

Plaka, Sifaka Str. 6/Ecke Potie Str., einfache griechische Küche, besonders empfehlenswert der Tomatensalat mit in Zitrone eingelegten Oliven, preisgünstig.

Kreta Karte S. 512/513

• *Cafés* Die schönsten Cafés finden sich in den Gassen des ehemaligen jüdischen Viertels **Evraiki** hinter dem venezianischen Hafen.

• *Nachtleben* Zahlreiche Disco-Bars liegen um den venezianischen Hafen, z. B. das beliebte **Four Seasons**.

Griechische Musik live im **Kafe Kriti**, Kalergon Str. 22.

Rudi's Bierhaus, Sifaka Str./Ecke Gavaladou Str., bietet eine gewaltige Auswahl an Bieren, u. a. deutsch, belgisch und französisch.

Sehenswertes: das gesamte stimmungsvolle Viertel um den venezianischen Hafen und den benachbarten Fischer- und Jachthafen lohnt mit seinen restaurierten Stadtpalästen und Resten der Stadtmauer das ziellose Umherstreifen.
Von den Museen und Ausstellungen sind besuchenswert: die ehemalige *Synagoge* im Parodos Kondilaki, das *Archäologische Museum* in der früheren venezianischen Kirche San Francesco beim Hafen, das *Nautische Museum* direkt im Hafen, die *Byzantinische und Nachbyzantinische Sammlung* in der schlichten venezianischen Kirche San Salvatore (Theotokoupoulou Str. 82) und das *Historische Museum* in der Neustadt (Sfakianakis Str. 20). Buntes Marktgetümmel herrscht in der Skridlof Str., der Schwerpunkt liegt auf Lederwaren.

• *Öffnungszeiten* **Synagoge**, So–Fr 9–12.30 Uhr, 18–20 Uhr (✆ 28210-86286, www.etz-hayyim-hania.org)

Archäologisches Museum, Di–So 8.30–15 Uhr, Mo geschl., Eintritt ca. 2 €, Schül./Stud. ca. 1 €.

Nautisches Museum, Mo–Sa 10–16 Uhr, So geschl., Eintritt ca. 2 €, Schül./Stud. 1 €.

Byzantinische und Nachbyzantinische Sammlung, Di–So 8–14 Uhr, Eintritt frei.

Historisches Museum, Mo–Fr 9–13 Uhr, Sa/So geschl., Eintritt frei.

Umgebung von Chaniá

▸ **Akrotíri-Halbinsel**: welliges Plateau nordöstlich von Chaniá, im äußersten Norden von einer steiler Bergwand abgeschirmt. In *Stavrós* wurden Szenen des Films "Alexis Zorbas" gedreht (Berg mit Seilbahn), schöne, seichte Bucht mit Badewannencharakter, die allerdings in den letzten Jahren stark bebaut wurde. Tipp ist die herzlich geführte Taverne "Helena Garden". Anschauen sollte man sich die Klöster *Agiá Triada* und *Gouvernéto*. Von letzterem führt ein Pfad zur Höhle des *Ágios Ioánnis* mit der pittoresken Ruine des Klosters *Kathóliko* hinunter.

Öffnungszeiten **Kloster Agía Triáda**, tägl. 7.30–14, 17–19 Uhr, Eintritt ca. 1,30 €. **Kloster Gouvernéto**, tägl. 7–14, 16–20 Uhr, Eintritt frei.

Golf von Kíssamos

Wunderschöne Lage zwischen den beiden weit ins Meer vorstoßenden Landzungen *Rodopós* und *Gramvoúsa*, die an die Fühler einer Schnecke erinnern. Langer Kiesstrand, der auch im Sommer weitgehend ruhig bleibt. Der große Camping "Mithimna" (✆ 28220-31444, ✆ 31000) und Camping "Nopigia" (mit Pool, ✆ 28220-31111) bieten Quartier.

▸ **Kíssamos**: ruhiges Städtchen ohne Besonderheiten, noch wenig Touristen, langer Kiesstrand, außerdem hübsche Sandbucht im westlichen Ortsbereich. Vom außerhalb gelegenen Hafen fährt einmal wöchentlich eine Fähre von Anen Lines nach Gýthion am Peloponnes.

• *Übernachten* **Argo**, zentral an der Uferpromenade, freundlich geführtes, sauberes Hotel, schräg gegenüber der hauseigenen Taverne Papadakis. Große Zimmer mit Meerblick, Balkon und Kühlschrank. DZ ca. 25–35 €. ✆/✆ 28220-23563.

Galini Beach, geräumiges Haus etwas östlich vom Ort, direkt am langen Kies-/Sandstrand. 2002 grundlegend renoviert. 25 ordentlich eingerichtete Zimmer mit Balkon, Kühlschrank und Aircondition/Heizung, zwei mit Küche, tägliche Reinigung. Seit vielen Jahren geführt von den freundlichen Brüder Manolis und Jacobos. Hervorzuheben das ausgezeichnete Frühstück. DZ ca. 46 €, mit Küche 50 €. ✆ 28220-23288, 📠 23388, www.galinibeach.com

The Nice View, familiär geführte Pension an der Kambougi Str, östlich vom Hauptplatz. Anna und Antonis bieten in ihrem lang gestreckten Haus helle Zimmer mit weitem Blick über die Bucht, Frühstück unter Maulbeerbaum und hausgemachten Wein. DZ ca. 25–35 €. ✆ 28220-22927, 📠 22336, www.niceview.org

Maria Beach, Familie Kastanaki vermietet 16 Zwei- und Mehrbettzimmer (die meisten mit eigenem Bad, einige mit Etagendusche) sowie mehrere Studios und Appartements in insgesamt drei Häusern am Sandstrand im westlichen Ortsbereich. DZ mit Frühstück ca. 35–45 €. ✆ 28220-22610, 📠 23626, www.mariabeach.gr

Romeiko, Taverne mit Zimmervermietung, ebenfalls direkt am Sandstrand, geführt von der freundlichen Familie Skordilis. ✆ 28220-24309, 📠 22358.

Camping Kissamos, kleiner Platz mitten in der Stadt, nicht sonderlich malerisch gelegen, aber nur 5 Min. zum Sandstrand. Rasenplatz mit niedrigen Bäumen und bunten Blumen, großer Swimmingpool. ✆ 28220-23444, 📠 23464.

• *Essen & Trinken* **Argo (Papadakis)**, das älteste Lokal an der Promenade, schöne, zentrale Lage direkt am Meer. Leckere Fischgerichte, sehr freundliche Bedienung.

The Cellar, im östlichen Teil der Promenade. Stelios Milonakis und seine englische Frau Angela bieten kretische Küche, teils nach alten Rezepten.

Korakas, ganz ruhig und abgelegen am Kiesstrand, Tische unter Tamarisken, nette Wirtin mit zwei Töchtern, ordentliche Hausmannskost zu fairen Preisen.

Romeiko, direkt am Sandstrand westlich vom Ort, schöne Atmosphäre auf der Terrasse, ausgezeichnetes Essen zu etwas höheren Preisen.

Westküste

Die beiden Strände Falássarna und Elafonísi haben den früheren "Geheimtipp"-Status schon lange verloren. Die Zufahrtsstraßen sind mittlerweile vollständig asphaltiert, es herrscht erheblicher Ausflugsverkehr.

▸ **Falássarna**: langer, weitgehend unbebauter Sandstrand, in der Umgebung Treibhäuser, spärliche Ruinen einer antiken Hafenstadt am Nordende. Beliebt bei Wohnmobilisten, diverse Unterkünfte liegen verstreut.

• *Übernachten/Essen & Trinken* **Plakures**, ca. 300 m vom Strand, größere, geschmackvoll eingerichtete Anlage, geführt von der quicklebendigen Beate aus Deutschland mit ihrem Mann Georgios Vagionakis. 18 moderne Zimmer und fünf Appartements, Pool und Kinderbecken, schöne Sonnenterrasse und gute Taverne. DZ mit Frühstück ca. 65–90 €. ✆ 2822/0-41581, 📠 41781, www.plakures.de

Aqua Marine, oberhalb der Hauptstraße, zehn helle und saubere Zimmer. Michalis Perathorakis ist ein zuvorkommender Mensch, der die Geselligkeit mit seinen Gästen schätzt. ✆ 28220-41414, 📠 23737, www.kissamos.net/aquamarine.html

Romantica, ca. 100 m oberhalb vom Aqua Marine. 4 Appartements mit herrlichem Meerblick, freundliche Besitzerin, tägliche Reinigung. Im Garten Grillplatz mit Sitzgelegenheiten. ✆/📠 (Sommer) 28220-41098, ✆/📠 (Winter) 28210-93849, www.kissamos.net/romantica.html

Golden Sun, ebenfalls oberhalb der Straße, 8 DZ und 4 Appartements, großer Garten mit Kinderspielgeräten, Antonis Triantafillakis spricht gut Deutsch. ✆/📠 28220-41485, www.hotelgoldensun.net

Anastasia & Stathis Psarris, oberhalb vom Golden Sun. 20 Zimmer und 7 Appartements, sehr sauber, tägliche Reinigung. Ausgezeichnetes Frühstück. ✆ 28220-41480, 📠 41069.

▸ **Elafonísi**: Kretas "Südseelagune", weicher, weißer Sand auf mehreren hundert Metern Länge, davor eine Insel, zu der man hinüberwaten kann. Reizvoll, allerdings saisonal verdreckt durch Müll. Wenige Kilometer nördlich steht das einsame Kloster *Chrisoskalítissa*.

Öffnungszeiten **Kloster Chrisoskalítissa**, tägl. 9–12, 15–17 Uhr.

Kreta Karte S. 512/513

• *Verbindungen* **Busse** mehrmals täglich ab Kíssamos und Chaniá, dazu **Badeboote** ab Paleochóra. Dementsprechend voll wird es im Sommer.

• *Übernachten/Essen & Trinken* **Panorama**, exponierte Lage auf der Anhöhe oberhalb vom Strand, große Terrasse mit Karibikfeeling, herrlicher Strandblick.

Elafonisi, etwas weiter zurück auf einem Hügel, gut ausgestattete Zimmer mit Blick auf den Strand, dazu kleine Häuschen, Taverne, nette Betreiberfamilie. ✆ 28220-61274.

Innachorio, bekannt für gute kretische Küche. ✆ 28220-61111.

Südküste

(von West nach Ost)

Die "Weißen Berge" (Léfka Óri) bilden den extrem steilen und felsigen Südwesten Kretas.

Es gibt keine Küstenstraße, nur Stichstraßen von der Nordküste und Boote stellen die Verbindung zwischen den kleinen Badeorten her.

▸ **Paleochóra**: viel besuchter Ort in landschaftlich reizvoller Lage, schöner, langer Sandstrand, Dutzende von Hotels und Tavernen. Mehrmals wöchentlich Überfahrten zur Insel Gávdos.

• *Verbindungen* Bus von Chaniá 3- bis 5-mal tägl.

• *Übernachten* Riesiges Angebot an Hotels und Privatzimmern.

Hotel Aghas, C-Kat., neu erbautes Haus in ruhiger Lage kurz vor dem Kino, zwei Minuten zum Strand. Freundlich geführt, gutes Frühstück, täglicher Zimmerservice. DZ ca. 40–60 €. ✆ 28230-41155, 📠 41503.

Castello, Rooms am Ende der Strandstraße, in halber Höhe am Hang zum Kastell. Hübscher Platz und netter Besitzer, schöne Terrasse und Café unter Tamarisken, nach vorne herrlicher Blick (Zimmer nach hinten günstiger). ✆ 28230-41143.

Spamandos, im alten Ortskern, nur durch eine Piste vom Meer getrenntes Haus, geführt vom freundlichen Ehepaar Lougiakis. Kleine, saubere Zimmer, teils eigene Du/WC, teils Etagendusche, DZ ca. 20–35 €. ✆ 28230-41197.

Oriental Bay, ruhige Lage an der östlichen Seite der Halbinsel am Weg zum Campingplatz. Im schattigen Vorgarten hauseigene Taverne, gleich davor Kiesstrand. Zimmer ohne eigenes Bad für ca. 20–30 €. ✆ 08230-41322.

Villa Glykeria, etwa 1 km von Paleochóra in Richtung Koundourás, nicht weit vom Westende des Sandstrands. Sieben ordentliche Zimmer/Appartements, Meerblick, freundlich geführt. DZ ca. 25–35 €. ✆ 28230-41039.

Ein einfacher **Campingplatz** mit beliebter Disko liegt östlich vom Ort. April bis Oktober. ✆ 28230-41220.

• *Essen & Trinken* **Caravella**, beliebtes Lokal in schöner Lage, wenige Meter von der Anlagestelle. Gute Fischgerichte, etwas höhere Preise.

Corali, an der östlichen Uferpromenade, seit den siebziger Jahren freundlicher Familienbetrieb mit guter griechischer Küche, große Auswahl, hier kocht noch die Mama.

Dionysos, zentral an der Hauptstraße, gibt es seit bald dreißig Jahren und ist immer noch gut und preiswert, Wirt freundlich und großzügig.

The Third Eye, etwas versteckt seitlich der Stichstraße zum Strand, fantasievolle Küche mit asiatischer Note.

Oriental Bay, ruhige Lage am Nordende der Promenade an der Ostseite der Halbinsel.

• *Nachtleben* Am **Campingplatz** eine der schönsten Freiluft-Diskotheken Kretas (soll allerdings wegen Lärmbelästigung in einem festen Bau untergebracht werden).

▸ **Soúgia**: kleines Badeörtchen mit langem Kiesstrand, Bus von Chaniá 1-mal tägl. Hauptsächlich Rucksacktouristen treffen sich hier. Ruinen der antiken Siedlung *Syia* sind auf Terrassen hinter dem östlichen Strandbereich erhalten. In der Umgebung zahlreiche Wandermöglichkeiten, z. B. nach Westen zur Bucht von *Lissós* (hin und zurück etwa 2,5 Std.).

• *Übernachten* Freies Zelten wird bisher toleriert, es gibt aber auch viele Privatquartiere, z. B. die gepflegten Unterkünfte **Galini** am Ortseingang (✆ 28230-5148), **Captain George**, ein Stück weiter in Richtung Meer (✆ 28230-51133), und **El Greco** hinter Captain George (✆ 2823-0-51186, 📠 51026).

Insel Gávdos: der südlichste Punkt Europas

Knapp 40 km vor der Südwestküste Kretas liegt Gávdos, die südlichste Insel Europas. Der Trip lohnt für Individualisten, die mit einfachsten Verhältnissen zufrieden sind und gerne am Strand schlafen. Gerade mal 30–40 Menschen leben auf Gávdos. Die Küste ist rau und felsig, im Inland findet man dagegen üppige Pinienwäldchen. Es gibt mehrere schöne Strände und Buchten, darunter den langen Strand von *Sarakíniko*, wo etwa sieben Tavernen Verpflegung bieten (Gasfunzeln, Strom vom Generator) und einige schlichte Zimmer anbieten, sowie die Kiesbucht *Kórfos* mit der freundlichen Pension/Taverne von Giorgios und Maria Michelarakis (Mitte Juni bis Ende September, ✆ 28230-42166).

Anfahrt/Verbindungen Ab Paleochóra und Chóra Sfakíon fahren Schiffe jeweils etwa 2-mal wöch., jedoch nur Mitte Juni bis Ende September. Überfahrtsdauer ca. 3–4 Std. Auf Gávdos selbst gibt es mittlerweile einen öffentlichen Bus, der zu jeder Fährankunft/-abfahrt kommt. Ansonsten bringen Zimmervermieter ihre Gäste mit Traktoren und Kleinbussen zu den wenigen Quartieren.

Samariá-Schlucht

Europas längste Schlucht kann in einer etwa 5- bis 6-stündigen Wanderung durchquert werden. Sehr überlaufen, trotzdem erlebenswert – die kretische Wanderung schlechthin.

Morgens fahren Linienbusse von allen Orten an der Nordwest- und Südwestküste Kretas zur kreisrunden *Omalós-Hochebene*, wo in etwa 1200 m Höhe die Schlucht beginnt. Anschließend 18 km Fußmarsch bis zum Schluchtausgang am Libyschen Meer. Anfangs geht es zwischen knorrigen Zypressen und riesigen Steinbrocken steil hinunter zur Kapelle *Ágios Nikoláos*. Nach ca. 2,5 Wegstunden passiert man die verlassene Siedlung *Samariá*, danach wird die Schlucht enger. Zwischen turmhohen, fast überhängenden Wänden geht es durch die *Sideropórtes* ("Eiserne Pforten") und am verlassenen Dorf *Paléa Agía Rouméli* vorbei in die Küstensiedlung *Agía Rouméli* mit Kiesstrand.

Wer wieder zurück nach Chaniá will, darf nun nicht das Boot nach *Chóra Sfakíon* verpassen (das letzte geht am späten Nachmittag), von dort fährt man mit dem Bus zurück an die Nordküste. Von Agía Rouméli gibt es auch Bootsverbindung nach Paleochóra, Soúgia und Loutró.

Öffnungszeiten **Samariá-Schlucht**, Anfang Mai bis Ende Okt. tägl. 6–16 Uhr, Eintritt ca. 5 €, Kinder unter 15 J. frei.

Karte S. 512/513

▶ **Agía Rouméli**: Endpunkt der berühmten Samariá-Schlucht, lebt ausschließlich vom Wandertourismus. Völlig schattenloser Kiesstrand und herrlich tiefblaues Meer. Schöne Küstenwanderung über die Kapelle *Ágios Pávlos* nach *Loutro* (ca. 5 Std.) oder per Schiff.

▶ **Loutró**: nur eine Handvoll Häuser und ein kleiner Kiesstrand, idyllische Lage in einer Bucht ohne Straßenverbindung, bislang nur mit Schiff oder zu Fuß zu erreichen. Hervorragende Wandermöglichkeiten: hinauf nach *Anópolis*, Richtung Westen nach *Agía Rouméli* am Ausgang der Samariá-Schlucht oder nach *Chóra Sfakíon* im Osten, wobei man unterwegs den schönen Strand *Glikanéra* passiert.

• *Übernachten* **Hotel Porto Loutro**, C-Kat., das einzige Hotel besteht aus zwei Häusern – eines direkt am Strand, das andere oberhalb der Anlegestelle, geführt von Stavros und seiner britischen Frau Alison. DZ mit Frühstück ca. 35–50 €, auch über Reiseveranstalter. ✆ 28250-91433, ✆ 91091, www.hotelportoloutro.com.

Xenofina's House, kurz nach dem Kiesstrand, der hilfsbereite Manolis Giomakis und seine Mutter vermieten geräumige und gut gegen die Hitze isolierte Dreibettzimmer mit Kühlschrank und Ventilator. Schöne Dachterrasse mit tollem Buchtblick. ✆ 28250-91581, www.loutro.net.

To Kri Kri, vom Bootssteg aus gesehen eins der letzten Häuser vor dem Ende der Bebauung. Acht Zimmer, nette Wirtsleute, allerdings kein Roomservice. ✆ 28250-91380.

Faros, nach Kri-Kri. Stratos und Zambia bieten neue gute Räumlichkeiten mit Klimaanlage, Kühlschrank und Balkon. ✆ 28250-91334.

Scirocco, nach dem Faros, Tipp sind hier ganz oben die drei Zimmer mit großer Dachterrasse. Giorgios und seine Frau sind sehr freundlich und kennen auch die Bedürfnisse von Familien. ✆ 28250-91479.

▸ **Chóra Sfakíon**: kleiner Hafenort, von dem die Busse nach der Schluchtwanderung nach Chaniá zurückfahren (die ersten Kilometer atemberaubende Serpentinenstraße). Leider bekannt für gewissen Nepp, da die meisten Touristen nur eine Nacht bleiben. Der lange Badestrand *Glikanéra* liegt eine Fußstunde westlich.

Verbindungen mehrmals tägl. Busse nach **Réthimnon**, 1-mal tägl. nach **Plakiás/Agía Galíni** (nachmittags).

▸ **Frangokástello**: große Küstenebene mit venezianischer Kastellruine, bei der laut Überlieferung die Seelen gefallener Widerstandskämpfer gegen die Türken spuken. Direkt davor flacher, sandiger Strand, weiter östlich malerischer Sandstrand in tiefer Bucht. Zahlreiche Unterkünfte stehen verstreut.

Zwischen Frangokástello und Plakiás schöne Küstenstrecke, aber schlechte Busverbindungen, meist nur 1-mal täglich.

• *Übernachten* **Babis & Popi**, Taverne, kleiner Supermarkt und Rooms/Appartements westlich vom Kastell, in Meeresnähe, geführt von drei kretischen Brüdern mit ihren drei deutschen Ehefrauen. ✆/✆ 28250-92092, www.frangokastello.de.

▸ **Plakiás**: herrlicher Sandstrand, eingeschlossen von steilen Bergzacken. Zwar viel Tourismus, aber trotzdem lohnend wegen der interessanten Umgebung: zahlreiche Badebuchten, das Kloster Préveli und der legendäre Palmenstrand von Préveli.

• *Übernachten* **Ippokampos**, etwas zurück vom Strand, sehr gut geführt und sauber, DZ mit Kühlschrank/Spüle ca. 20–37 €. ✆ 28320-31525 (Athen: ✆ 210-5061860), E-Mail: amoutsos@otenet.gr.

Thetis, schräg gegenüber, größeres Gebäude mit Kiesgarten und kleinen Balkonen zur Südseite. Vermietet werden Studios und Rooms, etwa 20–37 €. ✆ 28320-31430.

Emilia, hinter dem Alianthos Beach Hotel in einem Olivenhain gelegen, geführt von netter, alter Dame. Ruhig und sauber, alle zwei Tage Handtuchwechsel, unten fünf Studios, oben fünf DZ mit Du/WC. ✆ 28320-31302.

Lappa, ansprechend gestaltetes Haus in schöner Hügellage hinter dem Ortskern, Hübscher Frühstücksraum, Balkon mit herrlichem Weitblick. Freundlich geführt von Irene und Iannis sowie Sohn Nikos. DZ ca. 35–48 €, Familienzimmer 45–55 €. ✆ 28320-31475, ✆ 31675.

Afroditi, etwa fünf Minuten landeinwärts der Uferpromenade an einem Berghang, umgeben von einem wahren Blumenparadies. Das üppige Frühstück gehört sicherlich zu den besten im Ort. DZ mit Frühstück ca. 25–37 €. ✆ 0832/31266, ✆ 28015.

Jugendherberge, ein Stück hinter dem Ort, sympathisches Anwesen in ruhiger Lage zwischen Olivenbäumen, 60 Betten in kleinen Häuschen (je 8 Betten), großer Garten, gemütliche Snackbar, Internetzugang. Stammgäste aus aller Welt fühlen sich hier wohl. Übernachtung ca. 7 €, Rabatt bei Aufenthalt länger als eine Woche. Ende März bis Anfang November. ✆ 28320-32118, www.yhplakias.com

Camping Apollonia, etwas vernachlässigt wirkender Platz am Ortseingang, in den geräumigen Duschen aber stets warmes Wasser. ✆ 28320-31318, ✆ 31607.

• *Essen & Trinken* **Harakas**, bei der kleinen Brücke vor dem Ortseingang, leckere Spezialitäten aus dem Ofen, z.B. *bekrí méze*, *briám* und *spetsofái*. Die Schweizer Gattin des Besitzers bedient flink und aufmerksam.

Siroco, nach der Mole mit den Fischerbooten um die Ecke. Von Stavros Mastoranto-

Blick auf den Palmenstrand von Préveli

nakis mit Familie sehr freundlich und äußerst korrekt geführtes Fischlokal, preislich günstig.

Platia, an der Platia von Mírthios, oberhalb von Plakiás. Fredericos, dem auch die beliebte JH in Plakiás gehört, bietet exzellente einheimische Küche, schöne Aussichtsterrasse mit herrlichem Buchtblick.

▸ **Kloster Préveli**: am Ende einer Asphaltstraße, unmittelbar über der Küste. Toller Blick, im letzten Krieg Partisanentreffpunkt, schöne Kirche und Museum mit Sakralschätzen. Mehrmals täglich Busse ab Plakiás.

• *Öffnungszeiten/Preise* Ende März bis Ende Mai tägl. 8–19 Uhr, Juni bis Ende Okt. Mo–Sa 8–13.30, 15.30–20 Uhr, So 8–20 Uhr. Eintritt ca. 2,50 €, EU-Schül./Stud. frei, aus anderen Ländern halber Preis. Frauen müssen Leihröcke und Tücher überziehen.

▸ **Strand von Préveli**: Kurz vor dem Kloster führt links ein asphaltierter Abzweig zu einem Parkplatz oberhalb der Küste. Auf holprigem Stufenweg kann man von dort hinuntersteigen zum Strand von Préveli, eine üppig grüne Palmenoase mit glasklarem Fluss. Auch täglich Badeboot von Plakiás.

▸ **Strand von Akoúmia**: Vom Dorf *Akoúmia* kommt man auf einer etwa 12 km langen, gut ausgebauten und panoramareichen Asphaltstraße zu einem bisher fast menschenleeren Sandstrand. Inzwischen beginnt zögernd die touristische Erschließung, es gibt einige Tavernen am Strand und eine Handvoll Zimmervermieter, z. B. den bayerischen Wirt Peter Tremmel in "Jhony's Taverna" (✆ 28320-71129).

▸ **Agía Galíni**: Weiß gekalkte Terrassenhäuser drängen sich an die Hänge eines steilen Tals, optisch einer der schönsten Orte an der Südküste. Dutzende von Hotels, viele Pauschalurlauber, mehrere Discos, Sand-/Kiesstrand östlich vom Ort.

• *Übernachten* **Stelios**, schöne Anlage an der Zufahrtsstraße links, nach vorne raus (Haus C) tolle Lage direkt an der Steilküste, die hier fast senkrecht zum Wasser abfällt. Ordentliche Zimmer, jeweils Balkon oder Terrasse, herrlicher Meerblick, ruhig. DZ zum Meer ca. 25–40 €, zur Straße günstiger. Bistro mit Terrasse zum Meer. ✆ 28320-91383.

Karte S. 512/513

Erofili, C-Kat., hoch oben am Hang, überwachsene Fassade mit Bougainvillea, zehn Zimmer mit großartigem Blick über den Ort, abends Bouzouki live im üppig mit Musikerfotos dekorierten Frühstücks- und Barraum. DZ ca. 25–40 €. ✆ 28320-91319, 📠 91384, E-Mail: hotelerofili@hotmail.com.

Dias, C-Kat., ebenfalls im obersten Ortsbereich, toller Panoramablick, Studios und DZ, ruhig, hell und sauber, freundliche Vermieterin. Zimmer 10 und 11 mit riesigem Balkon. DZ ca. 25–40 €, Frühstück möglich. ✆ 28320-91440, www.agia-galini.com.

Romantika, rundum zu empfehlende Unterkunft am Strand, dank der aufmerksamen österreichischen Wirtin Heidi sehr gut geführt. Im Haupthaus fünf saubere und gut möblierte Zimmer (Aircondition, Kühlschrank) mit Meerblick, ein neues Gebäude mit 6 Studios wurde vor kurzem gebaut. Gute Taverne, Spielgeräte, Tischtennis, Billard, Großschach. DZ ca. 25–40 €. Anfahrt: Piste zum Campingplatz nehmen und noch ein Stück weiter. In den Ort läuft man am Strand entlang etwa 10 Min. ✆ 28320-91014, 📠 91388, www.agia-galini.com.

Camping Agia Galini, großer, sauberer Platz mit Kiesboden und schönem, altem Baumbestand. Laden, gute Taverne, Pool. Ganzjährig geöffnet. ✆ 28320-91386, 📠 91239, www.interkriti.org/camping/aggalini/a.htm.

• *Essen & Trinken* Zu den Favoriten gehören im Ort **Kosmas** und **Charlie's Place**, am Strand unten **Stochos**, **Kostas**, **Sun Set** und **Romantika**.

Messará-Ebene

Größte Ebene des gebirgigen Kretas. Früher eine Kornkammer des römischen Reichs, auch heute viel Anbau, hauptsächlich Olivenbaumplantagen. Zu besichtigen sind ein bedeutender minoischer Palast und die *Ausgrabungen einer griechisch/römischen Stadt*. Das Landwirtschaftsstädtchen *Míres* ist Zentrum der Ebene.

▸ **Festós**: zweitgrößter minoischer Palast auf einer Anhöhe in der weiten Messará-Ebene. Gilt als authentischer als der Palast von Knossós, da wesentlich behutsamer restauriert. Busknotenpunkt.

Öffnungszeiten/Preise täglich 8–19 Uhr, im Winter bis 17 Uhr. Eintritt ca. 4 €, EU-Schül./Stud. frei, aus anderen Ländern die Hälfte, über 65 und bis 18 Jahre frei.

▸ **Górtis**: bei *Ágii Déka*, ausgedehntes Ruinengelände einer römischen Stadt mit Tempeln, Zisternen und Theater. An der Straße die Kirche *Ágios Títos* (6. Jh.) und ein kleines *Skulpturenmuseum*, weiter hinten die berühmten Gesetzestexte von Górtis, eingeritzt in Steinblöcke des *Odeion* (Theater). Auf der anderen Seite der Straße frei zugängliches Gelände.

Öffnungszeiten/Eintritt tägl. 8–19 Uhr (Hochsaison auch länger). Eintritt ca. 4 €, Schül./Stud. aus EU-Ländern frei, aus anderen Ländern halber Eintritt.

▸ **Mátala**: eins der beliebtesten Ausflugsziele der Insel. Die schöne Strandbucht wird von einer mächtigen Sandsteinwand flankiert, in der dutzende von *Wohnhöhlen* aus der Jungsteinzeit erhalten sind. In den 70er Jahren übernachteten hier Hippies, heute stehen die Höhlen unter Denkmalschutz. In Mátala herrscht oft viel Rummel, der hübsche Sandstrand ist für die Massen viel zu klein. Die Tavernen servieren eher mäßiges Essen, Tipp ist aber "Sirtaki" von Vassilis am Ende der hübschen Basargasse oberhalb vom Strand.

Lohnende Ausweichmöglichkeiten: das ruhige Dorf *Pitsídia* kurz vor Mátala, das kleine, architektonisch sehr geschlossen wirkende Örtchen *Kamilári* oberhalb vom kilometerlangen *Kómo Beach* und die Strandsiedlung *Kalamáki*, alle drei sehr beliebt bei individuell Reisenden – und bei deutschen Auswanderern.

Öffnungszeiten/Preise **Wohnhöhlen**, im Sommer tägl. 8–20 Uhr, im Winter 8.30–15 Uhr, Übergangszeit 8–17 Uhr. Eintritt ca. 2 €, EU-Schül./Stud. frei, aus anderen Ländern halber Eintritt.

• *Übernachten* in Mátala primitiver **Campingplatz** direkt am Strand (✆ 28920-42340), außerdem viele Hotels, Pensionen und Privatquartiere.

Geía Chará ("Gesundheit, Freude") in Pitsídia, geführt von Reinhilde und Stephanos Kornaros, Zimmer und Appartements. Große Terrasse mit Ausblick, Kinderspielplatz, Gemeinschaftswohnküche. Buggys, Kinderbetten und -stühle. Auf Bestellung reichhaltiges Frühstück. DZ ca 22–35 €, Appartement ca. 40–50 €. ✆/℻ 28920-45010, www.pension-pitsidia-kreta.com.

Ovgora in Kamilári am Ende des Dorfs, geführt von Iannis Nikolidakis und Ulla aus Hamburg. Zwei Appartements, 4 DZ und ein Dreibettzimmer, von allen Balkons/Terrassen Blick auf das Meer, das Dorf oder die Berge. Gut ausgestattet, Gemeinschaftsküche. DZ ca. 25–35 €. ✆ 28920-42178.

Hotel Alexander Beach, C-Kat., in Kalamáki am südlichen Strandende, 25 Zimmer, nach vorne herrlicher Meerblick. DZ mit kleinem Frühstück ca. 32–45 €. ✆ 28920-45195.

1 km oberhalb vom **Kómo Beach** der gute gleichnamige Campingplatz, ✆ 28920-42596.

• *Essen & Trinken* **Fabrika**, vom Platz die Gasse abwärts, Ouzerie in einer ehemaligen Ölmühle, geführt von Nicole und Manolis. Reizvolle Atmosphäre und leckere Küche.

▸ **Léntas**: durch das Asteroúsia-Massiv von der Messará-Ebene getrennt, nur eine Handvoll Häuser in einer Felsbucht, langwierige Anfahrt (Busse ab Iráklion bzw. Míres). Seit vielen Jahren beliebter Treff von Rucksacktouristen, die Tavernenwirte am westlich benachbarten langen Sandstrand tolerieren freies Zelten.

Die Straße von der Messará-Ebene in den Osten Kretas ist inzwischen durchgehend asphaltiert, allerdings gibt es keine Busverbindung.

Ierápetra

Flaches Städtchen mit kilometerlangem, grauem Sandstrand, schöner Uferpromenade und einem geruhsamen Altstadtviertel, das vom Tourismus kaum berührt wird. Zu besichtigen sind ein venezianisches *Hafenkastell* und ein *archäologisches Museum.*

Tipp: tägliche Schiffsausflüge auf die vorgelagerte Insel *Chrissi* mit Wacholderwäldchen und weißem Dünenstrand.

Öffnungszeiten **Kastell**, Di–So 8.30–15 Uhr, frei. **Museum**, Di–So 8.30–15 Uhr, Mo geschl., Eintritt ca. 2 €.

• *Verbindungen* **Busbahnhof** an der Lasthenous Str., östlich vom Zentrum.

• *Übernachten* **Hotel Cretan Villa**, D-Kat., Oplarchegou Lakerda Str. 16, Nähe Busbahnhof. 200-jähriges Haus mit Holzdecken und kretischem Mobiliar, der kleine Innenhof ist ein Schmuckstück. Manos vermietet neun gepflegte DZ mit Bad, Kühlschrank und Sat-TV für ca. 35–44 €, mit Aircondition 6 € mehr. ✆/℻ 28420-28522, www.cretan-villa.com.

Hotel Coral, D-Kat., Ioannidou Str. 18, kleines, sauberes Stadthotel, geführt von Nikos Ayaniotakis, der in Deutschland gelebt hat und sehr gut Deutsch spricht. DZ ca. 20–35 €. ✆ 28420-22846, ℻ 27335.

Erotokritos, Samuil Str., sympathisches Haus mitten in der Altstadt, vermietet werden eine Handvoll Zimmer mit Spülen und Kühlschank. ✆ 28420-28151.

Camping Koutsounari, etwa 8 km östlich der Stadt am Strand, ✆ 28420-61213.

Schmuckstück von Ierápetra: elegantes Brunnenhaus und Minarett

Kreta Karte S. 512/513

• *Essen & Trinken* **Napoleon**, an der Uferpromenade Richtung Kastell, täglich wechselnd leckere Gerichte, die im Repertoire der meisten Tavernen nicht auftauchen, z. B. Oktopus in Weinsoße, Fischsuppe und frisches Gemüse. Zudem sehr freundliche Bedienung. So geschl.

Castello, direkt neben Napoleon, der quirlig-dynamische Wirt Dimokritos Sacharjudakis und seine norwegische Frau Lisa sprechen fließend Deutsch und bemühen sich auf freundliche Weise, die Kunden zufrieden zu stellen. Gute Küche mit großer Auswahl zu mittleren Preisen.

O Kales (Kastro), schlichte, bei den Einheimischen sehr beliebte Ouzerie gegenüber vom Kastell. Großes Angebot, günstige Preise.

Pizzeria, Emmanuil Lambraki Str. (nördliche Verlängerung der Michail Kothri Str), Ecke Filotheu Str. Michalis ist in Deutschland aufgewachsen und gibt gerne Tipps zur Region.

• *Unterhaltung* **Portego**, Nikolas Foniadakis Str. 8, parallel zur Kyrva Str. Gediegenes historisches Haus, mehrere große Räume mit Parkettboden, Innen- und Hinterhof. Man kann traditionelle *mezédes* kosten, weiterhin gibt es eine Bar im modernen Stil und ein Restaurant mit Gerichten aus dem holzbefeuerten Ofen.

Odeion, Lasthenous Str. 18, schönes Abendcafé, in dem man zum Wein leckere *mezédes* genießt, neben dem Haus ein wunderbar lauschiger Innenhof.

Tamam, Oplarchegou Lakerda Str., schräg gegenüber von Hotel Cretan Villa. Gemütlich renovierte Taverne im kretischen Stil für Jung und Alt, schöne Auswahl preiswerter kleiner Gerichte.

▸ **Mírtos**: westlich von Ierápetra, angenehmes Dorf mit hübsch angelegter Tavernenpromenade und langem Sand-/Kiesstrand. Der Tourismus hält sich in Grenzen, beliebt bei Individualreisenden. Nicht wenige Deutsche haben sich hier niedergelassen.

• *Übernachten* **Mirtos**, C-Kat., altes, jedoch komplett renoviertes Hotel mit guter und preiswerter Taverne mitten im Ort, etwa 50 m vom Meer. Freundliches und großzügiges Besitzerehepaar, netter Service, teilweise Meeresblick. DZ ca. 20–38 €. ✆ 28420-51227, ℻ 51215, www.myrtoshotel.com.

Big Blue, größere Studio-/Appartementanlage oberhalb der Beach Taverne direkt am Strandbeginn, weiter Meerblick. DZ ca. 30–35 €, Studio ca. 45–60 €, Appartement 60–75 €. ✆ 28420-51094, ℻ 51121, www.forthnet.gr/big-blue.

Villa Mare, eins der höchsten Häuser im Ort, gute Zimmer mit Du/WC, vom obersten Stockwerk toller Blick, Frühstücksküche unter dem Dach, Sonnenterrasse. DZ ca. 20–35 €. ✆ 28420-51328, 51274.

• *Essen & Trinken* **Katerina**, stimmungsvolle Taverne im Ortskern, Jorgo bietet sehr leckere Küche, z. B. Fisch und Lamm, als Vorspeise sind Schnecken zu empfehlen.

Beach Tavern, das letzte Haus am westlichen Ortsende, schöne Lage mit tollem Blick, geführt von griechisch-belgischem Paar.

O Platanos, Elke und ihr kretischer Mann haben 2001 diese gemütliche Kneipe eröffnet. Ab mittags bis spät nachts kann man sich unter der großen Platane treffen, *mezédes* kosten, Wein, Bier und Rakí trinken, aber auch Musik hören, Tavli oder Schach spielen.

▸ **Keratókambos/Arví**: ebenfalls westlich von Ierápetra, zwei wenig besuchte Badeörtchen, ersterer mit besserem Strand. Wenn Sie von Keratókambos wenige Minuten nach Osten laufen, kommen Sie zu einem weiteren Strand mit eindrucksvollen Dünen.

▸ **Östlich von Ierápetra**: An der von intensivem Treibhausanbau geprägten Küste findet man hauptsächlich Pauschaltourismus, z. B. um *Férma*, *Makrigialós* und *Análipsi*. Das eindrucksvolle *Kloster Kapsá* steht weit abseits in felsiger Einöde, kann aber auf guter Asphaltstraße erreicht werden.

Öffnungszeiten **Kloster Kapsá**, tägl. 8–12, 16–19 Uhr, Spende erwünscht.

Thássos

Die nördlichste aller griechischen Inseln. Trotz der verheerenden Waldbrände in den 1980er Jahren ist Thássos mit seinen fast dschungelartigen Platanen- und Kiefernwäldern insbesondere im Nordosten noch immer ein grünes Eiland. Weiße Sandbuchten laden zum Baden ein, alte Bergdörfer mit wunderschönen, traditionellen Häusern sowie sehenswerte antike Ausgrabungen im Norden und Süden sind weitere Highlights.

Die Götter, so heißt es, haben Thássos besonders begünstigt. Schon in der Antike förderte man Gold, Erze und den bis heute begehrten schneeweißen Marmor. Wasser, sonst in Griechenland Mangelware, gibt es hier in Hülle und Fülle. In den ausgedehnten Wäldern lassen sich besonders gut Bienen züchten, die einen goldgelben Honig liefern.

Doch Haupteinnahmequelle auf der fast kreisrunden Insel ist inzwischen der Tourismus. Thássos, in der Hochsaison bei griechischen Urlaubern sehr beliebt, ist seit einigen Jahren Charterziel und im Sommer kann es in den Badeorten ganz schön voll werden. Aber die Auswahl an Stränden ist so groß, dass man immer noch ein einigermaßen ruhiges Plätzchen finden kann. In der Vor- und Nachsaison gehört einem manche Bucht dann fast allein.

Thássos auf einen Blick

Größe: Die nahezu kreisrunde Insel hat eine Fläche von 379 qkm. Küstenlänge: ca. 110 km.

Bevölkerung: Knapp 17.000 Menschen leben auf Thássos, in der Hochsaison kann sich diese Zahl mehr als verdoppeln.

Geografie/Geologisches: Eine von NW nach SO verlaufende Gebirgskette durchzieht die Insel. Der höchste Gipfel ist mit 1204 m der Ipsárion. An manchen Stellen hat Thássos durchaus alpinen Charakter. Wie vor über 2000 Jahren wird auch heute noch Marmor gebrochen, der Erzabbau wurde dagegen eingestellt.

Internet: Eine informative deutschsprachige Seite mit meist aktuellen News, organisiert von Leuten, die ständig auf der Insel leben, finden Sie unter folgender Adresse: **www.thassos-island.de**

Wichtige Orte: der Hauptort Thássos-Stadt, besser als Liménas bekannt, Prínos, Limenária und Theológos.

Straßen: Eine ca. 95 km lange, asphaltierte Küstenstraße verläuft rund um die Insel. Ebenfalls asphaltiert sind die von ihr abzweigenden Stichstraßen in die Bergdörfer.

Auto-/Zweiradverleih: in Liménas und allen wichtigen Touristenorten.

Tankstellen: nahezu in jeder Ortschaft entlang der Küstenstraße, im Inselinneren gibt es keine!

Karten: Am besten finden wir weiterhin die 1998 erschienene "Thássos Turist und hiking map", die ein dänischer Kartograph angefertigt hat. Sie ist leider nur noch vereinzelt in den Souvenirgeschäften der Insel zu kaufen. Die anderen auf Thássos erhältlichen Karten genügen den Ansprüchen leider kaum.

• *Verbindungen* **Auto**: Über eine gut ausgebaute Schnellstraße sind Kavála bzw. das ca. 40 km südöstlich davon gelegene Städtchen Keramotí (die beiden wichtigsten Fährhäfen nach Thássos) von Thessaloníki aus in etwa 2–3 Std. zu erreichen. Es lohnt sich in jedem Fall, das eigene Fahrzeug mit auf die Insel zu nehmen.

Bus: Von Thessaloníki bestehen ausgezeichnete Verbindungen nach Kavála. Abfahrt zwischen 6 und 20 Uhr jede Stunde.

Auf Thássos sind die Busverbindungen zwischen den größeren Ortschaften sehr gut. 8-mal täglich gibt es von Liménas aus einen Bus, der rund um die Insel fährt. Darüber hinaus bedienen weitere Busse die Ost- bzw. die

Westküste. Beispiele: Von Liménas über Panagía und Potamiá nach Skála Potamiás (ca. 1 €) 10- bis 13-mal, nach Alikí (ca. 2,50 €) 3- bis 4-mal, nach Potós und Limenária (3,50 €) 7- bis 12-mal, nach Theológos (ca. 4,50 €) 5-mal.

Fähren: verkehren regelmäßig von Kavála nach Skála Prínou und von Keramotí nach Liménas. Keramotí – Liménas und zurück bis zu 16-mal, Kavála – Skála Prínou 10-mal in der HS. Tickets bekommt man in den kleinen Containerbüros in den Häfen.

Flying Dolphins: verbinden 4- bis 5-mal am Tag Kavála mit Liménas (8,50 € für die einfache Fahrt). Kein Autotransport.

• *Übernachten* In fast allen Küstenorten der Insel besteht ein vielfältiges Angebot vom einfachen Privatzimmer bis zum guten Hotel. Nur relativ wenige Zimmer werden in den Bergdörfern (Ausnahme Panagía, dort gibt es auch Hotels) angeboten. Kostenlose Hilfe bei der Vermittlung leistet die **Hotel Owners Association** am Hafen von Liménas, von Mai-Sept. täglich geöffnet von 10 bis 13 Uhr, im Juli und August zusätzlich auch von 15-21 Uhr, ✆/✆ 25930-23610.

• *Camping* Die Plätze sind in der Regel Mai-Okt. geöffnet. Sie liegen fast alle direkt am Meer und bieten reichlich Schatten.

Golden Beach, bei griechischen Urlaubern sehr beliebte, gepflegte und saubere Anlage unterhalb von Panagía am Strand mit guten Versorgungsmöglichkeiten, ✆ 25930-61472.

Pefkári, an der gleichnamigen Sandstrandbucht in der Nähe von Potós. Sehr gepflegt, die beiden Besitzer Marlies und Sávas achten auf Einhaltung von Ruhe und Ordnung und haben nicht zuletzt deshalb viele Stammgäste aus Mitteleuropa. Im Self-Service-Restaurant gibt's neben griechischen auch deutsche Spezialitäten, ✆/✆ 25930-51190.

Dédalos, zwischen Skála Sotíra und Skála Prínou. Gut in Schuss, für ausreichend Schatten müssen die Bäume aber erst noch etwas wachsen, bis Ende Sept. geöffnet, ✆/✆ 25930-71152.

E.O.T., in Skála Prínou im Ortsteil Dassílio. Die komfortabelste Anlage auf Thássos, durch Hecken abgeteilte Plätze, besonders viel Schatten, etwas teurer, ✆ 25930-71270, ✆ 71170.

Perseus, in Skála Rachoníou, der Strand ist ca. 5 Fußminuten entfernt. Einfache Anlage, dafür relativ preiswert, reichlich Schatten. Der Platz war im Sommer 2004 geschlossen, soll aber bald wieder geöffnet werden, ✆ 25930-8124.

Liménas (Thássos-Stadt)

Lebendige, im Sommer oft hektische Inselhauptstadt, die intensiv mit dem Meer lebt. Am Fähranleger herrscht ein ständiges Kommen und Gehen: Marmorlaster, Ausflugsbusse vom Festland, vom Einkauf in Kavála heimkehrende Insulaner, griechische Urlauber in ihren Autos, Pauschal- und Rucksacktouristen.

Liménas ist nicht nur der bedeutendste Ankunfts-, Durchgangs- und Abfahrtsort der Insel, an Juli- und Augusttagen ist durch die "Einkaufsgasse" kaum ein Durchkommen mehr und die dortigen Restaurants sind proppevoll. Mehr Atmosphäre findet man am pittoresken Fischerhafen, um den herum sich auch jede Menge Cafés, Ouzerien und Tavernen gruppieren – der schönste Platz der Stadt.

Kulturelles Schmankerl: Wie wohl in keinem anderen Inselstädtchen der Ägäis sind in Liménas Antike und Gegenwart baulich miteinander verwoben. Nahezu auf Schritt und Tritt stößt man auf Ruinen zwischen der modernen Stadt, etwa auf ein 2500 Jahre altes Stadttor in einem Vorgarten, auf ein ehemaliges Kultheiligtum an einer der Hauptstraßen, auf eine frühchristliche Basilika mitten auf einer belebten Platia usw. Antike zum Anfassen.

Doch Liménas bietet nicht nur viel Kultur, sondern auch eine hervorragende Infrastruktur, jede Menge Unterhaltung und in der Nähe auch sehr schöne Strände. In mancher Seitengasse abseits vom Trubel hat man die Gelegenheit, den griechischen Alltag weitaus besser zu erleben, als dies an einer der vielen Strandsiedlungen auf der Insel möglich ist.

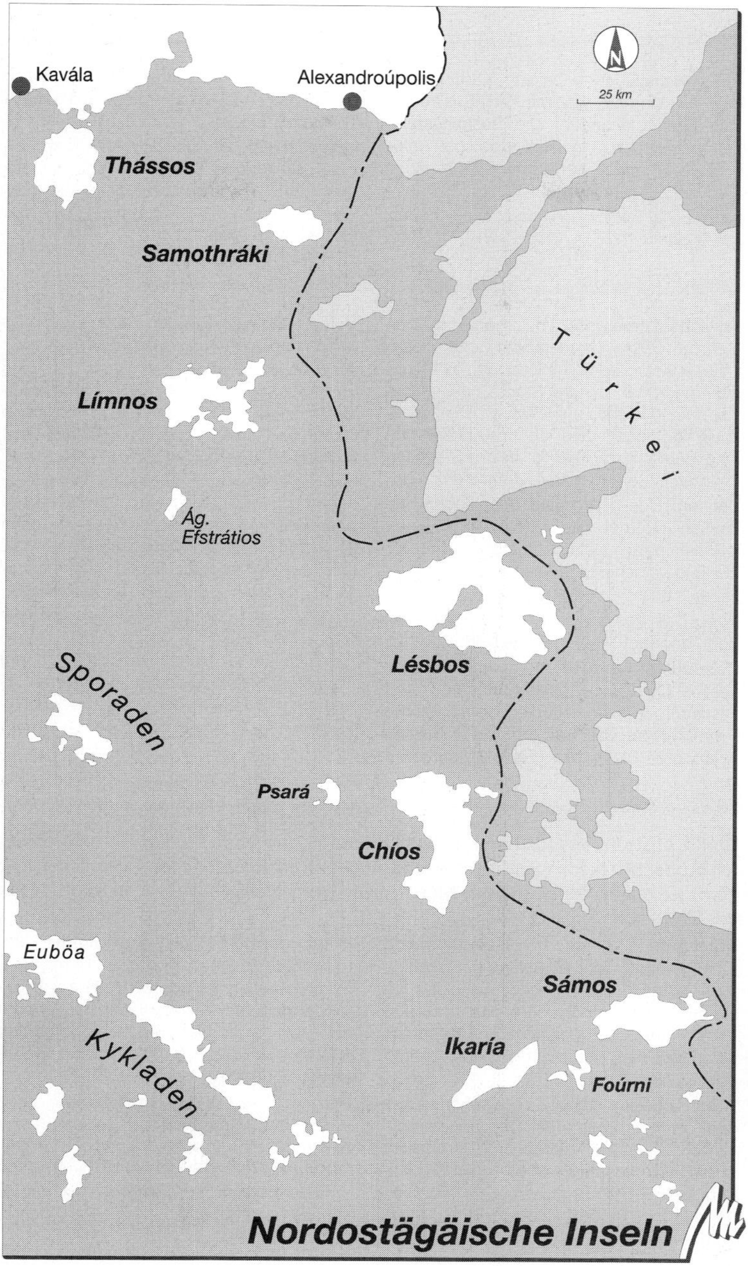

Nordostägäische Inseln
Karte S. 537

Verbindungen

- *Bus* Nahezu jeden Ort auf Thássos kann man von Liménas aus mit dem Bus mehrfach täglich anfahren. Die Bushaltestelle befindet sich schräg gegenüber der Anlegestelle für die Flying Dolphins. Dort hängt auch der aktuelle Fahrplan aus.
- *Taxi* Die Taxifahrer warten direkt neben der Bushaltestelle (✆ 25930-23391); Preisbeispiele: nach Makríammos 4 €, nach Panagía 6 €, nach Skála Potamiás 8 €, nach Theológos 30 €.
- *Bootsausflüge* zu den Stränden Makríammos und Golden Beach (5 € bzw. 6 € hin und zurück) oder auch rund um die Insel werden östlich vom Fährhafen sowie am Fischerhafen angeboten.

Adressen

Ärztliche Versorgung, in Liménas gibt es mehrere Allgemeinmediziner und Fachärzte, z. B. Dr. Geórgios Dedópoulos (Allgemeinmediziner) an der Straße nach Panagía, ✆ 25930-22400; z. B. Dr. K. Chatziemanouíl (Zahnarzt) nahe der Zweiradvermietung Bábis, ✆ 25930-22705. In der Stadt findet man außerdem einige *Apotheken.*

Banken: Das ganze Jahr über haben vier Banken geöffnet. Alle verfügen über einen internationalen Geldautomaten, u. a. für EC- und verschiedene Kreditkarten. Sie befinden sich im Zentrum der Stadt.

Post: Das Postamt liegt südlich der Uferfront, geöffnet Mo–Fr 7.30–14 Uhr.

Reisebüros: Mehrere Agenturen bieten Tagesausflüge wie Inselrundfahrten oder Festlandtouren an, helfen aber auch bei der Zimmersuche oder bei der Auto-/ Bikeanmietung, z. B. *Thássos Tours* an der Uferfront, ✆ 25930-22546, oder *Endless Holidays* am neuen Fährhafen, ✆ 25930-22676.

Auto-/Zweiradverleih: Ein ganzer Schwung von Anbietern konkurriert miteinander, vertreten sind auch international bekannte Agenturen wie *Avis*, 28.-Oktober-Platz, ✆ 25930-22535, *Budget*, Odós Theagénou, ✆ 25930-23150, oder Europcar, Odós Alexándrou, ✆ 25930-23776. Ein Pkw kostet je nach Saison und Größe pro Tag zwischen 30 und 70 €. Für ein Mofa zahlt man 8–12 € pro Tag. Die Agentur *Bábis*, mitten in der Stadt, hat sich auf *Fahrräder* spezialisiert, die pro Tag ca. 5 €, pro Woche ca. 20 € kosten, ✆ 25930-22129.

Bei Problemen wenden Sie sich an die **Touristenpolizei**, zu finden im Büro der allgemeinen Polizei an der Uferfront, ✆ 25930-23111.

Übernachten

Große Auswahl an Quartieren sowohl mitten in der Stadt als auch in den ruhigeren Außenbezirken. Allerdings ist das Angebot an *Privatzimmern*, verglichen mit dem der reinen Ferienorte am Meer, relativ gering, einige finden Sie in der Nähe der Stadtkirche.

Hotel Aéthria, B-Kat., im Westen der Stadt, ruhig gelegen. Schöne Anlage mit gepflegtem Garten, Pool, Bar und Spielplatz. Ein DZ mit Bad, Aircondition und Balkon kostet in der HS ca. 85 €, bei längerem Aufenthalt gibt's Nachlass, von Mai bis Oktober geöffnet; ✆ 25930-23310, ℻ 22170.

Hotel Angelika, (C-Kat.), sehr schöne Lage nahe dem Fischerhafen. Die jüngst renovierten DZ mit Bad, Aircondition und Balkon (toller Blick) kosten 36–60 €, für ein EZ werden 30–40 € berechnet. Von April bis Oktober geöffnet; ✆ 25930-22387, ℻ 22160.

Hotel Possidón, C-Kat., direkt an der Uferfront. Nicht besonders große DZ mit Bad, TV und Balkon werden zum Preis von 50–65 € angeboten. Kleine Hotelbar, während der Sommermonate wird ein Roofgarden (schöner Blick!) betrieben, ganzjährig geöffnet; ✆ 25930-22690, ℻ 22190.

Pension Elía, an der Ausfallstraße nach Prínos. Ein DZ mit Bad und großem Balkon bekommt man je nach Saison für 30–50 €. Die zusätzlich mit einer Küche eingerichteten Dreibettzimmer kosten zwischen 45 und 70 €; geöffnet von Mai bis Oktober; ✆/℻ 25930-22783.

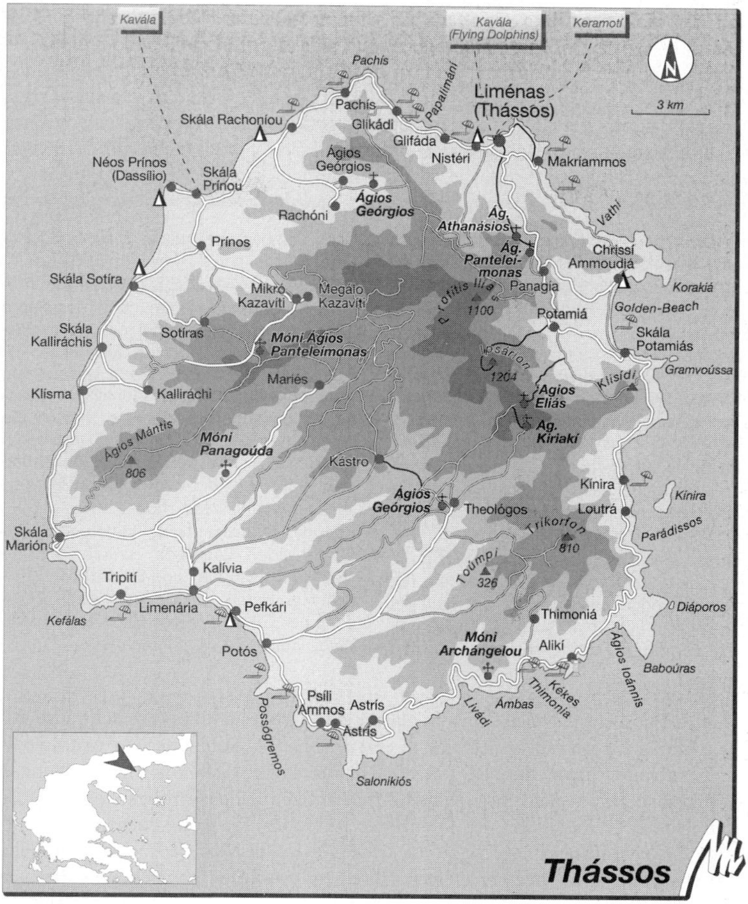

Essen/Trinken

Große Auswahl an edleren Restaurants und einfachen Tavernen. Am schönsten sitzt man sicher am Fischerhafen.

Tavérna Sými, am Fischerhafen. Der ursprüngliche Besitzer kam von der kleinen Dodekanes-Insel Sými hierher und eröffnete das in Liménas äußerst beliebte, heute von jungen Leuten schwungvoll betriebene Restaurant. Sehr empfehlenswerte Küche, z. B. würzig gefüllter Kalmar, Midiopílafo (Reis mit Muscheln und Krabben), verschiedene Fische ... Im Sommer ist die Speisekarte schier endlos.

Pizzeria Da Remo, wer genug von Souvláki und Co. hat, sollte dieses Lokal nahe dem Fischerhafen aufsuchen. Viele verschiedene Pizzen, sehr gute Pastagerichte. Lange Schlangen von Wartenden sind in der Hochsaison keine Seltenheit

Ouzerí Moúses, etwas außerhalb der Stadt auf dem Gelände einer ehemaligen Töpferei. Immer gut besuchtes Lokal, dessen freundlicher Service auch von Lesern sehr gelobt wurde. Gute Auswahl an Fischgerichten und leckeren Mezédes.

Bar-Café Remézzo, am Fischerhafen. Der nette Wirt aus Athen und sein Bruder servieren den Fischern am Vormittag ihren Oúzo und dazu ein gutes Mezé, das auch Touristen schmeckt. Mal gibt's Fleisch aus dem Ofen, dann Gávros in Zitronen-Öl-Sauce usw. Lassen Sie sich überraschen!

Kafeníon To Petróni, eines der wenigen richtigen Kafenía in Liménas, oberhalb der Anlegestelle der Flying Dolphins. Bei Kóstas und seiner Mutter Ánna gibt's Kaffee, aber auch leckeres Frühstück, z. B. Spiegeleier, Reispudding, Toast usw. Probieren Sie auch mal Ánnas eingelegte Früchte (glikó tou koutalioú)!

Nachtleben/Einkaufen

• *Nachtleben* Das Angebot ist so vielseitig, dass Nachtschwärmer voll auf ihre Kosten kommen. Insbesondere durch den griechischen Tourismus ist in dieser Hinsicht einiges geboten.

Arkoúda, an der Straße nach Makríammos liegt das typisch griechische Bouzouki-Lokal; hier fliegen auch mal Teller, wenn's den Einheimischen besonders gut gefällt. Geöffnet Fr–So, vor 23 Uhr ist kaum etwas los.

La Scála, Open-Air-Disco, 3 km außerhalb an der Straße nach Prínos. Bei Touristen und Einheimischen sehr beliebt, englische und griechische Musik im Wechsel.

Ouzerí Bar Kanágio, am äußersten Zipfel von Liménas. Dient tagsüber als Café und Ouzerie, doch abends geht die Post ab. Schließlich kann man so weit draußen die Musik (v. a. Bouzouki, aber auch Techno, Rock, Reggae usw.) bis zum Anschlag aufdrehen.

• *Einkaufen* Kulinarische thassiotische Produkte, wie z. B. Honig, süße eingelegte Früchte (glikó tou koutalioú), Honig-Walnusslikör, Wein, leckeres Mandelgebäck (kuorabiédes), Öl und Oliven, verkauft ein kleiner Laden nahe der Nationalbank. Dekorativ aufeinander geschichtet, gibt es die eingelegten Früchte auch an mehreren Ständen zu Beginn der "Einkaufsstraße" (Parallelstraße zur Uferpromenade), allerdings zu einem recht hohen Preis.

Schönes Kunsthandwerk bieten z. B. folgende Läden: **Léandros**, etwa in der Mitte der "Einkaufsstraße", und **Studio N24**, oberhalb vom Hafen; schöne Auswahl an Silberschmuck, Ikonen und Glaswaren; allerdings kostet die Ware ihren Preis.

Sehenswertes

Nicht zu unrecht hat man Liménas als ein einzigartiges antikes "Freilichtmuseum" bezeichnet. Zu verdanken ist dies in erster Linie der Französischen Archäologischen Schule Athen, die seit 1911 bis in die Gegenwart hinein Ausgrabungen durchführt. Neben den unten aufgeführten antiken Sehenswürdigkeiten sind das mittelalterliche *Kástro* auf der ehemaligen Akrópolis, die Reste einer frühchristlichen *Basilika* mitten in der Stadt, die schiefergedeckte *Nikolauskirche* in der Nähe des Museums sowie der vor einigen Jahren renovierte, wunderschöne ehemalige klösterliche Gutshof am Fischerhafen, einst im Besitz des Áthos-Klosters Vatopédi und heute vielleicht das meistfotografierte Motiv der Insel, einen Besuch wert.
Zur Besichtigung der wichtigsten Abschnitte der teilweise noch sehr gut erhaltenen, einst etwa 3,5 km langen, antiken Stadtmauer mit ihren mächtigen, z. T. heute noch reliefgeschmückten Toren verlässt man die Stadt auf der Ausfallstraße Richtung Panagía. An der Abzweigung nach Makríammos steht das berühmte *Silenen-Tor*. Auf der anderen Straßenseite beginnt ein Pfad, der die ca. 2500 Jahre alte, aus dicken Marmorquadern bestehende Schutzmauer über das *Herakles-Diónysos-Tor* bis zum *Zeus-Hera-Tor* entlangführt (eine kurze Strecke muss man dabei auf der Mauer laufen)..

Antiker Kriegshafen, der heutige Fischerhafen: Wo vor mehr als 2000 Jahren die berühmten "schwarz geschnäbelten" Kriegsschiffe der Thassier lagen, dümpeln heute die Kaikis der Fischer und ankern die Ausflugsboote. Einst war er, so wie auch heute, durch zwei Molen geschützt und wurde deshalb auch geschlossener Hafen genannt. Weiter nordöstlich, dort wo sich jetzt ein schmaler Sandstrand befindet, war der offene bzw. Handelshafen der antiken Stadt Thássos. Von der alten Anlage des Kriegshafens ist heute nicht mehr viel zu sehen, dennoch sollte man einen Blick darauf werfen. Hier und da erkennt man noch Marmorplatten im Wasser. Damit war einst der gesamte Grund dieses Hafens ausgelegt. Am Ende der südlichen Mole sind bei ruhiger See noch die Fundamente eines runden Wachturms auszumachen.

Shoppingmeile in Liménas

Antike Agorá: seit dem 4. Jh. v. Chr. bis in die Zeit der Römerherrschaft Zentrum des sozialen, administrativen und kultischen Lebens der Stadt Thássos. Heute sind zwar keine sensationellen Reste mehr zu sehen, doch mit etwas Fantasie kann man sich anhand der Ausgrabungen auf jeden Fall einige der einst eleganten Gebäude gut vorstellen. Freigelegt wurden von den Archäologen Reste der Säulenhallen, die die Agorá im Westen, Osten und Süden umgaben. Einige der Säulen wurden wieder aufgerichtet. An der Nordseite liegen die Ruinen von Geschäften und Verwaltungsgebäuden, während sich im Innern dieses annähernd quadratischen Platzes Altäre, Heiligtümer, ein Tempel sowie Denkmäler befanden.

Öffnungszeiten Das Gelände der Agorá ist jederzeit zugänglich, kein Eintritt.

Archäologisches Museum: befindet sich genau gegenüber dem Eingang zur Agorá. Wohl das bekannteste Ausstellungsstück ist die Marmorstatue des *widdertragenden Koúros* aus dem 6. Jh. Sehenswert auch eine *marmorne Pégasus-Büste* aus dem 5. Jh. sowie die im 3. Jh. geschaffene, anmutige Statuette von *Aphrodite auf einem Delfin*. Außerdem Porträts von Philosophen, Feldherrn und römischen Kaisern sowie Grabreliefs und zahlreiche schöne Münzen.

Zur Zeit der Recherche im Umbau, Wiedereröffnung für 2005 geplant.

Amphitheater: Empfehlenswert ist der Aufstieg von der Stadt aus (hinter dem antiken Kriegshafen) über die schön gelegene Ágii-Apóstoli-Kirche (hierher sollten Sie auch mal zum Sonnenuntergang kommen), dann entlang weiterer Reste der ehemaligen Stadtmauer zum antiken Theater. 2000 bis 3000 Personen sollen einst auf den steinernen Sitzreihen Platz gefunden haben. Damals wie heute: Der Blick hinunter auf die Stadt ist grandios. Nachdem in den letzten Jahren umfangreiche Renovierungsarbeiten durchgeführt worden sind, werden während der Sommermonate wieder regelmäßig Konzerte und antike Tragödien aufgeführt.

Vom Theater führt ein steiler, markierter Weg hinunter nach Liménas. Alternative: weiter hoch laufen zum mittelalterlichen Kástro, dann vorbei an den Ruinen eines Athena-Tempels und einem Pan-Heiligtum; von hier aus führt ein Treppenweg abwärts.

▶ **Baden/Strände rund um Liménas**: Die Bademöglichkeiten in Liménas sind ziemlich beschränkt. Nördlich des Fischerhafens befindet sich ein **schmaler Sand-**

strand, dahinter reihen sich Tavernen und Cafés aneinander. Nicht sehr einladend, weil voller Algen, ist der ebenfalls nur schmale Kiesstrand im Westen der Stadt. Sehr viel schöner sind die Strände einige Kilometer weiter westlich und v. a. der Makríammos-Beach, 3 km südöstlich der Inselhauptstadt.

▸ **Westlich von Liménas** reihen sich mehrere schöne Strände (Nistéri, Glifáda, Papalimáni, Glikádi) mit touristischer Infrastruktur bis zum Kap Pachís aneinander. Von hohen Kiefern umgeben, bieten sie teilweise natürlichen Schatten, und da sie flach abfallen und meist feinsandig sind, kann man auch die Kleinen gut planschen lassen. Wer nicht motorisiert ist, erreicht die einzelnen Strände mit dem Bus nach Prínos. Sagen Sie dem Busfahrer Bescheid, wo Sie aussteigen wollen.

▸ **Makríammos**: wunderschöner Sandstrand, der allerdings in Privatbesitz ist. Eine große, luxuriöse Bungalowanlage ist hier entstanden, aber auch Nicht-Hotelgäste können den Beach genießen.

• *Anfahrt* Am besten erreicht man Makríammos mit dem *Ausflugsboot* ab Liménas, Preis: 5 € hin und zurück. Alternative: Bike/ Pkw oder 45-minütiger Spaziergang.

• *Übernachten* Wer in Makríammos übernachten möchte, muss tief in die Tasche greifen. Ein Zweibett-Bungalow kostet in der Hochsaison inkl. Frühstücksbuffet 140–150 €, ✆ 25930-22101.

▸ Ausflüge zu der Liménas vorgelagerten kleinen, unbewohnten **Insel Thassopoúla** werden derzeit nicht angeboten. Sie lohnen auch nicht, denn dort gibt es keine Strände und auch kein Süßwasser.

Der Nordosten

"Highlight" von Thássos: Mit dichtem Wald bewachsene Hänge stürzen atemberaubend steil zu der riesigen Bucht "Golden Beach" hinab, wo man wunderbar baden kann. Und die beiden Bergdörfer Panagía und Potamiá sind nur für einen kurzen Stopp viel zu schade.

Wanderer finden hier das schönste Revier auf Thássos, nicht zuletzt deshalb, weil diese Region von den Waldbränden verschont geblieben ist. Ipsárion und Profítis Ilías bilden dazu eine alpenähnliche Kulisse. Dazu kommt der Wasserreichtum: Immer wieder stößt man auf Quellen und Bäche und in den Dörfern rauscht das Wasser pausenlos aus den Hähnen der Brunnen.

▸ **Panagía**: eines der schönsten Dörfer auf Thássos. In 200 m Höhe am Fuß des 1100 m hohen Profítis Ilías, des zweithöchsten Bergs der Insel, gelegen und von dichten Wäldern eingerahmt. Die weiß gekalkten Häuser sind fast alle noch auf traditionelle Weise mit Schieferplatten gedeckt, um den zentralen Dorfbrunnen gruppieren sich zahlreiche Tavernen und Kafenía.

Im Sommer ist in Panagía viel los, die Besucher drängen sich in den engen Straßen. Fast vor jedem Haus sind Stände aufgebaut, auf denen der berühmte Kiefernhonig mit Walnüssen sowie die thassiotische Spezialität, die "Löffelsüßigkeiten", in einer Art Sirup eingemachte Feigen, Nüsse, Pflaumen und andere Früchte, angeboten werden.

• *Übernachten* **Hotel Theo**, D-Kat., unterschiedlich große, saubere Zimmer, alle mit Bad, Balkon und malerischem Ausblick auf das Bergdorf. Die freundliche Wirtin Theodóra und ihre Tochter Agláia lebten lange Zeit in Deutschland. DZ 25–42 €, ✆ 25930-61284.

▸ **Chrissí Ammoudiá**: Steil geht es von Panagía hinunter zum Meer. Dort erwartet einen ein wunderbarer, breiter Strand mit sehr feinem Sand. Der Name Chrissí

Skála Potamiás – beliebtester Badeort im Nordosten

Ammuodiá heißt "goldener Sandstrand" und ist völlig richtig gewählt. Viele Übernachtungsmöglichkeiten und Tavernen, im Juli/August ziemlich voll.

• *Übernachten/Essen* **Hotel Golden Sand**, C-Kat., zentral und direkt am Strand gelegen. Ein DZ mit Bad, Balkon (Meerblick) und Kühlschrank bekommt man für 40–50 €. Angeschlossen ist auch ein angenehmes Restaurant mit großer Auswahl. ✆ 25930-61771.

▸ **Potamiá**: ähnlich schönes Dorf wie Panagía, auch wenn hier die Häuser schon die modernen, roten Ziegeldächer aufweisen. In die engen und verwinkelten Gassen verirrt sich kaum mal ein Tourist. Die meisten legen nur einen kurzen Zwischenstopp ein, um dem *Museum* des berühmtesten Sohns von Potamiá, des 1965 verstorbenen griechisch-amerikanischen Bildhauers *Vagís*, einen Besuch abzustatten. Sie finden das Museum direkt neben der unteren Dorfkirche.

Öffnungszeiten Di–Sa 9.30–12.30 und 18–21 Uhr, So 10–13 Uhr, Eintritt frei.

▸ **Skála Potamiás**: einst nur der Hafen des Bergdorfs Potamiá, heute einer der wichtigsten Touristenorte der Insel, der in nahezu jedem Pauschalkatalog angeboten wird. Entsprechend voll ist es im Sommer. Jede Menge Hotels, Pensionen, Tavernen und Discos. Schöner Strand.

• *Übernachten* **Hotel Blue Sea**, C-Kat., schönes Haus direkt am Meer, das von der netten Familie Kalogiannídou geleitet wird. Ein DZ mit Bad, Kühlschrank und Balkon kostet etwa 42 € in der HS. Tolle Roof-Bar, ✆ 25930-61482.

Pension Verolíno, der Wirt war 17 Jahre in Berlin und eröffnete anschließend die kleine Pension mit dem großen Obstgarten. DZ mit Bad, Balkon, Kühlschrank für 23–33 €, Gemeinschaftsküche, ✆ 25930-61938.

• *Essen* **Kramvoússa**, nettes Lokal mit etwas edlerem Touch, Live-Musik, offener Wein in Tonkrügen serviert. Gute Auswahl, besonders an Vorspeisen. Lecker fanden wir das Jouvétsi und den mit reichlich Knoblauch gewürzten Gartensalat.

Koráli, direkt daneben führt Sákis das älteste Lokal von Skála Potamiás. Wie seine schon fast legendäre Vorgängerin Dímitra serviert er traditionelle griechische Küche und auch internationale Gerichte.

Nordostägäische Inseln
Karte S. 537

Der Süden

Landschaftlich weniger spektakulär als der Nordosten, flacher und trockener. Dafür reihen sich hier die schönsten Inselstrände aneinander wie die Perlen einer Kette.

Wer will, absolviert neben dem Baden ein umfangreiches Sightseeing-Programm: ein antikes Kultheiligtum, frühchristliche Basiliken, alte Dörfer mit schönen Kirchen, ein Kloster. Daneben stößt man auch auf antike Marmorbrüche und Spuren des Erzabbaus zu Beginn des 20. Jh.

▸ **Kínira**: Gegenüber dem gleichnamigen Inselchen, das sich in Privatbesitz befindet, liegt die zu Theológos gehörende Streusiedlung mit guten Bademöglichkeiten: nördlich und südlich des markanten Felssporns zwei schmale Kiesstrände. Absolutes Highlight und eines der Postkartenmotive von Thássos ist jedoch der weite, von dichtem Wald eingerahmte *Parádissos-Beach* weiter südlich. Mehrere Hotels, Pensionen und Tavernen.

▸ **Alikí**: kein Ort, sondern eine kleine Halbinsel, die von der Antike bis heute eine magische Anziehung ausübt. Waren es einst die wertvollen Marmorvorkommen und heiligen Stätten, so locken heute neben diesen historischen Sehenswürdigkeiten die beiden Badebuchten, die die Halbinsel gegen das Festland hin begrenzen. Im Sommer sind sie ziemlich voll – nicht umsonst nennt man Alikí die "Badewanne der Insel".
Unbedingt empfehlenswert ist ein Rundgang um die Halbinsel. *Antike Marmorsteinbrüche* fast rundherum, *Kulthöhlen, Tempelruinen* aus dem 5. und 6. Jh., *römische Gräber, frühchristliche Basiliken* und eine kleine *Höhlenkirche* sind dabei zu entdecken. Hinter der Taverne "Beautiful Alice" betritt man durch ein ständig geöffnetes Tor die archäologische Stätte. Der Eintritt ist frei.

• *Übernachten/Essen* Mehrere Möglichkeiten entlang der Asphaltstraße, auf der Halbinsel bzw. an den Stränden gibt's nur wenige einfache Zimmer. Die Tavernen ähneln sich, was Angebot und Qualität der Speisen angeht. Gut geschmeckt haben uns die Fische im **Beautiful Alice**. An der Asphaltstraße können wir das **Archódissa** (Erkennungszeichen ist ein über der Fahrbahn baumelnder Oktopus) sehr empfehlen.

Kloster Archángelou

Das Erzengelkloster, das meistbesuchte Kloster auf Thássos, liegt festungsartig hoch über einem Steilhang an der Inselrundstraße westlich von Alikí. Seine dicken Mauern wirken wehrhaft und abweisend, im Innern herrscht aber, wenn nicht zu viele Besucher da sind, eine angenehme und freundliche Atmosphäre. Bewohnt wird das Kloster von etwa 15 sehr engagierten Nonnen, es untersteht aber offiziell den Mönchen des Áthos-Klosters Philothéou. Sehenswert sind der gepflegte Klosterhof und die zahlreichen, gut erhaltenen Ikonen in der Kirche. Der Blick hinüber auf den Berg Áthos ist an klaren Tagen grandios.
Öffnungszeiten täglich von Sonnenauf- bis Sonnenuntergang. Angemessene Kleidung!

▸ **Potós**: Vom einstigen Hafen des Bergdorfs Theológos entwickelte sich Potós während der letzten Jahrzehnte zu einem der beliebtesten Badeorte und Touristenzentrum im Inselsüden. Verantwortlich dafür ist ein langer, schmaler Sandstrand, der mitten im Ort beginnt.

Die Hafenmole erinnert noch an die einstige Funktion von Potós. Der Aufstieg zum Touristenmekka begann, als die Gastarbeiter, die aus Theológos vor allem nach Deutschland abgewandert waren, zurückkehrten und die ehemaligen Olivenfelder in Bauplätze umwandelten. Darauf errichteten sie Hotels, Tavernen und Souvenirläden, die heute den Kern des "Dorfes" Potós bilden.

• *Übernachten* **Hotel Coral Beach**, B-Kat., am östlichen Ende der Bucht, direkt am Strand gelegen, schöner Garten mit Pool. DZ inkl. Frühstück zwischen 60 und 90 €; ✆ 25930-52402, 📠 52121.

Apartments Christin, zentral im Ort und doch ruhig gelegen. Versetzt gebaute Appartements in einem schönen Garten, der an einen kleinen Kiefernhain angrenzt, eine Treppe führt zum Strand. 2 Personen bezahlen für die kleinen Appartements zwischen 40 und 62 €, die größeren (4 Pers.) kosten bis zu 70 €, ✆ 25930-51327.

Pension Aldebaran, sehr angenehmes Haus in zentraler und doch ruhiger Lage. Jánnis und seine deutsche Frau Elke vermieten insgesamt 10 helle, freundlich eingerichtete Zwei- und Dreibettzimmer mit Bad, Kühlschrank und Balkon zum Preis von 20 bis 45 €. Gemeinschaftsküche vorhanden, ganzjährig geöffnet. ✆ 25930-52494.

• *Essen* **Restaurant Laskarína's**, oberhalb vom Strand. Vom Ambiente nicht so schön, aber umfangreiches Angebot an typisch griechischen Gerichten. Vorzüglich fanden wir Exochikó, Kalbfleisch mit Gemüse, in dünnen Blätterteig eingehüllt.

Psarotavérna Akrojáli, optisch eines der schönsten Lokale von Potós. Alles in blau und weiß gehalten, Schiffslampen, mit Muscheln und Seesternen dekorierte Netze – da bekommt man sofort Appetit auf frische Fische oder Meeresfrüchte.

• *Nachtleben* **Tutti Frutti Music Bar**, bietet für den Gaumen leckere Säfte, Joghurt mit Früchten usw., ist aber nach Einbruch der Dunkelheit auch ein beliebter Treffpunkt der Einheimischen auf einen Drink bzw. um Musik zu hören.

▸ **Baden/Strände rund um Potós**: Wem der Beach von Potós nicht genügt, der hat in der Nähe die Wahl zwischen mehreren wunderschönen Stränden mit Tavernen, verschiedenen Übernachtungsmöglichkeiten und teilweise auch Wassersportangeboten.

Astrís, kleine, mit Kieselsteinchen durchsetzte Sandbucht unterhalb des gleichnamigen Weilers, ca. 6 km östlich von Potós.

Psilí Ámmos Beach, 1 km weiter Richtung Potós. Einer der schönsten und beliebtesten Strände der Südküste und im Juli/August ziemlich voll. Weißer, feiner Sand und klares, sauberes Wasser, drei kleine Inseln sind vorgelagert.

Pefkári, ca. 2 km von Potós entfernt in Richtung Limenária. Sehr schöner Sandstrand, kaum weniger beliebt als Psilí Ámmos, griechische Urlauber und Pauschaltouristen fühlen sich hier wohl.

▸ **Theológos**: Fast am Ende eines weiten Tals liegt das lang gezogene Bergdorf, dessen Bewohnern fast der gesamte Inselsüden – von Kínira bis Pefkári – gehört. In diesen Gebieten weiden auch heute noch die ausgesprochen großen Schaf- und Ziegenherden der Theologiten. Diese Herden sind aber auch Schuld daran, dass sich die Vegetation rund um das Dorf nur langsam von den Folgen der verheerenden Brände der 1980er Jahre erholt.

Bei dem Bummel durch die schönen Dorfgassen kann man gut und gerne einen halben Tag hier oben zubringen. Sehenswert die aus Bruchstein gebauten, mit Schieferplatten gedeckten inseltypischen Häuser, die drei alten Kirchen sowie das kleine *Volkskundemuseum*.

Öffnungszeiten täglich 10–14 und 19–22 Uhr, Eintritt frei.

• *Essen* Vor allem auf Fleisch spezialisiert sind die zahlreichen Tavernen. An Sommerabenden drehen sich ganze Ziegen, Lämmer und Spanferkel am Spieß und die Wirte locken mit "griechischen Abenden" in dem "schönsten Dorf von Thássos".

Taverna Lambíris, neben dem üblichen Angebot leckere Spezial-Souvláki, mit Käse und Kräutern gefüllte Spieße. Gut geschmeckt hat uns auch der Käsesalat.

• *Reiten* Seit einigen Jahren führen Sybille und Siggi aus Mosbach erfolgreich den **Reiterhof Pegasus** am südlichen Ortsrand von Theológos. Geboten werden Wanderreitausflüge, Pony-Reiten für Kinder, Voltigieren usw. Angeschlossen ist auch eine nette Taverne, die aber erst am Abend geöffnet wird.

▸ **Limenária**: zweitgrößter Ort der Insel mit zahlreichen Hotels, Pensionen, Souvenirläden, Tavernen und Cafés. Die moderne Küstensiedlung wurde Ende des 19. Jh. von Bewohnern des mittelalterlichen Piratenschutzdorfs Kástro, das heute fast verlassen hoch oben in den Bergen liegt, gegründet. Einen deutlichen Aufschwung nahm Limenária aber erst, als 1903 die Türkei, die damals Thássos noch beherrschte, der deutschen Firma Speidel die Schürflizenz für die wertvollen Erze und Mineralien in der Umgebung erteilte (später kaufte Krupp Speidel diese Rechte ab).
Neben dem kleinen *Hafen* mit vielen bunten Fischerbooten sind die Sehenswürdigkeiten Limenárias v. a. die Industrieruinen. Hoch über der Stadt thront malerisch die große *Krupp-Villa*, das so genannte "Palatáki", leider schon einige Zeit wegen Renovierungsarbeiten geschlossen. Von hier aus hat man einen schönen Blick auf die Stadt und den Hafen. Östlich vom "Palatáki" führt ein Pfad in ca. 10 Min. durch alte Sortieranlagen zum Metallía-Beach, wo die ehemaligen Hochöfen zur Verhüttung der Erze standen.

• *Übernachten* etliche Hotels und Pensionen im Westen der Ortschaft, direkt an der Uferpromenade.

Hotel Triáda, D-Kat., mitten im Ort an der Durchgangsstraße, aber dennoch relativ ruhig. Der nette Wirt spricht gut Deutsch und vermietet seine Ein- und Zweibettzimmer zum Preis von 25–50 € inkl. einem guten Frühstück; erst ab Juni geöffnet; ✆ 25930-51154.

Hotel Asterías, E-Kat., direkt am Strand, gepflegtes Haus, nette Vermieter, ein DZ mit Bad, Kochnische und Balkon kostet 40 €, angeschlossen ist auch ein empfehlenswertes Restaurant; ✆ 25930-53052.

• *Essen* Viele gute Tavernen an der Uferpromenade und in den Gassen dahinter.

Taverne Diónyssos, in der Ortsmitte. Griechische Küche, aber auch ausgefallenere Gerichte, z. B. mit Joghurt überbackene Spaghetti. Der Koch beweist Mut!

Restaurant Il Mare, neben einheimischer Küche findet man mehrere Pastaspezialitäten und verschieden Pizzen. Probieren Sie doch mal die Pikilía thalassiná, eine Zusammenstellung von verschiedenen Meeresfrüchten.

Taverna Marános, direkt am Fischerhafen liegt das alteingesessene, von wildem Wein überwachsene Lokal, das bei Touristen und Einheimischen gleichermaßen beliebt ist. Großes Angebot an Tagesgerichten und Speisen, die es nicht überall gibt, wie z.B. Kolokithokeftédes (Zucchinibällchen).

Der Westen

An der Küstenstraße reiht sich eine Skála (Treppe oder Zugang zum Meer) an die andere. Stichstraßen führen von diesen Häfen durch weite, mit Olivenhainen bestandene Täler in die Berge zu den "Mutterdörfern" hinauf, die fast alle wie Adlerhorste an einem Hang kleben.

Die meisten Skalen haben sich in den letzten Jahren zu kleineren Touristenzentren entwickelt, während oben in den Bergdörfern noch Griechenland pur zu erleben ist.

▸ **Mariés**: ein Dörfchen zum Wohlfühlen. Auf der kleinen Platia kann man in den beiden Kafenia wunderschön unter mächtigen Akazienbäumen sitzen, seinen Ouzo trinken und verschiedene kleine Häppchen essen. Schauen Sie sich auch den westlich des kleinen Platzes gelegenen Tante-Emma-Laden des netten Herrn Dimitríou an – Griechenland einst! Sehenswert ist die etwa 200 Jahre alte *Gemeindekirche*. Auch der Pope ist stolz auf sie und weist mit mehreren deutschsprachigen Schildern im ganzen Dorf auf das den Erzengeln geweihte Gotteshaus hin, das mit wunderschönen Fresken ausgeschmückt ist.

Auf der Rückfahrt zur Küste liegt etwa auf halbem Weg rechts inmitten ausgedehnter Olivenhaine das nur noch von einem Mönch bewohnte *Kloster Panagoúda*, dessen Kirche sehenswerte Wandmalereien aufweist.

▸ **Skála Marión**: Um eine ovale Bucht angeordnet, steigen die Häuser den Hang hinauf und vermitteln das Ambiente eines Fischerortes. Am Abend, wenn die Lichter sich im Wasser spiegeln, kommt eine fast romantische Stimmung auf. Touristisch ist noch nicht allzu viel los. Vor allem griechische Urlauber und ein paar Insider haben die Qualitäten dieser Skála mit ihren drei kleinen Sandstränden entdeckt.

▸ **Kallirächi mit Skála Kallirächis**: Zusammen mit seiner Skála gehört das unterhalb eines charakteristischen "Zipfelmützenberges" liegende Kallirächi zu den größten Gemeinden der Insel. Weniger die Skála mit nur sehr mäßigem Strand als vielmehr das rege Bergdorf mit seinen winkeligen Gassen, in denen man sich immer mal wieder verirrt, ist einen Besuch wert.

▸ **Sotíras mit Skála Sotíra**: Dorf und Skála sind auch im Sommer beide fast idyllisch und ruhig. Nur Insider verirren sich an den kleinen Strand der Skála oder an die schöne Platia in einem der kleinsten Dörfer auf Thássos. Zu Beginn des 20. Jh. war in Sotíras weitaus mehr los als heute. Seidel/Krupp förderten nämlich auch hier Eisenerze. Außerhalb des Dorfes kann man sich ehemalige Stollen anschauen und in der Dorfmitte steht die Ruine des einstigen Verwaltungsgebäudes.

▸ **Skála Prínou**: Fast ebenso wichtig wie Liménas ist die Skála von Prínos für Thássos, bestehen doch regelmäßige Fährverbindungen mit Kavála. Einst nur Durchgangsstation, zieht seit einiger Zeit der schmale, feine Sandstrand rund um den kleinen Kiefernwald **Dassílio** immer mehr Individual- und Pauschaltouristen aus verschiedenen Ländern an. In diesem Gebiet, vom Hafen knapp 1 km entfernt, entstanden in den letzten Jahren immer mehr Hotels der verschiedensten Kategorien, Tavernen, Wassersporteinrichtungen usw.

• *Übernachten* Um den Hafen herum bzw. am östlich davon gelegenen kleinen Sandstrand findet man Hotels und Pensionen, aber auch preiswerte Privatzimmer. Mindestens genauso viele Übernachtungsmöglichkeiten gibt's auf der Landzunge Dassílio.

Hotel Vlachojánnis, C-Kat., mitten im Wald von Dassílio steht das angenehme Hotel von Familie Vlachojánnis. Ein großes Zwei- bzw. Dreibettzimmer kostet zwischen 30 und 50 €, für ein EZ bezahlt man zwischen 15 und 25 €, ✆ 25930-71283.

Hotel Filoxenía, ruhige Lage, da vom Hafen etwas zurückversetzt und doch mitten im Zentrum. Bei María kann man unter Zwei- und Dreibettzimmern (30–42 €) wählen, z. T. sind diese mit Kühlschrank ausgestattet. ✆ 25930-71710.

• *Essen* **Tavérna Fáros**, ebenfalls in Dassílio, vom Strand über die Straße und schon sitzt man auf der Terrasse unterm Bambusdach. Gute griechische Küche zu angemessenen Preisen.

Ouzerí To Delfíni, in Hafennähe. Neben dem üblichen Angebot gibt es hier viel Fisch und auch einige leckere Vorspeisen. Außerdem kann man gut frühstücken.

▸ **Megálo und Mikró Kazavíti**: Eingebettet in Kiefern, Kermeseichen, Platanen und Walnussbäumen, kleben die Häuser von Groß- (Megálo) und Klein- (Mikró) Kazavíti (auch Megálo und Mikró Prínos genannt) am Hang. Ein Besuch der schönen Platia von Megálo Kazavíti, noch besser ein gemütliches Essen in einer der urigen Tavernen, ist ein unbedingtes Muss für Thássos-Besucher.

Wie zahlreiche Bergdörfer auf Thássos entstanden auch die beiden Kazavítis zur Zeit der Seeräuberei im ausgehenden Mittelalter. Nach 1945 verließen die Bewoh-

ner allmählich ihre schönen Steinhäuser mit den so charakteristischen Erkern und Holzbalkonen und gründeten Prínos. Die architektonischen Schmuckstücke drohten zu verfallen, bis Mitteleuropäer, v. a. Deutsche, die Idylle entdeckten und einige der Häuser den Prinoten abkauften, sie stilgerecht wieder herrichteten und dann meist als Sommersitz nutzten. Inzwischen ziehen aber auch einige Einheimische während der heißen Jahreszeit hinauf nach Kazavíti und renovieren die Häuser ihrer Vorfahren. Ganzjährig bewohnt werden die beiden Dörfchen nur von je zwei bis drei Familien, die hauptsächlich Viehzucht betreiben.
Von Prínos führt eine gut asphaltierte, 5 km lange Straße zunächst nach Mikró Kazavíti und 500 m weiter nach Megálo Kazavíti. Es macht Spaß, in beiden Dörfern, die schöne Fotomotive bieten, herumzuschlendern. Sehenswert auch die Kirche mit schönen Fresken, leider aber meist verschlossen.

Tipp: Von Mikró Kazavíti kann man in knapp 2 Std. zum hoch oben in den Bergen liegenden Kloster **Ágios Panteleímonas** laufen (gut beschildert). Ein Mönch hält derzeit noch die Stellung.

• *Essen* Beide Tavernen an der Platía von Megálo Kazavíti bieten gute Qualität.

Tavérna Vassíli, ausgesprochen schönes Fachwerkhaus noch vor dem eigentlichen Dorfkern von Megálo Kazavíti. Die Familie hat sich mit der Renovierung viel Mühe gegeben. Aber auch das Essen ist vorzüglich. Probieren Sie unbedingt den Gígantessalat!

▸ **Rachóni**: gemütliches Bergdorf, am unteren Rand begrenzt durch eine große Platia mit riesigen Platanen, einer schönen Taverne und der Kirche. Diese wurde übrigens mitten über eine Quelle gebaut, so dass an ihrer linken Seite Wasser in gewaltigen Strahlen herausströmt.

▸ **Skála Rachoníou:** Fast unmittelbar an der Inselrundstraße liegt der kleine Hafen von Rachóni. Eine viel zu gewaltige Mole mit bunten Fischkuttern und Booten, zwei Tavernen und Pensionen, eine halb fertige Kirche und die mehr als spärlichen Reste eines antiken Bads – das war's. Südlich davon beginnt der lange, schmale Kies-/Sandstrand, dessentwegen die Touristen in großen Scharen kommen. Hier reihen sich auch die Übernachtungsmöglichkeiten aneinander.

• *Übernachten* **Hotel Rachóni Bay**, B-Kat., direkt am Strand mit Pool, Bar, Restaurant. Gut ausgestattete Zwei- und Dreibettzimmer. Ein DZ kostet inkl. Frühstücksbuffet zwischen 45 und 68 €, viele Pauschalurlauber, ✆ 25930-81150.

Hotel George, D-Kat., ein freundliches, älteres Ehepaar führt das nicht mehr ganz taufrische Haus oberhalb der Hafenmole. Einfache DZ mit Bad, Balkon, Kühlschrank und Aircondition für 25–40 €, ✆ 25930-81394.

Pension Gorgóna, über der gleichnamigen Taverne (s. u.) vermietet die nette Familie Sikoúdis, die lange in Deutschland war, sechs 2- und 3-Bettzimmer mit Bad, Kühlschrank und Balkon (teilweise Meerblick) zum Preis von 20–30 €; direkter Zugang zum Meer. Vom Mai bis oktober geöffnet; ✆ 25930-81283.

• *Essen* **Tavérna Gorgóna**, schönes, überdachtes Lokal oberhalb vom Strand, in dem gute Küche zu angemessenen Preisen serviert wird. Wer gerne Knoblauch isst, sollte die Sardellen mit Knofel oder die Rote Bete mit Skordaliá probieren. Gut fanden wir auch die Oktopusfrikadellen.

Samothráki

Fast eine Außenseiterin. Weitab im Nordosten der Ägäis liegt die kleine, malerische Insel mit einer – zumindest auf der Nordseite – geradezu "ungriechischen" Landschaft: dichte Wälder, sprudelnde Bäche und Wasserfälle, unter denen man hervorragend baden kann. Kein klassisches Ferienziel, denn es fehlt an Stränden. Doch unter der noch relativ kleinen Schar Touristen gibt es eine Menge "Wiederholungstäter". Wer einmal da war, kommt immer wieder.

Bereits von der Fähre aus bietet Samothráki ein eindrucksvolles Bild. Vom Meeresspiegel auf 1624 m steigt das Sáos-Gebirge mit dem *Fengári,* dem Mondberg, seinem höchsten Gipfel, an. Im Norden liegen die touristischen Attraktionen: die malerische *Chóra,* das antike *Kabirenheiligtum,* der "Kurort" *Thérma* (Loutrá) mit heißen Schwefelquellen. Von hier ist es nicht weit zu dem eindrucksvollen *Foniás-Bach.* Auf der trockenen Südseite lockt *Pachiá Ámmos,* der einzig nennenswerte Sandstrand der Insel. Vor allem Griechen machen hier Urlaub. Aber Samothráki hat auch viele Fans in Deutschland und Österreich, die sich nahezu mühelos verständigen können, verbrachte doch fast die Hälfte der Bewohner lange Jahre als Gastarbeiter in Schwaben.

Samothráki auf einen Blick

Größe: Mit 178 qkm um mehr als die Hälfte kleiner als die Nachbarinsel Thássos.

Bevölkerung: Derzeit leben etwa 2500 Menschen auf Samothráki.

Geografie/Geologisches: Die Insel liegt im nordöstlichen Winkel der Ägäis, nur knapp 50 km von der Türkei entfernt. Samothráki ist geprägt durch eine raue Berglandschaft, dichte Wälder sowie kräftig sprudelnde Quellen und üppigen Pflanzenwuchs im Norden, der Süden ist trockener und vegetationsärmer. Die höchste Erhebung ist der 1624 m hohe Fengári-Gipfel.

Internet: Unter der Adresse **www.samothraki.com** erhält man vielfältige Informationen über die Insel, u. a. Fahrpläne zu Bussen, Fähren usw. Für die hervorragend gestaltete und ständig aktualisierte Seite ist der Deutsche Ralf Scheel, der seit Jahren auf der Insel wohnt, verantwortlich.

Wichtige Orte: Das meiste Leben auf der ansonsten ruhigen Insel spielt sich im Hafen Kamariótissa, in der Chóra und während der Saison außerdem in Thérma (Loutrá) ab.

Straßen: Die wichtigsten Straßen sind inzwischen alle asphaltiert.

Auto-/Zweiradverleih: Mehrere Agenturen in Kamariótissa. Ein Kleinwagen kostet pro Tag zwischen 30 und 60 €. Für motorisierte Zweiräder zahlt man je nach Saison und Größe zwischen 10 und 25 €, ein Fahrrad kostet ca. 7 €.

Tankstellen: Die einzige Zapfstelle befindet sich außerhalb von Kamariótissa an der Straße nach Chóra.

Übernachten: Neben einigen kleineren Hotels findet man in zahlreichen Orten der Nord-, aber auch der Südküste Privatquartiere. Die Preise sind im Vergleich zu vielen anderen Inseln etwas höher.

Karten: Am besten ist die Karte, auf der auf dunkelrotem Grund die Nike abgebildet ist, aber auch die ist nicht sehr genau.

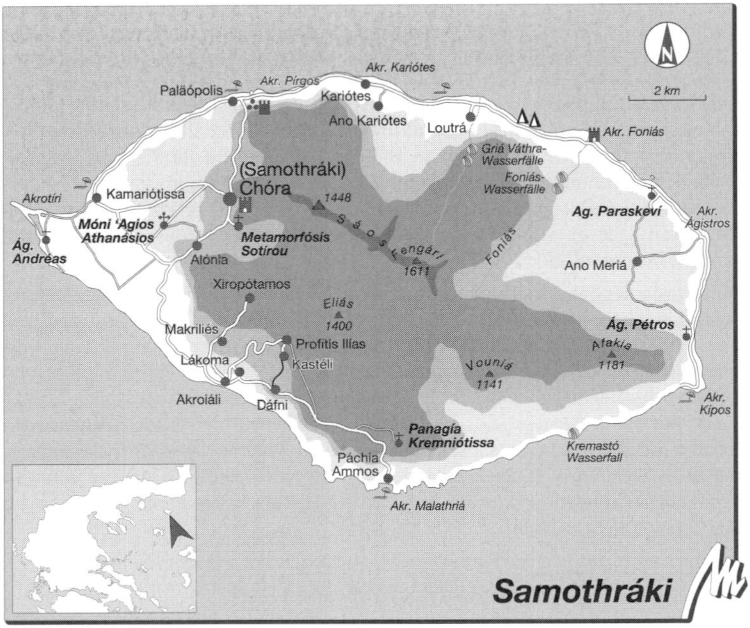

• *Verbindungen* Der gängigste Anreiseweg führt zum nordgriechischen Hafenstädtchen **Alexandroúpolis**, das von Athen mit dem Flugzeug, von Thessaloníki mit Zug oder Bus zu erreichen ist. Von hier aus kann man ganzjährig mindestens 1-mal täglich mit einer Fähre der Schifffahrtsgesellschaft "Sáos" in etwa zwei Stunden die Insel erreichen (Preis pro Person ca. 8 €, Pkw je nach Größe 35–50 €). Der Flying Dolphin "Káviros" saust während der Hochsaison 2- bis 3-mal täglich übers Meer, Preis ca. 16 €. Außerdem ist Samothráki jeweils 1-mal pro Woche mit **Kavála** und **Lávrion** sowie mit den Inseln **Límnos**, **Psará** und **Lésbos** verbunden. Weitere Informationen erhalten Sie unter ✆ 25510-26721 oder unter www.saos.gr.

Der Norden

▸ **Kamariótissa**: munterer Fährhafen mit guter touristischer Infrastruktur und netter Atmosphäre. Hier befinden sich die meisten Übernachtungsmöglichkeiten und Tavernen der Insel. An der langen Uferpromenade kann man abends schön spazieren gehen und einen tollen Sonnenuntergang über dem Nachbareiland Thássos genießen. Idealer Standort für Inselerkundungen.

• *Verbindungen* **Bus**: in der HS zwischen 8 und 22.30 Uhr 12-mal tägl. nach Chóra, ebenso häufig die Nordküste entlang bis Kap Kípos, 7-mal kommt man über Alónia und Lákoma nach Profítis Ilías.

Taxi: Der Standplatz befindet sich nahe dem Leuchtturm, ✆ 25510-41316 und 25510-41341.

Fährtickets verkauft z. B. das Reisebüro Níki Tours an der Uferpromenade.

• *Geld* An der Uferstraße unterhält die **Bank of Greece** eine Zweigstelle. Sie verfügt über einen internationalen **Geldautomaten**, ein weiterer steht am Hafen gegenüber dem Fähranleger.

• *Übernachten* Zahlreiche Privatzimmer (ab ca. 20 €), manchmal wird man auch von den Vermietern schon am Fähranleger angesprochen.

Hotels, **Aéolos**, B-Kat., etwas erhöht über dem Ort, sehr ruhig, gepflegt, Pool. Je nach Jahreszeit kostet ein DZ mit Bad und Balkon zwischen 40 und 80 €, ✆ 25510-41595, 📠 41810.

Hotel Níki Beach, C-Kat., größeres Gebäude mit hübschem Garten am nördlichen Ortsrand. Ein DZ mit Bad und Balkon gibt's für 40–60 €, man kann auch Drei- und Vierbettzimmer bekommen. Ganzjährig geöffnet, ✆ 25510-41545, 📠 41461.

Pension Limanáki, über dem gleichnamigen Fischrestaurant bietet Familie Charanás 12 großzügige Zwei- und Dreibettzimmer (30–53 €) mit Balkon, Bad und Aircondition an. ✆ 25510-41987.

• *Essen* Am Hafen und in den Gassen dahinter findet man zahlreiche gute Tavernen.

Tavérna I Klimatariá, bei ausländischen und einheimischen Gästen beliebtes Lokal nahe dem Hafenamt. Sehr lecker fanden wir z. B. die Tiganitá, gebratene Schweinefleischstückchen, die gegarten Paprika oder die dicken Bohnen. Lassen Sie sich von Antónis, dem Wirt, beraten, er spricht hervorragend Deutsch.

Ouzerí Kosmikón, hier bekommt man zum griechischen Nationalgetränk ein reichhaltiges Mezé, mal bestehend aus Käse- und Tomatenstückchen, mal aus gebratenen Fischchen.

• *Baden* Fast nur Einheimische baden an dem mehr als mäßigen Kiesstrand unterhalb der Straße nach Paläópolis.

▸ **Chóra**: wunderschöner Inselhauptort mit engen Gassen, dessen weiße Häuser sich übereinander staffeln, überragt von den Resten einer mittelalterlichen Festung. Besonders im Morgenlicht eine Augenweide. Die Dächer werden mit großen Steinen beschwert, damit die Ziegel bei den harten Winterstürmen nicht davonfliegen. Sehenswert neben den Ruinen des Kástros und der Gemeindekirche "Mariä Himmelfahrt" vor allem auch das kleine Heimatmuseum.

Öffnungszeiten Juni-Sept. tägl. 9–14 und 18–21 Uhr, Eintritt 1 €.

• *Adressen* Die **Gesundheitsstation** der Insel mit verschiedenen Fachärzten liegt am Platz unterhalb des Ortes.

• *Übernachten/Essen* Einige Häuser bieten **Privatzimmer** mit eigenem Bad an. Erkundigen Sie sich am besten bei Doána im Heimatmuseum danach.

In der Taverne **I Platía** am großen Platz mitten im Dorf isst man sehr gut. Probieren Sie einmal das mit Reis und Innereien gefüllte Zicklein (katsíki jemistó)!

▸ **Paläópolis**: Von der "alten Stadt", die erst im 15. Jh. aufgegeben wurde, sind heute nur noch die mittelalterlichen *Gattelusi-Türme* im Osten (aus der Zeit der Genueserherrschaft über die Insel) und die Ruinen des antiken *Kabirenheiligtums*, des Heiligtums der Großen Götter, zu sehen. Hier wurde die berühmte *Nike von Samothráke* im Jahre 1863 entdeckt. Bei einem Rundgang durch das weitläufige Areal stößt man auch auf die Säulen des Hierón, des Allerheiligsten, wo die Káberoi-Priester ihre geheimnisvollen Fruchtbarkeits-Zeremonien abhielten.

Öffnungszeiten Juni–Sept.: täglich 8.30–20.30 Uhr, in den anderen Monaten 8.30–15.00 Uhr Eintritt 3 €.

Nike von Samothráke

Glaubt man der Überlieferung, so wurde die Statue der Siegesgöttin *Nike* (Nike, griech. = Siegerin) als Weihegeschenk von den Einwohnern der Insel Rhódos um 190 v. Chr. anlässlich eines Seesieges auf die Insel gebracht. Die aus parischem Marmor geschaffene, 2,75 m hohe Figur stand oberhalb des Theaters und schmückte einen Brunnen. 1863 fand der Franzose Champoiseau die völlig zerstörte Statue. Sie wurde wieder instand gesetzt – nur den Kopf fand man nicht – und kann heute im Pariser Louvre bewundert werden. Eine Kopie der Figur steht im Neubau des Archäologischen Museums von Samothráki.

Unmittelbar neben dem Ausgrabungsgelände liegt das **Archäologische Museum**. Neben Säulen und Friesen verschiedener Gebäude des Heiligtums, Vasen und Terrakotta-Figuren, lohnt vor allem die Kopie der Nike den Besuch.

Öffnungszeiten Di–So 8.30–15 Uhr, Eintritt 3 €.

- **Káto Kariótes**: kleine Streusiedlung oberhalb eines schmalen Kiesstrands. Auch hier vermieten fast alle Häuser an der Durchgangsstraße Zimmer.
- **Loutrá**: In dem kuriosen Touristenort, wegen seiner heißen Schwefelquellen auch *Thérma* genannt, treffen die unterschiedlichsten Besucher aufeinander: ältere griechische Kurgäste, die wegen der Heilquellen gekommen sind, junge griechische "Freaks", meist mit Schlafsack oder Zelt bewaffnet und auf der Suche nach dem einfachen Leben, außerdem deutschsprachige Urlauber, die wandern oder nur die einzigartige Atmosphäre von Thérma genießen wollen. Guter Ausgangspunkt für die Besteigung des *Fengári* oder zu den Wasserfällen und natürlichen Becken *Griá Váthra* (folgen Sie stets der Straße, die vor dem Ort nach links abzweigt, etwa 1,5 km weit und biegen Sie dann hinter dem Restaurant Xénia auf einen Fußweg in den Wald ab).

• *Übernachten/Essen* Viele, allerdings recht kleine **Privatzimmer** (ab 20 €) im Ortszentrum und auch an der Straße nach Griá Váthra.

Kavíros Hotel, B-Kat., mitten im Ort und dennoch ruhig, von Pflanzen fast überwuchert. Ein DZ mit Bad und Balkon kostet inkl. Frühstück ca. 55 €, ✆ 25510-98277, ℻ 98278.

Zwei **Campingplätze** liegen etwa 3 km außerhalb von Thérma an der Straße nach Foniás. Der erste ist ein fast naturbelassener Platz mit vielen Bäumen, auf dem das Campen kostenlos ist. Mehr Komfort bietet der zweite, dafür muss man aber auch bezahlen, ✆ 25510-98291.

Viele Tavernen in der Ortsmitte und an der Straße nach Griá Váthra. Gut geschmeckt hat es uns im **Parádissos**.

Foniás: Badespaß im Wald

Von allen Bächen auf Samothráki ist der Foniás sicherlich der beeindruckendste. Wasserfälle schießen in natürliche Becken hinab, die so tief sind, dass man darin schwimmen kann. Vom Parkplatz bzw. der Bushaltestelle an der Straße nahe dem so genannten Foniás-Turm, einer weiteren mittelalterlichen Wehranlage, geht man etwa 40 Minuten den Bach entlang und erreicht den ersten Wasserfall. Zum zweiten kann man auf einem sehr schmalen und gefährlichen Weg in etwa 20 Minuten hinaufklettern, allerdings nur mit gutem Schuhwerk zu empfehlen, immer wieder verunglücken Wanderer hier tödlich. Seinen Namen "Mörderfluss" hat der Bach aber aus einem anderen Grund: Eine Ziege soll einst den Wasserfall hinabgestürzt und erst an der Mündung am Meer wieder herausgespült worden sein. Also: Vorsicht!

- **Kap Kípos**: Nach einer fast 30 km langen Fahrt (von Kamariótissa aus) entlang der Nord- und Ostküste gelangt man zum oft windumtosten Kap Kípos mit langem, dunklem Kiesstrand. Den muss man sich zwar immer noch nicht mit vielen Leuten teilen, doch dafür sind die Wellen meist recht heftig und der Wind schnappt sich auch schon mal einen Sonnenschirm und trägt ihn ins Meer in Richtung der gegenüberliegenden türkischen Insel Gökceada.

Der Süden

- **Lákoma**: großes Bauerndorf, wie man es sich wünscht. Hühner rennen durch die Gassen, es riecht nach Ziegen und fast neben jedem Haus fällt noch ein halbrunder,

Der Süden ist Bauernland

weiß gekalkter Backofen ins Auge – in Lákoma backen die meisten Frauen das Brot noch selbst. Am östlichen Dorfrand stehen auch noch zwei *alte Mühlen* nahe dem Bach. In der einen wurde Getreide gemahlen, in der anderen presste man Oliven. Nehmen Sie sich Zeit, sich in eines der urigen Kafenia in der Dorfmitte zu setzen, einen Mokka zu genießen oder einen Oúzo zu trinken.
Eine asphaltierte Straße führt an den schmalen Kiesstrand **Akroiáli** hinab, wo man in den Tavernen eine einfache Mahlzeit bekommen kann.

Übernachten Sowohl im Dorf als auch unten am Strand kann man einfache Zimmer mieten.

▸ **Profítis Ilías**: Das "Ziegendorf", denn in jeder der Tavernen drehen sich im Sommer die Ziegen am Spieß – und genau deshalb kommen Einheimische und Touristen herauf. Beim Essen genießt man dann den schönen Blick auf die Südküste und bei gutem Wetter sogar bis nach Límnos. Am 20. Juli, wenn der Namenstag des Propheten gefeiert wird, nach dem das Dorf benannt ist, platzt dieses schier aus allen Nähten.

Essen In jeder Taverne gibt es während der Saison das gleiche: Ziegenbraten, Salate, Vorspeisen. Der Preis des Fleisches wird nach Gewicht berechnet, pro Person rechnet man gut 300 g. Uns hat es im **Parádissos** gut geschmeckt.

▸ **Pachía Ámmos Beach**: Unterhalb der malerischen Kapelle Panagía Kremniótissa liegt die große, von Felsen eingerahmte Bucht. Mit feinen Kieseln durchsetzter Sandstrand. Mit Abstand der beste Strand der Insel.

Übernachten/ Essen Die **Taverne Ta Delfínia** bietet gutes Essen und einfache Zimmer (ab 28 €), ✆ 25510-95119.

Die unzugängliche **Südostküste** kann man nur mit dem Boot erkunden. Nach unseren Informationen bietet Panagiótis Toípos mit seinem kleinen Ausflugsschiff *Samothráki* derartige Touren an. Erkundigen unter ✆ 695542279 oder in einem der Reisebüros in Kamariótissa danach.

Karte S. 537

Lésbos

Die drittgrößte Insel Griechenlands, landschaftlich und kulturell sehr vielfältig, gilt zu Recht als bevorzugtes Reiseziel für Individualisten. Der Tourismus erlebt seit einigen Jahren einen kräftigen Aufschwung – von Urlaubern überrannt wird Lésbos aber beileibe nicht.

Auf *Mytilíni*, wie die Einheimischen die Insel nennen, konzentriert sich der Fremdenverkehr nur auf wenige Orte. Die meisten Dörfer und Städtchen haben sich deswegen ihr Eigenleben bewahrt; traditionelle Erwerbszweige spielen noch eine wichtige wirtschaftliche Rolle. Wanderer und Mountainbiker finden hier ein Paradies: In weiten Teilen ist die Insel ausgesprochen grün, bedeckt von Kiefernwäldern und rund 11 Mio. Ölbäumen – Lésbos ist nach Kreta der wichtigste Olivenölproduzent Griechenlands. Die Berge hier erreichen zwar nicht ganz die Höhen der anderen großen Inseln der Ostägäis, doch ist auch Lésbos überwiegend gebirgig. Nur um die beiden großen Golfe, den *Golf von Gera* und den *Golf von Kalloní*, erstrecken sich weite Ebenen. Deutlich karger als der Rest der Insel ist der wüstenhafte, staubtrockene Westen, in dem sich eine besondere Kuriosität der Natur findet:

Lésbos auf einen Blick

Größe: 1.630 qkm, Länge 70 km, Breite 47 km, 370 km Küstenlänge.

Bevölkerung: Von den gut 88.000 Einwohnern leben allein über 30.000 in der Hauptstadt Mytilíni.

Geografie/Geologie: Während sich der Osten der Insel aus Schiefer- und Marmorgesteinen zusammensetzt, bestehen der Norden und Westen aus Vulkangestein des Tertiärs; größte Erhebungen sind im Norden der Lepétymnos (968 m) und im Südosten der Ólympos (ebenfalls 968 m).

Wichtige Orte: Mytilíni – die lebendige Hauptstadt; Agiássos – großes, traditionelles Bergdorf und Wallfahrtsziel; Plomári – ursprüngliches Zentrum des Südens und der Oúzoproduktion; Mólivos – Urlaubsstädtchen mit Charme und Ambiente im Norden; Pétra – Küstendorf im touristischen Aufschwung; Sígri – Individualistenziel im Westen.

Übernachten: Hotels und Privatvermieter in allen wichtigen Orten; Engpässe nur an Ostern (einheimische Besucher). Eine Besonderheit ist die Zimmervermietung der Frauenkooperative von Pétra; Campingplätze gibt es bei Mólivos im Norden und bei Vaterá im Süden.

Baden: schöne Strände vor allem im Norden (Pétra/Mólivos), Süden (Plomári/Ág. Isidoros; Vaterá) und Westen (Sígri).

Straßen: gutes Netz asphaltierter Straßen; von Pisten überbrückte Lücken insbesondere im Süden (Plomári-Agiássos, Plomári-Vaterá) und Norden (Mólivos-Skála Sikaminéas). Mountainbiker finden noch viele reizvolle Pisten, die sich oft auch gut zum Wandern eignen.

Entfernungen ab Mytilíni: Skála Sikaminéas 46 km, Agiássos 27 km, Plomári 42 km, Vaterá 54 km, Kalloní 40 km, Pétra 56 km, Mólivos 62 km, Skála Eressoú 92 km, Sígri 92 km.

Tankstellen: Das dichte Netz hat nur im Nordosten und Westen Lücken: Richtung Skála Sikaminéas letzte Tankstelle bei Kápi, Richtung Sígri in Ántissa.

Auto-/Zweiradverleih: in Mytilíni, Plomári, Ágios Isídoros, Pétra, Mólivos, Skála Eressoú; Zweiräder zur Saison auch in Skála Kallonís und Vaterá. Die Preise liegen höher als auf den Nachbarinseln.

Straßenkarten: Beste Wahl ist die auf der Insel selbst, mit etwas Glück aber auch in einer Geobuchhandlung daheim erhältliche Karte von "Road Editions" im Maßstab 1:70.000 (blaues Deckblatt, recht günstiger Preis).

ein *"Wald" aus versteinerten Mammutbäumen*, die bei einem Vulkanausbruch des Tertiärs verschüttet wurden.

Die Hauptstadt *Mytilíni* wird, etwas zu Unrecht, von den meisten Ankömmlingen schnell abgehakt. Der vielfältige Norden um *Mólivos* und *Pétra* ist die meistbereiste Region von Lésbos. Auch der Süden der Insel bietet rund um die beiden Städtchen *Plomári* und *Agiássos* beste Wandermöglichkeiten und schöne Landschaft. Im äußersten Westen halten sich vor allem Individualisten länger auf: Zu entlegen, herb und windgepeitscht erscheint offenbar vielen das Gebiet um *Sígri*. Dank seines schönen Strands wurde *Skála Eressoú*, lange ausschließlich von "lila" orientierten Frauen besucht, dagegen bereits in einige Kataloge von Reiseveranstaltern aufgenommen. Nicht unterschätzen sollte man die Entfernungen auf Lésbos: Von Mytilíni bis Sígri sind immerhin über 90 km zurückzulegen!

Geschichte: Glaubt man der Sage, so gründeten die ersten Siedler eine Reihe mythischer Städte, die teilweise noch heute existieren, darunter Mytilene, Methymna (Mólivos), Ántissa und Eressós. Forscher sehen diese uralten Siedlungen als äolische Gründungen der Zeit um 1100 v. Chr. In der Antike wurden sie zu mächtigen Stadtstaaten, deren Einflussgebiet bis weit auf das kleinasiatische Festland reichte. Die Blüte der Insel dauerte bis zum Ende der Römerherrschaft. Mit der Zugehörigkeit zu Byzanz versank Lésbos ab dem 4. Jh. n. Chr. in der Bedeutungslosigkeit; die häufigen räuberischen Überfälle zwangen dazu, die meisten Dörfer von der Küste ins Inselinnere zu verlegen. 1354 gelangte Lésbos als Mitgift an die Genueserfamilie Gattelusi, die die Verteidigungsanlagen ausbaute und der Insel zu einem neuen Aufschwung verhalf. 1462 wurde Lésbos von den Türken erobert. Ein erneuter, Jahrhunderte langer Niedergang begann. Erst 1912 gelangte die Insel wieder zu Griechenland. Das nächste Unheil brach mit der Besetzung durch die Deutschen im Zweiten Weltkrieg herein. Von 1941–1944 waren deutsche Truppen auf Lésbos stationiert, die zwar – anders als in anderen Regionen Griechenlands – keine Massaker verübten. Als Folge des Krieges kam es im Winter von 1941 auf 1942 jedoch zu einer großen Hungersnot, die Hunderte, vielleicht Tausende von Opfern forderte. Die griechische Militärdiktatur und die folgende konservative Regierung zeigten wenig Liebe für die "rote Insel", hielten sich auf Lésbos mit finanziellen Wohltaten auffällig zurück. Erst unter den Sozialisten änderte sich ab 1981 die Situation; kein Wunder also, dass die sozialistische PASOK bei Wahlen auf Lésbos oft gute Ergebnisse erzielt.

• *Verbindungen* **Hauptfährhafen** ist die Hauptstadt Mytilíni; Infos u. Tickets: Kountouriótou-Str. 65, ✆ 22510-28480. Für Sámos-Fähren: Kountouriótou-Str. 73 (Picolo), ✆ 22510-27000.

Chíos-Piräus: 1- bis 2-mal tägl., Fahrzeit nach Piräus etwa 9–14 Std., nach Chíos etwa 3–4 Std. Ungefähre Preise nach Piräus p. P. Deck/2. Klasse 25/45 €, Chíos (Deck) 12 €.

Chíos-Sámos (-Pátmos-Léros-Kálymnos-Rhódos): 1-mal wöch., Fahrzeit nach Sámos knapp 8 Std., Deckspassage ca. 15 €.

Weitere Fährlinien: Thessaloníki 2-mal wöch., Límnos 5-mal (weiter nach Kavála 3-mal, Alexandropolis 1-mal). Die Linie Sígri-Rafina war zuletzt eingestellt.

Türkeiausflüge: Im Sommer 4-mal, sonst 2-mal wöchentlich nach Ayvalik. Fahrpreis inklusive der Hafentaxen 30 €. Es gibt auch organisierte Ausflüge.

• *Flugzeug* Flughafen Odysséas Elýtis 8 km südöstlich der Stadt. Derzeit keine Busverbindung; Taxi ins Zentrum etwa 6 €. Athenflüge 6- bis 8-mal tägl., nach Chíos 2-mal pro Woche. Büro der Olympic-Airways: südlicher Stadtbereich, Konst. Kavetsou Str. 44, ✆ 22510-28659.

Nordostägäische Inseln
Karte S. 537

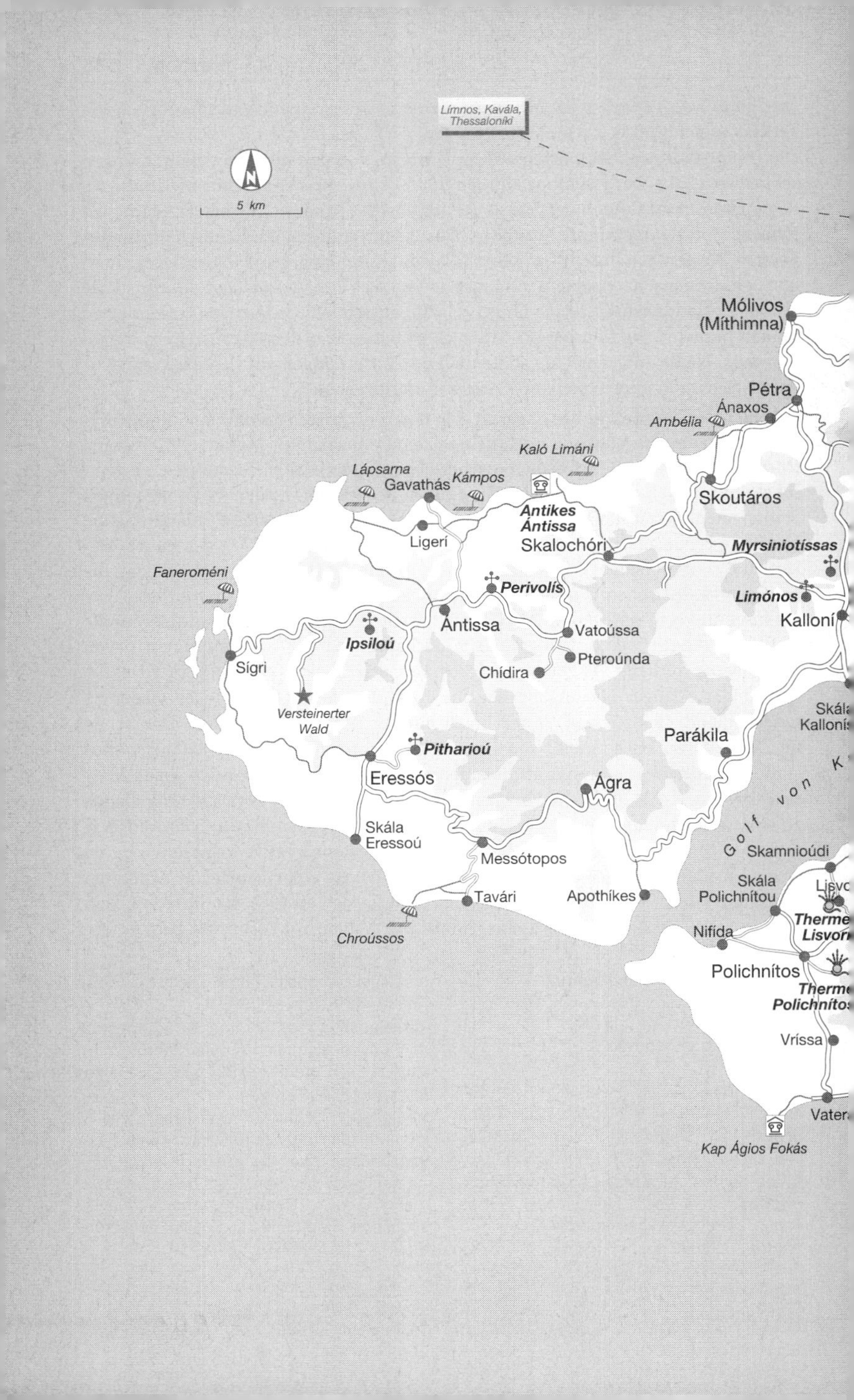

Límnos, Kavála, Thessaloníki
N
5 km
Mólivos
(Míthimna)
Pétra
Ánaxos
Ambélia
Kaló Limáni
Lápsarna
Gavathás
Kámpos
Antikes Ántissa
Skalochóri
Skoutáros
Myrsiniotíssas
Ligerí
Faneroméni
Perivolís
Limónos
Kalloní
Ántissa
Vatoússa
Ipsiloú
Sígri
Pteroúnda
Chídira
Versteinerter Wald
Parákila
Pithariou
Eressós
Ágra
Golf von
Skála Eressoú
Messótopos
Skamnioúdi
Skála Polichnítou
Tavári
Apothíkes
Chroússos
Nifída
Polichnítos
Vríssa
Kap Ágios Fokás

Lésbos
Skála Sikaminéas
Kagía
Sikaminéa
Tsónia
Klío
Lepétymnos
968
Pelópi
Taxiárches
Paliós
Mandamádos
Ag. Paraskeví
Nées Kidoniés
Chalinádou
Mistegná
Méssa
Kómi
Pigí
Thermí
Paralía Thermís
Ágios Rafaíl
Pyrra
Pírgi Thermís
Pámfilla
Lámbou Milí
Panagioúda
Skála Vassilikón
Mória
Therme Gerás
Vassiliká
Mytilíni
Türkei
Agiássos
Golf von Géra
Variá
968
Olympos
Stavrós
Ambelikó
Palaiókipos
Loutrá
Pérama
Pappádos
Káto Stavrós
Neochóri
Skopelós
Megalochóri
Paleochóri
Ágios Ermogénis
Melínda
Tárti
Plomári
Ág. Isídoros
Chíos, Sámos, Piräus

Mytilíni, vom Kastell aus gesehen

Mytilíni

Die quicklebendige Hauptstadt bildet das wirtschaftliche, verkehrstechnische und kulturelle Zentrum der Insel – nicht jedoch das touristische. Dabei gibt es hier einiges zu sehen.

Verglichen mit den anderen Hauptstädten der nordostägäischen Inseln wirkt Mytilíni geradezu großstädtisch, ist Sitz des Ministeriums der Ägäis und der Ägäischen Universität. Von Ruhe oder Idylle kann da natürlich kaum die Rede sein. Da auch Strände fast völlig fehlen, kehren viele Neuankömmlinge der vermeintlich uninteressanten Inselhauptstadt bald wieder den Rücken. Blieben sie länger, wüssten sie Mytilínis Reize wohl besser zu würdigen: den geradezu orientalischen Anstrich der Basarstraße *Ermou*, die Aussicht vom antiken *Amphitheater* und den Blick vom alten *Kastell*, die gut ausgestatteten *Museen* und auch das Alltagsleben einer Kleinstadt, die sich um den Tourismus nicht viel schert.

Eine intensivere Beschäftigung verdient auch die unmittelbare Umgebung der Hauptstadt, die mit den Nahverkehrsbussen gut zu erkunden ist: Im südlichen Vorort *Variá* finden sich zwei ausgezeichnete Gemäldemuseen, beim nördlich gelegenen *Mória* ein romantischer römischer Aquädukt.

Bereits um 1100 v. Chr. von Äolern gegründet, besitzt die Stadt seit alters her zwei Häfen, doch spielt der Nordhafen kaum noch eine Rolle. Das heutige Zentrum liegt um den großen *Südhafen* mit der verkehrstosenden Uferstraße *Odos Kountouriótou*, die meist schlicht *Prokymaía* ("vor der Welle") genannt wird.

Information/Verbindungen

• *Information* **Directorate of Tourism**, Büro der Touristikbehörde, in einer Villa unweit des Fährhafens. Obwohl eher Verwaltungs- denn Auskunftsstelle, zeigt man sich nach Kräften hilfreich. Geöffnet Mo–Fr 9–13 Uhr. Tzeims Aristarchou 6, kein Schild; ✆ 22510-42511 und 22510-42513, ℻ 42512.

• *Verbindungen* Die folgenden Angaben beziehen sich auf Werktage (Mo–Fr) und auf den Sommerfahrplan, der etwa von Mitte/Ende Juni bis in den September in Kraft ist. Sonst deutlich niedrigere Busfrequenzen; Sígri z. B. wird dann nur noch 2-mal wöch. angefahren.

Busstation der Stadtbusse, küstennah im südlichen Stadtgebiet gelegen und zuständig für die nähere Umgebung, darunter Variá (Gemäldemuseen), Mória (Aquädukt) und Thermí; Abfahrten im Sommer alle 30 Minuten.

Busstation der Überlandbusse (K.T.E.L., ✆ 22510-28873) an der Südostecke des Stadtparks; Fahrplan in Englisch hängt aus. Busse auf der Linie Kalloní-Pétra-Mólivos 5-mal täglich, Agiássos 6-mal, Plomári 5-mal, Polichnítos-Vaterá 4-mal, Mistegna 5-mal, Mandamádos (teilweise mit Weiterfahrt nach Skála Sikamineás) 4-mal, Kalloní-Eressós 2-mal und Sígri ebenfalls 2-mal täglich.

Mietfahrzeuge: viele Agenturen im Umfeld der Prokymaía (Kountouriótou-Str./Südhafen). Zweiräder sind relativ teuer; besser, nach Pétra und Plomári oder Ágios Isídoros auszuweichen. Egeon, kleiner, zuverlässiger Vermieter in einer Seitenstraße der mittleren Prokymaía nahe der Sappho-Statue; Chiou-Str., ✆ 22510-29820.

• *Adressen* **Krankenhaus**: Hospital Vostanio, Vostani-Str. (im Süden der Stadt), ✆ 22510-43777.

Internet-Zugang: Billard-Bar "Sponta", Komnikaki-Str. 33, eine Parallelstraße landeinwärts der Kountouriótou; im hinteren Bereich eine ganze Reihe PCs.

Post: Vournazon-Str., westlich des Stadtparks, geöffnet Mo–Fr 7.30–14 Uhr.

Übernachten

• *Hotels* Hotels unterer Kategorien sind in Mytilíni leider rar.

Hotel Blue Sea (B-Kat), recht komfortables, funktionales Großhotel mit über 100 Betten, nah am Fähranleger gelegen. Lärmschutzfenster, Klimaanlage. DZ/Bad kosten rund 80–95 €, Frühstück inklusive. Kountouriótou-Str. 91, ✆ 22510-23994, ℻ 29656.

Hotel Lesvion (B-Kat), an der westlichen Prokymaía, also mitten im Trubel; Zimmer auch zur Odós Ermoú. Großteils mit Klimaanlage ausgestattet, Bäder etwas eng, sonst okay; im ersten Stock Bar mit Hafenblick. DZ/Bad nach Saison offiziell etwa 55–65 €; Kountouriótou-Str. 27, ✆ 22510-28177, ℻ 42493, lesvion@otenet.gr.

• *Privatvermieter* **Domátia Vazakas Bajakas**, im Zentrum. Zentral gelegenes, trotzdem sehr ruhiges Haus, zehn blitzsaubere, moderne Zimmer der A-Kat. DZ/Bad nach Saison 25–35 €, auch Einzel-, Drei- und Vierbettzimmer. Klimaanlage geplant, die Preise sollen aber höchstens mäßig steigen. Bizaniou-Str. 17, ✆ 22510-26360 oder -46571. Etwas versteckt gelegen: etwa in der Mitte der Odós Ermoú östlich in die Ágios Theodoron-Str., dann nochmals rechts.

Domátia Alkaios, sehr zentral, aber nicht ganz leise gelegen. Eher einfache, aber saubere und mit TV und Klimaanlage ausgestattete Zimmer; DZ/Bad 35–45 €, nur im Winter schon ab 30 €. Alkaiou-Str. 16, ✆/℻ 22510-47737. In derselben Straße liegt auf Nummer 32 eine "Filiale", die künftig renoviert werden soll.

Domátia Thalía, kleiner Privatvermieter im Zentrum, unweit der alten Moschee an der Odós Ermoú, dort der Beschilderung zu Salinas Garden folgen. Nur wenige Zimmer, schlicht, aber ganz okay, DZ/Bad etwa 30–35 €, ohne Bad 25–30 €; auch ein Studio gibt es. ✆ 22510-24640.

Essen/Trinken

Psarotavernas: Das halbe Dutzend Fischtavernen an der Südseite des Südhafens bildet die "Restaurantmeile" Mytilínis. Bei allen gibt es nicht nur Fisch, sondern auch Fleisch und Standardgerichte; die Preise liegen in erträglichem Rahmen.

Taverne To Kalderími, in einer engen, von Planen und Weinlaub überschatteten Seitengasse der Odós Ermoú, Tische auch im Freien. Gemütliche Atmosphäre, solide Küche. Besonders mittags beliebt, viele Einheimische. Thasou-Str.

Kafeníon O Ermís, weit nördlich in der Odós Ermoú. Eine rund zwei Jahrhunderte alte Gastwirtschaft mit überwachsener Terrasse, in der prima Mezédes serviert werden. Die meisten Gäste sind Einheimische, das Lokal füllt sich deshalb erst zu den griechischen Essenszeiten.

Direkt gegenüber, im Charakter recht ähnlich, aber vielleicht eine Kleinigkeit teurer, liegt die **Ouzerí To Kástro**.

Karte S. 537

Sehenswertes

Museum für Volkskunde: in einem kleinen Häuschen gleich westlich des Stadtbusbahnhofs. Die bunte Sammlung enthält unter anderem Keramik aus den beiden Töpferzentren Mandamádos und Agiássos, Hausgeräte, Trachten und Stickereien, türkische Säbel, Schwerter, Dolche und Gewehre; außerdem Gemälde von Theóphilos und Stücke versteinerter Bäume aus dem Westen der Insel. In den letzten Jahren war das Museum allerdings geschlossen, ein Termin der Wiedereröffnung ist nicht in Sicht.

Museum für byzantinisch-kirchliche Kunst: gegenüber des Haupteingangs der Kirche Ágios Therapón, die leicht an ihren silberglänzenden Kuppeln zu erkennen ist. Prunkstücke sind die Ikonensammlung im rechten hinteren Raum und einige Theophilos-Arbeiten religiösen Inhalts.

Öffnungszeiten Mo–Sa 9–13 Uhr. Eintritt 2 €.

Odós Ermoú: Gleich hinter dem Südhafen verläuft die nach dem Gott Hermes benannte Einkaufsstraße. Der Götterbote galt nicht nur als Schutzpatron der Reisenden, sondern auch als Gott der Kaufleute – und der Diebe... Zusammen mit ihren Nebengassen bildet die vor wenigen Jahren neu gepflasterte Straße bis etwa zur Höhe der Kathedrale das orientalisch eingefärbte Marktviertel Mytilínis: Lastkarren drängen durch die Menge, vor einer Metzgerei baumeln gehäutete Zicklein, strenger Fischgeruch mischt sich mit dem Duft von frisch gemahlenem Kaffee. Mittlerweile schiebt sich freilich auch schon die eine und andere Boutique zwischen die traditionellen Läden.

Epáno Skála: Das Gebiet um den nördlichen Teil der Odós Ermoú trägt seinen Namen nach dem Nordhafen, auf den die "Hermes-Straße" schließlich mündet. Einst lag hier das Wohngebiet der türkischen Bevölkerung. Die *Moschee Yeni Cami* (gesprochen Jeni Dschami), die 1828 erbaute "Neue Moschee", erinnert noch an die alten Zeiten und wurde mittlerweile zumindest teilweise restauriert, ist aber nur selten zugänglich. Jenseits der Odós Ermoú liegen die Kuppeln eines *Hammam*, eines türkischen Badehauses, das ebenfalls restauriert wurde. Der *Nordhafen* schließlich wird heute nur noch von einigen Fischern benutzt. An Tagen mit geringem Wellengang lassen sich, dicht unter der Wasseroberfläche, die Kais der antiken Hafenanlage noch erkennen.

Antikes Theater: auf einem pinienbestandenen Hügel westlich oberhalb der Stadt. Während der hellenistischen Epoche errichtet und von den Römern renoviert, war es mit einer Kapazität von etwa 15.000 Plätzen eines der größten Theater Griechenlands. Erhalten blieb leider nur noch die Orchestra; imposant freilich ist die Lage mit toller Aussicht bis zur türkischen Küste.

• *Lage/Öffnungszeiten* Vom Nordhafen westlich über die Uferstraße bis zu deren Knick nach Norden; dort geradeaus und den Berg hoch, dann links und am Ende wieder rechts, beschildert "Ancient Theatre". Geöffnet Di–So 8.30–15 Uhr; Eintritt frei. Vorsicht vor Schlangen!

Archäologische Museen: Seit einigen Jahren besitzt Mytilíni gleich zwei Archäologische Museen, die sich auf unterschiedliche Gebäude verteilen. Die ältere Sammlung ist in einer Villa an der Rückseite des Fährhafens untergebracht, der schicke und sehr modern konzipierte Neubau liegt am Odos 8. Noemvriou, nicht weit vom Eingang zum Kastell. Die zahlreichen Ausstellungsstücke reichen von der Vorgeschichte bis in die Türkenzeit. Einen der Höhepunkte bilden die Mosaiken aus der so genannten "Villa des Menander", einer römischen Villa des 3. oder 4. Jh. n. Chr., die im neuen Museum zu sehen sind.

Öffnungszeiten Von Juli bis Mitte September täglich 8–19 Uhr, sonst Di–So 8.30–15 Uhr; Ticket für beide Museen zusammen 3 €.

Kástro: Auf dem Gebiet des Kastells lag wahrscheinlich bereits die Akropolis der uralten Äoler-Stadt. In seiner heutigen Form entstand das Kástro in drei verschiedenen Phasen ab dem 6. Jh. n. Chr., in denen jeweils auch ältere Baumaterialien neue Verwendung fanden. Der letzte Bauabschnitt datiert aus der türkischen Herrschaft, aus der auch die Mehrzahl der meist verfallenen Gebäude innerhalb der Mauern stammt. Von hier führen Fußwege durch den schattigen Pinienwald zum Meer und zum Strandbad.

Öffnungszeiten Wie die Archäologischen Museen, allerdings ist hier grundsätzlich (also auch im Sommer) Mo geschlossen. Zugang durch das Tor an der Südostseite, am besten zu erreichen von der Odós 8. Noemvriou, Eintrittsgebühr 3 €.

▸ **Baden**: Im näheren Umkreis von Mytilíni finden sich keine besonders reizvollen Strände. Die weitaus beste Möglichkeit im Stadtbereich bietet das *Strandbad der EOT* unterhalb des Kastells in der Nähe der Freiheitsstatue gelegen. Gepflegter Kiesstrand, Umkleidekabinen, Bar sowie, in Mytilíni nicht unwichtig, relative Ruhe.

Umgebung von Mytilíni

Rund um Mytilíni liegt eine Reihe interessanter Ziele, die großteils mit den an der Prokymaía startenden Stadtbussen zu erreichen sind.

▸ **Gemäldemuseen von Variá**: Etwa 5 km südlich von Mytilíni warten im Nobelvorort Variá zwei ungewöhnliche Gemäldemuseen auf kunstbegeisterte Besucher. Sie liegen in einem Olivenhain des Ortsteils Akrotíri, die Abzweigung an der Hauptstraße ist beschildert.

Theophilos-Museum: Fast neunzig Gemälde umfasst die Ausstellung. Theophilos' Themenbogen spannt sich von der griechischen Götterwelt bis zum Alltag seiner Landsleute; auf Perspektive und Anatomie legte er wenig Wert, stellte Hauptfiguren oft viel größer und farbiger dar als Nebenrollen – und folgte damit, unbeabsichtigt vielleicht, dem byzantinischen Stil.

Öffnungszeiten Di–So 9–17 Uhr; Eintrittsgebühr 1,50 €.

Theophilos und Teriade: Der Künstler und sein Gönner

Theophilos Chatzimichail, 1873 in Variá als eines von acht Kindern eines Schusters geboren, galt schon seit seiner Kindheit als tölpelhafter Sonderling, der sich lieber seiner "naiven" Malerei widmete, als mit einem "anständigen" Beruf Geld zu verdienen. Nach langen Wanderjahren auf seine Heimatinsel zurückgekehrt, war die Kunst zu seinem Lebensinhalt geworden. Er zog umher, immer noch verhöhnt und ruhelos, und malte: auf Türen und Fenster, an die Wände von Kaffeehäusern und Geschäften, oft nur für eine Mahlzeit, einen Becher Wein oder gar umsonst. Erst die zufällige Entdeckung durch den Kunstkritiker und Verleger *Teriade* sicherte ihm bescheidenen Unterhalt. Wenige Jahre später jedoch, am 26. März 1934, starb er an einer Lebensmittelvergiftung. Posthum erst erreichte Theophilos die ihm zeitlebens verwehrte Anerkennung, fanden seine Werke den Weg bis in den Louvre.

Museum-Bibliothek Teriade: Der lichte Olivenhain beherbergt auch die Sammlung des aus Mytilíni stammenden Kunstliebhabers. Als Verleger in Paris hatte Teriade (1897–1983) ein Konzept entwickelt, das Texte berühmter Schriftsteller mit Illustrationen nicht minder berühmter Künstler verband: Miró, Picasso, Matisse, Leger, Le Corbusier, Gris, Chagall und viele andere arbeiteten für ihn – eine Sammlung moderner Kunst, wie man sie an diesem Ort kaum vermuten würde.

Öffnungszeiten Di–So 9–14 Uhr, Mai bis September auch 18–20 Uhr, Eintrittsgebühr 2 €.

▸ **Amali-Halbinsel**: Südlich von Variá erstreckt sich diese hügelige, ölbaumbestandene Halbinsel zwischen der Ostküste und dem Golf von Gera. Es ist eine friedliche Landschaft ohne spektakuläre Attraktionen. Der eher kleine Strand von *Ágios Ermogenis* im Südwesten der Halbinsel wird als beliebtes Badeziel der Einwohner von Mytilíni im Sommer gelegentlich von Stadtbussen angefahren.

▸ **Aquädukt von Mória**: Ungefähr 7 km nordwestlich von Mytilíni stehen bei dem Olivendorf Mória die zuletzt leider eingerüsteten Bögen eines insgesamt 170 m langen Aquädukts, das als Teil einer römischen Wasserleitung des 1./3. Jh. n. Chr. die Hauptstadt Mytilíni mit Wasser aus dem Ólympos-Massiv versorgte. Der dreistöckige, 26 m hohe Aquädukt besaß 17 Bögen, die allerdings nicht mehr komplett erhalten sind. Eindrucksvoll genug ist die Anlage aber auch heute noch.

Wegbeschreibung Von der Stadtbushaltestelle am Ortsrand folgt man der Hauptstraße ins Dorf und biegt dort links (südwärts) ab; noch etwa 600 m über einen Pflasterpfad.

Ostküste

Für Badelustige ist in diesem Bereich wenig geboten: Die hiesigen Strände sind schmal und oft von Seegrasanschwemmungen geplagt. Schöner zeigt sich die Küste erst weit oben im Norden.

▸ **Thermís**: Noch im Bereich der Stadtbusse von Mytilíni liegt diese Gemeinde, die sich über drei Ortsteile erstreckt: Pírgi Thermís und Paralía Thermís liegen beide an der Küste, das eigentliche Dorf Thermís etwas landeinwärts.

Pírgi Thermís: Ihren Namen hat die lang gezogene Siedlung von den Wehrtürmen (*pírgi* = Türme) des 16. –19. Jh., von denen einige, unter Denkmalschutz gestellt, noch erhalten sind. In unruhigen Zeiten boten die trutzigen Bauten guten Schutz vor Überfällen; nur die oberen, schießschartenbewehrten Stockwerke dienten als Wohnräume, das Erdgeschoss fungierte als Lager.

Paralía Thermís: Der mit Bars und Restaurants gut bestückte Fischer- und Sporthafen des Binnendorfes Thermí ist bekannt für seine 49,9 Grad warmen, schwach radioaktiven Thermalquellen, die schon in der Antike genutzt wurden und gegen Rheuma, Leber- und Nierenleiden sowie Arthritis helfen sollen.

• *Übernachten* **Motel Votsala** (B), an der Grenze von Pírgi zu Paralía Thermí, meerwärts der Durchgangsstraße. Großes, altehrwürdiges Hotel mit mehreren Gebäuden und ausgedehntem Garten. Die Besitzer sprechen Englisch und etwas Deutsch und können eine Menge über die Umgebung und über Wandermöglichkeiten und Touren usw. erzählen. Viele Stammgäste. Geöffnet ist April/Mai bis Ende Oktober; DZ/Bad nach Lage und Saison etwa 45–75 €. ✆ 22510-71231, ℻ 71179, votsala@otenet.gr.

▸ **Moní Agios Rafail**: Gerade mal 30 Jahre jung ist dieses 3 km südwestlich des Inlandsdorfs Thermís gelegene Nonnenkloster und dennoch parkt an manchen Sonntagen ein gutes Dutzend Busse davor: Agios Rafail ist ein bedeutender Wallfahrtsort, zu dem viele Griechen auch von anderen Inseln anreisen – sie hoffen auf

Imposant: der römische Aquädukt bei Mória

wundertätige Heilungen ihrer Krankheiten, wie sie sich hier schon häufig ereignet haben sollen. Berühmtheit erlangte das Kloster, das kaum besondere Kunstschätze sein Eigen nennt, vor allem durch die Äbtissin Eugenia, die bereits zahlreiche Bücher über die hier geschehenen Wunder verfasste und für ihre Werke mit dem Literaturpreis des Verbands griechischer Schriftsteller ausgezeichnet wurde.

• *Verbindungen/Besichtigung* Agios Rafail ist mit den Stadtbussen von Mytilíni zu erreichen; Fahrkarten für die Rückfahrt werden in dem durchaus empfehlenswerten Self-Service unterhalb des Klosters verkauft. Das Kloster kann zu den üblichen Zeiten besichtigt werden; oft findet hier um 12 Uhr eine Taufe statt. Neben den üblichen Bekleidungsvorschriften ist allerdings zu beachten, dass Frauen in "Männerkleidung" nicht zugelassen sind; auch Sandalen und ähnlich legere Kleidungsstücke sind nicht gern gesehen.

Mandamádos: Bekannt ist das traditionelle Inlandsdorf für seine Töpfereien und wegen der nahen Wallfahrtskirche *Taxiarches*, in deren Umfeld an einem der Wochenenden nach Ostern ein interessantes *Stieropferfest* stattfindet. Die Produkte der im Ort ansässigen Töpfereien orientieren sich zumeist am Geschmack griechischer Pilger; mit etwas Suchen findet man jedoch auch formschöne Gebrauchskeramik.

• *Verbindungen* **Überlandbusse** von/nach Mytilíni Mo–Fr 4-mal, Sa/So 2-mal täglich.

• *Einkaufen* **Töpferei Stamatis**, am Ortseingang vor der Tankstelle. Zwei Generationen betreiben hier noch traditionelles Töpferhandwerk und führen Besucher gerne durch die Werkstatt, verkaufen natürlich auch ihre handgearbeiteten Keramikartikel.

Weiter nördlich ändert sich die Landschaft, wird wilder und großartiger. Bei *Kápi* liegt die letzte Tankstelle in weitem Umkreis. Hier zweigt auch eine gute, mittlerweile zum Großteil asphaltierte Nebenstraße über Stípsi nach Pétra und Mólivos ab. Die Hauptstraße nach Norden steigt hinter der Abzweigung zum Bergdorf Klío zu einer Art Pass an, hinter dem sich ein furioses Panorama bietet.

Nordostägäische Inseln
Karte S. 537

▸ **Sikaminéa**: Wie ein Balkon thront das ruhige Bergdorf über den üppig grünen Hängen. Enge, steil ansteigende Gassen, alte Steinhäuser und idyllische Gärten bilden ein stimmiges Ensemble. Von Sikaminéa führt eine asphaltierte Straße durch eine grandiose Landschaft in westlicher Richtung nach Mólivos.

▸ **Skála Sikaminéas**: Schon die Anfahrt zu dem Küstendorf ist ein Erlebnis. In vielen Kehren windet sich die Straße von Sikaminéa die Nordhänge des Lepétymnos-Massivs hinab zu der malerischen kleinen Siedlung, die ihrem Mutterdorf in den Bergen allmählich den Rang abläuft: Mit seinen hübschen Tavernen am kleinen Hafen zieht Skála Sikaminéas alljährlich mehr Besucher an. Etwa eine Viertelstunde Fußweg östlich liegt der Kiesstrand Kagia, beste Bademöglichkeit weit und breit.

• *Übernachten* Einige Privatvermieter; auch eine der Tavernen bietet Zimmer an.
Hotel Gorgóna (E), neueres Haus kurz vor dem Hafen und weit komfortabler, als es die Einstufung verrät: Geräumige Zimmer mit Marmorboden, Klimaanlage und Kühlschrank, moderne Bäder. Die freundliche Besitzerfamilie Kiparisis spricht perfekt Deutsch. Geöffnet von Ende April, Anfang Mai bis Ende Oktober. Ab Mitte Juli und den August über ist, wie im ganzen Ort, mit Engpässen zu rechnen. DZ/Bad nach Saison etwa 30–40 €, das üppige Frühstück geht extra; ✆ 22530-55301, ✆/℻ 22530-55400.

Der Süden um Plomári und Agiássos

Den Mittelpunkt dieser landschaftlich ausgesprochen reizvollen Region bildet der 968 m hohe Kalkgipfel des Ólympos, dessen tief eingeschnittene Schluchten und von Laub- und Nadelwäldern bedeckten Hänge im Süden bis zur Küste reichen.

Hauptorte des Südens sind *Agiássos* und *Plomári*, zwei traditionelle Siedlungen. Mit die besten Bademöglichkeiten bieten sich im kleinen *Ágios Isídoros* bei Plomári und in *Vaterá*, beides fast reine Feriensiedlungen. Die bislang mäßigen Verkehrsverbindungen im Süden sind Problem und Segen zugleich. Bei jedem Blick auf die Karte wird die Lücke zwischen Plomári und Vaterá sofort augenfällig. Eine Verbindungsstraße ist seit Jahren geplant, die bereits begonnenen Arbeiten wurden jedoch vorerst wieder gestoppt.

Plomári

Ein angenehmes Städtchen an den küstenseitigen Ausläufern des Ólympos. Plomári glänzt mit einem hübschen Ortsbild, in dem vor allem die balkonähnlich ausgebauten oberen Stockwerke mancher Häuser auffallen. Die zweitgrößte Siedlung der Insel ist nicht auf den Tourismus angewiesen, führt im Gegenteil ein sehr selbstbewusstes Eigenleben; ihre etwa 4000 Einwohner ernähren sich vom Handel, Fischfang, Kleingewerbe und der Produktion von Ouzo.

• *Übernachten* Die Bettenkapazität des nahen Ágios Isídoros liegt um ein Vielfaches höher.
Pension Lida I und II, nördlich oberhalb der Platia Beniamin (landeinwärts der Hauptplatia). Ein dunkelgelbes und ein roséfarbenes Haus, jeweils hübsch restauriert und über 100 Jahre alt; der sehr freundliche Besitzer Jannis Stergellis spricht Deutsch. Frühstücksmöglichkeit auf hübscher Terrasse. Nicht leicht zu finden: von der Platia die Stufen neben dem Olympic-Büro hoch, rechts, wieder die Stufen hoch, dann links. DZ im Dreh 25–30 €, Zimmer Nr. 5 (groß und schön) 30–40 €. ✆ / ℻ 22520-32507, ledabio travel@hotmail.com.
Pension Diónysos, in der Hauptgasse, die von der Platia Beniamín parallel zum Fluss landeinwärts führt. 1869 errichtetes Haus; hohe Decken, teilweise bemalt, moderne Bäder. Familiäre Atmosphäre, Terrasse fürs Frühstück. DZ/Bad je nach Saison ca. 20-25 €, auch Vierbettzimmer. ✆ 22520-31580.

Privatvermieter gehobener Klasse Richtung Ágios Isídoros (z. B. "Studios Nick", ✆ 22520-31051) und am Ammoudéli-Strand im Westen. Dort vermietet auch die Taverne "Mama Katerina" (✆ 22520-32667) einige sehr einfache, aber preisgünstige Zimmer.

• *Essen* **Restaurant Bacchus**, von den Ortsansässigen viel gelobtes Speiselokal an der Hafenseite des Hotels Oceanis. Vielerlei Vorspeisen, Ofen- und Grillgerichte; nur im Sommer geöffnet.

Taverne Plátanos, an der gleichnamigen Platia beim Flussbett. Ein idyllisches Plätzchen unter der schattigen Platane, gutes Essen und freundlicher Service.

Taverne Mama Katerina, am Ammoudéli-Strand, 5 Min. westlich des Zentrums. Weinüberrankte Terrasse, innen eine Riesensammlung Postkarten.

▸ **Baden**: Der kleine Strand *Ammoudéli* am westlichen Ortsrand ist für einen Sprung ins Wasser gerade recht – einige Dutzend Meter Kies und eine Handvoll Tavernen. Mehr Platz bieten die Strände der Umgebung.

Ouzo in Plomári

Der Ouzo von Lésbos genießt hohes Ansehen in Griechenland und als besonders gelungen gelten die aus Plomári stammenden Produkte. Die vier Destillerien arbeiten noch nach den althergebrachten, sorgfältigen Methoden. Auf Besucher gut eingestellt ist die Destillerie *Barbayanni*, an der Straße nach Ágios Isídoros knapp außerhalb der Stadtgrenze gelegen. Gegründet wurde das Familienunternehmen bereits 1860 von Efstathios J. Barbayannis, mittlerweile steht die fünfte Generation am Ruder. Stolz ist die Familie auf ihre penible, seit den Anfängen praktisch unveränderte Produktionsmethode, deren Einzelheiten streng geheim sind. Es besteht die Möglichkeit, der Destillerie und dem angeschlossenen Museum einen Besuch abzustatten (Mo–Fr 9–16 Uhr, Sa 9–12.30 Uhr; Eintritt frei); natürlich kann man hier auch günstig einkaufen.

Umgebung von Plomári

▸ **Ágios Isídoros**: junger Ferien- und Strandort 3 km östlich von Plomári, der bislang vorwiegend von skandinavischen Urlaubern besucht wird. Die Siedlung besteht fast ausschließlich aus Hotels, Restaurants, Auto- und Motorradvermietern, Disco-Bars und anderen touristischen Einrichtungen. Der Strand allerdings ist hübsch und gut gepflegt.

• *Übernachten* großes Bettenangebot, von dem ein großer Teil jedoch durch Reiseveranstalter belegt ist. Das gilt auch für die zahlreichen Privatvermieter.

Hotel Viki (B), ganz oben am Berg. Erst vor einigen Jahren errichtete, komfortable Hotelanlage in engagiertem Familienbesitz; Swimmingpool, Terrasse mit Bar und Blick. Geöffnet ist von April bis Oktober, das Preis-Leistungs-Verhältnis durchaus in Ordnung: DZ/Bad mit Frühstück saisonunabhängig etwa 40 €, Studio (2 Pers.) ohne Frühstück 45 €. ✆ 22520-32806, ℻ 31383, hotelbicky@hol.gr (kein Schreibfehler!).

Domátia Pelagia, Privatvermieter der A-Kat.; keine Bindung an Reiseveranstalter, deshalb meist Platz. Geöffnet Mai bis Oktober, Preise im hier allgemein üblichen Rahmen: DZ/Bad nach Saison knapp 25–30 €, mit Küche etwas mehr. An der Bergstraße beim Minimarkt, dort fragen, ✆ 22520-31710.

▸ **Melínda**: Die Schotterpiste in den kleinen Weiler, der etwa 6 km westlich von Plomári liegt, wird allmählich zur Asphaltstraße ausgebaut. Bisher ist es in Melínda allerdings noch ruhig. Baden kann man am kleinen Kiesstrand; drei Tavernen (einfach, günstig und nett: "Melínda Paradiso", ✆ 22520-93220) vermieten Zimmer.

Nordostägäische Inseln
Karte S. 537

Agiássos

Bereits auf den ersten Blick präsentiert sich Agiássos als Inbegriff eines romantischen Bergdorfs: enge Pflastergassen, hübsche Steinhäuser mit Erkern und Holzbalkons, viele traditionelle Geschäfte und Handwerksbetriebe.

Agiássos ist ein Zentrum der Töpferei und Holzverarbeitung. Gleichzeitig bildet das Dorf, mit etwa 3000 Einwohnern für inselgriechische Verhältnisse schon fast eine Kleinstadt, das wichtigste Wallfahrtsziel von Lésbos. Vor allem im August zieht es griechische Pilger in Scharen zum uralten Marienbild der hiesigen Wallfahrtskirche. Anziehend zeigt sich die fast alpin wirkende Umgebung: Überragt vom Kalkgipfel des beherrschenden Ólympos, erstrecken sich üppige Wälder, bestehend aus Kiefern, Kastanien- und Nussbäumen.

• *Übernachten* Im Wallfahrtsmonat August ist alles besetzt, ebenso zum Fest der Kreuzreliquie im September.

Pension Agía Síon (B), einfache, kirchliche Pension innerhalb des Bezirks um die Wallfahrtsstätte, mit "Hostel" beschildert. Geöffnet von Juli bis September, nur bei vielen Gästen evtl. auch mal länger, DZ/Bad offiziell knapp 25–30 €. ✆ 22520-22126.

• *Feste* **Karneval**, inselweit sehr beliebt.

Marienfest im August, weiteres Fest im September. Das Marienfest am 14./15.8. zählt zu den wichtigsten Festivitäten der Ägäis und zieht Besucher aus ganz Griechenland an. Prozessionen, Musik, Tanz und viel Stimmung auch beim Fest der Kreuzreliquie am 14. September.

Der Ólympos: Wanderziel mit Aussicht

Sehenswertes

Wallfahrtskirche der Panagía: Dieser klosterähnliche Bezirk bildet das Herz des Dorfes; der Weg von der Platia ist mit Souvenirläden gepflastert. Im Inneren hängen ganze Hundertschaften Ampeln von der Decke. Ziel aller Pilger ist das wundertätige Bildnis, das von Jerusalem (*Agía Sion*: Heilige aus Zion) angeblich hierher gebracht wurde. Die Madonna, der ihr hohes Alter anzusehen ist, findet sich in einer Vitrine vor der Ikonostase, über ihr eine Kopie.

Kirchenmuseen: Ein Nebengebäude des Kirchenkomplexes stellt auf zwei Etagen sakrale Kunst, einige Bilder von Theophilos und Geschenke von Pilgern aus, darunter sehr skurrile Gaben wie Elefantenstoßzähne oder ein riesiger Stein, der von einer alten Frau zum Ruhme der Gottesmutter über die halbe Insel geschleppt wurde.

Öffnungszeiten beider Museen 9–19 Uhr; Eintritt 0,50 €, Tickets im Laden.

Kastelli: Ein reizvoller Spaziergang durch blühende Gärten führt in etwa einer halben Stunde auf den Gipfel des knapp 600 m hohen Kastelli-Hügels, von dem sich eine schöne Aussicht auf Ort und Umgebung bietet. Von der unteren Platia geht es die Hauptstraße entlang, etwa 300 m nach einer Tankstelle und direkt hinter einer Schreinerei dann links auf den teilweise markierten Spazierweg. Oben wartet ein schattiger Rastplatz mit Brunnen.

Abstecher auf den Ólympos

Den Gipfelsturm per Fahrzeug machte die griechische Radio- und Fernsehgesellschaft ERT möglich: Seit dem Bau ihrer großen Sendeanlage auf dem Ólympos gibt es auch einen Fahrweg dorthin. Oben auf dem zerrissenen Kalkplateau steht, eingekeilt zwischen den gigantischen Masten, auch eine kleine Kapelle, die wie fast alle Gipfelkirchen dem Propheten Elías geweiht ist.

Anfahrt Von der Straße Mytilíni-Polichnítos geht es etwa 5 km hinter der Kreuzung nach Agiássos links ab, beschildert mit "Ambelikon", nach 2 km an einer weiteren Kreuzung erneut links, anschließend noch 7 km auf Asphaltstraße durch Kiefernwald; das letzte Stück ist Schotterpiste.

Polichnítos

Das große, inmitten von Olivenhainen gelegene Binnendorf stellt das Marktzentrum seiner Umgebung dar. Bekannt ist Polichnítos für seine radioaktiven *Thermalquellen*, die mit Temperaturen von nahezu 90 Grad Celsius als die heißesten Europas gelten. Die südöstlich etwa einen Kilometer außerhalb des Dorfes gelegenen Kuranlagen wurden mit Hilfe von EU-Geldern sorgfältig restauriert; ihr Zustand ist schlicht, aber gepflegt. Zuletzt waren die Quellen geöffnet, doch rentiert sich das Geschäft wohl nicht recht, weshalb sich der derzeitige Pächter leider mit dem Gedanken trägt, es aufzugeben.

• *Übernachten* **"Olivenhaus"**, ein schön restauriertes, altes Patrizierhaus mit Garten, das in vier komfortablen Zimmern Gruppen von bis zu acht Personen (Wochenpreis 910 €) Platz bietet, auf Last-Minute-Basis aber eventuell auch Einzelreisenden zur Verfügung steht. Informationen bei Erika Meyer und Lefteris Papafilippou in der Pension "Zimmer mit Aussicht" in Skála Polichnítou, siehe unten.

▸ **Skála Polichnitou**: Der kleine Hafen des Binnendorfs, 3 km nördlich gelegen und über eine Asphaltstraße zu erreichen, ist keine Schönheit, aber von gewissem Charakter. Sein Strand am stillen Wasser des Golfs besteht aus dunklem Sand und Kies, ist lang, aber sehr schmal. Im Sommer und an Wochenenden öffnen in Skála Polichnitou eine Reihe von Fischtavernen, zu deren Spezialitäten die viel gerühmten Sardellen aus dem Golf von Kalloní zählen.

• *Übernachten* **Zimmer mit Aussicht**, an der Strandstraße nach Norden. Zwölf ordentliche Zimmer, alle mit Balkon, DZ/Bad nach Saison etwa 25–30 €, das in jeder Hinsicht hervorragende Frühstück geht extra. Gute Tipps und Informationen über die Region gibt's von Lésbos-Kennerin Erika Meyer und Lefteris Papafilippou gratis. Geöffnet ist Mitte März bis November, ✆ und ℻ 22520-42678, Handy 693-7925435; www.ppfi.de/lesbos.htm.

▸ **Vríssa**: Das alte, kompakte Dorf liegt 5 km südlich von Polichnítos kurz vor Vaterá. Hauptattraktion hier ist das *Naturgeschichtliche Museum* (Natural History Collection, täglich 9.30–15 Uhr, im Sommer bis 19 Uhr, 1 €), das zahlreiche, rund 2 Mio. Jahre alte Fossilien ausstellt, die erst 1997 aus ihrer Fundstätte unweit von Vaterá geborgen wurden.

Karte S. 537

Vaterá

Südlich von Polichnítos liegt der Insel jüngstes Touristenzentrum. Parallel zur Küste erstrecken sich hier, am längsten Strand von Lésbos, auf rund 7 km Länge Ferienhäuser über Ferienhäuser, unterbrochen nur von einigen Hotels, Privatpensionen und Restaurants. Während im Juli und besonders im August in Vaterá und seiner inselweit bekannten Disco der Bär tanzt, geht es noch im Mai und bereits wieder im Oktober sehr ruhig zu. Für ein paar faule Strandtage ist man hier aber sicher nie falsch.

• *Übernachten/Camping* **Hotel Vaterá Beach** (C), westlich der Kreuzung nach Polichnítos; durch die Uferstraße vom Strand getrennt. Kleineres, sympathisches Mittelklassehotel mit 24 Zimmern, 1989 von der charmanten Amerikanerin Barbara und ihrem griechischen Mann George errichtet. Prima Küche mit einem Herz auch für Vegetarier. Zur Saison ausländische Presse. Zimmer mit Klimaanlage und Kühlschrank, DZ/Bad/Frühstück nach Saison 50–80 €, geöffnet April bis Oktober; ✆ 22520-61212, ℻ 61164, www.vaterabeach.gr.

House Voudouris, 50 m westlich des Hotels Vaterá Beach. Insgesamt drei Häuser, in denen Appartements mit einem und zwei Zimmern zu mieten sind. Geöffnet ist ab April bis in den Oktober; Preisniveau für das kleine Appartement je nach Saison und Aufenthaltslänge etwa 25/30 bis 45/50 €. ✆/℻ 22520-61310, www.house-voudouris-lesvos.com.

Camping Dionysos Club, etwa 200 m vom Strand, beschildert. Noch recht neuer, sehr komfortabler Platz mit entsprechend hohem Preisniveau. Swimmingpool, Laden, Restaurant und Bar, alles da, auch eine Disco. Es gibt sogar einige Leihzelte; Bungalows werden ebenfalls vermietet, Hotel angeschlossen. Geöffnet Mai–September; ✆ 22520-61151.

Inselmitte und Norden

Das flache bis hügelige Gebiet der Inselmitte um den Golf von Kalloní wird von lichten Olivenhainen geprägt. Für die meisten Reisenden stellt es nur eine Durchgangsstation dar. Ganz anders der Norden der Insel, der schon seit der Ankunft des internationalen Fremdenverkehrs Favorit fast aller Reiseveranstalter ist.

Wer sich den Norden jetzt als völlig überlaufenes, verbautes Touristen-Dorado vorstellt, liegt allerdings falsch: Die beiden Fremdenverkehrsorte Mólivos und Pétra haben sich ihr Ortsbild weitgehend bewahrt. Erst recht gilt das für die kleinen Dörfer im bergigen Hinterland, das zu ausgedehnten Exkursionen einlädt. Die hiesigen Strände allerdings sind nicht unbedingt die schönsten der Insel.

▶ **Kalloní**: Der Hauptort des Golfs liegt in brettebener Landschaft, umgeben von ausgedehnten Olivenhainen. Kalloní bietet keinerlei Sehenswürdigkeiten, stellt jedoch an der Kreuzung wichtiger Verkehrswege das Versorgungszentrum seiner Umgebung dar: Das große Binnendorf verfügt über Banken, eine Post, Tankstellen und gute Einkaufsmöglichkeiten.

▶ **Skála Kallonís**: Der 3 km entfernte Fischerhafen von Kalloní entwickelte sich in den letzten Jahren zu einem international besuchten Ferienort, der in den Programmen mehrerer mitteleuropäischer Reiseveranstalter erscheint. Grund für die Beliebtheit des Dorfes, besonders bei Familien, ist sicher der eher schmale, aber kilometerlange und flach abfallende Sandstrand am ruhigen Wasser des Golfs. Seit einigen Jahren finden auch "Birdwatcher" zunehmend den Weg nach Skála Kallonís.

• *Übernachten* Für Individualreisende ist die Situation zumindest zur Saison recht problematisch, da fast alle Hotels und auch der Großteil der Privatvermieter an Reiseveranstalter gebunden sind.

Hotel Pasiphae (B), von Kalloní kommend kurz vor Skála Kallonís, in bequemer Fußentfernung zum Ort, mit Garten und Pool. Komfortables, gut geführtes Quartier, in dem auch Vogelbeobachter an der richtigen Adresse sind: Der Manager ist ein "Kollege" und zeigt gern sein Buch, in dem jede Sichtung festgehalten wird. Geöffnet April bis Mitte Oktober; DZ/Bad/Frühstück 65–80 €, zur Nebensaison oft günstiger. ✆ 22530-23212, ✆ 23154.

▸ **Moní Limónos**: 5 km westlich von Kalloní steht das wohl interessanteste Kloster von Lésbos. 1527 neu gegründet, war es in der Zeit türkischer Besatzung ein wichtiger Hort griechischer Kultur, in dem heimlich auch die heimische Sprache und Schrift gelehrt wurde. Heute halten ein Altersheim, ein Waisenhaus und andere Einrichtungen die Tradition sozialen Wirkens aufrecht. Sehenswert ist neben der schön ausgemalten Klosterkirche (für Frauen nicht zugänglich) vor allem das große *Museum* mit seiner unschätzbar wertvollen Bibliothek.

• *Verbindungen* Bis zur Abzweigung von der Hauptstraße kann man einen der Busse nach Eressós/Sígri nehmen, ebenso auf dem Rückweg nach Kalloní oder Mytilíni; da die Verbindungen ausgesprochen spärlich sind, empfiehlt es sich sehr, vorher die Zeiten zu klären. Wer mit dem Taxi kommt, vereinbart mit dem Chauffeur am besten auch gleich die Rückfahrt, doch gibt es vor dem Kloster mittlerweile auch ein Kartentelefon.

Pétra

Seine Frauenkooperative verhalf dem Dorf zu touristischem Aufschwung. Dennoch ist Pétra ländlicher geblieben als das benachbarte Mólivos.

An drei Seiten von Hügeln umgeben, öffnet sich die fruchtbare Ebene zu einer weiten, von feinem Sandstrand begrenzten Meeresbucht. Mittendrin der markante Kirchenfelsen, dem Pétra ("Stein") seinen Namen verdankt.

Einen gewissen Bekanntheitsgrad verdankt Pétra den Presseberichten über die hiesige *Frauenkooperative*. Deren Ziel: Gleichberechtigung für Landfrauen durch ein eigenes Einkommen, erwirtschaftet durch die Vermietung von Privatzimmern. Das Projekt hatte Erfolg, wenn auch nicht ohne Folgen: Schnell wird spürbar, dass der Tourismus heute die Haupteinnahmequelle der etwa tausend Einwohner darstellt und Olivenbau und Fischfang als wichtigste Wirtschaftszweige abgelöst hat. Immer neue Häuser entstehen entlang der Küstenstraße; wenigstens wurde für den fruchtbaren Boden des Hinterlandes nun ein Baustopp verfügt. Keine heile Welt also. Doch besitzt die vergleichsweise sanfte Form des Tourismus von Pétra durchaus Zukunftsperspektive. Und an warmen Sommerabenden, wenn sich der halbe Ort auf der zum Meer hin offenen Platia trifft und die Sonne zwischen den Inselchen versinkt, ist die Welt in Pétra ohnehin in Ordnung ...

• *Übernachten* **Frauenkooperative von Pétra**, Büro an der ufernahen Platia. DZ/Bad kosten um die 25 €, es gibt auch EZ sowie Mehrbettzimmer; außerhalb der Saison sind je nach Belegung auch andere Preise möglich. Praktisch alle Häuser liegen im Dorf selbst. Vorbestellungen: Eleni Chioti, Frauenkooperative Pétra, 811009 Lésbos, Griechenland; ✆/✆ von D, A, CH: 0030/22530-41238 bzw. 41309; www.petratours-lesvos.com/cooperative.

Pension Café Reef, bei der Bushaltestelle. Die freundlichen (griechischen) Besitzer sprechen sehr gut Englisch, auch das Lokal selbst ist "very british". Die Zimmer sind ordentlich und liegen, da nach hinten hinaus, relativ ruhig. DZ/Bad nach Saison und Aufenthaltslänge etwa 25–30 €. ✆ 22530-42140, ✆ 41488, www.cafereef.com.

Pension Kostas, sehr ruhige, idyllische Lage in Gartenbaugebiet, gegenüber einer kleinen Kapelle; der Fußweg dorthin beginnt neben dem Hotel Ilion. Keine Fremdsprachen; DZ kosten je nach Saison etwa 15–25 €. ✆ 22530-41237.

• *Essen* **Restaurant der Frauenkooperative**, im ersten Stock, Zugang durch das Büro der Genossenschaft. Terrasse mit

Nordostägäische Inseln
Karte S. 537

Blick aufs Meer, authentische Küche ist Ehrensache.

Marias Taverne, an der "Hauptstraße" des Ortsteils Agía Marína und seit vielen Jahren eine Institution. Nach dem Tod des Besitzers Rigas hat seine Frau Maria das Lokal übernommen, das alte Namensschild hängt aber noch außen. Rustikale griechische Küche "mit Topfgucken", gleichzeitig ein uriger Treffpunkt.

• *Reisebüro* **Pétra Tours**, gegenüber der Post. Geführt von der Tochter der Vorsitzenden der Frauenkooperative, gelegentlich auch deutsche Praktikantinnen. Gute Anlaufadresse für Schiffs- und Busausflüge usw. ✆ 22530-41390.

• *Einkaufen* **Ouzo Petras**, in der Odos Ermou an der Kreuzung zum Felsen, ist die einzige Ouzo-Destillerie des Ortes. Direkteinkauf; die kleine Fabrikation kann auch besichtigt werden, Details werden aber natürlich nicht verraten.

Sehenswertes

Ágios Nikólaos: Nur ein kleines Stück südlich der Platia lohnt sich ein Blick in die schlichte, einschiffige Basilika des heiligen Nikolaus. Die älteste Kirche des Dorfs steht unter Denkmalschutz. Sie stammt, ebenso wie die farbenprächtigen Fresken im Inneren, aus dem 16. Jh.

Panagía Glykofilousa: Die Kirche, in markanter Lage ganz oben auf dem etwa 35 m hohen Felsen, ist das Wahrzeichen des Ortes. In ihrer heutigen Form geht die dreischiffige Basilika auf das Jahr 1840 zurück und ist kunsthistorisch nicht besonders bemerkenswert. Einmal sollte man jedoch schon die 114 Stufen hinaufgestiegen sein und sei es nur wegen der hübschen Aussicht auf die Dächer und Felder von Pétra.

Spiti Vareltzidaina: Ebenfalls denkmalgeschützt ist dieses Herrenhaus (Di–So 8.30–15 Uhr; gratis) aus der Türkenzeit des frühen 18. Jh., das an der Westseite des Kirchenfelsens steht. Im Inneren lässt sich ein ganz guter Einblick in die Lebensweise der früheren, offensichtlich wohlhabenden Bewohner gewinnen.

▸ **Baden**: Direkt am Ort erstreckt sich der lang gezogene, feinkörnige Grausandstrand von Pétra. Er ist gepflegt und mit Sonnenschirmverleih und ähnlichen Annehmlichkeiten ausgestattet. Auf "oben ohne" sollten Frauen hier, in Sichtweite eines doch eher konservativen griechischen Dorfes, besser rücksichtsvoll verzichten.

Avláki-Strand: Etwa 1 km westlich von Pétra, unterhalb eines Hügels, liegt dieser ebenfalls mit verschiedenen Einrichtungen versehene Kies-/Sandstrand.

Anaxós: Ungefähr 1,5 km weiter westlich hat sich in wenigen Jahren ein winziges Stranddorf in eine Feriensiedlung verwandelt. Reichlich Rummel, aber schöner Strand mit Sonnenuntergangsblick.

Ambélia-Strand: Kurz hinter dem Ortsausgang von Anaxós weist rechter Hand ein Schild den Weg zum gut 3 km entfernten "Ambélia-Beach". An dem etwa 800 m langen Strand aus Sand und Steinen stehen nur zwei oder drei Sommerhäuser, seit kurzem auch eine Sommertaverne.

Mólivos

Die touristische Hauptstadt der Insel, offiziell und sonst heute von niemandem mehr Mithimna genannt, ist ein pittoreskes, wunderschönes Städtchen.

Mólivos ist uralt, war als *Methymna* eine der mythischen Städte der Insel; Siedlungsspuren in der Umgebung weisen weit in die Vorgeschichte. Enge, kopfsteingepflasterte und von einem Dach aus Rankenpflanzen beschattete Gassen führen den Hügel hinauf zur alles überragenden Burg. Kein Neubau stört das malerische Ensemble. Zumindest wäre er nicht als solcher zu erkennen, denn der ganze Altort steht bereits seit den 1950er Jahren unter Denkmalschutz, bauliche Veränderungen sind nur unter strengsten, vorbildlichen Auflagen gestattet. Im Sommer tummelt sich reichlich internationales Publikum in den Gassen und an den Stränden. Die Atmosphäre ist lässig, das Angebot an Tavernen, Boutiquen, Unterhaltungs- und Sportmöglichkeiten mehr als ausreichend.

• *Information* **Municipal Tourist Information** (Stadtplan, Zimmervermittlung, allgemeine Auskünfte) an der Hauptstraße, in einem Steinhaus etwa 200 m stadtwärts der Bushaltestelle; ✆ 22530-71347. Geöffnet ist Mitte Mai bis Mitte Oktober, offizielle Bürozeiten 9–15.30 Uhr, die aber nicht immer genau eingehalten werden.

• *Übernachten* Großes Angebot mit Schwerpunkt auf Hotels höherer Klassen, zur Saison viele Häuser allerdings durch Reiseveranstalter belegt. Gehobenes Preisniveau.

Hotel Olive Press (B-Kat.), Schmuckstück am Ortsstrand. Eine ausgediente Ölmühle, sensibel restauriert; Ambiente und Service vom Feinsten. Geöffnet Mai–Oktober, DZ/Bad nach Saison etwa 65–90 €; auch Dreier-Studios zum fast gleichen Preis. ✆ 22530-71205, 📠 71647.

Hotel Amfitriti (B-Kat.), in der Nähe, am Sträßchen von der Infostelle zum Meer. Altes Steinhaus mit hübschem Garten und Pool, angenehme Zimmer, viele mit Zugang zu Balkon oder Terrasse. Freundliche Betreiber. Geöffnet Mai bis Oktober, DZ/Bad etwa 50–65 €. ✆ 22530-71741, 📠 71744.

Hotel Akropol, eigentlich ein Privatvermieter, ein altes Steinhaus in toller Aussichtslage oben auf dem Kástro-Hügel, zehn Fußminuten vom Zentrum. Großer Pool. Im Programm eines Reiseveranstalters, manchmal bleiben aber Restplätze frei. Geöffnet Mitte April bis Mitte Oktober, DZ/Bad etwa 35–45 €. Anfahrt von der Straße nach Eftaloú, dann links Richtung Burg; ✆ 22530-71745, 📠 71522.

• *Essen* Reiche Auswahl, oft schöne Aussicht aufs Meer, ebenso häufig gesalzene Preise.

The Captain's Table, Nachfolger des Klassikers "Melinda´s Food and Wine Bar". Das Restaurant der gebürtigen Australierin Melinda offeriert griechische Küche mit Schwerpunkt auf Fisch; wie früher gibt es aber auch einige vegetarische Gerichte. Flinker Service hat ohnehin Tradition. An der Tavernenmeile am Hafen.

Restaurant Sansibal, oberhalb der Hauptstraße an der Abzweigung zur Agorá. Verwinkelter Bau mit mehreren Terrassen, das Essen vielleicht eine Kleinigkeit teurer als anderswo, aber mit dem gewissen Extra. Fantasievoll eingesetzte Gewürze, freundliche Bedienung.

• *Nachtleben* **Disco Gattelusi**, etwa 2 km vom Zentrum, oberhalb der Straße nach Pétra. Wie ein Raumschiff ragt die gigantische Open-Air-Disco aus dem Hang. Der Renner in Mólivos: tanzen unterm Sternenzelt mit Meeresblick ... Nur zur Hochsaison geöffnet.

Kástro: Die wuchtige Burg auf dem Stadthügel geht auf die byzantinische Zeit zurück, die meisten Mauern und Tore stammen jedoch von der Erweiterung der genuesischen Adelsfamilie Gattelusi; die Türken veränderten den Komplex nur wenig. Fantastisch ist die Aussicht über die Ziegeldächer des Städtchens, bei gutem Wetter auch bis weit in die Türkei. Nach dem Besuch erfrischen kann man sich, bei fast ebenso reizvollem Blick, in der direkt unterhalb gelegenen Bar "To Panorama", die ihren Namen zu Recht trägt.

Öffnungszeiten Di–So 8–15 Uhr, im Hochsommer bis 19 Uhr; Eintritt 2 €, So gratis.

▶ **Baden**: Der schmale, steinige bis kiesige Ortsstrand, der sich etwa ab dem Hotel Olive Press nach Süden erstreckt, ist sicher nicht die Hauptattraktion von Mólivos. Immerhin kommen Wassersportler voll auf ihre Kosten.

Eftalou: Die weit bessere Adresse, allerdings gut 4 km östlich. Hinter einem Badehaus mit warmen Quellen beginnt der lang gezogene Kieselstrand von Eftalou; der Zugang dorthin führt durch ein stets offenes Nebengebäude und ein Tor des Kurbads. Eigentlich sind es ein halbes Dutzend durch Felsabschnitte getrennte Strände, die mit sauberem Wasser und Türkeiblick glänzen; im hinteren Bereich wird FKK toleriert.

▶ **Ausflug nach Skála Sikaminéas**: Eine beliebte Tour führt in das etwa 14 km entfernte Örtchen mit seinen hübschen Hafentavernen (s. Ostküste). Bis kurz vor

Karte S. 537

Eftalou ist die Strecke asphaltiert, verwandelt sich dann aber in eine Piste. Eine Alternative für den Rückweg sind die Ausflugsboote, die den Ort zur Saison täglich anfahren und auch One-Way-Passagiere mitnehmen; diese Möglichkeit sollte man besser jedoch bereits in Mólivos klären.

Westen

Westlich von Kalloní endet allmählich das Reich der heiteren Olivenhaine. Ein ganz anderes Lésbos beginnt: trocken, kahl und erodiert – Vulkanland.

Viel Grandioses hat diese weite, sonnenverbrannte Landschaft, die an die Sierras Zentralspaniens oder das Innere Siziliens erinnert. Karge, von Schluchten zerrissene Felshänge, kaum Farben neben den erdigen Tönen des Gesteins und dem Blau des Himmels. Nur hie und da, auf dem Grund eines Tals, speist ein schmaler, im Sommer oft versickernder Wasserlauf ein paar Bäume oder einen Dschungel aus Oleander – Oasen in der Wüste.

Ántissa und Umgebung

An der Hauptstraße kurz vor der Gabelung nach Eressós und Sígri gelegen, bildet das große Dorf das wirtschaftliche und administrative Zentrum des westlichen Lésbos. Sein lang gezogener Hauptplatz, von Platanen beschattet und von Tavernen und Kafenia gesäumt, ist wirklich eine Pracht. In den beiden Tavernen ganz hinten an der Platia muss man sich nicht einmal um Sprachprobleme sorgen, denn beide werden von heimgekehrten Auswandererfamilien geführt: "Man spricht Deutsch".

▸ **Antikes Ántissa**: Das alte Ántissa, etwa 12 km vom heutigen Ort, war eine der mythischen Siedlungen von Lésbos, jahrhundertelang auch eine der mächtigsten. 168 v. Chr. zerstörten die Römer die Stadt, 1931 wurde die antike Akropolis freigelegt. Ins Auge fallen zwar eher die Ruinen einer genuesischen Festung, dennoch ein romantisches Plätzchen. Zu erreichen ist das antike Ántissa (nicht mit der heutigen Siedlung zu verwechseln) am besten über die 11 km lange, beschilderte und recht gut befahrbare Schotterpiste, die am Ortsrand von Skalochóri von der aus Richtung Pétra und Skoutáros kommenden Asphaltstraße abzweigt.

▸ **Gavathás**: Die kleine Strandsiedlung an der Nordwestküste wurde vom internationalen Tourismus noch kaum berührt. Die Handvoll Häuser, der kleine Hafen und eine Kapelle scharen sich am Ende einer Strandbucht, deren grauer Sand sich sehr flach ins Meer senkt; ein idyllisches, aber keineswegs herausgeputztes Plätzchen, für manchen vielleicht schon zu ruhig. In den wenigen Privatunterkünften nehmen vornehmlich Griechen Urlaubsquartier.

• *Übernachten* **Domátia O Paradisos**, im Dörfchen nicht zu übersehen. Recht großer Bau über dem Meer, tolle Aussicht. Schöne Terrasse fürs Frühstück, das Restaurant ist leider mittlerweile geschlossen. Persönliche Atmosphäre, freundliche Besitzerfamilie, die gut Englisch spricht, viele Stammgäste, die die Ruhe hier zu schätzen wissen. Sieben Zimmer der A-Klasse, DZ/Bad nach Saison etwa 25–30 €. Geöffnet etwa Mai bis Mitte Oktober. ✆ 22530-56376.

▸ **Westlich von Ántissa** wird die Landschaft nun vollends kahl, prägt nackter Fels die Szenerie. Wenige Kilometer hinter dem Ort zweigt links die Asphaltstraße nach Eressós ab; geradeaus geht es weiter zum Kloster Ipsiloú, zum Versteinerten Wald und nach Sígri.

Eressós und Skála Eressoú

Knapp 10 km sind es von der Kreuzung bis Eressós. Laufen möchte man sie nicht: zehn Asphaltkilometer durch eine zerklüftete, fast völlig kahle Berglandschaft, in der steil aufragende, vulkanische Felsspitzen bizarre Akzente setzen.

▸ **Eressós**: Das Dorf in piratensicherer Binnenlage entstand erst in byzantinischer Zeit, ist also nicht die mythische Stadt der Antike. Die alte Stadt, Geburtsort vielleicht der Lyrikerin Sappho, sicher aber des Philosophen Theophrast, ist beim heute ohnehin besser bekannten Skála Eressoú zu suchen, oberhalb der 4 km entfernten Küste.

Auf den Spuren der Sappho

Sappho, um 617 (612?) v. Chr. wahrscheinlich im antiken Eressós geboren und um 570/560 v. Chr. gestorben, gilt als erste Lyrikerin der Geschichte, war für Plato die zehnte Muse, für viele andere die größte Dichterin aller Zeiten. Aus einer Adelsfamilie gebürtig, war Sappho (gesprochen: "Sappfo") verheiratet mit dem reichen Kerkyras aus Ándros und Mutter einer Tochter. Sie lebte in einer Zeit der Machtkämpfe zwischen Tyrannen und Adel; vermutlich als Folge eines Aufstands wurde Sappho nach Sizilien verbannt. Etwa um 585 v. Chr. kehrte sie, wahrscheinlich als Witwe, von dort zurück und lebte fortan als Dichterin in Mytilíni. Gleichzeitig war sie Leiterin eines Kreises junger Mädchen, die sie in den schönen Künsten unterwies und auf die Ehe vorbereitete. In Versfragmenten überliefert ist ihre Neigung zu Frauen, die der lesbischen Liebe ihren Namen gab: "Der gliederlösende Eros treibt mich wieder herum, süß-bitter, ein unzähmbares Tier". Ob diese fraglos erotisch gefärbte Zuneigung zu ihren Mädchen auch wirklich in einer gleichgeschlechtlichen Sexualität ihren Ausdruck fand, gilt allerdings nicht als bewiesen.

▸ **Skála Eressoú**: Die Strandsiedlung von Eressós bildet seit nun über zwei Jahrzehnten einen Wallfahrtsort der auf den Spuren Sapphos wandelnden Frauenwelt. Mittlerweile zieht der feinsandige, kilometerlange Strand jedoch auch andere Besucher an, wurde Skála Eressoú doch bereits von Reiseveranstaltern entdeckt. Ein gemütlicher Ort ist die Siedlung dennoch geblieben, eine architektonische Schönheit war Skála Eressoú dagegen wohl nie und wird es auch nicht mehr werden – es wird ziemlich viel gebaut. Hübsch zeigt sich die gemütliche Platía am Meer, der zentrale Treffpunkt; hübsch sind auch die zahlreich am Strand aufgereihten Tavernen, deren Terrassen sich zum Meer öffnen. Ein angenehmes Fleckchen für einige Strandtage also, an dem sich auch Männer wohlfühlen dürfen. Die Ruinen der antiken Stadt sind auf dem *Vigla-Hügel* zu sehen; unterhalb im Dorf liegen die Reste der *St.-Andreas-Kirche* aus dem 5. Jh. nebst einem kleinen, aber feinen *Museum*, das zur Zeit der Recherche allerdings renoviert wurde.

• *Übernachten* **Hotel Sapphó i Eréssia** (C), an der Uferfront; ein Teil der recht geräumigen Zimmer geht aufs Meer. Das älteste Hotel vor Ort und eines der ältesten der Insel, seit einigen Jahren "women only" und geführt von einem weiblichen Besitzerkollektiv. Sehr gutes Restaurant, Terrasse zum Meer, gelegentliche Veranstaltungen. Geöffnet ist April bis Oktober, DZ/Bad je nach Lage und Saison etwa 40–55 €. ✆ 22530-53495, ℻ 53174, www.sapphohotel.com.

Pension Krinelos, recht zentral hinter dem großen Parkplatz vor dem Ortskern gelegen. Freundliches Management, solide und saubere Zimmer mit Kühlschrank, künftig wohl auch mit Klimaanlage. Geöffnet April bis Oktober, nach vorheriger Anfrage auch im Winter. DZ/Bad im Mai und Oktober etwa 15 €, sonst rund 25–40 €, Klimaanlage (nur auf Wunsch) geht extra; auch Studios und Familien-Appartements. ✆ 22530-53246/-53376, ✆ 53982. Anfragen auch im "Krinelos Touristic Shop" an der Platía.

Westwärts nach Sígri

▸ **Moní Ipsiloú**: Auf einem Vulkankegel oberhalb der Hauptstraße nach Sígri thront trutzig das festungsartige Kloster, das wohl schon zu Anfang des 9. Jh. gegründet wurde. Seine Bausubstanz wurde durch einen Brand 1967 weitgehend zerstört. Das kleine *Museum* im Westflügel und die fantastische Aussicht lohnen jedoch den Besuch. Neben dem Kloster liegt ein Militärstützpunkt: Fotografieren im Umfeld deshalb streng verboten.

Der "Versteinerte Wald"

Vor wahrscheinlich 4–6 Mio. Jahren bedeckten riesige Wälder von Mammutbäumen (Sequoia) weite Teile von Lésbos. Dann begrub ein gigantischer Vulkanausbruch des Ordymnos die umgestürzten Bäume unter einem Regen heißer Asche. Das Wasser heißer Quellen tränkte die Stämme mit Mineralien, die Zelle um Zelle ersetzten; im Laufe der Zeit verwandelte sich so die Holzstruktur zu Stein. Das einzigartige Nationalmonument ist eingezäunt und unter Schutz gestellt. Fußwege führen zu einigen Dutzend meist liegenden Stämmen, die bei einem Durchmesser von teilweise über 2 m bis gut 11 m lang sind und in vielen Farbnuancen schillern. Es empfiehlt sich, morgens zu kommen, denn tagsüber wird es oft unerträglich heiß.

• *Anfahrt* Abzweigung in südlicher Richtung etwa 5 km westlich des Klosters Ipsiloú, beschildert: "Petrified Forest", bis zum Gelände nochmals 5 km.

• *Öffnungszeiten* tägl. 8–16 Uhr, Eintritt 1,50 €. Taschen usw. müssen abgegeben werden; wer Baumstücke mitnimmt, wird schwer bestraft.

Sígri

Der Blick auf Sígri, hoch oben von der Hauptstraße und am schönsten bei Sonnenuntergang, ist bezaubernd. Fast am Ende der Welt liegt das kleine Küstendorf inmitten einer rauen, fast baumlosen Felslandschaft.

Weiße, rot bedachte Häuserkuben scharen sich um das wuchtige türkische Kastell. Den Hafen beschützen zwei Inseln, eine lang gestreckt und ebenso steppenhaft wie das Land davor, die andere klein und spitz aufragend. Dahinter bis zum Horizont das Meer. Sígri ist ein ruhiger Ort, ohne Tankstelle, Bank und ohne Ferienrummel – selbst im Sommer, wenn ein britischer Reiseveranstalter viele der hiesigen Betten belegt. Individualisten mit Sinn für wilde Romantik werden die einst rein türkische Siedlung lieben. Sommerliche Ausflugsfahrten führen zum vorgelagerten Inselchen Nisíopi, auf dem Reste versteinerter Bäume zu sehen sind.

• *Übernachten* Sígri ist ein recht exklusives Pflaster, die Preise liegen relativ hoch.

Hotel Vision-Orama (C), an der Zufahrt nach Sígri, ein paar hundert Meter vor dem Ort; ein blau-weißer Neubau mit Pool und gut ausgestatteten Zimmern. Der Wirt, ein Mitglied der hiesigen Gastronomen-Familie Tsikna, spricht Deutsch. DZ/Bad offiziell etwa 50–65 €, in der Regel ist man aber mit 40–50 € dabei. ✆ 22530-54226, ✆ 54450, www.visionhotel.gr.

Beeindruckend: ein Prachtexemplar im "Versteinerten Wald"

Nelly's Apartments, am Knick der Hauptgasse vor der Post; mit Kühlschrank und Küche eingerichtete Appartements, die z. T. sehr hübsch gegenüber des Kastells liegen. Preis für zwei Personen je nach Saison etwa 25–40 €; andere, größere Appartements über der Post etwas teurer. Geöffnet Mai bis Oktober, ✆ 22530-54230.

Studios Damianos Vassilellis, ruhig und weltabgeschieden etwa 600 m vor dem Faneroméni-Strand, zwei Personen ab etwa 35 €. Geöffnet etwa Juni bis September; vorheriger Anruf sehr ratsam: ✆ 22530-54454.

Natural History Museum – Geopark: Sígris Naturgeschichtliches Museum, nach einer jahrelangen Vorbereitungsphase im September 1999 eröffnet, ist ein Prachtstück geworden. Etwas oberhalb des Ortes gelegen, widmet es sich besonders dem Phänomen der versteinerten Bäume, präsentiert aber auch seltene Mineralien. Eine Verkaufsausstellung kulinarischer und kunsthandwerklicher Produkte ist ebenso angeschlossen wie eine weitere Zone, in der temporäre Ausstellungen stattfinden. Im Außenbereich des Museums, dem eigentlichen "Geopark", warten weitere versteinerte Bäume.

Öffnungszeiten Täglich 8–18 Uhr; Eintrittsgebühr 3 €, www.petrifiedforest.gr.

▶ **Baden**: Direkt südlich des Ortes liegt ein nicht allzu reizvoller, von Tamarisken beschatteter Strand. Weit hübscher ist der etwa 3 km nördlich gelegene *Faneroméni-Strand*. Die lang gezogene Sand- und Kiesbucht ist nur über einen Feldweg zu erreichen, der kurz vor dem Hafen von Sígri direkt zum Meer hin abzweigt, später aber landeinwärts biegt. Beim Haus von Damianos Vassilellis geht es dann wieder meerwärts ab.

Chíos

Chíos ist eine der reichsten Inseln Griechenlands. Einnahmen aus der Seefahrt und die Erträge des Mastixstrauches sorgen für Wohlstand. Vielleicht deshalb haben sich die Einwohner bislang nur wenig um den internationalen Tourismus bemüht.

Chíos steht bei Griechen nicht gerade im Ruf, ein Ferienparadies zu sein. Dabei hat die fünftgrößte Insel Griechenlands eine ganze Menge zu bieten: ungewöhnliche Architekturformen, jahrhundertealte Traditionen und eine ganze Reihe kaum besuchter Strände. Die Landschaft von Chíos, so heißt es, vereinige alle griechischen Landschaften in sich.

Und wirklich finden sich auf der Insel neben schroffen Bergen und welligen Hügeln auch fruchtbare Ebenen, blanker Fels ebenso wie blühende Gärten und dichte Wälder, tief eingeschnittene Fjorde neben Kiesbuchten; sogar einen Strand aus Lavakieseln hat Chíos vorzuweisen. Zu den größten Attraktionen zählen die urwüchsigen Mastixdörfer im Süden, *Pyrgí*, *Ólimbi* und *Mestá* mit ihrer genuesisch geprägten Verteidigungsarchitektur. Kunstliebhaber sollten unbedingt einen Besuch im Kloster *Nea Moní* einplanen, dessen byzantinische Mosaiken zu den eindrucksvollsten des Landes zählen.

Chíos auf einen Blick

Größe: 842 qkm, Länge 50 km, maximale Breite 29 km, Küstenlänge 213 km.

Bevölkerung: knapp 48.000 Einwohner, davon allein rund 25.000 in der Inselhauptstadt Chíos (Chóra); der Norden ist nur dünn besiedelt.

Geografie/Geologie: Chíos ist nach Sámos die zweithöchste Insel der Ostägäis. Der Hauptgebirgszug setzt sich von den höchsten Erhebungen im Norden (Pelinaion, 1297 m; Oros, 1186 m) flacher werdend bis in den Süden fort. An der engsten Stelle der Meeresstraße beträgt die Entfernung zur Türkei nur 7 km.

Wichtige Orte: Chíos (Chóra) – die Hauptstadt; Vrondádos – Nobelvorort und zweitgrößte Siedlung; Karfás – Zentrum des Fremdenverkehrs; Pyrgí, Ólimbi und Mestá – die schönsten Mastixdörfer des Südens; Kardámyla/Mármaro – lokales Zentrum des Nordostens; Volissós – Hauptdorf im Nordwesten.

Übernachten: Unterkünfte konzentrieren sich bislang in Chíos-Stadt und Karfás; besonders im Nordwesten sind sie eher Mangelware.

Baden: Im Norden und Westen gibt es viele fast einsame Strände, die aber oft nur mit eigenem Fahrzeug zu erreichen sind; ein Traum ist der Lavastrand Mávra Vólia bei Pyrgí im Süden.

Straßen: gutes Straßennetz. Eine bedeutsame Lücke gab es bislang im Norden: Zwischen Kambia und Leptopoda existierte, anders als auf den meisten Karten verzeichnet, nur ein miserabler, kaum befahrbarer Feldweg. Möglicherweise ist dieser aber inzwischen ausgebaut – bitte erkundigen Sie sich vor Ort.

Entfernungen ab Chíos-Stadt: Vrondádos-Zentrum 6 km, Kloster Nea Moní 10 km, Karfás 6 km, Pyrgí 26 km, Mestá 38 km, Kardámyla 26 km, Volissós 42 km.

Auto-/Zweiradverleih: in Chíos-Stadt und Karfás; saisonale Zweiradvermietung auch in Mármaro und Pyrgí.

Tankstellen: um die Hauptstadt und im Süden ausreichend. Keine Tankstelle an der Straße über Nea Moní und an der Westküstenstraße! Im Nordosten nur in Kardámyla/Mármaro, im Nordwesten nur bei Volissós.

Straßenkarten: Die beste Karte kommt von "Road Editions", Maßstab 1:60.000.

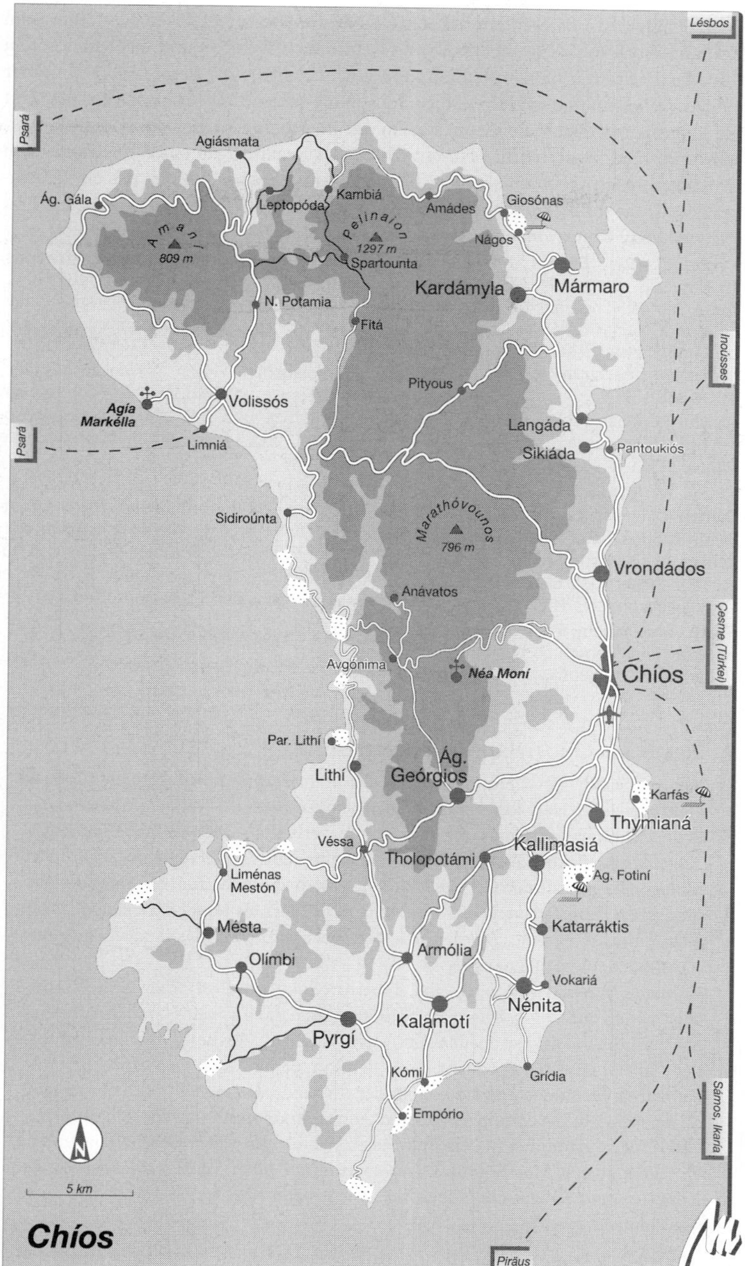
Lésbos
Psará
Agiásmata
Ág. Gála
Leptopóda
Kambiá
Amádes
Giosónas
Amani
809 m
Pelinaion
1297 m
Spartounta
Nágos
Kardámyla
Mármaro
N. Potamia
Fitá
Inoússes
Pityous
Volissós
Agía Markélla
Psará
Limniá
Langáda
Sikiáda
Pantoukiós
Marathóvounos
796 m
Sidiroúnta
Vrondádos
Anávatos
Çeşme (Türkei)
Avgónima
Néa Moní
Chíos
Par. Lithí
Lithí
Ág. Geórgios
Karfás
Thymianá
Véssa
Tholopotámi
Kallimasiá
Liménas Mestón
Ag. Fotiní
Mésta
Katarráktis
Olímbi
Armólia
Vokariá
Nénita
Kalamotí
Pyrgí
Kómi
Grídia
Sámos, Ikaría
Empório
N
5 km
Chíos
Piräus

Geschichte: Erste namentlich bekannte Siedler waren ab 1100 v. Chr. Ionier vom Festland. Im 7. Jh. v. Chr. ließen Handelsschifffahrt, Weinbau und wohl auch schon der Mastixexport Chíos aufblühen. 522 v. Chr. kamen die Perser, als erste einer langen Reihe von neuen Herren, die Chíos in die Bedeutungslosigkeit stürzten. Erst die Übernahme durch die Genuesen im 14. Jh. brachte wieder einen echten Aufschwung. 1566 besetzten die Türken Chíos. Als Reaktion auf einen dilettantischen Umsturzversuch verübten sie hier 1822 jenes entsetzliche Blutbad, das als "Massaker von Chíos" in die Geschichte und Kunst (Delacroix, Victor Hugo) einging. Erst 1912 gelangte Chíos wieder an Griechenland.

• *Verbindungen* **Fähren**: mehrere Büros im Hafen, je nach Linie. NEL (Lésbos, Piräus, Sámos, Thessaloníki etc.) um die Ecke vom Tourist Office, ✆ 22710-23971; Miniotis (Inoússes, Psará, Sámos, Türkei) im nördlichen Bereich nahe der Touristenpolizei, ✆ 22710-24670.

Mytilíni (Lésbos): 1- bis 2-mal tägl., Fahrzeit 3–4 Std., Deckspassage p.P. etwa 12 €.

Piräus: 1- bis 2-mal tägl., Fahrzeit 7–10 Std.; Deck/2. Kl. etwa 20/30 €.

Sámos: Mit Weiterfahrt auf der Linie Dodekanes-Rhódos 1-mal wöch.; kleinere, nicht immer zuverlässige Miniotis-Fähren 2-mal wöch. Fahrzeit nach Sámos-Stadt 3–4 Std., Deckspassage etwa 11 €.

Psará: 3-mal wöch., Preis pro Pers. 9 €; im Sommer auch Fähren ab Limniá. Fahrzeugmitnahme lohnt nicht.

Ausflugsschiffe nach Inoússes (Miniotis) zur Saison tägl.; Preis hin/zurück etwa 16 €.

Weitere Fährverbindungen: Límnos 2-mal, Thessaloníki 2-mal, Mýkonos 1-mal pro Woche.

Türkeiausflüge: Nach Çesme zur HS tägl., sonst mehrmals pro Woche; Fahrpreis hin und zurück rund 40 €, zzgl. Hafentaxe in Höhe von rund 9 €. Es gibt auch organisierte Ausflüge.

Flugzeug: Flughafen knapp 4 km südlich; derzeit keine Busverbindung, Taxi ins Zentrum etwa 5 €. Büro der Olympic Airways an der Prokymaía von Chíos-Stadt, ✆ 22710-24515. Flüge von/nach Athen 5- bis 6-mal tägl., Lésbos und Thessaloníki 2-mal wöch.

Mastix auf Chíos: Harz für den Harem

Nur im Süden von Chíos produziert der immergrüne Mastixstrauch (Pistacia Lentiscus) jenes Harz aus diamantengleichen "Tränen", das seit dem Altertum der Exportschlager von Chíos ist: In Ägypten verbrannte man es als Weihrauch, Ärzte der Antike benutzten es bei Schlangenbiss und Entzündungen, der Prophet Mohammed empfahl den Gebrauch im Koran. Besonders scharf auf Mastix waren die türkischen Haremsdamen, die das aromatische Harz als Kaugummi kauten. Dem Sultan mochte es recht gewesen sein: Seit jeher wird dem Mastix auch eine aphrodisierende Wirkung nachgesagt.

Bis heute ist Mastix das wichtigste Exportprodukt geblieben. Über 2 Mio. Sträucher stehen auf Chíos, liefern im Schnitt an die 100 Tonnen Harz jährlich. Erst nach rund zehn Jahren fließen die ersten "Tränen"; die besten Erträge von bis über 500 Gramm Harz pro Jahr liefert der Strauch im Alter von zwanzig bis siebzig Jahren. Erstaunlich ist die Vielfalt der Anwendungsmöglichkeiten des Harzes; sie reichen von der Zahnpasta bis hin zum weltraumfesten Lackstabilisator. Auf Chíos selbst kann man Mastix und Mastixprodukte in vielen Geschäften kaufen: als Weihrauch ("Moscholivano"), aromatisierten Likör ("Chíos Masticha"), als Konfitüre und Kaugummi ("Elma"). Vorsicht beim Kauen: Das Harz wirkt auch als "Plombenzieher".

Chíos-Stadt (Chóra)

Vom Fährschiff aus betrachtet, zeigt sich die Inselhauptstadt nüchtern und fast hektisch. Passend die Kulisse: Betonblocks prägen das Bild.

Dieser erste Eindruck ist richtig und trügt dennoch. Chíos-Stadt (ca. 25.000 Einwohner) hat viele Seiten. Bereits seit der Antike liegt hier die Hauptstadt, die Chóra, der Insel. Über die Jahrtausende hinweg war die Chóra der wichtigste Schauplatz aller Höhen und Tiefen der Inselgeschichte. Ihre lange Vergangenheit ist der Stadt jedoch so leicht nicht anzumerken. Viele Gebäude wurden nämlich während des türkischen Massakers und durch das schreckliche Erdbeben 1881 zerstört. Erst bei näherer Bekanntschaft mit der Hauptstadt stößt man an mancher Ecke, in manchem Viertel auf Spuren der einst glücklichen Verbindung, die Orient und Okzident hier eingegangen waren. Da ragt die Kuppel einer Moschee in den Himmel, stehen in einem stillen Winkel der Altstadt die turbangeschmückten Grabsteine eines türkischen Friedhofs, plätschert Wasser aus Brunnen mit arabischer Inschrift.

An der *Prokymaía*, der langen, mehrfach geknickten Hafenstraße, schlägt abends das Herz der Hauptstadt. Dann füllen sich die Cafés und Tavernen mit Schaulustigen, die die einlaufenden Fähren beobachten. Ein zweiter Fixpunkt ist die *Platia Plastira*, der Hauptplatz etwas westlich vom Hafen.

Information/Verbindungen/Adressen

• *Information* **Chíos Tourist Office**, in der Kanari-Str. 18, einer Querstraße zwischen Hafen und Platia Plastira. Sehr hilfreich. Mai–September tägl. 7–22 Uhr; sonst Mo–Fr 7–15 Uhr. ✆ 22710-44389, 📠 44343.

• *Verbindungen* **Blaue Lokalbusse** ("Blue Busses") ab der Nordseite des Stadtparks nahe Platia Plastira. Einsatzgebiet im Norden bis Vrondádos, im Nordwesten bis Kariés und im Süden bis Karfás/Ag. Ermióni. Tickets an der Station am besten auf Vorrat kaufen.

Grüne Überlandbusse ("Green Busses") ab einer Querstraße an der Südseite des Stadtparks; Abfahrten werktags laut Sommerfahrplan: Kardámyla 6-mal tägl., weiter bis Nágos 3- bis 4-mal tägl. Nach Volissós an 3 Wochentagen jeweils 2-mal. Südwärts ins Gebiet der Mastixdörfer: nach Pyrgí 8-mal täglich, davon 5-mal mit Umweg über die Strandsiedlungen Kómi und Emporió; weiter über Olímbi nach Mestá 6-mal täglich. Der Südwesten um Vessá/Lithí wird bis zur Küstensiedlung von Lithí 2-mal täglich bedient.

Ausflugslinien fahren zur Saison 2-mal wöch. über das Kloster Néa Moní nach Anávatos, 1-mal wöch. mit Badeaufenthalt über Volissós zum Kloster Agía Markéla.

• *Adressen* **Touristenpolizei**: Neorion-Str. 37 (nördliche Prokymaía), ✆ 22710-44427.

Post: Omirou-Str., Seitenstraße der Prokymaía; Mo–Fr 7.30–14 Uhr.

Mietfahrzeuge: ausreichendes Angebot, Motorräder jedoch relativ spärlich, Alternativen in Karfás. Ein zuverlässiger Zweirad-Vermieter ist Bois, Ladis-Str. 11, Nähe Infostelle, ✆ 22710-28115.

Übernachten

Hotel Grecian Castle (A), südlich etwas außerhalb des Zentrums, jedoch noch in gestreckter Fußentfernung. Das wohl beste Hotel der Stadt, 1996 eröffnet. Komfortable Ausstattung, charmantes Ambiente in einer renovierten ehemaligen Nudelfabrik, die sich über fünf Gebäude erstreckt, reizvolle Dekoration, Swimmingpool. Ganzjährig geöffnet, 51 Zimmer, DZ/F nach Saison etwa 80–120 €, für höhere Ansprüche auch einige Suiten. Enosseos Ave., ✆ 22710-44740/-42, 📠 44052, www.greciankastle.gr.

Hotel Kyma (C-Kat.), traditionsreiches Haus am südlichen Ende des Hafens. Zimmer schon etwas älter und unterschiedlich möbliert, dafür angenehme, freundliche Atmosphäre; die vielsprachige Familie Spordilis bemüht sich sehr um ihre Gäste. Der sonnige Frühstücksraum glänzt mit kurios-schönem Deckenfresko. DZ/Bad etwa 40–60 €. ✆ 22710-44500, 📠 44600.

Hotel Diana (C-Kat.), zwei Blocks landeinwärts der Prokymaía. Brauchbare Mittelklasse, die Bäder modern eingerichtet. Die Zimmer nach hinten sind vorzuziehen, da deutlich ruhiger. Ganzjährig geöffnet, wie praktisch alle Quartiere der Hauptstadt; DZ/Bad nach Saison etwa 35–50 €. Venizelou-Str. 92, ✆ 22710-24656.

Hotel Filoxenia (D-Kat.), relativ ruhig im Gassengewirr zwischen Hafen und Platia Plastira gelegen. Sehr hübsche Bausubstanz mit gemustertem Kachelboden und luftiger Architektur, die Zimmer aber nicht überwältigend – ein Hotel, aus dem sich viel mehr machen ließe. DZ/Bad 60 €. Voupalou-Str./Ecke Roidou-Str., ✆ 22710-22813.

Pension Rooms Alex (B-Kat.), von einem ehemaligen Kapitän sehr freundlich geführte, kleine Pension mit internationaler Atmosphäre; schön dekorierte Dachterrasse als allgemeiner Treffpunkt und Frühstücksplatz. DZ je nach Ausstattung (ohne/mit Bad) um die 30 €. Livanou-Str. 29, eine Parallelstraße zur südlichen Prokymaía. Alex holt seine Gäste auch gerne am Fähranleger oder Flughafen ab: ✆/📠 22710-26054.

Rooms Pelineon (4) (B-Kat.), in einer Seitenstraße der Prokymaía. Mit 20 Zimmern recht groß, viele griechische Gäste, die sich abends vor dem Fernseher versammeln. Relativ preiswert; Omirou-Str. 9 (schräg gegenüber der Post), ✆ 22710-41361.

Privatzimmer vermittelt das Tourist Office, die Preise liegen jedoch kaum unter denen der Pensionen.

Essen/Trinken

Taverne O Hotzas, eine sehr empfehlenswerte Adresse. Traditionsreiche alte Taverne, seit vielen Generationen in Familienbesitz. Sehr hübsch mit lauschigem Garten, in dem ganze Horden von Katzen herumstreifen; Essen gut und nicht teuer. Leider etwas abgelegen: die Einkaufsstraße Aplotarias bis ans Ende gehen, an der Gabelung halbrechts, dann geradeaus bis zur Kreuzung, hier rechts, nach 30 m auf der linken Seite. Nur abends geöffnet, Sonntag Ruhetag.

Taverne Two Brothers, nahe der Pension Rooms Alex. Internationale und griechische Küche, hübscher Innenhof zum Draußensitzen; der Service dagegen nicht immer freundlich. Trotzdem ein Tipp, auch sonntags geöffnet. Livanou-Str. 36.

Ouzerí Theodossiou, an der Nordseite des Hafens, Nähe Tourist Police. Traditionelle Ouzerí, in der eine Fülle leckerer Kleinigkeiten angeboten wird; Grundkenntnisse der griechischen Sprache sind nützlich. Nur abends geöffnet, Sonntag Ruhetag. Neorion-Str. 33.

Ta Mylarakia, außerhalb des Zentrums Richtung Vrondádos, bei den drei restaurierten Windmühlen. Tische auch im Freien, dazu eine ausgesprochen feine Küche, die auch wählerische einheimische Gäste zufriedenstellt. Im Sommer nur abends geöffnet.

Sehenswertes

Platia Plastira: Der Hauptplatz der Stadt wird von der Bevölkerung meist noch mit dem alten Namen *Platía Vounaki* bezeichnet. An der Südostseite, zur Kanari-Straße hin, bieten einige schöne, schattige Cafés Gelegenheit zu einer Pause inmitten des Trubels.

Stadtpark: An den Platz anschließend erstreckt sich der üppig grüne Stadtpark der Chóra. Unter Palmen und hohen Eukalyptusbäumen zeigt ein großes Denkmal in heroischer Pose *Konstantinos Kanaris*. Der Seemann hatte im Sommer 1822, wenige Monate nach dem türkischen Massaker, ein osmanisches Admiralsschiff in Brand gesteckt und dadurch ein weiteres Blutbad provoziert; dennoch gilt er den Chioten bis heute als Freiheitsheld.

Moschee: Angesichts der Vergangenheit ist es schon verblüffend, dass die aus der zweiten Hälfte des 19. Jh. stammende Moschee meerwärts der Platia überhaupt noch steht. Ihr Minarett kann man schon vom Hafen aus sehen. Das Innere wird seit Jahren restauriert, um ein byzantinisches Museum zu beherbergen; interessant ist

aber auch ein Besuch des Vorhofs, in dem alte Kanonen und verschiedene Grabsteine und Sarkophage zu sehen sind.
Öffnungszeiten Di–So 10–15 Uhr; Eintritt frei.

Kástro-Viertel: Die noch teilweise mauerumschlossene Altstadt nordöstlich der Platía geht im Grundriss bis auf die byzantinische Zeit zurück. Während der türkischen Herrschaft war es Christen verboten, im Kástro zu wohnen. Heute ist die Atmosphäre von einer etwas wehmütigen Nostalgie geprägt. Der zweifach geknickte Torbau *Porta Maggiore* bildet den Hauptzugang.
Direkt dahinter führen Stufen zu einem spätgotischen Palast mit dem kleinen, aber feinen *Museum Giustiniani*, das auf zwei Etagen vor allem byzantinische Kunst ausstellt. Wenige Schritte weiter liegt linker Hand ein kleiner türkischer Friedhof; die Grabsteine sind mit stilisierten Turbanen geschmückt.
Öffnungszeiten des Museums Di–So 9–15 Uhr; Eintritt 2 €.

Korais-Bibliothek/Museum Philip Argentis: In der Neustadt, nur 5 Min. Fußweg von der mittleren Prokymaía, beherbergt der neoklassizistische Bau in der Korai-Straße die drittgrößte Bibliothek Griechenlands, außerdem eine kleine Mineraliensammlung und das Museum der Familie Argentis. Letzteres präsentiert informative alte Stiche, Karten und Luftbilder, aber auch Volkskundliches.
Öffnungszeiten Mo–Fr 8–14 Uhr, Fr auch 17–18.30 Uhr, Sa 8–12.30 Uhr. Eintritt 2 €.

Archäologisches Museum: Ein ganzes Stück weit im Süden der Stadt gelegen, beherbergt ein großer neoklassizistischer Bau das Archäologische Museum, das nach jahrelanger Renovierung 1999 wieder eröffnete. Auf rund 2500 Quadratmetern sind Funde aus vielen Ausgrabungsstätten der Insel zu sehen, darunter auch eine Vase, die aus einer Siedlung bei Emporió stammt und um 1400 v. Chr. gefertigt wurde sowie Goldblätter aus einem hellenistischen Grab der Hauptstadt.
Öffnungszeiten Di–So 8–14.30 Uhr, Juni bis September 8–19 Uhr; Eintritt 2 €.

▸ **Baden**: Obwohl das Gebiet zwischen Vrondádos und Thymianá, also auch Chíos-Stadt, an eine Kläranlage angeschlossen ist, sollte man das Baden im Stadtbereich eher mit Vorsicht genießen. Angenehmer badet es sich in jedem Fall im Vorort Vrondádos, z. B. am Strand von Daskalopétra, beim "Stein des Homer".

Chíos Marine Club, südlich des Hafens. Eine Art Schwimmbad im Meer, Liegeflächen betoniert.

Strandbad "Bella Vista", südlich anschließend. Mit Strandabschnitt, insgesamt aber ein eher trauriges Fleckchen.

Strandbad in Vrondádos, deutlich besser ausgestattet, häufige Lokalbusverbindung.

Relikt der Osmanenzeit – der türkische Friedhof

Nordostägäische Inseln
Karte S. 537

Umgebung von Chíos-Stadt

▸ **Vrondádos**: Die zweitgrößte Siedlung der Insel, eigentlich nur ein Vorort von Chíos-Stadt, gibt sich in einer Mischung aus alten Villen und moderner Architektur recht elegant. Hauptattraktion ist die Felsplattform *Daskalopétra* am nördlichen Ortsrand (Endstation der Lokalbusse). Dank des "Lehrersteins", so die Übersetzung von Daskalopétra, schmückt sich Vrondádos mit dem imageträchtigen Beinamen *Omiroupolis*, "Stadt des Homer". Hier auf diesem Felsen nämlich, so will es die Insellegende, soll der große Dichter seine Lehrstunden abgehalten haben. Zwar ist es nicht unwahrscheinlich, dass Homer tatsächlich auf Chíos lebte. Ob er ausgerechnet hier allerdings zu etwaigen Schülern sprach, darf bezweifelt werden: Archäologen haben den Lehrerstein schon lange als uraltes Heiligtum der hellenisierten Naturgöttin Kybele identifiziert.

▸ **Kámpos**: Die fruchtbare Schwemmlandebene südlich der Hauptstadt war einst der Garten von Chíos. Heute sind viele der Zitronen-, Orangen- und Mandarinenhaine verwildert. Hinter hohen Mauern verbergen sich zahlreiche genuesisch geprägte Herrenhäuser aus gelblich-rötlichem Sandstein. Besondere Aufmerksamkeit schenkten die Architekten den Toren, die sie mit Wappen, bronzebeschlagenen Portalen und fantasievollen Türklopfern repräsentativ ausstatteten. Leider ist kaum eines der Häuser näher zu betrachten, da die hohen Mauern neugierige Blicke verwehren. Diese Umfassungsmauern sind es auch, die Wanderungen oder Rundfahrten durch den Kámpos zum Ausflug in einen Irrgarten machen; schnell verliert man im Labyrinth enger und engster Straßen und Wege die Orientierung.

• *Übernachten/Essen* **Hotel Perivoli** (A-Kat.), an der Straße nach Neochori/ Kallimasia beschildert. Das ehemalige Herrenhaus ist jetzt ein nobles Hotel; wer nicht hier nächtigt, kann zumindest im Café und Gartenrestaurant das nostalgische Flair genießen. DZ/Bad etwa 45–50 €. Odos Argenti 9–11, Kámpos, ✆ 22710-31513, ℻ 32042.

Rooms Topakas, ein Lesertipp von Simone Weigele und Frank Kreutz: "Umgebautes Stallgebäude eines ehemaligen Herrenhauses mit idyllischem Garten, die Wassermühle und alte Marmorzisterne sind noch zu sehen. Alle Zimmer mit Bad, manche mit kleiner Küche. Besitzerin Eleni spricht sehr gut Englisch. Von Chíos-Stadt Richtung Flughafen am Meer entlang, am Flughafen vorbei immer geradeaus, an einem Sägewerk (rechts an einer Kurve) vorbei, dann sieht man nach 150 m an einer Wegkreuzung rechts das Schild 'Rooms to let'." Die Preise liegen deutlich niedriger als in oben genannter Adresse. ✆ 22710-29979 oder -41412.

Karfás

Gut 6 km südlich der Hauptstadt an einem flach ins Meer abfallenden Sandstrand gelegen, entwickelt sich Karfás seit einigen Jahren zum wichtigsten Fremdenverkehrsort auf Chíos.

Doch gemessen an den Dimensionen vergleichbarer Ziele wirkt die Erschließung noch ausgesprochen bescheiden. Bislang sind es gerade mal ein paar Dutzend Häuser, die den Strand säumen und die Hügel im Hinterland hoch klettern; erste größere Hotels weisen jedoch schon den Weg der künftigen Entwicklung. Mit angenehmen Unterkünften und guter Busanbindung an die Chóra versehen, gibt Karfás ein empfehlenswertes Standquartier für Exkursionen in die Mitte und den Süden der Insel ab.

• *Übernachten* **Hotel Golden Sand** (A-Kat.), strandwärts der Hauptstraße. Großes Gelände mit mehreren Gebäuden, jeglicher Komfort inklusive Pool usw. Weite Preisspanne: DZ/Frühstück nach Saison etwa 65–115 €. Geöffnet Mitte April bis Mitte Oktober, ✆ 22710-32080, ℻ 31700, www.goldensand.gr.

Apartments Benovias (A-Kat.), am Hang oberhalb von Karfás, 80 m über "Markos Place" (s. u.), rechts der Straße. Geräumige Anlage, ruhig in einem schönen, grünen Grundstück gelegen, Terrasse mit Blick auf Karfás und bis zur Türkei. Moderne, recht komfortable Studios und Appartements mit Bad, Küche und Kühlschrank. Geöffnet ist April bis Oktober, Zweier-Studio nach Lage, Ausstattung und Saison etwa 30–50 €. ✆ 22710-31457 oder -32336.

Markos Place (B-Kat.), wunderhübsche Pension in einem ehemaligen Kloster. Die Zimmer, frühere Mönchszellen, sind schlicht, Toiletten und Duschen liegen außerhalb. Das allerdings stört kaum, hält man sich doch ohnehin meist auf den diversen Terrassen des weitläufigen, üppig begrünten Grundstücks auf, die abends zum allgemeinen Treffpunkt werden und teilweise sogar Türkeiblick bieten. Markos spricht gut Englisch. Mindestaufenthalt drei Tage, DZ etwa 30 €. Das üppige Frühstück geht extra. Zur HS reservieren. ✆ 22710-31990, www.marcos-place.gr.

▸ **Baden**: Etwa 800 m Sandstrand hat Karfás vorzuweisen, relativ gut gepflegt und sanft ins Meer abfallend, ideal eigentlich für Kinder. Schade deshalb, dass fast der gesamte Strand von Sonnenschirmverleihern in Beschlag genommen wird.

Westküste

(über Nea Moní und Anávatos)

Quer über die "Taille" der Insel führt diese Route ab der Hauptstadt. Das kunstgeschichtlich wie historisch höchst bedeutsame Kloster Nea Moní und die gespenstische, fast völlig verlassene Bergsiedlung Anávatos sind mit den Ausflugsfahrten der Grünen Überlandbusse zu erreichen, die zur Saison zweimal pro Woche stattfinden. Weiter zur Westküste bleibt man auf ein eigenes oder gemietetes Fahrzeug angewiesen. Achtung: Tankstellen gibt es unterwegs bislang nicht.

▸ **Moní Ágios Márkos**: etwa 4 km westlich des Dörfchens Kariés gelegen. Von der Terrasse bietet sich eine tolle Aussicht über die Hauptstadt bis zur türkischen Küste. Im lauschigen Innenhof werden Besucher von einem freundlichen Mönch mit einem Gläschen Selbstgebranntem bewirtet (Spende).

▸ **Kloster Nea Moní**: Knapp 1 km hinter der Abzweigung zum Kloster des heiligen Markos biegt von der Hauptstraße ein weiteres asphaltiertes Nebensträßchen nach links ab. Nach drei kurvigen Kilometern durch ein fruchtbares Hochtal endet es beim berühmtesten Kloster von Chíos. Nea Moní war über viele Jahrhunderte religiöser Mittelpunkt der Insel. Vor allem jedoch ist es mit seinen prächtigen byzantinischen Mosaiken der künstlerisch wohl bedeutendste Kirchenbau der Ostägäis und als Weltkulturerbe ausgewiesen.

Gegründet wurde Nea Moní 1042 durch den frisch gekürten Kaiser *Konstantin Monomachos*, der damit sein Gelübde erfüllte, ein "neues Kloster" (griech.: Nea Moní) zu errichten. Ausgedehnte Ländereien und großzügige Privilegien wurden dem Kloster zugesprochen, zudem die besten Architekten und Künstler des Hofes entsandt, um die Gebäude zu errichten und auszuschmücken. 1057 war die Anlage fertig gestellt, die Innendekoration dürfte aber noch einige weitere Jahre in Anspruch genommen haben. Jahrhunderte lang, bis weit in die Periode der osmanischen Herrschaft, stand Nea Moní in höchster Blüte, zählte zeitweilig mehr als die Hälfte der Insel zu seinem Besitz. Das Massaker von 1822 machte auch vor den Toren des Klosters nicht Halt, in das sich viele Einwohner geflüchtet hatten. Hunderte wurden erschlagen, der Klosterschatz und die Bibliothek geplündert.

• Besichtigung Gleich links vom Eingang bietet sich in der *Kapelle der Kreuzerhöhung* ein schockierender Anblick: In einer Vitrine sind die sterblichen Überreste von Opfern des türkischen Massakers aufgehäuft. Das kleine *Museum* gegenüber zeigt

Karte S. 537

Fast ein Jahrtausend alt – Kloster Néa Moní

da schon Erfreulicheres, nämlich in erster Linie kirchliche Kunst. Die *Klosterkirche* ist der Hauptanziehungspunkt. Ihre Grundform des oktogonalen Typus, einer durch acht Pfeiler gestützten Kuppel, stammt aus Konstantinopel und vermittelt ein ausgeprägtes Raumgefühl. Im inneren Narthex und im lichten, hohen Hauptraum leuchten goldglänzend die berühmten, meisterhaft ausgeführten Mosaiken. Beim Einsturz der Kuppel durch das Erdbeben 1881 gingen leider viele Darstellungen verloren; der Gesamteindruck bleibt dennoch überwältigend. Die uralte Marien-Ikone an der Ikonostase genießt die höchste Verehrung der Gläubigen.

• *Öffnungszeiten* Mo–Sa 8–13 und 16–20 Uhr, So nur zur Messe geöffnet.

▸ **Avgónima**: Westlich des Klosters überquert die Hauptstraße den Höhenrücken der Provation-Berge und senkt sich dann in Serpentinen wieder hinab in das Hochtal um Avgónima. Das fast ausschließlich aus Natursteinhäusern bestehende Bergdorf bildet einen urtümlichen Anblick. Lange nahezu verlassen, kehrt jedoch wieder Leben in die Siedlung zurück; eine Reihe von Gebäuden wurde bereits als Sommerhäuser restauriert. An der großen Platía bietet die hübsche Taverne "O Pýrgos", eine von drei Tavernen im Ort, neben Erfrischungen und einfachen Gerichten auch landwirtschaftliche Produkte an, darunter den guten Inselhonig, wie er vielerorts auf Chíos produziert wird.

• *Übernachten* **Spitakia**, ein Lesertipp von Helene Braun: "Im Ort gibt es liebevoll restaurierte Häuser für bis zu 4 Personen zu mieten. Sehr geschmackvolle Möbel. Leider ist die Übernachtung nicht billig. Die Zimmer und Häuser werden alle vermietet und betreut von Herrn George Missetzis in Chíos-Stadt, ✆ 22710-20513 oder -20514." Auch eine oder zwei der Tavernen vermieten Zimmer.

▸ **Anávatos**: Von Avgónima führt eine 5 km lange Asphaltstraße durch ein lichtes Hochtal nordwärts nach Anávatos. Faszinierend ist der Blick auf die hoch aufragende Felsenburg schon aus der Distanz. Kaum zu erkennen sind die Häuser, deren Natursteinmauern mit dem Graubraun des Bergrückens zu verschmelzen scheinen.

Die Siedlung wurde vor über hundert Jahren fast völlig aufgegeben, doch scheint auch Anávatos eine gewisse Renaissance zu erleben. Am einzigen Zugang findet sich eine kleine Sommertaverne. Ein Streifzug führt durch leere Pflastergassen, vorbei an fensterlosen Hausmauern zur burgähnlich ausgebauten Akropolis.

Hinunter zur Westküste: Grandios ist die Aussicht bei der Abfahrt von Avgónima zur einsamen Westküste. Richtung Norden erstrecken sich hier, meist etwas abseits der Straße, eine Reihe fantastischer Badebuchten. Fast alle sind sie, wie die *Bucht von Elínta* mit ihrem türkisfarben Wasser oder die etwas schwerer erreichbare *Doppelbucht von Pachí*, außerhalb der Hochsaison praktisch menschenleer.

▸ **Sidiroúnta**: In Panoramalage hoch über die Küste gebaut, ist das kompakte kleine Dorf ein beliebtes sommerliches Ausflugsziel. Von hier hat man es nicht mehr weit nach Volissós, dem Hauptdorf des Nordwestens.

Essen **Taverne Sunset**, auf der halben Insel mit Hinweisschildern ("... very close to paradise") beworben. Tolle Aussicht, gutes Essen.

Der Süden der Insel: die Mastixdörfer

Eine ausgesprochen interessante Region. Höhepunkte sind die charakteristische, ungewöhnliche Architektur der Mastixdörfer und der schwarze Lavastrand Mávra Vólia.

An warmen Abenden umweht den Süden der schwere, würzige Duft des Mastix. Seit dem Altertum wird hier im Binnenland der knorrige Strauch kultiviert. Während der Herrschaft der genuesischen Handelsgesellschaft *Maona* und auch noch in türkischer Zeit bildete sein aromatisches Harz die wichtigste Quelle für den Wohlstand der Insel; verständlich, dass der Süden schon immer dichter besiedelt war als der ärmere Norden.

▸ **Armolia**: an der Hauptstraße etwa acht kurvige Kilometer südwestlich von Tholopotami, ist bekannt für seine Töpfereien, die heute jedoch überwiegend Souvenirware anbieten. Der Ortskern von Armólia liegt etwas abseits des Verkehrs; die mittelalterliche Wehrarchitektur blieb hier jedoch weniger gut erhalten als in Pyrgí, Ólimbi oder Mestá.

Pyrgí

Das wichtigste und mit über tausend Einwohnern größte Mastixdorf, wohl auch das schönste und deshalb das meistbesuchte. Pyrgí hat einen einzigartigen Charakter.

Wie Ólimbi und Mestá wurde Pyrgí als mittelalterliche Wehrsiedlung konzipiert: Die äußeren Häuser bilden die Stadtmauer; innen erstreckt sich um einen Fluchtturm ein Labyrinth enger, von Bögen überspannter Straßen und Sackgassen. Irgendwann stößt man dann plötzlich auf die wunderschöne Platia und schließt spätestens hier Pyrgí endgültig ins Herz: Der Hauptplatz wirkt heiter und freundlich, vor allem aber äußerst originell. Wie die meisten Häuser des Ortes ist er nämlich mit einer ganz besonderen Dekorationsform geschmückt, die sich nur in Pyrgí und vereinzelt in Emporió findet: *Xista* nennt sich die schwarzweiße Fassadenkunst, die dem Dorf seinen unverwechselbaren Charakter verleiht. Besonders attraktiv wirkt sie im Kontrast zum knalligen Rot der Miniaturtomaten, die zusammen mit Knoblauchzöpfen und Kräuterbüscheln im Schatten der Balkone an Schnüren zum

Nordostägäische Inseln
Karte S. 537

Trocknen aufgehängt sind. Nicht zuletzt ist Pyrgí auch das Zentrum des Mastixanbaus. Wer im Spätsommer oder Herbst kommt, wird überall in den Straßen Frauen beim Verlesen und Reinigen der "Tränen" sehen. Hotels sucht man vergeblich in Pyrgí, mit etwas Herumfragen in Geschäften finden sich jedoch leicht Privatzimmer.

Xista: Dekorativer Kratzputz

Die ornamentalen, mit meist geometrischen Motiven versehenen Fassaden gibt es in Griechenland nur in Pyrgí und Umgebung. Sie ähneln den italienischen Sgraffiti der Renaissance. Und obwohl die ältesten mit Xista verzierten Hauswände in Pyrgí erst in der zweiten Hälfte des 19. Jh. entstanden, vermutet man die Genuesen als die eigentlichen Urheber der Kratzputztechnik. Xista entsteht, indem auf die Hauswand zunächst ein Putz aus dem dunklen Lavasand von Emporió und anschließend eine weiße Kalkschicht aufgetragen wird; noch bevor letztere völlig trocken ist, werden die Motive so aus ihr herausgekratzt, dass der tiefer liegende dunkle Putz wieder zum Vorschein kommt.

Sehenswertes

Platía: Der Hauptplatz mit seinen Akazien und den bunt durcheinandergewürfelten Plastikstühlen der Kafenia ist der allgemeine Treffpunkt des Orts. Rundum sind die Fassaden mit Xista geschmückt, auch die der *Bischofskirche* von 1694; ein Blick hinein lohnt sich, denn die Dekoration setzt sich auch im Vorraum fort.

Apostelkirche: In der Nordostecke der Platia führt ein 17 m langer Gewölbegang zu der versteckt gelegenen Kirche der Heiligen Apostel, einem weiteren Schmuckstück des Dorfs, vermutlich im 13./14. Jh. errichtet. Im Inneren sind schöne Fresken zu sehen, die 1665 von dem Kreter Domestichos Kinigos angefertigt wurden und sich auch deutlich an den Stil der Kretischen Schule anlehnen. Leider sind nicht alle Darstellungen so gut erhalten wie das schöne Motiv des "Christus als Weltenherrscher" in der Kuppel.

Öffnungszeiten Di–Do, Sa/So jeweils 10–13 Uhr; Mo und Fr geschlossen.

Fluchtturm: Südlich unweit der Platia ist der zentrale Turm der mittelalterlichen Siedlung recht gut erhalten und bis heute bewohnt geblieben. Auf fast quadratischem Grundriss ragen die drei Stockwerke rund 18 m hoch auf; die Mauern sind bis zu 1,8 m dick. Rund um den Turm zog sich eine weitere Schutzmauer, von deren Ecktürmen zwei ebenfalls noch bewohnt sind.

Umgebung von Pyrgí

▸ **Emporió**: Der kleine Küstenweiler, 5 km südlich von Pyrgí, ist um einiges älter als der Binnenort. Sein felsgerahmter, geschützter Naturhafen verlockte schon in der Bronzezeit zur Gründung einer Siedlung, die bis ins 7. Jh. n. Chr. bestanden haben muss. Heute besteht Emporió allerdings nur aus Sommerhäusern und einer Handvoll Tavernen. Hauptattraktion ist der nahe Strand *Mávra Vólia*, vielleicht der schönste Strand der Insel und ein beliebtes Ausflugsziel. Seinen Namen "Schwarze Kugeln" hat er von den dunklen Lavakieseln, aus denen die beiden Strandabschnitte bestehen: der vordere eher ein Familienstrand, der hintere landschaftlich schöner und etwas legerer. Glasklar ist das Wasser, das sich durch den dunklen Untergrund stärker aufheizt als gewöhnlich; das gilt allerdings auch für den Strand selbst, der im Sommer schon arg heiß werden kann – Schatten gibt es kaum.

• Übernachten/Essen Um den Hafen einige Tavernen, die teilweise auch Unterkünfte anbieten; außerdem einige Privatvermieter. **Studios Vasiliki**, eine Reihe landeinwärts der südwestlichen Hafenfront, beschildert "Rooms to let". In dem ruhig gelegenen Haus werden vier Studios mit Küche/Bad vermietet; geöffnet ist Mai bis Oktober, Studio (2 Pers.) ab etwa 35 €. ✆ 22710-71422.

▸ **Kómi**: Vor der einst bescheidenen Küstensiedlung einige Kilometer nordöstlich von Emporió erstreckt sich der größte Sandstrand der Insel, gut 1 km lang und mit feinem Kies durchsetzt. Außerhalb der Hauptreisezeit ist die Siedlung jedoch fast verwaist, der Gesamteindruck trotz des guten Strandes deshalb ziemlich trostlos.

▸ **Vroulidia**: Kurz vor dem Ortseingang von Emporió zweigt von der Zufahrtsstraße rechter Hand ein beschildertes Sträßchen ab, das nach wenigen Kilometern die Streusiedlung erreicht. Die Straße endet oberhalb einer Bucht. Stufen führen hinunter zu einem kleinen Sand- und Kiesstrand, der seinen Reiz vor allem der grandiosen Kulisse aus Steilküste und kleinen Inselchen verdankt.

▸ **Káto Faná**: eine weitere Strandbucht aus Sand und Kies, zu erreichen über eine 8 km lange Schotterpiste, die etwa 1 km außerhalb von Pyrgí von der Straße nach Ólimbi abzweigt. Im Sommer zelten hier, trotz offiziellem Verbot, oft griechische Familien.

▸ **Ólimbi**: Das stille Mastixdorf hat sich seinen Charakter ebenso unverfälscht bewahrt wie sein Ortsbild. Die Stadtmauer wird nur an wenigen Stellen durch Tore unterbrochen und der mächtige, zentrale Fluchtturm überragt alle Häuser. In seinem Geviert sind zwei rustikale Kafenia untergebracht.

Mestá

In Mestá hat sich die genuesische Architektur besser erhalten als in jedem anderen Mastixdorf – dass der zentrale Wehrturm einer großen Kirche weichen musste, ist der einzige Schönheitsfehler.

Die aus den äußeren Häusern gebildete Stadtmauer wird von massigen Rundtürmen bewacht und umschließt ein verwirrendes Labyrinth engster Gassen. Ausgesprochen hübsch wirkt die *Platia* von Mestá, die wie das ganze Dorf komplett in Naturstein gehalten ist. Eine weitere Sehenswürdigkeit ist die *Alte Erzengelkirche*, errichtet um 1200 und im 18. Jh. auf zwei Schiffe erweitert.

• Übernachten/Essen **O Morias eis sta Mestá**, an der Platia und eines der besten Restaurants der Insel. Wunderbar lassen sich hier heiße Nachmittage verträumen; zu den Spezialitäten des Hauses zählen "falsche" Keftedes aus verschiedenen Gemüsesorten. Hier gibt es auch Apartments zu mieten, zur HS etwa 65 €, zur NS oft deutlich darunter. ✆ 22710-76400.

Mesaonas, ebenfalls an der Platia und der Konkurrenz qualitativ durchaus ebenbürtig. Die freundliche, englischsprachige Besitzerin Despina vermietet ebenfalls einige Studios, die etwas günstiger sind. ✆ 22710-76050.

Umgebung von Mestá

▸ **Liménas Mestón**: Der Küstenort von Mestá heißt entgegen seinem offiziellen Namen im Volksmund noch immer Pasa Limani, "Hafen des Paschas". Trotz nur sehr spärlicher Bademöglichkeiten ist Liménas Mestón mit seinen Fischtavernen ein beliebter Ausflugsort der Chioten.

Nordostägäische Inseln
Karte S. 537

▸ **Östlich von Liménas Mestón**: Wer mit dem eigenen Fahrzeug unterwegs ist oder entlang der Asphaltstraße wandert, wird hier neben fantastischen Ausblicken auf die Westküste gleich mehrere Traumbuchten entdecken. Unser (namenloser) Favorit ist durch einen kleinen, begrünten Felsvorsprung in zwei Bereiche geteilt und von der Hauptstraße über einen kurzen Feldweg zu erreichen.

▸ **Véssa**: Das friedvolle Dorf, in dem fast nur noch ältere Menschen leben, lohnt einen kurzen Zwischenstopp. Wie Mestá und Ólimbi ist Véssa fast völlig aus Naturstein erbaut und war auch einst ähnlich befestigt. Rudimente der Stadtmauern sind noch erhalten.

Der Norden der Insel

Karg, wild und einsam: Immer schon war der Norden von Chíos ärmer als der Süden und deshalb weniger dicht besiedelt. Auch der Fremdenverkehr ist hier bislang nur schwach ausgeprägt.

Die vielfach kargen, felsigen oder bewaldeten Bergregionen des Nordens geben landwirtschaftlich kaum mehr her als Weideland für die anspruchslosen Ziegen. Viele Bewohner verdienen ihr Geld deshalb mit der Seefahrt, andere wanderten ab. Bei Touren durch den Norden durchquert man immer wieder fast völlig verlassene Dörfer.

▸ **Langáda**: Hübsch an einem tiefen Fjord zwischen Chíos-Stadt und Kardámyla gelegen, erfreut sich Langáda mit seinen Tavernen und Music-Bars als Ausflugsziel großer Beliebtheit. Bademöglichkeiten gibt es allerdings kaum.

Kardámyla und Mármaro

Der Doppelort aus Gebirgsdorf und Hafensiedlung bildet das lokale Zentrum des Nordostens und ist ein gutes Standquartier für Exkursionen.

In dem großen Binnendorf ist ein gewisser Wohlstand unübersehbar. Allgemeiner Treffpunkt ist die hübsche, platanenbeschattete Platia unterhalb des von engen Treppengassen überzogenen Kirchbergs. Der modern wirkende Hafenort Mármaro hat die Binnensiedlung mittlerweile an Bedeutung überflügelt. Obwohl die Bademöglichkeiten beim Ort selbst begrenzt sind, ist Mármaro vor allem bei griechischen Urlaubern und als Ausflugsziel der Hauptstädter recht beliebt. Außerhalb der kurzen griechischen Saison zeigt sich Mármaro allerdings weit weniger lebendig.

● *Übernachten* **Hotel Kardámyla** (B-Kat.), im südöstlichen Ortsbereich von Mármaro an einem kleinen Kieselstrand. Geöffnet etwa Mai bis September, DZ/Bad nach Saison etwa 50–80 €. ✆ 22720-25551.

Rooms Maria Ponirou, im südlichen Ortsbereich Richtung Hotel Kardámyla, etwa 250 m hinter der kleinen Brücke rechts. Idyllisches Häuschen, freundliche Vermieterin; DZ nach Ausstattung und Saison etwa 25–35 €. ✆ 22720-22293.

▸ **Vlicháda/Nágos**: zwei schöne Buchten nordwestlich von Mármaro. Vlicháda ist auch zu Fuß über eine Piste oberhalb der Küste erreichbar. In der nächsten, üppig grünen Bucht liegt das kleine Dorf Nágos, das neben Kiesstrand und einer Taverne sogar Privatzimmer bietet. Nochmals 1 km weiter erstreckt sich der ausgedehntere Kiesstrand von *Giosónas*.

Volissós

Aus der Ferne macht der Hauptort des Nordwestens einen imposanten Eindruck: Eine wuchtige byzantinische Festung besetzt die Kuppe des etwas landeinwärts gelegenen Hügels und überragt die hangaufwärts strebenden Häuser.

Betrachtet man Volissós jedoch aus der Nähe, merkt man der Siedlung die Abwanderung und Überalterung an. Es besteht jedoch Hoffnung, denn wie andere Siedlungen an der Westküste profitiert auch dieses Dorf von der Besserung der Straßenverhältnisse. Die Tavernen im unteren Ortsteil um die neue, betonierte Platia freuen sich über mehr und mehr Gäste; mittlerweile übersteigt die Zahl der Besucher häufig die der Einheimischen. Gut möglich, dass der viel gescholtene Tourismus Volissós in letzter Minute vor dem Sterben bewahren wird – schließlich besitzt das Dorf ein interessantes Umfeld, das mit seinen guten Stränden auch Bademöglichkeiten bietet.

• *Übernachten* Im Ort existieren einige Privatzimmer und Studios, die jedoch häufig von Reiseveranstaltern vorgebucht sind, u. a. Volissós Travel ("Stella's Apartments"), ✆ 22740-21421. Alternativen finden sich in den Küstensiedlungen, s. u.
Zorbas Archontiko, hübsch restauriertes Haus mit zwei Apartments. Das untere kann bis zu drei Personen beherbergen, das obere bis zu fünf. Preis je nach Saison 50–65 € (unten) bzw. 65–85 € (oben). Anfragen an Yannis Zorbas, ✆ 22740-21436, ☏ 21720, mobil 69370-98159, oder bei den Studios in Límnos. www.chioszorbas.gr.

Umgebung von Volissós

Ein eigenes Fahrzeug ist sehr von Vorteil, da außer zum Kloster Agía Markella keine Verkehrsverbindungen bestehen.

▸ **Moní Moúndon**: Ein verlassenes Kloster, etwas abseits der Hauptstraße von Vrondádos und Chíos-Stadt nach Volissós gelegen, etwa 11 km vor Volissós selbst. Es ist über eine ebenfalls asphaltierte Nebenstraße zu erreichen, die hinab in das Dorf *Diefchá* führt; 300 m nach der Kreuzung weist ein Schild den Weg in eine rechter Hand abzweigende Seitenstraße. Das spätestens im 16. Jh. gegründete Kloster wurde schon vor Jahrzehnten aufgegeben und verfällt nun allmählich. Reizvoll sind die kuriosen Fresken, mit denen das gesamte Innere der Klosterkirche ausgemalt ist: Hier trägt ein Sensen schwingendes Skelett eine Sanduhr spazieren, dort kämpfen Engel und Teufel um Mönche, die eine Himmelsleiter hinaufsteigen. Um die Darstellungen ausgiebig genießen zu können, sollte man sich Zeit nehmen und möglichst eine Taschenlampe mitbringen.

Öffnungszeiten nicht genau geregelt. Zu den üblichen Zeiten ist aber meist ein Kustos anwesend (Mittagspause beachten, Spende), nach dem man sich notfalls auch in Diefchá erkundigen kann.

▸ **Managros-Strand:** Über mehrere Kilometer erstreckt sich dieser ausgedehnte Strand südöstlich von Volissós, eine Mischung aus dunklem Sand und Kies. Er bietet selbst im Hochsommer mehr als genug Platz, bleibt in der Nebensaison fast leer. Schatten allerdings ist Mangelware und auch Tavernen sucht man, zumindest bisher, vergebens.

• *Übernachten* **Marvina Apartments** (A-Kat.), am ortsseitigen Ende des Strandes, von der Zufahrt nach Volissós ausgeschildert. Tolle Lage; zweckmäßige Studios und

Nordostägäische Inseln
Karte S. 537

Apartments, von denen ein Teil allerdings, wie überall in diesem Gebiet, für einen Reiseveranstalter reserviert ist – telefonische Anfrage empfiehlt sich. Geöffnet Mai bis Mitte Oktober, Studio für 2 Personen nach Saison etwa 30–55 €. ✆ 22740-21335.

▶ **Limnia**: Die Küstensiedlung von Volissós ist mit dem Hauptort über eine 2 km lange, asphaltierte Stichstraße verbunden. Von dem geschützten, gut ausgebauten Hafen verkehren Kaikis nach Psará, auch Schiffe der Kriegsmarine legen gelegentlich hier an. Die wuchtigen Betonmolen sind natürlich nicht allzu hübsch anzusehen, aber immerhin findet sich, ein paar hundert Meter nordwestlich, auch eine nette Strandbucht.

• *Verbindungen* **Passagierschiffe** nach Psará 3-mal wöch.; Fahrpreis knapp 5 €.

• *Übernachten/Essen* **Taverne Ta Limniá**, mit Terrasse zum Hafen. Hier kann man sich auch nach den Privatzimmern erkundigen, die von zwei Familien angeboten werden.

▶ **Límnos**: Nur aus wenigen Sommerhäusern besteht diese durch üppige Gärten aufgelockerte Strandsiedlung an der Straße zum Wallfahrtsziel Agía Markella. Zwei Strandbuchten warten auf Besucher, die im Sommer wegen der guten Straßenverbindung schon relativ zahlreich kommen.

• *Übernachten/Essen* **Apartments Zorbas** (A-Kat.), linker Hand der Straße zum Kloster. Insgesamt acht Studios und Apartments, teilweise mit schöner Aussicht auf die Küste. Geöffnet ist Mai bis Oktober, Studio für zwei Personen nach Saison und Aufenthaltsdauer etwa 35–50 €. ✆ 22742-21436, www.chioszorbas.gr.

Taverne Límnos, in traumhafter Lage direkt am Strand; ein herrlicher Platz für ein ausgedehntes Mittagessen. Nur im Sommer geöffnet.

▶ **Moní Agía Markella**: Das wichtigste Wallfahrtsziel der Insel ist von Volissós aus über eine 6 km lange Asphaltstraße zu erreichen. Zwar bietet das Kloster der heiligen Markella, der Schutzheiligen der Insel, keine herausragenden Kunstschätze. Es liegt aber in einer reizvollen Strandbucht, die für manchen Grund genug für einen Besuch sein mag. Der schattige, große Klosterhof ist ein schöner Platz für eine Rast.

• *Verbindungen* Ausflugsfahrten der Überlandgesellschaften finden im Sommer jeden Sonntag statt; sie lassen auch genug Zeit für ein Bad am Strand.

• *Feste* Die Kirchweih vom 22. –24. Juli ist das größte Fest der gesamten Insel, zu dem Tausende Besucher anreisen.

▶ **Amaní-Gebirge**: Der 809 m hohe Gebirgsstock im äußersten Nordwesten der Insel zählt zu den entlegensten Gebieten auf Chíos. Die Dörfer hier, in Rückzugslage weit oberhalb der Küste errichtet, sind weitgehend verlassen. Nur im Hochsommer, wenn die Emigranten zum Heimaturlaub kommen, kehrt wieder etwas Leben ein. Eine Rundfahrt von Volissós auf der inzwischen komplett asphaltierten Straße, die das Gebirge umrundet, lohnt sich vor allem der grandiosen, wilden Landschaft wegen (keine Tankstelle!). Wer auf der Suche nach Stränden von der Hauptstraße abzweigt, muss sich allerdings auf sehr lange und holprige Fahrten gefasst machen, denn die Küste ist in diesem Bereich nur über schmale Wege zu erreichen. Ob die Fahrt hinüber nach Kardámyla und Mármaro via Kambia möglich ist, hängt von den Fortschritten ab, die der Straßenbau in diesem Gebiet macht. Will man nicht auf einem immer enger und sandiger werdenden Feldweg versacken, ist es sehr ratsam, sich vor Ort zu erkundigen und nicht den hier oft sehr ungenauen Straßenkarten zu glauben.

Psará

Das kleine Eiland scheint eher den Kykladen als den grünen Inseln der Ostägäis zugehörig: Psará ist überwiegend felsig. Kaum ein Baum spendet Schatten. Nackter Fels und kümmerliche Dornensträucher prägen das Bild.

Psará liegt westlich von Chíos, rund 18 km vom Nordwestkap Melanios entfernt. Die Fähre von Chíos-Stadt allerdings hat knapp 90 km zurückzulegen, bis sie im einzigen Ort der Insel anlegen kann. Fast immer verläuft die Überfahrt sehr bewegt, gilt die See in diesem Gebiet doch als ausgesprochen unruhig. Ebenso abenteuerlich, wenn auch deutlich kürzer, ist die Überfahrt ab Limniá, dem Hafen von Volissós.

Gerade mal 9 km lang und maximal 8 km breit, zählt Psará zu den Inselzwergen der Ägäis, nimmt zusammen mit dem unbewohnten Satelliteneiland Antípsara eine Fläche von nur 40 qkm ein. Deutlich merkt man Psará die Abwanderung an: Wurden 1981 noch 460 ständige Einwohner gezählt, so waren es zehn Jahre später nur mehr 250 Seelen. Fast alle leben sie im einzigen Dorf der Insel und ernähren sich von der Fischerei und der Seefahrt. Landwirtschaft und Viehzucht spielen eine geringe Rolle, ebenso der Tourismus.

Geschichte: Im Mittelalter gehörte die Insel den Genuesen von Chíos und wurde im 15. Jh. durch Piratenüberfälle entvölkert. In türkischer Zeit durch Einwohner von Euböa wiederbesiedelt, nahm Psará im 18. Jh. als Reederinsel einen gewaltigen Aufschwung. Anfang des 19. Jh. besaß die kleine Insel immerhin 6000 Einwohner und eine Flotte von mehreren Dutzend Handelsschiffen, damals die drittgrößte in der Ägäis.

Freiheit oder Tod

Im griechischen Freiheitskampf opferten die Seeleute von Psará viele ihrer Schiffe. Randvoll mit Sprengstoff beladen, wurden sie nachts neben die Kriegsschiffe der Türken gerudert und dort zur Explosion gebracht. 1824 starteten die Türken ihren Rachefeldzug gegen das Inselchen. 250 Schiffe mit 14.000 Soldaten landeten im Rücken der Stadt. Die Bewohner, darunter Zehntausende von Flüchtlingen aus Chíos, standen vor der Entscheidung zu kapitulieren oder den Kampf gegen die überwältigende Übermacht aufzunehmen. Sie wählten den Kampf, um die Aussichtslosigkeit des Widerstands wohl wissend. Ein furchtbares Gemetzel begann. Als die letzte Bastion, die Festung Paleokastro nicht mehr zu halten war, ließen die Verteidiger die Türken erst eindringen – und sprengten dann sich und den Feind in die Luft. "Freiheit oder Tod" stand auf ihrer Flagge.

Psará-Ort

Das verschlafene Hafendorf liegt im Süden der Insel, am Ostrand der etwa 1 km weit ins Meer vorgeschobenen Felshalbinsel Mavri Rachi. Auf diesem "Schwarzen Rücken", der im Südkap Trifilli endet, stand einst die Festung Paleokastro. In Hafennähe überragt die *Metamorfosis-Kirche* die Dächer; das beherrschende Gotteshaus aber ist die weiße Kirche des heiligen Nikolaus hoch über dem Ort.

Karte S. 537

• *Verbindungen* **Schiff**: Miniotis-Fähren ab Chíos-Stadt 3-mal wöch., Fahrzeit etwa 3,5 Stunden, Fahrpreis etwa 9 €. Außerdem mehrmals wöchentlich Kaiki-Verbindung nach Límnos bei Volissós, Fahrzeit etwa 90 Minuten, Fahrpreis 5 €. Fahrzeugmitnahme lohnt mangels Straßen nicht. Es gibt weder Busse noch Taxis noch Fahrzeugverleih.

• *Übernachten* außer wenigen Pensionen nur eine Handvoll Privatvermieter. Ratsam, sich bereits auf Chíos um die Reservierung zu kümmern; die dortige Infostelle ist dabei gerne behilflich.

Xenonas Psaron (A-Kat.), von der griechischen Fremdenverkehrsbehörde betriebene Pension in der Nähe der Nikolauskirche. Zwei Personen zahlen nach Saison und Ausstattung etwa 50–60 €; ✆ 22740-61293.

• *Feste/Veranstaltungen* am 20. Juni Jahrestag des Massakers; am 15. August Marienfest mit Wallfahrt zum Kloster Theotokou.

Inoússes

Die Reederinsel: Der kleine Archipel dürfte aller Wahrscheinlichkeit nach das höchste Pro-Kopf-Einkommen aller griechischen Inseln aufweisen.

Die Inselgruppe besteht aus insgesamt elf kleinen und kleinsten Eilanden und misst nur 14 qkm Fläche. Erst im 18. Jh. wurde die Hauptinsel von einigen Familien aus Kardámyla und Umgebung neu besiedelt und zunächst landwirtschaftlich genutzt. Heute sollen rund sechzig schwerreiche Reederfamilien auf Inoússes beheimatet sein, die zusammen etwa ein Viertel der griechischen Handelsflotte besitzen. Was nicht heißt, dass sie hier auch wohnen würden: Fast das ganze Jahr über bleiben die herrschaftlichen Villen verwaist, einzig im Juli und August demonstrieren traumhafte Jachten die Anwesenheit ihrer illustren Besitzer. Es gibt natürlich auch ständige Bewohner: Haushälterinnen, Leibwächter, Gärtner ...

Klar, dass man hier auf Touristen nicht angewiesen ist, sich für Besucher auch kein Bein ausreißt. Dennoch kommt im Sommer so mancher Neugierige für eine Stippvisite herüber – und ist häufig genug enttäuscht. Wer nämlich auf Inoússes eine Atmosphäre internationalen Jetsets erwartet, hat die hiesigen Familien falsch eingeschätzt: Das Leben der Reederkönige spielt sich privatissimo vornehmlich hinter den hohen Mauern ihrer weitläufigen Anwesen ab.

Inoússes (Ort)

Der einzige Ort der Hauptinsel macht mit seinen vielen Villen zwar einen gepflegten, aber auch etwas langweiligen Eindruck. Einzig im oberen Ortsbereich um die Nikolauskirche kann man sich noch halbwegs in Griechenland fühlen. Unten am Hafen liegt mit dem *Seefahrtsmuseum* (tägl. 10–13 Uhr; 1,50 €) die einzige Sehenswürdigkeit der Siedlung.

• *Verbindungen* **Schiff**: Ausflugsfahrten mit Miniotis ab Chíos-Stadt zur Saison 1-mal täglich; Abfahrt morgens, Rückfahrt am Nachmittag, Preis rund 16 €. Es verkehrt auch eine reguläre Fähre, doch bleibt man mit dieser Verbindung evtl. auf eine Übernachtung vor Ort angewiesen. Es gibt weder Busse noch Taxis oder Fahrzeugvermieter.

• *Übernachten* Privatzimmer gibt es konsequenterweise ebenfalls nicht ...

Hotel Thalassoporos (D-Kat.), besser schon in Chíos-Stadt reservieren, weil die Herberge geschlossen sein kann. Insgesamt elf Zimmer, DZ nach Saison etwa 35–45 €; ✆ 22710-55475.

• *Essen* Im Sommer sind einige Tavernen in Betrieb; außerhalb der Saison muss man allerdings eventuell mit einem Imbiss im Kafenion vorlieb nehmen.

Sámos

Auf relativ geringer Fläche – die Nachbarinsel Chíos ist fast doppelt so groß – zeigt Sámos beachtliche Vielfalt. Wohl deshalb verzeichnet die Insel die mit weitem Abstand höchsten Besucherzahlen in der Nordostägäis.

Landschaftlich trotz zahlreicher Waldbrandspuren immer noch ein Traum, bietet Sámos Wanderern und Radfahrern beste Möglichkeiten. Dem wasserreichen Norden verleihen Platanenwälder, Zypressen, Pappeln, Obstbäume und Weingärten ein fast paradiesisches Flair. Der Süden, abgeschirmt durch hohe Bergzüge und etwas trockener, ist Heimat der Olivenhaine und Kiefernwälder. Ähnlich zeigt sich auch der Osten, der dank der Nähe zur Türkei mit ungewöhnlichen Panoramen glänzt: Gerade mal 1,2 km trennen Sámos an der engsten Stelle vom kleinasiatischen Festland – keine griechische Insel liegt der Türkei näher, an vielen Stellen scheinen die Berge von Mykale nur einen Katzensprung entfernt.

Die Gebirge von Sámos zählen zu den höchsten der Ägäis und bestimmen das Bild der Insel: Im Westen erreicht der mächtige Stock des *Kerkis* im Vígla-Gipfel stolze 1433 m; seine steil zum Meer abfallenden Hänge sind von Schluchten und Höhlen durchzogen, die über die Jahrtausende immer wieder zur letzten Zuflucht Verfolgter wurden. Das Massiv des in der Inselmitte bis auf 1153 m aufragenden *Ámpelos* ("Weinberg"), gelegentlich auch *Karvounis* ("Köhlerberg") genannt, ist weitflächiger und reicht in seinen Ausläufern bis weit nach Süden und Osten.

Sámos auf einen Blick

Größe: 476 qkm, Länge 45 km, maximale Breite 20 km, 159 km Küstenlänge.

Bevölkerung: gut 30.000 Einwohner, davon 8.000 in der Hauptstadt Sámos (Vathí).

Geografie: Sámos teilt sich in drei Gebirgsmassive; getrennt werden sie von jungtertiärem Hügelland. Die Höhen nehmen von West nach Ost ab: Kerkis-Massiv (1433 m) im Westen, Ámpelos-Massiv (1153 m) in der Mitte; das ältere Massiv im Osten erreicht mit dem Oros Theios nur etwas über 400 m.

Wichtige Orte: Sámos-Stadt – die lebendige Hauptstadt; Pythagório – die antike Kapitale, Jachthafen und Hochburg des Tourismus; Votsalákia – bescheidenes Touristenzentrum des Südwestens; Kokkári – ehemaliges Fischerdörfchen mit boomendem Fremdenverkehr; Karlóvassi – zweitgrößte Siedlung und zweiter Hauptfährhafen.

Übernachten: in den drei großen Tourismuszentren Sámos-Stadt, Pythagório und Kokkári große Bettenkapazitäten; im Südwesten in und um Votsalákia vorwiegend Privatvermieter. Kein offizieller Campingplatz.

Baden: um Sámos-Stadt kaum Möglichkeiten, besser an der Südküste und im Norden bei Kokkári; die wohl schönsten Strände liegen im Südwesten um Votsalákia.

Straßen: Alle Hauptrouten sind asphaltiert. Im Inselwesten keine durchgehende Straßenverbindung: Die auf manchen Karten eingezeichnete Piste Drakéi-Potámi (bei Karlóvassi) gibt es nicht!

Entfernungen ab Sámos-Stadt: Pythagório 14 km, Pírgos 31 km, Marathókampos 46 km, Votsalákia 54 km, Kokkári 10 km, Karlóvassi 33 km.

Auto-/Zweiradverleih: große Auswahl in Sámos-Stadt, Pythagório und Kokkári, schmaleres Angebot in Karlóvassi, Órmos Marathókampou und Votsalákia. Die Preise liegen niedriger als auf anderen Inseln der Nordostägäis.

Tankstellen: prinzipiell flächendeckend vertreten. Wichtige Ausnahme: Im Südwesten liegt die letzte Tankstelle kurz vor Votsalákia.

Straßenkarten: Die konkurrenzlos beste Karte kommt von "Road Editions", Maßstab 1.50.000, inklusive Höhenlinien.

Nordostägäische Inseln
Karte S. 537

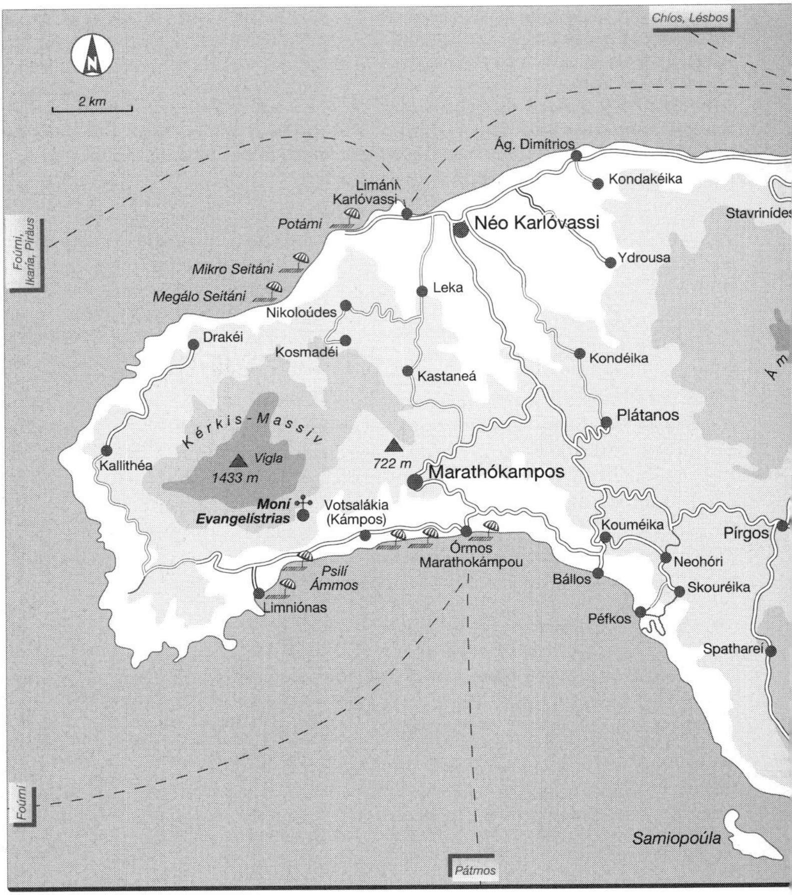

Die Favoriten der Reiseveranstalter liegen eindeutig in der Osthälfte: Die drei Fremdenverkehrszentren Sámos-Stadt, Pythagório und Kokkári dürften zusammen leicht 90 % aller Übernachtungen auf Sámos für sich verbuchen können. *Sámos-Stadt,* vielfach noch besser bekannt unter dem früheren Namen Vathí, besitzt als Hauptstadt und größte Siedlung der Insel ein recht ausgeprägtes Alltagsleben. Im Südosten bildet das schöne Hafenstädtchen *Pythagório* die touristische Hochburg. Sein Hausstrand ist zwar nicht der schönste auf Sámos, doch bietet die vielfältige Umgebung eine ganze Reihe reizvoller Ausflugsziele. *Kokkári* an der Nordküste, ebenfalls ein ausgesprochen hübsches Ferienstädtchen, wird besonders vom jungen Publikum bevorzugt. Der Westen von Sámos sieht dagegen deutlich weniger Besucher, darf sich aber im Umfeld der lang gestreckten Küstensiedlung *Votsalákia* der wohl besten Strände von Sámos rühmen.

Geschichte: Menschliches Leben gilt auf Sámos bereits für die Jungsteinzeit des 6. Jt. v. Chr. als gesichert. Ab etwa 3000 v. Chr. siedelten nach antiken Berichten die

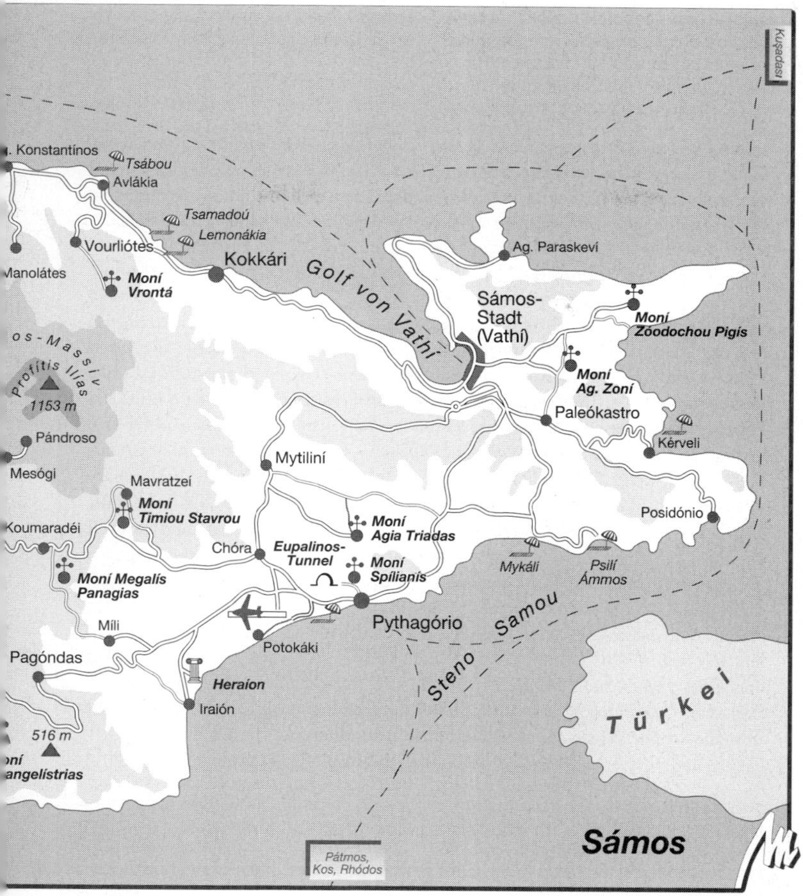

Völker der Pelasger, Karer und Leleger auf der Insel. Gegen 1500 v. Chr. ließen sich kretische Minoer auf Sámos nieder und verdrängten diese Kulturen weitgehend. Mit dem Untergang des minoischen Reiches um 1400 v. Chr. kamen mykenische Siedler auf die Insel. Sie waren es wohl, die die bereits bestehende Kultstätte einer Fruchtbarkeitsgöttin der Göttin Hera weihten und damit den Grundstock für die Jahrtausende währende Sonderstellung der Göttin auf Sámos legten. Ab dem 7. Jh. v. Chr. erlebte die Insel dank ihrer starken Flotte eine Blüteperiode, die ihren Höhepunkt ab 538 v. Chr. unter der Regie des Tyrannen *Polykrates* erreichte. Der mächtige Alleinherrscher unterhielt weitreichende Handelsbeziehungen, schickte seine schnellen Schiffe aber auch auf einträgliche Raubfahrten. Gleichzeitig ließ Polykrates gewaltige Bauten errichten, deren Überreste in und um die Stadt Pythagório noch zu bewundern sind. Mit dem gewaltsamen Tod des Tyrannen 522 v. Chr. sank der Stern der Insel. Im Mittelalter war Sámos zeitweilig fast völlig entvölkert; 1562 wurde die Insel unter türkischer Herrschaft erneut besiedelt. Ab 1834

Nordostägäische Inseln
Karte S. 537

regierten griechisch-orthodoxe, jedoch vom türkischen Sultan eingesetzte Hegemonen. 1912 gelangte Sámos schließlich zu Griechenland.

Der große Waldbrand auf Sámos

In der Vergangenheit war Sámos immer wieder von schweren Waldbränden betroffen. Am schlimmsten wüteten die Feuer bislang im Jahr 2000. Nachdem schon im April im Gebiet um Karlóvassi ausgedehnte Waldbrände ausgebrochen waren, wurde die Insel wenige Monate später von einer noch viel schwereren Katastrophe heimgesucht. Das riesige Feuer begann am 6. Juli bei Mytiliní, breitete sich – angefacht durch extreme Hitze und starken Wind – rasant aus und konnte erst eine Woche später weitgehend unter Kontrolle gebracht werden. Betroffen war fast ein Drittel der Fläche von Sámos, insbesondere das Inselzentrum etwa zwischen der Linie Flughafen-Mytiliní-Kokkári im Osten und der Linie Spatharéi-Pírgos-Vourliótes im Westen. Kokkári selbst blieb, wie die Hauptstadt und alle Urlaubszentren der Insel, vom Feuer verschont. Schon Tage nach dem Ende des Feuers entwickelte sich unter den Freunden der Insel, gerade auch unter den deutschen Sámos-Fans, eine Welle der Hilfsbereitschaft. Spenden wurden gesammelt, Studien zur Wiederaufforstung erstellt, gebrauchte Feuerwehrautos erworben und auf die Insel gebracht. Ein neu gegründeter Verein, die Samoshilfe e.V. (www.samoshilfe.net), setzt sich seitdem nachhaltig für Natur und Umwelt der Insel ein. Auch heute, mehrere Jahre nach der Katastrophe, sind die Spuren der Flammen vielerorts noch deutlich erkennbar. Zwar haben da und dort Aufforstungsarbeiten (wichtig auch, um die Erosion zu stoppen) begonnen, doch bleibt noch viel zu tun. Allerdings sind die betroffenen Gebiete längst keine kahlen, schwarzen Wüsten mehr – die Natur erobert sich ihr Terrain zurück. Auf den einst verbrannten Flächen sprießt der Unterwuchs, wachsen Büsche und Sträucher. Wären nicht die verkohlten Baumstämme, würden Erstbesucher der Insel die Schäden vielleicht überhaupt nicht wahrnehmen.

• *Verbindungen* **Fähre**: Haupthafen der Insel ist Sámos-Stadt (Vathí), weitere Häfen sind Karlóvassi (Zwischenstopps) und Pythagório (seltener angefahren).

Ikaría-Piräus: 1- bis 3-mal tägl., Fahrzeit nach Ikaría ab Sámos-Stadt etwa 2,5 Std.; nach Piräus 12–14 Std, mit der 6-mal pro Woche verkehrenden Schnellfähre Aeolos Express nur 7 Stunden. Preise: Ikaría p.P. (Deck) etwa 8 €; Piräus p.P. 24 € (Deck) bzw. 36 € (Kabine B-Klasse). Die Fahrt mit der Aeolos Express nach Piräus kostet knapp 50 €.

Chíos: Mit Miniotis-Lines 2-mal wöch., Fahrzeit etwa 4 Std., Deckspassage 11 €.

Chíos–Mytiliní (Lésbos)–Kavála bzw. Pátmos–Kos–Rhódos: Abfahrt 1-mal wöch., Preise nach Lésbos Deck bzw. B-Kabine 15 bzw. 22 €. Nach Kós ähnliche Preise.

Pátmos: ab Pythagório zur Saison 3-mal wöch., ab Sámos-Stadt (Vathí) 2-mal wöch.; ab Pythagório außerdem häufige Ausflugsboote. Preise pro Pers. etwa 6–7 €.

Weitere Fährverbindungen: Von Sámos-Stadt nach Páros und Náxos 6-mal pro Woche, Mýkonos und Sýros 2- bis 3-mal pro Woche. Von Pythagório nach Léros, Arkí, Kálymnos, Agathoníssi und Lipsí jeweils 3-mal pro Woche.

Türkeiausflüge: Im Sommer ab Sámos-Stadt tägl., ab Pythagório mehrmals wöch. nach Kuşadası, dem Ausgangspunkt für die Besichtigung von Ephesus per Sammeltaxi (Dolmus); Preis nach Kuşadası hin und zurück inklusive Hafentaxen allerdings rund 65 €. Es gibt auch organisierte Touren.

Tragflügelboote: Die "Flying Dolphins" verkehren im Sommer ab Pythagório 2-mal wöch. nach Ikaría (ca. 16 €) und 2-mal tägl. nach Pátmos (13 €). Weitere Ziele sind Foúrni (14 €), Kós, Kálymnos, Léros, Agathoníssi und Lipsí sowie Kuşadası in der Türkei. Zur NS deutlich seltenere bzw. gar keine Verbindungen.

Flugzeug: Flughafen etwa 2 km westlich von Pythagório; momentan keine Busverbindung, Taxi nach Sámos-Stadt etwa 14 €, nach Pythagório 6 €. Büros der Olympic Airways in Sámos-Stadt, Pythagório, Kokkári und Karlóvassi. Olympic-Flüge von/ nach Athen 4- bis 5-mal tägl.

Wein auf Sámos: (K)ein süßes Tröpfchen

Der Legende zufolge war es der Argonaut Ankaios, mythenumwobener erster König der Insel, der auf Sámos den ersten Weinstock pflanzte; eine andere Version sieht gar den Weingott Dionysos als Urvater der samischen Winzer. Fest steht jedenfalls, dass die edle Rebe auf Sámos bereits in der Antike kultiviert wurde. Bis heute prägen Terrassenhänge voller Weingärten das Bild besonders der nördlichen Küste. Wichtigste Sorte ist die berühmte weiße Moschato-Traube, die etwa 98 % der Fläche der samischen Weingärten bedeckt. Früher waren die samischen Muskatweine wohlbekannt für ihre schwere Süße. Auf der Insel selbst findet der süße Sámos-Wein (Sámos Nectar, Sámos Doux, Sámos Vin Doux Naturel) immer noch Zuspruch. Zunehmend werden aus der Muskattraube jedoch auch trockene Weine (Samaina, Samaina Gold) gekeltert.

Sámos-Stadt (Vathí)

Von ihrer schönsten Seite zeigt sich die Inselhauptstadt bei der Ankunft mit der Fähre: Am Ende eines tief eingeschnittenen Golfs staffeln sich die Häuser in halbkreisförmigem Bogen übereinander, überragt von steil ansteigenden Hügeln.

Aus der Nähe betrachtet, erweist sich zumindest das Zentrum von Vathí, wie die Einheimischen ihre Hauptstadt nennen, als eher neuzeitlich, quirlig und alltagsorientiert. Dem Tourismus ist das Städtchen durchaus zugeneigt, doch stellt es im Vergleich zu Pythagório und Kokkári immer noch geradezu eine Heimstatt griechischen Alltags dar. Knapp 6000 Einwohner leben in der größten Siedlung der Insel – genug, um die Uferpromenade *Sofoúli*, die parallel verlaufende Fußgängerzone *Likourgou Logotheti* und den Hauptplatz *Platia Pythágoras* auch außerhalb der Saison belebt erscheinen zu lassen. Auf den ersten Blick erstaunen mag die große Zahl der Besucher, die sich für ein paar Tage oder gar Wochen in der Hauptstadt einquartieren, gibt es hier doch praktisch keine brauchbaren Strände. Als Ausgangspunkt für Inselentdeckungen bleibt das Städtchen trotz dieses Mankos aber erste Wahl, denn hier liegt das Zentrum des Bus- wie des Fährverkehrs, finden sich die meisten Banken und die besten Einkaufsmöglichkeiten auf Sámos, außerdem das schönste Museum der Insel.

Nordostägäische Inseln
Karte S. 537

Information/Verbindungen/Adressen

• *Information* **Tourist Office**, Odós 25. Martíou 4, eine Seitengasse der Uferstraße Sofoúli, vom Hafen kommend kurz vor der Platia Pythágoras. Geöffnet ist ganzjährig, die Öffnungszeiten (zuletzt Mo–Fr 9–15 Uhr) wechseln jedoch immer mal wieder, ebenso das Personal. ✆ 22730-28530/28582, die erste Nummer auch Fax.

• *Verbindungen* **Flug**: Büro der Olympic Airways an der Ecke Odos Smirnis/Odos Kanari, ✆ 22730-24091.

Schiffsagenturen: an der Uferstraße Sofoúli, zwischen Hafen und Platia Pythágoras.

Bus: KTEL-Busstation am südlichen Rand des Zentrums, Odós Lekati 6, nahe der Kreuzung zur Odós Kanári, ✆ 22730-27262.

Alle folgenden Angaben beziehen sich auf den Sommerfahrplan, der mit Abstufungen etwa von Anfang Juli bis Mitte/Ende September in Kraft ist. Der "Hausstrand" Psilí Ámmos wird Mo–Sa 2-mal täglich angefahren, nach Pythagório täglich etwa alle 1–2 Stunden, mit Weiterfahrt zur Flughafenkreuzung und nach Iraíon Mo–Fr 5-mal, Sa/So 3-mal täglich. In die Inlandsdörfer Mytiliní und Chóra Mo–Fr 5- bis 7-mal, Sa 3-mal täglich. Nach Kokkári mit Weiterfahrt zum Tsamadou-Strand Mo–Sa tagsüber alle ein bis zwei Stunden, So 6-mal täglich; Vourliótes nur an drei Tagen pro Woche je 1-mal täglich, am selben Tag war zuletzt jedoch keine Rückfahrt mehr möglich. Nach Karlóvassi via Kokkári und die Nordküste Mo–Fr 7-mal, Sa 5-mal, So 3-mal täglich, durchs Inland via Pírgos und Spatharéi nur Mo–Fr 1-mal täglich. In den Südwesten nach Marathókampos und Votsalákia Mo–Fr 2- bis 3-mal täglich, weiter via Kallitheá bis zum Endpunkt Drakéi nur 1- bis 2-mal pro Woche. Inselrundfahrten mit der KTEL werden zur Saison jeden Sonntag (z. T. auch Mittwoch) angeboten, Absprache mit der Busgesellschaft nötig, Preis p. P. 12 €.

Mietfahrzeuge: gute Auswahl an der Uferstraße Sofoúli und im Gebiet nördlich des Hafens. Einige Adressen: Aramis/Sixt, Nähe Fähranleger, Autos und Zweiräder, ✆ 22730-23253, Manos, nur Zweiräder, ein paar Schritte hinter der zentralen Uferstraße; Grammou-Str., ✆ 22730-24137. Pegasus, Autos und Zweiräder, direkt beim Fähranleger; freundlich. ✆ 22730-62047.

• *Adressen* **Deutsches Konsulat**: in der Sofoúli 73, südöstlich der Platia Pythágoras; ✆ 22730-25270.

Krankenhaus: Odos Ippokratous, im Bereich nördlich des Hafens, ✆ 22730-27407.

Touristenpolizei: Sofoúli 129, südlicher Bereich der Uferstraße, ✆ 22730-81000.

Internet-Zugang: Net-Café Diavlos, an der Uferstraße Sofoúli 169, Nähe Busbahnhof, ✆ 22730-22469. Stand zuletzt zum Verkauf, der Betrieb soll aber weiterlaufen.

Waschsalon: "Lavomathique", L. Logotheti 56. Direkt nebenan eine chemische Reinigung.

Übernachten (siehe Karte S. 600/601)

Hotel Aeolis (7) (B-Kat.), zentral an der Uferstraße; ein komfortables, hübsch eingerichtetes Hotel mit klassizistischen Anklängen; Zimmer und Balkone teilweise mit schöner Aussicht zum Golf; nachts weniger laut, als es den Anschein hat. Geöffnet Mai bis September, DZ/Frühstück etwa 60–75 €. Sofoúli 33, ✆ 22730-28904, ℻ 28063.

Hotel Sámos (8) (C-Kat.), an der Uferstraße fast direkt beim Hafen; die Zimmer mit Blick und Balkon zum Golf sind nachts gar nicht einmal so laut, wie man meinen sollte. Dachterrasse mit Pool. DZ/Frühstück nach Saison vergleichsweise bescheidene 45–55 € und das bei durchaus ordentlichem Komfort. Sofoúli 6, ✆ 22730-28377.

Hotel Artemis (2) (E-Kat.), fast direkt an der Platia Pythágoras (südöstlich). Nicht gerade das jüngste Hotel der Stadt, jedoch saubere Zimmer und ein freundlicher Besitzer, der nach dem Motto: "Nicht verzagen, Kostas fragen" bei Problemen weiterhilft. DZ/Du 20–30 €, mit Etagendusche noch darunter. Odós Kontaxi 4, ✆ 22730-27029, ℻ 27792.

Pension Dreams (4) (A-Kat.), ein paar Häuser oberhalb der Pension Avlí (siehe unten). Moderne und solide Zimmer und Bäder, alle mit Kühlschrank, Aircondition und TV, z. T. auch mit kleiner Küche und/oder Balkon. Die Zimmer nach hinten bieten schönere Aussicht. Der umtriebige, geschäftstüchtige Eigentümer Kostas spricht gut Englisch und Französisch. DZ/Bad je nach Saison etwa 25–30 €, Einzelreisende müssen hart verhandeln können. Ganzjährig geöffnet, Heizung. Odós Areos 9, ✆ 22730-24350 und -23037.

Pension Trova (6) (B), eine Treppengasse nordwestlich. Hübsche und sehr saubere Zimmer, leider ohne eigenes Bad, dafür Zugang zu Balkon/Dachterrasse mit Blick; Kühlschrankbenutzung. Freundliche Vermieterin. DZ etwa 20–25 €. Odós Kalomiris 26, ✆ 22730-27759.

Pension Avli (5) (B-Kat.), ein ehemaliges Nonnenkloster, Zimmer einfach, vom freundlichen Pächter Spyros aber tipptopp sauber gehalten. Wunderschön sitzt man zum Frühstück oder am Abend bei klassischer Musik im allgemeinen Treffpunkt der Gäste: im arkadengesäumten, mit Bananenstauden und Gummibäumen begrünten Innenhof, auf den der Name verweist. Geöffnet ist etwa Anfang Mai bis Mitte Oktober. DZ/Bad 25–30 €, bei voller Belegung werden auch günstigere Zimmer ohne Bad angeboten. In der Treppengasse Odos Arios, einer Abzweigung der landseitigen Parallelstraße zur L. Logotheti; ✆ 22730-22939.

Essen/Trinken (siehe Karte S. 600/601)

Taverne The Steps, in einer Treppengasse oberhalb der Kountouriotou-Straße, zu erreichen über die namensgebenden Stufen. Schöne Aussicht über die Bucht, ordentliches Essen und freundlicher Service. Nicht zu teuer.

Taverne Ta Kotópoula (1), an der Kreuzung Richtung Áno Vathí und der Straße nach Kamara. In dem türkisfarbenen Bau und auf der vorgelagerten Terrasse kommt gutes und preiswertes Essen auf den Teller; Spezialität ist, wie der Name schon sagt, Hühnchen.

Taverne O Tassos (9), Nähe Hospital. Ein bekannter Name - die Besitzerfamilie ist seit vielen Jahren in der Gastronomie der Inselhauptstadt tätig. Fantastische Lage direkt am Ufer, schöner Blick auf den Sonnenuntergang, Meeresrauschen... Gutes Preis-Leistungs-Verhältnis; mehrere Leser waren sehr zufrieden.

Taverne Christos (3), an einem kleinen Platz unweit der zentralen Platia Pythágoras. Mit der rustikalen Dekoration – die Wagenräder etc. sind tatsächlich alte Erbstücke – zwar optisch etwas in Richtung "Touristenfalle", die Küche ist jedoch ausgesprochen gut, der Service freundlich und effizient. Von vielen Lesern gelobt. Platia Ágios Nikoláou, schräg gegenüber der großen Mitrópolis-Kirche.

Nachtleben/Einkaufen (siehe Karte S. 600/601)

• *Nachtleben* **Bar Escape**, an der Uferstraße Richtung Hospital. Romantische Freiluftbar in toller Lage über dem Meer. Die Musik nimmt leider nicht immer Rücksicht auf das lauschige Ambiente. Innen kann getanzt werden. Beliebt bei der griechischen Jugend, vergleichsweise günstige Getränkepreise.

Bar Selini, ein Stück vorher, von der Lage her durchaus eine Konkurrenz, allerdings kein Innenbereich. Dafür dient hier eine ganze Hauswand als Projektionsfläche für Musikvideos oder Filme.

Silver, Disco-Club an der Uferstraße, zwischen den Hotels Aeolis und Samos, untergebracht in einer ehemaligen katholischen Kirche. Freitags und samstags geht es hier ab ein Uhr und bis weit in den Morgen rund.

• *Einkaufen* **Markt** an Werktagen vormittags bei der Kirche Agios Spyridon; angeboten werden Obst und Gemüse, aber auch guter Honig, Kräuter, im Herbst getrocknete Feigen etc.

Sehenswertes

Byzantinisches Museum: Früher im Bischofspalast untergebracht, dann ins Gebiet hinter der Einkaufsstraße Logothéti umgezogen, präsentiert das Byzantinische Museum praktisch ausschließlich kirchliche Kunst des 15. –19. Jh., darunter kostbare Ikonen und Messgewänder, üppig versilberte Kruzifixe und Gefäße, reich mit Gold und Silber verzierte Bücher usw. Zuletzt war das Museum geschlossen, eine Wiedereröffnung jedoch angekündigt.

Archäologisches Museum: Die beste archäologische Sammlung der Insel verteilt sich auf zwei Gebäude im Umfeld des Stadtparks und des Rathauses. Im *Neubau* sind vor allem Skulpturen aus dem Gebiet des nahe Pythagório gelegenen Heiligtums Heraíon ausgestellt. Zu den berühmten Exponaten zählt die *Figurengruppe des Geneleos*, entstanden um 560/540 v. Chr. und benannt nach dem Bildhauer, der sie schuf. Frontal stehen die verbliebenen Mitglieder der sicher wohlhabenden Familie zum Betrachter.

Der *Altbau* des Museums birgt eine Vielzahl kleinerer, dennoch sehr bedeutender Stücke. Im Erdgeschoss werden im Nordraum prähistorische, geometrische und archaische Funde ausgestellt; im Südraum stammen sie vor allem aus dem Heraíon des 6. Jh. v. Chr., als Sámos seine Blütezeit erlebte. Zu sehen sind außerdem Gegenstände

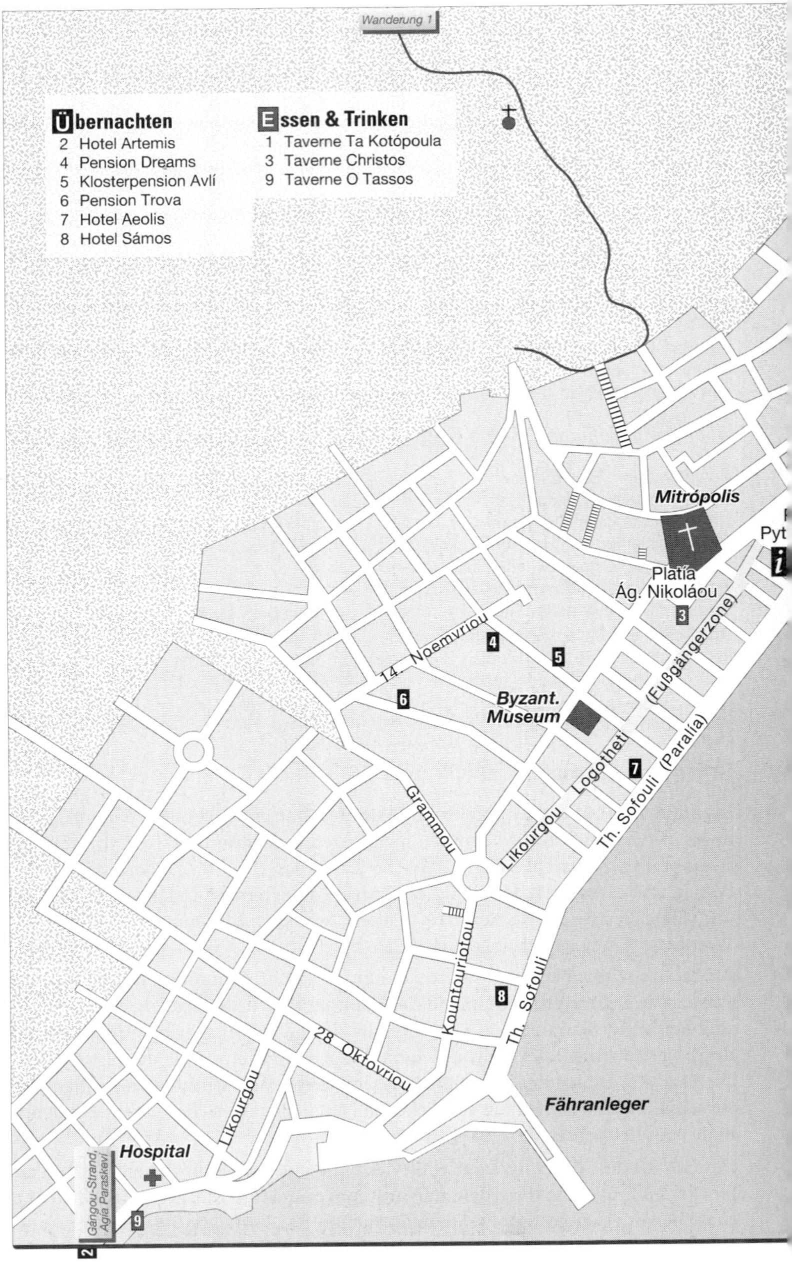
Wanderung 1
Übernachten
2 Hotel Artemis
4 Pension Dreams
5 Klosterpension Avlí
6 Pension Trova
7 Hotel Aeolis
8 Hotel Sámos
Essen & Trinken
1 Taverne Ta Kotópoula
3 Taverne Christos
9 Taverne O Tassos
Mitrópolis
Platía Ág. Nikoláou
14. Noemvriou
Byzant. Museum
(Fußgängerzone)
Logotheti
Th. Sofouli (Paralía)
Grammou
Likourgou
Kountouriotou
Th. Sofouli
28 Oktovriou
Fähranleger
Likourgou
Hospital
Gángou-Strand, Agía Paraskeví
3
4
5
6
7
8
9
2

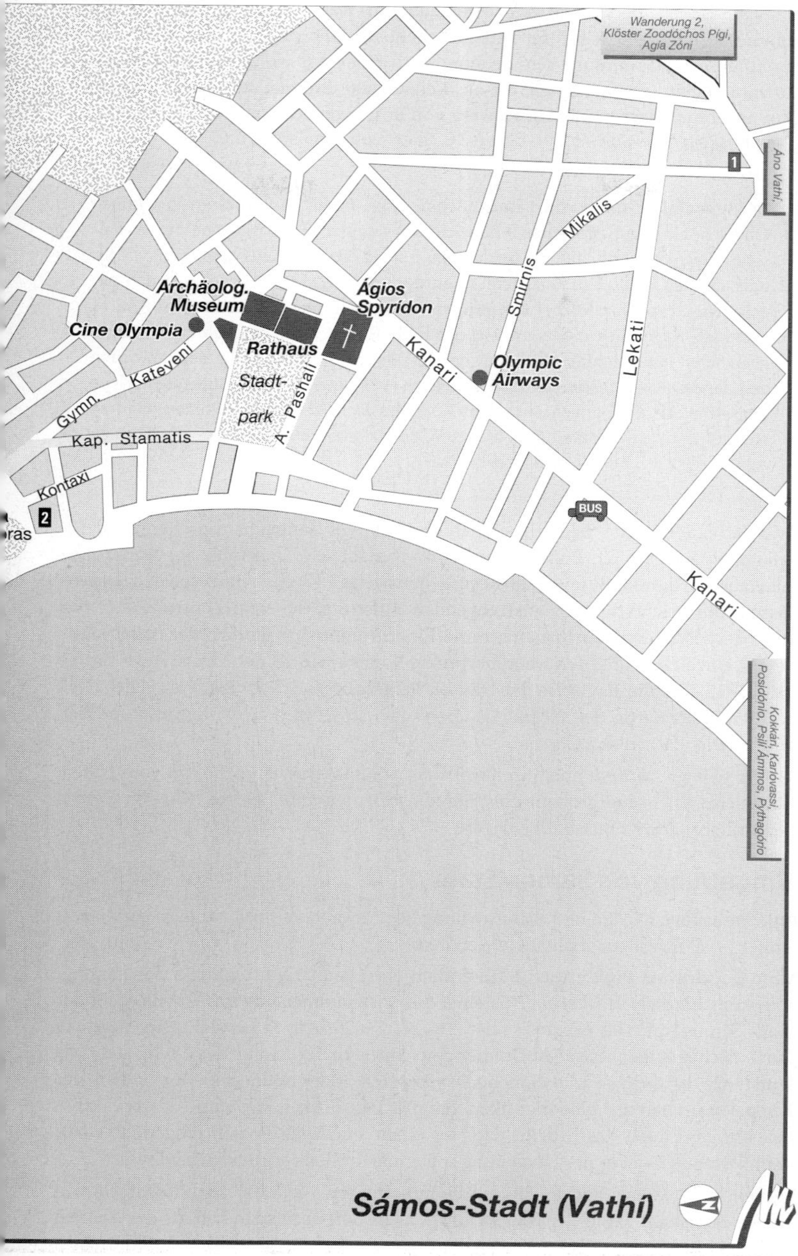

Wanderung 2, Klöster Zoodóchos Pígi, Agía Zóni
Áno Vathí
Mikalis
Smirnis
Archäolog. Museum
Ágios Spyrídon
Cine Olympia
Rathaus
Kanari
Olympic Airways
Lekati
Kateveni
Stadt-park
A. Pashali
Gymn.
Kap. Stamatis
Kontaxi
BUS
Kanari
Kokkári, Karlóvassi, Posidónio, Psilí Ámmos, Pythagório
Sámos-Stadt (Vathí)

aus ägyptischen, persischen und orientalischen Werkstätten, die die vielfältigen Handelsbeziehungen der Insel verdeutlichen. Im *Obergeschoss* liegt der Schwerpunkt auf einer Sammlung sehr seltener Votivgaben aus Holz und Elfenbein sowie auf zahlreichen Greifenköpfen, die an Weihkesseln und Haustüren des 8.–6. Jh. v. Chr. angebracht waren und zur Abwehr von Bösem dienen sollten.

Öffnungszeiten Di–So 8–15 Uhr; Eintritt 3 €, Studenten und Rentner 2 €.

Der kolossale Kouros von Sámos: Schon lange besaß das Museum den linken Oberschenkel und Arm einer offensichtlich riesigen Jünglingsstatue aus archaischer Zeit. 1980 erhielten die beiden einsamen Körperteile aus dem 6. Jh. v. Chr. unerwartete Gesellschaft: Im Heraíon entdeckten deutsche Archäologen den zugehörigen, massiven Körper aus geädertem Marmor. Dem Aufstellen des Kouros stand jetzt eigentlich nichts im Wege; nur ein für solche Ausmaße und Gewichte geeigneter Raum fehlte. Nachdem der Boden extra um 2 m abgesenkt worden war, fand sich im Museumsneubau dann doch ein Plätzchen. 1984 folgte die nächste Sensation, als Grabungen auch den Kopf des Kolosses zutage führten. Und so steht er nun fast vollständig im Museum, der größte seiner Art, gute vier Tonnen schwer, fast 5 m hoch – und lächelt.

Áno Vathí: der älteste Stadtteil, südlich oberhalb des Zentrums zwischen zwei Hügelkuppen gelegen. Ein Bummel durch das romantische Ensemble aus traditionellen Häusern, bunten Blumenkanistern, sehenswerten Kirchen und steilen Treppengassen lohnt sich trotz des anstrengenden Aufstiegs, der vom Zentrum aus etwa eine Viertelstunde in Anspruch nimmt. Einen Hauptplatz gibt es hier nicht, stattdessen einzelne, oft hübsch weinüberrankte Kafenia wie bei der Kirche Agía Matrona. Auffällig ist die Bauweise der Häuser, deren oberes Stockwerk, von Holzbalken gestützt, balkonartig den Grundriss überragt – so schuf man Wohnraum und ließ gleichzeitig Platz in den Gassen.

▸ **Baden:** *Gángou-Strand*, noch im nördlichen Stadtbereich, etwa 1,5 km vom Hafen. Eine kleine Bucht mit grobem Kies, Sonnenschirmen und Taverne, von den Gästen der umliegenden Hotels dicht belagert.

Umgebung von Sámos-Stadt

▸ **Agía Paraskeví:** Die kleine Küstensiedlung liegt etwa 9 km nördlich der Hauptstadt. Außer zwei Tavernen ist nicht viel geboten.

▸ **Moní Zoodóchos Pigí:** etwa 10 km östlich der Hauptstadt, oberhalb der lang gestreckten *Vlamari-Hochebene*, die einst die Kornkammer und das Gemüsebeet der Stadt Sámos war. Das Kloster selbst (10–12, 18–20 Uhr, Fr geschlossen) thront in fantastischer Aussichtslage hoch über dem Meer. In der Kirche des 18. Jh. steht die kunstvolle Ikonostase mit dem hoch verehrten Marienbild. Die vier Säulen der Kuppel stammen aus einem antiken Tempel. Der Türkeiblick vom Kloster begeistert übrigens auch das Militär, das hier einen ständigen Posten eingerichtet hat; beim Fotografieren in der Umgebung sollte man deshalb zurückhaltend sein.

▸ **Kervéli:** eine kleine Badebucht mit Sommertaverne, etwa 8 km südöstlich von Sámos-Stadt, am Ende der Straße, die sich in Serpentinen hinab zu der kleinen Strandbucht windet. Kaum ein Dutzend neuerer Häuser wurden bislang im landwirtschaftlich genutzten Hinterland errichtet, doch sind weitere Gebäude im Ent-

Prachtvoll gelegen – Blick auf Sámos-Stadt

stehen. Der hiesige, schmale Strand besteht aus Kieseln und bietet etwas Schatten durch Tamarisken; im Sommer werden Tretboote und sogar Surfbretter vermietet.

▸ **Posidónio**: Rund 12 km südöstlich der Hauptstadt liegt das kleine Küstendorf an einer ruhigen Bucht. Die türkischen Mykale-Berge scheinen nur einen Katzensprung entfernt. Es verwundert nicht, dass sich der landschaftlich so begünstigte kleine Fischerhafen in den letzten Jahren zum beliebten Ausflugsziel gewandelt hat, dass hier Tavernen und auch eine Reihe von Unterkünften entstanden sind. Gemessen an der Besucherzahl von Psilí Ámmos beispielsweise ist es aber noch regelrecht ruhig – vielleicht liegt es an den bescheidenen Dimensionen des aus feinem Kies aufgeschütteten Strandes.

▸ **Psilí Ámmos**: Der "feine Sand", 10 km südlich von Sámos-Stadt, ist wohl der meistfrequentierte Strand der Insel. Für den Ansturm gerüstet zeigen sich drei Tavernen und verschiedene Verleiher von Sonnenschirmen. Die Besucher erwartet etwa 300 m mit Bims durchsetzter Sand und ein wunderbares Panorama der zum Greifen nahen türkischen Küste. Das Wasser fällt sehr flach ab und ist aufgrund der Strömungsverhältnisse manchmal recht kalt.

Südküste

Die beliebteste Urlaubsregion der Insel kann mit einer ungewöhnlichen Vielfalt an Ausflugszielen aufwarten. Hauptanziehungspunkt und ein gutes Standquartier ist das malerische, viel besuchte Ferienstädtchen Pythagório.

Als Heimat des Tyrannen Polykrates wie auch des Philosophen und Mathematikers Pythagoras blickt es auf eine jahrtausendelange Geschichte zurück. Die Umgebung zeigt sich vielfältig. Zu bewundern sind vor allem Monumente der Antike, denn hier im Südosten lagen die ältesten Siedlungsplätze der Insel. Hinzu kommen kleine Dörfchen, auf deren Plätzen man ganze Nachmittage verbringen kann.

Karte S. 537

Pythagório

Ein in sich fast geschlossener Hafen, in dem elegante Jachten schaukeln. Enge Pflastergassen, von Oleanderstämmchen gesäumt, steile Treppenwege, über all dem die pittoresken Ruinen eines Kastells. Pythagório ist, neben Kokkári vielleicht, das schönste Städtchen der Insel.

Ein solch malerisches Ensemble fand natürlich seine Liebhaber und so entwickelte sich Pythagório ab Ende der 1970er Jahre fast zwangsläufig zur touristischen Hochburg von Sámos, zumal auch der Flughafen in unmittelbarer Nähe liegt, die Transferwege somit kurz sind. Erfreulicherweise ging man die Entwicklung behutsam an, weshalb bis heute kein Großhotel, kein moderner Appartementblock das Ortsbild um den Hafen stört. Durch den Fremdenverkehr hat sich dennoch vieles verändert. Kaum ein Quadratmeter, der nicht von Reiseagenturen, Fahrzeugvermietern, Boutiquen oder Souvenirgeschäften in Beschlag genommen wird. Dennoch lässt es sich in Pythagório gut aushalten, vorzugsweise natürlich in der Nebensaison. Das Städtchen hat einfach Stimmung und Ambiente, es gibt gute Unterkünfte und eine solche Vielzahl von Ausflugsmöglichkeiten, dass auch nach ein paar Tagen keine Langeweile aufkommen muss.

• *Information* **Municipal Tourist Office**, an der Hauptstraße L. Logotheti, ✆ 22730-61389, 📠 61022. Gute Infos, internationales Telefon, Post- sowie Fax-Service und Tickets für zahlreiche Exkursionen. Geöffnet ist etwa von Mai bis Oktober, täglich 8.30–21.30 Uhr

• *Verbindungen* **Busse** von/nach Sámos-Stadt alle 1–2 Std., nach Iraíon Mo–Fr 5-mal, Sa/So 3-mal tägl.; Karlóvassi via Pírgos Mo–Fr 1- bis 2-mal, Chóra/Mytiliní Mo–Sa 4-mal tägl.

Taxi: Standplatz an der Hauptstraße L. Logotheti beim Hafen; ✆ 22730-61440.

Mietfahrzeuge: breites Angebot an der Hauptstraße L. Logotheti und ihren Seitengassen. Die starke Konkurrenz sorgt für günstige Preise, ein Vergleich lohnt sich.

• *Übernachten* Zur Hochsaison hält das Touristenbüro eine täglich aktualisierte Liste der freien Zimmer bereit.

Hotel Zorbas (C-Kat.), in den Treppengassen oberhalb des Hafens, nur ein paar Schritte vom Trubel und dennoch ruhig. Schöne Zimmer mit Balkon und reizvollem Blick, den man auch von der Frühstücksterrasse aus genießt; DZ/Frühstück nach Saison etwa 45–55 €. Odós Damos, ✆ 22730-61009, 📠 61012.

Hotel Alexandra (D-Kat.), ruhig in einer südlichen Seitenstraße der L. Logotheti. Zimmer und Bäder recht eng, aber blitzsauber; Steinfußböden und kleine Balkone; vor der Tür ein hübscher Garten. Geöffnet April–Oktober, DZ/Bad etwa 25 €. In der Metamorfosis Sotiros (auch: 6th of August), die kurz vor der Info-Stelle abzweigt. ✆ 22730-61429.

Pension Dryoussa, im südlichen Ortsbereich. Solide Pension mit gut möblierten und relativ geräumigen Zimmern. Geöffnet ab etwa Ende März bis Ende Oktober, DZ/Bad etwa 30–40 €. Odós Pythágora, ✆ 22730-61826.

Pension Despina, fast direkt an der Platia Irínis. Angenehm eingerichtete Zimmer, im hübschen Hinterhof kann man frühstücken. Elf Zimmer, DZ/Bad mit Küche je nach Saison etwa 25–30 €, ohne Küche etwa 20–25 €; Aircondition gegen Aufpreis. Geöffnet April–Oktober, ✆ 22730-61677.

Pension Boulas, südlich der Hauptstraße, nicht weit vom Infobüro. Saubere, angenehme Pension, freundliche Vermieter; Zimmer mit Kühlschrank, Küchenbenutzung möglich. DZ/Bad je nach Saison und Aufenthaltsdauer 20–25 €. Geöffnet Mai–Oktober. Odós Konstantinou Lachana, ✆ 22730-61277.

• *Essen* **Taverne Varka**, im südlichen Hafenbereich. Großes, sehr reizvoll am Wasser gelegenes Lokal, auch bei Griechen beliebt. Feine Vorspeisen (z. B. gefüllte Kohlblätter), die Preise zum Teil leicht gehoben, aber vertretbar.

Taverne Symposium, am "Friedensplatz" Platía Irínis. Umfangreiche Speisekarte, solide Küche und "sehr große Portionen guten Geschmacks" (Leser Reinhard Müller). Akzeptables Preisniveau.

Taverne Avli, lauschiges Gartenrestaurant beim Kastell; neben griechisch-internationalen Gerichten auch Pizza aus dem Holzofen. Am oberen Ende der Metamorfosis Sotiros (6th of August).

Taverne Esperides, von mehreren Lesern wegen des schönen Gartens, der freundlichen Bedienung und der guten Küche empfohlen. Odós Despoti, ums Eck von der Pythágora-Straße. In der Nachbarschaft noch weitere ähnliche Lokale.

Sehenswertes

Kástro-Hügel: Die Anhöhe westlich des Hafens war seit Urzeiten besiedelt. Zwar stammt das Kastell erst aus der Zeit des Freiheitskampfes (1822–1824), an vielen Stellen ist jedoch gut zu erkennen, dass beim Bau antike Steinquader Verwendung fanden. Das Ensemble des Kástro-Hügels vervollständigen die Metamorfosis-Kirche, ein über dem Meer thronender Friedhof und eine kleine, nicht zugängliche Ausgrabungsstätte.

Moní Spilianís/Eupalinos-Tunnel: Beide sind über ein Sträßchen zu erreichen, das im Ortsbereich von der Hauptstraße nach Sámos-Stadt nordwärts abzweigt und sich nach etwa 500 m gabelt; rechts geht es bergauf zum Kloster, geradeaus zur Höhle. Das *Kloster Spilianís* (Mittagspause 14–16 Uhr) beeindruckt durch das tolle Panorama von der Terrasse, vor allem aber durch die heilige "Höhle", die dem Kloster den Namen gab: ein antiker Steinbruch, in dem vor etwa 400 Jahren zwei uralte, mittlerweile verblasste Ikonen gefunden wurden.

Der **Tunnel des Eupalinos** ist die beeindruckendste Sehenswürdigkeit von Pythagório. Vom Tyrannen Polykrates persönlich erhielt der Baumeister Eupalinos den Auftrag, eine Wasserleitung zu konstruieren, die auch während einer Belagerung die Versorgung der über 20.000 Einwohner sicher stellen sollte. Eupalinos lieferte eine architektonische Meisterleistung – ein bereits von Herodot gefeiertes Weltwunder der Antike: Um Wasser aus einer Quelle nördlich des Ámpelos-Berges zur antiken Stadt an der Südseite zu transportieren, ließ er einen 1036 m langen Tunnel quer durch den Berg treiben. Ein- und Ausgang liegen auf exakt der gleichen Höhe, das nötige Gefälle lieferte eine Rinne im Inneren. Wie Ausgrabungen des Deutschen Archäologischen Instituts bewiesen, war der geniale Wassertunnel über tausend Jahre lang in Betrieb! Menschen mit Neigung zur Klaustrophobie sollten auf die Besichtigung besser verzichten. Größer als 1,80 x 1,80 m wird der Querschnitt nie; wer länger ist, kann sich also nie ganz strecken. Leider ist vor einigen Jahren ein guter Teil der bis dahin begehbaren 500 m für die Öffentlichkeit gesperrt worden. Derzeit sind gerade mal noch die ersten 150 m zugänglich, weshalb der Ausflug unter Tage schon nach wenigen Minuten beendet ist.
Öffnungszeiten Di–So 8.45–14.45 Uhr, letzter Einlass 14 Uhr; Eintritt 4 €, Rentner 2 €, EU-Studenten mit Ausweis gratis. Es gibt auch für 6 € ein Kombi-Ticket mit dem Heraion.

Stadtmauern: Die zyklopischen Mauern der antiken Stadt, bis über 4,5 m breit und 6 m hoch, wurden von insgesamt zwölf Toren und 35 Türmen bewacht. Gut zu erkennen sind die Reste im Nordosten der Stadt; die Zufahrt zweigt von der Straße Richtung Sámos-Stadt etwa einen Kilometer hinter Pythagório nach links ab, beschildert "Ancient Fortification Walls".

▸ **Baden**: im Ort selbst zwei kleinere Strände. Westlich im Gebiet des Flughafens die kilometerlange *Tigániou-Bucht* – kein "Traumstrand", aber reichlich Platz und sauberes Wasser. *Bootsausflüge* (ab etwa 8 bzw. 10 €) führen u.a. zum Strand Psilí Ámmos sowie zum Inselchen Samiopoula mit Taverne und reizvoller kleiner Strandbucht.

Karte S. 537

Umgebung von Pythagório

▸ **Mytiliní**: Das landwirtschaftlich geprägte Dorf liegt knapp 10 km landeinwärts von Pythagório und wird vor allem wegen seines *Paläontologischen Museums* besucht, das in einem Neubau am Ortseingang untergebracht ist. Es bewahrt eine Reihe hochinteressanter Fossilien von Antilopen, Nashörnern, verschiedenen Pferderassen, Gazellen, Hyänen und Vorfahren unserer Giraffen und Elefanten auf. Die Funde beweisen, dass Sámos einst mit dem kleinasiatischen Festland verbunden war und erst später, vielleicht durch eine Naturkatastrophe, von ihm getrennt wurde.

Öffnungszeiten Täglich 9–14 Uhr, Eintritt 2,50 €.

Die letzte ihrer Art – Kolóna

Heraíon: Nahe dem südwestlichen Ende der Tigániou-Bucht, kurz vor der kleinen Strandsiedlung *Iraíon*, liegen die Reste einer vorarchaischen Kultstätte, die später der Göttin Hera gewidmet wurde. Zur Blütezeit der Stadt Sámos (heute Pythagório) verlief eine 6 km lange heilige Straße, gesäumt von zahlreichen Statuen, zwischen der antiken Stadt und dem Heiligtum. Sie blieb nur im Bereich der Stätte selbst erhalten. Leider bedarf es einer guten Portion Fantasie, um sich heute die gewaltige Größe des antiken Heiligtums vorzustellen. Eine einzige Säule, die "Kolona", blieb vom *Großen Hera-Tempel* stehen, der unter Polykrates auf den Grundmauern eines älteren Tempels entstanden war und mit einem Grundriss von 112 x 55 m etwa die Fläche des Kölner Doms einnahm.

Öffnungszeiten Di–So 8–15 Uhr, Eintrittsgebühr 3 €, Studenten 2 €, unter 18 Jahren gratis; Kombiticket mit dem Eupalinos-Tunnel 6 €. Am Eingang eine kleine Snack-Bar.

▸ **Iraíon**: Obwohl das schachbrettartig aufgebaute Dorf im Wesentlichen immer noch aus gerade mal zwei Parallelstraßen zum Strand besteht, ist es doch schneller gewachsen, als es dem Ortsbild gut getan hätte. Angenehm sind dafür die hübschen Bars und Restaurants an der schön gestalteten Uferfront und auch die kleinen, versteckten Strände im Süden.

• *Übernachten/Essen* **Hotel Paris Beach** (C-Kat.), ein kleineres, recht hübsches Hotel an der Hauptstraße. Geöffnet Mai–Oktober, DZ etwa 30–45 €. ✆ 22730-95397, ℻ 95242, www.aegeanstyle.com/samos.

Pension/Taverne Karavopétra, in der Nähe des Hauptplatzes. Der freundliche, hilfsbereite Besitzer Nick Zografidis verbrachte zehn Jahre in Kanada und zwei in Deutschland, versteht deshalb auch etwas Deutsch. Geöffnet ist April bis Oktober, das DZ/Bad kostet etwa 25–30 €. Im angeschlossenen Restaurant gibt es u. a. große und sehr gute Pizza aus dem Holzofen. ✆ 22730-95383 und -95384.

▸ **Míli**: Das Dorf liegt 2 km nördlich der Hauptstraße, die Pythagório mit Pagóndas verbindet, etwa elf Asphaltkilometer von Pythagório entfernt. Wunderschön ist die urgemütliche Platia von Míli, beschattet von einem dichten Blätterdach zweier Bäume. Gleich drei Tavernen haben ihre Tische und Stühle auf den Platz gestellt – die Auswahl fällt schwer, denn alle drei bieten gutes Essen zu akzeptablen Preisen, die teilweise deutlich unter denen von Pythagório liegen.

Der Südwesten um Marathókampos

Der Südwesten von Sámos unterscheidet sich deutlich vom Rest der Insel. Die Vegetation sprießt hier nicht überall so üppig, dafür locken ausgedehnte Strände. Wuchernde Hotelkomplexe wird man nicht entdecken können.

Beherrschendes Landschaftsmerkmal im Südwesten ist das wuchtige *Kerkis-Massiv*, das im Gipfel Vígla bis auf 1433 m ansteigt. Im Westen fallen die Hänge steil, fast dramatisch zur Küste hin ab. Nach Süden hin öffnet sich ein weit geschwungener, lichter Ausläufer, der in der *Bucht von Marathókampos* in einem Meer von Olivenbäumen die Küste erreicht.

▸ **Marathókampos**: Das ausgedehnte Bergdorf bildet das bescheidene lokale Zentrum des Südwestens. Der Fremdenverkehr spielt hier oben, gut 4 km von der Küste entfernt, dagegen keine Rolle. Vielleicht ist das stille Dorf genau deswegen so ursprünglich geblieben.

▸ **Órmos Marathókampou**: Die kleine Küstensiedlung, vier Asphaltkilometer vom Hauptort entfernt, wirkt kaum für den Fremdenverkehr herausgeputzt. Anders als die westlich gelegenen Siedlungen verfügt Órmos nur über einen Kieselstrand.

• Übernachten/Essen **Studios Kleopatra**, hinter der Taverne "Pizza Cave" an der Uferfront, Anfragen ebendort, die Besitzer John und Jimmy sprechen beide gut Englisch. Ordentliche, innen zweistöckige Studios mit kleinem Balkon oder Terrasse, geöffnet etwa April–Oktober. Zwei Personen nach Saison etwa 20–30 €. ✆ 22730-37443.

Taverne Leftakis, das letzte Lokal im östlichen Bereich der eigentlichen Uferpromenade, zu erkennen an der blauen Pergola. Fisch, Fleisch und Mezédes gut und günstig, gern von Einheimischen besucht. Ganzjährig geöffnet, eine Seltenheit in dieser Region.

▸ **Votsalákia**: Gleich westlich von Órmos, am kilometerlangen Strand aus Sand und feinem Kies, entstehen zwar ständig neue Häuser, doch lockern Felder und Olivenhaine das Gesamtbild angenehm auf. Das Zentrum der lang gestreckten Feriensiedlung, wenn man es denn als solches bezeichnen will, liegt um das Hotel Votsalákia, an dem auch die Busse halten. Im Umfeld findet sich alles Nötige, kleine Supermärkte, Tavernen, Reiseagenturen und Fahrzeugvermieter. Für einige faule Strandtage ist man hier sicher richtig, zumal auch die Umgebung ihre Reize hat.

• Übernachten **Hotel Votsalákia** (D-Kat.), mehrere Gebäude im Grünen, besonders schön im hinteren Bereich mit Blick auf das Bergland. Pool. Das angeschlossene Restaurant liegt sehr hübsch über dem Meer und bietet durchaus ordentliche Qualität. Geöffnet April–Oktober, DZ/Frühstück nach Saison etwa 35–50 €. ✆ 22730-37432 und -37355, ✆ 37189; www.votsalakiahotel.gr.

Apartments Agrilionas Beach, kurz vor dem Hotel Votsalákia, im Gebiet oberhalb des Taxistands und der Bushaltestelle. Große Anlage mit mehr als 30 Studios, Apartments und Maisonettes, z. T. durch Reiseveranstalter geblockt, oft aber auch freie Kapazitäten; Pool. Zwei Personen zahlen etwa 30–40 €, Aircondition inklusive. ✆ 22730-37379, ✆ 37096.

Privatzimmer werden in Votsalákia in der Regel als Studios mit Küche angeboten. Viele der Studios sind schon durch Reiseveranstalter komplett vorgebucht. Wer die Lauferei entlang der Küstenstraße vermeiden möchte, kann sich auch an die hiesigen Agenturen wenden, was zur HS ohnehin ratsam ist. Die Preise sind stark abhängig von der Nachfrage, ungefährer Richtwert für zwei Personen zur NS etwa 25–30 €, zur HS etwa 30–40 €.

Nordostägäische Inseln Karte S. 537

▸ **Psilí Ámmos**: Etwa 3 km westlich von Votsalákia liegt dieser Strand, der nicht mit dem gleichnamigen "feinen Sand" im Osten zu verwechseln ist. Erst in den letzten Jahren sind an der etwa 800 m langen Bucht eine Handvoll Unterkünfte und Tavernen entstanden.

▸ **Limniónas**: Weitere 2,5 km westlich erstreckt sich diese bildhübsche Bucht, an die sich südlich eine Halbinsel anschließt. Zwar entstehen da und dort neue Häuser, das Silbergrün der Ölbäume wird aber wohl noch eine ganze Weile die Oberhand behalten. Der Sand- und Kiesstrand misst etwa 500 m. Zur Saison werden hier Sonnenschirme, Boote und Surfbretter vermietet.

• *Übernachten/Essen* **Taverne Galíni**, im oberen Bereich des Olivenhügels. Stolz ist der Wirt auf seinen traditionellen Holzofen, in dem er noch manche der Gerichte zubereitet. Sieben Studios hat er anzubieten, für zwei Personen je nach Saison etwa 35–40 €. Geöffnet ist von Mai bis etwa Mitte/Ende Oktober, ✆ 22730-37483.

Nordküste

Das Weinbauzentrum der Insel: Auf terrassierten Hängen wachsen die meist weißen Trauben, aus denen die viel gerühmten Tröpfchen von Sámos gewonnen werden.

Der wasserreiche Norden, mit häufigeren und stärkeren Niederschlägen gesegnet als der Süden, ist eine Symphonie in Grün. An den steil zum Meer abfallenden Ausläufern des *Ámpelos-Massivs* (*ampelos* = Weinberg) wächst nicht nur der berühmte Wein. Prachtvoll gedeihen in dieser Kulturlandschaft auch Obstbäume, Zypressen, Pappeln, lichte Olivenhaine und ganze Platanenwälder. Ein Geflecht enger Fußpfade verbindet die kleinen Bauerndörfer untereinander und mit ihren Hafensiedlungen an der Küste – für Wanderungen also ein ideales Gebiet, zumal viele der Wege markiert sind.

Kokkári

Sicher eine der schönsten Siedlungen der Insel. Auch dank der guten Strände und vielfältigen Ausflugsmöglichkeiten hat sich Kokkári zum beliebten Urlaubsort entwickelt.

Die "Steckzwiebel", so die Übersetzung von Kokkári, wächst rasant. Erfreulicherweise konnte der touristische Aufschwung die Attraktivität des Ortsbildes bislang kaum beeinträchtigen. Die viel fotografierte Visitenkarte Kokkáris, seine reizvoll zwischen zwei felsigen Halbinseln geschwungene Hafenbucht mit der tavernengesäumten Promenade, ist immer noch so hübsch wie vor zehn Jahren. Die Atmosphäre wirkt angenehm und fröhlich, das Publikum etwas flippiger als sonst auf Sámos, die Stimmung ausgelassener.

• *Information* **Community Tourist Office**, an der Hauptstraße, ein Stück östlich der Kirche und der Bushaltestelle. Stadtpläne, Busfahrpläne, Zimmervermittlung etc. Zuletzt geöffnet Ende Mai bis Oktober, Mo–Sa 9–13 Uhr, Mo/Mi/Sa auch 19–21 Uhr. ✆ und 📠 22730-92333.

• *Übernachten* In vielen Häusern sind schon im Mai und noch im September Hochsaisonpreise zu zahlen.

Hotel Long Beach, ausgesprochen zentral und trotzdem ruhig an der westlichen Strandstraße, noch vor deren Zusammentreffen mit der Hauptstraße. Gemütliches kleines Haus am Strand, geführt vom freundlichen Charlie Paraskeva. Fast alle Zimmer zum Meer, die Bar- und Frühstücksterrasse ebenfalls. Viele Stammgäste. Geöffnet etwa April–Oktober, DZ rund 40–45 €, Frühstück extra. ✆/📠 22730-92150.

Pension Corali-Beach (A-Kat.), im Zentrumsbereich am westlichen Stadtstrand. Ordentliche Ausstattung, Infos über den Belegungsstand auch bei der Weinhand-

Eines der Badeparadiese auf Thássos: Alikí (A&GS) ▲▲
Abendstimmung in Chóra, Samothráki (A&GS) ▲

▲▲ Lésbos: am Hafen von Skála Kallonís (TS)
▲ Vorbei an schroffen Felsen: Bootspartie im Südwesten von Sámos (TS)

Eingang zum Großmeisterpalast Rhódos ▲▲
Altstadt (HPS)

Die Anthony-Quinn-Bucht auf Rhódos (HPS) ▲▲
Traumbucht im Nordwesten von Sámos: ▲
Mikro Seitáni (TS)

▲▲ Filérimos ist eines der beliebtesten Ausflugsziele auf Rhódos (HPS)
▲ Vor dem Ansturm: Strand in Faliráki auf Rhódos (HPS)

lung "Cava Kokkári" gegenüber der Bushaltestelle. DZ/Bad je nach Lage und Saison etwa 25–35 €; ✆ 22730-92316, 📠 92672.

Pension Cristina (A-Kat.), eine der recht zahlreichen Pensionen an der westlichen Strandstraße, schon fast in der Nähe der Kreuzung mit der Umgehungsstraße. Gute Zimmer, z. T. mit Balkon zum Meer, Küchenbenutzung möglich. DZ/Bad etwa 25–30 €. Falls belegt, hat der Besitzer noch weitere Quartiere im Ort anzubieten. ✆ 22730-92532.

Pension Eleni (A-Kat.), zu erreichen von der westlichen Strandstraße, ein Stück landeinwärts versetzt; Nähe Disco "Club Cabana" und damit relativ zentral; Infos auch in der nahen Bäckerei. Ordentliche Pension mit Kochmöglichkeit und Kühlschrankbenutzung, DZ/Bad 30–35 €. Auch Studios. ✆ 22730-92317.

Pension Elena (B), in der Nähe der Post. Recht einfache, aber saubere Pension, geführt von der freundlichen, deutschsprachigen Elena. Jedes Zimmer mit Dusche oder Bad, die teilweise allerdings außerhalb der Zimmer liegen; Terrasse, Kühlschrank und Küche zur allgemeinen Nutzung. Geöffnet Mai–Oktober, DZ nach Saison, Nachfrage und Aufenthaltsdauer 20–30 €. ✆ 22730-92164.

• *Essen* **Taverne Ámmos Plaz**, unweit der Kreuzung der zentralen Hauptstraße mit der westlichen Uferstraße, von den vielen Stammgästen schlicht "Bei Maria" genannt. Kleine Veranda zum Meer, die durch verschiebbare Glaswände vor der Wut des Meltémi geschützt werden kann, authentische griechische Küche, Spezialität Lamm. Oft voll belegt, deshalb besser etwas vor oder nach den üblichen Essenszeiten kommen.

Taverne I Bira ("The Beer"), bei der Bushaltestelle. Eine authentische alte Taverne, bereits 1925 gegründet und das erste Lokal Kokkáris, das Bier ausschenkte. Sehr beliebt und oft besetzt; einfache, gute und preiswerte Tavernenküche.

Taverne Marina, in etwas ungünstiger Lage westlich außerhalb des Zentrums an der Straße Richtung Karlóvassi, noch hinter der Kreuzung mit der Strandstraße. Die Küche ist jedoch gut, die Speisekarte vielfältig; Spezialitäten sind Ziege, Lamm und Huhn aus dem großen Ofen, der natürlich nur bei entsprechender Nachfrage in Betrieb ist. Mehrere Leser waren sehr angetan.

▸ **Baden**: im Ort eine kleine, oft überfüllte Bucht. Am langen Kiesstrand westlich des Zentrums ist mehr Platz. Etwa 1,5 bzw. 2 km westlich von Kokkári liegen die reizvolleren Strandbuchten *Lemonákia* und *Tsamadoú* mit Bars, Sonnenschirm- und Liegestuhlverleih.

Westlich von Kokkári

▸ **Vourliótes**: Das urwüchsige Bergdorf liegt inmitten fruchtbarer, von Weingärten, Zypressen und Obstbäumen geprägter Hänge. Hier, auf über 300 m Höhe, liegt das Zentrum des samischen Weinbaus. Mit seiner schönen Platia, den guten Tavernen, erkergeschmückten Steinhäusern und malerischen Gassen avancierte Vourliótes zum viel besuchten Ausflugsziel. Das nahe Kloster Moní Vrontá wurde leider beim großen Brand im Sommer 2000 zerstört, soll künftig aber wieder restauriert werden.

▸ **Tal der Nachtigallen**: Kurz vor der Küstensiedlung Ágios Konstantínos zweigt ein Stichsträßchen ins malerische Bergdorf *Manolátes* ab. Es durchquert das wohl schönste Flusstal der Insel, eine Oase aus Oleanderbüschen, murmelnden Bächen und einem riesigen, hochstämmigen Platanenwald.

Karlóvassi

Wichtiger Fährhafen und mit knapp 5000 Einwohnern die zweitgrößte Stadt der Insel. Die eher reizlose Siedlung besteht aus verschiedenen Ortsteilen, die sich über ein ausgedehntes Gebiet verteilen und von Feldern und Brachflächen getrennt werden. *Neo Karlóvassi* markiert das heutige Zentrum, in dem alle wichtigen Versorgungseinrichtungen inkl. der Busstation zu finden sind. Das recht lebendige Viertel liegt um die große, eher nichtssagende Platia Valaskatsi, an die sich westlich eine kleinere und freundlichere Platia anschließt.

Karte S. 537

Nett anzusehen – die kleine Muttergotteskapelle in Neo Karlóvassi

Limáni nennt sich der ein ganzes Stück weiter westlich gelegene Hafen, auch er ein eigenständiges Viertel. Das Umfeld hat sich in den letzten Jahren nach Kräften herausgeputzt. Eine ganze Reihe von Terrassenrestaurants flankiert nun das Hafenbecken und am Abend entwickelt sich Limáni zum Haupttreffpunkt der städtischen Jugend.

Paléo Karlóvassi, auf einem Hügel im Hinterland des Hafens und auch von Meséo Karlóvassi über eine Straße zu erreichen, wirkt dagegen fast ausgestorben. Nostalgie und die wehmütige Erinnerung an bessere Zeiten prägen das hübsche, in sich geschlossene Viertel unterhalb der weithin sichtbaren Dreifaltigkeitskirche. Trotz des steilen Aufstiegs ist "Alt-Karlóvassi" einen Abstecher wert.

• *Übernachten* **Hotel Erato** (C-Kat.), an der Küstenstraße etwa 500 m östlich des Hafens. Hübsches und komfortables, 1993 errichtetes Hotel; Dachgarten mit Blick. Geöffnet Mai–Oktober, DZ je nach Saison etwa 30–50 €. ✆ 22730-35370, ℻ 35180.

Hotel Astir (D-Kat.), ein freundlicher Familienbetrieb meerwärts des Zentrums von Meséo Karlóvassi, noch in passabler Fußentfernung (1,5 km) vom Hafen; von dort entlang der Küstenstraße, vor der Ouzerí Kyma rechts in die Odós 08. Maiou, später links in die Sackgasse. Das zartblaue, zweistöckige Gebäude liegt schön ruhig, Juniorchef Theo kennt sich in und um Karlóvassi bestens aus. Die Zimmer (alle mit Balkon) sind eher einfach, aber sauber und besitzen teilweise auch Kühlschrank und Aircondition; es gibt sogar einen gepflegten Pool. DZ/Bad nach Saison etwa 25–40 €. Geöffnet April–Oktober, ✆ 22730-33150, ℻ 34074, www.astirofsamos.com.

▸ **Baden**: Der *Potámi-Strand*, etwa 1,5 km südwestlich des Hafens von Karlóvassi, zählt zu den besten Stränden der Nordküste. Die Bucht aus Sand und Kieseln erstreckt sich über einen guten Kilometer; Tavernen, Liegen- und Sonnenschirmverleih sind vorhanden.

Foúrni

Die Bootsverbindungen sind schlecht, die Übernachtungsmöglichkeiten spärlich. Entsprechend wenige Besucher finden den Weg zur Inselgruppe Foúrni.

Vielleicht ist gerade diese Abgeschiedenheit für manchen ein Anreiz, die lang gestreckte Hauptinsel und ihre Trabanten einmal näher in Augenschein zu nehmen. Den Reisenden erwartet eine sehr meerverbundene Inselwelt, die bisher vom Tourismus weitgehend unbeeindruckt blieb, auch wenn mittlerweile gelegentlich Ausflugsfahrten von Sámos hierher stattfinden. Komfortable Hotels hat Foúrni ebenso wenig zu bieten wie Sehenswürdigkeiten im üblichen Sinn, stattdessen freundliche Bewohner und eine Landschaft von spröder Romantik. Mit etwas Initiative ist es ohne weiteres möglich, einen einsamen Strand nur für sich zu entdecken. Schwieriger kann es da schon werden, im Hochsommer eine Unterkunft aufzutreiben: Die wenigen Betten sind dann meist mit Emigranten auf Heimatbesuch und mit griechischen Urlaubsgästen belegt.

Insgesamt 21 kleine Inseln und Inselchen bilden den weltentrückten Archipel, dessen Einwohner fast alle vom Fischfang leben. Besiedelt sind nur die Hauptinsel *Foúrni* und weiter westlich die Insel *Thýmaina.* Autos sind eine Seltenheit, Schiffe das wichtigste Verkehrsmittel zwischen den wenigen Ortschaften. Die großen Fähren können nur den Hafen des Hauptorts *Foúrni* anlaufen; die Versorgung des winzigen, etwa 15 km nördlich gelegenen Weilers *Chrysomiliá* und des kleinen Dorfes *Thýmaina,* einzige Siedlung der gleichnamigen Insel, wird von kleineren Booten übernommen.

Foúrni auf einen Blick

Größe: 46 qkm (Hauptinsel 30 qkm); 126 km Küstenlänge!

Bevölkerung: Etwa 1350 Einwohner, davon gut 1200 auf der Hauptinsel Foúrni, knapp 150 auf Thýmaina.

Geografie: Die Inseln sind hügelig; höchste Erhebung ist mit 514 m der Korakas ("Rabe") im Norden der Hauptinsel.

Hauptort: Foúrni, gleichzeitig der Fährhafen

Feste: Marienfest am 15. August, das Hauptfest der Inseln.

Foúrni-Ort

Der Hafen bildet naturgemäß das Herz des gepflegten, hübschen Ortes. Tamarisken spenden Schatten, eine Handvoll Tavernen und Kafenia lädt zur Rast mit Aussicht. Die Platia von Foúrni, von zwei uralten Platanen beschattet, versteckt sich ein Stück landeinwärts, am Ende einer kurzen Pflastergasse, die mit den wichtigsten Einrichtungen und einer Reihe von Geschäften gewissermaßen als "Hauptstraße" des Örtchens fungiert. Hauptattraktion des Platzes ist ein schöner Marmorsarkophag aus wahrscheinlich vorchristlicher Zeit, der im Umfeld der angrenzenden Nikolauskirche ausgegraben wurde.

• *Verbindungen* Achtung, auf Foúrni kann man besonders zur NS leicht hängen bleiben! Fähren von/nach Sámos (Sámos-Stadt/Karlóvassi), Ikaría (Ágios Kírikos oder Évdilos) und Piräus im Sommer 3- bis 4-mal wöch., nach Chíos 1-mal wöch. Zur Saison 2-mal wöch. Tragflügelboote von/nach Pythagório auf Sámos. Zusätzlich bestehen lokale Schiffsverbindungen nach Ágios Kírikos auf Ikaría, zum Dorf Chrysomiliá und zur Nachbarinsel Thýmaina. Zur Hochsaison verkehren auch Ausflugsboote zu verschiedenen Stränden.

• *Übernachten* Mehrere einfache Pensionen und einige Privatvermieter. Die Vermieter kommen bei der Ankunft zur Fähre. Im Sommer werden auch in der Kámpi-Bucht einige Zimmer angeboten.

Pension Koula, eine der besten Adressen vor Ort. Am Meer, vom Fähranleger kommend rechts halten; gute DZ mit TV und Aircondition kosten je nach Saison etwa 25–35 €. ✆ 22750-51114, ℻ 51332.

Domátia Manolis Markakis, Privatvermieter mit schönen und neuen Zimmern, DZ etwa 35–50 €. Manolis betreibt das moderne Kafeníon mit den Tamarisken vor dem Haus, in der Mitte des kleinen Hafenplatzes. Man kann dort auch gut frühstücken. ✆ 22750-51268 und -51355.

• *Essen* Foúrni ist eine Fischerinsel; Fischspezialitäten sind in den Hafentavernen deshalb, verglichen mit den meisten anderen ägäischen Inseln, erfreulich günstig.

Ikaría

Eine wilde, schroffe, auf den ersten Blick sehr abweisende Insel. Lange Jahre kannte Ikaría kaum Tourismus. Auch heute noch spielt der Fremdenverkehr nur eine geringe Rolle.

Ihre landschaftlichen Reize offenbart die Insel erst bei näherer Bekanntschaft. Der über 1000 m hohe Gebirgszug des *Óros Athéras* durchzieht das schmale Eiland fast auf voller Länge und stürzt nach Süden steil ins Meer ab. Tiefe Schluchten und Risse durchschneiden den steinernen Wall, an dessen Höhen sich kaum ein Busch klammert. Ausgedehnte Wälder bedecken die Hänge der nördlichen Küste, an der sich auch die schönsten Strände befinden. Hier liegen auch die bescheidenen Fremdenverkehrszentren *Évdilos, Armenistís* und *Nás*; die Inselhauptstadt *Ágios Kírikos* bleibt für die meisten Reisenden höchstens Durchgangsstation.

Ikaría auf einen Blick

Größe: 255 qkm, Länge 40 km, größte Breite 9 km, Küstenlänge 102 km.

Bevölkerung: 5700 Einwohner, davon etwa 2000 in der Hauptstadt.

Geografie: Der Gebirgszug Atheras durchzieht fast ganz Ikaría. Höchste Erhebungen sind die Gipfel Fardi (1037 m) im Osten und Melissa (1033 m) im Südwesten.

Wichtige Orte: Ágios Kírikos – die Hauptstadt; Thermá – griechisch geprägtes Heilbad; Évdilos – Fährhafen der Nordküste; Armenistís – wichtigster Ferienort.

Übernachten: außer in den angesprochenen Orten nur in Nás und Christós Ráches.

Baden: Die schönsten Sandstrände liegen zwischen Évdilos und Armenistís.

Straßen: Die Hauptstraße von Ág. Kírikos bis Armenistís ist asphaltiert; viele andere Straßen sind unbefestigte Pisten.

Entfernungen ab Ag. Kírikos: Évdilos 41 km, Armenistís 58 km.

Mietfahrzeuge: in Ágios Kírikos, Évdilos und Armenistís; in Gialiskári ein Mopedverleih.

Tankstellen: sehr dünnes Netz, immer auf Spritvorrat achten; Tankstellen in Agis Kírikos, Évdilos, bei Gialiskári und in Christós Ráches,

Geschichte: Aus dem Dunkel der Vorgeschichte tritt Ikaría mit der Ankunft ionischer Siedler um 750 v. Chr. Später wurde Ikaría wechselweise von Sámos, den Venezianern und der auf Chíos ansässigen genuesischen Handelsgesellschaft Maona beherrscht. Langfristig gelang es jedoch niemandem, der Seeräuber Herr zu werden, die mit ihren Überfällen immer wieder Angst und Schrecken verbreiteten. Schließlich übersiedelte deshalb der Großteil der Bevölkerung nach Chíos. Das *Jahrhundert der Unsichtbarkeit* begann. Nur wenige Familien waren auf Ikaría verblieben und hatten sich im Inneren der Insel versteckt. Die Tarnung war so erfolgreich, dass Ikaría im 16. Jh. als völlig verlassen, als unheimliche Geisterinsel galt. In jenem Jahrhundert der völligen Isolation wurde, so meinen viele, der Grundstock für die heute noch ausgeprägte Eigenart, den Stolz und das Traditionsbewusstsein der Ikarioten gelegt. Als Anfang des 17. Jh. Ikaría unter türkische Herrschaft geriet, wagten sich die Inselbewohner nur sehr allmählich aus ihren Verstecken. 1912 kam Ikaría endlich zum griechischen Staat. Der freilich behandelte die Insel nie sehr liebevoll: Im griechischen Bürgerkrieg (1945-1949) wurde der einsame Westen von Ikaría zum Verbannungsort linker Partisanen und deren Anhänger, unter ihnen auch der Komponist *Mikis Theodorakis.* Und noch bis vor wenigen Jahren galt Ikaría, dessen Einwohner bisher immer überwiegend kommunistisch wählten, der Regierung als "Rote Insel", wurde deshalb von Athen fast schon systematisch benachteiligt.

Abgestürzt

Ikaría, so will es die Sage, trägt seinen Namen nach dem Jüngling Ikaros, der hier begraben wurde. Hätte er nur auf seinen Vater Dädalos gehört... Dädalos ist die eigentliche Hauptperson des Mythos, ein technisches Universalgenie. In Diensten des Kreterkönigs Minos geriet er mit diesem in Streit, als er mit einem Trick der königlichen Gattin die reichlich kuriose Vereinigung mit einem Stier ermöglichte. Da half es nichts, dass Dädalos das monströse Ergebnis dieser Liebesnacht, den Minotauros, in Schach hielt, indem er das berühmte Labyrinth als Gefängnis konstruierte – der König sperrte Dädalos in dessen eigene Erfindung. Nicht genug, den trickreichen Dädalos zu halten. Zusammen mit Ikaros bastelte er sich Flügel aus Federn und Bienenwachs, ermahnte seinen Sohn aber, nicht zu hoch zu fliegen. Der hielt sich zunächst auch an den väterlichen Rat, wurde dann aber doch in jugendlicher Begeisterung vom Höhenrausch gepackt. Es kam, wie es kommen musste: Die Sonne schmolz das Wachs, Ikaros stürzte ab und fand den Tod. Sein Vater begrub ihn auf der nächstliegenden Insel, die fortan den Namen des allzu kühnen Fliegers tragen sollte – Ikaría.

Verbindungen

• *Fähren* Angefahren werden entweder Ágios Kírikos oder Évdilos (für die Nordküste viel günstiger!).

Piräus-Ikaría-Sámos und zurück: von/nach Ágios Kírikos tägl., Évdilos 3-mal wöch. Ungefähre Preise für Deckspassagen nach Sámos etwa 8 €; nach Piräus 18 €, mit der Schnellfähre "Aeolos Express" deutlich mehr.

Chíos-Sámos-Foúrni-Ikaría und retour: Von/nach Ágios Kírikos 1-mal wöch.; Preis nach Chíos etwa 15 €; Fahrzeugmitnahme ist in begrenztem Umfang möglich.

Weitere Fährverbindungen: nach Páros und Náxos2-mal, Pátmos 1-mal wöch., Mýkonos und Sýros 3-mal wöch., außerdem lokale Schiffsverbindung mit Foúrni.

Tragflügelboote von Ágios Kírikos nach Pythagório zur Saison 2-mal wöch., p. P. 16 €.

• *Flug* Flughafen in der Nordostecke der Insel, etwa 10 km von Ágios Kírikos; Kleinbusverbindung. Flüge in kleinen Maschinen von/nach Athen je nach Saison 3- bis 5-mal wöchentlich.

Ágios Kírikos

Eine genügsame, kleine Hauptstadt, die im gleichen gemächlichen Rhythmus lebt wie die gesamte Insel. Zu den herausgeputzten Touristenorten zählt Ágios Kírikos jedenfalls nicht, ist von sehr unaufdringlichem Charme. Auf dem zum Meer geöffneten Hauptplatz und in den angrenzenden, überwiegend sehr traditionellen Kafenia trifft sich abends die halbe Einwohnerschaft zum Schwatz. Fremde lassen sich zumindest in der Nebensaison an den Fingern abzählen, denn Sehenswürdigkeiten fehlen ebenso wie gute Strände.

Karte S. 537

• *Information* in den Agenturen **Icariada-Travel** (✆ 22750-23322) und **Dolichi-Tours** (✆ 22750-23230). Dort auch Tickets, Auto- und Zweiradverleih, Zimmerreservierung sowie Vermittlung von Taxifahrten.

• *Verbindungen* **Bus**: Die Linie Ágios Kírikos-Évdilos-Armenistís wird nur im Hochsommer wirklich zuverlässig bedient. Sonst sind Abfahrten eher Glückssache.

• *Übernachten* Privatvermieter in der Umgebung des Hauptplatzes; zur HS überall Engpässe.

Hotel Kastro (C), komfortables, ruhiges Hotel östlich oberhalb des Hauptplatzes, erste Wahl in Ágios Kírikos. Der Besitzer ist inoffizieller Tourismusmanager der Insel. DZ/Bad nach Saison etwa 50–75 €, gelegentlich auch mal günstiger. ✆ 22750-23480, 📠 23770.

Pension Maria Elena, inseleinwärts im Gebiet oberhalb des Hafens: die Straße in der Verlängerung des Fähranlegers hinauf, dann links, beschildert. Ordentliche Pension in ruhiger Lage, sauber. DZ etwa 35–50 €. ✆ 22750-22835, 📠 22223.

• *Essen* **Taverne I Klimataria**, im Gassengewirr hinter dem Hauptplatz. Tische und Stühle vor blau-weiß bemalten Mauern, überschattet von einem Dach aus Weinblättern; insgesamt sehr nette Atmosphäre.

▸ **Baden**: Richtung Thermá einzelne kleine Kiesbuchten; im Südwesten, Richtung Thermá Lefkadas, entlang der Küstenstraße einige Kies- und Kieselstrände.

▸ **Thermá**: Der Kurort, dessen heiße und radioaktive Quellen bereits in der Antike genutzt wurden, liegt an der Mündung eines engen Flusstals, etwa 2 km nordöstlich von Ágios Kírikos. Mit eleganter Kurbad-Atmosphäre kann Thermá nicht aufwarten; die Gäste, vor allem ältere Griechen, lassen sich's dennoch wohl sein. Die Badeanlagen (Saison nur im Sommer) sind schlicht, aber sauber.

Kurbad seit der Antike

Die Besucher von Thermá kommen allesamt wegen der heißen Radonquellen, die hier zum Kurbetrieb genutzt werden. Diese Tradition reicht bis weit in die Antike: Nordöstlich des heutigen Ortes wurden Reste der alten Stadt Thermai entdeckt, unter denen sich auch Bruchstücke von Wasserleitungen und Wannen aus Marmor fanden. Ungewöhnlich sind die großen Unterschiede, die die einzelnen Quellen bezüglich Temperatur, Mineraliengehalt und Radioaktivität aufweisen. Entsprechend lang die Liste der Indikationen, darunter Allergien, Arthritis, Hauterkrankungen, Rheuma und Neuralgien.

Nordwesten

Wer sich als Reisender länger auf Ikaría aufhält, landet früher oder später hier – und bleibt: Im Nordwesten liegen die weitaus besten Strände der Insel.

Man muss deshalb kein Prophet sein, um dieser Region die stärkste Entwicklung vorherzusagen, sollte in einigen Jahren der organisierte Tourismus auf Ikaría Einzug halten. Dabei ist das in Frage kommende Gebiet relativ eng begrenzt. Erschlossen durch eine gute Asphaltstraße, liegt es an der nördlichen Küste zwischen *Évdilos* und *Armenistís*, dem wichtigsten internationalen Fremdenverkehrsort der Insel. Hier, und nur hier, erstrecken sich die wenigen lang gezogenen und sandigen bis kiesigen Strände, die schon vor einiger Zeit den Anlass zum Bau der ersten größeren Hotels gaben. Bislang hält sich die Erschließung noch in sehr engen Grenzen – bleibt abzuwarten, was die Zukunft bringt.

Achtung Bei hohem Seegang kann das Baden an der Nordküste lebensgefährlich sein! Die starken Strömungen, die sich dann entwickeln, fordern fast jährlich ihre Opfer.

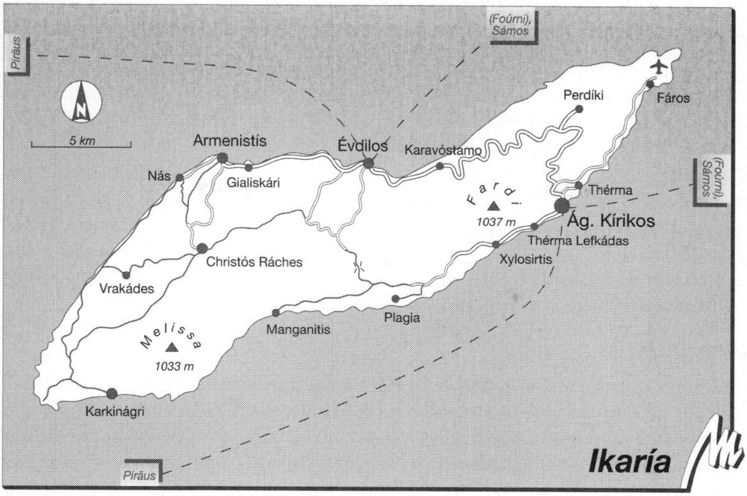

Évdilos

Der Fährhafen ist mit ganzen 500 Einwohnern zweitgrößte Siedlung der Insel. Obwohl alle wichtigen Einrichtungen vorhanden sind, ist Évdilos doch eher Dorf denn Städtchen. Der Tourismus spielt nur eine bescheidene Rolle: Sehr zum Ärger der Vermieter bleibt kaum einer der relativ wenigen Besucher länger hier; wohl auch, weil der nächste größere Strand doch ein Stück außerhalb liegt. Schade eigentlich, denn das kleine Hafenrund, an dem Kinder um den Kiosk toben und vor dessen Kafenia Männer bis spät in die Nacht Tavli spielen, macht einen ausgesprochen sympathischen Eindruck.

• *Übernachten* **Hotel Evdoxia** (C-Kat.), 153 schweißtreibende Stufen oberhalb des Hafens. Modern; gut ausgestattete, etwas kleine Zimmer, tolle Aussicht. Ganzjährig geöffnet, DZ etwa 60 €. ✆ 22750-31502, www.evdoxia.gr.

Hotel Atheras (C-Kat.), im Ort, nur etwa 200 m vom Hafen. Ordentliche Zimmer mit Klimaanlage und Kühlschrank; etwas preisgünstiger als das "Evdoxia". Kleiner Meerwasserpool. ✆ 22750-31434.

▸ **Kámpos**: Die Streusiedlung liegt etwa 2 km westlich von Évdilos in einer fruchtbaren, von Hügeln umgebenen Schwemmlandebene. Unterhalb erstreckt sich ein reizvoller, etwa 400 m langer Strand. Auf dem kegelförmigen, terrassierten Dorfhügel von Kámpos stand einst die Akropolis der antiken Stadt *Oinoe*, gegründet spätestens um 750 v. Chr. und jahrhundertelang Hauptstadt der Insel. Ihr Wohlstand resultierte vor allem aus dem Weinbau, auf den auch der Name verweist, der sich aus dem altgriechischen Begriff für "Rebstock" ableitet. Irgendwann in frühchristlicher Zeit verlassen, errichteten Byzantiner die Siedlung neu und nannten sie nach einem uralten Namen Ikarías *Dolichi*. Aus jener Zeit stammt noch die Kirche *Agía Irini*. Der heiligen Irene geweiht, steht das Gotteshaus aus dem 11. Jh. über den teilweise noch erkennbaren Grundmauern einer frühchristlichen Kirche; auch Teile eines alten Mosaikfußbodens sind noch erhalten. Nebenan zeigt ein winziges Museum Funde aus der antiken Stätte.

Übernachten **Pension Vassilis Dionisos**, Lesertipp: "Vassilis betreibt eine Pension mit derzeit acht 2- bis 3-Bettzimmern, alle mit WC und Dusche. Außerdem hat er den Schlüssel für die Agía-Irini-Kirche und verwaltet das kleine Museum. Der Strand ist einige Gehminuten entfernt. Reichhaltiges Frühstück auf der Terrasse, ab und zu kocht Vassilis am Abend für die ganze Besatzung." Von Évdilos kommend im ersten Minimarkt rechter Hand fragen oder in der nächsten Linkskurve dem beschilderten Schotterweg folgen. Geöffnet April–Oktober, ✆ 22750-31300.

▶ **Gialiskári**: ein winziger Küstenweiler aus verstreuten Häusern. Westlich angrenzend reihen sich bis nach Armenistís die besten Strände der Insel. Wohl deshalb haben sich gleich mehrere, teilweise hübsch zum Meer gelegene Tavernen etabliert, bieten Privatvermieter (Tipp: "The Old Garden", ✆ 22750-71214) und im Sommer sogar ein kleiner Mopedverleih ihre Dienste an. Die reizvoll am Meer gelegene Kirche zählt zu den beliebtesten Fotomotiven der Insel.

Armenistís

Das sympathische kleine Hafendorf zählt zu den meistbesuchten Zielen der Insel. Jahr für Jahr nehmen die Gästezahlen zu, die Bautätigkeit leider auch. Noch hat der Pauschaltourismus jedoch nicht Fuß gefasst, bilden fast nur Individualreisende das bunt gemischte Publikum. Abends treffen sich Urlauber wie Einheimische auf der lauschigen Tavernenterrasse über dem Meer. Der Tag gehört dem Strandleben und Erkunden der reizvollen Umgebung.

Information **Marabou-Travel**, Tickets, Zimmervermittlung, Telefon, Geldwechsel, Fahrzeugvermietung und alle wichtigen Infos. ✆/℻ 22750-71460 und -71325.

Verbindungen **Bus**: Prinzipiell hat Armenistís 1- bis 2-mal tägl. eine Busverbindung über Évdilos mit Ágios Kírikos. Außerhalb der HS kann man sich darauf jedoch keinesfalls verlassen.

Mietfahrzeuge: mehrere Vermieter im Dorf. Marabou-Travel (s. o.) hat Autos, Mopeds und Fahrräder im Angebot.

Übernachten An fast jedem zweiten Haus offeriert ein Schild "Rooms". Dennoch ist zur HS oft jedes Bett belegt.

Hotel Cavos Bay (C-Kat.), großes Hotel in halbwegs zurückhaltender Architektur. Schöne Lage über der Felsküste, gute Zimmer, Meerwasserpool. Geöffnet Mitte April bis Oktober; DZ offiziell ca. 65–105 €, in der Regel jedoch deutlich günstiger – Nachfrage lohnt. ✆ 22750-71381/82.

Villa Dimitri, ein Tipp für einen längeren Aufenthalt. Maximal 14 Personen kann Dimitri Joanidopoulos, der perfekt Deutsch spricht, in den verschiedenen Appartements seines fantastisch gelegenen, wellenförmig zum Meer hinabfließenden Hauses unterbringen. Dimitri, einer der besten Kenner der Insel und ihrer alten Fußwege, versteht sich als Botschafter der Landschaft und Kultur Ikarías, die er seinen Gästen auf Wanderungen, bei der Weinlese oder auch einem gemeinsam zubereiteten Zickleinbraten nahe bringt. Er stellt allerdings auch Ansprüche an seine Besucher: neugierig auf die Insel sollten sie schon sein, kommunikativ und wanderlustig auch. Zweier-Studios kosten je nach Saison etwa 40–60 €, Mindestaufenthalt etwa eine Woche. Geöffnet Mitte Februar bis Mitte November, viele Stammgäste, Reservierung fast unabdinglich. Zu suchen an der Piste Richtung Nás, 300 m hinter dem Ortsschild; ✆/℻ 22750-71310. Buchung in Deutschland unter ✆/℻ 089/6901097, www.villa-dimitri.de.

Pension Dolichi (A-Kat.), solides Quartier am Hang des Dorfhügels, der immer mehr zugebaut wird. Alles in einem: Zimmer (DZ 30–50 €), Zweier-Studios (35–55 €) und Appartements (45–65 €) für drei bis vier Personen. ✆ 22750-71450, ℻ 71451.

Pension Ikaros (B-Kat.), direkt im Ort, am Hafen beschildert. Idyllischer Garten, freundliche Besitzer, einfache Zimmer. Ganzjährig, DZ nach Ausstattung (ohne/mit Bad) und Saison 15–30 €. ✆ 22750-71238.

Essen **Taverne Pashalia**, kurz vor dem Hafen. Erste Adresse für Fischgerichte, die Besitzer fahren selbst aufs Meer hinaus.

Taverne Symbosio, auf der Tavernenterrasse über dem Hafen. Seit vielen Jahren ein beliebter Treffpunkt.

▸ **Baden**: zwei schön geschwungene Strände gleich östlich, durch eine Felshalbinsel getrennt: *Livádi* und *Mesáchti*. Im Umfeld mehrere Tavernen, Schatten ist allerdings Mangelware. Vorsicht bei hohem Seegang: gefährliche Strömungen! Es gab schon Tote.

Umgebung von Armenistís

▸ **Nás**: Gut 3 km westlich von Armenistís mündet das Flüsschen *Chalaris* in eine entzückende kleine Strandbucht. Das dschungelgleich bewachsene Flusstal ist ein Refugium seltener Tierarten und gleichzeitig ein uraltes Heiligtum: Reste eines Tempels erinnern an den sagenumwobenen Kult der Artemis Tauropolos, der "Stiergöttin". Diese älteste und bedeutendste Kultstätte auf Ikaría wurde wahrscheinlich schon in mykenischer Zeit gegründet, obwohl die frühesten Funde erst aus dem 5. Jh. v. Chr. datieren. Oben am Hang liegen einige Tavernen, die alljährlich mehr Gäste anlocken. Der kleinen Oase unterhalb gereicht der Andrang nicht zum Vorteil – jeder Besucher bleibt deshalb aufgerufen, die Schönheiten dieses paradiesischen Fleckchens zu achten und zu bewahren. Bei hohem Seegang ist es dringend geraten, auf das Baden im Meer zu verzichten, denn in der engen Bucht entwickeln sich dann lebensgefährliche Strömungen, die schon mehrere Opfer gefordert haben.

• *Übernachten* Nur wenige Betten in der Pension, einigen Tavernen und, nur mit etwas Glück zu finden, in Privathäusern. Im Hochsommer ist Nás praktisch ausgebucht.

Pension Nás (A-Kat.), an der Strecke von Armenistís. Recht gut eingerichtet, mittleres Preisniveau. ✆ 22750-71489 oder Reservierung über die Taverne Najades, ✆ 22750-71488.

Taverne Artemis, einfache Zimmer, fast alle ohne eigenes Bad, sonst aber okay. Geöffnet Mitte April bis Mitte Oktober, DZ etwa 20–30 €. Es gibt auch Appartements, die etwa 30–55 € kosten. ✆ 22750-71485.

Thea's Restaurant and Rooms, quasi am "Ortseingang" von Nás. Fünf Zimmer, alle zur Meerseite, jeweils mit Bad und Kühlschrank; die Preise liegen etwas höher als bei der Taverne Artemis. Auch die Küche ist zu empfehlen. ✆ 22750-71419.

▸ **Christós Ráches**: Das Hauptdorf des Ráches-Gebietes im bergigen, wald- und schluchtenreichen Inselinneren bildet das lokale Zentrum des Westens. Traditionelle Kafenía, herrlich altmodische Geschäfte und nicht zuletzt die schöne Umgebung lohnen den Ausflug nach Ráches, wie das Dorf kurz genannt wird. Auf den Nachbarinseln heißt es manchmal, die Menschen von Ikaría lebten eher nachts als am Tag. Die Einwohner selbst lassen dies nur für die Bevölkerung von Ráches gelten. Hier stimmt es tatsächlich: Vor der Mittagszeit sieht man nur wenige Menschen und ab 14.30 schließt praktisch das gesamte Dorf völlig, um erst gegen 21 Uhr wieder allmählich zum Leben zu erwachen. Bis um drei Uhr, im Sommer sogar bis gegen fünf Uhr morgens gehen die Einwohner nun ihrem Alltag nach, kaufen ein und sitzen in den Kafenía. Seltsames, glückliches Ráches!

• *Übernachten* **Hotel Ráches** (C), ganz in der Nähe der Hauptplatia. Zwölf Zimmer, geöffnet ab Juni bis in den Oktober, preiswert. Ein Restaurant mit hübschem Garten ist angeschlossen. ✆ 22750-41269.

Karte S. 537

Karge Einsamkeit inmitten der Ägäis

Dodekanes

Man nehme ein Prise Sandstrand (Pátmos), einen Schuss Tourismus (Kos und Rhódos), vermenge dies mit einer Vulkanlandschaft (Níssiros), garniere alles mit italienischem Einfluss (Léros) und setze auf das Angerichtete ein flauschiges Schwammhäubchen (Kálymnos). Fertig wäre ein Menü à la Dodekanes!

Wie alle anderen griechischen Inseln weisen auch die zwölf Hauptinseln des Dodekanes zum Teil einzigartige Charakteristiken auf, die bei den Urlaubern großen Zuspruch finden. Neben den Kykladen, den Ionischen Inseln und den Sporaden zählt diese Inselgruppe zu den beliebtesten Reisezielen bei Griechenlandtouristen. Dies hat mehrere Gründe: Die Flugverbindungen nach Kos und Rhódos sind ausgezeichnet und der landschaftlichen Vielfalt und Abwechslung sind keine Grenzen gesetzt – dünenartige Sandstrände im Norden von Kos, das Inselchen Tílos, auf dem scheinbar die Zeit stehen geblieben ist, oder die mächtige, karge Gebirgswelt von Kálymnos.

Der Dodekanes im Überblick

Die Hauptinsel und Verwaltungshauptstadt des Dodekanes (= zwölf Inseln) ist Rhódos. Insgesamt umfasst der Dodekanes allerdings 50 größere und 150 kleine Inseln. 13 davon sind ganzjährig bewohnt. Sie besitzen auch eine unabhängige Verwaltung. Die wichtigsten und hier beschriebenen Inseln sind: Arkí (7 qkm), Astipálea (95 qkm), Chálki (47 qkm), Kálymnos (109 qkm), Kárpathos (282 qkm), Kássos (66 qkm), Kastellórizo (9 qkm), Kos (290 qkm), Léros (64 qkm), Níssiros (41 qkm), Pátmos (34 qkm), Rhódos (1398 qkm), Sými (58 qkm), Télentos (5 qkm), Tílos (59 qkm).

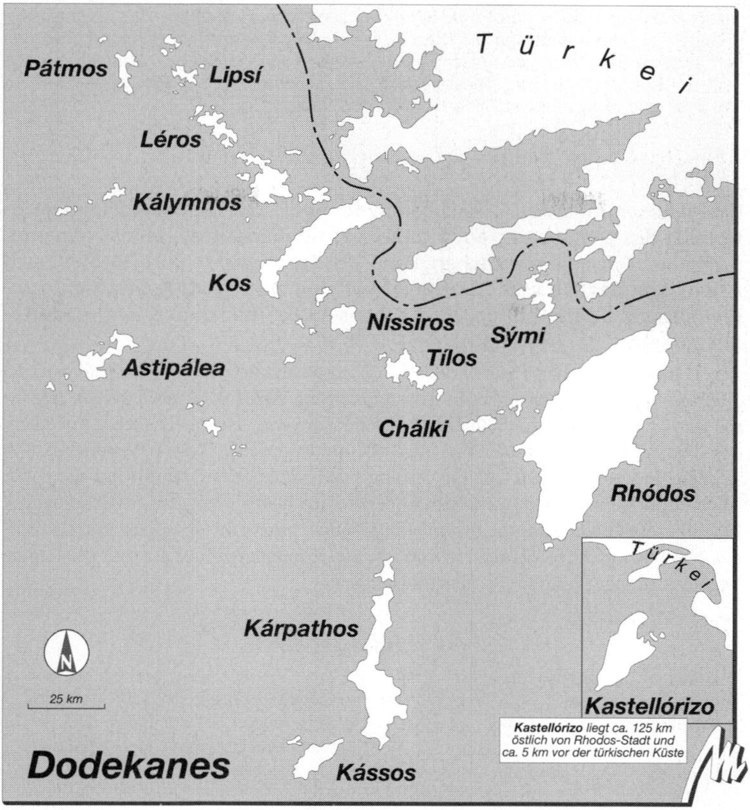

Schließlich noch ein Hinweis, der selbstverständlich für die meisten Inseln Griechenlands gilt: In der Hochsaison ist der Trubel überall enorm, die Cafés sind gut besucht, die Strände voll und von Ruhe ist nur noch wenig zu merken. Unser Ratschlag: Flüchten Sie für einige Tage auf eine der kleineren Inseln (insgesamt fast 50!), z. B. nach *Sými, Lipsí, Chálki, Psérimos* oder *Arkí*.

Verbindungen

• *Fähren* Die Inseln des Dodekanes sind in den Sommermonaten täglich (oft auch mehrfach) von **Piräus** aus zu erreichen. Die Fahrzeit von Piräus nach Rhódos beträgt ca. 18–20 Stunden. Zudem gibt es jeden Montag eine Fährverbindung, die auch auf den Kykladen Station macht (Piräus, Páros, Katápola, Egiali, Astipálea, Kos, Níssiros, Tílos, Sými, Rhódos und Kastellórizo). Für die Strecke Piräus–Rhódos muss man mit 25 € (billigste Klasse) rechnen.

Innerhalb des Dodekanes sind die Verbindungen ausgezeichnet. Neben den großen Fähren von und nach Piräus pendeln etliche kleinere Schiffe zwischen Patmos und Rhódos. Ebenfalls gut zu erreichen sind die Inseln Sámos, Ikaría und zahlreiche Ausflugsinseln (Lipsí, Arkí, Chálki usw.).

• *Flugzeug* Von Rhódos, Kos, Kárpathos, Kastellórizo und Kássos bestehen in den Sommermonaten innergriechische Flugverbindungen. Drehscheibe des Flugverkehrs

Dodekanes Karte S. 619

ist der moderne, großzügige Flughafen in Rhódos. Von hier aus starten die Maschinen auch zu allen wichtigen griechischen Städten wie Athen, Íraklion, Thessaloníki, Mýkonos und Santoríni. Der übrige innergriechische Flugverkehr (mit Olympic Airways) läuft jedoch fast immer über den Athener Airport. Bei Inlandsflügen müssen Sie bisweilen auch Verspätungen in Kauf nehmen.

Rhódos

Ein Klassiker unter den Reisezielen in der Ägäis und die mit Abstand größte Insel des Dodekanes, auch "Insel des Sonnengottes Helios" genannt. Aufgrund ihrer geografischen Lage als Sprungbrett von Europa nach Asien kann das "ägäische Mallorca" auf eine wechselvolle Geschichte zurückblicken. Überall auf der Insel gibt es antike Ruinen und jahrhundertealte Kapellen.

Schon Julius Cäsar hatte auf Rhódos Erholung gesucht. Doch erst die Italiener, die 1912 die Türken als Vormacht in der südöstlichen Ägäis ablösten, erhoben mit ihren Investitionen Rhódos allmählich wieder zum attraktiven Reiseziel. Vor allem mit dem Ausbau der Infrastruktur und den umfangreichen Restaurierungen halfen sie dem Fremdenverkehr auf die Sprünge. Seit den 1950er Jahren hat dann der Massentourismus Einzug gehalten. Die Insel ist heute eines der meistbesuchten Urlaubsziele Griechenlands: traumhafte Strände, eine wunderschöne mittelalterliche Hauptstadt mit verwinkelten Gassen, 300 Sonnentage im Jahr und die üppige Vegetation locken jährlich Hunderttausende an.

Rhódos auf einen Blick

Größe: 1.398 qkm, Länge 77 km, Breite 38 km.

Bevölkerung: 100.000 Einwohner, davon etwa die Hälfte in Rhódos-Stadt.

Wichtigste Orte: Rhódos –Inselhauptstadt mit schöner Altstadt; Faliráki – Touristenhochburg; Líndos – viel besuchtes, idyllisches Dorf mit Akropolis; Triánda – Touristenort; Filérimos/Ialyssós – Ausflugsort mit viel Geschichte (Kloster); Profítis Ilías – zweithöchster Inselberg; Kamirós – antike Stadt; Émbonas – Bergdorf unterhalb des 1215 m hohen Attáviros; Monólithos – Bergdorf mit Burgruine; Mesanangros – einsames Dorf mit berühmter Kirche; Lachaniá – ruhiges Künstlerdorf mit herrlicher Platia; Kattaviá – südlichstes Dorf mit tollem Sandstrand am Kap Prasonísi.

Straßen: überdurchschnittlich gut ausgebautes Straßennetz, besonders entlang der Küste. Einige – z. T. schlecht befahrbare – Schotterstraßen gibt es vor allem noch im südlichen Inselinneren.

Entfernungen (von Rhódos-Stadt): Kamirós 34 km, Kastéllos 52 km, Líndos 55 km, Tsambiká -Beach 35 km, Monólithos 71 km, Faliráki 15 km, Gennadio 70 km, Profítis Ilías-Berg 48 km, Kattaviá 89 km.

Tankstellen: Optimales Tankstellennetz, selbst in abgelegenen Gegenden findet sich eine Tankstelle. Die südlichste Zapfsäule steht in Kattaviá.

Auto-/Zweiradverleih: in Rhódos-Stadt, Faliráki, Triánda, Líndos usw. Mietwagen (ohne Kilometerbeschränkung) ab ca. 50 € pro Tag, ca. 250 € pro Woche. Kleinwagen mit Sonnendach kosten etwa 10–20 % mehr. Ein kleines Moped ist ab 15 € am Tag zu haben.

Taxis: vor allem auf dem Land das wichtigste öffentliche Transportmittel, pro km ca. 0,50 €, in der Stadt 0,25 €, Grundgebühr ca. 1 €. Beispiele: Rhódos/Stadt–Líndos 28 €, Rhódos/Stadt–Flughafen 12 €. ✆ 22410-64712 oder 27666.

Karten: Die auf der Insel erhältlichen Karten haben alle ihre Mängel. Wir machten gute Erfahrungen mit der Rhódos-Karte von tc travel maps, Maßstab 1:100.000. Sehr verlässlich.

Der Koloss von Rhódos

Der Koloss von Rhódos ist allgegenwärtig: Jeder Souvenirladen präsentiert den "muscle-man" in Plastik, in Ton, auf Postkarten, als Poster, als Briefbeschwerer ... Der über 30 m hohe Gigant – die mit Abstand größte Statue der Antike – wurde um 290 v. Chr. in zwölfjähriger Arbeit zu Ehren von Helios, dem Sonnengott und Beschützer von Rhódos, errichtet. Der Inselpatron hatte die Rhodier vor der Eroberung durch die Mazedonier bewahrt. Die Statue soll breitbeinig mit einer Fackel in der Hand über dem Eingang des Mandráki-Hafens gestanden haben. Doch dies ist eher Legende als historische Wahrheit. Schon aus Gründen der Statik wäre ein solches Unternehmen gescheitert. Höchstwahrscheinlich stand die Riesenstatue in der Nähe des heutigen Großmeisterpalastes oder am Mandráki-Hafen. Andere Quellen platzieren ihn auf einen zentralen Platz in Rhódos-Stadt. Das vermutete auch der römische Schriftsteller Plinius, der schrieb: "Der Sonnenkoloss erregt selbst im Liegen das Staunen aller, die ihn sehen. Nur wenige können seinen Daumen umfassen."
Ein langes Leben war diesem Weltwunder allerdings nicht beschieden. Nur 63 Jahre behauptete die Kolossalstatue ihren Platz. Bereits 227 v. Chr. (evtl. auch 224 v. Chr.), nach nur ca. 63 Jahren, stürzte sie während eines Erdbebens ins Meer. Die Rhodier sammelten daraufhin fleißig Geld für den Wiederaufbau, doch das Orakel von Delphi warnte die Einwohner vor den schlimmen Folgen für die Stadt.

Bereits im 5. Jh. v. Chr. wurde die Stadt Rhódos von dem hoch angesehenen Architekten Hippodamos von Milet erbaut. Sofort eignete sie sich das Wahrzeichen der viel älteren Stadt Ialyssós an, die Granatblüte. Jeder Stein ist ein Stück Geschichte. Längst wurden die gewaltigen Befestigungen samt Palast aus der Ritterzeit mit Hilfe der Unesco restauriert. Nach Jahrzehnten der Passivität hat sich Rhódos – unterstützt von Zuwendungen der EU – in den letzten Jahren intensiv um den Erhalt des reichen kulturellen Erbes bemüht.
Obwohl Rhódos auf gleicher Höhe wie Nordafrika liegt, sind die Temperaturen selbst im Hochsommer erträglich. Das verdankt die Insel dem kühlenden, frischen, manchmal auch stürmischen *Meltémi*, einem Nordwestwind, der mit angenehmer Stetigkeit fast immer an der Nordküste bläst. Er sorgt sogar für niedrigere Wassertemperaturen, denn an der geschützten Südküste liegt die Temperatur in der Regel um drei Grad höher. Rhódos besitzt nicht die herbe, karge Schönheit der Kykladen. Die Insel ist eine botanische Oase in der Ägäis. Orangen und Limonen leuchten, Hibiskus und Bougainvillea blühen, Myrte, Thymian und andere aromatische Kräuter duften ...

Rhódos-Stadt an der Nordspitze der Insel ist unbestrittenes Zentrum des Inseltourismus. Hotelhochhäuser, unzählige Restaurants, Souvenirläden, Menschen dicht an dicht – ein wahrer Rummelplatz rund um die Uhr.
Doch wer die Insel in ihrer Ursprünglichkeit erleben möchte, sollte sich in Richtung Süden auf den Weg machen. Dort gibt es einsame Dörfer, bei *Gennádio* kilometerlange Kiesstrände, an der Westküste bei *Kattaviá* einsame Sandstrände, im Inselinneren eine wilde und herbe Gebirgslandschaft mit einsamen Klöstern und urigen, halbverlassenen Bergdörfern wie *Mesanagrós*. Bei *Kamirós* die Überreste einer antiken Stadt, *Líndos* mit seinen weißen, kubischen Häusern und dem prachtvollen Kastell auf einem Felsklotz, der karge, abweisende *Attáviros*, mit 1215 m der

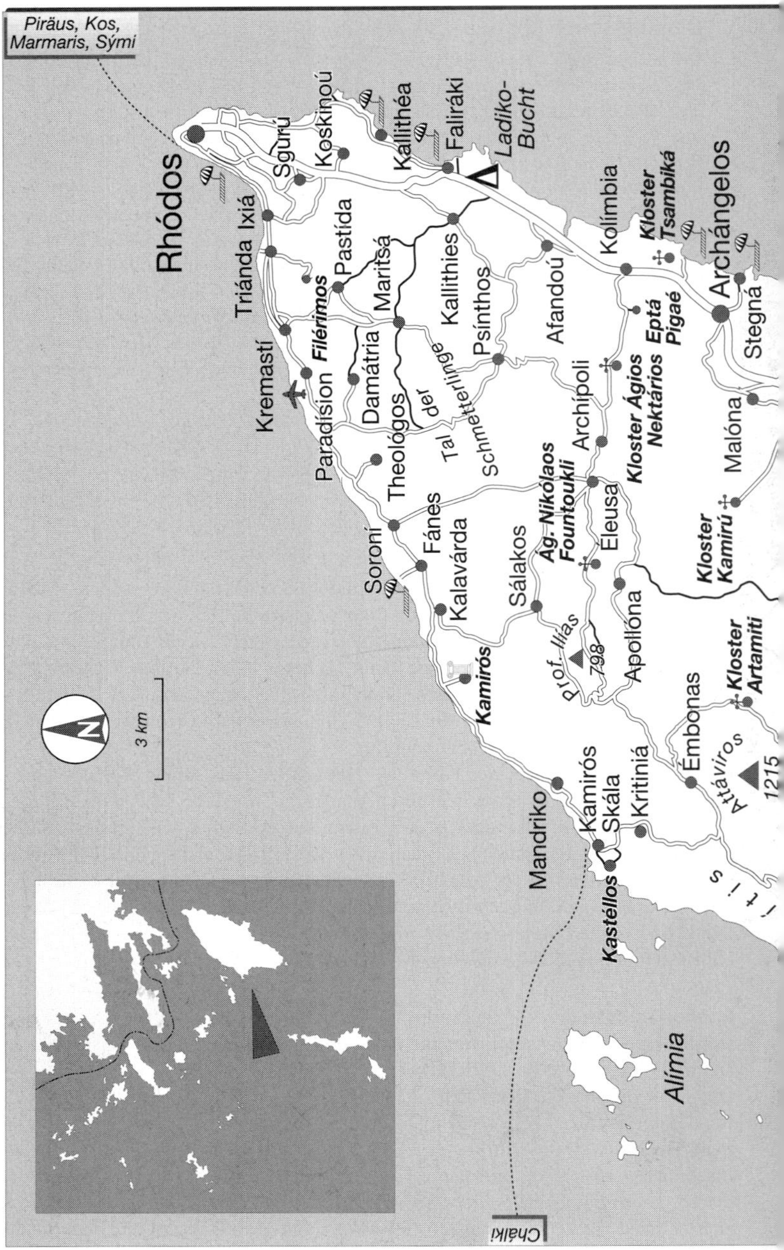
Piräus, Kos, Marmaris, Sými
Rhódos
Sgurú
Koskinoú
Kallithéa
Faliráki
Ladiko-Bucht
Triánda Ixiá
Pastída
Maritsá
Kallithies
Kolímbia
Kloster Tsambiká
Archángelos
Kremastí
Filérimos
Damátria
Psínthos
Afandoú
Eptá Pigaé
Stegná
Paradísion
Theológos
Tal der Schmetterlinge
Archípoli
Kloster Ágios Nektários
Malóna
Soroní
Fánes
Ág. Nikólaos Fountoukli
Éleusa
Kloster Kamirú
Kalavárda
Sálakos
Apollóna
Prof. Ilías
798
Kamirós
Kloster Artamiti
Émbonas
Attáviros
1215
3 km
N
Mandriko
Kamirós Skála
Kritiniá
Kastéllos
Alímia
Chálki

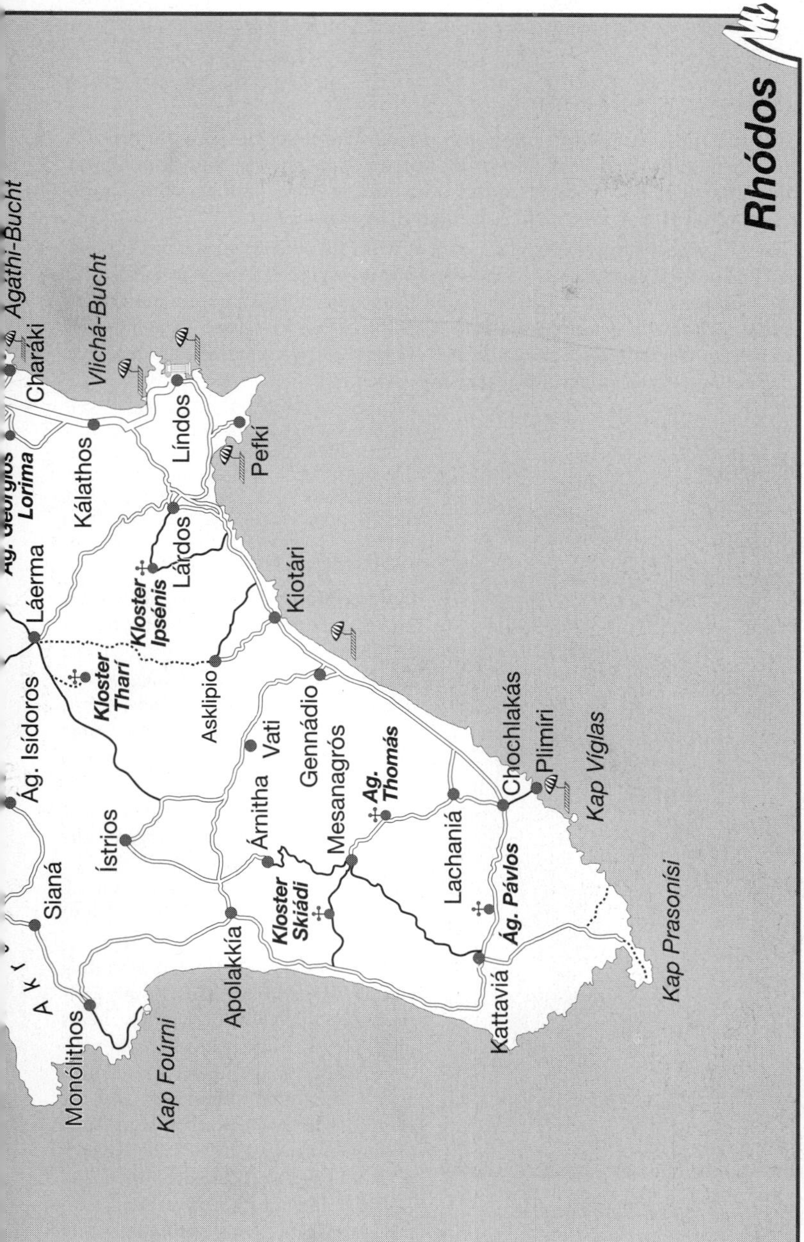

Dodekanes
Karte S. 619

höchste Berg der Insel, der *Profítis Ilías*, der zweitgrößte Berg mit seiner mitteleuropäischen Gebirgskulisse, die ruhigen Dörfer abseits ausgefahrener Touristenrouten ...

Verbindungen/Fähren

Mit Ausnahme von Kreta hat keine griechische Insel bessere Fährverbindungen als Rhódos. Fast alle größeren Ägäis-Inseln werden angelaufen. Eine Übersicht mit Abfahrtszeiten und Routen wird jährlich vom Tourismusbüro (auch von der GZF Deutschland!) ausgegeben.

Insbesondere bei längeren Strecken lohnt sich ein früher Kartenkauf; das gilt speziell für Kabinenplätze. Die gemächlichen Fähren verbinden Rhódos meistens über die Dodekanes-Inseln Kos, Kálymnos und Pátmos mit Piräus und das mindestens einmal täglich. Auf den größeren Fähren gibt es A- und B-Klasse-Kabinen sowie Deckplätze. Bei längeren Fahrten und schlechtem Wetter lohnt es sich durchaus, ein paar Euros mehr in eine Kabine zu investieren.

Im Hafen von Rhódos findet jeder seinen Platz

• Preisbeispiele (Deck) Kos (ca. 4 Std., Dauer abhängig von der Route) 11 €; Sými (1 Std.) ab 6 €; Chálki (ca. 2,5 Std.) 8 €; Kastellórizo (5 Std.) 13 €; Kárpathos (5 Std.) 15 €; Lésbos (ca. 18 Std.) 18 €; Piräus (15–20 Std., je nach Route) 32 €; Santoríni (16–17 Std.) 22 €; Mýkonos (18 Std.) 24 €; Iráklion/Kreta (12 Std.) 22 €; Náxos (22 Std.) 22 €.

Rhódos-Piräus: Rhódos ist täglich mit Piräus verbunden. Die Überfahrt dauert 14–18, manchmal auch 20 Stunden. Die Fähren fahren in der Regel über die Dodekanes-Inseln Kos, Kálymnos, Léros und Pátmos. Eine weitere Route führt über Chálki, Kárpathos, Kássos, Kreta, Santoríni, Páros und Náxos nach Piräus. Zum Inselhüpfen geeignet, nicht aber um nach Piräus zu gelangen – die Fahrt dauert ewig.
Preisbeispiele pro Person nach Piräus ab 32 € (Deck) bis 70 € (Kabine 1. Klasse), Zweiräder ab 14 €, Autos ab ca. 85 €.

Rhódos-Dodekanes: Jeden Nachmittag legt die Fähre nach Piräus ab mit Zwischenstopp in Kos, Kálymnos, Léros und Pátmos. Abgelegenere Inseln werden seltener angelaufen, Kastellórizo aber immerhin zumindest in der Hauptsaison zweimal pro Woche. Auch kleinere Inseln wie Chálki, Tílos, Níssiros oder Astipálea sind durch Fähren untereinander und mit Rhódos verbunden.
Die schnellste Schiffsverbindung auf dem Dodekanes sind die **Tragflächen-**

boote (Hydrofoils), die die Inseln Rhódos, Sými, Chálki, Tílos, Kos, Níssiros, Kálymnos, Léros, Astipálea und Pátmos miteinander verbinden. Die Schiffe schaffen in rekordverdächtigen zwei Stunden die Strecke Rhódos–Kos, sind dafür aber gut doppelt so teuer wie ein normales Fährticket. Bitte beachten Sie, dass die meisten Tragflächenboote am Wochenende fahren.

Preisbeispiele/Hydrofoils Rhódos–Kos ca. 23 €, Rhódos–Sými ca. 10 €.

- **Rhódos-Kreta**: Zweimal wöchentlich fährt eine Fähre zu den kretischen Häfen Iráklion und Sítia. Preisbeispiel: Rhódos–Iráklion 20 € (Deck) bis 35 € (Kabine), Auto 100–135 €, Fahrtzeit ca. 12 Std.
- **Rhódos-Nordägäis**: einmal wöchentlich von Rhódos über Kos nach Thessaloníki. Deck oder Pullmannsitz 50 €, Kabine 30–85 €, Auto 150–200 €. Fahrtzeit ca. 22–25 Std.

Verbindungen/Flugzeug

Wer nach Rhódos fliegt, kommt im Paradies an – so heißt nämlich das Straßendorf beim Flughafen, das seinem Namen allerdings keine Ehre macht.

Der gut ausgebaute Flughafen Diagoras (16 km von Rhódos-Stadt entfernt) gehört zu den am meisten frequentierten des Landes. Olympic Airways verbindet die Insel in der Hochsaison fünfmal täglich mit Athen und viermal täglich mit Kárpathos. Mehrmals in der Woche stehen auch Flüge zu den Dodekanes-Inseln Kos, Kássos und Kastellórizo auf dem Programm. Buchen Sie vor allem Flüge zu den kleinen Inseln rechtzeitig, da die Nachfrage in der Hochsaison oft größer ist als das Angebot. Flugverbindungen bestehen außerdem nach Iráklion (Kreta), Mýkonos, Santoríni (nur im Sommer) und Thessaloníki. Die Verbindungen zum Flughafen sind mit öffentlichen Bussen zwischen 7 und etwa 21 Uhr sehr gut (einfach 1,20 €). Eine Taxifahrt vom Flughafen nach Rhódos-Stadt kostet etwa 9 €.

• Preise (einfach) Kárpathos (40 Min.) 45 €, Kássos (40 Min.) 45 €, Kastellórizo (45 Min.) 35 €, Athen (1 Std.) 80 €, Iráklion (1 Std.) 70 €, Kos (30 Min.) 50 €, Mýkonos (1 Std.) 75 €, Santoríni (1 Std.) 75 €, Thessaloníki (1,5 Std.) 105 €. Die griechische Flugsteuer von 11 € ist in den angegebenen Preisen bereits enthalten. Jugendliche unter 24 Jahren zahlen auf allen Inlandsflügen mit Olympic Airways 20 % weniger.

Aus der tiefblauen Ägäis aufgetaucht

Als Zeus die Welt unter den Göttern des Olymp aufteilte, vergaß er Helios, den Herrn der Sonne. Er fehlte bei dem wichtigen Treffen der Unsterblichen. Kein Wunder, dass der übergangene Gott verärgert war. Als Helios von seiner Reise zurückkehrte und davon erfuhr, beklagte er sich bei Zeus über das Unrecht. Der Göttervater zeigte sich durchaus kompromissbereit und bot Helios eine neue Versammlung an. Doch der lehnte beleidigt ab. Er forderte, dass das Land, das mitten aus dem Meer auftauchen würde, ihm gehören sollte. Es war das sonnenüberflutete, fruchtbare Rhódos – die Perle der Ägäis. Auf der Insel kam Helios schnell zu Ehren. Drei seiner Enkel, Kamirós, Líndos und Ialyssós, beherrschten die drei wichtigsten rhodischen Städte, die seitdem deren Namen tragen.
Schenkt man der Mythologie Glauben, so hat die Insel ihren Namen von Helios' Frau, der Nymphe Rhodi oder Rhode. Rhodi bedeutet Rose, daher trägt Rhódos auch heute noch den Beinamen "die Roseninsel".

Dodekanes Karte S. 619

Rhódos-Stadt

Rhódos-Stadt ist eine zweigeteilte Inselmetropole: die Altstadt mit nur 5.000 Bewohnern und die Neustadt mit knapp 50.000 Einwohnern. Einerseits mittelalterliches Gassengewirr mit Minaretten und Moscheen, andererseits Neon-Beton-Moderne. Die verwinkelte Altstadt mit ihrem labyrinthartigen Straßensystem sucht in ganz Griechenland ihresgleichen.

Ein dicker Mauerring umgibt das Gewirr von kopftsteingepflasterten Gassen, durch Wölbungen und Torbögen miteinander verbunden, als solle das Kartenhaus nicht zusammenbrechen. Hektisches Straßenleben und um die Ecke eine byzantinische Kapelle. Eine Stadt voller Widersprüche.

Die mächtigen Mauern aus der Kreuzritterzeit unterteilen die Altstadt in ein *Türken-*, ein *Juden-* und ein *Ritterviertel.* Schlendert man durch die Gassen mit schattigen Hinterhöfen, urigen Kneipen, halb verfallenen Moscheen und fein herausgeputzten Ritterhäusern scheint oft die Zeit stehen geblieben zu sein. Wer abseits der Sokrates-Straße, dem großen Einkaufsboulevard mit Souvenir- und Pelzgeschäften (!), geht, kann noch vieles entdecken.

Abends ist die Altstadt von Touristen verlassen, denn das ausgeprägte Nachtleben von Rhódos spielt sich in der Neustadt ab. Ein quadratisch aufgeteiltes Viertel, angrenzend an die Altstadt – ein Gemisch aus Hotels, Diskotheken, Cafés, Restaurants, Fastfood-Läden, Mopedverleihern und schicken Geschäften.

An der Nordspitze der Stadt liegen ausgedehnte Sandstrände, die im Sommer jedoch völlig überlaufen sind. Die schönste Ecke der Neustadt ist die *Nea Agora,* der "Neue Markt" (Busbahnhof) an der Hafenfront: ein Rundbau voller Läden und Leben. Im Innenhof gibt es täglich einen Markt mit Obst und Fisch.

Mit der Finanzhilfe der EU werden derzeit zahlreiche Baudenkmäler innerhalb der Altstadt restauriert, darunter auch die eindrucksvolle Suleiman-Moschee am oberen Ende der Sokrates-Straße. Wurden in der Vergangenheit besonders die türkischen Kulturdenkmäler eher vernachlässigt behandelt, scheint man sich mittlerweile der touristischen Anziehungskraft und demzufolge dem Wert der islamischen Bauwerke bewusst geworden zu sein.

Information

Das gut ausgerüstete Büro der Griechischen **Fremdenverkehrszentrale (EOT)** liegt unweit vom Busbahnhof an der Ecke Alexandrou-Papagou-Str. 31/Makariou-Str. (zwischen Alt- und Neustadt), 85100 Rhódos. Es ist ganzjährig Mo–Fr von 8.30–14.30 Uhr geöffnet. Dort erhält man vom hilfsbereiten und kundigen Personal aktuelles Informationsmaterial zu Öffnungszeiten, Eintrittspreisen, Busverbindungen und Schiffabfahrtszeiten, außerdem Stadtpläne, Inselkarten, Broschüren usw. ✆ 22410-35226, -21921, -23255, 📠 26955, E-Mail: eot-rodos@otonet.gr, www.ando.gr/eot oder gnto.gr.

Es gibt außerdem ein **kleineres Tourist-Office am Mandráki-Hafen** (bei der Bushaltestelle/Taxistand). Dieses Büro hat Mo–Sa 8–21 Uhr und So 8–15 Uhr offen. Service jedoch schlechter als beim großen EOT-Büro. ✆ 22410-35945.

Bei Problemen aller Art wenden Sie sich an die **Touristenpolizei**, ✆ 22410-27423, -23329. Der Eingang befindet auf der Rückseite der EOT in der Karpathou-Str./Ecke Papagou-Str. über die Fußgängerzone. Geöffnet von 7.30–21.30 Uhr. ✆ 22410-27423.

Eine **Gepäckaufbewahrung** findet man in der Reiseagentur *Planet Holidays* in der Galias-Str. (beim Neuen Markt), pro Tag ca. 4 €.

Verbindungen

• *Bus* Es gibt zwei große **Busbahnhöfe** in Rhódos-Stadt: In der Averof-Str. (an der Rückseite der Nea Agora) fahren die Busse zum westlichen Teil der Insel ab, am Rimini-Platz (Sound & Light) die Busse zur Ostküste. Eine weitere Busstation befindet sich an der Hafenfront (Nea Agora), hier fahren nur die Stadtbusse ab. Beim Touristenbüro gibt es einen Fahrplan, auf den halbwegs Verlass ist. Besser ist es, sich direkt am jeweiligen Busbahnhof zu erkundigen. Die Verbindungen im Nordteil der Insel sind hervorragend. Wer jedoch in abgelegenere Dörfer des Südens reisen will, nimmt am besten ein Taxi oder leiht ein Auto.

An die Ostküste: vom Rimini-Platz geht es täglich halbstündlich von 6.30–20.30 Uhr nach Kallithéa (1,60 €), von 6.45–23 Uhr etwa stündlich nach Faliráki (1,60 €), 11-mal nach Kóskinou (1,30 €), 4-mal nach Psínthos (1,70 €), 9-mal nach Kallithiés (1,55 €), etwa stündl. nach Afándou (1,60 €), 9-mal nach Kolímbia (2,20 €), 1-mal (morgens, zurück am Nachmittag) zum Tsambiká Beach (2,30 €), etwa stündl. nach Archángelos 2 €), 2-mal nach Charáki (2,50 €), rund 15-mal nach Líndos/Pefkí (3,40 €), 10-mal nach Lárdos (3,40 €), 1-mal nach Laérma (4,15 €), 9-mal nach Gennádio (4,15 €), Di und Do über Lachaniá nach Kattaviá sowie morgens täglich nach Kattaviá (5,40 €).

An die Westküste: von der Averof-Str. geht es täglich zwischen 5 und 23.30 Uhr etwa halbstündlich zum Flughafen (1,70 €), 2-mal zum Schmetterlingstal (3,20 €), etwa stündl. nach Theológos (1,90 €), 9-mal nach Kalavárda (2,40 €), 2-mal zum antiken Kamirós (3,80 €), 4-mal nach Salákos (3 €), 2-mal (nachmittags, retour am nächsten Tag) nach Émbonas (4,20 €), 1-mal nach Kritiniá (3,80 €), 1-mal nach Monólithos (5,60 €).

Stadtbusse: an der Nea Agora (Hafenfront), Tickets am Kiosk des Neuen Marktes, die Nr. 3 fährt alle 45 Min. zum Rodini-Park.

An Wochenenden verkehren erheblich weniger Busse! Achtung: Außerhalb der Hochsaison verkehren auch Schulbusse, erkundigen Sie sich bei den Busfahrern nach aktuellen Verbindungen!

• *Taxi* große Taxistation an der Platia Rimini (Mandráki-Hafen), nicht zu übersehen. Die Preise sind festgelegt und auf einer großen Anschlagtafel für jeden einsehbar. Preisbeispiele: Flughafen 12 €, Schmetterlingstal 20 €, Kóskinou 5 €, Faliráki 10 €, Líndos 30 €. Für Wartezeiten werden pro Stunde ca. 7,10 € veranschlagt. ✆ 22410-64712, -64734, -64778.

Telefonnummern/Adressen

• *ELPA (griech. ADAC)* ✆ 104 (Notruf), 22410-83429

• *Erste Hilfe* ✆ 166 (Notruf), 22410-80000

• *Feuerwehr* ✆ 199 (Notruf), 22410-23333

• *Hafenamt* ✆ 22410-22220

• *Polizei* ✆ 100 (Notruf), 22410-22344

• *Touristenpolizei* ✆ 22410-27423, -23329

• *Autoverleih* Große Firmen wie Hertz, Avis, Europcar haben Büros in Rhódos-Stadt und am Flughafen. Die kleineren einheimischen Firmen sind allerdings günstiger. Die billigsten Autos beginnen bei ca. 50 € am Tag (mit 100 Freikilometern). Im Programm sind zum einen Pauschalpakete (inkl. Versicherung und unbegrenzten Freikilometern) und zum anderen Angebote, bei denen pro gefahrenem Kilometer abgerechnet wird (etwa 0,20 €). Dazu kommt dann noch eine Basisgebühr (ab ca. 15 €). Welche Art von Verleih für Sie günstig ist, hängt entscheidend davon ab, wie viel Kilometer Sie auf Rhódos zurücklegen wollen.

Europcar, Airport, ✆ 22410-83105, oder Alexandrou-Diakou-Str. 50, ✆ 22410-21958, -30902 📠 30923, www.europcar.com.gr.

Unser Tipp bei den kleineren Anbietern: **Motocar Rent a Car**, Ag.-Ioannou-Str. 32, zu Fuß etwa 10–15 Minuten vom Mandráki-Hafen. Etwas herber, aber doch freundlicher und hilfsbereiter Service. Man bekommt den Wagen auch zu Hotel oder Flughafen geliefert. Von April bis Oktober von ca. 9 Uhr bis spätabends geöffnet, ✆ 22410-74538, -34239.

Sehr nett ist auch George Stavrias bei **Butterfly Rent A Car**, Al. Diakous-Str.26, ✆ 22410-21330 oder mobil 6974123843, 📠 70120, oder in Theologos an der Hauptstraße ✆ 22410-81782, E-Mail: butterfly@rho.forthnet.gr, www.butterfly-rentacar.com.

• *Zweiradverleih* Macht nicht nur Riesenspaß, sondern ist auch das billigste individuelle Fortbewegungsmittel. Allerdings sollten Sie darauf achten, dass an den Fahrzeugen alles ordnungsgemäß funktioniert.

Dodekanes Karte S. 619

Für ein **50-ccm-Moped** (meistens japanische Modelle) zahlt man pro Tag und ohne Kilometerbegrenzung ab 15 €, für **Fahrräder** (meist ohne Gangschaltung) 6 €, Mountainbikes das Doppelte. Mietet man sich ein Gefährt gleich für mehrere Tage, sollte man einen Rabatt aushandeln. Die Preisunterschiede sind gering. Händler gibt es fast an jeder Straßenecke, vor allem in der Neustadt. In der Altstadt: **Mandar Moto**, an der Platia Martyron (Dimosthenus-Str. 2), in der Hochsaison sollte man das gewünschte Moped möglichst reservieren. Tägl. 8–20 Uhr geöffnet (April–Okt.), ✆ 22410-34576. Es gibt auch ein eigenes Fahrradzentrum: Griva-Str. 31, ✆ 22410-28315.

• *Banken* ausreichend in der Neustadt bei der Nea Agora und nahe dem Touristenbüro. Inzwischen fast standardmäßig mit Geldautomat (Eurocard/Visa, nicht immer ec-Karte) ausgestattet, Öffnungszeiten: Mo–Do 8–14 Uhr, Fr nur bis 13.30 Uhr.

• *Konsulate* **Deutsches Honorarkonsulat**, Artemidos-Str. 12 (in einem Wohngebiet am Monte Smith), 85100 Rhódos, ✆ 22410-63730. Mo–Fr 9–12 Uhr geöffnet.

Österreichisches Konsulat, (vertritt auch Schweizer Bürger) 25-Martiou-Str 17, ✆ 22410-20833.

• *Medizinische Versorgung* Krankenhaus von Rhódos-Stadt, ✆ 22410-80000. In der Neustadt, Papalouka-Str. (Eingang). Ambulante Behandlung rund um die Uhr. Auf Rhódos gibt es alle gängigen Fachärzte, die fast ausnahmslos Englisch sprechen.

• *Post* An der Hafenstraße (Platia Eleftherias) liegt das Hauptpostamt; geöffnet Mo–Fr 7.30–20 Uhr (im Winter gelten andere Öffnungszeiten). Briefmarken können aber auch gegen einen kleinen Aufpreis an den Peripteros (Kiosken) und in vielen Hotels gekauft werden. Man kann bei der Post Travellerschecks und Postschecks einlösen.

• *Reiseagenturen* gibt es in Rhódos-Stadt wirklich an jeder Straßenecke. Wir möchten Ihnen **Castellania Travel** an der Platia Ippocratou empfehlen. Informationen über jede mögliche Fähr- oder Flugverbindung, Christos kennt sich auf Rhódos aus. Olympic Airways Agentur, Air Greece, Agentur für alle Fährlinien, hier werden auch ISICs ausgestellt und Studentenrabatte gewährt. Tägl. 8.30–21 Uhr geöffnet. ✆ 22410-75860, -75862, ℻ 75861.

Ausflüge bei **Colossus Travel**, Nea Agora 1 (in den Arkaden), sowohl Bus- als auch Boots-

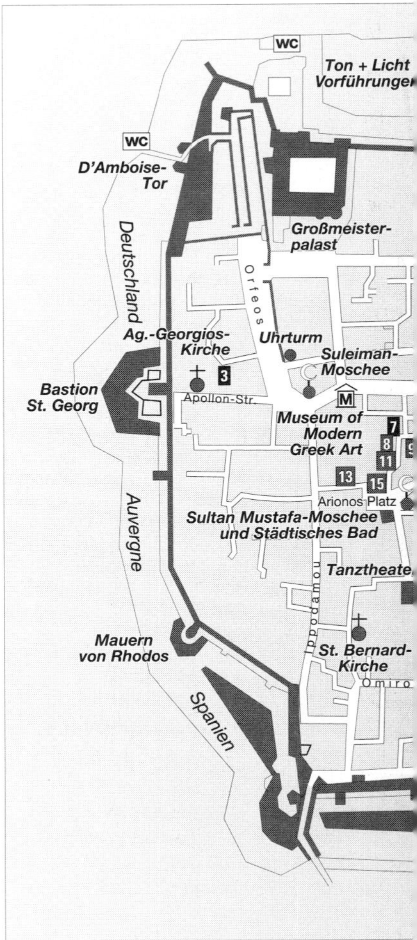

Übernachten

3 Hotel La Luna
7 Rooms to let Maria
14 Hotel Cava d'Oro
17 Hotel Domus
20 Pension Ólympos
23 Hotel Spot
25 Nikis's Room
26 Hotel Paris
28 Pension Minos
29 Pension Andreas & Tourist House Apollo
30 Pension Elefantos

E ssen & Trinken

1 M. Dinoris
2 Golden Oympiade
4 Alexis
5 Taverne Mikes
6 Pizza de Spillo
8 Fotis
9 Restaurant Romeo
10 Astra
11 Taverne Full Moon
12 Restaurant Pythagoras-Chez Tonton
13 Symposium
15 To Diafáni
16 Pizanias
17 Restaurant Yiannis
18 Restaurant Ippotikon
19 Restaurant Nireas
21 Restaurant Kasbah
22 Kostas Hagicostas
24 Restaurant Mandala
27 Oasis

Rhódos Altstadt

ausflüge. April–Okt. tägl. 9–21 Uhr geöffnet, im Winter 9–14 Uhr und 17–21 Uhr; ✆ 22410-20852, -27463, ℻ 34537.

Olympic Airways Agentur, Ierou-Lohou-Str. 9, ✆ 22410-39930, -24571–5, ℻ 21992. Mo–Fr von 8 bis 16 Uhr geöffnet.

• *Tauchen* Am Mandráki-Hafen gibt es verschiedene Ausflugsschiffe. Auch für Anfänger. www.rodosdiving.com.

• *Telefonieren* Von fast allen Telefonzellen können internationale Gespräche geführt werden. Die Telefonkarten erhalten Sie in Kiosken und Souvenirläden.

• *Waschsalon* **Laundromat**, im Herzen der Altstadt, Platonos-Str. 33 (Seitenstr. der Sokrates-Str.). ✆ 22410-76047

Zentral in der Neustadt (Kosti Palama Str., nahe Mandraki-Hafen) liegt "Express Laundry", ✆ 22410-22514.

• *Zeitungen* An den Peripteros im Haupteingang des Neuen Marktes erhalten Sie überregionale Tageszeitungen wie FAZ, SZ, Handelsblatt, aber auch größere Regionalblätter und jede Menge Magazine wie Stern, Spiegel usw. In der Regel sind sie jedoch einen Tag alt. Übrigens: Manche Kioske am Mandráki-Hafen sind im Hochsommer fast rund um die Uhr geöffnet.

Übernachten (siehe Karte S. 628/629)

Im Großraum von Rhódos-Stadt finden sich weit über 100 Herbergen aller Kategorien. Hotels gibt es an jeder Straßenecke in der Neustadt, doch in der Regel sind sie auf Pauschaltouristen eingerichtet. Die Übernachtungskosten sind in Rhódos für griechische Verhältnisse überdurchschnittlich hoch. Die von uns ausgewählten Hotels liegen vornehmlich in der Altstadt – mehr Ruhe, weniger touristisch, preisgünstiger, mehr Atmosphäre. Vorsicht: Am Ende der Fanouriou-Straße, zwischen Omirou-Straße und Stadtmauer, beginnt das schäbige Bordellviertel. Wer viel Gepäck hat und sich mit dem Taxi direkt vor das Hotel fahren lassen möchte, hat allerdings oftmals Pech. Die schmalen Gassen sind meist zu eng für die breiten Blechkisten.

• *In der Altstadt* **Hotel Cava d'Óro (14)**, ruhiges Hotel in einer nicht besonders romantischen Straße (Nähe Hafen), das von einem freundlichen, griechisch-deutschen Ehepaar betrieben wird. "Interessant ist, dass das Hotel direkt an die Stadtmauer gebaut wurde und man kann vom Hotel aus auf der Mauer bis zum Großmeisterpalast spazieren" (Lesertipp Heike Schmidt, Ditzingen). DZ je nach Ausstattung ab 75 € in der Hauptsaison, ab 55 € in der Nebensaison (inkl. Frühstücksbuffet). Kistiniou-Str. 15, ✆ 22410-36980, -25537, ℻ 77332.

Pension Andreas (29), Traditionspension (seit 1986) in einer Seitengasse der Omirou-Str. (Hinweisschild). In dem 500 Jahre alten Haus befand sich früher ein Harem. Geräumige, freundliche, teilweise bunt dekorierte Zimmer, z. T. mit Dachterrasse und romantischem Blick über die Dächer der Stadt. Porträts des Schriftstellers Lawrence Durrell zieren die Wände. Teilweise sind die Zimmer klein, aber kreativ eingerichtet. Es lohnt sich, die 12 Zimmer, zwei mit eigenem Balkon und 6 mit Du/WC, zu besichtigen. Kleinere Zimmer werden auch an Einzelpersonen vermietet, größere auch an drei Personen. Für eine vierköpfige Familie gibt es ein Appartement über zwei Ebenen. Am schönsten ist die große Frühstücksterrasse mit einem Blick über die gesamte Altstadt. Frühstück zwischen 4 und 6 €. DZ ab 60 € in der Hauptsaison, ab 50 € in der Nebensaison. Wer länger als vier Tage bleibt, sollte über den Preis verhandeln. Waschmaschine vorhanden. Intellektuelles Publikum. Omirou-Str, 28 D, ✆ 22410-34156, ℻ 74285, E-Mail: andreasch@otonet.gr. www.hotelandreas.com.

Rooms to let Maria (7), sehr empfehlenswert, nur 50 m von der Sokrates-Straße entfernt, absolut im Zentrum. In den hinteren Zimmern kann es laut werden, weil ein Nachtclub um die Ecke liegt. Gepflegtes Haus mit idyllischem Innenhof. Die nette, ältere Wirtsfamilie sorgt für eine gute Atmosphäre. DZ ab 25 € (ohne Frühstück, aber mit Kaffee, so viel man möchte) Empfohlen auch von unserer Leserin Dorothea Schneider aus Auenwald: "Sehr sauber, täglich geputzt, hübscher Innenhof, sehr nette Vermieterin." Menekleous-Str., ✆ 22410-22169.

Pension Minos (28). Von Kárpathos wanderte der Besitzer nach Kanada aus und verdiente sich dort harte Dollars. Vor ein paar Jahren erfüllte er sich zusammen mit seiner Frau Maria seinen Traum: Die Familie Lenti eröffnete in einem der urigsten Viertel der Altstadt eine kleine Pension. Die Zimmer sind schlicht, aber sauber und hell. Alle Bä-

Viron Perellis und die gemalten Urlaubserinnerungen

In früheren Zeiten gehörte ein Porträt des Ehepartners und der Kinder zum Outfit der "guten Stube" jeder wohlsituierten Familie. Der Fotoapparat hat dieser Tradition schon vor Jahrzehnten ein Ende gesetzt. Doch auf Rhódos gibt es sie noch, die Porträtmaler. Wie an einer Perlenschnur aufgereiht sitzen die Autodidakten, Kunststudenten und Meisterschüler an der Straße nahe der Platia Rimini (Neustadt) und an der Platia Martirion (Altstadt). Die meisten von ihnen beherrschen das zur Kundengewinnung nötige Vokabular in den verschiedensten Sprachen ebenso meisterhaft wie ihre Kunst selbst. Die oftmals sehr gelungenen Porträts gibt es als Schwarzweiß-Bilder ab 30 €, in Farbe ab 90 €. Der Arbeitstag ist für die Maler besonders in der Hochsaison hart, denn die Erstellung eines Porträts erfordert höchste Konzentration und es geht manchmal zu wie am Fließband. Viron Perellis, ein bärtiger Mittfünfziger aus Lesbos, ist einer von ihnen. Er gilt unter seinen Kollegen als der Erfahrenste. Seit Jahrzehnten findet er mit der Malerei auf Rhódos sein Auskommen. Meistens legt er sein Handwerkszeug im Hochsommer nicht vor Mitternacht aus der Hand. Schließlich ist die Porträtmalerei immer auch ein Kampf gegen die Zeit und nur in der Hochsaison wirklich lukrativ. Nach der Arbeit geht es heim in das Bauerndörfchen Koskinou, nur wenige Kilometer südlich von Rhódos-Stadt. In einem historischen Haus inmitten des malerischen Dorfzentrums findet Viron die Ruhe, die er nach seiner anstrengenden Tätigkeit braucht. Die Einnahmen aus der Porträtmalerei reichen für den Lebensunterhalt über das ganze Jahr nicht aus. Wenn Ende Oktober die letzten Touristen die Insel verlassen, versiegen auch die Verdienstmöglichkeiten. Viele der Porträtmaler gehen daher in den Wintermonaten "Ersatzbeschäftigungen" nach, die meistens im künstlerisch-dekorativen Bereich angesiedelt sind. Manche suchen sich eine Arbeit außerhalb Griechenlands. Auch Viron Perellis. Er arbeitet von Herbst bis Frühjahr in Australien und Indien.

Fast keiner seiner Kollegen bleibt in der touristenlosen und damit arbeitslosen Zeit auf der Insel. Doch jedes Frühjahr sind sie wieder da – die Porträtmaler von Rhódos.

der sind 2003 neu gestaltet worden. Von der Dachterrasse bietet sich ein fantastischer Ausblick über das Dächergewirr. Ein hübscher Vorgarten mit Granatapfelbäumen lädt zum Verweilen ein. Das DZ ab 40–45 € (ohne Frühstück), es gibt auch Drei- und Vierbettzimmer (ab 50 bzw. 80 €). Omirou-Str. 5, ✆ 22410-31813, ℻ 28360, E-Mail: minospns@otonet.gr. www.minospension.com.

Pension Elefantos (30), in einem idyllischen Teil der Altstadt gelegen. 8 schöne, gepflegte Zimmer mit Bad, netter Innenhof, großer, üppig bewachsener Garten. Junges Publikum. DZ zwischen 40 und 55 €, stimmiges Preis-Leistungs-Verhältnis. Ganzjährig geöffnet. Irodotou-Str. 42, ✆ 22410-22469, E-Mail: pinkelephantpension@yahoo.com. www.pinkelephantpension.com.

Pension Ólympos (20), zentral, aber sehr ruhig gelegen. Ein Klassiker unter den Pensionen in der Altstadt. Familiäre Atmosphäre, "George", der Besitzer, hat 27 Jahre lang in Hagen gelebt und spricht gut Deutsch. Die Besitzerfamilie kommt von der Nachbarinsel Kárpathos. Nach dem Heimatdorf ist die Pension benannt. Zimmer mit Bad und z. T. Balkon. DZ 40–50 €, Frühstück 5 €. Freitag Abend kann es durch die Musik des nahe gelegenen Tanztheaters laut werden. Sehr wohl gefühlt hat sich hier auch unser Leser Alexander Meyer aus Wetzlar. Gäste werden zu gängigen Taxipreisen auch vom Flughafen abgeholt, ab 10 €. Ag.-Fanouriou-Str. 56, ✆ 22410-33567, -67839 oder mobil 6945573265, ℻ 33567.

Hotel Domus (17), inmitten des türkischen Viertels in der Altstadt, im ersten Stock über dem Restaurant Yiannis, sehr empfehlenswerte Unterkunft. Saubere Doppelzimmer mit Du/WC ab 40 €, Frühstück 6 € pro

Dodekanes Karte S. 619

Person. Apellou-Str. 41, ✆ 22410-25965, ✆ 24766, E-Mail: domus@domusrodoshotel.gr. www.domusrodoshotel.gr.

Hotel Paris (26), ein Klassiker seit über 30 Jahren, sehr ruhig und trotzdem relativ zentral gelegen. Der ältere Besitzer namens Paris hat über viele Jahre das Hotel ausgebaut. 18 DZ mit Bad und Frühstück zwischen 60 und 80 €, EZ ab 40 €. Das Hotel ist von April bis Okt. geöffnet. Fanouriou-Str. 88, ✆ 22410-26356, ✆ 21095.

Hotel La Luna (3), 100 m von der Suleiman-Moschee entfernt. Kleines, freundliches Hotel von Sabiha Kaimaktsis. Das gelbliche, turmartige Gebäude (ein früheres türkisches Bad) hat einfache, saubere Zimmer (ohne Bad). Schöner Garten mit Zitronenbäumen. Für die schlichte Einrichtung allerdings ziemlich teuer: DZ (ohne Bad) um 40 €, ganzjährig geöffnet, Reservierung sinnvoll. Ierokleous-Str. 21, ✆ 22410-25023, ✆ 25856.

Hotel Spot (23), im Herzen der Altstadt beim Märtyrerplatz. Eine mit Kieselsteinen gepflasterte Gasse führt zu dem gelb getünchten, gepflegten Haus. Saubere Räume mit Bad und Aircondition. Sevasti Mavorstomou vermietet in seiner 9 Zimmer großen Pension Ein-, Zwei- und Dreibetträume. Von März bis Oktober offen, DZ ab 45 €, kein Frühstück. Perikleous-Str. 21, ✆ 22410-34737, ✆ 34737, E-Mail: spothotel@otonet.gr, www.rodosisland.gr.

Niki's Rooms (25), die kleine, verwinkelte Pension in der Nähe der Omirou-Straße vermietet Zimmer ab 35 € (mit Bad), teilweise mit Balkon. Waschmaschine vorhanden. Sofocleous-Str 39. ✆ 22410-25115, ✆ 36033.

Apollo Tourist House (29), neben der Pension Andreas vermietet Besitzer Umberto, der vorher in den Niederlanden gelebt hat, einfache Zimmer, Gemeinschaftsküche und -bad, viele junge Reisende. In dem von Weinreben überdachten Innenhof wird das Frühstück serviert (4 € pro Person), DZ ab 35 €, Omirou-Str. 28c, ✆ 22410-32003, E-Mail: hotelapollo@email.com, www.apollo-touristhouse.com.

• *In der Neustadt* Nahezu alle Hotels sind ausschließlich auf Pauschaltouristen eingestellt. Für ein DZ in der Neustadt muss man ohne Pauschalarrangement in der Regel mit mindestens 50 € rechnen.

Hotel Mediterranean, kastenförmiges Hotel, das seit der Renovierung mit seiner guten, geschmackvollen Ausstattung und seinem netten Service viele Stammgäste gewonnen hat. Es zählt zu den beliebtesten Hotels in Rhódos. Die eindrucksvolle Empfangshalle mit einem riesigen Bodenmosaik ist das Schmuckstück des Hauses. Unbedingt Zimmer mit Meerblick verlangen. Die renovierten Zimmer nach hinten zur Straße sind weniger schön. Gute Bäder und reichhaltiges Frühstücksbuffet. Kleiner, gepflegter Pool. Über die Straße der stets volle Stadtstrand. Auch viele griechische Gäste. EZ 76–246 €, DZ 109–273 €. ✆ 22410-24661, ✆ 22828, E-Mail: info@mediterranean.gr. www.mediterranean.gr.

Grand Hotel, ein beliebter Klassiker unter den Fünf-Sterne-Hotels auf Rhódos. Der in den siebziger Jahren erbaute "Kasten" beherbergte früher das Kasino von Rhódos. Mittlerweile ist das Haus zum größten Teil prachtvoll renoviert und besticht durch Eleganz und Service. Das Grand Hotel verfügt nicht nur über zwei Meerwasserpools, sondern auch über Hallenbad, Gymnastik- und Massageraum, Tennisanlage und Pianobar. DZ ab 93 €, EZ ab 67 €, jeweils mit Bad, Balkon, Frühstück. Je nach Saison große Preisunterschiede. Buchbar über alle großen Reiseveranstalter. Miaouli-Str. 1, ca. 1 km vom Zentrum (Mandráki), am nördlichen Strand, nahe dem Aquarium. Auf den Balkonen kann es durchaus windig werden. Ganzjährig geöffnet. ✆ 22410-26284, -73333, ✆ 35589, www.Mitsishotels.com.

Hotel Capitol, Lesertipp von Sabine Kunz aus Gau-Odernheim: "Das 200 Jahre alte, renovierte Haus hat 9 Zimmer, alle mit Bad und Dusche, sehr sauber, familiäre Atmosphäre. Wir haben uns dort sehr wohl gefühlt." Das B-Kat.-Hotel von Elis Mavrakis liegt in der Dilmperaki-Str. 65, ca. 200 m zum Strand des Grand Hotels. DZ ab 30 €, Frühstück 3,50 €, ✆ 22410-28645 oder 26670.

Mitsis Petit Palais Rhodes, das mit viel Marmor edel eingerichtete Hotel der A-Kat. ist vor kurzem komplett renoviert worden. Im Eingangsbereich empfangen Springbrunnen die Gäste. Eine genaue Auskunft über das Zimmer lohnt sich, Meerblick möglich, aber es kann sehr windig werden. Mitten in der Neustadt mit großer Terrasse zur Straße, auf der unzählige Mopeds vorbeirauschen. DZ 85–280 €. ✆ 22410-22781, ✆ 21411. Gen. Griva 3, www.mitsishotels.com.

Ibiscus, modernes Mittelklassehotel neben dem Mediterranean beim Aquarium. Hell, sauber und funktional. Teilweise haben die Zimmer einen schönen Blick aufs Meer. Gutes Preis-Leistungs-Verhältnis. A-Kat., 207

Zimmer, EZ 57–77 €, DZ 96–149 €. Nisirou-Str. 17, ✆ 22410-24421, 📠 27283, E-Mail: ibiscus@rhotel.gr, www.rhotel.gr/ibiscus.

Cactus, direkt gegenüber vom Aquarium. Vor allem bei griechischen Touristen beliebtes Hotel in einem recht originellen Rundbau mit großzügigem Blick auf das Meer, ca. 1,5 km vom Mandráki-Hafen entfernt an der Nordspitze der Insel. Mittlerweile ist das Mittelklassehotel jedoch in die Jahre gekommen. Vor allem die Südwestseite ist nicht gerade ein Schmuckstück. Hier bläst meist ein böiger Wind. Wer kurzfristig (am besten vor Ort) bucht, kann über den Zimmerpreis verhandeln. DZ 58–102 €, EZ 46–82 €, Zimmer mit Bad und Balkon (Meerblick), inkl. Frühstücksbuffet. ✆ 22410-26100, -26088, 📠 23376, E-Mail: hocactus@otonet.gr, www.cactus-hotel.gr.

Siravast, seine besten Zeiten hat dieses ockerfarbene A-Kat.-Hotel beim Aquarium schon gesehen. Die Gäste dürfen Bar und Swimmingpool des Hotels Cactus nebenan benutzen, denn beide Häuser gehören demselben Besitzer, Konstantinos Vassiliadis. Die Lage am Strand mit dem grünen Vorplatz und dahinter der Platz mit den 100 Palmen ist dennoch prima. EZ 54 €, DZ 68 €. Gravrill-Haritou-Platz, ✆ 22410-23551/-7, 📠 23311.

Plaza Hotel, in einem ruhigen Viertel der Neustadt gelegenes Haus der Best-Western-Kette mit 140 Zimmern. Alles nicht mehr ganz neu, schöner Pool im Garten, gediegene Atmosphäre, freitags Live-Musik. Vor allem bei griechischen Gästen beliebt. Ganzjährig geöffnet. DZ mit Bad und Balkon 80–115 €, EZ 63–92 €, inkl. Frühstück. Ierou-Lochou-Str. 7, ✆ 22410-22501, 📠 22544, E-Mail: plaza@otonet.gr, www.rhodes-plaza.com.

Hotel Moschos, über einem Benetton-Laden, zentral gelegen, sehr nettes Personal. Viele skandinavische Gäste. Sauberes, funktionales Hotel, 34 Zimmer mit Bad und Balkon. DZ 52–80 € (Handeln ist möglich!), C-Kat., Dodecanissiou-Str. 7, ✆ 22410-24764, -36900, 📠 25983.

• *Außerhalb* **Hilton Rhodes Resort**, das stufenförmig in den Hang hineingebaute 5-Sterne-Hotel in dem Touristenvorort Ixia (4 km vom Zentrum) zählt zu den besten der Insel. Das 1993 gebaute Luxushotel – das zweitgrößte der Insel – bietet nicht nur 401 geschmackvolle Zimmer, sondern auch Klimaanlage, diverse Restaurants, Pianobar und zwei Swimmingpools, alles sehr schick. Zwischen Hotel und Strand verläuft die viel befahrene Küstenstraße (zum Flughafen), durch einen Fußgängertunnel gelangt man jedoch bequem zum hoteleigenen Strand. Vertragshotel namhafter deutscher Reiseveranstalter. EZ ab 110 €, DZ ab 130 €, mit Frühstück; über Pauschalanbieter sind die Zimmer jedoch billiger zu haben. ✆ 22410-75000, 📠 76690, E-Mail: sales_rhodes@hilton.com, www.rhodes.hilton.com.

Essen und Trinken (siehe Karte S. 628/629)

In Rhódos-Stadt kann jeder auf seine Kosten kommen – vom zünftigen Tavernengrill bis hin zu leckerer Nouvelle cuisine auf Griechisch. Vor allem die Altstadt ist ein wahres Schlemmerparadies. Hier finden sich eine ganze Reihe hervorragende *Psarotavernas* (Fischtavernen), die zwar nicht immer ganz günstig sind, dafür aber Allerfeinstes aus der Ägäis bieten.

• *Fischrestaurants (Altstadt)* **Fotis (8)**, das 1970 gegründete Restaurant liegt nur ein paar Schritte von der Sokrates-Straße (Menekleous-Str. 8), umgeben von anderen Tavernen. Das Fotis zählt zu den besten Fischrestaurants der Stadt. Das Erfolgsgeheimnis sind die exzellenten Rohprodukte. Auf der Speisekarte findet man auch ausgefallenere Gerichte wie z. B. Seeigelsalat. Der Tagesfang bestimmt die Speisekarte. In der Regel sind Langusten, Brassen, Oktopus darauf zu finden. Gehobenes Preisniveau, beliebt auch bei den Rhodiern, ganzjährig geöffnet. Hier kann man auch am späten Abend essen. Viele Griechen kehren hier erst gegen 21 oder 22 Uhr ein. ✆ 22410-27359.

Nireas (19), das mit Stil eingerichtete Restaurant von Theodoros Tsikkis liegt an einem Platz abseits des Trubels und bietet feine mediterrane Küche. Hier kommt frischer Fisch auf den Teller. Vor allem der Oktopus und die Miesmuscheln sind sehr lecker. Die mit Pflanzen überdachte Terrasse ist ideal für einen romantischen Abend. Zur guten Stimmung trägt auch die Wirtsfamilie bei. Wenn das Lokal voll besetzt ist, muss man in dem Familienbetrieb allerdings etwas Geduld mitbringen. Sofokleoustr. 22, ✆ 22410-21703.

Dodekanes Karte S. 619

Manolis Dinoris (1), Fischkenner schwören seit vielen Jahren auf das stimmungsvolle Restaurant (offener Kamin) im Zentrum der Altstadt. Seit 1967 werden in dem ehemaligen Reitstall Meeresfrüchte aller Art serviert. Oberes Preissegment, für ein dreigängiges Menü plus Getränke sollte man mit 45–55 € rechnen. Das Dinoris liegt versteckt an der Platia Moussiou 14a, schräg gegenüber vom Archäologischen Museum die kleine Gasse hinein. Museum-Platz 14a, ✆ 22410-25824, ✆ 35530.

Alexis (4), ob Mikis Theodorakis, Jackie Onassis oder die Bandmitglieder von Pink Floyd – es haben sich schon viele mehr oder weniger populäre Zeitgenossen in dem Traditionslokal (seit 1957) inmitten der Altstadt wohl gefühlt. Das überwiegend ältere Publikum sitzt dicht gedrängt an der Sokrates-Str. 18 und genießt, was aus der Ägäis gefischt wird: Langusten, Schwertfisch ... Spezialität ist die Shrimpssuppe. Überhaupt sind Krustentiere der Schwerpunkt der Küche. Das Essen ist besser als der Service. Man sollte pro Person mit 50 € rechnen. Wem der Trubel auf der Terrasse in der Sokrates-Str. zu viel ist, der kann auch auf einer ruhigeren Terrasse nach hinten hinaus Platz nehmen. Sonntags geschlossen. Eine Zweigstelle des Restaurants, Alexis 4 Seasons, gibt es am Märtyrerplatz. ✆ 22410-29347.

Pizanias (16), der "Seestern", unauffällige, einfache Psarotaverna abseits der gängigen Touristenrouten, unser Tipp! Zur Auswahl stehen nur Fisch und Salate, dazu eine große Auswahl an Meeresfrüchten (hervorragende Muscheln), relativ preisgünstig. Der Fisch ist hier garantiert frisch, man sitzt gemütlich auf einer weinüberdachten Terrasse und schaut Dimitris zu, wie er den Fisch grillt. Viele Griechen schätzen die einfache Taverne. Mittags und abends geöffnet, Sofokelous-Str. 24, am gleichnamigen Platz, ✆ 22410-22117, -31884.

• *Weitere Restaurants (Altstadt)* **Ippotikon (18)**, das Restaurant von Chrisostomos Mitsiniotis zählt zu den besten der Altstadt. Verfeinerte griechische Küche, netter Service, Piano-Musik, nicht gerade billig. Die Riesenbohnen, gefüllte Weinblätter, Auberginenvorspeise und Fisch schmecken ganz ausgezeichnet. Für ein Menü mit Wein sollte der Gast rund 30 € rechnen. Von einem der Balkons hat man einen schönen Blick. Ganzjährig geöffnet. Platia Martyrion Evreon 5, ✆ 25293.

Tipp! Restaurant Kasbah (21) – Orient im türkischen Viertel Das geschmackvoll eingerichtete Restaurant mit mediterran-arabischer Küche von Andreas Chrysopoulos und seiner viel gereisten Lebensgefährtin Laurence Guidoux bietet mehr als griechische Hausmannskost. Der Einfluss nordafrikanischer Kochkunst ist unverkennbar. Das Ergebnis kann sich sehen lassen. Viele junge Einheimische schätzen das vielseitige Restaurant mitten in der Altstadt. Das historische Gebäude aus türkischer Zeit wurde geschmackvoll restauriert. Schönes, rustikales Porzellan. Das Ganze hat natürlich seinen Preis. Andreas und Laurence zählen zu den beliebtesten Gastgebern in der Altstadt. Platonos-Str. 4–8, ✆ 22410-78633, mobil 6945314820, E-Mail: kasbah@otonet.gr.

Symposium (13), bekanntes Altstadtlokal, das vor allem bei Reisegruppen hoch im Kurs steht. Das Symposium zählte früher zu den renommiertesten Lokalen der Stadt, mittleres bis gehobenes Preisniveau. Schöner, hinter einer hohen Mauer versteckter, L-förmiger Innenhof. Guter rhodischer Wein. Aufmerksamer Service. Archealou-Str. 3 (100 m von der Sokrates-Str.), ✆ 22410-28598.

Yiannis (17), in einer kleinen Seitengasse der Sokrates-Str. (20 m), auf den ersten Blick sieht es aus, wie ein Touristenlokal. Doch Yiannis, der Koch und Namenspatron des sympathischen Restaurants, hat sein Handwerk in New York gelernt und kocht wirklich mit Liebe. Leckere Salate, verfeinerte griechische Küche, mittleres Preisniveau. Ruhige, einladende Terrasse. Menüs ab 9 €. Platonos-Str. 41, ✆ 22410-36535.

Pythagoras – Chez Tonton (12), Emmanuel, der Patron des gediegenen Restaurants im Herzen der Altstadt, ist stolz auf seine Eintragung im "Guide Bleu". Die hat er sich mit seiner exzellenten Küche aus seinem gallischen Heimatland auch wirklich verdient. Den Ruf erwarb er sich mit seinen hervorragenden Fischgerichten, die auch verwöhnten Gaumen schmeicheln. Bekannt sind seine Muscheln in Weinsauce. Pythagoras-Str. 22, ✆ 22410-23711.

Kostas Hagicostas (22), die vielen Lobeshymnen seiner Gäste hängt der Wirt gerne auf einer Pinnwand als Empfehlung vors Lokal. Er kann es sich leisten, denn die gebotene griechische Hausmannskost ist schmackhaft und äußerst preiswert. Da nimmt man sogar die Enge auf der schmalen Terrasse in Kauf. Pythagoras-Str. 62, ✆ 22410-26217.

To Diafáni (15), schräg gegenüber vom städtischen Bad gibt es preiswerte und einfache Hausmannskost in großen Portionen. Nette Atmosphäre im gemütlichen Garten, sehr einladend. Der Wirt ist von eher herbem Charme. Besonders empfehlenswert: Dolmadakia (gefüllte Weinblätter). Einigen Lesern hat es hier geschmeckt. Platia Arionos 3.

Oasis (27), an einem stillen Platz gegenüber der halb verfallenen Redjab-Pascha-Moschee. Nikos Blalaskas und seine Familie bieten griechische Hausmannskost – deftig und sehr preisgünstig. Den herben Charme des Wirtes wiegt eine nette Geste auf: zum Nachtisch gibt es für alle Gäste Obst auf Kosten des Hauses. Herrlich zum Sitzen unter schattigen Bäumen, schon zum Frühstück geöffnet. Dorieos-Platz 12, ✆ 22410-34253.

Full Moon (11), gute Mittagsmenüs ab 7 €. Griechische Hausmannskost mit viel Fisch, Terrasse am Rande des kleinen Platzes, in der Nähe einer Moschee, Menekleous-Str. 22.

Astra (10), recht unscheinbare Taverne, in einer Seitengasse von der Pythagoras-Str., keine 50 m von der Platia Ippocratou entfernt. Gut und außerordentlich günstig, einfache Hausmannskost, dennoch empfehlenswert.

Pizza de Spillo (6), das unauffällige Lokal nahe der Sokrates-Straße bietet kleine, aber exzellente Pizzen. Vor allem Einheimische schätzen die Taverne. Preiswert. Apellou-Str.41 (Platonos Straße), ✆ 22410-33286.

Mandala (24), der "evolutionären Küche" hat sich dieses Restaurant verschrieben: internationale Küche mit stark asiatischem Einschlag. Schöner Garten, nette, relaxte Atmosphäre, am späten Abend verwandelt sich das Restaurant in eine auch bei Griechen beliebte Bar. Sofokleos Str.38, ✆ 22410-38119.

Mikes (5), gemütlich ist die Taverne bei der Sokrates-Straße (gegenüber dem Restaurant Alexis) gerade nicht. Doch darauf kommt es den Gästen nicht an. Viele Griechen der Altstadt kommen hier nach Ladenschluss vorbei. Sie lieben die guten und preiswerten Fischgerichte. Fragen Sie nach dem Tagesfang. Nette Bedienung.

Golden Olympiade (2), anspruchsvolle griechische Küche, oberes Preissegment. Speiseraum auf zwei Ebenen, sehr schöne Terrasse, leckere, hausgemachte Süßspeisen, aufmerksamer Service. Evdimou-Str. 8–10 (50 m von der Sokrates-Str.), ✆ 22410-20119, bereits zum Frühstück geöffnet.

Restaurant Romeo (9), wenige Schritte von der Sokrates-Straße liegt dieser Klassiker unter den Restaurants der Altstadt. 500 Jahre altes, kubisches Haus. Großer Innenhof, netter Service. Beliebt bei den Stammgästen sind vor allem die Fischgerichte. Menüs ab 8 €. Abends Livemusik. Menekleous-Str 7/9, ✆ 22410-74402, -25186, ℻ 23664, E-Mail: romeo@aias.gr, www.romeo.gr.

• *Restaurants (Neustadt)* **Palia Istoria – The Old Story**, in einem modernen Viertel (Richtung Kallithéa/Faliráki) außerhalb der Altstadt liegt eines der besten Restaurants der Insel. Das Restaurant mit seinem schwergewichtigen Besitzer gleicht einer Bildergalerie. Frauen werden vom Patrone mit Handkuss begrüßt. "The Old Story" hat sich auf der Insel einen Namen für seine traditionelle, verfeinerte rhodische Küche gemacht. Dem Gast werden die besten Ilios-Weine und andere griechische Spitzenweine kredenzt. Unsere besondere Empfehlung: Muscheln Saganaki. Oberes Preisniveau. Sehr schwierig zu finden, man nimmt sich am besten ein Taxi. Mit dem eigenen Fahrzeug: Ausfallstraße Richtung Kallithéa/Faliráki, dort fragen, das Palia Storia ist bekannt. Mitropoleos-Str. 108/Ecke Dendrinou-Str., ✆ 22410-32421 (Tischreservierung empfehlenswert).

Ellinikon, schickes Restaurant beim Casino an lauter Durchgangsstraße, das wegen seiner guten Küche von vielen Rhodiern geschätzt wird. Das Essen lobt auch unser Leser Hajo Güniker aus Paderborn, aber "das Restaurant sollte man nur ansteuern, wenn einem der starke Verkehr von zwei Seiten der Terrasse nichts ausmacht". Aufmerksamer, freundlicher Service, leckeren Fisch ab 9 €, für das Gebotene recht günstig. Zum Essen gibt es manchmal Live-Piano-Musik, angenehme Atmosphäre, Eckhaus in der Kos-Str., ✆ 22410-28111.

Le Palais, das Café/Restaurant in einem postmodernen, hellbraunen Gebäude am Mandráki-Hafen ist ein beliebter Treffpunkt. Internationale, preiswerte Küche. Durch die Nähe zu den Hafenbehörden sind hier auch viele Segler zu treffen. Am Beginn der Seitenstraße Makarioy, www.LePalais.gr.

Dodekanes Karte S. 619

Cafés

Aktaion, nobles Café 100 m vom Neuen Markt (Mandráki-Hafen) an der lang gezogenen Platia Elefterias. Auf der großen Terrasse unter schattigen Bäumen lässt es sich in den bequemen Sesseln gut ausspannen. Selbst wenn es einmal regnen sollte, kann man sich unter die Arkaden zurückziehen. Hier trifft sich tagtäglich eine bunte Mischung aus alten Männern, Geschäftsleuten, Hausfrauen und – ab und zu – auch mal Touristen. Schönes Traditionscafé.

Cafés an der Nea Agora (Neuer Markt), an den außerordentlich kundenorientierten Kellnern am Neuen Markt kommt niemand vorüber: "Very good cakes, very good." Ihre freundliche Anmache schreckt mehr Besucher ab, als sie anzieht. Doch tatsächlich kann man hier vorzügliche griechische Kuchen verspeisen. Fragen Sie aber nach, ob die Süßspeisen tatsächlich frisch zubereitet sind. Wundern Sie sich nicht über hohe Preise, denn die Stadt schröpft die Besitzer ganz beachtlich mit Standgebühren.

Central, postmodern gestyltes Café, im gleichen Haus das Parteilokal der konservativen Nea Dimokratia, an der Platia Kiprou in der Neustadt.

Café im Innenhof des Zentrums für Zeitgenössische Kunst. Obwohl es direkt an der belebten Sokratous Straße liegt, findet man hier Ruhe und Schatten. Sokratous Str.179, ✆ 22410-77208.

• *Internet-Cafés* **Cosmonet**, klimatisiertes, schmales Ladenlokal am Märtyrerplatz. Hilfsbereite Mitarbeiter, schnelle Rechner. 5 € für eine halbe Stunde, wer länger surft, bekommt Rabatt. Evreon Martyron Platz 45b, ✆ 22410-24838, 📠 35707, E-Mail: cosmonet69@hotmail.com.

Control Net Café, das zentral in der Neustadt gelegene Café besitzt neben den Internet-Computern auch einen Billardtisch. Die Leitungen ins Netz könnten allerdings noch ein wenig schneller und die Tastaturen sauberer werden. 3 € pro Online-Stunde. Al. Diakou Str. 44, ✆ 22410-24564, 📠 64195, E-Mail: controlc@otonet.gr, www.controlcafe.gr.

Minoa Internet-Café, weiträumige Cocktailbar in der Neustadt, in der laute Musik läuft. Wer sich davon nicht stören lässt, surft mit Hilfe schneller Leitungen ins Netz. Rund 2 € für eine halbe Stunde im Internet. Iroon Politexniou 13, ✆ 22410-20210, E-Mail: Webmaster@minoacafe.gr, www.minoacafe.gr.

Nachtleben

Es gibt ein Synonym für das (touristische) Nachtleben in Rhódos-Stadt: *Orfanidou Street*. Auf den wenigen hundert Metern dieser etwas heruntergekommenen, man könnte fast sagen *anrüchigen* Straße reiht sich Bar an Bar: Bars für australische ("Down Under"), holländische, englische und deutsche Touristen ("Berlin Bar"). Am Abend ist die Orfanidou-Str. voll mit zumeist nordeuropäischen Amüsierwilligen um die 20. Auch andere Teile der Neustadt sind bestens ausgestattet mit Diskotheken, Tropical Bars und Straßencafés. Wer sich in Rhódos-Stadt amüsieren will, wird sicher keinen Mangel leiden: Kaum eine andere griechische Stadt hat mehr Nachtleben zu bieten.

Casino

Zweifelsohne das schönste Casino Griechenlands. Die historische "Grande Albergo delle Rose" – das von den Italienern erbaute Prachthotel in der Neustadt – dient als Casino (American Roulette, Black Jack etc.). Die Besucher können sowohl an Tischen als auch an einer der 300 Slot-Maschinen spielen. Personalausweis und entsprechende Kleidung nicht vergessen. Mindestalter 23 Jahre. Das Casino ist Mo–Do 15–6 Uhr, Fr–So 12–6 Uhr geöffnet. An den Slot-Maschinen kann man 24 Stunden täglich spielen. Im Garten gibt es unter offenem Himmel abends Konzerte. Eintritt 15 € (davon bekommt man 5 € in Coupons zurück) Adresse: Papanikolaou-Str 4, ✆ 22410-57700, 📠 97504.

Musik-Café Chantant, eine Institution auf der Insel. In dem schönen Altstadthaus gibt es gute Livekonzerte. Die düstere Musikkneipe ist kein billiges, aber dafür ein uriges Vergnügen in einer engen Altstadtgasse. Vor 23 Uhr gar nicht geöffnet und erst gegen Mitternacht kommt hier richtig Stimmung auf. Offiziell bis 3 Uhr morgens und manchmal noch viel länger. Musik irgendwo zwischen Bouzouki und griechischem Pop. Eintritt 9 € mit einem Freigetränk. Di Ruhetag. Aristoleous-Str. 22, ✆ 22410-32277 oder 75169.

Mon Café, dieses Café (beim Restaurant Kasbah) in einem der schönsten Teile der Altstadt ist vor allem bei jungen Griechen angesagt. Hier sitzt man auf beiden Seiten der Altstadtgasse auf Hockern an Holztischen und plaudert durch die halbe Nacht. Sehen und gesehen werden. Platonos-Str.

Café Besara, das witzig eingerichtete Nachtcafé einer Australierin in einem restaurierten Haus aus türkischer Zeit zählt zu den beliebtesten Ausgehzielen in der Altstadt. Viel junges, internationales Publikum. Gute Getränkeauswahl. Schön zum draußen Sitzen. Sofokleous-Str 11/13, ✆ 22410-30363.

Besalto Club, hier gibt es Livemusik. Der Club in einem klassizistischen Haus am Platz mit einen Brunnen aus türkischer Zeit verlangt keinen Eintritt. Der Gast muss jedoch ein Getränk für 5 € konsumieren. Beim Café Besara.

Ionos, Bar in der Nähe der Ibrahim-Pascha-Moschee. Von der oberen Terrasse hat man einen schönen Rundblick auf die Stadt. Besitzer Dimitris legt am liebsten griechische Popmusik auf. Platonos Str.18, ✆ 22410-28457.

Colorado Rock Club, Orfanidou-Str., erfreut sich allergrößter Beliebtheit. Drei Ebenen: im vorderen Bereich Liveband, dahinter die Disco und oben noch eine Dachterrasse. 5 € Eintritt inkl. 1 Freigetränk, ab ca. 22.30 Uhr lohnend. Lesertipp von Frank Suter aus Soest.

Boulevard, schöne Bar in der Mitte der Orfanidou-Str. Bei Griechen ebenso beliebt wie bei überwiegend englischen Touristen. Lauter Mainstream, Pop- und Rock-Klassiker, große Cocktailkarte.

Beer-Academy, einer der beliebtesten Abendtreffs im Zentrum. In diesem alten Herrenhaus in der Neustadt (hinterm Großmeisterpalast) lässt es sich vortrefflich feiern. Der schöne, eingewachsene Garten ist selbst in der Nebensaison gut gefüllt. Junges Publikum und Bier für jeden Geschmack. Alexandrou-Diakou-Straße.

Blue Lagoon, Odos 25. Martiou. Absolut kuriose Einrichtung: ein durchgesägtes Piratenboot im Pool, dazu passendes Seeräuberambiente. Schicke Open-Air-Bar, ziemlich teuer, besonders die Cocktails. Direkt daneben die **Diskothek Gas** (www.gasclub.gr). Weitere Bars, Nachtcafés usw. finden sich in der Iroon Polytechniou, z. B. das **Bambolo** oder das **Casmir**. Die Auswahl ist groß.

Ton und Licht, populäres Touristenvergnügen im Stadtgarten beim Großmeisterpalast. Von April bis Oktober tägliches Programm in wechselnden Sprachen, auch in Deutsch. Achten Sie auf ein Hinweisschild am Eingang, wann die deutsche Vorstellung beginnt. Tickets 5 € (Studenten 3 €). Information und Eintrittskarten bei der Kasse am Eingang oder im Fremdenverkehrsamt.

Volkstanz-Theater: Mehr als nur Sirtaki
Spätestens seit Anthony Quinn als Alexis Zorbas im Sirtaki-Rhythmus das Tanzbein auf der Leinwand schwang, weiß jedes Kind, dass Griechenland und Tanz eins sind. Noch immer sind Volkstänze und Trachten beliebt und kommen stets an Festtagen zu neuen Ehren. Einen lohnenswerten Überblick zu dieser Volkstradition bieten die Aufführungen unter freiem Himmel in der Altstadt (jeden Mo, Mi, Fr von Mitte Mai bis Mitte Oktober). Um 21.20 Uhr wird unter der Regie von Nelly Dimoglou getanzt. Es kommen jedoch nicht nur Tänze aus Rhódos oder Kárpathos zur Aufführung, sondern auch aus anderen griechischen Regionen. Eines ist jedoch sicher: Am Schluss der Vorstellung gibt es den unvermeidlichen Sirtaki. Eintritt 12 €, Kinder und Studenten 8 €, Andronikou-Str., ✆ 22410-20157, -29083.

Dodekanes
Karte S. 619

Shopping

Privilegien – zumindest steuerlicher Art – haben auf Rhódos Tradition. Schon der Sultan, ein nicht gerade zimperlicher Okkupant, gestand den Rhodiern manchen Steuervorteil zu. Diese Tradition wurde von der Athener Regierung fortgeführt, als der Dodekanes 1947 an Griechenland fiel. Den Inseln, vor allem Rhódos, wurde eine ermäßigte Mehrwertsteuer zugestanden. Das war damals nach dem Zweiten Weltkrieg eine strukturpolitische Maßnahme, da der Dodekanes vor dem wirtschaftlichen Aus stand. Dieses kleine Steuerprivileg wurde sogar über das Jahr 1981 hinaus gerettet, als Griechenland der EG beitrat. So sind bis auf den heutigen Tag Schmuck, Elektrogeräte, aber auch Lebensmittel auf Rhódos preiswerter zu haben als anderswo in Griechenland. Neben dem Kauf eines Pelzmantels lohnt sich vor allem Schmuck aus Silber oder 14- bzw. 18-karätigem Gold. Die meisten Geschäfte auf Rhódos garantieren gute bis sehr gute Qualität. Oft werden die Schmuckstücke nach Gewicht verkauft, sodass die Preise von den Schwankungen des Goldmarktes abhängen und nicht angeschrieben sind. Und noch etwas hat in Rhódos paradoxerweise Hochkonjunktur: Regenschirme aller Art – vom billigen 5 €-Knirps bis zum noblen Stockschirm.

Markt am Mandráki-Hafen – ein sinnliches Erlebnis

Der Markt von Rhódos ist für Liebhaber von Fisch, Obst, Gemüse und Gewürzen aller Art nicht nur eine Augenweide, sondern auch ein duftendes Erlebnis. Die *Nea Agora*, der "Neue Markt", lohnt sich für einen Besuch am Vormittag. Hier kommt alles vom Dodekanes frisch auf den Tisch. Der achteckige Rundbau, zwischen Mandráki-Hafen und Rimini-Platz gelegen, ist voller Läden und Leben. Wer eine kleine Verschnaufpause möchte, dem seien die Cafés am Mandráki-Hafen empfohlen. Hier gibt es die besten Kuchen und Torten der Stadt. Wer es handfester liebt, kann in einer der Tavernen im Innenhof einkehren. Frisch ist hier die Ware garantiert. Einen weiteren Markt gibt es am Samstag- und Mittwochmorgen in der Vironos-Straße an der Stadtmauer (beim Stadion), zwischen Kóskinou-Tor und Akandia-Tor. Hier werden nicht nur Lebensmittel wie Obst, Gemüse, Fisch und Fleisch, sondern auch Kleidung und Haushaltswaren angeboten.

Exhibition of Casts and Reproduction, der Laden des Kulturministeriums ist ein Paradies für Freunde klassischer Kunst. Verkauf vorzüglicher Reproduktionen (Reliefs, Statuen, Büsten usw.) berühmter Skulpturen aus den griechischen Museen. Neben dem Archäologischen Museum. Mo–Fr von 8–14.30 Uhr geöffnet, Sa 9–14.30 Uhr, So geschlossen.

Valsami, das Bekleidungsgeschäft, bereits 1935 gegründet, bietet qualitativ hochwertige Sport- und Freizeitbekleidung. Am nördlichen Ende des Fischmarktes.

Diakosavas, Freizeitmode von Ralph Lauren bis Lacoste, Neustadt, an der Platia Kiprou.

Schnapsbrennerei Nikolas, in der Pythagoras-Str., mitten im jüdischen Viertel: Schnaps vom Feinsten – destilliert und abgefüllt. Auf wenigen Quadratmetern agiert Herr Sifonios. Seine Spezialität ist der "Koriandolino", ein Likör mit einem Zweig in der Flasche, an dem der Zucker kristallisiert (ca. 5 €). Milchig, blau, orange und giftgrün schimmert Hochprozentiges. Am besten das seltsame Gebräu einfach probieren. Ab ca. 2 € ist man mit einem Flachmann dabei. Ouzo, Rum, Wodka, Sherry, Amaretto, Coconut ... Der Laden ist bis spätabends geöffnet. Nur die Siesta von 14–17 Uhr wird genauestens eingehalten.

Harley-Davidson-Laden, hier schlägt das Herz der Harley-Freunde höher. Wem ein Motorrad zu teuer ist, der kann zum T-Shirt mit Firmenemblem greifen, Alex.-Diacou-Str.

In der Neustadt, besonders in direkter Umgebung der Nea Agora, finden sich einige

Der Aphrodite-Tempel

Filialen namhafter Markenhersteller – Kookai, Body Shop, Benetton, Triumph Iceberg usw. Der nördliche Teil der Neustadt ist das teuerste Shopping-Paradies der Stadt, am günstigsten sind die Markenartikel-Imitate in den Touristenshops der Altstadtgassen. **Schwämme** werden zumeist an den Ständen zwischen den Altstadt-Mauern und dem Mandráki-Hafen verkauft. Große Qualitätsunterschiede, wenn man Pech hat, merkt man erst zu Hause, dass man übers Ohr gehauen wurde. Ein Schwamm von allerbester Qualität kostet etwa ab 8 € und sollte weich sein – nicht *nass* und *weich*.

Sehenswertes

Den nördlichsten Teil der Altstadt, angrenzend an die Nordstadt, bildet das Ritterviertel, das leicht an dem alles überragenden, wuchtigen Großmeisterpalast zu erkennen ist. Man gelangt in den Festungsring über eine Außenmauer, einen Graben und den eigentlichen Befestigungswall. Da die gesamte Anlage gut erhalten ist, kann man sich ein sehr anschauliches Bild von der mittelalterlichen Militärtechnik machen.

Tempel der Aphrodite: Man betritt – vom Mandráki-Hafen kommend – die Altstadt durch das Elftherias-Tor (Freiheitstor), das die Italiener 1924 errichteten. Gegenüber liegen in einem umzäunten Areal die Reste des dorischen Aphrodite-Tempels aus dem 3. Jh. v. Chr. Lediglich ein paar Grundmauern und Säulentrommeln sind noch erhalten. Der Tempel ist eines der wenigen Relikte aus der Antike in der Altstadt. Dahinter sieht man die Herberge der Auvergne, die heute Verwaltungsbüros beherbergt.

Ritterstraße – Odos Ippoton: Die originalgetreu restaurierte Straße, die vom Hospital, dem heutigen Archäologischen Museum, hangaufwärts zum Großmeisterpalast führt, ist ein Musterbeispiel für die Architektur zur Zeit der Johanniterherrschaft. Die spätgotischen Fassaden reflektieren das einfache, strenge Leben der Ritter. Meist spazieren nur wenige Besucher durch die berühmteste Straße der Insel, schließlich ist sie auch die einzige ohne Läden und Tavernen. Während der türki-

Dodekanes Karte S. 619

schen Besatzung wurden die Wohnhäuser der Ritter, die jeweils einer Nation zugeordnet waren, völlig umgebaut. Italienische Archäologen stellten den Originalzustand wieder her. Auf den ersten Blick wirkt die schnurgerade, kopfsteingepflasterte Straße enttäuschend. Eine Ritterherberge sieht wie die andere aus. Doch wer genauer hinschaut, entdeckt viele interessante Details an den Fassaden. Schilder an den Häuserwänden erklären, zu welcher nationalen Rittergemeinschaft das Gebäude gehört hatte. Heute befinden sich in den schönen Gebäuden vor allem Büros der Archäologen des Dodekanes oder Außenstellen des griechischen Kulturministeriums. Die Suche nach einer deutschen Herberge ist übrigens vergebens. Es gibt keine historische Quelle, mit denen sich ihr Haus lokalisieren lässt. Die deutschen Ritter waren im Vergleich zu ihren "Kampfesbrüdern" arm.

Großmeisterpalast: Das mit Zinnen gekrönte, die Altstadt überragende Gebäude ist nicht so alt, wie der Name vermuten lässt. Der Palast (Grundfläche 80 x 75 m), der heute ein Museum beherbergt, wurde nach alten Plänen erst 1940 unter den italienischen Faschisten fertig gestellt. Das ursprüngliche Gebäude aus dem 14. Jh. war nämlich bereits 1481 bei einem Erdbeben größtenteils zerstört worden. Für eine weitere Schädigung der alten Bausubstanz sorgte eine schwere Explosion im Jahre 1856, die weite Teile der Altstadt in Schutt und Asche legte. Nur die unteren Teile der Außenmauer, das wuchtige Außenportal mit den flankierenden Rundtürmen und ein Teil der Großmeisterwohnung blieben übrig.

Die Italiener bauten das Ordensritterschloss als Sommerresidenz für *Mussolini* und *Viktor Emmanuel III.* aus. Erst wenige Tage vor Beginn des Zweiten Weltkriegs war die Inneneinrichtung komplett. Doch zum "dolce vita" des Duce auf der Roseninsel sollte es nicht mehr kommen. Weder Mussolini noch der König konnten den Palast jemals als Residenz benutzen.

Eitle Großmannssucht

Die Rekonstruktion des Palastes stellte sich für die Italiener schwierig dar. Das beispielsweise seit Mitte des 19. Jh. völlig verfallene Obergeschoss wird zwar häufig in historischen Quellen erwähnt, jedoch nie genauer beschrieben. Außerdem hatte der faschistische Gouverneur ganz andere Pläne, als Anfang 1937 der Wiederaufbau beschlossen wurde. Der italienische Architekt Vittorio Mesturino, der die dreijährigen Bauarbeiten leitete, musste vor allem den Ansprüchen an ein imposantes Gebäude genügen. So wurden die Räume im Erdgeschoss ohne Rücksicht auf deren einstige Funktion vollkommen verändert, außerdem im West- und Ostflügel ein Zwischengeschoss geschaffen und über die gesamte Gebäudefläche ein Obergeschoss gebaut. Bis heute wird die Restaurierung des Großmeisterpalastes kontrovers diskutiert, da sie nicht auf baugeschichtlicher Genauigkeit setzte, sondern nur die eitle Großmannssucht der Faschisten befriedigte.

In den Großmeisterpalast gelangt man durch das Hauptportal an der Südseite. Zwei Rundtürme flankieren den imposanten Eingang. Im Inneren führt vom Foyer eine Treppe zu den repräsentativen Räumen im ersten Stock. Geradeaus geht es in den schlichten Innenhof mit seiner Freitreppe, dessen Nordseite von späthellinistischen Statuen aus Kos begrenzt wird. Im ersten Stock gibt es mehr als ein Dutzend Räume, deren Besichtigung sich vor allem wegen der Mosaikfußböden lohnt. Besonders eindrucksvoll ist die Gipskopie der legendären Laókoon-Gruppe.

Faszinierend sind auch die sorgfältig restaurierten Mosaikfußböden von der Insel Kos, vor allem aus hellinistischer, aber auch aus frühchristlicher Zeit. Zu den schönsten zählen das Haupt der Medusa, die Darstellung einer Nymphe, die auf einem Seepferd reitet (1. Jh. v. Chr.), und die neun Musen. Ein späthellinistisches Mosaik zeigt die Köpfe der personifizierten Musen. Im gleichen Saal (letzter Raum des Rundgangs) erinnert ein offener Kamin mit dem Wappen von *Viktor Emmanuel III.* an die Rekonstruktion des Palastes durch die Italiener.

Im Erdgeschoss gibt es darüber hinaus eine sehr sehenswerte, didaktisch sinnvoll gestaltete Ausstellung zum antiken Rhódos mit zahlreichen kleineren Fundstücken, die einen tiefen Einblick in die Kunstfertigkeit des antiken Griechenlands geben.

• *Öffnungszeiten* von April-Oktober tägl. 8–19 Uhr, im Juli/August bis 20 Uhr, Mo 12.30–19 Uhr. Im Winter (November–März) Di–So 8.30–15 Uhr, Mo geschlossen. Erwachsene 4 €, Kinder und Studenten mit ISIC frei, Rentner 2 €. In den Wintermonaten sonntags freier Eintritt. Der Großmeisterpalast bietet auch eine stilvolle Bar mit Selbstbedienung in altem Gewölbe (Innenhof).

Stadtmauer: Sie ist 4 km lang und bis zu 14 m breit. Aus Furcht vor türkischen Angriffen ließen die Johanniterritter die Befestigungen unter ungeheuren Mühen und Kosten ausbauen. 200 Jahre nahm die Verwirklichung des Mammutprojektes in Anspruch. 1480 wurde die Mauer nach einer türkischen Belagerung noch durch Bastionen und eine Verbreiterung verstärkt. Doch letzten Endes war die ganze Arbeit umsonst. Sie war noch nicht einmal richtig fertig, als die Bastion am Rande Europas 1522 in die Hände der Türken fiel.

Die Stadtmauer der Johanniterburg war in acht Abschnitte unterteilt, die von Rittern aus Frankreich, Deutschland, der Auvergne, Spanien, England, der Provence, Italien und Kastilien verteidigt wurden. Der Rundgang beginnt im Hof vor dem Großmeisterpalast und führt über das D'Amboise-Tor mit seinen eindrucksvollen Rundtürmen in Richtung Süden bis zum Kóskinou-Tor. Nicht zugänglich ist das Innere der Militäranlage mit seinen Wehrgängen und Munitionsräumen, die von starken Mauern umgeben sind. Der Besucher wird allerdings mit einem grandiosen Panorama auf die Altstadt, den Hafen und den gigantischen Festungsgraben entschädigt.

• *Öffnungszeiten* nur Di und Sa, Einlass 14.45–15 Uhr. Eintritt 4 €, Kinder und Studenten mit ISIC frei, Rentner 2 €. Beginn des Rundgangs beim Großmeisterpalast; hier gibt es auch die Tickets. Dauer bis zum Kóskinou-Tor ca. 30 Min.

Türkisches Viertel: Südlich der Ritterstraße beginnt der lebendigste Teil der Altstadt. Die Architektur der Häuser, die Moscheen, der Basar – man spürt, die Türkei ist nahe. Die Sokrates-Straße mit ihren vielen Souvenirshops, Schuh-, Pelz- und Schmuckläden ist das Herz der Altstadt. Touristenmassen wälzen sich von der Suleiman-Moschee hinunter zur Platía Ippocratou, in Stoßzeiten ist kaum ein Durchkommen möglich. Hier herrscht ein ständiges Kommen und Gehen, Cafés und Restaurants sind immer voll. Doch nur ein paar Schritte abseits, in den kleinen, verwinkelten Gassen, kann man auch ein anderes, beschaulicheres türkisches Wohnviertel kennen lernen.

Suleiman-Moschee: Auf einem Hügel am oberen Ende der Sokrates-Straße liegt die große Moschee des legendären Rhódos-Eroberers. Das nicht einmal 200 Jahre alte - Gotteshaus steht an der Stelle einer älteren Moschee. Es ist ein quadratischer Bau mit einem großen, schlichten Kuppelsaal. Die Moschee fällt auch durch ihre "schiefe" Lage zu den anderen Gebäuden auf – sie wurde in Richtung Mekka gebaut. Derzeit wird die stark einsturzgefährdete Moschee mit Unterstützung der EU

Karte S. 619

restauriert und ist daher nicht zu besichtigen. Das Minarett der Moschee, ehemals das höchste der Stadt, ist zur Hälfte eingestürzt.

Städtisches Bad: Ein Badespaß, den man sich nicht entgehen lassen sollte. Man betritt es (Männer und Frauen getrennt) durch eine Halle, die zum Umkleiden dient. Sie wird von einer Kuppel überdacht, deren Glasbausteine kleine Farbkleckse auf den hellen, ausgetretenen Boden werfen. Danach geht es in kleinere Räume mit uralten Marmorbecken. Im Wechselbad zwischen kaltem und warmem Wasser lässt es sich herrlich relaxen. In dem 1558 errichteten Gebäude hat sich seit Jahrhunderten wenig verändert. Das erst kürzlich umgetaufte, ehemalige türkische Bad liegt zwischen der morbiden *Sultan-Mustafa-Moschee* und dem Volkstanztheater am Arionos-Platz. Die wunderbar entspannende Prozedur kann Dienstag bis Samstag genossen werden. Handtücher, Seife und Badeschuhe sind mitzubringen. Vielen ersetzt das städtische Bad die heimische Badewanne. Den traditionellen Masseur gibt es jedoch längst nicht mehr und die Bar in der Kuppelhalle ist seit Jahren verwaist.

Öffnungszeiten Di 13–18 Uhr, Mi–Fr 11–18 Uhr, Sa 8–18 Uhr. So/Mo geschlossen. Di–Fr 1,50 €, Sa nur 1 €.

Im Viehwaggon nach Deutschland

In den Gassen des Südostteils der Altstadt tönte es im 19. Jh. noch spanisch, eigentlich judeo-espanol. Auf der Flucht vor der Inquisition, die die Iberische Halbinsel tyrannisierte, kamen viele Juden nach Rhódos. Die *Sephardim*, wie die spanischen Juden und ihre Nachkommen sich nennen, wohnten seit dem 16. Jh. auf der Insel. Ob als Bankiers, Lastenträger oder Bootsleute – die fleißigen Emigranten brachten es zu Ansehen und Wohlstand. Heute leben im jüdischen Viertel längst Griechen. Weniger als 40 Mitglieder, das sind gerade mal sieben Familien, zählt die jüdische Gemeinde heute noch und einen eigenen Rabbiner hat sie auch nicht mehr. Es war Nazi-Deutschland, das die Juden in diesem entlegenen Winkel Europas ausrottete. Bereits 1940 besuchte Reichspropagandaminister Joseph Goebbels die Roseninsel. Rund die Hälfte der damals 4000-köpfigen Gemeinde flüchtete bald darauf nach Palästina und Afrika (Rhodesien und Belgisch-Kongo). Die übrigen Juden wähnten sich in Sicherheit und blieben. Als die damals italienischen Staatsbürger (Rhódos gehörte seit 1912 zu Rom) nach der Landung der Deutschen im Juli 1944 per Frachter ins KZ von Haidari bei Athen gebracht wurden, gab es ein böses Erwachen. Kurz danach wurden sie in Viehwaggons in das deutsche Vernichtungslager Auschwitz transportiert. 1673 rhodische Juden wurden ermordet, nur 151 überlebten den Holocaust. Heute erinnert eine Gedenktafel auf der rechten Seite des Eingangs der etwa 400 Jahre alten Synagoge daran. Außerdem gibt es im östlichen Teil des Stadtviertels die Platía Martirion Evreon, den Märtyrer-Platz, als mahnendes Andenken an das schreckliche Schicksal der jüdischen Gemeinde auf Rhódos.

Kahal-Shalom-Synagoge und Museum: Noch immer finden nur wenige den Weg zu der versteckt liegenden Synagoge (Symiou-Str., Fortsetzung der Dosiadou-Str.), die von den Überlebenden des Faschismus wiederhergerichtet wurde. Die meisten Besucher kommen aus Israel oder den USA und sind Nachfahren der ausgewanderten rhodischen Juden. Einer von ihnen ist Aron Hasson, ein Anwalt aus Los Angeles, der auf den Spuren seiner Großeltern nach Rhódos kam und maßgeblich am Aufbau des 1997 eröffneten Museums neben der Synagoge beteiligt war. Ausgestellt sind überwiegend Fotos aus der jüdischen Gemeinde vor und zu Beginn des Zweiten Weltkrieges wie auch Dokumente der Emigrierten aus den USA, dem Kongo, Zimbabwe, Argentinien usw. Sehr gut in englischer Sprache erläutert.

Die mit einem Mosaikfußboden aus Kiesel ausgestattete *Kahal-Shalom-Synagoge*, die älteste in Griechenland aus dem Jahr 1577, ist heute weniger kunsthistorisches Kleinod als vielmehr ein bedrückendes Mahnmal. Die freundliche Lucia Soulam, eine Überlebende des KZs Auschwitz, ist fast immer in der Synagoge anzutreffen und gibt Interessierten gerne Auskunft.

• *Öffnungszeiten* Die Synagoge ist täglich von 10–17 Uhr geöffnet. Da der Erhalt des Gotteshauses von privaten Geldern finanziert wird, ist eine Spende willkommen. Detaillierte Informationen über die jüdische Gemeinde in Rhódos gibt's auch im Internet (www.rhodesjewishmuseum.org/).

Museen

Archäologisches Museum: An der Platia Mussiou inmitten der Ritterstadt, nur ein paar Schritte von der berühmten Ritterstraße (Odos Ippoton) entfernt, liegt das ehemalige Krankenhaus des Johanniterordens. Der durch seine Schlichtheit beeindruckende Bau wurde nach fast einem halben Jahrhundert Bauzeit 1485 fertig gestellt. Zuvor diente das heutige Museum für dekorative Volkskunst (s. u.) als Hospital. In dem Gebäude werden alle wesentlichen archäologischen Funde des Dodekanes ausgestellt. Das einstige Krankenhaus betritt man durch einen hohen Eingang. Er führt in einen großen Innenhof, der von zweigeschossigen Arkaden umgeben ist. In den Ecken sind Kanonenkugeln aus der Ritterzeit zu kleinen Pyramiden aufgeschichtet. Eine breite Treppe führt zum Obergeschoss, dem großen Krankensaal der Ritter (51 m lang!). Dort findet man heute eine Vielzahl von Grabsteinen und Waffenreliefs ausgestellt. Das Museum besitzt eine umfangreiche Sammlung von Bildhauerarbeiten aus hellenistischer und römischer Zeit, u. a. auch Grabstelen aus spätrömischer Zeit.

Die größte Kostbarkeit ist die *Kauernde Aphrodite*, eine kleine Marmorstatue, die um 100 v. Chr. entstanden ist. Ein weiteres Meisterwerk der Antike ist eine sehr gut erhaltene Grabstele aus der Zeit um 420 v. Chr. Interessant auch die Statue von *Asklepios mit Stab und Schlange* aus dem 2. Jh. n. Chr.

In zahlreichen Räumen werden über 2500 Jahre alten Keramikarbeiten ausgestellt. Hübsch ist der kleine Museumsgarten.

• *Öffnungszeiten* von Juni–Oktober Di–Fr 8.30–19 Uhr, Sa/So 8–14.30 Uhr, Mo geschlossen. Von November–Mai Di–So 8–14.30 Uhr, Mo geschlossen. Eintritt 2,50 €, Kinder und Studenten mit ISIC frei. Ein detaillierter Museumsführer in deutscher Sprache wird für 6 € an der Kasse verkauft.

Museum für dekorative Volkskunst: Die hohe Kunst handwerklichen Geschicks seit dem 16. Jh. auf dem Dodekanes präsentiert das kleine Museum an der Platia Argirokástrou. Die teilweise jahrhundertealten Exponate reichen von Trachten aus Sými, Kárpathos und Astipálea über rhodische Keramik bis zum Webstuhl. Das Gebäude war bis Ende des 15. Jh. ein Krankenhaus.

Öffnungszeiten Di–So 8.30–14.30 Uhr, Mo geschlossen. Eintritt 2 €, Kinder und Studenten mit ISIC frei.

Byzantinisches Museum: Für Liebhaber byzantinischer Kunst empfiehlt sich das kleine Museum in der Marienkirche (Panagía tou Kastrou) schräg gegenüber vom Archäologischen Museum, das 1988 eröffnet wurde. In der Ritterzeit wurde die Kirche zu einer Basilika samt gotischem Kreuzrippengewölbe umgebaut. Die Tür-

Dodekanes Karte S. 619

ken wandelten sie später in eine Moschee um. In dem weiträumigen, hohen Kirchenraum sind Kunstschätze ausgestellt: Mosaike frühchristlicher Kirchen (5./6. Jh.), illustrierte Bibeln und andere religiöse Texte, Ikonen (14.–18. Jh.) und Fresken. Beachtenswert einige Wandmalereien (17. Jh.), die aus dem Kloster Thári auf Rhódos stammen.

Öffnungszeiten im Sommer Di–So 8–19 Uhr, im Winter nur bis 14.30 Uhr, Mo geschlossen. Eintritt 2 €, Studenten mit ISIC und Kinder frei.

Städtische Galerie von Rhódos: An der Platia Sými, am Übergang von der Neu- in die Altstadt, ist die kleine Stadtgalerie zu finden, die 1960 von Andreas Ioannou, dem Dodekanes-Präfekten, gegründet wurde. Sie ist im ersten Stock eines alten Gebäudes oberhalb der früheren Ionian Bank untergebracht. Die knapp 80 Bilder griechischer Künstler reichen von naturalistischen Darstellungen über Neue Sachlichkeit bis zu abstrakt-expressionistischen Arbeiten. Das hübsche Museum gibt einen Überblick über griechische Künstlergenerationen zwischen 1863 und 1940.

Öffnungszeiten Mo–Sa 8–14 Uhr, So geschlossen. Eintritt 2 €, Kinder frei.

Sehenswürdigkeiten außerhalb der Altstadt

Mandráki-Hafen und Nea Agora: Am nördlichen Ende der Altstadt liegt der Mandráki-Hafen. Die Hafeneinfahrt markieren *Elafos* und *Elafina* – Hirsch und Hirschkuh, die beiden zierlichen Wappentiere der Insel. Die zwei Bronzefiguren stehen wahrscheinlich exakt an der Stelle, an der der berühmte Koloss von Rhódos seine wuchtigen Füße auf die Erde setzte. Am östlichen Ende wird der Hafen von einer rund 400 m langen Mole begrenzt. Hier stehen noch drei mittelalterliche Mühlen, die schon längst ausgedient haben. Am Ende des Kais befindet sich die Festung Ágios Nikólaos, ein gewaltiger Rundturm aus dem 15. Jh., der die damalige Ritterstadt schützen sollte (nicht zu besichtigen). Auf der Landseite liegt der von den Italienern erbaute Neue Markt *(Nea Agora)*, ein quirliger Basar am Morgen und mit seinen Tavernen ein beliebter Treffpunkt am Abend. Im Innenhof steht ein kleiner Pavillon, der als Fischhalle dient. Zwischen dem Neuen Markt und der Altstadt, am Rimini-Platz, befinden sich auch die Abfahrtsstellen der Busse und ein großer Taxistand. Am zur Meerseite gewandten Haupteingang der Nea Agora beginnt die *Platia Eleftherias*, die Freiheitsstraße, die von den italienischen Kolonisatoren aus dem Boden gestampft wurde. Hauptpost und Hafenmeisterei sowie

weitere staatliche Gebäude und das Theater sind Beispiele dieser "schrägen" Architektur zwischen Moderne und Historismus.

Türkischer Friedhof: Im Schatten von hohen Eukalyptusbäumen, Palmen und staubigen Oleanderbäumen ruhen die türkischen Moslems vergangener Jahrhunderte. Typisches Merkmal: Kopf- und Fußteil sind von Grabsteinen eingefasst, die Gräber sind nach Mekka ausgerichtet. Für die Ruhestätten prominenter Paschas und Großwesire wurden größere Grabbauten errichtet. Der Friedhof am Ende der Platia Eleftherias wurde offensichtlich bald nach der türkischen Eroberung eingerichtet. Zwischen den Gräbern, die Würde und Rang des Verstorbenen durch das Abbild seiner Kopfbedeckung zeigen, fand *Murat Reis*, der berühmte Admiral von Suleiman, in einem auffälligen Grabgebäude seine letzte Ruhestätte. Am Nordende des Friedhofs steht die nach ihm benannte Moschee. Die Murat-Reis-Moschee wird Ihnen auf Wunsch aufgeschlossen, eine kleine Spende wird erwartet.

Monte Smith: Von dem grünen, 110 m hohen Hügel, der idyllisch über der Stadt thront, bietet sich nicht nur ein wundervoller Ausblick auf die Stadt, sondern auch auf die Überreste der *Akropolis* des antiken Rhódos. Man kann sogar bis zur türkischen Küste, nach Kárpathos und Sými sehen. Attraktion des "Monte Smith" (im 19. Jh. nach einem englischen Admiral benannt) sind die drei wuchtigen, von den Italienern wieder aufgerichteten Säulen des *Apollontempels*. Hangabwärts das *Theater*, das in weißem Marmor während der italienischen Besatzungszeit nachgebaut wurde und 800 Zuschauer fasst. Es diente wahrscheinlich der legendären Rednerschule als Versammlungsort, wo selbst Cäsar, Cicero und Pompejus den Rhetorikprofessoren lauschten. Von dem antiken Original blieben nur die Orchestra und drei Sitze in den vorderen Reihen erhalten. Heute finden hier gelegentlich noch Konzerte statt. Gleich daneben, umgeben von schattigen Bäumen, das 200 m lange und 35 m breite, ebenfalls nachgebaute *Stadion* der antiken Stadt.
Unweit des Apollontempels, auf dem höchsten Punkt des Monte Smith, liegt der Tempel der Athena und des Zeus. Doch außer ein paar Trümmern ist davon nichts mehr zu sehen.

Fußweg vom Großmeisterpalast: Man verlässt durch das nur wenige Meter entfernte D'Amboise-Tor die Altstadt, überquert den Festungsgraben und trifft auf die Dimokratias-Str. (parkähnlicher Boulevard). Dieser folgt man nach links und erreicht nach ca. 300 m eine Kreuzung. Man überquert sie und folgt der Agiou-Ioannou-Str. Nach ungefähr 350 m geht es rechts bergauf in die schnurgerade Diagoridon-Str.; sie führt zum Monte Smith. Außerdem gelangt man mit der Stadtbuslinie 5 ab der Platla Eleftherias zur Akropolis.

Aquarium: Wer die Unterwasserwelt der Ägäis kennen lernen möchte, sollte einen Spaziergang zur Nordspitze von Rhódos machen, 15 Minuten von der Altstadt entfernt (Straße entlang des Badestrandes im Norden der Neustadt). Im Untergeschoss des Ozeanografischen Instituts der Insel gibt es Muränen, Meeresschildkröten, Rochen und verschiedene Fischarten zu sehen, die heute schon zu den Raritäten in griechischen Gewässern zählen. Leider langweilen sich die armen Fische in ihren kleinen Aquarien fast zu Tode. Dem Aquarium angeschlossen sind Ausstellungsräume. Der Stolz des Museums sind die präparierten Haie. Daneben gibt es Informationen über Umweltschutzmaßnahmen für das Mittelmeer. Das 1924 von den Italienern gebaute Aquarium – übrigens das erste seiner Art in Griechenland – ist inzwischen allerdings renovierungsbedürftig.

<u>Öffnungszeiten</u> von April-Oktober tägl. 9–21 Uhr, im Winter 9–16.30 Uhr geöffnet. Eintritt 2 €, Kinder und Studenten 1,50 €.

Dodekanes Karte S. 619

Rodini-Park: Eine Oase der Ruhe ist der kleine Park an der lauten Ausfallstraße nach Líndos. In einem tief eingeschnittenen Tal am Rand der Stadt liegt das beliebteste Ausflugsziel der Rhodier – nicht zuletzt an heißen Sommertagen, denn in dem kühlen Tal sind die Temperaturen weitaus angenehmer als in der Innenstadt. Die Schlucht mit Teichen, einem Flüsschen und altem Baumbestand ist eine Mischung aus Zoo und Stadtpark. Rodini liegt 3 km vom Stadtzentrum entfernt (an der Straße nach Líndos) und ist mit der städtischen Buslinie 3 von der Platia Eleftherias (Fischmarkt) schnell zu erreichen. Für Kinder gibt es einen kleinen Tierpark mit Hirschen, Steinböcken, Ziegen und Pelikanen. Die Stille des Parks wird nur durch das exotische Kreischen der frei umherlaufenden Pfaue unterbrochen. Der Bach ist mehrmals aufgestaut und bietet Lebensraum für Enten und anderes Getier.

• *Anfahrt* Der Rodini-Park ist halbstündlich vom Neuen Markt mit dem Bus Nr. 3 zu erreichen. Haltestelle am Eingang. Mit dem eigenen Fahrzeug: die große Ausfallstraße Richtung Líndos nehmen, der Park liegt auf der rechten Seite, ca. 3 km vom Zentrum (Platía Eleftherias).

Rhódos-Stadt/Baden

An der Nordspitze und der sich anschließenden Westflanke von Rhódos-Stadt gibt es ausgedehnte Kies-/Sandstrände mit allem, was ein Touristenherz begehrt: Tretboote, Surfbretter, Sonnenschirme (für ca. 5 €/Tag) etc. Von Juni bis Anfang September sind jedoch die Strände innerhalb des Stadtgebietes übervoll.

Empfehlenswert sind deshalb die Ausflugsfahrten (nicht ganz billig) zu den Stränden an der Ostküste. Mehrere Ausflugsschiffe täglich ab Mandráki-Hafen oder mit dem Bus nach Kallithéa (11 km von Rhódos-Stadt, hervorragende Verbindung).

Die Strände an der Westküste zwischen Rhódos-Stadt und Triánda liegen alle in unmittelbarer Nähe von Großhotels und sind an heißen Tagen überlaufen. Außerdem führt eine viel befahrene Straße am Strand entlang. Kleine Buchten, die etwas abgelegener sind, gibt es 2 km weiter in Richtung Flughafen. Die Straße schlängelt sich an einem Berg entlang, unterhalb des Abhangs liegen die kleinen Strände, die zu Fuß zu erreichen sind.

Die Ostküste

Die über 70 km lange Ostküste bietet fast überall wunderschöne Strände. Je weiter südlich, desto menschenleerer. Ein Erlebnis ist der Besuch der Tsambiká-Bucht – zwischen schroffen, kahlen Bergen ein traumhafter Sandstrand mit Dünen.

Anziehungspunkt Nr. 1 ist das 1000-Einwohner-Dörfchen *Líndos* mit seinen weiß getünchten, kubischen Häusern und engen, gepflasterten Dorfgassen. Das am Hang gelegene Dörfchen schmiegt sich wie ein weißes Band um den Berg am Rand der idyllischen Bucht, auf dessen Gipfel eine *Akropolis* und eine später errichtete *Burganlage* stehen. Nachteil: Im Sommer wird das Dörfchen täglich von unzähligen Besuchern heimgesucht.

Die Landschaft an der Ostküste besitzt die besten Badestrände der Insel. Feinsandige Dünen oder kindskopfgroße Kiesel – Strände en masse. Wer Ruhe sucht, sollte sich ein Privatquartier weit im Süden suchen, in Dörfern wie *Gennádio*, *Lachaniá* oder *Asklipion*. Dorthin verirrt sich noch immer kaum ein Fremder.

• *Verbindungen* Die **Straße** an der Ostküste ist hervorragend ausgebaut und auch die **Busverbindungen** zu den größeren Orten der Ostküste sind ausgesprochen gut. Es bestehen mindestens stündliche Verbindungen nach Kallithéa und Faliráki sowie 9-mal tägl. nach Líndos.

▸ **Kallithéa**: Die Thermenanlage von Kallithéa ist mittlerweile leider zur Baustelle verkommen. Das ehemals so unwirklich anmutendes Fantasieprodukt der italienischen Baumeister, die die Bucht an der felsigen Küste südlich von Rhódos-Stadt zu einem beliebten *Thermalbad* ausbauten, besitzt kaum noch etwas von seiner früheren Anziehungskraft, dennoch ist ein Besuch des baufälligen Thermalbades durchaus lohnend: Durch einen mittlerweile restaurierten Arkadengang betritt man die immer noch gut besuchte Anlage, breite Treppen führen hinab zu einem Kuppelbau, der über dem Brunnen mit seinem gesunden, schwefelhaltigen Wasser errichtet wurde. Die auf der Landzunge angelegten Räume und Terrassen sind allerdings vergammelt und nicht mehr zugänglich.

▸ **Baden**: Der kleine, von Palmen gesäumte Sandstrand zählt zu den Attraktionen der Insel. Da kann es im Sommer schon mal eng zugehen. Oft machen kleine Ausflugsschiffe halt, um ihren Gästen in der Bucht eine Schnorchelpartie in dem kristallklaren Wasser zu ermöglichen, ebenso werden vom Mandráki-Hafen in Rhódos-Stadt Tauchausflüge hierher unternommen. Sonnenschirme, Liegestühle (ca. 5 €/Tag) und eine kleine Bar mit eisgekühlten Getränken verwöhnen die Gäste, schwimmende Holzplattformen erleichtern den Einstieg. Ein weiterer, etwas größerer Sandstrand mit Bar, Sonnenschirm- und Liegestuhlverleih liegt etwas südlich unterhalb vom Parkplatz.

▸ **Faliráki**: Ein Retortendorf aus Beton und Zement. Im Herbst, wenn die letzten Touristen abgereist sind, bleibt eine Geisterstadt mit Tausenden von leeren Betten zurück. Im Sommer jedoch treten sich die Sonnenhungrigen an dem 5 km langen Sandstrand, der früher zu den schönsten der Insel zählte, gegenseitig auf die Füße. Fastfood, Andenkenläden, Riesenhotels usw. – Faliráki könnte überall sein. Trotz einiger Probleme, die anonymen Massenquartiere von April bis Oktober wenigstens einigermaßen voll zu kriegen, ist die Bauwut ungebremst.
Wer dennoch in Faliráki ein Hotel gebucht hat, dem sei das Anmieten eines Autos oder Motorrads angeraten, um das Rhódos außerhalb des Touristen-Ghettos, z. B. den touristisch kaum belangten Inselsüden, kennen zu lernen.

▸ **Ladikó-Bucht**: empfehlenswert, um dem Rummel am Faliráki-Beach zu entkommen. Von der Hauptstraße Richtung Líndos führt eine beschilderte Straße zu einer Bay an der Felsküste mit ein paar Metern Sandstrand. Liegestühle und Duschen vorhanden. Sehr gepflegter Strand, sauberes Wasser, im Wasser einige spitze Felsen.

▸ **Anthony-Quinn-Bucht**: Wer Ruhe sucht, findet sie in dieser wunderschönen, abgelegenen Bucht. Das Wasser schimmert einladend blau-türkis, aber der Meeresboden ist steinig. Selbst bei windigem Wetter ist die Wasseroberfläche der geschützten Bucht spiegelglatt. Ein wahres Schnorchelparadies. Optimal auch für Kinder, denn viele Strandabschnitte sind ziemlich flach. Die Bucht wurde durch den amerikanischen Schauspieler Anthony Quinn berühmt.
An dem kleinen Kiesstrand gibt es einen Liegestuhlverleih, oberhalb liegt ein schattiger Parkplatz mit WC sowie eine gemütliche, sehr günstige Snackbar/Taverne mit wunderschöner Terrasse. Von hier geht es über Treppen hinunter zum Strand. In nördliche Richtung führt ein Pfad über die Felsen nach Faliráki.

Anfahrt zunächst Richtung Ladikó, dann rechts ab (beschildert), 500 m auf gut befahrbarer Schotterpiste.

Afándou

Ein unscheinbares, verwinkeltes Dorf, ein paar Kilometer von der Küste entfernt. Der Name rührt von "Afanía" her, was so viel wie Unsichtbarkeit bedeutet.

Vor vielen Jahrhunderten errichteten die Einwohner nach Überfällen die heutige, abseits vom Meer gelegene Siedlung. In dem typischen Bauerndorf verstehen viele Deutsch, denn manch einer arbeitete in bundesdeutschen Fabriken. Afándou, am Rand eines meist ausgetrockneten, breiten Flusslaufes gelegen, ist ein lebendiges Dorf, das auf den ersten Blick keine Touristenidylle verspricht. Zentrum des geschäftigen Ortes ist die Platia mit Tankstelle, Läden und Kafenion. An der Straße zum Strand hat man sich dennoch auf ein wenig Fremdenverkehr eingerichtet: Es gibt einige Auto- und Zweiradverleiher sowie diverse Restaurants, Cafés und ein paar Unterkünfte. Lohnenswert ist auf alle Fälle der große, lang gestreckte Sand-/Kiesstrand, der selbst im August nie überfüllt ist, aber auch nicht unbedingt idyllisch wirkt (2 km vom Ortszentrum). Den meisten Rhódos-Touristen ist Afándou vor allem ein Begriff wegen seines *18-Loch-Golfplatzes* am Ortsstrand Darüber hinaus hat Afándou auch seine eigene kulinarische Spezialität: *Pitarudia*, eine Art Kichererbsenpüree.

• *Übernachten* **Hotel Kastelli**, freundlicher Familienbetrieb mit 22 Zimmern, viele Stammgäste, sehr ruhig, aber auch etwas weit ab vom Schuss gelegen, 500 m vom Zentrum. Es gibt einen kleinen Swimmingpool. DZ 40–45 € (inkl. Frühstück). Schlichte, saubere Zimmer mit Balkon, entweder mit Blick auf die Berge oder Richtung Meer. Von Ostern bis Ende Oktober geöffnet, ✆ 22410-51961, ℻ 51502, E-Mail: kakumike@otonet.gr. Anfahrt: Von der Platia die Straße Richtung "Butterflies" und dann Richtung Líndos. Nach der EKO-Tankstelle vor der Brücke links ab, nach 100 m auf der linken Seite.

Hotel Golden Days, C-Kat., angenehmes, zweistöckiges Haus mit 41 Zimmern, aber leider an der lauten Dorfausfallstraße gelegen. Deshalb sollten Sie ein Zimmer nach hinten heraus nehmen (Blick auf Orangen- und Zitronenbäume). Swimmingpool, DZ mit Bad/Balkon 35–55 €, EZ 20–45 €, je mit Frühstück. 700 m von der Platia an der Straße zum Strand auf der rechten Seite. ✆ 22410-52302, -52346, ℻ 52324.

• *Essen/Trinken* **Restaurant Katholiki**, Eleni Simiakou serviert typisch griechische Küche. Günstige Preise. Besonders gut schmeckt hier die Dorfspezialität Pitarudia. Man sitzt auf einer großen, überdachten Terrasse. An der Straße zum Strand auf der linken Seite. Mo–Sa ab 18.30 Uhr, So ab 12 Uhr. ✆ 22410-52066.

La Notte-Bar, idyllische Terrasse unter Pinienbäumen, auf einem kleinen Hügel gelegen, nur 50 m von der Platia. Lassen Sie sich in einem der Cafés an der Platia die Gasse zeigen, die zur Bar führt. Nur abends geöffnet.

Gelateria Moka, "erstklassige Konditorei mit köstlichen Kuchen, Törtchen und Süßspeisen", Lesertipp von Hans Ritter aus Bietigheim-Bissingen. Große Auswahl, aber nur wenig Stühle zum Sitzen. Kuchen lieber mitnehmen. Von der Platia im Zentrum die Straße Richtung Strand nehmen, nach 300 m auf der rechten Seite.

Kolímbia

Das kleine Straßendorf erlebte vor einigen Jahren einen Baumboom und avancierte so zu einem der wichtigsten Touristenzentren an der Ostküste. Dennoch ist Kolímbia relativ ruhig geblieben. Die 2 km lange, schnurgerade Eukalyptusallee am Rand der weiten, flachen Afándou-Bucht führt zu einem weitläufigen, sehr schönen und sauberen Kies-/Sandstrand vor imposanter Felskulisse. Leider wurde er durch große Hotelanlagen in den letzten Jahren zunehmend entstellt. Außerdem liegen die Häuser so weit auseinander, dass man ein gemütliches Dorfzentrum vergebens sucht. Der Strand von Kolímbia liegt südlich des kleinen Hafens (mit Taverne), nördlich grenzt das Südende des Afándou-Strandes an. Die italienische Kolonialzeit hinterließ Kolímbia ein großes *Pflegeheim mit Campanile* an der Ostküstenstraße und einige funktionelle *Kolonialbauernhäuser*, die teilweise leer stehen. An der Eukalyptusallee (nach dem dritten Haus auf der rechten Seite) liegen auf einem eingezäunten Grundstück die Fundamente einer frühchristlichen *Basilika* aus dem 5./6. Jh.

• *Verbindungen* 9-mal tägl. Busse von Kolímbia Beach nach Rhódos-Stadt (2,20 €).

• *Übernachten* **Hotel Irene Palace**, beliebtes Mittelklassehotel in Form eines Ypsilons direkt am Strand, dennoch mit Süßwasserpool, von Bananenstauden umgeben, Kinderbecken, Whirlpool, großzügige Eingangshalle, Balkon mit Meerblick, Klimaanlage vorhanden, ruhige Lage, DZ 48–110 € inkl. Frühstück, April bis Oktober geöffnet, ✆ 22410-56265, 📠 56262, E-Mail: info@irenepalace.gr, www.irenepalace.gr.

Hotel Dounavis, typisches Pauschal-Strandhotel, allerdings über 1 km vom Meer entfernt. Komfortable Anlage mit Tennisplatz und Pool im schönen Garten, angenehme Atmosphäre. Geöffnet von April bis Oktober. Die meisten Gäste buchen das Hotel (B-Kat.) pauschal. EZ 40–45 €, DZ 50–55 €, jeweils mit Frühstück und Abendessen, alle Zimmer mit Bad/Balkon. ✆ 22410-56212, -56234, 📠 56342. An der Straße zum Strand (Eukalyptusallee) auf der rechten Seite.

Hotel Eukalyptus, ziemlich genau zwischen der Ostküstenstraße und dem kleinen Hafen liegt das einstöckige, schon etwas in die Jahre gekommene Haus (Richtung Strand auf der linken Seite, nach dem Hotel Koala). Nur 7 Zimmer der E-Kat., einfach, alle mit Blick nach hinten zum Garten. Preiswertestes Hotel des Dorfes mit Restaurant, sympathisches Haus, kinderfreundlich. DZ mit Du/WC 20–25 €, EZ gleicher Preis, jeweils inkl. Frühstück. ✆ 22410-56218, -56374. Ca. 1,5 km vom Strand, Bushaltestelle vor der Haustür.

• *Essen/Trinken* **Restaurant Limanaki**, Terrasse mit schönem Blick auf den Strand von Kolímbia und die schroffen Felsen. Günstiges Fischrestaurant, frischer Fisch, besonders die Meeresfrüchte sind eine Empfehlung wert, guter Service. Lesertipp von Uta Hannemann aus Siegen, dem wir uns unbedingt anschließen möchten!

Eptá Pigaé (Sieben Quellen)

In einem romantischen Wald knapp 4 km von Kolímbia liegen die "Eptá Pigaé" – ein beliebtes Ausflugsziel der Rhodier an Sonntagnachmittagen.

Die Kühle des Waldes mildert angenehm die sengende Augusthitze. Weitläufig stehen die Tische mit roten und blauen Stühlen in dem kleinen Tal idyllisch unter Platanen auf verschiedenen Ebenen verstreut. Gleich hinter der Taverne liegen die Quellen. Glasklar sprudelt das kühle Nass aus dem Boden. Eine gute Gelegenheit, die leere Wasserflasche zu füllen. Die Kinder haben ihren Spaß an den Pfauen, die durch den Pinienwald stolzieren. Während der Kolonialzeit setzten die Italiener die Quellen für die Bewässerung der Ebene von Kolímbia ein. Sie bauten Anfang der 30er Jahre ein Leitungssystem, das heute noch zu sehen ist.

• *Anfahrt* von Kolímbia die Straße nach Archípoli nehmen, nach ca. 3 km links hinauf, von hier noch ca. 1 km, beschildert. Bei den Quellen gibt's ein Restaurant mit Selbstbedienung. Übrigens führt von Eptá Pigaé aus ein Fußweg nach Archángelos (beschildert).

▸ **Tsambiká-Bucht**: Zwischen hohen, gewaltigen Bergen liegt die wohl schönste Badebucht der Insel. Der Strand ist gut besucht, aber selbst im Hochsommer kaum überfüllt. Stürmisch bläst der Wind den Sand an den Südhang. Am nördlichen Rand der Bucht ein steiler, 240 m hoher Berg, auf dessen Gipfel eine blendend weiße *Wallfahrtskirche* thront.

Der Strand, ein beliebtes Ziel von Ausflugsschiffen, ist noch immer unverbaut. Es gibt Wassersportmöglichkeiten, Stranddusche, einen Liegestuhl- und Sonnen-

Dodekanes Karte S. 619

schirmverleih (ca. 2,50 € am Tag), mehrere Tavernen und Snackbars, man kann Beachvolleyball spielen ...

• *Anfahrt/Verbindungen* Von der Ostküstenstraße zum Strand (beschildert) sind es 1,5 km. Tägliche Busverbindung mit Rhódos-Stadt (2,30 €).

• *Essen/Trinken* **Restaurant Panoramic**, am Parkplatz unterhalb der Wallfahrtskirche, vielfach gelobtes Ausflugslokal in idyllischer Lage.

Taverne Edem, das junge Wirtspaar serviert in dem Olivenhain an der Straße vom Strand zur Küstenstraße leckere, gut gewürzte Salate. Die Gäste sitzen unter einem Vordach im Schatten und genießen die Natur. Nette Atmosphäre. Ideal für Besucher, die dem Rummel am Strand entfliehen wollen. "Sehr gutes Preis-Leistungs-Verhältnis", schreibt unser Leser Hajo Güniker aus Paderborn.

Gemütlich isst man auch in der vor allem bei Griechen beliebten **Taverne im Kloster**.

Archángelos

Archángelos – zu deutsch Erzengel – ist ein ideales Ausgangsquartier, um die Ostküste zu entdecken. Mit 7500 Einwohnern ist es die größte Siedlung der Insel nach Rhódos-Stadt (30 km entfernt).

Trotzdem wirkt der am Rande einer weiten Ebene gelegene Ort mit seinen weiß getünchten Häusern und engen Gassen alles andere als hektisch. Archángelos ist trotz der großen Zahl von Besuchern ein weitgehend typisch griechisches Dorf geblieben. Die meisten leben von der Landwirtschaft, dem Handwerk und natürlich vom Tourismus. Die Töpferei hat in dem verwinkelten Dorf eine lange Tradition. Doch nicht jedes Stück, das in einem der Läden angeboten wird, ist "hand-made". Achten Sie deshalb genau auf die Verarbeitung.

Auf einem Felsplateau oberhalb von Archángelos thront die 1467 fertig gestellte *Johanniterburg*. Von der ehemaligen Pracht des wuchtigen Kastells ist nicht mehr viel übrig. Lediglich die Außenmauern und etliche Steinhaufen sind noch zu sehen. Im Inneren steht nur noch die kleine *Agios-Ioannis-Kapelle*. Vom Zentrum von Archángelos zur Festung sind es rund 20 Minuten zu Fuß.

Verbindungen/Adressen/Telefonvorwahl

• *Verbindungen* etwa stündliche **Busverbindung** nach Rhódos-Stadt (2 €). **Taxistation** im Zentrum, ✆ 22440-24111. Eine Fahrt zum Strand von Stegna (s. u.) kostet 5 €.

• *Autoverleih* **Rent a Car Antonios** im Zentrum, ✆ 22440-22524, -22832.

• *Zweiradverleih* bei **Stelios** an der Haupteinfallstraße nach der Gabelung auf der linken Seite (gegenüber dem PASOK-Büro). 80-ccm-Moped 15 €, auch größere Motorräder, ✆ 22440-22949, ✆ 23513, www.stelios-rent.com.

• *Bank* **National Bank of Greece** im Zentrum, Mo–Fr 8–13 Uhr geöffnet.

• *Medizinische Versorgung* Krankenstation am Ortsrand, 24 Stunden am Tag offen, die Ärzte sprechen Englisch, ✆ 22440-22400, -22255 oder mobil 6977891108. Von der Hauptstraße Rhódos–Líndos bei der ersten Abzweigung nach Archángelos auf der linken Seite, nicht zu übersehen.

Übernachten/Essen

• *Übernachten* **Hotel Anagros**, zweistöckiger Zweckbau der C-Kat. mit Swimmingpool am nördlichen Dorfende, 10 Min. vom Ortszentrum. Schöner Blick ins Landesinnere, Nachteil: liegt nahe der viel befahrenen Küstenstraße (Zimmer nach Süden nehmen). April–Sept. geöffnet, DZ 21–25 € (inkl. Frühstück), ✆ 22440-22248, ✆ 23996. Vom Ortszentrum einfach Richtung Norden den Berg hinauf, das Hotel liegt etwas zurückversetzt gegenüber von *Ceramic Papas* auf der linken Seite. Von der nördlichen Einfallstraße nach 300 m auf der rechten Seite.

Hotel Filia, ca. 200 m vom Taxistand im Zentrum entfernt, beschildert. Schlichte Zimmer mit Bad, Balkon, sehr günstig, netter Service von Antonios Argyros. "Nur das Frühstück war nichts Besonderes" (Leser Stefan Neumann, Hannover). DZ 23–32 €, EZ 20–26 €, jeweils inkl. Frühstück. Der Pool vom Nachbarhotel kann gegen eine geringe Gebühr mitbenutzt werden, außerdem bietet der Besitzer einen kostenlosen Bus-Service zum Strand von Stegna an (Lesertipp von Uta Hannemann aus Siegen). ✆ 22440-22604, -24292, ✆ 23510.

Hotel Semina, das nahe beim Hotel Filia gelegene Haus bietet saubere und große Zimmer mit Kochecke. Für Kinder gibt es einen kleinen Swimmingpool mit 1,2 m Wassertiefe. DZ 30–40 €, Drei-Bett-Zimmer 35–45 €. Von der großen Straße aus Rhódos kommend, nach dem Taxistand rechts abbiegen (hinein in die Straße vor der Schule). ✆ 22440-22210, ✆ 23236, www.interactive-island.gr.

Hotel Meandros, ca. 5 Min. vom Ortszentrum. Die Zimmer in dem kleinen Hotel sind eher schlicht, aber gepflegt, der Besitzer ist um seine Gäste bemüht und spricht gut Deutsch. Neben dem Haus gibt es einen Swimmingpool. DZ 30–35 €, EZ 20–25 € (inkl. Frühstück). ✆ 22440-22896, ✆ 23896. Von der großen Einfallstraße kommend, geht's bei der Straßengabelung (vor *Dakas Keramik*) rechts ab, nach 500 m auf der rechten Seite (beim Getränkelager). Geöffnet von April bis Oktober. C-Kat.

Ferienwohnungen, neue Appartements bei Kiki Hatzimalona, ✆ 2244022450 (Lesertipp: R. Heinzinger, Regensburg).

• *Essen/Trinken* **Taverne George Mavrious**, beliebter Treffpunkt im Ortskern mit schattiger Terrasse. Von Griechen und Ausländern gleichermaßen geschätzt, George ist im Dorf für gute Lammgerichte bekannt.

Taverne Hellas, urige Taverne im Ortszentrum, gemütliche, überdachte Terrasse. Erkennbar am Krefelder Stadtwappen über dem Eingang (dort hat die Familie Sakellaris lange Jahre gelebt). Sehr gute griechische Küche, besonders das Hähnchen-Souvláki hat einigen Lesern geschmeckt.

Taverne To Steki, das blaue Haus an der Hauptstraße ist leicht zu finden. Hier wird Hausmannskost im Schatten einer Pappel serviert. Preiswert.

▸ **Bucht von Stegená**: Von Archángelos führt eine breite Asphaltstraße über den Bergrücken hinab zur beliebten Bucht von Stegená, dem Hausstrand und Hafen von Archángelos (3 km entfernt). Manch einer aus dem Dorf baute sich dort früher sein eigenes "Wochenendhaus". Mittlerweile wird der kleine Hafen vom Tourismus dominiert. Viele unansehnliche Neubauten entstanden hier in den letzten Jahren. Die viel besuchte Bucht (Sand-Kies, Duschen vorhanden) mit zwei Inselchen lohnt einen Ausflug wegen des attraktiven Strandes (mit Duschen), der auch für Familien geeignet ist. An der Uferstraße reihen sich einige Tavernen auf, am Südende der Bucht werden Motorboote (17 €/30 Min.) und Tretboote (9 €/Std.) vermietet. Im Sommer Wassersport (Paragliding, Wasserski) sowie Sonnenschirm- und Liegestuhlverleih, die Bucht ist zum Schnorcheln geeignet.

• *Übernachten* **Pension Athina**, am Nordende der Bucht. Lesertipp von J. Schmidt und H. Clausnitzer aus Dresden: "Die Unterkunft ist eine kleine, gepflegte Pension, bestehend aus sechs einfachen Studios mit Küchenzeile, Dusche/WC und Balkon. Umgeben ist die Pension von einer Vielzahl von Apfelsinenbäumen sowie einem kleinen Garten." DZ ca. 30 €, ✆ 22440-23730, -22106.

Appartements Antonio, der freundliche Fotograf Antonios Hatzimalonas vermietet Studios und Appartements gleich am Nordende der Bucht (moderner Zweckbau auf der rechten Seite). Die kleinen Wohnungen bestehen aus einem großen Schlafraum, Bad, Küche, Sitzecke und Balkon zum Meer. Acht 2er-Appartement/Studio für 36 €. ✆ 22440-22809, -22280, ✆ 22779.

Stegna Sun Studios, oberhalb von Antonio, an der Straße von Archángelos auf der rechten Seite (ca. 100 m vom Strand). Die Studios von Kostas Konstanturas sind nett eingerichtet und liegen um einen schattigen, herrlich überwucherten Garten. Studio für 2 Pers. ab 40 € (bzw. 65 € für zwei Tage), ✆ 22440-22639, -22860.

Panorama Studios, die Taverne Panorama gibt es zwar nicht mehr, aber Sarantis Yiakoymakis, der Enkel des ehemaligen Besitzers, vermietet jetzt zwölf Zimmer in zwei neu gebauten Appartementhäusern im Ortskern. DZ 30–40 € (ohne Frühstück), ✆ 22440-22516, ✆ 23532.

Dodekanes
Karte S. 619

• *Essen/Trinken* **Grecoris-Restaurant**, bei der kleinen Windmühle. Das Lokal wird von den Einheimischen vor allem wegen seiner Fischgerichte geschätzt, in der Hochsaison jedoch oft von Touristengruppen angelaufen und links und rechts von jeweils einer Diskothek flankiert.

Taverne Tasos, einfaches Lokal am Strand, leckere Meeresfrüchte, gutes Preis-Leistungs-Verhältnis. Schattiger, gemütlicher Garten.

Restaurant Stegna, Panos Kozas serviert frischen Fisch und griechische Spezialitäten (z. B. die Fischsuppe für 3,50–5 €). Direkt am Strand liegt die Fischtaverne, die sich seit 70 Jahren im Familienbesitz befindet. Von den Tischen an den Fenstern bietet sich ein eindrucksvoller Blick auf das Meer. Sehr freundlicher Service. Fragen Sie nach dem Tagesfang. ✆ 22440-22632.

▸ **Kloster Moni Kamirou**: Das einsam gelegene Moni Kamirou beim Weiler Másari ist in jedem Fall einen Ausflug wert, allein schon wegen der reizvollen Anfahrt und der herrlichen Lage des Klosters. Die Anlage ist verschlossen, aber der Schlüssel hängt links oben an der Eingangstür. Heute ist das Kloster nicht mehr bewohnt. Es hat einen schönen Innenhof mit hübschem Kieselmuster. Man sieht noch die Mönchszellen, zu denen man jedoch keinen Zutritt hat. Leben kehrt im Moni Kamirou nur am 12./13. Juli ein. Dann feiert das Bauerndörfchen Másari dort seine Kirchweih. Die Kirche stammt vermutlich aus dem 14./15. Jh. Im Inneren kann man zahlreiche Fresken bewundern.

Für Durstige: Unterhalb des Klosters gibt es eine Quelle. Aus der Leitung im Kloster soll man, so sagte uns ein Bauer, lieber nicht trinken.

• *Anfahrt* Von Másari die "Old National Road" in südliche Richtung nehmen, nach 2,5 km rechts ab auf einen Schotterweg zum Kloster (beschildert). Von hier weitere 2,5 km, zunächst Schotter (durch ein ausgetrocknetes Flussbett), das letzte Stück ist hervorragend asphaltiert. Das Kloster sieht man schon von weitem.

Charáki

In dem romantisch gelegenen Bauern- und Fischerdorf (2 km von der Ostküstenstraße) sind die Griechen noch größtenteils unter sich. Die modernen Häuser sind im Halbkreis um die sichelförmige Bucht gebaut, die von einem Felsvorsprung begrenzt wird. Charáki ist vor allem Ziel für Individualtouristen, die keinen großen Rummel wollen oder brauchen.

Charáki wird vom Inseltourismus auf Rhódos kaum beachtet. Um so gemütlicher wirkt das Dorf auf seine Gäste. Der Dorfstrand (überwiegend Kies, z. T. auch Sand) ist selbst in der Hochsaison nicht überlaufen. Die meisten Cafés, Tavernen und Appartementhäuser befinden sich direkt an der Strandpromenade. Am Dorfrand, nahe dem Strand, liegt eine kleine Militärkaserne. Oberhalb des Dorfes entdeckt man die Mauerreste einer aus dem frühen 14. Jh. stammenden *Festung*. Gegenüber der Kirche stehen noch die Grundmauern einer frühchristlichen *Basilika*. Rund um Charáki gibt es schöne Strände. Am besten hat uns Agáthi-Beach gefallen (20 Min. zu Fuß in nördlicher Richtung).

• *Übernachten* **Hotel Charáki Bay**, professionell geführtes und gemütliches Haus am Nordende der Bucht mit Palmen vorm Haus. Alle modernen Zimmer mit Balkon zum Meer, mit Bad, gut eingerichtet. Im EG Taverne, angenehme Atmosphäre, Fischgerichte rund 10 €, DZ 50–65 € (inkl. Frühstück), Klimaanlage 5 € pro Tag. ✆ 22440-5168-0/-1, ℻ 51682.

Charáki Village, letzter Komplex am Ende der Bucht, drei neue Häuser in kubischem Stil, gepflegt, schöner Blick, eine empfehlenswerte Adresse, ✆ 22440-519423.

Privatzimmer gibt es genug, z. B. **Studios Alia**, einfache, gepflegte Appartementanlage (Flachbau) mit 18 Einheiten plus Terrasse inmitten einer Steinwüste. Die Lage ist nicht besonders verlockend, aber der nette Besitzer schafft eine sehr angenehme Atmosphäre. Vor dem Haus eine Wiese und ein Blumengarten. Liegt an einer recht ruhigen Straße am Ortseingang, ca. 200 m vom Strand. 2er-Appartement 35–45 €. Klimaanlage gegen Aufpreis. "Das Besitzer-Ehepaar vermittelt eine familiäre, herzliche Atmosphäre und ist sehr um die Gäste bemüht. Das Ehepaar wohnt in einem kleinen Haus neben den Studios und ist immer für alle Belange ansprechbar", berichtet Leser Konrad Schilheim aus Meschede. ✆ 22440-51065, -51269, 📠 51359.

Studios Joanna, dreistöckiges Haus direkt an der Strandpromenade neben Charáki Village. Petros Papadopoulos vermietet einfache 2er- und 4er-Appartements mit einem schönen Blick auf die Bucht – für das Gebotene allerdings ziemlich teuer. 2er-Appartement 35–50 €. ✆ 22440-51031, -51030, E-Mail: Joannastudio@yahoo.gr.

• *Essen/Trinken* **Restaurant Argo**, ein Klassiker an der Ostküste, die idyllische Lage des halbrunden Baus mit Blick auf die Festung ist ein guter Grund, hier einzukehren. Schickes Restaurant mit gutem Service, geboten wird die etwas verfeinerte griechische Küche. Gehobenes Preisniveau.

Taverne Thalassa, typisch griechische Taverne, günstige Meeresfrüchteteller für 8 €, aber auch gute Fleischgerichte, nette Bedienung.

• *Auto- und Zweiradverleih* **Rent a Car Simon**, im Zentrum. Während der Saison tägl. 8–13 und 18–22 Uhr geöffnet, ✆ 22440-51036 oder mobil 6932778885. "Als wir mit einer kleinen Panne am Strand liegen blieben, schickte uns der Besitzer, Simon Agious, nach 30 Minuten seinen Vater als Pannenhelfer, der den Defekt sofort erkannte und behob. Eine Auto- und Zweiradvermietung, die sich durch die freundliche, angenehme Art des Simon Agious von anderen unterscheidet", befindet Leser Konrad Schilheim aus Meschede. E-Mail: xaraki@hol.gr, www.charaki.com.

▸ **Feraklós-Burg**: Wer gegen die Regeln des Ordens verstoßen hatte, wurde auf die Festung nach Charáki verbannt. Das frühere byzantinische Kastell eroberten die Johanniter bereits 1306. Wie viele andere Verteidigungsanlagen fiel es 1522 in die Hände der Türken. Die Anlage erhebt sich weithin sichtbar auf einem Berg nördlich von Charáki. Viel mehr als den äußeren Mauerring gibt es jedoch nicht zu entdecken. Der halbstündige Aufstieg lohnt sich dennoch, denn das Panorama ist fantastisch.

▸ **Agáthi-Bucht**: Der Hausstrand Charákis – 500 m breite, dünenartige Sandstrand-Bucht. Die idyllische Lage wird nur durch eine grässliche Hotelruine am Hang beeinträchtigt. Beliebter Treffpunkt für Surfer. Es gibt sogar einen Surfbrettverleih. Einer der schönsten Sandstrände von Rhódos, mit zwei Strandbars, Sonnenschirmverleih, Beachvolleyball und Wassersportmöglichkeiten.

Anfahrt Ein gut befahrbarer, 1,5 km lange Schotterweg zweigt von der Einfallstraße nach Charáki links ab (provisorischer Wegweiser). Rechter Hand passiert man einen Pfad, der zur Feraklós-Burg hinaufführt.

▸ **Agáthi-Kapelle**: Urig ist die kleine, 700 oder 800 Jahre alte Höhlenkapelle in einer winzigen Strandhöhle am nördlichen Ende der Bucht. Sie ist leicht durch ihren weiß getünchten Eingang, umgeben von schattigen Bäumen, zu finden (auch Grillplatz). Der trapezförmige, dunkle Innenraum beherbergt zahlreiche Fresken. Neben der Kapelle findet man zwei in den Felsen gehauene Räume, die teilweise zugemauert sind.

• *Wegbeschreibung* Am Dorfende, in Richtung Ostküstenstraße, biegt nach rechts der Weg zur Agáthi-Bucht und Feraklós-Burg ab. Nach ca. 800 m gelangt man auf einen Bergrücken (vor der Feraklos-Festung), dort biegt ein unscheinbarer Pfad zur Kapelle ab.

▸ **Vlichá-Bucht**: Die Bay (südlich von Charáki) zwischen den kahlen Bergen ist fest in der Hand von Pauschaltouristen. Grund dafür sind das mächtige, halbkreisförmige "Líndos-Bay-Hotel" und die architektonische Merkwürdigkeit "Steps of Líndos" mit zusammen fast 700 Betten, weitere Hotels sind in Planung. Der Kiesstrand besitzt Duschen und mehrere Bars, hier auch Wassersportmöglichkeiten.

Dodekanes
Karte S. 619

Líndos

Líndos erhebt sich strahlend weiß aus der kargen, felsgrauen Küstenlandschaft. Nach jeder Kurve wird die traumhafte Schönheit des Dorfes deutlicher: die trutzige Johanniterburg und antike Säulen auf einem mächtigen Berg, das Konglomerat kubischer Ägäis-Architektur, die sichelförmige, sandbraune Badebucht mit Surfern.

Wer das Labyrinth der Gassen des zweifellos **schönsten Dorfes der Insel** betritt, merkt schnell, dass Líndos längst keine abgeschiedene Idylle mehr ist. Unzählige Souvenirläden, Cocktailbars und Tavernen reihen sich aneinander. Menschenmassen schieben sich durch die längst zu eng gewordenen Gassen in Richtung Akropolis. Im Sommer platzt Líndos schier aus allen Nähten.

Dennoch ist Líndos ein Muss für jeden Rhódos-Besucher. Folgt man dem Gedränge, kommt man zur zentral gelegenen *Panagía-Kirche* (mit Kirchenmuseum), die trotz des Rummels noch immer eine Oase der Ruhe ist. Gönnen Sie sich eine Pause im kühlen, von schönen Fresken geschmückten Kircheninnern.

Durch die engen Gässchen des 1500-Einwohner-Dorfes geht es hoch zur legendären Akropolis. Vorbei an dem über zwei Jahrtausende alten, in die Felswand gemeißelten *Schiffsrelief*, gelangt man durch die mächtige *Johanniterzitadelle* zur antiken *Tempelterrasse*. Seit Jahren wird hier restauriert – eine Arbeit ohne Ende.

Blickfang ist eine einst 87 m breite Säulenformation, die jetzt teilweise wieder aufgebaut wurde. Im Zentrum steht der *Athenetempel* – 166 m ü. d. M. Wer den mühsamen Aufstieg per pedes zur Akropolis scheut, kann sich von einem Esel hinauftragen lassen. In der Hauptgasse, wenige Meter von der Platia entfernt, warten die Mulitreiber auf Kundschaft. Der Spaß kostet 3,50 € pro Person. Von dem Hauptplatz, heute Bushaltestelle und Taxistand, windet sich die Asphaltstraße hinunter zum Sandstrand. Surfer und Tretbootfahrer beleben zusätzlich das Bild. Wer Ruhe sucht, biegt in der Hauptgeschäftsgasse auf dem Weg zur Akropolis rechts ab. Nach 1,5 km gelangt man zur *Apostel-Paulus-Bucht.* Am südlichen Ortsende grenzt das Meer an bizarre Kalksteinfelsen. Hier soll Apostel Paulus im 1. Jh. n. Chr. erstmals rhodischen Boden betreten haben.

Líndos ist heutzutage für den Autoverkehr gesperrt. Das gesamte Dorf steht unter Denkmalschutz. Kein hässlicher Betonbau stört das einmalige Ensemble. Die meisten der würfelförmigen Patrizierhäuser stammen noch aus dem 17. Jh. Vermögende Kapitäne und Reeder ließen sich die aufwändige Gestaltung ihrer Wohnhäuser etwas kosten. Detailreiche Ornamente an Fenstern und Türen dokumentieren Schönheitssinn und Wohlstand. Die meisten Gebäude verfügen über pittoreske Innenhöfe mit Mosaiken aus Kieselstein. Aber kaum ein Haus ist älter als 350 Jahre, denn Líndos wurde im Jahr 1610 von einem Erdbeben weitgehend zerstört.

Telefonvorwahl/Information/Verbindungen

• *Information* Das offizielle Büro der Tourist-Info liegt an der Platia Eleftherias (Bushaltestelle), ✆ 22440-31900. Lassen Sie sich von der teils unfreundlichen Art der Mitarbeiter nicht abschrecken. Dort erhält man Auskunft über Abfahrtszeiten der Busse und Fähren sowie einen kostenlosen kopierten Stadtplan; außerdem hilft das Personal bei der Suche nach Privatzimmern. Wer ein Appartement mieten möchte, sollte sich an **Pallas Travel**, ✆ 22440-31494, wenden. Das Büro liegt 100 m östlich von der Dorfkirche entfernt. Dort gibt es kostenlos auch eine kleine, hilfreiche Broschüre (in englischer Sprache). Während der Saison tägl. von 8–22 Uhr geöffnet.

• *Verbindungen* **Bus**, von 7–19 Uhr ca. stündlich nach Rhódos-Stadt (über Kolímbia und Faliráki), Abfahrt am Hauptplatz, Platia Eleftherias. Der Trip dauert etwa 1,5 Std. und kostet ca. 3,40 €. Außerdem 10-mal tägl. von Líndos über Pefkí nach Lárdos (0,80 €) und weiter nach Gennádio (1,80 €). Weitere Verbindungen nach Kolimbia, Archángelos und Charáki.

Taxis stehen am Hauptplatz, können aber auch über ✆ 22440-31466 angefordert werden. Abends empfiehlt es sich, einen Termin mit dem Fahrer zu vereinbaren. Eine Preistafel hängt aus.

Adressen

• *Apotheke* einige im Dorfzentrum.

• *Autoverleih* in Líndos mehrere Anbieter, z. B. **Pefkos Rent a Car** von John Mousellis, an der Hauptgasse. Ganztägig geöffnet, ✆ 22440-31387, ℻ 31264, E-Mail: mouselli@otonet.gr.

• *Bank* Es gibt zwei Banken in Líndos: National Bank und Commercial Bank. An der Platia mit Taxistand gibt es einen EC-Automaten. Öffnungszeiten im Sommer: Mo und Mi 9.15–13 Uhr, Fr nur bis 12.30 Uhr, Sa. 9–12.30 Uhr.

• *Medizinische Versorgung* Krankenstation nahe der Platia, Öffnungszeiten: täglich 9–14 Uhr, ✆ 22440-31224, -31849, -32153, für Notfälle 693/394909 (mobil).

• *Post* von der "Eselstation" aus beschildert, Mo–Fr 8–13 Uhr geöffnet.

• *Reiseagentur* **Pallas Travel**, in der "Hauptgasse" von Líndos im Zentrum. Organisiert Ausflüge nach Rhódos-Stadt, Inselrundfahrten, Bootstrips (Hydrofoil) nach Sými (30 €) und in die Türkei (60 €), außerdem Tauchausflüge (45 €). Auch Zimmervermittlung (ab 50 € für ein DZ), Zweiradverleih (Scooter ab 20 €/Tag). In der Hochsaison tägl. von 9–23 Uhr geöffnet, ✆ 22440-31494, ℻ 31595. Pallas besitzt auch ein Büro in Pefkí, ✆ 22440-48371, ℻ 48020.

• *Wäscherei* Es gibt in der Bibliothek von Líndos Waschmaschine, Trockner und sogar ein Bügeleisen. Mo–Sa 9–21 Uhr, in der Nähe von Pallas Travel.

Übernachten/Essen und Trinken/Nachtleben

• *Übernachten* In Líndos gibt es einige Privatzimmer und Ferienappartements, jedoch nahezu keine Hotels. Die meisten Wohnungen können allerdings **nur über Reiseveranstalter** vor Reiseantritt gebucht werden. So ist es im Sommer fast hoffnungslos, als Individualtourist ein Appartement oder Zimmer zu finden. Eine Chance auf Unterkunft hat man vielleicht bei den Zimmervermittlungen der Reiseagenturen. Deshalb hier nur zwei Hinweise:

Pension Electra, in einer kleinen Altstadtgasse liegt dieses Eckhaus. Die freundliche Besitzerfamilie Agouros, die wie die meisten Hoteliers den Winter in Athen verbringt, vermietet zwischen April und Oktober saubere Zimmer mit Kühlschrank für 40 € (Gemeinschaftsbad) oder 50 € (Privatbad). Von den Zimmern schöner Blick aufs Meer. Familiäres Ambiente, ✆ 22440-31266 (bzw. in Athen 210-2028326). Von der Platia einfach der Eselsroute Richtung Akropolis folgen, die Pension liegt auf der linken Seite. Für den Sommer empfiehlt es sich, frühzeitig zu buchen. Geöffnet April bis Ende Oktober.

Pension Katholiki, gegenüber der Pension Electra. Schönes Sandsteinhaus mit Verzierungen und einem kleinen Lebensmittelladen. Dachterrasse und malerischer Innenhof. Sehr einfache, kleine Zimmer mit Bad und Kochgelegenheit für 40–50 €, für das Gebotene immens teuer. ✆ 22440-31445.

Villa Marietta, saubere, einfache Zimmer mit Kühlschrank. Von der Terrasse aus bietet sich ein schöner Blick auf die Bucht von Líndos. Die Pension liegt in dem Eckhaus mit der Nr. 96, von der Platia aus die erste Straße nach links, Richtung Akropolis. Vorsicht: Kirchenglocken in der Nähe läuten schon um 6 Uhr morgens. Die betagte, sehr freundliche Besitzerin spricht Italienisch (Lesertipp von Marie-France und Werner Bräunig aus Fränkisch-Crumbach). DZ 40 €. ✆ 22440-59312.

• *Essen/Trinken* 4000 saisonbedingte Einwohner in der Hauptreisezeit und rund 8000 Ausflügler täglich ließen die Preise auf den Speisekarten nach oben klettern. Die rund 60 Bars und Restaurants in Líndos sind deshalb, verglichen mit dem übrigen Rhódos, relativ teuer. Die Entschädigung: schönes Ambiente für romantische Abende. Vor allem die Dachterrassen bieten atemberaubende Ausblicke.

Dodekanes Karte S. 619

Die Akrópolis von Líndos: schweißtreibender Aufstieg

Restaurant Aphroditi, die Taverne in dem alten Bürgerhaus ist etwas für Romantiker. Speisen auf dem Dachgarten mit Blick auf die Líndos-Bucht. Gute Auswahl. Empfehlenswert sind der lecker zubereitete Schwertfisch (ab 7,50 €) und das Nationalgericht Souvláki. Das Restaurant, Hausnummer 181, ist leicht an dem Aphrodite-Plakat am Eingang zu erkennen.

Hermes Taverna, von der Platia die Hauptgasse nehmen, dann die erste Gasse links. Lesertipp von Manuela Hrubesch aus Laatzen: "Herausragend ist der überaus freundliche und zuvorkommende Service. Man kommt als Gast und geht als Freund. Besonders lecker: Souvláki Hermes (mit Schafskäse überbacken) und die Weinblätter." Es gibt aber auch Pizzen. Schöner Dachgarten.

Restaurant Líndos, nicht preiswert, doch der Fisch schmeckt. Gespeist wird in einem kleinen Innenraum (mit Aircondition). Große, historische Fotos dokumentieren, wie das Dorf früher mal ausgesehen hat. Schöner Dachgarten.

Casa della Pizza: Das etwas abseits, am Hang gelegene Restaurant wird in Líndos wegen seiner großzügig belegten Pizzen geschätzt (ab 6 €). Der Chef Pierro hat sich auf einem Wandgemälde verewigt. Am späten Abend gibt es auch Livemusik.

Restaurant-Bar Remejjo, italienische Küche in mediterranem Ambiente. Sehr stilvoll in einem alten Patrizierhaus, wunderschöner Innenhof, Dachterrasse, gehobenes Preisniveau. Innen mit Sofas eingerichtet, schicke Atmosphäre. Die Gasse bei der Café-Bar Stadium hinein, 20 m von der Hauptgasse.

China Town, sehr empfehlenswertes chinesisches Restaurant in einer kleinen Seitengasse. Idyllischer Innenhof, nette Atmosphäre, sehr zuvorkommender Service, mittleres Preissegment. Unser Tipp ist das Beef Satary. Auch sehr leckere Nachspeisen. Für alle, die etwas Abwechslung von der griechischen Küche suchen. Abends ab 18 Uhr geöffnet.

Bar Three Brothers, von morgens um 8 bis nachts um 1 Uhr geöffnet, ideal zum Frühstücken. Herrlicher Garten mit Zitronenbaum, von hier hat man einen schönen Blick auf Líndos. Viele Biersorten, große Cocktailkarte, Fußballtrikot-Sammlung an den Wänden, laute Popmusik, besonders bei Briten beliebt. Die Bar liegt in einer Sackgasse an der schmalen Hauptstraße.

Bar-Restaurant Triton, die größte Taverne von Líndos mit gutem und nicht ganz preiswertem Essen (Hauptgerichte um 9 €) am Strand. Von der pflanzenüberwucherten Terrasse kann man die fantastische Aussicht auf das Dorf und die Akropolis genießen.

Tini's Cyprus Taverna, 5 m von der Hauptgasse (Fußweg Richtung Akropolis) auf der rechten Seite. Die Taverne mit Dachgarten ist bekannt für ihre zypriotischen Gerichte (frischer Fisch).

Eiscafé Geloblu, leckeres Eis, teuer, aber sehr gut. Für eine Kugel zahlt man 1,40 €. Schöner Mosaikboden, schattiger Innenhof zum Entspannen. Schon zum Frühstück geöffnet.

Restaurant Panorama, 2 km nördlich von Líndos an der Ostküstenstraße gelegen. Wirklich toller Blick, das Restaurant macht seinem Namen alle Ehre.

• *Nachtleben* **Manolis Cocktail Bar**, ziemlich zentral auf der Hauptgasse gelegen, von der Platia kommend auf der rechten Seite. Laute, gute 70er-Jahre-Musik. Beste Stimmung, viele junge Biertrinker, hauptsächlich aus England. Mit Garten, bis spät in die Nacht geöffnet. Sandsteinhaus in kleiner Seitengasse.

Bar Red Rose, die geschmackvolle Villa ist ein beliebter Abendtreff. Jede Menge Biersorten von Corona bis Mythos. Bei Manolis Bar. Es wird auch Frühstück serviert. Großer Fernseher für Fußballspiele.

60's Bar, von der Platia immer die Hauptgasse durch, dann auf der linken Seite. Die Bar macht ihrem Namen alle Ehre: Musik nur aus den Sixties, aber vom Allerfeinsten. Ausgelassene Stimmung, es darf getanzt werden, witzige Kellner. Etwas gediegener geht es in der **Colossus Bar** direkt gegenüber zu.

Il Sogno Cocktailbar, Eckhaus in der Hauptgasse, schon etwas älteres Publikum, gehobenes Preisniveau und schickes Ambiente.

Sehenswertes

Akrópolis

Auf einem 116 m hohen, braunen Felsen thront das Wahrzeichen von Líndos, die Akropolis. Schon von ferne sieht man die rekonstruierten Säulen vom Gipfelplateau majestätisch aufragen. Und auch wenn die Zeit ihre Spuren hinterlassen hat – man bekommt eine Vorstellung von der architektonischen Glanzleistung antiker Baumeister. Höhepunkt ist zweifellos der Tempel der Athena Lindia.

Der Aufstieg kann im Hochsommer (Mittagshitze vermeiden) äußerst anstrengend werden. Vorbei an den Dorffrauen, die ihre Web- und Strickwaren ausgebreitet auf den Steinen feilbieten, gelangt man (nach dem Kassenhäuschen) auf eine zypressengesäumte Terrasse. Zunächst führt der Weg auf einen Platz unterhalb der Burgmauern. Dort befanden sich die *Zisternen* (1). Von hier hat man einen tollen Blick auf die Bucht. Gleich daneben entdeckt man ein in den Fels gemeißeltes *Relief*, das Heck eines griechischen Kriegsschiffes (2) aus dem 2. Jh. v. Chr. Das Denkmal entstand zu Ehren eines rhodischen Admirals, der – mit einem goldenen Kranz ausgezeichnet – den Vorsitz bei den Spielen zu Ehren der Göttin Athene innehatte. Eine steile Treppe endet an einem Tor, durch das man das *Untergeschoss* (3) der ehemaligen Ritterburg betritt. Links sieht man noch die Wendeltreppe, über die man einst zum Obergeschoss gelangte. Zum Bau der Anlage verwendeten die Ritter die Steine antiker Bauwerke, was noch heute deutlich zu erkennen ist. Links vom Untergeschoss steht das *Kommandantenhaus* (4) und daran angebaut die byzantinische *Johannes-Kirche* (5) aus dem 13. Jh. Dahinter öffnet sich ein großer Hof. Gleich vorn erkennt man eine hohe halbrunde Nische, die *Exedra* (6). Die Inschrift erinnert daran, dass hier das Denkmal für den Priester Pamphilidas stand.

An der Nordseite des Hofes liegen die Reste eines *römischen Tempels* (7), der um 200 n. Chr. gebaut wurde. Blickt man von dort nach Süden, erkennt man oben auf der Terrasse die große, u-förmige *Stoa* (8). Die *Hellenistische Halle* war das größte Gebäude der Akropolis. Mit ihren 87 m nimmt sie fast die gesamte Breite der Akropolis ein. Sie entstand Ende des 3. Jh. v. Chr. Die Stoa diente als eine Art über-

Karte S. 619

dimensionales Foyer. Ihr einziger Zweck bestand darin, dem dahinterliegenden Heiligtum einen prächtigen Rahmen zu verleihen. Die heute wiederaufgerichteten dorischen Säulen vermitteln nur noch einen schwachen Eindruck von der einstigen Pracht.
Von der Stoa führt eine 21 m breite *Treppe* (9) zum oberen Plateau der Akropolis. Sie entstand – ebenso wie die dahinterliegenden *Propyläen* (10) – im 3. Jh. v. Chr. Angeschlossen war ein von Säulen gesäumter *Hof* (11), dessen Südseite von einer später errichteten *ionischen Säulenhalle* (12) begrenzt wurde. Davon ist heute nichts mehr zu sehen. Gleich dahinter, am äußersten Ende der ummauerten Hochfläche, steht das bedeutendste Bauwerk der Akropolis: der *Tempel der Athena Lindia* (13), direkt an die steil abfallende Felswand gebaut (zum Zeitpunkt der Recherche wurden am Tempel Restaurierungsarbeiten ausgeführt, so dass er nicht betreten werden konnte).
Die teilweise wiederaufgestellten Säulen und Mauern geben einen ungefähren Eindruck vom früheren Aussehen des Tempels. Der Bau ist – verglichen mit den umliegenden Gebäuden – relativ bescheiden. Der älteste Tempel wurde an dieser Stelle bereits Ende des 8./Anfang des 7. Jh. v. Chr. errichtet. Um 550 v. Chr. wurde das Heiligtum der Athena Lindia von Kleobulos umgebaut. Im Jahr 342 v. Chr. fiel der zweite Tempel einem Brand zum Opfer. Es war ein bescheidener Bau in dorischem Stil mit einem Grundriss von 22 x 8 m. Zunächst besaß er nur vier Säulen an der Vorderseite, ca. 300 v. Chr. kamen nochmals vier Säulen an der Rückseite hinzu. Einst stand in dem Tempel ein wertvolles Standbild der Athena Lindia. Es soll aus Marmor, Gold und Elfenbein gefertigt und später vom byzantinischen Kaiser Theodosius nach Konstantinopel gebracht worden sein. Bis zum heutigen Tag blieb die Athena verschwunden. Die einmalige Lage des Tempels bietet einen traumhaften Ausblick in Richtung Süden mit der malerischen Apostel-Paulus-Bucht und der weißen Dächerlandschaft von Líndos.

• *Öffnungszeiten* tägl. von 8–18.40 Uhr geöffnet, von Juni–August bis 19.40 Uhr, Mo erst ab 12.30 Uhr, im Winter Mo geschlossen. Eintritt 6 €,, Kinder und Studenten frei. Im Winter sonntags freier Eintritt. Unterhalb des Eingangs gibt's einen Kiosk mit Getränken. **Tipp**: Kommen Sie so früh wie möglich am Morgen, selbst im Oktober ist die Akrópolis von Líndos ab ca. 9.30 Uhr hoffnungslos überlaufen!

Antikes Theater: Leider kann man das Theater am südlichen Ortsrand nicht betreten, da das Grundstück eingezäunt ist. Trotzdem lohnt sich der kurze Abstecher, denn das Theater ist eindrucksvoll am Fuß der Akropolis in den Felsen gehauen. Man vermutet, dass es im 4. Jh. v. Chr. entstand. 1800 Besuchern bot es Platz; der untere Rang besaß 19 und der obere sieben Sitzreihen. 28 m betrug der Durchmesser der kreisrunden Orchestra. Vom Bühnenhaus ist heute nichts mehr zu sehen.

Grab des Archokrates: Von der einst prachtvollen Fassade des hellenistischen Grabdenkmals ist so gut wie nichts mehr übriggeblieben. Am westlichen Berghang, gegenüber der Akropolis, liegt oberhalb der Häuser die letzte Ruhestätte des Archokrates. Er war 225 v. Chr. Priester des Athene-Heiligtums. Die imponierende Säulenfassade des in den Felsen hineingearbeiteten Grabmals wurde 1841 durch eine Steinlawine stark zerstört. Noch im Mittelalter benutzten die Ritter das Grabmal als Kirche. Nur für speziell Interessierte, denn die kaum mehr als solche erkennbaren Ruinen gleichen eher einer Müllhalde als einer Grabstätte.

Panagía-Kirche und Kirchenmuseum: An der Hauptgasse, im Zentrum von Líndos, steht die Marienkirche, wichtigstes Gotteshaus des Dorfes. Ursprünglich

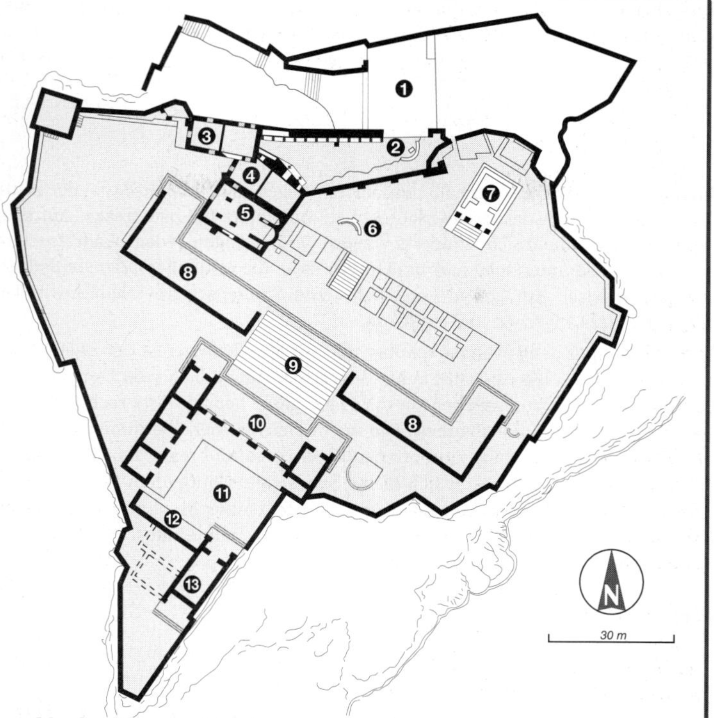

Akrópolis von Líndos

❶ Zisternen
❷ Relief
❸ Untergeschoss
❹ Kommandantenhaus
❺ Johannes-Kirche
❻ Exedra
❼ Römischer Tempel
❽ Stoá
❾ Treppe
❿ Propyläen
⓫ Hof
⓬ Säulenhalle
⓭ Athene-Tempel

im 14. Jh. erbaut, wurde die Kirche unter den Johanniterrittern 1489/90 erheblich erweitert. Ihr Grundriss erhielt die Form eines christlichen Kreuzes. Das Innere bietet eine Überraschung: Georgios, Mönch von der Dodekanes-Insel Sými, bemalte 1779 die Kirchenwände. Seine Fresken mit wahrer enzyklopädischer Vollständigkeit zählen in Griechenland zu den bedeutendsten Werken in neobyzantinischem Stil. Die Wandmalereien erläutern neben der Weltgeschichte auch lokale Begebenheiten. Über allem thront in der Kuppel – eine Metapher für den Himmel – Christus als Weltenherrscher, als Pantokrator. Beachtenswert auch die aufwändig geschnitzte und vergoldete Altarwand (Ende des 17. Jh.), die das Allerheiligste vom übrigen Kirchenraum abtrennt.

Im angeschlossenen **Kirchenmuseum** werden alte Schriften (16.-18. Jh.) ausgestellt, außerdem die Abbildung eines Freskos aus dem 12. Jh. Zu den Exponaten zählen

Dodekanes
Karte S. 619

auch Ikonen (17. Jh.), wertvolle, seidengestickte Altartücher sowie ein Prozessionskreuz aus dem 11. Jh. Für Kirchen-Interessierte sehr sehenswert.

Öffnungszeiten Kirche und Museum sind nur von April bis einschl. Oktober geöffnet. Kirche: tägl. 9–15 Uhr. Um dezente Kleidung wird gebeten, Fotografieren verboten. Museum: tägl. 9–15 Uhr. Eintritt 1,50 €.

Baden

▸ **Bucht von Líndos**: Die unterhalb des Dorfes gelegene Bilderbuch-Bay – der heutige Hafen von Líndos – ist ein überlaufener Rummelplatz für Badefreaks. Auf knapp 500 m Sand tummeln sich Hunderte von Sonnenhungrigen. Jeder Quadratmeter ist da an heißen Sommertagen hart umkämpft: Es ist die wohl überlaufenste Badeecke der ganzen Insel! Am Strand Liegestuhl- und Sonnenschirmverleih sowie Tretboote. Mehrere Tavernen und ein Kiosk.

▸ **Apostel-Paulus-Bucht**: Weitaus schöner und vor allem ruhiger ist der zweite Naturhafen von Líndos, die Apostel-Paulus-Bucht. Sie liegt südlich vom Dorf und ist zu Fuß in ca. 10 Min. zu erreichen (in der Hauptgasse hangabwärts rechts ab, später am Sportplatz von Líndos vorbei). Die Bucht gleicht einer überdimensionalen Badewanne, denn der Zugang zum offenen Meer ist kaum breiter als 40 m. Am Süd- und am Nordende erstrecken sich kleine Sandstrände, außerdem ist eine Taverne vorhanden. In der halbrunden Bucht soll Apostel Paulus 51 n. Chr. gelandet sein. Bereits in der Antike war sie Heimathafen der Flotte von Líndos. Heute schaukeln nur noch ein paar Fischerboote in der Bucht.

Pefkí

Viele, denen es in Líndos zu teuer geworden ist, lassen sich in dem 4 km südlich von Líndos gelegenen Ort mit starker touristischer Ausprägung nieder. Trotz einiger kleiner Sandstrände ist Pefkí nicht gerade idyllisch. Hotels, Appartements, Restaurants, Supermärkte – und das war's dann auch schon. Pefkí erlebte in den letzten Jahren einen Bauboom, wobei man aus den architektonischen Fehlern der Vergangenheit gelernt hat. Im Sommer ist der Ort fest in englischer und deutscher Hand.

• *Verbindungen* 9-mal tägl. **Busse** über Líndos nach Rhódos-Stadt (3,55 €), 7-mal tägl. nach Lárdos (1 €).

• *Übernachten* **Hotel Ilyssion**, schöne, sehr gepflegte Gartenanlage, im Haus weißer Marmor, große Zimmer mit riesigen Sofas, Blick aufs Meer. DZ 70–85 €, (mit Frühstück). Ca. 1,3 km südlich von Pefkí an der Küstenstraße Richtung Lárdos auf der linken Seite (teilweise etwas laut), Bushaltestelle vor der Tür. Das geschmackvolle Haus liegt direkt am Strand (teils Sand, teils Felsen). Auto oder Moped empfehlenswert. ✆ 22440-48149/-50, -48364, ℻ 48148, E-Mail: hotelilyssion@yahoo.gr.

Appartements Maria, in Pefkí an der Straße zum "Central Beach" (beschildert) auf der rechten Seite. Elf schlichte 2er- oder 4er-Appartements mit großer Küche, Bad, Balkon, pro Woche 250–365 € (2er-App.), 480–585 € (4er-App.). Gepflegtes, zweistöckiges Haus. Ca. 400 m vom Sandstrand. Fragen Sie nach Thanassis im Supermarkt im Erdgeschoss, ✆ 22440-48326, ℻ 48127, E-Mail: maria-apts@rho.forthnet.gr.

Pefkos Beach Hotel, moderne, gepflegte Anlage mit Pool und Garten im "Zentrum" an der Parallelstraße zum Strand gelegen (am Hang). Hauptsächlich auf Pauschaltouristen ausgerichtet, DZ mit Bad und Balkon 40–52 € (inkl. Frühstück). ✆ 22440-48008 oder mobil 6944594548, ℻ 48334. Geöffnet April bis Okt.

Hotel Thalia, von der Straße, die parallel zum Strand verläuft beschildert. 90 Zimmer, sehr ruhig, nicht mehr das neueste Modell, Pool mit Poolbar. Hauptsächlich deutsche, nicht mehr ganz junge Pauschaltouristen. DZ mit Bad und Balkon 35–58 € (inkl. Frühstück), alles schon leicht abgewohnt. ✆ 22440-48248, -48249, ℻ 48108.

Lárdos

Wer dem überlaufenen Líndos entkommen möchte, der ist in Lárdos genau richtig. Allerdings hat sich das 2 km von der Küste entfernt gelegene Bauerndörfchen in den letzten Jahren stark verändert. Rund ein Dutzend Restaurants haben aufgemacht, selbst Diskotheken locken neuerdings Besucher an. Auf der Platia dominieren längst nicht mehr die Einheimischen. Im Vergleich zu Líndos und Pefkí ist Lárdos jedoch geradezu beschaulich-gemütlich.

• *Verbindungen* 9-mal tägl. fährt ein **Bus** über Líndos nach Rhódos-Stadt (3,40 €).

• *Übernachten* **Hotel Fedra**, kubischer Bau an der Ortsstraße, von der Platia die Straße bei der Taverne Zorbas hinein. Kleines Hotel der D-Kat. (10 Zimmer) für einfache Ansprüche, ganzjährig geöffnet. DZ 30 €. Der Besitzer, Panaiotis Agelidis, ist in der Reiseagentur Zorbas nebenan zu finden. Er vermietet auch Appartements in der **Villa Marietta** und kann weiterhelfen, wenn er selbst ausgebucht ist. ✆ 22440-44218, -44257, ℡ 44174.

Studios Spanos, an der Straße Richtung Láerma nach 200 m auf der rechten Seite, etwas versteckt in zweiter Reihe gelegen. Zehn gepflegte Studios mit großem Balkon, Bad und Kochgelegenheit, überall viele Blumen. Vasilios Spanos spricht Deutsch und Englisch und unterhält sich gerne bei einem Glas Wein mit seinen Gästen. Wer möchte, kann sich im Weingarten von Vasilios direkt an den Reben bedienen. 2er-Studio 32 €, 3er-Studio 37 €, gutes Preis-Leistungs-Verhältnis. ✆/℡ 22440-44306, mobil unter 6932774375 zu erreichen, E-Mail: basili@acn.gr, www.orchideen-kartierung.de/Spanos/Studio.html. Lesertipp!

• *Essen/Trinken* **Restaurant Louka's**, das kleine Eckhaus mit den blauen Fensterläden an der Abzweigung nach Láerma ist außerordentlich gemütlich. Hübscher Garten, freundlicher Service, griechische Küche in abgewandelter Form: Spaghetti, Steaks usw. Günstig, bereits zum Frühstück geöffnet. Es wirbt mit authentischer griechischer Küche.

Internetcafe Fantastico, ein versteckt liegender Palmengarten mit Springbrunnen. "Leckere, preiswerte Cocktails, die Besitzerfamilie ist äußerst freundlich und zuvorkommend. So richtig zum Wohlfühlen und Genießen." (Lesertipp Tanja Gerl und Michael Sengenleitner, Roth). Surfen im Internet kostet 3 € pro Stunde. Öffnungszeiten: 9–13 Uhr, abends ab 17 Uhr. ✆ 22440-44555, E-Mail: fantastico@rho.forthnet.gr, www.indosguide.com.

▸ **Kloster Ipsénis**: Ein hellblaues Schild, 200 m außerhalb von Lárdos, weist den Weg zu dem einsam gelegenen Kloster. Vorbei an Orangen- und Olivenbäumen, durch Kiefernwälder (teilweise durch Waldbrände beschädigt) führt die Piste zu dem erst 1855 errichteten Gebäude. Kunstspezialisten werden von einem Besuch eher enttäuscht sein, denn das Kloster birgt keine Kostbarkeiten. Ein freundlicher Alter pflegt die idyllische Anlage hingebungsvoll und reicht Fremden gerne ein Glas Wasser. Im Klosterhof findet man die typisch rhodischen Kieselmosaike. Gegenüber vom Eingang führt ein Kreuzweg, der – von ferne gesehen – den Hügel seltsam weiß punktet, den Hang zu einer Kapelle hinauf (von Lárdos 4 km, beim Hotel Fedra ortsauswärts, beschildert).

Láerma/Kloster Tharí

Ruhiges, sehr griechisch gebliebenes Dorf im Inselinneren. Die 12 km lange Straße von Lárdos führt durch herrliche Landschaft. Láerma ist ein idealer Zwischenstopp auf dem Weg zum Kloster Tharí. An der Kirche befindet sich unter Platanen die einzige Taverne des Ortes (Lesertipp). An der Straße Richtung Kloster ein Café mit schönem Blick auf Berg und Tal.

In Láerma biegt man an der Dorfkreuzung nach links zum Kloster ab (auch als *Monastery of the Archangel Michael* ausgeschildert, 4 km). Es liegt in einer Senke

Dodekanes
Karte S. 619

inmitten von Pinienwäldern und gehört bis heute zu den berühmtesten Klöstern der Insel. Die schöne Anlage besitzt noch eine kostbare byzantinische Basilika aus hellem Naturstein, deren Grundmauern auf das 9. Jh. zurückreichen. Die Fresken im Altarraum stammen größtenteils von 1506, wie die Inschriften dokumentieren. Die anderen Wandmalereien kamen erst später hinzu. In der Kuppel ist (allerdings schwer erkennbar) Christus als Weltenherrscher dargestellt, der von 16 Propheten umgeben ist. In den Ecken erkennt man die Evangelisten Markus, Johannes, Lukas und Matthäus, unterhalb davon Fresken mit den Erzengeln. Beachtenswert ist auch die schöne Ikonostase mit den beiden Hauptikonen, die Christus und Maria darstellen und von zwei weiteren Ikonen flankiert werden.
Das entlegene Kloster wurde unter der Führung des Metropoliten von Rhódos reaktiviert. Am 21. Mai findet jährlich das idyllische Klosterfest mit viel griechischer Folklore statt.

- *Öffnungszeiten* Das Kloster ist bis zum Abend geöffnet. Von Besuchern wird bei einer Kirchenbesichtigung entsprechende Kleidung erwartet (keine Shorts!), lange Röcke liegen bereit. Fotografieren ist in der Klosterkirche verboten.
- *Anfahrt* Von Lárdos sind es nach Láerma 12 km auf einer bergigen, gewundenen Asphaltstraße. Im Dorfzentrum links abbiegen (beschildert). Ca. 4 km südöstlich vom Dorfzentrum liegt das Kloster. Zu Fuß dauert es von Láerma zum Kloster auf der Schotterpiste, die durch Olivenhaine und Pinienwälder führt, rund 1,5 Std.

Der Süden

Kontrastprogramm zum dicht bevölkerten Inselnorden: nur wenige Touristen verirren sich in den oftmals menschenleeren Süden von Rhódos. Wer hier seine Zelte aufschlägt, vergisst leicht, dass Rhódos eines der meistbesuchten Urlaubsziele Griechenlands ist. Der Inselsüden ist noch immer ein Ziel für Individualisten.

Die Straßenverhältnisse im Süden sind recht gut, die Küstenstraße ist mittlerweile komplett asphaltiert und auch abgelegenere Ziele wie beispielsweise das *Kloster Skiádi* lassen sich über gut befahrbare Schotterpisten bequem erreichen. Ein eigenes Fahrzeug (am besten ein Auto) ist für einen Aufenthalt in Süden von Rhódos allerdings unbedingt notwendig, die Busverbindungen hierher sind bescheiden und interessante Ziele wie zum Beispiel das *Kap Prasonísi* lassen sich mit öffentlichen Verkehrsmitteln überhaupt nicht erreichen. Übernachtungsmöglichkeiten sind aber selbst in diesem abgelegenen Teil von Rhódos ausreichend vorhanden, meist einfache Hotels oder Privatquartiere.

▶ **Asklipio**: Abseits der Küstenstraßen, inmitten einer kargen Hügellandschaft, wirkt das kubische Häuserkonglomerat wie eine Fata Morgana: ein Wirrwarr von Gassen und Häusern. Am Nachmittag herrscht in dem 350-Seelen-Weiler Totenstille. Asklipio, am Rand eines meist ausgetrockneten Flussbettes gelegen, ist vom rhodischen Tourismus (fast) vergessen worden. Oberhalb des Dörfleins kann man einige Ruinen besichtigen: Der spärliche Rest einer 500 Jahre alten **Johanniterburg** ist ein kümmerliches Dokument vergangener, großer Zeiten. Der 20-minütige Spaziergang zur Festung lohnt in jedem Fall, denn von hier oben hat man eine herrliche Aussicht auf die Küste, die südrhodische Hügellandschaft und auf das Dorf selbst.
Die meisten Besucher kommen wegen der am Ortseingang gelegenen *Kirche Mariä Entschlafung* (*Kimesis tou Theotókou*), die vermutlich aus dem 11. Jh. stammt. Damit gehört sie zu den ältesten der Insel überhaupt – eine griechische Kirche wie aus

dem Bilderbuch. Das Innere der Kuppelkirche, deren Grundriss einem christlichen Kreuz ähnelt, ist übersät mit Fresken aus dem 17. Jh. Den Altarraum, der die Muttergottes mit Christus zeigt, ziert eine prächtig geschnitzte Ikonostase. Nebenan wurde eine kleines, sehr sehenswertes Museum eingerichtet, das in einem Raum Ikonen und kirchliche Gegenstände, in einem zweiten Gebrauchsgegenstände des bäuerlichen Alltags zeigt.

▸ **Gennádio**: Ein bei vielen Rhódos-Kennern beliebtes Bauerndorf und ideales Ausgangsquartier, um den Süden von Rhódos kennen zu lernen. Der gemütliche Ort mit seinen 300 Einwohnern liegt 1 km vom Meer – ein paar Tavernen, ein paar Gassen und eine Platia. In den letzten Jahren bemühte sich das Dorf um den Fremdenverkehr. Mittlerweile mit einigem Erfolg, dennoch hält sich die Besucherzahl noch in Grenzen. Am Dorfrand entstanden ein paar Hotels und die beiden Tavernen am Strand vermieten jetzt auch Liegestühle und Sonnenschirme. In Gennádio sollten Sie sich zumindest ein Zweirad leihen, da die Busverbindungen Richtung Süden sehr schlecht sind.

• *Verbindungen* 5-mal tägl. mit dem **Bus** nach Rhódos-Stadt (über Lárdos und Líndos, 4,15 €), 1-mal tägl. Láerma (1,40 €),und Apolakkía (1,80 €).

• *Übernachten* **Hotel Evangelos**, eine Brücke führt zum Eingang des terrassenartig am Hang gebauten Hotels am Ortsrand. Von den gepflegten Zimmern (mit Bad/Balkon) netter Blick aufs Meer in nördlicher Richtung. Freundliche Besitzer, persönliche Atmosphäre, mit Dachterrasse. DZ mit Frühstück 40–45 €. Von April bis Oktober geöffnet. Am nördlichen Ortsrand (nördliche Einfallstraße nehmen) gelegen. ✆ 22440-43329, ℻ 43083.

Betty Studios-Appartements, 50 m von der Platia neben der Apotheke. Blitzsaubere Studios mit Küche, Bad und Balkon, ruhige Lage mitten im Ortszentrum. Bei Maria Skandalidis kostet ein 2er-Appartement 24–37 €, das Preis-Leistungs-Verhältnis stimmt! Von April bis Ende Oktober geöffnet, ✆/℻ 22440-43020, im Winter 22410-64154 (Lesertipps von Carsten Rückert aus Seevetal-Hörsten und von Dorothea Schneider aus Auenwald).

• *Essen/Trinken* **Taverne Klimis**, beliebte Taverne am Beach mit preiswertem Fisch. Vergleichsweise günstig der Hummer (Kilopreis rund 45 €).

Taverne Antonis, gegenüber vom Klimis, das Lokal liegt auf der rechten Seite des Dorfstrandes. Frisches und preiswertes, bodenständiges Essen. Sehr leckerer Melitzanasalat. Bei windigem Wetter kann man auch drinnen sitzen.

▸ **Lachaniá**: Abseits des Rummels wurde Lachaniá in den letzten Jahren zum Sommerziel für Intellektuelle aus ganz Europa. Ruhe und nochmals Ruhe bietet das kleine, von kaum mehr als hundert Menschen bewohnte Dörflein in 3 km Entfernung von der Küste.

Auf den ersten Blick erscheint der Weiler eher langweilig, doch wer unterhalb der Dorfstraße durch die paar Gassen mit teilweise noch typischen Einraumhäusern schlendert, ändert bestimmt seine Meinung. Hier bekommt man einen Eindruck, wie Rhódos ausgesehen hat, bevor der Massentourismus einsetzte. In den letzten Jahren haben sich hier Maler, Bildhauer, Theaterleute und andere Künstler verfallene Häuser gekauft und renoviert, so dass zumindest in den Sommermonaten neues Leben Einzug hält. Mittlerweile gibt es auch einige Privatzimmer zu mieten, man sollte für die Hochsaison jedoch unbedingt reservieren.

Der schönste Platz liegt zweifellos bei der Kirche am unteren Dorfende, wahrscheinlich die romantischste Dorfplatia von ganz Rhódos. In der Taverne Plátanos sitzt man unter dem riesigen, gleichnamigen Baum und blickt auf das ocker-bordeauxrot gestrichene Gotteshaus mit seinem geschmackvollen barocken Glockenturm.

Karte S. 619

Plimíri-Bucht: Die Bay im Süden von Rhódos ist auf einer Asphaltstraße erreichbar. 8 km vor Kattaviá, beim Dorf Chóchlakas, führt von der Ostküstenstraße ein geteerter Weg zu dem Weiler. Nach 2 km erscheint der Sand-/ Kiesstrand inmitten einer hügeligen Küstenlandschaft. Die weite Bucht, die im Süden mit dem Kap Víglas abschließt, lohnt sich für einen Badeausflug (Dusche vorhanden). Allerdings wird am Strand bisweilen mancher Unrat angeschwemmt und eine lange Betonmole stört den Gesamteindruck. Gegenüber der einfachen Taverne (offiziell "Restaurant Plimíri") liegen meistens ein paar Fischerboote vor Anker.

Einen Blick wert ist die Kirche aus der ersten Hälfte des 19. Jh., die zu einem heute verlassenen Kloster gehörte. Beachten Sie die doppelte Vorhalle mit wiederverwendeten Baumaterialien der frühchristlichen Basilika, die hier im 5. oder 6. Jh. stand.

Der **Eingang zur Kirche** befindet sich neben der Taverne. Nach Plimíri fährt kein Bus direkt. Man bittet den Fahrer, bei der Abzweigung an der Ostküstenstraße zu halten, und muss die letzten 2 km zu Fuß gehen.

Kattaviá

In einer baumlosen, steppenartigen Landschaft liegt das südlichste Dorf der Insel. Kattaviá, immer noch auf der Schattenseite des Rhódos-Tourismus, ist ein Dorf zum Faulenzen.

Rund um die höchst idyllische Platia im Dorfzentrum reihen sich die Stühle der Cafés und Tavernen. Die meisten Besucher rasten hier nur ein paar Stunden auf dem Weg zu den Bade- oder Surffreuden am fantastischen *Prasonísi-Beach* (s. u.).

Der Bau einer breiten Straße zum südlichsten Kap der Insel brachte einen Aufschwung des Fremdenverkehrs. In den letzten Jahren entstanden auch ein paar Häuser mit Zimmervermietung. Doch noch immer dominiert die Landwirtschaft. Bis vor einigen Jahren schien Kattaviá durch den Wegzug vieler Familien zum Sterben verurteilt, doch die Zeiten scheinen dank des Fremdenverkehrs vorbei zu sein. Die alten Windmühlen am Dorfrand sind noch immer steinerne Zeugen der intensiven Bewirtschaftung früherer Tage.

Viele ältere Bewohner sprechen hier übrigens noch hervorragend Italienisch, das sie während der Besatzung durch die Italiener in der nahe gelegenen Schule von *Ágios Pávlos* gelernt haben.

• *Verbindungen* Von Kattaviá führt eine mittlerweile gut ausgebaute, wenig befahrene **Straße** die Westküste entlang und weiter Richtung Rhódos-Stadt. Die Straße zieht sich durch eine menschenleere Dünenlandschaft. Das **Inselchen Chtenia** liegt wie ein versteinertes, überdimensionales U-Boot vor der Küste. Unterschätzen Sie die Distanzen nicht: Von Kattaviá bis Apolakkía sind es 16 km (Taxis müssen aus Líndos bestellt werden).

• *Tanken* Die Tankstelle befindet sich am östlichen Ortsrand.

• *Übernachten* **Appartements Prasonísi-Club**, beliebte Unterkunft bei Surfern, am nördlichen Dorfrand entstand das zweistöckige, hübsche Haus mit sauberen Zimmern. Es werden Appartements mit großem Balkon und Kochnische angeboten. Die Pension verfügt auch über eine kleine Bar. Eukalyptusbäume spenden Schatten. DZ ca. 25 €, Frühstück kostet 5 € extra pro Person. Im Hochsommer ist eine telefonische Reservierung empfehlenswert, ✆ 22440-91231.

• *Essen/Trinken* **Restaurant Kattaviá**, in der preiswerten Taverne kochen Makis und seine Frau Stelle vorzügliches griechisches Essen: reichlich gewürztes Fleisch mit landestypischen Beilagen. Manchmal gibt es frischen Fisch, den Makis schmackhaft zubereitet. 100 m vom Zentrum an der Straße nach Prasonísi gelegen.

Gute Landküche serviert auch die **Taverne Penelope** im Ortszentrum. Menüs gibt es bereits ab 10 €, auch zum Frühstücken geeignet

Sehenswertes

Italienisches Mustergut Ágios Pávlos: Einst träumten die Italiener davon, diese Gegend zu kolonisieren. Noch im Zweiten Weltkrieg gab es einen bescheidenen Flughafen. 2 km östlich (Straße Richtung Lachaniá) liegt die Kirche von Ágios Pávlos mit ihrem weithin sichtbaren Campanile. Heute ist das einstige Mustergut verfallen. Das Gotteshaus mit seiner himmelblauen Decke ist leer geräumt und in den Nebengebäude haben sich Ziegen und Schafe einquartiert. Das Gelände ist mittlerweile umzäunt und u. a. auch wegen Einsturzgefahr nicht mehr zu besichtigen.

Prasonísi

Prasonísi heißt soviel wie "grüne Insel". Es ist der südlichste Punkt von Rhódos. Durch eine feinsandige Landenge, an ihrer engsten Stelle rund 200 m breit, ist das Kap mit dem Festland verbunden. Hier befindet sich einer der schönsten Strände der Insel.

Seitdem die asphaltierte Straße von Kattaviá (8 km, beschildert) fertig gestellt ist, zieht es immer mehr Besucher nach Prasonísi; allergrößter Beliebtheit erfreut sich das Kap auch bei den Surfern. Inzwischen gibt es hier drei Tavernen mit Zimmervermietung und zwei Surfschulen. Die Zimmer und Appartements sind jedoch den Surfschülern vorbehalten und nur über das Ausland buchbar. Der Strand ist bisweilen ziemlich verschmutzt.

Der Isthmus selbst hat von seiner Faszination allerdings wenig eingebüßt. Wenn die Wellen besonders hoch schlagen, ist die zungenartige Sandbrücke hinüber zum Kap hüfthoch überspült. Doch im Hochsommer kommt das selten vor. Die starken Nordwinde, die durch den Isthmus blasen, machen Prasonísi zu einem anspruchsvollen Surfrevier. Während in der nördlichen Bucht waghalsige Wellenritte möglich sind, kräuselt sich in der südlichen Bucht gegenüber kaum das Wasser.

Die Todesfalle

Vom Isthmus aus sind es noch 2 km zum Kap mit seinem alten Leuchtturm. Der kurze Weg über die Landzunge ist jedoch nicht ungefährlich. Vor allem im Frühjahr und Herbst kann der Isthmus leicht überflutet werden.

Achtung: Man sollte nur bei maximal knöcheltiefem Wasser über den Isthmus wandern und nie alleine gehen. Wenn die Wellen hoch schlagen, kann die Überschreitung des Isthmus lebensgefährlich werden! Es kam zu tragischen Todesfällen! Wir haben selbst einen schrecklichen Unfall erlebt.

• *Essen/Übernachten* Die Badegäste werden von drei konkurrierenden Tavernen versorgt. Originell: In einer der Tavernen gibt es ein selbst gebasteltes Windrad. Hier wird übrigens täglich frischer Fisch serviert. Es gibt verschiedene Zimmervermietungen.

Pension Lighthouse, eine der beliebtesten Unterkünfte in Prasonísi. Hier fühlen sich vor allem Windsurfer wohl. Es gibt das 1997 errichtete Stammhaus mit einem Sandsteinportal unmittelbar am Sandstrand. Die Pension bietet saubere Zimmer und eine geschmackvolle Einrichtung. Es lohnt sich Halbpension in Verbindung mit der gleichnamigen Taverne nebenan. Schräg gegenüber gibt es ein neueres Studiohotel. Die Appartements sind etwa 20 qm groß und verfügen über eine Kochnische, Balkon sowie Aircondition. DZ (inkl. Frühstück und Abendessen) 64–76 €, Appartement (ohne Frühstück und Abendessen) 54–62 €, ✆ 22440-91030, -91071, www.lighthouse-hotel.com.

Dodekanes Karte S. 619

Mittagsruhe im Kloster Skiádi

Taverne Oasis, hier gibt es leckeren Fisch und delikate Vorspeisen. Die Taverne betreibt auch eine Zimmervermietung, ✆/℻ 22440-91031, -95708, E-Mail: andranna@otonet.gr, www.oasis-windsurfinghotel.com.

▸ **Kloster Skiádi**: Von der Westküstenstraße mit ihrer dünenartigen Landschaft führt zwischen Kattaviá und Apolakkía (s. u.) eine gut befahrbare Schotter-Sand-Piste in die Berge (11 km nördlich von Kattaviá, bestens beschildert). Von ferne sieht man das Inselchen *Chtenia*. Nach 4 km Bergstrecke erreicht man das Kloster Skiádi. Nicht nur die wunderschöne Lage mit toller Aussicht, sondern vor allem die *Ikone der Panagía* sorgen für die große Popularität des entlegenen Klosters. Das Moni entstand in der zweiten Hälfte des 19. Jh., nachdem ein großzügiger Mönch aus Kattaviá die finanziellen Mittel bereit stellte. Die Ursprünge liegen jedoch viel weiter zurück. Bereits im 13. Jh. stand hier eine *Kreuzkuppelkirche*, die in den neuen Bau als Altarraum integriert wurde.

• *Übernachten* Wer einen eigenen Schlafsack mitbringt, kann im Kloster übernachten. Vor allem die Sonnenuntergänge lassen den mangelnden Komfort des Klosters schnell vergessen. Am Eingang gibt es Trinkwasser.

▸ **Mesanagrós**: Weiß leuchtet das gerade 65 Einwohner große, verwinkelte Dörflein auf einer Bergnase inmitten der gottverlassenen, terrassenförmigen Hügellandschaft hervor. Die Jungen sind längst nach Rhódos-Stadt und an die Küste gezogen, nur die Alten sind geblieben. Sie versammeln sich jeden Abend vor dem Kafenion Mike. Der Wirt verwahrt die Schlüssel für die Attraktion des idyllischen Weilers: die Kirche *Mariä Entschlafung* (Kímis tis Theotókou). Sie wurde auf den Ruinen einer frühchristlichen Kirche aus dem 5. Jh. und eines zweiten Baus aus dem 7. Jh. errichtet. In die heutige Kirche sind noch einige Teile aus dem 13. Jh. integriert, beispielsweise eine verzierte Säule über der Eingangstür und ein marmornes Taufbecken im Innern. An der prächtigen, holzgeschnitzten Altarwand befindet sich eine Darstellung der Zwölf Apostel. Die Fresken aus dem 14. Jh. sind leider stark verwittert. Vor allem im Sommer zieht das Gotteshaus Kunstinteressierte an. Die Kirche ist tagsüber geöffnet, über eine kleine Spende in den Klingelbeutel ist man sehr dankbar.

▸ **Apolakkía**: Auf den ersten Blick wirkt das kleine Dorf, 4 km von der Westküste am Rand des Kurkurtachi-Tales gelegen, nicht besonders reizvoll. Fremde verschlägt es hierher meist nur für wenige Stunden bei einer Rundfahrt um die Insel. Dabei lohnt sich ein Aufenthalt in dem 400-Einwohner-Weiler inmitten einer hügeligen Küstenlandschaft durchaus. Vor allem Individualisten, die Ruhe suchen, werden sich dem Charme des Ortes nicht entziehen können. Denn Apolakkía – Hauptanbaugebiet für Melonen auf Rhódos – ist ein idealer Ausgangsort für einsame Wanderungen ins Inselinnere. Bis zu den Sandstränden der Westküste (viel Wind) sind es von Apolakkía ca. 4 km. Es gibt einiges zu entdecken, z. B. das nördlich gelegene Kirchlein *Ágios Geórgios o Wardas* (laut Inschrift 1289/90 erbaut), dessen Fresken zu den ältesten auf der Insel gehören. Ein Spaziergang hierher gestaltet sich sehr reizvoll, zumal das Ziel ein äußerst beschauliches Plätzchen ist, das zum Picknicken einlädt.

• *Anfahrt zur Ágios Geórgios o Wardas* von der Platia in Apolakkía zunächst die Straße nach Gennádio nehmen. Kurz vor Ortsende geht es links ab zur Kapelle (Achtung: nur aus Richtung Gennádio beschildert). 2,3 km auf asphaltierter Straße, dann links ab auf eine Schotterpiste, von hier noch ca. 1,5 km, bestens beschildert.

Die Westküste

Die Westküste, der zur Ägäis gewandte Teil der Insel, bietet alles: schroffe Berghänge, kilometerlange Sandstrände, aber auch eintönige Küstenlandschaften.

Je südlicher, desto ursprünglicher und wilder – der baumlose Gipfel des 1215 m hohen Attáviros, die unberührten Strände am Kap Foúrni und südlich davon die ausgedehnten Wälder um den 798 m hohen Profítis Ilías. Wer glaubt, Naturwunder gibt es nicht mehr, sollte im Juli das "Tal der Schmetterlinge" (*Petaloúdes*) besuchen. In einer üppig bewachsenen Schlucht flattern hier allsommerlich Tausende von Schmetterlingen.

Die Westküste war bereits seit frühester Zeit besiedelt. Bei Kamirós gruben Archäologen eine komplette antike Stadt aus. Bei Monólithos stößt man auf die Reste einer Johanniterburg in exponierter Lage, nur wenige Kilometer weiter gibt es am einsamen Kap Foúrni eine ehemalige Höhlenkirche zu besichtigen.

Filérimos/Ialyssós

Durch einen Pinienwald windet sich die Straße von Triánda in vielen Serpentinen den Berg (267 m) hinauf zur antiken Akropolis, einst einer der drei Stadtstaaten von Rhódos. Eine Pinienallee wie in der Toscana führt die letzten Meter bis zum Eingang.

Auf dem Plateau ist allerdings von der Antike nicht viel übrig geblieben. Eine Treppe, links und rechts von hohen Zypressen flankiert, führt zu dem parkähnlichen Gelände. Aus ältester Zeit sind lediglich spärliche Reste eines *Tempels des Zeus* und der *Athene* (3) sowie ein *Dorisches Brunnenhaus* (5) (nicht zu besichtigen) erhalten. Komplett, aber nicht unbedingt geschichtsgetreu, wurde die Muttergotteskirche aus dem 14. Jh. wiederaufgebaut. Für die letzte Zerstörung sorgten 1943 deutsche Soldaten. Hinter dem Gotteshaus führt eine Pinienallee zu einer halb

Dodekanes Karte S. 619

verfallenen, *Byzantinischen Festung* (4), von der man eine gute Sicht auf den Nordteil von Rhódos hat.

Filérimos ist eines der beliebtesten Ausflugsziele der Insel. Kein Wunder, dass deshalb die paar Stühle des Cafés unter der mächtigen Eiche am Eingang ständig besetzt sind. Das schmale, 600 m lange, in Ost-West-Richtung verlaufende Plateau ist allerdings weniger wegen seiner kunsthistorischen Schätze, sondern ganz einfach wegen seiner Landschaft einen Ausflug wert.

In der ersten Hälfte des 20. Jh. lebten in Filérimos italienische Franziskaner. Heute lassen sich an Wochenenden gerne griechische Brautpaare auf dem Berg trauen. Vom Eingang führt eine schnurgerade Allee mit einem römisch-katholischen Kreuzweg (7) zum südlichen Aussichtspunkt (8), der einen fantastischen Ausblick über die Landschaft und zum alten und neuen Flughafen der Insel bietet. Ursprünglich wurde der Berg "Achaia" (analog zur nordpeloponnesischen Provinz) genannt. Strabon, der bedeutende antike Geograf, sprach von "Ochyroma" (Festung); im Mittelalter erhielt der Berg seinen heutigen Namen Filérimos.

• *Anfahrt/Verbindung* in Triánda (8 km von Rhódos-Stadt) geht es links ab (beschildert), dann noch 5 km den Berg hinauf. 100 m vom Eingang der Ausgrabungsstätte liegt die **Bushaltestelle**. Mehrere Busse täglich. Oft stehen auch **Taxis** bereit. Wer zu Fuß von Triánda aus wandern möchte, sollte mit ca. 1,5 Std. rechnen und die Mittagshitze meiden.

• *Anfahrt/Verbindung* in Triánda (8 km von Rhódos-Stadt) geht es links ab (beschildert), dann noch 5 km den Berg hinauf. 100 m vom Eingang der Ausgrabungsstätte liegt die **Bushaltestelle**. Mehrere Busse täglich. Oft stehen auch **Taxis** bereit.

• *Öffnungszeiten* Di–So 8–19 Uhr. Eintritt 3 €, Kinder und Studenten mit ISIC frei, andere Studenten 1,50 €. Unter einer Eiche am Eingang befindet sich ein Kafenion mit Souvenirverkauf, daneben die Toiletten. Wer montags kommt, kann zumindest einen Spaziergang durch die Parkanlage machen – und zahlt keinen Eintritt.

▶ **Baden**: In Triánda, einem beliebten Touristenort, stehen an der Hauptstraße Wegweiser zum Strand. Wegen der vielen Hotelkomplexe ist der Sand-/Kiesstrand nichts für Einsamkeitsfanatiker, doch man findet noch immer schöne Ecken. Die starke Strömung sorgt für sauberes Wasser. Verschiedene Stichstraßen führen von der Uferstraße zum Strand.

• *Übernachten* Privatzimmer bei **Stavrós Iskas**, das ältere Ehepaar mit guten Englisch-Kenntnissen vermietet in Ialyssós Zimmer mit Dusche, Kühlschrank und oft auch Kochplatten. DZ ab 30 € (ohne Frühstück). Abholung am Flughafen möglich. Adresse Sant Paraskevis Str., ✆ 22410-93205, -91755. Lesertipp!

Tal der Schmetterlinge (Petaloúdes)

Tausende und Abertausende von Schmetterlingen tummeln sich hier zwischen Juli und September! Das kleine, romantische Tal, 7 km von Paradisi entfernt (beschildert), ist ein kleines Naturwunder. Die hier wachsenden Storaxbäume enthalten ein besonderes Harz, das die unzähligen Schmetterlinge anzieht.

Die Quadriga-Schmetterlinge, wissenschaftlich *Panaxia quadripuncatria*, sind auf den Ästen und Zweigen kaum auszumachen, wenn ihre Flügel gefaltet sind. Sobald sie jedoch umherflattern, blinken sie in kräftigen Weiß-, Rot-, Braun- und Schwarztönen. Die Schmetterlinge entwickeln sich übrigens nicht in dem Tal, sondern ruhen sich hier lediglich aus.

Das wasserreiche, ca. 1,5 km lange Areal mit seinen knorrigen Bäumen und gewundenen Pfaden ist im höchsten Maß durch die vielen Besucher gefährdet. Um eine bessere Überwachung des mittlerweile eingezäunten Biotops zu finanzieren,

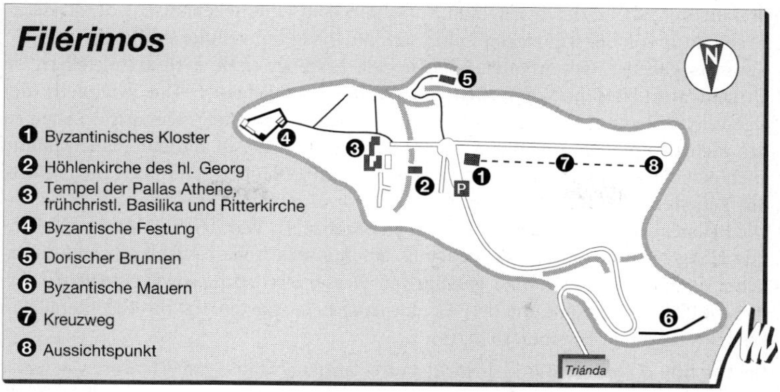

wird Eintrittsgeld verlangt. In einem biologischen Forschungsprojekt wurde nachgewiesen, dass Lärm eine der Hauptursachen der Populationsminderung im Schmetterlingstal ist.

Durch das Tal der Schmetterlinge kann man in etwa einer halben Stunde zum *Kloster Kaloupetra* spazieren. Hier oben gibt's Bänke zum Ausruhen, einen Getränkeverkauf und vor allem eine schöne Aussicht.

Am unteren Eingang zum Schmetterlingstal (unterhalb vom großen Parkplatz) befindet sich ein gemütliches Restaurant, am oberen Eingang Souvenirshop und Imbissstand.

• *Anfahrt/Verbindungen* Von Rhódos-Stadt kommend, fährt man kurz nach dem Ort Paradisi links ab (beschildert), von hier sind es noch 7 km. Das Schmetterlingstal ist auch von Psínthos aus erreichbar (7 km, beschildert). 2-mal tägl. **Busse** von Rhódos-Stadt (3,20 €).

• *Öffnungszeiten* nur von April bis Oktober geöffnet, tägl. 7.30–18 Uhr. Eintritt 5 €, Kinder unter 12 Jahren frei. Außerhalb der Hochsaison kostet der Eintritt nur 3 €. Der Preis schließt auch den Besuch des Museums mit ein.

Wichtiges zum Schutz des Schmetterlingstales

- Die vorgeschriebenen Wege auf keinen Fall verlassen, um Flora und Fauna nicht noch weiter zu stören.
- Vermeiden Sie jede Art von Lärm – klatschen Sie auch nicht, um die Schmetterlinge aufzuschrecken.
- Fangen oder töten Sie keine Schmetterlinge.
- Rauchen Sie wegen der Waldbrandgefahr nicht und werfen Sie keinen Abfall weg.

Kamirós

Die Ausgrabungen von Kamirós zählen zweifellos zu den bedeutendsten auf Rhódos. An einem sanften Berghügel, umgeben von Pinien, stehen die sehenswerten Reste der Stadt, deren Glanzzeit schon 2600 Jahre zurückliegt.

Noch gut sind die Grundrisse der Gebäude und Stadtviertel zu erkennen, die wahrscheinlich durch ein Erdbeben bereits 142 n. Chr. dem Erdboden gleichgemacht wurden. In den 30er Jahren entdeckten italienische Archäologen die kleinste der

Dodekanes
Karte S. 619

drei antiken Städte der Insel. Zum Vorschein kam eine hellenistische Stadt, deren Architektur von der römischen Kolonisation nahezu unbeeinflusst blieben.
Kamirós gliedert sich in drei Ebenen. Die erste erreicht man unmittelbar am Ortseingang. Hier befinden sich die öffentlichen Gebäude. Die zweite ist der eigentliche Siedlungsbereich, der sich an den Hang anschließt. Die dritte Ebene ist das kleine Gipfelplateau, die Akropolis von Kamirós. Auf diesem Plateau stand auch eine 200 m lange Halle mit dorischen Säulen. Dahinter sind noch heute Reste des *Tempels der Pallas Athene* zu erkennen.
Die hellenistische Stadt war hervorragend organisiert. Wer den zum Meer abfallenden Hang hinaufspaziert, hat nicht nur einen fantastischen Ausblick, sondern erkennt noch die Reste einer ausgeklügelten Wasserversorgung sowie eine große *Zisterne* (600 Kubikmeter!), die den Trinkwasservorrat für die 300 bis 400 ehemals in Kamirós lebenden Familien sicherte.

Geschichte: Kamirós, die kleinste der drei antiken Städte auf Rhódos, war einst Verwaltungszentrum des südwestlichen Teils der wohlhabenden Insel. Die Wirtschaft war vor allem durch Landwirtschaft und Handwerk geprägt. Während die Mythologie Kamirós mit den Minoern aus Kreta in Verbindung bringt, ist historisch sicher belegt, dass sich spätestens im 14. Jh. v. Chr. die Mykener in der Gegend von Kamirós ansiedelten. Diese Tatsache wird dokumentiert durch die Entdeckung ihrer Grabstätten. Damals erlebte Kamirós seine erste Blütezeit, die sich nach der dorischen Einwanderung fortsetzte.
Den Höhepunkt seiner Entwicklung erreichte Kamirós vermutlich im 6. Jh. v. Chr., als es noch vor den beiden anderen rhodischen Städten eigene Münzen prägte. Bevor sich die drei alten Städte von Rhódos im Jahre 408 v. Chr. zusammenschlossen, umfasste das Staatsgebiet einen 30 km langen und 10 km breiten Inselstreifen. Doch durch die Gründung der neuen Hauptstadt Rhódos wurde die Stadt politisch bedeutungslos. In archaischer Zeit war Kamirós zweifellos ein durchaus wohlhabender Ort. Das beweisen die schönen, aufwändig gearbeiteten Vasen, die man in den Gräbern fand. Heute sind sie im Archäologischen Museum von Rhódos zu besichtigen. Weitere Fundstücke dokumentieren, dass Kamirós noch bis zum 4. Jh. n. Chr. besiedelt war. Danach wurde die Siedlung endgültig aufgegeben. Warum, ist bis heute unklar.

Rundgang

Agorá (1): Nur wenige Schritte vom Eingang und schon steht man auf der Agora, dem wichtigsten Platz der Stadt. Von den zahlreichen Heiligtümern und Denkmälern, die einst diesen Platz schmückten, sind heute nur noch kümmerliche Reste zu sehen.

Apollon-Tempel (2): Obwohl es nicht ganz sicher ist, wird das Gebäude im Zentrum der unteren Ebene als Apollon-Tempel bezeichnet. Denn nachweislich wurde der Gott in Kamirós verehrt. Von dem Bauwerk mit einem Grundriss von 8 x 9 m lassen sich noch die Außenmauern sowie die Säulenanordnung deutlich ausmachen, obwohl nur eine einzige fast vollständig erhalten ist. In der Cella erkennt man sogar noch den Sockel des einstigen Kultbildes.

Brunnenplatz (3): Östlich des Apollon-Tempels schloss sich ein 20 x 25 m großer Platz unmittelbar an, auf dem wahrscheinlich religiöse Rituale stattfanden. Bis zum heutigen Tag hat sich eine dreistufige Treppenanlage an der Ostseite erhalten. Hier saßen vermutlich die Zuschauer, um die Geschehnisse vor dem Tempel zu verfolgen.

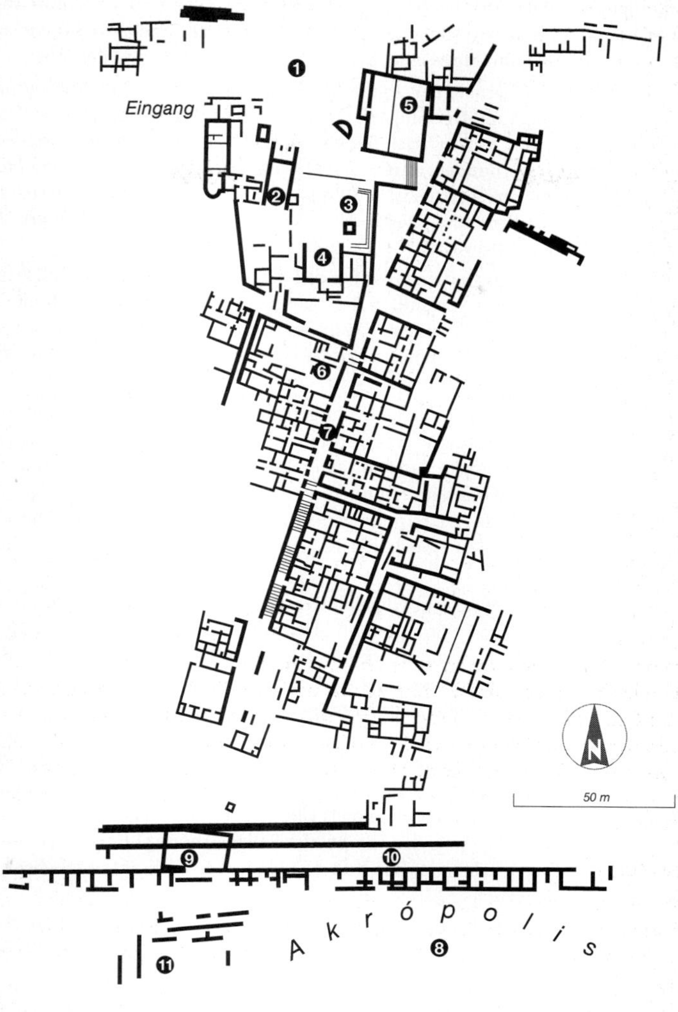

Kamirós

❶ Agorá
❷ Apollon-Tempel
❸ Brunnenplatz
❹ Brunnenhaus
❺ Altäreheiligtum
❻ Öffentliches Bad
❼ Wohngebiete / Hauptstraße
❽ Akrópolis
❾ Zisterne
❿ Stoá
⓫ Tempel der Pallas Athene

Dodekanes
Karte S. 619

Brunnenhaus (4): Das Brunnenhaus fällt durch seine rekonstruierten dorischen Halbsäulen auf. Es steht am südlichen Ende des Festplatzes und wurde mehrmals umgestaltet. Offenbar ähnelte es einst dem dorischen Brunnen von Filérimos.

Altäreheiligtum (5): Oberhalb der Agora (östlich) liegt das große, rechteckig umschlossene Altäreheiligtum. Der Eingang befindet sich an der Westseite. Die Altäre lagen einst auf zwei von Norden nach Süden ausgerichteten Ebenen, die durch eine Treppe miteinander verbunden waren. Auf der unteren (westlichen) Ebene steht ein 6,5 m langer Altar. Im Westteil ist die Treppe noch erhalten, die die Priester zur Opfergabe hinaufgestiegen sind. Dieser Altar war laut einer Inschrift dem griechischen Sonnengott Helios geweiht.

Öffentliches Bad (6): Ein Gebäude östlich des Altäreheiligtums, am nördlichsten Ende der Hauptstraße, war vermutlich das öffentliche Schwimmbad von Kamirós. Nur spärliche Reste des Calidariums (Warmbad) und der Rohrleitungen für das Heizungssystem sowie die Feuerstellen für die Warmwasser- und Heißluftaufbereitung sind erhalten.

Wohngebiete (7): In das eigentliche Wohngebiet der antiken Stadt gelangt man weiter hangaufwärts. Die breite Hauptstraße, die zur Akropolis führt, ist noch gut erhalten. Die Wohnblöcke wurden rasterartig durch Querstraßen unterteilt. Einige der Säulen der Wohnhäuser und Werkstätten hat man wieder aufgerichtet. Die Säulen stützten das nach innen geneigte Hausdach. Diese ungewöhnliche Dachkonstruktion hatte den Zweck, das Regenwasser in eine Zisterne im Innenhof zu leiten.

Akrópolis (8): Auf dem Weg zum Hügelplateau trifft man auf die **Zisterne (9)**, die vermutlich aus dem 6. Jh. v. Chr. stammt. Sie wirkt durch ihre Größe (20 x 10 m) recht eindrucksvoll. Die Zisterne wurde 4 m tief in den Felsen gebaut. In dem Bassin sammelte sich das Regenwasser. Es sind noch zwei Abflüsse zu erkennen, die das Wasser durch Kanäle in die Stadt leiteten. Über zwei Treppen gelangte man in die Zisterne, um sie zu reinigen.
Darüber wurde beim Wiederaufbau von Kamirós um 200 v. Chr. eine riesige, 200 m lange Halle, die **Stoa (10)** mit dorischen Säulen, errichtet. Einige dahinterliegende Räume dienten vermutlich Pilgern als Übernachtungsquartiere.
Ein paar Meter weiter oben liegt der **Tempel der Pallas Athene (11)**, von dem heute nur noch sehr wenig zu sehen ist. Das Kultgebäude wurde nach dem Erdbeben von 226 v. Chr. neu aufgebaut.

- *Öffnungszeiten* Mai bis September Di–So 8–18.30 Uhr, Mo geschlossen. Im Winter nur vormittags geöffnet. Eintritt 4 €, Schüler und Studenten mit ISIC frei, Kinder frei.
- *Verbindung* 2-mal tägl. **Busse** nach Rhódos-Stadt. Der letzte Bus fährt gegen 17 Uhr zurück. Einfache Fahrt 3,80 €.
- *Übernachten* **Pension Crito**, nur 6 Zimmer, aber sehr schön oberhalb der Küstenstraße gelegen, ruhig. Familiäre Atmosphäre, schöner Garten, nur leider verleidet weggeworfenes Gerümpel den Blick auf die Landschaft der Umgebung. Das DZ mit Bad und Frühstück kostet ca. 30 €, in der Hochsaison unbedingt reservieren! Von Bougainvillea umrankte Veranda; großer Parkplatz. ✆ 22410-40092. Südlich von Kalavárda gegenüber der Fischtaverne Akrogiali links in den Feldweg hinein (beschildert). Ca. 1,5 km nördlich der Ausgrabungen von Kamirós.
- *Essen/Trinken* **Taverne New Kamirós**, täglich wird der Fisch frisch angeliefert und wer Glück hat, kann ihn selbst in Augenschein nehmen. Die Taverne von Theodoros Pitropakis wird auch von Griechen aufgesucht. Es gibt zudem einfache Gerichte. Nur 100 m vom Strand kann man genießen, was die Natur zu bieten hat. Für eine Portion Fisch (Brasse) sollte man mit rund 10 € rechnen. Spezialität: Leckere Meeräschen (mullets). ✆ 22410-40001.

In der Antike war Kamirós eine der drei Hauptstädte auf Rhódos

Taverne Old Kamirós, unterhalb von Kamirós an der Küstenstraße, direkt am Strand, liegt das Lokal – eine harte Konkurrenz zur Nachbartaverne. Unter einem Eukalyptusbaum (willkommener Schatten in der Mittagshitze) bietet Panagiotis Pitropakis griechisches Essen. Schöne, halbrunde Bar. Die Fischgerichte schmecken sehr lecker. Besonders empfehlenswert sind die Scampi. ✆ 22410-40012. Beide Tavernen werden in den Sommermonaten häufig von Reisebussen angefahren.

Restaurant Akrogiali, 1,5 km in Richtung Rhódos-Stadt liegt die Taverne von Eliás Maroulaki. Die Stühle des kleinen Lokals mit großer Terrasse am Meer hat der Besitzer in den griechischen Nationalfarben gestrichen. Angebot und Preis sind ähnlich wie im Old und New Kamirós. ✆ 22410-40038.

▸ **Kamirós Skála**: Der kleine Hafen ist das "Sprungbrett" hinüber zur Dodekanes-Insel Chálki. Leben kommt in dem Weiler nur nachmittags auf, wenn die kleine Fähre um 14.30 Uhr ablegt. Die Überfahrt kostet knapp 5 € und dauert etwas über eine Stunde. Für Archäologiefans: Hinter der Taverne Louka's sieht man noch den von Pflanzen umwucherten Reliefschmuck eines hellenistischen Grabes.

Kamirós Skála ist auch bei Griechen ein beliebtes sonntägliches Ausflugsziel. Die kleine Landspitze bei der Hafenmole ist ein bevorzugtes Revier für Angler. Und schließlich verkaufen die Fischer von Chálki hier ihren Fang, der später auf dem Markt von Rhódos-Stadt landet. Seit jeher gilt die Ebene um Kamirós Skála als sehr fruchtbar. Die vielen Gewächshäuser, in denen vor allem Tomaten und Frühgemüse gedeihen, bescheren eine reiche Ernte.

• *Verbindungen* **Fähre**, nach Chálki fährt das Ferryboat tägl. um ca. 13.30 Uhr ab, sonntags wird eine zusätzliche Fähre um 9 Uhr eingesetzt (zurück ab Chálki um 16 Uhr). Fahrpreis 8 € pro Person. Sicherheitshalber nochmals in einer der Tavernen oder am Hafen nachfragen!

▸ **Kastéllos (Kritiniá Castle)**: Auf einem schroffen Felsklotz hoch über der Küste liegen die Reste einer außergewöhnlich gut erhaltenen *Johanniterburg*. Sie wurde

Dodekanes Karte S. 619

1472 auf den Fundamenten einer früheren Anlage errichtet. Ein Pfad führt durch das Kastellareal hinauf zum Burgturm, der eine einzigartige Aussicht bis hinüber nach Alimiá und Chálki bietet, im Inselinneren eröffnet sich der Blick auf das schroffe Massiv des Attáviros. Auf der 1982 betonierten Plattform über dem Kirchenschiff sollte man sich eine Mußestunde gönnen.

• *Anfahrt* Von der Hauptstraße (2,5 km nördlich vom Bergdörfchen **Kritiniá**) geht es rechts ab, beschildert. Eine ca. 1 km lange Asphaltstraße führt zur Ruine. Aus der Ferne sieht man das Bergdorf Kritiniá als weißen Fleck. Für eine Besichtigung des Kastros sollte man gutes Schuhwerk tragen.

▸ **Kritiniá**: Von Kastéllos zu dem stillen Bergdörfchen führt der Weg ständig bergauf. Schon von ferne heben sich die weißen, kubischen Häuser deutlich von der kahlen Berglandschaft ab. Der außerhalb gelegene Dorffriedhof ist das Eingangstor. Eigentlich besteht der Ort nur aus zwei Straßen: Die eine zum Durchfahren, die andere, die zur Platia führt, ist der Treffpunkt der Männergesellschaft. Dazwischen liegt die lang gestreckte Dorfkirche mit ihrem vierstöckigen Turm.

• *Verbindungen* **Bus**, 1-mal tägl. nach Rhódos-Stadt (3,80 €).

• *Übernachten* **Pension Mavrudis**, Herr Spiros und seine Französisch sprechende Frau vermieten in ihrem zweistöckigen Haus am Dorfrand einfache Zimmer mit einzigartigem Ausblick auf die Küstenlandschaft. DZ ca. 20 €, sehr kleine Etagenbäder, aber sehr sauber. Wunderschöne Dachterrasse. Spiros hat sein früheres, hallenartiges Restaurant jetzt verpachtet, was allerdings der Qualität und dem Preis des Essens nicht gut getan hat. ✆ 22460-31344.

• *Essen/Trinken* **Café Milos**, origineller Rundbau neben einer Windmühlenruine, lohnenswert vor allem wegen des einzigartigen Blickes nach Chálki. An der Küstenstraße gelegen, aus Kamirós Skála kommend, kurz vor Kritiniá auf der linken Seite.

Restaurant Anixis, auf der großen Terrasse der Dorftaverne von G. Diakourakis an der Platia isst man preiswert und vorzüglich.

Kafenion Plátanos, direkt daneben. Die Besitzer, ein älteres Ehepaar, freuen sich über jeden Fremden, der ins Dorf kommt. Gutes Frappé und freundliche Bedienung. ✆ 22460-31292.

▸ **Monólithos**: Die Küstenlandschaft wird immer wilder – schroffe Felsen, wenig Vegetation, viel Wind. Das Dörfchen Monólithos liegt in den Bergen, am Südhang des Akramytis (zweithöchster Berg). Von der Küste ist der Weiler nicht zu erkennen. Im Mittelalter zogen sich die Einwohner aus Angst vor Piratenüberfällen ins Inselinnere zurück.

Heute leben in Monólithos vorwiegend nur noch Bauern und Alte; manche Häuser sind längst verfallen. Für Leben sorgen vor allem die Ausflügler auf dem Weg zur Burg oder zum Kap Foúrni. Das Bergdorf selbst ist ohne besonderen Reiz, doch die *Johanniterburg* sollte man sich nicht entgehen lassen! Sie liegt 2,5 km entfernt (in westlicher Richtung) und schon ihr Anblick aus der Ferne ist beeindruckend. Auf einem Felsvorsprung hoch über dem Meer errichteten die Johanniter 1476 die mächtige Wehranlage. Inmitten der hohen Festungsmauer eine schlichte, weiß gekalkte *Kapelle*, die dem heiligen Panteleímonos geweiht ist.

• *Verbindungen* einmal tägl. fährt ein **Bus** nach Rhódos-Stadt (5,60 €).

• *Übernachten* **Hotel Thomas**, Monólithos ist ein idealer Ausgangsort, um den Süden der rhodischen Westküste zu entdecken. Das "Thomas" ist das einzige Hotel des kleinen Dorfes. Das große Haus am Ortsrand bietet von seinen blauen Balkons ein einzigartiges Panorama bis zur Westküste. Nur 9 Zimmer, die komfortabel und sauber sind. DZ mit Dusche und Kochecke ca. 25 € (ohne Frühstück). Ganzjährig geöffnet. Im Sommer empfiehlt sich eine Reservierung unter ✆ 22410-22741, 📠 -28834, E-Mail: manousoshotel@rho.forthnet.gr. (Hotel Manousos). Direktnummer in Monólithos, ✆ 22460-61291, -61264.

Rund um Profítis Ilías und Attáviros

- **Salákos**: Das stille Dörflein liegt am Nordhang des mächtigen Profítis Ilías. Von Salákos sind es auf der gut ausgebauten Teerstraße noch 10 km bis zum Gipfel des knapp 800 m hohen Berges. Der liebenswerte Weiler mit seiner idyllischen Platia lädt zum Verweilen ein – nicht zuletzt wegen des preiswerten Essens in den Tavernen am Dorfplatz mit Brunnen.
- **Éleusa**: Inmitten einer lieblichen Landschaft am nordöstlichen Rand des Massivs liegt an einem Knotenpunkt verschiedener Inselstraßen der Weiler, den einst die Italiener für eine Musterkolonialisierung auserkoren hatten. Überbleibsel sind nicht nur die typisch italienischen Kolonialhäuser am oberen Dorfrand, sondern vor allem die absolut kuriose *Piazza* aus dem Jahre 1943 im Zentrum von Éleusa. Während der ehemalige Gouverneurspalast vom griechischen Militär genutzt wird, verfallen die Nebengebäude. Gegenüber vom Palast steht eine überdimensionierte Kirche. Geht man wenige hundert Meter von dem eigenartigen Platz bergauf in Richtung Profítis Ilías (Fountoukli-Kirche), trifft man auf ein kreisrundes, ebenfalls von den Italienern errichtetes Bassin mit einem Durchmesser von ungefähr 30 m.
- **Ágios Nikólaos Fountoukli**: Um das kleine Juwel zu finden, nimmt man die Straße zum Profítis Ilías. Nach knapp 4 km trifft man linker Hand am Rand eines Pinienwaldes auf das gut erhaltene byzantinische Kirchlein mit seinen besonders reizvollen Fresken. Das Gotteshaus und die Wandmalereien am Fuß des berühmten Inselberges stammen aus der Zeit um 1500 und wurden von einem hohen byzantinischen Verwaltungsbeamten gestiftet. Man hat die Kirche zur Erinnerung an seine drei früh verstorbenen Kinder erbaut. Das Stifterehepaar und sein Nachwuchs ist übrigens in den Wandmalereien an den beiden Seiten der Tür, die sich nach Westen öffnet, verewigt. Der Purpurmantel des kaiserlichen Beamten unterstreicht seine soziale Stellung. Das Ehepaar hält ein Modell der Kirche in den Händen, darüber der segnende Christus. Rechts und links von Christus zeigt das Fresko die Jungfrau Maria und Johannes den Täufer.

  In dem halbrunden Nebenraum an der Südseite sind rechts wiederum die spielenden Kinder der Stifter dargestellt. Eines der Kleinen reitet auf einem Wassertier. Nicht nur die Fresken der Kirche sind außergewöhnlich, sondern auch die Bauform. Sie ähnelt der eines Kruzifixes, das von drei gleich großen und einem längeren halbrunden Nebenraum – von Kunsthistorikern *Konche* genannt – gebildet wird.

  Das Kirchlein steht am Rand einer kleinen Parkanlage, in der die Rhodier gerne ihr sonntägliches Picknick veranstalteten. Tolle Aussicht. Ein Brunnen spendet das ganze Jahr über Trinkwasser. Die Straße führt bergauf zum Gipfel des Profítis Ilías (4 km).
- **Profítis-Ilías-Berg**: Eine Bergkulisse wie im Schwarzwald. Ausgedehnte Nadelwälder und zwei von den Italienern erbaute ehemalige Hotels im alpenländischen Stil am Gipfel: ein anderes Rhódos. Das ist vor allem ein Verdienst der Italiener, die unter großen Anstrengungen das Bergmassiv aufforsteten und somit eines der waldreichsten Gebiete der Insel schufen. Doch immer wieder dezimieren verheerende Flächenbrände, teilweise vorsätzlich gelegt, den Bestand. Zum 798 m hohen Profítis Ilías führt eine gut ausgebaute, 16 km lange Asphaltstraße. An heißen Sommertagen ein ideales Ausflugsziel. Hier oben weht stets ein kühles Lüftchen.

Die Gipfelregion erinnert eher an einen hügeligen Park als an eine Gebirgslandschaft. Unweit der beiden bedauerlicherweise längst aufgegebenen Hotels steht ein kleines, verlassenes Kloster. Der Profítis Ilías ist ein ausgezeichnetes Wandergebiet, aber professionelle Wegmarkierungen oder Tourenvorschläge sucht man vergebens.

- **Émbonas**: Seit ein paar Jahren haben findige Ausflugsveranstalter aus Rhódos-Stadt die weitläufige Siedlung unterhalb des 1215 m hohen Attáviros-Gipfels für Folkloreabende entdeckt. Der Tourismus erobert allmählich das ursprüngliche Bergdorf. Émbonas, das ist für die meisten Rhodier ein Synonym für Gaumenfreuden, denn hier hat die Weinkellerei Emery ihren Sitz. Das moderne Gebäude steht am Dorfrand. Unter Kennern des rhodischen Weines rangiert der Emery ganz oben. Übrigens: Wer griechische Handarbeit schätzt, wird in Émbonas leicht fündig. Viele Frauen im Dorfzentrum verkaufen ihre Strick- und Webwaren, die an langen Winterabenden entstanden sind.
- **Attáviros-Berg**: Der Attáviros, mit 1.215 m der höchste Berg auf Rhódos, gleicht einer riesigen Steinwüste. Von den Gassen Émbonas aus betrachtet, wirkt der lang gestreckte, hellgraue Gipfel zum Greifen nahe. Wer sich darauf verlässt, wird eine herbe Enttäuschung erleben. Der Aufstieg dauert mindestens drei Stunden und ist zwischen Geröll und Felsbrocken sehr mühsam und nicht ungefährlich. Eine markierte Wanderroute gibt es nicht. Das Wetter in der Gipfelregion des Attáviros, die einer Mondlandschaft gleicht, kann sehr schnell umschlagen. Vor allem im Frühjahr und Sommer kommt oft dichter Nebel auf, bei dem man schnell die Orientierung verliert. Auch die Winde können extrem sein. Wenige Minuten östlich vom Gipfel befinden sich übrigens auf einem kleinen Hügel noch die wenigen steinernen Überreste eines *Zeustempels*. Auf dem Gipfel steht ein verlassenes Steinhaus.
- **Sianá**: Das hübsche Bergdorf südwestlich des Attáviros ist für die meisten nur eine Durchgangsstation. Es lohnt sich aber, eine Rast an der Platia bei der modernen Dorfkirche einzulegen. Werfen Sie einen Blick in das Gotteshaus: Die in den 70er Jahren entstandenen Wandmalereien illustrieren unter anderem das Leben des heiligen Panteleímonos. Sianá ist außerdem für seinen hervorragenden Thymianhonig bekannt.

Souma – Hochgeistiges aus den Bergen

Im Schatten des Attáviros gehört das Schnapsbrennen seit Jahrhunderten zu einer beliebten Beschäftigung. Souma wird der Tresterbrand auf Rhódos genannt. In Winzerdorf Émbonas, in Ágios Isídoros und natürlich in Sianá gibt es noch teilweise urige Brennanlagen für diese rhodische Art des Grappas. Entlang der Hauptstraße ist der Souma z. B. in der Taverne "Village Place" erhältlich. Für eine Halbliterflasche des ziemlich starken Traubentresters soll man mit rund 4 € rechnen. Besucher, die im September und Oktober unterwegs sind, können die Brenner bei der Arbeit beobachten. Zuerst werden die Weinreben auf Dächern getrocknet. So steigt der Zuckergehalt und damit auch der Alkoholgehalt. Danach werden die Trauben zerkleinert und die Maische wird in Fässer abgefüllt. Sie braucht etwa zwei Wochen zum Gären und kommt anschließend in den Brennkessel, der in der Regel mit Holzscheiten erhitzt wird. Aus rund 100 Litern Maische werden etwa 25 Liter des Tresterbrandes gewonnen. Einheimische schätzen ein Gläschen nach einem schweren Essen am Abend zur Unterstützung der Verdauung.

Chálki: von karger Schönheit

Chálki

Die westlich von Rhódos gelegene Insel wirkt wie ein mächtiger, überdimensionaler Steinhaufen inmitten der Ägäis. Wenn sich die Fähre der Hafeneinfahrt von Chálki nähert, glaubt man, die wenigen Bäume an den Händen abzählen zu können. In der verkarsteten, kahlen und felsigen Gebirgswelt, in der Erhebungen über 500 m keine Seltenheit sind, gedeiht lediglich dürres Macchiagestrüpp, das kaum Wasser braucht.

Heute leben hier etwa 300 Menschen mit ihren 6000 Ziegen und Schafen. Die Insel ist nicht gerade wohlhabend. Der Großteil der Bevölkerung ernährt sich vom Fischfang, dazu kommt ein wenig Schwammtaucherei, die einst große Tradition hatte. Chálki ist das ideale Reiseziel für diejenigen, die eine Alternative zum Trubel auf Rhódos suchen.

Chálki auf einen Blick

Größe: 28 qkm, 10 km lang, 3 km breit.

Bevölkerung: im Winter 200, im Sommer ca. 350-400 Einwohner.

Landschaftsbild: Chálki ist eine karge, sehr steinige und wasserarme Insel. Die Berge im Inselinneren ragen über 500 m hoch hinaus. Schatten spendende Bäume findet man nur vereinzelt im Inseldorf Emporió.

Wichtigste Orte: Außer Emporió gibt es keine bewohnten Dörfer.

Straßen: Das Straßennetz beschränkt sich auf 3,5 km Betonpiste zum Ruinendorf Chorió.

Entfernungen: Emporió-Chorió 3,5 km, Emporió-Kloster Ag. Ioannis 8 km.

Auto-/Zweiradverleih: keine.

Tankstellen: keine.

Karten: Es gibt nur eine Inselkarte (erhältlich beim kleinen "Supermarkt" am Hafen) mit detaillierten Relief-, aber ungenauen Wegangaben. Viele Orte auf der Karte tragen noch italienische Namen, da die Vorlage aus der Kolonialzeit stammt.

Ärztliche Hilfe: ✆ 22410-45206.

Sichelförmig reihen sich die weiß getünchten, vornehm wirkenden Häuser des Hafenortes Emporió (auch Nimborio genannt) aneinander. Der vierstöckige Glockenturm der Nikolauskirche (18. Jh.) ragt wie ein erhobener Zeigefinger zwischen den zum Hafen gewandten Fassaden hervor. Im Hintergrund ein erdbrauner, ins Ockergelbe übergehende Bergkoloss. Wenn das Fährschiff an der Hafenmole fest macht, kommt in Emporió, dem einzigen Dorf von Chálki, Leben auf.

Auf der Insel verkehren nur wenige Autos, die ab und zu durchs Dorf fahren. Wer Chálki entdecken will, muss gut zu Fuß sein, denn Busse, Taxis oder Motorradverleih sucht man auf der 28 qkm großen Insel vergebens. Einsame Wanderungen zum malerischen Ruinendorf Chorió (3,5 km landeinwärts von Emporió) mit seinem mächtigen Kastell oder zu entlegenen Stränden bieten sich an. Allmählich entwickelt sich ein wenig Fremdenverkehr auf der Insel. Mit staatlicher Hilfe und privatem Engagement werden immer mehr alte, verfallene Häuser in Emporió restauriert und Privatzimmer modernisiert. Doch nicht nur Ausländer, insbesondere Briten und Deutsche, schätzen die Insel. Auch manche Einheimische, die im stressigen Tourismusgeschäft auf Rhódos arbeiten, spannen auf Chálki gerne mal ein Wochenende aus. Chálki erhielt umfassende finanzielle Unterstützung von der UNESCO und der griechischen Regierung. Zweck der großzügigen Hilfe war es, der Abwanderungstendenz der Bevölkerung von dem kärglichen Eiland entgegenzuwirken. In einem Modellprojekt wurden Häuser wiederhergerichtet und eine Gemeindeherberge gebaut. Diese Maßnahmen sollten auf der "Insel des Friedens und der Freundschaft zwischen der Jugend in aller Welt", wie Chálki regierungsamtlich seit 1983 genannt wird, für neues Leben sorgen.

Wichtige Hinweise

Lebensmittel, Getränke und auch das Tavernenessen sind teurer als auf Rhódos. Es gibt auf Chálki keine Bank und bei der Post am Hafen ist kein Geldwechsel möglich! Man sollte bereits in Rhódos ausreichend wechseln. Ein Auto auf die Insel mitzubringen, lohnt sich nicht, denn es gibt weder asphaltierte Straßen (außer 3,5 km Betonpiste) noch eine Tankstelle. Außerdem ist auf der kleinen Fähre von Kamirós Skála (Rhódos) zur Insel nur Platz für ein Fahrzeug. Gehen Sie außerdem bitte **sparsam mit Wasser** um, denn das gesamte Trinkwasser muss kostenaufwändig von Rhódos mit großen Tankschiffen nach Chálki geschafft werden. Die wenigen Quellen der Insel können den Bedarf im Sommer nicht decken.

Verbindungen

▸ **Fähren**: Täglich läuft eine Fähre von *Kamirós Skála* (Rhódos/Nordwestküste) um 13.30 Uhr in Richtung Chálki aus. Die Überfahrt dauert gut eine Stunde und kostet etwa 85 €; zurück auf die Insel Rhódos fährt das Schiff erst wieder am nächsten Morgen (exakte Auskunft beim Hafenamt von Chálki: ✆ 22410-45220) um 6 Uhr. Es kommt in Kamirós Skála um 7.15 Uhr an. Von dort gibt es eine Busverbindung nach Rhódos-Stadt. Die Busfahrt dauert rund eine halbe Stunde.

Darüber hinaus gibt es in der Hochsaison zweimal wöchentlich eine Fährverbindung von und nach Rhódos-Stadt, Kárpathos, Kreta und Piräus. Erkundigen Sie sich vor Ort nach den Abfahrtzeiten, da diese sich mitunter auch während der Saison ändern. Auskünfte erteilen die Hafenämter in Rhódos-Stadt und Emporió/Chálki.

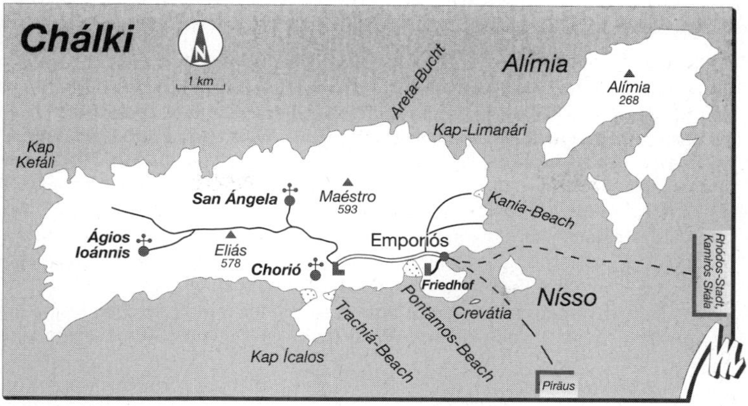

▸ **Inselausflüge**: *Halki-Tours* (✆/℡22410-45219) und *Zivos Travel* (✆/℡ 22410-45028, E-Mail: zifos-travel@rho.forthnet.gr) am Hafen bieten zwischen Mai und September ganztägige Badeausflüge per Boot an. Außerdem stehen Bootstrips nach Alímia (28 €) und Tílos (ca. 20 €) auf dem Programm.
Captain George unternimmt mit seiner "Meltemi II" ganztägige Badeausflüge zur Trachia-Bucht, der Areta-Bucht im Norden der Insel, nach Alímia (s. u.) oder rund um Chálki, Preise ca. 153 € pro Person (min. 5 Teilnehmer). In Costa's Café am Hafen nachfragen. Außerdem steht auf Chálki ein Wassertaxi zur Verfügung.
Im Hafen liegen einige kleinere Ausflugsboote, mit denen man sich zu einem Strand fahren und wieder abholen lassen kann. Der Preis ist Verhandlungssache (✆ 22410-45251, -61001 oder einfach am Hafen nachfragen).

Chálki als Tagesausflug

Sonntags kann man Chálki auch in einem Tagesausflug besuchen: 9 Uhr morgens ab Kamirós Skála nach Chálki, zurück von Chálki nach Kamirós Skála um 16 Uhr. Zwei Personen zahlen für Hin- und Rückfahrt insgesamt 30 €.

Baden

Im Hafen von Emporió ist das Wasser glasklar. Am Dorfrand gibt es mehrere Möglichkeiten zum Baden, aber keinen richtigen Strand. Doch die Suche nach feinen Sandstränden wird auf Chálki ohnehin vergebens sein. Steine über Steine entlang der Küste, aber auch das hat seinen Reiz. Beliebtester Strand ist der Pontamos-Beach, der knapp 1 km westlich von Emporió liegt. Eine idyllische Bucht mit glasklarem Wasser und einer Taverne sowie Sonnenschirm- und Liegestuhlverleih. Nördlich der Bucht befindet sich übrigens eine von den Italienern freigelegte Nekropole. Diese Begräbnisstätte wurde bis in die hellenistische Zeit (4.–3. Jh. v. Chr.) genutzt. Weitere Bademöglichkeiten s. o., "Verbindungen/Inselausflüge".

Dodekanes
Karte S. 619

Übernachten/Essen und Trinken

Nur einige wenige Quartiere in Emporió. Die paar **Privatzimmer** sind schnell vergeben, deshalb möglichst bald nach Ankunft auf Zimmersuche gehen. Die Preise sind für das Gebotene relativ hoch. Hilfreich bei der Zimmersuche können auch die beiden **Reiseagenturen** am Hafen sein: *Halki Tours* (✆/℻ 22410-45219) und *Zivos Travel* (✆/℻ 22410-45028, E-Mail: zifos-travel@rho.forthnet.gr). Für ein Doppelzimmer sollten Sie mit 25 € rechnen. Beide Büros haben während der Saison (Mai–Ende September) ganztägig geöffnet, auch am Wochenende.

Was **Appartements** angeht, ist Chálki vor allem in britischer Hand. *Laskarina-Tours* hat für englische Pauschalgäste einige schön restaurierte Häuser angemietet, die jedoch nur von Großbritannien aus zu buchen sind.

Die meisten **Tavernen** befinden sich am Hafen. Sie bieten oft frischen Fisch und lokale Weine, auch für den kleinen Geldbeutel. Die grandiose Atmosphäre wird gratis geliefert.

• *Übernachten* **Hotel Chálki**, am südwestlichen Ende der Bucht gelegen. Größtes Gebäude der Insel, weiße, lang gezogene Fassade. 28 Zimmer mit schönen, dunklen Möbeln, Bad und z. T. auch Balkon oder Terrasse, leider alles schon etwas älter. Fragen Sie nach Zimmer Nr. 7 oder 8, von hier hat man den besten Blick auf Emporió. EZ 20 €, DZ 40–50 € (inkl. Frühstück). Von April bis Ende Oktober geöffnet, ✆/℻ 22410-45208, ℻ 45208.

Hotel Argyrenia, am Dorfrand von Emporió, nahe der Schule gelegen. Ortsauswärts Richtung Chorió gehen, nach der Pension Kleanthi rechts ab (Asphaltstraße), dann noch einmal rechts (an der Krankenstation vorbei) und dann links abbiegen. Nach 50 m auf der rechten Seite, erkennbar an der von Weinwein überrankten Terrasse. Neun komfortable Zimmer mit Bad und Veranda, EZ 20 €, DZ 30 €. Von April bis Ende Oktober geöffnet, ✆ 22410-45205.

Pension Markos, vom Hafen der Asphaltstraße bergan folgen, kurz nach der Bäckerei auf der linken Seite, das weiße Haus mit blauen Fensterläden ist kaum zu übersehen. Sollte niemand da sein, in der Fischtaverne Mavri Thalassa am Hafen nach Yiannis Argyris fragen. DZ mit Kochgelegenheit, Bad und Balkon ca. 30–40 €, ✆ 22410-45347 oder 693/562480.

Pontamos Beach Taverna, in der Taverne kann man sehr günstig und gut essen, schöne Terrasse am Meer. Hier werden auch einige Zimmer mit Bad, Kühlschrank und Veranda (direkt am Strand!) vermietet, DZ 45 € (ohne Frühstück), ✆ 22410-45295. 1 km von Emporió, Pontamos-Beach.

• *Essen/Trinken* Das "große Esszimmer" der Insel ist der Hafen. Ein knappes halbes Dutzend Lokale steht zur Auswahl und man hat die Qual der Wahl. Der Fisch ist meistens, aber nicht immer frisch. Oftmals genügt ein Blick in die Vitrine des jeweiligen Restaurants: Die Augen eines frischen Fisches müssen noch klar sein, die Kiemen hellrot. Gute Chancen auf frischen Fisch hat man in der **Taverne Mavri Thalassa**, was so viel wie *schwarzes Meer* bedeutet. Letzte Taverne am Hafen in südwestlicher Richtung. Bekannt für ihre große Portionen.

Ansonsten werden in den gemütlichen Hafentavernen auch hervorragende Grillgerichte und Meeresfrüchte angeboten.

Kastellórizo

Östlich von Rhódos enden die meisten Griechenland-Karten. Geografisch ist Griechenland jedoch noch nicht am Ende. Fernab von den gängigen Routen, versteckt in einem Schwarm von fast 30 Inselsplittern, liegt Kastellórizo, die östlichste aller griechischen Inseln.

"Hier beginnt Europa", steht auf einer großen Tafel am Hafen. An Selbstbewusstsein mangelt es den Insulanern keineswegs. Das Eiland erlebt nach Jahrzehnten einen Aufschwung. Simse, Balustraden und die kleinen Zierbalkone bekommen einen neuen Anstrich. Vor einigen Jahren wurde hier sogar der italienische Film "Mediterraneo" gedreht.

Im 18. und 19. Jh. unterhielten die Reeder von Kastellórizo (oft ist auch Kastellorzio zu lesen) einen regen Schiffsverkehr nach Venedig, Konstantinopel, Athen, Alexandria und zu den anderen großen Häfen des Mittelmeeres. Doch die wirtschaftliche Blüte ging vorbei. Mit Fischfang ließ sich kaum noch Geld machen, die Schwammbänke im östlichen Mittelmeer waren abgeerntet und der Boden war so unfruchtbar, dass selbst die Einwohner kaum satt wurden. Schwere Bombardements gegen Ende des Zweiten Weltkrieges vertrieben fast alle der damals 10.000 Einwohner, die meisten flohen nach Australien. Einige kehren zurück – zumindest in den Ferien. Zudem entdecken Urlauber die Insel, auf der es so leicht fällt, einfach die Seele baumeln zu lassen.

Wer die Ursprünglichkeit des griechischen Insellebens mit all seinen Schönheiten, aber auch Schwierigkeiten kennen lernen will, ist auf Kastellórizo richtig. Es gibt kaum Autos, nur eine einzige Straße zum Flughafen. Der Rest der Insel ist ausschließlich auf alten Ziegenpfaden zu erwandern. Wer Kastellórizo im Frühjahr besucht, läuft Gefahr, dass noch kein Hotel geöffnet hat und alle Tavernen geschlossen sind.

Kastellórizo auf einen Blick

Lage: Bis zur türkischen Küste sind es knapp 5, bis nach Rhódos etwa 130 km.

Größe: ca. 9 qkm.

Bevölkerung: Knapp 200 Menschen leben auf der kleinen Insel; vor 50 Jahren sollen es noch über 10.000 Einwohner gewesen sein.

Geografie/Geologisches: kahle, nahezu baum- und strauchlose Insel. Die dünne Erdschicht lässt nur eine bescheidene Landwirtschaft zu. Eine Quelle oder gar einen Fluss gibt es nicht. Dem chronischen Wassermangel konnte jedoch Einhalt geboten werden: 1992 ging eine Meerwasser-Entsalzungsanlage in Betrieb.

Unterkunft: In Megísti, dem einzigen Ort der Insel, gibt es ein paar Pensionen und ein Hotel. Einen Zeltplatz sucht man vergebens.

Verbindungen

Die Insel zu erreichen, ist nicht ganz einfach. Mit dem Schiff fährt man von Rhódos etwa sechs Stunden. Mit dem Flugzeug dauert es zwar nur 30 Minuten, doch sind die Flüge in der Regel bereits Wochen vorher ausgebucht.

Fähre: In der Vor- und Nachsaison pendelt die "Nissos Kálymnos" zwischen Kos – Níssiros – Tílos – Sými – Rhódos – Kastellórizo. Die Überfahrt von Rhódos nach Kastellórizo kostet etwa 17 €, 2-mal pro Woche.

Dodekanes
Karte S. 619

Flugzeug: 1996 wurde der neue Flughafen oberhalb des Hafens eröffnet. 3- bis 5-mal wöch. landet die Propellermaschine aus Rhódos. Der einfache Flug kostet etwa 40 €. Buchen Sie rechtzeitig, denn die Maschinen sind schon Wochen vorher ausgebucht!

Die Vertretung von Olympic Airways erreichen Sie unter ✆ 22410-49240.

Megísti

Die Zeiten, in denen der Ort einer Geisterstadt glich, sind vorbei – zumindest im Sommer. In lauen Nächten tummeln sich Einheimische und Touristen am hufeisenförmigen Hafen.

Entlang der Hafenpromenade sind die meisten Häuser noch restauriert und auch in der zweiten Reihe wird gearbeitet. Trotz der Bautätigkeit ist kaum zu glauben, dass Megísti einst 4000 Häuser zählte. Doch 1926 zerstörte ein Erdbeben viele davon, 1943 bombardierten deutsche und italienische Flugzeuge die Insel. Ein Jahr später brach ein verheerendes Feuer aus, die Kastellorizoten hatten fast alles verloren. Nach dem Ende des Weltkrieges lebten nur noch 900 Menschen auf der Insel.

Heute ist Athen bemüht, die Einwohnerzahl zu erhöhen. Man will den "Grenzpfosten" in der östlichen Ägäis mit allen Mitteln sichern. Mit einer Reihe von Maßnahmen wird versucht, die Einwohner bei Laune zu halten: Die Häuser am Hafen wurden renoviert, der Flughafen und die Meerwasser-Entsalzungsanlage gebaut, das Telefonnetz verbessert und die Steuern gesenkt.

Bis vor einigen Jahren war Megísti selbst in der touristischen Hochsaison eine Oase der Ruhe. Doch nun erfreut sich das Eiland nicht nur bei den Ägäis-Skippern ständig wachsender Beliebtheit.

• *Übernachten* Auf der Insel stehen nur wenig mehr als 200 Betten zur Verfügung. In der Hochsaison sind oft alle Quartiere ausgebucht – dann sind die Preise hoch!

Kastellorizo Hotel Apartments, neu erbautes, modernes Haus im traditionellen Stil, alle Zimmer/Studios mit Meerblick und Aircondition. Bar, Pool, Minimarkt vorhanden. App. 90–120 € inkl. Frühstück. ✆ 22460-49044, ℻ 49279, www.kastellorizohotel.gr.

Hotel Megísti, von den Zimmern genießt man einen herrlichen Blick aufs Meer. Einladende Frühstücksterrasse. Für das DZ werden zwischen 45 und 60 € verlangt, ✆ 22460-49272.

Pension Caretta, von den Brüdern Damian und Jimmy liebevoll renoviertes altes Haus. Einfache, saubere DZ mit Bad je nach Saison 25–35 €, ✆/℻ 22460-49028. www.kastellorizo.gr.

Pension Lazarakis, bordeauxrotes Haus mit acht Zimmern im Westen des Hafens. DZ ab 25 €, Vermietung über Taverne Lazarakis.

Ebenfalls zu empfehlen sind die Pensionen **Kristallo** (✆ 22460-41209) und **Mediterranea** (✆ 22460-49368).

• *Essen* Die Hafentavernen sind berühmt für ihre Fischgerichte. Ein ausgezeichnetes Restaurant liegt nicht direkt am Wasser: Die Taverne **Orea Megísti** befindet sich an der Platia. Günstige Preise und reichhaltige Auswahl. Spezialität des Hauses ist die Ziegen-Kasserole.

Zu empfehlen ist die Taverne **Little Paris**. Besitzer Jorgo holt seine Fische noch selbst aus dem Meer. Spezialität des Hauses sind Schwertfisch, Barbounia und auch Garnelen.

Taverne Lazarakis, eröffnet 1949, neben den Fischgerichten gilt es, die Kichererbsenfrikadellen (Revithikokeftedes) und die Dolmades in Zitronensauce zu rühmen. Einfach lecker!

Sehenswertes: Hauptattraktion ist vor allem die *Höhle von Fokaliá*, die auch als *Blaue Grotte* oder *Grotta* bekannt ist. Da die Einfahrtshöhe nur knapp 1 m beträgt, ist eine Besichtigung lediglich bei ruhiger See möglich. Im Inneren wölbt sich die Höhle zu einem kolossalen Festsaal über dem von blauem Licht durchschimmerten Wasser. Ein einzigartiges Erlebnis! Die Bootsfahrt kostet pro Person rund 9 €.

Von der alten *Kreuzritterfestung* oberhalb der südlichen Hafeneinfahrt ist leider kaum etwas erhalten. Die rötlichen Felsen gaben der Insel übrigens den Namen: *Castello rosso* – Kastellórizo – rotes Kastell. Etwas unterhalb liegt ein *lykisches* Grab aus dem 4.–5. Jh. v. Chr.

Neu erbaut wurde in den letzten Jahren das *Inselmuseum* oberhalb der weithin sichtbaren Moschee mit dem schmalen Minarett. Zahlreiche Funde belegen die bewegte Geschichte der kleinen (und allzu oft vergessenen) Insel. Ausgestellt sind Taucherausrüstungen, Keramikschalen, Schmuckstücke, Vasen und Münzen.

▸ **Baden**: Kastellórizo ist keine Badeinsel, wenngleich das Wasser rund um die Küste zum saubersten der ganzen Ägäis zählt. Badestrände sind nur per Kaiki zu erreichen.

▸ **Wandern**: Im bergigen Inselinneren gibt es eine Reihe verwilderter Altertümer zu erkunden. Der gute Wanderführer von Marina Pitsonis ist in Megísti für etwa 7 € erhältlich. Damit können Sie die alte *Akropolis der Dorer* oder die *Zyklopenmauer* entdecken.

Sými

Die Insel – nur 10 km von der türkischen Küste entfernt – gleicht einer Steinwüste: kahl und unfruchtbar, weitgehend unbewohnt, bergig und nur schwer zugänglich. Doch so abweisend Sými auf den ersten Blick wirkt, so anziehend ist das Eiland auf den zweiten.

Wer ohne großen Rummel auskommt, Ruhe sucht und gerne wandert, wird sich hier wohlfühlen. Die fjordartige Hafeneinfahrt, die zum Teil uralten Steinhäuser, die treppenartigen Gassen, der nahezu nicht vorhandene Autoverkehr, das gemächliche Alltagsleben: Sými ist ein kleines Paradies. Die Silhouette des Hafens gehört zweifelsohne zu den markantesten Schönheiten des Dodekanes. Wer all dies genießen möchte, der muss etwas tiefer in die Tasche greifen, denn Sými ist kein billiges Pflaster. Und wer mehr als nur den Nordteil Sýmis erkunden will, der ist auf Kaikis angewiesen – und auch das geht auf Dauer ins Geld.

Sými auf einen Blick

Größe: mit knapp 60 qkm kaum 5 % der Größe von Rhódos,.

Bevölkerung: Knapp 2500 Einwohner leben im Sommer auf der Insel. Während der Wintermonate sind es noch weniger.

Wichtige Orte: *Sými-Stadt, Pédi, Nimboriós* sowie das *Panormítis-Kloster*. Ansonsten gibt es keine größeren Ansiedlungen.

Geografie/Geologisches: Sými ähnelt an vielen Stellen einer Geröll- und Steinwüste. Vegetation ist nahezu nicht vorhanden. Im Gegensatz zu anderen Inseln des Dodekanes wurde Sými in weiten Teilen nicht terrassiert.

Straßen: Nur eine Straße durchquert die Insel. Sie führt von Sými-Stadt zum Kloster Panormítis. Eine Asphaltstraße gibt es auch zur Bucht von Pédi.

Entfernungen: Sými – Pédi ca. 3 km, Sými – Panormítis ca. 22 km.

Tankstelle: lediglich in Sými.

Übernachten: Hotels, Pensionen und Privatzimmer in Sými-Stadt. Übernachtungsmöglichkeiten auch in Pédi, Nimboriós und im Kloster Panormítis.

Karten: Die dunkelblaue Inselkarte ist besser als die anderen und zumindest als grobe Orientierungshilfe nützlich.

Dodekanes
Karte S. 619

Die Insel der Promis

Auch Tina Turner war schon da. Die Sängerin legte im Sommer 2003 mit ihrer Jacht im Hafen von Sými an. Der Insel-Zeitung "Symi Visitor" war der prominente Besuch allerdings lediglich zwei Sätze auf Seite 6 wert. Denn Stars und Sternchen gibt es auf Sými jede Menge. Das kleine Eiland gilt als Insel der Promis. Nur redet darüber niemand gerne, Sýmis Bewohner sind verschwiegen. Etwa 20 mehr oder weniger bekannte Persönlichkeiten aus Großbritannien sollen die Insel regelmäßig besuchen, erzählt man sich in den Tavernen am Hafen hinter vorgehaltener Hand. Und auch aus Deutschland reisen die Promis an. Zumindest vier sollen zu den Stammgästen gehören. Aber bitte keine Details. Um wen es sich handelt, wollen die Einheimischen nicht sagen. Das würde nicht zum Image der Insel passen. Von der Prominenz lässt sich hier jedenfalls keiner aus der Ruhe bringen. Die Fischer am Hafen flicken weiter ihre Netze, die Schwammverkäufer gehen weiter ihrem Geschäft nach. Niemand jagt Autogramme. Auf Sými können die Stars an den Strand und zum Gemüsehändler, ohne dass sich gleich jemand umdreht und ihnen hinterher schaut. Sými will exklusiv sein, einerseits. Die Stammgäste sollen sich zurückziehen können. Es gibt so gut wie keinen Verkehr, keine großen Hotelklötze, aber dafür eine eigene Zeitung, zweisprachig in englisch und griechisch. Doch Sými will auch rentabel wirtschaften, andererseits. Die Tavernen, Cafés und Schmuckläden am Hafen können von den Stammgästen allein nicht leben. Sie sind angewiesen auf die Tagestouristen aus Rhódos. Doch die wollen partout nicht ins Bild der schicken Promi-Insel passen. So bewegt die Insel sich zwischen den beiden Urlauber-Klischees: so genannte "Blue Chip Tourists", umweltbewusst und an der Kultur des Gastlandes interessiert, contra Pauschalreisende, mit Fotoapparat behangen und am Kitsch der Souvenirverkäufer interessiert. Im "Symi Visitor", der monatlich erscheinenden Inselzeitung, diskutieren Autoren und Leser kontrovers über diese Formen des Reisens. Vom Massentourismus "all inclusive" wird Sými jedenfalls auch in Zukunft verschont bleiben – vorausgesetzt, die Verkehrsanbindung bleibt, wie sie ist. Die Insel ist nur per Fähre zu erreichen und die Anreise vom Flughafen Rhódos dauert ein paar Stunden – definitiv zu lange für die großen Reiseveranstalter. Die muten ihren Gästen in der Regel höchstens 45 Minuten Transport zum Hotel zu. Tina Turners Jacht kann also getrost weiter die kleine Hafenbucht von Sými ansteuern. Und dem "Symi Visitor" wird es höchstens eine winzige Meldung wert sein.

Sými – die Insel der Schwammfischer: Wer durch Sými schlendert, dem werden die großen, teilweise prachtvollen Bürgerhäuser auffallen. Viele davon sind heute verlassen, oft stehen nur noch brüchige Ruinen: Tummelplätze für die zahlreichen Katzen der Insel. Der verlorene Wohlstand fußte auf der Schwammfischerei. Anfang des 20. Jh. lebten 23.000 Menschen auf Sými, darunter viele erfahrene Seefahrer. Mit ausgeprägtem Geschäftssinn verstanden sie es, ihre begehrte Ladung, die Schwämme, zu versilbern. Mit der Zeit aber ließ die Nachfrage nach dem Produkt, das die Symioten ernährte, nach. Folge: Die Menschen verließen die Insel, die Einwohnerzahl sank auf 2300.

Verbindungen

Täglich Verbindungen per **Fähre** oder **Ausflugsboot** nach Rhódos (ca. 8 €) und viermal pro Woche nach Kos (ca. 8–11 €). Neben den konventionellen Schiffen verkehren auch täglich Tragflächenboote zwischen den Inseln. Diese Boote sind zwar erheblich schneller, aber auch deutlich teurer; die Überfahrt nach Rhódos etwa 20 € (zweimal täglich). Wer mit einer Tagesausflugsfähre nach Sými gekommen ist, muss nicht unbedingt am selben Tag zurückfahren. Man kann auch die Fähre 24 Stunden später nehmen. Die Überfahrt von Rhódos nach Sými mit dem schnellen Katamaran Ilion dauert beispielsweise 75 Minuten.

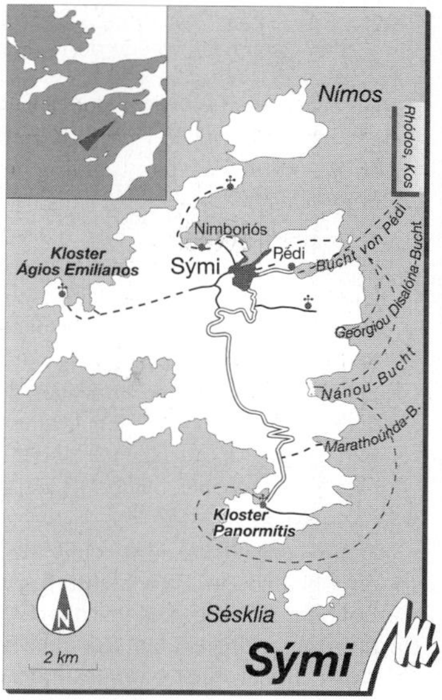

Baden

Sými ist keine ideale Badeinsel – trotzdem muss auf Baden nicht verzichtet werden. Täglich starten vom Hafen kleine Ausflugsboote und so genannte Taxiboote zu Badebuchten auf Sými und zum südlich vorgelagerten Inselwinzling Sésklia. Je nach Entfernung kostet der Transfer zwischen 4 und 5 €.

Neben den Taxibooten, rasanten, kleinen Motorbooten, schippern größere Kaikis zur Panormítis-Bucht und den schönsten Badebuchten. Zu buchen bei **Sými Tours** am Hafen (Sými-Stadt), ✆ 22410-71307, Internet: www.symitours.com.

Sými-Stadt

Der Hafen wirkt romantisch wie kaum ein anderer des Dodekanes. Dies gilt vor allem nachts, wenn die beleuchteten Häuser an den steil abfallenden Berghängen die fjordähnliche Bucht in ein schummeriges, melancholisches Licht hüllen.

Dies hat sich besonders unter Seglern herumgesprochen. Die windgeschützte Bucht ist fast täglich restlos ausgebucht – entlang der Mole von Gialós, dem Hafenviertel von Sými-Stadt, ist kein Anlegeplatz mehr frei. Vielfach wird in "zweiter Reihe geparkt".

Geprägt wird das Stadtbild vom neoklassizistischen Baustil der meisten Häuser. Sie zeugen vom einstigen Wohlstand. Auffallend sind die Braun- und Ockertöne der stattlichen Bauwerke. Vier Fünftel aller Türen und Fensterstöcke sind in den "Nationalfarben" Sýmis gestrichen: dem Farbton der Anzüge der Schwammtaucher.

Etwa 380 Stufen ziehen sich vom Hafen hinauf nach *Chorió*, dem älteren Teil von Sými-Stadt. Hier stehen die Häuser dicht an dicht, bilden ein Labyrinth schmaler Gassen. Straßennamen sind hier nicht zu finden, die Häuser sind durchnummeriert.

Dodekanes
Karte S. 619

Verbindungen/Adressen

• *Verbindungen* Der **Bus** fährt zwischen 8 und 23 Uhr jede halbe Stunde von Sými nach Pédi (ca. 0,70 €) und zurück. Busfahrer Lakis kennt auf der Insel jeder.

Taxis gibt's auf der Insel insgesamt nur fünf. Stamatis, Costas, Georgos und seine Kollegen bedienen dieselbe Strecke wie der Bus – von Giaolós nach Pédi und zurück (ca. 3 €). Da die Chauffeure zu Fahrten zum Kloster Panormítis wegen der Schlaglöcher kaum zu überreden sind, bietet sich als Alternative ein **Tagesausflug per Boot** an; in der Hauptsaison vor- und nachmittags ab13 €.

- *Gesundheit* Es gibt zwei Ärzte und einen Zahnarzt auf Sými. Bei Notfall die Polizei unter ✆ 22410-71111 anrufen.
- *Internationale Presse* an der Hafenpromenade in Höhe der Anlegestelle der Ausflugsboote. Die einen Tag alten Zeitungen kommen mittags aus Rhódos.
- *Olympic Airways* Büro in der Odos Paralia Symis am Hafen, ✆ 22410-71307.
- *Post* wenige Meter von der Polizei entfernt. Geöffnet Mo–Fr 7.30–14 Uhr.
- *Telefon* Mobiltelefone funktionieren auf Sými. Darüber hinaus kann man vom O.T.E.-Gebäude in der Nähe des Basketballplatzes auch internationale Gespräche führen, geöffnet. 7.30–14 Uhr.
- *Reiseagentur* **Marathounta Holidays (Kalodoukas Holidays)**, am Beginn der Stufen hinauf nach Chorió. ✆ 22410-71077, ✆ 71491. Ein Tagesausflug inkl. Wanderungen mit Führer, Bus- und Bootstransfer sowie Verpflegung kostet ca. 25 €. Die beste Möglichkeit, Sými kennen zu lernen! Öffnungszeiten: täglich 9–13 Uhr,17–21 Uhr.

Übernachten

Trotz zahlreicher Hotels, Pensionen und Privatquartiere gleicht die Zimmersuche einer Odyssee. Zumindest in der Hochsaison sind (fast) alle Zimmer belegt und die ohnehin hohen Übernachtungspreise klettern in astronomische Höhe. Eine frühzeitige Buchung raten wir daher dringend an!

Tipp: Die Sonne knallt fast den ganzen Tag erbarmungslos auf die Gebäude westlich des Hafens. In den Unterkünften ist es dementsprechend heiß. Besser eine Unterkunft auf der Ost- oder Südseite der Bucht nehmen.

Hotel Kokona, geräumige Zimmer und vorbildliche sanitäre Einrichtungen. Auf einer mit dichtem Laub überwachsenen Terrasse wird das Frühstück serviert. Ruhige Lage, doch evtl. Kirchenglocken! Das in den achtziger Jahren erbaute Hotel liegt nur 100 m vom Hafen. Kein Meerblick. Nette Besitzerfamilie Michailou. DZ um die 45–55€ (Frühstück ca. 4 €). ✆ 22410-71451, -71549, ✆ 72620.

Hotel Nireus, renoviertes Haus mit 36 Zimmern der gehobenen Kategorie und Restaurant. Direkt am Uhrenturm. DZ in der HS ab 90 €, in der NS ab 70 € (Frühstücksbuffet 7 €), eine komfortable Herberge, schöner Meerblick. Bei Online-Reservierung 10 % Preisnachlass. ✆ 22410-72400, ✆ 72404, E-Mail: nireu@rho.forthnet.gr, www.nireus-hotel.gr.

Hotel Fiona, neu gestaltetes Haus an der großen Treppe in Chorió. Alle Zimmer sind farbenfroh und geschmackvoll eingerichtet. Das Frühstück nimmt man auf einer riesigen Terrasse mit wundervollem Blick über Sými ein. Manchmal macht der sympathische Besitzer Michael, der wie seine Frau Fiona perfekt Englisch spricht, dazu auf seiner Sandouri Musik. DZ je Saison ab 45–58 € (inkl. Frühstück). ✆/✆ 22410-72088, E-Mail: symivis@otonet.gr, www.symivisitor.com.

Hotel Alikí, das zweistöckige, klassizistische Haus von G. Nikolis nahe des Uhrenturms am Hafen mit repräsentativer Lobby, großer Dachterrasse und gediegener Atmosphäre ist selbst schon eine Sehenswürdigkeit. Für die Unterhaltung ist hier bestens gesorgt, die Hotelleitung bietet unter anderem Ausflüge und Malkurse an. Geöffnet April bis Oktober. Vor allem bei Briten beliebt. Nur 15 DZ. Geräumiges Geräumiges DZ mit Bad ab 40 €. ✆ 22410-71665, ✆ 71655, E-Mail: info@simi-hotelaliki.gr, www.simi-hotelaliki.gr.

Hotel Albatros, in den engen Gassen südlich des Hafens. Die Besitzer Fabienne Vargas und Stylios. Papadopoulos sind sehr freundlich, Zimmer hell und sauber, die Einrichtung farbenfroh – hier stimmt alles. Teilweise schöner Meerblick. April bis Oktober offen. DZ inkl. Frühstück ab 40–52 €. ✆ 22410-71829, -71707, ✆ 72257, E-Mail: fabienne@otonet.gr, www.albatrosymi.gr.

Villa Thalassa, an der Uferpromenade nördlich der Bushaltestelle. Das aufwändig renovierte, neoklassizistische Gebäude beherbergt 5 Appartements. Ein 2er-Appartement kostet 40–86 €, für die Vier-Personen-Variante sind je nach Saison 75–115 € zu zahlen. ✆ 22410-71829, ✆ 72257.

Hotel Maria, neben Hotel Kokona. Weniger komfortabel, dafür gibt's im Zimmer einen

Typisch für Sými-Stadt sind die Villen im neoklassizistischen Stil

Kühlschrank und eine Kochplatte (ca. 10 cm Durchmesser). DZ etwa 25 €, ✆ 22410-71311, -72239.

Hotel Village in Chorió, oberhalb der großen Treppe. Zu erkennen an der griechischen Flagge vor dem Haus. Zimmer mit sehr sauberen Bädern. Besonders schön sind die gusseisernen Balustraden und der blumengeschmückte Innenhof, der zu den Zimmern führt. Der Preis für ein DZ mit Balkon oder Terrasse und Klimaanlage reicht von ca. 43 € in der NS bis etwa 60 € in der HS (in der HS oft von Pauschaltouristen gebucht). ✆ 22410-71800, -72258, 📠 71802.

Hotel Grace, renoviertes "Sými-Haus" mit lediglich 7 Zimmern und 13 Betten. Herrliche Frühstücksterrasse unter wildem Wein. Alle Zimmer mit Dusche, leider oft ausgebucht. Das Hotel befindet sich oberhalb der Hafenbucht, Richtung Chorió. DZ je nach Saison ab 25 €. Der Besitzer Haritomeni Fotaras vermietet zum gleichen Preis auch Appartements. Fragen Sie nach ihm im Schmuckladen "Gold Corali" am Hafen. ✆ 22410-71415, -71397.

Theostratis Apartments, etwas außerhalb, an der Straße nach Chorió. Keines der 14 Zimmer in dem verschachtelten Gebäude gleicht dem anderen. Sicher eine Unterkunft mit schönem Panorama – alle Zimmer mit Balkon oder Terrasse und Blick über die Bucht. Sehr kommunikativer Besitzer. DZ ab 30 €, ✆ 22410-71332.

Essen und Trinken/Nachtleben

Ein ganzer Schwung von Tavernen und Restaurants, deren Besitzer jedoch wissen, was man Touristen abverlangen kann. Dabei sind die Restaurants an der Hafenpromenade deutlich teurer als die Konkurrenz in weniger exponierter Lage. Aufgefallen sind uns folgende Tavernen:

• *Essen/Trinken* **Taverne Tholos**, unterhalb des Klosters Ag. Evangelismos. Man sitzt direkt am Wasser unter Sonnensegeln und genießt den Ausblick auf Sými, während die Vögel in der Tamariske zum Essen zwitschern. Die täglich wechselnden Speisen sind auf eine Schiefertafel geschrieben. Neben der traditionellen Küche (lecker und günstig) gibt es vegetarische Gerichte wie Humous, weiße und grüne Bohnen für 4 € oder einen köstlichen Auberginensalat, mit Schafskäse verfeinert.

Dodekanes Karte S. 619

Taverne Mylopetra, empfehlenswertes Restaurant mit mediterraner Küche in historischem Haus, am Rathausplatz, geschmackvolle Einrichtung, nicht ganz billigpreiswert, www.mylopetra.com.

Taverna Meraklis, altes Restaurant mit freundlichem Service in der schmalen Stichstraße, die von der Hafenspitze abzweigt. Große Auswahl, üppiger Bauernsalat, zivile Preise. Geschmeckt hat es hier Marie-France und Werner Bräunig aus Fränkisch-Crumbach: "Man geht zu Meraklis' Frau in die Küche und wählt aus, was es gibt."

Taverne Georgios, an der Platia in Chorió. Von wildem Wein umrankte Pergola, mäßige Preise, vorzügliche Küche. Hier treffen sich die Sými-Insider.

Taverna Tasty, nebenan. Ein echter Basis-Laden mit spartanischer Einrichtung, viel Patina und selbst bemalten Wänden. Auf dem Stromkasten liegt – für die Feiertage – die zusammengerollte Griechenlandflagge. Versuchen Sie die gebratenen "small fish" für 4 €, sie zergehen auf der Zunge.

Empfehlenswert ist auch das Restaurant **DTo Klimaallaras** an der Hauptgasse von Chorió, die vom Hafen über 380 Stufen nach Chorió führt (unterhalb der Taverne Georgios).

● *Nachtleben* Abends ist in den Gassen am Hafen mächtig was los. In den zehn Bars drängen sich die Touristen – die Minis werden kürzer, die Preise höher. Wer's ruhiger mag, sollte mal im bei den Kneipen **The Lazy Steps** (nahe der Bushaltestelle) oder **Meltemi** (neben der Taverne Meraklis) vorbeischauen.

▶ **Baden**: Die Bademöglichkeiten im Ortsbereich sind mehr als bescheiden. Unentwegte marschieren über die Hafenpromenade, vorbei an der kleinen Werft und dem markanten Glockenturm des Klosters Agios Evangelismos zu einer Art Freibad: Das kleine Stück Kiesstrand ist mit 30 Liegestühlen zugestellt.

Sehenswertes

Heimatmuseum: Der Weg zum Museum inmitten des Gassengewimmels von Chorió ist glücklicherweise ausgeschildert. Gezeigt werden traditionelle Trachten der Insel, archäologische Fundstücke, Münzen, alte Grabmasken und Karten aller Art. Die Atmosphäre des kleinen Museums ist bezaubernd, die Exponate sind sorgfältig aufbereitet und liebevoll in Vitrinen ausgestellt, die in die Wand eingelassen sind. Außerdem ist der freundliche Museumswärter ein wunderbarer Geschichtenerzähler. Vom Museum aus sind es noch etwa zehn Fußminuten bis zu den Überresten des mittelalterlichen Forts, das über Chorió thront.

Öffnungszeiten tägl. 8.30–14.30 Uhr, Mo geschlossen. Eintritt 1,50 €.

Nautisches Museum: Sehenswert ist eigentlich nur das herrschaftliche Gebäude am 8.-Mai-Platz selbst. In den zwei kleinen Ausstellungsräumen befinden sich nämlich nur ein paar wenig originelle Bilder (Schiffs-, Meeres- und Werftmotive), Schiffsmodelle, Muscheln und ein mit Stroh gefüllter Schwammtaucheranzug.

Öffnungszeiten tägl. 10.30–15 Uhr. Eintritt 1 €.

Windmühlen über der Stadt: Hoch oben auf dem Bergkamm, etwa 200 m über dem Meer, stehen die brüchigen, teilweise noch intakten Mühlen. Reiche Griechen haben die alten Türme günstig erworben und zu modernen, extravaganten Ferienwohnungen umgebaut.

Von den Windmühlen genießt man die beste Sicht auf den Hafen, über die gesamte Insel und hinüber zur Türkei. Steigen Sie am späten Nachmittag hinauf, dann verwandelt die untergehende Sonne die Bucht von Sými in ein einzigartiges Gemälde. (Für Cineasten: Der Hafen Sýmis diente als Kulisse für den Kinofilm "Die verlorene Insel" mit Ben Kingsley in der Hauptrolle.)

Ganz oben auf der Bergspitze befindet sich eine kleine Höhle. Zahlreiche Skelette von Hunden und Schafen sorgen dafür, dass sie unbewohnt bleibt. Ende der 70er Jahre hatten sich hier einige verspätete Blumenkinder aus Amsterdam eingenistet. Der Hippies überdrüssig, verwandelte ein Hirte die Höhle in ein Grab für seine Tiere. Die Aussteiger aus den Niederlanden entschieden sich für eine neue Bleibe.

Baden

Sými ist keine ideale Badeinsel – trotzdem muss auf Baden nicht verzichtet werden. Täglich starten vom Hafen kleine Ausflugsboote und so genannte Taxiboote zu Buchten auf Sými und zum Inselwinzling *Sésklia*. Beliebteste Ziele sind die Strände entlang der Ostküste von Sými, vor allem:

- **Georgiou-Disalona-Bucht**: liegt zwischen den Buchten von Pédi und Nánou und ist mit dem Kaiki in etwa 30 Minuten zu erreichen. 300 m Kiesstrand, umgeben von markanter Steilküste.
- **Nánou-Bucht**: eine Mischung aus Kies- und Sandstrand, im Hinterland Olivenhaine, gutes Tauch- und Schnorchelrevier, günstige Taverne.
- **Nimboriós**: kleines Fischerdorf nordwestlich von Sými-Stadt, eingebettet in eine lange, sichelförmige Bucht. An deren Ende scheinen die weißen Mauern zweier Klöster herüber. Zu erreichen ist Nimboriós über eine schmale Piste entlang der Küste oder per Taxiboot.
- **Bucht von Pédi**: Von Sými führt eine staubige Betonpiste zu der fast kreisrunden Bucht. Zu Fuß ist man etwa 30 Min. unterwegs, vorbei an einladenden Tavernen, zahlreichen Agaven und einem lärmenden Kraftwerk. Pédi ist ein verschlafenes Nest – nur in der kleinen Werft widersetzt man sich der durchdringenden Trägheit.

  Die Bucht von Pédi hat zwar einen Sandstrand, dennoch ist das Baden hier nicht zu empfehlen: Das Wasser ist trübe und die Uferstraße verläuft unmittelbar hinter dem schmalen Streifen Strand.
- **Kloster Panormítis**: An der südlichen Spitze der Insel, in einer fast kesselförmigen Bucht, liegt die viel besuchte Klosteranlage. Einzigartig ist der prachtvolle, blumengeschmückte Innenhof mit dem markanten Mosaikrelief und dem hellblauen Arkadenrundgang.

  Im Gegensatz dazu ist das kleine Kirchlein beinahe unauffällig. An der schwarzverräucherten Holzdecke hängen zahlreiche, uralte Weihrauchbehälter. Lediglich zwei winzige Fenster sorgen für spärliches Licht.

  Museum: breit gefächertes Panoptikum kirchlicher und weltlicher Relikte. Am interessantesten ist vermutlich der letzte Raum der Ausstellung mit Segelschiff-Miniaturen der Schwammtaucher. Ansonsten sind die Exponate bunt gemischt: altes Geschirr, Bücher, Kleidung, Besteck, Waffen, Kirchenschmuck, Landkarten und vieles mehr.

  Tipp: Gehen Sie zuerst in das Museum und nicht in das Kirchlein – erfahrungsgemäß ist es anfangs in den Räumen noch nicht gar so voll.

Etwa 150 m vom Klostereingang entfernt im dreistöckigen Glockenturm befindet sich eine Bronzeplatte, die an eine Gräueltat deutscher und italienischer Faschisten vom 11. Februar 1944 erinnert. Damals wurden der Abt des Klosters und zwei Zivilisten ermordet.

Dodekanes
Karte S. 619

Tílos

Es soll sie noch geben, die ruhigen und beschaulichen Inseln in der Ägäis. Und Tílos, auf halber Strecke zwischen Kos und Rhódos gelegen, gehört dazu. Zumindest in der Nebensaison. Wer in Abgeschiedenheit wandern will und gegen Kiesstrand nichts einzuwenden hat, der sollte sich Tílos genauer ansehen.

Bewohnt sind neben dem Hafenort *Livádia* (auch *Libadia*) die Ortschaften *Megalo Chorió* und *Éristos*. Verlassen ist hingegen die Ansiedlung *Mikro Chorió* an der Südostspitze der Insel.

Vom 26. bis zum 28. Juli findet auf Tílos das Fest des Jahres statt. Dann pilgern Hunderte von Menschen zum Kloster Pandelemonas. Die Nächte werden durchgefeiert. Allerdings ist in dieser Zeit kein Zimmer zu bekommen, da viele Exil-Tilosianer anreisen. Daran ändert auch das knappe Dutzend neuer Unterkünfte nichts, die in den letzten Jahren entstanden. Der Bauboom hält an. Momentan ist die Kapazität mit 500 Betten jedoch noch vergleichsweise gering und ein erholsamer Urlaub fernab vom Massentourismus ist hier nach wie vor möglich.

• *Verbindungen* **Fähren**: Nur 2-mal pro Woche besteht die Möglichkeit, mit einer der größeren Fähren nach *Piräus* zu kommen. Nach *Rhódos*, *Kos* und *Níssiros* bestehen Verbindungen 2-mal wöch. Ein Ticket *Kos-Tílos* kostet rund 9 €. Zudem 2-mal pro Woche Tragflächenboote in Richtung *Kos* und *Rhódos*.

Auskünfte und Tickets erhält man in der Reiseagentur in der Nähe der Anlegestelle.

Tílos auf einen Blick

Größe: 63 qkm, vom Norden nach Süden 16 km lang.

Bevölkerung: etwa 280 Einwohner.

Geografie/Geologisches: Höhenzüge und Klippen sind dicht bewachsen mit Macchia und niedrigen Sträuchern. In einigen Talsohlen landwirtschaftliche Nutzung (Oliven, Mandel- und Mandarinenbäume). Der höchste Berg ist der Profítis Ilías mit 651 m.

Wichtige Orte: der Hafenort *Livádia* und *Megalo Chorió* im Norden.

Straßen: Livádia, Megalo Chorió und Éristos sind durch eine gute Betonpiste miteinander verbunden. Alle anderen Strecken auf der Insel sind Schotterpisten.

Auto-/Zweiradverleih: Mofas können in Livádia gemietet werden (Preis ca. 10 € pro Tag).

Tanken: nur beim Supermarkt von Megalo Chorió.

Busse: Der Inselbus pendelt alle 2 Std. zwischen Livádia, Megalo Chorió und Éristos.

Übernachten: Fast alle Hotels und Pensionen findet man in Livádia. Quartiere gibt es zudem in Éristos, Megalo Chorió und in der Bucht von Agios Antonios. Zelten am Strand wird geduldet.

Karten: In den Läden von Livádia kann man eine handgezeichnete, erstaunlich genaue Karte kaufen.

Livádia

Hier legen zwar die Fähren an, aber von einem Hafen im eigentlichen Sinn kann man nicht sprechen, denn wenn ein größeres Schiff am Kai festmachen will, müssen erst einmal die anderen Boote den Platz räumen.

Der kleine Ort hat an architektonischen Reizen nichts und an Touristenattraktionen fast nichts zu bieten und ist nach einem halbstündigen Rundgang erkundet: zwei Supermärkte, einige Tavernen/Restaurants – mit vorzüglichem Essen – und

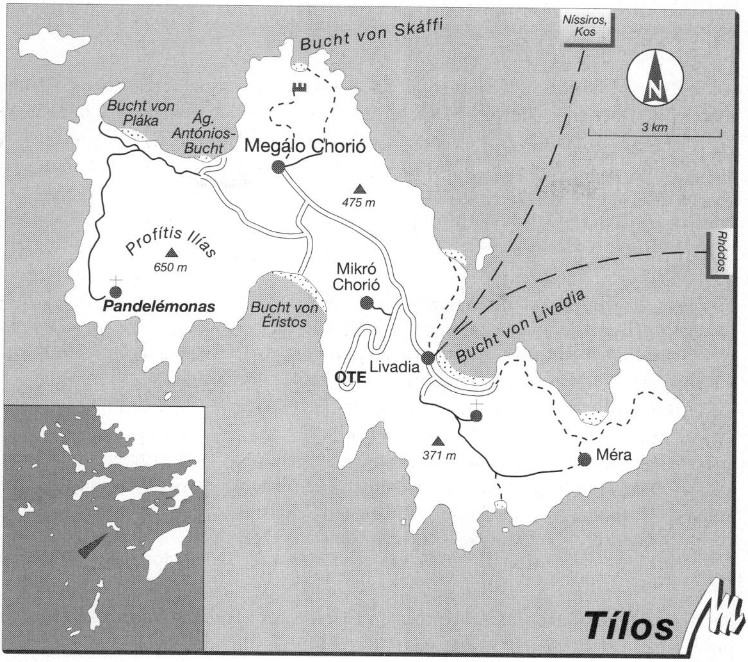

ein Ständer mit 70er-Jahre-Postkarten von grandioser Hässlichkeit. Trotzdem, oder vielleicht gerade deswegen, fühlt man sich hier wohl, wozu die Freundlichkeit und Höflichkeit der Bewohner von Livádia entscheidend beitragen.

• *Übernachten* **Hotel Irini**, inmitten eines Blumengartens, etwa 700 m vom Hafen entfernt. Zimmer sehr gepflegt, fantastische Duschen, Swimmingpool, Frühstück mäßig. DZ mit Dusche/WC ca. 35 € in der HS, ✆ 22410-44293, ℻ 44238.

Hotel Tilos Mare, schönes Haus der B-Kat., sehr beliebt, während der HS deshalb leider oft völlig ausgebucht. ✆ 22410-44100, ℻ 44105.

George Aparts, kleine, stille Pension in der Nähe der Platia. Vergleichsweise großzügig eingerichtet, sehr sauber. DZ in der HS 20 €, ✆ 22410-44243.

Hotel Marina Beach, am Ostende der Bucht. Kleine, gepflegte Räume mit Balkon und Dusche. Wird von zwei Schwestern geführt, die telefonisch über ihre Mutter im Ort zu erreichen sind. DZ in der HS 40 €, ✆/℻ 22410-44064.

Pension Periyali, am Hauptplatz. Insgesamt vier Zimmer mit Gemeinschaftstoilette. Die Zimmer sind sauber, im Ikea-Look eingerichtet. Angeschlossen ist ein Souvlaki-Bude, die auch Frühstück bietet. DZ ab 25 € in der HS, ✆ 22410-44398.

Hotel Livádia, älteres Übernachtungsquartier. DZ in der HS 25 €, ✆ 22410-44202.

Casa Italiana, direkt am Pier oberhalb der La Luna-Bar, DZ zum Teil mit Kühlschrank, Balkon und Bad, je nach Saison und Ausstattung zwischen 25 und 35 €, ✆ 22410-44253.

• *Essen* **Restaurant Irina**, direkt am Strand. Die verbogenen Stühle laden zum Bleiben ein. Der Blick auf die Bucht ist wunderschön und das Essen von Georgi (spricht Deutsch) ist vom Feinsten. Ebenso preiswert wie beliebt, daher abends oft sehr voll.

Restaurant Zorbas, im östlichen Teil der Bucht. Vangelis, Besitzer der Taverne mit der Zusatzbezeichnung Cocktail-Bar, versteht sich als Gourmet und Entertainer. Die Küche ist exzellent, sein Sirtaki formvollendet.

Café Ino, 50 m vom Restaurant Irina entfernt. Empfehlenswert sind die selbst gemachten Kuchen.

Kafenion Omonoia, zwischen Hafen und Platía. Die Stühle stehen unter den abends stimmungsvoll beleuchteten Bäumen. Idealer Ort, um zu entspannen, auch zum Frühstück sehr beliebt.

▸ **Mikro Chorió**: Seit den 70er Jahren ist die Geisterstadt auf halber Strecke zwischen Livádia und Megalo Chorió verlassen. Aus dem Grau der Ruinen in unterschiedlichsten Verfallstadien sticht das helle Weiß zweier frisch renovierter Gebäude hervor: Kloster und Kneipe. Zumindest letztere ist im Sommer in Betrieb, hat aber erst ab dem späten Abend geöffnet.
Südlich von Mikro Chorió befindet sich der OTE-Sendeturm, über eine Betonpiste zu erreichen. Bei klarer Sicht bietet sich hier ein herrliches Panorama.

▸ **Megálo Chorió**: Die zweitgrößte Ansiedlung auf Tílos liegt im Inselinneren, etwa 8 km von Livádia entfernt. Ein Spaziergang zur *Kirche Taxiarchis* oberhalb des alten Ortskerns lohnt sich schon wegen des schönen Treppenwegs vorbei an winzigen, mit Granatapfelbäumen bestandenen Gärten. Von der Kirche aus führt ein steiniger Fußweg hinauf zu einem verfallenen venezianischen Kastell.

Übernachten **Pension Sevasti**, der Besitzer der Taverne am Ortseingang vermietet DZ für 20 €, ✆ 22410-44237.

▸ **Éristos**: Die wenigen Häuser liegen verstreut inmitten von Obstbäumen und Gemüsegärten. Am knapp 700 m langen Sandstrand, der gerne von Wildcampern besucht wird, spenden einige Bäume natürlichen Schatten.

Übernachten Die Tavernen **Nausika** und **Tropikana** (✆ 22410-44020) vermieten einfache Zimmer mit Gemeinschaftstoilette, DZ zwischen 15 und 20 €. Im **Eristos Beach Hotel**, erst 1998 eröffnet, kostet die Übernachtung im komfortablen DZ in der HS 35 €, ✆ 22410-44024.

▸ **Bucht von Ágios Antónios**: Die Bucht im Norden der Insel ist zum Baden nicht gut geeignet. Bessere Möglichkeiten bietet der 3 km westlich gelegenen *Strand Pláka*. Auf dem terrassenartigen Gelände hinter dem 300 m langen Kieselstrand schlagen oft Griechen ihre Zelte auf. Am Strand gibt es kaum Schatten, dafür meterhohe Agaven und viele Ziegen.

Mikro Chorió – eine Geisterstadt

• *Übernachten/Essen* **Hotel Australia**, insgesamt 15 geräumige Zimmer mit Bad und Balkon. DZ für 25 € in der HS (es gibt auch 3-Bett-Zimmer). Dem Hotel angeschlossen ist eine Taverne, ✆ 22410-44297.

In der Nachbarschaft befindet sich die **Fischtaverne Georgios Kammas**, die sich großer Beliebtheit erfreut. Die Plätze auf der kleinen Terrasse sind oft besetzt.

▸ **Kloster Pandelémonas**: Das ummauerte Gebäude liegt in ausgesprochener Schutzlage – vom Meer aus nicht einzusehen. Oberhalb des Klosters ragt der Profítis Ilías in den Himmel, unterhalb der Mauern fällt eine mächtige Felswand steil ab. Erbaut wurde das ummauerte Kloster im 14. Jh. von kretischen Mönchen. Während der Türkenherrschaft wohnten hier 40 Glaubensbrüder, die von Viehzucht und Ackerbau lebten. Aus dem Felsen sprudelt eine Quelle mit klarem Trinkwasser. Jedes Jahr am 28. Juli pilgern Hunderte von Menschen zum Kirchweihfest nach Pandelémonas. Das Kloster ist über eine gut befahrbare Schotterpiste zu erreichen, einmal täglich fährt der Inselbus hierher.

Níssiros

Die ganze Insel ein Vulkan. Schwefeldämpfe, Gestein, Fruchtbarkeit – vieles verweist auf ihn. Níssiros ist eine ruhige, beschauliche Insel. Nur wenn die Ausflugsboote von der großen Nachbarinsel Kos anlegen, wird es für wenige Stunden turbulent

Die meisten Touristen fahren mit den am Hafen stehenden Bussen weiter zum großen *Vulkankrater*, der Hauptattraktion der Insel. Der Rest verteilt sich in den schmalen und leicht verwirrenden Gassen des Hauptortes Mandráki. Dass Níssiros noch nicht der Sprung in die bunten Prospekte der Reiseveranstalter gelungen ist, hat einen einfachen Grund: Es fehlt an sandigen Stränden. Dafür bietet die Insel eine reizvolle Landschaft.

• *Verbindungen* **Fähren**: 1- bis 2-mal wöch. legen die großen Linienfähren auf der Route Piräus–Kos–Rhódos in Níssiros an (Fahrpreis einfach: 6 €), 3-mal pro Woche stoppt ein Tragflächenboot (ca. 9 €). Täglich ist die Insel mit Ausflugsbooten aus Kos-Stadt, Kardamena und Kamari zu erreichen.

Der Tagesausflug kostet pro Person 20–24 € (inkl. Vulkanfahrt und -besichtigung). Wer leicht seekrank wird, sollte auf die Überfahrt bei starkem Wind verzichten. Die Boote, oft nur 10 m lang, schaukeln wie Nussschalen.

Níssiros auf einen Blick

Größe: Fläche 43 qkm.

Bevölkerung: 850 Einwohner, im Jahr 1900 waren es mal 10.000 (!), nach dem Zweiten Weltkrieg noch 2500.

Geografie/Geologisches: Höchste Erhebung der kreisförmigen Vulkaninsel ist der Berg *Diavátis* mit dem Gipfel Profítis Ilías (698 m). Níssiros ist gekennzeichnet durch seinen riesigen Vulkankrater, der etwa in der Inselmitte liegt. 1933 kam es zum letzten Mal zu Eruptionen mit Dampf und Asche und Erdbeben in Folge. Auf Spuren von Lavagestein stößt man allerorten.

Wichtige Orte: der Hafenort *Mandráki*, *Páli* und das hübsche Bergdorf *Nikiá*.

Straßen: Die Verbindung von Mandráki zum Vulkan, nach Páli, nach Emporiós und nach Nikiá sind asphaltiert.

Entfernungen: Von Mandráki/Hafen sind es etwa 3 km nach Páli, zum Krater 6 km und nach Nikiá 11 km.

Übernachten: in Mandráki und Páli.

Auto- und Zweiradverleih: Mopeds und Mottorräder können Sie in Mandráki und Páli mieten. Preis: 10–20 € pro Tag.

Tankstelle: unweit von Mandráki, zwischen Loutra und Páli

Dodekanes
Karte S. 619

Mandráki

Auf den ersten Blick eine nur wenig einladende Ortschaft. Der Hafen ist uninteressant, fast trist. Dafür hat Mandráki ganz andere Reize zu bieten.

Doch wer sich auf den Weg in die eigentliche Ortschaft macht, entdeckt pastellfarben getünchte Häuser in den verwinkelten Gassen und einen pechschwarzen Steinstrand unterhalb des Kastells, das von seiner eindrucksvoll steilen Klippe auf den Ort hinabschaut.

Verbindungen

• *Bus* Wenn die großen Fähren in Níssiros anlegen, steht für die Fahrt zum Vulkan der einzige offizielle **Inselbus** bereit (Preis ca. 1 €). Wer mit einem Ausflugsboot kommt, hat jedoch die Fahrt zum Vulkan in einem der **Privatbusse** bereits mitgebucht. Nach einer Stunde Aufenthalt geht es wieder zurück zum Hafen. Wer länger am oder im Krater bleiben will, sollte sich vorher nach der genauen Abfahrt der Inselbusse erkundigen.

Übernachten

Seit Ende der 90er Jahre sind in Sichtweite des Hafens einige neue Hotels gebaut worden. Die Auswahl ist größer geworden und auch in der Hochsaison ist selten alles ausgebucht.

Hotel Romantzo, sympathisches Hotel mit Meerblick unweit des Hafens, etwas älterer Bau. DZ kostet je nach Saison und Größe 20–35 €. Nicht alle Zimmer mit Balkon, aber mit Dusche und Kühlschrank, ✆ 22420-31340.

Studios Volcano, Kontakt über Hotel Romantzo, ✆ 22420-31340 (auch 📠). Der Sohn des Hotelbetreibers Nick Mouras vermietet die beiden gut ausgestatteten Appartements im Ort für 20 bis 35 €.

Hotel Three Brothers, schräg gegenüber vom Hotel Romantzo, große, saubere Zimmer, zudem schöne Terrasse. DZ mit Meerblick 25 €, HS ca. 36 €. Im selben Gebäude stehen auch Studios zur Verfügung: 2 Pers. zahlen zwischen 35 und 40 €. ✆ 22420-31344.

Hotel Porfyris, oberhalb des Ortes. Zweistöckiges Gebäude mit 38 Zimmern, Pool und Snackbar. DZ inkl. Frühstück 40–55 €, ✆ 22420-31376.

Essen/Trinken

Die Kneipenbesitzer haben sich auf die vielen Tagestouristen eingestellt. Die Speisekarten sind in der Regel mehrsprachig..

Taverna Nissiros, das älteste Restaurant von Mandráki liegt in einer kleinen Gasse nahe der Promenade. Die wackligen Holzstühle und -tische sind vor der Sonne geschützt. Serviert werden vor allem Grillgerichte, leckere Souvláki-Spieße.

Mira Mare, am östlichen Rand von Mandráki, ca. 500 m vom Hafen entfernt. Am Samstagabend dient die Taverne ihrer eigentlichen Bestimmung, dem traditionellen griechischen Tanz. Nur wenige Touristen, dafür aber die Hälfte der Inselbewohner zwischen 20 und 50 Jahren füllen die Tanzfläche. Für die Bouzouki-Nächte ist eine Tischreservierung unabdingbar.

Sehenswertes: Das alte, zerfallene *Kastell* und das kleine, im Felsen erbaute *Kirchlein* Agia Spilani laden zu einem Abstecher ein. Der Weg hinauf zu den Überresten ist beschildert. Auf weißen und breiten Treppenstufen arbeitet man sich nach oben. Die Anstrengung lohnt sich: Der grandiose Blick auf das tiefblaue Meer entschädigt für die Mühe, zudem ist es in dem Kirchlein erfrischend kühl. Winzige Gucklöcher ermöglichen die Sicht auf das Meer. Vom ehemals mächtigen Kastell sind nur noch Reste der Mauern übrig.

Über die Straße unterhalb des Kastells, die Odos 8. Oktober, erreicht man nach 800 m die so genannte Zyklopen-Mauer des *Paliokastro*, errichtet im 4. Jh. v. Chr.

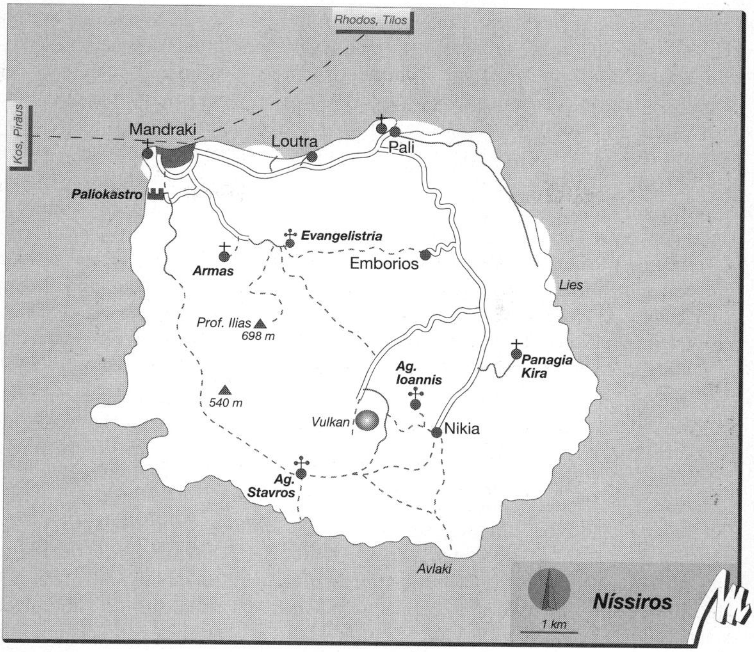

Imposant ist das Baumaterial, das zum Bau des Schutzwalls benutzt wurde: rotbraune Quaderblöcke mit Maßen, die vermuten lassen, das bereits in der Antike mit Kran und Flaschenzug gearbeitet wurde.

▸ **Baden**: bescheidene Möglichkeiten, lediglich am schwarzen Steinstrand unterhalb des Kastells. Die Steine sind jedoch oft fußballgroß. Dafür wenig Touristen und sauberes Wasser. Auf Seeigel achten!

Inselrundfahrt

▸ **Loutrá**: etwa 3 km außerhalb von Mandráki – auch zu Fuß gut zu schaffen. Ein staubiger, steiler Weg führt hinunter zum Sandstrand. Das Wasser ist sauber und schimmert türkis. Schon zu Hippokrates' Zeiten waren die Thermalquellen von Níssiros bekannt. Das Wasser des Kurbades von Loutrá, eines großen Baus aus Naturstein, wird durch die Vulkanthermik auf über 45 Grad Celsius erhitzt.

▸ **Páli**: Ein ruhiger Ort mit einem großen Hafen, wo sich mehrere gute Tavernen befinden – ein Ausflug für eine Mahlzeit lohnt sich. Ein kleiner, dunkler Badestrand befindet sich ein wenig östlich von Páli. Oberhalb der Bucht sieht man einen kleinen Friedhof mit einer winzigen Kapelle.

• Übernachten/Essen **Ellinis**, ✆ 22420-31453. Die Taverne bietet frischen Fisch und Grillgerichte zu günstigen Preisen und vermietet in der zweiten und dritten Etage einfach eingerichtete Zimmer. Die Räume sind sehr sauber, die oben haben schöne Holzbalkone. DZ in der HS ab 20 €.

Direkt nebenan liegt das Restaurant **Afroditi** (✆ 22420-31242), in dem lecker Gegrilltes in großen Portionen auf den Tisch kommt. Köstlich sind die hausgemachten Desserts. Hier kann man keine Zimmer, sondern gleich ein ganzes Haus mieten (40–50 €).

Dodekanes
Karte S. 619

- **Pahiá Ámos**: Keine Ortschaft, sondern der einzig wirklich attraktive Strand der Insel. Die rund 300 m breite Bucht hat einen idyllischen Strand, dessen Sand graurosa schimmert. Dass der Strand nicht überlaufen ist, liegt sicher daran, dass der Weg dahin etwas aufwändig ist: Pahiá Ámos liegt an der Ostküste der Insel. Bis kurz hinter Páli ist die Straße asphaltiert, dann geht sie in eine befahrbare Piste über. An der Bucht namens Liés vorbei, endet der Weg an einem Parkplatz. Von da aus führt ein Pfad zur Bucht, eine Viertelstunde dauert der Spaziergang

- **Emporió**: Optisch sehr eindrucksvolles Bergdorf, nahe der Abzweigung zum Vulkankrater. Bereits von weitem fällt die fast unbewohnte Ortschaft auf. Etliche Häuser dienen als Stallungen für Ziegen, Schafe und Kühe. Es fehlt an Wasser, deshalb wanderten die meisten Bewohner ab. Fahren oder gehen Sie trotzdem hinauf – der Blick auf die Ägäis belohnt die Anstrengungen. Vom Bergkamm, der mit dem südlichen Ortsrand verschmilzt, bis hinab in den Vulkankessel ziehen sich kleinste, terrassenartig angelegte Parzellen. Darauf wachsen vor allem Ginster und Olivenbäume.

- **Vulkan (Vulcano/Caldera)**: ein großer Haupt- und vier kleinere Nebenkrater. (Privat-)Busse fahren den Krater auch am Nachmittag an (der letzte verlässt die Caldera zwischen 15 und 16 Uhr). Am Kiosk, nahe dem Krater, hat man Gelegenheit, Erfrischungen, Postkarten und auch Vulkansteine zu kaufen. Für die Zufahrt zum Krater wird ein Obolus von 3 € verlangt.
  Ein Trampelpfad führt hinunter zum Grund des größten von insgesamt fünf Sekundärkratern, zum so genannten Stéfanos-Krater. Sein Durchmesser beträgt etwa 300 m. Neongelb und rot gefärbte Felswände umgeben den kahlen Boden, der mit kleinen Löchern durchsetzt ist. Daraus entweichen Schwefelgase – es stinkt nach faulen Eiern. Nach Regenfällen kocht und brodelt das Wasser in den Löchern und ein leises Zischen ist eigentlich immer zu hören..
  Der letzte Ausbruch des Vulkans war am 4. Mai 1873. Von der Antike bis hin zum Ende des 19. Jh. war der Schwefel aus Níssiros ein begehrtes Exportprodukt. Heute existieren kaum noch Schwefelvorkommen in den obersten Erdschichten, es soll aber noch ein tiefer liegendes Reservoir von 2 Mio. Tonnen vorhanden sein.

- **Nikiá**: Nikiá eröffnet seinen Besuchern einen überwältigenden Blick auf die Ägäis und die Insel Tílos einerseits und auf den Vulkankrater andererseits. Die Ortschaft, die auf der östlichen Flanke der Caldera liegt, ist pittoresk: Ein rundes Fußbodenmosaik bedeckt den Hauptplatz des Ortes, drum herum weiß getünchte Häuser und eine Kirche.

  Drei Tavernen locken mit leckeren Gerüchen, einer schönen Aussicht oder einem kühlen Frappé. Idealer Platz, um einmal völlig abzuschalten. Denn zu den nur 60 ständigen Bewohnern von Nikiá gesellen sich nur wenige Touristen.

  Von Nikiá aus erreicht man das Kraterinnere, die Caldera, über einen schmalen, 2,5 km langen Weg, für den man jedoch fast 45 Minuten braucht. Der Weg führt vorbei am *Kloster Ioannis Theologos*; sehenswert ist die kleine Höhlenkirche.

Die große natürliche Bucht dient als Hafen – und bietet stadtnahen Strand

Kos

Die drittgrößte Insel des Dodekanes hat für jeden Geschmack etwas zu bieten: weite Sandstrände, klares Wasser, gut erhaltene Sehenswürdigkeiten, winzige Bergdörfer, gepflegte Rasenanlagen, prachtvolle Jachten im kesselförmigen Hafen von Kos-Stadt. Eine bewegte Geschichte hat das kulturelle Gesicht der Insel geprägt – von Hippokrates über die Römer bis hin zu den Türken und Kreuzrittern. Kos gilt seit jeher als das Baden-Baden der Ägäis.

Die Vorzüge der Insel sind den Tourismusmanagern nicht verborgen geblieben und die Folgen liegen auf der Hand. Der Flughafen wurde erweitert, Charterverbindungen von allen Städten Europas eingerichtet, Hotels und Appartementanlagen im großen Stil gebaut und die ganze Nordküste für Sonnenhungrige erschlossen. Wer Kos in der Hauptsaison besucht, findet eine voll auf Tourismus eingestellte Insel, aber nur wenig Abgeschiedenheit und Ruhe.

• *Verbindungen* **Fähren/Flying Dolphins**, an der Uferpromenade, der Akti Koundourioti, legen lediglich die kleineren Ausflugsboote und Fähren an, die am Kai Tag und Nacht ihre Inseltouren feilbieten. Hinter dem Kastell wurde ein Anlegekai für die großen Schiffe der Fährlinien D.A.N.E. und G.A. Ferries und Blue Star Ferries gebaut, die auf unterschiedlichen Routen einerseits Rhódos und andererseits Piräus anfahren.

Hilfreich ist die kompetente Website **www.gtp.gr** (für greek travel pages). Dort finden Sie alle aktuellen innergriechischen Fährverbindungen. Unserer Erfahrung nach sind die Angaben verlässlich.

Eine Deckpassage mit den Fährlinien D.A.N.E. oder G.A. Ferries **von Kos nach Piräus** dauert 12 Stunden und kostet rund 20 €. Die Blue Star Ferries schaffen die Strecke in 8 Stunden, eine Deckpassage kostet 34 €. Wer **von Kos zu den Nördlichen Dodekanes** will, sollte den Dodekanissos Express oder die Hydrofoils buche. Die Preise unterscheiden sich nur geringfügig, hier für die NS: Kos-Kálymnos 10 €; Kos-Léros 15 €; Kos-Patmos 20 €; Kos-Samos 23,50 €.

Dodekanes
Karte S. 619

Flugzeug: Der Flughafen liegt 25 km von Kos-Stadt entfernt. Charterflugverbindungen bestehen von allen größeren Flughäfen Deutschlands.

Olympic Airways bietet 3 Flüge tägl. nach Athen (einfach 56 €) und 2-mal wöch. nach Rhódos an (einfach 33 €). Weitere Verbindungen: nach Léros, Sámos und Thessaloniki.

Täglich um 5, 17.20 und 20.20 Uhr fährt ein Transfer-Bus vom Olympic Airways Büro (Vas. Pavlou 22) zum Flughafen; der Fahrschein kostet rund 3 €.

Ausflüge in die Türkei: Der Trip hinüber auf das türkische Festland ist ein teures Vergnügen: 40 € müssen Sie für Hin- und Rückfahrt schon rechnen (allein die Hafentaxe in Bodrum kostet rund 10 €). Ob Sie dort einen Einkaufsbummel durch die kleinen Gassen der Altstadt unternehmen oder das Mausoleum besichtigen, bleibt Ihnen überlassen. Die Fähren legen tägl. zwischen 8.30 und 9 Uhr ab.

Die neuen, großen Katamarane von **Dodekanisos Express** machen ein problemloses Reisen zwischen allen Inseln des Dodekanes möglich. Sie sind schneller sind als die großen Fähren, man kann aber im Unterschied zu den Hydrofoils, die noch etwas schneller fahren können, draußen sein und aufs Meer gucken. Die Katamarane sind ungefähr doppelt so teuer wie die großen Fähren.
Die stets aktualisierte Homepage von Dodekanisos Express informiert über Abfahrts-/Ankunftszeiten: www.12ne.gr

Kos auf einen Blick

Größe: Fläche knapp 290 qkm, Küstenlänge ca. 120 km. Von Westen nach Osten ist Kos fast 50 km lang.

Bevölkerung: etwa 28.000 Menschen leben ständig auf Kos.

Geografie/Geologisches: Die Insel ist vulkanischen Ursprungs. Weite Teile sind flach, lediglich entlang der Südküste erhebt sich eine Bergkette, deren höchste Erhebung der Díkeos (846 m) ist.

Straßen: Alle Hauptverbindungen – von wenigen Ausnahmen abgesehen – sind asphaltiert.

Entfernungen: Kos – Flughafen 25 km, Kos – Kéfalos 43 km, Kos – Zeltplatz ca. 4 km, Kos – Kardámena 26 km.

Auto-/Zweiradverleih: in allen größeren Ortschaften und an den wichtigen Stränden. Fahrräder gibt es in ausreichender Anzahl. Wer durch gebirgige Inselabschnitte radeln möchte, ist jedoch mit einem Mountainbike besser bedient (ca. 3 € pro Tag).

Übernachten: Hotels, Pensionen in allen Preisklassen, in den meisten Orten auch Privatzimmer.

Karten Brauchbar ist auch die auf Kos erhältliche Karte des Pandelis Vayianos-Verlags, Kos Island – Greece (ca. 1 €). Ungenügend sind die auf Kos kostenlos erhältlichen Tourist Maps dann, wenn man sich auf eigene Faust jenseits der Hauptstraßen bewegen will, der Stadtplan von Kos ist allerdings korrekt.

Kos-Stadt

Eine sympathische Stadt, die in der Hochsaison leider zu viele Touristen verkraften muss. Ausgedehnte Spaziergänge lohnen sich dennoch: Die geschichtlichen Wechselbäder haben ihr eine vielfältige Architektur und beachtliche Sehenswürdigkeiten beschert. Der kesselförmige Hafen präsentiert sich farbig und abwechslungsreich. Kleine, bunte Fischerboote, größere Ausflugsfähren, aber auch pompöse Jachten liegen eng nebeneinander an der Hafenmauer.

Neben parkähnlichen Anlagen, schönen Cafés und direkter Strandanbindung hat die Stadt vor allem kulturelle Stätten zu bieten: so z. B. das mächtige *Kastell* der Johanniter, die *Agora* (antiker Marktplatz), das *Gymnasion* (antike Sportanlage) sowie den angeblich ältesten Baum Europas, die *Platane des Hippokrates*.

Information/Verbindungen/Adressen

• *Information* Die **städtische Touristeninformation (D.O.T.)** befindet sich an der Uferstraße Akti Miaouli, genau gegenüber der Abzweigung Ippokratous-Str., in einem Eckhaus. Das Personal ist ausgesucht freundlich und hilft nicht nur bei der Zimmersuche, sondern gibt auch Auskünfte über aktuelle Fährverbindungen. Außerdem ist hier der Busplan erhältlich. Mit deutlicher Kennzeichnung hat man sich leider etwas zurückgehalten, nur ein kleines Schild an der Tür weist auf die Touristeninformation hin. Täglich 8.30–14.30, 17.30–20.30 Uhr, ✆ 22420-24460, -28724, 📠 21111, E-Mail: dotkos@hol.gr.

• *Verbindungen* Die **Citybusse (DEAS)** verkehren innerhalb des Stadtgebiets und pendeln zwischen Hafen und Asklepieion sowie zwischen Lambi und dem Kap Agios Fokas. Zentraler Halteplatz: vor dem City-bus-Büro an der Hafenpromenade, Akti Koundourioti/Vas. Pavlou Str., ✆ 22420-26276, geöffnet: Mo–Sa 7–22, Sa/So 7–13, 18–22 Uhr. Hier gibt es einen Gratis-Fahrplan sowie Fahrkarten. Die **Inselbusse** verbinden die wichtigsten Ortschaften miteinander. Sie fahren am Busbahnhof ab (Kleopatras Str. 9; geöffnet Mo–Fr 8–15 Uhr), der sich nahe des Olympic Airways Büros befindet. Auskunft unter ✆ 22420-22292. Die weiteste Fahrt nach Kéfalos kostet 2,80 €.

Taxis: Der Standplatz befindet sich am südlichen Ende der Hafenpromenade (Akti Koundourioti), direkt unterhalb des Platzes der Platane des Hippokrates, ✆ 22420-22777, -23333. Da es häufig zu Engpässen kommt, sollten Sie bei wichtigen Terminen ein Taxi vorbestellen.

• *Auto-/Zweiradverleih* Anbieter gibt es mehr als genug, die Preisunterschiede sind jedoch zum Teil erheblich. Erkundigen Sie sich vorher nach den Preisen! Eine Vespa kostet pro Tag etwa 10 € (HS), für ein Mountainbike werden ca. 3 € verlangt. Ein Kleinwagen kostet (je nach Saison) von 25-45 € täglich.

• *Krankenhaus* Allgemeines Hippokrates-Krankenhaus, Ipokratous Str. 32, ✆ 22420-22300 (Ambulanz), 22420-28050 (Auskunft)

• *Polizei* ✆ 22420-22100, -28211.

• *Touristenpolizei* ✆ 22420-26666, -51222.

• *Bank* Die allgemeinen Öffnungszeiten der Banken sind: Mo–Do 8–14.30 Uhr, Fr 8–14 Uhr, Sa/So geschlossen.

National Bank of Greece, Riga Fereou/A. Ioanidi; **Agriculture Bank**, Korai/Venizelou Str.; **Alpha Bank**, an der Hafenpromenade, nahe der Ecke Pavlou Str.

• *Geldautomaten*, die nahezu alle Karten akzeptieren, gibt es in Kos-Stadt zwischenzeitlich an jeder zweiten Ecke.

• *Post* El Venizelou Str. 14, geöffnet Mo–Fr 7.30–15 Uhr, ✆22420-22250

• *Telefon* **OTE**, Vironos Str. 8/Ecke Xanthou, ✆ 22420-22499; geöffnet Mo–Fr 7.30–15 Uhr.

• *Olympic Airways* Pavlou Str. 22, ✆ 22420-28332, geöffnet Mo–Fr 8–16 Uhr.

• *Reisebüro* **Pulia Tours** an der Pavlou Str. 3 hat die ausführlichsten Infos zu Verbindungen parat. ✆ 22420-26388.

Übernachten (siehe Karte S. 703)

Wer mit der Fähre oder dem Hydrofoil am Hafen ankommt, wird – wie auf nahezu jeder Insel – von Pensionsbesitzern und Vermietern von Privatzimmern begrüßt. Leider traten sie bei der letzten Recherche sehr aggressiv auf und reagierten ungehalten auf eine Ablehnung ihrer Angebote. Obwohl die Touristenpolizei sich des Problems verstärkt annimmt: Lassen Sie sich nicht überreden und sehen Sie sich das Zimmer an, bevor Sie zusagen. Private Unterkünfte gibt es ab 15 €, DZ in Pensionen und Hotels ab 20 €.

• *Hotels* **Pension Alexis (2)**, *die* Adresse in Kos/Stadt. Hier stimmt alles! Zentrale Lage, helle Zimmer, heiße Duschen, ein hübscher Garten. Den namensgebenden Alexis Zikas trifft man nicht mehr so oft auf der Terrasse – seine Schwester Sonia führt die Pension seit Sommer 2003 mit ihrem Sohn. Sonia ist herzlich und kümmert sich um die wichtigen Dinge, wenn man auf Reisen ist: Sie kennt die Schiffsverbindungen, reserviert ein Taxi zum Flughafen – und serviert vorzügliches Frühstück. Auf der jasminbewachsenen Terrasse ist Englisch die Umgangssprache, Kontakt mit den übrigen Gästen ist schnell hergestellt. DZ 20–30 € je nach Größe und Saison. Adresse: Irodotou & Omirou Str. 9. ✆ 22420-28798, -25594, 📠 25797.

Hotel Afendoulis (8), unter der Leitung von Alexis Zikas, der über 20 Jahre die beliebte Pension Alexis betrieben hat, und seiner Frau Denis. Trotz zentraler Lage ist es in diesem

Dodekanes
Karte S. 619

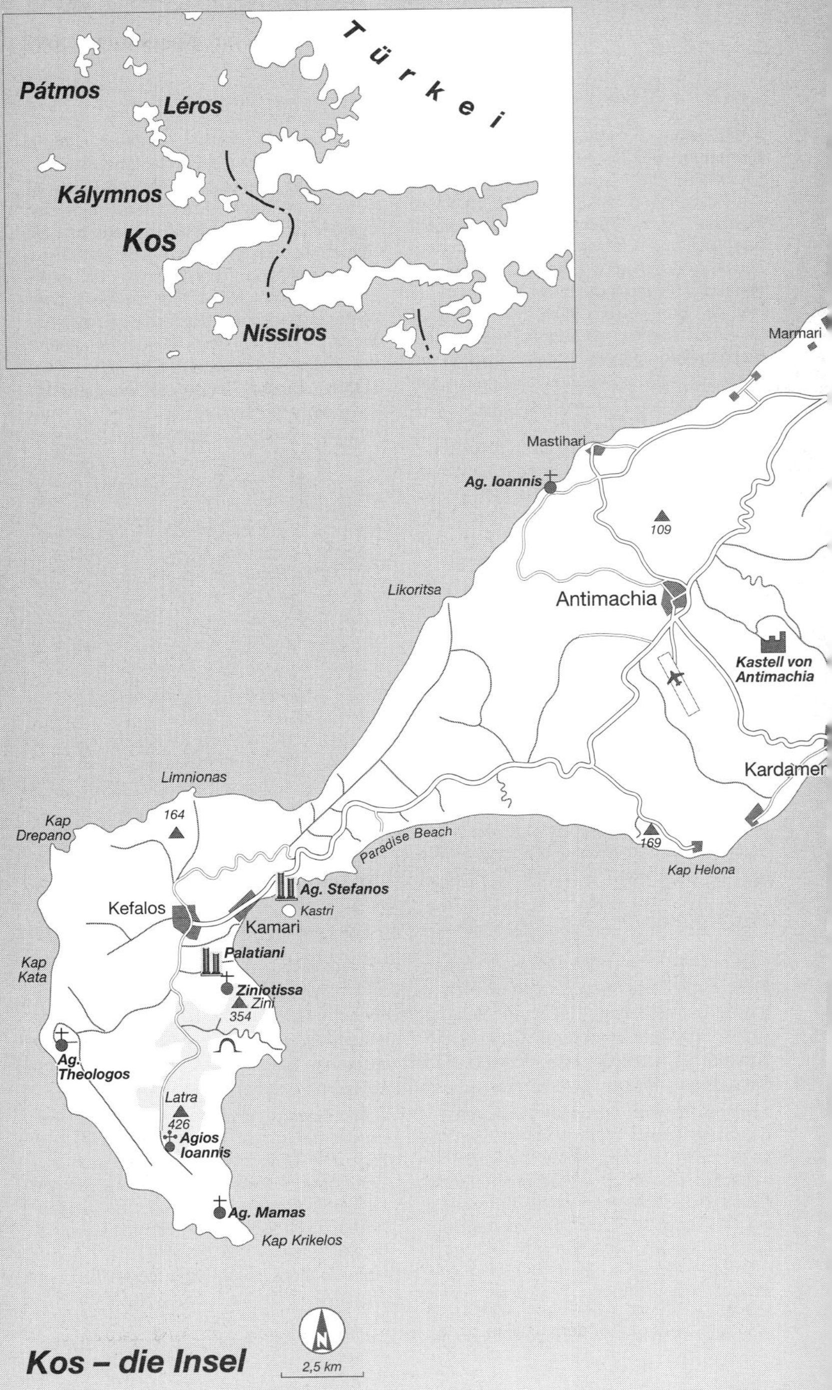

Kos – die Insel

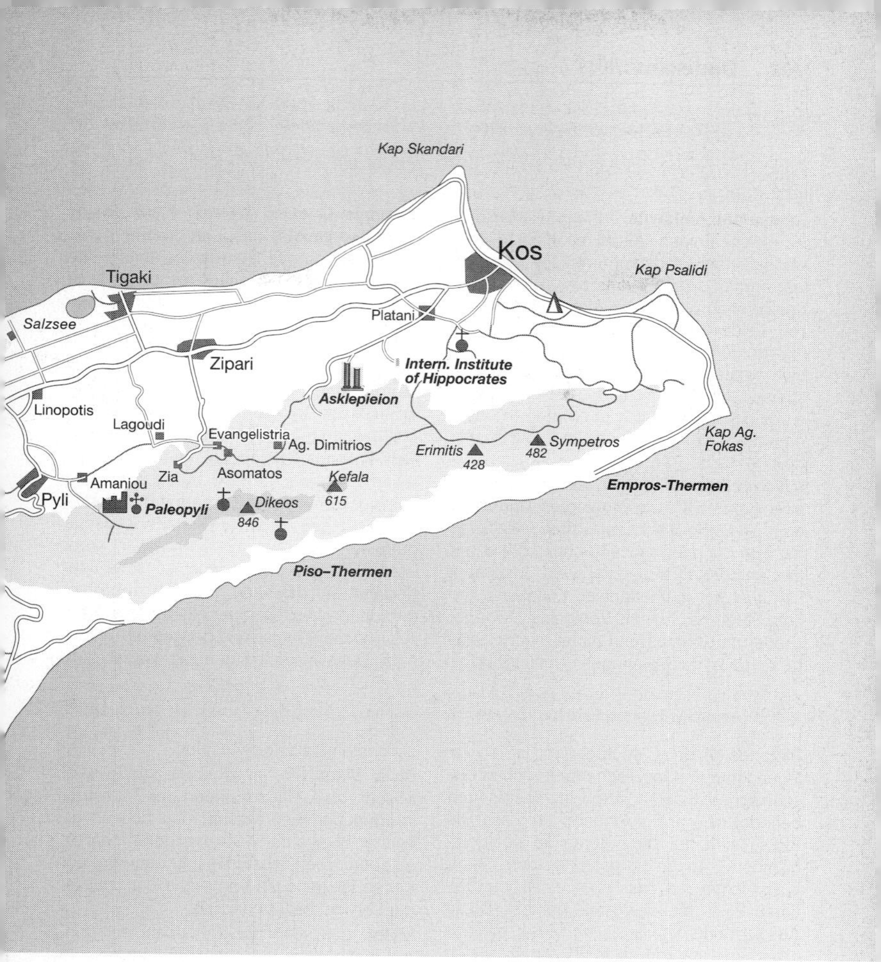

Hotel in der Evripilou Str. 1 angenehm ruhig. Zum Meer sind es nur 100 m. In der großen, geräumigen Eingangshalle oder auf der Terrasse wird das Frühstück serviert. Die 20 Zimmer – größtenteils mit Balkon – sind picobello sauber und verfügen über Telefon und Kühlschrank. Der Preis für das DZ beträgt je nach Saison 33–42 €. ✆ 22420-25321, -25797 (auch ℻), E-Mail: afendoulishotel@kos.forthnet.gr.

Hotel Theodorou Beach (9), an der Straße zu den Empros-Thermen, 1,5 km von Kos-Zentrum entfernt. ✆ 22420-22280, ℻ 23526. Das recht neue Hotel ist architektonisch angenehm zurückhaltend und trägt den Namen des Strandes, der nur 30 m entfernt ist. Der hauseigene Pool ist aber hübsch gelegen. Das Hotel verfügt sowohl über Zimmer als auch über Appartements, beide geschmackvoll eingerichtet und sehr gepflegt. 2 Personen zahlen hier ca. 60 €, 4 Pers. 75 €, das reichhaltige Frühstücksbuffet inklusive. Alle Zimmer sind geräumig, haben Bad, Telefon, Balkon.

• *Camping* **Kos Camping**, der einzige Campingplatz der Insel liegt etwa 4 km östlich vom Zentrum in Richtung Psalidi. Relativ kleine, aber gemütliche und gepflegte Anlage mit internationalem Publikum; gute Busanbindung. Pro Person 6,50 €, Zelt 3,50–5,30 € (saisonabhängig). Insgesamt ein empfehlenswerter Zeltplatz, ✆/℻ 22420-23910.

Essen/Trinken

Wirklich an jeder Ecke ein Pub, eine Taverne oder ein Restaurant. Hier einige Empfehlungen:

Restaurant Ambavris, ruhiges Gartenlokal im gleichnamigen Vorort, ca. 1,5 km südwestlich des Stadtzentrums. Der Besitzer war früher selbst Koch, die Qualität der Speisen liegt ihm denn auch sehr am Herzen. Leider verrät die Speisekarte nur wenig von dem, was die Küche des Hauses zu bieten hat; sie führt z.B. lediglich zehn Vorspeisen auf, obwohl 40 angeboten werden – und die sind wahrlich zu empfehlen. Also, fragen Sie nach, schauen Sie in die Töpfe: Es lohnt sich.

Taverna Petrino (3), man isst in einem auf zwei großen Stufen angelegten Garten, in dem es üppig blüht und duftet. Zweifellos hat sich die griechische Küche, die hier mit großer Sorgfalt zubereitet wird, Inspirationen aus der internationalen Kochkunst geholt. So gibt es hier als Vorspeise z. B. Avocados mit Shrimps und einfallsreiche Salate. Leider ist das Vergnügen nicht ganz billig.

Mummys Cooking (1), die nicht endlos lange Karte bietet das, was Mama in der Küche eben kocht. Und das schmeckt vorzüglich. Die Kellner sprechen gut Englisch und erklären gerne, was sich hinter den einzelnen Gerichten verbirgt. Weil die kulinarischen Genüsse auch noch zu fairen Preisen auf den Tisch kommen und die Taverne zudem nicht sehr groß ist, findet man selbst in der Nebensaison keinen Tisch, wenn man nicht früh genug hier ist.

Fish Taverna Psaropoula (4), die vorzüglichen Fischgerichte sind deftig und recht günstig, zumal in der Küche mit den Portionen nicht gegeizt wird. Die sympathische Betreiberfamilie hat ihre Wurzeln in Kreta und s9939o findet man auch kretische Spezialitäten auf der Karte, die sich zu probieren lohnen Weitere Spezialitäten des Hauses sind die Kalamari und der gegrillte Tintenfisch. Der Hauswein schmeckt wirklich gut.

Cafés

Plátanos (6), das Café trägt den Namen der legendären und inzwischen reichlich altersschwachen Platane des Hippokrates und befindet sich am gleichnamigen Platz. Die Stühle sind auf die Agora, die beeindruckendste Ausgrabungsstätte der Stadt, ausgerichtet, so dass man einen wunderbaren Blick über das Areal genießt. Diese Aussicht und die klassische Musik, die hier meist im Hintergrund läuft, schaffen eine entspannte Atmosphäre – besonders am späten Nachmittag. All das entschädigt für die satten Preise. Im Sommer 2003 gab es hier jeden Abend Live-Musik einer Band, die von griechischen Balladen bis zu Bossa Nova alles im Programm führte. Eine schöne Idee, die hoffentlich weiter geführt wird.

Café Central (5), hinter der Markthalle, an der Vas. Pavlou Straße, kann man im Schatten eine Rast einlegen und bei einem Frappé das rege Treiben auf den Straßen und um den Markt herum beobachten. Besonders der Joghurt mit Honig und Früchten ist köstlich. Das Central auf der gegenüberliegenden Straßenseite hat hier Stühle und Tische aufgestellt und die Kellner balancieren die Getränke kunstvoll zwischen Mofas und Fahrrädern hindurch. Einer der schönsten Plätze der Altstadt!

Bella Vista (7), an der Uferstraße Akti Miaouli, zwei Häuser neben der Touristeninformation. Hier bezahlt man den unverbauten Blick aufs Meer mit, doch man tut es gerne. Die Korbstühle sind bequem, der Kaffee ist genauso prima wie die Snacks, der Service stets freundlich.

Mylos, das schönste Strandcafé der ganzen Inseln – an der alten Mühle am Ende des Lámbi-Strands, dort wo der ganz große Touristentrubel bisher ausgeblieben ist. Bemerkenswerteste Sitzgelegenheit ist sicher die Holzbank mit Kissen, die lässig im Sand steht und von der aus man bestens den regen Schiffsverkehr auf der Ägäis beobachten kann. Ansonsten prägen geschmackvolle und bequeme Möbel das Café auf dem liebevoll bepflanzten Areal. Abends wird die Stimmung romantisch, dann wird eher Alkohol (internationale Biere, 3,50 €) als Frappé (3 €) serviert. Der Ort ist auch bei den jungen Koern beliebt, denen man ab und an beim Tavli-Spielen zusehen kann. Ein Kicker, eine Tischtennisplatte und ein Beachvolleyball-Platz, auf dem auch schon mal ein Fußball getreten wird, sorgen für zusätzliche Unterhaltung.

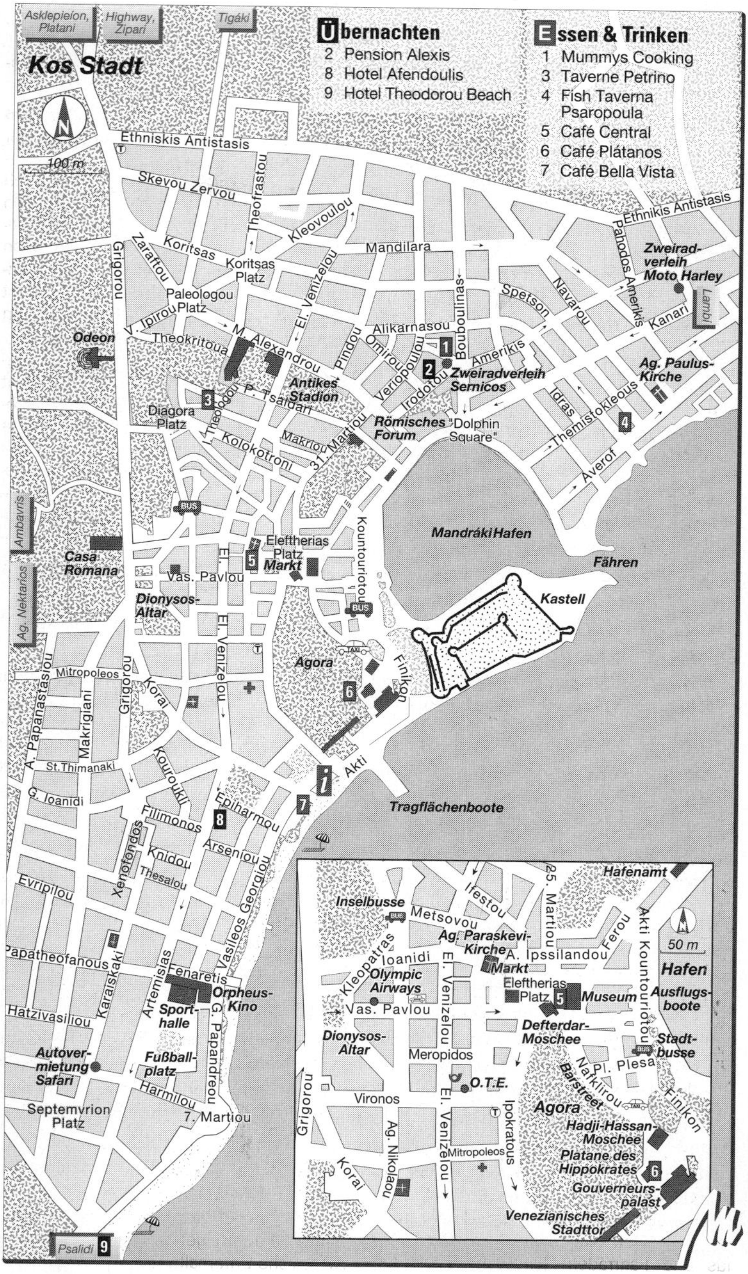

Dodekanes Karte S. 619

Sehenswertes

Kos/Stadt hat jede Menge Sehenswürdigkeiten zu bieten. Die interessantesten werden im Folgenden kurz vorgestellt.

Kastell: eine mächtige und von den Außenmauern her noch gut erhaltene Burg der Johanniter-Ritter aus dem 15./16. Jh. Der innere Festungsring stammt bereits aus dem 13. Jh. Leider zerstörte ein Erdbeben 1933 die letzten intakten Gebäude im Inneren. Die hohen Mauern widerstanden dagegen den heftigen Erdbewegungen, was unter anderem davon zeugt, mit welchem Aufwand das Kastell errichtet wurde.

Öffnungszeiten tägl. 8.30–15 Uhr, in der HS bis 19 Uhr, Mo geschlossen. Eintritt: 3 €. Vom alten Marktplatz mit der Platane des Hippokrates führt eine Steinbrücke über die Straße zum Eingangstor.

Platane des Hippokrates: Bei der riesigen Platane soll es sich um den ältesten Baum Europas handeln, was jedoch ins Reich der Legende gehört. Biologen sind sich einig, dass der Baum lediglich 500 Jahre alt sein kann. Wie auch immer – die Platane sieht wirklich altersschwach aus. Dicke Stangen stützen die schweren Äste. Der Überlieferung nach soll *Hippokrates* im Schatten dieser Platane seine Schüler unterwiesen haben ... Und ist es auch nicht wahr, so ist es schön erzählt.

Hippokrates

460 v. Chr. auf Kos geboren, galt er als bedeutendster Arzt seiner Zeit. Er vertrat die so genannte Säftelehre, nach der die Elemente Wasser, Feuer, Luft und Erde im Körper des Menschen als Kardinalsäfte wirken. Gesundheit beruht auf einer richtigen Mischung dieser Elemente, Krankheit auf einer fehlerhaften Zusammensetzung. Zudem sah er die Medizin als eine empirische Wissenschaft auf der Grundlage sachlicher Beobachtung und Beschreibung der Krankheitssymptome. Hippokrates starb im biblischen Alter von 90 Jahren in Larissa (Thessalien).

Museum: Von außen sieht das Gebäude auf dem Freiheitsplatz im Zentrum von Kos/Stadt recht nüchtern aus, doch ein Besuch lohnt, wenn Sie sich ein wenig für Geschichte interessieren. Gezeigt werden Funde von der Insel, die meisten stammen aus dem Odeon, der Casa Romana und dem Haus der Europa. Im Innenhof ist das hervorragende Mosaik "Empfang des Asklepios" aus dem 2. oder 3. Jh. n. Chr. zu sehen. Außerdem werden andere imposante Exponate, darunter Götterbüsten, Altäre und Grabplatten gezeigt.

Öffnungszeiten tägl. 8–14.30 Uhr, Mo geschlossen, Eintritt 3 €.

Agora: Das größte Ausgrabungsareal liegt im Herzen der Stadt und wurde nach dem schweren Erdbeben 1933 zu Tage gefördert. In der Antike befanden sich hier die Hafenanlage und die Agora (Markt und Schauplatz der Volksversammlungen). Im 14. Jh. erbaute der Johanniterorden auf den antiken Überresten die mittelalterliche Stadt (Chóra), deren Verteidigungsmauern noch zu erkennen sind. Leider sind nur wenige Funde restauriert, so dass das archäologisch nicht geschulte Auge Mühe hat, Details zu erkennen. Trotzdem lohnt ein Spaziergang durch den Ruinengarten – schon allein wegen der Atmosphäre. Das Gelände liegt zwischen der Nafklirou und Ippokratous Str.

Öffnungszeiten jederzeit frei zugänglich

Gymnasion: antike Sportanlage, deren ehemals überdachte Laufbahn den Athleten erlaubte, auch bei Regen zu trainieren. Eine wieder aufgerichtete Säulenreihe – im

Antiker Markt- und Versammlungsort: die Agora

2. Jh. v. Chr. waren es 80 Säulen – lässt die einstige Größe der Anlage erahnen. Auf der gegenüberliegenden Seite des Geländes steht das *Nymphäon*, ein römisches Gebäude, das öffentliche Bäder beherbergte. Am Nordende des Gymnasions stellt ein überdachtes Fußbodenmosaik das Paris-Urteil dar. Entlang der Grigorou Str. befindet sich ein ehemaliges römisches Wohnhaus. Das *Haus der Europa* ist nach dem Fußbodenmosaik im Inneren benannt, das die Entführung der phönizischen Königstochter Europa durch Zeus in Stiergestalt zeigt. Die Anlage wird begrenzt von Grigorou, Theokritou und Theologou Str.

Öffnungszeiten jederzeit frei zugänglich

Asklepieion: Etwa 4 km westlich von Kos/Stadt befindet sich das Ausgrabungsgelände des Asklepieíons – antikes Krankenhaus und Wallfahrtsort. Obwohl das Asklepieíon auf Kos wahrscheinlich erst nach seinem Tod (370 v. Chr.) erbaut wurde, gilt es weithin als Heilstätte und Schule des Hippokrates. Man erreicht das weitläufige, in drei Stufen angeordnete Areal, indem man der Ausschilderung an der Hauptstraße von Kos nach Tigáki folgt.

Erste Anhöhe: Hier waren Krankenzimmer, Badeanstalten, Toiletten, Unterrichtsräume, Säulen, Büsten usw. untergebracht.

Zweite Anhöhe: Wohnräume der Priester, Tempel des Äskulap (ionischer Stil), Tempel des Apollon (korinthischer Stil) sowie Klubräume und die Schatzkammer.

Dritte Anhöhe: Unterrichtsräume, Krankenzimmer und der große Tempel Äskulaps (dorischer Stil).

• *Verbindungen* Bus von Kos aus stündlich von 8–13.45 Uhr zum Asklepieíon bzw. zur Ortschaft Platáni (von hier aus sind es nur 1,5 km zum Asklepieíon.)

• *Öffnungszeiten* in der Hochsaison Di–Fr 8.30–18.30 Uhr, Sa/So 8.30–14.30 Uhr, Mo geschlossen; in der Nebensaison nur bis 14.30 Uhr. Eintritt 4 €, ermäßigt 2,50 €, Kinder/Jugendliche bis 17 Jahre sowie Studenten frei. Im Eintrittspreis enthalten ist eine kleine Broschüre mit Infos zur Geschichte.

Dodekanes
Karte S. 619

▸ **Baden**: sowohl im Osten als auch im Westen lang gezogene Sandstrände. Es mangelt hier weder an Sportangeboten noch an Cafés und Imbissbuden. Dafür muss man aber auch sonnenhungrige Touristen en masse in Kauf nehmen. Ruhiger wird es am Lámbi-Strand , wenn man die mit Sonnenschirmen bepflanzten Areale hinter sich lässt.

Ostküste

Lange Kies- und Sandstrände, vereinzelt einige Ziegen und Schafe, Oleanderbüsche am Straßenrand und ein steter Blick hinüber zum türkischen Festland, so zeigt sich die Ostküste der Insel.

Die Gegend eignet sich prima für einen Tagesausflug mit dem Mofa. Von der Hauptstraße zweigen immer wieder kleine Wege zum Meer ab. Sogar in der Hauptsaison findet man mit etwas Glück noch ein abgeschiedenes Plätzchen. Je weiter östlich (bzw. später südlich), desto besser. Die Hauptstraße endet an den *Empros Thermen*: Diese Heilquelle, deren schwefelhaltiges Wasser mit einer Temperatur von 50 Grad Celsius aus einer Felsspalte strömt, um sich in einem Naturbecken mit Meerwasser zu vermischen, zieht scharenweise Besucher an. Besonders schön in Vollmondnächten.

Nordküste

▸ **Tigáki**: Viele Touristen aus Kos/Stadt fahren zu diesem langen Sandstrand, wo es – abgesehen vom Bereich unmittelbar bei der Ortschaft Tigáki – keinen natürlichen Schatten gibt. Der Strand nahe Tigáki ist ca. 50 m breit und sauber und ermöglicht einen Badeurlaub der kurzen Wege: Ob Imbiss, Sonnenschirmverleih oder Wassersportanbieter – alles ist rasch zu Fuß zu erreichen. Besonders schön badet es sich hinter dem Salzsee, der mit "Alikes" ausgeschildert ist. Hier wurde einst Salz aus dem Meerwasser gewonnen. Heute ist die Saline stillgelegt. Im Frühling und Frühsommer sind hier viele Vogelarten, darunter die rosafarbenen Flamingos, zu beobachten.

▸ **Marmári**: Auch der Nachbarort Marmári lebt während der Saison vom Pauschaltourismus. In der Umgebung der kleinen Ortschaft sind eine Reihe neuer Hotelfestungen aus dem Boden gestampft worden. Weitere Baustellen zeugen vom Willen der Reiseveranstalter, den an diesem Ort vorhandenen, dünenartigen Sandstrand (ca. 20 m breit) noch intensiver belegen zu wollen.

• *Übernachten* Die meisten Hotels in Tigáki und Marmári sind an deutsche und englische Pauschalreisende vergeben. Da die Orte aber auch in der Hochsaison nicht mehr überfüllt sind, findet man meist ein Zimmer. Die charmanteste Unterkunft der beiden Küstenorte sind die **Captains Studios** in Marmári: strandnahe Zimmer (25 €) und Studios (32 €) in herzlicher, familiärer Atmosphäre. ✆ 22420-41431.

▸ **Mastihári**: Dieser Fischerort ist vom großen Andrang verschont geblieben. Er wirkt eher gemütlich und verschlafen. Allerdings haben sich um den Ort herum große Hotels angesiedelt, die jedoch weitgehend autark funktionieren und das Dorfleben nicht weiter stören. Am Sandstrand direkt vor dem Ort spenden Tamarisken Schatten, am Strand gibt es eine Surfschule und andere Sportmöglichkeiten. Wer Einsamkeit sucht, auf die Vorteile einer Taverne jedoch nicht verzichten mag, der sonnt sich 1,5 km in östlicher Richtung am Troulos-Beach. Sonnenschirmverleih.

• *Übernachten* Unser Tipp für alle, die eine Unterkunft in Mastihári suchen: Die freundlichen Betreiber Eleni und Costas Diakanastasi verfügen in ihrem **Hotel Sea Breeze** über 28 Hotelzimmer und vier Appartements (✆ 22420-59171, -59173) Ein DZ kostet zwischen 30 und 40 €. Ein Appartement, für eine Familie mit zwei Kindern konzipiert, ist für den gleichen Preis zu haben.

Mittlerer Inselteil

Landschaftlich ungemein abwechslungsreich: Fruchtbare, in verschiedenen Gelbtönen schimmernde Ebenen werden von zerklüfteten Landstrichen unterbrochen. Die Oberfläche ist bizarr und pockennarbig. An die Hänge des *Díkeos* ducken sich die windschiefen Häuser der Bergdörfer. Wälder bedecken die Nordflanke des Gebirgszuges.

Die Landschaft bietet ausgezeichnete Ausflugsmöglichkeiten. Sportlich Ambitionierte erklimmen den *Díkeos,* den mit 846 m höchsten Berg der Insel. Zu einem Abstecher lädt das verlassene Dorf *Paleopýli* ein, über dem sich die Ruinen einer byzantinischen Festung erheben. In *Antimáchia* können Sie die einzige noch im Betrieb befindliche Windmühle der Insel besichtigen. Lohnenswert ist auch ein Abstecher zu den mächtigen Grundmauern des früheren Johanniter-Kastells.

▸ **Ziá**: Das Dorf liegt in den Ausläufern des Díkeos-Gebirges. Wer den höchsten Berg der Insel erklimmen will, startet in Ziá. Von hier genießt man einen herrlichen Blick über die Nordküste von Kos, die Saline und Tigáki bis hinüber zum türkischen Festland. Ziá, mittlerweile zwar touristisch voll erschlossen, bietet sich aber immer noch für einen romantischen Besuch zum Sonnenuntergang an. Zahlreiche Restaurants mit großen Aussichtsterrassen buhlen um die Gunst der Gäste. Gut gefallen haben es uns die Tavernen *Olympia* und *Kefalovrysi.* Letztere liegt am Ortsausgang, am Beginn des Aufstiegs zum Dikeos.

▸ **Kardámena**: die heimliche Touristenhauptstadt von Kos. Der Retortenort wird während der Saison von Pauschaltouristen (vor allem Engländer) bewohnt. Die meisten der britischen Touristen jeden Alters scheinen nur ein Ziel zu haben: so schnell und so billig wie nur irgend möglich betrunken zu werden. Deswegen beginnt das morgendliche Leben in Kardámena auch recht spät, dann nämlich, wenn alle ihren Rausch ausgeschlafen haben. Ab mittags läuft in den Bars dann englisches Comedy-TV-Programm oder aktuelle Kino-Hits auf Leinwand. Dazu wird das erste Bier des Tages aufgemacht. Am schmalen Sandstrand liegen die Urlauber dicht gedrängt. Direkt dahinter buhlen zahllose Tavernen, Imbisse und Kneipen um die Gunst der Touristen. So ist es vor allem laut, stickig und nur wenig erholsam.

Aufblasbare Meeresbewohner

Verbindung Zwischen Kos-Stadt und Kardámena gibt es Mo–Sa 6-mal, So 3-mal täglich eine **Busverbindung**. Die Fahrt dauert 45 Min. und kostet 2 €. Der Bus hält beim Supermarkt Louis oberhalb des zentralen Platzes.

Übernachten Nach **Privatzimmern** sehen Sie sich in Kardámena am besten westlich des Flussbettes um, über das eine kleine Brücke führt, also jenseits des Hotels Valinakis. Hier findet man einige „rooms to rent"-Schilder und einige DZ zwischen 20 und 33 € je nach Saison und Größe.

Westküste

Vielleicht liegt es an der großen Entfernung zu Kos/Stadt (43 km), denn im westlichen Teil der Insel, vor allem an der Bucht von Kéfalos, hält sich der Touristentrubel noch in Grenzen. Die kilometerlangen Strände hier gelten als die schönsten der Insel.

▸ **Kéfalos**: Eine griechische Ortschaft ohne viel Hektik und Trubel, erhöht auf einer Bergkuppel gelegen, mit einem herrlichen Blick auf die weite Bucht. Eine Serpentinenstraße führt vorbei an skurril geschliffenen Sandsteinformationen mit kleinen Höhlen hinauf nach Kéfalos.

Ein Spaziergang durch die verwinkelten Gassen ist noch heute ein wenig wie eine Wanderung durch vergangene Zeiten: Der Barbier wetzt sein Messer, im alten Klassenzimmer steht ein noch älterer Ofen und an jeder Gassenecke hockt im Schatten ein Greis und beobachtet aufmerksam das Straßenleben. Es sind vor allem alte Menschen, die in Kéfalos die Wäsche aufhängen oder im Kafenion Tavli spielen. Die Jugend verdient ihr Geld im Ausland oder in den Touristenorten der Insel. Kéfalos ist schön, aber auch arm.

Wer länger hier verweilen will, sucht sich eine Übernachtungsmöglichkeit in **Kamári**, unterhalb von Kéfalos, in der gleichnamigen Bucht gelegen.

Übernachten **Panorama Studios**, die Zufahrt zu den Studios geht vom Insel-Highway ab, zwischen der Straße zum Camel Beach und der zum Ag. Stefanos Beach weist ein Schild darauf hin. Der Name ist Programm: Die Aussicht auf eine der schönsten Buchten der griechischen Inselwelt ist sagenhaft. Die 20 Appartements sind sauber, verfügen über eine Kochnische, einen Kühlschrank und sind mit Geschirr ausgestattet. Die nette Architektur über verschiedene Ebenen verleiht dem Gebäude das gewisse Extra. Ein DZ kostet je nach Saison zwischen 30 und 40 €. ✆ 22420-71524, -71924.

Der zweite echte Tipp für eine wunderbare Unterkunft liegt ebenfalls auf einem Hochplateau, allerdings auf der anderen Seite der Bucht. Auf der Straße, die nach Kéfalos hoch führt, sehen Sie links ein Schild mit dem Hinweis auf **Mussonos Studios** (✆ 22420-71501). Die Aussicht auf die Bucht und die Insel Kastrí ist berauschend, die Ruhe hier oben ebenfalls. Das freundliche Ehepaar, das die Winter in Athen und die Sommer hier in Kéfalos verbringt, vermietet acht schlicht und geschmackvoll eingerichtete Appartements, die für 30 bis 35 € abgegeben werden.

Petros und Maria, vom Inselhighway kommend kurz hinter dem Eingang zum Club Med, aber rechter Hand. Nur 3 Appartements, deshalb ist eine Reservierung sinnvoll. Die in hellem Holz eingerichteten Zimmer verfügen alle über Kitchenette sowie Balkon und sind picobello sauber. Hübsch ist der kleine Garten. Um zum Strand zu gelangen, muss man nur die Straße überqueren. Ein Appartement für 2–3 Personen kostet 30 €. ✆ 22420-71306.

Hotel Eleni, liegt an der Parallelstraße zur Durchgangsstraße, die Abzweigung ist etwas schwer zu finden. Zur Orientierung: Die Abzweigung liegt genau gegenüber der Zafira-Studios. Zu Fuß findet man das Eleni, indem man den Weg an der Snackbar Sebastian 2 einschlägt. Die 35 Zimmer mit Bad und Balkon sind sauber, ruhig und angenehm kühl. Auf der Terrasse wird das Frühstück serviert, das im Preis von 30–35 € für das DZ enthalten ist. ✆ 22420-71318, ✆ 22420-71888.

Essen Entlang der Uferpromenade eine Vielzahl von Tavernen und Restaurants mit schönem Blick über die Bucht.

Taverne Faros, das letzte Lokal am westlichen Ende der Bucht. Eine große Auswahl

Blick über die Bucht von Kéfalos

an griechischen Gerichten, flotter Service und reichliche Portionen zu günstigen Preisen stimmen die Gäste auf der Terrasse am Strand zufrieden. Die Fischgerichte überzeugen preislich wie qualitativ, erfrischend sind die in Essig eingelegten Sardinen.

Restaurant The Wave, direkt am Strand gelegen. Die schöne Aussicht aufs Meer und die Bucht lockt am Abend zahlreiche Gäste auf die Terrasse. Geboten wird griechische Küche zu gemäßigten Preisen, es gibt eine große Auswahl an Fisch- und Fleischgerichten. Es wird auch Frühstück angeboten.

Die **Taverna Stamatia** liegt ebenfalls direkt am Strand, nahe des Wendeplatzes. Die windgeschützte Terrasse ist etwas erhöht, so dass man einen erstklassigen Blick auf Bucht und Badende hat. Stamatia ist vielleicht die griechischste der Strandtavernen in Kamári..

• *Autovermietung:* Den besten Service bietet **Trust Car Rental** an der Hauptstraße. Einen Kleinwagen mit Klimaanlage gibt es hier für ab 25 €, ✆ 22420-71781.

▸ **Bucht von Kéfalos**: Die malerische Bucht gilt als Mekka für Surfer aus ganz Europa. Aber auch Strandfaulenzer und Sonnenanbeter kommen hier auf ihre Kosten, zumal sich erstaunlich wenige Touristen auf dem langen und vor allem auch breiten Sandstrand (stellenweise Dünencharakter) verteilen. Das Wasser ist klar und sauber. Von den zahlreichen Tavernen direkt am Strand genießt man nicht nur den Blick aufs Meer, sondern auch auf die kleine, vorgelagerte Insel *Kastrí* und eine mächtige, grün bewachsene Bergflanke am anderen Ende der Bucht.

▸ **Paradise-Beach**: Etwa 4 km östlich von Kéfalos zweigt eine kleine Stichstraße (beschildert) vom "Insel-Highway" zum Meer hin ab. Der Paradise-Beach ist nur ein Strandabschnitt unter vielen, mit Sicherheit aber der populärste. Breit und feinsandig zieht sich der Strand bis zum Kap Helóna – insgesamt fast 10 km. Vom "Paradies" ist nicht viel geblieben: Über weite Strecken ist die Küste mit Sonnenschirmen und -liegen zugepflastert und übers Wasser donnern Jet-Ski. Ruhiger und weniger überlaufen sind die Strandabschnitte weiter östlich.

Dodekanes Karte S. 619

Psérimos

Psérimos liegt nur eine Bootsstunde von Kos und Kálymnos entfernt Das ist auch der Grund, warum Psérimos während der Saison aus seiner idyllischen Ruhe hoch schreckt: Denn nur dann kommen an der einzigen Anlegestelle der Insel im einzigen Ort der Insel, Avlákia, Tag für Tag Ausflugsboote mit Touristen an, die sich hier einen kurzen Badeaufenthalt gönnen.

Die wenigsten Besucher bleiben länger als einige Stunden auf der Insel, die lediglich 16 qkm misst und nur etwa 30 permanente Einwohner hat. Wer jedoch den unschätzbaren Vorteil dieser kleinen Insel – Abgeschiedenheit und Ruhe – nutzen will, sollte einige Tage bleiben. Auf Psérimos gibt es weder Asphalt noch Autolärm. Erst seit wenigen Jahren wird Elektrizität auf die Insel geleitet – mittels eines Unterseekabels von Kos, das Wasser jedoch wird immer noch aus einer Quelle bezogen. Die Menschen auf Psérimos leben von der Schafzucht, der Imkerei und vom Fischen. Der sommerliche Tourismus garantiert einen willkommenen und notwendigen Zusatzverdienst.

- *Verbindungen* in der Hauptsaison tägliche Ausflugsboote von/nach Kos und Kálymnos. Die Überfahrt kostet ca. 8 €.
- *Übernachten/Essen* Es gibt nur eine Handvoll Unterkünfte in Avlákia. Selbst in der Hauptsaison übernachten kaum mehr als 40 Touristen auf der Insel. Für ein DZ ist je nach Ausstattung und Saison mit 15 bis 25 € zu rechnen, es stehen auch einige Studios zur Verfügung, für die man bis zu 35 € bezahlt.

Hotel Tripolitis, was sich Hotel nennt, ist in Wirklichkeit eine kleine Pension, die bereits seit 1979 Zimmer anbietet. In dem kleinen, zweistöckigen Haus nahe der südlichen Anlegestelle stehen nur wenige Zimmer zur Verfügung. ✆ 22430-23196.

Studios Kalliston, geeignet für einen längeren Aufenthalt sind die recht neuen Studios. Vermietet werden sie über die Taverne Marista, die auch Privatzimmer anbietet. ✆ 22430-51540.

▶ **Baden**: Wenn gerade ein Boot mit Ausflüglern gelandet ist, tummeln diese sich auf dem ca. 150 m langen Sandstrand. Sind die Boote weg, gehört der Strand wieder den Fischern und Kindern des Dorfes. Da der Strand Teil des Dorfes ist, die Platia von Psérimos, ist Badekleidung ein Muss und alles andere eine Provokation.

Umgebung von Psérimos

Es gibt weder antike Heiligtümer noch Naturwunder zu entdecken. Lohnenswert sind die Ausflüge und Spaziergänge ins hügelige Inselinnere vor allem wegen der himmlischen Ruhe, die nur von Ziegen und Schafen gestört wird.

Ein schmaler Pfad, der zunächst am Friedhof entlang verläuft, führt zu einer Quelle in einer Bucht an der Südküste, etwa 1,5 km vom Dorf entfernt. Von dem Quellhaus am südlichen Rand des Berghanges eröffnet sich ein schöner Blick auf die darunter befindliche Bucht.

Vom Strand führt ein anderer Weg parallel oberhalb zur Westküste. Er führt zur *Grafiotissa-Kirche*, die rund 2 km nordwestlich vom Ort liegt. Der kleine Ausflug durch die Sandsteinlandschaft lohnt vor allem wegen des Ausblicks auf die kleine, unbewohnte Nachbarinsel Plati und auf die kahlen Felsen von Kálymnos. Nahe der Grafiotissa-Kirche befinden sich einige kleine Sandbuchten und Höhlen.

Bis zum Kiesstrand der *Marathónda-Bucht* an der Nordküste wandert man etwa 45 Minuten; den Sandstrand der *Vathýs-Bucht* an der Ostküste erreichen Sie nach einem Marsch von ca. 30 Minuten.

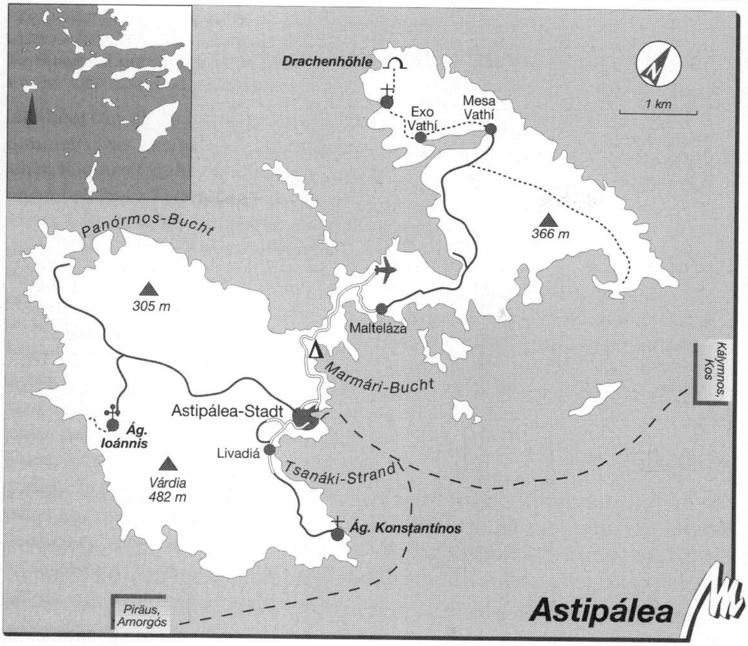

Astipálea

Weder Dodekanes noch Kykladen – Astipálea hat keine Eltern. Selbst in der Hochsaison verirren sich keine Urlauberarmeen auf die Insel. Grund dafür sind vorwiegend die schlechten Fährverbindungen.

Doch die karge, nahezu baum- und strauchlose Insel hat ihre Reize: eine verführerische Hafenbucht mit weiß getünchten Häuserkuben an karstigen Hängen, verwirrende Altstadtgassen, fotogene Windmühlen am Bergkamm und ein abenteuerliches Kastell, das mächtig über der Kesselbucht thront. Auch die Preise stimmen. Astipálea ist preiswerter als die überquellenden und überteuerten Kykladen. Wer Erholung fernab der gängigen Touristenströme sucht, wird sich auf der "Schmetterlingsinsel", wie Astipálea in Anlehnung an ihre Form genannt wird, wohl fühlen.

Verbindungen

Astipálea ist nicht leicht zu erreichen. Die Flüge sind oft lange vorher ausgebucht und mit der Fähre ist man von Kálymnos etwa drei, von Piräus gut zehn Stunden unterwegs.

Fähre: 2-mal wöch. besteht eine Fährverbindung zwischen **Kálymnos** und Astipálea. 1-mal pro Woche legt vormittags außerdem ein **Tragflächenboot** im Hafen an, um nachmittags nach **Kos** (via Kálymnos) zurückzufahren. Saisonabhängig machen 2-mal wöch. Fähren auf dem Weg vom Dodekanes nach **Piräus** auf der "Schmetterlingsinsel" Halt; die Überfahrt kostet gut 15 €. 2-mal pro Woche stoppen Fähren in Richtung Kykladen.

Flugzeug: Der winzige Insel-Airport befindet sich knapp 7 km westlich von Astipálea-Ort. Derzeit fliegen 1- bis 2-mal wöch. Propellermaschinen von **Athen** nach Astipálea und wieder retour. Der einfache Flug kostet rund 65 €.

Dodekanes
Karte S. 619

Astipálea auf einen Blick

Größe: Astipálea hat eine Fläche von 97 qkm.

Bevölkerung: Rund 1100 Menschen haben hier ihren festen Wohnsitz .

Geografie/Geologisches: Die westlichste Insel des Dodekanes ist karg, zerklüftet und fast baumlos. An ihrer schmalsten Stelle misst sie lediglich 200 m. Die höchste Erhebung ist der Varia-Gipfel (482 m) im südlichen Teil der Insel.

Straßen: Die wichtigsten Ortschaften sind durch eine Asphaltstraße miteinander verbunden.

Baden: Wer sich nur an feinen Sandstränden wohl fühlt, ist auf Astipálea fehl am Platz. Die besten Strände (Sand/Kies) finden Sie in Livádia und den Buchten südlich davon.

Übernachten: In Astipálea-Ort eine Reihe von Pensionen, Privatquartieren und Hotels – Bettenburgen aber gibt es auf der Insel nicht. Quartiere stehen außerdem in Livádia und Malteláza zur Auswahl. Bei Marmári, etwa 30 Gehminuten vom Hafen entfernt, liegt der einzige Zeltplatz.

Karten: Die Karte des Toubis-Verlages kann als Orientierungshilfe herhalten. Preis: ca. 1 €.

Astipálea-Ort

Die Architektur der Ortschaft trägt zweifelsohne kykladische Züge. Die weißen Häuserkuben ziehen sich den verkarsteten Felshang hinauf bis zum alten Kastell aus venezianischer Vergangenheit. Markantestes Erscheinungsbild neben den trutzigen Mauern sind die sieben Windmühlen auf dem Bergkamm.

An der Platia bei den Windmühlen locken zwei urige Tavernen mit Erfrischungen; auf den wackligen Stühlen sonnen sich Touristen. Spät am Nachmittag kommen die Möwen vom Hafen herauf, um bei der Frau des alten Fischers zu betteln. Im Hafen haben sie keine Chance: Dort regiert ein Pelikan – ganz so wie auf der Kykladen-Insel Mýkonos. Das Tier ist der Liebling aller. Wenn es etwas von den Straßenhändlern stibitzt, blicken diese großmütig in eine andere Richtung.

Oberhalb der Platia zieht sich ein Gewirr kleinster Gassen den Berg hinauf. In der Chóra, wo die Einwohner vergangener Tage vor den Angriffen der Piraten Zuflucht suchten, präsentiert sich Astipálea wie im Bilderbuch: weiß gekalkte, kubische Bauten, bunt bemalte Türen und Fensterrahmen, pittoreske Balkone, gewundene Treppen und satt leuchtende Blumen.

Verbindungen/Adressen

• *Verbindung* Es gibt einen **Inselbus**. Abgefahren wird von dem kleinen Platz unten am Hafen. Der Busplan ist auf einer alten Schiefertafel angeschlagen.

Wer den Bus verpasst, muss auf **Taxis** umsteigen. Sie warten praktischerweise neben der Bushaltestelle.

• *Adressen* **Zweiradverleih**, drei Verleihstationen in Hafennähe. Ein Moped kostet ca. 8 € pro Tag, eine 125er 15 €.

Übernachten

Keine große Auswahl. In der Hauptsaison mussten ankommende Urlauber schon mal am Strand schlafen. Der Zeltplatz bei Mamári ist vom Hafen gut 3 km entfernt.

Hotel Paradisos, großes, nicht zu übersehendes Haus mit blauen Fensterläden in der Hafenbucht. Der Besitzer des älteren Hotels lässt sich Zeit bei der Zimmervergabe. Lobenswert die herrliche Sicht von den kleinen Balkonen auf die Bucht. DZ in der HS für 35 €. ✆ 22430-61224, ℻ 61450.

Hotel Astynea, im Zentrum des Hafens. Zimmer tipptopp. Von den Balkonen Panoramablick über die Bucht. DZ in der HS für 35 €. ✆ 22430-61040, 📠 61209.

Pension Karlos, vis à vis der Fähranlegestelle, Blick aufs Wasser. Alle Zimmer sind sauber und aus der Dusche kommt stets heißes Wasser. Auf der Terrasse werden Frühstück und Abendessen (hervorragendes Lammfleisch) serviert. DZ in der HS ca. 35 €. ✆ 22430-61330.

Weitere Übernachtungsmöglichkeiten bieten die Hotels **Viva Mare** (oberhalb Olympic Airways), **Australis** (an der Uferstraße im Nordosten der Bucht) sowie **Georgios Apartments** (ebenfalls an der Uferstraße).

Zudem gibt es einen ganzen Schwung von **Privatquartieren**, zum Teil in vorzüglicher Hanglage mit Meerblick.

Essen/Nachtleben

• *Essen* Abends trifft man sich in den urigen Tavernen am Hafen.

Kikis Corner, nicht nur uns scheint es hier vorzüglich geschmeckt zu haben: Die Stühle sind allabendlich voll besetzt. Spezialität sind die Shrimps Saganaki, lecker auch die Dolmades. Beachten Sie die Gerichte auf der Tageskarte: Sie sind in der Regel ebenfalls empfehlenswert.

Taverne Dimitri, an der Straße hinauf zur Chóra, in Höhe der Apotheke die Treppe rauf. Großer Speisesaal mit leistungsstarken Neonröhren, vergilbten Bildern und ununterbrochen laufender Flimmerkiste. Die meisten Gäste nehmen wegen dieser "echt griechischen" Atmosphäre lieber auf der Terrasse Platz. Ausgezeichnet sind die Fischgerichte. Das Kilo Fisch kostet ca. 22 €.

• *Nachtleben* In den letzten Jahren sind in Astipálea etliche neue Pubs mit zum Teil extravagantem Outfit entstanden. Viele Besitzer sind von den Kykladen-Inseln zurück nach Astipálea gekommen.

Hinter den Windmühlen erhebt sich das Kastell von Astipálea

Artemis Bar, mit viel Liebe eingerichtete Terrassen-Kneipe unterhalb des Kastells – ein Hinweisschild würde nicht schaden. Herrlicher Blick über die Bucht. Abends Jazz und Rock und heiße Drinks.

Kafenion an der Platia, windschiefe Stühle auf der Straße und hinten raus eine gemütliche Terrasse. Hier treffen sich Einheimische und Insider.

Albatros Bar, an der Uferpromenade oberhalb des Ortsstrandes. Long-Drinks, Bier und Cocktails zu vertretbaren Preisen. Beste Stimmung zu vorgerückter Stunde.

Festung: Über der Chóra thront die venezianische Festung aus dem 13. Jh. Der Eingang an der Nordflanke des Kastells ist in dem Gassengewimmel ringsum nicht leicht zu finden. Durch einen tunnelartigen Durchgang gelangt man in den Innenteil der Anlage. Hier befinden sich zwei verschlossene Kirchen und einige zerfallene Häuser. Ansonsten stehen – ähnlich einer Filmkulisse – nur die Außenmauern. Die Festung ist nur noch Gerippe.

▸ **Baden**: Der Strand am Hafen fällt arg klein aus. Erfreulicherweise wird er regelmäßig gesäubert. Bessere Bademöglichkeiten bieten vor allem die Sand-/Kiesbuchten entlang der Südküste von Astipálea. Für rund 3 € gelangen Sie per Kaiki zum Strand *Agios Konstantinos*, 6 € kostet der Ausflug zur Bucht *Kaminiakia*.

Dodekanes Karte S. 619

Ziele auf der Insel

▸ **Livádia**: Während weite Flächen Astipáleas karg und baumlos sind, sprudelt in Livádia scheinbar ein Jungbrunnen. Grün und saftig präsentieren sich die Bucht und das angrenzende Tal. Grund dafür ist neben der künstlichen und mühsamen Bewässerung der Bach *Cristani*, der hier – wenn auch nur im Winter und Frühjahr – ins Meer mündet.

Am lang gestreckten Kiesstrand sorgen einige Bäume für Schatten. In den Tavernen herrscht bei Frappé und dicker Lektüre beste Urlaubsstimmung. In der Vorsaison ist die Ortschaft hingegen nahezu ausgestorben. Zu Fuß geht man vom Hafen in Astipálea-Ort knapp 30 Minuten. Die Fahrt mit dem Taxi kostet etwa 3 €.

Südlich von Livádia kommen zahlreiche eine Reihe von sandige Badebuchten (oft auch Kies). Je weiter im Süden, desto ruhiger.

Übernachten: Es gibt eine Reihe kleinerer **Pensionen** und **Privatzimmer**. DZ zwischen 15 und 25 €, je nach Saison und Ausstattung.

▸ **Bucht von Marmári**: Auf der Landkarte ist die Bucht als Strand eingezeichnet. Und in der Tat, im Sommer treffen sich dort einige Badefans. Was verwundert, denn unmittelbar hinter dem schmalen Kies-/Sand-/Steinstrand verläuft die Hauptstraße, natürlicher Schatten ist rar und im Wasser gedeihen die Pflanzen prächtig.

• Camping **Astipálea**, hohe Schilfpflanzen sorgen für reichlich Schatten, doch mehr Lob kann man nicht verteilen. Die Bademöglichkeiten sind bescheiden, der Boden steinhart (ohne robuste Isomatte ist man aufgeschmissen), die sanitären Einrichtungen zu klein und bis nach Astipálea-Ort ist man zu Fuß etwa eine halbe Stunde unterwegs. Pro Person ca. 3 €, Zelt 3 €. Fazit: nur etwas für Camping-Enthusiasten.

▸ **Malteláza**: Griechenland hautnah – Ziegen, Katzen, Hunde, Hitze, zwanzig Häuser und drei Tavernen. Hier ist Endstation für den Inselbus.

Übernachten **Hotel Malteláza**, etwa 300 m von der Anlegestelle entfernt. DZ in der HS für ca. 30 €, ✆ 22430-61446.

▸ **Vathí**: einsamer Fischerort ganz im Norden der Insel, knapp 20 km von Astipálea-Ort entfernt. Vathí ist nicht leicht zu erreichen. Ab Malteláza ist die Piste stellenweise kaum befahrbar. Das Dorf ist in zwei Hälften geteilt: das "Äußere Vathí" (*Éxo Vathí*) an der Mündung der engen, lang gezogenen Bucht und das "Innere Vathí" (*Mésa Vathí*) am Ende der Bucht. Die Ortsteile sind nur durch einen Fußpfad miteinander verbunden.

Was haben Sie entdeckt?

Haben Sie eine versunkene Stadt gefunden, eine freundliche Taverne weitab vom Trubel, ein nettes Hotel mit Atmosphäre, einen reizvollen Strand?

Wenn Sie Ergänzungen, Verbesserungen oder neue Tipps haben, lassen Sie es uns bitte wissen!

Schreiben Sie an:

Redaktion "Griechische Inseln"
c/o Michael Müller Verlag GmbH
Gerberei 19
91054 Erlangen
E-Mail: mmv@michael-mueller-verlag.de

Kálymnos

Die Insel der Schwammtaucher und Zitrusplantagen. Auf den ersten Blick wirkt Kálymnos karg und kahl, denn auf den hoch aufragenden Bergen wächst kein Baum. Und so haben die Kletterer die Insel als Reiseziel entdeckt – und gesellen sich jetzt zu den Strandurlaubern

Kálymnos ist eine vegetationsarme Insel, an den steinigen Hängen wachsen vor allem Wildkräuter, die dem hiesigen Honig seinen außergewöhnlichen Geschmack verleihen: Thymian, Oregano, Salbei. Nur in den unerwartet grünen Tälern an der Ostküste zeugen Olivenhaine und Zitrusplantagen vom Wasserreichtum dieser Gegend.

Touristisch erschlossen sind vor allem die Westflanke der Insel, die Inselhauptstadt Póthia und die Ortschaft Vathí an der Ostküste. Wer dem dort während der Hochsaison herrschenden Rummel entgehen möchte, der findet im Inselinnern und in den Buchten an der Nordostküste viel Ruhe und Erholung.

Die Größe der Hafenanlage von Kálymnos-Stadt und die vielen noch erhaltenen Herrenhäuser zeugen vom Reichtum vergangener Tage, als das Geschäft mit den Schwämmen noch Gewinn abwarf.

Verbindungen

Fähren: Die **Fährverbindungen** sind ausgezeichnet – täglich bestehen Anschlüsse nach Kos und anderen Inseln des nördlichen Dodekanes sowie nach Piräus. Täglich legen die großen Fähren (z. B. **G&A und D.A.N.E.**) auf der Strecke Rhódos–Piräus via Léros und Pátmos an. Die Fahrt nach Léros kostet 6 €, nach Pátmos 7 €, nach Kos 6 €. Tickets gibt es im Reisebüro nahe der Anlegestelle, kurz vor Abfahrt auch in der Taverne am Kai. Deutlich schneller sind die kleineren Fähren von **Dodekanisos Express**, die die Strecke täglich fahren. Sie sind allerdings auch teurer: für die Strecke Kálymnos-Kos bezahlt man etwas mehr als 10 €. Außerdem setzt mehrmals täglich ein **Tragflächenboot** nach Kos über.

Alle **Schiffsagenturen** haben Vertretungen an der Uferpromenade, einige Reisebüros verkaufen Tickets für mehrere Schiffslinien, die Logos weisen daraufhin.

Kálymnos auf einen Blick

Größe: ca. 110 qkm.

Bevölkerung: etwa 17.000 Menschen.

Geografie/Geologisches: Hoch ansteigende, kahle Felsen kennzeichnen die in weiten teilen unberührte Insel. Die höchste Erhebung ist der Profítis Ilías mit 679 m.

Wichtige Orte: In der Inselhauptstadt *Póthia* lebt fast die gesamte Inselbevölkerung. Die meisten Touristen zieht es an die Westküste mit den Ortschaften *Massoúri*, *Myrtiés*, *Linária* und *Kantoúni*. Von dort aus lohnt sich ein Ausflug auf die vorgelagerte Insel *Télendos*. Für einen Tagesausflug sehr zu empfehlen ist auch die kleine Ansiedlung *Vathí* an der Ostküste.

Straßen: Alle Ortschaften sind durch eine asphaltierte Straße miteinander verbunden, Nebenwege sind oft bloß Schotterpisten.

Entfernungen: Von Póthia nach Linária 6 km, nach Massoúri 10 km, nach Emporiós 24 km, nach Vathí an der Ostküste 14 km.

Auto-/Zweiradverleih: in Póthia und den Touristenorten an der Westküste.

Tankstellen: in Póthia, Linária sowie in der Nähe von Vathí.

Übernachten: Quartiere aller Preisklassen in Póthia und entlang der Westküste; zudem einige Zimmer in Vathí. Zum Teil recht preiswert sind Appartementanlagen mit Küche, Dusche und Terrasse. In der HS empfiehlt sich eine Reservierung vor Reiseantritt.

Karten: Das Kartenmaterial ist bescheiden, die von Emmanouil Vallas veröffentlichte ist jedoch im Straßenverlauf verlässlich.

Dodekanes
Karte S. 619

Harte Männer – weiche Schwämme

Wer in der Badewanne sitzt und sich mit einem samtweichen Schwamm einseift, wird kaum daran denken, dass es ein knochenharter Job ist, die sonderbaren Lebewesen vom Meeresboden an die Wasseroberfläche zu holen. Schwämme sind wirbellose Tiere ohne echte Gewebe oder Organe, die sich von den Kleinstlebewesen ernähren, die das durch sie durchströmende Meerwasser mit sich führt. Sie setzen sich vor allem auf felsigem Untergrund fest.

Von den früher rund 30 Booten (1948 waren es sogar noch 135) verlassen heute nur noch eine Handvoll den Hafen von Póthia, um zum Schwammtauchen rauszufahren. Jedes Jahr kurz nach Ostern fahren sie vor die nordafrikanische Küste, im Oktober kehren sie zurück. Früher war diese weite Fahrt nicht nötig, denn in der Ostägäis gab es Schwämme genug. Heute sind die einheimischen Fanggründe weitgehend abgeerntet, hinzu kam die Zerstörung der Schwammvorkommen durch eine Viruskrankheit Mitte der 80er Jahre. Und auch an der nordafrikanischen Küste wird es immer schwerer, ergiebige Stellen zu finden. Die meisten Schwämme, die in den Schwammfabriken („sponge factories“) rund um den Hafen von Póthia angeboten werden, sind denn auch importiert: aus der Karibik oder aus Asien. Die Schwämme werden in den „sponge factories“ beschnitten und durch mehrere chemische Bäder blondiert. Im Naturzustand sind sie dunkel- bis mittelbraun.

Póthia

Eine wuchtige Stadt, die sich in ein breites Tal Richtung Norden ausdehnt. Wenn man nachts mit der Fähre anlegt, bezaubert die imposante, hell erleuchtete Kulisse.

Póthia wirkt ungemein lebendig. Rund 15.000 der insgesamt 17.000 Kalymnier leben hier. Damit ist Póthia die zweitgrößte Stadt des Dodekanes. Nur in Rhódos-Stadt leben mehr Menschen. Von den Cafés und Restaurants an der Uferpromenade hat man den besten Blick aufs Meer – dann muss man jedoch auch den Verkehrslärm in Kauf nehmen. Dem können Sie sich durch einen Spaziergang durch den ab 1850 entstandenen Ortskern entziehen. In den Gassen, die sich steil den Hang hinaufwinden, stoßen Sei immer wieder auf neoklassizistische Häuser: meist Domizile ehemaliger Kapitänsfamilien..

Information/Verbindungen

- *Information* Das weiße Häuschen der **Touristeninformation** steht recht zentral an der Uferpromenade, zu erkennen an Schiffs- und Busfahrplänen und Plakaten, die an die Fenster geklebt sind. Die Angestellten sind freundlich und hilfsbereit, leider sind die Öffnungszeiten etwas undurchsichtig. Auf jeden Fall aber finden Sie das kleine Büro vormittags offen.
- *Verbindungen* Die **Busverbindungen** an die Westküste der Insel sind gut. Die Busse fahren von der Markthalle (im Osten des Hafens) ab. Von 6.50–22 Uhr pendeln zwischen Póthia und Massoúri Busse in stündlichem Abstand. 4-mal tägl. Verbindung nach Vathí (der erste ab Póthia bereits um 6.30 Uhr, der letzte um 18 Uhr), 2-mal tägl. nach Emporiós. Angefahren werden außerdem Vlidahia, Argos und Platiy Gialios.

So genannte **Bus-Taxis** verkehren zwischen Póthia und Massoúri. Sie fahren an der Taxizentrale im Zentrum ab.

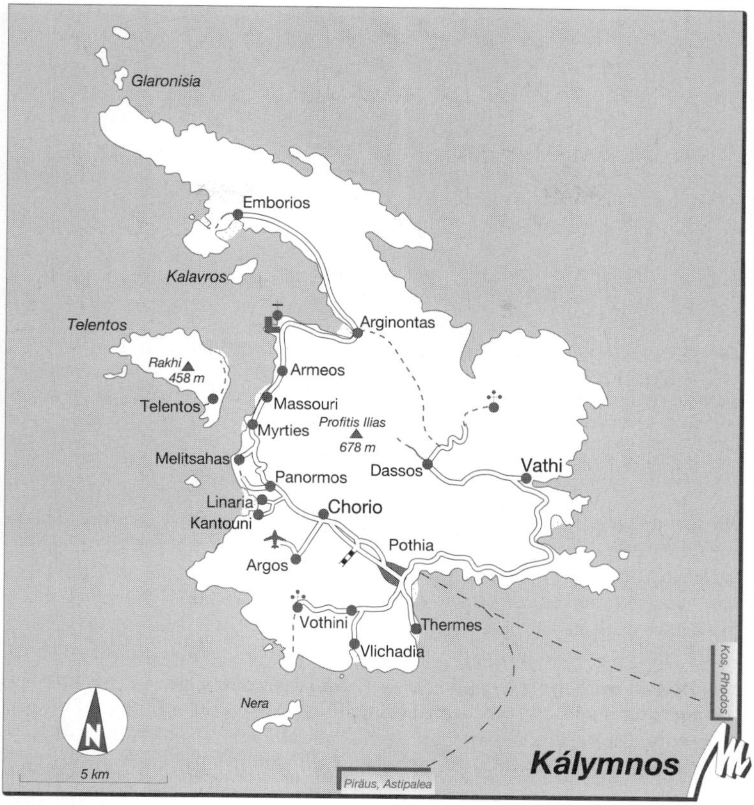

Übernachten

Wenn die Fähren anlegen, werden Hotel- und Privatzimmer in Hülle und Fülle angeboten. Wer Ruhe sucht, sollte sich eine Unterkunft oberhalb der Uferpromenade suchen. Die Orientierung im dortigen Gassengewirr fällt anfangs etwas schwer, denn die meisten Straßen tragen keine Namen..

• *Übernachten* **Pension Greek House**, die Besitzer kontaktiert man in der Taverna Flaskos/Kafenion Aderfia, die sie auch betreiben. Diese liegt direkt am Beginn der Uferpromenade, wenn man von der Schiffsanlegestelle kommt. Das freundliche Ehepaar führt unter dem Namen Greek House inzwischen drei Häuser. Zwei davon befinden sich im Gassengewirr oberhalb des Hafens und sind daher angenehm ruhig Die kleinen, hübschen Appartements kosten zwischen 25 und 30 €. ✆ 22430-23752, -29559. Wenn die beiden Häuser oben im Ort voll belegt sind, gibt es auch Appartements in einem Haus direkt an der Uferpromenade. Die aus Folklore und Kitsch zusammengewürfelte Einrichtung versprüht einen bizarren Charme, der Verkehrslärm jedoch ist uncharmant.

Hotel Arhondiko (geschrieben: APXONTIKO), schön renoviertes, altes Hotel, das von einem sehr freundlichen, älteren Griechen geführt wird. Es liegt an der Uferpromenade, unweit der Schiffsanlegestelle, doch etwas zurückversetzt und ist deshalb recht ruhig. Die mittelgroßen Zimmer sind mit Fernseher und Kühlschrank ausgestattet, einige auch mit Balkon. In der NS be-

Dodekanes Karte S. 619

Hafen von Póthia

zahlt man mit inkl. Frühstück 35, in der HS bis zu 45 €. ☏ 22430-24051, ℻ 24149.

Villa Themelina, auch wer sich ein Zimmer hier nicht leisten kann, sollte das Hotel besichtigen! Das unter Denkmalschutz stehende Belle-Epoque-Hotel liegt am Stadtrand von Póthia, in Evangelistria, neben dem Archäologischen Museum. Das alte Gebäude hat Patina und ist sehr gepflegt. Der Blick von der Dachterrasse ist so berauschend wie die riesige Terrasse selbst; wunderschön auch der Garten mit Pool im rückwärtigen Patio, wo das Frühstück serviert wird. Die Hotelzimmer haben hohe Decken und Holzböden. Rund um den Garten gibt es auch Studios für mehrere Personen. Die Atmosphäre ist eher entspannt als gediegen. Einer der schönsten Unterkünfte auf den Inseln des Dodekanes. Das DZ mit Frühstück gibt es für rund 50 €, die Studios kosten für zwei Pers. etwa 60, für drei 70 €. ☏ 22430-22682, ℻ 23920.

• *Essen* Eine Empfehlung verdient die **Fischtaverne Onkel Petros**, wo gute Kalamari serviert werden, aber auch ordentliche Grillgerichte wie Souvláki auf den Tisch kommen. Unbedingt probieren sollte man Skordalia (Kartoffel-Knoblauch-Püree), der hier exzellent ist.

Spezialitäten aus Kálymnos, Fisch und Meeresfrüchte gibt es in der hübschen **Taverne Pandelis**, die in einem ruhigen Hof etwas hinter der Uferpromenade liegt und dort auch ausgeschildert ist. Das Essen ist wirklich ausgezeichnet, kein Touristennepp.

Sehenswertes

Lesesaal "Die Musen": an der Hafenpromenade. Bereits zum Ende der türkischen Besatzungszeit wurde auf Kálymnos ein Lesezirkel gegründet, der kulturelle und patriotische Ziele verfolgte. Während des Zweiten Weltkriegs lösten die Faschisten den Zirkel auf und zerstörten das Gebäude. Das heutige Haus mit der gut 6 m hohen Decke stammt aus dem Jahr 1978. Das Gebäude mit seinen drei weißen Säulen beherbergt auch ein stilvolles *Kafenion*, in dem man unbedingt einen Kaffee trinken sollte.

Schwammfabrik: Es gibt mehrere derartiger "Fabriken". Hier werden die Schwämme chemisch behandelt, zurecht geschnitten und verkauft. Je nach Größe und Art kosten sie bis zu 15 €.

Archäologisches Museum: Wären nicht die zahlreichen Hinweistafeln, man hätte keine Chance, das gut versteckte Museum zu finden. Auch wenn der Titel etwas hoch gegriffen ist, der Weg lohnt sich: Vier Räume des ehemaligen Wohnhauses von Nikos Vouvalis, einem reichen Geschäftsmann der Insel (1853–1919), sind heute für die Besucher geöffnet. Zu sehen gibt es in einem spartanisch eingerichteten Zimmer alte Vasen, Teller und Gläser. Wesentlich prunkvoller dagegen der Speisesaal, das prächtige Wohnzimmer und das Arbeitszimmer des Kaufmanns. Ursprünglich verfügte das Anwesen über 32 Zimmer! Im Erdgeschoss des Hauses ist die kleine archäologische Sammlung der Insel untergebracht. Die prähistorischen Funde stammen hauptsächlich aus den Grotten von Kálymnos.

Öffnungszeiten tägl. von 10–14 Uhr, Mo geschlossen, Eintritt frei.

Ubaden: Nahe von Póthia nur bescheidene Möglichkeiten. Wenn Sie sich in Richtung *Thermen* aufmachen, die 1 km südlich von Póthia liegen, finden Sie je eine kleine Bucht vor und hinter den Thermen. Das Wasser ist sehr sauber und klar. In der ersten Bucht sorgt eine Strandbar für Getränke, Snacks und Liegestühle, in der zweiten serviert die Taverne Acrogiali richtige Mahlzeiten und ordentlichen Wein.

Am südlichen Zipfel von Póthia führt eine Straße am Hang hinauf in Richtung der Ortschaft *Vothíni*; hier gabelt sich die Straße. Der Weg zur *Vihandi-Bucht* (ca. 6 km von Póthia entfernt) ist ausgeschildert. Die beiden rund 200 m langen Strandabschnitte sind durch einen kleinen Kai voneinander getrennt

Westküste

Die Westküste von Kálymnos mit der vorgelagerten Insel Télentos bietet eins der schönsten Panoramen des Dodekanes, besonders bei Sonnenuntergang. Wegen der vergleichsweise guten Bademöglichkeiten verbringen die meisten Touristen ihren Urlaub hier.

▸ **Kantoúni/Linariá:**: Zwei eher reizlose Badeorte, die zusammengewachsen sind. Am sauberen Kies- und Sandstrand legen Meeresschildkröten ihre Eier ab, die Gebiete sind dann mit Seilen abgetrennt. Es gibt viele Unterkünfte und noch mehr Urlauber. Sehenswert ist das *Kloster des Kreuzes*, das förmlich am steilen Felshang klebt. Es ist über einen ausgetretenen Pfad zu erreichen.

• *Übernachten* **Kalydna Island Hotel**, am Ortseingang (Kantoúni-Pánormos). Das Zentrum der üppig begrünten Appartementanlage im mediterranen Stil bildet der Pool. Ein Appartement für zwei Personen kostet 50 € aufwärts. ✆ 22430-47880/1, ℻ 47190.

Direkt am Strand von Kantoúni liegen die **Studios Koletti**. Hinter dem Gebäude ein etwas verwilderter Steingarten, zum Meer hin eine überdachte Terrasse mit Tischchen und Liegen. Sympathisch die Anlage, angenehm die Atmosphäre. Ein Studio kostet zwischen 30 und 40 €.

▸ **Melítsahas**: Eher eine Ansiedlung denn eine wirkliche Ortschaft. Sie liegt südlich von Myrtiés auf einem Hügel. An dem Sand-/Kiesstrand spenden ein Dutzend Bäume Schatten.

• *Übernachten* **Maria's Studios**, am Hang gelegen, so dass man einen schönen Blick über die Bucht und auf die Insel Télentos genießt. Eine der wenigen Unterkünfte, die nicht von Agenturen gebucht ist. Die Zimmer, in denen bis zu 3 Pers. wohnen können, verfügen über eine Kochgelegenheit und kosten zwischen 30 und 50 €. ✆ 22430-48135.

Massoúri und Myrtiés

Von Kantoúni steigt die Straße zunächst etwas an und führt dann über enge Serpentinen hinunter zur Bucht von Massoúri. Hier liegen die beiden Ortschaften Myrtiés und Massoúris direkt hintereinander.

Ein Grund, warum viele hier Urlaub machen, ist der schöne, weitläufige Sand- und Kiesstrand, der in Hochsaison gut besucht ist. Wer mehr Einsamkeit sucht, setzt mit der kleinen Bootsfähre zur vorgelagerten Insel Télentos über. Sie bildet ein unvergessliches Panorama: hinter der mächtigen Insel versinkt allabendlich die Sonne theatralisch im Meer. Die Berge im Hintergrund sind karg, Büsche und Bäume wachsen hier nicht. Die Kletterer unter den Sportlern freuen sich darüber.

• *Übernachten* Die meisten Hotels sind in der Hochsaison mit Pauschaltouristen aus ganz Europa ausgebucht. In beiden Orten werden vor allem Appartements angeboten.

George Fatolitis Beach Studios, in Massoúri, am Ortsausgang Richtung Armeós linker Hand. Sympathische, ruhige Anlage mit vielen Blumen. Zimmer sind sauber, aus den Duschen kommt heißes Wasser, von der Terrasse hat man einen unverbauten Blick auf die Bucht und die Insel Télentos. DZ ab 25 €. ✆ 22430-47091.

Zairis Studios, in Myrtiés an der Durchgangsstraße. Der sehr freundliche, ältere Grieche vermietet schöne Appartements, die rund 25 € kosten. Sie sind einfach eingerichtet und sauber, der kleine Garten dient den Gästen zur Entspannung. ✆ 22430-47580, -23225.

Acrogiali, in Myrtiés an der Durchgangsstraße. Die Studios sind eine echte Empfehlung und deshalb auch entsprechend schnell ausgebucht, eine Reservierung ist notwendig. Die Einrichtung ist mediterran, schlicht und geschmackvoll. Die Balkone bieten einen sensationellen Blick aufs Meer und die Insel Télentos. Die Appartements sind für zwei bis vier Personen ausgelegt und für die Ausstattung nicht zu teuer: Zu dritt bezahlt man in der NS z. B. 45 €. ✆ 22430-47521 (Michalis Kalavros)

• *Essen* Etliche Tavernen in Meeresnähe und an der Ortsdurchfahrt, viele Empfehlungen gibt es nicht.

Taverne Stalas, seit 1968 derselbe Besitzer und am selben Ort: unmittelbar an der kleinen Mole von Myrtiés. Gute Fischgerichte. Sehr schön auch der Blick von der Terrasse am Meer auf die Insel Télentos.

Wer griechische Spezialitäten essen möchte, fährt besser weiter nach Armeós. Dort bietet die **Taverne Tsopanakos** z. B. Ziegen- und Lammfleisch und kalymnische Gerichte an.

▶ **Insel Télentos**: Ein beeindruckender Anblick: Schon früh versinkt die Sonne hinter dem mächtigen und düster wirkenden Felsen. Die bunten Lämpchen des Hafens vor der grandiosen Farbkulisse im Hintergrund ergeben ein sehr fotogenes Zwielicht.

Angeblich soll die Insel Télentos durch ein Erdbeben im 6. Jh. n. Chr. von Kálymnos abgetrennt worden sein. Gerüchten zufolge befinden sich auf dem Grund der 700 m breiten und bis zu 40 m tiefen Meerenge noch Reste einer versunkenen Stadt. Die schönste der Legenden ist jedoch, dass es sich bei Télentos um eine versteinerte Prinzessin handelt, die auf das Meer hinausblickt in Erwartung der Rückkehr ihres Geliebten. Die wenigen Einwohner von Télentos leben hauptsächlich vom Tourismus und von der Fischerei.

• *Verbindung* Von der Hafenmole in Myrtiés aus verkehren zwischen 8 und 24 Uhr Kaikis (kleine Boote) halbstündlich. Die Überfahrt kostet 1,50 €, Tickets gibt's beim Kapitän beim Einsteigen.

• *Essen/Übernachten* Inzwischen haben auch große internationale Reiseagenturen die Insel entdeckt. Es gibt jedoch noch immer sympathische, kleine Unterkünfte, die meistens über die rund zehn Tavernen der Insel vermietet werden. Man findet DZ ab 20 €, aber auch Nobelunterkünfte, die bis 60 € kosten. Schön sind die (leider nur wenigen) Zimmer von „On the Rocks" mit Balkon, Bad und Toilette, die 30–47 € (DZ) bzw. 35–55 € (3–4 Pers.) kosten, ✆ 22430-48260, ℻ 48261. Barba Stathis' Taverne ist eine gute Adresse für Essen und Trinken.

▸ **Emporiós**: Der verschlafene Hafenort ganz im Norden von Kálymnos ist per Bus (oder Boot ab Myrtiés) zu erreichen; uns aber erscheint die Anfahrt mit dem Mofa ideal. Denn so können Sie die karge und wenig bewachsenen Landschaft des Nordens auf eigene Faust erkunden. Besuchern bietet Emporiós gute Bademöglichkeiten, zwei Tavernen und viel Ruhe.

• *Essen/Übernachten* **Harry's Paradise**, Taverne mit angeschlossenen Garten-Appartements. Der Besitzer (Harry) lebte lange in England und Australien und ist sehr freundlich. Die schönen Appartements kosten zwischen 25 und 35 €. ✆ 22430-40061. Auch das Essen in der Taverne ist eine Empfehlung wert.

Ostküste

Die Straße von Póthia nach Vathí schlängelt sich kurvenreich an Felswänden entlang, rechts hat man immer die Ägäis im Blick. Ziegen suchen vergeblich Schatten am Straßenrand. Nach ungefähr 6 km dann traut man seinen Augen nicht. Man biegt um eine Kurve und fährt nun von oben in ein grünes, fruchtbares Tal hinein: das Tal von Vathí, eine Oase inmitten einer kargen Felslandschaft

▸ **Vathí**: Am Ende einer schmalen, tief eingeschnittenen Bucht liegt die kleine Ansiedlung. Inmitten der kargen, grau-weißen Bergwelt glitzert das Blau des Meeres und reicht fast bis an das Grün der Mandarinen-, Zitronen- und Orangenplantagen heran. Im Hafen von Vathí ankert eine bunte Vielzahl von Fischerbooten und Segeljachten. Ein paar Schritt landeinwärts, auf der anderen Seite der Mole, wetteifern fünf ausgezeichnete Tavernen um die Gunst der Gäste.

• *Verbindung* Tägl. 4-mal fährt der **Bus** von Póthia nach Vathí, der erste schon 6.30 Uhr. Der letzte Bus zurück fährt ungefähr um 18 Uhr. Die Fahrt kostet knapp 1 €.

• *Übernachten* **Pension Manolis**, inmitten eines blühenden Gartens. In exponierter Lage thront das Haus an einem Hügel über der Bucht, rechter Hand wenn Sie aufs Meer blicken. Das DZ kostet zwischen 15 und 25 €. ✆ 22430-31300.

Hotel Galini, direkt am Platz an der Schiffsanlegestelle. Einziges Hotel am Platz (mit Restaurant), DZ mit Balkon 15–20 € mit Frühstück. ✆ 22430-31241.

• *Essen* Einen Favoriten auszumachen fällt schwer, fünf Tavernen buhlen um die Gunst der Ausflügler. Sie liegen alle rund um den Platz an der Schiffsanlegestelle. Uns hat die **Taverne Popi** mit großer, schattiger Terrasse, freundlichem Service und schönem Blick auf den Hafen gut gefallen.

▸ **Baden**: reduziert auf einen Sprung von der Mole in das saubere Wasser des Hafenbeckens. Von Vathí aus starten Kaikis zu den unberührten Buchten der Nordostküste. Mit Preisen zwischen 7 und 20 € kommt der Transfer jedoch auf Dauer teuer zu stehen.

▸ **Wandern**: Von Vathí aus kann man sehr schöne Wanderungen in den nahezu unbewohnten Osten unternehmen, z. B. nach *Dássos*, und von dort aus zum verlassenen *Kloster Panagía Kira Psili*. Es geht steil hoch – Wasserflasche nicht vergessen!

Karte S. 619

Léros

Krasser können Gegensätze kaum sein: Die Hafenstadt Lakkí wirkt wie eine verlassene Filmkulisse mit ihrer monumentalen Art-deco-Architektur – ein Vermächtnis der italienischen Besatzungszeit (1912–1943). Wer jedoch mit einem kleineren Schiff ankommt, landet in der pittoresken Ortschaft Agía Marína: an der Hafenpromenade haben Tavernenbesitzer wackelige Stühle und Tische aufgestellt, im Schatten schlafen die Katzen.

Léros ist touristisch erschlossen, aber selbst in der Hauptsaison nie überlaufen. Dass der große Run der Touristen ausgeblieben ist, hat wohl vor allem geschichtliche Gründe. Denn während der Zeit der Militärdiktatur, von 1967 bis 1974, ließ Junta-Chef *Papadopoulos* politische Gefangene auf Léros einkerkern. Eines dieser Lager befand sich nahe der Ortschaft Partheni im Norden der Insel. Dort wurden vor allem prominente Häftlinge gefangen gehalten, darunter auch der Musiker *Mikis Theodorakis*. Heute verfällt die Anlage. Hinweise auf dieses dunkle Kapitel der jüngeren Geschichte der Insel sucht man vergebens.

Den wenig schmeichelhaften Beinamen "Insel der Irren" verdankt Léros der nahe Lakkí eingerichteten psychiatrischen Klinik..

- Verbindungen Da Lakkí, der Hafen von Léros, von den großen **Fähren** auf der Route Piräus–Rhodos angelaufen wird, bestehen in der Hauptsaison täglich Verbindungen zu den nördlichen und südlichen Nachbarinseln. Dazu kommen kleinere **Boote**, die vor allem für Tagesausflüge genutzt werden, und die **Tragflächenboote**, die Léros täglich anlaufen. Sie und die kleineren Schiffe wie der Dodekanisos Express legen ausschließlich in *Agía Marína* an der Ostküste an. **Tragflächenboote** legen nur in Agía Marína an (nach Pátmos für 9 €).

Flugzeug: Ganz im Norden von Léros befindet sich einer der kleinsten Flughäfen der Ägäis. In der HS täglich ein Flug nach Athen (1 Std.), in der NS 4-mal wöch. Andere Strecken werden nicht bedient.

Information Auskünfte zu den Flug- und Fährverbindungen samt Preisen erteilt die Agentur Kastis Travel, die in Lakkí (gegenüber vom Taxistand) und Agía Marína (am Hafen) Filialen unterhält.

Léros auf einen Blick

Größe: Fläche 52 qkm, Küstenumfang 71 km.

Bevölkerung: rund 8000 Einwohner

Geografie/Geologisches: Léros ist eine flache Insel. Die höchste Erhebung, der Hügel *Klidi*, steigt 327 m an. Drei kleine Hügelketten, die von tief in den Inselkörper schneidenden Buchten getrennt sind, gliedern die Insel.

Wichtige Orte: der Hafen *Lákki*, die Hauptstadt *Plátanos* sowie die Touristenorte *Alínda, Pantelí, Agía Marína* und *Xerókampos.*

Straßen: Die Straßenverbindungen zwischen den Orten sind einwandfrei.

Auto-/Zweiradverleih Mofas und Vespas kann man in Lakkí, Agía Marína, Pantelí und Alínda mieten (ca. 10–20 € pro Tag). Fahrräder kosten etwa 3 € täglich. In Agía Marína und Lakkí bekommt man auch ein Auto, allerdings nicht ganz billig: Ein Kleinwagen kostet rund 35 € pro Tag. Bei der Vermittlung hilft Kastri Travel in Agía Marina und Lakkí.

Tankstelle: in Lákki, Plátanos und an der Straße nach Partheni.

Übernachten: In den letzten Jahren entstand eine Vielzahl neuer Hotels. Quartiere gibt es in Lákki, Pantelí, Agía Marína und Alínda. Der einzige Zeltplatz der Insel befindet sich in Xerókampos.

Karten: Die handelsübliche (blaue) Karte ist einigermaßen genau im Straßenverlauf.

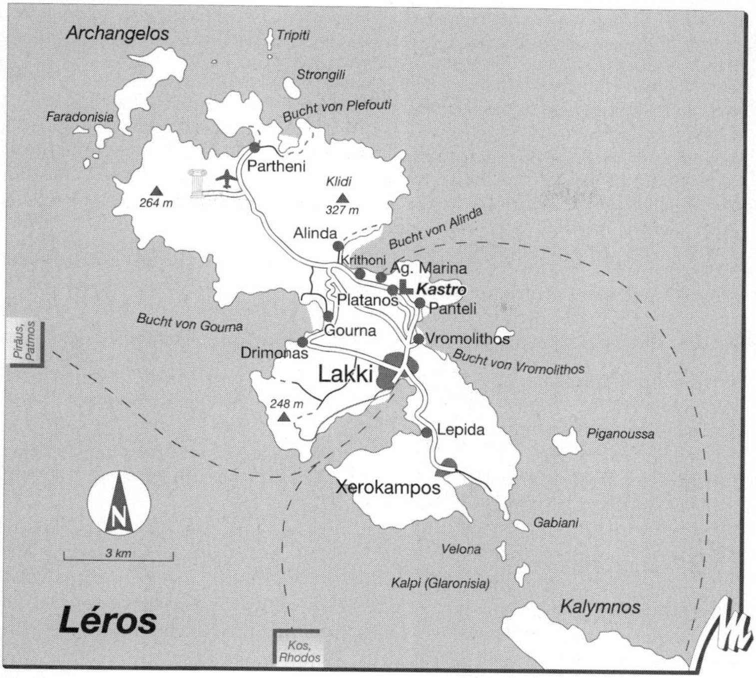

Lákki

Wer in Lakkí mit der Fähre ankommt, traut seinen Augen nicht: Das kann keine griechische Insel sein. Die Bucht zählt zu den größten Naturhäfen der Ägäis. Gut 400 m misst die Hafenfront. Entlang der breiten Promenade reihen sich pompöse, teils leer stehende Art-deco-Bauten, Rasenflächen und Sitzbänke aneinander. Die Promenade wirkt wie der ganze Ort: nüchtern, gradlinig, leer. Tagsüber sind die breiten Prachtstraßen wie ausgestorben; erst am Abend wird es lebendiger.

Errichtet wurde Lakkí von den italienischen Besatzern, entworfen hatten sie den Aufbau am Reißbrett. Die Italiener bauten Lakkí zwischen 1912 und 1943 zur Fliegerbasis und zum Flottenstützpunkt aus. Lange Zeit schienen die Art-deco-Bauten den Griechen wohl unheimlich, doch einer nach dem anderen wurde in den vergangenen Jahren renoviert. So bleibt Lakkí, das architektonische Kuriosum des Dodekanes, erhalten.

Information/Verbindungen

- *Information* Auskünfte zu den Flug- und Fährverbindungen samt Preisen erteilt die Agentur Kastis Travel, die in Lakkí (gegenüber vom Taxistand) und Agía Marína (am Hafen) Filialen unterhält.
- *Verbindungen* **Busse** verkehren mehrmals tägl. zwischen Lakkí und Parthéni im Norden sowie zwischen Lakkí und Xerókampos im Süden der Insel. Preis: etwa 0,75 €. **Taxis** warten in der Regel bereits an der Anlegestelle auf Kundschaft.

Zweiradverleih, am Hafen von Lákki kann man Fahrräder ab ca. 3 €, Mofas für etwa 8 € mieten.

Dodekanes Karte S. 619

Übernachten

Die meisten Besucher zieht es an die Ostküste – nur wenige übernachten in Lakkí. In jüngster Zeit haben dennoch einige ansprechende Quartiere eröffnet.

Smalis Studios, am Hafen über dem Fastfood-Restaurant. Große Zimmer mit Kitchenette, Marmorboden, TV, Terrasse und neuem Bad. Studio ab 35 €. ✆ 22470-22145, -23831.

Hotel Xenon Angelou, nordöstlich des Ortszentrums. Sehr ruhige Lage, ausgezeichnetes Frühstück. Der viel gereiste Besitzer hat hier seine Sommerresidenz und versteht es, eine familiäre, gastfreundliche Atmosphäre zu verbreiten. DZ zwischen 43 und 58 €. ✆ 22470-22514, ℻ 24403.

Hotel Miramare, hinter der Uferpromenade. Alle Zimmer mit Dusche/WC und Balkon. Sehr gepflegt. Die Betreiber sind sehr freundlich. DZ in der NS 25, in der HS 35 €. ✆/℻ 22470-22469.

Essen/Trinken

Trotz einiger Bemühungen verfügt Lákki über keine nennenswerte touristische Infrastruktur. Wer abends unter Leute will, sollte sich ins Dreieck Plátanos – Agía Marína – Pantelí bemühen.

To Petrino, empfehlenswerte griechische Taverne am Ort. Sie liegt parallel zur Uferpromenade neben der Post, zu finden, indem man an dem Platz mit dem Denkmal an der Uferpromenade landeinwärts abbiegt.

Der Süden

Die Küste südwestlich von Lákki ist angenehm ruhig, ausgezeichnet geeignet für *Spaziergänge*: Von *Merikia* aus, wo die asphaltierte Straße endet, führt eine Piste weiter bis zur Westspitze dieses Inselteils. Mehrere Wege zweigen Richtung Ufer ab. Entlang des Weges gibt es immer wieder Abschnitte mit dichtem Baumbestand aus duftenden Nadelbäumen. Auch das Dorf *Lepídha* ist eine Besichtigung wert, verfügt es doch über ein kleines Kastell, in dem eine Kirche mit frühchristlichen Mosaiken steht.

▸ **Xerókampos**: Ein Ausflugsziel, das sich vortrefflich für eine Fahrradtour eignet. Die Strecke ist zwar etwas hügelig, dafür werden die Mühen mit einem herrlichen Blick auf die Bucht von Lakkí belohnt. Xerókampos selbst strahlt eine angenehme Ruhe aus. Am Kiesstrand liegen Fischernetze zum Trocknen, einige Boote schaukeln friedlich auf dem Wasser, zwei Tavernen versorgen die Reisenden – ein guter Platz für einen erholsamen Urlaub.

• *Verbindung* mehrmals tägl. **Busse** nach Lakkí und Plátanos

• *Übernachten* **Pension Villa Alexandros**, die Pension ist von der Hauptstraße aus ausgeschildert. Großes, weiß gekalktes Haus mit schönen, kühlen Appartements, einige davon gehen über zwei Etagen. Alle Zimmer haben eine Klimaanlage, eine Küche und einen Balkon. Die Appartements kosten zwischen 30 und 45 €, ✆ 22470-24220, -22202.

Efstahia Appartements, im Sommer 1994 eröffnete Anlage mit Pool und kleinen Windmühlen. Zimmer mit gut ausgestatteter Küche zwischen 30 und 46 €. ✆ 22470-24099.

• *Camping* Gut 500 m vom Meer entfernt liegt der einzige **Zeltplatz** der Insel (✆ 22470-23372). Beachten Sie die Hinweisschilder. Was am meisten auffällt, ist die Ruhe und der reichlich vorhandene Schatten. Auch in der Hochsaison wohnen hier nur wenige Touristen. Neben der Anlage gibt es einen kleinen Laden, dort kann man sich mit dem Nötigsten versorgen. Preis: Zwei Personen mit kleinem Zelt zahlen in der NS 11 €, in der HS 15,50 €.

Inselmitte

Diese Region der Insel wirkt erfrischend und abwechslungsreich. Größerer Baumbestand, optisch reizvolle Buchten, reichlich Urlauber – einfach mehr Leben. Und über allem thront das mächtige Kastell von Plátanos.

Agía Marína und Plátanos

Auch wenn auf den Karten immer zwei Ortschaften eingezeichnet sind – Agía Marína und Plátanos sind zu einem Ort zusammengewachsen. Der Hafenort Agía Marína besteht aus der Anlegestelle, der kleinen Uferpromenade mit Tavernen, Cafés, Souvenirshops und einer gigantischen Kirche, die ausnahmsweise nicht strahlend weiß-blau ist, sondern in Erd- und Rottönen gehalten.

Die Durchgangsstraße, die nach und durch Plátanos führt, ist unglaublich schmal, so dass Staus zum Alltag gehören. Hübsch ist der Marktplatz von Plátanos; den Hang hinauf zieht sich die Ortschaft, durch die verwirrend viele Gassen führen. Oben auf dem Hügel thront das mittelalterliche Kastell.

• *Verbindungen* **Tragflächenboote** sowie kleine und mittlere Fährboote legen generell nicht in Lakkí, sondern in Agía Marína an. Hilfreich ist ein Besuch in der Reiseagentur **Kastis Travel** am Hafen von Agía Marína: präzise Auskünfte, freundliches Personal.

• *Bank* im großen, weißen Gebäude direkt am Hafen, mit Geldautomat.

• *Post* an der Straße, die von Plátanos nach Agía Marína führt.

• *Übernachten* **Hotel Eleftheria**, die großzügige Anlage liegt hinter dem Reisebüro Laskarina (an der Durchgangsstraße), das der Hotelbesitzer ebenfalls betreibt. Manchmal scheint er mit der Fülle an Aufgaben überfordert. Überzeugend ist die riesige Dachterrasse mit Pool. DZ ab 20 €, Studio mit Bad und Balkon ca. 30 €. ✆ 22470-23550, -24550, E-Mail: akanaris@otenet.gr.

• *Essen* Agía Marína ist der beste Ort der Insel, um lokale Spezialitäten zu essen. Es gibt u. a. zwei empfehlenswerte Tavernen: die **Ouzeri Kapaniri** und die **Ouzeri Kapetan Michalis**.

Kastell: Zwei Wege führen hinauf zur alten Johanniterburg aus dem 14. Jh. (andere Quellen sprechen vom 16. Jh.). Zu Fuß über eine Steintreppe dauert es ca. 15 Min. Wer mit dem Mofa unterwegs ist, dem steht eine fast 3 km lange Straße zur Verfügung. Weil es vom Militär genutzt wird, ist das Kastell für Besucher nur von außen zu besichtigen. In der Kirche, die zum Kastell gehört, ist ein Museum eingerichtet, in dem es eine bescheidene Auswahl an Devotionalien, Soutanen, historischen Bibelausgaben und Ikonen zu sehen gibt.

Öffnungszeiten tägl. 8–12.30 Uhr, Mi, Sa und So auch 15–19 Uhr. Eintritt 0,75 €.

Pantelí und Vromólithos

Die hübsche Ortschaft Pantelí, nur 1,5 km von Plátanos entfernt, liegt auf dem Weg zum Kastell, den sechs Windmühlen markieren. Schmal und serpentinenreich schlängelt sich die Straße von dort hinunter zum Meer. Von oben sieht man bereits die bunten Fischerboote auf dem Wasser schaukeln. Unten in der Bucht erheben sich steile Felswände, die Häuser kleben am Stein. Die Bademöglichkeiten sind gut, wenngleich der Strand etwas schmal geraten ist. Pantelí bildet zusammen mit Vromólithos, nur wenige hundert Meter weiter, die meist besuchte Region der Insel.

• *Übernachten* **Pension Afroditi**, nahe dem Basketballplatz mitten im Ort. Ruhig und sauber. Hier werden sowohl DZ (25–30 €) als auch Appartements (30–40 €) vermietet. ✆ 22470-23477.

Pension Happiness, an der Straße hinunter zum Hafen, skurriler Charme. Insgesamt 5 Zimmer mit Balkon oder Terrasse. DZ je nach Saison 20 bis 25 €. ✆ 22470-23498.

Dodekanes Karte S. 619

Das Kastell thront über Pantelí

Hotel Kavos, hinter der Anlegestelle. In der HS oft ausgebucht. Großzügige Zimmer mit kühlen Böden und blauen Balkonen. DZ ab 30 €. ✆ 22470-23247.

Die **Windmühlen** oben am Hügel werden über Laskarina Travel (s. auch Hotel Eleftheria in Plátanos) vermietet. Wer sich für diese extravagante Unterkunft interessiert, sollte vorab Laskarina Travel kontaktieren: ✆ 22470-23550, -24550, ℻ 24551, E-Mail: akanaris@otenet.gr

• *Essen* **Taverne Psaropoula**, schön gelegene Taverne im Hafen. Empfehlenswert die Lamm- und Fischgerichte sowie die verschiedenen Oktopusvorspeisen.

▸ **Bucht von Goúrna**: Der größte Sandstrand der Insel liegt in der Bucht von Goúrna, hinter der sich eine fruchtbare Tiefebene erstreckt. Stellenweise ist der Strand schön breit, einige Bäume spenden Schatten. Die Fischtaverne Goúrnas wartet auf Besucher, der Tavernenbesitzer geht derweil fischen. Man hat von der Bucht aus einen guten Blick auf die Windmühlen auf dem Hügel.

Am nördlichen Ausläufer der Bucht, bei Kokáli, liegt die *Kapelle des heiligen Isidor* auf einem Fels in der Ägäis. Über einen schmalen Betonsteg ist sie mit der Insel verbunden.

Bucht von Alínda

Lang gezogene Sand- und Kiesstrandbucht, 3 km nordwestlich von Agía Marína, mit Blick auf die mächtige Burganlage von Plátanos, die nachts beleuchtet ist. Kleinwüchsige Tamarisken bieten Schatten und für Abkühlung sorgt eine leichte Brise. Wegen des steten Windes tummelt sich in der Bucht auch eine Vielzahl von Windsurfern.

Direkt hinter dem Strand verläuft die Uferstraße, wer mit Kindern unterwegs ist, muss sie ständig im Auge behalten. Besser werden die Bademöglichkeiten, wenn man von Alínda-Beach aus am Ufer entlang in nordöstliche Richtung aufbricht. Hier erwarten Sie mehrere abgelegene Felsbuchten mit kristallklarem Wasser Lohnend ist ein Besuch im *Bellenis Tower*, einem rosafarbenen Gebäude mit einem eckigen und einem runden Turm. Es liegt direkt an der Hauptstraße, nicht zu übersehen. Zwei Stockwerke sind voll mit geschichtsträchtigen Waffen, Keramik, Trachten, Dokumenten und Fotos. Erklärungen leider nur auf Griechisch

Öffnungszeiten tägl. 10–13 Uhr und 18–21 Uhr. Eintritt 3 €.

• *Übernachten* Direkt am Strand befinden sich mehrere Pensionen und Hotels. Da die Bucht auch von diversen Reiseveranstaltern angeboten wird, sind die besten Zimmer nicht selten ausgebucht. Auf Privatzimmer machen Hinweistafeln aufmerksam.

Hotel Boulafendis, hundertjähriges Herrenhaus, hinter einem Zaun gelegen. Jetzt Restaurant mit Pianobar mit der Atmosphäre eines Jahrhundertwende-Cafés. Es beherbergt die Rezeption des Hauses. Dahinter erstreckt sich eine hypermoderne Bungalow-Ferienanlage mit Pool und allem, was dazugehört. Preis für 2 Pers. in einem der hübschen Bungalows ab 40 €. ✆ 22470-22857.

Hotel Irene, gepflegtes Haus, ruhig gelegen, rund 200 m vom Strand entfernt. Insgesamt stehen 40 Betten zur Verfügung. DZ in der HS um 28 €; vermietet werden daneben Appartements mit Kochgelegenheit. ✆ 22470-24164.

Effie's Apartments, direkt neben dem Hotel Irene. Die sympathische Betreiberin vermietet sehr schöne Appartements, die rund um einen üppig begrünten Hof liegen. Für 2 Pers. kosten die Appartements zwischen 30 und 40 €. ✆ 22470-24459, Fax 23507.

Kapelle Ágios Isídoros

• *Essen* Entlang der Uferpromenade haben sich einige Tavernen etabliert, die Tische und Stühle an den Strand gestellt haben. Mit den Füßen im Sand, bekommt man vor allem frischen Fisch und Grillgerichte serviert. Nett ist es in der **Taverna Finikas**: Die Mahlzeiten sind solide und günstig, der offene Wein sehr in Ordnung, der Service flott und aufmerksam.

Der Norden

Der nördliche Teil von Léros ist so gut wie menschenleer, dafür landschaftlich abwechslungsreich und vergleichsweise grün – gut geeignet für Fahrradausflüge und Spaziergänge. Nahe dem winzigen Flughafen sind die Überreste eines antiken Artemis-Tempels zu sehen: ein paar große Steinquader.

▸ **Bucht von Parthéni**: Ein Minihafen, acht Schiffe, zehn Fischernetze, fünf Häuser, sieben Katzen und zwei verrückte Wachhunde. Das Wasser ist verschmutzt. Bleibt nur, die Atmosphäre des Ortes mit dem violetten Gestein seiner Felsen zu genießen.

Eher zweitklassige Bademöglichkeiten bietet der *Strand Agia Kioura* nördlich von Parthéni. Vom kleinen Strand mitsamt Kapelle haben Sie jedoch eine schöne Aussicht auf die vorgelagerte *Insel Strongili*.

▸ **Bucht von Plefoúti**: östlich von Parthéni und reizvoller. Die große, geschwungene Bucht hat einen schmalen, sauberen Kiesstrand. Im Hintergrund erheben sich grüne Hügel, die bewirtschaftet werden. Häuser sieht man kaum, aber zwei kleine Kirchen. Eine Taverne mit Blick aufs Meer versorgt die Ausflügler.

Dodekanes Karte S. 619

Pátmos

Gäbe es eine Hitliste der beliebtesten Inseln des Dodekanes, so würde Pátmos einen Spitzenplatz einnehmen. Es ist alles da, was das Urlauberherz begehrt: feinsandige Strände, versteckte Buchten, urgemütliche Tavernen, fotogene Altstadtgassen und nicht zuletzt reichlich Kultur.

Pátmos bietet eine optimale Mischung aus griechisch-orthodoxer Glaubenslehre und einer multinationalen Urlaubsphilosophie. Ein langer, an der nördlichen Spitze kesselförmiger Naturhafen eröffnet sich den Urlaubern, die auf den großen Fähren an der Reling stehen. Vor allem abends ist die Einfahrt in die Bucht von *Skála* ein phänomenales Erlebnis. Hoch über dem Hafenort thront eindrucksvoll und nachts hell erleuchtet die mächtige Altstadt *Chóra* mit dem berühmten *Johanneskloster* aus dem 13. Jh.

Lange Zeit galt Pátmos als Geheimtipp der Dodekanes-Inseln. Mittlerweile haben sich die Reize der Insel herum gesprochen. Neue Hotels wurden gebaut, fast alle Straßen asphaltiert und vor den Cafés stehen nun doppelt so viele Tische und Stühle. Doch im Vergleich zu den Flughafeninseln Kos und Rhódos ist Pátmos weiterhin eine ruhige Insel, die über schöne und saubere Sandstrände verfügt.

• *Verbindungen* Patmos wird von den großen **Fähren** der Linie Piräus-Rhódos täglich angelaufen. Die Fähragenturen liegen etwas versteckt zwischen den Cafés an der Hafenpromenade, in der Parallelstraße oder am Hauptplatz nahe dem Kai. Zudem können Sie Lipsí, Léros, Kálymnos und Kos in der HS täglich auch mit den Katamaranen von **Dodekanisos Express** und den **Tragflächenbooten** erreichen. Die Abfahrtszeiten der **Ausflugsboote** sind in der Regel auf großen Tafeln angeschlagen.

Pátmos auf einen Blick

Größe: 35 qkm groß und etwa 12 km lang.

Bevölkerung Rund 4.000 Einwohner, die meisten davon leben in Skála.

Geografie/Geologisches: Pátmos besteht eigentlich aus drei verschiedenen Inseln, die lediglich durch zwei schmale Landzungen miteinander verbunden sind. Vom Johanneskloster aus kann man dies sehr deutlich sehen. Die höchste Erhebung ist der Profítis Ilías mit 269 m.

Wichtige Orte: *Skála*, der Hafenort – vor allem abends viel Rummel, *Chóra*, die Altstadt mit dem mächtigen Kloster und einem herrlichen Rundblick, *Gríkos* mit etlichen Hotelanlagen, zudem die *Bucht von Méloi* mit Zeltplatz und Tavernen.

Straßen: Das Straßennetz auf Pátmos ist ausgezeichnet. Alle wichtigen Wege sind asphaltiert oder zumindest betoniert.

Auto-/Zweiradverleih: in Skála, am Zeltplatz von Méloi und in der Bucht von Kámpos.

Tankstellen: nur in Skála und Kámpos.

Übernachten: Übernachtungsquartiere finden sich über die ganze Insel verstreut.

Karten: Mit den handelsüblichen Touristenkarten kommt man gut durch.

Skála/Hafen

Langweilig wird es nicht im Hafen von Skála: Die Cafés an der Uferpromenade sind gut besucht, die Einheimischen flanieren auf und ab, Musik und Publikum sind international, clevere Geschäftsleute wissen, wie man ein Schaufenster dekoriert, und tagtäglich strömt eine stattliche Anzahl Sonnenhungriger aus dem Bauch der großen Fähren.

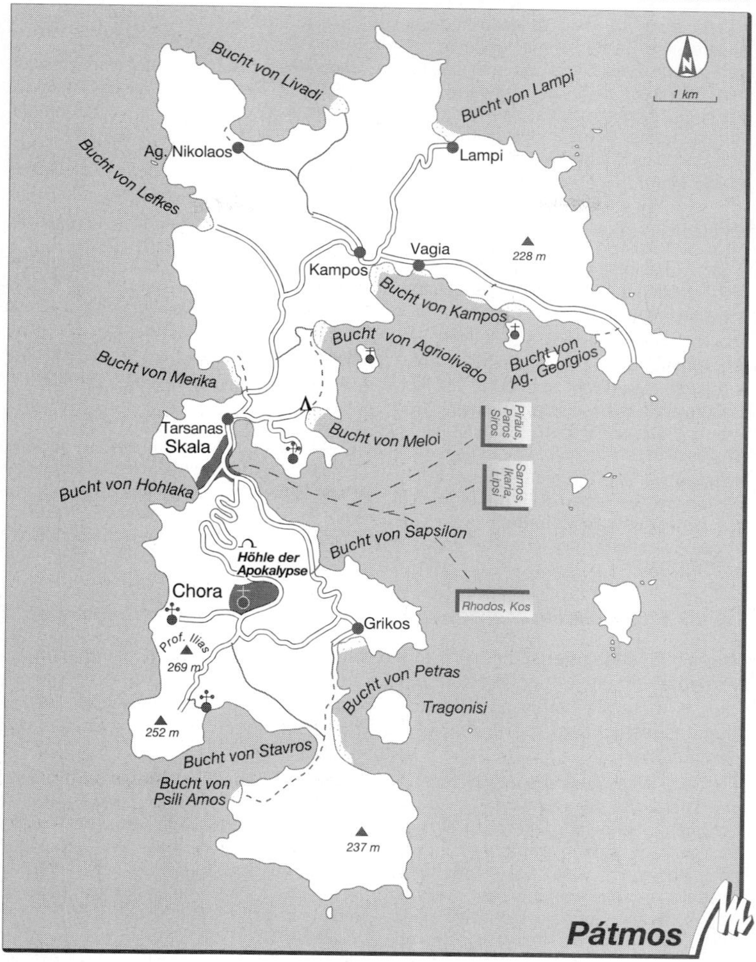

Trotz der Touristen bleibt Skála gemütlich. Die weißen Häuser ziehen sich von der Hafenbucht gemächlich den Hang hinauf. In den schmalen Gassen hat kein Auto Platz, man vermisst sie auch nicht, denn die Wege sind kurz. Nahezu an jeder Ecke lockt eine sympathische Taverne oder ein Café.
Das auffälligste Gebäude von Skála ist das während der italienischen Besatzung gebaute *Zollamt* gegenüber der Fähranlegestelle. Heute sind in dem Haus mit seinen schönen Arkaden und dem wuchtigen Turm die Polizei und die Post untergebracht.

Information/Verbindungen

• *Information* Die **Touristen-Information** ist zwar am italienischen Palast (Zollamt) am Hafen noch ausgeschildert, war aber bei der letzten Recherche geschlossen. Was die Schiffsverbindungen betrifft, erkundigt man sich am besten beim Hafenamt an der Anlegestelle.

Dodekanes
Karte S. 619

• *Verbindungen* Wer **Tagesausflüge** auf andere Inseln unternehmen möchte, hält sich an die Reisebüros. **Badeausflüge** zu den Stränden, z. B. zur wunderschönen Bucht Psilí Ámos, werden von einer ganzen Armada kleiner Boote im Hafen angeboten und kosten ca. 5 € pro Person.

Busse fahren gegenüber vom Zollamt ab. Es gibt drei Buslinien: Skála – Kampos, Skála – Chóra und Skála –Gríkos.

Gegenüber vom Zollamt stehen meist auch die **Taxen**. Das Angebot ist eher spärlich, gerade abends muss man oft lange warten. Die Fahrt zum Zeltplatz in der Bucht von Méloi kostet rund 4 €. Bestellung unter ✆ 22470-31225 möglich.

Adressen

• *Bank* Eine Bank mit EC-Automat befindet sich am Hauptplatz sowie an der Hafenpromenade Richtung Méloi.

• *Polizei* ✆ 22470-31303, am Hauptplatz.

• *Post* geöffnet 8–13.30 Uhr, Sa/So geschl.

• *Telefon* Der Weg zum O.T.E. ist vom Hauptplatz aus beschildert (Richtung Südwesten). Öffnungszeiten: 7.30–15 Uhr, Sa/So geschlossen.

• *Zweiradverleih* Die größte Auswahl, den besten Service und die neuesten Maschinen bietet **Australis Moto Rent** an der Uferstraße unterhalb des Hotels Australis. ✆ 22470-32723.

Tassos Rentals, nahe der Schiffsanlegestelle, verleiht neben Rollern und Mofas auch Autos, einen Kleinwagen gibt es ab 25 € pro Tag, ✆ 22470-31753.

Rent a Car Patmos, im Stockwerk über Tassos, auch hier kostet ein Kleinwagen in der NS 25 €, in der HS ab 30 €. Unkomplizierter Service, ✆ 22470-32203, –32923.

• *Parken* ist in Skála ein echtes Problem. Es gibt jedoch zwei öffentliche, kostenlose **Parkplätze**: einer direkt am Hafen, an der Anlegestelle; der andere neben der Bankfiliale an der Uferpromenade in Richtung Méloi.

Übernachten

Wer ein Privatquartier sucht, wird schnell fündig. Sobald die Fähre anlegt, sind die Vermieter zur Stelle und preisen ihre Quartiere an. Auch Hotels und Pensionen gibt es mehr als genug auf Patmos. Trotzdem ist eine Reservierung in der HS klug. Insgesamt liegt das Preisniveau für Übernachtungen deutlich über dem der Nachbarinseln.

• *Hotels* **Hotel Australis**, etwas oberhalb der Uferstraße in Richtung Méloi, das Schild am Straßenrand ist etwas klein geraten: am Moto Rent Australis ins Landesinnere abbiegen. Viele Gäste des Hotel Australis kommen immer wieder, weil man sich in diesem Hotel so schnell zu Hause fühlt. Dafür sorgt der freundliche, humorvolle Besitzer Fokas Michellis – und sein schöner Garten. Die Zimmer und Appartements sind kühl, sauber und geschmackvoll eingerichtet. Auf der schattigen Terrasse (mitten in der Pflanzenpracht) wird ein vorzügliches Frühstück serviert, das im Preis inbegriffen ist: 40–60 € kostet eines der 18 DZ. Ein Appartement für 4 Pers. kostet in der HS 120 €, 6 Pers. zahlen 150 €. ✆ 22470-31576, 📠 32284,

Neben dem Hotel Australis befindet sich die **Villa Knossos**, die Tochter von Fokas Michellis führt diese sympathische Herberge. 7 schöne Appartements mit Bad, Balkon, Kühlschrank und Wasserkocher stehen zur Verfügung. Auch hier blühen Blumen rund ums Haus, am Garten des Hotels Australis kann man sich auch hier erfreuen. 2 Pers. zahlen für ein Appartement zwischen 35 (NS) bis 50 € (HS). ✆ 22470-32189.

Hotel Galini, in der Sackgasse, die am Platz gegenüber dem Schiffsanleger beginnt. Sympathisches Hotel in ruhiger und zugleich zentraler Lage. Die Zimmer sind geräumig, modern ausgestattet, haben Badezimmer und einen Balkon. In der HS kostet ein DZ zwischen 50 und 70 €, in der NS bekommt man auch schon ab 30 € ein Zimmer. ✆ 22470-31240, -31740, 📠 31705.

• *Camping* Empfehlenswert ist **Camping Stefanos** in der Bucht von Méloi, die von Skála bequem zu Fuß zu erreichen ist (s.u.).

Der Hafen von Skála auf Pátmos

Essen/Trinken

Reichhaltiges Angebot, für jeden Geschmack etwas. Hier eine kleine Auswahl:

Ouzeri To Hiliomodhi, unweit vom Hafen entfernt, liegt an der Straße nach Chóra. Man sitzt jedoch hinterm Haus, in einer kleinen Sackgasse abseits der Straße. Eine der besten Adressen – nicht nur für frischen Fisch. Eine gemischte Fischplatte ist vorzüglich, auf die Reste warten die Katzen in angemessener Entfernung. Auch die rote Beete mit Skordalia oder gegrillte Auberginen sind prima. Die Rechnung am Ende eines schönen Abends ist angenehm niedrig für das, was die unglaublich flinken Kellner auf die Tische getragen haben.

Direkt an der Uferpromenade, nahe der Anlegestelle liegen zwei Tavernen, die sich bei Einheimischen wie Touristen großer Beliebtheit erfreuen: **Ouzeri Ostria** und **Taverne Pirofani**. Beide sind empfehlens- und preiswert. Ostria serviert vor allem frischen Fisch in teils üppigen Portionen.

Das **Café Meltemi**, am Strand an der Uferpromenade, hat Tische und Stühle in den Sand gestellt. Kein Touristengag, die Einheimischen freuen sich offenbar am meisten über das Angebot, ziehen die Schuhe aus und bestellen Frappé. Abends werden Lichter auf die Tische gestellt.

▸ **Baden**: Im Ortsbereich nicht zu empfehlen, es gibt auf Pátmos wesentlich bessere Plätze. Der nächste, auch problemlos zu Fuß erreichbare Strand, liegt in der Bucht von Méloi (s. u.).

Chóra (Altstadt)

Kaum ein Reisender verlässt Patmos ohne in Chóra gewesen zu sein. Schließlich beherbergt die Altstadt auf dem Berg über Skála die wichtigste Sehenswürdigkeit der Insel: das Johanneskloster aus dem 17. Jh., zu dem die sagenumwobene Höhle der Apokalypse gehört.

Dodekanes
Karte S. 619

Überragt die Insel – das Kloster des Apostels Johannes

Die Ortschaft Chóra selbst wirkt verlassen und leer – wenn nicht gerade Busse mit Besuchergruppen angekommen sind. Jahrhundertealte, weiß getünchte Häuser drängen sich in engen Gassen. Ab und zu sieht man Briefkästen an Türen, sie weisen auf Leben in der Ortschaft hin. Und tatsächlich: Die Häuser in Chóra werden teuer an Interessenten aus dem In- und Ausland vermietet oder verkauft und dann ebenso teuer renoviert. Die wenigen Tavernen und Cafés, die alle am Hauptplatz des Ortes liegen, warten auf Besucher. Wenn die Busse weggefahren sind, kehrt auch hier wieder Stille ein. **Tipp**: Fahren Sie mit dem Bus hinauf und gehen Sie zu Fuß hinunter. Per pedes braucht man etwa 45 Minuten.

• *Essen* **Restaurant Vegalis**, direkt am Hauptplatz gelegen. Trotz der vielen Touristen gemütlich. Ein empfehlenswerter Snack sind die Blätterteigtaschen mit Spinatfüllung. **Taverne Balcony**, am Fußweg Richtung Kloster, mit großer Terrasse und grandiosem Blick über die Insel. Die traditionelle griechische Küche ist gut, Unentschlossene suchen sich eines der viele Sandwichs aus.

Sehenswertes

Kloster des Apostels Johannes: Das Kloster mit seinen mächtigen Außenmauern, 260 m hoch über der Insel gelegen, wirkt kolossal. Im Altertum stand an derselben Stelle ein Tempel der Artemis und auf dessen Ruinen wurde im 4. Jh. eine Basilika errichtet. Die heutige Form des Klosters mit seinen Innenhöfen, Arkadengängen, Kapellen und unzähligen Schlafräumen wurde jedoch erst im 17. Jh. fertig gestellt.
In dem Kloster ist zudem ein *Museum* untergebracht. Es beherbergt eine Vielzahl von kirchlichen Relikten: Bücher, Schriftrollen, Urkunden, Gewänder usw. Zum Teil sind die ausgestellten Stücke sehr gut erhalten. Erfreulich, dass die Exponate extravagant beleuchtet und in englischer Sprache untertitelt sind.

Öffnungszeiten tägl. 8–13.30 Uhr, So/Di/Do auch 16–18 Uhr (Die Öffnungszeiten ändern sich jedoch von Zeit zu Zeit). Am Eingang wird die Kleidung kontrolliert: Lange Hosen bzw. Röcke sind erwünscht.

Heilige Höhle der Apokalypse: etwa auf halber Höhe zwischen Skála und Chóra. In der Höhle soll der Überlieferung zufolge der Apostel Johannes die Offenbarung erhalten und die Apokalypse niedergeschrieben haben. Die Wandmalereien im Altarraum, die aus dem Leben des Apostels berichten, stammen vom Ende des 12. Jh. Der Eintritt ist frei, Fotografieren verboten. Die Abzweigung von der Serpentinenstraße ist leicht zu übersehen.

Öffnungszeiten siehe Kloster.

▸ **Bucht von Méloi**: Aus guten Gründen einer der beliebtesten Badeplätze auf Pátmos. Die wirklich schöne Bucht ist zu Fuß von der Anlegestelle der Fähre zu erreichen (folgen Sie der Hafenstraße bis zum Abzweig Méloi-Camping), der Strand ist schmal und kiesig. Oberhalb der Bucht liegt das Kloster zur Quelle des ewigen Lebens. Das im 17. Jh. gegründete Kloster zeichnet sich durch seinen wunderschönen Patio aus und durch das überdimensionale Kruzifix, das nachts Touristendampfern den rechten Weg leuchtet.

• *Camping* **Camping Stefanos**, liegt unweit von Skála, in der Bucht von Méloi. Die Anlage liegt direkt hinter dem Strand, so dass man das Meer stets im Ohr und im Blick hat. Der Platz ist sauber und gepflegt – und clever parzelliert: Riesenschilf umrandet die Stellplätze, was für Schatten und Privatsphäre sorgt. Der ältere Herr, der den Platz leitet, ist ausgesprochen nett und gastfreundlich. Empfehlenswert ist zudem noch das zum Campingplatz gehörende **Restaurant**. Eine Person mit Zelt zahlt 6,50 €. Der Besitzer der Anlage, dessen Bild in mehrfacher Ausfertigung an einigen Stellen des Platzes prangt, verstarb 1988 und vermachte diesen Campingplatz mit der Auflage, einen Teil des Gewinns an alte, allein stehende und mittellose Frauen abzuführen. ✆ 22470-31821 (Büro) und 22470-31754 (Restaurant)

Im Kloster sind noch herrliche Fresken zu sehen

Der Süden

Bis auf den Ort Gríkos ist der südliche Teil der Insel vom Tourismus noch kaum erobert. Das ganze Gebiet ist mit viel Aufwand landwirtschaftlich kultiviert worden. Auf Terrassen wachsen Oliven- und Mandelbäume. Am südöstlichen Zipfel der Insel jedoch liegt die schönste Bucht der Insel: Psilí Ámos.

▸ **Bucht von Gríkos**: Halbkreisförmige Bucht mit Fischerbooten an einem schmalen Steg. Es gibt nur zwei Tavernen, aber zahlreiche Hotel- und Appartementanlagen, die in der HS mit Pauschalreisenden voll belegt sind. Die Tavernen machen einen

Dodekanes Karte S. 619

gemütlichen Eindruck, doch fehlt dem Ort wegen der monotonen Kuben-Bauweise der Touristenunterkünfte ein eigenes Gesicht.

Die besten Bademöglichkeiten bestehen im Süden der Bucht, jenem Abschnitt, der **Bucht von Petras** heißt. Ein rund 10 m hoch aus dem Wasser ragender, bizarr geformter Monolith verleiht der Bucht mit ihrem Strand aus Kies und Sand einen besonderen Charakter.

• *Übernachten* **Hotel Golden Sun**, am Hügel über der Bucht und leider nicht ganz billig, dafür aber auch nicht mit Pauschaltouristen ausgebucht. Wunderbarer Blick über die Bucht, die Zimmer sind geräumig und sauber: Das DZ kostet zwischen 50 und 90 €. ☏ 22470-32381, 📠 34019; E-Mail: info@hotel-golden-sun.com; www.hotel-golden-sun.com.

Appartements Chrisantonis, mitten im Ort, an der Straße ausgeschildert. Die hübsche Anlage ist nicht so gesichtslos wie viele andere Gebäude hier. Ein Appartement für 4 Pers. kostet ab 50 €. ☏ 22470-32756.

• *Baden/Wassersport* In der Bucht von Petras gibt es eine Wassersportstation, auf der Landzunge vor dem riesigen Felsen im Meer. Windsurfen kostet 13 € die Stunde, ein Segelboot 20. Für 6 € bekommt man ein Kanu. Außerdem verleiht die Station auch geräumige, aber teure Strandliegen (4 €) und verkauft Getränke und Sandwichs.

Von Gríkos aus verläuft die asphaltierte Straße in westlicher Richtung nach Chóra. Von dieser Straße zweigt eine Betonpiste links ab, die sich nach 500 m gabelt; der rechte Abzweig führt zum *Kloster des heiligen Joseph*. Von hier genießt man einen herrlichen Blick über die weitläufige *Bucht von Stavros*

▸ **Psilí Ámos**: Dass die schönste Bucht der Insel nicht wirklich überlaufen ist, liegt an ihrer geschützten Lage: Psilí Ámos am südöstlichen Zipfel der Insel ist nicht ganz leicht zu erreichen. Der einfachste Weg ist, das im Sommer eigens dafür eingesetzte Schiff von Skála aus zu nehmen: Es startet um 10 Uhr und fährt von Psilí Ámos um 16 Uhr zurück. Alle anderen müssen eine halbstündige Wanderung über (nicht sehr hohe) Bergrücken auf sich nehmen, denn mit Auto oder Moped kommt man nicht bis Psilí Ámos (siehe unten).

Doch der Weg lohnt sich: Fast 400 m feinster, heller Sand warten hinter den Hügeln, einige Bäume spenden Schatten, eine leichte Brise sorgt für Kühlung. Das Meer ist klar und blau, Felsen rahmen die Bucht ein. Da die Taverne am Strand ein wirklich gutes Mittagessen serviert und stets gekühlte Getränke bereit hält, kann man hier ohne Probleme einen ganzen langen Sommertag zubringen.

Am südlichen Teil der Bucht finden sich übrigens zahlreiche Nudisten ein.

• *Anfahrt/Wanderung* Über eine gut befahrbare Piste geht es hinunter zur Bucht von Stavros. Die Straße endet an einem Parkplatz. Am Ufer entlang folgt man einem Ziegenpfad in Richtung der Berge, der hinter einer Pforte den Hang hinaufführt. Sie müssen die drei Hügelrücken auf dem ausgetretenen Pfad überqueren. Wenn Sie oben auf dem dritten Hügel stehen, können Sie nach Psilí Ámos hinunterblicken. Jetzt müssen Sie sich links halten und dem ausgetretenen Weg folgen, denn der Ziegenpfad geradeaus runter ist steil und rutschig (Geröll). Insgesamt dauert die kleine Wanderung etwa eine halbe Stunde.

Der Norden

Im Norden der Insel sind die Übernachtungsmöglichkeiten rar, dafür findet man Badebuchten für jeden Geschmack, von der Steilküste für Schnorchler bis hin zum Sandstrand mit Kiosk und Tretbootverleih.

▸ **Bucht von Agriolívado**: Von Skála aus passieren Sie erst die Bucht von Méloi, die nächste Abfahrt rechter Hand führt über eine asphaltierte Straße hinab zur Bucht.

Am Wasser viel Ruhe, Schatten und eine kleine Taverne. Der Strand ist eine Mischung aus Kies, Sand und Steinen, das Wasser ist flach und sauber. Nur eine Hälfte der Bucht ist mit Liegestühlen bestückt, an der anderen Hälfte stehen nur Bäume, eine Taverne und ein Kiosk.

Essen **Taverne O Glaros**, leckere Fischgerichte, besonders die Suppe, und der herrliche Blick über die Bucht sind verantwortlich für den guten Ruf des Restaurants.

▸ **Bucht von Kámpos**: In der lang gezogenen Bucht mit breitem Sandstrand herrscht in der Hauptsaison reger Betrieb. Grund dafür sind nicht nur das klare, saubere Wasser, sondern auch die guten Windverhältnisse: Eine Wassersportstation bietet alles, was man zum Surfen braucht. Selbstverständlich werden Sonnenliegen verliehen. Einige Tavernen teilen sich die Touristen-Verköstigung: die Wichtigste ist wohl George's Place – der ist in Kámpos Legende.

• *Übernachten* **Hotel Paradise Hill**, am Hang oberhalb der Bucht gelegen, moderner 90-Betten-Bau mit Pool, Tennisplatz und Squash-Court. In der HS meist voll belegt (DZ 145 €), in der NS werden 70 € pro DZ verlangt. Dafür bekommt man den ganzen professionellen Hotelservice auf internationalem Niveau. ✆ 22470-32624, -32668, ℻ 32740, E-Mail: patmosparadise@patmos.com, www.patmos.com/patmosparadise.

• *Essen* **George's Place** direkt am Strand war das erste Restaurant und irgendwie der Anfang des Tourismus in Kámpos; George hat also jede Menge Geschichten zu erzählen. Man kann aber natürlich auch einfach nur essen und trinken: Wirklich köstliche Salate, ein kalter Nudelsalat (3,70 €) beispielsweise, und hausgemachter Schokoladenkuchen.

• *Wassersport* **Andreas Wassersport Station**, bietet sowohl Unterricht als auch Verleih: Wer Windsurfen oder Wasserski lernen will, bezahlt 25 € die Stunde, man kann aber auch einfach ein Tretboot (8 €, bis zu 4 Pers.), ein Kanu (6 €) oder Surfbretter leihen.

▸ **Bucht von Vagiá**: Die Nachbarbucht von Kámpos in östlicher Richtung. Im Hintergrund erheben sich terrassierte Hänge: Palmen, Oliven- und Zitrusbäume wachsen hier. Der Kies-/Sandstrand ist frei von Liegen und Sonnenschirmen, das Wasser ist glasklar. Felsen im Wasser begrenzen die Bucht, hier kann man schnorcheln. Nur ein Café in der kleinen Ortschaft Vagiá bietet Getränke und eine Mahlzeit.

Übernachten Im **Café** im Ort werden einige günstige „Rooms for rent" annonciert.

▸ **Bucht von Livádi/Geranou**: Bevor der Weg zur Bucht von Vagiá hinunterführt, hält man sich auf der Straße am Berg linker Hand. Von dieser Straße zweigt dann nach etwa 1 km ein Sträßchen zur Bucht von Livádi/Geranoú ab. Malerischer könnte ein Bucht kaum sein: Selbst wenn man oben am Hang steht, kann man durch das glasklare, türkisblaue Wasser bis auf den Meeresgrund sehen. Am Sandstrand stehen Schatten spendende Tamarisken und vor der Bucht liegt eine kleine Insel mit der Kapelle Agios Georgios. Dort kann man problemlos hinschwimmen, sich am Mini-Strand einen Augenblick ausruhen und zurückschwimmen. Eine Taverne versorgt Hungrige mit einfachen Grillgerichten; in der Nebensaison ist wenig los in der Bucht und selbst zur Hauptsaison ist sie nicht überlaufen.

▸ **Bucht von Lámbi**: Ganz im Norden, in der Ortschaft Kámpos ausgeschildert, liegt die große Bucht, deren Strand aus roten Kieseln besteht. Das Wasser ist tiefer als an anderen Stellen der Insel. Im Hintergrund erheben sich terrassierte Hänge, hier und da wächst Riesenschilf. Es ist angenehm ruhig hier, in der Nebensaison fast einsam. Der Betreiber der einzigen Taverne fischt und wartet auf Kundschaft.

Übernachten **Studios Eleni**, auf dem Weg von Kámpos nach Lámbi, ✆ 22470-33070.

Dodekanes Karte S. 619

Lipsí

Lipsí kommt – und zwar mit Siebenmeilenstiefeln. Nicht verwunderlich, denn dieses kleine Eiland bietet alles, was einen gelungenen Urlaub ausmacht. Besonders attraktiv ist Lipsí, oft auch Lipsos geschrieben, für Wanderer.

Schon jetzt vermittelt der Hafen den Eindruck reger Betriebsamkeit. Dennoch wird es mit gutem Schuhwerk und einer Portion Motivation wird es wohl auch in den kommenden Jahren möglich sein, auf Lipsí eine einsame Badebucht zu finden. Eine kahle, schroffe Stein- und Felsenwelt kennzeichnet unverwechselbar die Insel. Nur ab und an unterbrechen grüne Flächen die üblichen Grau- und Brauntöne. Die Bergkuppen sind sanft abgerundet, während die zahlreichen kleinen Buchten sehr zerklüftet und auch nicht immer einfach zu erreichen sind.

Auffallend sind die zahlreichen Kapellen. Vor allem im südlichen Teil der Insel schweift der Blick über die freie Landschaft, bleibt aber unweigerlich an mehreren Kapellen hängen. Es gibt 42 Stück auf der Insel!

• *Verbindungen* Die großen **Fähren** auf der Route Piräus–Rhódos laufen 3- bis 4-mal wöch. Lipsí an. Täglich segeln Tragflächenboote in der Hauptsaison aus Kos, Kálymnos, Léros, Pátmos und Sámos im Hafen ein (bis Kos ca. 17 €, bis Pátmos ca. 10 €). Auch **Tragflächenboote** machen täglich in Lipsí Halt.

Der gängigste und einfachste Weg, die Insel zu erreichen, führt jedoch weiterhin über Pátmos. In der Hochsaison fahren die Boote "Anna Express" (sehr klein) und "Patmos Express" (etwas größer) von Pátmos über Lipsí nach Léros. Die einfache Überfahrt kostet etwa 9 €.

Lipsí auf einen Blick

Größe: Fläche 16 qkm, also gut geeignet, um die Insel zu Fuß zu erkunden.

Bevölkerung: rund 600 Menschen.

Straßen: Rund um Lipsí-Ort sind die Straßen inzwischen asphaltiert, ebenso nach Plati Gialós und Katsádia.

Zweiradverleih: In Lipsí-Ort werden Mopeds vermietet.

Übernachten: Hotel- und Privatzimmer in Lipsí-Ort, "Zeltplatz" in der Katsádia-Bucht.

Feste: Am 15. und 22. August feiern die Einwohner Lipsís mit Pauken und Trompeten zwei Kirchweihfeste.

Karten: Die "Tourist-Map of Lipsoi" verwirrt nur, an einer neuen Karte wird gearbeitet. Besser ist die kopierte Wanderkarte "Eight Walks to the Bays of Lipsí".

Arzt: im Medical Center am Hafen.

Lipsí-Ort

Das Dorf hinter der weit geschwungenen Hafenbucht wird von den drei blauen Kuppeldächern der Johanneskirche überragt. Schon vom Kai aus leuchten sie den Besuchern entgegen. Im Ortskern, der von der Platia gebildet wird, liegen die wichtigsten Einrichtungen von Lipsí: das Gotteshaus, die Post, das Inselmuseum und zwei Tavernen. Ringsherum macht die Atmosphäre Lust auf einen Spaziergang durch die verwinkelten Gassen mit den frisch getünchten Häusern und ihren farbenfrohen Blumenkästen.

In der Johanneskirche weilt die Panagía tou Charou, die Gottesmutter des Todes (entstanden 1905). Ungewöhnlich an dieser Ikone ist die Darstellung der Maria: Sie hält ein Kruzifix mit dem ans Kreuz geschlagenen Christus in ihren Händen.

Chálki: von karger Schönheit (HPS) ▲▲
Vornehme Kapitänshäuser prägen das Bild von Sými (HPS) ▲

▲▲ Der Vulkan auf Níssiros (YG)

PIZZA
ΠΑΤΑΤΑ
ΦΟΥΡΝΟΥ
ΣΑΝΤΟΥΙΤΣ
ΔΙΑΦΟΡΑ

▲▲ Wird in vielen Mantinaden besungen – die Ápella-Bucht (A&GS)

Eigentlich hat das Bild seine Heimat in einer kleinen Kapelle nahe der *Chochlákoura-Bucht*, doch die war den Einheimischen nicht sicher genug. Besonders verehrt wird die Ikone, weil sie Wundersames vollbringen kann – woran ein jeder Lipsiote ganz fest glaubt.

Information/Verbindungen/Adressen

• *Information* Am Dorfplatz befindet sich neben dem OTE (zwei Telefonzellen), geöffnet von 7.30–12 Uhr, die **Touristeninformation**. Die jungen Damen sind hilfsbereit, vermitteln Privatzimmer, sprechen nur ein wenig Englisch, aber sehr gut Französisch.

Die **Reiseagentur Laid Back Holidays** (zu erkennen am bunten Schild) oberhalb der Platia gibt erstklassige Auskünfte zu allen Reisefragen. Außerdem kann man hier Geld wechseln, Tickets aller Art, Karten, ausländische Zeitungen und Souvenirs kaufen. Zudem werden Unterkünfte, Tagesausflüge und Bootstouren vermittelt, ✆ 22470-41141.

• *Verbindung* An der Hafenmole stehen zwei neue städtische **Minibusse** mit je 15 Sitzen bereit, die die Touristen vom Hafen nach Katsádia sowie zur Chochlákoura-Bucht und dem Plati-Gialós-Strand fahren (ca. 2 €).

Kaikis steuern abgelegenere Badebuchten an. Es besteht zudem die Möglichkeit, einen Rundtrip per Boot zu unternehmen (ca. 9 €).

Tagesausflüge kann man zum Inselwinzling Arkí (s. u.) und zu den so genannten *White Islands* unternehmen (pro Person ca. 10 €).

Übernachten/Essen

• *Übernachten* **Studios Kálymnos**, liebevoll eingerichtete Studios, nur zwei Minuten vom Hafen entfernt und doch ruhig inmitten eines traumhaften Gartens voll Bougainvillea. Das junge Besitzerpaar ist sehr gastfreundlich. DZ je nach Saison 20–35 €. ✆ 22470-41141, Fax 41343. E-Mail: studios_kalymnos@lipsi-island.gr.

Hotel Calypso, am Fähranleger. Größtes Haus am Ort mit zehn 1998 neu ausgebauten Appartements. Alle haben Bad, kühle Steinböden, Kitchenette. DZ in der HS ca. 35 €, ✆/Fax 22470-41242.

Panorama Studios, mit Kühlschrank und Kochplatte. Das Frühstück (3 €) wird auf einer Terrasse serviert, die abends als Pizzeria fungiert. Die Zimmer sind schlicht und sauber, DZ saisonabhängig 25–30 €. ✆ 22470-41235.

• *Essen* **Restaurant Calypso**, in Hafennähe. Besonders gut sind der Saganaki aus Lipsí-Käse und der hausgemachte Rosé, ein Gemisch aus fünf Rebsorten.

Taverne Dolphin, hinter dem Hotel Calypso. Der leuchtende Fisch über dem Eingang weist den Weg zur Spezialität des Hauses: Fischgerichte. Äußerst zivile Preise.

Badestrände

▸ **Ledú Beach**: Nur fünf Minuten vom Hafen in nordwestlicher Richtung. Kleiner Sandstrand, allerdings ist das Wasser nicht immer sauber, zudem ist es hier ziemlich voll.

Übernachten **Dream Studios**, etwa 100 m hinter dem Strand. Neues, zweistöckiges Gebäude. DZ (mit Küche) ab 20 €, ✆ 22470-41271.

▸ **Katsádia Beach**: Südlich von Lipsí-Ort (zu Fuß gut 30 Minuten oder per Minibus). Extrem schmaler, künstlich aufgeschütteter Sandstrand, im Wasser Kiesel, flach abfallend. Schatten durch viele Tamarisken, zudem schöner Blick auf Léros und das Inselchen Kyra inmitten der Bucht. Direkt hinter dem Sand beginnt die Terrasse der Strandbar Dilaila. Ein paar Schritte weiter befindet sich eine urgriechische Taverne, das Antonis.

▸ **Chochlákoura Beach**: Der Weg führt vorbei an der Kirche, der die Insulaner den Namen "Mutter Gottes vom Tod" gegeben haben. Von hier aus geht es auf einer

Dodekanes
Karte S. 619

holprigen Piste hinunter zum Kieselstrand. Klares Wasser, aber kein Schatten. Der Strand wird von den städtischen Minibussen angefahren.

- **Plati Gialós Beach**: Bester Sandstrand auf Lipsí, allerdings fast eine Stunde Fußmarsch vom Ort entfernt. Die städtischen Kleinbusse transportieren Sie hin und zurück. Die Nachteile: kaum Schatten, ziemlich voll und viele lästige Fliegen. Dicker Pluspunkt ist das Wasser – warm, glasklar, türkis schimmernd und sehr flach. Ein Abstecher lohnt sich in die hervorragende **Taverne** an der Bucht, die täglich bis zum Anbruch der Dunkelheit geöffnet ist.
- **Kimissi-Beach**: rund 4 km nordwestlich von Lipsí-Ort, über einen von der Hauptstraße abzweigenden schmalen Fuß- bzw. Geröllpfad zu erreichen, der gegen Ende stark abfällt. In der kleinen, etwa 50 m langen Kieselbucht gibt es keinen Schatten, dafür aber eine kleine Kapelle und sehr sauberes Wasser.

Arkí

Ausgetrockneter Schrebergarten inmitten der prachtvollen Parkanlagen der ägäischen Inselwelt. Nur wenige Urlauber verbringen auf der Suche nach Ruhe und Abgeschiedenheit ihre schönste Zeit des Jahres auf der kargen Insel.

Arkí, nördlich von Lipsí gelegen, mangelt es an Attraktionen, selbst die Badestrände sind kaum zu empfehlen. Die meisten der gut 50 Einwohner leben nach wie vor vom Fischfang oder von den spärlichen Erträgen der Land- und Viehwirtschaft. Ihre Produkte verkaufen sie vorwiegend auf den großen Urlauberinseln Rhódos, Sámos, Kos und Pátmos. Wer länger auf der Insel bleiben will, ist auf Privatquartiere angewiesen – ein Hotel wurde bislang noch nicht gebaut.

- *Verbindungen* **Fähren**: Die großen Fähren der Route Piräus – Rhódos laufen Arkí nicht an, obwohl der Hafen in den vergangenen Jahren vergrößert und das Becken ausgebaggert wurde. Bislang ist Arkí im Sommer je 2-mal wöch. von Pátmos, Sámos oder Rhódos per Fähre zu erreichen. Zudem werden von verschiedenen Inseln **Tagesausflüge** angeboten. Von Pátmos oder Lipsí aus kostet die einfache Fahrt um die 8 €.
- *Übernachten* **Taverne O Tripas**, ✆ 22470-32230, und **Taverne Nikolas**, ✆ 2247032477, bieten ein paar schnell ausgebuchte Zimmer an.

Arkí auf einen Blick

Größe: Die Fläche beträgt lediglich 7 qkm.

Bevölkerung: Nur gut 50 Menschen leben auf der Insel. Während der Sommermonate kann sich die Zahl verdoppeln.

Auto-/Zweiradverleih: Fehlanzeige, wegen der geringen Entfernungen auch nicht nötig – in knapp 60 Min. ist jeder Fleck der Insel zu Fuß erreichbar.

Übernachten: Auf der Insel existieren nur Privatquartiere. DZ kosten um 15 €.

Karten: Lediglich auf manchen Pátmos-Karten ist Arkí eingeschlossen.

- **Baden**: Die besten Badebuchten liegen im Süden der Insel zwischen Kap Léros und Kap Almirida sowie im Osten an der Bucht von Kapsalias. Vom Hafen aus werden zusätzlich noch Bootsfahrten zur Badebucht auf der vorgelagerten *Insel Maráthi* angeboten. Preis pro Person: rund 2,50 €. Auf dem Inselchen mit der auffällig blau gestrichenen Kapelle gibt es auch eine Taverne mit Übernachtungsmöglichkeit.

Kárpathos

Weit draußen, zwischen Rhódos und Kreta, ragt der lang gezogene Felsrücken, der bis vor wenigen Jahren noch als Geheimtipp gehandelt wurde, aus der sonnenüberfluteten Ägäis. Schroffe Berghänge, mit dichten Kiefernwäldern oder auch ganz nackt, stürzen zur Küste hinab, herrliche Sandbuchten reihen sich rundherum aneinander, kristallklares Wasser lockt. Während um die Inselhauptstadt Pigádia der Tourismus boomt, wird in den malerischen Dörfern ein Brauchtum gepflegt, das anderswo schon in Vergessenheit geraten ist.

Vor allem im lange isoliert gebliebenen Inselnorden, wo die meisten Frauen nicht nur an Festtagen, sondern auch im Alltag ganz besondere Trachten tragen, fühlt man sich in eine andere Welt versetzt. Inseltypische Häuser mit einem einzigen Hochbett für die ganze Familie, ein traditionelles Erbrecht, eigenwillige Musik und Stampftänze, die so gar nichts mit dem bekannten Bouzoúki-Tralala zu tun haben, und viele jahrhundertealte Sitten – Kárpathos wird zu Recht die Insel der Traditionen genannt. Auf dem Eiland eines der Dorffeste zu erleben gehört zu den Höhepunkten aller Griechenland-Erfahrungen.

Kárpathos auf einen Blick

Größe: 302 qkm (mit der unbewohnten Vorinsel Saría ca. 325 qkm).

Bevölkerung: Etwa 6500 Menschen leben auf der vergleichsweise dünn besiedelten Insel.

Geografie/Geologisches: Kárpathos ist schmal, 48 km lang, stark zerklüftet und in weiten Teilen unfruchtbar. Ein mächtiger, im Wesentlichen aus hellen Kalken bestehender Gebirgsrücken durchzieht die Insel. Der höchste Berg ist der Kalí Límni (1215 m). Nur im Süden ist Kárpathos flach.

Wichtige Orte: der Hauptort *Kárpathos-Stadt*, besser als *Pigádia* bekannt. *Ólympos* gilt als eines der interessantesten Dörfer der Ägäis. *Amopí* und *Lefkós* besitzen außerordentlich schöne Strände. *Afiártis* ist ein Surfparadies von internationalem Rang.

Straßen: Asphaltiert sind nur die Verbindungsstraßen im Süden und in der Mitte der Insel; immer noch führt nur ein Schotterweg in den Norden nach Ólympos.

Übernachten: Übernachtungsmöglichkeiten gibt es in nahezu allen Ortschaften. Insbesondere in und um Pigádia sowie in Amopí und Lefkós wurden in den letzten Jahren (und werden auch weiterhin) etliche Hotels gebaut. Derzeit stehen auf Kárpathos mehr als 7000 Besucherbetten zur Verfügung, Tendenz steigend.

Karten: Am detailliertesten ist die Karte Karpathos/Kasos von Road Editions, Nr. 201 (Maßstab 1:60.000), empfehlen können wir aber auch die "Auto- und Freizeitkarte Kárpathos/Kássos" des Freytag & Berndt Verlags (Maßstab 1:75.000). Beide können Sie bereits vor der Abreise in den heimischen Buchhandlungen bestellen, sie werden aber auch – etwas preisgünstiger – in den Souvenirgeschäften der Insel angeboten.

Auto-/Zweiradverleih: in Pigádia, Amopí, Afiártis, Arkássa, Finíki und Lefkós. Im Vergleich zu anderen Inseln sind die Mietgebühren für Autos relativ hoch: mindestens 45 € pro Tag in der Hochsaison.

Tankstellen: nur vier. Sie alle befinden sich in der Nähe von Pigádia.

Entfernungen: Pigádia – Amopí 8 km, Pigádia – Lefkós 33 km, Pigádia – Ólympos 45 km.

Dodekanes Karte S. 619

Doch Kárpathos ist nicht nur für die, die das "alte" Griechenland suchen, die richtige Insel. Wegen seiner Naturschönheiten ist es auch ein Paradies für Wanderer. Durch eine bizarre Gebirgslandschaft mit grandiosen Ausblicken erreicht man schöne Dörfer, verlassene Siedlungen oder menschenleere Strände. Voll auf ihre Kosten kommen alle, die Sonne und Badevergnügen suchen. Auf der Insel gibt es mehr als zwei Dutzend Buchten mit sauberen Sand- oder Kiesstränden. Und schließlich ist Kárpathos auch ideal für Surfbegeisterte, verfügt es doch an seiner Südspitze über ein Revier, das in ganz Europa seinesgleichen sucht.

• *Verbindungen* **Fähre**: Ein Blick auf die Griechenlandkarte und man weiß, woran man ist. Die Fahrt von Piräus über Mílos, Kreta (Ág. Nikólaos und Sitía) und Kássos ist eine ziemlich langwierige Angelegenheit, dauert sie doch 18–20 Stunden (3-mal in der Woche, 25 €). Alternative: von Piräus direkt nach Kreta oder Rhódos übersetzen (tägl.) und dort eine der Fähren nehmen, die zwischen diesen beiden Inseln verkehren und dabei auch Kárpathos anlaufen (Fahrtdauer 4–6 Std., ca. 16 €). Alle Schiffe halten nicht nur in Pigádia, sondern auch in Diafáni, dem Hafen von Ólympos.

Flugzeug: Der Airport befindet sich etwa 17 km südlich von Pigádia. Im Sommer pendeln täglich außer Di zwei Maschinen zwischen Rhódos und Kárpathos, eine von beiden stellt auch die Verbindung zwischen Kárpathos und Kássos her. Zudem bestehen 5-mal wöch. Verbindungen nach Athen. *Preise:* Der Flug von Athen nach Kárpathos kostet etwa 68 €, nach Rhódos 28 € und nach Kássos 22 €.

Bus/Taxi: Vom Flughafen gibt es nur 2-mal täglich eine Busverbindung mit dem Inselhauptort Pigádia. Preis für ein Taxi ca. 10 €.

Pigádia (Kárpathos-Stadt)

Quirlige bis laute, etwas gesichtslose Inselhauptstadt und Zentrum des Tourismus auf der Insel. Zahlreiche Tavernen reihen sich um das fast kreisrunde Hafenbecken. Der schönste Platz der Stadt, an Sommerabenden proppevoll, aber durchaus mit Atmosphäre.

Tagsüber können die vielen Autos auf den engen Straßen das Nervenkostüm ganz schön strapazieren. Erfreulich, dass mittlerweile eine kleine Fußgängerzone eingerichtet wurde. Gute Infrastruktur, man findet hier alles, was man im Urlaub benötigt. Für diejenigen, die Rummel suchen, der geeignete Standort auf Kárpathos. Der 3 km lange Strand an der Vrónthi-Bay mit zahlreichen Hotels und Restaurants liegt ganz in der Nähe.

Verbindungen

Wer Kárpathos kennen lernen möchte, findet hier gute Voraussetzungen. Denn von Pigádia aus gibt es die besten Bus- und Schiffsverbindungen zu den anderen Orten der Insel und hier sind fast alle Taxis stationiert.

• *Bus* Man kann an zwei Haltestellen einsteigen: Start ist am großen Busparkplatz am Ortsausgang Richtung Apéri, dann fährt der Bus zur zweiten Station am Taxiplatz. An beiden Stationen hängt der aktuelle Fahrplan aus. Sie erhalten ihn zudem in einigen größeren Hotels auf der Insel sowie in der Touristeninformation an der Hafenpromenade. Während im Winter nur die Dörfer des Südens und der Mitte an Pigádia angebunden sind, bestehen während der Sommermonate auch gute Verbindungen zu den Stränden.

Beispiele für die Zeit von Mitte Mai bis Mitte September: Amopí (1 €) 6-mal, Flughafen (2 €) 2-mal, Kirá Panagiá (2 €) und Ápella (2,50 €) 2-mal, Pilés (1,40 €) 4-mal, Menetés (1 €) 3-mal, Arkássa /Finíki (1,70 €) 4-mal, Lefkós (3,50 €) 2-mal, Messochóri/Spóa (4 €) 1-mal. An Sonntagen ist der Busverkehr stark eingeschränkt.

• *Taxi* Der Standplatz liegt im Ortszentrum, am Ende der Odós Dimokratías gegenüber vom Hotel Titánia (✆ 22450-22705). Hier hängt auch eine aktuelle Preisliste aus, die Tarife sind vergleichsweise hoch. Bei An-

Blick auf die Akrópolis

kunft der Fähren warten die Fahrer auch am Hafen auf Kundschaft.

Preise: nach Amopí und Apéri rund 5 €, nach Lefkós 25 € und nach Ólympos und Diafáni um 70 €.

- *Boot* Täglich fahren Ausflugsboote nach Diafáni/Ólympos sowie zu den Stränden **Kirá Panagiá** und **Ápella** (Preis jeweils 10 €). An zwei Tagen in der Woche gibt es auch die Möglichkeit, eine Tour zur Insel Saría zu machen (Preis: ca. 15 €).

- *Auto-/Zweiradverleih* Im Zentrum und oberhalb des Ortsstrandes konkurriert ein ganzer Schwung von Anbietern miteinander. Gute Erfahrungen haben wir mit der Agentur Gatoúlis am Ortsausgang Richtung Apéri gemacht; ✆ 22450-22747, 📠 22814. Ein Pkw kostet je nach Größe und Saison pro Tag zwischen 40–80 €. Für ein Mofa zahlt man 10 € pro Tag.

Adressen

- *Information* **Municipal Tourist Information**, in einem kleinen Kiosk an der Uferpromenade erhält man Informationen zu Unterkünften, Ausflügen, Bussen, Fahrzeugvermietung usw. Öffnungszeiten 1.5.–31.10. tägl. 8–14 Uhr, ✆ 22450-23836, 📠 23835.
- *Apotheken*, drei im Stadtzentrum in der Odós A. Karpathíon oder nahe dem 5. Oktober-Platz.
- *Post* im oberen Teil von Pigádia in der Odós Ethnikí Anástasis. Öffnungszeiten Mo–Fr 7.30–14 Uhr.
- *Telefon* OTE in der Odós E. Anástasis. Geöffnet Mo–Fr 7.30–13.30 Uhr. In der Stadt findet man außerdem jede Menge Kartentelefone. Karten gibt's bei der OTE sowie in fast allen Tourist-Shops.
- *Krankenhaus* Zwischen der Anástasis-Str. und der Mathéos-Str., ✆ 22450-22228.
- *Zahnarzt* Geórgios Nissýros, in der A.-Karpathíon-Str., ✆ 22450-22649. Nahe dem Taxiplatz hat auch ein Kinderarzt seine Praxis, ✆ 22450-23110. Ihren Auslandskrankenschein können Sie im Büro der griechischen Sozialversicherung IKA umtauschen. Es befindet sich in demselben Gebäude wie der große Supermarkt Gergatsoúlis (hinter dem Hotel Oceanís). Mo–Fr 8–13 Uhr; ✆ 22450-22296.
- *Olympic Airways* Am 5. Oktober-Platz, geöffnet Mo–Fr 8.30–15 Uhr, ✆ 22450-22150.

Dodekanes Karte S. 619

Übernachten

An Unterkünften mangelt es nicht, weder im Zentrum noch an den Stränden der Vrónthi-Bay. Die meisten der teureren Hotels liegen oberhalb dieser Strände westlich des Ortes. Einfachere Zimmer findet man vor allem in den Gassen oberhalb der Odós A. Karpathíon.

Miramare Bay, B-Kat., am Beginn der Vrónthi-Bay, vom Stadtzentrum 10 Fußminuten entfernt, großer Pool, Bar. Daran, dass sich hier und im benachbarten Eléktra Beach der Patriarch von Konstantinopel samt Begleitung und Polizeieskorte während seines letzten Besuchs auf Kárpathos 1994 einquartierte, erinnern noch einige Fotos in der Lobby. Das DZ kostet 65–80 € inkl. Frühstücksbuffet. ✆ 22450-22820, ℻ 22631.

Hotel Oceanís, C-Kat., zentral an der Uferstraße hinter der Inselverwaltung gelegen. 55 Zwei- und Dreibettzimmer mit Bad, Balkon, TV, z. T. Aircondition werden angeboten, ganzjährig geöffnet, DZ mit Frühstück je nach Saison 40–60 €, ✆ 22450-22975, ℻ 22976.

Mertónas Studios, C-Kat., empfehlenswerte, ruhige Adresse mitten in der Stadt in der Nähe der Bushaltestelle. Eva Angélou, die Vermieterin, besitzt ein Doctoral Degree of Metaphysis der University of California und liest ihren Gästen gerne die Zukunft aus dem Kaffeesatz, nur Positives, wie sie uns versicherte. Je nach Saison 25–35 € fürs Studio, ✆ 22450-22622.

Rose's Studios, hoch oben in der Oberstadt, deshalb genießt man von den großzügigen Balkonen einen wirklich umwerfenden Blick. Neben 4 DZ, die sich 2 Bäder teilen (15–20 €), werden hier 8 Studios (25–30 €). z. T. mit Aircondition (Aufpreis) vermietet. ✆/℻ 22450-22284.

Séva's Rooms, unterschiedlich große (1–3 Pers.), nett eingerichtete Zimmer, z. T. mit eigenem Bad, alle mit Balkon. 2 Personen bezahlen hier 16–25 €, ✆ 22450-22939.

Essen und Trinken

Eine große Anzahl gemütlicher Tavernen zieht sich die Hafenpromenade entlang. Serviert wird vor allem griechische Küche, aber Pizza und andere italienische Gerichte nehmen an Beliebtheit mehr und mehr zu.

Mezedopolíon To Ellinikón, ein kulinarisches Erlebnis der besonderen Art bietet das von Chrístos aus Nordgriechenland geführte Lokal

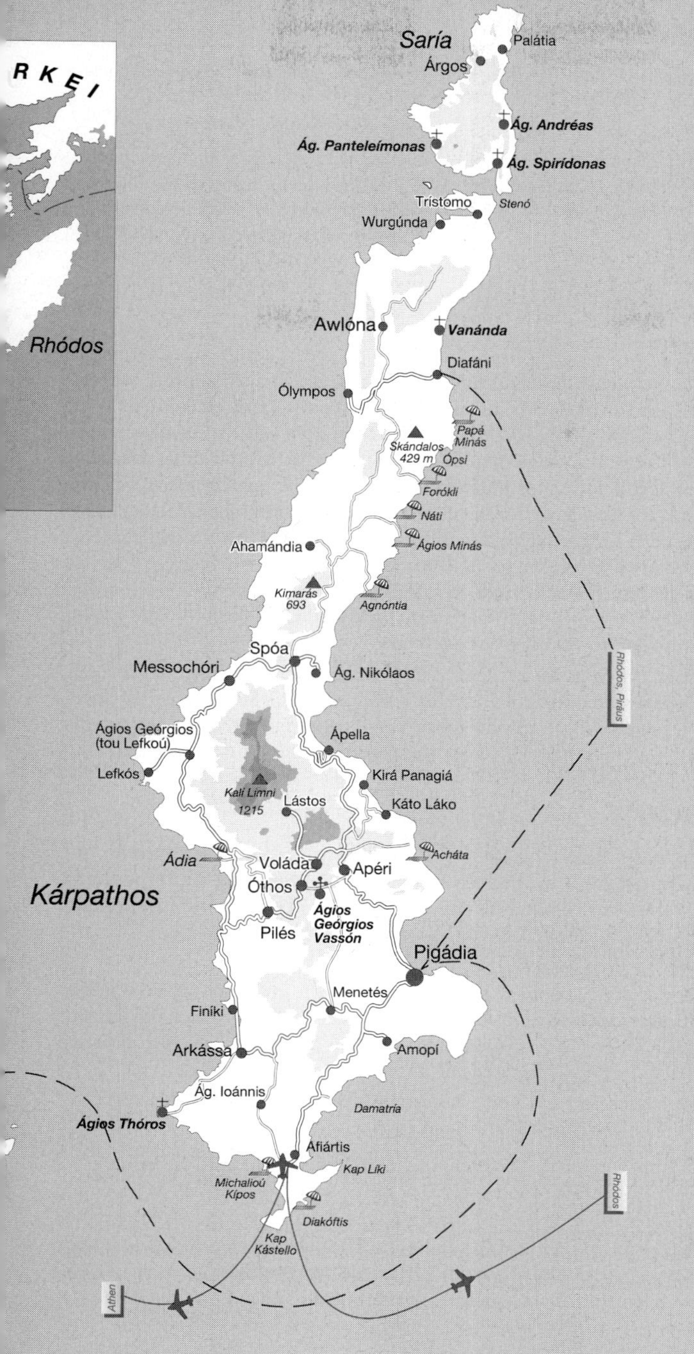

RKEI
Rhódos
Saría
Palátia
Árgos
Ág. Andréas
Ág. Panteleímonas
Ág. Spirídonas
Trístomo
Stenó
Wurgúnda
Awlóna
Vanánda
Diafáni
Ólympos
Papá Minás
Skándalos 429 m
Ópsi
Forókli
Náti
Ágios Minás
Ahamándia
Kimarás 693
Agnóntia
Rhódos, Piräus
Spóa
Messochóri
Ág. Nikólaos
Ágios Geórgios (tou Lefkoú)
Ápella
Lefkós
Kirá Panagiá
Kalí Limni 1215
Lástos
Káto Láko
Acháta
Ádia
Voláda
Apéri
Óthos
Kárpathos
Ágios Geórgios Vassón
Pilés
Pigádia
Menetés
Finíki
Arkássa
Amopí
Ág. Ioánnis
Damatría
Ágios Thóros
Afiártis
Kap Líki
Michalioú Kípos
Rhódos
Diakóftis
Kap Kástello
Athen

mitten im Herzen der Stadt. Fantastische Auswahl auch an ausgefalleneren Gerichten wie Bourekákia (Käse in Auberginen und Blätterteig eingewickelt), gefüllte Kartoffeln, Oktopus-, Zucchini-, Fávakeftédes usw. Großes Angebot auch an Salaten. Oft gibt es gegrillten Fisch, und zwar zu vernünftigen Preisen.

Anemoussa, am Ende der Hafenbucht. Hier finden Liebhaber der italienischen Küche gute Nudelgerichte und jede Menge Pizzen sowie ein umfangreiches Angebot an Salaten.

Land and Sea, ganz in der Nähe. Seit 1987 führt der stets gut aufgelegte Jánnis aus Spóa mit viel Schwung die bei Touristen und einheimischen beliebte Taverne. Den Fisch hat er meistens selbst gefangen!

Kafeníon Fáros, neueres, aber typisch griechisches Caféhaus in der Oberstadt. Zum Oúzo gibt's ein originelles Mezé.

Sehenswertes

Vor dem schön gelegenen Friedhof führt ein Weg zunächst zur Panormítiskapelle und von dort hoch zur **Akrópolis** der antiken Stadt, von wo man einen tollen Blick hat. In einem Seitenflügel einer **alten italienischen Villa** aus der Besatzungszeit ganz in der Nähe des 5. Oktober-Platzes, dem Sitz der Inselverwaltung, soll möglichst bald ein **Archäologisches Museum** eingerichtet werden. Bis es so weit ist, muss man sich verschiedene Überbleibsel aus frühbyzantinischer Zeit auf dem gegenüberliegenden Kinderspielplatz anschauen, wo sie zwischen Rutschbahn, Karussell und Schaukel herumliegen, z. B. ein rundes, aus einem Block gehauenes Baptisterium aus dem 5. Jh., das man damals für die Erwachsenentaufe verwendete. Schließlich sollte man noch den Ruinen der **frühchristlichen Basilika Agía Fotiní**, etwa in der Mitte der Vrónthi-Bay gelegen, einen Besuch abstatten.

▸ **Baden**: Direkt an die Stadt angrenzend zieht sich ein kilometerlanger, flach abfallender Sand-Kieselstrand bis zum Ende der Vrónthi-Bay hin. Stellenweise erschweren mit Grünalgen überzogene, flache Steine den Einstieg ins Meer. Für den gesamten Strand gilt: Man muss zum Glück nicht Handtuch an Handtuch liegen.

Der Süden

Die flache, öde Küstenebene an der Südspitze geht allmählich in eine gebirgige Landschaft mit bewaldeten Hängen über, die ihren Gipfelpunkt in dem oft wolkenverhangenen Kalí Límni findet. Die Küste säumen zahlreiche Buchten, eng geschwungen oder lang gestreckt, felsig, kiesig oder feinsandig – ein Paradies für Strandfaulenzer und Surfer.

Über zwei Drittel der Einwohner von Kárpathos leben im Süden. Kein Wunder also, dass die Infrastruktur weitaus besser ist als in den anderen Inselteilen. Fruchtbare Böden bieten hier gute Voraussetzungen für die Landwirtschaft; die reichsten Gärten liegen um die Bergdörfer an den Hängen des Kalí Límni.

▸ **Amopí**: Mehrere hübsche Sand- und Kieselstrände reihen sich, durch Felsvorsprünge getrennt, aneinander. Sie haben Amopí zu einem der beliebtesten Badeorte auf Kárpathos gemacht. Wo früher die Felder der Bauern aus Menetés lagen, stehen heute Pensionen, Hotels und Appartementanlagen. Amopí ist kein Dorf, sondern nur eine Art Feriensiedlung. Im Winter lebt hier niemand.

• *Übernachten* **Hotel Helios**, B-Kat., unmittelbar hinter dem Pérama-Strand. Die Bungalow-Hotel-Anlage ist umgeben von einem schönen Garten mit Hibiskus, Oleander und Granatapfelbäumen. Einladende Frühstücksterrasse und Bar im Haus. Zimmer mit Telefon, Bad und Balkon oder Terrasse. Ein DZ 40–60 € inkl. Frühstück, für Familien gut geeignet sind die Mehrbettzimmer. ✆ 22450-81148, ✆/📠 22450-81171.

Das weithin sichtbare Wahrzeichen von Amopí – Ágii Apóstoli

Hotel Sophía, C-Kat., drei weiße Gebäude zwischen Feldern am Ausgang einer Schlucht, 250 m von den Stränden und den Tavernen entfernt. Die Zimmer sind hell eingerichtet und verfügen über Bad, Balkon und Telefon. Preis fürs DZ inkl. Frühstück 35–45 €; ✆/℻ 22450-81078.

Sunflower Studios, oberhalb der Kastéllia Bay vermietet die nette María Sakelliádis aus Menetés 6 angenehme Studios zum Preis von 24–42 €, für Kinder werden gerne kostenlose Zusatzbetten aufgestellt. ✆/℻ 22450-81019.

• *Essen* **Taverne Votsalákia**, oberhalb des gleichnamigen Strandes. Die Karte von Minás weist ein reichhaltiges Angebot aus. Sehr zu empfehlen ist die *Pikilía*, eine üppige Vorspeisenplatte für zwei Personen, einmal pro Woche findet hier ein griechischer Abend mit Live-Musik statt.

Café Restaurant Amopí, an der kleinen Sandbucht sitzt man sehr schön unterhalb einer steilen Felswand auf einer überdachten Terrasse. Das Essen ist hier ebenfalls empfehlenswert. Besonders lecker fanden wir die interessant gewürzten weißen Bohnen und das gebratene Fischfilet.

▸ **Afiártis**: Ebenfalls kein Dorf, sondern der Name für die südliche Küstenebene, wo sich auch der Flughafen der Insel befindet. Ende der 80er Jahre des 20. Jh. rückte das ständig windreiche Gebiet in den Blickpunkt der Surfer. Seither ist es aus einschlägigen Katalogen nicht mehr wegzudenken, gilt Afiártis doch als das windsicherste Gebiet Europas. Verschiedene Buchten, die für jeden, vom Anfänger bis zum Crack, etwas bieten. Mehrere Hotels und Pensionen haben sich auf ihre spezielle Kundschaft eingestellt.

• *Übernachten* **Hotel Poseidon**, C-Kat., gegenüber dem Miniinselchen Míra, einsam in der Damatría-Bucht gelegen. Durch geschickte architektonische Elemente hebt es sich wohltuend von den in Afiártis verbreiteten funktionalen, eher langweiligen Bauten ab. Bei der Einrichtung legten Geórgios und seine deutsche Frau Regine auf Inseltypisches Wert. DZ 30–38 € inkl. Frühstücksbuffet. ✆ 22450-91066, ℻ 91004. Das Poseidon verfügt im Übrigen auch über ein hervorragendes Restaurant.

▸ **Arkássa**: etwas verschlafen wirkender Ort an der Westküste. Wegen des nur knapp 1 km entfernt gelegenen Ágios-Nikólaos-Sandstrands seit einigen Jahren auch in

Dodekanes Karte S. 619

den Katalogen der Pauschalanbieter. Im Norden wird der Strand vom Paleókastro-Felsen begrenzt, den es wegen der Aussicht und antiker Ruinen zu ersteigen lohnt. Sehenswert auch die Reste einer frühchristlichen Basilika in unmittelbarer Nähe des Strandes.

• *Übernachten* **Pópi's Studios** (B-Kat.), mitten im Ort, dennoch ruhige und schöne Lage mit viel Grün und einem großen Swimmingpool. Ein Studio kostet 35–45 €. ✆ 22450-61390.

• *Essen* **Restaurant Petaloúda**, am Dorfplatz. In dem hübsch eingerichteten Lokal kann man gut Fisch essen. In der Nähe einige weitere Restaurants, die schmackhafte griechische Küche servieren.

▸ **Finíki**: kleines Fischernest, 3 km von Arkássa entfernt. Hier gibt es die besten Fischtavernen auf der Insel. Besonders geschmeckt hat es uns in *Dimítrios' Fisherman's Tavérna* und im *Restaurant Níkos*. Zum Baden geht man am besten an den Dorfstrand, denn im südlichen Abschnitt der nahe gelegenen Bucht Sta Kamarákia warnt zu Recht ein dreisprachiges Schild vor gefährlichen Meeresströmungen. Ein idyllischer Platz ist jedoch die empfehlenswerte Taverne Under the Trees im nördlichen Teil der Bucht.

Weitere Badestrände im Süden

▸ **Acháta**: schöne Kiesbucht an der Ostküste nördlich von Pigádia – ein paar Fischerboote, ein kleines Kirchlein und Höhlen in den die Bucht einrahmenden, steilen Felswänden. Gut zu erreichen mit Pkw bzw. Bike oder mit einem Ausflugsboot von Pigádia. Keine Übernachtungsmöglichkeiten. Zwei Brüder betreiben eine nette Taverne.

▸ **Kirá Panagiá**: noch ein paar Kilometer weiter nördlich gelegen. Einer der malerischsten Plätze auf der Insel – mittlerweile vom Tourismus stark in Beschlag genommen. Zwischen steilen Felsen liegt die Kies-/Sandbucht am Ausgang einer Schlucht, überragt von einem fotogenen Kirchlein und umgeben von schattigen Kiefernwäldern. Mit Pkw bzw. Bike und Ausflugsboot erreichbar. Mehrere Übernachtungsmöglichkeiten, empfehlenswerte Tavernen.

Die Bergdörfer

Die Ansiedlungen in den Bergen sind auch für Strandfaulenzer unbedingt einen Besuch wert.

▸ **Menetés**: mittelalterliches Dorf mit engen Gässchen, an einen Hang des Berges *Profítis Ilías* geschmiegt. Am Rande eines 80 m tief abfallenden Felsens liegt die Pfarrkirche mit prachtvoller Ikonostase und kostbarem, geschnitztem Bischofsthron.

▸ **Apéri**: schöne, stattliche Häuser mit roten Ziegeldächern inmitten von üppigen Gärten. Einst Hauptstadt und auch heute noch Sitz des Bischofs von Kárpathos und Kássos, gilt Apéri dank vieler Amerika-Heimkehrer als das reichste Dorf der Insel.

▸ **Óthos**: höchstgelegenes Dorf der Insel (510 m) mit Blick auf die weite Bucht von Pigádia. An der Hauptstraße liegt das Haus des Frisörs, Lýraspielers und auf ganz Kárpathos bekannten Malers *Ioánnis Chapsís*. Für 10–60 € (je nach Größe) verkauft der mittlerweile über 80 Jahre alte Künstler naive Ölbilder, auf denen inseltypische Szenen dargestellt sind. Er hat auch den Schlüssel für das sehenswerte Heimatmuseum.

▸ **Pilés**: weiße Häuser und üppiger Blumenschmuck. Pilés hätte alle Chancen bei dem Wettbewerb "Unser Dorf soll schöner werden".

Empfehlenswerte Wandertour: Auf den Kalí Límni, anspruchsvolle Wanderung auf das 1215 m hohe Dach der Insel, an klaren Tagen Blicke bis nach Kreta, Rhódos und zur kleinasiatischen Küste. Vor Óthos zweigt eine schmale Asphaltstraße hoch zur Lástos-Alm ab. Seit 1998 betreibt Thanássis aus Voláda hier oben auch eine sehr urige Taverne. Unmittelbar dahinter beginnt der Fußpfad hoch auf den Gipfel. Dauer ab Lástos 1,5 Stunden.

Die Mitte

Schöne Strände, dichte Kiefernwälder, einfache Bergdörfer und malerische Fischerorte. Überragt wird alles vom mächtigen Kalí Límni, immerhin der höchste Berg des Dodekanes, der allgegenwärtig zu sein scheint.

Erst seit ein paar Jahren führen zwei asphaltierte Straßen vom Inselsüden in die Mitte. Entsprechend steckt der Tourismus hier noch in den Kinderschuhen, sieht man vom fast in allen Pauschalkatalogen enthaltenen wunderschönen Badeort Lefkós ab.

Lefkós

Hier schlagen die Herzen der Badefans höher. Jeden Tag kann man sich einen anderen Strand aussuchen, je nachdem, ob einem der Sinn gerade nach hohen Wellen oder ruhiger See, feinem Sand oder grobem Kieselstrand, Alleinsein oder Trubel

In Lefkós kann man sich wohl fühlen

Dodekanes Karte S. 619

steht, ob man eine Taverne in unmittelbarer Nähe haben möchte oder nicht. Einst war Lefkós ein Fischernest, heute ist es im Juli/August ganz schön voll, die Fischerboote dümpeln aber noch immer im Hafen.

• *Übernachten* **Hotel Krínos**, direkt am Meer auf einem kleinen Felsplateau gelegen. Schöne Zimmer und Studios mit umwerfendem Meerblick, recht komfortabel und dennoch familiär. DZ mit Frühstück ab 30–42 €, ✆ 22450-71410, ℻ 71413.

Blue Swan, Familie Notarás vermietet etwas weiter östlich 12 nette Studios zum Preis von 25–40 €. Angeschlossen ist auch eine beliebte Taverne, in der u. a. häufig frischer Fisch serviert wird. ✆ 22450-71346, ℻ 71274.

• *Essen* **Small Paradise**, wunderschöne Weinlaube, gute Hausmannskost, im Steinofen hinterm Haus gart die Oma auch mal Lammfleisch.

O Michális, direkt am Hafen, spezialisiert auf frische Fische, die der Wirt selbst fängt. Zubereitet werden sie von seiner deutschen Frau Christine. Sehr empfehlenswert sind auch die gefüllten Dolmades und Zucchiniblüten.

Restaurant Le Grand Bleu, oberhalb der beliebtesten Badebucht betreiben Geórgios und Elke, ebenfalls eine Deutsche, die in Lefkós "hängen geblieben" ist, das empfehlenswerte Lokal mit gemütlichem Ambiente. Auch ausgefallenere Speisen im Angebot, z. B. Spetsofái, ein leckerer Wursteintopf.

▸ **Messochóri**: umringt von Pinienhainen und Kiefernwäldern auf einem leicht abfallenden Felsplateau malerisch oberhalb des silbrig glitzernden Meeres gelegen. In Messochóri wird übrigens vom 7.–9. September ein dreitägiges Marienfest gefeiert, das weit über die Insel hinaus bekannt ist.

• *Übernachten/Essen* **To Stéki**, unterhalb des Parkplatzes im oberen Teil des Dorfes, DZ mit Bad und Balkon 25–30 €, ✆ 22450-71349. Im To Stéki gibt es auch eine Taverne, die v. a. deftige Hausmannskost anbietet. Ein Gedicht ist die Fischsuppe.

Dramountána, vor der großen Dorfkirche servieren zwei junge Frauen in dem in den Fels gebauten Restaurant eine kleine Auswahl leichter, aber leckerer Kleinigkeiten.

▸ **Spóa**: noch sehr ursprünglich gebliebenes Dorf, in dem nur ab und zu mal Touristen auf dem Weg nach Ólympos Station machen.

Empfehlenswerte Badestrände in der Mitte

Wer dem Rummel in Lefkós aus dem Weg gehen möchte, der findet in der Inselmitte mehrere reizvolle Buchten. Die schönsten sind:

▸ **Ápella**: weit geschwungene Kies-/Sandbucht mit türkisblauem Wasser. Imposant ragen schroffe Felswände ringsum steil empor: eines der Postkartenmotive von Kárpathos. 100 m vom Strand entfernt befindet sich versteckt das byzantinische Höhlenkirchlein Ágios Loukás aus dem 12. Jh. mit hervorragend erhaltenen Fresken.

• *Übernachten/Essen* Geórgios Dímarchos kehrte vor einigen Jahren aus den USA zurück und eröffnete in der Bucht eine Taverne, neben der er auch fünf Studios vermietet (bis zu 40 €). Ein romantisches Erlebnis, erleuchten hier doch nicht Glühbirnen, sondern Gaslampen die Nacht; ✆ 22450-71348 oder 697418001.

▸ **Ágios Nikólaos**: lang gestreckte, steinige Bucht unterhalb von Spóa. Vom Tourismus noch nahezu unbeleckt.

• *Übernachten/Essen* **Taverna To Vótsala**, im zweiten Stock vermietet die junge Pópi vier helle 2- bis 3-Bettzimmer mit Bad, Balkon und Kochnische zum Preis von 35–40 €; ✆ 22450-71309. Pópi und ihre Mutter Anthoúlla kochen hervorragend, z. B. Artischocken mit Ziegenfleisch.

Einer der schönsten Strände der Insel – Ágios Nikólaos

Feste auf Kárpathos

Eigentlich laufen sie alle nach demselben Muster ab. Nach der Liturgie gibt es ein Festessen, meist im Mégaron, dem Gemeindehaus des Dorfes. Zu diesem kostenlosen Mahl sind natürlich auch Fremde eingeladen. Gegen Abend geht es dann aber erst richtig los. Auf dem Dorfplatz werden Tische zusammengeschoben, auf die wenig später die besten Musikanten ihre Stühle stellen. Mit Dudelsack, Lýra und Laúto, den drei typischen Inselinstrumenten, spielen sie die scheinbar immer gleichen Melodien, zu denen drumherumsitzende Männer spontane Stegreifgesänge anstimmen.

Erst wenn die Sonne untergegangen ist, beginnen die typischen Stampftänze, bei denen Frauen und Männer, gegenseitig um die Schulter gefasst, in kleinen Schritten sich oft stundenlang im Kreis drehen. In Ólympos tragen die Mädchen ihre grellbunte Festtagstracht und die Kollínes, die zu Ketten aneinander gereihten Goldmünzen aus dem Familienschmuck. Natürlich haben Touristen die Feste auf Kárpathos längst entdeckt. Ihren Reiz haben sie aber deshalb dennoch nicht verloren und bleiben ein unvergessliches Erlebnis.

Termine: Ostern, am eindrucksvollsten in Ólympos, Schluss ist erst am Osterdienstag. Vom 27. bis zum 29. Juli wird in Stes bei Óthos das Panteleímonasfest mit viel Pomp gefeiert. 15. August, ebenfalls in Ólympos, aber auch in Menetés, in beiden Dörfern feiert man dieses Marienfest auch am 16. noch. Am 28./29. August findet in Wurgúnda, ganz im Norden der Insel, das Johannesfest statt. Mit Sack und Pack zieht man auf Eseln oder Booten zu der Höhlenkirche in der Bucht und feiert über die Nacht hinweg. Schlafsack mitnehmen! In Messochóri feiert man vom 7. bis zum 9. September ein dreitägiges Marienfest, sogar von der Nachbarinsel Kássos reisen Besucher an.

Der Norden

Rau, ursprünglich und schön – das ist Kárpathos im Norden. Ein schroffer, zum Teil bewaldeter, zum Teil nackter Gebirgszug, der in eigenwilligen Gesteinsfalten steil zu den Küsten abfällt. Dazwischen traumhafte Buchten, kleine Olivenhaine und steinige Äcker.

In diesem Teil der Insel gibt es lediglich zwei Dörfer, Ólympos und sein Hafen Diafáni, daneben einige Außensiedlungen, von denen Awlóna die größte ist. Hier im Norden hat man an den Traditionen vergangener Tage festgehalten wie sonst kaum in Griechenland. Verantwortlich dafür ist in erster Linie die isolierte Lage. Erst seit 1982 sind Ólympos und Diafáni überhaupt mit dem Inselsüden durch eine holprige, schlaglochreiche Erdstraße verbunden. Davor blieb den Bewohnern, wenn sie etwas in Pigádia zu erledigen hatten, nur der Seeweg oder ein Tagesmarsch bzw. Eselsritt über die Berge.

Ólympos

Das Dorf der Dörfer auf der Insel, von Kennern der Ägäis als einer der schönsten Orte in ganz Hellas gepriesen – nur für einen Tagesausflug viel zu schade. Weiße und pastellfarbene Häuserwürfel kleben in- und übereinander – überwältigend in der felsigen Einöde des Nordens.

Die Häuser scheinen am Felsen zu kleben

Frauen in blaugrauen Kittelschürzen und blumenverzierten Kopftüchern tragen Brotlaibe zu den überall im Dorf stehenden Backöfen, aus den Kafenía tönt der melancholische Klang der Lýra, dazwischen die Geräusche der Tiere – Ólympos ist trotz aller Modernisierungstendenzen auf der Insel immer noch eine Welt für sich. Nur zwischen 11 und 15 Uhr, wenn die zahlreichen Tagestouristen aus Pigádia da sind, verliert es seinen Charme.

• *Verbindungen* Täglich fahren **Ausflugsboote** von Pigádia nach Diafáni. Von dort wird man mit dem Bus nach Ólympos hinaufgebracht. Auch die **Fähren**, die von Kárpathos nach Rhódos fahren, halten in Diafáni. Ansonsten ist Ólympos mit dem **Pkw** recht gut zu erreichen. Achtung: Die letzten 20 km gibt es nur eine Schotterstraße, daher sollte man die Tour nicht mit dem Bike machen.

• *Übernachten* Wer Ólympos richtig erleben möchte, sollte einige Tage im Dorf bleiben. An einfachen Übernachtungsmöglichkeiten mangelt es nicht.

Aphrodíti, gemütlich eingerichtete Zimmer mit Bad und Balkon, von denen sich ein traumhafter Sonnenuntergang genießen lässt. DZ ab 30 €, ✆ 22450-51307.

Ólympos, ideal um die olymbitischen Traditionen (Backen, Musik usw.) kennen zu lernen. Familie Lentákis bietet neben einfachen auch so genannte karpathiotische Zimmer mit traditionellem Hochbett an. Je nach Ausstattung 18 bzw. 25 € für ein DZ, der Familienanschluss ist inklusive. ✆ 22450-51252.

• *Essen* **O Mílos**, ein Muss für jeden Ólymposbesuch, denn hier gibt's die traditionellen Pitten, süße oder salzige, mit Quark, Käse oder Spinat gefüllte Teigtaschen, direkt aus dem Backofen.

Kríti, winziges, uriges Kafenion, in dem die Männer rundherum an der Wand sitzen und miteinander reden oder schweigen, Touristen verirren sich selten hierher; ein absoluter Geheimtipp.

Sehenswertes

Das ganze Dorf ist sehenswert. Bei einem Rundgang sollten Sie unbedingt die z. T. noch intakten **Windmühlen** und die **Dorfkirche** mit schöner Ikonostase besuchen. Achten Sie auch auf die **Backöfen** sowie natürlich auf die **Trachten** der Frauen, die

Dodekanes Karte S. 619

von den meisten auch im Alltag getragen werden. In einem Touristenshop links von der Dorfkirche hat man die Möglichkeit, das Innere eines **traditionellen Hauses** zu besichtigen.

Wandertipp: Ein uralter Fußpfad führt von Ólympos zur Außensiedlung Awlóna. Beginn: bei den Mühlen, Dauer: ca. 1,5 Std. In einem Hochtal liegen die mit Mäuerchen umgrenzten Felder, dazwischen kleine weiße Häuschen, die nur saisonal bewohnt sind. Awlóna muss man gesehen haben, wenn man den harten Alltag der Menschen von Ólympos verstehen will.

▸ **Diafáni**: Einst nur der Hafen von Ólympos. In den letzten Jahren mauserte sich Diafáni jedoch mehr und mehr zum Badeort. Die meisten zieht es zum nahe gelegenen *Vanánda-Beach*, per Boot sind aber noch zahlreiche weitere Strandbuchten erreichbar. Diafáni ist ideal für kombinierte Bade- und Wandertage abseits der großen Tourismusströme. Außerdem sind Ólympos, die Insel Saría und andere attraktive Plätze nahe.

• *Übernachten* **Níkos Hotel**, am Ortsausgang Richtung Ólympos. In der HS kosten die kleinen, sauberen DZ mit Bad und Frühstück 25–30 €. ✆ 22450-51410, 📠 51316.

• *Essen* **Taverne Chrissí Aktí**, schon seit vielen Jahren bewährt. Frischer Fisch ist immer zu haben. Probieren Sie mal den gekochten Oktopus mit Kartoffeln!

Restaurant Ánixis, hinter dem Hafen befindet sich das beliebte alteingesessene Restaurant, in dem man gute Hausmannskost und prima Fisch essen kann. Als Dessert werden Loukoumádes gereicht.

Ausflug nach Saría

Heute unbewohnte Insel, nur ein Steinwurf von Kárpathos entfernt. Einst warfen die Olymbiten ihre Rinder an der nur ca. 200 m breiten Meerenge ins Meer und zwangen sie so, nach Kárpathos hinüberzuschwimmen, wo sie von anderen Bauern in Empfang genommen und meistens bald geschlachtet wurden.
Saría wird von Diafáni während der HS mehrmals wöch. (10 €), von Pigádia aus 2-mal angefahren (15 €). Im einstigen Hauptort Palátia findet man Reste von Häusern mit Tonnengewölben, vergleichbar mit den Trulli in Apulien, im Mittelalter erbaut von syrischen Piraten.

Kássos

Die vergessene Insel, ein kahler, schattenloser Felsklotz im blauen Meer. Nicht einmal 10 km und weniger als 10 Flugminuten trennen Kássos von Kárpathos. Und doch liegen Welten zwischen den beiden. Während die eine inzwischen durch den Fremdenverkehr Verbindung mit der großen weiten Welt aufgenommen hat, bleibt die andere immer noch im Abseits des üppig blühenden Gartens der Ägäis. Nur wenige Individualtouristen verirren sich hierher, Grund dafür ist die geringe Zahl der Badestrände – und die bestimmen bei vielen wohin die Reise geht.
Neben dem Hauptort Phry gibt es fünf Dörfer und zwei verlassenen Klöster auf der Insel, ein wenig touristischer Infrastruktur findet sich aber nur in Phry.

• *Verbindungen* **Fähre**, von Kárpathos kann man 4-mal wöch. während der Hochsaison nach Kássos kommen, zurück nach Kárpathos geht es ebenso häufig. Preis an Deck ca. 7 €. Auch mit Rhódos und Kreta (4–6 Std., ca. 13 €) und mit Piräus (ca. 20 Std., 25 €) ist Kássos durch diese Fähren verbunden.

Flug, kaum zu glauben, aber Kássos besitzt einen Airport, den vielleicht kleinsten der Ägäis. Im Sommer besteht mit Rhódos 6-mal in der Woche eine Flugverbindung (ca. 33 €), mit Kárpathos 2-mal (ca. 22 €).

Kássos auf einen Blick

Größe: Die Insel ist knapp 19 km lang, bis zu 6,5 km breit und hat eine Fläche von 65 qkm.

Bevölkerung: etwa 1100 Bewohner

Ortschaften: Neben dem Hauptort Phry gibt es lediglich fünf Ansiedlungen: Agía Marína, Emborió (der alte Hafen), Panagía, Póli und Arvanitochóri; alle liegen im selben Tal.

Straßen: Alle Straßen, die die nahe beieinander liegenden Orte verbinden, sind asphaltiert. Eine weitere Asphaltstraße führt zu dem 17 km vom Hafen entfernten Kloster Ág. Geórgios tis Chadiés.

Karten: Nur auf Kássos erhältlich ist die einzige Inselkarte von Manólis Manoúsos. Sie ist recht brauchbar und enthält auch einige interessante historische Informationen. Auf der Road-Editions-Karte Nr. 201 Kárpathos ist auch Kássos abgebildet. Sie wird in Phry in der einzigen Buchhandlung verkauft.

Zweiradverleih: Nur eine Agentur in Phry, Autos kann man auf der Insel nicht mieten.

Tankstelle: Die einzige Zapfstelle befindet sich zwischen Phry und Panagía.

▸ **Phry**: Griechenland in Reinkultur – bunte Fischerboote, sengende Hitze, eine Armee von Katzen und verwinkelte Gassen. Hier kann man seine Ferien ohne touristische Anmache genießen. Vielleicht sind die Tavernen deshalb so gut.

• *Übernachten* **Hotel Fántasis**, 10 Fußminuten außerhalb von Phry. An der Straße nach Panagía vermietet Vassílis Papageorgíou 6 große, helle Studios mit großzügigen Balkonen. Üppiges Frühstück. Zu zweit bezahlt man in der HS 35 €, rechtzeitige Reservierung empfehlenswert. ✆ 22450-41339.

• *Essen* **Tavérna O Mílos**, die beliebteste Taverne in Phry. Reichhaltiges Angebot, z. B. Dolmádes oder Makkarónia mit Lammfleisch. Abends wird gegrillt.

• *Baden* Die Strände auf Kássos sind mäßig. Zum Baden lässt man sich mit einem Ausflugsboot am besten zur vorgelagerten Insel Armáthia bringen, die über einen sehr schönen Sandstrand verfügt. Genaueres erfahren Sie unter ✆ 22450-41047.

▸ **Panagía**: Das Kapellendorf der Insel. Ein besonderes Kleinod sind die Neráiden, ein Komplex von sechs völlig gleichartigen Kirchlein mitten im Ort – einzigartig in der Ägäis.

▸ **Agía Marína**: Etwa die Hälfte aller Kassioten lebt in dem vielleicht schönsten Dorf der Insel, das von Olivenhainen und Obstbäumen umgeben ist – der grünste Fleck auf Kássos.

Dodekanes
Karte S. 619

Etwas Griechisch

Keine Panik: Neugriechisch ist zwar nicht die leichteste Sprache, lassen Sie sich jedoch nicht von der fremdartig wirkenden Schrift abschrecken – oft erhalten Sie Informationen auf Wegweisern, Schildern, Speisekarten usw. auch in lateinischer Schrift, zum anderen wollen Sie ja erstmal verstehen und sprechen, aber nicht lesen und schreiben lernen. Dazu hilft Ihnen unser "kleiner Sprachführer", den wir für Sie nach dem Baukastenprinzip konstruiert haben: Jedes der folgenden Kapitel bietet Ihnen Bausteine, die Sie einfach aneinander reihen können, sodass einfache Sätze entstehen. So finden Sie sich im Handumdrehen in den wichtigsten Alltagssituationen zurecht, entwickeln ein praktisches Sprachgefühl und können sich so nach Lust und Notwendigkeit Ihren eigenen Minimalwortschatz aufbauen und erweitern.

- Wichtiger als die richtige Aussprache ist übrigens die Betonung! Ein falsch betontes Wort versteht ein Grieche schwerer als ein falsch oder undeutlich ausgesprochenes. Deshalb finden Sie im folgenden jedes Wort in Lautschrift und (außer den einsilbigen) mit Betonungszeichen.
  Viel Spaß beim Ausprobieren und Lernen!

 Vielen Dank für die Hilfe Herrn Dimitrios Maniatoglou!

Das griechische Alphabet

Buchstabe groß	Buchstabe klein	Name	Lautzeichen	Aussprache
Α	α	Alpha	a	kurzes a wie in Anna
Β	β	Witta	w	w wie warten
Γ	γ	Gámma	g	g wie Garten (j vor Vokalen e und i)
Δ	δ	Delta	d	stimmhaft wie das englische "th" in the
Ε	ε	Epsilon	e	kurzes e wie in Elle
Ζ	ζ	Síta	s	stimmhaftes s wie in reisen
Η	η	Ita	i	i wie in Termin
Θ	θ	Thíta	th	stimmloses wie englisches "th" in think
Ι	ι	Jóta	j	j wie jagen
Κ	κ	Kápa	k	k wie kann
Λ	λ	Lámbda	l	l wie Lamm
Μ	μ	Mi	m	m wie Mund
Ν	ν	Ni	n	n wie Natur
Ξ	ξ	Xi	x	x wie Xaver
Ο	ο	Omikron	o	o wie offen
Π	π	Pi	p	p wie Papier
Ρ	ρ	Ro	r	gerolltes r
Σ	ς/σ	Sígma	ss	ss wie lassen
Τ	τ	Taf	t	t wie Tag
Υ	φ	Ipsilon	j	j wie jeder
Φ	w	Fi	f	f wie Fach
Χ	χ	Chi	ch	ch wie ich
Ψ	ψ	Psi	ps	ps wie Kapsel
Ω	ω	Omega	o	o wie Ohr

Da das griechische und lateinische Alphabet nicht identisch sind, gibt es für die Übersetzung griechischer Namen in die lateinische Schrift oft mehrere unterschiedliche Schreibweisen, z. B.: Chorefton (auf Pilion) - auch Horefto, Horefton, Chorefto; Kalkis - auch Chalkis oder Halkida.

Elementares

Grüße

guten Morgen/guten Tag (bis Siesta)	kaliméra
guten Abend/guten Tag (ab Siesta)	kalispéra
gute Nacht	kaliníchta
Hallo! Grüß' Sie!	jassoú! oder jássas!
Tschüß	adío
Guten Tag und Auf Wiedersehen	chérete
alles Gute	stó kaló
gute Reise	kaló taxídi

Gespräch

Wie geht es Ihnen?	ti kánete?
Wie gehts Dir?	ti kánis?
(Sehr) gut	(polí) kalá
so lala	étsi ki étsi
und Dir?	ke essí?
Wie heißt Du?	pos se léne?
ich heiße ...	to ónoma mou íne ...
Woher kommst du?	apo pu ísse?
Ich komme aus ...	íme apo ...
... Deutschland	... jermanía
... Österreich	... afstría
... Schweiz	... elwetía
Sprechen Sie Englisch (Deutsch)?	mílate angliká (jermaniká)?
Ich spreche nicht Griechisch	den miló eliniká
Wie heißt das auf Griechisch?	pos légete aftó sta eliniká?
Ich verstehe (nicht)	(dén) katalawéno
Verstehst du?	katálawes? (katalawénis?)
In Ordnung (o.k.)	endáxi

Minimalwortschatz

Ja	nä
Nein	óchi
Nicht	dén
Ich verstehe (nicht)	(dén) katalawéno
Danke (vielen Dank)	efcharistó (polí)
Bitte(!)	parakaló(!)
Entschuldigung	sinjómi
groß/klein	megálo/mikró
gut/schlecht	kaló/kakó
viel/wenig	polí/lígo
heiß/kalt	sässtó/krío
oben/unten	epáno/káto
ich	egó
du	essí
er/sie/es	aftós/aftí/aftó
das (da)	aftó
(ein) anderes	állo
welche(r), welches?	tí?

Fragen & Antworten

stündlich	aná óra
um 4 Uhr	tésseris óra
... der Hafen ...	... to limáni
... die Haltestelle	... i stási
ich weiß nicht	dén xéro
haben Sie ... ?	échete ... ?

... nein, haben wir nicht	... dén échoume
ja, bitte? (hier, bitte!)	oríste?/!

Wortschatz

Wann	póte
Wo	pu
Von wo ...	ápo pu
... von Iraklion	...ápo to Iráklio
Wieviel(e)...	pósso (póssa) ...
Wohin ...	jia pu ...
nach /zum ...	tin/stin ...
... nach Athen	... stin Athína
links	aristerá
rechts	dexiá
geradeaus	ísja
die nächste Straße	o prótos drómos
die 2. Straße	o défteros drómos
hier	edó
dort	ekí

Gibt es (hier) ... ?	**ipárchi (edó) ... ?**
Wo ist ... ?	**pu íne ... ?**
Ich möchte (nach) ...	**thélo (stin) ...**
Wann geht (fährt, fliegt)?	**pote féwgi?**
um wie viel Uhr?	**ti óra?**
wann kommt ... an?	**póte ftáni ...?**
wie viel Kilometer sind es?	**pósa kiliómetra íne?**
wie viel kostet es?	**póso káni?**
wissen Sie ... ?	**xérete ... ?**

Unterwegs

Abfahrt	anachórisis
Ankunft	áfixis
Gepäckaufbewahrung	apotíki aposkewón
Information	pliroforíes
Kilometer	kiliómetra
Straße	drómos
Fußweg	monopáti
Telefon	tiléfono
Ticket	isitírio
Reservierung	fílaxi

Flugzeug/Schiff

Deck	katástroma
Fährschiff	férri-bot
Flughafen	aerodrómio
das (nächste) Flugzeug	to (epómene) aeropláno
Hafen	limáni
Schiff	karáwi
Schiffsagentur	praktorío karawiú

Bus/Eisenbahn

Bahnhof	stathmós
(der nächste) Bus	(to epómene) leoforío
Eisenbahn	ssideródromos
Haltestelle	stásis
Schlafwagen	wagóni ípnu
U-Bahn	ilektrikós
Waggon	wagóni
Zug	tréno

Auto/Zweirad

ich möchte ...	thélo ...
wo ist ... ?	pu íne ...?
... die nächste Tankstelle?	... to plisiésteron wensinádiko?
Bitte prüfen Sie ...	parakaló exetásete ...
Ich möchte mieten (für 1 Tag)	thélo na nikiásso (jiá mia méra)
(die Bremse) ist kaputt	(to fréno) íne chalasménos

wie viel kostet es (am Tag)?	póso káni (jia mía méra)?
Benzin (super/normal/bleifrei)	wensíni (súper/apli/amóliwdi)
Diesel	petréleo
1 Liter	éna lítro
20 Liter	íkosi lítra
Auto	aftokínito
Motorrad	motossikléta
Moped	motopodílato
Anlasser	mísa
Auspuff	exátmissi
Batterie	bataría
Bremse	fréno
Ersatzteil	andalaktikón
Keilriemen	imándas
Kühler	psijíon
Kupplung	simbléktis
Licht	fos
Motor	motér
Öl	ládi
Reifen	lásticho
Reparatur	episkewí
Stoßdämpfer	amortisér
Wasser (destilliertes)	to (apestagméno) neró
Werkstatt	sinergíon

Übernachten

Zimmer	**domátio**
Bett	**krewáti**
ein Doppelzimmer	**éna dipló domátio**
Einzelzimmer	**domátio me éna krewáti**
mit ...	**me ...**
... Dusche/Bad	**dous/bánjo**
... Frühstück	**proinó**

Haben Sie?	échete?
gibt es ...?	ipárchi ...?
wo ist?	pu íne?
wie viel kostet es (das Zimmer)?	póso kani (to domátio)?
ich möchte mieten (...) für 5 Tage	thélo na nikásso (...) jia pénde méres
kann ich sehen ... ?	bóro na do ...?
kann ich haben ... ?	bóro na écho ... ?
ein (billiges/gutes) Hotel	éna (ftinó/kaló) xenodochío
Pension	pansión
Haus	spíti
Küche	Kusína
Toilette	Tualétta
Reservierung	Enikiási
Wasser (heiß/kalt)	neró (sässtó/krió)

Bank/Post/Telefon

Post und Telefon sind in Griechenland nicht am selben Ort! Telefonieren kann man in kleineren Orten auch an manchen Kiosken und Geschäften.

Wo ist	pu ine?
Ich möchte ...	thélo ...
... ein Tel.-Gespräch	... éna tilefónima
... (Geld) wechseln	... na chalásso (ta chrímata)
Wie viel kostet es (das)?	póso káni (aftó)?
... eine Bank	... mia trápesa

... das Postamt	... to tachidromío
... das Telefonamt	to O. T. E.
Bank	trápesa
Brief	grámma
Briefkasten	grammatokiwótio
Briefmarke	grammatósima
eingeschrieben	sistiméno
Euro-/Reisescheck	ewrokárta
Geld	ta leftá, ta chrímata
Karte	kárta
Luftpost	aeroporikós
Päckchen	paketáki
Paket	déma
postlagernd	post restánd
Tel.-Gespräch (anmelden) (nach)	(na anangílo) éna tilefónima (jia)
Telefon	tiléfono
Telegramm	tilegráfima
DM	jermanikó márko
Österr. Schillinge	afstriaká selínia
Schweizer Franken	elwetiká fránka

Essen & Trinken

Haben Sie?	échete?
Ich möchte ...	thélo...
Wieviel kostet es?	póso káni?
Ich möchte zahlen	thélo na pliróso
Die Rechnung (bitte)	to logariasmó (parakaló)
Speisekarte	katálogos

Getränke

Glas/Flasche	potíri/boukáli
ein Bier	mía bíra
(ein) Mineralwasser	(mia) sóda
Wasser	neró
(ein) Rotwein	(éna) kókkino krassí
(ein) Weißwein	(éna) áspro krassí
... süß/herb	glikós/imíglikos
(eine) Limonade (Zitrone)	(mia) lemonáda
(eine) Limonade (Orange)	(mia) portokaláda
(ein) Kaffee	(éna) néskafe
(ein) Mokka	(éna) kafedáki
... sehr süß	... varí glikó
... mittel	... métrio
... rein (ohne Z.)	skéto
Tee	sái
Milch	gála

Griech. Spezialitäten

Fischsuppe	psaróssupa
Suppe	ssúpa
Garnelen	garídes
Kalamaris ("Tintenfischchen")	kalamarákia
Fleischklößchen	keftédes
Hackfleischauflauf mit Gemüse	musakás
Mandelkuchen mit Honig	baklawás
Gefüllter Blätterteig	buréki
Gefüllte Weinblätter (mit Reis & Fleisch)	dolmádes
Nudelauflauf mit Hackfleisch	pastítsio
Fleischspießchen	suwlákia

Sonstiges

Hähnchen	kotópulo
Kartoffeln	patátes
Spaghetti (mit Hackfleisch)	makarónia (me kimá)
Hammelfleisch	kimás
Kotelett	brísola
Bohnen	fasólia
Gemüse	lachaniká

Gewürze siehe "Einkaufen"

Einkaufen

Haben Sie?	échete?
kann ich haben?	bóro na écho?
geben Sie mir	dóste mou
klein/groß	mikró/megálo
1 Pfund (= 1/2 Kilo)	misó kiló
1 Kilo/Liter	éna kiló/lítro
100 Gramm	ekató gramárja
Apfel	mílo
Brot	psomí
Butter	wútiro
Ei(er)	awgó (awgá)
Essig	xídi
Gurke	angúri
Honig	méli
Joghurt	jaoúrti
Käse/Schafskäse	tirí/féta
Klopapier	hartí igías
Kuchen	glikó
Marmelade	marmeláda
Milch	gála
Öl	ládi
Orange	portokáli
Pfeffer	pipéri
Salz	aláti
Seife	sapúni
Shampoo	sambuán
Sonnenöl	ládi jia ton íljon
Streichhölzer	spírta
Tomaten	domátes
Wurst	salámi
Zucker	sáchari

Sehenswertes

wo ist der/die/das?	**pu íne to/i/o?**
wo ist der Weg zum ...?	**pu íne i ódos jia ...?**
wie viel Kilometer sind es nach ...?	**póssa chiliómetra íne os to ...?**

rechts	dexiá
links	aristerá
dort	ekí
hier	edó
Ausgang	éxodos
Berg	wounó
Burg	kástro (pírgos)
Dorf	chorió
Eingang	ísodos
Fluss	potamós
Kirche	eklisiá
Tempel	naós
Platz	platía
Stadt	póli
Strand	plas
Höhle	spilíon, spilía
Schlüssel	klidí

Hilfe & Krankheit

gibt es (hier) ...?	**ipárchi (edó) ...?**
haben Sie ...?	**échete ...?**
wo ist (die Apotheke)?	**pu íne (to farmakío)?**
Wann hat der Arzt Sprechstunde?	**póte déxete o jiatrós?**
Ich habe Schmerzen (hier)	**écho póno (edó)**
Ich habe verloren ...	**échassa ...**
helfen Sie mir bitte!/Hilfe!	**woithíste me parakaló!/-woíthia!**

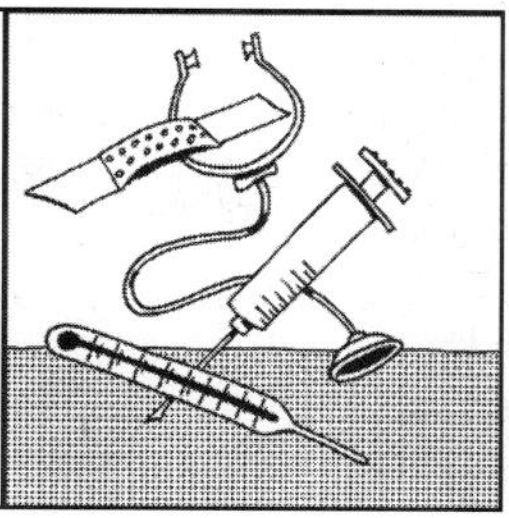

Arzt	jatrós
Deutsche Botschaft	presvía jermanikí
Krankenhaus	nossokomío
Polizei	astinomía
Tourist-Information	turistikés plioforíes
Unfall	atíchima
Zahnarzt	odontíatros
Ich bin allergisch gegen ...	egó íme allergikós jia ...
Ich möchte (ein)...	thélo (éna) ...
Abführmittel	kathársio
Aspirin	aspiríni
die "Pille"	to chápi
Kondome	profilaktiká
Penicillin	penikelíni
Salbe	alifí
Tabletten	hapía
Watte	wamwáki
Ich habe ...	écho ...
Ich möchte ein Medikament gegen...	thélo éna jiatrikó jia ...
Durchfall	diária
Fieber	piretós
Grippe	gríppi
Halsschmerzen	ponólemos
Kopfschmerzen	ponokéfalos
Magenschmerzen	stomachóponos
Schnupfen	sináchi
Sonnenbrand	égawma
Verstopfung	diskiljótita
Zahnschmerzen	ponódontos

Zahlen

½	misó
1	éna
2	dío
3	tría
4	téssera
5	pénde
6	éxi
7	eftá
8	ochtó
9	ennéa
10	déka
11	éndeka
12	dódeka
13	dekatría
20	íkosi
30	triánda
40	sarránda
50	penínda
60	exínda
70	efdomínda
80	ogdónda
90	enenínda
100	ekató
200	diakósia
300	trakósia
1000	chília
2000	dio chiliádes

Zeit

Morgen(s)	proí
Mittag(s)	messiméri
Nachmittag(s)	apógewma
Abend(s)	wrádi
heute	ssímera
morgen	áwrio
übermorgen	méthawrio
gestern	chtés
vorgestern	próchtes
Tag	méra
jeden Tag	káthe méra
Woche	ewdomáda
Monat	mínas
Jahr	chrónos
Stündlich	aná óra
Wann?	póte?

Wochentage

Sonntag	kiriakí
Montag	deftéra
Dienstag	tríti
Mittwoch	tetárti
Donnerstag	pémpti
Freitag	paraskewí
Samstag	sáwato

Monate

Ganz einfach: fast wie im Deutschen + Endung "-ios"! (z.B. April = Aprílios). Ianuários, Fewruários, Mártios, Aprílios, Máios, Iúnios, Iúlios, 'Awgustos, Septémwrios, Októwrios, Noémwrios, Dekémwrios.

Uhrzeit

Wann?	**póte?**
Stunde	**óra**
Um wie viel Uhr?	**piá óra (ti óra)?**
Wie viel Uhr (ist es)?	**tí óra (íne)?**
Es ist 3 Uhr (dreißig)	**íne trís (ke triánda)**

Achtung: nicht éna, tría, téssera óra (1, 3, 4 Uhr), sondern: mía, trís, tésseris óra!! Sonst normal wie unter Kapitel "Zahlen".

MINOAN LINES
ITALIEN - GRIECHENLAND
Auf dem Weg
zum Gold
MINOAN LINES high speed
30%
ERMÄSSIGUNG
auf das Rückfahrtsticket
BEQUEMER - SCHNELLER
Venedig - Igoumenitsa - Korfu - Patras
Ancona - Igoumenitsa - Patras
MITGLIED VON
VFF
VERBAND DER FÄHRSCHIFFART & FÄHRTOURISTIK E.V.
www.minoan.gr

Wir möchten Sie gern kennen lernen ...

... um unsere Reisehandbücher noch besser auf Ihre Bedürfnisse abstimmen zu können. Deshalb auf dieser Doppelseite ein kurzer Fragebogen zu Ihrer letzten Reise mit einem unserer Handbücher.

Als Belohnung winken ...

... natürlich Reisehandbücher. Jeweils zum Jahresende verlost der Michael Müller Verlag unter allen Einsendern des Fragebogens 50-mal je ein Reisehandbuch Ihrer Wahl aus unserem Programm.
(Der Rechtsweg ist ausgeschlossen)

Es bleibt natürlich alles unter uns ...

... Selbstverständlich garantieren wir absoluten Datenschutz und geben keine Adressen weiter. Versprochen!
Vielen Dank für ihre Mitarbeit und ... viel Glück!

Fragebogen

Ihre Reise

1) Mit welchem unserer Bücher waren Sie unterwegs? ....
Und wann (Monat/Jahr)? ....
2) Mit wie vielen Personen reisten Sie? Bitte kreuzen Sie an: ....
☐ allein ☐ zu zweit ☐ drei Personen oder mehr ....
Mit Kindern? ☐ Nein ☐ Ja (Alter? ...... Jahre)
4) Wie lange dauerte Ihre Reise?
☐ bis 1 Woche ☐ bis 2 Wochen ☐ bis 3 Wochen ☐ über 3 Wochen
5) Hatten Sie Unterkunft und Anreise als Kombination bereits vorgebucht?
☐ Ja ☐ Nein
6) Welche/s Verkehrsmittel benutzten Sie zur Anreise? (Mehrfachnennungen möglich)
☐ Bahn ☐ Bus ☐ Flug ☐ Auto/Motorrad ☐ Fähre
☐ Sonstiges, nämlich
7) Mit welchem(n) Verkehrsmittel(n) waren Sie im Zielgebiet überwiegend unterwegs (Mehrfachnennungen möglich)?
☐ Bahn ☐ Bus ☐ eigenes Auto/Motorrad ☐ Mietfahrzeug ☐ Fähre
☐ anderes Verkehrsmittel, nämlich ....
☐ gar nicht, blieb an einem Ort
8) Wo übernachteten Sie vorwiegend?
☐ Gehobene Hotels ☐ Mittelklassehotels ☐ Landestypische Pensionen
☐ Privatzimmer ☐ Camping ☐ andere Unterkunft, nämlich ....
9) War es Ihre einzige Urlaubsreise in diesem Jahr?
☐ Ja ☐ Nein, ich verreise öfter mal für 1 Woche oder mehr, nämlich pro Jahr:
☐ 2x ☐ 3x ☐ 4x oder mehr;
und dann meist ins: ☐ Inland ☐ Ausland

Ihr Reisehandbuch vom Michael Müller Verlag

1) Sind Sie das erste Mal mit einem unserer Reisehandbücher unterwegs gewesen?

....

☐ Ja ☐ Nein, vorher schon (Titel): ....

2) Wie lernten Sie unseren Verlag kennen?

☐ Empfehlung vom Buchhändler ☐ Empfehlung von Bekannten

☐ Habe das Buch zufällig im Buchhändlerregal entdeckt

☐ Über eine Anzeige in .... ☐ anders, nämlich ....

3) Insgesamt gesehen, waren Sie mit diesem Reisehandbuch

☐ nicht zufrieden ☐ zufrieden

4) Wir würden gerne wissen, wo wir in unseren Reisehandbüchern etwas verbessern können. Bitte geben sie deshalb den einzelnen Komponenten dieses Buches "Schulnoten" von 1 bis 6 und begründen Sie bitte Ihre Benotung.

	Note	Grund
Prakt. Informationen vor der Reise		
Geschichte		
Landeskundliches		
Orte und Regionen		
Sehenswürdigkeiten		
Prakt. Informationen unterwegs		

5) Was hat Ihnen an diesem Reisehandbuch besonders gefallen?

☐ Nichts Spezielles ☐ Doch, und zwar ....

6) Und was hat Sie am meisten gestört?

☐ Nichts Spezielles ☐ Doch, und zwar ....

7) Worüber hätten Sie gern mehr erfahren?

☐ Über ....

☐ Alle Informationen waren ausreichend

8) Unser Verlagsprogramm finden Sie auf den nächsten Seiten. Welche(s) Ziel(e) innerhalb Europas und des Mittelmeerraumes fehlt bzw. fehlen Ihnen in diesem Programm?

☐ Kein Ziel ☐ Doch, nämlich ....

9) Welches Reisehandbuch aus unserem Programm möchten Sie gewinnen?

....

Nun würden wir Ihnen gerne noch einige Fragen zu Ihren persönlichen Daten stellen (Datenschutz ist selbstverständlich gewährleistet)

Alter: .... Jahre

Familienstand: ☐ ledig ☐ verheiratet ☐ Kinder

Schulabschluss: ☐ Hauptschule ☐ Realschule ☐ Abitur

☐ Studium ☐ Beruf: ....

Fragebogen ausschneiden und an unsere Verlagsanschrift schicken (siehe unten). Bitte vergessen Sie nicht, für die Gewinnbenachrichtigung Ihren Namen und Adresse zu notieren.

Name: ....

Straße: ....

PLZ/Ort: ....

Michael Müller Verlag GmbH, Gerberei 19, 91054 Erlangen, Fax: 09131/207541

Vielen Dank thank you merci efcharistó gracias grazie tesekkür dekuji köszönöm

Verlagsprogramm

Deutschland
- Allgäu
- Altmühltal
- Berlin & Umgebung
- *MM-City* Berlin
- Bodensee
- Franken
- Fränkische Schweiz
- Mainfranken
- Nürnberg, Fürth, Erlangen
- Ostseeküste – von Lübeck bis Kiel
- Schwäbische Alb

Niederlande
- *MM-City* Amsterdam
- Niederlande
- Nordholland – Küste, IJsselmeer, Amsterdam

Nord(west)europa
- England
- Südengland
- *MM-City* London
- Schottland
- Irland
- Island
- Norwegen
- Südnorwegen
- Südschweden

Osteuropa
- Baltische Länder
- Polen
- Polnische Ostseeküste
- *MM-City* Prag
- Westböhmen & Bäderdreieck
- Ungarn

Balkan
- Mittel- und Süddalmatien
- Kroatische Inseln & Küste
- Nordkroatien – Kvarner Bucht
- Slowenien & Istrien

Griechenland
- Amorgos & Kleine Ostkykladen
- Athen & Attika
- Chalkidiki
- Griechenland
- Griechische Inseln
- Karpathos
- Kefalonia & Ithaka
- Korfu
- Kos
- Kreta
- Kreta – der Osten
- Kreta – der Westen
- Kykladen
- Lesbos
- Naxos
- Nord- u. Mittelgriechenland
- Paros/Antiparos
- Peloponnes
- Rhodos
- Samos
- Santorini
- Skiathos, Skopelos, Alonnisos, Skyros – Nördl. Sporaden
- Thassos, Samothraki
- Zakynthos

Türkei
- *MM-City* Istanbul
- Türkei – gesamt
- Türkei – Mittelmeerküste
- Türkei – Südküste
- Türkei – Westküste
- Türkische Riviera – Kappadokien

Frankreich
- Bretagne
- Côte d'Azur
- Elsass
- Haute-Provence
- Korsika
- Languedoc-Roussillon
- *MM-City* Paris
- Provence & Côte d'Azur
- Südfrankreich
- Südwestfrankreich

Italien
- Apulien
- Chianti – Florenz, Siena
- Dolomiten – Südtirol Ost
- Elba
- Gardasee
- Golf von Neapel
- Italien
- Italienische Riviera & Cinque Terre
- Kalabrien & Basilikata
- Liparische Inseln
- Marken
- Oberitalien
- Oberitalienische Seen
- *MM-City* Rom
- Rom & Latium
- Sardinien
- Sizilien
- Südtirol
- Südtoscana
- Toscana
- Umbrien
- *MM-City* Venedig
- Venetien & Friaul

Nordafrika u. Vorderer Orient
- Sinai & Rotes Meer
- Tunesien

Spanien
- Andalusien
- *MM-City* Barcelona
- Costa Brava
- Costa de la Luz
- Ibiza
- Katalonien
- Madrid & Umgebung
- Mallorca
- Nordspanien
- Spanien

Kanarische Inseln
- Gomera
- Gran Canaria
- *MM-Touring* Gran Canaria
- Lanzarote
- La Palma
- *MM-Touring* La Palma
- Teneriffa
- *MM-Touring* Teneriffa

Portugal
- Algarve
- Azoren
- Madeira
- *MM-City* Lissabon
- Lissabon & Umgebung
- Portugal

Lateinamerika
- Dominikanische Republik
- Ecuador

Österreich
- *MM-City* Wien

Schweiz
- Genferseeregion
- Tessin

Malta
- Malta, Gozo, Comino

Zypern
- Zypern

Aktuelle Informationen zu allen Reiseführern finden Sie im Internet unter www.michael-mueller-verlag.de

Gerne schicken wir Ihnen auch das aktuelle Verlagsprogramm zu.

Michael Müller Verlag GmbH, Gerberei 19, 91054 Erlangen, Tel. 0 91 31 / 81 28 08-0; Fax 0 91 31 / 20 75 41; E-Mail: mmv@michael-mueller-verlag.de

Sach- und Personenindex

Überblick über die Inseln und ihre Abkürzungen

Äg: Ägina
Alo: Alónissos
Amo: Amorgós
Ana: Anáfi
And: Ándros
Antip: Antíparos
Ast: Astipálea
Chal: Chálki
Chi: Chíos
Don: Donoússa
Epa: Epáno Koufoníssi
Eub: Euböa
Fol: Folégandros
Hyd: Hýdra
Ika: Ikaría
Ios: Íos
Inou: Inoússes
Ira: Irakliá
Ith: Íthaka
Lef: Lefkás
Ler: Léros
Lip: Lipsí
Kal: Kálymnos
Kar: Kárpathos
Kas: Kássos
Kea: Kéa
Kef: Kefalloniá
Kim: Kímolos
Kith: Kíthnos
Kor: Korfu
Kre: Kreta
Les: Lésbos
Mil: Mílos
Myk: Mýkonos
Nax: Náxos
Nis: Níssiros
Par: Páros
Pat: Pátmos
Pax: Paxós
Por: Póros
Rho: Rhódos
Samo: Sámos
San: Santoríni
Sath: Samothráki
Sch: Schinoússa
Ser: Sérifos
Sif: Sífnos
Sik: Síkinos
Skia: Skíathos
Sky: Skýros
Sko: Skópelos
Spet: Spétses
Sym: Sými
Syr: Sýros
Tha: Thássos
Til: Tílos
Tin: Tínos
Zak: Zákynthos

Geographischer Index

A

B

C

R

Was haben Sie entdeckt?

Haben Sie eine versunkene Stadt gefunden, eine freundliche Taverne weitab vom Trubel, ein nettes Hotel mit Atmosphäre, einen reizvollen Strand?

Wenn Sie Ergänzungen, Verbesserungen oder neue Tipps haben, lassen Sie es uns bitte wissen!

Schreiben Sie an:

Redaktion "Griechische Inseln"
c/o Michael Müller Verlag GmbH
Gerberei 19
91054 Erlangen
E-Mail: mmv@michael-mueller-verlag.de